中国刑事诉讼法学研究会

年会文集 2018 年卷

新时代中国特色
刑事诉讼制度新发展

主　编　卞建林　杨宗科
副主编　汪海燕　冯卫国

中国人民公安大学出版社
群众出版社
·北　京·

图书在版编目（CIP）数据

新时代中国特色刑事诉讼制度新发展/卞建林，杨宗科主编．—北京：中国人民公安大学出版社，2019.6

ISBN 978-7-5653-3669-0

Ⅰ.①新… Ⅱ.①卞…②杨… Ⅲ.①刑事诉讼—司法制度—中国—文集
Ⅳ.①D925.210.4-53

中国版本图书馆 CIP 数据核字（2019）第 130017 号

新时代中国特色刑事诉讼制度新发展

主　编　卞建林　杨宗科

副主编　汪海燕　冯卫国

出版发行：中国人民公安大学出版社
地　　址：北京市西城区木樨地南里
邮政编码：100038
经　　销：新华书店
印　　刷：北京市泰锐印刷有限责任公司

版　　次：2019 年 7 月第 1 版
印　　次：2019 年 7 月第 1 次
印　　张：42
开　　本：787 毫米×1092 毫米　1/16
字　　数：1024 千字

书　　号：ISBN 978-7-5653-3669-0
定　　价：135.00 元

网　　址：www.cppsup.com.cn　www.porclub.com.cn
电子邮箱：zbs@cppsup.com　zbs@cppsu.edu.cn

营销中心电话：010-83903254
读者服务部电话（门市）：010-83903257
警官读者俱乐部电话（网购、邮购）：010-83903253
法律图书分社电话：010-83905745

前　言

2018年10月20日至21日上午，中国刑事诉讼法学研究会2018年年会在陕西省西安市召开。本次会议由本研究会与西北政法大学共同主办。年会的总议题是“新时代中国特色刑事诉讼制度新发展”。来自全国各地250余位从事刑事诉讼法理论研究和司法实务工作的专家、学者及媒体代表参加了会议。

在年会召开期间，参会代表提交的论文已印刷成册供与会代表交流研讨。会后，按照本研究会出版年会论文集的要求，由作者本人及研究会秘书处对已提交的论文进行了修改、编辑。论文集还收录了中国法学会副会长兼秘书长鲍绍坤的讲话，研究会卞建林会长在开幕式上的致辞，全国人大、最高人民法院和最高人民检察院领导所做的专题报告。会后由两位年轻学者撰写的本届年会综述也收录其中。

由于时间、字数及人力的原因，编辑工作难免存在疏漏之处，恳望作者、读者批评指正。

本论文集的出版得到“中国法学会研究会支持计划”的资助以及中国人民公安大学出版社的大力支持，在此深表谢意。

中国刑事诉讼法学研究会
2018年年会论文编辑委员会
2019年1月

目　录

第一部分　新时代中国特色刑事诉讼法治理论体系研究

第二部分　司法改革综合配套措施改革研究

第三部分 监察制度与刑事诉讼制度的衔接问题研究

第四部分　刑事诉讼法再修改问题研究

第五部分　刑事诉讼制度新发展的其他问题

在中国刑事诉讼法学研究会 2018 年年会上的讲话

中国法学会副会长兼秘书长　鲍绍坤

各位专家学者，同志们、朋友们：

在这丹桂飘香的美好季节，中国法学会刑事诉讼法学研究会 2018 年年会在古都西安举行。首先，我代表中国法学会对年会的召开表示热烈祝贺，向出席年会的各位专家学者表示诚挚问候；并借此机会，向本次年会的承办单位，以及长期关心和支持刑诉法学研究会发展的有关部门和同志们、朋友们表示衷心的感谢！

刑诉法学研究会是中国法学会所属研究会中基础最厚实、工作最活跃、成果最丰富的研究会之一，也是第一批在民政部登记注册的全国性法学社团。这些年来，研究会在卞建林会长和常务理事会的带领下，坚持以习近平新时代中国特色社会主义思想为指导，以国家法治建设与理论研究中迫切需要解决的突出问题为着力点，依托少年司法、刑事辩护、刑事侦查制度三个专业委员会以及中国刑事诉讼法治与司法改革研究方阵等平台，组织引领全国范围内的刑事诉讼法学学者和全体理事，形成了一大批学术成果，有力地促进了刑事诉讼法学学科的繁荣发展。实践充分证明，刑事诉讼法学研究会的政治意识是坚定的，工作开展是活跃的，职责定位是准确的，发展目标是清晰的。中国法学会对研究会的工作充分肯定，对研究会取得的成绩感到满意。

不久之前召开的中央全面依法治国委员会第一次会议，根据党的十九大战略部署和习近平总书记重要讲话精神，系统提出了研究制定法治中国建设规划、全面贯彻实施宪法、推进科学立法、加强法治政府建设、深化司法体制改革、推进法治社会建设、加强法治工作队伍建设和法治人才培养七个方面的重点工作，在法治中国建设中具有全局性、战略性、引领性意义。切实把思想和行动统一到党中央决策部署上来，认真抓好“七项重点工作”的落地见效，是当前和今后一个时期法学界、法律界的重要任务。希望刑诉法学研究会团结引领全国相关领域的专家学者，提高政治站位，强化使命担当，紧紧围绕七项重点工作，运用学术专长进行深入研究，找准法治中国建设的薄弱环节和人民群众反映强烈的突出问题，提出有见地、可操作的破解之策，为推进全面依法治国、建设法治中国作出积极贡献。借此机会，我想讲四点意见，供大家参考。

第一，希望刑诉法学研究会认真学习贯彻习近平总书记全面依法治国新理念新思想新战略。党的十八大以来，习近平总书记在领导法治中国建设谋新篇、开新局实践中，作出一系列重大决策，形成了全面依法治国新理念新思想新战略，集中体现为习近平总书记所提出的“十个坚持”。习总书记关于全面依法治国的新理念新思想新战略深刻回答了全面依法治国的根本保证、力量源泉、正确道路、总体目标、首要任务、工作布局、基本方针、科学方法、重要保障、关键少数等重大问题，创造性地丰富和发展了中国特色社会主义法治理论，是马克思主义法治思想中国化的最新成果，是深化依法治国实践的根本遵循，对各研究会和广大法学法律工作者具有十分重要的指导意义。刑诉法学研究会要引领广大会员认真学习、深刻领会习近平总书记全面依法治国新理念新思想新战略，围绕“十个坚持”，在学懂弄通做实上下功夫，做到深学深悟、常学常新，不断深化对党的理论创新成果的理解和把握；要坚持学而信、学而用、学而行，在实践运用中不断深化对习近平总书记全面依法治国新理念新思想新战略的认识，将这一科学理论的强大真理力量不断转化为行动的力量。

第二，希望刑诉法学研究会继续坚持理论联系实际，积极参与司法体制改革和全面依法治国伟大实践。刑诉法学有很强的实践性。近年来，研究会坚持理论联系实际，举办了中韩刑事司法研讨会、海峡两岸刑事诉讼法学研讨会、刑事诉讼法治与司法改革高端论坛等一系列高质量、高水平的学术活动，就刑事程序法治建设与司法改革中的诸多热点、难点问题开展深入研讨与论证，取得了很好的效果。2018 年上半年，研究会多位负责人担任中国法学会第三方司法改革评估专家组成员，参与北京市 45 家法院和检察院司法责任制改革评估工作，评估成果受到中央政法委和北京市领导的充分肯定，产生了很好的决策影响力和社会影响力。希望研究会继续发扬优良传统，充分利用刑诉法学研究会人才荟萃、联系面广的有利条件，加强同立法、司法及政法院校的合作，形成繁荣刑诉法学研究的合力。要汇聚全国刑诉法学研究优秀人才，深入研究司法责任制改革、综合配套改革等刑事诉讼领域重大理论和实践问题，积极参与法治评估、决策咨询等工作，多提建设性意见建议，为新时代刑事诉讼立法和司法工作提供强有力的法学理论支持，为加快建设公正高效权威的社会主义司法制度作出贡献。这次年会的主题是“新时代中国特色刑事诉讼制度新发展”，既是对党的十八大以来我国刑事诉讼制度理论和实践经验的总结性回顾，也是对当前和未来一个时期刑事诉讼制度发展完善的前瞻性思考，对在新起点上推进刑事诉讼制度理论创新和实践创新具有重要意义。我很高兴地看到，本次年会的论文中有不少观点鲜明、论证充分、建议具体、可操作性强的精品力作，这也预示着本次年会一定能结出丰硕的学术成果。

第三，希望刑诉法学研究会不断推进人才队伍建设，着力培养青年优秀人才。发现、培养、凝聚人才，是中国法学会各研究会发挥作用、发展壮大的根本保证。党的十八大以来，党和政府高度重视青年人才培养，在科研项目资金管理、职称评定、对外交流等方面出台了一系列政策、采取了一系列举措，为包括法治人才在内的专业人才成长营造了更宽松的氛围、创造了更有利的机会、提供了更符合学术规律和特点的条件。2017 年习近平总书记视察中国政法大学时所做的“5 · 3”讲话，对加强法治人才建设特别是青年人才的培养作出了重要指示。研究会是人合组织，特别是优秀人才聚合的组织。中国法学会所属的研究会是各学科各专门领域权威专家汇集的国家队。刑诉法学研究会的人才队伍建设，既要发展壮大队伍、增加人才数量，又要提升人才的综合素质、理论层次；既要让知名法学院校教学科研一线的教师参加到研究会中来，也要注意从政法实务部门中吸收有较高研究能力、热心学术研究的法律实务专家。同时，要积极创造条件，有意识地通过课题研究、学术交流、评优评先等活动，建立健全青年理论骨干人才培养机制，为青年法学法律人才的脱颖而出和快速成长创造条件，努力形成专业结构、年龄结构和职业结构都较为合理的研究梯队，始终保持研究队伍的活力、创新力与凝聚力。

第四，希望刑诉法学研究会着力推进中国特色新型法学社团建设，不断提升服务法治实践的能力水平。一要加强研究会党组织建设。将党建工作写入章程，明确党组织在研究会工作中的职责权限、机构设置、运行机制、基础保障等内容，充分发挥研究会党组织的政治领导核心和政治堡垒作用。二要加强研究会的制度建设。要依照政策、法规和章程，建立健全内部工作制度和监督机制，如内部代表机构和分支机构设置和管理办法、科研项目和经费管理办法、重要会议记录、签发文件、财务管理等，从制度上保障和促进研究会的建设和发展。三要创新机制，着力提高组织推动刑诉法学研究的能力。积极探索和把握刑诉法学研究的特点和规律，建立和完善符合刑诉法学研究会特点的活动机制，使研究会更加活跃，更有实效，充分发挥研究会的学术带头和引领作用。四要建立研究成果转化机制，加快成果的转化和应用。这是刑诉法学研究服务大局的重要体现，也是繁荣刑诉法学研究的重要标准。要运用各种形式，加速科研成果向立法、司法实践的转化，促进更多的研究成果运用于立法司法实践、法学学科发展和法学教材之中。

同志们，新时代提出新任务，新征程呼唤新作为。希望刑诉法学研究会坚持以习近平全面依法治国新理念新思想新战略为指导，努力建设中国特色新型法学社团，团结、引领广大刑事诉讼法学法律工作者在全面依法治国、建设社会主义法治国家的历史征程中建功立业，作出新的更大贡献！

最后，预祝本次年会取得圆满成功！

中国刑事诉讼法学研究会 2018 年年会开幕式致辞

中国刑事诉讼法学研究会会长　卞建林

尊敬的各位领导、各位代表，同志们、朋友们：

大家上午好！在这金风送爽、丹桂飘香的美好时节，中国刑事诉讼法学研究会 2018 年年会在古都西安隆重召开。本届年会的任务是深入学习贯彻党的十九大精神，以全面依法治国新理念新思想新战略为指导，紧密联系我国刑事诉讼法治建设的实际，联系刑事诉讼法学研究的实际，围绕“新时代中国特色刑事诉讼制度新发展”这一主题，认真交流探讨，深化理论研究，推动学术创新，为发展符合中国实际、体现法治规律的中国特色社会主义刑事诉讼法治理论，完善中国特色社会主义刑事诉讼法律制度，建言献策，作出贡献！

中国法学会领导对年会的举办十分重视，法学会副会长兼秘书长鲍绍坤同志亲自与会指导并将发表重要讲话。年会的顺利召开得到了中央各政法机关的大力支持。最高人民法院党组成员、副院长张述元同志，最高人民检察院党组成员、副检察长童建明同志，全国人大监察和司法委员会司法室主任李寿伟同志等领导亲自与会并将在开幕式后做专题报告，介绍刑事诉讼法再修改的情况，介绍法院系统、检察系统深化司法改革的举措和经验。陕西省委领导对年会的举办高度重视并给予大力支持，省委副书记贺荣同志拨冗出席会议开幕式并将发表重要讲话。在此，我谨代表刑事诉讼法学研究会对他们表示崇高的敬意和衷心的感谢。同时，也对出席本次年会的各位领导、各位代表、各位来宾以及来自新闻媒体和出版界的朋友们表示最热烈的欢迎。

本次年会由中国刑事诉讼法学研究会与西北政法大学共同举办。西北政法大学是我国法学教育和法学研究的重镇，其前身是 1937 年成立的陕北公学，历史悠久，人文荟萃，是享誉国内外的法治人才摇篮，长期以来为我国法治工作队伍培养了很多优秀骨干，为推进依法治国、建设社会主义法治国家作出杰出贡献。自 2018 年年会确定在西安举办后，西北政法大学领导对会议筹备工作高度重视，精心安排，杨宗科校长亲自布置，亲自落实；刑事司法学院院长冯卫国教授、副院长宋志军教授率领的工作团队更是辛勤工作，周密准备；由研究会秘书长汪海燕教授、副秘书长罗海敏副教授牵头的学会秘书组也为年会的组织和论文的编选做了大量工作。在此，我也代表刑事诉讼法学研究会和全体与会代表对西北政法大学和所有为年会的顺利召开付出辛勤劳动的领导和同志表示最衷心的感谢。

2018 年是改革开放 40 年，也是依法治国 40 年。40 年来，改革开放和法治建设犹如鸟之两翼、车之两轮，共同引领推动中国特色社会主义伟大事业不断发展。特别是党的十八大以来，在以习近平同志为核心的党中央领导下，改革开放和法治建设取得历史性成就，党和国家事业发生历史性变化。2018 年 8 月 24 日，中央全面依法治国委员会召开第一次会议，标志着我国全面依法治国进入新时代，开启新局面。习近平总书记的重要讲话深刻阐释了成立中央全面依法治国委员会的战略考量，明确提出全面依法治国新理念新思想新战略，把我们党对法治建设的认识提高到了新的高度和境界，为新时代全面依法治国提供了行动指南和根本遵循。在这样的时代背景下，2018 年年会主题确定为“新时代中国特色刑事诉讼制度新发展”，就是要深入学习贯彻中央全面依法治国委员会第一次会议精神，学习贯彻习近平总书记重要讲话精神，围绕新时代如何发展完善中国特色社会主义刑事程序法治体系，如何发展完善中国特色社会主义刑事程序法治理论体系这一宏大命题开展研讨。结合当下刑事诉讼法治建设的重大问题、刑事诉讼法学研究的热点问题，在总议题下设四个专题，即“新时代中国特色刑事诉讼法治理论体系研究”、“司法改革综合配合措施改革研究”、“监察制度与刑事诉讼制度的衔接问题研究”、“刑事诉讼法再修改问题研究”。希望大家能够围绕年会主题和各专题积极开展研讨，分享经验，探讨问题，交流心得，砥砺思想，为全面推进依法治国、谋划和推进新时代中国特色刑事诉讼制度的发展完善贡献才智，发挥作用。

2018 年年会还增设了一项很有意义的内容，就是举行中国刑事诉讼法学研究会陈光中教授终身成就奖颁奖仪式。陈光中先生是我国著名法学家、法学教育家，是新中国刑事诉讼法治事业和刑事诉讼法学研究的重要奠基人和开拓者，也是我国社会主义民主法治建设的先驱者和推动者。陈光中先生自 1984 年中国法学会诉讼法学研究会成立以来一直担任学会会长，并长期担任中国法学会副会长。2016 年诉讼法学研究会分立为刑事诉讼法学研究会和民事诉讼法学研究会以来，又一直担任中国刑事诉讼法学研究会名誉会长。由于陈光中先生崇高的学术地位和卓越的学术成就，2012 年 9 月荣获中国法学会“全国杰出资深法学家”称号。鉴于陈光中先生为诉讼法治事业和法学教育事业的创立和发展作出的特殊贡献，研究会决定在 2018 年年会上隆重举行陈光中先生终身成就奖颁奖仪式，以尊敬前辈，垂范后学。在此，我谨代表刑事诉讼法学研究会和全体同仁向陈光中先生表示最热烈的祝贺，祝愿先生生命之树常青，学术之树常青，在新时代为中国特色刑事诉讼制度新发展作出新贡献！

最后，再一次向与会的各位领导、代表和来宾表示衷心的欢迎和感谢。预祝本次年会取得圆满成功。

谢谢大家！

刑事诉讼法修改有关情况

全国人大监察和司法委员会司法室主任　李寿伟

各位老师、各位领导、各位会议代表：

大家上午好！2018 年 5 月，我从法工委刑法室调到监察司法委司法室工作。刑事诉讼法修正草案是 2018 年 4 月由全国人大常委会委员长会议提请常委会进行初次审议，本月即将召开的常委会将对草案进行第三次审议。我本人参与了修正草案的起草工作，在草案提请常委会审议后，又参与监察司法委配合宪法法律委、法工委对草案进行修改完善的有关工作。根据卞建林会长的要求，我向会议报告一下我所了解的这次刑事诉讼法修改的有关情况。

一、这次修改刑事诉讼法的背景

我国刑事诉讼法是 1979 年由全国人大制定的，1996 年、2012 年全国人大两次对刑事诉讼法做了较大的修改。这次修改主要是根据中央重大改革决策，刑事诉讼制度及时调整跟进。

党的十八大以来，以习近平同志为核心的党中央协调推进“四个全面”战略布局，在深化国家监察体制改革、反腐败追逃追赃、深化司法体制改革等方面作出了一系列重大决策部署，取得了重大成果和进展。相应地，为保障国家监察体制改革顺利进行，需要完善监察与刑事诉讼的衔接机制；为加强境外追逃工作力度和手段，需要建立刑事缺席审判制度；总结认罪认罚从宽制度、速裁程序试点工作经验，需要将可复制、可推广的行之有效的做法上升为法律规范，在全面范围内实行。这次修改刑事诉讼法主要是从上述三个方面有针对性地对刑事诉讼法作出适当的修改补充。2018 年 4 月，中央政治局常委会议听取全国人大常委会党组关于修改刑事诉讼法的请示，同意将草案提请审议，要求组织好审议工作。草案已经过常委会两次审议，并广泛征求各地各部门意见，向社会公布征求公众意见，根据各方面意见不断完善。

二、修正草案的主要内容

实质性的修改补充主要有以下三个方面：

（一）完善与监察法的衔接机制，调整人民检察院的侦查职权

深化国家监察体制改革是以习近平同志为核心的党中央作出的事关全局的重大政治体制改革。2016 年 12 月、2017 年 11 月，全国人大常委会先后作出在北京、山西、浙江开展监察体制改革试点的决定和在全国各地推广试点的决定，并暂时调整或者暂时停止适用刑

事诉讼法关于检察机关对直接受理的案件进行侦查的有关规定。2018 年 3 月，全国人大通过了宪法修正案和监察法。

深化监察体制改革，目标是整合反腐败资源力量，加强党对反腐败工作的集中统一领导，构建集中统一、权威高效的中国特色国家监察体制，实现对所有行使公权力的公职人员监察全覆盖。根据改革的制度设计，监察机关不是行政机关，也不是司法机关，而是与行政机关、司法机关并列的依法独立行使监察权的国家机构。就办案来讲，对职务违法和职务犯罪的调查适用监察法，其中犯罪案件移送起诉后适用刑事诉讼法。监察机关与司法机关之间是互相配合、相互制约的关系。

在这方面，对刑事诉讼法主要作出以下修改补充：

1. 删去人民检察院对贪污贿赂等案件行使侦查权的规定，保留人民检察院在诉讼活动法律监督中发现司法工作人员利用职权实施的非法拘禁、刑讯逼供、非法搜查等侵犯公民权利、损害司法公正的犯罪的侦查权，保留现行的检察机关机动侦查权。这样调整主要是考虑到检察机关是国家的法律监督机关，对上述犯罪立案侦查，直接关系到检察机关法律监督职责的行使，且上述犯罪不属于典型的腐败犯罪。采用人民检察院“可以”立案侦查的表述，是不排除监察委在调查腐败犯罪时，对腐败分子同时实施的上述犯罪直接进行调查。

2. 相应地修改有关程序规定。由于检察机关不再对贪污贿赂犯罪行使侦查权，因此对侦查期间辩护律师会见经许可、指定居所监视居住、采取技术侦查措施的规定作出相应修改，删去有关贪污贿赂犯罪的内容，并完善“侦查”定义的表述。

3. 明确监察委与人民检察院、留置措施与刑事强制措施之间的衔接机制。明确人民检察院对监察委移送起诉的案件，依照刑事诉讼法和监察法的有关规定进行审查；认为需要补充核实的，应当退回补充调查，必要时自行补充侦查；对于监察委已经采取留置措施并移送起诉的案件，人民检察院应当先行拘留，留置措施自动解除，人民检察院应当在规定的时间内作出是否逮捕、取保候审或者监视居住的决定。

关于律师介入问题，监察法立法时反复做过研究，监察机关调查案件适用监察法，刑事诉讼法修改不涉及这一问题。

（二）建立刑事缺席审判制度

党的十八大以来，反腐败国际追逃追赃取得重大进展，得到人民群众的广泛拥护。2014 年，为贯彻落实中央政治局常委会会议精神，中央反腐败协调小组会议提出了建立刑事缺席审判制度的任务。2016 年 7 月，法工委提出了研究报告，考虑在修改刑事诉讼法时对刑事缺席审判制度作出规定。

国际追逃追赃，应当综合运用政治、外交、法律等多种手段，有针对性地运用引渡、遣返、劝返等不同方法。建立刑事缺席审判制度，可以为追逃丰富手段，以审促返，以判引渡，还可以固定证据，彰显法治权威。根据刑事诉讼理论，刑事审判以被告人出庭的对席审判为原则，被告人出庭是其基本诉讼权利，是行使其他诉讼权利的前提。现行刑事诉讼法规定，讯问被告人、被告人最后陈述是法庭审理的必经步骤，因此目前法律上是禁止刑事缺席审判的。通过专家学者、外交部、公安部了解外国情况，国际公约和很多国家未禁止刑事缺席审判，但持慎重态度，各国规定情况也不一样。一般要求充分保障知情权、辩护权和程序救济权。

在这方面，对刑事诉讼法主要作出以下修改补充：

1. 建立对潜逃境外人员的刑事缺席审判制度。适用范围是贪污贿赂犯罪案件和需要及时审判，经最高人民检察院核准的严重的危害国家安全犯罪、恐怖活动犯罪案件。适用条件是潜逃境外且能够送达，对于下落不明的，可适用违法所得没收程序追赃。

2. 规定具体程序。一是由犯罪地或者被告人离境前居住地的中级人民法院组成合议庭审判，必要时仍可依照刑事诉讼法的规定指定管辖。二是通过司法协助方式或者被告人所在地法律允许的其他方式送达传票和起诉书副本。未经送达的，不能进行缺席审判。三是经送达被告人未按要求归案的，人民法院开庭审理，依法作出判决，并对违法所得及其他涉案财产作出处理。

3. 充分保障诉讼权利。一是对委托辩护和提供法律援助作出规定。二是赋予被告人近亲属独立的上诉权。三是罪犯对判决、裁定提出异议的，重新审理。我国引渡法要求，对根据缺席判决提出引渡请求的，应当拒绝引渡，但请求国承诺在引渡后对被请求引渡人给予在其出庭的情况下进行重新审判机会的除外。这是国际通行的司法准则的要求。

4. 根据司法实践需要，增加被告人患有严重疾病中止审理超过一定期限和被告人死亡案件的缺席审判的规定。

（三）完善刑事案件认罪认罚从宽制度，增加速裁程序

党的十八届四中全会提出要完善刑事诉讼中认罪认罚从宽制度。2014 年 6 月，全国人大常委会作出在部分地区开展刑事案件速裁程序试点工作的授权决定。2016 年 9 月，全国人大常委会又作出在同样地区开展刑事案件认罪认罚从宽制度试点工作的授权决定，速裁程序试点纳入新的试点继续进行。整个试点工作将于 2018 年 11 月期满。

中央文件使用“完善”认罪认罚从宽制度的表述，是我国为了通过刑法、刑事诉讼法体现认罪认罚从宽的精神，刑法上有自首、坦白、立功等法定量刑规范和悔罪表现等酌定量刑情节，诉讼法上有简易程序、当事人和解的诉讼程序等。但总的来说，在诉讼程序上体现不够。完善认罪认罚从宽制度有多方面好处：一是促使悔罪，有利于改造，有利于化解社会矛盾；二是办案的证明标准不降低，但取证难度会降低，程序上繁简分流，提高诉讼效率，促进司法公正；三是更好地发挥诉讼主体的作用，犯罪嫌疑人、被告人及律师对案件处理有更大的话语权，实践中减少羁押、羁押期限缩短、更早知道可能的处理结果，当事人很欢迎。在制度设计上考察了美国辩诉交易的做法，但有重大区别：一是辩诉交易裁量权过大，达成交易与达不成交易在处罚上可能有天壤之别，对认罪认罚案件则要依法从宽，在现有刑法处罚规定的基础上从宽，只是将酌定情节变成法定情节，能否进一步从宽还可继续研究；二是达成辩诉交易后不论案情轻重一律进行速裁审，对于认罪认罚案件则要根据案情轻重等因素分别进行普通审、简易审、速裁审；三是辩诉交易一般将放弃上诉权作为条件，我国刑事诉讼法以两审终审为基本原则，为被告人保留“反悔”的机会。考虑到认罪认罚从宽制度涉及侦查、起诉、审判，涉及辩护、强制措施制度，涉及不同的审判程序，不作为专章，而是纳入刑事诉讼法框架内。

在这方面，对刑事诉讼法主要作出以下修改补充：

1. 在总则中明确刑事案件认罪认罚可以依法从宽处理的原则。

2. 完善相关程序规定。在侦查阶段，增加告知诉讼权利和将自愿认罪情况记录在案的

规定，侦查阶段不存在认罚问题，不允许就认罪认罚进行协商。在审查起诉阶段，增加人民检察院就案件处理听取意见和犯罪嫌疑人签署认罪认罚具结书的规定。听取意见不一定是一轮，这样就可以建立一种“协商”机制，“协商”的结果体现在量刑建议和认罪认罚具结书中。同时，明确人民检察院提出量刑建议和人民法院如何采纳量刑建议。以审判为中心要求量刑建议不能有约束性，但从试点情况看法院一般会予以尊重，不采纳的较多是做更轻的处罚。在审判阶段，明确对认罪认罚案件，不论适用哪种审判程序，法庭都要审查认罪认罚自愿性和具结书的真实性与合法性。

3. 增加速裁程序。总结试点经验，规定对于基层法院管辖的可能判处三年有期徒刑以下刑罚、被告人认罪认罚、民事赔偿问题已经解决的案件，可以进行速裁审。速裁审一律实行独任审判，一般不进行法庭调查、法庭辩论，应当当庭宣判，但被告人仍有最后陈述权。

4. 加强对当事人的权利保障。告知诉讼权利，建立值班律师制度，明确将认罪认罚作为采取强制措施时判断社会危险性的考虑因素。值班律师由法律援助机构向有关场所派驻。与委托律师、指派律师不同，在值班时并没有因委托或者指定而有确定的服务对象，因此与会见、阅卷相对应，规定犯罪嫌疑人、被告人约见值班律师和人民检察院提前为值班律师了解案件有关情况提供必要便利的内容。

此外，犯罪嫌疑人认罪认罚，有重大立功或者案件涉及国家重大利益的，经最高人民检察院核准，可以不作为犯罪处理或者部分不作为犯罪处理。这是一个特别规定，是从国家大局出发对个别的案件开个“小口子”，类似于有的国家的刑事豁免、赦免的做法，确有必要但要严格掌握。

另外，全国人大常委会已经通过的《刑法修正案（九）》对有关刑罚制度和刑罚执行程序做了修改，根据建立终身禁止从事法律职业制度的要求，对律师法、公证法等法律做了修改，通过了人民陪审员法。为与这些法律相衔接，对死缓执行、罚金执行、不得担任辩护人的情形、人民陪审员参加审判的有关规定作出相应修改。

还有两个情况需要做个说明。一是近几年来根据党中央部署，开展了一些司法体制改革，如涉案财物处置、保障律师执业权利、以审判为中心的刑事诉讼制度改革、非法证据排除、三项规程（庭前会议、排除非法证据、第一审普通程序法庭调查）、刑事辩护全覆盖等。这些改革项目主要属于落实法律要求，或者在现行法律框架内对工作机制和程序作出细化和完善，不需要人大常委会作出试点授权，不修改刑事诉讼法不影响推进改革，且进行的时间还比较短。将来经过一段时间检验，可以总结经验，将其中行之有效的做法上升为法律规范，补充进刑事诉讼法。二是根据宪法和立法法规定，全国人大常委会有权对全国人大制定的法律进行部分补充和修改，但是不得同该法律的基本原则相抵触。这次修改刑事诉讼法，不涉及修改刑事诉讼法的基本原则，指向明确、内容特定、幅度有限。参照修改民事诉讼法、行政诉讼法的做法，这次修改刑事诉讼法，拟由全国人大常委会进行部分补充和修改，不需要提请全国人大审议。

这次刑事诉讼法的修改工作还在进行当中。草案的内容还可能根据常委会组成人员的审议意见和各方面的意见进一步加以修改完善。我刚才报告的情况，最终以通过的法律规定为准。

谢谢大家！

深入推进刑事诉讼制度改革
进一步完善中国特色刑事诉讼体系
——在中国刑事诉讼法学研究会2018年年会上的专题学术报告

最高人民法院副院长　张述元

各位专家学者，同志们：

本届年会的总议题是“新时代中国特色刑事诉讼制度新发展”，深入研究这个议题，对于站在新的历史方位，立足中国国情，研究中国问题，更好地体现时代性、把握规律性、展现创造性，推动中国特色刑事诉讼制度和刑事诉讼法学研究实现新发展意义重大而深远。下面，我就中国特色刑事诉讼体系的构建完善做一专题发言。

党中央提出的全面深化改革总目标是完善和发展中国特色社会主义制度，推进国家治理体系和治理能力现代化。人民法院的审判体系和审判能力现代化是其中的重要内容。最高人民法院周强院长多次提出，要全面深化司法体制改革，促进审判体系和审判能力现代化。具体到刑事领域，实现审判体系和审判能力现代化，根本出路是深化刑事诉讼制度改革，最大限度地激发制度活力，促进刑事诉讼制度体系的自我完善和发展，构建遵循法治规律、符合国情实际、体现时代特征的刑事诉讼体系。经过40年的不懈努力，我们已经构建起一个具有现阶段中国特色的刑事诉讼体系，确立了罪刑法定、疑罪从无、证据裁判、人权保障、程序公正等科学的刑事司法理念和司法原则，刑事审判的质量和效率不断提升，发挥了刑事司法惩罚犯罪、保护人民、保障人权、维护社会稳定的重要作用。迈进新时代，准确把握社会主要矛盾变化对刑事审判工作提出的新要求，正确认识人民群众司法需求呈现多样化多层次多方面的新特点，深入推进以审判为中心的刑事诉讼制度改革，构建中国特色多层次刑事诉讼体系，在更高层次上实现公正和效率相统一，是刑事审判工作新的重大课题。

一、牢牢把握发展方向，深入推进以审判为中心的刑事诉讼制度改革

推进以审判为中心的刑事诉讼制度改革，是党中央在全面依法治国、推进国家治理现代化的时代背景下，立足坚持严格司法、确保刑事司法公正的现实需要和长远考虑所作出的重大改革部署。这项改革符合诉讼规律、司法规律和法治规律，是破解制约刑事司法公正突出问题、加强人权司法保障、有效防范冤假错案的必由之路，是构建中国特色刑事诉讼体系的基础工程。公正是刑事司法的核心价值，人民法院要紧紧围绕“努力让人民群众在每一个司法案件中感受到公平正义”的工作目标，牢牢把握刑事诉讼体系改革发展的基本方向，坚定不移地推进以审判为中心的刑事诉讼制度改革，构建诉讼以审判为中心、审

判以庭审为中心、庭审以证据为中心的刑事诉讼新格局。

一是全面落实证据裁判原则，积极推进庭审实质化。最高人民法院会同有关部门印发《关于推进以审判为中心的刑事诉讼制度改革的意见》，并在此基础上出台实施意见，制定关于庭前会议、排除非法证据、法庭调查的三项操作规程。各级法院要完善侦查人员、鉴定人、证人出庭作证机制，强化控辩平等对抗，保障被告人和律师诉讼权利，发挥庭审在查明事实、认定证据、保护诉权、公正裁判中的决定性作用。2016 年，浙江温州两级法院证人出庭作证率达 73.1%，同比提高 31 个百分点。2017 年，吉林全省法院证人出庭率达 75%。浙江湖州基层法院落实控辩对抗实质化，近年来判处三年以上有期徒刑案件的指定辩护率达到 92%以上。四川成都法院积极推进裁判实质化，2015 年 2 月至 2017 年 7 月底，全市法院共开示范庭 733 次，当庭宣判 381 件。诉讼证据出示在法庭、案件事实查明在法庭、控辩意见发表在法庭、裁判结果形成在法庭已逐渐成为刑事审判新常态。

二是严格落实非法证据排除规则，彰显司法文明进步。刑讯逼供、非法取证是导致冤假错案、损害司法公正的罪魁祸首。习近平总书记深刻指出，司法不公、冤假错案等问题如果不抓紧解决，就会严重影响全面依法治国进程，严重影响社会公平正义。党的十八届三中全会专门提出，严禁刑讯逼供、体罚虐待，严格实行非法证据排除规则。十八届四中全会进一步要求，健全落实非法证据排除等法律原则和法律制度，加强对刑讯逼供和非法取证的源头预防。2017 年 4 月 18 日，中央深改组审议通过《关于办理刑事案件严格排除非法证据若干问题的规定》。非法证据排除规则既是庭审实质化改革的内在要求，也是落实中央改革部署的重要抓手，对以审判为中心的刑事诉讼制度改革具有重要的推动作用。最高人民法院会同有关部门出台办理刑事案件严格排除非法证据若干问题的规定，落实不得强迫任何人证实自己有罪的要求，加强对刑讯逼供和非法取证的源头预防，强化侦查机关、检察机关、审判机关对非法证据的审查和排除职责。2017 年，吉林全省法院排除非法证据 298 个，取得良好效果。目前，社会各界对非法证据排除、防范冤假错案已经达成高度共识，人民法院抓住这个难得的历史契机，以严格执行非法证据排除规则为抓手，建立健全冤假错案有效防范、及时纠正机制，推动侦查机关、检察机关按照裁判的要求和标准收集、审查和运用证据，积极构建以审判为中心的刑事诉讼格局。

三是严格贯彻疑罪从无原则，切实防范、坚决纠正冤假错案。冤假错案虽然是个别现象，但它对法治的冲击和破坏是致命的。人民法院坚持实事求是、有错必纠的原则，以对法律负责、对人民负责的态度，对错案发现一起纠正一起。党的十八大以来，人民法院加强审判监督，再审改判刑事案件 6747 件，其中依法纠正呼格吉勒图案、聂树斌案等一批重大冤假错案，让正义最终得以实现，并进一步完善冤假错案主动发现、依法复查和及时纠正机制，以纠正错案推动法治进步。出台防范冤假错案指导意见，落实罪刑法定、证据裁判、疑罪从无等原则，通过一审程序、二审程序，对 2943 名公诉案件被告人和 1931 名自诉案件被告人依法宣告无罪，坚决守住维护社会公平正义的最后一道防线。例如，对卢荣新故意杀人、强奸案，云南高院二审发现定案证据存在重大疑点，最终查实另有真凶，依法改判卢荣新无罪。这是二审法院坚持“疑罪从无”，切实发挥担当精神和把关作用，及时发现、有效避免的一件重大刑事错案，充分体现了二审程序的防错纠错功能，体现了以审判为中心的刑事诉讼制度改革的价值和成效。积极探索完善证据制度，统一刑事司法审判标准，落实疑罪从无原则，切实发挥审判程序应有的制约、把关功能，促使侦查、审查起诉活动始终围绕审判程序进行，坚守防范冤假错案的底线。

二、宽严相济、繁简分流，构建中国特色多层次刑事诉讼体系

周强院长指出，正确把握人民群众对公平正义的新期待是新时代做好人民法院工作、确保司法公正的重要前提。随着时代的进步，人民群众的公平意识、民主意识、权利意识、法治意识日益增强，对刑事审判的质量与效率、实体公正与程序公正、司法供给的精细化与个性化等提出更高的要求。刑事审判不仅要及时有效地惩治犯罪，还要充分有效地保障人权；不仅要保障被告人的诉讼权利，还要保护被害人的合法权益；不仅要严格依法裁判，还要有效化解矛盾，促进社会和谐稳定。以认罪认罚从宽制度为抓手，根据刑罚轻重、认罪与否等情况，完善刑事案件分流机制，从实体到程序，落实宽严相济、推进繁简分流，系统构建中国特色多层次刑事诉讼体系是更好地满足人民群众新期待和多元司法需求，在更高层次上实现公正和效率相统一的重大探索。“两高”试点实践充分证明，这是新时期新阶段解决我国刑事诉讼面临问题、完善刑事诉讼制度体系的有效方案，具有重大的时代意义和实践价值。全国人大常委会启动新一轮刑事诉讼法修改时，在总结试点经验的基础上，将认罪认罚从宽作为刑事诉讼法的基本原则写入草案中，改革成果有望法律化、制度化。

一是规范认罪认罚从宽，全面落实宽严相济。认罪认罚从宽制度试点将认罪认罚从宽的法律规定、政策要求加以系统化、制度化，从实体处理和程序适用两方面强化认罪认罚的法律途径和法律效果，更好地落实坦白从宽，全面贯彻宽严相济。实体上从宽量刑，试点贯彻宽严相济刑事政策，坚持罪责刑相适应原则，根据犯罪的事实、性质、情节和对社会的危害程度，结合认罪认罚的诉讼阶段、适用程序、价值作用等情况，确定是否从宽以及具体幅度。例如，厦门、济南等地探索阶梯式从宽量刑机制，杭州、广州等地实行分级量刑激励，促进认罪认罚从宽规范化、具体化。程序上从宽处理、从简诉讼，规范撤销案件和不起诉程序，区分适用速裁程序、简易程序、普通程序；加强羁押必要性审查，将认罪认罚作为判断犯罪嫌疑人、被告人社会危险性的重要考虑因素，对没有社会危险性的采取取保候审、监视居住强制措施。试点近两年来，认罪认罚案件犯罪嫌疑人、被告人被取保候审、监视居住的占44.0%；判处三年以下有期徒刑实刑的占33.9%，判处有期徒刑缓刑、拘役缓刑的占36.6%，非羁押强制措施和非监禁刑适用比例进一步提高。从实体处理到程序适用，均更好地体现了坦白从宽、宽严相济的刑事政策，有利于罪犯改造、回归社会，最大限度地减少社会对立面，促进社会和谐稳定和国家长治久安。

二是推动案件繁简分流，优化司法资源配置。以认罪认罚作为程序分流的起点和基础，构建科学合理的刑事案件分流机制，推进繁简分流全程化、层次化、体系化。试点探索创设了速裁程序，形成普通程序、简易程序、速裁程序有序衔接的多层次诉讼程序体系，简案快办，繁案精办，实现诉讼程序与案件难易、刑罚轻重相适应，有利于优化司法资源配置，促进庭审实质化，推进以审判为中心的诉讼制度改革。从刑事诉讼制度发展态势看，刑事诉讼程序设置呈现多元化发展趋势，世界上许多国家都规定了三种以上的简易程序。例如：意大利设置了简易审判、依当事人要求适用刑罚、快速审判、立即审判、处罚令五种简易程序；日本有略式程序、简易公审、快速裁判、交通案件即决裁判四种程序；德国的刑事简易程序在原有处罚令程序和快速审判程序之外又引入了辩诉交易程序，轻重有序，

灵活多样，多层面满足不同案件的审理需要。从刑事司法改革的发展趋势看，以审判为中心的刑事诉讼制度改革稳步推进，庭审实质化要求逐步落实，如果不论认罪与否，不管案件难易，一律逐项举证质证、法庭辩论，既不现实，也没必要。只有简案快审得以实现，繁案精审才有保障。

截至 2018 年 7 月，18 个试点地区共适用认罪认罚从宽制度审结刑事案件 181177 件，15 日内审结的占 82.3%，其中适用速裁程序审结的占 66.1%，适用简易程序审结的占 26.4%，适用普通程序审结的占 7.5%；当庭宣判率为 79.2%，其中速裁案件当庭宣判率达 93.0%。例如，北京、南京、郑州等地设置专门办案组织，探索刑拘直诉，对简单、轻微案件力争在拘留期限内完成侦查、起诉、审判，促进侦诉辩审环节快速流转，实现简案快办、难案精办，合理配置司法资源，在确保办案质量的基础上有效提升了办案效率。

三、强化改革协同配套，促进刑事审判体系和审判能力现代化

习近平总书记深刻指出，注重系统性、整体性、协同性是全面深化改革的内在要求，也是推进改革的重要方法。改革越深入，越要注意协同，只有改革方案协同、改革落实协同、改革效果协同，才能互促增益、聚焦发力。推进以审判为中心的诉讼制度改革，构建中国特色多层次刑事诉讼体系，要抓好改革的协同配套，注重制度的紧密配套、前后衔接、互相呼应，促进改革协调、深入发展。配套改革措施很多，涉及方方面面，我重点谈两个问题。

一是健全刑事辩护制度，强化司法人权保障。辩护权是刑事司法中的首要人权保障。完善刑事辩护制度是推进以审判为中心的刑事诉讼制度改革，构建多层次刑事诉讼体系的重要配套措施。

首先，积极推进刑事案件律师辩护全覆盖试点工作。2017 年 10 月，最高人民法院、司法部印发《关于开展刑事案件律师辩护全覆盖试点工作的办法》，在上海、浙江等地开展刑事案件审判阶段律师辩护全覆盖试点工作。扩大法律援助范围，对于适用普通程序审理的一审案件、二审案件、按照审判监督程序审理的案件，被告人没有委托辩护人的，人民法院通过法律援助机构指派律师为其提供辩护。

其次，建立法律援助值班律师制度。2014 年速裁程序试点启动后，法律援助机构在法庭和看守所派驻值班律师，为没有委托辩护人的犯罪嫌疑人、被告人提供法律咨询、程序选择、申请变更强制措施等法律帮助，确保其知悉诉讼权利、自愿认罪认罚、选择速裁程序，有效保障被告人权益。2017 年 8 月，“两高三部”出台《关于开展法律援助值班律师工作的意见》，对值班律师开展工作的条件范围、工作机制、日常监督、物质保障等作出明确要求，为值班律师工作提供便利，强化履职保障，提升法律帮助质效。

最后，切实维护律师执业权利。2017 年 2 月，最高人民法院会同有关方面建立了律师工作联席会议机制，健全律师执业监管跨部门协调机制，及时沟通、研究解决律师管理和权益保障方面的普遍性问题。2017 年 4 月，“两高三部”和中华全国律师协会联合印发《关于建立健全维护律师执业权利快速联动处置机制的通知》，保障律师执业权利受到侵犯后第一时间受理、第一时间调查、第一时间处理、第一时间反馈。这些措施的制定和文件的出台在保障律师辩护权、提高律师辩护率和改善律师执业环境等方面起到了积极作用。

二是加强智慧法院建设，助推刑事诉讼制度改革。周强院长深刻指出，司法体制改革和信息化建设是人民司法事业发展的车之两轮、鸟之两翼。信息化是新时期刑事审判工作创新发展的重要支撑和引擎。在互联网、人工智能等现代科技引领下，司法大数据蓬勃发展，司法智能辅助系统方兴未艾，科技创新给刑事诉讼制度改革带来广阔前景。完善中国特色刑事诉讼体系，要坚持体制机制改革与现代科技应用双轮驱动、两翼发力，以建设大数据平台、智慧法院为契机，推进现代科技与制度创新的深度融合，进一步提升刑事审判工作的质量、效率和公信力。

首先，优化刑事案件辅助办案系统，为刑事审判提供智能化服务。2017 年 2 月，上海高院开发了“上海刑事案件智能辅助办案系统”。该系统由三部分组成：上海刑事案件大数据资源库、上海刑事案件智能辅助办案应用软件、上海刑事案件智能辅助办案系统网络平台。系统功能主要包括：证据标准指引、单一证据校验、证据链审查、量刑参考、文书自动生成等。目前已在上海公检法共计 25 家试点单位试运行，取得初步成效，主要有：跨部门大数据办案平台建成，软件系统联结公检法三机关，形成新的办案流程，初步实现刑事办案网上运行、互联互通、信息共享；制定证据标准、规则指引，初步解决刑事办案证据标准适用不统一、办案行为不规范的问题；系统的证据校验、审查判断等功能，能及时发现、提示证据中的瑕疵和证据之间的矛盾，如讯问笔录是否缺失讯问起止时间、被告人签名捺印，搜查笔录是否缺失见证人签名；又如，根据刑事诉讼法第 116 条的规定，犯罪嫌疑人被送交看守所羁押后，侦查人员对其进行讯问，应当在看守所内进行，如果笔录显示讯问地点为派出所，该系统亦能发现，防止“一步错、步步错、错到底”，确保办案质量。这个系统目前还在试运行阶段，优化完善后将适时在全国推广。

其次，强化拓展司法大数据功能。最高人民法院先后成立了司法案例研究院、司法大数据研究院，加强对案例等司法数据的管理、分析和应用，探索建立类案检索、类案参考机制，为办案人员提供集成、高效的智能辅助，为审判工作提供智能化的司法大数据服务，切实提升司法预测、决策科学度和准确性。贵州高院通过对全省刑事案件数据进行采集分析，建成贵州重大刑事案件大数据库，将数据分析结果直接应用到案件管理系统中，实现裁判预测和偏离预警，为同类案件特别是相似案件的审判提供分析依据和帮助，实现规律性的审判，又体现了法官的创造性劳动。

最后，全面推动审判流程重塑。重新审视刑事审判的每一个环节，推进现代科技手段深度应用，构建适应实际需要的刑事司法新模式。深圳、杭州等地探索视频提讯、视频开庭、短信快速送达、诉讼文书及电子证据网上流转，充分利用信息技术提高工作效率。成都、南宁等地开发相应的证人隐蔽出庭系统、变声系统、多媒体示证系统、远程视频作证系统，为新型出庭作证方式提供保障，有力助推司法改革。

各位专家、各位同志，党的十九大从全面依法治国、推进国家治理现代化的基本格局出发，对进一步深化司法体制改革作出了统一部署，指明了方向，规划了路线，对司法审判和法学研究提出了许多新要求、新课题、新任务。让我们携手共进，以习近平新时代中国特色社会主义思想为统领，不断加强实践探索和理论研究，深入推进刑事诉讼制度改革，推动理论创新、实践创新、制度创新，为完善中国特色刑事诉讼制度，为建设公正、高效、权威的社会主义司法制度贡献智慧和力量。

在2018年刑事诉讼法学年会上的发言

最高人民检察院副检察长　童建明

根据会议安排，下面我就新时代检察发展新理念、深化检察改革强化刑事法律监督、落实好刑事诉讼法新修改的相关程序和制度等几个方面的内容向大家做个汇报交流。

一、新时代检察理念的创新发展

进入新时代，检察机关反贪转隶，“履新”开展公益诉讼，完成了恢复重建40年来最深刻、最具影响的一次重大职能调整。在这样的形势下，检察工作如何创新发展？新一届高检院党组主动适应新时代新要求，提出了“讲政治、顾大局、谋发展、重自强”的总体要求，强调要以习近平新时代中国特色社会主义思想为指导，不断更新理念，引领检察工作在继承中创新发展。择其要者，有以下几点：

（一）司法办案要充分发挥引领社会价值的作用

法律不是僵化冰冷的，而是有一定的弹性和温度的。检察机关履行法律监督职责，首先要考虑应向社会传递什么样的信号，通过个案的公平正义来引领司法工作的价值追求，促进社会进步。要实现这样的价值目标，就要追求体现客观真相的实体正义、体现程序公正的法律正义与体现民情民意的朴素正义的统一，也就是要实现办案政治效果、社会效果、法律效果的有机统一。政治效果是检察办案的总方向，要通过卓有成效的法律监督巩固党的执政地位、维护国家政权安全、保障社会和谐稳定。社会效果是检察办案的落脚点，要把法理情有机融合起来，使司法办案工作能照应社会关切，贴近民情民意。法律效果是检察办案的基本要求，也是实现政治效果与社会效果的基础，任何时候都不能以牺牲法律效果为代价去片面追求政治效果和社会效果。近年来，一些案件像湖南的陆勇案、山东的于欢案，起初批捕、起诉后受到媒体热炒、“吐槽”，就是因为没有把三个效果统一起来把握，没有做到法理情的统一。相反，这些案件后来被纠正，近期昆山反杀案的处理，都是因为较好地把握了三个效果的统一、法理情的统一。

（二）法律监督要努力实现双赢多赢共赢

提出检察机关应树立双赢多赢共赢的法律监督新理念，是基于这样的认识：检察机关虽是法律监督机关，但与公安、法院等其他执法司法机关只是职责分工不同，没有地位高低之分。检察机关行使法律监督职能不是为了显现我对你错、我高你低、我赢你输的对抗心理或求胜心态。监督者与被监督者的目标是共同的，价值取向是一致的，都是为了维护社会公平正义。要实现双赢多赢共赢，检察机关就要努力与其他执法司法部门形成良性、互动、积极的工作关系，赢得被监督对象的支持与配合，促使被监督对象对检察机关的监督意见认真审视，增强自我纠错的自觉，从而实现最好的监督效果。

（三）履行检察监督要以办案为中心

检察机关履行各项法律监督职责主要是在诉讼程序中进行的，诉讼就是办案，因此要树立以办案为中心的理念，在办案中监督、在监督中办案，或者说是把监督寓于办案之中，把办案作为监督履责的过程和基本手段。离开办案，法律监督就是无源之水、空中楼阁，无法落地。办案也是检察机关从供给侧角度为社会提供法治产品、检察产品的主要体现。所以，检察机关的政治业务建设都要围绕办案来展开，司法责任制改革等的最后成效都要体现在办案上。当然，也不止步于办案，在加强办案的同时，要做好办案的后半篇文章，贯彻谁执法谁普法的原则，发挥检察机关对犯罪规律有比较清晰的认识、对犯罪分子堕落轨迹有切身感受、对管理中的漏洞有深切了解的优势，加强检察建议工作，促进社会治理。

（四）领导干部带头办案，推动落实司法责任制

院领导办案是履行政治和法律监督职责的必然要求，也是司法检察理念的变化，领导方式的变革。高检院要求，各级检察长都要积极主动直接办案，从批捕到审查起诉，从出庭支持公诉、抗诉到列席审委会，在检察职责范围内完整地办理若干案件，带头办理疑难、复杂、具有影响性的案件，以此带动员额检察官集中精力投入办案。

（五）借用“外脑”提升检察官办案的专业素养

检察办案涉及的专业知识越来越多，如金融证券、互联网等，公益诉讼案件涉及环境科学、食药安全等领域。检察官的专业知识已不适应，需要借用“外脑”。高检院已成立民行专业咨询委员会，办理公益诉讼案件正在考虑与生态环境部等进行干部交流，以此弥补检察官专业知识的不足，拓展检察官的专业视野，保障司法办案更加精准，法治产品更加优质。

二、深化检察改革强化刑事法律监督

经过党的十八大以来的司法体制改革，中国特色社会主义司法制度的“四梁八柱”已经确立，检察体制的基本框架已经构建。接下来的主要任务是健全完善综合配套措施，搞好“精装修”。新一届高检院党组和张军检察长高度重视深化检察改革，经过反复研究论证，对今后五年的检察改革提出了健全完善六大体系：完善检察机关坚持党的领导制度体系，完善检察机关法律监督体系，完善检察权运行体系，完善检察人员分类管理体系，完善检察机关组织管理体系以及完善法律监督专业能力专业素养提升体系。六大体系检察改革的内容多、涉及面广，下面我主要汇报一下刑事诉讼领域强化法律监督的若干举措。

（一）合理配置检察侦查权，完善对司法人员利用职权实施犯罪的监督

为了保障检察机关的法律监督职责，特别是对司法活动监督的权威性和有效性，正在

修订的刑事诉讼法仍将刑事诉讼中发现的司法工作人员利用职权实施的侵犯公民权利、损害司法公正的犯罪的侦查权赋予检察机关。刑事诉讼法修改通过后，检察机关将根据内设机构的改革规划合理配置法律赋予的侦查权，建立由地市级人民检察院立案侦查为主，县级人民法院协助侦查的制度。

（二）推行“捕诉合一”，强化对侦查活动的监督

批捕和起诉是宪法和法律赋予检察机关的两项重要职能，履行这两项职能的机构是合一还是分设，历史上有变化，1996 年刑事诉讼法修改前主要是捕诉合一的，1996 年刑事诉讼法修改后主要是分设的。新一届高检院党组决定把推进机构改革作为新一轮司法改革的突破口，其中一项重要内容就是推行“捕诉合一”，就是由一名检察官既管批捕又管起诉。为什么要推行“捕诉合一”？照我理解，一是反贪转隶，使检察机关有更多的精力来思考如何强化法律监督，又恰逢内设机构改革，中央提出机构改革的一个重要原则是一类事项由一个部门统筹，一件事情由一个部门负责，在检察环节，同一个案件由同一个机构、同一名检察官负责，正是顺应了这样一个要求。二是一个案件由同一名检察官负责，有利于把员额检察官的司法责任制落到实处。三是同一名检察官负责批捕、起诉有利于从一开始就按照以审判为中心的诉讼制度改革的要求，以庭审所需的证据标准来引导侦查取证，既可以避免由两名检察官分别负责造成的重复审查，也可以避免“铁路警察各管一段”的弊端，对于缩短检察官与侦查取证之间的距离，构建新型检警关系，提升办案质效无疑具有现实意义。四是“捕诉合一”后，便于按照案件类型来设置机构，一个检察官在一个时期可以集中办理某一类案件，这对提升检察官的专业能力大有益处。五是与公安、法院机构设置相协调，有利于工作联系沟通。六是从更深层次的意义上说，是落实习近平总书记提出的“要抓住司法责任制这个‘牛鼻子’，深入研究司法责任制综合配套改革方案，加快构建权责一致的司法权运行新机制”的切入口和突破口。

一段时间以来，学术界对“捕诉合一”改革给予了高度关注，高检院充分注意到并十分尊重学术界对检察改革、检察发展的各项意见和建议。2018 年 7 月和 8 月，最高人民检察院邀请和组织了两批次共 15 位学者奔赴江苏和吉林了解近年来已试行“捕诉合一”的实践情况。从调研的情况看，“捕诉合一”后检察办案的效率有了明显提升，检察官的捕诉能力也有明显提高，有关“捕诉合一”后羁押率上升、捕后强诉的担忧并没有在实践中出现。通过调研，学者们对检察机关“捕诉合一”的办案模式也有了新的认识，不少学者还就“捕诉合一”办案模式的完善提出了许多有益的建议。结合学界的建议，检察机关在推进“捕诉合一”的同时将加强顶层设计，对改革中可能出现的问题密切关注、积极应对。一是针对批捕和起诉证明标准不同的问题，强调“捕诉合一”是办案主体的合一，而非办案环节的合一，逮捕和起诉须依法适用不同的证明标准，即“捕诉合一”后两者证明标准不可同质化而应递进化。二是针对批捕和起诉办案期限的不同，同一检察官既捕又诉可能导致办案精力分配不均，批捕可能挤压公诉的情况，检察机关将通过与公安机关加强沟通协调，内部案管部门科学分案等措施，确保每位检察官在办理捕诉案件的时间分配上均衡合理，有效解决“捕诉合一”办案模式下“短跑”与“长跑”的问题。三是为了保证办案质量，强化听取律师意见工作，具有影响性的案件、可捕可不捕界限不清的案件公开听证。四是针对内部监督制约不可能弱化的问题，加强检察长的管理、案管部门的监督，完善考核指

标和考核办法，避免不该逮捕而逮捕，捕后“强行起诉”、“勉强起诉”情形的发生。

（三）健全与多层次诉讼体系相适应的公诉模式，努力实现“简案快办”、“繁案精办”

随着速裁程序和认罪认罚从宽制度试点改革的完成，我国刑事审判领域将形成速裁程序、简易程序和普通程序相互衔接的多层次诉讼体系。对此，检察机关将积极健全与之相适应的公诉模式，推动繁简合理分流。对于适用普通程序审理的案件，检察机关将坚持疑难案件精确导向的公诉模式，完善诉前证据收集、审查、判断工作机制，建立健全符合庭审和证据裁判要求、适应各类案件特点的证据收集、审查指引；完善庭上举证、质证和发表公诉意见机制。对运用简易程序和速裁程序审理的案件，检察机关将以公正为前提，坚持简易认罪案件效率导向的公诉模式，完善审前阶段案件认罪认罚从宽的释法说理机制，充分保障犯罪嫌疑人获得律师帮助和辩护的各项权利，健全认罪认罚自愿性保障和合法性审查机制，细化认罪认罚案件量刑建议标准，力求提起公诉的案件被告人服判息诉。

（四）巡回和派驻相结合，完善刑事执行监督机制

以往的刑事执行检察主要是通过在监狱设置派驻检察室的方式进行的。随着时代的发展，派驻检察逐渐暴露出一些问题：一是派驻检察人员容易被监管单位同化，监督缺乏实效；二是派驻检察人员分散，限制了检察人员的科学合理配置；三是派驻检察工作涉及刑事执行的各个方面，事务性工作繁杂，影响了法律监督目的的实现。为了弥补派驻检察的不足，高检院提出了巡回检察制度的改革方案，就是在派驻检察的基础上，组织专门的力量进行巡回检察。从试点情况看，由于巡回检察具有外部性与独立性的特点，发现问题更深入、更具体。派驻检察与巡回检察在刑事执行监督上各有特点、各具优势，故而将派驻与巡回有机结合，因地因时制宜地选择具体的工作模式，可以促进刑事执行检察资源最优化配置，也能够促进刑罚执行监督理念、工作重点和主要任务的调整，推动刑事执行检察方式方法的整体优化，从而实现监督质效的最大化。

三、落实好刑事诉讼法新修改的相关程序和制度

本次刑事诉讼法的修改幅度虽然不大，但一些新规定和新内容与检察制度密切相关，对检察工作影响重大。检察机关在刑事诉讼中的地位和作用将更加凸显。在实施刑事诉讼法新修改的相关程序和制度方面，检察机关要特别注意以下几点：

（一）当好审前程序的主导者

在审前阶段，要顺应以审判为中心的诉讼制度改革的需要。因为以审判为中心实质上是以庭审为中心，以庭审为中心核心是以证据为核心。要完善检察机关介入侦查、引导侦查取证机制。对需要介入侦查的案件要及时、主动介入，指派专业人员介入专业化案件，推动建立公安机关办理重大、复杂、疑难案件听取检察机关意见和建议制度，从侦查方向、提取和固定证据、法律适用、刑事政策把握等方面提出建议，依法全面有效引导侦查；完善退回补充侦查机制，明确补充侦查的方向、标准和要求，随时跟踪询问、督促引导补充取证，提高案件的补正质量和效率。建立审查逮捕听证制度，对一些影响性案件或者捕与

不捕界限不清的案件，当面听取侦查机关、犯罪嫌疑人及其辩护律师、被害人及其诉讼代理人等人的意见，增强审查逮捕的公开性、透明性，统一对事实、证据和法律的认识，充分保障人权，确保侦查报捕的质量和效果。同时切实强化对侦查活动的监督，贯彻好非法证据排除规则，要重点防控刑讯逼供。近几年发现的重大冤错案件，几乎都与刑讯逼供有关，这既是对犯罪嫌疑人、被告人人权的严重践踏，也是造成冤错案件的“罪魁祸首”。随着人权意识的觉醒，刑讯逼供现象明显减少，但没有杜绝也不可能杜绝。有犯罪，就有侦查，就有可能存在刑讯逼供。我们必须在制度上最大限度地防控刑讯逼供现象的发生。在这方面检察机关肩负着重大责任。要强化对侦查措施的监督，贯彻非法证据排除规则，建立重大案件侦查终结前对讯问合法性进行核查制度，也要强化看守所派驻检察监督，最大限度地压缩可能引发刑讯逼供的概率。

（二）当好诉讼程序的调控者

做好审前主导，严防将非法证据带入法庭，为顺利完成庭审任务打下坚实基础。随着刑事诉讼法修正案的通过，速裁程序和认罪认罚从宽制度将被正式确立。多层次的诉讼体系决定了检察机关应当做好诉讼程序的调控者，对适用不同程序的案件进行准确分流，导入不同的诉讼程序。重点是做好“限流”和“导流”两方面的工作：一方面，充分发挥不起诉裁量权的作用，赋予检察官更多的不起诉裁量空间，扩大不起诉的适用范围。通过不起诉过滤掉那些没有必要进入审判程序的案件，以激励一些可罚可不罚的犯罪嫌疑人尽早认罪、悔罪，并通过积极退赔、赔礼道歉、刑事和解等，消除或减轻危害后果，取得被害人谅解，这属于“限流”。当然，要完善不起诉公开审查机制，避免裁量权扩大后不起诉被滥用的风险。另一方面，强化审查起诉和控辩协商，做好多层次诉讼程序的导流工作。根据案件的事实繁简、难易程度以及犯罪嫌疑人的认罪态度等，合理运用检察机关的程序选择建议权，将不同类型的案件导入不同的审判程序，为审判提速增效。

（三）当好程序、新制度的践行者

2012 年刑事诉讼法修改增设了未成年人刑事案件诉讼程序，刑事和解案件的诉讼程序，犯罪嫌疑人、被告人逃匿、死亡案件违法所得的没收程序，依法不负刑事责任的精神病人的强制医疗程序等。这些新增程序，有的适用得较多较好，也有的适用得不多，或者说还没有做到运用自如。这次刑事诉讼法修改又增加了缺席审判制度、速裁程序。检察机关是这些程序的建议者、启动者或调控者，要善于运用好这些新程序，不断提升检察机关的司法能力和水平，充分发挥刑事诉讼法修改的预期效果。

刑事诉讼法从一定意义上讲是刑事检察工作的基本行为法。检察机关愿与刑事诉讼法学界的专家学者加强沟通联络，认真听取大家的意见和建议，不断提升检察机关工作的质量和水平。

中国刑事诉讼法学研究会 2018 年年会综述

王迎龙　吴思远*

10 月 20 日至 21 日，中国刑事诉讼法学研究会 2018 年年会在陕西西安成功举行。本届年会以“新时代中国特色刑事诉讼制度新发展”为主题，由中国刑事诉讼法学研究会主办，西北政法大学承办。来自最高人民法院、最高人民检察院、北京大学、中国人民大学、中国政法大学、中国社会科学院、华东政法大学、浙江大学、四川大学、西南政法大学、中南财经政法大学、湖南大学、北京师范大学、中国人民公安大学、厦门大学、广州大学、山东大学、吉林大学、辽宁大学等全国高等院校、研究院所与实务部门的 250 余名专家代表参加了本次会议。与会代表围绕大会主题，针对“新时代中国特色刑事诉讼法治理论体系研究”、“司法改革综合配套措施改革研究”、“监察制度与刑事诉讼制度的衔接问题研究”、“刑事诉讼法再修改问题研究”四个分议题进行了深入、全面、富有建设性的讨论。现将会议内容综述如下：

一、新时代中国特色刑事诉讼法治理论体系研究

有代表指出，从 1979 年 7 月我国第一部刑事诉讼法诞生起，历经 1996 年、2012 年两次大的修改，再到 2018 年 5 月公布《刑事诉讼法修正案（草案）》，其间尽管有曲折，但总体而言展现了我国刑事程序法治的重大发展和完善，是中国特色社会主义法治建设成就的重要组成部分。

另有代表提出，新时代中国刑事诉讼改革与发展的过程中存在跟随政治体制改革亦步亦趋的倾向。随着司法实务部门、决策部门的组成人员学历水平的逐渐提高，学界只有通过夯实知识体系、提高研究能力和学术水平，才能使学术话语更有说服力。

还有代表认为，我们在构建刑事诉讼法治理论体系的时候既要考虑打击犯罪的需要，也要考虑人权保障的需要。当前，会见难有所回潮，受经济利益驱动的指定管辖有所增多，这些现象和问题值得我们警惕。

有代表提出，我国传统的证据理论是建立在对席审判的制度基础之上的，随着新时代刑事诉讼法的修改，程序多元化的发展，如缺席审判制度的构建，应当引发我们对证据理论研究的深入和证据制度的进步和发展。

还有代表则认为，新时代中国刑事诉讼制度变革始终贯穿一个主题，这就是如何构建中国刑事诉讼话语。中国刑事诉讼话语的构建，是关于中国在实现刑事诉讼制度与文化的现代化过程中，在实践的检验和理论的发展中形成的独特话语的建立过程。新时代中国特色刑事诉讼法治理论体系的构建，应当逐渐发展和巩固中国刑事诉讼话语权。

---

* 作者简介：王迎龙，北京工商大学法学院副教授；吴思远，中国政法大学刑事司法学院博士后研究人员。

也有代表强调，针对近年来我国程序法治有所倒退的趋势，必须提高程序法治基本原理的话语权。其进一步指出，程序法理论比实体法理论更博大精深，这是因为程序法的理论源于天赋人权或者说自然法则，而刑事诉讼法作为一部具有国际意义的法律，许多普适性和共通性的内容都是通过联合国公约和其他国际公约来加以明确的，这与刑法作为典型的国内法完全不同。故今后要以习近平新时代中国特色社会主义思想为指导，大力巩固和加强程序法治基本理论的研究，不断提高程序法治基本原理的话语权。

二、司法改革综合配套措施改革研究

（一）司法体制综合配套改革与司法改革的关系

有代表提出，司法体制综合配套改革与司法体制改革并不相互独立，综合配套措施改革是对司法改革的夯实和完善，而司法体制改革是综合配套措施的基础性工程，深化司法体制综合配套改革是司法体制改革由点到线、由面成体的必经过程。综合配套措施改革实现了司法体制改革由“毛坯”到“精装修”的转变，已经确立的四项基础性改革措施以及其他系列改革举措从根本上确立了本轮司法改革的宏观框架。

还有代表指出，所谓“综合配套”，是在推出一项重大改革措施时，要同时考虑理念、制度、人员、保障、纠偏五个方面，并使这五个方面协调一致地推进，共同服务于司法体制改革这一目标。

（二）司法体制综合配套改革中存在的问题

针对我国司法体制改革综合配套改革中存在的问题，有代表指出，我国的四项基础措施改革是以司法责任作为逻辑起点的，这与域外法治国家的逻辑起点有所不同。我国将司法的独立暗含在司法责任之中，实践中效果不佳。而在与以审判为中心相配套的制度改革中，以非法证据排除为例，虽有实质性的推进，但相较于域外的刚性排除非法证据方式，我国仍是柔性排除。所以，综合来看我国刑事诉讼法的研究，目前仍以立法论为前提，应逐渐注重走向以解释论为基础的研究。

也有代表认为，我国当前的司法体制改革中创新思维有余，而逻辑思维不足，这主要表现在提出某些新观点后，没有进行深入的分析、论证，也没有经过试点充分的检验，就急急忙忙在实践中推行，导致某些配套改革措施的名存实亡。

（三）庭审实质化

有代表提出，以审判为中心的刑事诉讼制度改革已进入了实质性阶段。对于审判中心而言，庭审实质化改革处于关键的地位。庭审实质化改革首先需要考虑的问题就是如何确定其适用范围。要实现司法资源配置的持续优化，深入推进庭审实质化改革，保证司法资源主要集中于有争议案件的审理，仅仅建构认罪认罚案件和不认罪认罚案件的分流机制是远远不够的。其实，对于那些不认罪认罚的案件，即使按照普通程序进行审理，庭审实质化的程度也应有所差别，而不应平均施力。

还有代表指出，相较于传统庭审，实质化庭审调查坚持实质真实观，关注每一个证据的形成过程及表现形式，对法官、检察官、律师的知识体系提出了更高的要求，强调司法人员从每一个证据证明的内容出发，深入到每一个证据形成的过程，分析各种因素对证据真实性产生的影响。显然，传统的阅卷式审查和庭审复核笔录证据已不堪大用，唯有采用直接言词原则才可能实现上述目的。总之，庭审实质化改革的本质是以实质真实观替代形式真实观，以审判卷宗替代侦查卷宗，从而摆脱侦查证据对审判的决定作用，使刑事程序真正从以侦查为中心转变为以审判为中心。

（四）“捕诉合一”机构改革

关于检察系统正在推行的“捕诉合一”机构改革，与会代表总体上持两种态度，一种是审慎地赞成；另一种是理性地质疑。

关于第一种赞成的态度。有代表提出，“捕诉合一”是通过重新配置办案资源，改革内部办案方式从而对新的司法场域的一种回应和平衡机制。其主要是为了缓解实践中案多人少的矛盾，是提高捕诉案件质量的现实要求，也是为了强化捕诉的办案责任。推行“捕诉合一”，不仅不会异化审查逮捕、削弱内部监督，而且有助于推进以审判为中心的诉讼制度改革。因此，其具有合理性与可行性。也有代表指出，“捕诉合一”有深厚的实践土壤，如吉林省从 2014 年开始实施捕诉合一，探索出“捕诉合一”、“捕诉分离”和“捕诉交叉”这三种子模式。“捕诉合一”以检察官“员额制”和司法责任制为内在驱动，是检察机关专业化和职业化建设的必由之路，故推行“捕诉合一”是顺理成章的。

关于第二种质疑的态度。有代表指出，按照《公民权利和政治权利国际公约》（以下简称《公约》）应由中立的法官或司法人员决定羁押。我国目前由检察官批捕，本就背离了《公约》。若实行“捕诉合一”，越发远离《公约》要求。也有代表认为，参照国外的经验，“捕诉合一”不符合涉及人身自由的限制需要由中立法官签发令状的司法令状制度，是一种倒退。还有代表进一步分析了“捕诉合一”不可取的原因，具体包括：（1）捕诉分立之前，追诉与批捕两种思维是分离的。合一之后，批捕检察官会带有很强的追诉思维，将弱化中立性。（2）“捕诉合一”导致追诉、侦查和批捕彼此之间的关系密切化，从而进一步弱化了监督。（3）“捕诉合一”不会带来刑事案件质量的提升，检察官的引导侦查角色和监督侦查角色彼此存在冲突、相互掣肘。（4）司法责任制可能导致检察官因为害怕责任追究而不去纠正错捕。

此外，持肯定态度的代表在肯定“捕诉合一”具有一定合理性与可行性的前提下，还认为应当完善相关制度预防“捕诉合一”可能带来的弊端。例如，对“捕诉合一”首先应当进行充分的试点，进行充分的评估和调整；还应当构建相应的配套措施，保障审查逮捕的实质化，切断捕诉利益关联，强化侦查监督引导等。

三、监察制度与刑事诉讼制度的衔接问题研究

（一）立案管辖

有代表提出，在实践中，一人犯数罪或数人共同犯罪时，各罪或不同的人因身份不同分别归属于监察机关与公安机关管辖的情况偶有发生。尽管监察法规定“监察优先”、“监

察为主”，但由此引发的会见问题、证据转化问题等应在刑事诉讼法中有所体现。

另有代表提出，监察调查和检察侦查亦存在一定的交叉。比如，徇私枉法罪可能构成刑法上的牵连犯，故受贿罪由监察委调查为主，但同时可能涉及检察机关管辖的范围。按照六部委的解释，应当由主要犯罪行为发生地的管辖机关侦查为主，另一方为辅助。然而，在这种情况下是否需要全案移送，如果是全案移送，检察院是撤销案件还是退回补充调查等问题有待进一步明确。

还有代表指出，根据监察法规定，被调查人既涉嫌严重职务违法或职务犯罪，又涉嫌其他违法犯罪的，一般应当以监察机关为主进行调查。然而，有些牵连案件并不适合由监察机关调查。比如，因案件性质，监察机关需要回避；再如，一些传统上属于公安机关侦查的高度专业性的案件，监察机关并不具备相关的办案技术和能力。故应当对牵连案件的管辖进一步明确，限制由监察机关管辖的牵连案件的范围，同时对牵连案件的管辖程序一并明确，如并案调查的审批程序、对管辖异议的处理等。

代表们对《刑事诉讼法修正案（草案）》规定的立案管辖表达了不同看法。该草案规定，对司法工作人员利用职权实施的几类犯罪，可以由人民检察院立案侦查。一种观点认为，在当前职务犯罪调查权转隶的背景下，检察院保留对这几类犯罪的侦查权似乎没有必要；另一种观点则认为，确有必要保留检察院的部分侦查权，但该条规定的表述不严谨，即“可以”一词意味着这类犯罪既可以由检察院管辖也可以由监察委调查，那么就可能出现推诿管辖或者争抢管辖的问题。

（二）留置措施

有代表指出，监察法第 44 条规定了留置措施的主要程序，包括对被调查人采取留置措施后，应当在 24 小时以内通知被留置人员所在单位和家属，但有可能毁灭、伪造证据，干扰证人作证或者串供等有碍调查情形的除外。有碍调查的情形消失后，应当立即通知被留置人员所在单位和家属。然而，实践中的基本做法却是不通知，这与立法上“有碍调查”的模糊表达有着密切关系。

还有代表提出，当前留置的场所与执行在实践中的问题较为突出，即各地的做法并不相同，如在办案机关、看守所或其他场所执行的。故考虑到人权保障的目的，其建议应当是以看守所执行为宜。

（三）证据适用

有代表指出，监察证据与刑事证据的转化是监察程序与刑事诉讼程序协调衔接的重要环节。刑事诉讼法第 52 条第 2 款只规定了行政执法证据与刑事证据的转化，该条款适用于原来的行政监察机关，但不适用于监察机关。监察法第 33 条第 1 款确立了监察证据与刑事证据的转化制度，并且要求监察证据与刑事审判关于证据的要求和标准保持一致。目前，监察法与刑事诉讼法对于监察证据与刑事证据转化的范围、条件与程序等还未予以明确，故建议在刑事诉讼法第 52 条中对此予以回应。

另有代表对监察调查获取证据的资格提出质疑。其提出尽管监察法的调查程序与刑事诉讼法的侦查程序内容基本上一致，但由于监察委的调查并不适用刑事诉讼法，那么其调查获取的证据能否在庭审阶段进行质证，如何质证，质证效果如何等。

也有代表提出，监察证据的范围是有限的，即尽管纪委与监察委合署办公，但纪委和监察委办案的范围是有区别的。纪委只调查违纪行为，故纪委获取的证据不能直接作为刑事证据。只有监察委调查获得的涉嫌职务违法和职务犯罪的证据才属于监察证据，并存在与刑事证据转换的问题。

还有代表认为，监察法所规定的非法证据排除的规定相较于刑事诉讼法来说相对粗疏，故法院仍然应当依据刑事诉讼法来审查监察调查活动，对审前供述的合法性要重点审查供述的自愿性和取证行为的合法性。

（四）权利保障

有代表认为，监察委员会调查职务犯罪的程序构造对于监察权力的行使、职务犯罪的控制和被调查人合法权益的保障具有重要的“框架性”制约意义。但目前监察委员会对职务犯罪调查的程序构造是典型的“线性结构”模式，缺乏“第三方”的介入和制衡。但该种模式对以审判为中心的诉讼制度改革存在冲击，对被调查人的合法权益存在被侵犯之嫌疑，存在不当进行选择性执法的风险，并在冤错案件防范方面存在短板。该代表认为，应将“三角结构”确立为我国监察委员会调查职务犯罪程序的目标模式，即在监察机关与被调查人的“对垒”程序中引入一个客观、中立的“第三方”，以制衡监察机关权力的行使，保障被调查人的合法权利。“三角结构”的调查程序在一定程度上复制了审判结构的模式，是在对抗性的双方之外设置一个中立的“裁判者”角色。

还有代表指出，监察制度的设立符合我国法治建设的总体规划。为了确保国家监察体制改革不偏离法治化轨道，监察机关应当把我国宪法所规定的国家尊重和保障人权原则贯穿于办案始终，将程序法治体现于反腐败制度的内涵建设。

（五）监督制约

有代表对纪检监察机关对检法两院的影响表示出一定的担忧，其指出目前司法实践中检察院、法院形成一种默契，即对移送审查起诉和审判的可以照单全收，数额可以加大，但绝对不能少。特别是数额较大的案件，纪检监察机关的调查结果对检察的起诉、法院的判决会产生决定性的影响。虽然刑事诉讼法明确相互分工、配合制约的原则，但监察机关负责职务犯罪的调查，如果检法两院不能有所担当，纪检检察机关不断地影响审判，那么依法独立行使检察权、审判权的原则就无法实现，继而防止冤假错案的价值取向也可能被淡化。

有代表主张，监察机关目前集纪律检查、行政监察、刑事反贪三种权力为一身，由监察机关集中反腐之后，相关数据显示反腐败案件的数量反而有下降趋势，因而需要重点关注对监察委权力监督的问题。此外，为避免监察中心主义的出现，还需要关注监察委案件的不起诉率和无罪率，检验法院和检察院是否真正起到监督制约的作用。

另有代表提出，除了监察法已经规定的监督制约措施之外，监察机关还应当受到作为国家法律监督机关检察院的监督。

四、刑事诉讼法再修改问题研究

（一）认罪认罚从宽制度

关于认罪认罚从宽制度的定位。关于认罪认罚从宽，与会代表较为一致地认为其应是刑事诉讼法的重要原则之一。有代表指出，认罪认罚从宽制度除了可以获得认罪口供之外，还具有其他重大作用与意义，如缓和被害人情绪、化解社会戾气，但必须选择适当的方式与方法，才能达到预期的效果。还有代表认为，认罪认罚从宽不仅是一个重要原则，而且可上升到刑事司法模式的高度，为未来的刑事诉讼改革指出了一个方向，即以审判为中心必须伴随构建繁简分流的司法模式。认罪认罚从宽架构下的刑事诉讼不再是过去的单一程序模式，而是将刑事诉讼过程设置了多个出口。故认罪认罚从宽改革与以审判为中心的刑事诉讼制度改革是平行的，甚至认罪认罚从宽改革应当先行。

关于认罪真实性与自愿性的保障。有代表指出，认罪认罚保障机制是案件简化处理的制度基础，但目前自愿性保障等机制并不健全，存在被追诉者在压力下被迫同意认罪认罚等隐忧，故大力推行认罪认罚从宽需要反思。还有代表提出，当前在司法实践中，“认罪认罚”的上诉案件与日俱增，较多案件因被告人对认罪内容、认罚幅度在一审时存有误解，故应保障被告人对认罪认罚中“罪”与“罚”的知情权，并建立相关制度予以保证。另有代表认为，应当重点关注如何保障被告人认罪的真实性与自愿性，如当事人愿意认罪或愿意承认重罪，经律师建议，做无罪或罪轻辩护，而且律师的观点确实也是合法合理，但最后法院没有采纳律师的观点，以至于被告人没有得到应有的从宽量刑时，应当如何看待与处理。

关于量刑规范。有代表指出，目前在实践中，侦查阶段认罪从宽的幅度是 30%，审查起诉阶段认罪从宽的幅度是 20%，审判阶段认罪从宽的幅度是 10%。按照规定，认罪认罚只能从轻而不能减轻，故其与坦白从宽并无实质区别，导致制度的意义降低了。该代表建议，应当明确“实体从宽”的幅度，明确法定从宽量刑情节的关系。

关于值班律师制度。有代表指出，当前值班律师制度的地位与功能不清晰，导致其行使职权存在障碍，尤其是欠缺广泛的辩护性权利，如依然不具有会见权、调查取证权等，大大影响了值班律师制度的功效。也有代表结合值班律师制度运行的实际情况，提出值班律师存在着权限模糊、办案经验不足等缺陷。另有代表建议，必须明确值班律师的地位和功能，由于当前将值班律师限定为“法律帮助”有碍其作用的发挥，其只能发挥提供法律咨询的作用，以及作为“认罪认罚具结书”签订的见证者。也有代表强调，值班律师实际上仅是起到了“见证人”的作用，可能产生一定的负面功效，如一旦出现冤假错案会给律师带来潜在的风险。故从保障律师权益的角度，亦应当充分赋予值班律师会见权、阅卷权等。还有代表提出，当前许多值班律师缺乏办理案件的经验，甚至在明知侦查人员存在违法行为时也不敢提出来，很多是配合的状态，从而严重侵害了被告人的权利。

（二）刑事缺席审判制度

绝大多数与会代表认为，构建刑事缺席审判制度确有必要性，其对于打击贪腐犯罪具有重要作用。同时，有代表指出刑事缺席审判制度的三个隐忧：一是缺席审判与特别没收程序两者并用、单独适用的情形；二是缺席审判作为例外制度在理论上存在着冲击刑事诉讼法基本原则的危机；三是当前刑事缺席审判可能成为遣返引渡的障碍。

还有代表指出，刑事缺席审判制度是一个有天然缺陷的制度，其剥夺了被追诉者接受审判的权利，因此只能在迫不得已的情形下才能使用。如果用红色通缉令能够追回逃犯，就不需要使用缺席审判程序。

此外，与会代表围绕刑事缺席审判制度是否适用法律援助这一争议性问题展开激烈讨论。有代表认为，缺席审判的被告人不适用法律援助制度，这是因为存在聘请律师、会见律师等方面的客观难题，同时也可能与社会公众的正义感相抵触。也有代表认为，缺席审判的被告人应当适用法律援助制度，否则就存在着辩护权落空的消极后果。

另有代表提到了刑事缺席审判程序与违法所得没收程序的关系。其指出，违法所得没收程序事实上也是缺席审判的，应当明确在增设缺席审判程序之后没收违法所得的案件到底是适用新的缺席审判程序还是继续适用违法所得没收程序。鉴于实践中违法所得没收程序的适用率较低，该代表建议对两种程序予以整合。

（三）刑事诉讼法再修改的模式

不少与会代表对于刑事诉讼法修改的模式提出了问题。

有代表认为，由于本次刑事诉讼法再修改采用的是“修正案模式”，所以在一定程度上限制了最终的效果。刑事诉讼法作为我国的基本法律，未来原则上仍应由全国人民代表大会审议通过，特别是增加基本原则、新设诉讼制度等，不宜以修正案的方式予以变更。如此也将充分确保修法的有效性，以及体现刑事诉讼法人权保障之要义。

有代表指出，刑事诉讼法再修改不应由全国人大常委会审议通过，因为其涉及职能管辖的调整、司法机关职能的分工负责，还涉及检察院法律监督的原则性问题。此外，拟增加的认罪认罚从宽制度也涉及审判制度改革，也属于刑事诉讼中的基本原则和核心制度，故刑事诉讼法修改理应由全国人大审议通过。

此外，有代表主张，在修改刑事诉讼法过程中坚持运用法律解释学非常重要。国家法律体系分多个层次，每个层次有不同的任务，我国的基本法律在多数情况下是规定一些基本程序，有些条文不必写入法典，故由司法解释进行规定足矣。

五、刑事诉讼制度新发展的其他问题

（一）警察讯问方式

有代表针对刑事诉讼法有关讯问必须由两名办案人员进行的规定，提出同步录音录像情形下单警讯问的设想。其认为，当前我国公安机关案多人少的矛盾比较突出，基层警力不足。随着科技的发展，同步录音录像制度的实施，民警要求实行单警讯问的呼声高涨。故有必要构建同步录音录像情形下单警讯问的方式。在具体制度设计方面，它的案件范围限于案情比较简单的刑事案件。在程序条件方面，必须在全程录音录像等条件的保障下进行。在程序转化方面，对并不符合单警讯问的案件及时转换为两人讯问。至于单警讯问时警察行为的合法化，可以通过检查执法、执法考核和执法监督为单警讯问的合法化提供保障。该代表还建议可以通过试点有步骤地进行突破。

也有代表对这项创新提出了冷思考，认为这项制度存在一些障碍。其提出，第一，目前录音录像还无法做到全面覆盖。如果要实现单警讯问，至少要做到同步录音录像全覆盖。但目前即使在沿海发达地区也无法做到这一点，侦查机关只能选择法定的几类案件，其他大部分案件还不能实现。第二，目前录音录像过程还不够规范。侦查阶段讯问犯罪嫌疑人的录音录像存在不规范之处，包括录制程序、录制人员、录制地点都经不住推敲。第三，单警讯问难以督促警察在讯问过程中遵纪守法。单警讯问对民警的业务素质、职业道德提出很高的要求，对其讯问技巧、证据运用意识与能力提出更高的期待。如果讯问时存在骗供、诱供、逼供等问题，就很难保证单警讯问过程的规范性。

（二）同步录音录像制度

有代表提出，要解决同步录音录像究竟是犯罪嫌疑人、被告人的讯问笔录载体，还是证明警察讯问行为合法性的方式，以及其同书面的讯问笔录在法律定性上如何区分。这也是破解同步录音录像在实践中是否应当随案移送，是否允许辩护人查阅等困境的理论前提。

也有代表指出，目前在司法实践中，大部分机关不允许律师查阅录音录像的内容，或者是虽然允许律师查阅，但不允许律师复制。其认为，同步录音录像的功能定位应当是作为警察讯问行为合法性的证明方式，而不宜将它视为替代书面讯问笔录的证据载体。

还有代表提出，应当在讯问笔录上对录音录像进行证据固定。在实践中，当律师提出要求播放讯问的录音录像时，公安机关有时不提供录音录像，有时即使提供了录音录像但只有图像没有声音。结合上述问题，其建议在讯问笔录的末尾记载讯问过程是否有录音录像，以及录音录像的状态。通过如此证据固定的方式，即可以防止在庭审阶段发生不必要的争议。

（三）律师在场权

有代表认为，结合录音录像制度的种种不足，刑事诉讼法应当通过赋予律师讯问过程在场的权利来彻底解决上述问题。

也有代表对律师在场权的主张提出质疑。其认为，东南亚个别国家（如越南）在刑事诉讼法中确立了讯问犯罪嫌疑人时律师在场权，但是律师在场权在实践中遭遇了诸多现实障碍。根本原因就是侦查机关仍然高度依赖口供，故办案人员总会想方设法阻止律师在场权的实现。例如，警察在讯问前半小时才通知律师，等到律师赶到办案场所时讯问已经结束。另外，律师对讯问时在场的积极性也不高，甚至认为增加了自己的义务，与自己的收费不相符等。该代表指出，结合域外经验来看，律师在场权并不一定就是完美的制度，相比较之下，不如进一步完善录音录像制度。

第一部分

新时代中国特色刑事诉讼法治理论体系研究

刑事诉讼法治四十春秋

陈光中　曾新华*

1976 年 10 月，中央粉碎“四人帮”，结束了十年“文化大革命”浩劫。1978 年 12 月，以十一届三中全会为标志，中国开启了改革开放的历史征程。全会作出了把工作重点转移到社会主义现代化建设上来的战略决策，社会主义法制建设也随之走进新的发展时期。从 1979 年 7 月第一部刑事诉讼法诞生，历经两次大的修改，再到 2018 年 5 月公布刑事诉讼法修正草案，其间尽管有曲折，但总体而言，展现了我国刑事程序法治的重大发展和完善，是中国特色社会主义法治建设成就的重要组成部分。回顾与总结这段历史，展望未来，对于推动刑事诉讼进一步民主化、法治化和科学化具有重要价值和深远意义。

一、转折与发展：1978—1996 年

（一）第一部刑事诉讼法的诞生

1979 年 2 月 23 日召开的第五届全国人大常委会第六次会议决定设立全国人大常委会法制委员会，作为全国人大常委会专门负责立法的机构。该委员会由彭真担任主任，在全国人大法制委员会的主持下，在 1963 年《刑事诉讼法草案（初稿）》的基础上先后拟出《刑事诉讼法修正一稿》和《刑事诉讼法修正二稿》。随后将《刑事诉讼法修正二稿》呈交党中央和全国人大常委会审议修订。1979 年 6 月 12 日，第五届全国人大常委会第八次会议通过了全国人大常委会工作报告和将提请第五届全国人大第二次会议审议的《刑事诉讼法（草案）》。1979 年 7 月 1 日，第五届全国人大第二次会议通过第一部刑事诉讼法，并于 1980 年 1 月 1 日施行。同时通过的还有刑法、人民法院组织法、人民检察院组织法等重要法律。该刑事诉讼法共 4 编 164 条，主要内容包括：

1. 基本原则与基本制度。基本原则主要规定了以下内容：侦查权、检察权、审判权由专门机关依法行使；以事实为根据，以法律为准绳；对一切公民在适用法律上一律平等；分工负责，互相配合，互相制约；审判公开，被告人有辩护权；依照法定情形不予追究刑

* 作者简介：陈光中，国家“2011 计划”司法文明协同创新中心首席科学家，中国政法大学终身教授，诉讼法学研究院名誉院长；曾新华，对外经济贸易大学法学院讲师，法学博士。中国政法大学诉讼法学专业博士生姜丹协助整理了部分资料。

事责任[①]等。基本制度主要有两审终审制、人民陪审员制度等。

2. 管辖制度。包括立案管辖和审判管辖。告诉才处理和其他不需要进行侦查的轻微的刑事案件，由人民法院直接受理，并可以进行调解。贪污罪、侵犯公民民主权利罪、渎职罪以及人民检察院认为需要自己直接受理的其他案件，由人民检察院立案侦查和决定是否提起公诉。其他案件的侦查都由公安机关进行。中级人民法院管辖下列第一审刑事案件：（1）反革命案件；（2）判处无期徒刑、死刑的普通刑事案件；（3）外国人犯罪或者我国公民侵犯外国人合法权利的刑事案件。高级人民法院管辖的第一审刑事案件是全省（直辖市、自治区）性的重大刑事案件。最高人民法院管辖的第一审刑事案件是全国性的重大刑事案件。基层人民法院管辖其他第一审普通刑事案件。刑事案件由犯罪地的人民法院管辖。如果由被告人居住地的人民法院审判更为适宜的，可以由被告人居住地的人民法院管辖。

3. 辩护制度。辩护包括自行辩护、委托辩护和指定辩护三种。被告人可以委托律师，人民团体或者被告人所在单位推荐的或者经人民法院许可的公民，被告人的近亲属、监护人担任辩护人。被告人是聋、哑或者未成年人而没有委托辩护人的，人民法院应当为他指定辩护人。辩护律师的权利包括：查阅本案材料，了解案情，同在押的被告人会见和通信；其他的辩护人经过人民法院许可，也可以了解案情，与会被告人会见和通信。

4. 证据制度。证明案件真实情况的一切事实都是证据。证据有下列六种：（1）物证、书证；（2）证人证言；（3）被害人陈述；（4）被告人供述和辩解；（5）鉴定结论；（6）勘验、检查笔录。严禁刑讯逼供和以威胁、引诱、欺骗以及其他非法的方法收集证据。对一切案件的判处都要重证据，重调查研究，不轻信口供。只有被告人供述，没有其他证据的，不能认定被告人有罪和处以刑罚；没有被告人供述，证据充分确实的，可以认定被告人有罪和处以刑罚。

5. 强制措施。规定了拘传、取保候审、监视居住、拘留和逮捕五种强制措施。逮捕人犯，必须经过人民检察院批准或者人民法院决定，由公安机关执行。公安机关拘留人犯后，除有碍侦查或者无法通知的情形以外，应当把拘留的原因和羁押的处所在 24 小时以内通知被拘留人的家属或者他所在的单位。

6. 附带民事诉讼。被害人由于被告人的犯罪行为而遭受物质损失的，在刑事诉讼过程中有权提起附带民事诉讼。

7. 立案程序。有犯罪事实需要追究刑事责任的时候，应当立案。

8. 侦查程序。被告人对侦查人员的提问，应当如实回答。但是对与本案无关的问题，有拒绝回答的权利。规定的侦查措施包括讯问被告人；询问证人；勘验、检查；搜查；扣押物证、书证；鉴定；通缉。

9. 起诉。凡需要提起公诉或者免予起诉的案件，一律由人民检察院审查决定。人民检察院审查案件，应当讯问被告人。人民检察院认为被告人的犯罪事实已经查清，证据确实、充分，依法应当追究刑事责任的，应当作出起诉决定，按照审判管辖的规定，向人民法院提起公诉。依照刑法规定不需要判处刑罚或者免除刑罚的，人民检察院可以免予起诉。被告人如果属于依法不追究刑事责任情形的，人民检察院应当作出不起诉决定。

---

① 即情节显著轻微、危害不大，不认为是犯罪的；犯罪已过追诉时效期限的；经特赦令免除刑罚的；依照刑法告诉才处理的犯罪、没有告诉或者撤回告诉的；被告人死亡的以及其他法律、法令规定免予追究刑事责任的。

10. 一审程序。人民法院对提起公诉的案件进行审查后，对于犯罪事实清楚、证据充分的，应当决定开庭审判。开庭审理程序包括开庭、法庭调查、法庭辩论、被告人最后陈述、评议和宣判。法庭调查的顺序包括：公诉人宣读起诉书；审判人员审问被告人；公诉人讯问被告人；被害人、附带民事诉讼的原告人和辩护人向被告人发问；审判人员、公诉人询问证人；当事人和辩护人可以申请审判长对证人、鉴定人发问，或者请求审判长许可直接发问；审判人员应当向被告人出示物证，让他辨认；对未到庭的证人的证言笔录、鉴定人的鉴定结论、勘验笔录和其他作为证据的文书，应当当庭宣读，并且听取当事人和辩护人的意见。法庭辩论的顺序是公诉人发言，被害人发言，然后由被告人陈述和辩护，辩护人进行辩护，并且可以互相辩论。

11. 第二审程序。被告人的辩护人和近亲属，经被告人同意，可以提出上诉。第二审人民法院应当就第一审判决认定的事实和适用法律进行全面审查，不受上诉或者抗诉范围的限制。第二审人民法院审判被告人或者他的法定代理人、辩护人、近亲属上诉的案件，不得加重被告人的刑罚，但检察院提出抗诉或者自诉人提出上诉的除外。

12. 死刑复核程序。死刑由最高人民法院核准。中级人民法院判处死刑缓期二年执行的案件，由高级人民法院核准。最高人民法院复核死刑案件，高级人民法院复核死刑缓期执行的案件，应当由审判员三人组成合议庭进行。

13. 审判监督程序。当事人、被害人及其家属或者其他公民，对已经发生法律效力的判决、裁定，可以向人民法院或者人民检察院提出申诉，但不能停止判决、裁定的执行。各级人民法院院长对本院已经发生法律效力的判决和裁定，如果发现在认定事实或者适用法律上确有错误，必须提交审判委员会处理。最高人民法院对各级人民法院已经发生法律效力的判决和裁定，上级人民法院对下级人民法院已经发生法律效力的判决和裁定，如果发现确有错误，有权提审或者指令下级人民法院再审。最高人民检察院对各级人民法院已经发生法律效力的判决和裁定，上级人民检察院对下级人民法院已经发生法律效力的判决和裁定，如果发现确有错误，有权按照审判监督程序提出抗诉。

14. 执行程序。规定了被告人无罪以及免除刑事处罚、死刑立即执行、死刑缓期二年执行、无期徒刑、有期徒刑、拘役、管制、缓刑、罚金、没收财产等刑罚的执行方式和监督程序。对于死刑立即执行的判决，应当由最高人民法院院长签发执行死刑的命令。下级人民法院接到最高人民法院执行死刑的命令后，应当在七日以内交付执行。但是在执行前发现判决可能有错误的，或者罪犯正在怀孕，应当停止执行，并且立即报告最高人民法院，由最高人民法院作出裁定。人民法院在交付执行死刑前，应当通知同级人民检察院派员临场监督。执行死刑应当公布，不应示众。执行死刑后，交付执行的人民法院应当通知罪犯家属。

1979 年刑事诉讼法是新中国第一部刑事诉讼法，也是三大诉讼法中颁布最早的一部诉讼法典。尽管在此之前曾拟定了多稿刑事诉讼法草案，但这些草案都受当时历史条件的影响，并没有真正地颁布实施。该法的颁布标志着我国开始通过正当程序惩罚犯罪以及保障诉讼参与人及特别被告人的合法权益。在当时的历史条件下，该法难免有所不足，但是对指导思想、任务、基本原则、基本制度以及程序都作了规定，为刑事诉讼的进行提供了法律根据，也为刑事诉讼立法的进一步发展打下了坚实的基础。因此，该部刑事诉讼法在中华人民共和国诉讼法史上具有开创性的重要地位。

（二）中共中央 1979 年第 64 号文件

为保证刑法、刑事诉讼法的切实实施，使国家尽快走上法治轨道，中共中央于 1979 年 9 月 9 日颁布了新中国社会主义法治建设史上具有深远意义的文件——《关于坚决保证刑法、刑事诉讼法切实实施的指示》，这就是著名的“64 号文件”。该文件是在中国共产党全面吸取新中国成立以来特别是“文化大革命”期间的经验教训，全党全社会“人心思法”、“人心思治”的背景下制定的，也是为了保证刑法和刑事诉讼法切实贯彻落实，开始实行社会主义法治所做的宣言。该文件主要内容包括：

首先，党内文件中首次提出了“社会主义法治”。文件开宗明义地指出，“刑法、刑事诉讼法……能否严格执行，是衡量我国是否实施社会主义法治的重要标志。”这是中共十一届三中全会后党的文件首次提出“社会主义法治”，为党的十五大报告提出“依法治国，建设社会主义法治国家”的治国方略打下了基础。

其次，理顺党与法律、司法之间的关系，取消党委审批案件制度。文件指出：“我们党内，由于建国以来对建立和健全社会主义法制长期没有重视，否定法律，轻视法律，以党代政，以言代法，有法不依，在很多同志身上已经成为习惯；认为法律可有可无，法律束手束脚，政策就是法律，有了政策可以不要法律等思想，在党员干部中相当流行。”为了维护党的威信和法律、司法的权威，文件进一步明确指出：“加强党对司法工作的领导，最重要的一条，就是切实保证法律的实施，充分发挥司法机关的作用，切实保证人民检察院独立行使检察权，人民法院独立行使审判权，使之不受其他行政机关、团体和个人的干涉。国家法律是党领导制定的，司法机关是党领导建立的，任何人不尊重法律和司法机关的职权，这首先就是损害党的领导和党的威信。党委与司法机关各有专责，不能互相代替，不应互相混淆。为此，中央决定取消各级党委审批案件的制度。对县级以上干部和知名人士等违法犯罪案件，除极少数特殊重大情况必须向上级请示者外，都由所在地的司法机关独立依法审理。对于司法机关依法作出的判决和裁定，有关单位和个人都必须坚决执行；如有不服，应按照司法程序提出上诉，由有关司法机关负责审理。各级公安机关必须坚决服从党的领导，但在执行法律所赋予的职责时，又必须严格遵守法律规定，这两者毫不矛盾，认为服从党的领导就可以违背法律规定的想法是极端错误的，必须坚决纠正。党对司法工作的领导，主要是方针、政策的领导。各级党委要坚决改变过去那种以党代政、以言代法，不按法律规定办事，包揽司法行政事务的习惯和做法。”从这段指示可以看出，一是确立了法大于权，法律至上的法治观念；二是确立了司法机关独立行使职权原则；三是取消了党委审批案件制度。

此外，文件还要求必须广泛深入地宣传刑法和刑事诉讼法。党的各级党组织、领导干部和全体党员应当模范、带头遵守法律。从党中央委员会到基层组织，从党中央主席到每个党员，都必须一体遵行。绝不允许有不受法律约束的特殊公民，绝不允许有凌驾于法律之上的特权。

（三）复查和纠正“文化大革命”期间的冤假错案

“文化大革命”结束后，复查和纠正“文化大革命”期间由于林彪、江青反革命集团造成的冤假错案成为全国各级司法机关的一项紧迫而又繁重的任务。

在中共十一届三中全会召开之前的1978年下半年，全国各级人民法院就已开始逐步纠正冤假错案的工作。1978年4月召开的第八次全国司法工作会议提出了按照“全错的全平、部分错的部分平、不错的不平”的原则，纠正“文化大革命”期间的冤假错案。但是，由于当时法院工作人员的思想不够解放，措施不够得力，心有余悸，复查工作进展缓慢。中共十一届三中全会对复查纠正“文化大革命”期间的冤假错案做了重要决定。公报指出：“解决历史遗留问题必须遵循毛泽东同志一贯倡导的实事求是、有错必纠的原则。只有坚决地平反假案，纠正错案，昭雪冤案，才能够巩固党和人民的团结，维护党和毛泽东同志的崇高威信。”之后，司法干部逐步解放了思想，复查工作普遍开展起来。截止到1981年年底，全国各级人民法院复查了“文化大革命”期间判处的120余万件刑事案件；按照中共中央的有关政策，改判纠正了冤假错案30.1万余件，涉及当事人32.6万余人。各地人民法院还主动复查了1977年和1978年判处的反革命案件3.3万件，改判纠正错案2.1万件。到1983年，复查纠正“文化大革命”期间和1977年、1978年判处的冤假错案的工作已经基本完成。[①] 根据复查的结果，冤假错案主要有两种情况：一种是因反对林彪、“四人帮”和为刘少奇、邓小平等党和国家的领导人遭诬陷鸣不平，被定为反革命罪判了刑的案件。据截至1980年年底的不完全统计，这类案件在改判纠正的反革命案件中占21.9%。另一种是按《关于在无产阶级文化大革命中加强公安工作的若干规定》（即《公安六条》）判处的所谓“恶毒攻击”案件，一般占改判纠正案件的50%左右。

全国各级司法机关的平反和纠正冤假错案工作使成千上万遭受林彪、“四人帮”迫害的干部和人民群众得以沉冤昭雪，重见天日，使受害人及其家属得到了妥善的安置和抚恤。这些工作深得民心，对于医治创伤、稳定政治局面、恢复党的威望以及促进现代化建设都起了重要的作用。

（四）“严打”与部分死刑案件核准权的下放

“文化大革命”结束以后，社会治安形势严峻，暴力犯罪活动和恶性案件频发。1983年8月25日，中共中央发布了《关于严惩严重危害治安的犯罪分子的决定》，为“严打”拉开了序幕。该决定指出，“中央决定以三年为期，组织一次、两次、三次战役，按照依法‘从重从快，一网打尽’的精神，对刑事犯罪分子予以坚决打击。”同年9月2日，第六届全国人大常委会第二次会议通过了《关于严惩严重危害社会治安的犯罪分子的决定》和《关于迅速审判严重危害社会治安的犯罪分子的程序的决定》。后者指出：“为了迅速严惩严重危害社会治安的犯罪分子，保护国家和人民的利益，决定：一、对杀人、强奸、抢劫、爆炸和其他严重危害公共安全应当判处死刑的犯罪分子，主要犯罪事实清楚，证据确凿，民愤极大的，应当迅速及时审判，可以不受刑事诉讼法第一百一十条规定的关于起诉书副本送达被告人期限以及各项传票、通知书送达期限的限制。二、前条所列犯罪分子的上诉期限和人民检察院的抗诉期限，由刑事诉讼法第一百三十一条规定的十日改为三日。”

应当承认，全国人大常委会这一决定在当时犯罪活动猖獗、恶性犯罪频发的后“文化大革命”时期，对于打击严重刑事犯罪、维护社会秩序，保护公民生命财产安全发挥了积极作用。但是，从依法治国角度来考量，该决定存在一些值得反思之处。例如，刑事诉讼

---

① 参见何兰阶、鲁明健主编：《当代中国的审判工作》，当代中国出版社1993年版，第148页。

法刚通过不久，该决定就修改了有关期限的规定，使其大为缩短，严重削弱了被告人的辩护权和上诉权。

为配合“严打”，1981年6月10日第五届全国人大常委会第十九次会议通过了《关于死刑案件核准问题的决定》，修改了1979年刑事诉讼法关于最高人民法院核准死刑立即执行案件的规定。该决定规定：“一、在1981年至1983年内，对犯有杀人、抢劫、强奸、爆炸、放火、投毒、决水和破坏交通、电力等设备的罪行，由省、自治区、直辖市高级人民法院终审判决死刑的，或者中级人民法院一审判决死刑，被告人不上诉，经高级人民法院核准的，以及高级人民法院一审判决死刑，被告人不上诉的，都不必报最高人民法院核准。二、对反革命犯和贪污犯等判处死刑，仍然按照‘刑事诉讼法’关于‘死刑复核程序’的规定，由最高人民法院核准。”因此，除反革命犯和贪污犯等判处死刑的由最高人民法院核准外，在1981年至1983年因杀人、抢劫、强奸、爆炸、放火、投毒、决水和破坏交通、电力等设备的罪行判处死刑的，由高级人民法院核准。

1983年9月2日第六届全国人大常委会第二次会议通过了《关于修改〈中华人民共和国人民法院组织法〉的决定》，将第13条修改为：“死刑案件除由最高人民法院判决的以外，应当报请最高人民法院核准。杀人、强奸、抢劫、爆炸以及其他严重危害公共安全和社会治安判处死刑的案件的核准权，最高人民法院在必要的时候，得授权省、自治区、直辖市的高级人民法院行使。”据此，1983年9月7日最高人民法院发布了《关于授权高级人民法院核准部分死刑案件的通知》。此外，1991年至1997年，最高人民法院还以通知的形式将毒品犯罪死刑案件的核准权授予云南、广东、广西、甘肃、四川和贵州六省、自治区高级人民法院行使。

部分死刑案件核准权授予高级人民法院行使在特定的历史时期对于打击犯罪、保护人民群众生命财产安全发挥了现实作用。但是，与此同时也暴露了一些严重的问题。将死刑核准权下放高级人民法院不仅与刑法和刑事诉讼法的规定直接冲突，还使部分高级人民法院的死刑复核程序与二审程序合二为一，使得死刑复核程序名存实亡，同时也增长了司法实践中发生冤假错案的风险。

二、深化与进步：1996—2012年

（一）刑事诉讼法第一次修改（1996）

进入20世纪90年代中期，刑事诉讼法治重大发展的标志性成就是1996年刑事诉讼法的修改。

1991年1月，全国人大法工委召开了关于刑事诉讼法修改的座谈会，征求与会专家学者的意见和建议，并委托专家提出刑事诉讼法修改建议稿供立法部门参考①。1995年6月，

① 1993年10月，受全国人大法工委的委托，中国政法大学陈光中教授组织了一些刑事诉讼法学专家学者成立了“刑事诉讼法修改研究小组”，就刑事诉讼法的修改问题进行研究并提出具体的改革方案，供立法机关参考。该修改小组在国外考察和国内调研的基础上，于1994年7月提出了《中华人民共和国刑事诉讼法修改建议稿》（该建议稿于1995年正式出版，书名为《中华人民共和国刑事诉讼法修改建议稿与论证》），并提交给全国人大法工委。

全国人大法工委进一步召集实务部门对刑事诉讼法修改中的重大问题进行了充分的讨论，并于 1995 年 10 月提出了《中华人民共和国刑事诉讼法〈修改草案〉（征求意见稿）》，下发全国及相关部门征求意见。1995 年 12 月，全国人大法工委正式提出了《中华人民共和国刑事诉讼法修正案（草案）》，提交全国人大常委会第十七次会议进行初步审议。而后，全国人大法工委又根据会议意见对草案进行了修改。1996 年 2 月，第八届全国人大常委会第十八次会议再次审议了《中华人民共和国刑事诉讼法修正案（草案）》，决定提请全国人民代表大会审议。1996 年 3 月 17 日，第八届全国人民代表大会第四次会议通过了《关于修改〈中华人民共和国刑事诉讼法〉的决定》，自 1997 年 1 月 1 日起施行。至此，第一次刑事诉讼法修改正式完成。

该修改决定共计 110 条，对 1979 年刑事诉讼法做了全面的修改，主要包括以下十大方面：

1. 增加司法机关依法独立行使职权的规定。为了协调宪法和人民法院组织法，增加规定："人民法院依照法律规定独立行使审判权，人民检察院依照法律规定独立行使检察权，不受行政机关、社会团体和个人的干涉。"

2. 取消免予起诉制度和增加规定人民法院统一定罪原则和疑罪从无原则。根据我国宪法和刑事诉讼法规定，公民有罪应当经过人民法院审判加以确定。但是 1979 年刑事诉讼法第 101 条规定了免予起诉制度，即"依照刑法规定不需要判处刑罚或者免除刑罚的，人民检察院可以免予起诉。"被免诉的公民在法律上定为有罪，与法院判决有罪有同等效力。修改后的刑事诉讼法不仅取消了免予起诉制度，还增加规定第 12 条："未经人民法院依法判决，对任何人都不得确定有罪。"

同时首次确立了疑罪从无原则，即对于事实不清证据不足的案件，在审查起诉时可以作出不起诉的决定，在法庭审理时则应当作出证据不足、指控的犯罪不能成立的无罪判决。该原则否定了"疑罪从轻"、"疑罪从有"，其与前述第 12 条规定集中体现了无罪推定原则的基本精神，是此次刑事诉讼法修改的最大亮点之一。

3. 加强人民检察院的法律监督。一是在"总则"中增加规定，人民检察院依法对刑事诉讼实行法律监督；二是在"立案"一章中增加规定人民检察院对立案的监督；三是规定人民检察院发现人民法院的审判违反法定程序，有权向人民法院提出纠正意见等。

4. 调整侦查管辖与自诉案件的范围。一方面缩小了检察院自侦案件的范围。1979 年刑事诉讼法规定的人民检察院自行侦查的案件除职务犯罪、侵犯公民民主权利的犯罪外，还有一部分妨害经济管理秩序的犯罪。如果继续由检察机关管辖不利于检察机关集中力量加强反腐败斗争。因此，这次修改刑事诉讼法将人民检察院自侦案件的范围限于国家工作人员利用职务的犯罪，明确规定为："贪污贿赂犯罪，国家工作人员的渎职犯罪，国家机关工作人员利用职权实施的非法拘禁、刑讯逼供、报复陷害、非法搜查的侵犯公民人身权利的犯罪以及侵犯公民民主权利的犯罪，由人民检察院立案侦查。"另一方面扩大了法院自诉案件范围。增加规定自诉案件包括三类案件：（1）告诉才处理的案件；（2）被害人有证据证明的轻微刑事案件；（3）被害人有证据证明对被告人侵犯自己人身、财产权利的行为应当依法追究刑事责任，而公安机关或者人民检察院不予追究被告人刑事责任的案件。

5. 律师提前参加诉讼，加强犯罪嫌疑人、被告人的辩护权保障。修改后的刑事诉讼法改变了过去被告人在法庭审理时才可以委托辩护人的做法，允许在侦查时就可以委托律师为其提供法律援助。在审查起诉和法庭审理时，则可正式聘请辩护人。还增加规定公诉人出庭公诉的案件，被告人因经济困难或者其他原因没有委托辩护人的，被告人是盲、聋、哑或者未成年人以及可能被判死刑而没有委托辩护人的，人民法院应当指定承担法律援助义务的律师为其提供辩护。

6. 加强了对被害人权利的保障。被害人与犯罪嫌疑人、被告人在刑事诉讼中的利害关系是对立的，双方的诉讼权利保障构成了刑事诉讼中人权保障的基本内容，忽视双方中的任何一方都是片面的和不适当的。主要做了如下修改：一是在诉讼地位上将被害人从一般诉讼参与人升格为当事人，赋予他及其法定代理人申请回避权。二是一审法庭审理时，公诉人宣读起诉书后，被害人和被告人一样可以就案件事实进行陈述，经审判长同意，被害人可以向被告人讯问，对证人、鉴定人发问；对一审判决不服，有权请求人民检察院提出抗诉。三是在二审程序中如果不开庭，合议庭也必须事先听取包括被害人在内的当事人的意见。

7. 完善强制措施，取消收容审查。1979 年刑事诉讼法规定了五种强制措施：拘传、取保候审、监视居住、拘留和逮捕。这是科学的和可行的。但是在司法实践中，公安机关根据国务院法规采用行政强制措施——收容审查来对付身份不明的流窜嫌疑犯时，往往扩大收审对象，延长收审时间，导致以收审代替拘留、逮捕，侵犯了公民的人身自由。此次修改刑事诉讼法，决定取消收审制度，并将原收审的对象列为刑事拘留的对象。另外，为防止监视居住成为变相长期拘押，增加规定被监视居住的人“未经批准不得离开住处，无固定住处的，未经执行机关批准不得离开指定的居所”，并规定监视居住最长不得超过六个月。

8. 改革一审庭审方式。为防止开庭审判流于形式和先定后审，此次刑事诉讼法修改适当吸收英美法系的当事人主义模式。一是规定人民法院对提起公诉的案件进行审查后，对于起诉书中有明确的指控犯罪事实并且附有证据目录、证人名单和主要证据复印件或者照片的，应当决定开庭审判；二是规定凡是公诉案件，除依法适用简易程序审判的以外，检察机关都必须派人出庭支持公诉；三是规定由公诉人首先讯问被告人，由公诉人、辩护人向法庭出示证据；四是规定合议庭开庭审理并且评议后，应当作出判决。对于疑难、复杂、重大的案件，合议庭认为难以作出决定的，由合议庭提请院长决定提交审判委员会讨论决定。

9. 增设简易审判程序。为了实现案件分流，提高审判效率，简化诉讼程序，这次修改刑事诉讼法还增加规定了简易程序。法院对于下列案件，可以适用简易程序，由审判员一人独任审判：对依法可能判处三年以下有期徒刑、拘役、管制、单处罚金的公诉案件，事实清楚、证据充分，人民检察院建议或者同意适用简易程序的；告诉才处理的案件；被害人起诉的有证据证明的轻微刑事案件。

10. 改革死刑执行方法。我国过去对执行死刑的方式只规定了枪决一种。此次刑事诉讼法修改时，基于对注射执行死刑较之枪决更能减轻死刑犯痛苦的认识，以及考虑到注射执行死刑能够更好地保全死刑犯的尸体、防止出现枪决所导致的残忍场面等人道主义因素，规定“死刑采用枪决或者注射等方法执行”。

1996 年刑事诉讼法修改对我国几十年来形成的刑事诉讼制度进行了重大改革，是加强依法治国、建设社会主义法治国家的一个重要成果。此次修改进一步完善了惩罚犯罪的机制和加强了当事人特别是犯罪嫌疑人、被告人和被害人诉讼权利的保障；进一步理顺了公安机关、检察机关和人民法院之间的关系；将超职权主义的诉讼模式改革为控辩式，强化了控辩双方的举证和辩论等。当然，此次刑事诉讼法修改仍有许多问题没有解决，特别是在犯罪嫌疑人、被告人的权利保障以及被害人利益保护方面仍然有很大的差距，这有待于进一步加以解决。

（二）死刑核准权的收回

20 世纪 90 年代中期以来，随着党中央依法治国、建设社会主义法治国家治国方略的提出，“尊重和保障人权” 入宪以及司法实践中冤假错案的不断出现，中央决定收回已经下放了 20 多年的部分死刑案件核准权。

2004 年年底，中共中央转发了中央司法体制改革领导小组《关于司法体制和工作机制改革的初步意见》。该意见提出改革目前授权高级人民法院行使部分死刑案件核准权的做法，将死刑案件核准权统一收归最高人民法院行使。2006 年 8 月，中共中央办公厅向全党发出通知，明确了最高人民法院统一行使死刑案件核准权的目标、原则、要求以及时间安排，重申了党和国家在死刑问题上的一贯政策。为积极稳妥地收回死刑案件核准权，最高人民法院在党中央和国务院的领导下，从法律、组织、物质等方面做了大量的准备工作。为保证死刑案件的二审审判质量，2006 年 9 月 25 日，最高人民法院、最高人民检察院发布了《关于死刑第二审案件开庭审理程序若干问题的规定（试行）》，要求死刑第二审案件必须开庭审理。

2006 年 10 月 31 日，第十届全国人大常委会第二十四次会议通过了《关于修改〈中华人民共和国人民法院组织法〉的决定》，自 2007 年 1 月 1 日起，死刑除依法由最高人民法院判决的以外，应当报请最高人民法院核准。2006 年 12 月 28 日，最高人民法院颁布了《关于统一行使死刑案件核准权有关问题的决定》。2007 年 1 月 1 日，最高人民法院正式统一行使死刑案件的核准权。

最高人民法院统一行使死刑案件核准权，是中央从构建社会主义和谐社会、实现国家长治久安的战略全局出发作出的重大决策，是从司法制度上落实“国家尊重和保障人权”宪法原则的重要措施，是履行与死刑相关的国际公约的一项重要内容。

（三）“两个证据规定” 的颁布

根据中共十七大的精神，中共中央于 2008 年提出进一步推进司法改革的要求，其中重要的成果之一就是在 2010 年 5 月 30 日由最高人民法院、最高人民检察院、公安部、国家安全部、司法部联合制定的《关于办理死刑案件审查判断证据若干问题的规定》（以下简称《办理死刑案件证据规定》）和《关于办理刑事案件排除非法证据若干问题的规定》（以下简称《非法证据排除规定》）。“两高三部” 在印发 “两个证据规定” 的通知中明确提出，“牢固树立惩罚犯罪与保障人权并重的观念、实体法与程序法并重的观念，依法、全面、客观地收集、审查、判断证据，严把事实关、证据关，切实提高刑事案件审判质量，确保将两个《规定》落到实处，把每一起刑事案件都办成铁案。” 这两个证据规定是我国深入推进司法改革的重要举措，是刑事诉讼制度建设的一项重要成就，为 2012 年刑事诉讼法中证据制度的完善做了重要的准备。

《非法证据排除规定》共计 15 条。其明确规定了非法言词证据的内涵、外延和法律效力；规定了人民检察院对非法证据有权予以排除；规定了非法言词证据在法庭审理中的排除程序；规定了非法物证、书证排除规则。

《办理死刑案件证据规定》共计 41 条，分为三个部分，主要规定了如下三个方面内容：(1) 一般规定。确立了证据裁判原则、程序法定原则和未经质证不得认证原则，细化了死刑案件的证明标准和证明对象等。(2) 证据的分类审查与认定。该部分主要根据不同的证据种类分别规定了审查与认定的内容，确立了原始证据优先规则、意见证据规则和有限的直接言词证据规则等。(3) 证据的综合审查和运用。该部分主要规定了对证据的综合认证，包括如何对证据的证明力进行认定，如何依靠间接证据定案，如何确认采用特殊侦查措施收集证据材料的证据能力，如何审查被告人是否已满 18 周岁，严格把握死刑案件中证明量刑事实的证据等内容。

需要注意的是，《办理死刑案件证据规定》的适用案件范围虽然是针对死刑案件，但是在其他非死刑的刑事案件中也应当参照适用。“两高三部”印发“两个证据规定”的通知中明确指出：“办理其他刑事案件，参照《关于办理死刑案件审查判断证据若干问题的规定》执行。”

(四) 刑事诉讼法第二次修改 (2012)

刑事诉讼法自 1996 年第一次修正 16 年后，国情世情发生了深刻变化，这使得刑事诉讼法越来越难以适应社会发展和司法实践的需求，因此迫切需要进行再次修改。

早在 2003 年，按照党的十六大提出的“推进司法体制改革”战略决策要求，刑事诉讼法再次修订的计划被纳入第十届全国人大常委会立法规划。2004 年年底，中共中央转发了中央司法体制改革领导小组《关于司法体制和工作机制改革的初步意见》，提出了改革和完善诉讼制度等 10 个方面的 35 项改革任务，其中许多任务涉及刑事诉讼法的修改。2008 年，按照党的十七大作出的“深化司法体制改革”的重大决策要求，中共中央转发了中央政法委员会《关于深化司法体制和工作机制改革若干问题的意见》。该意见提出了 60 项改革任务，其中相当部分涉及刑事诉讼法的修改。之后全国人大常委会法工委加快了刑事诉讼法修正案的起草工作，并连续召开了座谈会议，征求实务部门和专家学者的意见。

2012 年 3 月 14 日，第十一届全国人大第五次会议通过了《关于修改〈中华人民共和国刑事诉讼法〉的决定》。至此，刑事诉讼法第二次修改工作圆满完成，此次修正刑事诉讼法增、删、改共计 149 条，其中增加 66 条，修改 82 条，删除 1 条。主要内容如下：

1. 增加“尊重和保障人权”的规定。2012 刑事诉讼法在第 2 条“刑事诉讼法的任务”中增加规定“尊重和保障人权”，这对整个刑事诉讼的基本原则、制度和程序起到了提纲挈领的指导作用，也是“国家尊重和保障人权”原则于 2004 年载入宪法后第一次规定在部门法中。

2. 改革完善辩护制度。第一，侦查阶段律师的“辩护人”地位得到确认。1996 年刑事诉讼法第 96 条虽然规定犯罪嫌疑人在侦查阶段可以聘请律师，但没有赋予其辩护人地位，而 2012 年刑事诉讼法则明确规定在侦查期间接受委托的律师是作为“辩护人”参与诉讼活动。第二，辩护人的责任发生变化，强调实体辩护与程序辩护并重，具体体现为规定了辩护人责任增加维护犯罪嫌疑人、被告人“诉讼权利”的内容。第三，改善辩护律师会见程序。为有效解决律师会见难问题，本次修改作出了务实性的变更和规定：辩护律师持律师执业证书、律师事务所证明和委托书或者法律援助公函要求会见在押的犯罪嫌疑人、被告人的，看守所应当及时安排会见，至迟不得超过48小时。危害国家安全犯罪、恐怖活动犯罪、特别重大贿赂犯罪案件，在侦查期间辩护律师会见在押的犯罪嫌疑人，应当经侦查机关许可。第四，扩大辩护人的阅卷权。规定了自案件审查起诉之日起，辩护人有权查阅、摘抄、复制全部案卷材料。第五，对追究辩护人刑事责任的管辖权作出调整。辩护人在执业活动中涉嫌犯罪的，由办理辩护人所承办案件的侦查机关以外的侦查机关办理。第六，扩大法律援助适用的阶段和案件范围。将法律援助的适用阶段从原来的审判阶段延伸到侦查、审查起诉阶段。同时，将1996年刑事诉讼法规定的应当指定辩护的范围增加两种案件，一是犯罪嫌疑人、被告人为尚未完全丧失辨认或控制自己行为能力的精神病人的案件；二是犯罪嫌疑人、被告人可能被判处无期徒刑的案件。

3. 完善证据制度，确立非法证据排除规则。首先，增加规定“不得强迫任何人证实自己有罪”。此原则是国际刑事司法准则的重要内容之一，对于弱化侦查中对于口供的依赖心理和进一步遏制非法取证行为具有原则性的指导意义。其次，确立非法证据排除规则。规定非法证据的排除有两类：一类是非法言词证据的排除，即采用刑讯逼供等非法方法收集的犯罪嫌疑人、被告人供述和采用暴力、威胁等非法方法收集的证人证言、被害人陈述，应当予以排除；另一类是非法实物证据的排除，即收集物证、书证不符合法定程序，可能严重影响司法公正的，不能作出补正或者合理解释的，对该证据应当予以排除。为了保证非法证据得以排除，设置了法庭审理过程中具有可操作性的排除程序，包括确立非法证据排除程序的启动模式和条件，规定人民检察院对证据收集的合法性承担证明责任，确立我国侦查人员出庭作证制度，确立非法证据排除的证明标准等。最后，增加规定证明标准“证据确实、充分”要满足三个条件：定罪量刑的事实都有证据证明；据以定案的证据均经法定程序查证属实；综合全案证据，对所认定事实已排除合理怀疑。其中，“排除合理怀疑”是国际通行的对证明标准的表述。尽管学界和实务界对如何理解和适用此标准尚存在争议，但这是我国立法中第一次采用此表述，其有利于我国刑事证明标准的国际化。

4. 完善强制措施制度，严格限制不通知家属的情形。首先，完善监视居住的适用条件。对监视居住规定有别于取保候审的独立的适用条件。指定居所监视居住不限于无固定住处的人，对于涉嫌危害国家安全犯罪、恐怖活动犯罪、特别重大贿赂犯罪，在住处执行有碍侦查的，也可以适用，而且指定居所监视居住的期限应当折抵刑期。其次，修改逮捕条件、限制逮捕范围。规定三类逮捕的情形：（1）可能判处徒刑以上刑罚，采取取保候审尚不足以防止发生下列社会危险性，即可能实施新的犯罪的；有危害国家安全、公共安全或者社会秩序的现实危险的；可能毁灭、伪造证据，干扰证人作证或者串供的；可能对被害人、举报人、控告人实施打击报复的；企图自杀或者逃跑的。（2）可能判处10年有期徒刑以上刑罚的，或者可能判处徒刑以上刑罚，曾经故意犯罪或者身份不明的，应当予以逮捕。（3）被取保候审、监视居住的犯罪嫌疑人、被告人违反取保候审、监视居住规定，情节严重的，可以予以逮捕。① 最后，严格限制采取强制措施后不通知家属的情形。明确规定，采取拘留、逮捕和指定居所监视居住的，除无法通知的以外，应当在执行后24小时以内通知家属。同时，将拘留后因有碍侦查不通知家属的情形仅限于涉嫌危害国家安全犯罪、恐怖活动犯罪两种案件。上述限制家属的规定尽管比原来的法律规定有所进步，但仍然存在争议。

5. 完善侦查程序。为了加强对公权力的制约，有效遏制刑讯逼供，保障讯问程序的正当性，增加规定：犯罪嫌疑人被拘留后应当在24小时内送看守所羁押；侦查人员讯问犯罪嫌疑人，应当在看守所内进行；侦查人员在讯问犯罪嫌疑人的时候，可以对讯问过程进行录音或者录像；对于可能判处无期徒刑、死刑的案件或者其他重大犯罪案件，应当对讯问过程进行录音或者录像，录音或者录像应当全程进行，保持完整性。同时，为了有力惩罚严重犯罪，适度强化侦查措施，增加规定了技术侦查、秘密侦查、控制下交付三种特殊侦查手段，其中技术侦查手段检察机关也有权决定适用。

6. 改革第一审程序。明确规定了证人应当依法出庭作证的条件，“公诉人、当事人或者辩护人、诉讼代理人对证人证言有异议，且该证人证言对案件定罪量刑有重大影响，人民法院认为证人有必要出庭作证的，证人应当出庭作证。”但是此规定有很大的问题：即使控辩双方对其有异议且证人证言对定罪量刑有重大影响，也得由法院决定证人是否出庭。这会导致证人必须出庭的情形被化解，造成了司法实践中证人出庭率无法有效提高，又恢复了证人基本上不出庭作证的现实。同时，还增加规定了“对于没有正当理由不出庭作证的证人，法院可以强制其到庭，但是被告人的配偶、父母、子女除外；证人没有正当理由拒绝出庭或者出庭后拒绝作证的，予以训诫，情节严重的，经院长批准，处以十日以下的拘留。”其中不得强制被告人的配偶、父母、子女到庭作证的例外借鉴了国外亲属拒绝作证特权的立法，旨在维护家庭伦理和人性的基本价值。但是，此规定并不是真正意义上的亲属拒绝作证特权，而只是在庭审阶段免予强制出庭，在其他诉讼阶段还有作证的义务。同时，该规定还以法律的名义剥夺了被告人最重要的诉讼权利之一——对质权。此外，还规定了控辩双方对鉴定意见有异议且法院认为有必要，鉴定人也应当出庭；鉴定人经人民法院通知拒不出庭作证的，鉴定意见不能作为定案的根据。为实现案件的繁简分流及提高诉讼效率，新法扩大了简易程序的适用范围。基层人民法院对于案件事实清楚、证据充分的，被告人承认自己所犯罪行，对起诉书指控的犯罪事实没有异议，且被告人对适用简易程序没有异议的案件，可以适用简易程序。

7. 改进第二审程序。首先，修改开庭审理的案件范围。为改变二审程序“以不开庭审理为原则、开庭审理为例外”的司法现状，增加了必须开庭审理的案件范围，即被告人、自诉人及其法定代理人对第一审判决认定的事实、证据提出异议，可能影响定罪量刑的上诉案件；被告人被判处死刑的上诉案件。其次，完善发回重审制度和上诉不加刑原则。为了防止基于原判决事实不清楚或证据不足的发回重审制度被滥用，规定此类发回重审仅限一次。同时，为防止规避上诉不加刑原则，增加规定第二审人民法院发回原审人民法院重

---

① 2014年4月24日，全国人民代表大会常务委员会通过的《关于〈中华人民共和国刑事诉讼法〉第七十九条第三款的解释》对此作出补充修改：“根据刑事诉讼法第七十九条第三款的规定，对于被取保候审、监视居住的可能判处徒刑以下刑罚的犯罪嫌疑人、被告人，违反取保候审、监视居住规定，严重影响诉讼活动正常进行的，可以予以逮捕。”

新审判的只有被告人一方上诉的案件，除有新的犯罪事实，人民检察院补充起诉的以外，原审人民法院也不得加重被告人的刑罚。

8. 改革死刑复核程序。为体现慎重适用死刑，保证死刑复核案件质量，使之从原来行政化的内部审核转向适度诉讼化，对死刑复核程序进行了改革，具体包括：首先，增加规定最高人民法院复核死刑案件的裁判方式。最高人民法院应当作出核准或者不核准死刑的裁定；对于不核准死刑的，可以发回重新审判或者予以改判。其次，规定复核时应当讯问被告人，辩护律师提出要求的，应当听取辩护律师的意见；在复核死刑案件过程中，最高人民检察院可以向最高人民法院提出意见，最高人民法院应当将死刑复核结果通报最高人民检察院。

9. 增设四种特别程序。一是未成年人刑事案件诉讼程序。确立了办案方针和原则、法律援助制度、社会调查制度、严格限制适用逮捕措施制度、未成年人法定代理人或者其他人员到场制度、附条件不起诉制度、犯罪记录封存制度等。二是当事人和解的公诉案件诉讼程序。对于因民间纠纷引起，涉嫌刑法分则第四章、第五章规定的犯罪案件，可能判处 3 年有期徒刑以下刑罚的，以及除渎职犯罪以外的可能判处 7 年有期徒刑以下刑罚的过失犯罪案件，犯罪嫌疑人、被告人真诚悔罪，通过向被害人赔偿损失、赔礼道歉等方式获得被害人谅解，被害人自愿和解的，双方当事人可以和解，公安司法机关可以从宽处理。三是犯罪嫌疑人、被告人逃匿、死亡案件违法所得的没收程序。对于贪污贿赂犯罪、恐怖活动犯罪等重大犯罪案件，犯罪嫌疑人、被告人逃匿，在通缉一年后不能到案，或者犯罪嫌疑人、被告人死亡，依照刑法规定应当追缴其违法所得及其他涉案财产的，人民检察院可以向人民法院提出没收违法所得的申请。四是依法不负刑事责任的暴力型精神病人的强制医疗程序。实施暴力行为，危害公共安全或者严重危害公民人身安全，经法定程序鉴定依法不负刑事责任的精神病人，有继续危害社会可能的，可以予以强制医疗。

此次刑事诉讼法修改是我国民主法制发展的需要，是解决司法实践中突出问题的需要，也是适应我国犯罪活动新变化和加强惩罚犯罪能力的需要。此次修改坚持稳中求进的指导思想，坚持惩罚犯罪与保障人权并重、实体公正与程序公正并重的理念，使刑事诉讼制度进一步民主化、法治化和科学化，取得了重大的进步。但也存在权力制约不足、可操作性不强等问题，有待通过制定司法解释或规范性文件予以弥补和解决，以保证新法得到良性操作和有效实施。

三、新征程与新成就：2012—2018 年（6 月）

2012 年 11 月，中共十八大的召开标志着我国进入了全面深化改革和全面推进依法治国的新时代，也由此开启了司法体制改革和司法机制改革两个层面齐头并进的新局面。[①] 十八大报告明确提出，进一步深化司法体制改革。2013 年 11 月，十八届三中全会召开，通过了中共中央《关于全面深化改革若干重大问题的决定》，提出确保依法独立公正行使审判权和检察权，健全司法权力运行机制，完善人权司法保障制度。2013 年 12 月，中央全面深化改革领导小组（以下简称“中央深改小组”）成立，该小组直接负责本次司法改革的总体设

① 参见陈光中、魏晓娜：《论我国司法体制的现代化改革》，载《中国法学》2015 年第 1 期。

计、统筹协调、整体推进、督促落实等。2014 年 10 月，十八届四中全会召开，首次专题讨论依法治国问题，并审议通过了中共中央《关于全面推进依法治国若干重大问题的决定》。该决定提出，完善确保依法独立公正行使审判权和检察权的制度，优化司法职权配置，推进严格司法，保障人民群众参与司法，加强人权司法保障，健全司法人员履行法定职责保护机制。2017 年 10 月，中共十九大要求，深化司法体制综合配套改革，着力推进反腐败体制改革。

下文仅就十八大以来刑事司法改革的重点内容进行阐述。

（一）保障司法机关依法独立行使职权

十八大及十八届三中、四中全会都强调要“确保审判机关、检察机关依法独立公正行使审判权、检察权”。审判机关、检察机关是我国的司法机关，司法机关依法独立行使职权是实现司法公正的首要保障，是树立司法权威的必要条件，是法官职业化的题中之义[①]，亦是追究司法责任的前提。为此，十八大以来中央重点从体制和机制两个层面保障司法机关依法独立行使职权。

1. 推动省以下地方法院、检察院人财物统一管理。十八届三中全会《关于全面深化改革若干重大问题的决定》首先提出“改革司法管理体制，推动省以下地方法院、地方检察院人财物统一管理”。2014 年 6 月中央深改小组会议审议通过的《关于司法体制改革试点若干问题的框架意见》将其列为四项基础性改革举措之一，规定对人事“省级统一提名，地方分级任免”的方案，提名权在省级，任免权依照法律的规定，依然在各级人大及其常委会；对财物的统一管理，主要是建立省以下地方法院、检察院经费由省级政府财政部门统一管理实施。

该项改革举措如若实现将有力保障司法机关依法独立行使职权，但因其涉及我国政体、宪法以及党管干部原则等根本性问题，涉及面广，改革难度很大，目前仍处于摸索阶段。

2. 设立巡回法庭以及跨行政区划的人民法院和人民检察院

为了更好地发挥最高人民法院监督指导地方法院工作的职能及方便当事人诉讼等目的，2014 年 12 月 2 日中央深改小组会议审议通过《最高人民法院设立巡回法庭试点方案》，同意最高人民法院设立两个巡回法庭，[②] 并于 2016 年 11 月 1 日通过了《关于最高人民法院增设巡回法庭的请示》，增设四个巡回法庭。[③] 根据最高人民法院自 2015 年 2 月 1 日起施行的《关于巡回法庭审理案件若干问题的规定》，巡回法庭是最高人民法院派出的常设审判机构。

与此同时，2014 年，北京和上海率先设立跨行政区划的北京市第四中级人民法院和上海市第三中级人民法院，办理跨地区重大刑事、民事、行政案件，解决当事人争管辖和诉讼“主客场”的问题。同年，上海市检察院第三分院、北京市检察院第四分院挂牌成立，着力探索跨行政区划管辖范围和办案机制。跨行政区划的检察院重点办理的刑事案件是重大职务犯罪案件、重大环境资源保护案件和重大食品药品安全刑事案件。

---

① 参见陈光中：《比较法视野下的中国特色司法独立原则》，载《比较法研究》2013 年第 2 期。

② 第一巡回法庭设在深圳，分管广东、广西、海南、湖南；第二巡回法庭设在沈阳，分管辽宁、吉林、黑龙江。

③ 第三巡回法庭设在南京，分管江苏、上海、浙江、福建、江西；第四巡回法庭设在郑州，分管河南、山西、湖北、安徽；第五巡回法庭设在重庆，分管四川、贵州、云南、西藏；第六巡回法庭设在西安，分管陕西、甘肃、青海、宁夏、新疆。

3. 建立防止干预司法活动的工作机制

2015 年 2 月 27 日，中央深改小组第十次会议通过，中共中央办公厅、国务院办公厅印发并决定于同年 3 月 18 日实施的《领导干部干预司法活动、插手具体案件处理的记录、通报和责任追究规定》，为领导干部干预司法划出“红线”，建立防止司法干预的“防火墙”和“隔离带”，从而为司法机关依法独立行使职权创造良好的环境。此后，2015 年 8 月 19 日，最高人民法院印发了《人民法院落实〈领导干部干预司法活动、插手具体案件处理的记录、通报和责任追究规定〉的实施办法》及《司法机关内部人员过问案件的记录和责任追究规定》。依照上述文件，对司法机关负有领导职责的机关因履职需要，可以依照工作程序了解案件情况，组织研究司法政策，统筹协调依法处理工作，督促司法机关依法履行职责，但不得对案件的证据采信、事实认定、司法裁判等作出具体决定。为使领导干部干预司法的行为全程留痕、有据可查，要求司法人员对领导干预司法活动、插手具体案件的情况应当如实记录，否则视情况予以警告、通报批评、纪律处分。

（二）完善司法责任制

司法责任制被称为司法体制改革的“牛鼻子”。司法责任制改革的逻辑是要放权给法官和检察官，让法官和检察官成为真正的办案主体，对其履行职责的行为承担责任，在职责范围内对办案质量终身负责，以落实责任来促使法官和检察官谨慎行使权力，从而实现司法公正。2015 年 8 月，中央深改小组分别通过两高的《关于完善人民法院司法责任制的若干意见》（以下简称《法院司法责任制意见》）、《关于完善人民检察院司法责任制的若干意见》（以下简称《检察院司法责任意见》）。

保障司法机关独立行使职权和加强专业化司法机关办案人员队伍建设都是完善司法责任制的重要前提。2014 年 6 月 6 日中央深改小组第三次会议通过的《关于司法体制改革试点若干问题的框架意见》中，将完善司法人员分类管理与健全司法人员职业保障作为司法体制改革的基础性、制度性措施，决定成立法官（检察官）遴选委员会，负责对法官（检察官）进行遴选。司法机关建立符合职业特点的人员分类管理制度旨在提高司法队伍的专业化和职业化水平，这是确保案件公正处理的重要基础。司法机关将司法人员分为三类：法官及检察官、司法辅助人员和司法行政人员。按照 85%以上的人力资源配置到办案一线的要求，司法行政人员数目不得超过中央政法专项编制的 15%。各省市先后按照“统一提名、党委审批、分级任免”的流程开始了法官、检察官的遴选工作。到 2017 年 11 月，全国法院从原来的 211990 名法官中遴选产生了 120138 名员额法官，占中央政法专项编制的 32. 9%。全国检察机关遴选出员额内检察官 84444 名，占中央政法专项编制的 32. 78%。[①] 以此为前提，司法责任制改革才能顺利进行。

1. 改革司法权力运行机制。在法院权力运行机制上，首先，改革独任制与合议庭运行机制，改革裁判文书签署机制，裁判文书由审理案件的法官直接签署后即可印发。独任制审理的案件，由独任法官对案件事实的认定和法律适用承担全部责任；合议庭审理的案件，

---

① 参见 2017 年 11 月 1 日最高人民法院院长周强、最高人民检察院检察长曹建明在第十二届全国人大常委会第十三次会议上所做的《最高人民法院关于人民法院全面深化司法改革情况的报告》、《最高人民检察院关于人民检察院全面深化司法改革情况的报告》。

合议庭成员对案件的事实认定和法律适用共同承担责任。领导干部干预导致裁判错误，法官不记录或者不如实记录，应当排除干预而没有排除的，承担违法审判责任。其次，明确将审判委员会讨论案件的范围限定为“涉及国家外交、安全和社会稳定的重大复杂案件，以及重大、疑难、复杂案件的法律适用问题”，并指出要强化审判委员会总结审判经验、讨论决定审判工作重大事项的宏观指导职能。审判委员会评议实行全程留痕，审判委员会改变合议庭意见导致裁判错误的，由持多数意见的委员共同承担责任，合议庭不承担责任。审判委员会维持合议庭意见导致错误裁判的，由合议庭和持多数意见的委员共同承担责任。最后，规范审判管理和监督制度——该意见提出建立符合司法规律的案件质量评估体系、评价机制及在各级人民法院成立法官考评委员会，以此对法官业绩进行评价，并作为法官任职、评先评优和晋职晋级的依据。院长、副院长、庭长的审判管理和监督活动应当控制在职责和权限范围内，并应当在办公平台上全程留痕。在外部监督上，建立健全审判流程公开、裁判文书公开和执行信息公开三大平台，构建开放动态透明便民的阳光司法机制，广泛接受社会监督。

在检察院权力运行机制上，健全司法办案组织及运行机制、健全检察委员会运行机制。检察一体化是检察司法责任制区别于法院的关键原因，检察权由检察官独立行使需要检察长的委托。为此，独任检察官、主任检察官对检察长（分管副检察长）负责并在职权范围内对办案事项作出决定，独任检察官承办并作出决定的案件，由独任检察官承担责任；检察官办案组承办的案件，由其负责人和其他检察官共同承担责任，办案组负责人对职权范围内决定的事项承担责任，其他检察官对自己的行为承担责任。检察长除承担监督管理责任外，对在职权范围内作出的有关办案事项决定承担完全责任。但是该意见却没有对检察官对哪些事项有决定权作出具体的规定，交由各省检察院制定权力清单。依照《检察院司法责任制意见》的规定，对于检察官在权力清单所规定的职权范围内作出决定的事项，检察长（副检察长）都不因签发法律文书承担司法责任。但是，检察长（分管副检察长）有权对独任检察官、检察官办案组承办的案件进行审核。

2. 司法责任制改革。司法责任是指司法责任主体基于其所承担的司法职责，因在履行职责时存在违法违纪行为而应承担的法律上的不利后果。依照《法院司法责任制意见》和《检察院司法责任制意见》，司法责任包括故意违反法律法规的；因重大过失造成严重后果的。此外，还包括检察系统的监督管理责任。同时明确了下列行为不属于司法责任的范围：（1）司法人员违反职业道德准则和纪律规定，接受案件当事人及相关人员请客送礼、与律师进行不正当交往等违纪违法行为，依照法律及有关纪律规定另行处理。（2）一般工作瑕疵。依照当前的规定，司法人员在认定事实、证据采信、法律适用、办案程序、文书制作以及司法作风方面不符合法律有关规定，但不影响案件结论的正确性和效力的，属司法瑕疵，依照相关纪律规定处理。司法办案过程中虽有错案发生，但是司法人员尽到注意义务，没有故意或者重大过失的，不承担司法责任。（3）其他情形。如不得作为错案进行责任追究的情形：法律修订或者政策调整的；因出现新证据而改变裁判的等。

司法责任的追责主体是法官、检察官惩戒委员会。首先由法院、检察院的纪检监察机构受理司法人员在司法办案工作中违纪违法行为和司法过错行为的检举控告，并进行调查核实。认为应当追究法官、检察官故意违反法律法规或重大过失责任的，应当报请院长、检察长决定后，移送省、自治区、直辖市法官、检察官惩戒委员会审议，并就其故意违反法律法规或重大过失承担举证责任，当事法官、检察官有权进行陈述、辩解、申请复议。法官、检察官惩戒委员会根据查明的事实和法律规定作出无责、免责或给予惩戒处分的建议。

（三）以审判为中心的诉讼制度改革

“以审判为中心”是基于司法规律，针对公检法三机关关系在立法和司法运行上的不足而提出的，是对三机关关系的完善和发展，使审判最有利于查明案件事实真相，实现司法公正。十八届四中全会提出“推进以审判为中心的诉讼制度改革”，“全面贯彻证据裁判规则，严格依法收集、固定、保存、审查、运用证据，完善证人、鉴定人出庭制度，保证庭审在查明事实、认定证据、保护诉权、公正裁判中发挥决定性作用”。2016 年 10 月 11 日，最高人民法院、最高人民检察院、司法部、公安部、国家安全部印发了《关于推进以审判为中心的刑事诉讼制度改革的意见》。该意见再次重申了未经人民法院依法判决，对任何人都不得确定有罪；证据裁判原则；侦查机关应当全面客观收集证据；防止刑讯逼供，不得强迫任何人证实自己有罪等基本原则和制度。随着改革的推进，以审判为中心的诉讼制度改革逐渐明确为庭审实质化改革。2017 年 12 月 27 日，为了深入推进庭审实质化，最高人民法院发布了“三项规程”（即《人民法院办理刑事案件庭前会议规程（试行）》、《人民法院办理刑事案件排除非法证据规程（试行）》和《人民法院办理刑事案件第一审普通程序法庭调查规程（试行）》），并于 2018 年 1 月 1 日全面推行“三个规程”，以推进以审判为中心的刑事诉讼制度改革成果在刑事审判活动中的贯彻落实。

（四）加强司法民主与人权保障

1. 改革完善人民陪审员制度。十八届四中全会提出，“完善人民陪审员制度，保障公民陪审权利，扩大参审范围，完善随机抽选方式，提高人民陪审制度公信度。逐步实行人民陪审员不再审理法律适用问题，只参与审理事实认定问题”。2015 年，中央深改小组通过了《人民陪审员制度试点改革方案》，全国人大常委会通过了《关于授权在部分地区开展人民陪审员制度改革试点工作的决定》，最高人民法院和司法部颁布了《人民陪审员制度改革试点工作实施办法》。2018 年 4 月全国人大常委会通过了《中华人民共和国人民陪审员法》。

该法对 2004 年全国人大常委会《关于完善人民陪审员制度的决定》进行了重大修改，主要包括：（1）在选任条件上，年龄要求从年满 23 周岁升为年满 28 周岁，学历要求从“一般应当具有大学专科以上文化程度”降为“一般应当具有高中以上文化程度”。（2）在选任程序上，将个人申请和组织推荐改为以随机抽选为主、个人申请和组织推荐为辅，并明确规定了通过个人申请和组织推荐产生的人民陪审员名额数不得超过五分之一。（3）在参审范围上，区分三人合议庭和七人合议庭的适用范围，并对七人合议庭审理的案件类型予以明确和具体化。人民法院审判下列第一审案件，由人民陪审员和法官组成七人合议庭进行：可能判处十年以上有期徒刑、无期徒刑、死刑，社会影响重大的刑事案件；根据民事诉讼法、行政诉讼法提起的公益诉讼案件；涉及征地拆迁、生态环境保护、食品药品安全，社会影响重大的案件；其他社会影响重大的案件。（4）在参审程序上，三人合议庭中陪审员和法官仍可共同对事实认定和法律适用行使表决权，但在七人合议庭中陪审员仅就事实认定与法官共同表决，而对法律适用虽然可以发表意见但不再参加表决。

2. 严格排除非法证据。十八届三中全会《关于全面深化改革若干重大问题的决定》明确指出要“严禁刑讯逼供、体罚虐待，严格实行非法证据排除规则。”2017 年 6 月“两高三部”联合发布了《关于办理刑事案件严格排除非法证据若干问题的规定》。相较于过去相关的法律规定和司法解释，该规定主要有如下创新之处：（1）扩大了非法言词证据排除的范围。将“威胁”、“非法拘禁”列为排除供述的事由，并且此范围也适用于被害人陈述与证人证言，从而统一了非法证据排除的范围。（2）首次涉及了重复性供述的排除问题。对重复性供述既不是一排到底，也不是完全采纳，而是采取“主体更换说”①，并列有例外情形，实现了保障人权与惩罚犯罪的动态平衡。（3）重申、细化排除非法证据的规程。对非法证据坚持早发现、早核查、早排除，强调尽早发现并排除非法证据。同时，细化规定了提讯登记、体检记录的制作，指引有关机关留存证据。（4）将申请非法证据排除纳入法律援助的范围，并保障律师调查取证权。（5）之前在法院依法作出排除决定前可否在对申请排除证据的庭审中进行调查这一问题没有统一规定。现明确规定，在法庭作出是否排除有关证据的决定前，不得对有关证据宣读、质证。（6）将“对于一审法院对被告方有关排除非法证据的申请没有审查，可能影响公正审判的”作为二审发回重审的原因。

3. 保障辩护权和完善法律援助制度。在保障律师依法行使辩护权方面，2015 年 9 月中央深改小组会议通过了《关于深化律师改革制度的意见》，同月“两高三部”联合印发了《关于依法保障律师执业权利的规定》。与此同时，2015 年 5 月中央深改小组会议通过了《关于完善法律援助制度的意见》。2017 年 8 月“两高三部”公布了《关于开展法律援助值班律师工作的意见》（以下简称《值班律师意见》），2017 年 10 月最高人民法院、司法部联合出台《关于开展刑事案件律师辩护全覆盖试点工作的办法》（以下简称《全覆盖办法》）。

上述文件的主要制度创新包括：（1）构建值班律师制度。《值班律师意见》提出，法律援助机构在人民法院、看守所派驻值班律师，为没有辩护人的犯罪嫌疑人、刑事被告人提供法律帮助。法律援助值班律师的职责包括：①解答法律咨询；②引导和帮助犯罪嫌疑人、刑事被告人及其近亲属申请法律援助，转交申请材料；③在认罪认罚从宽制度改革试点中，为自愿认罪认罚的犯罪嫌疑人、刑事被告人提供法律咨询、程序选择、申请变更强制措施等法律帮助，对检察机关定罪量刑建议提出意见，犯罪嫌疑人签署认罪认罚具结书应当有值班律师在场；④对刑讯逼供、非法取证情形代理申诉、控告；⑤承办法律援助机构交办的其他任务。法律援助值班律师不提供出庭辩护服务。（2）扩大法律援助范围。《全覆盖办法》规定，在北京、上海、浙江、安徽、河南、广东、四川、陕西的全部或部分地区开展刑事案件律师辩护全覆盖试点工作。在之前法律援助范围的基础上，其他适用普通程序审理的一审案件、二审案件、按照审判监督程序审理的案件，被告人没有委托辩护人的，人民法院应当通知法律援助机构指派律师为其提供辩护。适用简易程序、速裁程序审理的案件，被告人没有辩护人的，人民法院应当通知法律援助机构派驻的值班律师为其提供法律帮助。

---

① 参见陈光中、郭志媛：《非法证据排除规则实施若干问题研究——以实证调查为视角》，载《法学杂志》2014 年第 9 期。

4. 纠正和防范冤假错案。党的十八大以来，司法机关依法纠正了呼格吉勒图案、聂树斌案、陈满案等重大冤错案件37件61人。[①] 2013年8月中央政法委出台了《关于切实防范冤假错案的指导意见》，重申了疑罪从无、证明标准、保障律师权利等规定。2014年最高人民法院出台的《关于建立健全防范刑事冤假错案工作机制的意见》要求办案应当坚持尊重和保障人权原则、程序公正原则、证据裁判原则等。对于定罪证据不足的案件，应当依法宣告被告人无罪，不得降格作出“留有余地”的判决。2013年9月，最高人民检察院制定《关于切实履行检察职能防止和纠正冤假错案的若干意见》，建立重大冤错案件发现报告、指导办理、异地审查、监督纠正、依法赔偿工作机制。

（五）刑事诉讼法第三次修改（2018）

为了协调国家监察体制改革和十八大以来的司法改革，全国人大常委会以修正案的方式对刑事诉讼法进行修改，并于2018年5月9日公布了《中华人民共和国刑事诉讼法（修正草案）》（以下简称《修正草案》）。这次修法主要包括三个方面：一是完善监察法与刑事诉讼法的衔接机制；二是为加强境外追逃工作力度和手段，设立缺席审判制度；三是将认罪认罚从宽制度和速裁程序试点工作中的成功经验上升为法律规范。

首先，监察体制改革是对中国政治体制、政治权力、政治关系的重大调整，是事关全局的重大政治体制改革。2016年10月召开的十八届六中全会指出，“各级党委应当支持和保证同级人大、政府、监察机关、司法机关等对国家机关及公职人员依法进行监督，人民政协依章程进行民主监督，审计机关依法进行审计监督”。由此拉开了监察体制改革的序幕。2016年11月，中共中央办公厅印发《关于在北京市、山西省、浙江省开展国家监察体制改革试点方案》，在三省市设立各级监察委员会。2017年11月，全国人大常委会通过在全国各地推开国家监察体制改革试点工作的决定。2018年3月11日，全国人大通过了《中华人民共和国宪法修正案》。修正案修改了相关条文，并增写了监察委员会一节，明确规定各级监察委员会是国家的监察机关。随后审议通过了监察法，将监察厅（局）、预防腐败局及人民检察院查处贪污贿赂、失职渎职以及预防职务犯罪等部门的相关职能整合至监察委员会。《修正草案》根据宪法和监察法的规定删去了检察院贪污贿赂犯罪侦查权，但保留了一部分自侦权，即“人民检察院在对诉讼活动实行法律监督中发现司法工作人员利用职权实施的非法拘禁、刑讯逼供、非法搜查等侵犯公民权利、损害司法公正的犯罪，可以由人民检察院立案侦查。对于公安机关管辖的国家机关工作人员利用职权实施的其他重大的犯罪案件，需要由人民检察院直接受理的时候，经省级以上人民检察院决定，可以由人民检察院立案侦查”。此外，还从强制措施、案件移送等方面完善了监察法与刑事诉讼法的衔接。

其次，建立刑事缺席审判制度，加大境外追逃工作的力度。对于贪污贿赂犯罪案件，犯罪嫌疑人、被告人潜逃境外，监察机关移送起诉，检察院认为犯罪事实已经查清，证据确实、充分，依法应当追究刑事责任的，可以向法院提起公诉。同时规定了该类案件的管辖、送达、审理方式、被告人权利保障、上诉权等。此外，还规定了审判监督程序中的缺

① 参见2017年11月1日最高人民法院院长周强向第十二届全国人大常委会第三十次会议做的《最高人民法院关于人民法院全面深化司法改革情况的报告》。

席审判。

最后，将试点的认罪认罚从宽制度和速裁程序上升为法律。自 2014 年、2016 年开始在部分地区分别试点速裁程序和认罪认罚从宽制度。《修正草案》将认罪认罚从宽作为一项刑事诉讼法的基本原则规定在第一章中，即犯罪嫌疑人、被告人自愿如实供述自己的罪行，对指控的犯罪事实没有异议，愿意接受处罚的，可以依法从宽处理。对于基层人民法院管辖的可能判处三年有期徒刑以下刑罚的案件，案件事实清楚，证据确实、充分，被告人认罪认罚并同意适用速裁程序的，可以适用速裁程序。

《修正草案》旨在着力解决实践中紧迫性的问题，但是十八大以来刑事司法改革取得的重要成就没有在本次修正草案中得以体现。例如，加强司法机关依法独立行使职权，推进以审判为中心的诉讼制度改革，严格实施非法证据排除规则，扩大法律援助范围等问题。我们期待在以后的刑事诉讼法修改中对上述问题加以规定。

以审判为中心的诉讼制度改革下的控辩平等对抗路径探析

冀祥德　周媛媛*

2014年10月，中国共产党十八届四中全会通过的《中共中央关于全面推进依法治国若干重大问题的决定》（以下简称《决定》）明确提出："推进以审判为中心的诉讼制度改革，确保侦查、审查起诉的案件事实证据经得起法律的检验。全面贯彻证据裁判规则，严格依法收集、固定、保存、审查、运用证据，完善证人、鉴定人出庭制度，保证庭审在查明事实、认定证据、保护诉权、公正裁判中发挥决定性作用。"① 《决定》完整表述了以审判为中心的诉讼制度改革的内涵与目的，这不仅是对司法办案机制的改革，也是对刑事诉讼理念的更新。刑事诉讼各个阶段的优化配置和各方主体的职能演进都应当将以审判为中心的诉讼制度改革目标作为指引。

一、以审判为中心的诉讼制度改革对控辩双方的影响和要求

以审判为中心的诉讼制度改革对公安机关的侦查、检察机关的起诉和法院的审判之间有清晰的定位，侦查和起诉应当自觉以达到庭审对案件质量的要求来改进各个阶段的工作机制。防止冤假错案的发生是现代刑事诉讼体系应当努力实现的目标，它体现的是国家法治的文明程度。惩罚犯罪固然重要，但是冤假错案造成的后果甚至比放纵一次犯罪还要严重②，它影响的是公民对国家权力和司法公正的信任。培根说过："一次错判比多次犯案危害更大，因为后者只不过污了流，而前者却是秽了源。"③ 以审判为中心的诉讼制度改革增大了辩护人的发挥空间，对实现犯罪嫌疑人和被告人的辩护权有很大的促进作用。

正如《决定》中所提到的"保证庭审在查明事实、认定证据、保护诉权、公正裁判中发挥决定性作用④"，以审判为中心的关键就在于实现庭审实质化，它将事实认定、证据调查、定罪量刑切实有效地在法庭上实现，让法官的亲历性和中立性能实实在在地在法庭上得到确立。庭审不再是形式主义，而是对判决结果起到最终决定性作用的实质程序。只有

---

* 作者简介：冀祥德，法学博士，中国社会科学院法学研究所研究员，博士生导师；周媛媛，中国社会科学院大学法学博士。

① 中国共产党第十八届中央委员会第四次全体会议：《中共中央关于全面推进依法治国若干重大问题的决定》，2014年10月23日。

② 陈光中：《刑事诉讼法》（第六版），北京大学出版社2017年版，第21页。

③ ［英］弗兰西斯·培根：《培根随笔全集》，蒲隆译，上海译文出版社2012年版，第207页。

④ 中国共产党第十八届中央委员会第四次全体会议：《中共中央关于全面推进依法治国若干重大问题的决定》，2014年10月23日。

真正地实现庭审实质化，才能为预防冤假错案在侦查、审查起诉、审判各个环节设置有效的屏障，案件质量才能得到切实提高。而庭审实质化不是将司法工作都堆积到庭审，而是将各个阶段进行优化配置，以达到最终提高案件质量，实现在确保公正的基础上兼顾效率的刑事诉讼理想状态。这是刑事诉讼程序和诉讼阶段围绕以审判为中心和公平正义理念而合理配置且各方职能得到合理发挥后自然呈现出的一种结果状态。它需要从刑事诉讼开始的阶段就围绕最终的目标价值进行设计和配置。对以审判为中心、庭审实质化的司法改革大趋势，控辩双方都必须拿出切实有效的方法优化提升自身的工作机制和业务素质，只有这样才能更好地迎接司法制度改革带来的挑战。

庭审实质化势必基于控辩双方在法庭上平等有效的对抗，但绝不仅仅只依赖双方在法庭之上的对抗。控辩双方平等对抗的实现需要在刑事诉讼各个阶段围绕这个目标进行改良完善，而建立科学合理的新制度是实现控辩平等对抗最直接有效的方式。

二、完善公诉专业化发展模式

以审判为中心的诉讼制度改革给检察机关的各项工作带来了全面的挑战，同时也是促使公诉职能转型升级、让其更符合公平正义这一终极价值追求的机遇。控方除了要应对辩方辩护权的加强，同时还肩负着实现改革目标、提高案件质量、维护公平正义的任务，因此检察机关特别是公诉部门必须对自身的工作机制和业务素质进行提高。2010 年 7 月，最高人民检察院《关于加强公诉人建设的决定》明确提到“实现公诉工作的专业化分工”，培养专家型和专门型公诉人是加强公诉人建设的重要目标。① 北京市检察机关根据该目标对公诉机构设置和人才培养进行了一系列颇有成效的改革和创新。2018 年 6 月 27 日，为贯彻落实《关于北京市检察机关调整内设机构分工优化职能配置的实施意见》，北京市检察院召开全市检察长专题座谈会，会议专门提到要进一步推进“四位一体”刑事检察工作格局，同时还要探索实行“捕诉合一”工作机制，探索未成年人案件集中管辖、进一步完善内设机构分工调整等一系列举措，坚持走以优化检察职能配置为特色的检察专业化发展之路。②

（一）完善公诉专业化发展的必要性

以审判为中心的诉讼制度改革决定了庭审成为诉讼阶段的核心与决定案件最终结果的中心环节，其对控辩双方在庭审中的实质性对抗提出了更为严格、专业的要求，案件的最终判决结果具有了更大的不可预测性，控辩双方均需要为刑事诉讼的各类案件，特别是专业性较强的案件类型和公诉业务的各个阶段作出大量、充分的准备。检察机关不能再依靠“流水线式”的办案模式，而是应当进行专业化、专门化的准备，以达到以审判为中心的诉讼制度改革提出的控辩双方平等对抗的实质性要求。首先，从横向的部门设置和人才配置角度来看，随着经济、科技水平的发展，越来越多的高科技犯罪、经济犯罪等专业性强的

---

① 最高人民检察院：《最高人民检察院关于加强公诉人建设的决定》，载法律图书馆，http：//www.law-lib.com/law/law_ view.asp？id=321316.

② 北京市人民检察院：《北京市检察院部署开展深化内设机构改革调研论证和过渡准备工作》，载京检在线，https：//mp.weixin.qq.com/s/_ Iesg84p6roqyXT0E4D8i.

案件出现，加之国家监察体制改革，公诉各专门领域的专业化、精准化办案问题亟待解决。“闻道有先后，术业有专攻”，只有用科学合理的制度培养起专业化、精准化的办案团队，才能真正适应检察业务专业化的趋势，以应对刑事辩护职业化的挑战。其次，从纵向的公诉办案流程来看，由于其中的每个具体阶段对公诉人职能履行的侧重点是不一样的，公诉业务的各个阶段具有一定程度的可分性，给检察机关积极探索符合司法办案规律的科学划分方法提供了前提。

（二）完善公诉专业化发展的可行性

针对刑事案件呈现出的新情况和司法体制改革的新要求，对公诉业务进行合理、科学的布局和调整，是检察机关提高办案质量、优化公诉职能的必经之路。《关于加强公诉人建设的决定》明确提到培养针对职务犯罪、经济犯罪、知识产权犯罪等细分领域的专门型公诉人和法学功底深厚、善于处理重大疑难案件的专家型公诉人是公诉专业化分工的两个重要方向。①

首先，打造专业化办案部门。培养精通各专业领域的专门型公诉人的前提是建立起专业化的部门，通过对专门领域案件的研究和规律探索，训练出拥有刑事诉讼专业能力，同时兼具经济、科技等相关领域专门知识和办案经验的专门型公诉人。为了达到这一目标，北京市检察机关的做法值得肯定。北京市检察机关按照承办的案件类型和权责划分，将内设机构进行专业化分工，从资源优化配置的科学角度把检察官划分到一个个专业化的办案部门之中，充分把检察职能的专业性和高效性发挥到最优，为培养专门型公诉人创造有利条件。“目前，北京市检察机关正着手建立刑事检察、经济犯罪检察、国家安全和公共安全检察、职务犯罪检察‘四位一体’刑事检察工作格局。”② 这种专业化的机构划分对案件性质特殊且对精细化和专业化要求较高的案件实行专人专办，不仅提升了检察人才队伍素质，有助于培养专门型公诉人才，还大大提高了办案的专业水平和效率，实现了对各类复杂案件的精准打击。

其次，培养专业化公诉人才。对于打造公诉经验丰富、法学功底深厚的专家型公诉人，检察机关不仅通过举办优秀公诉人高级研修班等专家型公诉人培训班、开展“全国优秀公诉人”业务竞赛等形式培养和挖掘专家型公诉人，同时还通过完善案件的繁简分流工作为专家型公诉人才的培养奠定基础。以北京市检察机关为例，丰台区、海淀区和朝阳区检察院作为北京市承办案件数量庞大的基层检察院，率先成立了轻罪案件检察部。通过少量但专业化程度高的专门办案人员解决简单的轻罪案件的形式，能够科学、高效地节约司法资源，在提高轻罪案件的办案质量与效率的同时也为复杂、重大、疑难案件的精细化办理留出了更多的空间和资源，在整体上将各种类型的案件质量都进行了系统化提升。通过设立轻罪案件检察部，专家型公诉人有了更多的空间与精力深耕疑难、重大案件，对案件质量和办案效率的提高都起到了积极作用。

---

① 最高人民检察院：《最高人民检察院关于加强公诉人建设的决定》，载法律图书馆，http：//www. law-lib. com/law/law_ view. asp？ id=321316.

② 新华社：《北京检察：奋力走好以优化检察职能配置为特色的检察专业化道路》，载京检在线，https：//mp. weixin. qq. com/s/PnER4BRoR8VgBgTm-sIvjA.

最后，探索专业化阶段分工。检察机关对公诉各阶段的专业化分工也进行了新的探索和尝试。最高人民检察院《关于加强公诉人建设的决定》中提到“公诉职业能力建设得到全面加强。审查判断运用证据、适用法律和运用政策、出庭指控犯罪、开展诉讼监督等能力显著提高，办案质量和执法水平明显提升”。该决定对公诉业务的不同工作阶段作出了明确划分与定位。2018 年 2 月，北京市人民检察院检察长敬大力到东城区人民检察院调研时提出“开展在刑事诉讼中发挥‘两主’作用试点工作，试行起诉审查、起诉裁量、出庭公诉三个阶段的公诉工作新模式”。① 该模式依靠对公诉规律的深刻把握，将公诉业务各个具体阶段的专门化分工理念在实践工作中进行了科学的创新和具体的落实。

检察机关构建的公诉专业化发展模式，从公诉工作的各个方面全面统筹、优化资源，在整体与局部多维度深化对公诉规律进行深入把握。可以说，这一系列措施有利于提高公诉人的专业化、精细化办案水平，在保证案件质量提升的基础上兼顾办案效率，有助于真正把以审判为中心的诉讼制度改革落到实处。同时也应当看到，由于改革处于探索和创新阶段，对于探索符合检察权运行规律的公诉制度还有进一步完善和细化的空间。

三、完善普遍辩护与建立刑事辩护准入制度

随着以审判为中心的诉讼制度改革的推进，辩护律师与公诉人在法庭上平等对抗的可能性越来越高，律师的辩护对案件审判结果的影响力将会越来越大。这场改革的最终目的是提高案件质量、防范冤假错案，最终实现公平、正义。但就具体效果来说，其中一方面表现为帮助律师进一步发挥在刑事诉讼中的价值和功能，让其辩护意见在法庭上起到实质性的作用，让律师的存在变得有分量、有价值。另一方面，随着公诉人对自身制度和体系的不断优化，辩护人想要在控辩博弈中赢得主动，并在整体上实现辩护权，则必须保证辩护权的普遍性和有效性得以实现，这两方面可以分别通过普遍辩护制度和刑事辩护准入制度的设置得到完善。

（一）以审判为中心的诉讼制度改革在制度上对辩护权的提升

在以审判为中心的诉讼制度改革背景下，法庭要改变以往主要依靠案卷材料判案的状态，让控辩双方在法庭上充分进行举证、质证、辩论，对事实、证据认定有直接影响的证人、鉴定人在法庭上经双方质证并查实，避免对案卷材料过多的被动性依赖和主观性预判，法官在更为中立、客观的立场上让辩方有了更多机会实现与控方平等对抗，从而为充分实现辩护权提供了良好保障。辩护人前期的准备有机会在庭审上集中表现出来并且成为影响法官判决的有效行为。同时，更有可能排除非法证据，让被告人的合法权利在中立审判者的认证和监督下获得应有的保护，防止冤假错案的发生。

（二）以审判为中心的诉讼制度改革在理念上对辩护权的维护

以审判为中心的诉讼制度改革增强和肯定了辩护律师合法权利的行使，而要实现真正

① 杨永浩：《北京市检察院检察长敬大力到东城区检察院调研》，载正义网，http：//www. jcrb. com/procuratorate/jcpd/201802/t20180228_ 1844700. html.

的控辩双方平等对抗，则在价值理念上需要公检法特别是检察机关的公诉检察官更加重视辩护人的平等地位和价值，重视和尊重辩护人的意见。控辩双方虽然各自立场不同，但是总体而言都是当事人正当权益的共同捍卫者，是司法公正的共同实现者。因此，控辩双方的对抗应当是在法庭上平等、公开地对抗，在法庭外互相尊重、交流沟通，应形成一种良性竞争、互相尊重的健康控辩关系。

（三）以审判为中心的诉讼制度改革为辩护准入制度提供了契机

1. 刑事辩护的量变与质变

司法制度对辩护权的肯定与保护使犯罪嫌疑人、被告人的权益有更大的可能性得到保护，而这种可能性的实现不仅要靠制度的改革，最终还是需要落实到刑事辩护自身质和量的提高与完善上。

刑事辩护的普遍性是辩护权得以真正实现的基本前提，否则如果实践中只有少数犯罪嫌疑人、被告人的权利能够得到保障，那么这样的司法制度就不能达到保护人权、防范冤假错案的目标，也丧失了改革的根本意义。因此，建立刑事辩护的全覆盖是实现有效辩护的基础。2017 年 10 月 11 日，最高人民法院、司法部联合出台了《关于开展刑事案件律师辩护全覆盖试点工作的办法》，该办法规定除了刑事诉讼法第 34 条、第 267 条规定外，“其他适用普通程序审理的一审案件、二审案件、按照审判监督程序审理的案件，被告人没有委托辩护人的，人民法院应当通知法律援助机构指派律师为其提供辩护”。[①] 这条规定确立了推动刑事案件律师辩护全覆盖的制度，并率先在全国八个省市开展试点。可以说，刑事辩护全覆盖的推进让刑事辩护权的有效实现迈出了关键的一步。值得关注的是，该办法中刑事案件辩护的全覆盖专指律师辩护全覆盖，只提到了律师可以作为辩护人，这也印证了刑事辩护准入制度是国家司法制度改革的大势所趋。刑事诉讼法第 32 条规定，可以被委托为刑事诉讼辩护人的包括：“（一）律师；（二）人民团体或者犯罪嫌疑人、被告人所在单位推荐的人；（三）犯罪嫌疑人、被告人的监护人、亲友。”笔者曾撰文，这样的规定不利于辩护权的充分行使，应当建立起刑事辩护准入制度，规定只有律师可以作为刑事案件的辩护人，并且应当根据案件的争议大小、复杂程度、涉及的罪名来决定准入的严格程度和律师的办案资质。[②]

2. 刑事辩护准入制度设立的必要性

以审判为中心的改革适应了法律和诉讼越来越职业化的需要，而对于辩护权的行使，也需要朝着职业化的方向前进。无论就刑事诉讼法的价值理念还是司法改革的现实要求而言，建立刑事辩护准入制度都具有充分的必要性与合理性。

一是刑事辩护对抗的是国家公权力。刑事诉讼从调查取证到法庭对抗，始终需要十分严谨、专业化的辩护能力，加之辩护人要面对的是行使国家权力的公安机关和检察机关，而非像民事诉讼那样属于平等主体间的对抗，因此刑事诉讼的性质不可避免地使得辩护人处于相对弱势的地位。面对控方的强势地位，如果不以专业度更高、质量更高的辩护进行应对，那么国家机关拥有的优势将会直接转化为对被告人的巨大压力。而律师作为具备专

---

① 最高人民法院、司法部：《关于开展刑事案件律师辩护全覆盖试点工作的办法》，2017 年 10 月 11 日。

② 冀祥德：《论刑事辩护专业资格制度的建立》，载《法学论坛》2001 年第 1 期。

业的法律职业资格、专门从事法律服务的执业人员，从整体上较社会其他人员拥有更扎实的法律基础，也拥有更多的辩护经验。在通常情况下，律师是最有可能也是最有能力帮助犯罪嫌疑人、被告人辩护的主体。

二是辩护的专业性应与刑法处罚的严厉性和刑事诉讼程序的严格性等相适应。刑事诉讼涉及的都是违反刑法的行为，一旦最后法院作出有罪判决，等待被告人的都是涉及财产权、人身自由权甚至是生命权的严厉处罚，此时辩护质量的高低对于被告人权利的维护显得至关重要，辩护的专业度也必须与案件的严重程度、处罚的严厉程度相适应。

三是律师较其他辩护人拥有更多的权利。在刑事诉讼过程中犯罪嫌疑人、被告人处于被追诉的地位，其人身自由往往受到限制，对其人权和其他基本权利的保护更具有必要性和紧迫性。此时，辩护权就显得尤为珍贵，必须谨慎且高效地行使。如果非执业律师作为辩护人，则在会见权、阅卷权、调查取证权等方面比律师受到更多的限制，难以充分、及时地保障犯罪嫌疑人、被告人的权利。

四是专业辩护有助于实现良好的社会导向。刑事诉讼特别是重大刑事案件的判决结果往往会造成巨大的社会影响，对社会价值的导向起到了十分重要的作用。而面对如此重大的社会责任，将履行辩护权的职责交由专门从事刑事诉讼辩护工作的律师行使，不仅是因为其专业水平和职业道德在普遍情况下更有保证，同时也因为社会对其作为职业法律工作者的社会责任和法律信仰拥有更高的期待可能性。

3. 刑事辩护准入制度的实现

刑事辩护准入制度虽然在理论上具有充分的必要性与合理性，但在具体实施过程中还是会有诸多现实问题需要解决。

一是经费保障问题。刑事辩护的普遍性和有效性难以真正落实，在一定程度上是由于辩护律师难以通过刑事辩护获得与其劳动相对等的报酬。犯罪嫌疑人、被告人往往难于支付辩护律师的费用，因此又恶性循环地造成刑事辩护的普遍性和有效性难以实现。“在现代法治国家，保证被控告人获得专业律师辩护权是国家的人权保障义务。国家不仅不能侵害辩护权，而且应切实保障辩护权，对辩护权负有给付义务。”① 这样的看法也得到了国家政策层面的支持，最高人民法院、司法部在《就刑事案件律师辩护全覆盖试点工作答问》中提出，“建立多层次经费保障机制，加强法律援助经费保障，确保经费保障水平适应开展刑事案件律师辩护全覆盖试点工作需要。包括司法行政机关协调财政部门合理确定、适当提高办案补贴标准并及时足额支付；有条件的地方可以开展政府购买法律援助服务；探索实行由法律援助受援人分担部分法律援助费用”。②

通过国家对辩护律师经费的有力保障，可以逐渐解决由于经济问题造成的辩护职能的行使困难。

二是准入资格问题。应当根据案件涉及的具体罪名及处理的难易程度、案情的重大程度和管辖法院的级别等进行划分。对可能判处死刑案件的准入应当比其他案件严格，对于

① 冀祥德：《刑事辩护准入制度与有效辩护及普遍辩护》，载《清华法学》2012 年第 4 期。

② 《最高法司法部就刑事案件律师辩护全覆盖试点工作答问》，载中华人民共和国最高人民法院网站，http：//www. court. gov. cn/zixun-xiangqing-63032. html.

中级人民法院和高级人民法院管辖的案件的准入标准应当比基层法院管辖的案件严格。[①] 这些准入标准可以根据律师从事刑事辩护的资历年限进行划分。

三是监管体系问题。在设定辩护准入制度后，对律师的要求和律师的任务更加重大，因此需要更进一步完善对律师行业的管理。《关于开展刑事案件律师辩护全覆盖试点工作的办法》也对律师辩护纪律和监督指导的问题作出了规定。该办法规定辩护律师应当遵守法律法规、执业行为规范和法庭纪律，人民法院、司法行政机关、律师协会、法律援助机构、律师事务所对辩护律师的监督指导职责。[②]

要完成以审判为中心的诉讼制度改革，实现提高案件质量、防范冤假错案的目标，关键在于充分发挥庭审在查明事实、认定证据、保护诉权、公正裁判中的决定性作用。控辩双方将会在法庭上进行充分的举证、质证和辩论，各类案卷、证据都不再是沉默在纸张上的文字，而是要经过法庭上的充分检验才能获得有效的证明力。而实现控辩双方平等对抗的路径就是围绕以审判为中心的改革目标分别完善各自的机制，达到一种势均力敌的“强强对话”状态。完善公诉专业化发展模式和建立刑事辩护准入制度都是符合刑事诉讼基本规律并具有较为充分的可行性和必要性的改进制度。通过对这一系列制度的合理运用，将有助于科学、高效地实现控辩双方平等对抗，在以审判为中心的诉讼制度改革中合力实现提高案件质量、防范冤假错案、最终实现公平正义的目标。

① 冀祥德：《刑事辩护准入制度与有效辩护及普遍辩护》，载《清华法学》2012 年第 4 期。

② 最高人民法院、司法部：《关于开展刑事案件律师辩护全覆盖试点工作的办法》，2017 年 10 月 11 日。

刑事证明标准差异化初探[*]

桂万先　陈　晨[**]

引　言

“证明标准是证据制度的核心和灵魂。一种证据制度，如果没有确立证明标准，就不可能成为完善的证据制度。”① 然而，关于我国刑事案件的证明标准，却是长期以来学术界和实务界争论的焦点。公检法机关关于刑事案件证明标准的不同认识也在司法办案中时有体现。针对司法实践中存在的问题，2016年中央政法工作会议提出：“在完善证据制度方面，要坚持从我国社会主义初级阶段基本国情出发……研究探索对被告人认罪与否、罪行轻重、案情难易等不同类型案件，实行差异化证明标准。”为什么要提出证据标准的差异化，怎样实行证明标准的差异化？此当为时下证据学理论研究的重点。

一、证明标准理论争议评析与证明标准差异化的提出

近年来，围绕刑事证明标准，我国理论界和实务界曾经发生过一些影响较大的争论，如有关“客观真实”、“法律真实”的争论，有关“排除合理怀疑”标准的争论，有关证明标准层次性的争论，有关“两个基本”提法存废的争论，等等。通过这些争论，形成了一些证据学的新理论、新观点，丰富了我国证据学的理论体系，深刻影响了一个时期以来的刑事证明活动，同时也构成了探讨证明标准差异化问题的理论基础。

回顾近年来我国证据法学的理论争议，笔者认为我国刑事证据法学理论研究中存在一些问题，主要体现在以下三个方面：

1. 关于证明标准的许多理论论证较为随意，体现了我国理论研究对于一些证据学基本概念的界定不够严谨。许多论证以引用、比附国外证明概念为论证终点，但对于一些概念并没有形成统一的认识。如对于“排除合理怀疑”、“高度盖然性标准”等概念所指的含义，学者理解各不相同。再如，支持“两个基本”的学者的依据是“两个基本”反映的是

---

* 本文系江苏省第五期“333高层次人才培养工程”科研项目经费资助的《诉讼制度改革背景下刑事证明标准的差异化研究》课题的部分研究成果。

** 作者简介：桂万先，江苏省人民检察院法律政策研究室主任，法学博士，全国检察业务专家，南京师范大学法治现代化研究院特邀研究员；陈晨，江苏省人民检察院四级高级检察官。

① 裴苍龄：《论证明标准》，载《法学研究》2010年第3期。

“排除合理怀疑”标准，符合诉讼规律和认识能力；而反对“两个基本”的学者恰恰指责“两个基本”达不到排除合理怀疑的证明高度。在概念界定不清的情况下，争论往往是无意义的。

2. 以人权保障作为证明标准论证的重要标尺，但对于何种证明标准对人权保障状况会产生实际影响并没有深入客观地分析。这就造成一部分人认为坚持客观真实标准有利于防止冤假错案，而另一部分人却提出坚持客观真实标准是造成冤假错案的重要原因之一之类的“悖反”问题。有的学者认为坚持证明标准分层次，可以减少侦查机关刑讯逼供、非法取证等行为的冲动，有利于保障犯罪嫌疑人的合法权益；有的学者则认为在侦查、起诉环节坚持证明标准的“统一性”，有利于及时过滤证据不足的案件进入审判环节，有利于保障犯罪嫌疑人及时脱离被追诉者的不利境地，从而对犯罪嫌疑人有利。很多论证的方式思辨色彩浓厚，缺乏实证研究。①

3. 理论研究对于如何运用证明标准帮助解决司法实践中存在的证据困难关注不够。近年来关于刑事案件证明标准的研究、论证多从防止冤假错案、保证程序正义、维护被告人诉讼权益的角度出发，有的甚至以“宁可错放、不可错判”的原则作为其理论基调。而从加强国家治理、维护公共安全、保障打击犯罪力度和效果的角度来说，开展证明标准研究的成果较少，导致理论研究对于司法实践的指引作用发挥不够。

笔者认为，由于刑事案件事实的不可回溯性、刑事调查手段的有限性、侦查活动的合法性限制等原因，使得满足“事实清楚、证据确实充分”这一证明标准在司法实践中相当困难，而这一现实困难正是催生出刑事证明标准种种理论的重要原因。比如法律真实的理论、“排除合理怀疑”标准、证明标准层次性理论、“两个基本”标准的理论等，或多或少都是为了回应司法实践取证难、证明难、认定难问题而产生的。刑事诉讼的首要任务是保证准确、及时地查明犯罪事实，正确适用法律惩罚犯罪分子。“把握好惩治犯罪和保障人权的平衡”，“研究探索对被告人认罪与否、罪行轻重、案情难易等不同类型案件，实行差异化证明标准”可以为解决刑事诉讼的“证据困境”提供一个新思路，因此具有相当的合理性。

此外，党的十八届四中全会作出“推进以审判为中心的诉讼制度改革”的重大决策，对于证明标准的运用具有决定性影响，也内在地对刑事证明标准的差异化提出了要求。首先，以审判为中心的诉讼制度改革，进一步强化侦查终结、提起公诉向审判阶段证明标准“统一看齐”的要求，因此试图通过证明标准“层次性”安排来解决刑事证明难的路径已经被封死。其次，以审判为中心的诉讼制度改革，将进一步强化证据裁判规则的贯彻，使得按不同案件类型对证明标准做差异化的解释和运用具有相当的必要性。一是证据裁判规则更加注重证据合法性的证明，可能进一步加剧个案证据短缺问题。在证明标准上对特定案件做差异化安排，将有助于引导侦查人员不必为了满足过高的证明标准而采取非法取证手段，缓解司法人员的违法取证冲动。二是证据裁判规则对法官的自由裁量具有一定的规

① 笔者以为，通过对已经被确认为错案的原办案人员进行问卷调查，或可取得证明标准对司法实践产生实际影响的实证资料。即由调查人员组织特别问卷，让错案办理人员围绕证明标准的理解、证据资格的把握、印证式证明模式的要求等问题，回忆当时办案过程中自己的认识状态。可以通过合理设计的问题分析错案形成的诱因，是基于尽快破案的压力而在将信将疑状态下（追求法律真实）的草率结案，还是出于追求真相目的在错误认为达到了客观真实的状态下（追求客观真实）的证据误读。

范与限制作用，差异化的证明标准将为法官自由心证提供空间。通过对部分类型案件（如被告人自愿认罪的轻罪案件）的证明标准作出差异化安排，可以避免对证据印证标准作“一刀切”式的解释，为司法人员合理运用证据裁判规则和自由心证方法妥善处理特定案件提供必要的空间。三是证据裁判规则对法官审查采信证据具有指导作用，差异化的证明标准将为推进刑事案件繁简分流创造条件。如果能对被告人认罪、案情简单的案件在证明标准上适当放宽，既有利于提升司法效率、节约司法资源，同时也有利于使犯罪所破坏的社会关系尽快得到恢复。四是以审判为中心的诉讼制度改革突出庭审的决定性作用，各类案件在主要证据形态、证据展示方式等方面的不同特点，决定了不同案件规定差异化的证明标准具有相当的合理性。如重大毒品案件中的监听录音证据往往是据以定案的关键证据，而其他类型案件中一般不会出现此类证据。司法实践中会采用证据形式转化或者庭后核证等变通方式进行审查。[①] 对于监听录音中出现的隐晦的特定语词，司法人员会直接作出不利于被告人的认定。[②] 但这种差异化的证据展示、审查方式和判断方式在没有差异化的证明标准支持下显得非常突兀，难以让一般人信服。因此，针对不同案件类型和待证事项采行差异化的证明标准，有利于落实以审判为中心诉讼制度改革背景下推进庭审实质化的要求。

二、刑事案件证明标准差异化的理论与实务现状

（一）证明标准差异化的内涵

关于证明标准的差异化，部分学者曾在证明标准“层次化”的相关理论中进行过讨论，并视其为针对不同证明对象适用不同的证明标准的理论问题。[③] 从比较法的视野看，这种根据证明对象不同而实行的证明标准的差异化在西方法治国家也存在。例如，德日将实体法事实与程序法事实区别对待，对后者则适用较低的证明标准；而英美则根据所要证明的罪行轻重适用不同的证明标准。

笔者认为，证明标准的差异化应当指对不同证明对象所要求的证明程度的高低有所不同。这种证明标准的差异化在我国民事诉讼法律制度中是有先例可循的。2014 年 12 月通过的最高人民法院《关于适用〈中华人民共和国民事诉讼法〉若干问题的解释》（以下简称《最高法解释》）第 108 条和第 109 条的规定[④]表明我国民事诉讼法律制度中明确确立了差异化的证明标准。这些证明标准被学者分别概括为“高度盖然性标准”、低于高度盖然性的

---

① 最高人民法院《关于适用〈中华人民共和国刑事诉讼法〉的解释》第 107 条规定：“采取技术侦查措施收集的证据材料，经当庭出示、辨认、质证等法庭调查程序查证属实的，可以作为定案的根据。使用前款规定的证据可能危及有关人员的人身安全，或者可能产生其他严重后果的，法庭应当采取不暴露有关人员身份、技术方法等保护措施，必要时，审判人员可以在庭外核实。”

② 如在贩卖运输毒品案件中，毒品犯罪上下家在约购毒品时出现“东西”、“几个”等常用于指代毒品和数量的语词时，司法人员往往将之作为认定案件事实的重要证据。

③ 参见李学宽等：《论刑事证明标准及其层次性》，载《中国法学》2001 年第 5 期。

④ 第 108 条：“对负有举证证明责任的当事人提供的证据，人民法院经审查并结合相关事实，确信待证事实的存在具有高度可能性的，应当认定该事实存在。……法律对于待证事实所应达到的证明标准另有规定的，从其规定。”第 109 条：“当事人对欺诈、胁迫、恶意串通事实的证明，以及对口头遗嘱或者赠与事实的证明，人民法院确信该事实存在的可能性能够排除合理怀疑的，应当认定该事实存在。”

标准，以及高于“高度盖然性”接近甚至达到“排除合理怀疑”的标准这几类标准。[①] 笔者认为，在刑事诉讼中实行证明标准的差异化，主要努力方向应该是探索对特定类型案件实施低于“排除合理怀疑”的证明标准，以帮助解决司法实践中遇到的证据困难，在避免冤假错案的前提下，实现惩罚犯罪与保障人权之间的平衡。

（二）证明标准差异化安排的既有方式

刑事诉讼中对不同类型案件证明标准的把握存在差异化的现象其实早已有之，主要体现在刑事诉讼法或者司法解释、司法文件中对不同类型案件中不同待证事实所做的较低或较高的证明要求。

1. 针对不同性质的待证事实所作的差异化规定。如学界公认对于程序性事实的证明要求一般是低于实体性事实的证明标准的。再如，关于非法证据的证明要求，刑事诉讼法将“不能排除”和“确认”存在利用非法方法收集证据的情形并列规定，为非法证据的证明设定了差异化的证明要求。[②]

2. 针对特殊罪名案件的部分事实情节设定较低的证明要求。例如，2013 年“两高两部”《关于依法惩治性侵害未成年人犯罪的意见》中对于行为人“明知”的证明，将认定犯罪主观明知要件的证明从“确知”放宽到“应当知道”。在证明标准上实际是作出了低于“确知”的证明要求。[③] 值得注意的是，这类针对特殊罪名案件的部分犯罪事实情节设定较低证明要求的做法常被认为是“刑事推定”的典型范例。这恰好说明刑事推定理论必须在适当降低刑事证明标准的前提下才能有存在的空间。[④] 因为刑事推定的基本原则就包括高度盖然性原则，即基础事实与推定事实之间应当具有高度盖然性，才能进行推定。[⑤] 对特殊罪名案件中特定待证事实作低于普通证明要求的规定，反映到整个案件事实层面，即可认为是在适用低于普通证明标准的差异化证明标准。

3. 对适用不同刑罚种类的案件设定差异化的证明标准。例如，最高人民检察院《关于切实履行检察职能防止和纠正冤假错案的若干意见》中要求，对于可能判处死刑的案件，坚持“最严格的证据标准”。这一针对死刑案件在证明标准上所做的体系性强调，在某种意义上可视为针对适用不同刑罚种类的案件而设定差异化的证明标准。

4. 针对不同证明方向证据的证明要求做差异化安排。例如，对于最高人民法院《关于适用〈中华人民共和国刑事诉讼法〉的解释》第 64 条第 2 款的规定，[⑥] 最高人民法院相关

---

① 毕玉谦主编：《证据法要义》，法律出版社 2003 年版，第 482 页。

② 由于刑事诉讼法并没有将非法证据作为证明对象明确举证责任，从公诉机关角度又难以将证据合法性证明的标准表述为超过“证据确实、充分”的证明程度，所以从公诉方的角度难以得出证明标准差异化的结论。但从法院审查判断证据的角度看，这一规定显然对认定非法证据提出了低于一般证明标准的标准。

③ 该意见第 19 条规定，知道或者应当知道对方是不满 14 周岁的幼女，而实施奸淫等性侵害行为的，应当认定行为人“明知”对方是幼女。对于不满 12 周岁的被害人实施奸淫等性侵害行为的，应当认定行为人“明知”对方是幼女。对于已满 12 周岁不满 14 周岁的被害人，从其身体发育状况、言谈举止、衣着特征、生活作息规律等观察可能是幼女，而实施奸淫等性侵害行为的，应当认定行为人“明知”对方是幼女。

④ 参见龙宗智：《推定的界限及适用》，载《法学研究》2008 年第 1 期。

⑤ 参见宋英辉、何挺：《我国刑事推定规则之构建》，载《人民检察》2009 年第 9 期。

⑥ 该款规定：“认定被告人有罪和对被告人从重处罚，应当适用证据确实、充分的证明标准。”

法官解读认为，该条表明对被告人有利的量刑事实，适用的证明标准是“优势证据”标准。① 再如最高人民法院《关于处理自首和立功具体应用法律若干问题的解释》规定，对犯罪嫌疑人没有完成自动投案，但只要证明其准备投案或者正在投案途中，就视为其完成了自动投案的证明，也是在有利于被告人的量刑情节的证明上设定较低的证明要求。

对于上述证明标准差异化处理实例，在性质上如何看待可能存在不同认识，但这至少表明在特定情形下降低证明标准的做法在司法实践中是不可避免的。

（三）关于差异化证明标准具体含义的界定

在借鉴国外及我国民事诉讼制度中证明标准差异化的成果时，我们还应当注意到国内对于一些证明标准的概念含义并不明确。在刑事诉讼法学领域，学者认为大陆法系“自由心证”所形成的“内心确信”标准，理论上即概括为“高度概然性”，其与英美法系“排除合理怀疑”标准实质上是一致的。② 比“排除合理怀疑”标准低一级的证明标准是“优势证据”标准。③ 而在我国民事诉讼法学领域，学界普遍认为民事诉讼的证明标准为“高度概然性”标准，同时民事诉讼的证明标准应当低于刑事诉讼的证明标准。因此，“高度概然性”的证明标准是低于“排除合理怀疑”标准的证明标准。④ 如前文所引的《最高法解释》第108条、第109条的规定即持此种观点。而关于“优势证据”标准与“高度盖然性”标准之间的关系，有的学者认为“优势证据”标准就是“高度盖然性”标准；⑤ 有的学者认为“优势证据”标准是低于“高度盖然性”标准的证明标准；⑥ 有的学者认为“优势证据”标准是包括“高度盖然性”标准在内的证明标准。⑦ 因此，如果只提出证明标准的差异化，而不对相关证明标准概念的具体含义予以明确，将难以对司法实践形成良好的引导作用。

笔者认为，在刑事诉讼领域对证明标准进行差异化安排时，在“排除合理怀疑”标准之下只需下设一个档次的证明标准，不宜再设置更多层次的低证明标准。这一档次的证明标准可以直接借用民事诉讼领域的“高度概然性”证明标准概念，一方面与民事诉讼现行司法解释相协调；另一方面也可避免使用“优势证据”证明标准可能在司法实践层面形成的误读和滥用。

对于刑事诉讼中“高度概然性”证明标准的概念，可以结合民事诉讼领域的证明标准

---

① 参见江必新主编：《最高人民法院〈关于适用中华人民共和国刑事诉讼法的解释〉理解与适用》，中国法制出版社2013年版，第46页。

② 参见卞建林：《我国刑事证明标准的理解与适用》，载《法律适用》2014年第3期；樊崇义主编：《证据法学》（第四版），法律出版社2008年版，第314-315页；李学宽等：《论刑事证明标准及其层次性》，载《中国法学》2001年第5期；周宝峰等著：《证据法之基本问题》，内蒙古大学出版社2015年版，第445页；牟军：《民事证据标准论纲》，载《法商研究》2002年第4期。

③ 参见江必新主编：《最高人民法院〈关于适用中华人民共和国刑事诉讼法的解释〉理解与适用》，中国法制出版社2013年版，第46页。

④ 参见毕玉谦主编：《证据法要义》，法律出版社2003年版，第482页；霍海红：《提高民事诉讼证明标准的理论反思》，载《中国法学》2016年第2期。

⑤ 参见周宝峰等著：《证据法之基本问题》，内蒙古大学出版社2015年版，第475页。

⑥ 参见吴泽勇：《中国法上的民事诉讼证明标准》，载《清华法学》2013年第1期；杜万华、胡云腾主编：《最高人民法院民事诉讼法司法解释逐条适用解析》，法律出版社2015年版，第188页。

⑦ 参见樊崇义主编：《证据法学》（第四版），法律出版社2008年版，第321页。

理论和刑事诉讼领域关于“优势证据”证明标准的理论进行界定。这种“高度概然性”标准应当是指通过举证方举证，经审查能够确信待证事实的存在具有高度可能性时，认定该事实存在的一种证明标准。[①] 这种“高度概然性”要求举证责任方必须证明其所主张的事实存在的可能性明显大于不存在的可能性。这一标准仍然包含在“事实清楚，证据确实、充分”的语义框架内，只是低于“排除合理怀疑”的证明程度。

三、实行证明标准差异化的具体构想

（一）立法上对证明标准的规定作出相应修改，为实行差异化的证明标准留出空间

刑事诉讼法第 53 条以明文规定的方式，用排除合理怀疑的证明标准来对“证据确实、充分”进行说明。根据这一规定，在刑事诉讼中是难以对特定案件的证明标准做差异化安排的。因此，笔者建议将该条第 2 款第 3 项修改为“综合全案证据，对所认定事实已排除合理怀疑。但特定案件事实的证明不需要达到排除合理怀疑的除外”。以此为采行差异化证明标准留出空间。

（二）通过司法解释的明确规定，对特定类型案件的证明标准做差异化安排

1. 对被告人认罪的多发性轻微刑事案件，适用“高度概然性”的证明标准，以弱化部分构成要件要素的证明要求。[②] 具体可以对某些案件中被告人的主观故意、行为人造成的危害结果、行为人行为与危害结果之间的因果关系等方面降低证明要求。如在当事人和解的故意轻伤害案件中，对行为人的行为与伤害结果之间的因果关系省略复杂的鉴定程序而予以认定。在故意毁坏财物案件中，对于行为人认可的毁坏后果，可以根据相关陈述和证言直接认定财物价值。

2. 对案情复杂、取证难度大的特定案件采用“高度概然性”证明标准，由司法机关对部分构成要件要素的证明适用推定规则。例如，“两高一部”《关于办理非法集资刑事案件适用法律若干问题的意见》第 6 条对非法集资刑事案件中证人证言的取证数量作出低于其他类型案件的安排，体现了对该类案件在证明标准上的差异化处理。[③] 同理，对于一些通过电信、互联网手段实施的被害人众多，取证涉及面广、难度大的侵犯财产犯罪、侵犯公民信息犯罪等案件，司法解释也作出了差异化的证明安排，弱化对特定犯罪客观要件的取证

---

① 笔者认为，此处的举证法仅指认定犯罪嫌疑人、被告人有罪的司法机关。因为辩护方在诉讼程序中开展的证明活动主要是通过动摇控诉方举证证明成果的方式对刑事诉讼结果施加影响的。如果辩护方的举证活动使得控诉方的证明活动达不到相应环节的证明标准，则诉讼程序即会中断或终止，不需要对辩护方的证明活动预设特定的证明标准。因此，不宜将被告人、辩护人作为诉讼证明活动的主体，并对其证明活动设定独特的证明标准，造成学术研究上的混乱。

② 对多发性轻微犯罪弱化部分构成要件要素的证明要求已有先例。例如，江苏省高级人民法院、江苏省人民检察院、江苏省公安厅《关于办理醉酒驾驶案件的座谈会纪要》一方面规定对行为人必须进行血液酒精含量的检测；另一方面又规定特定情形下“酒精呼气测试记录的酒精含量值可以作为证据使用。”酒精呼气测试记录在准确性上不如血液检测，但在证明要求上放宽的原因之一在于该类案件量刑幅度较低。

③ 该条规定：“办理非法集资刑事案件中，确因客观条件的限制无法逐一收集集资参与人的言词证据的，可结合已收集的集资参与人的言词证据和依法收集并查证属实的书面合同、银行账户交易记录、会计凭证及会计账簿、资金收付凭证、审计报告、互联网电子数据等证据，综合认定非法集资对象人数和吸收资金数额等犯罪事实。”

要求，以解决司法实践中普遍存在的取证难题。①

3. 对刑事诉讼法第 148 条规定的可采用技术侦查措施的危害国家安全犯罪、恐怖活动犯罪、黑社会性质的组织犯罪、重大毒品犯罪或者其他严重危害社会的犯罪案件，重大的贪污、贿赂犯罪案件以及利用职权实施的严重侵犯公民人身权利的重大犯罪案件采用“高度概然性”证明标准。此类案件社会危害性大、取证难度大，刑事诉讼法作出可以适用技术侦查措施进行取证的特殊规定。对这类案件适用“高度概然性”的证明标准，一方面可为此类案件中技术性证据特别质证方式留出法理解释的空间；另一方面也为解决这类案件证明难题提供帮助。但主张设置较低的证明标准，不是说对这些案件所有的构成要件都可以降低证明要求，而是主张由司法解释分别就各类罪名犯罪的特定证明对象作出特定规定，放宽证明要求。②

4. 对证据存在缺陷的重大刑事案件，被告人选择或同意适用认罪认罚从宽程序的，采用“高度概然性”证明标准。一些陈年旧案客观性证据短缺，即使被告人认罪，如果按照普通案件的证明标准也难以定案。如果规定对于被告人认罪并如实供述的案件，在司法机关提出从轻量刑建议时，可以适用“高度概然性”标准，则可以为法官的自由心证留出裁判空间，有利于这类案件的妥善处理。对这类案件法官可以接受被告人认罪，认为达到“高度概然性”证明标准的，可以同意公诉机关的量刑建议，作出有罪判决；如果认为案件未达到“高度概然性”证明标准的，法官也可以作出证据不足的无罪判决。

5. 对犯罪后被告人有破坏犯罪现场、毁灭罪证等行为的重大刑事犯罪案件，建立与指控量刑建议轻重相匹配的证明标准。司法实践中常有一些杀人案件，有客观性的证据能够证明被告人有破坏犯罪现场、毁灭尸体等证据的行为，但对被告人杀人的犯罪事实缺乏客观性证据。对此类案件可以规定适用与量刑建议轻重相匹配的证明标准。如果公诉方指控被告人犯杀人罪，但建议的是比正常量刑幅度低的刑罚，可以适用“高度概然性”标准；如果公诉方有把握完成达到“排除合理怀疑”证明标准的证明，则可以提出正常的量刑建议，并适用“排除合理怀疑”的证明标准。这样既可为公诉方运用差异化的证明标准促使被告人认罪认罚提供条件，又可以防止因证明标准原因导致犯罪人逃脱罪责。③

6. 在以未成年人、精神病人为犯罪对象的性犯罪中，适用“高度概然性”的证明标准。在司法实践中，强制猥亵、强奸等犯罪往往发生在当事人一对一的私密场合，能够证

---

① “两高一部”《关于办理电信网络诈骗等刑事案件适用法律若干问题的意见》第 6 条第 1 项规定：“办理电信网络诈骗案件，确因被害人人数众多等客观条件的限制，无法逐一收集被害人陈述的，可以结合已收集的被害人陈述，以及经查证属实的银行账户交易记录、第三方支付结算账户交易记录、通话记录、电子数据等证据，综合认定被害人人数及诈骗资金数额等犯罪事实。”

② 如以前已有司法解释将受贿罪中的“为他人谋取利益”要件规定为包括承诺、实施、实现三个阶段，只要证明行为人有任何阶段的行为均可认定为他人谋取利益。

③ 如柴某故意杀人、抢劫、强奸、侮辱尸体案，柴某之前供述了自己抢劫、强奸、杀人的事实，并带领侦查人员找到了被害人的尸体，也在其住处搜查到了被害人的衣物。但到审查起诉阶段，柴某突然翻供，辩称自己乘车后睡着，听见一男一女对话，男的说女的小孩是领养的等情况，等自己酒醒后发现被害人尸体裸露在一旁，由于害怕就将被害人尸体及衣物扛回家，第二天掩埋。其知道被害人有小孩的辩解似乎有合理的成分。检察人员进行了排查，在被害人身上没有发现第三人的检材，也没有发现案发当晚有被害人与第三人的通话记录。被害人是“黑车”司机，案发时间在凌晨，被害人搭载被告人至偏僻地点后遇害，从常理上判断不大可能有人跟踪至此与被害人谈话，且被告人曾供述与被害人聊天时，知道被害人领养过一个女儿，被告人知道这一细节不能作为其实施犯罪的反证。此案后来检察机关坚持指控，法院作出死缓判决。

明犯罪主要事实的直接证据极为有限。如果被害人为不能完全认识和理解社会、表达能力有限的未成年人或精神病人，则在犯罪人不认罪的情况下，难以获得足够多的直接证据证实犯罪。同时在此类案件中，被害人故意做虚假陈述、故意陷害被告人的可能性较小。对此类案件应当考虑从保护未成年人、精神病人等弱势群体的角度出发，并结合证据短缺的实际状况，适用“高度概然性”的证明标准。

7. 在坚持共同犯罪整体事实“排除合理怀疑”的证明标准基础上，对犯罪人各自行为的证明适用“高度概然性”证明标准。在一些聚众犯罪中，行为人在共同犯罪中所实施的具体行为，以及犯罪行为所起的具体作用，都难以查清。如果拘泥于排除合理怀疑的证明标准，则难以对行为人定罪量刑，此时可以对共同犯罪行为人各自行为的证明采用“高度概然性”证明标准。如共同殴打他人致人重伤、死亡的，除查明直接重伤、致死被害人的行为人以外，对其他行为人具体殴打行为的证明不要求达到“排除合理怀疑”的程度，而只要求证明行为人参与殴打的“高度概然性”就可以认定构成故意伤害罪，并适用结果加重的量刑幅度。

（三）对刑事案件证明标准差异化的合理限制

证明标准承载着保障刑事诉讼实体正义与程序正义的双重使命。证明标准的差异化虽然具有合理性，但差异化应当保持在刑事诉讼法规定的“事实清楚，证据确实、充分”的文义范围内。实行差异化的证明标准在提高诉讼效率的同时，要严格防止冤假错案。笔者认为，对证据标准的差异化要注重几个方面的“底线”不能突破：一是证明标准应当保持各诉讼环节要求一致。如前文所述，在侦查终结、审查起诉、刑事审判环节，不能人为地适用不同的证明标准。二是证明标准的差异化必须要有明确的立法或者司法解释依据。差异化的证明标准是在刑事诉讼一般适用的“排除合理怀疑”证明标准下设置的较低证明标准，理应有明确的规范依据，任何办案单位和办案人都无权在没有规范依据的情况下以证明标准的差异化为由随意突破法定的证明标准。三是坚持定案证据的合法性原则。证明标准差异化是在“证据确实、充分”的法律真实的证明标准框架内所做的调整，只是对于认定案件的概然性程度做了一定降低，而对于定案证据的证明资格要求（合法性）没有任何降低。不能以证明标准的差异化为由，降低对证据合法性的要求，造成冤假错案隐患。四是证明犯罪主要事实的证据应当具有一定的数量。不宜放弃长期以来我国所坚持的印证式证明模式。“孤证不能定案”是长期以来司法机关坚持的重要原则，保证了大量案件经得起历史的检验。证明标准的差异化对综合全案证据所能达到的证明程度进行了降低要求，但不能同时对证明案件事实的证据数量放弃最低要求。应当坚持对于任何案件的认定都必须具有一定数量的证据进行证明，以防止证据基础过于薄弱从而造成错案。

论刑事诉讼监督的保障程序

黄　海*

刑事诉讼监督，就其本质而言，主要是一种程序性的监督，旨在消除程序违法，实现诉讼公正。因此，设计科学完备的保障程序是刑事诉讼监督的核心问题之一。我国学者对此的研究成果多散布于对刑事诉讼监督的研究成果之中，尚无系统、全面的研究成果。主要成果大致集中在以下方面：一是指出开展刑事诉讼监督应当通过建立健全各项工作机制来实现。二是指出刑事诉讼监督机制建设方面存在的问题与不足。三是提出了保障程序的组成部分和基本属性。四是指出建立健全的刑事诉讼监督机制的方法措施。这些研究主要集中在法律实务部门，以检察机关的研究者居多，尽管成果十分显著，对于深入研究刑事诉讼监督保障程序打下了较好的基础，但不足之处主要是没有围绕保障程序开展研究，没有厘清刑事诉讼监督保障程序的组成部分、相互关系，而且从形式上看也比较零散，对于如何完善刑事诉讼监督保障程序依然缺少较为系统的研究成果。刑事诉讼监督的保障程序是刑事诉讼监督的核心领域，这一领域研究成果的缺失必然导致刑事诉讼监督研究后劲不足。故此，越发彰显刑事诉讼监督保障程序研究的重要意义。

一、基本范畴

何谓刑事诉讼监督保障程序？学界至今尚无确切的定义。笔者认为，所谓刑事诉讼监督保障程序，系指由法律规定的保障刑事诉讼监督活动有效实施的一系列方法、措施和程序的总称。之所以要由法律规定，这是因为诉讼制度属于法律保留部分，加之法律具有较高的权威性，由其规定，在刑事诉讼活动中才可能得到较好的执行。之所以是为了保障刑事诉讼监督活动有效实施，这是因为刑事诉讼监督保障程序是刑事诉讼监督的子程序，其根本目标在于通过保障检察机关正确、及时、有效地履行刑事诉讼监督职责，确保刑事诉讼监督活动的有效实施。之所以是一系列方法、措施和程序，这是因为保障刑事诉讼监督活动有效实施，需要一系列的方法、措施，需要一系列的程序将其连接起来，只有这些环节的联动才能贯穿刑事诉讼监督的始终，否则刑事诉讼监督就无法有序进行。具体包括：

---

* 作者简介：黄海，陕西省人民检察院侦查监督二处处长，高级检察官，博士，全国检察业务专家，中国法学会检察学研究会刑事诉讼监督专业委员会理事。

（一）启动程序

所谓启动程序，是指刑事诉讼监督程序发生的过程。没有启动程序，刑事诉讼监督就无法开始，此后的各项刑事诉讼监督程序就无法延续，类似于刑事诉讼中的立案活动。例如，刑事诉讼法第 98 条规定："人民检察院在审查批准逮捕工作中，如果发现公安机关的侦查活动有违法情况，应当通知公安机关予以纠正，公安机关应当将纠正情况通知人民检察院。"法律设置启动程序的目的在于发现刑事诉讼中的不公正问题，从而引起检察机关刑事诉讼监督活动的进一步介入。

（二）审查程序

所谓审查程序，是指检察机关依据法律规定，对刑事诉讼监督法律事项进行审查、复核和认定的专门活动。例如，刑事诉讼法第 168 条明确规定："人民检察院审查案件的时候，必须查明：（一）犯罪事实、情节是否清楚，证据是否确实、充分，犯罪性质和罪名的认定是否正确；（二）有无遗漏罪行和其他应当追究刑事责任的人……"法律设置审查程序的根本目的在于查明、核实诉讼不公正问题是否存在，明确检察机关启动刑事诉讼监督的现实必要性。

（三）表达程序

所谓表达程序，是指检察机关依照法律规定，根据审查的结论，对有关诉讼监督事项作出具有法律约束力的决定，并对诉讼程序产生影响的职权活动。例如，刑事诉讼法第 89 条规定"……人民检察院应当自接到公安机关提请批准逮捕书后的七日以内，作出批准逮捕或者不批准逮捕的决定……"法律设置表达程序的目的在于申明检察机关对于相关诉讼不公正问题的态度，旨在引起被监督机关的纠错活动。

（四）回馈程序

所谓回馈程序，是指有关机构针对检察机关的诉讼监督活动所进行的反馈活动，由于这种反馈是以检察机关为对象的，因此成为回馈程序。例如，刑事诉讼法第 88 条规定："人民检察院对于公安机关提请批准逮捕的案件进行审查后，应当根据情况分别作出批准逮捕或者不批准逮捕的决定。对于批准逮捕的决定，公安机关应当立即执行，并且将执行情况及时通知人民检察院……"设置回馈程序的目的在于明确被监督机关对诉讼不公正问题的态度，增强检察机关诉讼监督活动的效果。

如果把刑事诉讼视为多个国家机关共同参与，由立案、侦查、起诉、审判、执行等阶段横向进展的过程，那么刑事诉讼监督则是由检察机关主导的一个纵向延伸的过程（见下图）。

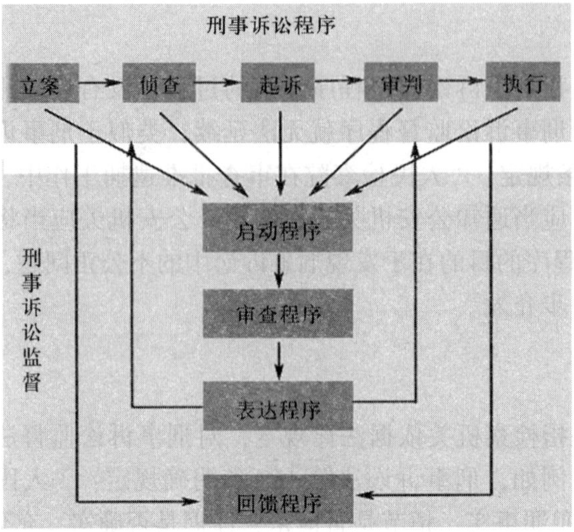

刑事诉讼监督保障程序的组成部分及运行规律

二、基本属性

所谓基本属性，是指作为诉讼监督体制内部的相互联系及运行规律而具有的社会属性。刑事诉讼监督保障程序作为诉讼监督体制的组成部分，作为实现诉讼监督目标的复杂的工具系统，意味着它的构建必须有利于实现诉讼公正的根本目标。那么，刑事诉讼监督保障程序的基本属性是什么？笔者认为，主要有以下几个方面：

1. 完整性。就程序问题而言，其完整与否是程序效能正常发挥的决定因素。对于刑事诉讼监督保障程序而言，强调保障程序的完整性不可或缺。刑事诉讼监督保障程序就如同生产工业产品的机器上一个匀速运行的传送带。它的完整性是机器生产正常发挥的前提条件。就刑事诉讼监督保障程序而言，完整性是就刑事诉讼监督保障程序的整个运行过程来讲的。刑事诉讼监督保障程序的完整性要求刑事诉讼监督组成部分的每一个环节都密切联结，结构紧促，不存在空缺或者短少。

2. 连续性。就程序问题而言，能否持续运行既是程序效能有效发挥的重要保障，也是机制作用有效发挥的重要保障。因此，分析刑事诉讼监督保障程序必须强调其连续性。刑事诉讼监督保障程序各个组成部分之间的相互联结形成一个完整的运行过程，就如同保障机器正常运行的传送带。传送带的连续运转是机器正常生产的保障。连续性是针对刑事诉讼监督保障程序的运行状态而言的，要求刑事诉讼监督保障程序的组成部分衔接紧密，传动及时，不存在迟滞或者失灵。

3. 应激性。应激性是生物机体存活且功能正常的根本标志，因此也是刑事诉讼监督保障程序是否灵活运行的根本特征。应激性是一种动态反应，是在比较短的时间内形成的。由于机制的含义已经扩展到生物学领域，因此刑事诉讼监督保障程序功能是否健全亦可用生物学的概念表述。在此，笔者借用该词是为了说明发现事实与产生结果之间反应迅速，作用直接，不存在麻木和停滞。

4. 辅助性。保障程序是刑事诉讼监督的辅助程序，以刑事诉讼监督的存在为前提，具有作用功能上的主次关系。如果刑事诉讼程序尚未启动、尚不存在，保障程序也就失去了赖以存在的前提和基础。既不能独立存在和运行，也缺乏独立存在和运行的意义。笔者认为，只有刑事诉讼主要程序的运行有脱离原定轨道的危险时，保障程序才有应急启动的必要。保障程序旨在保障刑事诉讼沿着法定轨道运行，对于检察机关认定的诉讼违法行为应当依法提出，促进有关机关回归刑事诉讼的预定轨道。

5. 制衡性。刑事诉讼监督保障程序是为了防止侦查机关、检察机关、审判机关刑事诉讼活动超越法律规定轨道，给国家、集体和公民个人利益造成损害，通过检察机关的刑事诉讼监督活动促使上述机关依法履行职责，纠正侦查活动中的违法行为，平衡和恢复在侦查活动中被违法行为所侵害的社会关系，从而实现对上述机关刑事诉讼行为的监督和制衡。故此，在刑事诉讼监督保障程序的构建中不能突破制衡的理念，使监督演化成为一种强制性的命令。

6. 层递性。层递性是指刑事诉讼监督保障程序的构建应当遵循诉讼上的层次结构和程序上的先后顺序，对诉讼程序中的违法情况要具体对待，不可混为一谈，不得盲目冒进。2012 年刑事诉讼法实施后，对检察机关内部工作流程也产生了较大影响，如在侦查监督法律文书的格式和内容、侦查监督办案流程、侦查监督案件质量考核、侦查监督案件管理等方面也有了新的要求。这些都需要我们坚持保障程序的层递性，及时清理、修改和完善，保障刑事诉讼监督的有序进行。

三、现实状况

根据法律的一般原则，对国家机关而言，无授权即无权。在刑事诉讼领域，检察机关的监督是全过程、全方位的监督。但就当前的运行情况而言，尚存在以下问题：

（一）立法理念有违规律

刑事诉讼监督理念受世界观的影响，是具体到刑事诉讼领域的世界观。对刑事诉讼监督体制的构建意义重大。从宪法和刑事诉讼法的规定中，我们能够清醒地认识到刑事诉讼监督是一种国家监督，而非社会监督。这种监督“一旦与监督对象形成法律监督关系，就必然会以国家名义对监督内容作出评价，对违法行为加以矫正，监督结果具有法律上的效力”。[①] 而社会监督的结果“往往是舆论上的、道义上的压力，接受不接受往往取决于监督对象”。[②] 因此，刑事诉讼法第 8 条规定的检察机关的刑事诉讼监督与宪法第 41 条规定的监督是不同的。检察机关的刑事诉讼监督是一种刚性监督，就过程而言，具有强制性和约束力，就结果而言，能够引起社会法律关系的变化。

（二）启动程序周密欠佳

这种周密欠佳在信息来源、监督领域、监督渠道、程序启动等方面表现得尤为突出：

---

① 所谓国家监督，是指专门履行法律监督职责的国家机关对法律活动的监督。所谓社会监督，是由政党、社会组织和公民等为主体的对于法律活动的监督。参见孙国华：《法理学》，法律出版社 1995 年版，第 437、438 页。

② 参见孙国华：《法理学》，法律出版社 1995 年版，第 438 页。

1. 信息来源不足。立案监督案件线索的发现途径有二：一是根据刑事诉讼法第160条规定接受公安机关起诉意见书、案卷材料、证据。二是基于宪法规定的申诉、控告、检举等公民权利，受理公民、法人、其他组织向检察机关提交的表达意愿的相关材料。但是，仅仅通过书面审查其案卷材料和受理相关人员的控告，检察机关对于刑事侦查活动的具体情况仍然缺乏真实的了解。而通过当事人、单位或群众的反映来发现问题，由于这种途径十分狭窄，使大量监督事项无法获悉。正如有学者所指出的："检察院持续、稳定、必然的监督工作需要以当事人、群众间断、不稳定、偶然的申诉、控告、检举为前提，这在理论和实践中都是错误的。"①

2. 监督盲点较多。刑事诉讼法第111条只解决了应当立案而不立案的问题，却疏漏了不应当立案而立案的问题。现实中，不应当立案而立案行为的危害性更大，更易于侵害公民的合法权益。对于不需要批捕犯罪嫌疑人的案件，公安机关完全能够自主决定侦查从立案到撤案的全部过程，排斥了检察机关的刑事诉讼监督，给侦查机关权力寻租留下了空间。对此，有学者尖锐地指出"在中国，一方面侦查程序缺乏实质的外部控制，只有审批逮捕时检察机关可进行监督，所谓的侦查监督徒有形式"。② 上述问题的存在致使很多应监督事项无法进入监督视野，其法律监督效果更是无从谈起。

3. 监督渠道不畅。我国法律对检察机关的法律监督地位以及刑事诉讼监督职责作出了概括性的规定，但是对此配套的规定并不清楚。例如，刑事诉讼法第113条至第166条对于侦查进行了十分详尽的规定，对侦查监督却不够明确，检察机关如何履行刑事诉讼监督职责实际上是很难落到实处的。检察机关侦查监督的主要途径是书面审查侦查机关移送的案卷材料。问题在于除了严重违反刑事诉讼法关于诉讼时效期间的情况外，侦查活动是否存在违法情况在卷宗中是难以得到反映的，仅仅通过审查案件卷宗是难以发现侦查违法情况的。

4. 程序被动启动。我国立法对于刑事诉讼监督的设计注重事后监督。这种设计存在先天的缺陷——难以消除违法行为造成的损害后果。这种事后监督的缺陷也是显而易见的：一是监督的被动性和滞后性。二是对违法行为已经造成损害后果的，没有规定相关的补救措施。对刑讯逼供没有构成犯罪的行为，检察机关提出的纠正意见由于是事后提出并且没有强制执行力，损害的后果可能无法补救。正是由于补救措施的缺乏，使得事后监督措施既不能有效预防和纠正违法行为，也难以消除违法行为造成的损害，实际上等于默认了违法行为的实施。

（三）审查程序措施不足

刑事诉讼监督措施是为了保证刑事诉讼监督的有效进行而由检察机关依法采取的强制性方法。但是，我国刑事诉讼监督措施却严重不足。

一是调查措施不足。一方面，刑事诉讼法运用大量篇幅对于有关国家机关的立案、侦查、起诉、审判到执行的全部活动进行规范，并详细规定了相应的方法措施，在涉及刑事诉讼监督时，方法措施却十分粗略，甚至没有规定具体的监督措施。另一方面，由于法律

① 黄海：《论审判监督程序的完善》，西南政法大学2003年硕士学位论文，第32页。

② 左卫民：《中国刑事诉讼模式的本土构建》，载《法学研究》2009年第2期。

没有赋权检察机关其他调查手段，检察机关调查被监督事项的手段十分有限，导致在司法实践中检察机关刑事诉讼监督的权威性并不高。

二是法律责任缺失。法律虽然规定了检察机关有权纠正违法，却没有规定检察机关如何发现违法、调查违法、认定违法，如何纠正违法，特别是没有明确不纠正违法的责任以及追究违法的程序等。由于监督手段不够完善，监督效果在司法实践中也不尽如人意。法律中没有明确的相应的追责程序，以至于被监督机关不接受纠正违法意见时，检察机关往往束手无策。

三是缺乏追究机制。众所周知，无法律制裁则无法律规则。但是，除了针对一审法院违反法定程序的行为撤销原判发回重审的制度外，我国法典中几乎再没有程序制裁的法律规则。有关单位和个人不如实提供证据，不配合检察机关收集、调取证据活动时，法律并没有规定相应的追究机制。这种情况造成检察机关收集、调取证据与审核证据困难重重。

（四）表达程序刚性缺失

由于法律未赋予检察建议书、纠正违法通知书等相应的法律效力，检察机关能对诉讼程序产生实质影响的行为仅限于抗诉。在司法实践中，公安机关对人民检察院的纠正意见采纳的少，回避的多。需要指出的是，在强行性及义务性规则占据主导地位的刑事法律中，如果刑事诉讼立法只作出某些禁止性规定，却没有设定违反强制性规则的法律责任，没有建立相应的责任追究机制，那么刑事诉讼法律监督的效力就无法保障。正如有学者所指出的“如果我们的刑事诉讼立法只作出某些禁止性规定，但是，对违反这一强制性规则的法律后果却没有任何规定，那么，在一定程度上就会导致法律规范降格为道德规范，法律的强制作用及其威慑力将被大打折扣”。[①] 因此，必须完善刑事诉讼监督保障程序立法，设定法律后果，完善追究机制，防止权力滥用。实际上，诉讼违法情况是错综复杂的，对此应当采用多种监督手段，而我国法律对此问题千篇一律地适用抗诉一种手段，诉讼监督的法律效果和社会效果就难以保证了。

（五）回馈程序缺乏保障

强调及时回馈既是虚心接受监督的现实表现，也是增强诉讼监督效果的实际需要。西方发达国家十分重视回馈，以增强国家行为的透明度。例如，《澳门刑事诉讼法典》第 236 条规定：“一、进行以上各条所指措施之刑事警察机关须制作报告，当中以扼要方式指出所作之调查、调查之结果、获查明之事实之描述及所收集之证据。二、报告按情况而定须送交检察院或预审法官。”[②] 但是全面审视我国刑事诉讼法律，十分突出的问题就是回馈程序缺失。尽管在刑事诉讼中强调了侦查机关对检察机关的回馈，而人民法院对检察机关的回馈在刑事诉讼法中却鲜有涉及。例如，民事诉讼法第 211 条规定：“人民检察院提出抗诉的案件，接受抗诉的人民法院应当自收到抗诉书之日起三十日内作出再审的裁定……”并没有要求把再审决定向检察机关回馈。再如第 213 条规定：“人民检察院提出抗诉的案件，人

① 龙建明：《论刑事诉讼权力的制约和监督》，载《大连大学学报》2008 年第 4 期。

② http：//law. sn. pro：3000/ApiSearch. dll? ShowRecordText? Db = aom&Id = 12&Gid = 1056965607&ShowLink = false&PreSelectId = 137790488&Page = 0&PageSize = 20&orderby = 0&SubSelectID = undefined#key.

民法院再审时，应当通知人民检察院派员出席法庭。”但是对于再审结果的回馈却没有作出明确的规定。此外，上述规定还存在周期过长的问题，影响了诉讼监督的效果。

四、完善构想

完善刑事诉讼监督保障程序应当立足于两个基本点之上：一是中国现实国情。忽视这一点就会导致制度、规则在实践中难以推行。二是刑事诉讼规律。忽视这一点就难以在国际上进行对话与交流。具体可以分为以下几个方面：

（一）赋权检察机关决定刑事立案

参阅大陆法系国家基本情况，立案一般均由检察机关决定，而警察机构一般处于辅助地位，此规定符合刑事诉讼规律的基本要求。例如，《澳门刑事诉讼法典》第246条规定：“（侦查之领导）一、侦查系由检察院在刑事警察机关辅助下领导进行。二、为着上款之规定之效力，刑事警察机关在检察院直接指引，且在职务上从属检察院下行动。”对此其他大陆法系国家及日本刑事诉讼法典均无关于警察机构决定立案的规定。在启动程序中，明确检察机关刑事诉讼监督对于刑事诉讼的启动、推进、延缓以及终止等作用，确定刑事立案决定权由检察机关统一行使，有利于解决不应当立案而立案的问题，填补刑事诉讼监督的盲点。倘若否认了检察机关决定刑事诉讼的启动、推进、延缓以及终止等作用，势必难以驾驭刑事诉讼的进程，使刑事诉讼监督徒有虚名。

（二）明确检察机关的介入侦查权

由于被动介入“以事后性监督为主的制度设计，难以消除违法行为造成的损害后果”。[①] 为了解决我国法律侧重事后监督，对于损害后果无法补救的弊病，必须强调刑事诉讼监督的国家监督属性，重视其主动性、强制性，重视事前预防和事中监督，解决由于启动程序设置不够科学而造成的事后监督措施不能有效预防和纠正违法行为，无法消除违法行为造成损害的被动局面。需要指出的是，检察机关主动介入刑事诉讼，积极履行刑事诉讼监督职责，是检察权的核心所在。例如，《澳门刑事诉讼法典》第42条第2款规定：“检察院特别有下列权限：a）接收检举及告诉，以及就是否继续处理检举及告诉作出审查；b）领导侦查；c）提出控诉，并在预审及审判中确实支持该控诉；d）提起上诉，即使专为辩方之利益；e）促进刑罚及保安处分之执行。”

（三）完善检察机关调查取证措施

大陆法系国家及地区数百年来的刑事诉讼规律表明，履行刑事诉讼监督职责，必须具备相应的权能。例如，《澳门刑事诉讼法典》第37条规定（正当性）：“在以下各条所载之限制下，检察院具有促进刑事诉讼程序之正当性。”负有刑事诉讼监督职责，却不具备相应的权能，履行职责只能成为空谈。笔者认为，完善检察机关调查取证措施，可采取如下措施：一是完善调查措施。赋权人民检察院在履行刑事诉讼监督职责过程中向有关单位（特

---

① 向泽选：《刑事诉讼监督的问题与出路》，载《河南社会科学》2010年第6期。

别是侦查机关）和个人收集、调取证据。明确有关单位和个人如实提供证据的义务。二是明确法律责任。明确有关单位（特别是侦查机关）和个人不如实提供证据，不配合检察机关收集、调取证据活动时的法律后果以及相应的责任追究机制，对违反刑事诉讼法的问题起到防微杜渐的作用。

（四）建立程序违法责任追究机制

设定法律后果是制定法律规则的必备要素。在我国刑事诉讼立法中，最为紧迫的工作是尽快建立诉讼违法行为的责任追究机制，防止权力滥用，对此可以参照其他法治发展较为充分国家的做法。例如，日本刑事诉讼法规定："检察官在其辖区内可以就侦查对全体司法警察职员作出一般指示，这种指示是通过规定一般准则的方式而实现的……检察官在自行侦查上有必要时，可以就具体案件对个别司法警察职员进行具体指挥。对于不服从指示、指挥的，检察官可以向有惩戒罢免权的机关提出惩戒或罢免的追诉。"[①] 这种向有惩戒罢免权的机关提出惩戒或罢免的追诉就是程序违法责任追究机制。该项机制的建立明确了检察机关在诉前程序中的主导作用。在以审判为中心的诉讼制度改革背景之下，确立检察机关的诉前主导地位，有利于建立新时代较为科学的诉讼构架。

（五）保障刑事诉讼监督的回馈效果

保障刑事诉讼监督的回馈效果主要有以下要求：一是明确责任。进一步完善刑事诉讼监督立法，加强程序制裁措施，明确违反这一强制性规则的法律后果，树立法律的权威，使参加诉讼活动的相关机关的特定诉讼行为处于检察机关有效的监督之下，使检察机关的刑事诉讼监督落到实处。二是全面回馈。凡属于检察机关刑事诉讼监督领域内的一切事项，所有国家机关、社会组织和公民均有接受监督、及时回馈的义务。凡是检察机关履行刑事诉讼监督职责而为的法律行为，受理方必须全面回馈。所有回馈的法律文书均作为明确法律责任、追究法律责任的证据资料。三是及时回馈。接受检察机关刑事诉讼监督的国家机关均有义务及时回馈检察机关的刑事诉讼监督意见。这种回馈必须有法律规定的时限要求。超越法律规定的时限要求，无正当理由拒不回馈、延迟回馈的将依法追究相应的法律责任。

---

① 宋英辉：《日本刑事诉讼法》，中国政法大学出版社 1999 年版，第 14 页。

新时代刑事诉讼文化的发展面向

李　麒[*]

继2012年刑事诉讼法修正之后，十八大以来中国刑事诉讼制度变革仍在不断推进，主要表现在：（1）推进以审判为中心的诉讼制度改革对“侦查中心主义”刑事诉讼结构的变革；（2）刑事速裁程序和认罪认罚从宽制度实践促进刑事诉讼程序多元化；（3）监察体制改革对职务犯罪侦查权的调整；（4）员额制的实行和人民陪审制度的完善引发刑事审判组织的变化；（5）刑事诉讼法的再修改；等等。新时代中国刑事诉讼制度变革始终贯穿一个主题，这就是如何建构中国刑事诉讼话语。中国刑事诉讼话语建构，是关于中国在实现刑事诉讼制度与文化的现代化过程中，在实践的检验和理论的发展中形成的独特话语的建立过程。从文化自觉的视野来审视，这个过程可以表征为从传统文化到现代文化、从政法文化到司法文化、从法律移植到法律融合的转变过程。

一、从传统文化到现代文化

传统与现代之间并非是简单的对立与截然的断裂，它们之间存在着明确的分野，又存在着必然的延续。我们生活在现代，生活在当下，也生活在传统之中、历史之中。审视传统，需要现代思维；评判现代，需要历史意识。历史意识关乎“我们是谁，我们从哪里来，我们向何处去”这些根本性和终极性的问题。历史意识也关系着如何看待过去对于现在意义的问题，反映了人们渴望突破时间的壁垒而将过去、当下、未来贯通理解的动机，是“处于现实中人对自己先辈在过去实践中创造的经济、政治、文化以及各个领域中的成就和失败的价值意识”。[①] 构建中国特色刑事诉讼制度，其精神实质就是实现刑事诉讼文化的现代化。

刑事诉讼文化作为文化的一个有机组成部分，其沿革是具有传承性的。在刑事诉讼文化的现代化过程中，传统文化的优良因子是无论如何都不能也不应该舍弃的部分，离开了传统文化，现代文化就像无源之水、无本之木。传统是一种巨大的力量，它是被保存在民族中绵延不断并为后代所继承运用的一种稳定结构，它存在于生活方式、思维方式、价值观念、文化道德、风俗习惯之中。但传统不是凝固不变、永恒统一的，而是处于不断创造之中。[②] 在传统文化向现代文化承继和转化的过程中，现代刑事诉讼对传统刑事诉讼的扬弃

---

* 作者简介：李麒，山西大学法学院教授，博士生导师。

① 陈先达：《史论拾零》，北京师范大学出版社2013年版，第95页。

② 陈先达：《哲学与文化》，中国人民大学出版社2016年版，第434页。

主要表现在价值观念方面。

中国传统刑事诉讼文化形成了比较鲜明的正义价值观念，影响甚远。中国传统文化一直保持的是一种朴素的正义观，这种朴素正义观展示在刑事领域就是注重实质正义。这种实质正义注重结果，是结果公正的直观体现。正义价值是从以下几方面来具体展开的：

第一，正义是司法的基本价值。中国古代有关诉讼的论述频频出现“正”、“中”、“中正”、“公”、“平”、“直”、“义”等体现正义的语汇。正义的价值观念也对司法实践起到了指导作用。“正”、“中”等既是对司法官个人品质的要求，也是对处理案件的要求。《周易·讼》中说：“利见大人，尚中正也”；“讼，元吉。象曰：讼，元吉，以中正也。”公平正直的司法官作出公正裁判是涉讼者、王者和整个社会的大吉和尽善尽美之事。《吕刑》中也说道：“折狱，惟良折狱，罔非在中。”孔子认为父为子隐、子为父隐，“直在其中矣”。荀子说：“故公平者，职之衡也；中和者，听之绳也。”《管子·版法》中说：“正法直度，罪杀不赦，杀戮必信。”先哲的思想传承久远，历代都把公平执法，实现正义视为司法官的基本职责。从实践角度来看，在刑事司法中秉公执法的事迹不绝于史书。

第二，明慎用刑思想体现了对实质正义的追求。《尚书·大禹谟》记录了皋陶的话：“罪疑惟轻，功疑为重，与其杀不辜，宁失不经。”周公主张“明德慎罚”，孔子倡导德主刑辅。汉初黄老学派提倡“约法省禁”、“刑不厌轻”等主张。明慎用刑就是考虑到刑罚极易被滥用，要求司法官员在用刑时要有明察秋毫的智慧、悲悯体恤的情怀，慎重地适用刑罚，勿使过当。明慎用刑是历代一以贯之的司法思想。直至清代，嘉庆皇帝还在上谕中重申这一信条。他说：“明者，知其事之原委，查其情之真伪，两造既备，虚衷听断，如日之光，不遗幽暗。犯法者甘心认罪，受害者了无嗔怨，此明之功效也。慎者，胞与为怀，岂可任其残贼，哀矜勿喜，一死不能复生，一字无虚，始可定案，片言不实，勿厌重推，总欲吾心毫无疑窦，则情真法协，如衡之平焉，有轻重倒置，此慎之功效也。”[①] 明慎用刑在实体法方面主要表现为对年幼、年老、孕妇、病残、愚昧等特定对象在适用刑罚以及执行刑罚上的减轻和免除；在程序法中主要表现为，对未决羁押囚犯的照料和禁止虐囚、案件的上诉及特殊救济程序、死刑复奏制度、积案的清理、录囚、会审等诸多方面。

第三，严密的司法官责任制度体现了对实质正义的追求。历经辗转相承、扬弃、充实而形成的详备、严格、成体系化的法官违法责任追究制度成为古代法制史的一大特色，也是中国古代法文化特质之一。中国古代司法责任制度既包括诉讼的程序责任又包括实体责任。程序责任是指司法官在诉讼中违反法定的程序规则所应承担的惩罚性后果，如违背案件管辖受理、讯问方式、法律文书之制作、复审、办案期限等程序性规则都要承担责任。所谓实体责任，是指司法官出于故意或过失而导致适用实体法律的不正确，使定罪科刑、解决纠纷缺乏实体规范上的正确依据。历代均以出入人罪为司法官责任之重点，规定最为详细，而惩罚也更为严厉，反映了对实质正义的追求。

但是，这并不意味着中国传统法律中没有程序制度。相反，就刑事诉讼而言，其程序的制度化已经发展到了相当的程度。从案件的发现与受理，到勘验现场、缉拿嫌犯，从审讯的方式、期限到判决的制作以至普通上诉程序和非常上诉程序都有详细的规制，可以说是严密和精细的。但是，高度的程序化不能掩饰统治阶级对它的恣意态度。为了强化君权

---

① 《仁宗御制文二集·明慎用刑说》。

而服务的各种特殊司法机构（如明代的厂卫）和程序（如历代的“诏狱”）、官僚体制中的对上负责制度、口供主义以及诉讼中的权钱交易，都在一定程度上践踏着程序的尊严，使程序近乎处于虚置的状态。可以这样说，传统中国具有程序性构造，但是这种程序性构造缺少应有的尊严。

在当代中国，程序本身具有的价值被越来越多的人肯定，程序正义的观念受到学界和公众的广泛支持，国家也在立法层面上给予了肯定。如非法证据排除制度、侦查录音录像制度以及辩护人权利保障等都显示了对程序正义的关注。中国传统诉讼文化注重实质理性，而程序法治要求弘扬形式理性，维护程序正义。实质理性强调应然的正义，形式理性则是法定的正义、实然的正义。程序法治的要义在于在彰显形式正义的同时最大限度地确保实质正义的实现。因此，我们既不可忽视民众对实质理性的巨大热情，又要健全程序法律制度以限制权力滥用，将对法定程序的遵守作为法治建设的重要方面。从一定程度上看，改革开放40年以来，中国的刑事诉讼一直存在着以无罪推定、程序正义、法律真实为标志性话语的理想主义与以不枉不纵、实体正义、客观真实为标志性话语的现实主义之间的冲突与博弈、妥协与融合。这一过程持续不断，直至最大限度地实现形式正义与实质正义兼容并蓄、实质理性与形式理性相辅相成。

二、从政法文化到司法文化

从政法文化向司法文化的转变，是中国共产党在革命、建国和治理国家过程中，切实地通过实践检验出来的法律文化经验的积累，也反映了我国刑事诉讼文化与制度自身的、内在的成长。

传统文化遗留给我们的法律文化性质包含浓厚的政法文化特质。在中国传统社会中，行政长官与司法长官是同一个人，司法权被行政长官行使，也就是说对政治与司法并不会进行太明确的职责划分，这种传统为我国的政法文化的兴起埋下了伏笔。“政法”是中国传统文化在受到西方文化冲击时产生的重要概念。“中国域内历史、社会、经济、宗教、传统、文化等因素互相激荡交融的背景下，传统与现代有着复杂多元的联系和奇妙的张力，中国古代法律传统与现代西方法律在交融中逐渐形成了一条中间地带即中国的现代法律传统。”① 可以说政法文化是中国现代法律传统的重要维度。政法文化即政治统率法律，用政策、方针、计划、会议决议与决定等政治性的文件或决议来支配法律，以政治上行政管理的方式进行诉讼活动的观念集合。在政法文化之下，司法无法脱离政治的母体，它与政治紧密相联。政法文化深刻地影响着党的法律政策，构成了中国现代法律的重要法律传统。在长期的发展中，政法文化背景下的政法委与公检法之间的职权关系带有鲜明的“秩序—维稳”色彩。政法文化下的法律文化在领导方式、治理模式以及司法方式上都具有其独特性。

其一，政法委的领导模式。长期以来在政法文化的指导下，政治权力统摄一切，政策在相当大的范围内和相当深的程度上发挥着法律的作用，法律问题政治化是政法文化下的

① 徐亚文、邓达奇：《“政法”：中国现代法律传统的隐性维度》，载《河北大学学报》（哲学社会科学版）2011年第5期。

常态。政法委作为政法文化下的标志性部门，它与其他司法部门的关系可以表述为“指导与联系”，由此在长期的实践中产生了一个与其密切相关的专门性话语“政法委协调”。政法委协调是依靠政治去协调司法，是为了最大限度地维护社会稳定与秩序。该部门在长期的实践中发挥了自己独特的作用，促进了我国司法制度的有效运行。法律问题的政治化在某种程度上确实维护了社会秩序的稳定运行，促进了司法机关的高效运转。然而也应当看到，政法文化下的政法委对具体个案的协调过于强调司法机关之间相互配合，而忽视了司法运行本身的规律。

其二，运动式的治理模式。运动式治理是我国政法文化下的特殊治理方式。“运动式治理的实质就是国家党政机构采用搞运动的方式来实现集权的简约化治理，具有权力发动、体制追随和人格化法治的国家治理内涵。”① 运动式治理作为非常规的常态化国家治理模式，是政法文化下正常司法模式的重要补充部分。“群众运动”、“严打运动”、“专项行动”、“整治行动”等这些局部性的、联动式的社会治理方式以政治领导司法的方式进行强有力的社会管理，虽然是治标之策，但是在特定情形和一定程度上确实维护了社会秩序，保障了社会发展。但是，不容否认的是，在政法文化下刑事诉讼制度存在的意义被大幅度降低，刑事诉讼程序成为运动式治理中形式化的东西，其本身的严谨性受到了一定的挑战。

其三，侦查中心主义的诉讼模式。在司法制度中，程序规定不仅决定了司法活动的先后顺序，相互之间的承接关系，也严格规范每一个步骤的限制性因素，同时更加规定了司法程序上不同阶段之间的关系。

在政法文化中，各部门之间存在重合作轻制约的观念，司法程序中“顺承”的作用被异常放大，导致整个程序的“承接与控制”关系紊乱。因而程序被异化为只是承接式的流水作业，将司法中侦查—审查起诉—判决之间的关系类比成了车间加工，一步一步地深化，最终形成定罪的成品，以打击犯罪为目标。在政法文化“秩序—维稳”的主基调下，公检法之间则形成了以侦查为中心的诉讼模式，这种司法模式可以看作是“顺承模式”，在整个过程中，侦查机关的侦查活动作为整个司法流程中的第一道关口，基本决定了后续的司法走向，形成了以侦查为中心的程序构造。

这种模式在观念上强调刑事诉讼中国家权力的高效运作和主导作用，在实践中由于侦查程序的基础地位和侦查案卷对起诉程序及判决结果的决定性作用，于一定程度上异化为“侦查中心主义”。换句话说，以侦查为中心就是在侦查、起诉、判决的整个司法过程中，侦查成为司法的中心，对后续程序产生实质性的影响。“在刑事诉讼程序内，侦查中心主义主要体现在侦查机关对嫌疑人人身自由的处置、对涉案财物的强制处分以及对追诉证据的封闭式采集，对法院的裁判产生实质性的影响。”② 侦查中心主义使得起诉和审判阶段容易流于形式，无法发挥出其应有的作用，导致了司法功能一定程度上的异化。在这一类型的司法中，公检法之间的配合多于制约监督，体现的是司法中的分工而不是分权，也就是说，公检法三者之间的关系就好像是流水式作业，三者都是奔着“打击犯罪”这个成品的目标去的。可以说，政法文化下的诉讼模式，司法分权制衡的内涵被极度限缩，使得司法本身

① 杨志军：《三观政治与合法性基础：一项关于运动式治理的四维框架解释》，载《浙江社会科学》2016 年第 11 期。

② 陈瑞华：《论侦查中心主义》，载《政法论坛》2017 年第 2 期。

的价值无法完全发挥出来。

政法文化的产生具有时代意义，然而随着经济基础的巨大转变，计划经济时代过去，市场经济兴起，政法文化本身并不能很好地适应新的情况。政法文化带有的强烈的特定时代气息与新时代的新状况在碰撞中出现了诸多问题，而这些问题是政法文化本身无法自洽的。政法文化下的司法不可避免地会受到政治的干扰，这就使得司法在维护公平的本职上或多或少地受到影响。在这种情况下，学界对政法文化下的观念、制度等进行了深入的反思，政法文化有了向司法文化转变的趋势。

司法文化是指司法权按照司法认知规律运行，依据司法权的程序特征来构建诉讼制度与诉讼程序、进行诉讼活动的观念集合。与政法文化相比，司法文化最为显著的特点就是司法独立，按照自行的规律运行，司法就是司法，不是其他任何事物的附庸。在司法文化中，“程序控制理论”被重视起来。司法程序固然起着承接作用，规定了司法活动的步骤，但是它更加在乎的是每个步骤内部，以及步骤与步骤之间的精准化控制。不仅仅规定公检法各司法机关在进行司法活动时的权力，也更加注重对其权力的控制，以保护被告人或犯罪嫌疑人的权利。构建以审判为核心的司法模式，“并非是为了塑造法院抑或是法官至高无上的诉讼地位，而是着眼于批判性地继承原有的诉讼模式，使刑事诉讼的重心从侦查转向审判，以便案件可以随着诉讼程序的递次推进，而接受愈加严格的审核”。①

在整个司法文化的发展进化中，司法文化是对政法文化的扬弃，是中国司法文明的自我进化过程。政法文化有着强烈的时代局限性，在历史的发展中，要求其进行转化，然而不可否认的是，政法文化有着自身优势，这些优势正是司法文化所需要承继的精华。

政法文化之下的权力机构在党的统一领导下进行高效的运转，减少了司法机关之间不必要的扯皮牵制，节约了大量的司法资源。在司法文化的构建中，坚持党的领导必不可少，坚持在党的宏观带领下，遵循司法程序的运行规律。简而言之，司法分权与制衡是司法程序的运行规律，但坚持党的领导可以保证司法机关之间的最终目标都落实到惩罚犯罪和保障人权之上，避免各机关相互之间消极应对不配合而导致司法资源的浪费和司法目标的落空。

政法文化的运动式治理也有司法文化值得借鉴的地方，运动式治理在针对某一领域的乱象时，具有极强的打击和整治力度，可以在最短的时间内得到最大的收获，这也是普通司法应用中所不具备的。我国现阶段经济社会迅速发展，改革进入攻坚期和深水区，各种挑战层出不穷，缓慢的司法有时难以有效地应对，有限地审慎地运用政法文化中的这一经验，同时加上司法程序的严格把控，就可以收到较好的法律效果，对于社会的治理亦有裨益。

政法文化下的侦查中心主义虽然在很大程度上异化了司法程序的功能，但是对于侦查环节的重视仍然值得司法文化借鉴。侦查环节虽然不能极度强化成为整个司法程序的中心，但是任何程序理论都不能否认侦查环节对于司法的重要性。在构建司法文化时，正视侦查环节，重视侦查环节，严格把控侦查环节，是其必由之路。

合理地对政法文化加以扬弃，在其发展中吸取经验和教训，完成司法文化的建构，有

---

① 李奋飞：《从“顺承模式”到“层控模式”——“以审判为中心”的诉讼制度改革评析》，载《中外法学》2016年第3期。

助于实现我国司法文化与司法制度的稳定过渡与发展，实现自我的成长与发展。

三、从法律移植到法律融合

在中国法律现代化过程中，法律移植和法律本土化成为一对主要的矛盾。在文化与文化的碰撞中，我国逐渐探索出了适合中国国情的文化发展模式，在面对外来法律文化时，也从被动的、生搬硬套式的法律移植逐步走向具有自觉性、自主性的法律融合。这个过程是在科技信息技术大发展下横向的法律碰撞、交流中完成的法律文化的自觉，是近代以来面对外来文化侵蚀下展开的反向进化过程。它展示出中国法律文化的强大的生命力、包容力、自愈力以及进化力。在刑事诉讼制度方面，从新中国成立之初直到 1979 年第一部刑事诉讼法，我国法律移植的对象为苏联，移植的内容则几乎涵盖了整个刑事诉讼体系。20 世纪 90 年代中期以来，移植、借鉴西方诉讼制度成为我国重要的刑事诉讼制度变革路径。这些以移植为主的法律在实践操作层面难免出现困境。面对这些困境，刺激了中国文化主体意识的发展，在主体意识的引导下开始考量移植法律与本土的适应化问题，逐步发展为法律融合的状态。面对法律制度的设立，任何国家都应当保持文化主体意识，从自身的文化继承与发展的角度出发。反之，若以域外国家的法律认识的角度出发，则必会陷入法律制度与文化适应的矛盾冲突。法律融合的核心是在制度变革与法律文化的冲突、互动之中形成一整套法律制度和法律文化相互兼容的、和谐共存的法律生态系统。

中国刑事诉讼制度进行了多次移植西方法制的变革运动，但依然在一定程度上面临着法律制度被规避搁置，转而代替的是一套无声的司法实践潜规则的状态。法律移植和法律融合二者可以并存。法律融合并不是以法律移植的彻底进化或完全消失为前提，二者在某种程度上可以重合或并存。因此，倘若搭建由法律移植通往法律融合的沟通桥梁，则必然会对未来我国刑事诉讼制度变革甚至我国法治建设产生积极的作用和深远的影响。但要注意以下几点：一是要解放思想，长远规划；二是要紧密结合司法实践；三是要避免“文化优越主义”和“文化虚无主义”两种极端倾向；四是要充分发挥基层司法改革试点的经验；五是稳步前进，不可操之过急。

法律融合具有以下特征：

一是法律融合具有明确的价值取向。法律融合并非单纯地进行规范意义上的法律借鉴和引用，其本身也会对法律背后的文化价值因素进行筛选和整理，甚至形成一种可供该文化价值生存的环境，使得各个法律制度或其背后的文化彼此独立。法律移植过程可以说是并非深思熟虑地采用，而在法律融合中则有了更强的目的性和价值取向，对外来文化也有了更为自主的鉴别。

二是法律融合具有体系建构的作用。法律融合本身就是一个在原有的法律制度体系或法律文化体系之上进行融合之后而形成的更为进步的体系。法律的移植与本国的法学理念、法学文化等或多或少存在隔阂，无法使文化与制度之间达到统一。而法律融合则在法律文化的交流中，注重法律制度在学理上的契合，融合符合中国特色社会主义法治的理念和制度，注重整个体系的构建以及一致性。法律融合恰恰是能够最大限度地整合各种法律资源，促进系统化方法论在立法、执法、司法等全方位的法治建设进程中的推广与应用，促进我国刑事诉讼体系的完善与发展。

三是法律融合保障法律和谐共存。法律移植中更多考虑的是对域外具体法律制度的引进，而不会考虑整个法律制度的融洽度，这就难免造成了移植法律与现行法律之间的冲突。法律融合综合考量法律与法律之间的协调性，考量其本土化的必要性和可行性，促进了我国在面对域外文化时的应变能力和选择能力。法律融合既包含对中国传统刑事诉讼文化精华的汲取以及当代刑事诉讼实践经验的提升，也包括对程序法定、人权保障、证据裁判、正当程序、诉讼效益等刑事诉讼核心观念的认同。[①] 在考量域外法律制度时，会从整体着手，并充分考虑我国国情，对其进行中国化改进，这就避免了法律制度与制度之间的冲突，保障了法律的和谐共存。

① 参见汪建成：《〈刑事诉讼法〉的核心观念及认同》，载《中国社会科学》2014 年第 2 期。

重大职务犯罪案件审判问题检视

牟　军*

重大职务犯罪案件审判之所以受到普遍关注，不仅在于这类案件审判的影响大，而且在于这类案件审判数量和频率都在逐渐增高。随着党和国家反腐败斗争的持续和深入开展，这类案件的审判数量将会继续增长，最高人民法院明确将重大职务犯罪案件的审判作为人民法院长期刑事审判工作的重中之重对待，正确把握刑事大要案审判的固有规律和法则有着非常重要的现实意义。然而，当今重大职务犯罪案件审判实践反映的普遍问题在于，在高度重视审判的政治逻辑和政治标准的同时对审判运行本应蕴含的法律逻辑有所忽视。本文正是以刑事审判普世法律标准为基础，对我国重大职务犯罪案件审判实践和政策导向存在的基本问题做一简要阐述，以期对这类案件审判法治化和正当化的路径构建有所助益。

一、审判的政策导向性对司法固有规律产生的影响

政策对司法的指引或导向是现代各国司法的一个共同特征，尽管西方国家影响司法的政策主要是社会政策，在我国则主要是国家性策略，重视大要案审判中的政策指导本身无可厚非。然而，司法政治逻辑运行模式之下的大要案审判呈现出司法政策贯彻优先的倾向。政策优先对司法固有规律乃至法治化产生了以下影响：

（一）案件实体处理和审判程序运行的严格法律规范性被削弱

从案件实体处理上看，对重大职务犯罪案件的定罪量刑本应适用人大制定的刑法，即便刑法有关定罪量刑规定存在不适应司法实践需要之处，也需通过人大立法程序对其修改补充后加以运用，但在实践中则是通过适用最高人民法院、最高人民检察院《关于办理贪污贿赂刑事案件适用法律若干问题的解释》等具有政策性的司法解释加以解决，这些司法解释尚有与现行刑法冲突甚至越权解释的问题。[①] 从案件审判程序来看，重大职务犯罪案件庭审程序基本遵循刑事诉讼法的规定，但庭前组织、领导、协调、准备和审判组织的确定，庭审的步骤和方法等整个审判阶段的活动仍然主要靠最高人民法院召开的大要案审判工作

---

* 作者简介：牟军，云南大学法学院教授。

① 如行贿罪的定罪量刑问题，《刑法修正案（九）》对行贿罪规定了并处罚金，另将行贿人在被追诉前主动交代行贿行为可以减轻或免除处罚改为可以从轻或减轻处罚，使《刑法修正案（九）》体现出加大惩治行贿罪的精神，但根据2016年最高人民法院、最高人民检察院出台的《关于办理贪污贿赂刑事案件适用法律若干问题的解释》第7条的规定，行贿罪定罪和量刑标准都较原司法解释有所提高，又体现出对行贿罪从宽处罚的精神，与《刑法修正案（九）》对该罪的立法精神存在一定冲突。

会议出台的工作机制文件加以推动，刑事诉讼法已有的规定并未得到适用。显然，大要案审判在实体和程序处理上并未严格遵循法律规范性，司法运行的稳定性和标准的统一性存在一定缺失，存在一样的案件前后不同判的现象。

（二）司法内部协调性、结构性功能失衡

在以重大职务犯罪案件审判政策为先导的情形下，不仅司法的严格法律规则要让位于政策，而且司法各机构的行为和诉讼各个阶段也由一致的司法政策来统合和协调。在实践中，这类案件审判中公检法三机关的配合协调，法院审前对起诉乃至侦查的提前介入就会成为常态，司法内部的多元结构性和制约性功能就会被削弱，法院对案件审判最终把关和决策能力也就会下降。

（三）审判驱动的常规化和制度性不足

政策导向的重大职务犯罪案件追诉和审判虽然不会出现严打和司法专项治理活动中的运动式、集中性和阶段性特征，但也可能出现大要案处理的不稳定性倾向，导致对这类犯罪案件处理的常态化和制度性有所降低。从过往这类案件的审判实践来看，对犯罪主体追责启动源于党的纪检委，而纪检委对违法违纪案件的查处又受国家反腐政策的直接影响，检察机关对其犯罪追诉存在纪检处理的先决条件，因而导致检法两家对这类犯罪处理的常态化和制度性运行有所不足。

二、最高人民法院的全面指导对审判自主性和审判规律产生的影响

从当前重大职务犯罪案件的审判实践来看，最高人民法院和上级人民法院对受案法院的指导在保证审判正确的政治方向和舆论导向，取得较好的政治和社会效果，人财物力的组织协调和审判资源调配以及受案法院专业和法律标准的把控等方面起到了积极作用，但如果在这类案件审判中长期采用主要依靠上级法院的指导和受案法院的请示汇报做法对审判产生的负面影响也将显现出来。

（一）受案法院依法自主独立办案的原则无法落实

重大职务犯罪案件审判有着双重属性，一方面，由于它的高度政治敏感性，需要加强法院内部系统的监督指导，尤其是最高人民法院的指导；另一方面，由于它的典型性和巨大影响力，其审判具有标杆作用和示范效应。当前司法改革的方向在于促进法院依法独立地行使审判权，以保证司法的基本公正性，在这一司法改革中，重大职务犯罪案件审判不仅不应缺位，而且更应在依法独立审判上起到示范和引领作用。显然，这类案件的审判长期主要依上级法院的指示和命令行事，即便这种指导是积极的，或没有对受案法院实质意义的审判权形成干预，但其示范效应仍对司法系统普遍推动的这一改革产生不良影响。

（二）指定管辖产生的问题

这类案件审判适用的指定管辖是一种特殊情形，属于管辖的例外，而非普遍性原则。从实践来看，重大职务犯罪案件一律采用指定管辖的做法，且对指定管辖的条件和产生的

程序方式没有具体限制，受案法院的管辖主要依据其审判的政治可靠性和业务能力，在产生办法上采取行政命令方式，未有上下两个渠道充分交换和听取意见以及公平竞争机制的运用，可能影响指定管辖适用的依法性，受案法院审判的能动性，也影响受案法院区域分布的均衡性。

（三）对案件审级监督功能产生的冲击

上级法院对受案法院的指导属于全方位和细节性指导，不仅包括审判的组织领导，也包括审判业务指导。审判的组织领导有利于提高法院审判的效率，解决受案法院审判外部干扰和具体困难，但对受案法院事实认定和证据运用以及法律适用的业务指导是否可取值得商榷。从这类案件审判实践看，上级法院通过听取汇报和审查案卷材料方式对案件事实和法律适用把关属于基本做法，尽管对案件审判效果和质量有明显的保证作用，但上下级法院的审级监督以及被告人上诉权的行使可能流于形式。①

三、受案法院内部行政化运行方式对司法运行规律的影响

在这类案件审判中法院的审判管理权和审判权实际上是高度重合的。这类案件庭前对事实和证据及法律问题的严格把握、对庭审案件调查和相应环节安排等所做的周密准备，通过行政手段组成的各类工作小组的充分保障，庭审进程、休庭、合议庭评议和宣判等环节法院领导机构的统一协调和指挥，均体现出法院的行政化运行方式，而对案件定罪量刑所作出的最终裁判既非出自合议庭，也非来自院庭长和审委会，而是源于上级法院的决定。这一突出行政化的审判运行方式对司法固有规律的不良影响是不能忽视的。

（一）审判实际运行在庭外而非庭内

从审判固有规律和审判公正性上讲，审判的中心环节应在庭审之中，体现审判的独立价值，对切实保障被告人辩护权有着重要意义，也符合当前中央推动的以审判为中心的诉讼制度改革的基本要求。但重大职务犯罪案件审判实践重视庭前准备和高度组织化的做法，使得以庭审为中心的审判运行机制受到影响，庭审被架空，审判的公正性基础受到冲击。

（二）裁判权集中于行政组织而非审判组织

按照法律规定的审判运行要求，案件的审理和裁判权均应由合议庭或独任庭这样的审判组织行使，实现两者的高度统一。然而，高度行政化运行方式下的大要案审判中合议庭虽负责案件的庭审，对事实认定和法律适用也有一定的建议权，但并无对案件实体处理的最终决定权，这与中央提出的让审理者裁判，让裁判者负责的司法改革方案明显相悖。由于这类案件审判具有突出的指标和引导意义，其内部行政化运行方式显然对司法改革的正

---

① 自党的十八大以来，对于这类案件二审法院裁决无一例外均为维持一审法院判决。近年来这类案件审判还出现了一种新情况，即被告人对一审法院判决提出上诉的比例明显减少。这一现象的出现可以认为是一审法院对案件把关和案件审判质量提高的原因，也有出于争取被告人服判，取得审判法律和社会效果的考虑，但是否也与被告人及其辩护人对这类案件行使上诉权本身意义的认识有关？

面效果影响较大。

（三）司法责任制难以落实

从审判实践来看，法院内部对这类案件审判采取的严密行政组织和决策的运行方式，对案件审判质量和相应的法律、政治和社会效果起到了保障作用，至少在目前不存在错案及其责任追究问题。但随着国家反腐败斗争的深入推进，查办的这类案件逐渐增多，也难免出现案件审判程序和实体上的差错，过去已审结的案件是否存在问题或错误也需一定的时间暴露，现今法院内部集体乃至上级法院决策的行政化运行方式对于出现的错案可以由法院整体或内部集体承担政治或纪律责任，但案件的差错最终需要审判组织及其个人承担法律或司法责任，受案法院内部行政化的运行方式不利于这一司法责任的落实，从而影响司法责任制改革的整体推进。

（四）不利于审判法律规范的遵循和发展

这类案件审判法院内部典型行政化的运行方式实际上对法院内部“两权”关系的处理产生了困扰，如果处理不好可能导致法院的审判管理权对裁判者审判权的严重冲击。强化的审判管理权可以对案件审判前的准备、庭前会议和庭审方案与策略作出安排，也可以对案件最终处理结果作出决定，而裁判者被弱化的审判权则可能成为法院内部审判管理推进正当化的手段，一方面使得调整法院审判运行的管理性和指导性的司法解释、司法规范性文件及领导者的讲话的出台，并作为审判的重要依据；另一方面规范审判权正常和合理运行的国家正式法律规范运用和遵循则被弱化，这类案件审判的司法标杆作用也就难以实现。

四、审判的样态形式化对审判公正性和结构的影响

当前重大职务犯罪案件审判公正性的保障主要通过审判本身及其裁决结果达成，而非主要通过审判过程来实现，在审判过程和审判方式上距离真正意义上的程序公正仍有一定差距，也对合理的庭审结构塑造产生了不利影响。

（一）审判公开原则的贯彻仍不到位

从大要案审判实践来看，新闻媒介对庭审过程进行报道仍有较大限制，一般群众旁听审判仍较困难，甚至在有的案件审判中旁听者主要由公检法干警组成。到目前为止，除了薄熙来案的审判通过电视和网络进行全程直播外，其他大要案审判全过程并没有公开，有关新闻媒介只是对审判情况和判决结果进行简要报道，公众对庭审具体内容和细节缺乏基本了解。另外，除了薄熙来案、周永康案等少数案件的裁判文书以网络或其他形式公布外，其他大要案的裁判文书并没有以相应的形式向社会公开，司法的透明度仍显不足。

（二）庭前对案件的预判可能形成的先定后审

由于大要案审判在最高人民法院的指定和指导下进行，受案法院内部行政化的审批和决定方式，以及合议庭审前对案件事实、证据和法律适用的充分了解和掌握，使得案件处理在庭前已有所定论，庭审过程流于形式。“密室协议”并非是看得见的正义，有学者就大

要案审判存在的问题批评指出，“即使特事特办，要先搞点内部研究和请示，也不能搞先定后审，使庭审成为一个程序演示，成了走过场”。①

（三）庭审主要采用书面审判方式

从实践来看，这类案件审前形成的案卷材料可谓严格、全面和完整，且这些材料均以电子文档的形式固定下来。这些材料对法官庭前阅览熟悉案情和证据，法院内部作出决定比较便利。从庭审过程来看，虽然在薄熙来案等的审判中，有关证据调查环节有过王立军等人出庭作证的情形，但从大要案审判已公开的报道来看，绝大多数这类案件事实和证据调查主要还是基于庭前形成的案卷材料展示、宣读和审查认定过程，即便薄熙来案庭审中主要案情和情节的认定也主要通过对案卷材料的审查加以认定。这种运用案卷材料的书面审判方式既是庭前活动先定后审的必然选择，也是庭审形式化特征的突出外在表现。尽管大要案审判上述形式化倾向的产生有对这类案件审判的平稳性、防错的安全性和大众安抚性的现实因素考量，但这种具有较典型的仪式化和结果价值宣示性的审判所产生的问题在于：一是有损审判中心的地位。这类案件审判前的侦查和起诉环节由于保密原因没有向外界曝光，民众通常从法院审判开始了解案件情况，从形式上看这类案件诉讼过程中审判阶段成为决定性阶段，但实际上对案件事实的认定和实体处理则在庭前或庭外，而这一切又建立在通过侦查活动所收集和制作的案件材料之上，审判属于比较典型的审查和确认侦查活动成果的程序，审判的中心地位和独立价值难以体现，与中央推动的建立以审判为中心的诉讼制度改革相悖。二是控辩双方有效对抗不足。由于庭前法官对事实和证据存在预判，实体处理有相应结论，加之庭审采用的书面审判方式，因而在多数这类案件庭审中控辩双方并未就事实和法律问题形成明显的辩论交锋的场景，多数案件都以被告人服罪服判结束，对一审裁判提出上诉的案件少之又少。据报道，刘志军案一审过程只持续了三个半小时即告结束。三是被告人庭审中的辩护权行使效果不佳。应该承认，这类案件审判过程中被告人的律师帮助权、陈述权（包括最后陈述权）、上诉权及人身实体性权利得到有效保障，但由于书面化审判方式导致控辩难以真正形成对抗，被告方缺乏有效行使辩护权的基础和条件，尤其是对控方人证的对质询问权难以保障。虽然多数案件在法院举行的庭前会议中法官征询过被告人及其律师的意见，控辩双方对事实和法律也进行过意见交流，但这类案件庭审的典型意义决定了案件的主要问题应由庭审解决，不应有庭前会议代替。四是庭审程序和证据规则难以严格遵循。例如，由于这类案件主要采用书面审理方式和过堂有效的原则，庭审涉及证据调查的具体规则和方式，如证人、鉴定人出庭及交叉询问、物证的出示方式、证明责任的承担等没有被严格遵循和适用。对于非法证据的排除，无论在庭外还是庭上都极为少见。在薄熙来案审判过程中，公诉人举证，不只一次地使用了被告人在纪检程序中的自书材料，被告人则以有压力和受诱导为由，多次要求排除其自书材料作为证据。

---

① 陈光中、龙宗智：《关于深化司法改革若干问题的思考》，载《中国法学》2013年第4期。

然而，法庭最终没有采纳被告人意见。[①] 显然，对办理大要案件切不可迎合一时之政治功利，却损害了司法公正、社会公正甚至对国家的法治建设造成长远的负面影响。[②]

五、对审判与舆论关系的处理不当导致司法内部自律性不足

审判与媒介舆论关系本来是一种相互促进的关系，但在中国司法实践中却出现了两种不同的倾向。在通常的司法活动中，尤其是公众比较关注的案件，审判受媒体舆论影响较大甚至存在被“绑架”的倾向，裁判本身要考虑舆论或民意的因素，司法的自主性和自律性受到影响。另一倾向是在大要案审判实践中，由于维稳和政治因素的考量，受案法院又“自觉”排斥媒体舆论对案件审判的影响和干预。从上述大要案审判过程限制媒体和旁听群众的数量，大多数案件庭审过程没有影像或文字直播，承办法官不对外发布审判消息和评论，不接受媒体采访报道，生效裁判文书不对外公布等情形看，媒体和舆论并无条件和渠道在审前、审中甚至在审后对案件审判产生实质性影响。相反，从实践来看，受案法院都有统一向外发布审判信息的渠道，在法院审判平静的前台幕后有专门的宣传和舆情控制机构，不仅对审判做到正面宣传，而且在审前和审后负责收集、整理舆情，同步全方位地跟踪舆论的反应和变化，及时拿出解决的应对方案，引导和修正舆论回归正道，从而法院以高度的政治责任感引导和推动媒体舆论的价值导向。“审判本身是向公众公开的，媒体也有权对其进行自由的报道，只要他们的报道是公正而准确的。”[③] 如果媒体和舆论监督不足，可能使得公众看到的主要是审判的正面价值和公正结果，大要案审判成为一种没有瑕疵和完美的审判，而审判本身所存在的问题难以暴露，尤其是上述庭前和庭审过程中影响审判公正和结构的问题可能被忽略。如果说舆论对审判的不当干预会导致法院审判自律性弱化的话，缺乏舆论对审判有益的评论和建议所形成的外部制约同样导致法院内部缺乏修正自身错误的动力，丧失司法的自律要求。同时大要案审判作为一种生动的法治宣传教育范本和认定事实、适用法律标准以及审判程序最为规范的标杆作用就会降低，这本身是一种司法资源的巨大浪费。

---

① 参见《薄熙来案庭审笔录》中法庭调查记录与法庭辩论记录。法庭的做法应有两处不当：其一，纪检调查取得的被告人自书材料本身并非具有当然的诉讼证据资格。根据刑事诉讼法第 52 条第 2 款的精神，并非任何行政执法或办案所获证据都可以进入刑事诉讼，而只是允许将其中的物证、书证等客观性证据用于刑事诉讼，而对当事人陈述、证人证言等主观性证据在法解释上则不具许容性。其二，被告人提出排除自书材料的要求法庭没有启动非法证据调查程序，也未采取适当方式要求纪检调查人员出庭。而上述情况的出现与庭审流于形式有着密切关系。参见龙宗智：《薄熙来案审判中的若干证据法问题探析》，载《法学》2013 年第 10 期。

② 陈光中、龙宗智：《关于深化司法改革若干问题的思考》，载《中国法学》2013 年第 4 期。

③ ［英］麦高伟、杰弗里 · 威尔逊主编：《英国刑事司法程序》，姚永吉等译，法律出版社 2003 年版，第 209 页。

构建未成年人罪错行为分级干预体系研究*

宋英辉　苑宁宁**

一、现状与问题

大量数据和案件表明，未成年人实施犯罪行为之前多有不良行为或违法行为，[①] 且其早期不良行为或违法行为多数没有得到及时有效的干预。[②] 因此，未成年人实施犯罪行为与之前的不良行为或违法行为未能得到有效及时且专业的干预有密切关联。

因此，对未成年人的早期不良行为或违法行为应当及时进行有效干预，使其回归正途。然而，对未成年人出现心理行为偏常，我国现有法律法规欠缺系统有效的制度安排。

现有措施主要有：

第一，未成年人出现逃学、夜不归宿等行为时，学校采取批评教育或者给予纪律处分、通知家长管教等措施。

第二，违反治安管理法律时，不满 14 周岁的不予处罚；已满 14 周岁不满 16 周岁的，行政拘留不予执行。以上两种情况均责令监护人严加管教。

第三，12 周岁至 17 周岁有违法或轻微犯罪行为的未成年人，不适宜留在原学校学习，但又不够劳动教养（已废除）、收容教养或刑事处罚条件的（包括被学校开除或自动退学、流浪在社会上的 17 周岁以下的青少年），[③] 经本人及其监护人同意，转入专门（工读）

---

* 该文系中央政法委《未成年人保护与犯罪预防问题研究》课题的阶段性成果，由宋英辉、苑宁宁执笔。

** 作者简介：宋英辉，北京师范大学教授；苑宁宁，中国政法大学法学院助理教授。

① 除特别注明的以外，本报告数据均为课题组调研所得。课题组对云南、四川、广东和山东四地 399 名未成年服刑人员进行了问卷调查。在 382 个有效数据中，有 372 名未成年犯在入所服刑前具有不良行为或严重不良行为，占 97.38%。另外，从媒体报道的个案来看，各地发生的未成年人严重暴力案件，行为人之前都有不良行为和违法行为，且没有得到及时有效的干预。例如，四川自贡一名 13 岁儿童有抽烟、喝酒、打架、上网等行为，后掐死奶奶，1 年后又杀死太婆；广西一名 13 岁少年辍学后多次离家出走在外流浪谋生，从乞讨、偷窃等行为演变为杀害三姐弟；甘肃一名未成年人自幼无人照顾，浪迹于社会，跟其他不良青少年混在一起，后因偷抢财物杀害 1 人、重伤 1 人；广东一起未成年人强奸杀人案中，该未成年人 13 岁以前在原籍曾多次打架斗殴，后重伤他人、强奸杀人；等等。

② 课题组对云南、四川、广东和山东四地 399 名未成年服刑人员进行了问卷调查。在 380 个有效数据中，学校或家长对不良行为或严重不良行为没有采取任何应对措施的有 63 例，占 16.58%，采取应对措施的有 317 例，占 83.42%。学校或家长的应对措施包括批评教育（267 例，占 70.26%）、劝退（50 名，占 13.16%），并无专业干预。另外，具有不良行为或严重不良行为时，警察介入的有 169 例。其中，警察只是简单地批评教育或者没有批评教育、通知家长带回或直接放走而没有进行专业干预和后续跟进的达 143 例，占 84.61%。

③ 《国务院办公厅转发国家教育委员会、公安部、共青团中央〈关于办好工读学校几点意见的通知〉》（1987 年）。

学校。

第四，有犯罪行为，但没有达到刑事责任年龄的，不予追究刑事责任，予以训诫，责令监护人严加管教。在必要时由政府收容教养。①

上述措施难以发挥教育矫治效果。具体表现在：

第一，责令家长严加管教。未成年人出现犯罪行为，80%以上是家庭管教存在疏漏或方式方法不当所致。② 将出现问题的未成年人交由这部分家长管教，难以达到预期效果③。

第二，学校批评教育或纪律处分。由于没有专业人员跟踪帮教相配套，其心理行为偏常，难以经批评或处分就能矫正。

第三，治安处罚。不满14周岁的不予处罚，已满14周岁不满16周岁的行政拘留不予执行，没有其他后续干预措施跟进。行政拘留等治安处罚措施是对治安违法行为本身的制裁，不仅不能从根本上解决其心理行为偏常问题，而且可能会产生负面效果，并不适宜未成年人。④

第四，专门（工读）学校。因本人或其监护人不同意，许多问题未成年人无法进入专门学校。⑤

第五，收容教养。因具体程序、执行机构及场所、干预措施等不明确，实践中基本被虚置。⑥ 由此，实践中对很大一部分实施犯罪行为但未达到刑事责任年龄的未成年人缺乏有效的干预措施，很多时候是一放了之，使得他们毫无顾忌，一而再再而三地犯案，也导致其他具有不良习性的同龄人的仿效。⑦

此外，现有制度安排无法对辍学、流浪未成年人的不良行为进行干预。

二、建立分级干预体系的原则

未成年人的成长是一个不断犯错与修正，最终达到心理和生理成熟的过程。预防和减

---

① 刑法第17条第4款规定，因不满16周岁不予刑事处罚的，责令他的家长或者监护人加以管教；在必要的时候，也可以由政府收容教养。

② 2015年9至11月，受团中央委托，由宋英辉教授主持的“少年司法制度改革研究”课题组针对北京、上海、江苏、陕西、四川、贵州、甘肃、云南等地法院、检察院办理的未成年人犯罪案件，经访谈法官、检察官、警察、未成年当事人，发现80%以上的涉罪未成年人都存在家庭监护缺位或家庭教育不当问题。

③ 课题组对云南、四川、广东和山东四地399名未成年服刑人员进行了问卷调查。在393个有效数据中，监护人或照管人没有严格管教未成年人的有292例，占74.30%，监护人或照管人对未成年人学习生活等情况不关心的有225例，占57.25%，监护人或照管人对未成年人有严重打骂情况的有167例，占42.49%。

④ 对成年人适用的行政处罚和刑罚处罚都是针对危害行为的制裁措施，尽管有通过处罚进行教育的功能，这种处罚适合于具有情绪控制和行为控制能力，能够作出独立判断，了解处罚意义的成年人。由于未成年人不具备情绪控制和行为控制能力，判断是非能力弱，不了解处罚本身的意义，且不当干预会影响其大脑发育乃至阻碍健康人格的形成，因此不适用报复性的处罚措施。

⑤ 课题组对云南、四川、广东和山东四地399名未成年服刑人员进行了问卷调查。结果显示，372名未成年犯在构成犯罪入所前具有不良行为或严重不良行为，但是其中大部分（309名）没有进入过专门（工读）学校，占83.06%。

⑥ 课题组调研发现，在多数省份，实施严重暴力行为而被收容教养的未成年人不满10人，而实际上实施严重暴力行为且需要收容教养的未成年人数量远多于此。

⑦ “13岁男孩强暴女孩，因未达到刑事责任年龄获释后再杀人”，“一个惯偷受审时语出惊人表示到了16周岁就不再作案”……此类新闻接二连三地见于媒体，反映了未达刑事责任年龄未成年人脱管失教的现状普遍存在，这引起社会的广泛关注。

少未成年人违法犯罪，应当尊重未成年人身心发育成长规律，建立分层级的干预体系。

第一，贯彻教育保护理念。未成年人心理具有易感性、易变性，对未成年人的不良行为和危害社会的行为应当坚持教育、感化、挽救的方针，有针对性地解决未成年人存在的问题。

第二，坚持早发现、早干预原则。涉罪未成年人之前的不良行为或违法行为大多经历了一个由轻到重逐渐演变的过程，应早发现、早干预。

第三，坚持专业干预原则。对心理行为偏常的未成年人简单地进行惩罚，极易导致其重新犯罪，应引入专业人员参与干预，注重干预的针对性和有效性。同时，未成年人出现心理行为偏常，是由于青春期发育的冲动及受到外部不良因素影响而形成的，对其干预应当持续一定时间。

第四，强化综合治理导向。落实家庭责任，保障学校教育的正确引导，创造有利于其健康成长的社区环境。

第五，明确司法保留原则。采取限制人身自由等强制性措施，应经过司法机关裁决，防止滥用。

三、干预的行为与对象

依据危害性和危险性程度的差异，我国预防未成年人犯罪法将未成年人早期的问题行为分为“不良行为”和“严重不良行为”①，并适用严厉程度不同的处置措施。但是，这两个概念界限和逻辑关系不清晰，具有包容关系，造成了法典内部相互重叠甚至是逻辑混乱。同时，“严重不良行为”中有许多已经触犯了治安管理处罚法，还包括了一些触犯刑法但因未达刑事责任年龄而不构成犯罪的行为。这种概念的包容与交叉在实践中容易导致产生种种矛盾和混乱。

考虑到我国法律将危害社会行为区分为“违法”（即违反治安管理处罚法）与“犯罪”（即触犯刑法）的二元立法模式，同时借鉴域外的虞犯（有违法犯罪之虞、有违法犯罪之极大可能）制度，② 依据行为性质和危险程度，本着具有可操作性、容易区分识别的原则，

---

① 预防未成年人犯罪法第14条规定，未成年人的父母或者其他监护人和学校应当教育未成年人不得有下列不良行为：（1）旷课、夜不归宿；（2）携带管制刀具；（3）打架斗殴、辱骂他人；（4）强行向他人索要财物；（5）偷窃、故意毁坏财物；（6）参与赌博或者变相赌博；（7）观看、收听色情、淫秽的音像制品、读物等；（8）进入法律、法规规定未成年人不适宜进入的营业性歌舞厅等场所；（9）其他严重违背社会公德的不良行为。第34条规定，本法所称“严重不良行为”，是指下列严重危害社会，尚不够刑事处罚的违法行为：（1）纠集他人结伙滋事，扰乱治安；（2）携带管制刀具，屡教不改；（3）多次拦截殴打他人或者强行索要他人财物；（4）传播淫秽的读物或者音像制品等；（5）进行淫乱或者色情、卖淫活动；（6）多次偷窃；（7）参与赌博，屡教不改；（8）吸食、注射毒品；（9）其他严重危害社会的行为。

② 根据域外相关法律制度，虞犯行为是指依照其性格或者环境，将来有可能犯罪或者作出触犯刑罚法令的行为，概括起来主要有以下情形：第一，有不服从保护人正当监督的恶习的；第二，无正当理由离开家庭的；第三，与有犯罪习性的人或者不道德的人交往，或者出入可疑场所的；第四，有损害自己或者他人的品行恶习的。虞犯行为本身并不对他人或社会造成危害，但这种不良习性使其行为人处于违法犯罪的边缘，极有可能导致其实施违法犯罪行为，因此成为少年法的适用对象。虞犯在英美法系国家也被称为“身份罪错”，即未成年人不应为而为的行为。这是一种基于未成年人特定身份而界定的特殊行为，因为它是导致更加严重的违法行为甚至犯罪行为的危险先兆，基于保护未成年人和预防犯罪的考虑，需要提前采取措施予以干预。

可将未成年人的罪错行为分为三类：不良行为、治安违法行为、触犯刑法行为。

不良行为，是指不利于未成年人身心健康发展，与其年龄不符，容易引发违法犯罪的行为。包括：(1) 旷课、逃学、沉迷网络、夜不归宿；(2) 抽烟、酗酒、观看或收听淫秽的音像制品或读物；(3) 与社会上具有不良习性的人交往，参加不良团伙；(4) 进入法律、法规禁止未成年人出入的场所；(5) 其他不利于未成年人身心健康、与未成年人年龄身份不符的行为。

治安违法行为，是指未成年人实施的违反治安管理处罚法的行为。

触犯刑法行为，是指未成年人实施的触犯刑法的行为，包括达到刑事责任年龄和未达到刑事责任年龄两种情况。达到刑事责任年龄的，构成犯罪，适用刑法和刑事诉讼法的规定，本报告不再论及。

进行分级干预的对象包括三类未成年人：(1) 具有不良行为的；(2) 具有治安违法行为的；(3) 具有触犯刑法行为但未达到刑事责任年龄的。

四、相关机构机制建设

(一) 建立中小学防范和早期干预机制

学校配备专业人员，开展心理健康（尤其是情绪控制和人际关系管理）、法治与安全、尊重生命、尊重他人、网络素养等教育。

建立校园欺凌和暴力的防范、发现、干预、处置机制。[①] 定期对学生开展以校园欺凌治理为主题的专题教育，全面加强教职工特别是班主任专题培训，建立筛查和重点监测评估机制，对出现苗头问题的学生提前干预，建立多部门衔接机制，配备专业力量和人员进行心理咨询辅导和跟踪帮教。

对重点区域、重点时段应当加强巡查力度，关注重点对象，完善校园及周边区域包括技术措施在内的实时监控体系。发现学生遭受欺凌和暴力，学校和家长要及时相互通知。对严重的欺凌和暴力事件，要向上级教育主管部门报告，并迅速联络公安机关介入处置。

健全应急处置预案，明确相关岗位教职工处理校园欺凌事件的职责，妥善安抚和疏导涉事学生家长情绪，保护遭受欺凌和暴力学生以及知情学生的身心安全，防止泄露包括有关学生个人及其家庭的信息，防止网络传播等因素导致事态蔓延。

(二) 设立适用于不同对象的专门（工读）学校[②]

经过原普通学校的干预后，心理行为偏常无法改善或者继续恶化的，为了更好地实现教育矫治的目的，预防其实施犯罪，需要对其行为进行一定的约束，对其心理进行更为专业和具有针对性的矫治。设立专门学校，一方面可以保障适龄未成年人继续完成义务教育；

① 关于校园欺凌和暴力的防范、发现、干预、处置机制，详见专题报告《关于防控校园欺凌的建议》。

② 具体如何设立专门学校以及设立专门学校的效果，详见专题报告《建立和发展多类型专门学校的建议》及其附件。

另一方面可以对其行为进行管束，使其接受具有针对性的教育与矫治，掌握一定的技能。①

根据收生对象、负责部门、教育矫治措施等方面的差异，专门学校可以分为三类：普通专门学校、教养学校、管教学校。

（1）规范普通专门学校。② 用于教育矫治具有罪错行为的未成年人，是义务教育的重要组成部分和特殊形式，统一归口由教育部门主办。

（2）设立教养学校。③ 由教育行政部门和司法行政部门联合设立，用于执行刑法第17条规定的收容教养④。

为避免标签效应，普通专门学校和教养学校学生的学籍仍保留在原学校，成绩计入原学校成绩，由原学校颁发毕业证书。在专门学校学习期间的档案记录不入个人档案，予以封存。

（3）设立管教学校。在未成年人犯管教所，由教育行政部门与司法行政部门联合设立，用于保障未成年服刑人员完成义务教育及接受适当的职业技能教育。

相对于普通专门学校，后两者可称为特殊专门学校。⑤

（三）发挥未成年人保护中心的作用

未成年人保护中心是民政部门设立的面向处于困境中的未成年人提供保护的机构。⑥ 借助其发现报告机制、评估帮教资源，对具有不良行为与违法行为的未成年人及早发现、临时安置和及时转介。

（四）建立相关机构、组织衔接机制

搭建各部门之间、各部门与专业社会机构之间的协调、联动机制，保障跟踪帮教、家庭监护监督、支持等措施落实到位。

---

① 课题组对云南、四川、广东和山东四地399名未成年服刑人员进行了问卷调查。在386个有效数据中，在实施犯罪行为时处在辍学或待业状态的有214名，流动打工的有101名，两者合计占81.61%。可见，过早辍学、过早步入社会、缺乏生存技能是导致未成年人走上违法犯罪道路的重要因素之一。因此，要预防未成年人违法犯罪，必须保障其完成义务教育，并接受一定程度的职业技能教育，使其具备谋生的能力。

② 课题组调查，在我国大多数地区，每个地级市设一所普通专门学校是较为适宜的，地域范围较大、交通不便或者未成年人口数量较多的区县级行政区域根据需要也可以建立。

③ 课题组调查，在我国大部分地区，在省、自治区、直辖市设一所收容教养学校是较为适宜的。在地域辽阔和违法犯罪率较高的地方，可以考虑设两至三所收容教养学校。

④ 刑法第17条规定的收容教养，在一般民众的观念中，容易与已经废止的劳动教养和收容教育混同。未来修改法律时，建议修改为“强制教养”，更符合未成年人司法特点，与强制戒毒、强制医疗共同作为我国非定罪的保护性强制处分措施。

⑤ 由于进入管教学校均系已达到刑事责任年龄的未成年人，本报告只涉及普通专门学校和教养学校。

⑥ 多地的未成年人保护中心是在民政部门流浪乞讨未成年人救助站的基础上转型设立的，主要职责是救助保护处于困境中的未成年人，通过转介至相关部门或协调社会力量等方式提供具有针对性的帮扶服务，对象包括因监护人服刑、吸毒、重病重残等原因事实上无人抚养的未成年人，遭受家庭暴力、虐待、遗弃等侵害的未成年人，缺乏有效关爱的留守流动未成年人，因家庭贫困难以顺利成长的未成年人，以及自身遭遇重病重残等有特殊困难的未成年人。目前，全国流浪乞讨未成年人救助站的覆盖率相当高，地级市已经普遍设立，60%以上的区县也已经设立。按照民政部的规划，未来这些救助站都要进行转型，建立未成年人保护中心。

五、干预措施

根据未成年人身心发育阶段、不良行为或违法犯罪行为发生的年龄（多在12周岁以上）[①] 及域外经验（我国澳门、台湾地区的做法），对没有达到刑事责任年龄的未成年人，区别已满12周岁和未满12周岁，适用不同的干预措施。

（一）适用于已满12周岁未成年人的干预措施

已满12周岁的未成年人已经处于养成和完善自我控制能力和辨别是非能力的关键期，而且即将进入容易叛逆的青春期。对此，需要设置一些带有强制性的针对行为的管束矫治措施。但这些措施不同于行政处罚或刑罚处罚，不是对行为本身的制裁，而是通过干预解决行为人的心理行为偏常问题。

1. 校方告诫

发现有不良行为的，校方应批评教育、警示谈话、将表现记入学生综合素质评价，给予必要的纪律处分，告知监护人加强管教。根据需要，可以制订改正计划。

对打架斗殴、欺凌他人、强行索要财物、偷窃或实施其他治安违法行为的，情节较轻的，也可以在警察的参与下适用校方告诫。

2. 警察训诫

对实施治安违法行为的未成年人或者触犯刑法行为情节较轻且未达到刑事责任年龄的，公安机关可以予以训诫。

训诫时，应当责令监护人严加管教或改进管教方式，告知学校予以配合，要求行为人向受害人赔礼道歉、赔偿损失，取得受害人谅解。根据需要，可以制订改正计划。

3. 制订改正计划

采取校方告诫、警察训诫这两类干预措施的，校方或警方可以根据需要成立帮教小组，针对未成年人的问题制订改正计划。帮教小组应当有具有心理学、教育学、社会学等知识的人员或社工参加。

改正计划应当符合未成年人的身心特点，且具有针对性，内容包括但不限于：责令行为人在一定时期内不得实施特定行为、与特定人员交往或出入特定场所，接受特定内容的教育、心理辅导、戒瘾治疗、监督考察等。被帮教人怠于履行改正计划或改正计划不适宜时，应当适用其他替代计划或措施。

---

① 课题组通过与未管所干警、公检法办案人员以及专门学校和普通学校的老师访谈发现，出现问题的未成年人一般是10至12周岁开始有劣迹，13至14周岁开始走向社会进行违法犯罪，14至16周岁进入犯罪的第一个高峰期。

课题组选取了11所具有代表性的专门学校（包括北京海淀寄读学校、上海新晖学校、上海彭顺学校、上海育华学校、贵阳工读学校、毕节育新学校、凯里春雨学校、成都第五十二中学、达州第十六中学、深圳育新学校以及广州新穗学校）进行问卷调查，发放和收回问卷475份。在470个有效数据中，6至12周岁入校的有46人，占9.68%；13至15周岁入校的有390人，占82.1%；16至17周岁入校的有34人，占7.15%。由上述数据可知，绝大部分专门学校学生入校时的年龄集中在13至15周岁，这一年龄阶段的不良行为或违法行为如果得不到及时有效的教育矫治，极有可能导致更为严重违法犯罪行为的发生。

4. 法官诫令

具有触犯刑法行为且未达到刑事责任年龄的，经公安机关调查、检察院审查后，提交未成年人法庭。

法官在认定案件事实的基础上对未成年人进行教育，必要时组织旨在促使双方和解的商讨会，根据需要适用以下一种或几种法官诫令：

（1）向被害人致歉和赔偿令。要求实施危害行为的未成年人及其父母等向被害人赔礼道歉，要求实施危害行为的未成年人的父母等向被害人支付一定数额的赔偿金。

（2）行为规范令。规定行为人在一定时期内必须遵守的行为规范，包括禁止实施特定行为、与特定人员交往或出入特定场所等。

（3）教育矫治令。要求接受特定内容（情绪控制和人际关系管理、法治教育、职业培训等）的教育或特定类型（寄宿学校）的教育，接受心理辅导、戒瘾治疗等。

（4）校内服务令。要求参加校内公共服务等活动。

（5）保护观察令。由法律规定或授权的机构、组织或专业人员对其跟踪帮教、监督考察。

（6）家庭教育令。如责令监护人严加管教，改善教育方式，一定时间的陪伴与交流，接受亲职教育等。

5. 转入普通专门学校

有下列情形之一的，可以转入普通专门学校学习：（1）具有不良行为，经校方告诫、适用改正计划后，仍有不良行为的；（2）实施治安违法行为，经警察训诫、适用改正计划后，再次实施治安违法行为的；（3）具有触犯刑法行为且未达到刑事责任年龄，经警察训诫、适用改正计划后或者适用法官诫令后，再次实施治安违法行为或者触犯刑法的。

转入普通专门学校前，应当组织第三方评估，评估组应当有心理学、教育学、社会学等知识的人员或社工参加，听取本人及其监护人的意见。没有监护人或者联系不到监护人的，可以在评估意见中作出特殊说明。相关部门或机构在评估意见的基础上作出决定。具体为：具有不良行为，经校方告诫、适用改正计划后，仍不改正的，由所在学校提出申请，教育行政部门组织学生家长、学校代表、心理学和教育学方面的专家等参加的不公开听证会，在第三方评估意见的基础上作出决定；实施治安违法行为，经警察训诫、适用改正计划后，再次实施治安违法行为的，由公安部门在第三方评估意见的基础上审批决定；具有触犯刑法行为且未达到刑事责任年龄，经警察训诫、适用改正计划后或者适用法官诫令后，再次实施治安违法行为或者触犯刑法的，由未成年人法庭作出裁定。人民检察院对转入普通专门学校的决定或裁定进行法律监督。

转入普通专门学校一学年后，经过评估，本人或监护人可以申请转回普通学校。

6. 决定收容教养（送交教养学校）

对于心理行为严重偏常，实施严重暴力行为且造成严重后果的，可以依法由未成年人法庭决定收容教养。

公安机关发现没有达到刑事责任年龄的未成年人符合收容教养条件的，应当出具收容教养意见书，移交人民检察院。对于公安机关移送的或者在审查起诉过程中发现未达到刑事责任年龄的未成年人符合收容教养条件的，人民检察院应当向人民法院提出收容教养的申请。未成年人法庭认为符合收容教养的，作出收容教养的决定。在作出收容教养决定以前，公安机关可以先行将行为人送至教养学校，采取临时的保护性约束措施。

收容教养的期限为6个月至2年。延长或缩短期限，应当经评估，由未成年人法庭决定。

（二）适用于未满12周岁未成年人的措施

未满12周岁的未成年人具有很强的家庭依赖性，对其干预应当坚持儿童福利原则。

1. 加强管教

未满12周岁具有不良行为的，由学校、村委会或居委会劝导和辅助父母或其他监护人加强管教。

未满12周岁实施治安违法行为或触犯刑法的，由公安机关采取紧急措施，责令家长加强管教，并由专业社工进行跟进帮教，由民政部门、公安机关予以支持和监督。

2. 机构教养

未满12周岁实施治安违法行为或触犯刑法的，原生家庭不具备能力或不适宜的，由未成年人法庭决定机构教养。

被机构教养的未成年人可以安置在儿童福利院等机构，由专业社工帮教。有可能继续实施危害行为的，交由教养学校托管教养。

（三）对辍学或流动未成年人罪错行为的干预矫治①

发现辍学未成年人具有不良行为的，应在安排复学后根据情况适用相应措施。

发现流动的未成年人具有治安违法行为或者触犯刑法行为且未达到刑事责任年龄的，公安机关紧急处置后，立即送至当地未成年人保护中心临时看守，通知其监护人。所采取的干预措施在行为地执行；不具备条件的转送至户籍或监护人所在地委托执行。没有监护人或者联系不到其监护人的，暂由未成年人保护机构临时安置，后根据适用措施移送至有关机构或场所。

（四）对家庭监护的监督、支持与替代②

发现未成年人家庭关系和家庭监管存在问题的，学校或有关机关应当对未成年人的父母进行劝导、说服或者责令其接受亲职教育。

家庭监护存在问题的，由专业人员对家庭监护进行监督和支持。存在法定情形的，可建议或申请撤销监护人资格。

（五）对有害未成年人身心健康的违法行为的处理

在干预未成年人罪错行为过程中，发现违法向未成年人出售或提供烟酒的、网吧或营业性歌舞厅以及其他未成年人不适宜进入的场所违法接收未成年人的，应当将有关线索及时转递给有关执法部门，依法予以处理。

---

① 课题组对云南、四川、广东和山东四地399名未成年服刑人员进行了问卷调查。在386个有效数据中，在实施犯罪行为时处在辍学或待业状态的有214名，流动打工的有101名，两者合计占81.61%。对此，需要制定机制、采取措施，将辍学或流动未成年人的罪错行为纳入分级干预体系。

② 关于家庭监护的监督、支持与替代，参见专题报告《完善未成年人家庭监护和国家监护制度的建议》。

论司法体制改革中的差异化

吴卫军*

党的十八大以来，随着司法改革“四梁八柱”的搭建完成，司改实践正逐步向纵深推进。在我国社会主要矛盾转化的背景下，司法体制改革差异化问题的重要性日益凸显，成为必须给予直面回应的理论命题与实践课题。

一、何谓差异化

在现代汉语词典中，“差异”与“差别”同义，指“不相同的地方”。① 在哲学与社会科学上，差异是一个重要的理论范畴，有着不同的表述与理解。比如黑格尔指出，“同一”、“差别”不是孤立的，而强调“异中之同”、“同中之异”；② 德勒兹则认为，差异是一种异质共存状态，并非对立和冲突。③ 本文中，司法体制改革中的差异化，是指基于法院与检察院的不同特质，两者在改革内容、策略、方式、方法、时序等方面存在诸多不同之处。在我们看来，本轮司法改革以来，无论是中央的顶层设计，还是地方的实践创新，各项改革的同质化倾向明显，而差异化特征不彰，这在某种程度上阻隔了改革效果的集聚放大，妨碍了改革向纵深推进。

从历史脉络与现实需要出发，理解司法体制改革差异化的内在意蕴应当立足于三个基本支点：

首先，司法体制改革差异化是一个具有中国特色的法治命题。在欧美法律语境中，尽管有少数国家，如德国将检察官称为“站着的法官”，将检察机关行使的职权视为“准司法权”，但主流观念是把司法等同于审判、司法机关等同于法院、司法独立等同于审判独立。④ 比如《美国法律辞典》在解释“司法部门”一词时认为：“‘司法部门’一词可以指一般意义上的法院系统，也可以指任职于各种法院的法官。……相关的词‘司法的’（judicial）指的是那些从属于法官职位的东西。”⑤ 这种理解与西方国家三权分立理论具有高度

* 作者简介：吴卫军，法学博士，电子科技大学法律系教授。

① 中国社会科学院语言研究所词典编辑室：《现代汉语辞海》，商务印书馆2012年版，第134页。

② 贺麟：《黑格尔的同一、差别和矛盾诸逻辑范畴的辩证发展》，载《哲学研究》1979年第12期。

③ 宋涛：《德勒兹与黑格尔“差异”思想比较及当代意义》，载《贵州民族大学学报》（哲学社会科学版）2013年第3期。

④ ［日］伊达秋雄：《刑事诉讼法讲义》，政文堂1968年刊行，第15页。转引自张建伟：《刑事司法体制原理》，中国人民公安大学出版社2002年版，第11页。

⑤ ［美］伦斯特洛姆编：《美国法律辞典》，贺卫方等译，中国政法大学出版社1998年版，第22页。

的契合性。因而这些国家的司法改革一般指向审判程序与审判机关的改革，不存在法检系统改革的差异化问题。然而，在中国的宪政体系与法律框架中，人民法院、人民检察院统称司法机关，审判权与检察权均属司法权，由此出发，无论是司法体制改革，还是工作机制改革，都涵盖了法院系统与检察系统两个主体。正是在这种时空维度中，提出与论证改革的差异化才具有现实意义和时代价值。因此，不能脱离中国国情理解司法体制改革的差异化问题。

其次，司法体制改革差异化是相对于司法体制改革同质化提出的理论命题。作为司法体系的不同分支，人民法院与人民检察院在我国政治架构中具有同等地位，作为司法改革的推动者与实践者，有着同等的价值取向与目标设定——“努力让人民群众在每一个司法案件中感受到公平正义”。在这样一种指导思想的推动下，本轮司法改革中，法检系统改革具有高度的同质性，一系列改革举措如员额制、司法责任制、人财物省级统管等，均没有进行严格区分。在我们看来，基于法检系统面临问题的共性特征，如司法地方法、司法行政化、司法职业大众化等，改革同质化具有必然性；然而，这并不能遮蔽对改革差异化的追求。因为法院与检察院行使司法权的内容有别，内部构造迥异，现实境遇也不同，因此在改革过程中必然面临着是否应当差异化、如何差异化，以及差异化策略的选择问题，这是改革过程中不容回避的重要命题。

最后，司法体制改革差异化与司法体制改革同质化是共生互补的协同关系。在同质化与差异化不可或缺的现实背景下，如何理解两者之间的关系显得尤为重要。从唯物辩证法的视角看，同质化与差异化共处于一个统一体，两者之间是对立统一的共生关系。一方面，两者存在着相互斗争、相互排斥的关系，寻求司法体制改革中的差异化，则必然意味着对同质化的背反和否定；另一方面，两者又互为前提，在一定条件下相互转化。在司法改革中，没有同质化，差异化自然也无从谈起；与此同时，同质化与差异化之间没有绝对的界限，常常是同质化中孕育着差异化，差异化中有着同质化的基因，两者在一定条件下相互转化极为常见。申言之，“当异质性因素聚集于一个整体，而这个整体与这些构成因素既相互区别又不可分离时，概念的统一性或一致性就发生了”。① 比如，就员额制改革而言，法检系统都立足于司法职业化的共同目标，都通过确定比例、设定条件、进行甄选的方式对司法人员进行分类管理，同质化特征明显。然而，在具体推进过程中，最高法、最高检在各自的纲领性文件《最高人民法院关于全面深化人民法院改革的意见》（《人民法院第四个五年改革纲要（2014—2018）》）、《最高人民检察院关于深化检察改革的意见（2013—2017 年工作规划）》（2015 年修订版）中对不同问题给予了不同的关注度；从改革的结果看，法院系统存在的离职人员增多、案多人少、诉讼效率下降、办案人员不堪重负等问题明显比检察系统突出，引发的争论也更多。②

二、为何差异化

司法体制改革差异化根源于我国审判机关与检察机关的宪法定位，有着深刻的理论基

① 陈永国：《代前言：德勒兹思想要略》，陈永国编译：《游牧思想——吉尔·德勒兹、费利克斯·瓜塔里读本》，吉林人民出版社 2011 年版，第 4 页。

② 陈瑞华：《法官员额制改革的理论反思》，载《法学家》2018 年第 3 期。

础和现实土壤，是我国司法改革走向精细化的必由之路。

首先，从宪法维度审视，我国宪法对法检机关的不同定位是两者改革差异化的基础。1982年宪法明确规定："中华人民共和国人民法院是国家的审判机关"；"中华人民共和国人民检察院是国家的法律监督机关"。由此出发，我国法院依法行使审判权、检察院依法行使检察权。审判权与检察权虽然同为司法权，但两者有着重大区别。孙笑侠认为，司法权本质上是判断权，其具有被动性、中立性、形式性、稳定性、专属性、法律性、终极性、交涉性、审级分工性与公正优先性等特征。① 事实上，这些特征主要针对审判权而言，对检察权则并不完全适用，如被动性、中立性、审级分工性与公正优先性等就是如此。因此，审判权与检察权在现实境遇、主体构造、行使方式、实施效果等方面存在较大区别，设计的改革举措也应当有所不同。比如，司法责任制改革是全面深化司法体制改革必须牢牢牵住的"牛鼻子"，在完善司法责任制方面，法院系统强调"让审理者裁判、由裁判者负责"，因此才有探索新型审判组织模式、改革裁判文书签署机制、完善专业法官会议等改革举措的出台。② 就检察机关而言，虽然也提出健全司法办案组织形式，实行独任检察官或检察官办案组的办案组织形式，但独任检察官、主任检察官必须对检察长负责，服从检察长的统一领导。之所以如此，就在于宪法规定了上级人民检察院领导下级人民检察院工作，人民检察院组织法规定了检察长负责制，这与上级人民法院监督下级人民法院工作的内部构造明显不同。因此，在中国的国情下，宪法对法检的不同定位型构了两者司法改革差异化的时空维度，这是不容置疑和忽视的重要场景。

其次，从理论维度分析，差异化是我国司法体制走向精细化的必然选择。司法公正强调法律适用的精确性，因而精密化是司法制度改革的重要价值选择。现代刑法学鼻祖贝卡利亚曾经指出："应当用几何学的精确度来解释法律的问题。因为这种精确度足以制胜迷人的诡辩、诱人的雄辩和怯懦的怀疑。"③ 长期以来，日本刑事司法制度以程序精密和结果精准著称，学者松尾浩也冠之以"精密司法"，其最明显的标志就是高达99%的有罪判决率。陈卫东分析认为，日本精密司法强调整个司法结构设计的精密化、司法程序运行过程的精密化，并以此来保证司法程序的合法性、司法结果的正确性乃至司法本身的正当性及正义性。④ 在我们看来，"精密司法"不仅仅指司法程序与工作机制的精密化，还包含了司法体制的精密化，没有精密的司法体制，再精密的司法程序也无法发挥应有的效果。长期以来，尽管司法一直被视为我国政治架构的组成部分，但受制于种种因素，"像许多发展中国家一样，中国的司法结构长期处于政治系统的边缘"。⑤ 这就导致不仅司法机关地位不高，司法的作用不被重视，而且还缺乏对法院、检察院内在特质的科学洞察与深刻把握。改革开放以后，随着国家法治建设的日臻完备，司法在化解社会纠纷、维护国家稳定、实现公平正义中的作用日益凸显。与此同时，在从温饱型生存向小康型生存过渡的背景下，民众的法律意识与权利观念也在不断增强，"在现实性上，社会法律意识的增强必然意味着司法功能承受着巨大的压力，司法功能在效率、公正等方面均要接受正在日益增强的法律意识的检

① 孙笑侠：《司法权的本质是判断权——司法权与行政权的十大区别》，载《法学》1998年第8期。

② 李少平：《深刻把握司法责任制内涵全面、准确抓好〈意见〉的贯彻落实》，载《人民法院报》2015年9月25日。

③ ［意］贝卡利亚：《论犯罪与刑罚》，黄风译，中国大百科全书出版社1993年版，第7页。

④ 陈卫东：《司法如何精密——写于〈刑事诉讼法〉再修改之际》，载《法制日报》2006年1月5日第9版。

⑤ 程竹汝：《司法改革与政治发展》，中国社会科学出版社2001年版，第47页。

验和批判”。① 特别是随着中国特色社会主义进入新时代，在社会主要矛盾已经转化为人民日益增长的美好生活需要和不平衡不充分的发展之间的矛盾的背景下，司法日益不能满足民众对公平正义的需求，出现了一定程度上的“应对失灵”。② 由此，司法的提档升级与提质增效势在必行，要从以往的“粗糙司法”走向“精密司法”。“精密司法”意味着在深刻洞悉审判机关、检察机关内在特质的基础上实现权责明晰、分工合理、内外顺畅、高效廉洁，意味着必须转变旧有的司法机关完全一体化的观念认知，还意味着完善旧有司法体制中近乎同质化的模式设计，当然也意味着司法体制改革中的差异化势在必行。

最后，从实践维度考察，差异化还是解决我国司法改革现存问题的客观选择。党的十八大以来，司法改革取得了长足进步，但随着改革的逐步升入，一些问题日益凸显出来。在宏观层面上，有论证指出主要表现为司法逻辑与社会逻辑的矛盾十分突出，制度不协调的情况较为明显，司法责任加重与司法资源不足的矛盾日渐突出，司法队伍建设状况堪忧；③ 在微观层面上，一些改革举措与审判机关、检察机关的内在特质相去甚远，万毅认为当前检察改革存在三个突出问题：一是在检察机关办案组织和办案方式司法化改革的口号下，盲目引入法院的合议制工作机制，造成“检察官法官化”；二是错误理解和定位检察长负责制，排斥、否定检察官独任制，抹杀了检察官独立行使检察权的主体地位，造成“检察官手足化”；三是面对犯罪形势发展专业化的趋势，匆忙成立各类专门化的办案机构，固定检察官的办案类型，导致“检察官专门化”。④ 这些问题之所以产生，除了各地司法改革中“政绩观”的影响外，关键还在于对法院、检察院改革的特殊性认识不够，忽视了改革举措设计中的差异化问题。就此，已有不少学者在考量改革现状的基础上提出了司法改革中应当重视司法机关的特殊性。比如张智辉认为检察改革中应当重视检察权的特殊性研究，设计符合检察权内在要求的运行机制；⑤ 龙宗智也强调要对检察机关贯彻司法责任制的特殊性予以关注。⑥ 在我们看来，在司法体制改革顶层设计“四梁八柱”已搭建完成、进入“精装修”的关键阶段，探寻审判机关与检察机关差异化的基本要求、实现路径，既是行弊除害的重要选择，也是解决不同机关改革同质化的基本要求。

三、如何差异化

司法体制改革中的差异化具有必然性，如何构建差异化改革策略则是一个理论性、实践性兼具的复杂命题。从当前我国司法体制改革的现实背景和客观情况出发，差异化的策略至少应包含以下几方面的内容：

1. 差异化的理念：立足对司法公正的不同理解

“努力让人民群众在每一个司法案件中感受到公平正义”是我国司法体制改革的目标，也是探寻司法体制改革差异化的基点。英国哲学家培根曾经指出：“一次不公的（司法）

① 程竹汝：《司法改革与政治发展》，中国社会科学出版社 2001 年版，第 124 页。
② 吴卫军：《司法改革原理》，中国人民公安大学出版社 2003 年版，第 60-65 页。
③ 龙宗智：《司法改革：回顾、检视与前瞻》，载《法学》2017 年第 7 期。
④ 万毅：《检察改革“三忌”》，载《政法论坛》2015 年第 1 期。
⑤ 张智辉：《立足司法体制改革　检察学应重点研究四个问题》，载《人民检察》2013 年第 5 期。
⑥ 龙宗智：《加强司法责任制：新一轮司法改革及检察改革的重心》，载《人民检察》2014 年第 5 期。

判断比多次不平的举动为害尤烈。因为这些不平的举动不过弄脏了水流，而不公的判断则把水源败坏了。”① 在这个意义上看，司法是社会公平正义的最后一道防线与屏障。然而，不同的主体基于不同的立场审视，“正义有着一张普洛透斯似的脸，变化无常、随时可呈现不同形状并具有极不相同的面貌。当我们仔细查看这张脸并试图解开隐藏在其表面背后的秘密时，我们往往会深感困惑”。② 同为司法机关的法院、检察院尽管都将司法公正作为最终的价值取向，尽管有着相同的地位和近似的组织体系，但对司法公正的解读与践行却有着自身的差别。就法院而言，其拥有纠纷解决程序与解决结果的双重处置权，因此在行使司法权的过程中应当兼顾程序公正与实体公正，实现两者并重；就检察机关来说，其行使的公诉权、抗诉权、批捕权、诉讼监督权均为程序性权利，因而更偏重于程序公正，实体公正处于次要位置。由此出发，司法体制改革中应当正视这一区别，在制度设计方面有所区别。比如，同样强调司法责任制，在内部运作机制上，法院强调“让审理者裁判，由裁判者负责”，除了审委会讨论决定的案件外，法院院庭长对其未直接参加审理案件的裁判文书不得进行审核签发，也不能以口头指示等各种方式变相审批案件，这体现了程序正义与实体正义并重的基本理念；而检察机关尽管也强调推行检察官办案责任制，但基于“检察一体化”考量，检察长（分管副检察长）有权对独任检察官、检察官办案组承办的案件进行审核，可以要求检察官复核或提请检察委员会讨论决定，也可以直接作出决定，所有以人民检察院名义制发的法律文书都由检察长（分管副检察长）签发，这可能更多地体现了程序正义的基本要求。

2. 差异化的重心：强调检察体制改革的特殊性

中国现代司法制度是“西学东渐”背景下清末维新变法的产物，与之相关的司法理论也深刻打上了“舶来品”的烙印。1949 年以后，在学习借鉴苏联的基础上，我国逐步形成了有自身特色的社会主义司法制度，这主要表现为法院、检察院并列的二元化司法体系。在此背景下，司法权等于审判权加检察权、司法机关等于审判机关加检察机关、司法独立等于审判独立加检察独立成为一以贯之的理念。改革开放后，西方国家司法理论与实践成为改革完善我国司法制度的重要参考。然而，如前已述，欧美法治发达国家有关司法改革的讨论基本围绕法院和审判权展开，检察机关及其改革并未被纳入其中，这在一定程度上影响了我国学界探讨司法改革的理论倾向。加之实践中法院系统面临的问题更多、影响更大，故我国司法体制改革更多是从法院立场、针对法院问题展开，检察机关的特殊性并未被特别关注。十八大以后，司法体制改革向纵深推进，但仔细省察，针对法检系统改革举措的同质化倾向十分明显。比如，在员额制改革中，关于入额法官、检察官在中央政法编制中的比例，统一设定了不超过 39%的标准。从实际效果来看，由于立案制改革在三大诉讼中的实施，一些地方特别是大中城市基层法院案件上升很快，入额法官办案压力不断增加，出现了不堪重负的情况；与此相反，各地检察机关则甚少出现类似情况，考虑到随着国家监察体制改革的实施，检察机关职务犯罪案件侦查权转由监察机关行使，检察职能进一步单一化，检察官办案压力会进一步降低，与法院形成了鲜明的对比。这在一定程度上表明，同质化改革举措并未考虑法院、检察院面临的不同问题，改革效果并不完全尽如人

① ［英］培根：《论司法》，载［英］培根：《培根论说文集》，水天同译，商务印书馆 1983 年版，第 193 页。

② ［美］博登海默：《法理学：法律哲学与法学方法》，邓正来译，中国政法大学出版社 1999 年版，第 252 页。

意。因此，我们认为，从中国司法语境的实际情况出发，司法体制改革差异化应当重点关注检察职能的特殊性，考虑根据检察机关面临的特殊问题设计区别于法院的改革举措。

3. 差异化的思路：遵循司法规律推进改革

规律，一般指事物之间稳定的、必然的、本质的联系。作为司法机关的法院、检察院，不仅应当遵循司法规律行使司法权，而且其自身的体系架构、运作机制、内外关系也应符合自身的司法规律。由此出发，差异化的改革举措应当立足司法规律进行精细化考量设计，以下试以员额制与人财物省级统管为例略加分析。

就员额制改革而言，目前面临的问题较多。在司法体制改革与工作机制改革同步推进的背景下，入额法官、检察官数量大幅减少，办案压力日益凸显。不过相对而言，经济增长与社会发展引发的纠纷日益增多，加之立案登记制改革引发的连锁反应，不断攀升的案件数量给入额法官的压力越来越大。与此同时，随着刑事、民事公益诉讼制度的建立与诉讼监督内容的不断拓展，入额检察官也面临着一定的办案压力，但刑事案件数量相对稳定与职务犯罪调查权归属监察委后刑事检察事务相对减少的客观情况，表明检察官在改革后可能更为从容淡定。不仅如此，由于检察权更多体现为程序性权力，一般不会直面尖锐的利益冲突与纷繁的纠纷当事人，故检察官的职权事务更加单一、压力更小；法官则不同，既要重视办案过程中的程序正当，更需注重纠纷处理结果的实体正确，同时还要兼顾维稳机制下案件处理的社会影响，其职权行使的复杂性、敏感性更为突出。因此，入额法官的比例可以考虑高于入额检察官的比例，法官入额标准也应高于检察官入额标准，乃至于法官的职业待遇、职业保障机制也不能与检察官等量齐观。然而，从目前各地改革实践看，这方面的差异性并未体现出来，“一刀切”与同质化的改革倾向比较明显。

就人财物省级统管而言，要注意行政逻辑与司法逻辑的合理界分。从本质上看，人财物省级统管属于司法行政事务，应当依照行政逻辑稳步推进。然而，从理论上分析，在统管的背景下，省级法院、检察院对下级法院、检察院的人权、财权有了较大的话语权，这在相当程度上会固化司法系统上下级之间的行政化隶属关系。就检察系统而言，依据宪法、人民检察院组织法之规定，上下级之间的领导关系主要体现为业务上的指挥权与下级检察长的提名权，省级统管改革无疑会进一步增加与强化这种领导关系。基于“检察一体化”的逻辑，这种强化与上下级检察机关行政化的层级关系是一致的，故省级统管改革不存在理论障碍和逻辑困境。就法院系统来说，宪法、人民法院组织法规定上下级法院之间是监督与被监督的关系，这种关系主要体现为以二审终审制度、审判监督程序为纽带的复审机制。但在现实国情下，长期以来法院系统内部的行政化色彩浓厚，监督关系在相当程度上已异化为行政层级关系，因而司法体制改革的重要内容就是破除司法行政化倾向，但省级统管改革在一定程度上与此方向相悖。因此，省级统管改革在法院系统具有特殊性和复杂性。从改革的实际推进看，各地法院、检察院省级统管改革困难较多，问题较突出，比如骤增的人事工作量与有限的人事管理能力之间的矛盾、经费需求与省级财政能力之间的矛盾等。[①] 实际上，这只是问题的一方面，另一方面还在于如果不能充分考量法院、检察院对司法逻辑与行政逻辑的差异化需求，不能透彻体认法院、检察院在人财物管理方面面临问题的特殊性，制度设计往往是事倍功半，难以达到预期的效果。

---

① 左卫民：《省统管法院人财物：透析与前瞻》，载《法学评论》2016 年第 3 期。

现代科技在刑事诉讼中运用的价值评估

徐汉明　史　可*

现代科技广泛应用于经济发展与社会生活的各个方面，日益成为推动人类社会文明进步的最活跃的因素。现代科技对于司法现代化的转型尤其是在刑事诉讼领域的地位、作用及其深刻影响日渐凸显。近年来，现代科技在刑事诉讼中的运用，使其满足公众司法诉求、实现诉权便宜，促进诉讼效率的提升、推进司法公开的广度与深度，保障司法公正、增进社会公信所发挥的正向价值，日渐被职权机关、社会组织乃至大众所认同。正如事物发展是对立统一的这一客观现象一样，人们可以以这个视角来观察、诠释现代科技在刑事诉讼应用过程中，由于某种条件的影响和制约或某一突发要素的引入从而可能产生的某种负向价值也是不容忽视的。为此，在以互联网为代表的现代科技推动经济社会发展过程中，探讨加快推进刑事诉讼体系和诉讼能力现代化不得不高度关注现代科技在刑事诉讼中运用的重大现实问题。

一、问题的提出

现代科技在刑事诉讼中的广泛应用，对于保障刑事诉讼主体合法权益、促进刑事诉讼程序顺利流转、实现刑事诉讼价值目标具有正向价值作用，但因诉讼主体对现代科技运用不当或现代科技在被作为证据运用于刑事诉讼中由于某些条件的影响与制约或某种突发要素的植入使其负向价值表现出来，往往会滋生多种风险的发生。因此，如何从唯物主义辩证视角对科技在刑事诉讼运用中的正向价值与负向价值予以全面评估，实现现代科技在刑事诉讼运用中的正向应用价值发挥最大化，并采取有效方式、方法切割某种条件、某种突发要素的植入而预防与控制现代科技潜在或显现的负向价值风险的发生已成为我们必须直面的司法实践难题之一。为了破解该实践难题，亟待理论回应。

（一）现代科技与刑事诉讼的关系问题

现代科技与刑事诉讼虽然归属于两个不同领域，但由于现代科技在刑事诉讼活动中的广泛应用，决定了现代科技应用需遵循程序法定等专业性、流程性、规则性的刑事诉讼法治规则。依据理论界对现代科技价值论的理论博弈与争鸣观点纠缠，如何有效解读现代科技与刑事诉讼的相互关系已成为对科技在刑事诉讼中应用价值进行全面评估亟须解决的基

---

* 作者简介：徐汉明，中南财经政法大学法治发展与司法改革研究中心主任兼湖北法治发展战略研究院院长；史可，中南财经政法大学博士生，中南财经政法大学法治发展与司法改革研究中心研究人员。

础理论问题之一。

（二）现代科技在刑事诉讼中运用的正向价值问题

一般而论，现代科技在刑事诉讼中的广泛应用具有促进司法公正、提高诉讼效率、节约司法成本、实现司法公开等正向价值作用是毋庸置疑的。但如何从不同诉讼主体视角，结合诉讼程序发展的阶段性特点，遵循刑事诉讼价值观的具体目标，对现代科技在刑事诉讼中运用的正向价值进行类型化梳理？进而为实现现代科技在刑事诉讼中运用的正向价值发挥最大化提供有益见解？这是值得探讨的。

（三）现代科技在刑事诉讼运用中负向价值所导致的诉讼风险与对其如何预防与控制问题

随着现代科技迅猛发展，科学向技术转化的周期日益缩短，人们难以对科技应用所产生的后果予以及时评估，科技在诉讼特定阶段产生功能异化在所难免。另外，受主客观因素的影响，现代科技在刑事诉讼中运用不当，或现代科技在被作为证据运用于刑事诉讼中由于某些条件的影响与制约或某种突发要素的植入便会增加某种风险的发生。因此，如何根据不同风险的发生机制对科技在刑事诉讼运用中负向价值所导致的诉讼风险进行分类与梳理，探究有效方式与方法对这些诉讼风险进行预防与控制，已经成为研究现代科技在刑事诉讼中的运用价值亟须解决的关键问题之所在。

本文围绕回应上述理论问题，对现代科技在刑事诉讼中的运用价值从唯物辩证主义视角进行探究与诠释，以期为全面评估科技在刑事诉讼中的价值，实现现代科技在刑事诉讼中的有效运用，切割某种条件、某种突发要素的植入，预防与控制诉讼风险的发生提供些许见解。

二、现代科技与刑事诉讼的相互关系

现代科技与刑事诉讼活动是否具有相关性？厘清两者之间的相互关系需以科学哲学界对于现代科技价值理念的理论博弈为逻辑起点。科技是指人类在实践中基于对客观事物的本质及规律知识体系的认识，为了实现实践中的特定目标而产生的工具、装备、手段及技巧的总和。价值则是客体的属性满足主体需要及其状态的反映。人们通过社会实践活动，发现与掌握科技的属性及其对人类实践活动的意义，由此产生不同的科技价值理念。科技价值的理论问题作为科学哲学界的一个重要且富有争议的课题，经历了最初盛行的“科学价值中立”理论、“价值无涉”理论到“唯科学主义”理论，而后到“科学负荷价值”理论，它随着实践活动的发展而不断发展变化。随后，作为现代社会治理手段的法律也深受现代科技的影响与推动。但由于科技的无限扩张性与法律的滞后性以及现代科技手段的应用与人权保障的法律目的之间的冲突等现代科技与法律规制之间的冲突与矛盾，引发了人们对于现代科技在法律中的负向价值及如何通过法律的形式理性与价值理性来抑制负向价值所导致的诉讼风险发生的关注与重视。观察现代科技应用于人类社会生活包括刑事诉讼活动，不难发现，现代科技在刑事诉讼运用中具有中立性的特点，由于人的主观能动性的发挥，使其发生相关正向与负向价值作用。对现代科技作为证据运用于刑事诉讼中所发生的负向价值归纳其要素类型的观点，笔者认为可概括为“条件影响制约论”和“突发要素导入论”。所谓“条件影响制约论”，是指科技本身作为人类社会生活的工具，当其转化为刑事诉讼中的证据而产生负向价值时需要相关条件的影响与制约。例如，网络平台本身作为满足人类生产生活需要的基本网络工具，其对使用者来说具有平等性、公允性、中立性的价值特点。但对于犯罪嫌疑人利用网络平台实施相关犯罪而言，由于其依托网络平台实施犯罪并造成被害人人身或财产权益遭受损害的犯罪后果。此时，该网络平台便由网络工具变为犯罪嫌疑人实施犯罪的科技工具。“突发要素导入论”是指在群体性事件或重大突发事件中，科技本身并未发生负向价值，但由于突发性因素的植入导致了负向价值的发生。例如，犯罪嫌疑人具有犯罪意图却无犯罪工具的状态下，由于犯罪工具的突发引入，使犯罪嫌疑人利用工具实施犯罪，并使得犯罪后果发生，甚至常常引发灾难性后果。

对科技在刑事诉讼中运用的正向价值与负向价值予以评估，需要厘清科技与刑事诉讼的相互关系。一方面，现代科技已成为推动刑事法治变革与发展的动力。现代科技的应用从基础设施上为人们在司法活动中对于司法规则的应用以及对司法裁断的认知、认同、评价等亲历性和可接近性提供了技术支撑、技术手段和技术环境，从而为刑事诉讼的规则性、专业性、流程性的诉讼法治规则控制与人们对司法活动亲历性与可接近性的期待需求之间搭建了通道与桥梁。同时，现代科技的运用缓解了办案压力、降低了诉讼成本、提高了办案效率、增强了司法精准性，有效保障让人民群众在每个个案中感受到公平正义。另一方面，刑事诉讼对于现代科技应用的需求日益激增，需要现代科技通过不断升级与创新为刑事诉讼活动的顺利进行提供技术支撑，因此现代刑事诉讼的进步与发展反过来对于加速现代科技的进步与发展具有巨大的推动作用。比如，刑事诉讼“资源信息池”的框架设计，催生了网络技术的软件开发、诉讼信息库的软件研发；刑事诉讼证据的类型化、规范化、专业化，直接引发互联网专家关注这个领域的技术开发及其技术成果的推广运用，从而催生该领域专利技术呈爆发式创新与增长。另外，人工智能技术的开发应用催生了网络法院、案例指导库、网络量刑等与现代司法模式所关联的软件开发、硬件应用，形成了与刑事诉讼相关联的研发、生产、交易、销售的高科技产业群；尤其是它突破传统执法、司法部门之间的诉讼资源信息壁垒，形成打造“互联、互通、共建、共享”的现代刑事诉讼职业共同体，从而大大加快了现代刑事诉讼文明的进程，并催生与此相关联的高科技产业的迅速拓展。

三、现代科技在刑事诉讼应用中的正向价值

观察梳理现代科技在刑事诉讼中的应用状态，其所呈现的正向价值具有多样性的特点，具体表现在以下方面：

（一）现代科技的应用对诉讼主体的正向价值

参与刑事诉讼案件的诉讼主体，即在刑事诉讼过程中享有权利与履行义务的参与人。这包括以侦查人员、公诉人为代表的控方，也包括以被追诉人及其辩护人为代表的辩方，还包括处于超然、中立地位的法官。

从控方主体视角来看，科技在刑事诉讼中的运用对于控方发现案件事实真相和提高办

案效率意义重大。在刑事诉讼中，受人类感性认识与理性认识的制约因素影响，控方侦查人员不得不采取低于科技活动的认识标准，以尽可能地使认识向客观真实靠拢。现代科技在刑事诉中的运用，主要回应检控人员与主审司法人员迫切从“客观真实”向“法律真实”转换的技术难题，因而对控方而言有利于增强控方（侦查人员）识别、判断、认定客观的犯罪事实的能力，达到破获案件，指控犯罪之目的。

从辩方视角来看，科技在刑事诉讼中的运用对于满足被追诉人及其辩护人的司法诉求，保障被追诉人合法诉讼权益具有正向价值。司法机关从科技应用推广增量视角推动司法领域供给侧改革，切实保障被追诉人及其辩护人对司法活动的知情权、表达权和辩护权。目前我国司法机关通过信息技术手段应用，将刑事诉讼中的各种载体变成各种数字信息并实时发生空间扩展，辩方可以通过信息载体实现对案卷证据材料及诉讼进行阶段实时掌控，使由于信息不对称导致的极端负效应转变为信息高度公开的最大正效应，有效地保障了被追诉人及辩护人对案件信息的诉讼需求。同时，互联网信息技术的应用为处于弱势地位的辩方提供司法便利，深刻影响了控方与辩方之间的关系，形成司法人员与案件当事人、社会公众之间的良性互动。另外，大数据技术在律师工作中的运用，检索类似案例、VR 等先进庭审技术的使用，有利于辩护律师提高刑事辩护有效性与针对性。此外，有利于追诉机关减少对口供的依赖，使其树立科学证据意识，充分发挥物证技术的作用，从根源上迫使追诉机关向科技证据要侦查破案的精准率。同时，同步录音录像、视频监视、人脸识别、大数据运营、犯罪信息与诉讼信息资源池平台等技术在司法活动中的运用，有效规范了讯问人员的执法办案与公正司法行为，切实实现了被追诉人的人权保障。

从法官视角来看，科技帮助法官科学分析案情、精确适用法律，对于实现司法公平与公正、提高办案效率意义重大。大数据的运用以及智审辅助量刑裁决系统等先进信息技术在法院的应用，有效促使法官科学分析案情，精确适用法律，对于实现“类案同判”提供了技术支撑和可能；而远程视听技术的应用帮助法官解决了“作证难”的难题。智能语音识别系统的运用实现了说录同步，保证了庭审记录的完整性与准确性，并大大缩短了庭审时间，提高了庭审效率。

（二）现代科技的应用对诉讼程序的正向价值

科技在刑事诉讼中的运用对于促进诉讼环节流畅，加强司法人员在整个诉讼程序中对案件质量的把关，实现办案部门间相互配合、相互制约意义重大。其一，依托统一业务应用系统推进跨部门大数据办案平台建设，实现在诉讼程序各阶段各部门的通力合作，促进刑事诉讼环节的流畅性。其二，依托智能辅助办案系统为公检法各部门间相互制约提供了新载体。其三，通过利用大数据与人工智能技术实现证据标准的数据化与模型化。充分发挥现代科技在证据收集与证据审查方面的指引与规范作用，保证司法办案人员依据法定证明标准、证据规则与办案程序对证据进行收集与固定。

（三）现代科技的应用对实现刑事诉讼证明活动价值目标统一的正向价值

一直以来，我国刑事诉讼理论界存在“客观真实”与“法律真实”的司法证明价值目标的理念争鸣。所谓“客观真实”，是指案件实际发生过的事实，属于存在意义上的真实，该事实是唯一的且是不以人的意志为转移或改变的客观事件。所谓“法律真实”，是指在刑事诉讼中，诉讼主体通过证据对案件事实予以认定，使其认定过程与认定程序符合刑事实体法及刑事诉讼法的相关规定，从而实现该认定达到法律上认定真实的程度。因此，“法律真实”是诉讼认识主体基于案件客观真实情况而进行的具有法律价值色彩的评判。受主客观因素的制约，案件客观真实无法真正还原，司法人员进行裁判所依据的事实只能是认识主体基于诉讼认识实践活动而产生主观反映的法律事实。法律事实作为一种主观认识，可能真实反映案件实际发生事实，也可能偏离客观事实真相。随着法医学、生物学、心理学等学科的迅猛发展，现代科技在刑事诉讼中的广泛应用，使物证逐渐成为刑事诉讼中发现真实的最重要的武器之一。科技在刑事诉讼中的运用可以促进司法人员通过科学技术手段及时有效提取、保留、固定实物证据，提高证据的规范性与证明力，并充分利用鉴识科学①，及时排除非法证据，还原客观事实真相，改变了以往传统刑事诉讼活动由于受科技条件的限制而过分依赖言词证据的尴尬状态。

四、对现代科技在刑事诉讼运用中负向价值所导致的诉讼风险的预防与控制

（一）现代科技在刑事诉讼运用中负向价值所导致的诉讼风险类型

因某种条件的影响和制约或某一突发要素的引入可能产生现代科技的某种负向价值并滋生多种诉讼风险的发生，明晰各类诉讼风险及其发生机制，是预防与控制诉讼风险的基础。

1. 错判的风险。因现代科技的应用而导致的错判风险究其原因可以分别从诉讼主体视角与现代科技证据视角分别予以分析。在诉讼主体层面：一方面，诉讼主体受诉讼利益驱使在主观故意作用下发生的不当违规操作而造成错判的风险。例如，诉讼主体为实现追求自身利益最大化而人为对证据材料调包、篡改、伪造、变造、破坏、损毁；主观上故意收集对自身有利的证据材料，而避免对自己不利证据材料的收集；通过贿赂、徇私舞弊、诈欺等手段私下与法官、鉴定专家沟通而引导法官、鉴定专家最终作出不公的判断都会造成冤假错案的发生。另一方面，诉讼主体非主观故意作用下发生的冤假错案。因诉讼主体自身技术水平的有限性而导致对现代科技运用不当也会导致冤假错案的发生；或因现代科技在内容与形式上的专业性与霸权性，导致司法人员对现代科技运用结果的盲目迷信。

排除以上因诉讼主体因素导致的错案发生，从现代科技证据自身层面来看，现代科技证据在刑事诉讼中的识别、鉴定和判断通常需要相应物件、仪器、仪表、移动存储设备等为介质载体，但该介质载体一般对于客观条件要求较高，如温度、电流、贮存环境、数据存储容量的变化均对证据结果影响较大。因此，因现代科技证据所存在的介质载体出现问题也会增加错案的风险。

2. 加剧控辩双方不平衡的风险。保障控辩双方诉讼地位平等是现代刑事诉讼制度的重要原则之一。一方面，现代科技信息获取能力与数据分析能力力量悬殊加大了控辩双方力量失衡的风险。另一方面，现代科技在刑事案件中的运用，由于控方使用科技力度的加大，而造成辩方辩护难度增加，辩护律师辩护空间被严重压缩，控辩双方不平衡性加大。控方

① 马永平：《证据法学应时刻关注科技发展》，载《检察日报》2015 年 8 月 18 日第 3 版。

依仗公权力调动科技手段与信息资源的优势，在所形成的控辩双方以技术证据优劣比拼博弈的庭审中处于主动地位，辩方常常处于被动甚至劣势地位，并由此导致以技术为支撑的新的控辩双方不平等现象，继而导致庭审实质化的功能异化。

3. 损害司法独立性的风险。信息网络技术在司法公开领域的应用，唤醒了社会成员的权利意识，为社会主体了解司法、评判司法和参与司法创造了有利平台。但在司法实践中，有的法律工作者与媒体常常利用自媒体炒作网络舆论，以网络舆论代替实体侦查、司法审查，以网络审判代替法院裁判，以网络宣泄代替法律评价，试图操控司法程序，左右审判结果，进而给社会大众传递非理性、非法治的信息舆论，成为以互联网技术为代表的高科技应用条件下刑事诉讼领域“法治飞地”的现象。

（二）对现代科技在刑事诉讼中负向价值所导致的诉讼风险的预防与控制

1. 创新研究方法。现阶段如何在现代科技与刑事诉讼法有机结合的状态下，实现从现代科技视角研究刑事诉讼法，或从刑事诉讼法的角度研发应用涉及刑事诉讼证明的现代科技，成为我国现代科技在刑事诉讼中运用研究亟须解决的难题。因此，我们必须加快研究方法的创新转型，打破传统法学教育与自然科学的学科壁垒，实现法学教育与自然科学教育相互渗透、相互融合，为现代科技在刑事诉讼中的运用奠定科学的技术支持与理论基础。

2. 提高司法人员的科技应用水平。首先，培养司法人员科学的科技应用价值观。司法人员在应用现代科技过程中，以辩证思维为基础，必须充分认识到现代科技在司法运用中的局限性，敢于质疑科技证据的权威性，避免对现代科技运用的盲从、僵化与迷信。其次，加强对司法人员专业技能培训。另外，时刻贯彻人权保障理念并遵循基本伦理要求，以避免因现代科技的运用造成对犯罪嫌疑人人身自由与隐私的侵犯。同时，为司法人员提升科技应用专业水平搭建便利的平台，建立完善刑事案件专业技术人才供给链。

3. 完善科技证据立法。科技证据立法的完善需要明确科技证据的认定标准，通过司法解释、案例指导等形式及时明确最新科技证据的适用条件，收集、运用科技证据的主体资格，科技证据的种类，科技证据证明力的要素，科技证据提取、审查、判断、主张、采信等程序规制，并依据程序法定原则，对科技证据的收集、审查及质证机制进行科学配置，使科技证据在充分发挥查明案件事实作用的同时，确保参加诉讼的主体在运用科技证据时符合正当程序。

4. 建立被追诉人平等利用现代科技的保障制度。首先，积极提升辩护律师的科技应用能力。司法行政机关、律师协会等有关部门应为提升辩护律师现代科技应用能力搭建平台载体，并加强对律师在科技运用中遵守职业道德准则的考核与评价，强化辩护律师运用现代科技的行业自律，引导律师在办案中对现代科技的规范应用。其次，建立专家辅助人咨询服务机制。通过立法方式简化被追诉人及其辩护人申请专家辅助人的流程与操作流程。考虑由国家建立专家辅助人才库，建立不同领域、不同学科的分类专家库；将专家辅助人、科技援助人纳入法律援助的服务体系，建立专家辅助人、科技援助人专门津贴，无偿援助财政专项支持经费；设立专家辅助人与科技援助基金会。同时，对于确有经济困难无法支付专家辅助人、科技援助人费用的被追诉人应由法律援助机构或科技援助基金会予以帮助。

5. 积极回应网络民意。一是在司法公开过程中对案件进行过滤区分，加大对敏感案件司法公开后续信息的关注，对于敏感案件予以审慎对待并及时监控民情，防止舆论导向有失偏颇。二是最大限度地利用司法公开平台与载体。在司法公开过程中，充分利用平台载体，实现司法公开最大化，通过司法公开载体与平台，加强司法人员与社会公众的沟通，积极对社会公众进行普法教育，引导培养社会群众正确的司法理念。三是面对网络民意，积极回应但不盲从，司法人员必须坚守公正司法、科学司法的底线，不断提升司法权威，增强司法公信力。

结　语

对现代科技在刑事诉讼中运用的价值予以辩证评估，使现代科技与刑事诉讼相互融合、相互渗透，实现诉讼技术化、技术诉讼化、诉讼与科技密不可分的典型样态，是现代科技与刑事诉讼互动融合而催生新的文明成果形态的一个逻辑表达。不难预料，一个由现代科技促进刑事诉讼法治体系和诉讼能力现代化文明成果，与由刑事诉讼法治体系和诉讼能力现代化加速推进所带来体现、反映和表达现代刑事诉讼活动的科技创新、知识产权创新成果繁荣发展的新时代正在到来。

论监察委员会与人民检察院、人民法院在刑事诉讼中的关系*

杨建广**

在全面依法治国、全面从严治党、大力推进以审判为中心的司法体制改革的大背景下，如何在国家系统中理顺党的领导、纪检机关的纪律检查、监察委员会的依法监察、人民检察院的法律监督、人民法院的依法裁判等主要要素的功能定位及相互关系，进而实现国家反腐倡廉系统工程的绩效最大化，已成为一个需要通过大量理论研究和实践检验才有可能回答的新问题。本文针对部分地区出现的“调查中心主义”（即在查处职务犯罪过程中，监察委员会调查终结尚未起诉，实际上就已经定案的习惯性思维及其认知态度）倾向，运用系统方法，探讨一下监察、检察与审判三机关在刑事诉讼中的关系，提供一些预防性思路。

一、正确认识党的领导与监察、检察与审判三机关的关系

（一）协调型国家系统的基本结构

中国特色的社会主义司法制度理论上应是一种协调型国家系统，即明确各级共产党组织和同级人大及由其产生的国家机关等国家管理机构分别是国家系统的不同分系统（前者属于党群组织系统，后者是国家管理系统），并使这两个分系统协调一致，以推动国家系统的整体功能实现最大化的“协调型运行模式”。①

如图 1 所示，这一模式的核心内容是各级共产党组织通过向同级人大提供决策方案、输送人员并以各级国家机关的名义依法执政，贯彻党的主张、管理国家事务。该模式的运行在国家层面一般还是比较顺畅的。例如，2012 年党的十八大确立了以习近平为领导核心的党的最高决策中心后，全国人大也实时选举了习近平为中华人民共和国主席、军事委员会主席，这就使国家层面的最高决策中心得以协调一致。既符合现行宪法和《中国共产党章程》（以下简称《党章》），又提高了国家系统的决策效能。又如，2003 年 12 月 12 日，中共中央在广泛征求各界意见的基础上，向全国人大常委会提交了《中国共产党中央委员

---

* 本文是国家社会科学基金重大项目《把社会主义核心价值观融入刑事诉讼法治建设研究》（项目批准号 17VHJ004）的研究成果之一。

** 作者简介：杨建广，中山大学法学院教授，教育部法学国家级实验教学示范中心（中山大学）主任，中山大学司法体制改革中心主任，广东省法学会诉讼法学研究会会长。

① 参见杨建广：《国家机关与共产党组织协调一致的宪法保障》，载《广东法学》1992 年第 6 期。

会关于修改宪法部分内容的建议》。2004 年 3 月，第十届全国人民代表大会第二次会议通过的“八二宪法”的第四个修正案，接受了中共中央的上述建议，新增了“国家尊重和保障人权”等党的新主张的内容。再如，2018 年 2 月，中共中央也用同样的方式向全国人大常委会提交了《中国共产党中央委员会关于修改宪法部分内容的建议》，并促成了包含增设“监察委员会”等内容的“八二宪法”的第五个修正案的通过。

当然，回顾近三十多年的历史，“协调型运行模式”虽有宪法和《党章》的确认，但由于社会主义核心价值观中的自由、民主、诚信、公正、法治等并没有被相当一部分的党政高级领导所践行，因此该模式在全国范围内的运行情况并不均衡。一些时期、一些地方、一些领域由于个别党的领导人滥用职权或党政主要领导人不团结，仍会偶尔出现区别于“协调型运行模式”的“至上型运行模式”或是“平行型运行模式”现象。

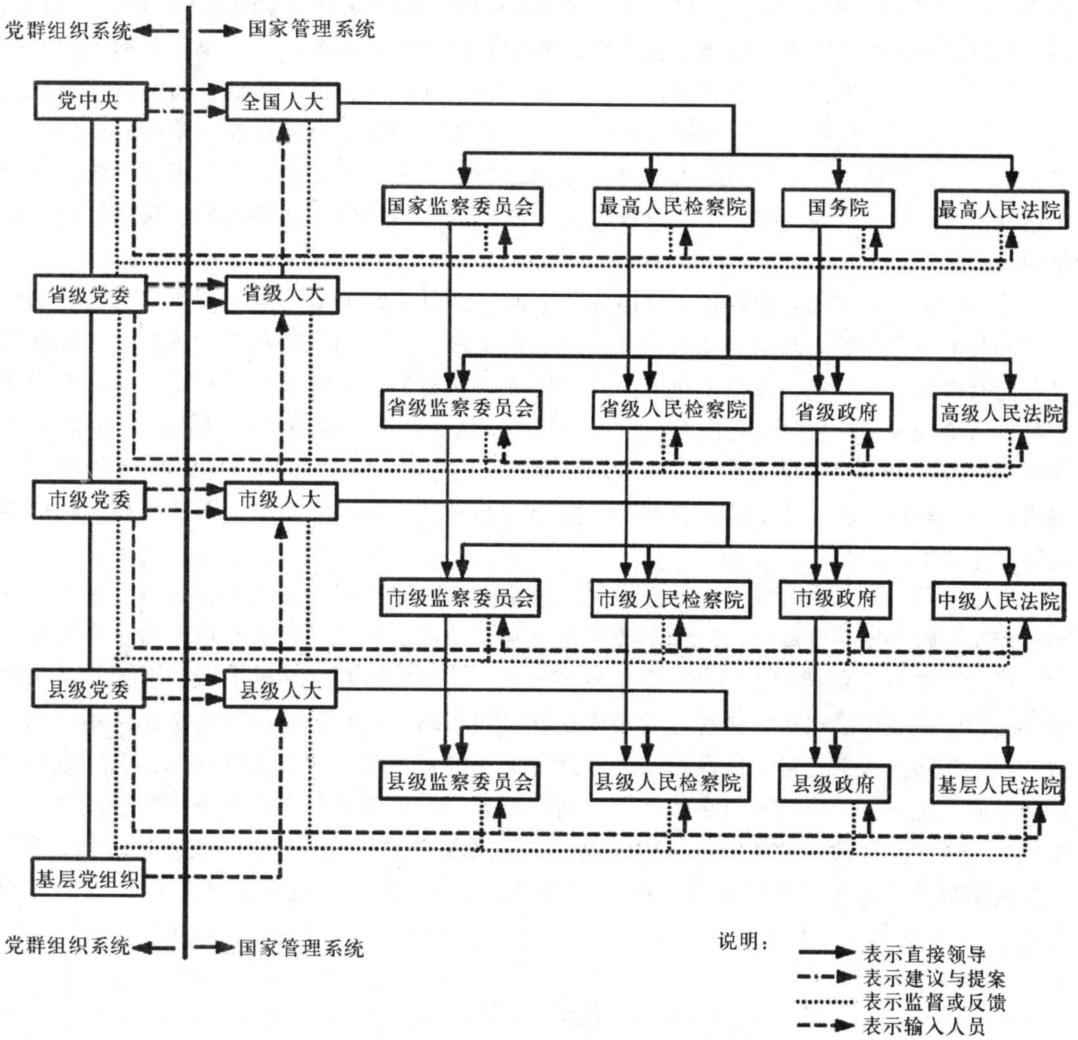

图 1　党群组织系统与国家管理系统关系示意图

我们这里讨论的国家系统在管理方面的模式并不是根据理论推导的，而是根据我国宪法、《党章》等现行法律法规和党规党纪①，基于中国特色社会主义初级阶段在新时代的特征，根据党的十八大、十九大精神和中央深化党和国家机构改革的决定，总结共产党作为执政党的历史经验和现实需要而提出的，目的是在确保党的领导的基础上，理顺共产党组织和人大、一府一委两院等国家机构在国家系统中的关系，以充分发挥国家系统的整体功能。

（二）共产党组织与立法、行政、监察、司法等机关应明确定位和分工

唯物辩证法关于形式和内容的辩证关系原理告诉我们：形式和内容是对立统一的。在一种关系（即系统）中作为一定内容的形式，在另一种关系中可以变为另一形式的内容；反之亦然。由此得出：在党群组织系统中，共产党组织是形式，工人阶级对国家的领导是内容；而在国家管理系统中，人民代表大会制是形式，共产党对国家的领导是内容。可见，共产党组织与人民代表大会分属于党群组织系统和国家管理系统，是国家系统的不同分系统或要素。它们在形式上是互相独立的，而在内容上则是统一的。因此，要使国家系统的整体功能得到充分发挥，确保国家系统内的诸要素相互协调，首先就要求党政职能的明确定位和分工，而这又要求党的政策、纪律和国家的法律要有所区别。党群组织系统只有真正做到依法执政，依规治党，国家管理系统才能推进法治国家、法治政府、法治社会一体化建设。

那么，法律法规和党的政策、纪律为什么能够而且应该明确职能分工呢？首先，法律法规和政策纪律分别由国家立法机关和共产党组织制定，它们的适用范围不同。法律法规是各国家机关、各政党、各企事业单位及公民的活动规范，而政策纪律只是各级共产党组织开展活动的规则，它只在党内有约束力。其次，法律法规和政策、纪律的适用对象不同。法律法规适用于每一个社会成员，甚至是外国人，而党的政策、纪律只对党员起约束作用。随着政策、纪律和法律法规的定位明确，党组织与立法、行政、监察、司法等机关的职能便容易厘清了。

在现阶段，党中央的顶层设计已经完成，宪法和法律已经比较完备，省以下地方法院和检察院人财物统一管理的司法体制改革也已基本完成。只要各级党组织都自觉在宪法和法律以及《党章》的范围内活动，立法机关依法立法，行政机关依法行政，监察机关依法监察，司法机关依法司法，便有可能形成党政职能明确分工、政策纪律与法律法规协调一致、违纪与违法区别处置的良性循环。这就避免了国家系统指令混乱的状况，使国家机构能够精简、统一，工作效率也必然大大提高；而党组织也能从烦琐的事务中解脱出来，把重点放在大政方针设计、党的队伍建设上，真正实现“党要管党”②、“党纪严于法律”③，以最终实现其领导人民建设富强、民主、文明、和谐、美丽的社会主义现代化强国的总目标。

---

① 宪法第1条第2款规定，中国共产党领导是中国特色社会主义最本质的特征。《党章》中也有相同表述，“中国共产党的领导是中国特色社会主义最本质的特征”。另外，《党章》总纲还规定，“中国共产党……是中国特色社会主义事业的领导核心”，“党是领导一切的”，“党必须按照总揽全局、协调各方的原则，在同级各种组织中发挥领导核心作用”。

② 参见《中国共产党章程》，人民出版社2017年版，总纲部分。

③ 参见党的十八届四中全会审议通过的《中共中央关于全面推进依法治国若干重大问题的决定》。

（三）纪检监察机关、检察机关、审判机关在宪法的框架下保障党纪国法的正确实施

在理顺了共产党组织和国家机构的宏观上的关系后，剩下的问题便是理顺纪检、监察与检察、审判的关系，并通过法律制定和法律实施来确保这种关系，使之在实际生活中贯彻始终，这就是全面推进依法法国的法治系统工程建设问题了。

以市级党的纪律检查委员会、市级监察委员会和市级检察机关、中级人民法院的关系为例，如图2所示，中国当下的现实是，各级监察委员会与同级党的纪律检查委员会合署办公，两块牌子一套人马。为了避免党的机构与国家机关出现机构重叠、职责交叉、权责脱节的情况，建议纪检监察机关内部还是应该划清纪委与监察委的不同职责，落实内部分工协作。属于纪委部分的工作依党纪党规，属于监察委员会部分的工作依国家法律法规。市级检察机关、中级人民法院与市级监察委员会同属市级人大，相互之间没有隶属关系，只有法定的互相配合和互相制约关系。

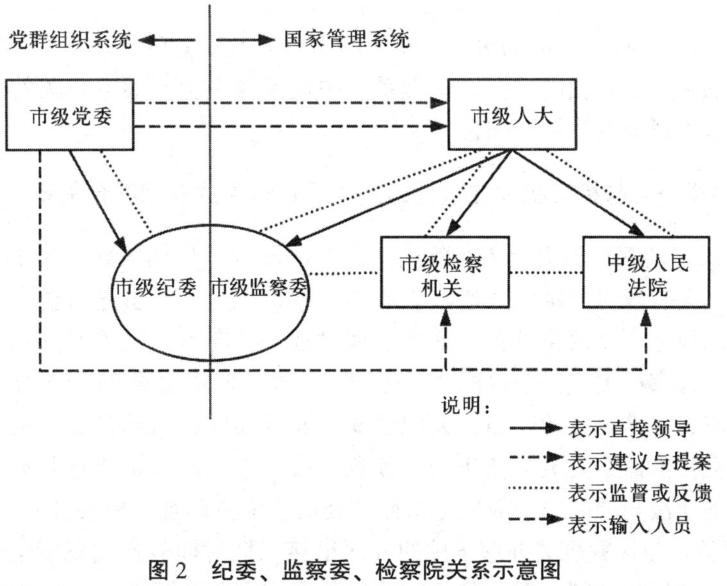

图2　纪委、监察委、检察院关系示意图

在实际执行中，为了确保各级共产党组织能够推荐既具备党员身份，又符合员额检察官、员额法官条件的优秀法律人才能够入额，以实现党对司法机关的组织领导，同时也为确保各级司法机关能够切实履行宪法及其他法律赋予它们的职责，以使国家司法系统的司法整体功能得以最大限度的发挥，起码要落实以下两点：第一，真正落实省级以下法院、检察院的人财物由省统管的司法改革方案。市、县级党委和市、县级纪委只能向上级推荐同级检察官、法官人选，无权决定人选。第二，市、县级检察机关的党组织的领导关系调整为上级检察机关委派，防止地方保护主义干扰司法。

在全面推进依法治国，建设社会主义法治国家的法治系统工程建设中，另一重要环节是纪检机关要“从严治党”，坚持“党纪严于国法”，保持共产党员的先锋模范形象；监察机关、司法机关则必须真正做到“严格执法、公正司法”。那么，什么样的监察机关和司法机关才能较好地发挥这一功能呢？这里仅提两点设想：第一，对国家机构做一些调整。监

察机关、审判机关、检察机关均应与政府平级，不同机关的官员无大小之分，而不是像现在这样，审判机关、检察机关比行政机关低半级；监察委主任（纪委书记）比同级法院院长、检察长级别高。审判机关和检察机关各自有独立的财政、人事和组织系统，并依法独立行使职权。只有这样才有利于各机关互相配合，互相制约，协调一致，以使国家管理系统的整体功能得以充分发挥。第二，实行办案机关调查案件回避制度。具体来说，省级以下的市级或县级纪检监察机关不得立案调查长期承办本单位移送起诉或审判的案件的同级检察机关或法院的检察官、法官的职务犯罪案件。这有利于改善党对司法工作的领导，消除承办同级监察机关移送的贪污贿赂和渎职侵权类型案件的检察官、法官的后顾之忧，促进庭审实质化、保障司法公正。至于检察官、法官的监督和惩戒问题，全部依程序交由省级法官、检察官惩戒委员会或者省级纪委监察机关等相应机关或部门依法依规处理。

二、监察委员会与人民检察院在刑事诉讼中的关系

随着2018年宪法修正案的通过、监察法的出台以及随后的人民检察院组织法和刑事诉讼法修订草案的确定，在我国的国家管理系统中监察委员会与检察机关的相互配合与相互制约的格局已基本形成并将持续完善。

（一）监察委员会与检察机关在查处违法犯罪过程中的互相配合关系

1. 检察机关对监察委员会调查职务违法犯罪的配合。根据监察法第11条和第15条的规定，监察委员会有权对涉嫌职务违法犯罪的检察机关公职人员进行监察。又根据监察法第4条第3款的规定，监察委员会在案件办理过程中，向检察机关调查相关职务违法犯罪的证据材料时，检察机关应当予以配合或协助。另外，监察法第34条规定，若检察机关在工作中发现公职人员涉嫌贪污贿赂、失职渎职等职务违法或者职务犯罪的问题线索，应当移送监察委员会，由监察委员会依法调查处置。被调查人既涉嫌严重职务违法或者职务犯罪，又涉嫌其他违法犯罪的，一般应当由监察委员会为主调查，检察机关予以协助。

2. 监察委员会与检察机关办理案件的程序衔接。针对职务违法犯罪案件，监察委员会与检察机关的职权行使分别体现为位于前阶段的调查和位于后阶段的审查起诉。监察委员会与检察机关相互配合要求二者在遵循法律规范与办案规律的前提下保障程序和职责的衔接。[①] 监察法和刑事诉讼法的相关条文对二者的相互配合作出了规定。值得注意的是，《刑事诉讼法修正草案（2018）》[②] 对监察委员会采取的留置措施与刑事诉讼中的刑事强制措施之间的衔接机制作出了规定。

3. 监察委员会对检察机关履行公诉职能的配合。国家监察体制改革后，由监察委员会行使对职务犯罪案件的调查权，案件移送检察机关后，由检察机关依法审查、提起公诉，最终由审判机关依法审判。监察法第33条规定，监察机关依法收集的物证、书证、证人证言、被调查人供述和辩解、视听资料、电子数据等证据材料，在刑事诉讼中可以作为证据使用。监察机关在收集、固定、审查、运用证据时中应当与刑事审判关于证据的要求和标

---

① 陈辉、汪进元：《论“监、检、审”三机关间的分工、配合与制约关系》，载《南京社会科学》2018年第5期。

② 《刑事诉讼法修正草案（2018）》，全国人大常委会公布征求意见稿。

准相一致。

（二）监察委员会与检察机关在查处违法犯罪过程中的互相制约关系

宪法第127条和监察法第4条除了规定监察机关办理职务违法和职务犯罪案件，应当与审判机关、检察机关、执法部门互相配合外，还规定了上述机关应当互相制约。

检察机关对监察委员会的制约主要体现在两个方面，一是程序上的制约；二是实质上的制约。

1. 程序上的制约。依照宪法和刑事诉讼法的规定，检察机关具有审查起诉的职能。监察法第47条规定，对监察机关移送的案件，检察机关经审查后，认为需要补充核实的，应当退回监察机关补充调查，必要时可以自行补充侦查；对于有刑事诉讼法规定的不起诉情形的，经上一级检察机关批准，依法作出不起诉的决定。检察机关对于监察委员会移送的案件，从多个方面进行审查：对于监察委员会移送的案件材料，检察机关首先对是否存在犯罪事实进行审查，包括所提交的证据之间是否形成完整的证据链并且足以证明犯罪事实的存在。对于用以证明犯罪事实存在的证据，检察机关对其合法性、真实性、客观性进行审查，尤其是涉及非法证据排除的情形。

2. 实质上的制约。监察法第65条规定，监察机关及其工作人员具有滥用职权、玩忽职守、徇私舞弊等行为的，要依法追究刑事责任，现行人民检察院组织法第5条和第6条为检察机关行使相关职权提供了依据。为了使法律之间的衔接更加顺畅，建议在人民检察院组织法和刑事诉讼法修改时，明确规定人民检察院发现司法工作人员和监察工作人员涉嫌利用职权实施非法拘禁、刑讯逼供、非法搜查、非法留置、虐待、伤害被调查人等侵犯公民权利、损害司法公正的犯罪时，应当依法立案侦查。检察机关的侦查权是检察权的一部分，它早于反贪局、反渎局而存在，应予保留。同时，对监察委员会及其工作人员在履行职责的过程中普遍存在的具有共性的违法行为，检察机关应当依法作出检察建议，以促进监察委员会正确履职。

监察委员会对检察机关的制约则主要体现在两个方面：一是监察法第15条的规定，监察机关对人民检察院的公职人员进行监察；二是监察法第47条的规定，人民检察院作出不起诉决定时，监察机关可以申请复议。虽然规定较为简单，但是监察权是监察委员会的核心权力，监察委员会通过监察权的行使对检察机关的司法工作人员进行监察。即发现有涉嫌职务违法和职务犯罪的行为，依法行使调查权，从而实现对检察机关的制约。同时，对于监察委员会调查移送的案件，检察机关经审查可以作出不起诉决定，这必然是对其调查结论的否定，监察委员会可以通过申请复议对检察机关的审查起诉权进行制约。

三、监察委员会与人民法院在刑事诉讼中的关系

（一）正确处理“调查中心主义”与“审判中心主义”的关系

立足于我国全面依法治国的战略目标，结合刑事诉讼法第12条的规定，回顾我国积极推进“审判中心主义”的改革初衷，总结新中国成立以来“侦查中心主义”的历史教训，一方面，由于监察委主任往往由同级党的纪委书记兼任，监察工作的开展要特别警惕出现

“调查中心主义”。所谓“调查中心主义”，是指在刑事诉讼过程中，经监察机关调查结案的职务犯罪案件的处理意见直接成为检察机关的起诉意见，进而因庭审形式化而直接成为审判机关的裁判结论的一种惯性思维和认知。形象地说，就如同历史上由于公安机关的首长往往由政法委书记兼任，而政法委的个案协调工作比较普遍，便出现了“侦查定案、检察照办、法院宣判”的违反辩证唯物主义认知论，也违反刑事诉讼规律的“侦查中心主义”现象。

另一方面，监察委员会对涉嫌职务犯罪的公职人员调查和处置后，一旦案件进入刑事诉讼程序，监察工作则构成案件审查起诉、法庭审判的前置环节，其同监察体制改革前侦查机关的侦查环节一样，不得背离“审判中心主义”的要求。换言之，检察机关应当依据事实和法律作出起诉或者不起诉决定；法院应当依据法律确立的证明标准、证据规则，结合庭上举证质证情况等认定案件证据、事实并作出公正的裁判。在这一情况下，即使检察院、法院的认定结论同监察委员会的移送起诉意见有所不同甚至相反，亦符合司法认知和运作规律。监察委员会应当尊重检察院、法院对其所移送案件作出的不同处理决定，并站在维护党的最高利益和社会整体利益的高度，捍卫司法公正，维护司法权威，确保“审判中心主义”得以贯彻落实。

（二）查处职务犯罪过程中的保证“审判中心主义”

一方面，监察委员会应当依照法定程序，收集被调查人有无违法犯罪以及情节轻重的证据，查明违法犯罪事实，形成相互印证、完整稳定的证据链。证据应以司法审判标准为中心，统一于刑事诉讼证明标准，以避免检察机关在审查起诉阶段又必须对监察委员会所移交的证据进行转换，这是基于办案效率以及国家机关公信力的考量。

另一方面，监察法明确规定，以非法方法收集的证据应当依法予以排除，不得作为案件处置的依据。监察委员会应当按照最高人民法院、最高人民检察院、公安部、国家安全部、司法部《关于办理刑事案件严格排除非法证据若干问题的规定》的要求，规范监察人员调查职务犯罪的取证行为，对以非法方法收集的证据予以排除，确保调查所获得的证据符合刑事诉讼证据标准。以保障被调查人在调查期间以及刑事诉讼阶段的合法权利，实现司法正义。

（三）科学处理严格监察法官机制与法官职业保障机制的关系

值得特别强调的是，监察体制改革与当前司法体制改革共同服务于法治中国建设的目标。为巩固“以审判为中心”的诉讼制度改革成果，防止出现“调查中心主义”，保证监察机关、审判机关工作有效运转，保障职务违法犯罪行为的查处工作有条不紊地开展，监察机关和审判机关之间的相互制约应当通过规范化、法治化的程序衔接机制予以固定。结合地方审判机关人财物的省级统管改革和法官惩戒制度的相关规定，应设置严格的追责程序：法官涉嫌职务违法犯罪的，对其行为是否应当追究责任的审议应当由省一级法官检察官惩戒委员会进行，并由该惩戒委员会在审议后给出惩戒意见。经惩戒委员会审议后认为无违纪违法行为、不需要惩戒的，给出无责的意见，由地方审判机关结合惩戒意见作出处理决定；经惩戒委员会审议后认为涉嫌违纪但无须追究刑事责任的，移交省一级监察机关调查、处置；经惩戒委员会审议后认为存在故意或者重大过失，涉嫌职务违法犯罪的，应当根据监察机关对于涉嫌职务违法犯罪行为的管辖权限划分移送省级监察机关调查处理。如图2所示，这一设计方案的优点在于可以保障法官依法客观中立地独立办案，不受移送案件的同级监察机关工作人员对个案的看法的左右。

监察委员会、人民检察院、人民法院作为国家反腐系统的核心要素，其性质、功能和运行规律应受国家系统的整体性质、功能和运行规律的制约。任何片面强调监察委员会（因与党的纪检机关是一套人马）在查处公职人员职务犯罪过程中的决定地位，混淆党的纪律检查与国家的法律运行的界限，无视违纪不等于犯罪的客观规律，弱化检察机关依法独立行使批捕权、起诉或不起诉权、补充侦查权，阻碍“审判中心主义”和“证据裁判原则”的推进的做法，都有可能破坏国家系统中已由宪法和法律固化的内部结构的稳定与协调，破坏监察委员会、人民检察院、人民法院的法定互相配合与互相制约关系，破坏公正、法治等社会主义核心价值观的形成，影响“四个全面”的战略布局，削弱国家系统整体功能的发挥。

论我国检察机关法律监督职能的定位与发展*

姚　莉**

根据我国宪法第 134 条规定，人民检察院是专门的法律监督机关。长期以来，我国检察机关侧重于从刑事诉讼的角度来履行监督职能。伴随着 1979 年刑事诉讼法在 1996 年、2012 年的两次修正，检察机关的法律监督职能呈强化之势。针对 1996 年刑事诉讼法存在的规定过于原则化、监督手段单一且缺乏刚性、监督范围较窄等问题，2012 年刑事诉讼法以“强化法律监督、实现公平正义”为主线，重点从监督范围、监督手段、监督效力以及权利救济四个方面进一步强化检察机关的诉讼监督职能，并为之设计了更加详细的制度规范。

2015 年 2 月，为了统筹推进十八届三中、四中全会部署的深化司法改革要求，最高人民检察院对《关于深化检察改革的意见（2013—2017 年工作规划）》作出修改，要求“进一步落实检察院的宪法地位，提高法律监督的针对性、规范性、公正性和权威性”。2016 年 7 月，第十四次全国检察工作会议首次提出“检察监督体系”① 的概念，强调检察机关要“以深化司法改革为契机，以维护社会公平正义和司法公正为目标，完善检察监督体系，提高检察监督能力”。至此，我国检察监督制度的现代化改革有了更加明确的方向。

2016 年年底，国家监察体制改革给检察院的职权配置带来极大冲击，特别是其法律监督职能。属于检察机关的职务犯罪侦查职能转隶至监察委员会，使检察机关法律监督的方式发生了重要转变。职务犯罪侦查是检察机关最具刚性的监督职能，也是我国宪法将检察机关定位为法律监督机关的重要依据，而该职能的转移导致检察机关履行法律监督的方式发生了很大变化。在职务犯罪侦查职能转隶后，诉讼监督的方式主要表现为提出纠正建议或意见，而这种柔性的监督方式又势必弱化检察监督职能。在此情形下，如何处理国家监察体制改革与检察监督之间的关系，成为检察制度巩固和发展的重要课题。与此同时，随着“以审判为中心”诉讼制度改革的推进，控辩审关系的变化对检察机关的诉讼监督职能提出了新的要求。2017 年 6 月，民事公益诉讼和行政公益诉讼制度的正式实施，标志着检察机关可以以行使诉权的方式对行政机关进行监督，拓宽了其法律监督的范围。

在上述一系列涉及检察职能的改革过程中，法律监督职能的重要性早已成为共识，但争议一直没有平息。特别是 2018 年 8 月 28 日中国人大网公布的《刑事诉讼法修正草案二

* 本文受中宣部“四个一批”人才计划支持（中宣办发［2017］47 号），同时受教育部社会治理法治建设创新团队发展计划滚动支持（IRT-17R108）。

** 作者简介：姚莉，中南财经政法大学教授。

① 检察监督体系，是人民检察院在党的领导下依法履行法律监督职能的制度体系，包括检察机关法律监督各领域的法律规范、体制机制和工作制度，是中国特色社会主义法治体系的重要组成部分。

审稿》，其内容涉及完善刑事诉讼法与监察法的衔接机制，调整检察机关的侦查职权，进一步突出了检察机关法律监督职能的重要地位。鉴于此，本文将从深化司法改革的角度进一步探讨我国检察机关法律监督职能的定位与发展。

一、检察机关作为法律监督机关的宪法地位

检察机关的宪法地位是指人民检察院在国家权力体系和机构序列中的位置，以及在宪法治理国家中的角色与职能。当前，学界对于检察机关作为法律监督机关的宪法定位以及法律监督权存在一些不同的观点。譬如，有学者根据宪法文本，指出检察机关的宪法地位集中体现在宪法第 134 条“人民检察院是国家的法律监督机关”，第 136 条“人民检察院依照法律规定独立行使检察权”，以及第 140 条有关公检法之间“十二字”原则的规定。[①] 也有学者认为，宪法中涉及检察制度的 20 多个条款确立了检察机关的法律监督地位及其在国家权力结构中的地位与功能，由此将检察机关的宪法地位区分为国家政体中的地位和其在诉讼中的地位。[②] 亦有学者立足于职务犯罪转隶的现实和公诉权与诉讼监督权的异质同构性，主张将检察机关定位为公诉机关和诉讼监督机关。[③] 尽管理论上一直存在争议，但是从另一面体现了重新界定我国检察机关的职能地位具有重要的理论价值与现实意义。

人民检察院的宪法地位只能是法律监督机关。从政治逻辑上看，法律监督是我国检察制度的基本内涵，是人民代表大会制度的重要组成部分。我国实行的是中国共产党领导下的多党合作制，实行一元化领导。在一元化领导体制内，任何国家机关都必须接受党的领导，但是党对法律实施的领导是一种宏观的、决策性的领导，不可能监督法律实施过程中的每一个具体事项。在这种情况下，国家需要构建一个专门的、独立的、权威的法律监督机关，履行具体的法律监督职能。该专门机关的法律地位直接从属于权力机关，与行政机关、审判机关处于同等地位，这是由社会主义国家权力的基本结构与运行方式决定的，也是权力制衡原理下的必然选择。尽管人民检察院的职权性质有着司法权、行政权、法律监督权等认知分歧，但是宪法已经从国家机构组织层面将人民检察院明确定位为“国家的法律监督机关”，接受党的领导与人大监督。

检察机关的法律监督具有司法监督的属性。人民检察院具有司法与行政双重属性，是肩负着惩罚犯罪和保障人权双重使命的法律守护人。人民检察院在职能属性与职能实施方式上与人民法院一样都体现了司法特征。在职能属性上，检察机关对司法行政机关的违法行为进行监督纠正，对逮捕与羁押的必要性进行审查，对限制人身自由的司法措施与侦查活动的监督等，都是基于维护人权、保障诉讼活动依法开展的监督职能。并且，检察机关对行政违法行为、行政强制措施的监督，本质上具有司法权对行政权的监督属性。在职能实施方式上，司法责任制、人员分类管理、“两权分离”等改革举措，目的都是使检察权力运行机制更加符合司法规律。同时，检察机关在审查逮捕、申诉复查以及羁押必要性审查等诉讼活动中，通常采取公开听证、公开审查等诉讼化的司法工作模式，都体现了检察监

① 参见韩大元：《宪法文本与检察机关的宪法地位》，载《法学》2007 年第 9 期。

② 参见谢鹏程：《检察机关的宪法地位》，载《检察日报》2004 年 2 月 13 日第 3 版。

③ 参见胡勇：《监察体制改革背景下检察机关的再定位与职能调整》，载《法治研究》2017 年第 3 期。

督的司法属性。

检察机关法律监督的重点在于诉讼监督。虽然宪法确立了检察机关的法律监督地位，但是相对于人民代表大会的最高监督权以及监察委对国家公职人员的监察权而言，检察机关的法律监督是一种专门性的监督活动，主要表现为检察机关对公安机关、法院、执行机关诉讼活动的监督，从而保证诉讼法的正当实施。这种法律监督职能又被称为诉讼监督。诉讼监督涵盖了刑事诉讼、民事诉讼和行政诉讼三大领域，以刑事诉讼监督为主，民事、行政诉讼监督为辅。随着国家监察体制改革的推进，检察机关的诉讼监督职能非但没有削弱，还更加凸显了其在检察体制中的地位，对此笔者将在本文的第二部分加以论述。

二、检察监督职能在监察体制改革中的整合

2016 年试点、2018 年全面推行的国家监察体制改革，对我国的国家权力结构和权力运行机制产生重大影响，检察机关办理贪污贿赂、失职渎职等涉及职务犯罪的职能被转隶至监察委员会，检察机关和监察委员会之间的关系以及职能衔接自然成为监察体制改革中无法回避的问题。厘清检察机关与监察委员会之间的关系，首先要分析两者监督职能的不同：第一，监督对象不同。监察法第 3 条规定，监察机关“对所有行使公权力的公职人员进行监察”，监察监督的对象是自然人而非组织机构。而检察监督的对象是国家机关，包括司法机关和行政机关，针对的是国家机关的行为，而非国家公职人员。第二，监督范围不同。监察机关监督的范围包括职务犯罪、职务违法、违反党内纪律与道德操守，监察监督的依据除了法律，还包括党规和道德规范。检察机关监督的范围主要是刑事诉讼活动，也包括检察机关提起公益诉讼，以及对民事立案、审理、裁判、执行的监督，检察监督的依据只能是法律。第三，监督方式不同。根据监察法第 45 条规定，监察机关的处置方式可分为两种：违法违纪但尚未构成职务犯罪的行为，由监察机关自行处置；涉嫌职务犯罪则移送至检察院提起公诉。可以说，监察机关对职务犯罪的处置权是程序性的，对尚未构成职务犯罪的违法违纪行为具有实体处分权。但是，检察机关的监督方式几乎都是程序性的，不具有终局性和实体性意义。例如，检察机关提起抗诉启动再审程序后，依然由法院重新作出最终裁判；而其他的监督方式，包括对国家机关在诉讼活动中的违法行为和错误决定提出纠正意见或建议、提起公益诉讼，由于不能直接对监督对象产生终局性影响，所以被称为“柔性监督”。在职务犯罪侦查转隶后，检察机关的诉讼监督只剩下这种柔性的监督方式，又势必导致诉讼监督更加软化与弱化。监察监督与检察监督之间的差异性恰好构成两者的互补，共同构成严密的权力监督体系，于是如何处理检察机关与监察委员会之间的职权衔接成为一个全新课题。

基于权力分工与权力制约的基本原理，监察机关与检察机关的关系也应当遵循分工负责、互相制约的宪法原则，防止形成类似侦查中心主义的“监察中心主义”。首先，应当保证检察权的独立性，尽管监察委作为党的反腐败机构，对反腐败工作拥有组织协调的职权，但不得违规干预检察机关和人民法院依法独立行使职权。[①] 其次，检察机关应依法行使审查起诉职能。对于监察机关移送起诉的案件，检察机关享有独立的审查起诉权。检察机关对

---

① 参见陈光中：《关于我国监察体制改革的几点看法》，载《环球法律评论》2017 年第 2 期。

监察机关移送的案件必须严格按照刑事诉讼法的规定担负审查起诉职责，既要审查实体问题、证据问题，也要审查程序合法性，包括必须查明案件事实是否清楚，证据是否确实充分，犯罪性质和罪名的认定是否正确，调查活动是否合法等。最后，检察机关应当始终坚持“事实清楚，证据确实、充分”的证明标准。监察机关办理的职务犯罪案件应当严格遵守证据裁判原则，对证据的调查与运用应当遵照审判的要求。

从检察机关的法律监督角度来看，检察制度与监察制度衔接的重点在于：一是检察机关的审查起诉。学界普遍认为监察委员会的调查权具有监督、行政与司法的复合属性。① 既然监察机关获取的证据材料可以成为检察机关指控犯罪的根据，那么在法律上职务犯罪调查权的性质相当于刑事侦查权。② 根据监察法第 47 条规定，对于监察机关调查的职务犯罪案件，检察机关经审查认为需要补充核实的，应当退回监察机关补充调查，必要时可以自行补充侦查。不过，是否将监察机关退回补充调查作为检察机关存疑不起诉的前提，我国立法并未规定。对于检察机关在履行职责中发现的职务犯罪，是移送监察机关处理还是保留自侦，也依然存在争议。二是检察机关的审查批捕。改革后检察机关拥有的公诉权、批捕权并没有被监察机关继受，监察机关在依法调查完以后，将案件移送检察机关审查起诉，但在调查过程中，监察机关对监察对象既无权批捕，也无权决定是否起诉与酌情免责。《刑事诉讼法修正草案二审稿》中规定：“对于监察机关采取留置措施的案件，人民检察院应当对犯罪嫌疑人先行拘留，留置措施自动解除。人民检察院应当在拘留后的十日内作出逮捕、取保候审或者监视居住的决定。”可见，为了避免留置期限届满而案件仍在批捕过程中出现的限制人身自由的“空窗”，检察机关一般会通过拘留措施来衔接。但此时需要注意两个问题：刑事诉讼法规定的“拘留”情形与现有的情形并不相当；如果将对于监察机关采取留置措施的案件作为先行拘留的情形，还需改变刑事诉讼法规定的“现行犯和重大嫌疑分子”，否则会导致立法冲突。三是检察机关对职务犯罪调查活动的法律监督。在检察机关与监察机关“分工负责、相互制约”的关系前提下，检察机关职务犯罪职能转隶并未改变其宪法定位，检察监督与监察监督并不矛盾，且具有互补关系。在过去的司法实践中，高度依赖口供的职务犯罪侦查取证方式，使得暴力取证、刑讯逼供的问题未能真正解决。因此，保证职务犯罪案件的质量，应当在现行法的制度框架下加强检察机关对调查取证合法性的监督：一方面，对于监察委工作人员利用职权实施非法拘禁、刑讯逼供、非法搜查等侵犯公民权利、损害司法公正的犯罪，建议纳入检察机关的立案管辖范围；另一方面，对于程序性违法行为，建议采取程序性制裁的方式，根据刑事诉讼法的程序性制裁规则，排除非法证据，宣告相关的取证活动无效。

三、公益诉讼推动检察监督职能的深度拓展

2017 年 6 月 27 日，全国人大常委会通过了修改后的民事诉讼法和行政诉讼法，标志着

① 有了监督属性，才能实现“国家监察全覆盖”；有了行政属性，才能实现“对所有行使公权力的公职人员进行监察”，开展廉政建设和反腐败工作；有了司法属性，才能实现对职务犯罪的案件移送审查起诉、提起公诉。樊崇义：《全面构建刑诉法与监察法的衔接机制》，载《人民法治》2018 年第 11 期。

② 参见卞建林：《监察机关办案初探》，载《法律科学》2017 年第 6 期。

我国从基本法层面明确了检察机关提起公益诉讼的合法地位。检察机关可以以“公益诉讼人”的身份启动一场特殊的民事诉讼或行政诉讼，这表明检察机关在维护国家利益和社会公共利益的同时也可以通过行使诉权的方式参与民事诉讼或行政诉讼。显然，这场公益诉讼制度改革既是民事审判和行政审判监督方式的新发展，也是检察机关对行政机关实施法律监督的新方式。

维护国家和社会公众的利益是检察机关的基本职能之一，检察监督的范围涵盖了刑事诉讼、民事诉讼和行政诉讼三大领域。对于特定民事和行政领域内侵犯国家、社会、公共利益的案件，检察机关提起公益诉讼可以及时、有效地监督民事违法和行政违法行为，向法院提起诉讼，不仅可以提高诉讼效率，实现监督法律实施的统一，对行政权也起到制约作用。一方面，检察机关有权对破坏生态环境和资源保护、食品药品安全领域侵害众多消费者合法权益、损害社会公共利益的行为提起民事公益诉讼。在一般情形下，检察机关不必亲自提起民事诉讼，只需要支持起诉，只有在没有“其他”法定的机关或者组织提起民事诉讼时，检察机关才可以提起民事公益诉讼。因为根据民事诉讼法的规定，民事公益诉讼案件的侵权主体通常是侵害众多消费者权益的个人或企业单位，检察机关维护的是社会公共利益。另一方面，检察机关在履行职责中发现破坏生态环境和资源保护、食品药品安全、国家财产保护、国有土地使用权出让等领域负有监管职责的行政机关存在违法行使职权，或是不履行职责的现象，行政诉讼法规定检察机关应当依法通过两种途径来纠正行政机关的违法行为：一是提出检察建议，督促行政机关履行职责；二是提起行政公益诉讼。

关于检察机关提起公益诉讼时的角色定位，根据2015年7月颁布的《检察机关提起公益诉讼改革的试点方案》，检察机关作为“公益诉讼人”具有原告与诉讼代理人的双重角色。首先，检察机关有权提起公益诉讼，代表了其具有原告主体资格。有反对的观点认为检察机关不具备提起公益诉讼的原告主体资格，理由是检察机关并非受害者，在传统当事人理论下，诉讼的适格原告必须与利益诉求有直接利害关系。① 但是，如果不承认检察机关的原告主体资格，在诉权理论和诉讼结构上就难以对诉讼程序作出合理的安排。② 所以，检察机关具有原告主体资格是一个重要的理论前提。其次，检察机关具有诉讼代理人的身份。在某些情形下，直接遭受利益损害的主体是国家和社会公共利益，检察机关是国家和社会利益的受托者，检察机关以支持诉讼的方式参与诉讼。③ 最后，检察机关作为提起公益诉讼的主体，从权力性质到程序设计都具有特殊性：一是检察机关是法律监督机关，同时履行诉讼职能，检察官的起诉、出庭支持起诉的行为系职务行为，目的是维护国家利益和社会公共利益，维护国家的法治统一与司法公正。二是设置了专门的诉前程序。检察机关在提起民事公益诉讼之前，应当依法督促或者支持符合法律规定的机关或组织提起民事公益诉讼，在提起行政公益诉讼之前，应当先向行政机关提出检察建议，督促其纠正违法行政行为或依法履行职责。三是规制检察机关的调查手段。无论是民事公益诉讼还是行政公益诉

---

① 参见樊崇义、白秀峰：《关于检察机关提起公益诉讼的几点思考》，载《法学杂志》2017年第5期。

② 作为引起诉讼程序发生的一方当事人，检察院同样需要提交诉状，提出具体的诉讼请求，也要说明事实和理由并提供相应的证据；在开庭审理时，也要出庭参加诉讼，要证明提出的诉讼请求是有事实依据和法律依据的；等等。在诉讼过程中，有权变更、追加诉讼请求或者撤回诉讼；有权同对方和解、与对方达成调解协议。参见李浩：《论检察机关在民事公益诉讼中的地位》，载《法学》2017年第11期。

③ 参见谢鹏程：《如何认识检察机关在公益诉讼中的地位》，载《检察日报》2016年12月11日。

讼，检察机关都可以依法开展调查核实工作，包括询问证人，收集实物证据，咨询专业意见，委托鉴定、评估或审计等，收集证据材料，但是不能采取限制人身自由和财产自由等刑事强制措施。

国家监察体制改革以后，检察机关的职能调整已然成为大势所趋。从各地检察机关的改革情况看，为了寻求职能转变的新出路，检察机关很有可能提高公益诉讼上的业务比重。一方面，相较于社会组织、自然人等诉讼主体，检察机关拥有法定的法律监督权，有益于解决一般民事诉讼主体难以解决的立案难、诉讼费用高、诉讼主体资格门槛等限制。[①] 并且，检察机关可以督促法院执行生效裁判，同时要求行政机关履行相应的职责。另一方面，行政公益诉讼之所以在立法上得以迅速确立，是为了通过法律监督权对强大的国家行政权进行制约，进而实现法治政府建设的目标。总体而言，检察机关通过行使督促行政机关履行职责与提起公益诉讼的权力，进一步强化了自身的法律监督权威。

四、审判中心主义对侦查监督提出新的要求

以审判为中心的诉讼改革是针对刑事司法实践中的侦查中心主义而提出的理念，并非否定宪法规定的“分工负责、互相配合、互相制约”关系，而意指侦查职能、公诉职能、辩护职能应当围绕着审判职能实施，塑造递进式的公检法之间相互制约的关系。在这一改革背景下，检察工作面临着新的要求与挑战，也为检察机关的法律监督工作带来了新的机遇。其中，如何推动侦查监督工作的发展，优化警检关系在审前程序改革中尤为重要。

在优化警检关系的改革中，检察机关首先要明确自身的职责。在诉讼主体关系中，检察机关是庭审程序的启动者，审查起诉不是简单地对侦查程序的承接与确认，而是对案件的审查核实，是防范冤假错案的一道防线。对此，司法界提出了“侦查是基础、批捕是关键、公诉是主导、监督是保障”，这一理念客观地反映了审判中心视野下的侦诉关系。在处理侦诉关系上，检察机关应当充分发挥引导作用，强化侦查监督职能。具体而言，检察机关对侦查活动应当发挥三重作用：一是对侦查的引导作用，检察机关根据公诉的证据标准与办案思维，在调查取证、证据能力、证明标准等方面给予侦查机关指导性意见或建议；二是对侦查的监督作用，检察机关应当切实发挥案件过滤的作用，严格审查侦查机关获取的证据材料的合法性、客观性、真实性，依法排除非法证据；三是对侦查的制约作用，检察机关通过审查逮捕、公诉审查、羁押必要性审查等活动，纠正侦查违法行为，防止侦查权的滥用。近些年司法界提出的“建立由检察机关主导的大控诉格局”、“构建以公诉为主导的刑事指控体系”等观念，其目标指向的正是加强侦查监督工作的实效。

根据以审判为中心的改革要求，基于加强侦查监督的目标，我们应当对侦查构造作出相应的司法改造，推动审查批捕程序的诉讼化转型。对于涉及人身自由的羁押性强制措施，侦查机关不得自行侦查、自行决定，而应当向检察机关提起申请，接受检察机关的监督与制约。2012 年修改的刑事诉讼法对逮捕制度作出了重大调整，强化了被追诉人的诉讼主体地位，初步构建了诉讼化构造的逮捕模式。然而，从逮捕制度的运行情况来看，检察机关的调查核实工作作为兼听和亲历的基本方式在实践中被“打折”执行。比如，在司法资源

---

① 刘亚、白堧、马超群：《两年试点：公益诉讼“破冰”前行》，载《检察日报》2017 年 6 月 26 日。

有限的情况下，办案人员会根据案件的繁简程度来选择是否采取调查核实工作，即使坚持“每案必讯”，大部分的逮捕提讯也是形式化地走过场，实践执行中的逮捕提讯并未切实发挥其侦查监督的功能。

近来，出于优化检力资源配置、提高办案效率、强化诉讼监督职能的考虑，各地检察院纷纷试行不同形式的“捕诉合一”办案模式。2018 年 7 月 25 日，最高人民检察院表示将在下半年全面推行批捕起诉合一。对于这项改革，法律界人士基于不同的价值取向而褒贬不一。主张“捕诉合一”的学者认为，“捕诉合一”属于检察机关内部职能的优化调整，这一改革并没有突破现行法的规定，并且逮捕与起诉都要求检察官履行客观义务，体现了检察机关的司法属性，两者合并实际上并未违反诉讼规律。① 也有实务部门人士从强化侦查监督的角度提出：“在捕诉分离的职能配置下，侦查监督部门引导效果大多止于逮捕的需要，引导效果差强人意。‘捕诉合一’可以弥补这一缺陷，因为‘捕诉合一’要求‘谁捕谁诉’，负责批捕的检察官必然会以起诉的标准关注侦查，会及时全程引导、监督公安机关的侦查活动。”② 但是，对“捕诉合一”的质疑者也不少，主要理由有三：一是同一主体行使公诉权与逮捕权，无法保持客观中立；二是会对检察机关提起公诉和法院审判施加强大的影响力，易导致公诉与审判程序流于形式；三是会压缩嫌疑人和辩护人的辩护空间。“捕诉合一”强调的是诉讼效率与外部监督，“捕诉分离”考虑的是专业分工与内部制约，两者各有利弊，但笔者认为，在当前全面推行“捕诉合一”的改革背景下，与其纠结“捕诉合一”与“捕诉分离”孰优孰劣的争议，不如共同研究“捕诉合一”所涉问题的解决方案。首先，避免“凡捕必诉”和“不诉不捕”两种倾向。检察人员要纠正捕后不诉、捕后轻判是逮捕质量不高的错误观念；要区分审查批捕和审查起诉的标准与条件，除了有区别地把握两者的证明标准以外，我们还应当注意，实践中有些案件在审查批捕阶段虽然已经达到逮捕的条件，但是在证据方面还未达到起诉标准，也可能在审查起诉时，过去收集的证据和判断的事实发生了变化，这些都是捕后不诉的常态。其次，灵活运用不起诉制度加强侦查监督。“捕诉合一”有利于在检察院内部形成监督合力，检察机关可以灵活运用不起诉制度来促进侦查质量的提高。最后，完善相应的救济制度体系，严格落实检察官办案责任制，建立健全听取辩护律师意见制度，发挥检委会制度、联席会议制度对捕后不诉案件的质量把关作用。总体而言，我们决定是否推行“捕诉合一”的办案模式，功利性价值并非主要原因，关键在于该模式是否具备正当性基础。如果经过实践检验，“捕诉合一”办案模式能够对维护司法公正产生积极作用，那么不妨在优化检察权内部监督机制的基础上给予其合理的发展空间。

---

① 《“捕诉分离”V.“捕诉合一”学术研讨会会议综述》，载中国刑事法律网，http：//www.criminallaw.com.cn/article/？id=16892，2018 年 7 月 5 日访问。

② 邓思清：《捕诉合一是中国司法体制下的合理选择》，载《检察日报》2018 年 6 月 6 日。

多维度视域下的刑事诉讼目的论

白文静*

一、一维直线的交往自由——刑事诉讼在生活世界情境中的目的

生活世界是一个交往自由的世界。人与人在生活世界中通过对彼此的交往行动的认同达成行为的有效性。人与人的交往在自然状态下会产生不可避免的异议。异议不能得到合理的商谈就会产生纠纷。纠纷的程度在生活世界无法予以调节时，人们认同具有规范性的法律发挥其整合秩序的功能。在以法律媒介为导向的民主原则下，一个共同体为保障一个由自由而平等的法律组成自愿联合体。自愿联合体通过进一步对整体的认同结合成一个法律共同体，这时拥有一个被授权代表整体行动的中央权威就成为法律共同体的必需。国家具有确立其组织和自我组织的能力，可以代表法律公共体的整体行动，以维持法律共同体的集体认同。集体中的个人通过法律受国家的保护，具体表现为基本权利。国家通过法律保护个人的基本权利，这就为建立一个进行独立、公正审判的司法机构提出了理由。权利预设了法院系统并对法律纠纷进行裁决，裁决要求国家有绝对的制裁权威以保护和发展法律，国家通过制裁进行权利剥夺的过程需要法定的程序予以明确，通过法定的程序，司法机构裁决法律纠纷的权力具有了合法性。

由合法性的司法机构以法定程序进行公正的运行以解决纠纷，整合社会，消除人与人之间的异议，恢复交往行动的有效性。而法定的程序就是诉讼程序，刑事诉讼是触犯刑法的诉讼，也就是犯罪行为引发的纠纷，其损害的利益大多是不可恢复的或难以修复的。因此，需要刑事诉讼的程序进行终局性裁断，终局性的裁决需要依照法律的合法性、司法机构裁判的公正性、国家制裁的强制性、社会个体的守法性才能恢复生活世界的正常交往自由。由此，就会发现法律既是知识系统，又是行动系统。法律代码起到系统和生活世界之间转换器的作用。因此，在保障交往自由的一维直线模式下，在生活世界的情境内，刑事诉讼作为法定程序，无论谁为诉讼参与人，诉讼模式如何，诉讼构造是否有所不同，其目的就是解决纠纷，恢复生活情境下的交往自由。

二、二维平面法律与权力——刑事诉讼在政治权力情境中的目的

传统意义上认为刑事诉讼的目的是国家意志的体现，反映出统治者关于刑事诉讼结果

* 作者简介：白文静，中国人民公安大学博士生。

的价值评价和选择。[1] 统治者以权力为基础，刑事诉讼以法律为基础。分析刑事诉讼的目的与统治者的关系，基础是分析法律与权力的关系。统治者行使权力，统治国家。国家统治的权力基础是合法之法的授权，通过合法之法的授权国家拥有权力，统治者的政治权力也是合法之法授权的结果。法律使政治权力合法化，政治权力也把法律当作一种组织手段加以利用。通过法律，国家权力获得法律的约束力。人们通过有约束力的决定来实现集体目标。集体目标是在人际关系的协调中通过价值认同或者利益平衡所达成的。为实施经过权威决定和妥协的集体目标，具有组织分工的命令权力产生，这也是统治的来源。这种统治是由国家来组织，以武力手段作为后盾，因此由国家组织的刑罚具有强制的特点。司法审判机构作为国家组织之一，借助于政治权力的工具功能，使法庭成为一种行使裁判权的国家机构。也正是因为国家，法律才具有稳定交往行为期待的功能。法律与权力彼此为对方履行职能，法律代码与权力代码的关系是：法律的作用作为正能量充当国家权力的组织手段，权力的作用是作为负能量促进法律的国家建制化。法律与权力是相互平衡的能量守恒定律。

但是从历史发展经验看，当法律自身不足以为权力的实施提供合法性时，法律会沦为一个统治者达到其自身目的的手段，即可以摧毁人间任何别的意志的事实上的命令。法律本身的不合法，无法为权力提供合法性，权力缺乏合法性，会使权力沦为暴力，国家成为暴力机器。此时合法之法成为维护法律与权力平衡关系的关键，而法律如何证成自身的合法性？哈贝马斯认为法律与权力的这种重构，只有正义能证成法律的自身合法，为权力提供合法性。缺乏正义之源的法律无法证成自身的合法性，则无法具备为权力提供合法性的功能。暴力之于权力等同于法律之于正义。法律与权力是相互平衡的关系。法律和权力必须维护这种相互平衡，权力维护平衡的方式是武力，法律维护平衡的方式是正义。因此，法律不能为权力所评价和选择，必须为正义所评价和选择。统治者追求权力，但为权力提供合法性的法律必须追求正义。因此，无论是作为法律之一的刑事诉讼法，还是作为法定程序之一的刑事诉讼程序，其目的不应仅仅只体现国家的意志，为统治者服务，更应体现正义。因为只有当法律能够起到提供正义之源的作用时，才能提供权力合法性的功能，权力具有合法性，国家的统治权力才具有合法性。国家统治权力的合法性保证国家的政治组织具有权威性、规范性和有效性。只有国家组织具有以上属性，法庭作为国家组织之一，才能将具有权威性、规范性和有效性作为正能量传递给法庭。法庭的正能量会直接体现在公正的判决之中，公正的判决才能使诉讼双方内心认同，行动服从。

正义之于法律，之于权力，之于国家，之于法庭都尤为重要。正义之源在传统法中来源于形而上学的基础，作为最高的统治者也要服从于这种自然法。但是随着向现代性的过渡，法律失去其形而上学的尊严和不可违背性，正义之源发生枯竭。现代法的理性应代替传统基础为法律提供正义之源，但是理性法并没有克服权力与法律之间的对立。哈贝马斯认为政治自由商谈论的交往权力能够为法律提供正义之源。由此，在法律与权力的直线在平面交叉的二维下，在政治权力的情境内，刑事诉讼的目的不能仅体现为国家意志，更应该体现为正义。

---

① 宋英辉：《刑事诉讼目的论》，中国人民公安大学出版社1995年版，第3页。

三、事实性与有效性的三维——刑事诉讼在司法情境中的目的

当正义论采取一种直接的规范性思路，并设法通过超越现存建制和传统来论证一个秩序良好社会的种种原则，为法律所转化时，正义面临的最重要的问题是：抽象的正义如何在现实的法律中得以体现并运用。

（一）事实性与有效性的目的

在司法情境内，法律的事实性和有效性之间的张力表现为法的确定性原则和对法的合理可接受性之主张这两者之间的张力：（1）现行法律以国家制裁确保法律的确定性。（2）运用合理程序担保现行法律的合理可接受性。正义在事实性与有效性的维度下，在司法的情境内体现在确定性原则和合理可接受性原则之间。当这两种原则出现冲突的时候，为了实现司法的社会功能，这两个原则必须在司法实践中达成妥协。

法定确定性原则要求判决必须依照现行法律作出，但是现行法律是由过去的传统所构成的不透明网络的产物。与此同时，合理可接受性原则要求判决不仅要与过去制定“不透明网络的产物”相符合，而且要经过论证让所有参与人都把判决作为合理的结果接受。因此，从事实性和有效性的维度来看，判决是历史和道德的产物。为解决司法实践中如何同时符合法律的确定性又符合法律的合理可接受性，法学家德沃金提出了法律规则和法律原则。当依据法律确定性，形成稳定的规则，规则发生冲突时，根据原则来为案件中合适规范的选择进行辩护。原则摆脱了任意订立和废止的偶然性，法律原则和立法者与之相融的政治政策为案件裁判提供了论证的手段，可以以原则对过去制定的现行法律进行重构。从这些原则和政策出发，可以在本质上为现行法律秩序辩护，使个案判决都作为一个整体的组成部分而揳入其中。但是能够用这种方式进行论证的，只有理想中的“赫拉克勒斯法官”。同时，这种方式仅仅是一个来自正在进行中的学习过程的正义法律体系。“赫拉克勒斯法官”是通过重构把历史同正义相协调的方式来解决这一问题的。

但现实是生活世界中的法官是一个血肉之躯，远远达不到“赫拉克勒斯法官”的理想。人们要在日常中受这个理想形象引导，去接受事实上由利益状况、政治态度和意识形态偏见或其他外在因素所决定的判决。因此在实践中，一个案件的事实性与有效性之间的张力，在刑事诉讼中会出现四种不同意义的人：一个无罪的人和法律上宣判无罪的人，一个有罪的人与法律上宣判有罪的人。从上文分析可知正义在相应的维度和情境下体现为确定性原则与合理可接受性原则的妥协，在权衡的妥协适用的个案中，追求案件实体真实的最大值。然后在两原则妥协的维度下，在实体真实的最大值的情境内实现个案的正义，让有罪的人在法律上被宣判有罪，让无罪的人在法律上被宣判无罪。实体真实的最大值是刑事诉讼在事实性与有效性之间，个人、国家、社会的三维空间维度下所要实现的司法情境内的正义的目的。

（二）实体真实与保障人权

实体真实的最大值为目的，应采用何种手段，目的与手段是古老的哲学问题。“志于这

个目的的人也志于他力量能得到的为达到这个目的的所不可少的工具"① 为了实现这一目的，手段成为重点。因此，在刑事诉讼中制定证据规则、正当程序等制度限制以实现实体真实的目的手段。因为真相无法在诉讼的一开始即被获得，有罪与无罪的认定往往只有在诉讼的过程中查出，而对可能的无辜者则要采取保护措施。刑事诉讼目的中实现实体真实的目的，正当程序是实现过程中需要的手段。对于刑事诉讼的目的是发现犯罪事实的真相。从古至今，对这一问题的研究经久不衰。德国在20世纪60年代对刑事诉讼目的论进行了大量研究。1961年，在德国通说代表人物E. 施密特古稀纪念论文集中，施密特黑尔斯发表了论文批评有关诉讼目的的通说观点。② 其后，1970年，福尔克于1978年发表了关于诉讼条件的论文，对诉讼目的的概念进行了梳理。③ 1989年，魏根特在论文中论述了诉讼目的论的问题。④ 1990年，对当事人的非正式协议问题也与诉讼目的论有关。⑤ 德国法学核心理念之一就是关于诉讼目的的传统观点，即"刑事诉讼法为实体刑法服务"。"这种状况或许不是从国家机关的权力中产生的，而是从追求绝对正义的价值取向中产生的。"⑥ 在传统观点的基础上德国诉讼目的理论发展为三种不同的说法：（1）实体真实追求说和刑法实现说。E. 施密斯认为"判决是基于法官通过司法形式获得的确信来确定判决对象事实的真实"。德国联邦宪法法院也认为，追求实体真实是刑事程序的中心任务。⑦（2）个人和国家的利益说。以"从社会以及作为社会组织化的权力机关的国家来保护个人"为诉讼目的。⑧（3）法律的恢复和平说。施密特黑尔斯提出"法的和平"（Rechtssfrieden）。第二次世界大战前，日本的刑事诉讼法理论基本源于德国，第二次世界大战后也继承了德国关于刑事诉讼目的的理论。日本刑事诉讼法第1条规定刑事诉讼的目的就是查明案件事实真相和保障人权。实现实体真实就是刑法实现说。但是，刑事程序是实现刑法程序这一观点值得怀疑，因为刑事程序有时以宣告无罪而结束。因此，又提出刑事程序的目的在于通过正当程序得出正确的裁判。⑨

铃木茂嗣教授提出"刑事诉讼是为了正确处理刑事案件的程序或制度，为了解决刑事案件这一社会问题的社会系统"。⑩ 我国台湾地区也是典型的大陆法系。台湾地区学者陈樸生在所著的《刑事诉讼法实务》一书中认为，国家为维持社会秩序，增进公共利益制定法

---

① ［德］康德：《道德形而上学探本》，唐钺译，商务印书馆1959年版，第31页。

② Eberhard Scmidthäuser, Zur Frage nach dem Ziel des Strafprozesses, Festschrifr für Eb. Scbmidt zum 70. Geburtstag, 1961, S. 511ff. R. F. ［美］本尼迪克特：《文化的类型》，纽约1934年版，第237页。

③ Klaus Volk, Prozessvoraussetzungen im Strafecht: Zum Verhältnis von materiellen Recht und Prozessrecht, 1978, S. 173ff.

④ Thomas weigend, deliktspfer und strafverfahren, 1989, s. 173ff. 对该论文的介绍和批评参见宫泽浩一在《庆英义塾大学法学研究》1991年第64卷第5号第151页以下发表的论文。

⑤ 关于德国刑事诉讼中的当事人协议，已经有详细的介绍，参见山名京子：《刑事诉讼中的"事前合意"》，载《关西大学法学论集》1991年第41卷第1号，第74页以下；［德］托马斯·魏根特：《德国的交易刑事司法》，载《法学协会杂志》，井上正仁译，1992年第109卷第9号，第142页以下。

⑥ Eberhard Scmidthäuser, Zur Frage nach dem Ziel des Strafprozesses, FestschrifUr fur. Eb. scbmidt zum70. Geburtstab, 1961, S. 523.

⑦ Eberhard Schmidt, Lehrkommentar zur Stafoprozeβording und gerichtsverfassungsgesetz, Teil I (1964), S. 40. 另外，德国刑事诉讼法对诉讼目的并没有明文规定，但是规定了证据调查的目的是"探求真实"（Erforschung der Wahrheit）。

⑧ Vgl. z. B. Johann josef hagen, elemente einer allgemeinen prozesslehre, 1972, S. 107.

⑨ ［日］光藤景皎：《口述刑事诉讼讲义》（中），成文堂1992年版，第6页。

⑩ ［日］铃木茂嗣：《刑事诉讼法的基本结构》，成文堂1979年版，第142页。

律。故法律之内容，有为目的，有为手段。刑法即为实体法，为目的法。刑事诉讼法，即为程序法，为手段法，故刑事诉讼法之目的，在发现实体的真实，使刑法得以正确运用。我国台湾地区遵行的也是传统的德国诉讼目的理论。

1966年，美国联邦最高法院指出："一起审判的基本目标是发现真相。"真实并不一定确保正义必然得以实现，却是实现正义的基本前提。①

与此同时，刑事诉讼的目的还存在正当程序模式与犯罪控制模式，这是由美国学者帕卡（packer）提出，其以对刑事诉讼目的的研究为核心。犯罪控制模式是在工业革命后资本主义矛盾激化，犯罪率高，刑事制度无法抑制犯罪的背景下提出的。在犯罪控制模式下，刑事诉讼以惩罚犯罪的效率为目标。但是在强压的高惩罚率下也产生了错案率的恶果，但这与刑事诉讼文明的发展趋势不符。与之相对应的正当程序模式，保障人权的理论基础。正当程序为英美法系国家所接受，随着正当程序的发展，保障人权成为刑事诉讼的目的之一。最终绝大多数人认同了现代法中的刑事诉讼目的：追求实体真实和保障人权。

首先，刑事诉讼在交往自由个人与国家权力的二维平面下，实体真实是实现正义所追求的目的。其次，在实现实体真实的过程中，司法机构作为维护社会公正的权威参与审判，从而形成个人、国家、社会层面上立体的三维空间。审判的目的亦是以实现实体真实为目的的正义。

四、法律人性基础的四维——刑事诉讼在哲学情境中的目的

人权的主体是人，以保障人权为目的，围绕着"以人为本"的人性论。黑格尔认为："目的通过手段与客观性相结合，手段是推论的中项。目的为了它的实现，需要手段。"②黑格尔强调目的必须通过手段才能与客观性相结合，并在客观性中与自身相结合，以实现自己，这无疑是正确的。黑格尔从他的绝对唯心主义出发，把目的的实现看成一个逻辑"推论"的过程。这个推论由三个前提构成：

第一个前提：善的目的（主观目的）与现实（外部现实）的关系。

第二个前提：外部的手段（工具）（客观的东西）。

第三个前提就是结论：主观与客观的统一（目的的实现）。

人运用手段是为了实现目的，人实现目的的目的是——人运用目的和手段作用时，能够引起对象符合于人的需求。根据人类动机理论，人的需求分为高级需求和低级需求。高级需求与低级需求有着不同的特性，但有一点是相同的：两者都必须属于基本、天定的人的本性。它们不会异于或违背人性，它们是人性的一部分。

人性是与神性、兽性相对而言的。神性是神化、理想化的人性。人性是社会化和理性化的人性，但理性也是有限的。与兽性相对应的人性分为自然人和社会人。自然人是自然状态下的人。社会人是具有约束性的道德人。西方哲学家亚里士多德曾说人有自然本性和道德本性，但道德本性对人最为重要。"人类所不同于其他动物的特性就在于他对善恶和是

---

① Tehan v. u. s 406，at416（1966）.

② ［德］黑格尔：《逻辑学》（下卷），杨一之译，商务印书馆1976年版，第433页。

否合乎正义以及其他类似观念的辨认，而家庭和城邦正是这类义理的结合。”① 我国古代哲学家孟子和荀子也对人性有自己的解读。如孟子的人性为善论与荀子的人性为恶论，都是对人性的思考。“曰：人能群，彼不能群也。人何以能群？曰分。分何以能行？曰义。”② 荀子认为人性为道义性。休谟在《人性论》中关注的重点也是道德问题。“道德比其他一起更是我们关心的一个论题。”③ 由此可见，人性也需要多维情境的思维方式去理解。在不同的空间、时间维度内，人性有不同的层次。

与兽性相对而言，人性有自然状态下的自然属性和社会属性。人的社会属性中又具有社会实践性。恩格斯认为：“在社会历史领域内进行活动的，全是有意识、经过思虑的或凭激情行动的、追求某种目的的人。”④ 在社会实践性中产生人的实践理性，实践理性给人类立法（道德法则）。康德认为实践理性是道德律的根源。道德是生活于社会实践中的理性人对人生之道和人生之德的感悟，以及人生所追求的价值目标和准则，其核心在于集体、全人类存在与发展中思考自己的存在与发展，因而其出发点不是自我，而是他人与社会乃至周围的一切事物。道德的最高境界是正义。人性之所欲区别于兽性在于社会属性，社会属性具有社会实践性，社会实践性具有实践理性，实践理性产生道德律。

人性的本质属性在于道德性。道德性是人性的本质属性，人性是社会理性，社会理性由社会实践产生，社会实践源于人的社会性，人的社会性是人在生活世界的交往，是在国家权力内的法律，是社会司法的事实性与有效性，因此道德性似乎是法律的四维空间，也是刑事诉讼法的四维空间，还是刑事诉讼目的的四维空间。刑事诉讼中在四维空间中的目的是以人性为基础，“以人为本”。从人性的维度去试图回答刑事诉讼目的中的人权保障。

第一，看社会认同。从社会认同中把握社会中个案发生的情境，在个案的空间维度内论证正义。第二，顺应人性。“法理就是人性之理”。尊重人性，需要在刑事诉讼的制度改革中体现人文精神，在刑事诉讼的裁判中体现社会的正义。

结　论

量子力学的科学家发现用不同的维数膜研究对偶性，在超弦理论下的十维时空透过强耦合极限可以形成十一维的时空，即 M 理论。人类生活的世界是多维度的，那么生活世界也必然是多维度的。在分析刑事诉讼时，我们应采用多维度的思维方式去分析不同情境下的目的。在纠纷升级，国家权力介入后，刑事诉讼的目的随着政治权力的介入发生维度的转变，其情境和维度转换为法律与权力，解决纠纷，恢复交往自由一维度的刑事诉讼变成了二维刑事诉讼，在二维度下，刑事诉讼的目的转变为追求正义。司法裁判的介入使得个案成为三维空间模式。以追求正义为目的的刑事诉讼，最终转换为事实性与有效性之间的妥协，在妥协中追求实体真实成为目的。人性的本质属性——道德性的四维空间融入三维空间，穿梭于三维的刑事诉讼目的立体空间之中。

---

① ［古希腊］亚里士多德：《政治学》，吴寿彭译，商务印书馆 1983 年版，第 8 页。

② 《荀子·王制》。

③ 黄振定：《通往人学途中——休谟人性论研究》，湖南教育出版社 1997 年版，第 31 页。

④ 《马克思恩格斯选集》（第 4 卷），人民出版社 1972 年版，第 243 页。

第二部分

司法改革综合配套措施改革研究

诉讼爆炸与法院应对

陈卫东*

一、问题的提出

“诉讼爆炸”（Litigation Explosion），顾名思义，指的是某国诉讼案件在某一段时间内剧增的现象。诉讼爆炸的成因是复杂的、多元的，既有法律因素，也有社会因素，如公民权利观念的觉醒、国家社会经济的发展、司法制度的民主化改革等都会在一定程度上造成诉讼案件的快速增长。[①] 这种增长直接导致了司法机关尤其是法院的压力剧增，由于司法制度、法院办案力量在一定期间内处于较为恒定的状态，导致法院以其既有的办案资源与诉讼规范难以对所有案件予以妥善、有效的解决与处理。此时，一旦司法无法满足社会对诉讼这种“公共产品”的需求，政府对社会的治理即将产生失序、脱轨甚至混乱的情况。不过，若能通过一定的改革措施与应对办法稳妥、渐进地解决此问题，则对于国家的法治化建设、社会法治文化的发展有着重要的促进作用。

诉讼爆炸在社会发展的历史上发生过多次，近代早期的英国就曾出现诉讼案件数年间成倍增长的情景。例如，1560 年至 1580 年，作为中央法院之一的王座法庭的受案数增加近五倍，普通诉讼法庭也增加了近三倍；[②] 在地方法院层面，大雅茅斯（Great Yarmouth）的地方法院 16 世纪前期年均受案 300 余件，至 16 世纪中后期该数值达到了 900 余件。[③] 从结果上看，其一，由于采取了得当的应对措施，英国在处理诉讼爆炸的过程中较早建立了一系列纠纷解决机制，完善了国家的法制体系；其二，诉讼爆炸使得英国法律从业人员特别是律师数量大幅上升，保证了国家司法系统的顺利运行，进一步促使了法治的发展；其三，英国通过诉讼加强了国家权力向地方的渗透，拓展了社会治理的途径，推进了近代国家的形成。[④]

另一典型的诉讼爆炸样本出现在第二次世界大战后的美国。由于经济复苏、社会发展与人权运动的兴起，大量经济纠纷、权利冲突以及刑事犯罪随之产生，这些矛盾并未通过

---

* 作者简介：陈卫东，中国人民大学法学院教授。

① 蒋银华：《司法改革的人权之维——以“诉讼爆炸”为视角的分析》，载《法学评论》2015 年第 6 期。

② See Steve Hindle, The State and Social Change in Early Modern England, c. 1550 - 1640, New York: Palgrave, 2000, p. 69.

③ See Craig Muldrew, The Economy of Obligation: the Culture of Credit and Social Relations in Early Modern England, London: Macmillan, 1998, p. 217.

④ 参见初庆东：《近代早期英国“诉讼爆炸”现象探析》，载《史林》2014 年第 5 期。

大规模的社会冲突加以表现，而是在法制的框架下涌入了诉讼的渠道。[①] 从表 1 中可以直观地看出，美国的民事诉讼量的增长较数百年前的英国有着显著不同，这种增长更多地体现了某种“现代性”。即使不分案件性质，进行整体观察（见表 2），案件增长与法院办案压力的提高也不言而喻。为解决上述问题，缓解法院的办案压力，美国对诉讼制度进行了一系列改革，如民事诉讼层面的诉讼合并制度[②]、刑事诉讼上的辩诉交易制度[③]等。虽然这些改革措施在实践中起到了提高办案效率、减少诉讼耗费的作用，但亦由此造成了诸如判决不公、冤假错案等一系列新的问题。[④]

表 1　联邦法院和加利福尼亚州法院系统的民事起诉案件数量[⑤]

年份	联邦法院	加州的上等法院
1940	34734	32337
1950	54622	46935
1960	59284	96154
1970	87321	150638
1980	168789	532550
1990	217879	669722
1995	239013	852772

表 2　美国联邦上诉法院法官办案情况（巡回区上诉法院除外）[⑥]

年份	法官职位	收案数量	人均收案量
1955	68	3695	54
1965	78	6766	87
1975	97	16658	172
1985	156	33360	214
1995	167	50072	300
2005	167	68473	410
2014	167	55623	333

① 顾培东：《诉讼经济简论》，载《现代法学》1983 年第 3 期。

② 参见陈桂明、吴如巧：《美国民事诉讼中的诉讼合并制度评介及对我国的启示》，载《政治与法律》2010 年第 5 期。

③ 参见陈卫东、刘计划：《从建立被告人有罪答辩制度到引入辩诉交易——论美国辩诉交易制度的借鉴意义》，载《政治与法律》2002 年第 6 期。

④ 以辩诉交易为例，其实施可能产生侵犯公民宪法权利、有违社会正义的价值理念、导致政府权力滥用等一系列问题。参见张智辉主编：《辩诉交易制度比较研究》，中国方正出版社 2009 年版，第 8-14 页。

⑤ ［英］阿德里安 A. S. 朱克曼主编：《危机中的民事司法——民事诉讼的比较视角》，傅郁林等译，中国政法大学出版社 2005 年版，第 74-75 页。

⑥ 陈杭平：《统一的正义：美国联邦上诉审及其启示》，中国法制出版社 2015 年版，第 138 页。

与美国的情况类似，改革开放40年以来，随着我国经济的飞速发展，诉讼案件也呈现出飞速上升的样态。作为这种近乎爆炸式增长的结果，法院及其工作人员的压力空前，“案多人少”已成为司法管理与司法运行中的惯常性描述。[①] 如何应对与缓解办案压力，减轻诉讼爆炸对现行司法系统的冲击，是目前我国法院不得不回答的一个问题。同时，诉讼爆炸既是挑战也是机遇，其解决对于我国诉讼制度的完善、司法体制的改革、审判机制的革新等有着极为重要的促进与推动作用。本文的主要内容包括如下方面：首先对目前我国法院的案件审判情况予以扼要说明，并对造成这种诉讼爆炸现状的成因与背景进行简短的分析；然后介绍前一段时期以及当下我国法院为应对诉讼爆炸所作出的努力与改革，并简要评述这些措施及其效果；最后总结全文。

二、诉讼爆炸的现状与成因

（一）我国诉讼爆炸的现状

自改革开放，我国的司法系统恢复运转以来，人民法院受理的案件数量基本处于一个不断上升、飞速发展的态势（见表3）。除此数量的增长外，我国诉讼爆炸的特点还在于案件类型的多元化与复杂程度的提高，实体与程序法制规范的逐渐完善以及案件的地域分布不均等。

表3　人民法院审理一审案件情况②

年份	收案	年份	收案
1978	447755	2000	5356294
1980	763535	2002	5132199
1982	1024160	2004	5072881
1984	1355460	2006	5183794
1986	1611282	2008	6288831
1988	2290624	2010	6999350
1990	2916774	2012	8222657
1992	3051157	2014	9489787
1994	3955475	2015	11444950
1996	5312580	2016	12088800
1998	5410798		

① 当然，有学者认为，中国的诉讼爆炸只不过是市场经济发展的必然结果而已，根本谈不上所谓的诉讼爆炸。参见彭兴庭：《中国“诉讼爆炸”是个伪问题》，载《中国青年报》2005年4月26日。笔者认为，就诉讼爆炸这一语词的本意而言，其仅指一种诉讼案件激增的客观情况，并无特定的具有价值判断性质的概念内涵，本文亦在此理解上使用该表述。

② 数据来源：《中国统计年鉴（1979-2017年）》。

从表3可以直观地看出，我国诉讼案件的上升确实呈现出一种“爆炸”的态势。1978年，全国法院一审案件收案44.7万多件；在1982年，案件数突破了100万，达到了102.4万多件；到了1996年，这个数字突破了500万，达到了531.2万件；十年之后，2006年，案件数量开始进一步快速增长，每一年增长30万至40万件。最近几年，诉讼案件数量又到了一个暴增的阶段，终于在2015年，全国一审法院收案量突破了1000万件，达到了1144万余件；2016年超过了1200万件；2017年的具体数字尚未公布，笔者预计可能超过1300万件。应该注意，这项数据仅为一审案件数，法院除此以外还需审理二审案件、审判监督案件，并办理执行案件。从整体上看，中国法院审判的一审案件数量在40年里增长了近30倍，这种爆炸式增长在世界范围内也十分罕见。

与此同时，诉讼案件本身也变得越发复杂化、多样化。“文化大革命”结束后，司法系统逐渐恢复、社会秩序趋于稳定，在这种背景下，诉讼案件的类型也发生了一系列深刻的变化。一方面，“变化了的政治情况在人民法院受理的刑事案件中有明显反映，反革命案件大幅度下降，1982年只占刑事案件总数的0.5%……人民内部犯罪已成为危害社会治安的主要问题”；另一方面，“人民法院受理的民事案件逐年大幅度上升……不仅婚姻家庭、继承、房屋、宅基地、损害赔偿等纠纷显著增多，而且新增加了不少土地、山林、水利、农具、耕畜、肥料等纠纷，涉外民事案件也已出现，并有上升趋势”。[①] 时至今日，我国诉讼案件的种类更加复杂。刑事案件方面出现了如污染环境犯罪、电信网络犯罪以及一系列新的治安类犯罪，而各类传统犯罪的犯罪手段、影响范围、危害程度等也体现出了新的样态；民事案件方面，包括劳资纠纷、婚姻家庭、产权保护等案件的民事法律关系更为纷乱。此外，行政案件也早已出现，其诉讼程序也在逐渐完善；知识产权案件数量上升，2013年至2017年，各级法院审结一审知识产权案件68.3万件；商事案件，如破产案件、股权争议案件等在当下社会生活中亦不鲜见。[②] 现在法院审理的一些案件，有涉案金额数百亿元的集资诈骗案、跨国公司之间复杂的股权争议、大型科技企业的知识产权纠纷等，这些案件在数十年前都是复杂到不可想象的。

除此之外，社会对诉讼服务的需求不仅体现在数量（审判效率）上，其对案件审理的质量，尤其是对程序质量亦提出了新的要求。司法的核心价值在于公正，而司法公正既包括实体公正也包括程序公正，两者是辩证统一的关系。换言之，没有程序公正，实体公正的要求就无法实现，严格的司法程序是维护司法公正的可靠保障与现实需要。[③] 为了实现程序公正的要求，我国制定与修改了一系列程序性法律，如制定了刑事、民事、行政三大诉讼法，并随着实践变化进行了数度修改，最高司法机关与相关部门亦围绕诉讼法的规定制定了大量司法解释及其他规范性文件。程序性法律的不断完善实际上对法院和审判者本身都提出了更高的要求，要求法官执行更为严格的权利保障条款，要求法官更加审慎地审理以防出现错误案件，等等。以此观之，由于程序设定限制了法官裁量权、明确了审理程序，使得法官无法按照以前缺乏规制的“自由”方式审理案件，且一系列案件管理方面的规定增加了大量的文书工作，这些因素都导致了法官办案压力的增加。

---

① 参见1983年6月7日江华在第六届全国人民代表大会第一次会议上做的《最高人民法院工作报告》。

② 参见2018年3月9日周强在第十三届全国人民代表大会第一次会议上做的《最高人民法院工作报告》。

③ 陈卫东：《严格司法程序维护公平正义》，载《求是》2007年第4期。

总而言之，上述三个方面归结为一点，就是法院在案件审判上的压力越来越大，而作为具体办案的法官个体而言，这种压力是最为直接与明显的。当然，如果采取相应措施，如增加法官人数，整体上案件数量的增多并不代表每一个法官个体压力的增加。然而，中国的法官数量并未如案件数一般上升。1982 年，我国法院共有法官 7.7 万人，其他审判工作人员 6.7 万人；1997 年，法官数为 17 万余人，其他人员为 11 万余人；2005 年，法官人数将近 19 万，其他人员 10 万余人；2014 年，法官人数 19.6 万，其他人员近 14.4 万人。① 通过非常粗略的计算可以看出：在 1982 年，每个法官一年需办理一审案件 13.3 件；1997 为 31.1 件；2014 年为 48.4 件。从宏观上看，40 年来，在案件数增加近 30 倍的情况下，法院工作人员的人数仅增加到 30 多万人，这能够直观地说明法官个体的办案压力也越来越大。

表 4　我国部分地级市平均收案数对比表（2012-2014 年）②

地市级中院	年均收案数	法官人数	人均收案数
内蒙古阿拉善地区中院	549	37	14.8
云南省丽江市中院	2874	31	92.7
甘肃省天水市中院	1713	52	32.9
广东省佛山市中院	18529	195	95

还应说明的是，由于中国经济发展呈现出极不平衡的状况，东部沿海地区的诉讼案件量较西部欠发达地区要多（见表 4）。这种不平衡也是在中国案件爆炸背景下的一个特点，也是改革必须注重的问题。

（二）诉讼爆炸的成因

从国外经验来看，诉讼爆炸的成因既包括社会主要争端以及经济关系的变化，也包括与诉讼相关的费用、公民态度、法律支持以及法律职业构成等因素。③ 我国情况大体上同样如此，随着改革开放以来经济的飞速发展，法制建设不断完善、公民受教育程度逐渐提高、依法治国方针的确立等，都构成了诉讼爆炸的诱发因素。

首先，经济基础乃诉讼这种上层建筑的根本，经济的长足发展构成了我国诉讼爆炸的基础因素。中国诉讼案件的“爆炸”与高速的经济增长存在正向的相关性，这种相关性是显而易见的。其一，经济发展的背后是民商事活动数量的大幅上升，其中必然暗含了纠纷与争议，而许多纠纷最终都流向法院，由审判机关加以解决。例如，经济发展带动了国民消费，而消费率的提高则隐藏了一系列买卖合同、服务合同的出现，若出现合同违约、侵权行为，当事人就有可能诉诸司法。其二，经济增长同样也改变了社会结构，由此引发了相当程度的社会矛盾，这些矛盾一部分表现为犯罪，社会的犯罪数量也随之上升；同时，

① 南门徙木：《中国法院人数考》，http：//nanmenximu.fyfz.cn/b/886072，最后访问时间：2018 年 7 月 2 日。

② 陈陟云、孙文波：《法官员额问题研究》，中国民主法制出版社 2016 年版，第 93 页。

③ C. W. Brooks, Pettyfoggers and Vipers of the Commonwealth: The “Lower Branch” of the Legal Profession in Early Modern England, Cambridge University Press, 1986, p. 79.

国家向刑事侦查与社会管控增加投入财政资金，使刑事案件破案率得到了大幅提升，大量原本难以查获的案件得以侦破并进入司法程序，从而导致了刑事诉讼案件量的增加。

其次，我国的法制建设与经济建设同时重启，大量的法律法规得到了新增与完善，法律制度也变得更加健全，这使得原来难以由法院解决的纠纷有了解决途径与依据。作为成文法国家，我国法院审判案件一般须有法律或相应规范性文件作为基础，否则若无法可依，纠纷解决就可能产生一系列问题。“文化大革命”期间，我国法制毁坏殆尽，有效的法律似乎只有宪法、土地改革法、婚姻法，但社会生活中需要法律调整的法律关系却远超这些法律调整的范围，为了使社会秩序进入稳定的运转轨道，就必须恢复法制。正是在此背景下，党的十一届三中全会确立了“健全社会主义法制”的基本方针，开始了以立法工作为首要任务的法制建设。① 例如，在纠纷数量最多的民事领域，其重要的立法包括《民法通则》(1987 年施行)、《民事诉讼法》(1991 年施行)、《合同法》(1999 年施行)、《物权法》(2007 年施行)、《侵权责任法》(2010 年施行) 等，这些法律明确了相应的法律关系以及诉讼进行的程序，使民事纠纷可以有效妥善地得到司法解决。② 总之，法律支持扩展了法院处理的案件范围，使得大量纠纷被纳入了诉讼轨道。

再次，随着国民受教育水平的提高，其法律意识得以增强，在纠纷发生后，人们也变得逐渐倾向于向法院寻求纠纷的解决。在缺乏法律意识的情况下，公民面对利益冲突往往会诉诸私力，若所有冲突都以此种模式解决，那么社会将立即陷入无政府的混乱状态，而本身解决的效果也将大打折扣。通过普遍的法制教育以及长期的法治实践，国民逐渐意识到司法在冲突解决中的重要地位，由司法判决与执行提供的公力救济既具有权威性又普遍较自行处理更为公正，如此可以较好地解决某些棘手的矛盾冲突。因此，在公民法律意识、维权意识已经逐渐成熟的当下，公民对司法参与的主动性逐渐增强，使得过去一些依靠民间解决的纠纷进入了诉讼轨道，进一步推高了诉讼案件数量。

最后，国家开始逐渐强化法院在社会治理上发挥的作用，以出台政策的方式有意识地鼓励公民将纠纷诉诸司法。法治中国的建设要求增进公民参与，这既是司法为民精神的体现，也是加强社会治理的有效手段。近期我国最为重要的相关改革为 2015 年推动的“立案登记制”，其以立案登记、形式审查两步的立案模式基本实现了“有案必立、有诉必理”的要求。③ 立案登记制度降低了法院受理案件的门槛，使司法的大门更加敞开，而这亦进一步造成了案件数量的显著攀升，直接导致了 2015 年全国一审收案总数突破了千万大关。

三、诉讼爆炸的法院应对

面对越来越重的案件压力，必须对中国的司法体制与诉讼制度进行一些适当的改革，从而确保现行法院系统能够顺利运转。应对的思路大体有以下几方面：其一，增加办案力量，包括增加法官职数，配置有效的司法辅助机制，加强一线业务部门，等等；其二，提高办案效率，如改革审判程序，建立案件繁简分流机制，应用科技手段辅助办案等。缘此

① 参见刘瀚、李林：《我国法制建设 20 年成就与展望》，载《求是》1998 年第 23 期。
② 参见张新宝、张红：《中国民法百年变迁》，载《中国社会科学》2011 年第 6 期。
③ 最高人民法院立案登记制改革课题组：《立案登记制改革问题研究》，载《人民司法》2015 年第 9 期。

路径，法院系统实行了一系列改革举措，以期能在某种程度上缓解目前面临的办案压力，此类措施有体制层面的，也有具体法律制度层面的，同时也有技术上的运用与完善。具体而言，这些应对方案主要有四个方面的内容：法官员额制与人员分类改革、司法责任制改革、诉讼程序的繁简分流以及司法科技与大数据的运用。

（一）员额制改革

员额制改革属于司法体制改革中的内容，是“四梁八柱”性质的基础性改革。员额制改革的实施内容可划分为以下几个层面：第一，划定一个法官的数量界限，设定的法官数量界限大概为所有法院工作人员的20%至30%（中央政法专项编的39%）；第二，以确定的法官数量重新选任法官，选任程序包括考核、考试、任命等；第三，按照1：1：1的比例（各地的比例可能有所不同）进行法院工作人员的分类改革，为法官配置专门的法官助理与书记员，由其为法官办案服务。①

员额制改革的目的在于实现法官队伍的职业化与精英化，并以这种方式推动办案力量的增强。② 以往我国部分法官并不直接审理案件，而是从事一些行政、管理性质的工作，但是在员额制改革后，几乎所有的法官都要实际办理案件，这即增加了参与案件办理的人员数量。③ 同时，员额制改革提高了法官的质量，一些不适宜审判案件的法官在改革后被调至其他岗位，而一些优秀的助理、书记员在改革后被遴选为法官。这样一来，法官队伍整体的职业化水平与素质得到了提高，对于案件审理质量和效率的把握有十分重要的帮助。除此之外，法官队伍建设也逐渐朝着专业化的方向进行，如熟悉涉婚姻案件审理的法官可专门审理涉婚姻案件，擅长审理债务纠纷的法官将专门审理债务案件等，这样的灵活设置也将提高办案的质效。④

虽然在员额制改革后，全国的法官人数由21万多降低到了12万多，但实际上整体的办案力量却有所加强。例如，上海二中院将首批173名入额法官及法官助理、书记员全部配置到审判一线，实现85%以上的审判力量投入办案；全院共编成82个合议庭，按照改革要求对除院庭长外69名法官的审判长资格及任期重新确认，院庭长全部编入合议庭并依法担任审判长。⑤ 受相关单位委托，笔者于2018年5月在北京的法院系统进行了一项调研，结果显示，在办案质量未受影响的情况下，法院的办案效率正在逐渐上升。例如，2015年至2017年平均结案天数逐渐缩短，北京三中院的数据依次为32.72天、32.58天、27.24天，降幅明显；延庆法院的同期数据为2015年为52.03天、2016年为56.94天、2017年为44.15天。

（二）司法责任制改革

司法责任制改革要求法官对自己审判的案件质量负责，如果因为故意或重大过失导致

---

① 陈卫东：《当前司法改革的特点与难点》，载《湖南社会科学》2016年第2期。

② 章武生：《我国法官的重组与分流研究》，载《法律科学》2004年第3期。

③ 参见叶三方、叶圣彬：《如何面对法官员额“自觉退出”机制》，载《人民法院报》2017年7月15日。

④ 林振通：《员额制背景下审判团队配置模式与职责定位》，载《人民法院报》2016年9月29日。

⑤ 陈卫东、程雷：《司法革命是如何展开的——党的十八大以来四项基础性司法体制改革成效评估》，载《法制日报》2017年7月10日。

严重的错误判决，法官将受到司法责任的追究。这项改革的背景在于以往案件的审判要经由法院院长、庭长审批。[①] 例如，法官对某一刑事案件作出判决，判处被告人有罪，而这个判决在法院内部还需要庭长或院长签字确认，对于重大、复杂、疑难的案件，可能还需要审判委员会讨论如何作出判决。司法责任制事实上废除了这种类似行政审批的做法，审判案件的法官对案件的判决自己作出决定，不再向院庭长报批。显而易见，案件办理的效率即可得到很大程度的提升。

以往案件的审批需要耗费很多的时间与精力。为防止发生错误判决，庭长审批案件事实上需将所有的案件材料再次审阅从而起到“把关”的作用。司法责任制改革停止了这种做法，也就解放了大量的办案力量，使法官与法官助理能够更加集中精力地办理案件。[②] 同时，司法责任制的实施还带来了另外一项优点，由于案件的质量需要法官个人负责，法官在审理案件时必然会更加仔细、更加审慎，此亦将促使案件的审判质量得到一定程度的提升。[③]

（三）诉讼程序的繁简分流

众所周知，案件的繁简分流是提高司法效率一项可行的路径。诉讼案件的情况永远因个案而异，既有非常简单、争议额小的案件，也有极其复杂、标的巨大的案件，为这些不同情况的案件设定繁简不同的诉讼程序，是世界各国诉讼制度不约而同的选择。[④]

以刑事诉讼为例。例如，在德国，刑事诉讼程序分为普通程序、快速审理程序与处罚令程序等。[⑤] 而我国的刑事诉讼制度长期以来在程序设置的精细度上还显得相当不足，1979年刑事诉讼法的审判程序只规定了一种普通程序，1996年刑事诉讼法虽然增加了简易程序，但适用案件的范围、简化的程度依然不足。这种情况在2012年刑事诉讼法修改后虽然有所缓解，但问题依然比较严重。这种严重性由两个方面的原因导致：其一，前文已述，由于犯罪率的升高，案件数量急剧上升，使得刑事审判不堪重负；其二，刑事实体法在近年出现了“轻刑化”的趋势，由于劳动教养制度被废除，大量原本由行政处罚处理的案件纳入了刑法的处罚范围，如盗窃罪增加了公共场合盗窃、扒窃、多次盗窃的类型，新增了醉酒驾驶的刑法条款等，这种趋势直接导致了刑事案件数的上升。对于后者而言，这些新增加的犯罪类型都属于较为轻微的犯罪，如醉酒驾驶案，这类案件的案情一般都十分清楚，证据也十分明确，如果采取通常的庭审程序，要求经由质证、法庭调查、辩论等程序，毫无疑问将导致效率的降低。

解决轻微案件的审判效率问题就必须引入更为简化的诉讼程序。仍以刑事案件的审判为例，2016年中国展开了刑事速裁程序的试点。所谓速裁程序，就是将刑事简易程序予以进一步简化，这种简化既包括程序上的简化——“被告人当庭认罪、同意量刑建议和使用速裁程序的，不再进行法庭调查、法庭辩论”，也包括手续上的简化，如可以简化检察机关的起诉书等。由于适用速裁程序审理的案件是极为简单的被告人认罪案件，因此也对起诉、

① 参见张文显：《论司法责任制》，载《中州学刊》2017年第1期。
② 参见陈卫东：《司法责任制改革研究》，载《法学杂志》2017年第8期。
③ 参见张智辉：《论司法责任制综合配套改革》，载《中国法学》2018年第2期。
④ 傅郁林：《繁简分流与程序保障》，载《法学研究》2003年第1期。
⑤ 参见李本森：《刑事速裁程序的司法再造》，载《中国刑事法杂志》2016年第5期。

审判的时间作出了进一步压缩，要求法院一般应在7个工作日审结案件。① 从速裁程序的试点来看，在效率上取得了较好的效果，适用此程序审理的案件在时间上大幅度缩短。② 而2018年刑事诉讼法的修正将正式把此制度纳入法律规定，从而在刑事诉讼法中形成普通程序、简易程序、速裁程序三种繁简程度不同的程序设置，这样一种精细化的改革将更好地将不同的案件予以类分，从而提高刑事审判的效率。

除此之外，刑事诉讼方面还有一项重要的改革，即认罪认罚从宽制度。这项改革通过从轻量刑来鼓励犯罪嫌疑人、被告人认罪，以降低案件审判的难度与复杂程度，使得审判能够集中力量解决定罪外的问题，进一步提高司法效率。③

（四）大数据等技术在司法中的运用

近年来，中国的法院系统还有一项十分重要的变化，就是将现有的科学技术，特别是信息技术应用于司法中。科学技术是第一生产力，科技应用与司法的结合当然能对审判效率有着极大的推动。④

举一个简单的例子，现在中国许多法院都配置了智能语音的文字转化技术。庭审需要书记员进行记录，而我们的书记员需要负责许多行政工作，并不是专业的速记员，记录的速度也因人而异。在某些情况下，记录可能比较缓慢，甚至会出现错记、漏记的情况，而智能系统的运用直接将语音转化为文字，书记员对错误的文字记录进行修改即可，这提高了庭审的流畅度。⑤ 甚至现在的语音识别系统已经能够识别各地方言，转化准确率已经达到了95%以上。

当然，法院对科技的应用不仅在此，语音识别技术的使用只是冰山一角。法院对科技的应用，我们称之为“智慧司法”。⑥ 智慧司法在审判工作中主要有三方面的应用。

第一，司法辅助。我国建立的司法智能辅助系统搭载了大量辅助审判工作的应用工具，如司法资源智能检索、审判经验智能共享等技术手段能够帮助法官更为便捷地搜寻、检索相关的法条、类似判例、法律文书等审判参考资料；庭审语音智能识别技术大大减轻甚至替代了书记员的记录工作；裁判文书辅助制作、智能分析等功能减少了裁判文书的差错率，提高了裁判文书的质量。⑦ 这些司法辅助工具的应用增强了审判的实践效果，司法辅助系统的智能化、科学化正逐渐成为现实，在此背景下，法官可集中精力办理关于案件定罪量刑等涉及司法权运行的事项，减少了事务性工作对法官精力的消耗。

---

① 李本森：《刑事速裁程序试点实效检验——基于12666份速裁案件裁判文书的实证分析》，载《法学研究》2017年第5期。

② 陈卫东、聂友伦：《侦查视角下的刑事速裁程序效率研究——现状、问题与展望》，载《中国刑事法杂志》2016年第6期。

③ 参见陈卫东：《十八大以来司法体制改革的回顾与展望》，载《法学》2017年第10期。

④ 这一观点早在20世纪80年代已有学者提出，参见徐盼秋：《要用现代科学技术手段武装司法工作》，载《法学》1984年第11期。

⑤ 参见何帆：《我们离“阿尔法法官”还有多远》，载《方圆》2017年第2期。

⑥ 应予以注意，鉴于司法权功能与性质的特殊性，科技的运用如大数据、云计算、信息技术、人工智能都只是实现合法正义的辅助手段，切不可本末倒置，这是科技在司法运用中必须坚持的一项基本原则。参见季卫东：《人工智能时代的司法权之变》，载《东方法学》2018年第1期。

⑦ 程雷：《在改革发展中推进智慧法院建设》，载《人民法院报》2017年7月10日。

第二，司法管理。司法管理的“去行政化”改革不是对司法管理权的完全否定，也不是否定司法管理权的行政属性，而是确保法院以司法的方式审理案件。[①] 我国长久以来的司法管理制度在审判效率方面存在一系列“放任自流”的问题，如各部门信息渠道的隔离影响法官进行正确决策，监控机制的缺乏使得法官怠于履行职责，等等。大数据与信息技术在司法管理中的应用将在很大程度上解决上述困难。在司法信息系统中，其一，审判管理数据呈现公开化的样态，审判流程公开，每一件案件的任何进展都能够立即在网上予以体现，能够最大限度地促进法官勤勉工作、高效办案；其二，打破了案件审理信息与执行信息系统、司法人事管理系统、行政办公系统之间的藩篱，改变了信息孤岛现象，使承办法官可以第一时间掌握其审理案件的状态和动向，大幅提高审判的效率。[②]

第三，改革方案的决策与评估。改革措施作为审判质量与效率提高的基础，其科学性与可行性应当受到重视。司法改革方案设计的科学性建立在客观数据的评估基础之上，现代统计方法和大数据分析挖掘非常有利于实现司法评估“发现司法不足，促进司法发展”的目标。[③] 好的司法改革方案必然将效率作为其设计目标之一，以有效的评估与决策作为推进与完善改革的手段，将对司法效率的提升产生间接推动作用。

四、结语

诉讼爆炸乃一国社会与经济发展到特定阶段的产物，其直接表现为诉讼案件剧增，导致办案压力增大、法院系统不堪重负。作为纠纷解决、社会治理最为重要的公共产品，司法必须有效满足公众日益增长的诉讼需求，否则纠纷不解、民困不疏，长此以往必将导致严重的社会冲突。从另一个方面看，诉讼爆炸问题的解决需要科学化的体制设置与制度安排，这也将在侧面推动法治建设的进一步深化与发展。

改革开放以来，我国的年均诉讼案件数量处于爆炸式上涨的态势，可以说中国的“诉讼爆炸”样态已基本成型。诉讼爆炸在实践中不仅表征为案件数量的大幅度增加，也体现在案件内容越发复杂、程序公正要求提升等诸多方面。究其成因，不论是经济发展带来的社会活动增多、犯罪数量与破案能力的提高，还是法制体系逐渐完善、公民法治认识增强，都应作为诉讼爆炸的诱发因素。如何在中国的法治背景下缓解诉讼爆炸带来的办案压力，是当下法院面临的紧迫课题。

解题的思路无外乎两条，其一，增加办案力量，增加法官职数、调整法官职能、配置辅助人员、减少行政事务等都可归于此类；其二，提高办案效率，如构建诉讼案件繁简分流程序、应用科技手段等。上文提及的实践中法院应对诉讼爆炸的相关措施亦未突破该思路，但是从理论上看，此二者均存在一定的瓶颈或界限。就办案力量而言，由于法官职数已经基本定额，难以继续增加，提升办案力量只能依靠内部挖潜，但是这种内部的潜能有上限，不可能一直依靠法院工作人员加班加点予以满足。对办案效率来说，一方面，案件

---

① 崔永东：《司法改革与司法管理机制的“去行政化”》，载《政法论丛》2014 年第 6 期。

② 参见胡昌明：《中国智慧法院建设的成就与展望——以审判管理的信息化建设为视角》，载《中国应用法学》2018 年第 2 期。

③ 参见郑飞：《中国司法评估实践的理论反思》，载《证据科学》2018 年第 1 期。

繁简分流及相关改革的本质就是以“程序公正”换“诉讼效率”，虽然其正当性可以证成，但过于偏重效率必然将导致公正的隐忧；另一方面，科学技术的应用终究只能起到司法辅助的作用，尚无可能以之替代司法，其对司法效率的提高效果有限。总而言之，虽然决策机关出台了一系列对策来解决诉讼爆炸的问题，但是“案多人少”的压力仍然存在并将长期存在。推进这一系列改革措施能够在何种程度上缓解压力，仍需进一步予以观察。

相对合理：司法场域中的捕诉合一

陈　实*

审查逮捕和审查起诉一直以来是刑事诉讼法赋予我国检察机关的两项重要职权。世纪之初的检察改革中曾出现过审查批捕和审查起诉由同一办案人员或办案组织负责的“捕诉合一”的捕诉关系，而后因遭到质疑被叫停。在近年来新一轮的检察体制改革中，捕诉关系调整仍然是检察机关改革的重点，并再次出现实行捕诉合一的动向和呼声。捕诉合一如何在捕诉关系中产生，其禁而不绝反映出怎样的实践理性和内在逻辑。在当前的司法体制改革背景下，捕诉合一又是否具有诉讼理性和制度价值以及现实可行，本文试图研究并回答这些问题。

一、作为检察权运行机制的捕诉合一

捕诉合一问题并非一开始就有，而是存在于由来已久的捕诉关系之中。捕诉之间的关系经历了从检察机关内设机构到办案组织的分与合，现阶段的捕诉合一是在办案组织层面的检察职能合并，牵涉检察权的配置与行使，是我国当前检察权运行体制改革的重要内容。

（一）内设机构层面的捕诉合署

1954 年我国首部宪法、人民检察院组织法颁布实施之初，审查逮捕与审查起诉两项检察职能随着检察机关内设机构的分设而呈现出分立格局。20 世纪 60 年代检察机关在历经风波之后重设内设机构，捕诉两个部门开始了之后长达 30 多年的合署。但值得注意的是，根据最高检《关于审查批捕、审查起诉、出庭公诉工作的试行规定（修改稿）》（1963）的要求，“各级人民检察院办理批捕、起诉案件，应当实行‘专人审查，集体讨论，检察长决定’的制度”，这种专人审查，三级审批的办案制度在其后于 1980 年制定和于 1991 年修改的《人民检察院刑事检察工作试行细则》中也得到一以贯之的坚持。因此，在 1962 年至 1999 年，捕诉的合并关系只发生在内设机构层面，捕和诉具体办案仍由不同的承办人负责。

（二）办案组织层面的捕诉合一

1999 年，最高检将审查批捕和审查起诉从刑事检察厅分立为两个职能机构，但在同年推行的“主诉检察官制度”的改革方案中却规定：“主诉检察官承办案件时对需要采取、变更、撤销逮捕的应当提出意见，报请检察长决定。”这实际上相当于在检察办案组织的层

* 作者简介：陈实，中南财经政法大学法学院副教授，中南财经政法大学法治发展与司法改革研究中心研究员。

面为捕诉合一提供了制度空间。随着主诉检察官改革的推行，“捕诉职能集中行使制度”，即办案组织层面的捕诉合一于2000年在深圳市的地方检察改革实践中首现。

捕诉合一牵涉审查逮捕与审查起诉两项重要检察职权的配置与行使，其本质上并非检察机关内部的行政性机构改革，而是捕诉职能在办案组织层面的集中行使。捕诉合一将会直接影响批捕、起诉、侦查监督等检察权的运行方式和程序，并且间接影响侦查、审判以及刑事诉讼被追诉人的权利保障与救济等一系列与检察权运行顺承关联的其他程序和制度，具有“四两拨千斤”之功效。因此，应当意识到捕诉合一是检察权运行机制的调整，乃至对司法体制改革也会产生影响。但必须指出的是，检察机关长期以来却存在将捕诉合一视为其内设机构改革的狭隘观念，这与检察“办案组织”概念的模糊，及其与检察“内设机构”概念的混淆不无关系。①

二、捕诉合一何以应运而生

布迪厄认为，制度绝非僵化的教条，也并非由单一力量直接决定，而是有其独特的产生机理和运行逻辑，理解制度必须深入其运行的具体场景即场域之中。② 因而笔者认为，捕诉合一是通过重新配置办案资源，改革内部办案方式从而对新的司法场域的一种回应和平衡机制。

（一）缓解案多人少的效率矛盾

在司法实践中，案多人少的效率矛盾是检察机关实行捕诉合一的直接动因，并主要表现为两方面。

一是捕诉案件量剧增的直接影响。在率先推出捕诉合一制度的深圳市，仅从1999年到2004年，深圳市检察机关年受理批捕、起诉案件数合计上升了190%，而5年来全市检察机关刑检部门人员从191人增加至214人，增长率仅为12%。放大至全国，据统计，1988年至2011年，我国检察官数量由11.2万人增长到了15.1万人，增长率仅为34%，每10万人口检察官数量由10.20增长到11.21，增长率仅为10%，而同期检察院审查批捕、决定逮捕案件量却增加了1.19倍，提起公诉的案件数量增加了2.13倍，检察官数量的增长远远小于承担的工作量的增长。③ 巨大的案件增量及其造成的案多人少矛盾在改革前沿阵地表现得更为显著。尤其是到2015年，员额制改革推行之后，案多人少的矛盾更为突出。为了提升办案效率，包括北京、吉林、浙江、湖北、湖南等首批司法体制改革的试点省市几乎都将捕诉关系调整为了捕诉合一。

二是捕诉审查方式变化的间接影响。自1996年刑诉法修改以来，捕诉审查的基本立法趋向是规范化和诉讼化。最高检在《人民检察院刑事诉讼规则》（1999）中提高了逮捕审

---

① 检察机关真正开始使用“办案组织”这一概念，以及对办案组织的调整变化关涉到司法规律和程序法理的理解和讨论是近年来的事情。检察机关官方文件中正式出现“办案组织”概念是在2015年最高人民检察院出台的《关于完善人民检察院司法责任制的若干意见》之中。

② 参见［法］布迪厄：《法律的力量：迈向司法场域的社会学》，强世功译，载《北大法律评论》1999年第2卷。

③ 参见朱景文主编：《中国法律发展报告2012——中国法律工作者的职业化》，中国人民大学出版社2013年版，第4页。

查的程序要求。在2012年刑诉法的修改中，立法又增加了检察机关捕诉环节的一系列程序要求。例如，审查批捕阶段的讯问犯罪嫌疑人、询问证人、听取辩护律师意见，以及审查起诉阶段听取辩护人和诉讼代理人意见等。在捕诉分立的情况下，这些措施在规范审查逮捕的同时也势必会增加审查的流程和耗时。1996年刑诉法将审查起诉阶段退回补充侦查修改为以两次为限，并且检察机关要在法定的1个月之内完成讯问犯罪嫌疑人、询问证人、调取核实相关证据等事项，审查起诉时限常常捉襟见肘。因此，在捕诉分立的情况下，占用的办案人手更多，尤其是捕和诉的一些重复性审查消耗了大量的办案时间，加剧了案多人少的矛盾，这也是检察机关调整捕诉关系的主要动因。

（二）提高捕诉案件质量的现实需求

1996年刑诉法中逮捕的证据条件从原来的“主要犯罪事实已经查清”放宽为“有证据证明有犯罪事实”，同时，公安机关长期以来作为逮捕替代措施的收容审查制度被取消。当时的立法改革对公安机关办案质量、侦诉关系以及捕诉关系造成的现实影响促使了捕诉合一的产生。

一方面，自1996年以来，捕诉审查的标准不再一致，在捕诉分立的情况下，对于应否逮捕，以及捕后能不能诉，公安机关与检察院之间，以及检察院捕诉部门之间则开始产生严重分歧。另一方面，由于逮捕证据条件放宽，侦查机关在提请逮捕时的主要犯罪事实可能还远未查清，加之收审措施被取消以及羁押期限的限制，导致侦查机关在批捕之后移送审查起诉的案件在证据方面常常达不到起诉标准。同时，1997年公安部实行“侦审一体”，这使得侦查机关内部案件审查机制真空化，进一步导致移送审查起诉的案件质量降低。2012年刑诉法规定了逮捕必要性的情形、三种特殊的逮捕条件以及转化逮捕的条件。但据调查报告显示，侦查质量不高而实质性退补，以及检方认为证据达不到起诉条件，但为规避不起诉率而退补做撤案处理仍是审查起诉阶段退补的主要原因。[①] 因此，通过捕诉合一，消除捕诉审查分歧，从而捕诉能够提前介入侦查实施引导，以提高捕诉案件质量，这是检察机关实行捕诉合一的现实原因。

（三）强化捕诉办案责任的内外诱因

司法行为的评价机制虽不是正式程序规则，但在其影响下，捕诉程序被彼此关联起来，甚至形成利益捆绑，这是导致捕诉合一出现的重要诱因。

首先，国家赔偿法的错捕评价是捕诉关系调整变化的外在诱因。1995年，我国首部国家赔偿法规定，对没有犯罪事实的人的逮捕属于侵犯人身权利的错捕，作出逮捕决定的检察机关为赔偿义务机关，要承担相应的赔偿责任。2010年和2012年两次修订的国家赔偿法虽然删除了“错捕”字样，但仍然规定了对采取逮捕后，决定撤案、不起诉或者判决宣告无罪终止追究刑事责任的受害人不区分情形地进行赔偿。因此，这种结果主导程序，并进一步绑架办案司法机关的国家赔偿方式，致使检察机关需要在办案机制上对捕诉做关联考量，从是否能起诉以及胜诉的结果角度去考量批捕，以减少和规避赔偿责任。

---

① 参见天津滨海新区塘沽区检察院课题组：《新刑诉法语境下程序倒流探析》，载《广西政法管理干部学院学报》2014年第5期。

其次，检察机关内部办案绩效考评是推动捕诉合一的内在诱因。在检察系统中，进行绩效考核时遵循的都是以最终案件处理结果为标准衡量捕诉办案质量。《人民检察院审查逮捕质量标准（试行）》（2006）中规定“没有犯罪事实或者依法不应当追究刑事责任的人批准逮捕的，是错捕”，除因事实证据和法律变化的错捕外，“撤案、不起诉、被判决无罪”也均属能认定的错捕。最高检于2010年修正了错捕的部分情形，但仍以实体结果作为判断是否错捕或存有办案缺陷的标准，这使得捕诉之间的利益关联仍然存在。可见，内外评价制度实际上已经使捕诉关系形成了利益捆绑。因而要符合考评指标，就要将捕诉审查交由同一个办案人员负责，使捕诉利益形成一致，不因审查人员和标准不一而产生内耗。

三、捕诉合一是否现实可行

捕诉合一的地方实践虽然有助于平衡司法场域中检察机关的需求和矛盾，但捕诉合一自运行以来便不断遭到各方的质疑和批评。笔者以为，立足于我国司法场域，捕诉合一具有一定的可行性，其所具备的制度价值并不排斥诉讼规律，对当前的司法改革也有所裨益。

（一）捕诉合一有助于推进以审判为中心的诉讼制度改革

2014年中共中央十八届四中全会提出“推进以审判为中心的诉讼制度改革”，这一改革一方面是要使庭审成为刑事诉讼活动的关键环节和主要方式，切实发挥庭审的决定性作用。[①] 另一方面是旨在扭转我国长期以来形成的“侦查中心主义”的诉讼异化格局。[②] 与此同时，中央重申并强调了三机关之间分工负责、互相配合、互相制约的关系不能改变，必须长期坚持。[③] 因此，立足于三机关之间的政法“体制关系”一时难以根本撼动的现实前提，通过调整和改变办案“机制关系”，尤其是撬动侦诉关系改变，逐步松解固化的诉讼格局，是推动以审判为中心的诉讼制度改革的正道。

在捕诉分立的情况下，审查逮捕环节侦查活动尚未完全展开，因而检察机关难以对侦查行为进行有效的引导和制约。另外，人身自由羁押作为审查的主要内容，制约侦查的程序功能较为薄弱。在审查起诉程序中，由于侦查活动已经终结，虽然可以对所有侦查活动进行审查，但这种审查注定已失去实效。而在捕诉合一的情况下，审查批捕过程中检察机关能以面向起诉的标准介入侦查，这一方面使得检察机关能有效制约和规范侦查行为，逐步扭转侦查中心主义格局；另一方面能提升证据意识和取证效果，并有利于公诉机关提高起诉和指控效果，逐步促进庭审实质化。因此，通过捕诉合一，有利于形成审前程序以起诉为中心，审判程序以庭审为中心，整个刑事诉讼以审判为中心的诉讼格局，契合当前以审判为中心的诉讼制度改革的核心利益。

（二）捕诉合一与检察机关批捕职能并不矛盾

批评捕诉合一的观点认为，审查逮捕是对强制措施的审查权，属于司法性权力，而审

① 参见沈德咏：《论以审判为中心的诉讼制度改革》，载《中国法学》2015年第3期。

② 参见陈瑞华：《论侦查中心主义》，载《政法论坛》2017年第2期。

③ 参见习近平：《关于〈中共中央关于全面推进依法治国若干重大问题〉的决定的说明》，载《人民日报》2014年10月29日第2版。

查起诉是对涉嫌犯罪的行为进行审查及发动起诉的权力，属于行政性的公诉权，两种不同性质的权力不能混同行使。对此，笔者认为这种批评忽略了捕诉职能在我国一直以来都是归于检察机关行使的现实，反而将问题拖入了逮捕权归属的层面。虽然这种观点超出了捕诉合一问题的讨论范畴，但其使检察机关不得不承受逮捕审查权正当性的质疑，因此仍需略做分析。

仅就批准逮捕权归属于检察机关而言，在我国也是相对合理的。首先，司法审查并非绝对指法院和法官审查。联合国《公民权利和政治权利国际公约》对逮捕权行使主体的要求是“审判官或授权行使司法权力的官员”。检察机关在我国是受宪法保障的司法机关，这与国际公约中对逮捕权主体的要求是基本符合的。其次，理想化的审查批准逮捕是由法院和法官进行，但在我国的司法场域中，承载着打击犯罪功能的刑事审判尚不能保持中立性，“法院很可能对自己批捕的人都定罪判刑，这可能对犯罪嫌疑人、被告人更不公平”。[①] 最后，新中国成立后检察机关被赋予法律监督地位，批捕职能一直被视为是侦查监督的主要职能并被强化，已经形成了固定的制度传统。因此，检察机关行使逮捕审查权虽不是完美的制度安排，但在我国却具有现实和历史的依据，是相对合理的制度选择。

（三）捕诉合一不会异化审查逮捕以及削弱内部监督

对于捕诉合一，有两个令各方担忧的问题，一是审查逮捕程序可能会因审查起诉的介入而丧失独立性和中立性。二是可能削弱了检察职能和内设部门之间的相互制约。立足于我国司法实践，这些问题都可迎刃而解。

第一，捕诉合一不会挤压审查逮捕程序的独立性。首先，捕诉合一并非是检察职能的合二为一。在立法上，捕和诉是两个不同阶段的程序，诉讼活动中也是一先一后发生，因而审查逮捕在诉讼程序意义上的独立性不会丧失。其次，即使实行捕诉合一，也是审查起诉功能部分地融入审查逮捕程序，作为前程序的审查逮捕的独立性不会因此丧失。这可能会人为提高逮捕审查的条件，使逮捕审查的程序性功能受到一定抑制。但是，这种抑制虽然会在一定程度上产生“可捕而未捕”的现象，但这是一种有利于被追诉人的“正向抑制”。因而，捕诉合一实际上有利于矫正以往长期存在的逮捕率畸高的积弊，使逮捕在实际效果上表现出“谦抑性”，从而回归强制措施的程序功能。

第二，捕诉合一不会消解审查逮捕程序的中立性。首先，即使捕诉分立，司法实践中审查批捕的办案人员也不会不考量检察机关的整体利益。因此，捕和诉合于一个办案机关和在办案机关内再合于同一办案组织实际上并无本质差别。其次，司法活动的中立性主要取决于司法程序的性质与构造，检察机关进行审查批捕的行为，并不因其指控犯罪的诉讼地位而丧失中立性。近年来，检察机关进一步强化了审查逮捕的程序要求，审查逮捕已经初步具备了司法审查的中立性程序构造。因而，捕诉合一不会改变批捕的程序结构，审查逮捕的程序中立性也不会因此被消解。此外，还有学者认为捕诉合一会有碍于审查逮捕程序的诉讼化。这种观点与事实并不相符，在过去的几年中，捕诉合一在一些地方检察机关的回潮恰恰是和审查逮捕程序的诉讼化改革同步进程的。从实际情况来看，捕诉合一并没有对审查逮捕的诉讼化造成明显障碍，反而两者形成了制度互补。

---

① 李昌林：《审查逮捕程序改革的进路》，载《现代法学》2011 年第 1 期。

第三，捕诉合一不会弱化检察机关内部监督制约。在司法实践中，所谓的内部监督制约其实并非如外界想象般存在以及有效。现实情况是，一方面，捕诉分立时，因为个案的复杂原因，经常发生批捕后起诉部门认为不构成犯罪或证据不够确实充分而反复退查的情况，捕诉部门和办案人员之间常常是互相推诿扯皮而非监督制约。另一方面，在捕诉分立的情况下，捕诉决定实际上最终都归于分管刑检的副检察长决策。尤其是捕诉部门之间存在推诿和分歧时，分管检察长往往出于维护检察院整体利益的考虑作出决定起诉的协调性决策。在捕诉分离的情况下，办案的分歧和内耗很大，甚至有造成错案的风险。而在捕诉合一的情况下，则可以将审查逮捕和审查起诉做关联性考量，消除捕诉之间存在的人为认识差异，避免产生内耗。

四、捕诉合一如何取长补短

捕诉合一仍可能在一定程度上带来弊端，但其明显的侦诉连接和以诉制侦的制度功能，以及有利于推动审判中心主义改革的制度价值不应被否认。因此，面对捕诉合一制度要取其长，补其短，在发挥捕诉合一制度功效的同时，最大限度地减少和控制弊端产生。

（一）捕诉合一的制度试行

根据实践理性从事法律试行的制度性安排是我国法律制度产生及变革的重要类型和经验创举。因此，捕诉合一的制度试行应当考虑以下三个方面：

第一，限制捕诉合一的适用层级。需要采取捕诉合一的，应当是案件数量较多的检察机关。我国的市级检察机关办案量较之区（县）一级相对较少，省级则更少。并且，鉴于省市两级检察机关的业务功能定位和权限划分，推行捕诉合一可以考虑原则上控制在区（县）一级检察机关中进行，区（县）级以上检察机关需要采取捕诉合一的，应当报请省级检察机关或者最高检批准同意后采取。

第二，尊重地方实践理性模式。捕诉合一是来自地方检察机关的实践理性制度，地方检察机关的办案数量、人员员额、业务素质、部门关系等实际情况也是千差万别。目前深圳、成都、武汉、太原等地的检察机关分别采取了适合本地司法实践的捕诉合一模式，因此对于是否实行捕诉合一，以及具体怎样实行，应当尊重地方理性，由地方检察机关根据自身实际情况酌情采取。

第三，捕诉合一的评估与调整。制度试行具有实验性和试错性，最高检和地方检察机关必须建立相应的评估和调整机制。一方面要对捕诉合一的实际效果作出评价；另一方面要对捕诉合一之后可能引发的程序指标和办案质量变化进行监测。对于办案指标出现不稳定，办案质量出现下降的地方，应当及时调整控制，甚至暂停制度试行。

（二）捕诉合一的制度配套

在推行捕诉合一时，必须做系统性的程序设计和制度安排，考虑其可能带来的问题和影响，并做必要的制度配套，至少应围绕以下三方面展开：

第一，保障审查逮捕实质化。主要分为三方面：一是加强对逮捕必要性要件的审查，将批捕时的审查重点从犯罪的证据条件和罪责条件转向逮捕必要性条件。二是建立听证式审查和合议制审查。针对逮捕必要性条件的审查，办案人员认为有必要的，应当召集侦辩双方以听证方式审查决定，对于一些复杂案件、特殊类型案件可以合议投票决定。三是强化羁押必要性审查。一方面要使羁押必要性审查主体与捕诉审查主体相分离，以保障审查的实质性。另一方面是赋予被追诉人及其法定代理人、近亲属、辩护人提出的羁押必要性审查申请或者意见不被接受时的救济权利。

第二，切断捕诉利益关联。捕诉合一是“谁批捕，谁起诉”，但并非意味着谁批捕，谁就一定要起诉。为了谨防出现批捕后为规避绩效考评风险而不当起诉的现象，应当对审查逮捕的评价方式进行改革完善，应当注重从审查行为和程序的合规性对办案人员进行考察，同时要在评价体系中改变将逮捕、起诉和定罪利益捆绑的评价机制，对符合逮捕条件但最终作出国家赔偿的案件不做消极评价，使审查逮捕和审查起诉各自发挥应有的程序功能，谨防出现捕诉同质化现象。

第三，强化侦查监督引导。实行捕诉合一之后，逮捕条件的审查标准将趋于从起诉的角度从严把握，为防止出现侦查机关滥用人身强制措施以获取证据，以及批捕后放任侦查的现象，必须加强对侦查活动的监督引导，重点包括三个方面：一是加强对提请逮捕前拘留程序的监督；二是加强侦查机关对不批准逮捕决定执行的监督，防止侦查机关采取如指定居所监视居住等不合法方式变相羁押犯罪嫌疑人；三是加强捕诉期间的侦查引导，通过听证会、侦查意向书、补查提纲等方式，引导侦查机关提高侦诉证据意识，提升侦查质量。

司法体制综合配套改革反思与构建

郭志远　王　胤*

党的十八大以来已经进行的多项司法体制改革措施在宏观上搭建起了新的司法体制框架，“四梁八柱”性质的改革也已基本完成。作为“非结构性”的司法体制综合配套改革措施也在有序推进，并与本轮司法体制改革系列措施一同促进我国司法的公正、高效、权威。党的十九大提出深化司法体制综合配套改革，为此应当反思司法体制改革措施与配套措施之间的关系，并厘清配套措施的范畴问题，在此基础上完成深化综合配套措施改革的历史性任务。

党的十八大以来司法体制领域迎来了一系列的改革措施，一些重大改革任务也在全国范围内开展试点，司法体制改革取得了突破性进展和明显成效。① 从整体上看，可以将十八大以来所进行的一系列司法体制改革措施概括为司法管理体制、司法权力运行机制、人权司法保障机制以及司法便民利民改革四个大的方面，具体再细化为若干具体措施。

一、反思：司法体制综合配套措施与司法改革的辩证关系

综合配套措施改革与司法体制改革之间的辩证关系是深化配套措施改革的关键问题，先后轻重的定位可能影响到整轮司法改革的成败，二者绝不是简单的整体与部分、系统与组成之间的关系，而是相互促进，相互完善的辩证关系。

（一）综合配套措施改革是对司法改革的夯实和完善

在司法体制改革整体框架已经搭建完成的基础上提出深化综合配套措施改革有其实际意义。首先，综合配套措施改革是对司法改革已经取得成果和经验的巩固。司法改革前期经过了大量的试点工作，取得了丰富的改革经验，对于实践证明了的试点经验有些未能及时转化为改革成果，需要通过配套措施予以巩固。比如，对于检察院公益诉讼制度的试点工作，实践中已经进行了初步探索，基本形成了包含适用案件范围、程序、条件等在内的成熟经验，目前需要通过立法的形式予以确立。其次，综合配套措施不是单纯地在现有司法体制上的添砖加瓦，而是弥补空缺。本轮司法体制改革主体框架已经基本完成，在已经确立的机制间仍然存在许多缝隙，这些缝隙将阻碍司法改革目标的实现。综合配套措施可以起到“查漏补缺”的作用，在巩固经验成果的同时弥补改革中的疏漏和不足。

---

* 作者简介：郭志远，安徽大学法学院院长，教授，博士生导师；王胤，安徽大学法学院博士研究生。

① 参见张金才：《中共十八大以来司法体制改革的进展及成效》，载《当代中国史研究》2016 年第 3 期。

深化司法体制综合配套改革是对司法体制改革的进一步延伸。五年的司法改革为法治中国建设奠定了坚实的基础，为新时代的司法制度搭就了“四梁八柱”，确立了主体框架。① 但司法改革远没有完成，公正、高效、权威的司法改革目标也尚未完全实现，需要借助司法体制综合配套措施改革进行深化和提升。以司法责任制为基础的司法权运行机制改革和以审判为中心的诉讼制度改革在全国范围内进展顺利，相应的制度也基本确立，但就具体制度运行而言仍缺乏明确、详细的可操作性规范。

（二）司法体制改革是综合配套措施的基础性工程

包含司法责任制、司法人员分类管理等多项具体措施在内的系列举措构成了本轮司法体制改革的基础。之所以将改革的措施概括为“四梁八柱”，是因为司法权力运行机制、司法管理体制、司法保障机制以及司法便民利民工程构成了司法体制改革的整体框架，涉及司法体制的方方面面。司法改革要想实现预期目标，必须变革原有司法体制，触及体制层面的改革措施才会产生较大的反响。司法体制综合配套措施改革需要以已进行的司法体制改革措施为基础，在既定框架内进行综合配套措施的设计与完善。如果脱离已有的司法体制改革而进行新的改革举措，一则缺乏改革基础，难以成功；二则综合配套措施改革需要从微观、细节上去解决司法体制存在的问题，若不以司法体制改革具体措施为基础，则属无的放矢，配套措施也成了无本之木，难以奏效。

深化综合配套措施改革需要注意两方面问题：第一，应当避免不思进取、懈怠不前的错误心理。综合配套措施改革与司法体制改革本身属于相互促进、相辅相成的关系，不可割裂开来。司法体制改革整体框架已搭建完成，不能认为本轮司法改革任务已经完成。十八大以来进行的一系列改革举措只是完成了本轮司法改革的基础性工程，仅凭现有的司法体制框架结构难以有效地实现司法公正、高效、权威的改革目标。第二，应当遵循已有的改革经验和规律，循序渐进。司法改革创新如同其他领域一样，必须讲科学性，要符合法治发展的科学性要求。② 司法体制改革作为基础性工程，对综合配套改革有一定的约束作用。配套措施应当满足司法体制改革的基本要求，有针对性地进行机制改革。同时，在已有的基础框架内进行了机制完善和改革还应当符合司法规律和经验。

（三）深化司法体制综合配套改革是司法体制改革由点到线、由面成体的必经过程

已经开展的以司法责任制、司法人员分类管理、健全司法人员职业保障以及地方司法机关人财物省级统管四项改革措施为基础的司法体制改革，虽然总体上完成了宏观结构的构建，但仍然是点状的。各项具体改革措施之间并没有太多的交涉，彼此之间相互独立。具体制度和改革措施之间缺乏沟通的桥梁，如员额制的目标是加强司法人员独立性以及增强司法人员管理的科学性，但在员额制在全国范围内基本完成之后，对于其他司法辅助人员、司法行政人员的管理模式并未进行深入研究，容易导致员额制的落实失去实际意义。司法体制改革举措点多面广，一些体制性、机制性障碍仅仅依靠某一项改革“单兵突进”

---

① 蒋惠岭：《司法改革进入新时代——六大配套工程应当成为改革重点》，载《人民法治》2018 年第 1 期。

② 卓泽渊：《司法改革需要真正的创新》，载《人民法治》2018 年第 2 期。

难以破解，需要相互关联的措施形成整体，同步推进。[①] 综合配套改革措施可以有针对性地将各个独立的改革举措联系起来，形成一个耦合的整体共同发挥作用。现有的多项司法改革举措并没有形成一个司法体制改革的整体，缺乏整体性和协调性，大大降低了改革设计之初的预期。深化司法体制综合配套改革，就是要将各项单独成点的举措联系起来，由点到线、从面到体，构建一个系统、协调、完整的司法体制。“即将展开的综合配套改革就是‘点线面体’的组合、整合、提升”[②]，也是司法体制改革完善和深化的必经阶段。在整合和提升的过程中，司法体制改革的整体性和协调性得以凸显，综合配套改革措施的独立价值也得到重视。

司法体制综合配套改革与司法体制改革并不相互独立，综合配套措施的这种连接与耦合作用使二者形成一种相互交融的关系。运行和保障机制的建立需要以原有制度为基础，分析司法体制改革已经确立的制度之间的关系及相互作用，争取发挥整体的协调能动性，高效地实现改革目标。综合配套措施改革实现了司法体制改革由“毛坯”到“精装修”的转变。已经确立的四项基础性改革措施以及其他系列改革举措从根本上确立了本轮司法改革的宏观框架，但后续完善措施不足。

二、构建：司法体制综合配套改革的实施路径

司法体制综合配套改革是本轮司法体制改革能否取得成效的关键，配套措施使司法改革确立的各项制度联系起来，形成一个系统、协调的整体。“综合配套改革的推出，表明进一步深化司法体制改革进入了精细化配套和保障的第二阶段。”[③] 在此阶段，需要从微观、细节上考虑如何才能巩固改革成果，增强改革的整体性、协调性。

（一）完善司法人员选任制度，提高队伍水平

司法人员的选任可以从准入、遴选、评价和退出四个层面进行设计，保障司法队伍水平。

1. 司法人员准入制度

司法权的特殊性决定了司法人员必须经过精密的挑选，只有那些具有奉献精神、品德良好和政治素质、法律专业素质、业务素质都比较过硬的本国公民才可以胜任。[④] 司法人员准入制度解决的是初任法官、检察官的任职资格的问题，由于全国范围内法官、检察官入额工作已经初步完成，此处被选拔的初任法官、检察官并非严格意义上的入额法官、检察官，而是法官助理和检察官助理，属于司法辅助人员。初任法官、检察官原则上应当仅在基层司法机关任职，具体选拔程序也应当符合司法权的特殊性。司法人员准入制度是进入司法系统的门槛，也是司法队伍综合素质的保障。司法人员作为司法权的运行主体，是本轮司法改革的核心要素，各项制度均围绕其展开，建立健全司法人员准入制度是深化司法

① 参见姜伟：《司法体制综合配套改革的路径和重点》，载《中国法学》2017 年第 6 期。

② 卓泽渊：《十九大报告“深化司法体制综合配套改革”解读：护航公平正义》，载《人民日报》2017 年 11 月 15 日第 3 版。

③ 徐昕、黄艳好：《中国司法改革年度报告 2017》，载《上海大学学报》（社会科学版）2018 年第 2 期。

④ 参见陈业宏、唐鸣：《中外司法制度比较》（上册），商务印书馆 2015 年版，第 400 页。

体制综合配套改革的关键环节，不容小视。

2. 司法人员逐级遴选制度

初任法官、检察官原则上在基层司法机关任职，主要因为基层以上的法院、检察院涉及的案件往往案情复杂、影响较大，需要有一定司法实践经验的人办理。从基层遴选司法人员符合司法机关分布规律，不仅为不同层级司法人员相互流通打开了渠道，也增强了基层以上司法机关的整体队伍素质。但逐级遴选制度的设计应注意两方面的问题：首先，要避免“掐尖”现象。基层优秀司法人员遴选到市级或省级，对于基层司法机关而言是一种人才流失，对其整体办案能力和水平是一种打击，应当保留一定比例的办案精英。其次，遴选程序应当保证公平公正。大多数地区都设置了法官、检察官遴选委员会，组成人员也由学者、律师和司法人员担任。遴选标准应当由省级司法机关结合地区实际情况制定，明确具体。逐级遴选制度将不同层级的司法人员联系起来，将基层或低级司法人员晋升渠道透明化、规范化，增强了司法人员的积极性。同时作为司法人员管理机制的一部分，逐级遴选与司法人员准入制度一同构建起了我国司法人员选任制度的基本框架。

3. 司法人员评价、考核机制

司法人员分类管理必然要求针对不同类型的人员进行不同的评价，采取不同的考核标准。传统的业绩考核制度以结案率、有罪判决率等作为司法人员工作优劣的评判标准，过分强调案件办理的结果，忽略了程序的合法性和证据标准等基本问题，给司法人员增加了许多额外压力，成为冤假错案的潜在诱因。本轮司法体制改革的目标即实现司法的公正和权威，建立科学的司法考评机制，不仅完善了整个司法人员分类管理制度，而且保障了司法人员办理案件不受法外因素的制约，促进案件办理结果的公正度。科学的司法人员考评机制应当包含三个要素：一是遵循司法权运行规律。司法权独立运行、权责统一、公正公开等是司法权运行的基本规律，对司法人员的工作进行考评应当遵循此规律。二是遵循诉讼规律。司法人员办理案件是通过不同的诉讼程序进行的，以审判为中心的刑事诉讼制度改革以及立案登记制等一系列措施的实施均蕴含了相应的诉讼规律，不可违背。三是考评内容应与司法权运行相关。司法去行政化、地方化的改革要想成功，就应保障司法机关专门从事司法裁判工作，即不对司法机关附加其职能之外的任何政治任务和行政功能（如下乡扶贫、对口支援）①，更不得将其作为考评内容。

4. 司法人员退出机制

根据已进行的员额制改革和司法人员分类管理制度改革，司法人员退出机制应分为两部分：一是入额法官、检察官的退出机制；二是一般司法人员的退出机制。首先，员额制的进一步完善需要明确退出员额的具体情况及程序，对于经考评不合格的司法人员应当及时退出员额，为优秀司法人员提供晋升空间。入额法官、检察官对司法人员来说，既在薪酬方面存在吸引力，同时强烈的职业荣誉感也激励着他们更加坚守职业道德，承担起自身的责任和使命。员额制改革确定了入额法官占总编制人数的百分比，最高人民法院给出的官方数据是39%，其余为司法辅助人员和司法行政人员。这种“以一种不准确的数字为基础确定的法官员额比或者员额法官数”②，暂不讨论科学性与否。但固定的员额比决定了优

---

① 马长山：《新一轮司法改革的可能与限度》，载《政法论坛》2015年第5期。

② 宋远升：《精英化与专业化的迷失——法官员额制的困境与出路》，载《政法论坛》2017年第2期。

秀司法人员入额需要以已入额的法官、检察官退出为前提。其次，为与司法责任制相配套，应当建立包含一般司法人员在内的退出机制。司法辅助人员和司法行政人员也享有一定的处置司法事务的权限，行使权利的过程也应当遵守法律规定，接受道德约束，对于违反职业准则、罔顾职业操守的司法人员应及时清理出司法队伍。

（二）优化司法权力运行，发挥整体效能

1. 司法权与司法行政管理权重新配置

司法权以判断为本质内容，是判断权；而司法行政权则以司法事务的管理为本质内容，是管理权。① 司法权力的优化配置是司法改革的重点内容，本轮司法改革的多项基础性举措都是在对司法权力进行优化和重新分配。而地方司法机关人财物省级统管则属于司法行政权的再配置，目的也是实现司法权与司法行政权相互独立，保障司法权力独立行使。

长期以来，司法机关内部司法权与司法行政权相混淆，行政权干预司法权运行等现象严重损害司法公信力。法院院长作为法院的行政领导者，同时又是审判委员会成员，掌握着法官的升迁和考评话语权。本轮司法体制改革通过员额制、司法人员分类管理、司法事务省级统管等多项措施，企图实现司法去行政化、去地方化。然而在这些举措实施后，需要一项根本性的配套制度予以辅助，即将司法权与司法行政权严格区分、重新配置。

2. 执行机关与权限的合理优化

中共中央《关于全面推进依法治国若干重大问题的决定》提出，完善司法体制，推动实行审判权和执行权相分离的体制改革试点。从严格意义上讲，审判权与执行权的关系也即司法权与行政权的关系，审判权与执行权的分离也是符合司法权运行规律的。但是，“审执分离本身不是目的”②，其根本目的在于解决长期以来执行权定位不明导致执行不畅的状况。执行机关与权限的优化可以从四个角度进行：首先，在组织机构的归属问题上，逐步实现选择性分离的模式，即根据执行案件的性质不同，将刑事执行权交由司法行政机关行使，行政执行和民事执行工作可分别由行政机关和法院负责。③ 其次，在执行机关权限范围上，应当明确执行权附属于审判权，是在案件经法定程序作出裁判结果后的应然状态。再次，关于执行机关上下级关系问题，需要以执行机关的组织机构归属为前提。与上级执行机关、所属人民法院的关系问题，决定执行机关事务的管理以及实施。在审执分离的改革中应当将此问题予以明确，并将上下级职责作出具体划分，为司法改革提供辅助功效。最后，关于执行权运行本身，可以尝试建立多元执行机制，对于一般执行事务可允许其他国家机关（如行政机关）、依法成立的执行组织（市场主体）来执行。④

3. 四级法院功能的重新定位

司法权力运行体制改革需要对四级法院功能进行重新定位，以满足以审判为中心的刑事诉讼改革和陪审制改革的要求。原有的两审终审制并不严格区分事实审和法律审，二审法庭审理上诉案件遵循全面原则，对于一审认定的事实和法律均重新审理。这既违背了本

---

① 参见孙笑侠：《司法权的本质是判断权——司法权与行政权的十大区别》，载《法学》1998 年第 8 期，

② 洪冬英：《论审执分离的路径选择》，载《政治与法律》2015 年第 12 期。

③ 参见张坚：《审判权和执行权相分离改革的路径选择》，载《法制日报》2015 年 7 月 1 日第 9 版。

④ 王杏飞：《建立多元执行机制》，载《中国社会科学报》2018 年 1 月 3 日第 5 版。

轮司法改革追求效率价值的改革目标，也使得两级法院间的功能发生混淆，并进而导致责任承担主体不明。比如，二审法庭对一审认定的某一案件事实予以认可，但最终经再审程序发现存在该事实认定存在重大错误，严重违反程序，此时两级法庭究竟谁该为事实认定错误的承担者？再有，鉴于长期以来一审程序事实审形式化的窘境，“不在第一审程序中构建‘彻底的事实审’，中国审级制度的改革将是很难向前推进的”。[①]

司法人员独立办案并不是要求上级法院对下级法院办理的案件绝对不得干涉，当发现存在明显错误时，必要的纠错恰恰可以保证司法的正义，避免错案的产生。因此，在司法体制改革均言司法独立和司法公信力建设时，加强审级监督的作用是十分有必要的。当然，应当适当完善监督方式和程序，避免以监督为名干扰正常的司法活动。

（三）发展多元解纷机制，形成整体合力

司法改革的终极目标是建设法治国家，能够高效、公正地解决纠纷，因此司法改革不应仅仅局限于司法体制内，而应注重多元化解决纠纷机制的建立健全。多元化解决纠纷机制对于本轮司法体制改革的进一步深化也有着十分积极的意义。建立健全多元化解决纠纷机制，将替代性纠纷解决方式纳入法治化轨道，当前亟须做好两方面，即信访法治化建设和诉讼、仲裁、调解对接机制建设。

第一，信访法治化建设。在很长一段时间以来，“上访”、“申诉”都是司法机关颇为头疼的字眼。实践中无止尽的上访和无根据的申诉不仅严重浪费了信访部门的人力物力，影响社会和谐，对于司法机关依法办案也是一种无形的压力。然而，信访制度本身对于化解纠纷的效果并不显著，加上“信访不信法”现象严重损害司法权威[②]，信访制度在多元化解决纠纷建设中始终处于一种较为尴尬的地位。本轮司法体制改革强调增强司法权威、加强司法公正，促进信访法治化建设是其应然要求。通过完善信访程序、调整信访功能定位等措施，切实发挥其替代性作用，为司法公信力建设提供保障。

第二，诉讼、仲裁、调解对接机制建设。司法体制改革在强调诉讼制度、司法权力运行的同时，不能忽略具有准司法性质的仲裁制度和调解制度。仲裁和调解作为解决民商事纠纷重要的替代性手段，无论是在纠纷解决效率还是当事人接受程度上都具有较强的优势。在过去的五年里，各级法院通过调解方式处理案件 1396.1 万件[③]，可见诉讼以外的纠纷解决方式在案件分流方面发挥着重要作用。现有仲裁、调解制度与诉讼的对接问题是司法体制综合配套改革的重要课题，不仅要进一步完善诉讼、仲裁、调解的对接机制，还要继续探索仲裁范围，开发仲裁类型，同时建立调解员资质制度[④]，将仲裁、调解与诉讼三者形成一个系统性的民商事纠纷解决机制。

（四）建立科学的评价体系，改善司法效能

司法体制改革已初具成效，在一系列配套措施不断实施的同时，及时地对司法体制改

① 陈瑞华：《刑事诉讼的前沿问题》（第五版）（下册），中国人民大学出版社 2016 年版，第 543 页。

② 参见杨小军：《信访法治化改革与完善研究》，载《中国法学》2013 年第 5 期。

③ 周强：《最高人民法院工作报告——2018 年 3 月 9 日在第十三届全国人民代表大会第一次会议上》，载《人民日报》2018 年 3 月 26 日第 2 版。

④ 参见蒋惠玲：《司法改革进入新时代　六大配套工程应当成为改革重点》，载《人民法治》2018 年第 1 期。

革进行系统性、科学性的评价和总结是必不可少的。司法评估体系伴随着司法改革的进行也不断推陈出新，种类繁多。如中国社会科学院法学所的“司法透明度指数”，中国政法大学的“司法文明指数”，中国人民大学的“中国法治评估指标体系”，广州大学的“中国司法综合指数”等，最高人民法院也有“司法绩效考核体系”。在国际上，还有世界正义工程的“法治指数”，新加坡等国的“卓越法院评估框架”等。①

科学的司法改革评价体系的首要考虑因素应当是司法改革目标是否能够实现。“中国特色社会主义司法系统的顶层设计必须把司法公正、司法权威、司法效率、司法便民四个元素作为基准”②，效率和便民程度方面经过一系列措施的实施已经颇有成效，而司法公正和权威则正是本轮司法改革关注的重点。建立科学的司法改革评价体系，应当从改革措施对于司法公正和权威建设的促进作用上进行考量。

---

① 蒋惠玲：《司法改革进入新时代　六大配套工程应当成为改革重点》，载《人民法治》2018 年第 1 期。

② 季卫东：《司法体制改革的目标和评价尺度》，载《人民法院报》2017 年 4 月 15 日第 2 版。

对司法责任制改革背景下检察委员会制度完善的思考

李逸强　许军望*

检察委员会制度是我国司法制度的一项重要组成部分。在司法责任制改革背景下，办案方式和办案责任制的改革以及检察官职权配置的改变，必然涉及检察委员会制度及运行机制的完善。同时，随着司法改革进程的加快，人民群众对司法公正和效率的期望越来越高，检察委员会制度自身存在的一些问题和弊端使其应有的功能难以有效发挥，影响了检察委员会的工作效率和决策权威。结合工作实际，笔者对检察委员会制度及运行机制存在的问题及如何完善做一探讨分析。

一、司法责任制改革背景下检察委员会制度面临的新要求

（一）对检察委员会委员专业素质提出更高要求

在司法责任制改革背景下，检察委员会决策和承担责任方式发生转变，这就对检察委员会委员的素质提出了更高的要求。根据最高人民检察院《关于完善人民检察院司法责任制的若干意见》（以下简称《意见》）规定的“检察委员会由检察长、副检察长、专职委员和部分资深检察官组成”，建立检察委员会委员选拔任用制度，严格依照法定程序，将那些具有良好政治素质、熟悉检察业务、法律政策水平高、办案经验丰富的优秀检察官选任为检察委员会委员，使检察委员会组成人员结构更加合理。

（二）对检察委员会审议议题范围作出重大调整

为了进一步突出检察官办案主体责任，有些程序性的议案如提请抗诉、部分不诉案件等，由独任检察官或主任检察官直接作出决定并承担相应责任，不作为议题审议范围。根据《意见》规定，检察委员会讨论决定的案件，主要是本院办理的重大、疑难、复杂案件，涉及国家安全、外交、社会稳定的案件，下一级人民检察院提请复议的案件。因此，检察委员会主要讨论决定本院办理的重大、疑难、复杂案件，以及涉及国家安全和社会稳定等案件。

---

* 作者简介：李逸强，陕西省渭南市人民检察院党组书记，检察长；许军望，陕西省渭南市人民检察院法律政策研究室副主任，渭南市检察官协会会长。

（三）对检察委员会议事程序作出相应改变

在原有办案模式下，根据《人民检察院检察委员会议事和工作规则》的规定，承办部门提请检察委员会审议的事项或者案件，要由承办人提出办理意见，经部门讨论，再由部门负责人签明意见，经分管副检察长审核后报检察长决定。而按照《意见》规定，检察官可就承办的案件提出提请检察委员会讨论的请求，依程序报检察长决定。如是独任检察官办理的案件，可自己决定提出提请检察委员会讨论的请求；如是检察官办案组办理的案件，则由主任检察官决定提出提请检察委员会讨论的请求，直接按程序报检察长决定。

（四）对检察委员会承担责任予以明确界定

在原有办案模式下，检察委员会集体决策，并由集体对作出的决定负责，这会导致责任难以落实到位。在司法责任制改革背景下，根据《意见》规定，属于检察长（副检察长）或检察委员会决定的事项，检察官对事实和证据负责，检察长（副检察长）或检察委员会对决定事项负责；检察官向检察委员会汇报案件时，故意隐瞒、歪曲事实，遗漏重要事实、证据或情节，导致检察委员会作出错误决定的，由检察官承担责任；检察委员会委员根据错误决定形成的具体原因和主观过错情况承担部分责任或不承担责任，也即检察官对事实和证据负责，检察委员会对错误的决定负责。

二、司法责任制改革背景下检察委员会制度存在的有关问题和制约因素

近年来，检察委员会在检察工作中的重大业务决策和宏观指导方面发挥了重大作用，但是随着司法责任制改革不断深化，检察委员会在运行方面出现一些问题，与司法责任制改革要求存在明显的差距，也不利于充分发挥检察委员会决策和指导作用。

（一）检察委员会组成人员行政化色彩浓厚

按照《人民检察院检察委员会组织条例》的规定，各级人民检察院检察委员会由本院检察长、副检察长、检察委员会专职委员以及有关内设机构负责人组成。在实践中，检察委员会委员也主要由上述四类人员构成，检察委员会委员身份往往被视为一种行政待遇，很少有不担任行政职务的检察官能够被任命为检察委员会委员。实际上，“检察工作是一项专业性很强的工作，需要有高素质专业化的专门人才才能做好”。[①] 检察委员会作为研究重大案件和重大事项的专门机构，应该吸纳业务精英来研讨重大案件，但是由于委员选任行政化色彩过浓，导致一些业务能力强、办案经验丰富但不具有行政职务的优秀检察官被排除在外，这既削弱了检察委员会的专业性，也在一定程度上影响了其决策的权威性，且由于现行法律和规定对检察委员会委员任职时间没有明确限定，导致检察委员会缺乏应有的活力。

---

① 张智辉、向泽选、谢鹏程：《中国检察》，北京大学出版社2004年版，第259页。

（二）检察委员会实际职能单一化倾向严重

《人民检察院检察委员会组织条例》明确规定，检察委员会议事讨论决定重大案件和其他重大问题，包括审议、决定在检察工作中贯彻执行国家法律、政策和本级人民代表大会及其常务委员会决议的重大问题；审议、通过提请本级人民代表大会及其常务委员会审议的工作报告、专题报告和议案；总结检察工作经验，研究检察工作中的新情况、新问题；审议、决定重大复杂疑难案件等情形。检察委员会职责包括审议决定重大案件和重大事项两个方面八种具体情形。但在实践中，一些基层检察院检察委员会局限于对疑难案件的讨论，审议事项少，议事范围相对单一，重个案研究，轻宏观指导，对检察业务经验以及检察业务中的重大问题涉及较少，使检察委员会议事范围的全面性得不到充分体现，造成检察委员会的决策和引导功能无法充分发挥。

（三）检察委员会议事程序不规范问题突出

检察委员会议事程序直接关系到检察委员会的议事质量和效率。按照最高人民检察院有关规定，很多基层检察院也制定了各自的检察委员会议事和工作制度，逐步向规范化迈进。但在实际运作中仍存在一些不规范问题，如检察委员例会制度未能严格落实，召开时间不确定，会议临时召开的多，影响议事议案的质量。检察委员会办事机构在前置审查程序上有时审查把关还不够严格，对一些不符合形式要件或不属于检察委员会讨论决定的案件没有充分发挥好“过滤器”的作用。一些检察院检察委员会委员发表意见的方式简单，仅以“同意某某委员的意见”表达意见，法理论证分析明显不足。有的检察院检察委员会委员对案件发表意见的顺序有违规定，使其他委员难以独立发表意见，造成议案程序形式化，议案质量和效率无法保障。

（四）检察委员会存在权责不一致现象

检察委员会以合议制形式决定案件和事项处理结果，实行集体决策、集体负责。根据《人民检察院错案责任追究条例》的规定，“检察委员会讨论决定的案件有错误的，由检察委员会集体承担责任”。这实际上往往就形成“人人负责，无人负责”的状况。对于重大、疑难、复杂案件，由于案件承办人“审而不定”，而检察委员会“定而不审”，出现审查与决策错位、权力与责任不一致情形，导致责任承担明显分散化、虚无化。同时，基于检察委员会集体负责的原因，不排除有的案件承办人为了回避矛盾、推卸责任，将本应由自己解决的问题提交检察委员会讨论，导致一些事实不清、证据不足的案件成为检察委员会的讨论重点，容易导致检察委员会职责虚化。而且，在这种权力和责任不对等状态下，检察委员会委员发表意见有时难以尽职尽责，对自己不分管的议案可能只做象征性、表态性发言，影响了检察委员会决策的实际效果。

（五）检察委员会委员缺乏司法亲历性

“任何正确决策的作出都依赖于信息资源的充分占有和资源的客观真实。”① 检察委员

① 韩东：《为检察委员会决策提供多方保障机制》，载《检察日报》2014 年 8 月 22 日。

会审议案件的前提在于检察委员会委员充分了解案件事实。但是，在实践中检察委员会委员面临案件的提请更多是“临时动议”，没有足够的时间和条件充分了解案情。同时，检察委员会委员了解案情的途径主要是承办人汇报材料，由于承办人办案对事实和证据认识不同，汇报不可避免地具有片面性、选择性，导致检察委员会委员对案件事实的了解容易受到承办人倾向性意见的引导，运用法律思维探寻客观真相的主动性受到抑制，使其作出的判断和决定往往有失偏颇。

（六）检察委员会内外部监督机制存在缺位

“检察权作为一种权力，其本身也存在被滥用的可能性，因而也需要其他权力对其进行制约。”① 检察委员会业务决策权如得不到有效的监督制约，则会对检察权的规范运作和司法公信力建设造成严重影响。在实践中，对检察委员会作为内部最高业务决策机构对其他办案部门和办案人进行监督的崇高地位强调较多，而对检察委员会自身的监督制约规定较少，缺乏规范化、制度化的设计，外部监督更是少之又少。根据现有规定，检察机关内部其他内设机构如纪检监察部门等，均无法对检察委员会进行有效的监督制约。同时，外部监督存在缺失，影响检察委员会运行质效。按照检察委员会议事和工作规则规定，检察委员会的议事过程带有较为强烈的神秘化色彩，决策公开性不足，透明度不高，尤其是缺乏人大、人民监督员等外部的监督机制，严重影响了检察委员会制度的运行质效。

三、司法责任制改革背景下检察委员会制度完善建议及对策

在司法责任制改革背景下，健全和完善检察委员会制度及运行机制，应当着眼于完善各项配套制度，构建一个科学、民主、高效的检察委员会运行系统，为强化法律监督、维护公平正义提供重要保证。

（一）完善检察委员会委员选拔任用机制

检察委员会委员素质的高低直接决定着检察委员会议案议事质量的高低。因此，要建立检察委员会委员选拔任用机制，选用一些具有良好政治、业务素质的资深检察官担任检察委员会委员，不断优化检察委员会委员的构成。要出台检察委员会委员选任办法，对检察委员会委员的任职资格与条件统一标准。要按照平等、公开、公正的选任原则，通过资格审查、业务考试、民主评议等程序，综合考虑专业背景、受教育程度、从事检察业务工作年限、办案数量和质量等方面因素，真正使政治素质好、业务水平高、议事能力强、办案经验丰富的优秀检察官进入检察委员会，提高检察委员会委员选任专业化水平。此外，要建立检察委员会委员任期制，明确检察委员会委员的任期、变更条件和程序，打破检察委员会委员任期的“终身制”，保证检察委员会的整体素质和决策水平。

（二）强化检察委员会业务宏观指导职能

检察委员会只有突出业务指导职能，才能彰显其业务决策机构的重要地位和作用。在

---

① 朱孝清、张智辉：《检察学》，中国检察出版社 2010 年版，第 334 页。

研究决定重大疑难复杂案件外，检察委员会要从直接研究个案向强化对检察业务宏观指导职能转变，要进一步强化议事职能，厘清检委会与院党组会、检察长办公会等关系，充分发挥其对检察业务的宏观指导作用。通过定期听取司法办案情况综合分析或专项业务报告，从宏观上全面、动态地掌握检察工作，深入分析研判检察工作中的全局性、普遍性重大问题，认真总结推广检察工作经验，及时制定规范性文件，提出加强和改进检察工作的意见和建议。同时，要注重发挥检察委员会案例指导作用，加大对已审议且具有普遍指导意义的案件的研究，适时提出办案指导性意见，为办理相关案件提供参考和指导，促进准确适用法律，维护司法统一。

（三）规范检察委员会议案议事程序

"法律监督的施行必须以法定程序为依据，遵循法律程序。"① 要完善检察委员会例会制度，以每半个月举行一次为常态，避免出现"临时动议"现象。依托统一业务应用系统的运行，严格规范检察委员会议事程序，从议题提请、议题审查、议程准备、讨论表决、纪要备案、执行督办等各个环节严格规范每一个流程。提请检察委员会讨论的重大案件，承办人必须提出明确的办理意见，意见模棱两可，退回承办部门，坚决防止出现借用检察委员会推卸责任的行为。检察委员会办事机构对议题材料、议题报告从形式到实体进行认真审查，过滤掉不符合议题标准的事项，确保承办部门提交的议题主题明确、材料齐备，保证检察委员会集中精力解决重大案件和重大事项。对符合规定的议题，全程进入统一办案系统检察委员会会议流程，不搞特殊。检察委员会委员要结合案件事实、证据对承办人提出问题，并发表意见，既要摆明观点和看法，又要进行法理论证分析。检察委员会表决要坚持"两个遵循"，即遵循发言顺序，遵循少数服从多数的表决原则，避免因个别委员的领导身份和职权地位影响其他检察委员会委员改变意见，保证依法履职。

（四）明确界定检察官和检察委员会职责权限

实行独任检察官和检察官办案组扩大了办案人员处理案件的权力，突出检察官办案主体责任，必然要求明确相应的职责权限。独任检察官决定的案件，由独任检察官对该决定承担相应责任；检察官办案组决定的案件，由主任检察官与其他检察官对该决定共同承担责任；由检察委员会决定的案件，独任检察官和检察官办案组只对呈报审批案件的事实和证据负责，检察委员会对决定承担相应责任；如果检察委员会部分或者全部改变决定，主任检察官对改变的决定不承担责任。检察委员会决定的案件，由检察委员会委员按照各自的表决意见承担相应的责任；检察长或检察委员会会议主持人违反法律和检察委员会议事规则作出决定的，应当承担相应的责任。

（五）建立检察委员会会前阅卷制度

亲历性是保证司法公正的前提和基础。为充分保障检察委员会委员对案件的知悉权，要建立检察委员会委员会前阅卷制度。检察委员会办事机构应当在会议举行三日前，将会议相关材料分送给检察委员会委员，保证检察委员会委员有充分了解案情的时间。在充分

① 谢鹏程：《检察规律论》，中国检察出版社 2016 年版，第 4 页。

保障检察委员会委员获取案件信息过程中，不仅要提前将议案报告送检察委员会委员获取案件基本信息，尤其是要通过推广应用电子卷宗，借助统一业务应用系统，通过共享设置，实行检察委员会委员会前网上阅卷，确保每位检察委员会委员充分了解掌握案件的基本情况，对案件事实与证据有准确把握，以增强检察委员会委员审议案件的亲历性，提高检察委员会议案议事的效率和水平。

（六）建立检察委员会决定书说理制度

检察委员会决定书只有注重说理，才符合程序正义的要求。要建立检察委员会决定书说理制度，结合案件事实、证据和有关法律，综合检察委员会多数委员的意见，归纳、整理形成检察委员会决定书。检察委员会决定书要在确认案件事实的基础上，针对争议焦点，充分说明检察委员会所采纳观点的理由及依据，应当从检察委员会对于案件事实及证据的审查判断、法律适用的分歧意见、法律政策、社会效果等方面进行说理，既载明实质性理由，又载明程序性理由，让办案部门和承办人清楚事实不认定、证据不采纳、法律不适用的原因，通过使用严谨的法律语言进行论证，做到有理有据。检察委员会决定书还要列明相关的法律依据，包括实体法和程序法，以及作出批捕或不予批准逮捕、起诉或不起诉决定的事项。通过检察委员会决定书充分说理，不断增强检察委员会决策的权威性、科学性和指导性。

（七）完善检察委员会内外部监督制约机制

“作为监督者，检察权的行使也同样受到有效的监督和制约，以确保其在法治轨道上正确运行，从而发挥应有的作用和效能。”① 要建立检察委员会会议全程同步录音录像制度。在召开检察委员会讨论案件、事项时，对会议全过程实施不间断的录音、录像，规范检察委员会委员的行为，有效提升议案议事的质量和效率。要建立检察委员会内部列席制度，对检察机关监察部门负责人列席检察委员会作出明确要求，加强对检察委员会的监督。同时，在实践中应当针对议题的不同内容，由检察委员会办事机构或检察长决定安排不同的人员列席：讨论有重大意见分歧的案件时，邀请案件不同阶段的办案人列席；讨论重大业务工作，安排相关部门负责人和业务骨干列席；讨论下级院案件可安排下级院相关人员列席。此外，还要建立外部人员列席检察委员会制度。可以邀请有关人员列席检察委员会，加强外部监督和制约。如邀请人民监督员列席“十一种情形”的检察委员会会议；邀请人大代表、政协委员列席一些重大、疑难、复杂案件的检察委员会会议；邀请专家学者列席有关涉及专业业务的检察委员会会议，加强对检察委员会的监督。此外，要建立科学的检察委员会委员履职考评机制。由检察委员会办事机构对检察委员会委员参加会议、评议案件、开展调研等履职情况进行考评，重点考评议案的能力水平，进一步提高检察委员会议案议事决策的整体水平和能力。

---

① 童建明、万春：《中国检察体制改革论纲》，中国检察出版社 2008 年版，第 76 页。

检察绩效考核制度的比较与启示
——基于美国和我国台湾地区经验的反思

林喜芬　周　晨*

导　论

绩效考核是现代组织管理中的一项重要制度，旨在对个体工作的实际效果以及个体对于集体的贡献或价值进行评估。在最高人民检察院的大力推动下，各省市地区的各级检察院都在全面推广实行检察绩效考核制度，并在制度上呈现出"偏重考核集体，而非考核个体"和"强调内部评价，而非外部评价"等特征。对于此类特征，学界与实务界褒贬不一，广泛关注。

本文拟采取比较法，深入分析两个重要的域外样本，与之前的比较研究相比，本文较注重对域外检察考核模式的背景语境进行考察，即通过充分阐释域外考核模式的内生逻辑与适用成效，提出未来我国检察考核制度的转型困境与可能方向。之所以选择美国和我国台湾地区作为样本，主要考虑到它们分别代表了民主考核和科层考核的两种典型模式。具体而言，美国在检察绩效的考核上强调社区的民主评价，这与最高人民检察院新近强调的"内部评价与外部评价相结合"的考核原则有一定的契合度，对当前改革具有较强的启示意义；我国台湾地区在检察制度文化上与我国大陆地区同源而分流，而且近年来台湾地区的检察权配置影响了大陆地区的诸多改革（如主任检察官制度改革、员额制度改革等），[①] 因此有必要进行深入考察。

一、检察独立与检察一体：两种体制下的检察绩效考核方法

（一）检察独立模式下的美国检察考核制度

在美国，检察绩效考核制度的发展受到了检察"独立性"特征的深刻影响。无论是在联邦系统，还是州系统，各地区检察官既无须向其他高层级检察官（长）负责，也无须听

---

* 作者简介：林喜芬，上海交通大学法学院教授，博士生导师；周晨，上海交通大学法学院诉讼法学研究生。

① 参见龙宗智：《检察官办案责任制相关问题研究》，载《中国法学》2015 年第 1 期；谢佑平：《主任检察官制度研究》，载《中国法学》2015 年第 1 期。

命于其他高层级检察官（长）的建议或命令。① 在州检察系统内，各地区检察官的职位基本是由当地选民选举产生，这意味着这些检察官最终要向所在辖区的选民负责。随着传统意义上以打击和威慑为导向的被动式刑事司法理念受到冲击，社区检察（community prosecution）理念逐渐兴起。② 在一些典型郡县（如芝加哥市库克郡、纽约市纽约郡、费城市）近年来的检察官选举中，如何落实社区检察理念已成为竞选者争论的核心议题之一。③ 对于检察官而言，考评不再局限于过去的“犯罪率”、“定罪率”、“结案率”等指标，而是随着职能的多元而趋于多样化。

为了应对社区检察理念的发展，美国检察官研究所（American Prosecutors Research Institute）对21世纪检察官的绩效考核提出了“目标—任务—绩效评估”框架，该框架确定了21世纪检察工作的总体目标，即“推动公平、公正、迅速的正义”，“维护社区的安全”和“促进检察专业的廉正和刑事司法系统的有效协调”。然后，在每一个总体目标下都规定了较为具体的工作任务，并对每一个工作任务进一步规定了衡量指标。④ 具体而言，就目标一而言，它包括了四项任务并下设若干考核指标，其一，实现有罪追究，考核指标分别是“定罪率”、“被告人的刑期长度”、“撤诉情况”、“其他措施使用情况”、“案件赔偿情况”；其二，及时、高效的司法处理，考核指标为“案件处理时间”和“恢复原状时间”；其三，进行适合于犯罪者的案件处理，考核指标为“对犯罪嫌疑人的处置措施”和“犯罪嫌疑人对于原始控告的抗辩”；其四，提高对受害人和证人的服务质量，考核指标分别是“受害人、证人对个人安全状况的评价”，“受害人、证人对于司法过程的了解度”，“对受害人的信息告知及受害人回应”，“受害人对于司法过程的满意度”。针对目标二，设定了两项考评任务：其一，减少社区犯罪，其考核指标分别是“重罪率”、“青少年犯罪率”、“逮捕率”、“公诉结果”、“监禁率”、“受害方损失情况”；其二，降低社区对犯罪的恐惧，考核指标是“社区对犯罪与安全的评价”和“公众对于公诉结果的了解程度”。而就目标三而言，具体包含了三项考评任务：其一，检察官专业素质培养，考核指标为“专业培训的完成”、“有无重大违反职业道德的行为”、“错误起诉”、“个人其他表现”；其二，有效、负责的行政管理，考核指标为“人员配置”和“个人工作量”；其三，持续、协调的司法管控，考核指标则是“采用联合的政策”和“与特定代理人的衔接”。

基于以上，我们可以发现：第一，在上述新构设的检察绩效考核框架中，目标二、三主要体现的都是社区检察理念，换言之，除了打击犯罪和化解纠纷这些传统职能，考评制度还需要关注检察官的调查能力、工作热忱、判断力和道德、廉正素养等这些“软实力”。第二，即使是在第一项目标“推动公平、公正、迅速的正义”中，新考评体系也扩大了传统追诉性检察理念的内涵，即不仅包括了“实现有罪追究”和“及时、高效的司法处理”

① Ronald F. Wright, How Prosecutor Elections Fail Us, Ohio State Journal of Criminal Law 6 (2009): 589.

② M. Elaine Nugent, Patricia Fanflik, and Delene Bromirski, “The Changing Nature of Prosecution: Community Prosecution vs. Traditional Prosecution Approaches”, *American Prosecutors Research Institute*, 2004; Robert V. Wolf, “Community Prosecution and Serious Crimes”, *Bureau of Justice Assistance*, *U. S. Department of Justise*, 2010.

③ Steven Jansen & Robert Hood, A Framework for High Performance Prosecutorial Services, Bureau of Justice Statistics, 2011.

④ Steve Dillingham, M. Elaine Nugent and Debra Whitcomb, “Prosecution in 21 Century: Goals, Objects, and Performance Measures”, *National Institute of Justice*, 2012.

这两项考核任务，而且还涉及考评检察官在打击犯罪过程中是否“进行了适合于犯罪者的案件处理”，是否“提高了对受害人和证人的服务质量”。第三，该考评体系并未一味地采取量化评估模式。例如，被害人和证人的问卷调查反馈情况等，而且评价主体还包括了警察、法院、受害人、证人等的参与。

（二）检察一体模式下的我国台湾地区检察考核制度

与美国检察官独立于上级但受制于社区选民的体制不同的是，我国台湾地区检察制度奉行的是“检察一体”原则，在检察一体的组织结构下，检察绩效考核也区别于美国检察绩效考核制度的特点。从考评制度体系上讲，我国台湾地区检察绩效考核主要以职务评定为主，全面评核、个案评鉴为辅。[①] 无论是职务评定中的“办案品质”项目，还是全面评核中的“办案绩效”项目，都是考核结果的重要参考依据。尤其是在年终职务评定中，直接决定“办案品质”的办案成绩占总成绩的70%，而“学识能力”、“品德操守”、“敬业精神”仅占30%，“办案成绩”适用于侦查、刑事执行检察官的成绩计算；“公诉成绩”适用于公诉检察官的成绩计算。

第一，对侦查、刑事执行检察官办案成绩的考评。类似于我国大陆检察机关的业绩考核，具体考核指标包括：结案件数、结案速度、办案维持率。根据案件类型的不同，办案成绩的考查项目及其百分比分为三类，第一类为“地方法院检察署检察案件”，考核结案件数和办案维持率，两者各占35%和65%；第二类是“刑事执行案件”，考核结案件数和结案速度，两者各占60%和40%；第三类是“高等法院及其分院检察署案件”，考核结案件数和办案维持率，两者分别占60%和40%。[②] 具体而言，其一，关于结案件数的计算。结案件数达到高等法院以下各级法院及其分院检察署检察官每月办案的最低数目的，计80分。“地方法院检察署”检察官每增减3件增减1分，“地方法院检察署”主任检察官每增减1件增减1分；“高等法院”及其“分院检察署”检察官每增减1件增减1.5分。其二，关于结案速度的计算。超过3个月未侦查案件，每件扣0.2分，每逾期1月，按月加扣0.5分。对于刑事执行案件，结案速度为本年度内平均每结一案所需日数，结案速度为40日的，计80分，在此基础上，每增5日扣1分，每减1日加2分。其三，关于办案维持率的计算。对“地方检察署”检察官，办案维持率是指检察官起诉后有罪的生效裁判的案件占生效裁判案件的百分比；对“高等法院”及其“分院检察署”检察官，则是指提起上诉并经“最高法院”撤销原判的件数占驳回上诉件数与撤销原判决件数之和的百分比。所提起上诉经“最高法院”判决的件数或办理侦查的件数，全年合并计算不满5件的，其办案成绩不予计算，满5件均维持的，其成绩为85分，每增1件增1分。

第二，对公诉检察官的办案成绩考评。对办理公诉案件的检察官而言，其办案成绩的考评由两部分组成：结案数占65%，办案维持率占35%。具体而言，办理专责全程到庭实施公诉的检察官，如依规定全程到庭的，即视为已达“每月办案最低件数”，其办案成绩为

---

① 参见《高等法院以下各级法院及其分院检察署检察官办案成绩考查要点》第3条，载植根法律网，http：//www.rootlaw.com.tw/LawArticle.aspx？LawID=A040090041004100-0970618，2017年1月5日访问。

② 参见《高等法院以下各级法院及其分院检察署检察官办案成绩考查要点》第7条、第11条，载植根法律网，http：//www.rootlaw.com.tw/LawArticle.aspx？LawID=A040090041004100-0970618，2017年1月5日访问。

80分；每提出论告书、补充理由书或记载确经详实具体交互诘问及论辩的出庭笔录1件，加0.5分；经法院通知无故不到庭者，每次扣5分。办案维持率的分数则以起诉后一审判决有罪案件占起诉后一审判决案件百分比计算。一审判决无罪案件，如经公诉检察官上诉后改判有罪，则由检察长核准变更该案件作为有罪判决的办案维持率。①

基于以上论述，我们可以发现：第一，我国台湾地区的检察考核基本上是围绕刑事诉讼流程而展开的，区分了侦查检察官、公诉检察官和刑事执行检察官的办案成绩考核指标。第二，我国台湾地区的检察考核制度体现的主要是追诉性检察理念。以侦查检察官为例，考核指标包括了结案件数、结案速度、办案维持率，反映了办案数量、办案速度和办案质量等与追诉犯罪相关的三个维度。第三，我国台湾地区的检察绩效考核制度力求采取较为量化的指标，并对不同类型检察官的要求进行了精细区分。对于超出基准要求的部分，不仅针对不同的检察层级设定了有差别的加分权重，而且针对不同序列的检察官也设定了有差别的加分权重。

二、两种体制下检察绩效考核的制度逻辑与语境

（一）“考核个体”的共性趋势与制度逻辑

综观美国检察官研究机构检察考核框架，无论是客观的量化考核还是外部的主观反馈，均是针对检察官个体而设定的。我国台湾地区的检察考核也主要是针对检察官个体进行的。职务评定、全面评核和个案评鉴制度相结合，分别从正面和负面进行考核，既能对工作勤勉、能力优秀的人员进行有效的激励，也能对严重违反办案规则的人员及时警示和惩处。在美国模式下，检察独立和检察官个人负责制乃是考核个体的核心原因：一方面，无论是联邦还是地方层面，检察工作都是由个人决定和个人负责而不是由集体决定和负责的，个人负责制使得案件权责分明，效率较高，该检察官负责制也使得“考核个人”变得更加有的放矢，即只有直接对检察官个人进行评价才能发挥绩效考核的功用。另一方面，我国台湾地区的检察机关虽然并不奉行检察独立原则，但是仍然注重对个体检察官的考核，其主要原因可能是在于我国台湾地区检察职能的单一性。在我国台湾地区，检察官主要享有侦查职权、公诉职权、协助（担当）自诉职权以及指挥刑事执行职能。② 可见，其检察官的职权主要集中于刑事司法领域——侦查权、公诉权、执行指挥权，③ 这种较为单一的检察职能也就存在较好的“考核个体”的基础。

（二）“评估效果”的实践差疏与制度语境

尽管美国和我国台湾地区关于检察绩效考评的模式存在上述相同点，但实践中也有诸多不同之处，尤其体现在考核指标的量化程度和外部评估的实践效果等方面。

---

① 参见《检察官办理公诉案件办案成绩考查实施方式》，载植根法律网，http://www.rootlaw.com.tw/LawArticle.aspx? LawID=A040090041011900-0940721，2017年1月5日访问。

② 参见我国台湾地区“法院组织法”第60条。

③ 参见万毅：《台湾地区检察制度》，中国检察出版社2011年版，第101页。

在美国检察考核制度中，传统量化考核指标只占很小的比重，而非量化指标比重较大，如被害人和证人的反馈情况，政策在案件中的适用效果，检察官个人的专业素养等。这种源于法官、辩护律师、被害人、证人等的问卷反馈，大多数没有具体的量化标准，多为一种主观感受的描述。换言之，美国采取的是以主观评价为主导的考核方式。而相比之下，台湾地区采取的乃是一套较为精密的量化考评体系，检察官的成绩直接来源于侦办、提起公诉案件的结案率、结案速度以及有罪判决率，数量化的“办案成绩”和“公诉成绩”仍然是评价检察官个体绩效的主要标准。

在美国检察考核体系中，外部评估主要来源于被害人、证人、法官等刑事诉讼参与者的意见反馈，根据美国检察官研究所的实证研究，这些外部评价的结果基本能准确评价检察官的履职行为，进而实现检察工作的目标。① 在我国台湾地区，除了办案成绩、公诉成绩等可客观量化的检察绩效是由检察机关的首长负责外，关于个人品行、敬业精神、交友状态等主观性较强的因素，则均由同行评议、外部评价等方式进行。然而，由于同僚之间往往顾及私人情谊，即使存在个人问题，他人也不愿检举。② 此外，来自检察系统外部的评价效果也不甚理想。从检察官个案评鉴制度的运行情况来看，自检察官评鉴制度实施以来至2015年7月，共完成评鉴结果36件，仅8件符合评鉴事由。由民间团体申请评鉴的，不仅有部分不符合申请评鉴要件，甚至还有捏造申请评鉴事由的情形。综合而言，台湾地区检察官的“多方评价”似乎没能发挥出民主监督的预期作用，在一定程度上还浪费了司法资源。

之所以美国和我国台湾地区对量化指标的重视程度不同，外部评估的实践效果也迥然有异，在很大程度上是因为前者本质上奉行“协作式”的制度语境，而后者则采行的是“科层式”的制度结构。考虑到检察官在个人负责制的模式下很容易独断专行、恣意行权，而仅仅依靠检察系统内部的上级监督者来考核又难免会存在本位主义的局限，美国检察机关采取的是一种“协作型”的组织模式。在这种权力组织结构中，监督者的权力并非来源于科层上级，而是赋予了一些业余人士。③ 权力的平面化分布弱化了等级森严的科层式监管，检察机关更倾向于被视为一种公共服务的提供者，而对于这种“服务者”的工作表现，最有发言权的便是服务的接受者（或者参与者）——法官、辩护律师、被告人、受害者等。他们会更加直观地感受到检察官的履职表现和综合素质。

相反，在我国台湾地区，检察体系内部采取的则是科层式组织结构，④ 即专业化、森严的官员等级序列以及对技术性决策的严格要求，这在一定程度上使得检察官个体只承认来源于内部的、上级的权威监督。在这种权力组织下，个体检察官的职务保有和晋升几乎完全取决于上级机关的任命。同时，经过长时间执业培养出的职业认同感也会天然地排斥外

① M. Elaine Nugent-Borakove, Lisa M. Budzilowicz and Gerard Rainville, “Performance Measures for Prosecutors: Findings from the Application of Performance Measures in Two Prosecutors’ Offices”, *American Prosecutors Research Institution*, 2007.

② 参见铨叙部：《法官法实施后司法人员人事法制与实务运作之研究》，http://www.mocs.gov.tw/FileUpload/687-3252/Documents/研究报告_ fianl. pdf.

③ 参见［美］米尔伊安·达马斯卡：《司法和国家权力的多种面孔》，郑戈译，中国政法大学出版社2015年版，第24-33页。

④ 参见［美］米尔伊安·达马斯卡：《司法和国家权力的多种面孔》，郑戈译，中国政法大学出版社2015年版，第24-33页。

部“业余人士”或“外行人士”参与其决策过程。即使必须引入外部参与，他们也会将这种参与视为一种干扰。因此，在针对“品行、学识、敬业精神”等评价中引入同僚评议、外部评议，对于检察官个体而言实际并不存在约束或激励作用，几乎流于形式。另外，外部人士提起的个案评鉴因为缺少对于案由的过滤机制也容易被滥用，无法达到有效的淘汰目的。总体而言，在台湾地区检察机关科层一体化的制度背景下，引入多方参与的考评，有流于形式之嫌。

三、中国大陆地区的检察考核模式与改良前景

与美国和我国台湾地区相比，我国大陆地区的检察绩效考核不仅非常注重对条线和集体的考核，而且检察绩效考核的权力主要掌握在机关首长、上级部门负责人手中。一方面，“考核集体”乃以“条线考核”为重要抓手，即对检察机关的考核主要采取自上而下的业务条线考核的方式，对个体的考核只是在集体成绩的基础上计算其贡献度。另一方面，检察官个人绩效的考核由所在部门负责人根据条线考核的排名、考核等次比例和检察官人数等情况进行考评；担任部门业务负责人的检察官则由检察长根据部门所在条线考核和本院考核的情况，结合队伍管理、办理案件情况等确定考核等次。[①] 可见，当前我国检察机关是以“内部考核”、“集体（条线）考核”为主的考核模式。

这样的检察考核机制在实践运行中产生了诸多负面影响：其一，以职能部门为主的“条线考核”和以检察机关为单位的“集体考核”在一定程度上忽略了绩效考核对于个体的激励作用；其二，由于检察考核主要局限于检察机关内部，也不利于民主评议和刑事司法共同体的监督。在此情况下，美国和台湾地区所采取的“考核个体”、“外部评价”等模式似乎就有了参考价值。因此，理论上和实践中就有了“引入外部评价”和“倡导考核个体”的呼声。然而，笔者认为，对照美国与我国台湾地区的制度原理，当前我国大陆地区支撑“考核个体模式”的制度土壤似乎还不够坚实，“外部评估模式”似乎也并不适宜我国大陆地区的检察环境。

首先，就引入“考核个体模式”而言，第一，我国检察官独立办案机制还处于转型过程中，检察官“个人负责制”受制于行政化的检察权管理模式还难以全面推开，“三级审批制”仍然深刻地影响着检察权的实践运行，大部分承办检察官仍难以行使自主决定权。[②] 因此，若脱离条线考核而进行个体考核，难以划分个体检察官的责任，因此也就难以考核个体履职情况。第二，我国大陆地区检察机关内设机构极其复杂，跨条线或跨部门地进行比较评估还非常困难。我国检察机关内设机构主要可分为三大类，即领导机构、业务机构和非业务机构。业务机构又按不同业务分为不同部门，其职能不仅涉及刑事诉讼方面的公诉部门、侦查部门（已转隶）、侦查监督部门，也包括刑事诉讼的监督业务方面的监所检察部门、社区检察部门等。正是因为我国大陆地区的检察职能具有多元性和非同质性的特征，“考核个体模式”就缺少了适用基础：一方面，条线之间因为任务和工作性质不同而不能直

① 例如，《上海检察机关检察官绩效考核指导意见（试行）》第17、18、24条。

② 参见邹开红、杨圣坤等：《部分试点检察院主任检察官的职权配置》，载《国家检察官学院学报》2014年第6期。

接比较优劣；另一方面，不同部门的检察官个体之间没有统一评比的考核标准。因此，只有同一部门的个体之间进行直接比较才更合理。

其次，就引入“外部评估模式”而言，第一，在权力自上而下分配的“间接民主”环境下，外部监督软弱无力，并且根据台湾地区的实践情况，引入外部评价不排除会存在一些带有极端个人偏见的评价；此外，意见反馈表的制作、发送、回收和筛选统计耗费的人力、物力和财力是不容忽视的重要因素。第二，在大陆地区检察一体、上命下从的检察体系下，上级负责人对下级检察官的业务有领导权和指挥权，同时对其履职情况也承担“瑕疵担保责任”。一方面，对基层机关（部门）负责人而言，只有掌握考核权力才能客观了解和度量组织成员的实际行为是否符合要求，他们可以通过压力传导机制将考核要求逐步贯彻下去；另一方面，由于在集体（条线）考核中，最后的成绩和排名更多与基层机关（部门）负责人的政绩或业绩直接挂钩，对基层机关（部门）负责人的约束或激励作用也很强。由此可见，这种行政化的考核模式虽然不一定符合司法规律，但有利于检察机关负责人进行组织管控，也有利于更高层级的检察机关管理机关（部门）负责人。

结　语

一国的某一制度（包括非正式制度）类型均肇因于相应的历史、社会或现实的语境。在检察绩效考核中，美国和我国台湾地区均采用“考核个体模式”，但原理却有所不同，前者主要因为检察官“个人负责制”，后者则主要因为检察职能的同质化。而美国和我国台湾地区虽然都存在“外部评估”机制，但实施效果却迥然有异，根源就在于两个法域的检察系统在权力结构呈现出“协作型”和“科层化”的不同特征。由于我国大陆地区检察机关在职权配置上遵循多元职能并存的结构，在组织体系上采行检察一体原则，这决定了域外的“考核个体模式”和“外部评价模式”很难在我国有效引介，当前“以集体（条线）考核为重心”、“以量化指标为导向”的考核体系可能还会维系较长时间。

陕西省检察机关司法责任制运行情况调研与思考

刘雪妮*

2017 年 9 月，《陕西省检察机关检察官权力清单》（简称《权力清单》）正式下发施行。《权力清单》对全省三级院检察长、检察委员会、检察官的办案权限进行了划分，为“谁办案、谁负责”的司法责任制改革奠定了基础。清单施行一年以来，我省司法责任制运行情况如何？对此，我们通过实地走访、召开座谈会、发放调查问卷等方式对全省情况进行了一次大摸底。

一、我省检察机关司法责任制基本运行情况

从调研情况来看，主要呈现出如下几个特点：

（一）检察官决定事项范围呈扩大化态势

从调研情况来看，我省绝大多数院能够落实《权力清单》有关“放权”的规定，对《权力清单》规定的“可以”由检察官决定的事项积极进行探索。例如，《权力清单》规定：“以人民检察院名义制发的法律文书属检察官职权范围内决定事项或不涉及办案事项决定权的，可以由检察官签发”，很多院将侦监、公诉部门检察官决定案件的文书签发权直接交给检察官，进一步扩大了检察官的权限范围。从 2017 年 10 月到 2018 年 8 月的全省侦监、公诉案件办理情况来看，绝大部分院侦监、公诉部门检察官决定的案件量占办理案件总量的 30%~50%，长安区院这一比例更是高达 80.92%、84.1%。从收回的 300 余份调查问卷来看，员额检察官普遍表示办案压力大了，从之前的办案“层层把关”到现在的一般案件需要自己做决定，并且“案件质量终身负责”，很多检察官在办理案件时更加审慎，不仅要查阅大量的法律法规和相似案例，还会征求其他检察官的意见。

（二）办案环节减少，案件流转周期缩短

从改革之前的三级办案模式演变为改革后的一级或两级办案模式，办案层级减少，在一定程度上促进了办案效率的提升。例如，西安市院侦监案件审批流转周期从《权力清单》实行前的 5 天减少到 2.25 天；凤翔县院侦监案件办结周期平均缩短 1.01 天，办案效率提升 16.7%；公诉案件办结周期平均缩短 4.8 天，办案效率提升 12.9%。

---

* 作者简介：刘雪妮，陕西省人民检察院法律政策研究室，检察官助理。

（三）授权力度呈全省不均衡性

按照高检院要求，由省检察院在综合考虑本省三级院实际情况的基础上，统一制定三级院检察官权力清单。从理论上来说，各院检察官办案权限应该是差不多的，但是事实并非如此。省院在制定《权力清单》时，鉴于侦监、公诉部门更具“司法性”，加大了对这两个部门检察官的授权力度，要求一般案件的批捕、起诉权由检察官行使，“重大、疑难、复杂”案件的批捕、起诉权以及不批准逮捕、不起诉的案件决定权由检察长或检委会行使，同时将“重大、疑难、复杂”案件标准交由各院自行制定。这也就出现了实践中各院授权力度天差地别的现状：绝大部分院按照《权力清单》规定下放了一般案件的批捕权、起诉权；少数院工作进度缓慢，与改革之前相比，变化不大。在 11 个市分院、111 个基层院中，西安市长安区院对检察官授权力度较大，工作亮眼。2017 年 2 月 17 日（省院《权力清单》下发前），长安区院分别印发了公诉、侦监部门员额检察官权力清单。其中很多内容突破了省院《权力清单》的规定，很值得我们研究和探讨。1. “超限”的授权力度。如将所有的绝对不起诉案件、未成年人犯罪的附条件不起诉案件，以及特定类型案件的相对不起诉决定权全部交由检察官决定，大大突破了省院《权力清单》的授权力度。2. 细致的案件类型划分。对可以由检察官决定的相对不起诉案件类型、不批准逮捕案件类型及其适用条件进行了细致的规定。主要包括危险驾驶罪、交通肇事罪、故意伤害罪、盗窃罪、诈骗罪等基层检察院常见、多发犯罪。3. 可复制、借鉴的“重大、疑难、复杂”案件标准。从案件形成形式、案件事实判定、案件关注程度、法律有特别规定四个方面出发，制定了可操作、可复制的案件标准。半年来，长安区院公诉部门受理案件 516 件 620 人，由检察官最终决定的案件为 434 件 525 人，占比 84. 1%；侦监部门受理审查逮捕案件 304 件 380 人，由检察官最终决定的案件为 246 件 293 人，占比 80. 92%，极大地提高了工作效率，并且无案件质量问题发生。

二、存在的问题

（一）《权力清单》有待进一步完善

随着改革的深入和理论的完善，我省《权力清单》制度本身主要存在四大问题：一是在制定《权力清单》时，考虑到全省各级、各院实际情况的差异，我们做了一定程度的留白。包括：1. 将“重大、疑难、复杂”案件标准的界定权交给各院。从我们掌握的情况来看，还有相当一部分院在“等、靠、要”，没有制定相关标准，办理案件时随意性很大。2. 将“检察官决定事项法律文书的签发权是否授予检察官”交给各院自行决定。实践当中也是五花八门，很多院直接由检察官签发，但是也有部分院出于监督的目的，将文书签发权保留在部门负责人或是检察长手中。二是一些规定还不尽合理。例如，《权力清单》第 8 条第 2 款规定：“……检察长（分管副检察长）不同意检察官处理意见，可以要求检察官复核或提请检察委员会讨论决定，也可以直接作出决定……”在确保检察一体原则和尊重办案检察官独立性方面没有做到很好的平衡。三是囿于改革初期各项举措还处于“摸着石头过河”阶段，在制定《权力清单》时，我们第一考虑的就是“确权”，没有严格区分“办案权力”和“办案职责”，如将讯问犯罪嫌疑人，询问关键证人，收集、调取、审核证据等办案职责作为职权授予检察官。容易造成认识上的理解错误，如很多检察官助理认为《权力清单》上规定的都是员额检察官应该自己承担的工作，在检察官分配工作时，易产生抵触心理。四是授权力度还有待进一步放大。虽然在《权力清单》制定过程中，我们在刑事检察权方面加大了放权力度，但是相较于其他走在改革前列的兄弟省份，我们的放权力度稍显不足。主要是出于两方面的担心：一是如果把检察权交给检察官个人，如何防止检察权的滥用？二是当前检察官的个人素质是否能够承担完整的办案责任？

（二）一线办案力量“非增反减”

检察改革的目的之一是“使检察官回归办案一线，加强办案力量”。从调研来看，很多院都出现了一线办案力量“非增反减”的现象，特别是随着“两反”转隶，编制减少，这一现象更为严重。以全省公诉部门为例，改革前（此处统计数字为2015年度全省数字）为776人，其中检察员394人、助检员257人，书记员115人。改革后，根据最新的统计数据来看，全省公诉部门共有985人，人员增加了26.9%，但是有办案资格的人（即员额检察官）减少到519人，其中包括部分改革后从其他部门调入的“公诉新人”，实际办案力量是减弱的。2015年全省公诉部门办理案件22153件，2017年办理案件27779件，案件量增长25.4%，“案多人少”的压力进一步增大。同时，检察辅助人员的作用没有得到有效发挥，主要原因如下：1. 检察辅助人员严重不足。当下全省公诉部门检察辅助人员共有466人（包括检察官助理和书记员），也就意味着1个检察官平均配备0.9个辅助人员，很多院书记员人数为0，远远达不到理想配置比。这一情况在其他业务部门也存在，在很大程度上影响了司法责任制的改革进程。同时，因为业务部门还承担了大量的综合性工作，在保证检察官办案时间的基础上，很多综合性工作不得不交给辅助人员来承担，所以名为辅助人员，很多人其实是不办案的，这也导致了很多检察官没有辅助人员可用，无法从事务性工作中解脱出来专心办理案件；对于检察官助理来说，其作为“检察官后备力量”进行培养也无路径可循。2. 检察官与检察官助理职责划分不清。我们在前面也提到了，《权力清单》没有区分“办案权力”和“办案职责”，将其一并规定到清单中，容易产生认识上的分歧，走向“两个极端”。一是很多检察官助理认为《权力清单》上规定的检察官决定事项都应该由检察官来完成，对检察官交办事项有抵触情绪；二是存在“挂名办案”情况。比较常见的情形是助理办完案件后，由检察官审核、署名。很多地方将这种办案模式作为经验来推广，这种做法是否合理也是莫衷一是。赞成方认为，这种模式实现了案件“繁简分流”，同时检察官也没有放弃对案件的审查把关，符合“司法亲历性”要求；反对方认为，这种模式下，检察官实际行使的是以前部门负责人的权力，又回到了“审者不定、定者不审”的老路。

（三）配套机制之一：检察官考核评价标准不科学、不完善

何为“办案”？这个问题从起草《权力清单》开始就一直困扰着我们。因为只有明确何为“办案”，才能进行“确权”和“分权”。与法院不同，除了“司法性”比较强的侦监、公诉部门，检察院更多业务部门的工作“司法性”并没有那么强，但是对案件办理工作意义重大，如案件质量评查、报送指导性案例和司法解释选题、法案研究、调研工作等。

考虑到这些工作的重要性，在制定《权力清单》时，我们将其作为检察官权限规定到了《权力清单》中，以期能够推动相关工作的开展。但是从调研情况来看，效果并不理想，原因之一就是考核评价标准不科学和不完善。2017 年 5 月 3 日，省院印发了《陕西省检察机关绩效考核及奖金分配指导意见（试行）》，规定“检察官主要对履职情况、办案数量、办案质效、办案程序、研究成果等内容进行评价；检察辅助人员主要对协助参与的办案数量、办案质效、办案程序，履行辅助职务的工作量和实际效果、研究成果等内容进行评价”。标准过于原则，虽然将“研究成果”作为考核内容之一，但是没有具体量化标准，缺乏可操作性，实践中各院在对检察官进行考核时最后往往只剩下一条标准——司法办案活动，并且是可以在检察业务统一系统上显示出来的办案活动。这种考核评价方式是极为不合理的，一方面，检察官办案工作是高度复杂的逻辑与经验思维的复合体，不同于简单的流水线作业，无法像计件工人一样，以机械的考核分值为标准。不仅是不同业务部门之间的工作无法横向对比，即使是同一业务部门内部，随机分配的案件的实际工作量也存在极大差异。如有的刑事案件看起来非常简单，实际上办起来非常复杂烦琐，而增加的隐形工作量并没有在考核分值中有所体现。如办理民事案件过程中开展的息诉罢访、化解社会矛盾工作等。另一方面，将考核关注点放在司法办案上，不符合检察工作特点与检察工作持续发展的需要，出现了很多问题。如：1. 很多员额检察官不愿意去承担“系统”之外的其他工作，以宝鸡市院侦监部门为例，非“办案”工作只能交给检察辅助人员来承担，包括撰写调研报告、案例分析、“扫黄打非”、“打黑除恶”、“两法衔接”等工作。检察辅助人员，特别是检察官助理，因为承担的综合事务太多，基本不参与办案，也就谈不上对检察官助理的培养。2.《权力清单》规定，对于检察官办理的案件，检察长（分管副检察长）可以行使审核权，但是因为对案件的审核不计入办案量，很多检察长“主动”放弃了这一权力。在逐步取消甚至完全取消以前部门负责人审核权的基础上，如果检察长也不愿意行使案件的审核权，结果是令人担忧的。3. 本应掌握一线丰富办案经验的检察官不愿撰写调研报告、案例分析等，也不利于检察事业的长远发展。

（四）配套机制之二：统一业务应用系统权限配置不到位

2017 年 5 月，高检院对统一业务应用系统进行了全面修改完善，升级适应了司法责任制改革涉及的新的办案组织、各类人员职责权限和相互关系、上下级之间的权力和责任承担、案件承办确定机制、新的管理监督方式和业绩评价、责任追究等新形势、新要求。同年 5 月 27 日，省院召开“全省检察机关统一业务应用系统升级准备工作动员部署电视电话会”，对相关工作进行了部署。但是因为当时我省《权力清单》还没有出台，具体办案权限无法设置，虽然省院要求各级院在清单下发后及时进行权限修改，但是还有部分院至今没有进行相应修改。

（五）改革遗留问题有待解决

1. 人员问题。改革前，我省市、县两级院存在着一定比例的事业编制人员，这些人员很多在一线办案部门，且为业务骨干，通过国家司法考试，具有丰富的办案经验。改革后，这些人员因身份限制，无法进入员额检察官甚至检察官助理的队伍，只能暂时调入综合部门承担一部分综合性工作。极大挫伤了这部分人员的工作积极性，同时也削弱了一线办案部门的办案力量。2. 案件协调下如何落实司法责任制的问题。“研究和讨论有争议的重大疑难案件”是政法委的职能之一，因其有干涉法、检独立办案之嫌，一直饱受争议。在2013年1月初的政法工作会议上，中央政法委书记孟建柱对中央政法委的官员表示，领导们就不要对具体个案作出批示了，让各个司法机关放手去做就行了。孟建柱的这番讲话也被解读为“政法委今后将不会介入个案”的信号，但是具体规定迟迟未出台。在实践中，出于“维稳”的考虑，还存在着大量“协调案件”，在一定程度上干扰了司法责任制改革进程。

三、对策与建议

（一）加强对下指导和检查，保证《权力清单》的各项规定能够真正落地生根

从各地反馈情况来看，我省有部分院还没有落实《权力清单》的相关规定，或者采取限制或者减少下放权力的做法，消极应付，名义上实行检察官办案责任制，实际上仍然实行原来的层层审批制度。检察官权力清单是检察机关推进司法责任制改革的重要举措，是明确检察官职权并确定司法责任的基础和根据。对于改革动力不强的院，最直接有效的办法就是加强对下督导检查，强行推进。同时在这个过程中，要注重加强说理工作，保证制度理解到位、不跑偏。

（二）在改革中不断完善《权力清单》，及时巩固改革成果

任何一项改革都不是一蹴而就的，作为司法责任制的核心和基础，《权力清单》应当随着改革的不断深入加以完善。一是逐渐消灭《权力清单》空白区域。1. 出台《重大、疑难、复杂案件标准指导性规定》。从已经制定案件标准的院来看，虽然略有出入，但基本都是从案件类型、刑期长短、意见分歧、风险等级等方面予以考虑。建议由省院在借鉴实践经验的基础上，参考外省有益成果，建立本省的重大、疑难、复杂案件指导标准。2. 从清晰界定司法责任的角度，宜明确规定“检察官决定事项的法律文书由检察官签发”。《关于完善人民检察院司法责任制的若干意见》规定：“对于检察官在职权范围内作出决定的事项，检察长（副检察长）不因签发法律文书承担司法责任。”显然，授权范围内案件的司法责任仍然由检察官承担，这就造成司法责任制下责权关系的不对等。检察长（副检察长）、部门负责人保留法律文书签发权，体现的是检察机关长期追求的对统一执法尺度的努力和对案件质量的审慎把关，但多少也带有对自身队伍素质的不自信和对放权后发生案件质量问题甚至廉洁问题的担忧。然而，过去的实践已经说明，层层审批也不能杜绝发生冤案错案，“人盯人”式的监督并非提升司法公正程度的治本之策，相反只有司法责任得到清晰的界定，让检察官对自己决定的案件承担终身办案责任，才是从根本上解决公正司法、廉洁司法问题的正道。二是逐渐剔除《权力清单》中的“毛刺”。如在处理“检察权一体化”和“尊重检察官独立地位”的关系时，一方面，保留现行的办案检察官有权提出异议的规定，增加检察长在发出指令前对办案检察官意见的听取程序，将听取办案人员意见作为检察长的义务。另一方面，建议借鉴国外的做法，在立法中明确规定职务收取与转移权，当检察长与办案人员的意见不一致时，如果办案期限允许，在一般情况下，可实行职务收

取与移转，由其他检察官负责办理该案，以尊重原承办案件检察官的意见，当然也可以由检察长本人亲自办理。三是让《权力清单》逐渐回归到对“权力”进行划分的道路上。在之后的修改完善过程中，要逐渐从中剔除检察官的“决定权”和“亲历性事项”以外的其他职责，由各业务条线自己出台相关业务岗位职责的方式加以完善。明确规定除检察官“决定事项”和“亲历性事项”外，检察官助理可以在检察官的指导下完成检察官承担的其他司法办案职责。四是逐渐加快改革步伐，将更多的权力让渡给检察官。将检察权授予检察官不是基于对检察官的绝对信任，相反地，是基于不信任，是为了防止检察官推脱责任。只有赋予其完整的权力，才能让其承担完全的责任，长安区院的改革经验也证明了这一点。当然，这是一个渐进的过程，需要配套的监管制度的完善，做到“放权不放任，用权受监督”。

（三）尽快开展书记员统一招录工作，建立科学的检察官助理管理机制

1. 做好前期准备工作，尽快招录一批书记员。在检察院编制有限的前提下，招录聘用制书记员是解决当前困境最直接、最有效的途径。省院要做好前期人员摸底情况，掌握全省各级院人员缺口，各级院要做好与地方财政部门的沟通协调工作，尽快开启这项工作。另外，因为书记员基本为“合同制”，人员流失不可避免，如何将这支队伍打造成“铁打的营盘，流水的兵”，不因人员“进进出出”影响工作效率？从其他省的经验来看，主要有两点：一是要提高书记员的薪资，用待遇留人；二是要加强书记员工作的制度性整理和经验总结传承，方便新人迅速上手。2. 建立检察官助理管理机制。从目前我省检察官助理的管理现状来看，对检察官助理的管理，用很多检察官的话来说，凭借的是个人魅力。虽然有玩笑成分，但是也暴露了对检察官助理的管理无章可循的现状。面对这种状况，思想政治工作不可或缺，但更需要建立完善的检察官助理管理机制。明确除检察官决定事项和“亲历性事项”外，检察官助理应在检察官指导下完成其他办案工作。同时要建立检察官参与检察官助理考核评价机制，出台具体完善的程序性规定。

（四）完善现有绩效考评体系，建立多元化考核评价方式

怎样进行考评？如何设定考核目标、标准、方式、内容？如何才能真正发挥考评机制对工作的引导作用？是一项非常精细的工作。目前省院关于员额检察官及辅助人员的业务考核规定总体上还比较概括笼统，需要各级院结合自身实际予以完善。一是按照职权属性与岗位特点，科学设置考核指标。对司法性较强的侦监、公诉等部门，采取“以案为主、以事为辅”的考核评价方式，重点考核办案数量、质效以及开展侦查监督、审判监督、制发检察建议书等诉讼监督情况。对检察权行政属性较为突出的部门以及围绕办案需要开展大量综合性事务工作的民事、行政等部门，采取“案事并重”的考核评价方式，不仅考核办案数量、质效、开展诉讼监督等情况，还要考核围绕办案开展与完成综合事务性工作的数量、质效及成果。对于检察权法律监督属性较为突出的业务部门，包括诉讼监督与综合业务类的刑事执行检察、控申、案管、研究室等部门，采取“以事为主、以案为辅”的考核评价方式，对诉讼监督类部门的考核重点为依法开展并完成各项诉讼监督的数量、质效及成果；对综合业务类部门的考核重点为开展并完成专项业务工作及领导交办任务的数量、质效及成果。二是对入额院领导进行考核时，将“审核案件量”计入“办案量”，制定量

化标准。三是将司法技能考核列入考核范围。对参加素能培训、岗位练兵、业务研修、开展法律适用研究、课题研究及撰写调研信息简报等情况进行评价。开展检察官研修培训工作，既是检察工作发展的需要，又是适应改革要求、保证司法公正的需要，鼓励检察官及检察辅助人员多学习、勤思考，对办案过程中遇到的问题进行分析研究和总结思考，推动检察队伍的职业化、专业化、精英化。

（五）加强对下指导和检查，升级完善统一业务应用系统

统一业务应用系统是检察机关司法办案的重要载体，对于推动司法改革要求落地将发挥重要作用。升级完善统一业务应用系统是一项重大系统工程，需要检察案管部门与技术部门协同合作，加强对下指导和检查，督促后进院抓紧完善权限重置，确保系统与司法改革新要求的无缝对接。

（六）妥善解决改革遗留问题

1. 做好具备特定条件的事业编制人员的身份转换工作。从稳定队伍和加强办案力量的角度出发，对于在一线办案部门工作一定年限，通过国家司法考试，具备公务员法、检察官法规定的任职条件，办案经验丰富，已经错过公务员录取年龄限制的事业编制人员，建议对其进行身份转换，由事业编制转入公务员编制，符合条件的可以参加入额考试，不符合条件的可编入检察官助理队伍。当然，这属于“非常时期”的“非常政策”，之后招录的事业编制人员不再进行转制。2. 将“政法委不再介入个案”制度化，在即将出台的《政法工作条例》中予以明确规定，同时废除有关“研究和讨论有争议的重大疑难案件”职能的规定。

社会系统工程视野中的捕诉关系改革

刘用军*

随着监察体制改革的顺利推进和审判中心诉讼制度的逐步建立，检察机关也面临着使其内设机构和职权行使更能凸显其“主业回归”的调整和完善问题，其中捕诉关系改革就是焦点之一。捕诉关系涉及检察机关主业的基本面：逮捕权和起诉权，可以说是两种最主要的主业，对其关系的调整和改革具有深远的影响，其影响至少涉及犯罪嫌疑人的程序权益、人身权益，律师的辩护权，乃至影响到后续的起诉和定罪，社会对刑事司法运行机制的观念和舆论等方面。虽然和十余年前一些地方的捕诉合一试点探索不同，本次借内设机构改革的东风，捕诉合一改革似乎已成铺开之势，理论上和实践上的阻力已经大大减少，几乎是箭在弦上不得不发。但如前所述，这项具有重大影响的体制内改革，不应仅限于检察体制内的视野，还应有整体法律职业系统的眼光，这种多元化的思维有助于我们全面深刻地认识改革的利弊。但从现实来看，专业视域之外的论述明显不足，笔者在此试着扩大讨论的空间和场域，以求对这项改革有所裨益。

一、捕诉关系改革的体制内视野及其不足

所谓捕诉合一，就是将审查批捕权和公诉权配置在一个机构，由该机构根据案件需要再交由一个主任检察官或检察办案组行使。截止到目前，捕诉合一的改革大致有两种类型：捕诉完全合一，交由同一机构内部的同一人员或小组行使；捕诉在机构职权层面合一，但在机构内部分别行使，分离运行。

推行捕诉合一改革的理由主要集中在几个方面：提高办案效率和质量，节约司法资源；方便检察引导侦查，增强侦查监督的力度与效果；全面培养检察人才，提高检察官专业化水平。从十余年前捕诉合一地方试点开始至今，① 这一改革就一直存在反对声音。其理由也集中在同样几方面：导致内部失去监督，不利于保障案件质量；导致逮捕程序和审查起诉程序实质合一，出现逮捕权力滥用，也不利于侦查监督；分散检察人员对工作的专门性研究，不利于培养专家型检察人才。两种不同主张的唯一共识是，捕诉合一可以提高办案效率，能够缓解案多人少的矛盾。

---

* 作者简介：刘用军，河南财经政法大学刑事司法学院副教授，法学博士。

① 捕诉关系改革最早可见于2001年的深圳。2005年，深圳检察院在捕诉职能合一的基础上又建立了刑事检察局，此后这一做法也为全国一些其他检察院所效仿。如湖北省人民检察院于2009年年底也推出了类似的捕诉合一制改革。

有趣的是，赞成和反对的人员都来自工作在一线的检察人员，① 同样的职业理性和职业经验，怎么会有如此不同的意见？如果真的捕诉合一不会出现影响司法公正的因素，那么那些不同意见从何产生？显然，内部的反对意见不能简单认为是沙盘推演式的臆测。② 这种检察体制内的声音似乎有点公说公有理，婆说婆有理，都缺乏实践验证。也有学者认为实践已经对捕诉合一的科学性作出了检验，不会出现“因为是自己批捕的，硬着头皮也要把它诉出去”的情况，理由是 2012 年刑事诉讼法实施以来，某些沿海地区发达城市，审前羁押率已经降至 50%左右，基层检察院可能更低至 40%，其调研的原因是在审判中心诉讼制度改革的带动下，该地市检察院以判决为标准倒推批捕质量。③ 这一论据的欠缺性在于没有同比实施了捕诉合一改革地区的情况，这些降低的数据如果是在改革之前的分机构行使职权前提下取得的，恰恰不能说明捕诉合一的优势，反而印证了不实行捕诉合一照样可以降低逮捕率。况且，这种倒推逮捕质量的做法事实上不是一个创举，其已经在检察机关的绩效评价中得到了较为广泛的应用。

从总体来看，迄今为止，这些对检察机关内部机构改革的讨论都充分展现了一种来自系统内部的专业化视角之分析。但事实上，这项改革事实上不仅仅是改变原来的机构和职权设置问题，还是一项影响深远的司法系统、政治系统乃至社会系统范畴内的改革，必须在社会系统工程视域下探寻问题的本质。

社会系统工程就是把社会视为由一系列系统构成并协调运行的有机体，任何一社会子系统的良好运行都离不开与其他子系统的密切配合。党的十七大以来中央提出的国家治理体系改革以及十八大以来推行的“四个全面”建设其实就是社会系统工程思想的一种写照。

社会系统工程视野下的捕诉关系改革，就是要把捕诉关系改革可能涉及的全要素、全领域考虑进来，通盘进行价值权衡，作出最优决策，尤其是要避免与其他系统产生结构性权力冲突，这至少需要如下几个视域：政治权力系统、社会观念系统和其他法治系统。

二、以权力分工和运行为视角的审视

在检察系统内反驳对捕诉合一改革的质疑声中，有一种重要观点即“那种套用西方三权分立学说，认为批捕权是司法权，起诉权是行政权，应当分开由法院、检察院行使的观点，显然不符合我国的国情。同时，宪法将批捕权、起诉权统一赋予了检察机关，且没有规定检察机关分开行使，这就为检察机关统一行使批捕权、起诉权提供了宪法依据，捕诉

---

① 通过知网检索可见，以下文献反映的是检察机关内部人员的意见，元明的《“捕诉合一”解决不了案多人少矛盾》，载《检察日报》2005 年 4 月 13 日；扬州市检察院曹军的《基层检察院捕诉合一做法不应提倡》，载《人民检察》2004 年第 11 期；扬州市检察院夏继金的《质疑“捕诉合一”》，载《人民检察》2003 年第 9 期；李慧织、郝海燕的《检察机关捕诉关系探讨——兼论侦查监督权的强化与完善》，载胡卫列等主编：《法治思维与检察工作——第九届国家高级检察官论坛论文集》，中国检察出版社 2013 年版，第 51-52 页；成都市检察院伏波的《“捕诉合一”抑或“捕诉分离”：实务考察与理论探究》，载胡卫列等主编：《人民检察院组织法与检察官法修改——第十二届国家高级检察官论坛论文集》，中国检察出版社 2016 年版，第 519 页；朱孝清：《对检察官中立性几个问题的看法》，载《人民检察》2016 年第 2 期。

② 有检察官认为捕诉合一会导致审查逮捕和审查起诉程序变为一道工序，案件质量会下降，会出现冤假错案，这种观点是沙盘推演。参见邓思清：《捕诉合一是中国司法体制下的合理选择》，载《检察日报》2018 年 6 月 6 日第 3 版。

③ 郭烁：《适应鲜活实践彰显“捕诉合一”价值》，载《检察日报》2018 年 7 月 12 日第 3 版。

合一就具有内在的合理性。”①

实际上，就现有讨论捕诉关系改革的文献来看，很少有在这一立论基础上展开的，故基本上可以说，将逮捕权拿出来，大幅推倒现行检察体制去讨论捕诉关系问题，并不是现实中最大的争议。至于权力分工倒确实是本次捕诉关系改革所严重忽略的。

中国不实行西方意义上的权力分立，但从来就坚持权力分工，即在中国共产党领导下的中国特色权力分工政治体制。对此，有人主张是七权分工，即领导权、行政权、立法权、司法权、协商权、军事权、监察权。中国国家权力之所以是分工体制而不是分立体制，根本上是党的领导权的统合功能。② 就法治系统而言，除立法权产生的行政权、检察权、审判权和监察权之间实行分工外，刑事司法活动也实行权力分工，即在刑事诉讼中侦查机关、检察机关、审判机关三机关分工负责、互相制约。即使是审判机关内部，也设立刑事审判庭、民事审判庭、经济审判庭等进行权力分工。至于检察机关内部的职权分工就更为明确。1979 年人民检察院组织法规定，最高人民检察院设置刑事、法纪、监所、经济等检察厅，并且可以按照需要，设立其他业务机构。地方各级人民检察院和专门人民检察院可以设置相应的业务机构。1983 年和 1986 年两次修订后，这些条款变为最高人民检察院根据需要，设立若干检察厅和其他业务机构。地方各级人民检察院可以分别设立相应的检察处、科和其他业务机构。

机构设置和权力分工是密切相关的，有什么样的机构设置就落实什么样的权力分工。“检察权的配置和运行最终落脚于检察机关的内设机构及运行机制，检察机关的内设机构是检察权运行的组织载体，也是检察机关内部配置和管理的表现形式。”③ 自 1979 年以来，人民检察院组织法的基本立法结构中都给了“机构设置和人员任免”单独一章的地位，足见对内部机构设置和权力分工的重视。而且 1997 年通过的《人民检察院刑事诉讼规则（试行）》中有更明确的规定，即第 5 条，人民检察院按照法律规定设置内部机构，在刑事诉讼中实行侦查、审查逮捕、审查起诉等业务分工，各司其职，互相制约，保证办案质量。1999 年，最高检正式将刑事检察厅分设为审查逮捕厅和审查起诉厅。2000 年，最高检又将其分别更名为侦查监督厅和公诉厅并沿用至今，其中的侦查监督厅代替了原来的审查批捕厅，行使逮捕权职能。不仅如此，2012 年修订的《人民检察院刑事诉讼规则（试行）》第 5 条仍然体现了分工精神，即人民检察院按照法律规定设置内部机构，在刑事诉讼中实行案件受理、立案侦查、侦查监督、公诉、控告、申诉、监所检察等业务分工，各司其职，互相制约，保证办案质量。此时的逮捕权仍然放在侦查监督职能中。

同时还需要明确的是，权力的合理分工不仅是检察机关内部机构设置遵循的原则，也是检察机关各项职权正当运行的前提和基础。2013 年，党的十八届三中全会通过了《关于全面深化改革若干重大问题的决定》，其主要内容之一就是优化司法职权配置，健全司法权力分工负责、互相配合、互相制约机制。而捕诉合一的改革就是要改变这样一种权力分工格局，将两权合并由一个机构甚至一个检察官行使，同时也将实质性改变司法权的运行方

① 邓思清：《捕诉合一是中国司法体制下的合理选择》，载《检察日报》2018 年 6 月 6 日第 3 版。

② 鄢一龙：《构建新时代中国特色的国家治理体系》，载检察网，http：//www. cwzg. cn/theory/201803/41532. html. 访问时间：2018 年 7 月 30 日。

③ 参见鲍明叶：《基层检察机关内设机构的科学设置——以某省 C 市基层检察机关为研究对象》，载《新一轮检察改革与检察制度的发展完善——第四届中国检察基础理论论坛文集》，中国检察出版社 2015 年版，第 415 页。

式。故当前捕诉关系的改革务必不能遮蔽权力分工的意义而向一隅发展。

三、以社会观念为视角的分析

即使保持现行的捕诉分离，在一些学者看来，这样的维持不变和实行捕诉合一实质上也没有太大区别，因为“在检察机关内部实行捕诉分离，虽然可以保持两种权力的某种相对独立性，但并未从根本上解决捕诉合一的问题。因为检察机关是一个整体，检察长统一行使指挥权，内部职能分离，并未从根本上克服侦查、公诉机关，即代表国家的一方当事人行使程序裁判权的矛盾，而只是缓解了这种矛盾”。[①] 这也是坚持捕诉合一改革之正当性的理由之一。

但是，这种认识显然没有遵循决策和制度最优化的原理。根据最优化决策方案，即使在无法改变总体发展方向的基础上，微观的改变只要有利于目标的更好实现，在成本大致相当的情况下这种决策就是应当采取的。进一步来说，这种决策是否最优，不仅取决于决策者，还应取决于受决策影响的人和社会的观感，如果受决策影响或者可能成为决策影响的人认为这种决策更优，就至少不能单凭决策者的感受来作出选择。

就中国当下的普遍社会观念来讲，对公权力的信任度还不足，司法的权威性也还没有充分确立。尽管不少检察实务部门人士有言，捕诉合一后，不会造成批捕权的滥用，不会弱化内部制约，降低办案质量，不会导致以起诉标准代替批捕标准，[②] 而且不会压缩辩护空间，不会导致人权保障水平降低。[③] 但是，这些毕竟只是系统内的自我信任和自我判断，这些判断能否获得系统外的社会公众之信任与认可，则未必能有绝对的把握。

民众对公权力的不信任包括对侦查机关、检察机关行使追诉权过程中的确当性存有疑问，其实即使在法治社会的西方文化体内也是如此，所以构建法治就是一种防范、约束、制裁权力之恶的技术或策略。中国从一个官僚型文化体转型到平权性的法治文化体，某些公权力本身带有的控制、惩罚色彩必然有相当大的残留，需要较长时间来消化改善，这是中国现代化历程的一个社会事实，民众对此有所判断也是事实。因此，即使捕诉合一确如上述所言，发挥了最大优势且没有增加不利因素，那么社会也不会认为这是一种最值得信任的公权力设置和最合理的公权力运行机制，因为权力集中必然带来威权和压制在几千年来已经成为人们深信不疑的常识观念。事实上，捕诉合一后，在当前政法机关肩负维稳、惩治等任务的分工合作体制下，权力集中难免不带有重追诉轻保障的倾向。这种担忧还有无其他制约机制来消除呢，那就是这项改革的另一个直接动因——司法责任制。

司法责任制建立以后，谁办案谁负责，终身追究，所以交给一个检察官或检察组行使两种权力，也不担心其滥用权力，不保障人权，放任错误追诉、错误定罪。然而这种认识是基于对司法责任制理想化发挥背景下的判断，事实上，司法责任操作起来并非轻松。对于一些不关乎大局的错误，可入罪可出罪情形下的入罪，可采用可排除情形下的证据采用，以及一些非严重瑕疵的程序违法，单就已经成功实现追诉和法院定罪而言，就很难启动司

---

① 龙宗智：《检察机关内部机构及功能设置研究》，载《法学家》2018 年第 1 期。

② 许永俊、王宏伟：《捕诉合一办案机制研究》，载《国家检察官学院学报》2001 年第 1 期。

③ 邓思清：《捕诉合一是中国司法体制下的合理选择》，载《检察日报》2018 年 6 月 6 日第 3 版。

法责任制来追究责任，而逮捕这样一个现实选择性强、对办案极为便捷的强制措施就正处在很难事中、事后评价其正确与错误的尴尬境地。即使以实体刑罚的有无来印证逮捕的必要性，也还存在实践中的逮捕绑定逻辑，即逮捕的不可能不判，或者不能不判实体刑罚，因此，启动司法责任制就尤为困难。可见，以司法责任制来保障捕诉合一的推行并不是一副万能良药，捕诉关系改革需要司法者对自清、自制、自正、自能有自信，也需要让社会公众有同样的自信。

四、以改革的顶层设计思想为视角的考量

从哲学视角看，顶层设计是一个重要的认识论范畴。当前提出的检察机关内设机构改革包括捕诉关系调整都是司法体制改革的一部分，而司法体制改革已经从过去的摸着石头过河演进到了顶层设计的成熟阶段，这是我国在长期的治国实践中不断总结经验的结果，它意味着我们在治国理政的认识论上发生了重要变化。如前所述，当前关于捕诉关系改革的论述很多是站在局部的本系统的立场来设计改革路径的，因而明显带有视域狭窄的不足，而捕诉关系实质上是一个刑事诉讼领域十分重大的权力配置，因而它需要遵循顶层设计的路径而不是部门立场的思维。也就是说，捕诉关系改革要放在整个司法体制如何保障司法公正的视角下来判断问题，甚至要在政治体制视野下审视。如果对于整个司法体制而言，捕诉关系不利于建立现代司法文明和保障程序正义，即使在检察机关内部取得了高度认可，这样的制度也不能被整个司法系统所接受，长期下去弊端就会显现，而如果刑事诉讼中犯罪嫌疑人、被告人的自由和权益被放在一个不合理的制度下进行保障和运行，这也反映出这个国家的人权和政治民主权利保障是存在问题的。

德国物理学家普朗克曾经说道：“科学是内在的整体，它被分解为单独的整体不是取决于事物本身，而是取决于人类认识能力的局限性。”① 这句话也适用于社会科学。我们要认识到侦查权、起诉权、审判权这样的权力分工并不是事物本来的面貌，即不是正义的本质体现，而是为了追求正义所设计出的相对合理的制度，在这三种权力的单独运行中，我们必须不能因为它们自身而忘记了它们最初的最本真的目标。

人类社会具有自组织系统的特征，有一个主导着其运行的序参量，正像协同论的创始者哈肯所述，社会制度、政策、文化、舆论等是社会系统的“序参量”。② 对于整个法治系统而言，绝不是案多人少引起的对效率价值的追求，或者监察体制改革引发的对检察主业的回归，以及司法责任制的推行引来的自我约束和自我保障水平的提升，而是社会所普遍接纳的司法公正才是全部法治系统运行、发展和改革的序参量。而如果仅仅在检察制度内看捕诉关系定位与改革，显然是难以充分体现这一序参量的。

事实上，长期以来司法系统的改革存在各自为政的情形，这种弊端直到今天仍然存在。譬如，按照司法权中立的特性设计出来的司法审查制度，在理论上探讨时，法院并不愿意接受这一审查权，就是不愿意接受逮捕权划给法院，认为这是一个烫手的山芋。显然，法院从自身工作任务繁重，将来也难以处置好羁押和判刑定罪之间可能的风险出发，不愿承

① 转引自卢启文：《现代综合进化论和社会生物学》，载《北京大学学报》（哲学社会科学版）1988 年第 3 期。

② ［德］赫尔曼·哈肯：《协同学：大自然构成的奥秘》，凌复华译，上海译文出版社 1995 年版，第 160 页。

担这样一个从逻辑上应该接纳的权力，这其实是一种可以理解的现实“理性”，但也绝不是一种全局化思维。

国家治理体系改革和完善就是一场社会系统工程的构建和完善，需要包括检察制度在内的各项制度予以支撑，捕诉关系的定位就是这一社会系统化工程的有机组成，因此有关捕诉关系的改革就必须首先遵循社会系统工程的理论和方法，而后才能考虑司法权的具体特征和原理。对于捕诉关系如何改革而言，我们必须跳出制度本身的合理性范畴，而在法治系统乃至国家治理体系的整体宏图中综合权衡利弊。

党的十八届四中全会提出“三个一体建设”，即法治国家、法治政府、法治社会的“三位一体”建设，并要求将“依法治国”推向纵深和全面，使之贯彻落实到科学立法、严格执法、公正司法、全民守法的全过程中。这样的总体设计离不开各部分围绕总体目标和路径进行的各自系统内的改革和发展，是在落实最终目标的联系上才成其为部分的，而不是先成为部分才有总体。因此，捕诉合一改革所产生的影响是否在顶层设计的全社会系统中做过考虑，也就决定了这项改革在源头上的科学性和合理性。

五、探究捕诉关系合理化的另一种思路

就目前而言，逮捕权归属的改革大致有三种思路：交给法院的司法审查模式，保持现状的检察机关内部分机构行使模式，改革中的检察机关内部机构合一行使模式。

司法审查模式是西方两大法系的共识性制度，其的确存在理性和实践层面无可质疑的正当性，主要原因来自司法权力结构的协调。控辩结构协调是包括司法系统在内的社会系统协调的重要方面，但是现行司法体制、政治体制以及社会治理的价值观、目标与这一制度存在极大的排斥性，从能够解决现实问题出发，我们不能在此失去实践理性而离开具体的场域去谈论玄虚的问题。而且就实际推演来看，如前所述，法院对逮捕权的接纳意愿也不高甚至没有意愿。①

这样看来，所谓的理想模式在现实中并不具有可行性，而改革后的捕诉合一设计还存在诸多不成熟、不协调，这就只能寻求第三种模式，在既有框架下进行最优化改造。

目前已经有一些地方对于逮捕决定活动进行听证，② 但这将耗费办案人员很大的时间和物力成本，显然缺乏推广价值，反而是刑事诉讼法所规定的在作出逮捕决定时听取辩护律师意见、让律师参与是更为可取的做法。

刑事诉讼法第 86 条规定了作出逮捕决定时自主裁量性的机宜听取和提出要求时的被动听取两种接纳辩护人辩护意见的方式，但在未成年人刑事诉讼程序中规定得更为到位，即应当听取辩护律师的意见，这时的听取不仅是主动的，而且不履行则意味着程序严重违法。

---

① 在现行司法责任制下，需要承担错案司法责任的主要是三种情形：错误逮捕造成的羁押，错误定罪造成的自由权和生命权丧失以及财产损害，而司法机关又要承担维护社会稳定和控制犯罪的艰巨任务，既要负责逮捕，又要负责定罪，因而在不少问题上把握这些界限并非水到渠成，减少这项权力实则就是减少错案的风险，这大概也是法院不愿承担这一艰巨任务的原因之一。

② 例如，黑龙江省检察机关就试行了审查逮捕听证制度，听证会由检察机关主持，侦辩双方就是否需要逮捕发表意见并进行辩论，必要时还会邀请人大代表、政协委员、人民监督员参加听证会并听取他们的意见。参见郭烁：《适应鲜活实践彰显“捕诉合一”价值》，载《检察日报》2018 年 7 月 12 日第 3 版。

如果在成年人逮捕程序中，一律作如此规定，则无论是程序公正还是人权保障乃至防止错案都将具有极大的进步性。

如此改革，并没有实质帮助检察机关提升办案效率，应对案多人少的问题，但是如前所述，我们的改革不应是以子系统或部门利益是否提升为出发点，而是应遵循社会系统论工程思想，从顶层设计的目标整体考虑，看其带来的司法整体效益或者社会整体效益是否提升了，作为是否启动改革的标准。实际上事情都是辩证存在的，从长远来看，听取辩护律师意见，让辩护律师参与的制度对检察机关办案来说未必是坏事。

首先，辩护律师的意见和司法人员一样，是专业的，律师的意见即使在对抗状态中也是对检察机关工作的帮助，可以使其最大化地实现兼听，多元接受案件信息，从而防范疏忽或遗漏的错误，而如果在程序和实体上大大减少了错误源，司法责任制之锤落下来的可能性也就大为降低，这何尝是坏事？因此，对辩护律师意见的听取应看作是合作行为，是两种性质权力之间的合作，共同接近正义目标，而不应当认为影响办案而加以排斥。尤其是在当前认罪认罚从宽制度改革普遍推开的环境中，辩护律师的合作性就将进一步提升。在认罪认罚从宽制度的试点办法中，已经为全部犯罪嫌疑人、被告人设置了作为委托辩护人之补充的值班律师制度，其实就是一种基于国家义务提供的特殊律师辩护，这意味着值班律师将来有可能用来弥补律师辩护不足的缺憾，从而在事实上大幅度提升刑事辩护率的同时，也为审查逮捕时普遍听取辩护律师意见，让律师参与逮捕程序创造了条件。

无疑，当前整个司法系统面临着巨大的案件压力，因而在今后相当长的时期内，效率或者效益价值将是制度设计无可回避的主题，但即使如此，我们也应始终清楚，司法程序是为公正地解决纠纷而演化或创制出来的，这是其初心，不管如何改革和发展，都不应该忘掉初心，对于逮捕权如何设置及其运行，也是如此。

结　语

生活本身是超越逻辑的，它不会将自己建立于逻辑关系之上。① 显然，检察机关内部针对这项改革是完全有其逻辑性的，但内在的逻辑最终往往是由受其影响的更大系统乃至整个社会系统来评判的。捕诉合一改革看似在检察机关自身拥有的职权范围内加以微调，其实却可能是一种重要的内部权力的结构性改变。如果把逮捕权和审查起诉权合一，侦查监督也会因缺失逮捕决定权而被从实质上架空，这样一来，检察机关内部的权力分工就形同虚设了。当然，我们也应清醒地看到，这样的改革设计其出发点是充满善意和温情的，是为了又快又好地实现新时期、新体制下赋予检察机关的正义使命，但是显然我们也要看到，这一改革之影响并不会只停留于检察系统内。因此，如果捕诉关系改革能够保障整个法治系统权力与权利平衡上多一点宽广的视域，也许检察机关的这项改革将获得更大的信任度。

① ［德］卢曼：《法社会学》，宾凯、赵春燕译，上海人民出版社2013年版，第363页。

检察官惩戒再思考

卢　莹*

在我国，检察官惩戒问题一直不是学术热点，专门探讨此问题的著作及论文数量相对有限。自2014年起的第四轮司法改革以司法责任制为核心内容之一，2015年9月最高人民检察院发布《关于完善人民检察院司法责任制的若干意见》，首次将“检察官惩戒委员会”作为检察官责任追究的审议机构。该份文件不仅明确了司法责任的类型，列举了检察官办案中应当承担司法责任的行为，还就检察官惩戒委员会与人民检察院纪检监察机构在追究检察官司法责任中的分工、职责等作出规划。2016年10月12日，最高人民法院、最高人民检察院联合发布了《关于建立法官、检察官惩戒制度的意见（试行）》，初步设计了法官、检察官惩戒委员会的组建框架。此举不仅深化了司法体制改革，也激起了理论界及实务界对检察官惩戒机制的新一轮探究。该意见共计13条，极具原则性，各地在设立检察官惩戒委员会时均颁布了与之配套的章程、工作规则、办法等文件，呈现出带有地方特色的不同实践样态。由于地方惩戒委员会成立至今尚未出现检察官惩戒案例，故本文所言问题更多是对所收集资料的主观分析。本文用于问题分析的资料有：

1. 现有检察官惩戒法律法规。例如，检察官法第十一章“惩戒”、部分省（市、自治区）发布的检察官惩戒委员会章程、工作规则等。

2. 国内检察官惩戒机制文献。例如，个别学者、检察官对司法责任制下检察官惩戒问题的研究成果、对检察官惩戒委员会建构的见解等。

3. 域外检察官惩戒立法及实务。例如，域外检察官行为守则、惩戒程序立法、域外检察官惩戒案例，以及学者、律师、检察官就检察官惩戒事宜所著的文献等。

一、惩戒：不限于司法责任

检察官法第十一章专门规范检察官惩戒事宜，该章共4条，分别就检察官应受惩戒的行为①、惩戒的种类②、惩戒的权限和程序③作了规定。为落实该法中的惩戒规定，最高人民检察院制定了《检察人员纪律处分条例（试行）》（2004年通过，2016年修订）、《检察人员执法过错责任追究条例》（2007年）、《关于完善人民检察院司法责任制的若干意见》

* 作者简介：卢莹，华东政法大学博士研究生，华东政法大学讲师。

① 参见检察官法（2017年修订）第35条。

② 参见检察官法（2017年修订）第36、37条。

③ 参见检察官法（2017年修订）第38条。

（2015年）、《关于建立法官、检察官惩戒制度的意见（试行）》（2016年）等规范性文件，进一步细化了检察官应受惩戒的行为、惩戒措施以及惩戒程序。

此外，最高人民检察院还制定了一些职业准则和纪律禁令，如《检察官职业道德基本准则》（2016年修订）、《检察官职业行为基本规范（试行）》（2010年）、《领导干部干预司法活动、插手具体案件处理的记录、通报和责任追究规定》（2015年）、《司法机关内部人员过问案件的记录和责任追究规定》（2015年）、《关于对检察机关办案部门和办案人员违法行使职权行为纠正、记录、通报及责任追究的规定》（2015年）、《最高人检察院禁酒令》（2017年）等，这些文件涵盖检察官职务行为与非职务行为，对其日常行为多维度地设定了要求。除最高人民检察院颁布的规定外，各地也会制定一些实施细则，如上海就有《上海法官、检察官从严管理六条规定》（2015年）、《上海检察机关落实司法责任制工作细则（试行）》（2016年）等。

从上文提及的一系列规范性文件看，检察官法中的惩戒并不局限于检察官司法办案中的不当行为，还包括参加非法组织、参加罢工、从事营利性的经营活动等非职务行为。结合《关于完善人民检察院司法责任制的若干意见》及《关于建立法官、检察官惩戒制度的意见（试行）》的规定，检察官在办案中涉嫌违反检察职责的行为，需要认定是否构成故意或者重大过失的，由检察官惩戒委员会审议。至于检察官与司法办案活动无关的其他违法违纪行为，由人民检察院纪检监察机构调查核实，依照法律及有关纪律规定处理。[①] 因此，笔者认为检察官惩戒应从广义上理解，其不仅负有司法责任，亦因其检察官职业身份负有道德责任。自第四轮司法改革以来，以司法责任制为落脚点的检察官惩戒文献有所增多[②]，但检察官的普通违纪行为、违反伦理规范的行为等依然是研究的弱点所在，这些不当行为亦涵盖在惩戒范围内，追究司法责任仅是惩戒的一部分内容，而非全部。

事实上，法治发达的国家及地区均有较为完备的检察官伦理规范。以美国为例，美国检察官都具有律师资格，是政府律师、国家代理人，无论是经由民选的州检察官还是总统提名、国会同意后任命的联邦检察官，基本上都受其执行职务所在地的各州律师伦理规范制约[③]。各州的律师伦理规范，可以是州议会直接制定，也可以是该州最高法院基于法定授权颁布，对律师、检察官均具有法律拘束力。除加利福尼亚州外，全美各州的律师伦理规范均以美国律师公会（the American Bar Association，简称 ABA）制定的《模范职业行为规则》（Model Rules of Professional Conduct）为蓝本，该规则中的 Rule 3.8 就检察官的特有职责（Special Responsibility）作出规定，如有违反即按律师惩戒标准进行惩处。此外，美国律师公会制定的《刑事司法准则》（Standards for Criminal Justice）中的“检察功能”（Prosecution Function）条文，美国司法部颁布的《联邦检察官手册》（United State Attorneys' Manual）中的“联邦检控原则”（Principles of Federal Prosecution），美国州检察官协会（the National District Attorneys Association，简称 NDAA）（National Prosecution Standards）制定的

---

① 参见《关于完善人民检察院司法责任制的若干意见》第32条、《关于建立法官、检察官惩戒制度的意见（试行）》第6条。

② 如赵信会、林琳：《论司法责任制下的检察官惩戒》，载《河北法学》2017年第8期。

③ 美国联邦司法部长期以来一直主张各州律师伦理规范不适用于联邦检察官及其助理检察官，直至1999年美国国会通过“McDADE 修正案”，明文规定美国联邦检察官与州律师受执行职责所在州道德规范的同等制约，如此联邦检察官受到联邦法与州法的双重制约。

“国家检控准则”均对检察官行为有所规定，尽管这些条文不具有法律上的约束力，但各州律师协会、法院在解释州律师伦理规范时均可参考。我国台湾地区 2011 年修订“法官法”时将违反检察官伦理，情节重大者作为惩戒检察官的事由之一，2012 年在参考美国检察官职业伦理的基础上颁布了“检察官伦理规范”，明确了检察官惩戒的依据和标准，对检察官执行职务的行为和执行职务以外的行为予以规制。由此可见，域外国家及地区将检察官特定身份的伦理规范作为制约检察官日常行为的准则，规制对象包括履行职责时的行为及职务外的行为，未严格划分司法责任及道德责任，故笔者认为在谈及检察官惩戒时，不可只强调检察官办案时的司法责任。

二、惩戒：内外部双管齐下

司法责任制改革前检察官惩戒由涉事检察官所在检察院的纪检监察部门负责调查、审议检察官违纪行为，再报请所在检察院主管副检察长或检察长审查或提交检察长办公会审议决定①，惩戒完全由机构内部处理。2014 年，上海、广东、吉林、湖北、海南、青海六个省市作为试点地区开展检察官惩戒机制改革。两年后，最高人民法院、最高人民检察院在试点工作的基础上通过《关于建立法官、检察官惩戒制度的意见（试行）》，根据规定在追究检察官司法责任方面，既有检察官惩戒制度中新增检察官惩戒委员会审议环节，当出现检察官涉嫌违反检察职责的行为时，先由涉事检察官所在人民检察院的纪检监察部门进行调查核实，若调查属实，需要认定是否构成故意或者重大过失，再提请检察官惩戒委员会审议、提出审查意见，人民检察院根据检察官惩戒委员会的意见作出处理决定。至于与办案无关的其他违纪行为，依然由所在检察院按旧有程序进行。由此可见，在追究司法责任方面，增设了检察官惩戒委员会这一外部审议机制，虽然其没有惩戒决定权，但有建议权。

（一）惩戒委员会理论研究及实务现状

从现有文献看，几乎所有学者都肯定检察官惩戒委员会的积极意义，其作为专门性惩戒机构体现了对于检察官惩戒公正性和严肃性的追求②，促进检察官惩戒的客观性与公正性。但在如何设立惩戒委员会方面存在一定分歧。一是关于法官、检察官惩戒委员会是否分设。有学者主张设立专门机构履行对司法人员的监督与纪律惩戒职能，建议设立统一的司法官纪律惩戒委员会，决定法官、检察官的惩戒和退出事宜，保障法官、检察官的职业伦理，以加强对法官、检察官违法违规行为的监督和惩戒。③ 在实践中，绝大多数省市都采取此种方式，即设立统一的法官、检察官惩戒委员会。另有实务界人士则认为应分别设立法官惩戒委员会、检察官惩戒委员会，两个委员会可以在委员人选上部分重合、适用相同的程序，但具体审议时应充分考虑委员构成，保证检察官代表比例不低于 50%，且有来自

---

① 《人民检察院监察工作条例》（2000 年）第 59 条。

② 张建伟：《检察官惩戒委员会应当如何建构》，载《人民检察》2017 年第 5 期。

③ 参加陈卫东：《合法性、民主性与受制性：司法改革应当关注的三个“关键词”》，载《法学杂志》2014 年第 10 期。

当事检察官所属同级检察院的委员。[①] 据笔者统计，目前仅重庆、贵州两地采取此种分立模式。

二是关于检察官遴选委员会与惩戒委员会是否分设。有学者认为检察官遴选、考评与惩戒三项司法行政事务具有一定的关联性，结合各职能同质性和差异性分析，遴选委员会、惩戒委员会、考评委员会可以合为一个委员会，但成员不宜固化，以免形成寻租空间，导致腐败。[②] 但也有学者认为法官、检察官惩戒与遴选不宜设置于一个机构之中，为彰显惩戒职能，有必要建立专门从事检察官惩戒职能的委员会，与检察官遴选委员会进行区分。[③] 在实践中，各省（市、自治区）多采取分立模式，具体见下表：

各省检察官遴选、惩戒委员会设立模式情况

分设遴选委员会、惩戒委员会	遴选（惩戒）委员会合并
北京、天津、重庆、吉林、四川、广东、江西、山东、山西、江苏、甘肃、青海、黑龙江、湖南、湖北、浙江、广西、宁夏、海南、贵州、西藏、新疆	上海、福建、辽宁、河北、陕西

此外，在确保惩戒委员会的中立性方面，学者及实务界人士各抒己见。有学者指出为实现检察官惩戒委员会中立、独立，应排除现职检察官参与检察官惩戒委员会，如果为实现惩戒委员会的专业性，确需有检察背景的人参与其中，也只能以退职检察官作为选择对象。[④] 也有学者及实务界人士提出在全国人大和省级人大中设置检察官惩戒委员会。[⑤]

（二）美国检察官惩戒内外双轨制

美国司法部在“水门事件”后成立了“职业责任办公室”（The Office of Professional Responsibility，简称 OPR），以确保检察官和执法人员依国家执法机构的最高职业标准履行职责，其有权就检察官不当行为的投诉进行调查，这些投诉来源广泛，包括司法部所有职员的告发、司法程序中法官或治安法官的陈述，以及私人和律师、诉讼当事人、其他联邦机构、州和地方政府机构的指控、法院和国会转介、媒体报道等。OPR 的大部分调查属于行政性质，在认为有进一步调查必要时可以询问涉事检察官或证人，询问涉事检察官时仅作书面笔录不录音，询问证人时则以数字方式录音。涉事检察官与证人都禁止自己录音，且询问中除两位 OPR 职员在场外不得有任何其他人在场。但涉事检察官可以选任律师，可以阅览所有笔录。调查结果可能有：（1）故意违反法律或伦理规范所规定的明确义务或准则；（2）枉顾前述义务或准则；（3）错误判断或单纯犯罪错。若 OPR 认定确有不当行为时，会将结果通知投诉人，且将调查报告交给司法部的“职业不当行为审查小组”（the Professional Misconduct Review Unit，简称 PMRU），该小组若认为不当行为无证据支持，则不做惩戒决定，此为司法部之最终决定。若认为确有不当行为，则建议惩戒种类，并告知

① 最高人民检察院监察局课题组：《检察官惩戒委员会制度研究》，载《人民检察》2017 年第 1 期。

② 张建伟：《检察官惩戒委员会应当如何建构》，载《人民检察》2017 年第 5 期。

③ 最高人民检察院监察局课题组：《检察官惩戒委员会制度研究》，载《人民检察》2017 年第 1 期。

④ 赵信会、林琳：《论司法责任制下的检察官惩戒》，载《河北法学》2017 年第 8 期。

⑤ 陈鹏飞：《我国检察官惩戒制度研究》，载《西部法学评论》2017 年第 4 期。

司法部部长及执行长办公室请其提供关于“道格拉斯考虑因素”① 之意见，再作出最终惩戒种类决定。惩戒包括谴责、停职，对 15 天以上停职的决定，受惩戒者可以申诉至联邦奖惩制度保障委员会，再不服者可以上诉至联邦上诉法院。

以上是美国联邦检察官内部惩戒之概要②。至于外部惩戒，“McDADE 修正案”规定联邦检察官与州律师受同等制约，故联邦检察官惩戒多由州律师协会进行，各州具体做法不一。例如，加利福尼亚州设有“加州律师法院”（State Bar Court），适用“加州律师法庭诉讼规则”对检察官不当行为进行认定。该法院有 5 名全职法官，所做惩戒只能为“谴责”，更严厉种类的惩戒，如吊销律师执照，只能建议由加州最高法院作出判决。再如北卡罗莱纳州，检察官惩戒由“州律师会”（North Carolina State Bar）③ 负责，由州议会于 1933 年设立，属政府机构。“州律师会”的“申诉委员会”负责对检察官不当行为投诉进行初步审查，当认为有合理基础相信检察官有违反伦理行为时，再向律师会的“惩戒听证委员会”提出惩戒之诉。该委员会由 20 名委员组成，审理具体个案时由 3 名委员以合议方式依民事诉讼程序进行审议决定。其决定可分为“不予惩戒”与“惩戒”，不予惩戒时可向涉事检察官发出提醒信或警告信，惩戒的种类则包括告诫、谴责、非难、5 年以内的停职与吊销律师执照。若律师会与受惩戒检察官对委员会所做决定不服，均可上诉至该州上诉法院。

（三）惩戒委员会定位及运作之启示

结合国内外现有法律规章及学者文献，笔者认为国内检察官惩戒委员会的定位较为尴尬。一方面，其是检察机关以外的第三方。从设立目的来看，试图藉由惩戒委员会的审议改变原先检察官惩戒中遵循一般公务员惩处、行政色彩浓厚的弊端，以凸显检察官职业的特殊性。另一方面，检察官司法责任之追究依然由检察机关做决定，惩戒委员会的审议意见并未使该机构具有真正的独立第三方之定位。诚如有论者所言，我国的检察官惩戒委员会只负责对检察官司法办案过程中是否存在违反职责的行为提供专业意见，是在原有的检察官惩戒制度中增加的一个特殊环节，并未改变原有的惩戒体系。④ 因此，笔者认为此番改革或许步子可以迈得更大一点，再彻底一点。

1. 惩戒委员会的定位。明确了检察官惩戒委员会的定位，法官、检察官惩戒是否须分立，检察官遴选与惩戒是否须分立等问题便会迎刃而解。依据我国宪法规定，法院、检察院独立行使审判权、检察权，不受行政机关、社会团体和个人的干涉。⑤ 自推行员额制改革以来，入额的法官、检察官按照单独职务序列进行管理，法官、检察官等级与行政职级脱钩，故与一般公务人员不同，因而其惩戒程序自然应有别于一般公务员，宜由独立组织专门负责惩戒事宜，从机构外部对法官、检察官进行监督。入额后的法官、检察官是具有高

① “道格拉斯考虑因素”共计 12 项，是美国联邦奖惩制度保障委员会（The Merit Systems Protection Board）惩戒时的考虑因素，由该委员会在 Douglas vs. Veterans Administration，5 M. S. P. R. 280（1981）一案中提出。

② OPR 在检察官不当行为中的政策和程序详见司法部网站，https：//www. justice. gov/opr/overview-opr-and-its-policies-and-procedures-attorney-misconduct-matters，访问日期：2018 年 9 月 7 日。

③ 州律师会不同于州律师公会（the North Carolina Bar Association），后者是私人机构，律师根据个人意愿加入，参见州律师会网站，http：//www. ncbar. gov，访问日期：2018 年 9 月 7 日

④ 参见葛琳：《检察官惩戒委员会的职能定位及其实现——兼论国家检察体制改革背景下司法责任追究的独立性》，载《法学评论》2018 年第 2 期。

⑤ 参见宪法第 131、136 条。

度专业性的司法人员，是社会公平正义的守护者。在刑事诉讼中，法官、检察官的身份与职务应受到相应的保障，鉴于二者的共通性，其惩戒可由同一组织审议。

因此，法官、检察官惩戒组织应具有独立地位，不仅能认定涉事法官、检察官是否存在不当行为的事实，亦能对该行为作出法律评价，即享有惩戒决定权，如此设计才是真正的从外部进行监督、提供职务保障。该组织成员采委员制，可吸收社会人员以增强外部监督，但法官、检察官代表应不低于全体委员的50%。在审酌惩戒个案时，笔者认为可采取类似合议庭形式，由3至7名单数委员组成个案惩戒合议小组，而非由全体委员参与。审酌检察官惩戒个案时，合议小组成员中检察官代表不低于小组人数的50%。至于惩戒事由，正如本文第一部分所述，惩戒针对的检察官不当行为，包括职务与非职务行为，因而惩戒组织的审议对象不应局限于涉嫌违反检察职责的行为，还应包括违反普通纪律、伦理的行为。

2. 惩戒程序司法化。根据现行规定，惩戒委员会审议惩戒事项时，由人民检察院提供当事检察官涉嫌违反检察职责的事实和证据，并就其违法检察行为和主观过错进行举证。当事检察官有权进行陈述、举证、辩解。人民检察院或当事检察官对惩戒委员会意见有异议的，可以提出。[①] 此种设定类似于司法裁判模式，在一定程度上保证了审议程序的公正性，但对于审议是否可以公开、举证的证明标准、当事检察官是否有权聘请律师等程序性事宜并未涉及。

上文提及美国北卡罗莱纳州惩戒听证委员会在审理具体个案时采公开方式进行，笔者认为因检察官惩戒个案，涉及检察官身份、职务，关系到司法公信力，除检察官惩戒合议小组认为有公开必要或涉事检察官申请公开的，应以不公开审议评定为原则。审议评定程序的启动以涉事检察官所在人民检察院纪检监察部门移送转介为要件，当出现对涉事检察官之投诉时，先由所在检察机关的纪检监察部门负责初步调查，当有合理证据显示涉事检察官确有违反职责、普通纪律、职业伦理之行为时，可转介检察官惩戒委员会，委员会随机抽选适当委员组成个案合议小组进行审议评定。在此过程中，涉事检察官所在人民检察院纪检监察部门相当于原告，提出惩戒之诉，其所提供证据证明至优势标准即可，无须达至刑事定罪的排除合理怀疑高度。合议小组在认定事实时须贯彻直接言词原则，赋予涉事检察官聘请辩护人及阅卷的权利，给予其正当法律程序之保障。因惩戒合议小组作出惩戒决定时，对涉事检察官影响较大，加之出于程序保障考虑，涉事检察官或其所在检察院对惩戒决定不服时，可向惩戒委员会提出申诉，由全体委员进行审议。

3. 外部惩戒着眼于退出机制。美国检察官惩戒的外部机制着眼于淘汰不适格之检察官，而不在于处罚，如惩戒种类中含“一定期限内不得以律师身份执业”、“吊销律师执照”等。台湾地区2012年创设的职务法庭，专责法官、检察官惩戒案件的审理，在惩戒种类方面亦着眼于检察官的退出机制，如增加“免除检察官职务，转任检察官以外之其他职务”，“免除检察官职务，并丧失公务人员任用资格”等。《关于完善人民检察院司法责任制的若干意见》第44条中规定的惩戒种类中有“调离司法办案工作岗位”，此算是一种淘汰退出方式，其他惩戒则与一般公务人员惩戒无异。借鉴域外检察官惩戒，可以考虑惩戒措施多元化，如增加罚薪等经济惩戒措施。当前人民检察院检察官的招聘以通过国家或地方公务

① 参见《关于建立法官、检察官惩戒制度的意见（试行）》第7、9条。

员考试为主，在惩戒措施中可以增加免去检察官职务，保留公务人员身份，转为检察官以外的其他职务，或在免除检察官职务时，禁止其在一定期间内担任公务人员职务，或在辞退时永远不得担任公务人员。加之绝大多数检察官以通过国家法律职业资格考试为前提，属于法律职业共同体中的一分子，在其故意或严重过失导致免职或辞退时可同时让其丧失担任执业律师的资格。

结　语

检察官惩戒实际上既是对检察官的监督，又是对检察官身份和职务的保障，同时对检察职业群体的进步亦具有重要意义，故检察官惩戒不应聚焦于司法责任，还应重视违背检察官职业伦理的道德责任，当存在不适宜担任检察官之职时应通过惩戒达至淘汰目的。出于检察官独立行使职权，不受不当干预的考虑，在构建检察官的监督、淘汰退出机制时应采取自律与他律相结合、内外部双管齐下的模式。无论在任何时候，检察官惩戒都应是非常态性的。由检察机关以外的独立组织依司法化的惩戒程序实现监督、保障、淘汰机能。

司法体制改革背景下“捕诉合一”办案机制改革的思考

吕晓春　许军望*

随着司法体制改革的不断向纵深推进，“捕诉合一”作为检察机关内设机构改革的重要内容被提出。“捕诉合一”的实质是检察机关内部职权的重新组合，其目的是建立起一种起诉统领侦查，侦查服务于起诉的新型追诉犯罪的机制。它是相对于现行追诉体制中捕诉分立而言的。“捕诉合一”将批捕和起诉两项职能集中由检察机关内部一个部门统一承担。在当前司法改革的大背景下，可否推行以及如何推行“捕诉合一”是值得深入调研的。结合检察工作实际，笔者就“捕诉分离”与“捕诉合一”利弊做一探讨和分析，提出一些思考以供商榷。

一、检察机关“捕诉分离”的弊端和问题

（一）司法责任难以得到落实

在“捕诉分离”的情况下，在检察机关的权力运行上，刑事法律监督权这一项权力被切分为侦查监督权、公诉权和刑事执行监督权等，批捕由侦查监督部门检察人员行使，审查起诉由公诉部门检察人员负责。这种做法的结果是，切分后的检察权自成一体、各不隶属，而且形成层层内部权力壁垒，难以形成制度合力。在“捕诉分离”的情况下，每个检察人员只负责批捕、审查起诉等程序的一个环节，也就只关心自己负责的那一环节，这就导致每个环节检察人员的行为对最终案件结果的影响是模糊不清的。负责批捕的检察人员只负责批捕，不管起诉；负责公诉的检察人员只负责公诉，不管批捕。各环节参与案件的检察人员似乎人人有责，但人人有责的结果就是人人无责。每个检察人员只承担一段司法责任的结果，就是无法追究办案人员在冤假错案中的司法责任。

（二）造成司法资源的严重浪费

在“捕诉分离”的情况下，批捕权和公诉权由侦监和公诉两个部门的检察人员分别行使，批捕人员在行使批捕权时，需要审阅整个案卷，审查案件的事实、证据，提讯犯罪嫌疑人，会见并听取律师意见，以决定是否批准逮捕。在案件移送审查起诉后，公诉人员需要重新审阅案卷，重新审查案件的事实、证据，重新提讯犯罪嫌疑人，会见并听取律师意

* 作者简介：吕晓春，陕西省渭南市人民检察院党组成员，副检察长；许军望，陕西省渭南市人民检察院法律政策研究室副主任，渭南市检察官协会会长。

见。这两次审查是没有交集的。这就导致负责批捕的检察人员以较低的证明标准审查的证据，负责公诉的检察人员还要以较高的证明标准再审查一遍，负责批捕的检察人员讯问过的犯罪嫌疑人，负责公诉的检察人员还要重复讯问。这就是对案件进行两次审查把关，大量精力耗费在做重复性劳动和内部沟通协调上。由于多数案件是事实清楚、法律明确的刑事案件，批捕和公诉的很多重复劳动更显多余，造成司法资源的严重浪费，降低了办案效率，严重阻碍了检察权的顺利运行和整体效能的发挥。

（三）监督制约存在各自为政现象

在“捕诉分离”的情况下，批捕权和公诉权分别由侦监部门和公诉部门行使，“两次监督”看上去比较直观，理论上追求的是内部监督制约，但监督效果却并不乐观，因为两个部门分别进行监督，容易导致机构重叠、职能重复、工作重合。而且在实践中，在“捕诉分离”的情况下，批捕与公诉两个部门的办案流程互不联系、互不通气，监督制约有限，内部耗损严重，分工有余而配合不足，增加了检察权运行的沟通协调成本。批捕检察人员缺乏公诉检察人员那样的庭审视角和经验，对于侦查取证行为的非法性可能并不能给予及时准确的识别并给予有力的监督纠正。而且，在“捕诉分离”的情况下，逮捕的标准明显低于公诉，形式上是在层层过滤，实际上是先通过逮捕尽可能把犯罪嫌疑人控制起来，把“惩罚犯罪”放在了较为优先的位置上，“保障人权”处于退居其次的位置。

（四）引导侦查实际效果不佳

在“捕诉分离”的情况下，承担批捕职能的检察人员采用的证明标准要低于公诉标准，而且并不出庭公诉，不了解法庭对案件证据的要求，更不具有比侦查机关更高业务素养的条件。即便提前介入案件，由于掌握的证明标准较低，负责批捕的检察人员认为符合证明标准的证据，到了公诉阶段往往达不到法定的证明标准，难以给侦查机关提出针对性、建设性的意见，对于侦查的方向也不能给予及时的指导，以获取案件定罪量刑所必需的关键证据。因此，往往不具备引导侦查的能力，从而不能确保侦查的质量。

二、检察机关实行“捕诉合一”的优点和益处

正是由于“捕诉分离”在实践中存在以上问题，很多办案一线的检察人员提出了改革思路，主张实行“捕诉合一”。那么“捕诉合一”究竟利弊如何，需要我们进行深入分析。

（一）有利于依法进行监督，切实保障人权

在我国，批捕权和起诉权都具有法律监督的性质，由一个职能部门或者检察人员行使，更能增强其法律监督力度和监督效果。同时，我国公诉实行法定主义，公诉不仅有法律条件上的限制，更应当遵循客观义务原则，即公诉应当坚持中立立场，检察人员应当不偏不倚地对待犯罪嫌疑人和被告人，因而由负责公诉的检察人员行使批捕权，不会影响批捕权行使的中立性，更不会影响对人权的保障。相反，会更有利于犯罪嫌疑人的权利保障，因为实行“捕诉合一”后，检察人员以起诉的预期来把握批捕，会更加全面地掌握批捕的证明标准，这就意味着犯罪嫌疑人不批捕的可能性更大，逮捕率会有所下降，从而更有利于

保障人权。

（二）有利于节约司法资源，降低司法成本

刑事诉讼是由一道道前后相继、没有间断的程序组成的，每增加一道程序，就意味着一定数量的司法资源的投入，而程序的相对增加却并不必然导致案件处理结果的绝对正确。“捕诉合一”避免了机构的多重设置、人员的浪费、工作的不必要重复。“捕诉合一”使得对检察人员进行重新整合，整个工作就是监督侦查、审查批捕、支持公诉，形成工作合力，有利于办案，有利于节约司法资源，降低司法成本。

（三）有利于缩短办案周期，提高办案质量

在“捕诉合一”机制下，由于同一案件的审查批捕、审查起诉为同一承办人，检察人员在批捕阶段已基本熟悉案情，初步了解证据情况，相关法律文书已经制作，审查起诉时只要对改变部分事实及提供法庭审判所要求的证据材料有无补充即可，避免了再一次阅卷、审查、作出处理意见等过程，并减少退回补充侦查的次数。此外，对于在报送批捕时就已经事实清楚、证据确实充分，不需要再侦查的案件，在作出批捕之后就可以要求公安机关移送审查起诉。这将大大提高诉讼效率，缩短诉讼周期，减少在押犯罪嫌疑人、被告人的羁押时间，提高办案效率。同时，审查批准逮捕和审查起诉由同一部门或者检察人员负责，就可以在审查逮捕环节以庭审证明标准引导侦查取证，更加精准到位，有利于提高侦查取证质量。

（四）有利于引导侦查方向，加强诉讼监督

“检察机关依法公正行使检察权，对立案活动、侦查活动的法律监督，更使侦查监督工作对刑事侦查活动有着内生性的影响和约束。”① “捕诉合一”可以全程引导、统一调控侦查机关的侦查活动，从庭审的角度要求公安机关侦查取证，提高移送案件质量，降低公诉风险。由于实行“捕诉合一”，自己批捕的案件都要顺利得到起诉，因此在批捕阶段，承办人责任心明显增强。如果达到了逮捕的条件，而要起诉又缺少某些证据时，承办人就会在批捕阶段与侦查人员联系，提出需要补充证据的意见要求，列出相关补充证据提纲，并引导侦查人员收集并固定证据，这就避免了在起诉阶段再退回补充侦查的问题。同时，检察机关就能对案件进行全程的法律监督，并能对案件存在的问题作出及时反应。这对于非法证据排除、违法行为纠正以及实现对批捕后起诉前阶段法律监督的全面性、连续性来说具有重大意义，有利于监督效果的提升。

三、推进检察机关“捕诉合一”有关措施和建议

“捕诉合一”制度是一种以强调起诉质量为核心和根本，使侦查尽可能服务于起诉要求的有效公诉机制。建立“捕诉合一”制度可以提高起诉调控侦查的能力，加强对侦查活动的监督，提高侦查效率，保证案件质量，不断推动建立审判中立、控诉平衡的新型诉讼

---

① 王琪国：《侦查监督工作创新发展应当遵循的原则》，载《人民检察》2018 年第 12 期。

模式。

（一）实行刑事案件专业化办理

根据检察机关内设机构设置、检察人员组成、刑事案件受案量及案件类型等实际情况，对不同类型的刑事案件实行分类办理。要整合侦监、公诉部门力量，探索开展“捕诉合一”+“专业化办案组”办案模式，即同一案件的批捕、起诉由同一员额检察官为主，带领辅助检察人员及书记员组成的办案组办理，全程负责跟进整个案件。可以成立普通刑事犯罪、职务犯罪、未成年人犯罪以及环境食药犯罪、毒品犯罪、金融证券等其他特殊类型犯罪专业化办案组，选任业务能力较强、经验丰富的优秀检察人员担任组长或主任，实行刑事案件集中专业化办理。同时，要全面落实分案机制，在第一时间与案件管理部门联系，调整统一业务应用系统轮案规则，在系统随机分案的原则之上，适用同一规则进行分案，有效保证审查逮捕与审查起诉不同阶段分案的同一性。

（二）强化对刑事审前程序的引导和指导

“侦查监督处于刑事诉讼的上游，又是承上启下的关键环节，在规制侦查权上责任重大，要充分发挥其在程序初期监督、引导、过滤和把关作用。”[①] 因此，要充分发挥“捕诉合一”办案机制的工作优势，不断探索加强检察机关对已批捕案件后续证据收集的同步引导、侦查活动的适时监督。按照“参与不干预、指导不指挥”的原则，对案件涉嫌的罪名，证据的发现、收集、固定、保全及侦查取证方向提出意见和建议，对侦查的及时性和全面性、取证合法性、羁押必要性、强制性侦查活动是否合法进行法律监督，及时发现和纠正侦查不力和侦查活动中的违法行为，排除非法证据，补强证据体系，提高侦查效率，确保侦查活动依法及时进行。

（三）全面落实内部监督制约机制

要探索实行审查逮捕案件审查与决定相分离的工作方法，明确逮捕的决定权由分管检察长行使。根据刑事诉讼法关于“人民检察院审查批准逮捕犯罪嫌疑人由检察长决定，重大案件应当提交检察委员会决定”的规定，实行“捕诉合一”办案模式时，将逮捕的决定权确定由检察长或者检察长授权的副检察长行使，实行审查与决定相分离的工作机制。检察长或者检察长授权的副检察长作出批准逮捕或者不批准逮捕的决定，可通过书面审批的方式进行，也可采取当面听取意见的方式进行。采取当面听取意见方式进行的，除了应该当面听取承办检察人员的意见外，还可当面听取侦查人员、辩护律师或者犯罪嫌疑人的意见，进一步加强内部监督制约。

（四）加强对捕后侦查活动的监督

要注重加强对采取逮捕等限制剥夺人身自由案件的侦查监督，把监督重点集中到证据收集、人权保障、程序运行上来，充分发挥侦查监督在打击犯罪和保障人权中的重要作用。

---

① 黄河、赵学武：《侦查监督的现状、问题和发展方向》，载《检察智库成果》，中国检察出版社 2018 年版，第 138 页。

要综合运用检察建议、纠正违法通知、非法证据排除、讯问合法性审查、羁押必要性审查等措施对侦查人员取证不及时、不全面、不规范以及侦查活动中的违法取证、非法限制剥夺人身自由等行为进行监督。对于其他没有采取限制剥夺人身自由强制措施的一般案件，检察机关在移送审查起诉环节通过事后审查的方式进行监督。在必要时，可以针对侦查活动比较集中的问题开展类案监督和专项监督，促进侦查活动合法有效地开展。

（五）加强上下级院及同级院之间办理刑事案件的配合与协作

要进一步理顺上下级、同级检察院的受案关系，协商公安机关严格执行办理刑事案件的审判管辖制度。对于部分需要移送其他同级检察院审查起诉的案件，负责审查逮捕的检察人员要协助开展案件的起诉和出庭公诉工作。对需要移送上级检察院审查起诉的案件，下级检察院在审查逮捕时及时报告，上级检察院职能部门根据案件具体情况采取适当方式加强对案件办理的指导。同时，探索实行下级检察院承办审查逮捕的检察人员作为上级检察院检察人员助手参与审查起诉和出庭公诉的制度。

庭审实质化：一种证据调查方式的逻辑转变

——以成都地区改革试点为样本的经验总结

马静华*

一、导论

成都法院试点的实质化庭审程序有三个主要环节，一是繁简结合的法庭调查程序，对没有争议的事实、证据简化调查，对存在争议的事实、证据采用直接、言词方式进行调查，当简则简，当繁则繁；二是直接式的物证（客观性证据）调查方式，即对存在争议的物证采用原物、原件展示、识别的方式进行调查，以更有效地判断其真实性、证明力；三是混合式的人证调查方式，包括控辩询问与法官职权补充询问的混合、交叉询问机制与传统质证方式的混合。

截至2017年1月，成都法院试点案件454件，约占同期刑事案件总量的1.5%。试点案件中大部分是被告人不认罪的案件，其余是存在重大量刑争议（犯罪数额、主从犯、自首、立功）的案件。如果按照传统的书面调查模式进行审理，这些案件的审理过程、结果很可能波澜不惊，然而采用实质化庭审之后，不少案件的审理出现了“意外”——“意外”的证据变化和“意外”的裁判结果。其实，所谓“意外”，只是相对于传统审理方式而言的，从某种程度上讲它正是庭审实质化的正常效果。何以如此？在传统的审判实践中，法庭调查证据的方式有两种——当庭核实证据和庭外阅卷，无论哪种，均是以侦查证据卷宗为基础的书面调查。由于书面证据的静态性和间接性，而法庭调查的范围、手段均十分有限，不容易发现书面证据背后的诸多问题，自然也不容易产生证据的“变化”和裁判的“意外”。而实质化庭审遵循直接言词原则，以人证出庭、物证直接出示为证据调查的基本方式，进而带来证据审查判断方式的应变和事实认定机制的质变。

证据调查方式变革的背后是事实判断的逻辑转变，正是这种逻辑转变最终促成实质化庭审模式逐渐成形。传统庭审调查的逻辑认为，侦查证据更加真实可信，因此法庭调查采用阅卷和核实卷宗的基本方式，以证据的印证分析为审查判断证据的基本方法，完全根据证据的印证状况来认定案件事实。庭审实质化的逻辑则认为，侦查证据并不完全值得信赖，通过直接言词方式的调查、采用个别化的证据审查判断方法更容易查明案件事实真相。具体而言，在实践中，影响证据真实性的主要因素有三方面：人证的认知规律，提供证据主体的动机，以及侦查人员的取证方式。无论从哪方面因素看，认定侦查证据优于庭审证据

---

* 作者简介：马静华，四川大学法学院教授，博士生导师。

的观点都难以成立，实质化的法庭调查相对于传统的法庭调查更有利于查明案件事实真相。

二、调查对象的心理学因素：认知规律与作证动机

人证即使没有说谎，其证词也未必真实。无论是在侦查阶段还是庭审中，人证的真实性都极大地受到其感知、记忆规律和各种社会因素的影响。

（一）认知规律

在人证的感知方面，罗芙托斯的研究发现，案件发生时，人的感知会受到感知条件和感知能力的影响，如位置、视线、光线和感知时间的长度，后者如注意力（武器焦点）、视觉、听觉、嗅觉及感知时的情绪状态（压力、紧张）等。上述因素叠加影响，导致感知的偏差必然发生。20 世纪 80 年代末以来，美国通过 DNA 检测昭雪的 250 名无辜者中，有 76%（190/250）都被目击证人（包括被害人）作出错误辨认，而在这些作出错误辨认的目击证人中，有 57%的在第一次辨认时并不确定，观察的机会概率、注意力程度被认为是导致辨认错误的重要因素。

在遗忘方面，杰出的心理学家艾宾浩斯通过定量研究，总结出一种曲线式遗忘规律（艾宾浩斯曲线）。在他的研究样本中，目击证人在事件发生后 20 分钟内能够描述出来的事件细节的准确性只有 58.2%；此后 1 小时、9 小时和 24 小时内，记忆量迅速降至 44.2%、35.8%和 33.7%，而在案发后 2 天，记忆量只有 27.8%；不过，记忆的衰减此后趋缓，案发后 6 天直至数月之后，记忆量维持在 20%~25%的稳定状态。罗芙托斯进一步揭示，在案件发生后，目击者会不自觉地将其失去的记忆加以修补，如对遗忘空间的想象性填补、下意识移情，由此造成记忆错误。

事实上，无论是感知错误还是记忆衰减、遗忘修补，都会发生在证人、被害人向侦查人员的陈述之中，而侦查人员照章记录，但记录范围只是其陈述的事实过程，即使在询问中对感知条件、感知能力、心理状态有所涉及，也只是用于自己对其陈述的真实性判断，记录时则不加涉及。如此一来，询问笔录就成为单一的事实陈述，而不涉及影响其陈述真实性的心理学因素。由于这些因素在记录时被过滤，此后无论是审查起诉还是开庭审判，面对询问笔录，检察官、法官均无法加以审查，以有效地判断其陈述的真实性。

而在出庭作证的场景中，人证的认知能力和记忆状况会通过控辩双方的交互诘问及法官的职权询问受到检验。以控方人证的调查为例，辩护律师可以询问其案件发生时的感知条件、感知能力、心理状态等因素，以帮助法官全面地审查其证词，发现当庭陈述和笔录陈述中的矛盾或缺陷。

（二）作证动机

即使认知没有问题，人证也可能因各种因素的影响而导致说谎。影响其作证动机的因素很多，主要有：（1）关系远近，即人证与被告人、被害人的关系状况，与其中一方关系越密切越可能作出对其有利的陈述；（2）利益关联，如果案件的处理结果会在一定程度上影响其的利益，人证更可能按照功利原则作出陈述，被害人、被告人就天然具有指控对方的党派倾向；（3）矛盾冲突，人证与被告人、被害人之间的矛盾也很可能导致其作出不利

陈述；（4）权威顺从，人证可能因侦查人员的权威性而顺从其发问的意图，按照其问题指向作出与其记忆内容不相一致的陈述。

作证动机自始会影响侦查笔录的真实性，而不仅仅在庭审陈述中才会发生作用。在“由案到人”的案件中，侦查人员往往会在破案之后才会围绕犯罪嫌疑人进行调查取证，而询问相关人证时，通常距案发已有较长时间，此时人证对如何应对调查已反复斟酌。在“由人到案”的案件中，虽然人证作证紧随案发之后，作证动机对侦查笔录的影响相对较小，但伪证动机仍会不自觉地引导其作证偏向。经验表明，对于与案件当事人之间存在关系远近、利益关联、矛盾冲突的人证来说，其伪证动机通常在侦查阶段的早期就会形成，审判阶段只是其自然延续。不仅如此，如同认知规律一样，侦查笔录也通常不会记载有助于判断人证作证动机的信息，这就导致检察官、法官仅仅通过对这份证词的阅卷审查通常无法客观地判断其是否说谎。

庭审实质化的试点发现，法庭环境、作证仪式和后果谕知可以在相当程度上纯化其作证动机，以至于有伪证倾向的人证也可能不自觉地如实陈述。人证在等待出庭时就会被告知出庭作证的程序，并提前被谕知作证义务，这会初步影响其作证心理；进入法庭之时，控辩审的三角空间布局及法官的突出位置、全副武装的法警、参审人员的严肃神态会进一步强化其对作证的法律后果的重视；宣读证人作证保证书，特别是如实作证的义务性内容及作伪证可能承担法律后果会进一步削弱部分人证固有的说谎动机。故而，庭审调查程序的公开性、仪式性，以及其中蕴含的作伪证的法律后果的警示，都会在相当程度上构成对伪证动机的限制。这种人证出庭程序虽未采用西方庭审中的宗教仪式，如手按圣经宣誓作证，利用宗教的心理影响限制其作伪证的动机，但高度仪式化的作证程序仍极大地区别于侦查中的秘密作证程序，从而更有利于人证如实陈述。因为在后一程序中，人证即使是说谎也不会被外人所知。具体而言，侦查机关办案场所内的秘密作证，一方面虽然有利于消除“中立证人”的心理负担，促使其全面陈述；但另一方面，环境的宽松、与侦查人员随意的交谈也更容易强化“党派证人”作伪证的动机，这使得侦查人员在询问之始宣读“隐匿或作伪证将承担法律责任”不会产生任何心理影响，更何况在实务中，侦查人员常常只是照本宣科式地交代作证义务。

在法庭上，即使证人坚持作伪证，他还会面临控辩双方的交叉询问所带来的挑战，这是他在侦查询问中不曾有过的经历。辩护律师如能合理地运用交叉询问技术，很可能从两个途径来削弱作伪证的动机的影响：一是迂回发问，绕开证人作伪证的方向和范围，出其不意地询问一些证人在庭前未有准备的问题。受辩护律师的询问节奏带动，证人常常不假思索地作出真实回答，证人回答的真实情节越多，暴露的询问笔录的问题也就越多。二是弹劾证人，揭示庭前笔录与当庭陈述的矛盾、当庭陈述的前后矛盾、当庭陈述与客观性证据之间的矛盾、当庭陈述与常识的矛盾、证人的说谎经历等质疑其陈述的真实性，主张对证言不予采信。上述交叉询问方式不仅能够暴露证人在法庭作伪证时的动机，还可能暴露其在接受侦查询问时的伪证问题。之所以可能产生如此效果，是因为法庭程序增加了一个角色对立的调查人员——辩护律师或公诉人，专注于对谎言的审查；而在侦查程序中，侦查人员仅仅是中立的调查者，并且在调查之初、案情不明时，更多采用“拿来主义”，证人说什么就记录什么，并不在意其是否说谎。

三、侦查主体的权力性因素：侦查取证方式

相对于认知规律和作证动机，侦查人员的取证方式对证据真实性的影响似乎更加明显。按照刑事诉讼法第50条规定的全面取证原则，侦查人员应当全面收集有罪或无罪、犯罪情节轻重的各种证据，这也是无罪推定原则的必然要求。然而，对以打击犯罪为最高目标的法律职业群体来说，“无罪推定”和“全面取证”看起来更像一种理想主义的道德标准，它们应当适用于检察官、法官及审查起诉和审判程序，而不是侦查人员和侦查程序。犯罪发生后，侦查人员通过初步调查锁定某个犯罪嫌疑人，并通过收集信息和证据不断增强对其有罪判断的内心确信，直至实施抓捕而宣布破案。破案之后，侦查程序就从“侦查破案”阶段过渡到“侦查取证”阶段，也就是从这一阶段起点开始，侦查人员的办案思维从“无罪推定”不自觉地转变为“有罪推定”。不证自明，侦查人员都会明确这一阶段的根本任务是围绕犯罪嫌疑人收集有罪证据和量刑证据，以顺利地报捕、移送审查起诉和定罪量刑。在这一目标的指引下，侦查人员按照自己对案件的犯罪构成要件事实的理解来收集证据，并不断甄别、筛选、过滤，将他们认为“真实”的有罪信息保留下来，形成证据，将那些“虚假”的无罪信息剔除，不断地消除矛盾，最终形成相互印证、高度一致、没有矛盾、排除合理怀疑的证据卷宗。如此，检察机关才会顺利批捕、起诉，法院才会毫不犹豫地作出定罪判决。这不是客观全面的取证机制，而是一种选择性的取证机制，无论我们是否承认，它都在实际地发挥作用。这种选择性的证据形成过程就是侦查人员审查证据、裁剪证据的过程，将他们认为不真实的证据加以过滤，呈现在检察官、法官面前的仅仅是侦查人员认为真实的，并希望他们看到的证据和证据体系，即侦查卷宗。无论是检察官还是法官，面对这样的侦查卷宗，运用印证分析的方法来审查证据，都不容易发现证据背后的问题。

那么，选择性取证机制是如何运行的呢？观察实践，选择性取证有三个步骤：取证范围的选择，证据记录的选择和侦查组卷的选择。后两个步骤问题最为突出。

取证范围的选择针对所有潜在的相关证据，全面取证原则要求侦查人员对这些证据都加以收集，但在“有罪推定”的侦查思路之下，侦查人员会对取证范围进行限制。极端化的标准是，有利于定罪的才收集，不利于定罪的就不收集。例如，在一起故意杀人案的侦查过程中，嫌疑人不认罪且辩解没有作案时间，侦查机关找到案发前后与嫌疑人有过接触的一些邻居、朋友，证实其有作案时间，但其妻子证明当天晚上丈夫没有出过门，侦查人员最终选择了前一类证人作证而没有向其妻子取证。之所以如此，是因为基于对侦查事实的判断，他们通常会认为证明嫌疑人有罪的证据可能是真实的，证明嫌疑人无罪的证据很可能是不真实的，而且还会找出他们认为不真实的理由，如上述嫌疑人的妻子一定会因为亲情关系而编造事实，如果把她编造的陈述记录下来，就会和其他人的证言发生矛盾，不利于证据的审查认定。

相对于取证范围的选择，证据记录的选择问题较为普遍，它主要存在于主观性证据的制作过程中。选择性的证据记录通常被误解为法庭所许可的“概括式”记载而被视为合法。在侦查实践中，“概括式”记载是笔录制作的常规方式，它是指不失原意地概括人证陈述的事实并加以记载，而不是逐字逐句加以记载。就字面意义来理解，“概括式”记载显然不同于“选择式”记载，因为后一方式是故意过滤掉很多应当记载的内容。但理解归理解，实

际操作起来后，侦查人员很容易通过笔录概括方式将无罪、罪轻信息过滤掉。以口供为例，在 20 世纪 90 年代，侦查人员对嫌疑人的讯问很多是逐字逐句式记载，不仅认罪后如此，认罪之前的交谈过程也如此，讯问笔录会记载嫌疑人从不认罪到认罪转变之前侦查人员采用的讯问策略方法，特别是政策、教育、亲情感化的具体内容；如果嫌疑人坚持不认罪，则详细记录下他的每一个辩解理由。这样一来，通过对笔录的审查，就比较容易判断其供述是否自愿，辩解是否合理。但近年来，讯问笔录基本都用概括方式，如对审讯策略方法通常只用一句话加以记载——“此处进行政策法律教育两小时（略）”，根本无法反映嫌疑人从不认罪到认罪转化的过程。不仅如此，还突出地表现为口供的选择性记录，即所谓“供则录，不供不录”。如果嫌疑人不认罪，对其辩解通常不加记录；如果嫌疑人认罪之后又再反复，则会停止记录，待其转变态度后再加以记录。在这种情况下，仅仅是审查这类笔录组合而成的侦查卷宗，如何能够判断讯问的合法性，以及证据的真实性、全面性？也许有人认为，对于职务犯罪嫌疑人的讯问，现在已有全程录音录像制度加以保障，两年内，公安机关管辖的所有刑事案件的讯问都必须录音录像，未来还可能要求对证人、被害人的询问过程进行录音录像，在同步录音录像制度的保障之下，主观性证据的真实性应能得到保障。但是，笔者通过研究发现，选择性录音录像、选择性储存、选择性制作、选择性移送，而不是全程同步录音录像，已成为讯问录音录像制作和运用的常态模式，换句话说，用录音录像制度来保障犯罪嫌疑人供述的自愿性、保证口供证据的真实性和完整性的目标并没有真正实现。与口供、证言笔录相比，辨认笔录、指认笔录的选择记录的方式有所不同。如果说口供笔录、证言笔录所选择的主要是有罪信息，过滤掉的是无罪信息，那么辨认笔录、指认笔录选择的是辨认、指认结果，过滤掉的则是辨认、指认过程的真实、完整的信息。

即使侦查人员在取证过程中遵循了全面客观原则，在提请批准逮捕、侦查终结移送审查起诉时，还会面临选择多少证据、选择哪些证据移送的问题，这就是侦查组卷。侦查组卷的过程就是侦查人员综合性地审查判断证据的真实性和充分性，对在案证据材料进行选择、组合，以构建指控证据体系的过程。然而，证据指向的多样性、指控证据的内在矛盾性都会再次考验侦查人员：如果不加选择地将全部证据材料进行简单组装，很容易导致证据体系内部矛盾丛生、合理怀疑难以排除。这就要求侦查人员运用一定的标准和技术来处理这个难题。在实务中，侦查组卷的基本标准是一致性，运用的技术手段是证据的协调性。所谓一致性标准，是指选择组卷的证据应共同指向犯罪嫌疑人的犯罪行为，从不同侧面证明其犯罪构成要件的事实。所谓证据的协调性，是指组卷的证据能够相互印证或彼此协调，没有矛盾或者矛盾能够被合理解释或自然排除。由于上述组卷标准和技术手段的运用，侦查卷宗很难容纳无罪证据，即使在审查批捕、审查起诉环节时常被检察官发现证据问题，也很可能是侦查组卷的技术缺陷所致。不过，由于侦查人员天然的职业倾向，我们很难认为他们对无罪证据的过滤是一种刻意的伪证。

因为选择性取证的问题，实质化的庭审程序对侦查卷宗持怀疑主义的逻辑立场：对看似印证一致，而被告人又否认有罪或者翻供的案件，应当更加谨慎对待；对控辩双方存在争议的事实、证据，应当通过直接言词的方式进行调查、审查，通过与证据（而不是其替代品）的直接接触，以及言词发问方式来审查其证明内容和证明能力、条件，通过自己的认知、经验和逻辑来判断其真实性，形成坚实的内心确信。庭审实质化的试点证明了怀疑主义的诉讼效果。具体而言，在人证出庭作证的前提下，辩护律师的交叉询问和法官的职权询问带来了人证作证内容的不确定性。即使公诉人可以将直接询问的内容限制在笔录所载的范围，但无法预测和控制辩护律师和法官特别是辩护律师的发问范围、重点和质疑手段。上述案例显示，面对辩护律师的探索式发问，控方人证有时陈述有利于被告人，而侦查笔录中根本没有记载的内容，有时则改变侦查笔录的陈述，但能够合理解释改变陈述的原因在于侦查人员笔录制作的问题。相对于传统的法庭调查，实质化的庭审调查不加选择、最大限度地挖掘作证主体的知情范围，形成一种非选择性的证据调查机制，由此可以审查发现侦查笔录的选择性问题。在此意义上，“意外”的审判过程与审判结果恰恰是非选择性证据调查机制的价值体现。需要说明的是，也许有人认为，针对选择性取证问题，可以加强侦查机关执法规范化建设，强化其全面取证的意识和行为规范。笔者并不否认执法规范化建设有其积极作用，但不足以改变侦查人员的职业心理倾向，即使一个看似公正的警察，选择性取证问题仍难完全避免。因此，还需要从法庭调查的角度加以限制。

四、余论

相对于传统庭审，实质化庭审调查坚持实质真实观，关注每一个证据的形成过程及表现形式，对法官、检察官、律师的知识体系提出更高的要求，强调司法人员从每一个证据证明的内容出发，深入到每一个证据形成的过程，分析各种因素对证据真实性产生的影响。显然，传统的阅卷式审查和庭审复核笔录证据已不堪大用，唯有采用直接言词原则才可能实现上述目的。更进一步讲，实质化的庭审意味着对笔录式调查方式的解构，即以直接式的物证调查方式和交叉询问式的人证调查方式替代笔录的宣读和审查，从而形成法院自己的裁判依据——法庭证据。在形式上，法庭证据表现为经过法庭调查的原物、原件（实物证据），以及全面、客观的庭审记录（笔录和录音录像）。这种审判卷宗不仅是一审的基础，也是二审审理的直接依据，因为从诉讼公正和效率的双重角度来看，二审程序均没有必要全面重复一审程序中的证据调查程序。

总之，庭审实质化改革的本质是以实质真实观替代形式真实观，以审判卷宗替代侦查卷宗，从而摆脱侦查证据对审判的决定作用，使刑事程序真正从以侦查为中心转变为以审判为中心。在此意义上，在审判为中心的诉讼制度改革进程中，庭审实质化是极其重要的，也可能是最为关键的一个环节。

“捕诉监防”工作模式下未成年人品格证据规则初探

谭新宇　谭庆德*

未成年人是祖国的希望和未来，未成年人刑事司法的要义是追究犯罪和预防教育。最高人民检察院《关于进一步加强未成年人刑事检察工作的决定》中明确要求办理未成年人刑事案件一般应实行“捕诉监防”一体化的工作模式，即由同一承办人负责同一案件的批捕、起诉、诉讼监督和预防帮教工作，确立了未成年人独有的刑检案件工作模式。未成年人品格证据是指证明未成年犯罪嫌疑人的性格倾向、行为方式、名声等反映其品格或品格特征的证据。未成年人刑事案件中的品格证据往往涉及逮捕必要性审查，定罪量刑的考量，羁押必要性审查，不起诉决定的作出，帮教工作的开展，宽严相济刑事政策的选择等诸多问题，贯穿了从案件受理到批捕、起诉、庭审、服刑、帮教工作的各个阶段。品格证据的运用与“捕诉监防”一体化的工作模式高度契合。一体化的办案模式提升了未检工作的专业化和连续性的特点，也为未成年人品格证据审查工作提供了有利的制度保障。与此同时，品格证据的充分运用也有利于发挥“捕诉监防”一体化工作模式的优势，充分考虑未成年人品格特点，实现未检工作科学办案，精准办案。因此，对于品格证据的讨论和研究，从其蕴含的价值与目的出发，以未检司法实践中的困境为基础，方可探寻“捕诉监防”一体化工作模式下品格证据存在与运用的进路所在。鉴于篇幅的限制，本文仅就未成年犯罪嫌疑人的品格证据问题进行研究。

一、价值与目的：审判中心背景下未检一体化工作模式的应有之义

品格证据的价值和目的主要体现在司法正义和人权保障两个方面，品格证据的运用强调依据未成年人的性格特点对未检案件的依法科学化审查、个性化帮教，对于严格落实证据裁判原则，通过程序公正实现实体公正，以及促进未检工作社会效果和法律效果的双重提升有着重要的价值。

（一）品格证据运用价值的多元性

1. 品格证据的运用符合证据裁判原则的本质要求。在以审判为中心的背景下，证据裁判原则具有基石的地位，要求案件事实的认定必须依据证据，在审理过程中精准适用法律，作出合理裁判。品格证据反映出未成年人的品格特点，可以帮助未检人员在办案中对未成年人成长经历、性格特点、犯罪原因、再犯可能性等方面获得较为全面的认识，进而作出

* 作者简介：谭新宇，天津市滨海新区汉沽人民检察院侦监科检察官助理；谭庆德，青岛大学法学院副教授。

科学的判断，确保未成年人获得公正的裁判。

2. 品格证据的运用符合未成年人刑事司法权益保护的正义需要。品格证据的运用有着深厚的法律基础，有利于促进刑罚效益的最优实现，是法律文明进步的体现。同时全面客观地了解涉罪未成年人的品格，从而有针对性地对其进行教育和矫治，能更好地保障涉罪未成年人应有的权益。①

首先，品格证据对于未成年犯罪嫌疑人的司法处遇发挥着重要作用。检察机关在开展对未成年人进行人身危险性分析、不起诉制度的适用、羁押必要性审查等环节工作的时候，应充分考虑案件的性质、情节，也要考察犯罪嫌疑人的性格特点，充分收集、听取未成年人社区、学校的品格证据意见材料，做到合理羁押、科学起诉。

其次，品格证据对准确对未成年被告人量刑具有必要参考作用。② 在定罪过程中，不良的品格证据因缺乏必然的证据关联性，而原则上排除使用。品格证据原则上不适用于定罪环节，而主要体现在量刑环节中。对于平日一贯表现良好，初犯、偶犯、有悔罪表现的未成年人，应当在量刑上调取相应的品格证据进行充分考虑。

（二）品格证据运用目的的多重性

1. 实现未成年人人权保障。品格证据的运用恰恰体现了未成年人“宽严相济”的特殊刑事政策。根据品格证据反映出的未成年人的一贯表现，对于有改造可能的未成年人进行教育，体现了我国未成年人刑事司法的温度，同时法律对待未成年人的态度也反映了社会的法制水平和文明程度。

2. 预防未成年人犯罪。未成年人犯罪具有特殊性，其成长经历等带有深深的个人烙印的品格证据能够折射出其再犯可能和改造成功的可能性，运用品格证据进行区别对待，是个性化办案的需要，也是对未成年人进行教育改造，实现恢复性司法的重要途径。

二、现状与问题：未检司法实践中品格证据适用的困境

（一）我国品格证据的司法现状

我国刑事相关法律中没有明确规定“品格证据”这一术语，但是在我国的一些未成年人法律规定中均有品格证据的相关内容。我国签署的《公民权利和政治权利国际公约》、《联合国少年司法最低限度标准规则》，以及我国刑法、未成年人保护法、预防未成年人犯罪法中均有对未成年人品格证据的规定。自 2010 年以来，高检院连续出台《关于进一步建立和完善办理未成年人刑事案件配套工作体系的若干意见》、《人民检察院刑事诉讼规则（试行）》（以下简称《高检规则》）、《检察机关加强未成年人司法保护八项措施》（以下简称《八项措施》）等规范未成年人检察工作的规定，对未成年人社会调查、犯罪记录封存等涉及未成年人品格证据的制度进行规定，要求办理未成年人刑事案件应当综合考虑未成年人的品格状况，并将其作为司法处置的参考。这些规定都充分彰显了国家立法对未成

① 参见唐震：《未成年被告人个体情况调查报告的法律性质及其运用》，载《法治论坛》2002 年第 6 期。

② 参见宋洨沙：《英美法系与大陆法系品格证据之比较研究》，载《政治与法律》2012 年第 5 期。

年人的特殊司法保护，也是我们开展涉罪未成年人品格调查与运用品格证据的法律依据。目前，在我国未检工作的司法实践中，社会调查报告、未成年人心理测试结论、羁押必要性审查报告以及前科劣迹的证明等材料均具有品格证据的属性。

（二）我国品格证据适用工作的困难

1. 法律体系尚待完善。在我国，未成年人品格证据的规定散见于未成年人相关法律法规中，缺乏体系性的规定，对于品格证据的启动时间、取证主体、取证标准、基本内容、采信标准等具体问题缺少明确的规定，为办案人员适用法律规范增加了困难。

2. 取证主体定位模糊。未成年人案件的社会调查制度是未成年人品格证据作用的主要体现，但在取证主体的法律规定上出现了多样化的规定。《高检规则》赋予检察机关社会调查的主体地位，同时检察机关也可以委托有关组织和社会机构进行社会调查。《八项措施》中规定检察机关可以政府购买的方式交由社会专业力量承担社会调查职能。而在司法实践中司法局也是进行社会调查的主体之一。可见，关于社会调查制度的调查主体存在多元化的乱象，最直接的后果就是社会调查报告的标准和质量不一。

3. 取证质量缺乏保障。因为取证主体定位模糊，专业化水平良莠不齐，对品格证据的收集固定能力有限，进入审查程序中的社会调查报告、心理测评结论的质量往往存在差别。虽然检察机关将社会调查报告作为未检案件常规必做项进行考核，实现了社会调查制度的全面覆盖，但是部分社会调查报告的质量缺乏保障，存在一定程度的重形式、轻内容的现象。有的无法全面、客观、及时地反映未成年人的个性特点、成长经历，对检察机关正确判断未成年人品格造成了一定的干扰。

三、审查与运用：实现一体化未检工作模式下的科学化办案

（一）捕——审查逮捕中科学运用

根据我国刑事诉讼法第79条的规定可知，逮捕有三个条件：一是证据条件；二是罪责条件；三是社会危险性条件。依照我国《高检规则》和2015年发布的最高人民检察院、公安部《关于逮捕社会危险性条件若干问题的规定（试行）》的规定，关于社会危险性的分析情形中，相当一部分是以品格证据为基础的，如应予逮捕的情形中，累犯、惯犯，有前科，有吸毒、赌博恶习，违反取保候审监视居住的情形；以及可以不予逮捕情形中，自首立功表现、悔罪表现等。可见，品格证据在社会危险性分析方面具有很重要的作用。在办理未成年人审查逮捕案件的过程中，充分考量其品格个性，对其社会危险性的科学评估具有重要作用，体现了检察机关实现未成年人审查逮捕案件"少捕、慎捕"的刑事司法理念。

客观性、合法性、关联性是证据的三项属性。品格证据是行为人主观品格见之于客观的反映，如前科劣迹，生活习惯等材料是行为人品格特征的客观体现，具有证据的客观属性。基于我国未检工作的相关法律规定，品格证据的合法性也是毋庸置疑的。而品格证据与待证事实的关联性问题需要在办案过程中认真把握。证明犯罪嫌疑人曾经不良经历的品格证据并不必然证明其在本次案件中实施了犯罪行为，两者缺乏法律意义上的关联性，容易引发偏见，混淆办案人员的内心确信，因此在未检案件的定罪过程中，一般采用不良品

格证据排除规则。

（二）诉——在审查起诉阶段宽缓处理中审慎运用

作为品格证据的重要载体，社会调查报告是检察机关在审查起诉阶段获得犯罪嫌疑人品格证据的重要来源。它有三项核心内容：一是考察被调查人否具备有效帮教条件；二是在综合各项信息基础之上对未成年犯罪嫌疑人的再犯可能性的综合评价；三是对其人身危险性的综合评价。在决定是否对未成年人适用附条件不起诉以及考验期限届满是否对其进行起诉时，犯罪嫌疑人的品格证据始终是重要的考量因素。社会调查制度不仅为未成年人个性化帮教工作开辟了一条路径，而且成为是否对未成年人适用附条件不起诉等制度的重要依据。在审查起诉阶段，社会调查报告如何发挥品格证据的作用，如何认识其对不起诉决定作出的影响？其间涉及社会调查报告品格证据属性运用的问题，我们以 2015 年 T 市 H 院办理的一起未成年人李某某涉嫌聚众斗殴的未检案件为例进行说明。

1. 基本案情。2015 年 4 月，犯罪嫌疑人李某某纠集他人，持事先准备的木棍、菜刀等工具，将被害人闫某和宋某殴打致伤。经法医学鉴定，被害人闫某人体损伤程度为轻微伤一处，轻伤二级一处，轻伤一级一处；被害人宋某人体损伤程度为轻微伤一处。2015 年 5 月，犯罪嫌疑人李某某主动到公安机关投案，经讯问，犯罪嫌疑人李某某对上述犯罪事实供认不讳。

犯罪嫌疑人李某某实施犯罪行为时系未成年人，案发后，有自首情节，具有悔罪表现，且取得了被害人的谅解，李某某的亲属分别向被害人闫某、宋某赔偿人民币两万元、五千元。

2. 该案品格证据的调查过程。公安机关在侦查阶段委托司法局对李某某进行社会调查，内容包括李某某的家庭背景、个性特点、与案件有关的情形、对涉案行为的认识、是否具备帮教条件和综合评价意见等几个方面，对这些方面进行综合性评估，调查人认为李某某生活于单亲家庭，随其父亲生活，但案发时其父已经失踪，无法履行监护责任，李某某的人身危害性和再犯可能性较高，不具备帮教条件。但承办人在办理案件的过程中发现李某某自 2015 年 5 月被取保候审到审查起诉，其间近一年的时间并无任何违法犯罪行为，且通过走访调查，发现李某某的母亲表示愿意承担对李某某的监护工作，并且其所在社区愿意承担对李某某的部分帮教工作。

3. 不起诉决定审查中品格证据运用的问题。

首先，在上述案件中侦查机关委托的司法局制作的社会调查报告结论显示李某某的人身危险性和再犯可能性较高，不适宜非羁押性刑罚，但在检察机关调取新的品格证据推翻此结论后，能否对李某某适用附条件不起诉？其次，该社会调查报告能否作为犯罪嫌疑人不具备有效帮教条件的依据？最后，在附条件不起诉制度适用过程中，社会调查报告具有怎样的法律属性？

第一个问题可以用案件的实际办理情况来回答。本案在审查起诉阶段，承办人认为对李某某应当以聚众斗殴罪追究其刑事责任，符合起诉条件。但是鉴于李某某系未成年人，具有自首、认罪悔罪并取得被害人谅解的从轻、减轻情节。根据我国刑法及最高人民法院《关于常见犯罪的量刑指导意见》的规定，可能判处一年以下有期徒刑，在征求了公安机关、被害人的意见后，对犯罪嫌疑人李某某实施附条件不起诉、考验期一年的决定。

第二个问题，在本案的审查过程中，社会调查报告所载明的事项证明犯罪嫌疑人李某某不具备有效帮教条件，这对于案件的办理具有参考价值，但这不是证明犯罪嫌疑人李某某不具备有效帮教条件的唯一证据，办案人员通过走访当事人及其家属、所在社区后，发现李某某为人比较善良孝顺，平日在家照顾生病的奶奶。在检察机关与其母进行沟通后，其母表示愿意回到H区与犯罪嫌疑人李某某一起居住，对其行使监护职责；而社区的工作人员也在检察机关走访时表示，愿意配合检察机关对李某某进行帮教。李某某的帮教条件在审查起诉阶段已经通过人为的协调发生了改变，这些都是在之前的社会调查报告中没有体现的。所以，承办人根据实际情况作出了犯罪嫌疑人李某某实际具备有效帮教条件的判断。没有拘泥于社会调查报告记载的结论，体现了灵活办案的思想，也贯彻了对未成年人宽严相济的刑事政策。

第三个问题，笔者认为社会调查报告是办理案件的一种参考，其中记载的被调查人的基本情况，如成长经历、犯罪原因、监护教育等情形，在办案过程中有时是可以作为品格证据加以运用的。同时我们也应该看到，调查者在社会调查报告的制作过程中不可避免地存在主观性的分析与总结，带有一定的主观色彩，有时候因为调查人员素质的不同，考察的细致程度不同，无法保证社会调查报告中的结论总是科学并贴合实际的。所以，对于其中的综合评定意见，对办案具有参考作用，而不应该具有证据的属性，对此我们应该采取谨慎的态度加以对待。

（三）监——未成年人羁押必要性审查中灵活运用

在未成年人羁押必要性审查工作中，检察机关应立足检察职能，发挥法律监督主导作用。《高检规则》第487条规定了检察机关在提起公诉之前，应当就涉嫌犯罪的事实、主观恶性、有无监护与社会帮教条件等作为是否继续适用羁押措施的条件。检察机关依法对被羁押的未成年人进行羁押必要性评估，是对限制未成年人人身权利的司法行为进行有效监督的工作，未成年人案件的批准逮捕率和羁押率的增减是相吻合的。然而在实际工作中，办案人员限于“捕押合一”的观念影响，办案人员往往认为符合逮捕条件就必然符合继续羁押的条件，造成检察机关羁押必要性审查往往流于表面，并没有及时收集、掌握被羁押人帮教条件、主观改造情况等新的品格证据。在羁押必要性审查工作中对未成年人品格证据的灵活运用主要体现在对于对被羁押人持续进行跟踪调查，及时收集其新的品格证据，变更已无存在意义的羁押措施。对此，应当灵活开展以下三项审查工作：

1. 以社会调查报告为基础。社会调查报告是羁押必要性审查的前置性程序。① 社会调查报告对未成年人的品格状况具有全面而基础性的记录，优秀的社会调查报告全面涵盖了被调查人“学校—社区—家庭—个人情况”四位一体的情况，对于检察机关全面收集被羁押未成年人品格证据具有基础性的指导作用，对于是否对其采取刑事诉讼审前羁押替代措施提供了重要参考依据。

2. 跟踪了解认罪悔罪表现。法律具有教育的功能，对于未成年人尤为如此。未成年人心智并未成熟，往往在最初归案、羁押时未被法律所教化，而在与未检工作人员的不断接触中，幡然醒悟，产生真诚认罪悔罪的想法。因此，在对被羁押未成年人进行检察监督的

① 参见侯东亮：《未成年人羁押必要性审查模式研究》，载《法学杂志》2015年第9期。

过程中，注意观察被羁押人的态度转变，并适时促成其与被害人的刑事和解。刑事和解作为新的证据，能够阻却羁押必要性的存在，实现羁押措施的灵活变更。

3. 掌握监护条件的变化情况。对于缺乏监护条件而被羁押的未成年人，应在积极开展未成年人亲情会见工作的基础之上，加强与监护人等家人的沟通交流，积极促成未成年人监护条件的有利转变，恢复家庭教育的职能，给未成年人近亲属承担监护和教育职能的机会，让未成年人在健全的家庭环境中实现改造和蜕变。

（四）防——个性化帮教工作中特殊运用

帮教工作是未检特殊检察业务的重要组成部分，也是贯穿于未检工作始终的一项工作。帮教工作的目的是启明心智，让涉罪未成年人认清犯罪行为的错谬，杜绝再犯。因此，帮教工作发挥了未检工作特殊预防的职能，体现出一体化工作模式下的“防”字。在帮教工作中未成年人的品格证据反映了特殊预防对象的个性特点，有利于实现个性化帮教工作中的“教育、改造、挽救”的方针，有针对性地帮助涉案未成年人完成教育改造。在未成年人帮教工作中，应该立足于现有的品格证据收集能力之上，充分发挥品格证据的证据能力，因时制宜，因材施教，实现帮教功能的最大化。

1. 及时掌握未成年人的心理变化。未成年人实施犯罪行为往往是因为其家庭环境、教育情况、心理问题出现偏差而导致的，未检工作人员在心理测评和谈心谈话的基础上能够对被帮教人产生最为全面、直观的了解。应着重对性格特点、家庭情况、社会经历、犯罪原因、犯罪认识等品格证据加以收集，对被帮教人的主观心态进行记录，有针对性地开展心理健康辅导，帮助其树立健康的世界观、人生观、价值观，改善心理环境，削弱诱发其再犯的心理及人际因素。

2. 及时了解未成年人生长的外部环境变化。行使检察机关主动调查取证的职权，与公安、司法、学校、社区以及其他社会资源单位协调配合，通过走访调查，及时掌握被帮教未成年人家庭环境、人际关系、监护、帮教等条件的变化情况，建立预警机制，对品格证据出现不良倾向的被帮教人进行重点观护，防止其重蹈犯罪的覆辙。

四、完善与展望：实现一体化未检工作模式下的人权保障

（一）严格贯彻证据裁判原则，规范未成年人品格证据的取证工作

品格证据的取证环节是品格证据运用的前提，品格证据直接服务于“捕诉监防”一体化工作的顺利开展，因此要完善品格证据取证机制。首先，框定取证主体责任。手握行政司法权的侦查机关、检察机关、审判机关、司法行政机关毫无疑问具有品格证据的收集调查权。与此同时，被上述国家机关委托的社会团体也可以作为品格证据的取证主体。其次，统一品格证据形式与内容。通过建立品格证据调查工作机制，实现品格证据取证主体之间对品格证据标准的统一把握，生产出高效、优质的品格证据司法产品。

（二）严格推进以审判为中心的诉讼制度改革，完善未成年人批准逮捕听证会制度和审前程序证据开示制度

对待未成年人刑事检察案件，应该坚持"可捕可不捕的不捕，可诉可不诉的不诉"的执法理念，实现未成年人刑事司法的宽缓化、轻刑化处理。批准逮捕听证会制度和审前证据开示制度虽处于不同的诉讼阶段，但对于发挥未成年人品格证据的作用，实现刑罚个别化处遇有着相似意义。在两种制度之下，通过对品格证据的听取、开示以及质证工作，给司法机关统一品格证据采信标准，充分考量未成年人品格特点提供了可行性。实现审查逮捕案件社会危险性审查的科学化、审查起诉案件量刑的合理化，切实履行未检部门人权司法保障职能。

（三）严格落实司法责任制，推进未检专业化办案建设

"捕诉监防"一体化工作模式强调了未检工作的连续性，品格证据取证的起点从受案开始，通过品格证据材料以及有未检专业知识的检察人员与涉罪未成年人的接触，办案人员对涉罪未成年人的"内心确信"是一以贯之的，未检工作人员的监督职能也是自始至终的。未成年人刑事案件从审查逮捕、审查起诉到事后帮教工作持续时间长，动辄以年计算，在案件的办理过程中不宜更换承办人。未检工作的专业性特点决定了未检工作人员除了需要掌握业务知识与技巧，还要加强对演讲技巧、心理学等方面的拓展式培训，人才培养不易。检察机关应"减少流失，增加流动"，保障未检工作人员的稳定性，避免将未检业务骨干调离未检部门造成的未检人才流失，通过在异地检察机关或上下级检察机关的未检部门之间进行未检干部流动，解决人案矛盾和职级晋升等问题，保障未检队伍的专业素质。

捕诉重组研究

尹　吉*

捕诉重组并非简单的捕诉合一，是指检察机关按照其发展理念，将其侦查监督与公诉等内设业务部门进行整合，将审查逮捕、审查起诉、立案监督、侦查活动监督和刑事审判活动监督等职责，由同一检察官或者检察官办案组办理的刑事司法工作机制。2018 年 4 月以来，有关捕诉分与合不同观点的文章引发了学界和实务界的广泛关注。张军检察长于 2018 年 7 月 25 日在深圳举办的大检察官研讨班上明确提出："重新组建专业化刑事办案机构，统一履行审查逮捕、审查起诉、补充侦查、出庭支持公诉、刑事诉讼监督等职能"；"以内设机构改革为切入点、突破口，推动新时代检察工作创新发展。"① 从各方观点的基本面看，多数学者和律师持反对或者质疑的观点；多数检察官则持赞同的观点；多数法官、警官并不认为该项改革会对审判工作、侦查工作产生负面影响，且整体的关注度并不高。检察机关恢复重建 40 年来，经历了从捕诉合一到捕诉分开的改革。进入新时代，捕诉重组是作为司法改革的权宜之计，还是发展大计？不可简单地作出正确与否的判断。

众所周知，出台任何一项司法改革举措都应当基于有效实现司法改革的发展目标，根据现实的环境、条件等基本因素进行综合考量，全方位地比较利弊后，选择最优的方案。要按照"奋力开创新时代政法工作新局面，为新时代经济社会持续健康发展创造安全的政治环境、稳定的社会环境、公正的法治环境、优质的服务环境"② 的发展目标，根据我国宪法、刑事诉讼法、人民检察院组织法和司法管理学等的基本原理，只有坚持一切从刑事司法的实际出发，以更广的视野，从理论与实践的结合上深入研究，才能作出科学的研判。

一、厘清捕诉重组的相关理论

坚持宪法对检察机关的定位。有观点以西方国家宪政制度下的刑事诉讼制度为基础，并且以刑事诉讼部门法的思维作中外比较，其研判捕诉重组的结论并不准确。我国实行的是人民代表大会制度，而非三权分立的宪政制度。宪法第 134 条规定"人民检察院是国家的法律监督机关"而非公诉机关，其使命是维护宪法和法律的统一正确实施。检察机关的法律监督列入了三大诉讼法的基本原则；我国检察机关与西方国家检察机关在性质、宪法地位、检察权配置，以及与侦查机关和审判机关的法律关系等方面均有很大的不同。另外，

* 作者简介：尹吉，东南大学法学院教授。

① 参见《检察日报》2018 年 7 月 26 日第 1 版。

② 郭声琨：《奋力开创新时代政法工作新局面》，载《法制日报》2018 年 1 月 24 日。

在文化背景上，我国的检察制度源于御史制度，又贯彻了列宁的法律监督思想，这也与英美法系和大陆法系国家的检察制度有所不同。

我国的逮捕与公诉等检察权均具有法律监督权与司法权的复合性，这二者并非各占50%的成分，各项检察权均以法律监督为性质，同时又兼有一定的司法属性。只有将我国检察机关法律监督制度与刑事诉讼制度有机结合，才能避免简单地在西方国家的检察制度、刑事诉讼制度以及我国的刑事诉讼部门法思维的框架内打转。

正确认识逮捕权与起诉权的性质。有观点认为逮捕权是司法审查权，公诉权不是司法权，而带有行政权的色彩，逮捕与公诉具有截然不同的性质；捕诉合一的改革将是一个危险的抉择，是根本行不通的；等等。笔者认为，就逮捕权与公诉权的性质而言，二者的基础性质首先是法律监督权，然后才是检察机关在刑事诉讼中的权力；同时，法律监督的宪法定位决定了我国检察权的中立性。检察机关的法律监督并不是基于控方立场的法律监督，而是护法者立场的监督，在其逮捕权和公诉权中亦如此。检察中立性往往被一些学者有所忽略，检察中立性在逮捕权中表现得外化一些，它首先体现的是法律监督机关的中立性，其次才是一些学者所谓的司法审查的中立性；检察中立性在公诉权中则表现得内敛一些，即在控权外化中所具有的中立性，如在审查起诉中既要防漏，又要防错；既要监督侦查机关侵犯犯罪嫌疑人及其辩护人的合法权利，也要监督其侵犯被害人、证人等的合法权利。在审判环节，对于法院的各种程序违法或者实体裁判不公，都要依法进行监督。当然，检察中立性与法院的中立性表现不同，法院的中立性主要体现于控辩双方之间，较检察中立性更为彻底。近几年来，公诉改革探索之一是召开诉前会议，即检察官根据案件的具体情况决定在拟提起公诉之前，以中立者的身份召集侦查人员、当事人以及辩护人、诉讼代理人交流沟通、解惑释疑，就有关问题进行磋商的一种审查起诉机制。此外，检察官对拟不起诉的案件，探索召开听证会，广泛听取各方意见，拓展司法民主。检察官在诉前会议或者听证会中的中立性与法官在召开的庭前会议中的中立性等十分相像。

捕诉重组是检察机关有权进行的选项。按照法律监督性质配置的各项检察权是由检察机关内设的一个或者两个业务部门的检察官行使？法律并没有作出具体的规定，应当理解为由检察机关根据刑事司法的实际情况作出适宜的选择。如果单纯地按照西方国家的诉讼制度和其检察制度来研判我国的检察权运行机制中的逮捕权和公诉权，其结论是不准确的。中国特色社会主义检察制度与刑事诉讼制度中的逮捕权与公诉权的性质、相互关系等理论，以及如何构建具体的刑事司法运行机制，需要以宪法为根据，不可就刑事诉讼谈刑事诉讼。一方面，我们要积极地吸收和借鉴国外有益的可取经验；另一方面，不可生搬硬套西方国家的诉讼制度。我们要根据中共中央《关于全面推进依法治国若干重大问题的决定》“坚持走中国特色社会主义法治道路，建设特色社会主义法治体系”，“中国特色社会主义道路、理论体系、制度是全面推进依法治国的根本遵循”的要求，坚持实践是检验真理的唯一标准，走自己的路。

二、明晰捕诉重组的实践需求

研判捕诉的重组与否，应当根据公正与效率并重的理念，将多种实践因素进行客观的综合评估，坚持“解放思想，实事求是，与时俱进，求真务实。……一切从实际出发，理论联系实际，实事求是，在实践中检验真理和发展真理”①，从而审慎地筛选出最优方案。从司法管理学的角度看影响刑事司法公正的因素，就检察机关内部而言主要有：司法理念、专业知识、敬业精神、机构设置、业务流程、决策机制、责任机制、检察人力资源配置、监督与管理机制等；就检察机关外部而言，还涉及与公安机关、法院、律师等权力或者权利的科学配置，以及其他的外部监督等。总体而言，捕诉重组的实践需求主要有：

一是有助于加强主证复核，保障办案质量。捕诉重组并非单纯地为了缓解案多人少的矛盾和提高诉讼效率，更重要的是保障办案质量。刑事司法实践表明，案多人少的矛盾日益突出，在捕诉分开的情形下，一些检察官已处于难以有效全面地进行主证复核的境地，在一些大中城市表现得尤为明显，许多检察官常年被埋在卷宗堆里，处于“白加黑”甚至“五加二”的疲于应付状态②。尽管各地检察机关积极地向党委、政府申报增加编制，但是增编总是赶不上案件的增加，单靠增编不能从根本上解决矛盾。这也是世界性的难题，如美国联邦最高法院受理案件后，通常需要排队 1 至 2 年甚至更长的时间才能办理。我们的检察官既不能触碰超期羁押的红线，又要在较短的时间内办理相当数量的案件，其结果往往是减少了主证复核，如减少了询问证人、复看现场以及精细地研究相关法律、司法解释等；检察官对案件事实的认定，特别是对言词证据的审查判断，在一定程度上加大了对侦查机关移送侦查卷的依赖，从而减损了“直接言词原则”，助长了案卷笔录中心主义。

根据现代管理学的通说，当一个组织面对实际情况已经发生显著变化的时候，包括流程再造、内设机构重组等在内的管理模式应当进行调整，以期实现效益的最大化，进而实现组织的发展目标。事实上，早在十年之前，案多人少的矛盾在经济发达地区和大中城市已经显现，少数基层检察长在保留侦查监督科与公诉科之壳的前提下，采用了捕诉明分实合的做法，并且同时对其他检察运行机制进行了调整，如按照集约化监督管理的理念设立了案件监督管理部门。既提高了检察效率，又构建了新型的内部监督机制，从而保障了办案质量。

二是有助于实现检察专业化，提高办案质量。在一些犯罪专业化、智能化趋势日趋明显，案件办理难度越来越大的情况下，不再按照诉讼环节分设侦查监督与公诉部门，将二者重组并且按照办理不同类型的犯罪设立一些专业化的检察业务机构是现代法治发展的必然趋势。尽管以往“一些地方检察机关还根据办案需要，组建未成年人、知识产权、金融、网络、环境资源案件等专门办案组”③，但是相对于法院、公安机关，检察机关的专业化发展相对滞后。例如，法院不仅按照案件类型设立若干审判庭多年，而且在刑事、民事、行政等庭内再进一步细分专业成立合议庭，后又在知识产权保护、环境生态保护等领域设立了刑事、民事和行政三诉合一的审判庭。如果留意一下三甲医院的科室设置，往往外科就细分为 20 个科以上，满足了每一个患者都希望得到最专业医师医疗的需求。同理，每一个警官、法官和刑事诉讼参与人也希望与之打交道的办理相关案件的检察官是具有丰富的专业性知识的人。

---

① 参见《中国共产党章程》。

② 江苏北部某县人民检察院因为公安机关移送审查起诉的案件太多，加班加点也来不及办理，为避免超期羁押，检察长决定包括反贪局在内的所有业务部门集中一个月时间突击办理公诉案件。

③ 曹建明检察长于 2017 年 11 月 1 日在第十二届全国人民代表大会常务委员会第三十次会议上做的《关于人民检察院全面深化司法改革情况的报告》。

三是有助于提升侦查监督的质量。有观点认为，捕诉合一的改革一旦推行，将使检察机关对侦查机关的诉讼监督受到严重削弱。事实正好相反，在捕诉分开的状态下，侦查监督部门与公诉部门对侦查机关各自分段监督，不仅力量分散，而且对侦查违法的监督标准掌握不一，甚至出现前后监督的意见相互矛盾。众所周知，国家监察体制改革的重要动因之一就是解决反腐败力量分散。由一名检察官对整个侦查环节进行一体化的监督，还是由两名检察官分段监督，其效果是不言而喻的。在实践中，检察官都是将审查逮捕、审查起诉与侦查监督一体化进行的，并非分项或者分段办理；因为审查案件的重心就是审查证据，而侦查违法主要与侦查取证相关，如果检察官不注重监督侦查违法，那么违法证据就难以发现，办案质量就要出问题。在不断强化司法办案责任制的情况下，从基本面分析：并不会出现检察官重办案、轻监督的问题。

四是有助于提升引导侦查的效果。诉前引导侦查是指检察官坚持以审判为中心，引导侦查机关按照庭审的要求，对收集证据的质与量，以及证据固定等提出引导性意见的检察活动。从宪法和刑事诉讼制度看，虽然检察机关与侦查机关处于“分工负责，互相配合，互相制约”的平行地位。但是，从刑事诉讼的规律看，检察官在庭上运用证据和依据法律指控犯罪，从而内生了侦查取证需要对检察官负责的基本需求，即侦查人员要按照检察官出庭的要求来收集和固定证据，并且由此派生出了检察引导侦查的责任和侦查人员合作的义务。在捕诉分开的机制下，由于逮捕的证据标准显著低于起诉的证据标准，因而时有发生侦查监督部门的检察官不能完全按照庭审的要求去引导侦查，待到侦查机关侦查终结向检察院移送审查起诉时往往时过境迁，难以补救；即使能够补救，往往耗时费力，降低了诉讼效率。

五是捕诉重组并不影响保障辩护人的权利。有观点认为，捕诉重组的改革措施一旦得到推行，会大大压缩嫌疑人及其辩护人的辩护空间，导致审判前的辩护流于形式。在现有体制下，嫌疑人和辩护人有两次向检察机关提出辩护意见的机会。笔者认为，这是没有事实根据的。嫌疑人及其辩护人的辩护空间是由法律规定的，采取捕诉分开或捕诉重组的办案模式与之并没有因果关系，检察实践表明，一些采用捕诉明分实合的基层检察院并没有出现“审判前的辩护流于形式”。相反，在捕诉合一的机制下，检察官能够一体化地了解辩护观点，反而有助于更加精准地引导侦查，更好地把握审查逮捕与审查起诉的重点。在强化司法办案责任制的背景下，检察官往往需要更及时、更广泛地听取辩护观点，以保障办案质量，同时也可防止庭上陷入被动。

此外，不宜过度地放大捕诉分开的功效。捕诉分开虽然外化于刑事诉讼的不同环节，但是它又属于检察机关的内部制约，是在一个检察长领导下进行的。这种自体性的制约远远不及外部制约的效果。有观点将外部制约与内部制约的效果同质化和同等化，笔者认为这是不客观的。司法实践表明，无论捕诉重组或者捕诉分开，都不影响检察机关对侦查机关在逮捕环节上的过程控制。从整个刑事诉讼的基本架构看，前有公安机关等侦查机关的制约，后有审判机关的终局性制约，上有政法委员会的执法监督以及其他的外部监督，并不存在捕诉合一的改革将是一个危险的抉择。诚然，在刑事诉讼中增加一个制约环节，包括在侦查环节和审判环节内增加一道内部制约的环节，当然是有利于进一步提高案件质量的。但是，这并非是唯一的研判依据，应当综合权衡各种影响办案质量的因素，选择最优方案，这样才能体现公正与效率并重的价值取向。

三、捕诉重组的环境条件与配套性改革

一是捕诉分与合的发展沿革。从1978年检察机关恢复重建至20世纪80年代末，对于公安机关移送的提请逮捕、移送审查起诉或者免予起诉的案件，均由刑事检察部业务部门办理①，以一名检察官或者办案组办理同一个案的批捕和起诉案件为常态。对于自侦案件，则实行的是侦捕诉合一的办案模式，也被称为“一竿子到底”的办案模式。20世纪80年末，最高人民检察院为了“坚决纠正‘以捕代侦’的错误做法，把好决定逮捕关和起诉关”②，有效控制免予起诉率偏高等。坚持“贯彻执行一要坚决、二要慎重、务必搞准的原则。……我们各级检察院都实行了侦查与决定逮捕、起诉分开，由两个机构分别办理的制度”③。在实行对自侦案件侦捕诉分开后，20世纪90年代初一些地方的检察机关又逐步把刑事检察部门分设审查逮捕与审查起诉部门。1996年在大连召开的“全国检察机关第二次刑事检察会议”明确提出“批捕、起诉分设两个机构”。公安机关和自侦部门移送的提请批准逮捕（移送审查逮捕）、移送审查起诉或者免予起诉的案件，分别由这两个部门办理。侦捕诉分开虽然是在一个检察长领导下的内部监督制约机制，但是，它并非不同部门的检察官之间的相互制约，而且也是不同业务部门负责人及其分管副检察长之间的相互制约，在一定程度上遏制了检察机关和公安机关的以捕代侦等问题。

二是捕诉重组的环境条件。进入新时代，捕诉重组的环境条件与捕诉分开之时大有不同。检察机关积极推进以审判为中心的刑事诉讼制度改革和司法责任制改革，改变过去“案件承办人、部门负责人、检察长”审批的行政化办案模式，赋予员额检察官在职权范围内独立对案件作出决定的权力，推行检察人员分类管理和深化实行员额制改革，责任追究得到有效的落实；初步建立了权责明晰、监管有效、保障有力的检察权运行新机制；高度重视律师在促进司法公正中的重要作用。司法教育培训已步入全员化、正规化和规范化的新阶段。此外，检察官的学历较以往更高。从总体情况看，时下已具备了实行捕诉重组的环境条件。

三是捕诉重组的发展目标和原则。第一，必须明确新时代的新目标。根据“奋力开创新时代政法工作新局面，为新时代经济社会持续健康发展创造安全的政治环境、稳定的社会环境、公正的法治环境、优质的服务环境”的目标，需要我们研究出最优的方案与路径，在构建捕与诉的检察运行机制方面也不能例外。“一定要登高望远、居安思危，勇于变革、勇于创新，永不僵化、永不停滞”④；坚持实事求是，不可故步自封。司法改革同样是“实践没有止境，理论创新也没有止境。……我们必须在理论上跟上时代，不断认识规律，不断推进理论创新、实践创新、制度创新、文化创新以及其他各方面创新”⑤。司法改革创新是有效解决现实问题的基本路径。第二，坚持宪法至上，维护宪法权威。西方国家的刑事诉讼理论可以借鉴或者参考，但是它不可以作为判断我们司法改革举措的标准。只有以我

① 参见最高人民检察院《人民检察院刑事检察工作试行细则》（1980年7月21日，现已失效）。

② 参见刘复之检察长于1989年3月29日在第七届全国人民代表大会第二次会议上所做的工作报告。

③ 参见刘复之检察长于1990年3月29日在第七届全国人民代表大会第三次会议上所做的工作报告。

④ 参见党的十九大报告。

⑤ 参见党的十九大报告。

国检察机关的法律监督定位为基础，才能厘清刑事诉讼中逮捕权与公诉权的关系；如果脱离了我国宪法，其研究观点就缺乏了实际意义。第三，抛开简单的对与错的思维定式，采用优选法进行全面的定量分析，综合判断。优选法是指研究如何用较少的资源和试验次数，迅速找到最优方案的一种科学方法。定量分析是指分析一个研究对象所包含成分的数量关系或所具备性质间的数量关系。有观点系统地堆砌了捕诉重组之弊，尽管对一些“弊”有所放大，同时，它又忽略或者缩小了时下捕诉分开之弊；如果众人皆简单地以对与错来选边站队，那么该研讨将失去应有的价值，也有失水准。笔者认为，捕诉重组是解决影响刑事司法公正不利因素的适宜方案，是坚持一切从实际出发对检察流程进行的必要调整。捕诉分开纵然增加了一道内部监督制约环节，在一定程度上有助于进一步保障案件质量；但是，经过综合评估影响刑事司法公正的各种因素，捕诉重组之利不仅抵消了捕诉分开之利，而且有所“富余”。捕诉重组就成为解决该“富余”的适宜选项。第四，以往检察机关与公安机关、审判机关重配合、轻制约的现象得到了明显改善。近几年来，伴随着推进以审判为中心的诉讼制度改革和司法办案责任制改革，审判机关无罪判决数有明显增加就是例证，同时，检察机关严把逮捕关，全国的诉前羁押率也逐步下降。第五，从哲学角度看，在高级阶段重复低级阶段的某些特征，使得发展仿佛又回到了原点，实际上这是螺旋式上升发展的常见形式。捕诉重组并非还原到既往，而是在新时代对检察运行机制进行的必要调整，它将与强化司法办案责任制等改革形成新型的互动关系，共同作用于提升刑事司法公正。

四是推进与捕诉重组相关的司法改革。首先，按照治理能力和治理体系现代化的要求，把推进检察机关案件监督管理改革提升到新的阶段，虽然检察机关案件监督管理改革取得了明显成效①，但是在新时代仍然需要强化和完善，在管理中强化内部监督，在内部监督中优化管理。全面优化案件受理及结案审查、强化案件流程监控，加强案件质量评查和完善检察业务考评；突出业务监管和业务分析为重点，积极构建新型司法监管机制；全面提升内部监督管理的智能化、可视化、一体化水平。其次，在检察环节上不断拓展司法民主，推进检察机关中立性审查逮捕和审查起诉的进程，保障检察机关正确地行使逮捕权和公诉权。在审查逮捕环节全面推行听证会制度，对于重大、复杂或者在当地有较大影响的案件，原则上应当召开由侦查人员、犯罪嫌疑人及其辩护律师、被害人及其代理人参加的听证会，除涉及国家秘密、商业秘密、个人隐私或者未成年人犯罪的案件外，可以邀请人民代表、政协委员、人民监督员、法学专家、村民委员会或者社区委员会的代表等案外人参加。在审查起诉环节全面推行召开诉前会议和对拟不起诉的案件召开听证会制度。强化顶层设计，明确该会议的启动条件、议事范围、基本程序等。再次，提升阳光司法机制，逐步扩大检察机关行使逮捕权、公诉权和诉讼活动监督信息公开的范围，并且提高信息公开的及时性，保障人民参与，接受人民监督，拓展与社会公众交流的多种渠道。继续坚持公开是原则、不公开是例外的原则，坚持以案件信息公开为重点，建立完善开放、动态、透明、便民的司法公开机制。最后，适用原则性与灵活性相结合的方法，正确实施捕诉重组的工作机制，

① 2011 年最高人民检察院在总结各地试点经验的基础上设立了“案件管理办公室”。2012 年 5 月，最高人民检察院在南京召开了“全国检察机关案件管理工作推进会”。全国各地检察机关于 2013 年普遍设立了案件管理部门，在案件受理、流程监控、质量评查、分析研判、信息公开、业务考评以及律师接待等领域有了很大的发展。

即由一名检察官或者办案组办理审查逮捕和审查起诉案件为常态，对于重大复杂的案件，检察长或者业务部门负责人认为有必要时，仍然可以决定由两名检察官或者两个办案组分别办理审查逮捕和审查起诉案件。此外，进一步完善司法责任制改革，继续提升权责明晰、监管有效、保障有力的检察权运行新机制。有针对性地进行业务培训，如对于从事审查逮捕的检察官，需要学习并熟练掌握审查起诉的证据标准和法庭辩论的技能等。

综合配套司法改革的理论基础*

——以司法责任制改革为视角

张智辉**

从党的十五大开启司法改革的征程以来，20多年来司法改革的实践，特别是司法责任制改革的实践，给我们提供了一个重要启迪，那就是司法改革包括司法责任制改革，不能孤军奋进，而必须重视改革的综合配套措施。

一、司法改革为什么要综合配套

之所以要强调司法改革的综合配套，是因为：

第一，司法责任制是司法体制的重要组成部分，司法责任制改革必然要打破原有的制度体系，也必然要受到原有制度体系的制约。

按照辩证唯物主义的观点，世界上的任何事物都与其他事物发生着这样或那样的联系。恩格斯曾经指出："当我们通过思维来考察自然界或人类历史或我们自己的精神活动的时候，首先呈现在我们面前的，是一幅由种种联系和相互作用无穷无尽地交织起来的画面。"① 社会是一个"一切关系在其中同时存在而又互相依存的社会机体"。② 社会机体中的"不同要素之间存在着相互作用"。③ 人类社会中每一个既存的制度，无论是否具有合理性，都必然与其他制度相互作用、相互依存。对其中任何一个制度的改革，都会打破原有制度体系中各个要素之间的平衡，引起相互关联的权力要素之间的冲突和制度体系内部的不协调。改革的措施或者受到原有制度体系中的其他要素的制约，或者对原有制度体系中的其他要素产生正面的或负面的影响。而这种制约和影响都会反作用于制度性的改革。如果缺乏配套的改革措施来支撑，任何一个单一的改革都很难引起制度性的变革，都必然受到原有制度体系中相关制度的束缚或掣肘，也就很难取得理想的成效。

司法责任制改革是司法体制改革的组成部分，必然要受到司法体制的制约。而司法体制作为国家政治体制的重要组成部分，没有其他政治体制改革的配套措施，就可能是孤军突进，很难达到预期的目标。在实践中，司法机关希望对司法职权进行优化配置，就必然

---

* 本文系作者发表在《中国法学》2018年第2期的《论司法责任制综合配套改革》一文的一部分。

** 作者简介：张智辉，湖南大学法学院教授，博士生导师。

① 《马克思恩格斯文集》（第9卷），人民出版社2009年版，第23页。

② 《马克思恩格斯选集》（第1卷），人民出版社1995年版，第143页。

③ 《马克思恩格斯全集》（第12卷），人民出版社1962年版，第750页。

要受到国家权力结构体系的约束，同时要受到国家权力体系中其他权力的制约（司法职权是在国家权力结构体系中被授予司法机关的，并且是在国家权力结构体系中发挥作用的）；要想对司法人员的待遇进行改革，就必然涉及国家的财政管理体制和公务员薪酬制度（没有经费支持的改革是无法维系的）；要想对司法人员的管理制度进行改革，就必然涉及国家的组织人事制度（司法人员在中国历来是作为普通公务员对待的，既要受公务员管理制度的约束，又要受干部管理制度的约束）。司法体制方面的改革，如果没有有关国家机关的认可和支持就会寸步难行；司法制度方面的改革，同样，如果没有相关的国家管理制度改革相配套就会形同虚设。因此，司法改革的任何举措都必须得到有关部门的认可和支持，都必须认真研究和解决与相关制度的协调配套问题。只有这些问题解决好了，司法改革措施才有可能落到实处，才有可能发挥新制度的作用。

“辩证法在考察事物及其在观念上的反映时，本质上是从它们的联系、它们的联结、它们的运动、它们的产生和消逝方面去考察的。”① 应当看到，司法责任制的构建是在新中国成立以后长期形成的“吃大锅饭”的司法管理体制的基础上进行的。我们国家长期以来都把司法人员看作是一般的“国家干部”或与其他公务员“一视同仁”的国家公务员，既没有特别的专业性的要求，也缺乏特殊的政治待遇和物质待遇，其地位的提升几乎完全与其他公务员一样靠行政级别的提升。即使是在公务员法实施以后、法官法和检察官法修改之后、国家司法考试实行以后，法官和检察官的入职门槛提高了，但各个方面的待遇依然是按照普遍公务员对待的。与这种人事管理模式相适应，在司法职业管理上，法院和检察院长期盛行着“行政化”的管理模式，司法人员办理案件要层层请示汇报，层层“把关”，以弥补司法人员素质不高、责任心不强可能导致的错误。

司法责任制要改变这种状况，首先从办案中出现问题就追究有关人员的司法责任开始，是完全正确的。但同时必然会引起与原有的案件管理模式、人事管理模式、职业保障制度以及与之相适应的司法观念之间的冲突。能否妥善并协调一致地解决这些相关制度之间的冲突问题，直接关系到司法责任制改革的成败。以往的改革片面强调司法人员在办理案件中的责任，忽视了相关因素对司法人员的制约和相关制度之间的依存关系，可以说是这项改革举步维艰的一个重要原因。

第二，司法责任制的构建是在司法体制的系统内完成的，离不开系统内部相关要素的支撑。

司法系统像其他任何一个社会系统一样，都是具有整体性的有机系统。“所谓有机系统，就是其各个组成部分之间具有内在联系而相互制约的整体。”② 构成这个有机系统的“不同要素之间存在着相互作用”。③ 司法责任制是司法系统内的重大改革，必然会涉及司法系统内部各个组成要素之间既存关系的重大改变，打破原有的各个要素之间的联系与平衡。而司法责任制的推行能否得到司法系统内部其他要素的支持和配合，或者与之相关的其他要素能否随着司法责任制的推行而同步改变，对于司法责任制的推行必然具有直接的影响。例如，司法责任制的主体是司法人员，而司法机关的人员并不都是司法责任制的主

① 《马克思恩格斯文集》（第9卷），人民出版社2009年版，第401页。

② 陈宴清等：《现代唯物主义导论》，北京师范大学出版社2017年版，第328页。

③ 《马克思恩格斯全集》（第12卷），人民出版社1962年版，第750页。

体。哪些人员从事司法行为，或者司法机关中有多少人员从事司法行为（行使司法职权），将直接关系到作为司法责任制主体的司法人员的工作承受能力。如果司法机关中没有足够的人员从事司法工作，司法责任制的主体就可能不堪重负，难以认真仔细地对待每一个具体案件，办案质量不能提高，司法责任制的目标也就无法达到。因此，司法责任制的实施首先涉及司法机关的人员调整问题，与之相关的是司法机关内设机构改革问题（因为司法机关的人员都是分属于不同内设机构的）。又如，司法责任制是以司法职权的内部分配为基础的。有权才有责，没有司法职权就不存在司法责任的问题。但是，在传统的司法职权运行模式中，法律赋予司法机关的职权主要是由司法机关的领导层作出决定的，其他司法人员即使是在业务部门工作，也没有多少实体性的权力，同样也就没有多大责任。推行司法责任制，最重要的是下放权力的问题。只有做到了“让审理者裁判”，才有可能要求“裁判者负责”。但是，“裁判权”（即对案件处理的决定权）的下放必然削弱原来由各个领导层行使的司法职权，引起司法机关内部对司法职权的再分配。这种司法职权的再分配是否合理，能否得到不同主体的认同、信任和配合，直接关系到司法责任制改革的成败。再如，司法责任制的核心是增强行使司法职权的主体责任，行使司法职权的主体要对自己办理的案件承担责任，对自己会带来什么样的好处？没有利益驱动，就很难有动力。但是，如果行使司法职权的人员福利待遇提高了，司法机关内部没有司法职权的人员会不会犯“红眼病”，或者消极怠工，使行使司法职权的人员成为司法机关的“孤岛”？这些问题如何妥善解决，同样会影响到司法责任制改革的顺利进行。

第三，任何制度都是在一定的环境下运行的，都需要一定的配套制度来保障。

一个新的制度，如果缺乏与之相适应的运行环境，就很难发挥其应有的作用。司法责任制改革同样离不开与之相适应的运行环境。这种运行环境既包括人文环境，也包括制度环境。

司法责任制运行的人文环境，一是人民群众和社会各界对司法活动重要性的认识和对司法公正的期待；二是司法机关和案件当事人对司法人员素质能力的信任和认可；三是司法人员对法治的信仰和对法律的忠诚。无论是普通老百姓还是各级领导干部，无论是案件当事人及其亲属还是司法机关工作人员，对司法公正的期待，可以说是我们社会的共识，人人都希望司法机关能够公正地处理每一个案件，公平地对待每一个案件当事人。但是，人们对司法活动重要性和特殊性的认识并不都是正确的、深刻的。由于中国社会几千年封建专制所形成的传统文化的影响，人们把司法权与行政权混为一谈，看不到或者不承认二者之间的重大差别，像对待普通行政人员一样对待司法人员。即使是各级领导层甚至包括司法机关的许多人员，都没有充分认识到司法的特殊性、司法的权威性，以至于一提给法官和检察官涨工资，马上就会要求给自己也涨工资。这种人文环境在很大程度上阻碍了司法责任制的实施。另外，也要看到司法责任制能不能达到预期的目标，在很大程度上取决于行使司法职权的法官和检察官能否胜任依法独立公正行使司法职权的重任，其是否具有对党对人民对法律的忠诚，是否具有深厚的法律功底和办案经验，是否具有良好的职业伦理和高度负责的责任心。这既是赢得人民群众和各级领导信任的前提，也是办好案件的保障。

司法责任制运行的制度环境则是保障性的配套措施。没有必要的配套措施做保障，再理想的制度照样不能发挥理想的作用。司法责任制的实施，首先需要不同主体之间明晰的司法职权划分和规范的实施规则。职权划分不清楚，责任就不可能分得清楚。司法职权的行使如果缺乏规范的实施规则，就难以保障和判断职权行使的正确性。司法责任制的实施还需要独立的责任追究组织以及追究司法责任的具体规则。让司法机关自己追究司法人员的责任，一是难以取得人民群众的信任；二是容易使司法机关处于两难境地（既要保护司法人员，又要取得外界的公信力）。而独立的责任追究组织作为“第三方”更容易取得人民群众的信任，也使司法机关摆脱了尴尬的境地。但独立的责任追究组织在认定司法错误、追究司法人员责任的时候，需要遵循一定的实体性和程序性规则，以保证其客观公正地对待司法人员。此外，司法责任制的实施必须以司法人员优厚的职业保障作为后盾。一方面，激励司法人员树立职业荣誉感，认真负责地对待每一个案件和案件当事人，心甘情愿地对法律负责、对党和人民负责；另一方面，体现国家和社会对司法职业和司法人员劳动的尊重。因为“制度是社会关系的存在方式，在人与人之间的社会关系中，最基本的关系是利益关系。因此，制度又是利益关系的对象化形式”。[①] 没有利益驱动，法官和检察官所从事的繁重工作、所承受的社会压力和责任压力，与其生存境况之间就会失去平衡，就难以保持持久的热情和高度的责任心。正如有的学者指出的：“完善司法责任制要求素质、权力、责任、保障相统一，与完善司法人员分类管理、健全司法人员职业保障、推动省以下地方法院与检察院人财物统一管理等改革举措依存度高、耦合性强，是相互关联的有机整体，需要同步推进。”[②]

正因为如此，司法体制改革应当综合配套、整体推进，而不能搞“头痛医头、脚痛医脚”式的改革。

二、综合配套的基本含义

所谓“综合配套”，依笔者之见，就是在推出一项重大改革措施时，要同时考虑理念、制度、人员、保障、纠偏五个方面，并使这五个方面协调一致地推进。

理念，即改革的指导思想和目标设计。用先进的理念统一人们的思想，改变与改革措施相冲突的传统观念，对于保障改革的顺利进行和改革措施的有效运作具有至关重要的意义。过去，我们的一些改革措施缺乏充分论证和明确的指导思想，更没有进行充分的说理和教育，人们不理解为什么要这样改，改的好处在哪里，因而得不到人们特别是改革所牵涉到的人们的支持，改革措施难以发挥其应有的功效。因此，要推出一项新的改革措施，就需要大力宣传新措施的优越性，特别是它与原来的规定相比，能够解决以往存在的什么问题，让人们看到改革可能带来的好处，从而在内心愿意接受这样的改革。这是改革的原动力。没有广大人民群众的支持，特别是没有改革所涉及的人们的普遍认可，改革就很难成功。

制度，即改革措施的具体构建。改革总是对原有制度的改变。原有制度是否需要改变，本身是一个需要认真研究的课题。过去，人们看到现存制度的某些弊端，就极力主张进行改革，但改了之后，又觉得还不如原来的制度。这样的改革是缺乏理性的，也是不可能有

① 崔希福：《唯物史观的制度理论研究》，北京师范大学出版社 2010 年版，第 65 页。

② 姜伟：《全面落实司法责任制》，载《党的十九大报告辅导读本》，人民出版社 2017 年版，第 293 页。

生命力的。对于现存制度在实践中出现的问题，应当客观地进行分析，到底是制度本身的问题，还是实施过程中人为因素导致的问题。只有在制度确实存在自身无法克服的问题时，才有必要提出改变原有制度的课题，进行改革的顶层设计。对于准备推出的改革措施，要将其放在准备修改的制度体系中进行权衡，看它在制度体系中是否与其他相关制度存在矛盾冲突，这种矛盾冲突能否有效地加以调和。

人员，是司法改革的主体，也是改革的承受者。任何改革措施都需要人来完成，都必然影响到相关人员的思维方式、职责权限、生存空间和切身利益。因此，相关人员的问题往往是改革成败的关键。司法体制改革不仅要考虑人民群众的期望和满意程度，更要考虑司法人员的接受程度。如果司法机关或者司法人员对某项改革措施普遍持有抵触情绪，这项改革就将是一项注定要失败的改革，不可能取得党和人民满意的效果。如何做好司法人员的观念转变工作并在改革中适度解决大多数司法人员的利益诉求，是任何一项改革措施在出台时都不能不考虑的问题。

保障，即为了推进司法改革措施的具体实施所必需的条件①。这些条件本身是与司法改革的具体措施相关联的制度。但凡一项重大的改革措施出台，都离不开相应的保障措施，都必然波及相关的制度。如果对与改革措施相关的制度不能及时作出相应的调整，就可能影响到改革措施的实施及其效果。在以往的司法改革实践中，最高司法机关只是重视改革措施的出台，以为制定了改革方案，出台了改革措施，司法改革的任务就完成了。殊不知以往制定的很多作为改革措施的规范性文件，在司法实践中并没有真正落实，以至于在第一轮司法改革中提出的问题、出台的改革措施，在第四轮司法改革中依然作为需要改革的问题提出来，进行改革。其原因就是缺乏必要的保障性的配套制度来支撑。司法责任制的重点是放权给承办案件的法官和检察官，但“只有责任而没有保障的权力是微弱又危险的权力”②。

纠偏，即权力行使中的制约机制。纠偏是保证司法改革举措在司法实践中正确实施的必要条件。因为任何一项制度性的司法改革都会涉及司法职权的调整，无论是司法体制方面的改革，还是司法机关内部工作机制方面的改革，都与司法机关或者司法人员的职权配置具有密切的联系。如何保证改革后司法机关和司法人员依法公正地行使职权，是司法改革中不得不重点考虑的问题。而这个问题的关键是在调整司法职权配置的同时设置防止权力滥用的纠偏机制。一旦可能出现司法职权被滥用的情况时，通过纠偏机制，及时防止司法不公的出现。

司法体制改革如果同时考虑到这五个方面的整体推进，改革措施就会顺利实施并有可能达到顶层设计时所追求的目标。相反，如果单打独斗，无论多么理想的改革措施，都只能是纸上谈兵，看似出台了规范性文件，规定了具体的实施意见，但在司法实践中，不是被束之高阁，就是被传统观念、习惯做法所吞噬，根本无法发挥改革意见中提出的目标。

---

① “完善司法责任制，应以完善法官职业保障体系为基本条件。目前，我国法官管理体制是单一行政管理模式，法官职业素质要求高、任职条件要求严，但工资福利及职务保障较低，导致一些法官缺乏职业荣誉感，难以吸引和留住优秀司法人才。”陈光中：《完善司法责任制》，载《人民日报》2015年10月19日。

② 傅郁林：《解读司法责任制不可断章取义》，载《人民论坛》2016年第8期（下）。

司法改革背景下的少年法庭改革路径与框架设计

安凤德　赵德云　宋　莹　郭　威*

少年司法是衡量司法文明进步程度的重要指标，对推动全社会关注青少年权益保护发挥着引领作用。加强少年法庭工作，是法院践行司法为民宗旨的必然要求，也是深化司法体制改革，促进审判体系和审判能力现代化的应有之义。30多年来，我国少年法庭工作在探索中不断发展，教育挽救了一大批失足未成年人，为维护社会稳定、保护未成年人健康成长作出了重要贡献，得到了社会各界的广泛认同。在取得成绩的同时，我们也清醒地看到，在全面推进司法改革的大背景下，少年法庭工作已走到改革的十字路口，正面临着新的困难和挑战。检视少年法庭现状，少年法庭的发展仍然面临理论和审判实务研究尚不深入、顶层制度设计尚不健全、组织模式亟待明确、受案范围尚不统一、案件数量相对不足、机构建制受到改革冲击、考核评价不尽合理、审判队伍缺乏稳定性、三级法院组织体系不尽相同、社会化支持系统尚不均衡等突出问题。如何顺应改革潮流，在新的历史时期建设好、运用好少年法庭，发展好少年司法的中国特色经验，更好地服务和保障未成年人健康成长，成为摆在我们面前的一个重大课题。

一、少年法庭机构改革的原则

选择少年法庭的发展路径首先应当着力于组织机构的改革。少年对于民族的重要性、少年本身的特殊性、少年司法的特殊性等，决定了少年审判应当从普通成人审判中独立出来。尊重少年审判的特殊性，保证其专业性、独立性是少年审判稳定、健康发展的必然要求。

（一）遵循少年司法规律

溯本求源，少年审判的特殊性在于：未成年人的幼弱性与可塑性决定了其审判对象特殊，国家亲权与儿童利益最大化的指导思想决定了其审判理念特殊，职权探知主义和职能延伸工作决定了其审判方式方法特殊。少年法庭改革应以完善中国特色社会主义少年司法制度为目标，主要体现在对未成年人的特殊保护和少年审判组织的相对独立、少年司法人员的专业性上。

---

* 作者简介：安凤德，北京市高级人民法院党组成员，副院长；赵德云，北京市高级人民法院未成年人案件审判庭庭长；宋莹，北京市高级人民法院未成年人案件审判庭副庭长；郭威，北京市西城区人民法院民三庭审判员。

（二）遵循司法改革总体要求和部署

与当前中央确定的法官员额制、司法责任制、以审判为中心的诉讼制度改革等各项司法改革目标相一致，坚持在法律与司法政策的框架内改革。

（三）坚持问题导向和区别对待

既有利于解决影响少年审判发展的瓶颈问题，促进少年审判组织内部整体架构的统一管理、上下衔接，又有利于与外部社会力量（尤其是社会服务支持体系）的协调对接，优化司法资源配置，降低司法成本。

二、少年法庭机构改革的模式对比

当前，司法体制改革已进入深水期，少年审判组织机构到底应以哪种模式作为未来发展的主流方向，已成为少年法庭发展道路上亟待解决的瓶颈问题。本文结合实践中较有代表性的少年法庭模式，选取三种较有全局性和前瞻性的模式予以比较分析。

（一）集中管辖模式

这种模式在原有的少年审判庭的基础上，将分散于各个基层法院的涉少案件集中到某些特定法院少年法庭审理，从而进一步体现少年司法的专业化和集约化。

这种模式的优势在于：第一，能较好地保持少年审判的特色，使业务分工更加细致，审判指导和管理更加便利，有利于提高少年审判的专业水平。第二，能够增加少年法庭的收案量（综合审判庭已审理少量民事案件），解决少年法庭案件数量过少的问题，使审判资源配置得到优化，审判效率得到提高。第三，改革有法律依据，最高人民法院《关于适用〈中华人民共和国刑事诉讼法〉的解释》第465条规定："对未成年人刑事案件，必要时，上级人民法院可以根据刑事诉讼法第二十六条的规定，指定下级人民法院将案件移送其他人民法院审判。"同时这种改革模式还能够为探索建立少年专门法院积累经验。

这种模式的问题和难点在于：第一，改革的力度不大，对法院全部审判格局的影响较小，在调整内设机构改革中，恐难以成为一类专业审判。第二，集中管辖需要与检察机关协调一致，且会在一定程度上影响当事人诉讼的便利性。第三，在实际操作中，集中管辖的少年法庭通常需要设在案件较多的法院，如此将造成这些法院案件数量进一步增多，审判资源更为紧张。

从我国实践看，1998年，江苏省连云港市率先在全国试行对少年犯罪案件集中指定管辖。此后，江苏、上海等省市部分法院开始实行将未成年被告人刑事案件指定到某些法院集中审理制度。目前，海南省海口市、宁夏回族自治区银川市、山西省大同市、安徽省芜湖市、甘肃省庆阳市、吉林省辽源市已向前迈进，各建立了由一家基层检察院和基层法院对应的指定管辖集中起诉集中审理制度。[1] 但上述集中管辖基本上是停留在少年刑事审判层面，在综合审判层面尚无相对成熟的经验。在实地考察中，采取该模式的少年法庭反映，

---

① 王建平：《关于少年审判改革的前瞻性思考》，载《上海法治报》2016年11月16日。

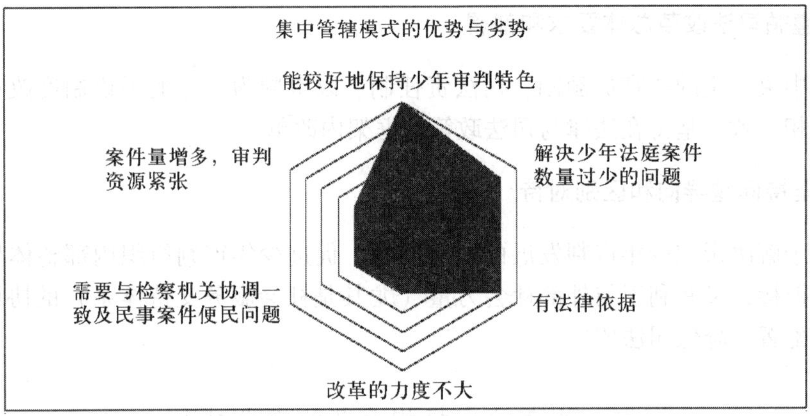

集中管辖的优势在于解决刑事案件，集中刑事审判力量，但在被告人跨区关押、押解、开庭、开展社会调查、回访帮教等方面存在不便。同时在与公安、检察机关的工作衔接上也存在一定困难。在司法保护和法治宣传方面，也因与各区教委、团委、妇联、民政等职能部门跨区衔接上的困难而无法顺利开展。

（二）综合审判模式

这种模式是在现有综合审判组织架构的基础上进一步适当调整，统一受案范围，使得三级法院在组织架构、人员管理、业务指导与培训上形成严密的统一。

这种模式的优势在于：由于现有综合审判模式已发展到一定规模，积累了较丰富的经验，故只需最高人民法院和高级人民法院层面对少年法庭进行进一步的科学研究、确定受案范围，各辖区中级、基层人民法院按照要求跟进，从司法成本的投入来看，调整范围最小，人员变动最少，最为节约司法资源。同时能够形成三级少年法庭的统一架构，较好地完成对少年特色制度的延续、创新以及与社会力量的对接，较为全面地保护未成年人的合法权益。

这种模式的问题和难点在于：第一，科学的受案范围难以确定。如果盲目扩大受案范围，部分案由可能不符合少年司法的理念与要求，仅仅为了解决“吃不饱”的问题而削弱少年特色得不偿失；如果严格限定受案范围，以现有的人员编制还是面临着案件量不足的问题。况且，法院情况各不相同，案由虽然能统一，但各个法院少年法庭面临的案件量可能不一样，易导致“多的太多，少的不够”的局面。第二，与家事审判工作机制存在重叠。家事审判改革的内容涵盖了未成年人权益保护，确立的审判理念、工作机制与少年法庭相近，推进的社会观护、心理疏导、判后帮扶回访等特色工作也与少年法庭有诸多共同之处。因此，在此模式下，将出现少年审判与家事审判就相似工作内容各自搭建机制平台、重复探索的局面，一方面提高了司法改革成本，不利于司法资源优化配置；另一方面分散了未成年人社会保护力量，不利于未成年人社会保护资源的集约化建设。第三，如果少年法庭改革的近期目标是抓住司法改革契机，推动少年法庭顺应改革潮流，那么综合审判模式可能会因趋于保守而错过此番改革的调整良机。

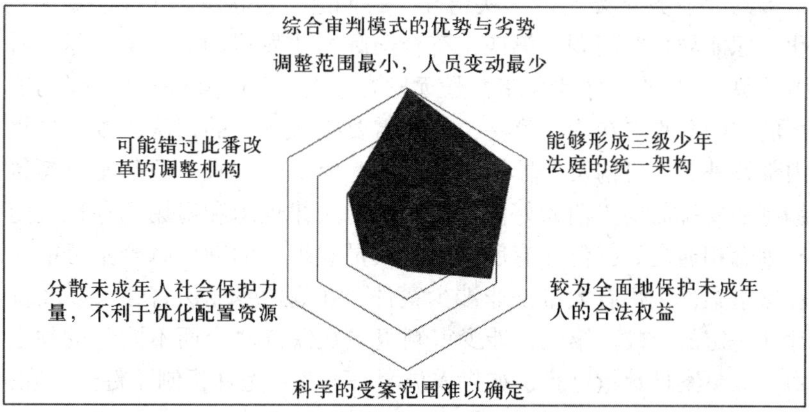

我们在实地考察中发现，实行综合审判模式的确有更加全面地保护未成年人合法权益的优势。一些案件数足以支撑独立机构的法院保留了综合审判模式。但随着传统涉少案件数量下降，为了解决案源不足的问题，也有部分已经采用综合审判模式的少年法庭正逐步扩大受案范围，将涉未成年子女抚养的离婚、同居关系等纠纷纳入少年法庭审理，形成了较以往进一步拓展的新型综合审判模式，如重庆五中院及其部分辖区法院、沙坪坝法院等。而广州中院、三明中院等部分原综合审判庭试点法院，则出于对案件数量、考评机制的制约和优化资源配置、深化家事审判改革等因素的考虑，已将家事案件划归少年法庭审理，发展为少家合一模式。

（三）少年与家事合一模式

这种模式是指设立少年家事审判庭或者家事少年审判庭，负责审理涉未成年人案件和家事案件。这种“合一”不是“谁吃掉谁”，而是要做到“合而不同”，也就是少年审判与家事审判虽然合在一起，但是内部保持相对独立性。①

这种模式的积极意义在于：第一，有利于最大限度地保护未成年人的合法权益，有助于维护家庭稳定。未成年人案件的发生与家庭监护失当、家庭关系紧张等密切相关，修复破损婚姻、维护家庭稳定的家事审判功能，有利于更好地保护未成年人的身心健康，促进家庭和睦，引领良好家风，也符合我国文化传统。第二，有利于资源共享，优势互补。少年法庭有机构、有人员、有经验，② 案件数量相对不多，而家事审判改革起步较晚，机构少、人员少、案件多，在此情形下如能整合二者资源，少年审判将会为家事审判提供相对完善的既有机制和经验，有利于形成强强联合、互补之势。第三，有利于解决案件划分和司法资源配置问题。这种模式既精简了机构，也符合员额制的人员选拔要求，且避免了少

① 上海政法学院刑事司法学院姚建龙教授将少年和家事“合而不同”的特点概括为16个字：“理念相通、程序相近、资源共享、相对独立”，摘自姚建龙教授在北京法院少年法庭成立30周年未成年人审判研讨会上的发言《关于坚持、完善、改革、发展少年法庭的三点建议》。

② 例如，北京法院少年法庭，通过多年的探索，在涉少民事审判特色工作机制方面已形成相对成熟的配套体系和平台：北京高院与团市委、社工组织合作搭建涉少民事社会观护平台；与市青少年法律与心理咨询服务中心共同合作心理干预机制；与“中国人权发展基金会”合作设立“未成年人司法救助基金”；通过微信公众号、新闻发布会、微电影、网络直播等方式搭建法治宣传教育平台。

年审判与家事审判“业务交叉”、“多头指导”等问题，也将缓解少年法庭因案源不足而导致的地位弱化、职能异化等问题。第四，符合国际司法发展趋势。从国际上看，少年与家事合一是发展趋势①，既有利于少年审判长远发展，也便于国家和地区间学习交流。

这种模式的问题和难点在于：第一，前期需要投入一定的司法成本。少年与家事的合一涉及法院内部及外部、机构及人员的调整变动，少年司法的“两条龙”衔接需要做好准备，人员及编制的安排需要提前做好测算。第二，法律理念和适用仍存在一定差异。虽然家事和少年有理念相通之处，但亦有所区别，人员和理念的彻底融合不可能一蹴而就，需要一个过程；家事案件中仍有大量是非涉少案件，在庭内专业法官会议以及统一法律适用方面仍可能存在一定的分歧。第三，涉少审判组织在保持“合而不同”的独立性方面可能存在难度。由于家事案件数量巨大，如果人员配备不齐、考评机制不健全，在一定时期内，可能出现重家事、轻少年，家事审判冲淡少年审判等问题。

少年与家事合一模式的优势与劣势

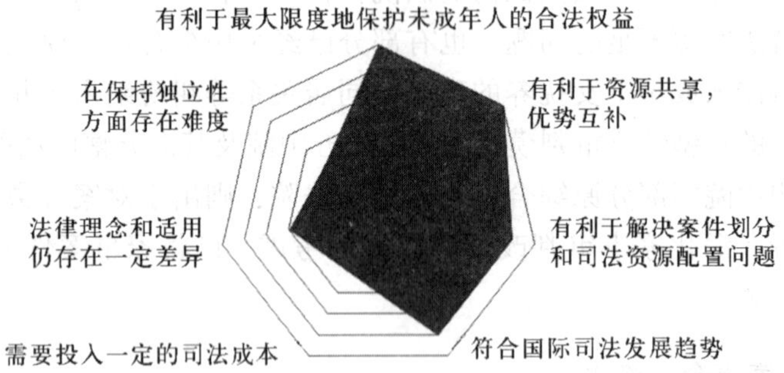

我们在调研中发现，采取该模式的少年法庭普遍反映：该模式有利于将保护未成年人权益延伸至家事案件，对家事案件中的妇女、老人和未成年人予以特殊、优先保护；将教育挽救延伸至家事案件，形成调解和修复家庭关系的一些做法；将社会调查机制延伸至一部分婚姻家庭纠纷，形成家事调查机制；将未成年人的社会关护体系延伸至一部分需要保护的家庭成员，予以司法救助、心理疏导等。同时也存在少年特色的保持面临考验的问题。

基于对北京、上海、重庆、江苏、四川、广东、福建等地实地考察及对三种模式的对比分析、利弊权衡，笔者认为，少年与家事合一，有利于对未成年人的特殊、优先保护，有利于从根源治理、预防未成年人犯罪，既符合当前最高人民法院家事审判改革的目标，也益于整合资源，最大限度地发挥各自的司法效用，总体而言利大于弊。

三、少年家事合一模式的框架设计

少年法庭改革要立足于实际，也要具有前瞻性，为未来工作发展创造条件，预留空间。基于由点及面、循序推进的考虑，成立少年家事审判庭，可通过先行试点、逐步规范的方

① 例如，美国纽约州家事法院管辖涉及家庭生活的所有事项，特别是犯罪少年和受忽视少年案件；韩国、日本的家事法院由家事部和少年部组成，统一管辖和处理婚姻家庭、少年犯罪及权益保护案件；我国台湾地区高雄少年家事法院由少年庭和家事庭共同组成，将少年案件与家事案件统归少年家事法院管辖。

式推进，具体设想如下：

（一）受案范围

合理的受案范围是审判庭得以高效运转的关键。试点法院可探索受理两大类案件：一是涉少案件，涉少案件又分为涉少刑事案件，涉少民事案件（含涉少家事案件），未成年人减刑、假释案件以及未成年人行政诉讼案件。其中，涉少民事案件的划分标准为未成年人权益①受到侵害或身心健康可能受到侵害，需要实行特殊司法保护的民事案件。二是其他家事案件。需要注意的是，由于家事案件数量巨大，而全国家事审判改革尚处于总结试点、进一步梳理深化的进程中，因此家事案件纳入少年家事法庭时，宜遵循“先紧后松”原则，即先纳入家事特点相对突出的案件，再逐步对家事案件与其他民事案件进行细化切分，防止受案范围巨量扩张而冲淡少年家事法庭的特色。

- 涉少案件
  - 涉少刑事案件：①被告人实施被指控的犯罪时不满18周岁的案件；②侵害未成年人人身权利的刑事案件；③被告人实施被指控的犯罪时已满18周岁，且系在校学生的案件
  - 涉少民事案件（含涉少家事案件）：①侵权人或者被侵权人是未成年人的人格权纠纷案件；②涉少婚姻家庭纠纷案件；③侵权人或者被侵权人是未成年人的侵权责任纠纷案件（不包括被侵权人为成年人且死亡的情况下，未成年人仅因是被侵权人家属而参与诉讼的案件）；④涉少适用特殊程序案件；⑤涉及未成年人的人身安全保护令案件
  - 未成年人减刑、假释案件
  - 未成年人行政诉讼案件
- 其他家事案件
  - 身份关系案件，即离婚、婚姻无效纠纷等确认、解除亲属关系或身份关系的案件
  - 基于身份关系产生的财产争议案件，如赡养费、继承纠纷等案件

（二）组织架构

少年与家事案件的合并必然对人员配备和机构设置提出新的要求。在具体机构设置方面，既要有利于推动少年与家事理念、方法的融合，也要保持少年审判的相对独立性和专业性。首先，审判组织分为两大类：涉少案件审判组和其他家事案件审判组。涉少案件审判组应由审理涉少案件经验丰富的专业法官组成，内部也可划分为多个合议庭。其次，设立少年家事审判专业法官会议制，定期召开会议指导法官及时统一裁判尺度，解决司法实践中的疑难杂症，推动少年家事审判的融合发展。再次，设立审判辅助事务室，条件成熟的可进一步划分为调查保护室、心理辅导室、观护员室等，旨在发挥其辅助支持延伸功能和培养少年家事专业。最后，最高人民法院、高级人民法院成立独立建制的少年家事审判

① “权益”主要指人身权利，对于仅侵害或可能侵害未成年人财产权利的案件，虽然涉及未成年人，但不需要特殊司法保护的案件，如某些盗窃未成年人财物的刑事案件，或继承纠纷、分家析产纠纷等纯粹以财产为争议标的的民事案件，可不纳入少年家事审判庭审理。

庭，统一进行业务指导，研究、部署少年家事审判、改革工作，将少年家事审判理念、工作机制、特色制度自上而下贯彻落实，并建立由社会团体、专家学者、社工组织组成的少年审判咨询委员会，为专业化发展提供外部资源和智力支持。

（三）审判管理

考评内容具有导向性，是审判管理中的“指挥棒”。少年法庭除履行普通意义上的审判职能外，还承担大量审判延伸工作，而且周期长、难度大、耗时费力，成效难显。而在少年和家事合并模式下，其职能延伸工作必然得到相应增强，如果缺乏科学考评，对法官的积极性就缺乏正向引导，也不利于体现专业化审判的特色和价值。在实地考察中，部分法院在这方面已有积极的探索，将法治宣传、审判延伸工作纳入考评①，在一定程度上激励了法官的积极性。笔者建议建立少年审判独立考评体系，充分体现审判延伸和参与社会治安综合治理等方面投入的工作，科学合理地体现其工作量。由于尚缺乏可借鉴的成熟经验，过渡时期可先在目前统一管理的考评体系中设置权重或者系数，分配与延伸工作重要意义和开展难度相匹配的权重分值，以体现少年审判的特殊性。

（四）队伍建设

除“裁判者”角色之外，少年法官更需要扮演好“教育者”和“临时监护人”的角色②。少年家事审判庭的人员配备和管理，应当坚持法官单独选拔、单独培训、单独考核。首先，建立专门的法官准入机制和员额标准，选任精通审判业务、调解能力强，具备心理学、社会学、教育学知识，熟悉未成年人身心特点及少年、家事审判规律，善于做未成年人思想道德工作、家庭矛盾调解工作，热爱未成年人权益保护工作的法官。其次，在指导和培训中突出少年家事审判的特色，强化未成年人保护的理念，定期对从事少年家事审判的法官及司法辅助人员进行包括家事审判、调解技能、心理学、法庭教育、法治宣传等多方面的系统培训，确保专业化审判团队的适岗性。③ 最后，鉴于少年家事案件涉及大量延伸工作，需要社会力量深度参与和融合，故应探索各类人员职能清单，配备符合少年家事审判的调查官、调解员、心理咨询师等专职辅助人员，还应探索通过引入社工、社会团体工作人员和政府向社会购买服务等方式充实司法辅助人员④。

毋庸讳言，适时推广少年家事合一的组织模式是为建立独立的少年家事法院积累经验。在经济发达、交通便利、案件体量大、少年司法基础好的城市可先行设立少年家事法院，审级为基层法院，集中审理辖区内一审少年家事案件。少年家事法院在上述受案范围的基础上，加入少年罪错行为和少年保护案件，即涉及失教、失养、无人管教少年或需要抚养少年的保护案件。在内设机构方面，将审判部门划分为涉少刑事庭、涉少民事庭和家事审判庭（非涉少）、行政庭。另设社会调查室、心理疏导室、诉前调解中心等审判辅助部门。此外，伴随儿童福利制度的发展，应深化少年法院对未成年人的预防、保护职能，设置少

① 例如，三明中院设置少年家事案件折算比例，1件少年家事案件相当于2件普通案件；进校园讲授法治课3场相当于1件普通案件，8场以上的增计2件案件工作量。

② 参见狄小华：《中国特色少年司法制度研究》，北京大学出版社2017年版，第298-299页。

③ 方芳：《我国少年家事审判制度的构建》，载《中国青年社会科学》2016年第5期。

④ 其中，对于心理咨询师等针对性较强的专业辅助人员，可在少年和家事上再做区分。

年保护庭，负责少年虞犯及与未成年人权利保护有关的早期干预措施的裁定和监督执行，实现对未成年人的行为矫治，为监护制度提供有力支持。①

结 语

诚然，在设计少年法庭发展的理想模式的同时还需正视现实情况，尤其是随着内设机构改革全面深化，少年法庭改革需要在专业化审判和行政资源综合优化配置之间寻求平衡。改革不宜“一刀切”，对于推广少年家事法院尚不具备条件的地区，可探索城区人民法庭专业化（少年法庭）发展道路。总之，无论怎样改革，少年审判的组织和人员应当以专业团队的形式保留下来，已经建立起来的未成年人社会关护体系应当继续巩固和发展，少年司法的理念不能放弃，少年审判的传统不能丢，少年法庭的旗帜不能倒。

我们期待，经过一段时间的实践与总结，少年家事机构一体化的模式会成为破解少年法庭改革发展困境的一计良策。通过创设少年家事法院，促进同少年司法相关的少年法院组织法、少年实体法、少年程序法等法律出台的步伐，带动与少年法院相配套的少年侦查、检察、法律援助、矫治机构的尽快设立，完善家事审判程序规则，培养一批专家型审判人员，形成公检法司配套的工作机制，完善矫治预防未成年人犯罪的社会帮教网络，促进少年审判的独立性、专业性和稳定性，在更高层次上实施综合治理，为全面建设社会主义法治国家作出贡献。

---

① 参见代秋影：《关于在司法改革背景下进一步加强未成年人审判专门机构建设的建议》，载《司法决策参考》2015年第59期。

我国审查逮捕诉讼化的试点情况分析

郑旺佳　梁玉霞*

一、我国审查逮捕诉讼化的立法沿革及司法改革背景

（一）我国批准或决定逮捕权的立法沿革

新中国成立以来，逮捕权的归属在我国宪法上经历了几个不同的阶段：

第一阶段，决定或批准逮捕权同属于法院与检察院。1954 年宪法第 89 条明确规定："中华人民共和国公民的人身自由不受侵犯。任何公民，非经人民法院决定或者人民检察院批准，不受逮捕。"随后全国人大常委会又通过了《逮捕拘留条例》，贯彻和落实了宪法该条的规定。

第二阶段，决定或批准逮捕权同属于法院与公安机关。1975 年宪法第 28 条第 2 款规定，任何公民，非经人民法院决定或者公安机关批准，不受逮捕。此时正处于"文化大革命"时期，检察院不仅丢掉了逮捕权，连最基本的检察机关职权都是由公安机关行使。

第三阶段，批准逮捕权复归检察院。1978 年宪法第 47 条第 2 款规定："任何公民，非经人民法院决定或者人民检察院批准并由公安机关执行，不受逮捕。"这一时期确立了检察院的监督职能，所以检察院的批准逮捕权得以恢复。

第四阶段，检察院同时享有批准和决定逮捕权。1982 年宪法第 37 条第 2 款规定："任何公民，非经人民检察院批准或者决定或者人民法院决定，并由公安机关执行，不受逮捕。"这一条规定沿用至今。

从上述立法历程来看，我国的逮捕权基本上归属于检察院和法院，从法律规范的角度而言，兼具行政权与司法权的双重属性，然而在实践中，依照刑事诉讼进程，也基本上是先由检察院在侦查阶段即进行批准逮捕，到了审判阶段，法院只需在形式上办理继续逮捕的手续即可，并不会进行实质的司法审查。而从刑事诉讼法的规定来看，批准逮捕的过程则更倾向于一种行政审批的过程，由检察院与侦查机关单线对接，既不公开过程，也极少做实质性审查，恰如法学界所诟病：构罪即捕。

（二）审查逮捕诉讼化的司法改革背景

为了解决审查逮捕过程行政化审批色彩浓厚的问题，我国在"以审判为中心"的司法

---

* 作者简介：郑旺佳，暨南大学法学院刑法学硕士；梁玉霞，暨南大学法学院教授，博士生导师。

改革理念下对审查逮捕过程进行了如下改革：

2012 年，刑事诉讼法第 86 条规定，检察院在审查逮捕时，可以讯问犯罪嫌疑人，并应当听取律师的意见等，被认为是诉讼化改革的一种表现。

2016 年 7 月 20 日，最高检在第十四次全国检察工作会议上明确指出："要全面深化以审判为中心的诉讼制度改革，探索建立审查逮捕案件诉讼式审查机制。"

2016 年 9 月 1 日，《"十三五"时期检察工作发展规划纲要》中指出"围绕审查逮捕向司法审查转型，探索建立诉讼式审查机制"，正式确立了审查批捕的诉讼化改革方向。

自 2016 年 10 月起，上海、广东、四川、重庆、安徽五省市检察机关开展了审查逮捕诉讼化试点工作。

二、我国审查逮捕诉讼化的改革试点情况及问题

此次审查逮捕诉讼化的改革试点并不像刑事速裁程序、认罪认罚从宽制度两个试点那样，由全国人大常委会统一颁发试点文件，至今仍未看到试点地区是由哪个文件确定的。五省市的试点检察院在"不知不觉"的情况下就拉开了试点帷幕，直到 2017 年以后才相继报告试点情况。

（一）案件量少，适用率低

广州市越秀区人民检察院在 2017 年的工作报告中提到，"自 2017 年 3 月，我院作为全市三个试点院之一首批开展审查逮捕案件诉讼式审查机制改革试点工作。工作启动以来，共适用诉讼式审查逮捕机制办理案件 26 件 26 人，律师参与审查 22 件 22 人"。①

广东省的另一个典型案例是深圳市罗湖区人民检察院，"截至 2018 年 5 月，罗湖区检察院共召开逮捕案件公开审查会 62 次，涉及犯罪嫌疑人 73 人"。其中，"批准逮捕 9 件 10 人，以无逮捕的社会危险性不批准逮捕 53 件 63 人"。②

部分检察院的试点情况如下：

2017 年全国 11 个试点检察院审查逮捕案件数③

试点检察院	诉讼化审查逮捕案件量（件/次）	受理呈捕逮捕案件量（件/次）	批准逮捕案件量（件/次）	占比
成都市金牛区	40	—	1450	—
成都市温江区	1	—	432	—
合肥市蜀山区	76	486	338	15.6%
重庆市云阳县	35	—	—	—

① 《广州市越秀区人民检察院工作报告——2018 年 2 月 8 日在广州市越秀区第十六届人民代表大会第五次会议上》，载广州市越秀区人民检察院官方网站，http：//www. yxjcy. com. cn/peygjw/jwgk/ShowArticle. asp？ArticleID＝1094.

② 《罗湖区检察院"五个坚持"稳步推进逮捕案件诉讼式审查机制改革》，载罗湖正义网（深圳市罗湖区人民检察院官方网站），http：//www. szlhjcw. gov. cn/news/getById. action？news. newId＝201806071132551400016&news. state＝1.

③ 本表格数据来源于各检察院官方网站公布的 2017 年度工作报告。

续表

试点检察院	诉讼化审查逮捕案件量（件/次）	受理呈捕逮捕案件量（件/次）	批准逮捕案件量（件/次）	占比
广州市越秀区	26	1334	1138	1.9%
广州市白云区	11	2928	2240	0.4%
广州市从化区	25	—	808	—
上海市嘉定区	66	—	2161	—
上海市崇明区	14	—	250	—
深圳市罗湖区	62	2827	2259	2.2%
深圳市福田区	23	1791	—	1.3%

从整体上看，审查逮捕诉讼的适用率并不高，相对于该院全年审查逮捕的案件数量而言只是极少数，平均占比仅4.28%。其中，仅有广州市白云区人民检察院公布了适用审查逮捕诉讼化方式的批捕案件量和不捕案件量，批准逮捕共10件，不批准逮捕共15件。有学者质疑，这样的数据是对案件“精心挑选”的结果，实际上检察官已事先对审查逮捕的结果“心中有数”而进行形式化审理。

而自2017年年底2018年年初以来，除了五省市试点的检察院外，其他各地的检察院也开始借鉴经验推行试点，如广西、甘肃、江苏等省市各基层检察院，但适用诉讼化审查的案件量同样并未显著增长。

（二）审查的案件范围标准混乱

部分试点检察院在试点时都出台了办法文件，以指导试点工作。

成都市金牛区人民检察院与公安机关共同出台了《关于建立审查逮捕诉讼化审查机制的试行办法》①，明确了审查范围是“对社会危险性有重大争议的、逮捕的刑罚要件和证据要件可能发生重大变化的案件”。具体来说，包括：（1）辩护人提交了不予批捕的书面意见，但事实清楚、证据充分的；（2）犯罪嫌疑人、辩护人提出无罪证据或者排除非法证据申请的；（3）犯罪嫌疑人近亲属、辩护人在审查批捕阶段提出影响案件事实认定的关键证据的；（4）侦辩双方对证明犯罪嫌疑人有无社会危险性、不可能判处徒刑以上刑罚的证据和事实有重大争议的；（5）侦查机关申请复议的；（6）检察官认为通过诉讼化审查有利于查明事实、证据、刑罚和社会危险性的。

深圳市的《罗湖区人民检察院逮捕案件公开审查工作办法（试行）》② 也明确规定了适用诉讼化审查逮捕的范围：案件事实清楚、证据确实，但社会危险性存在争议的；违反取保候审条件、监视居住规定，是否需要逮捕争议较大的；案件社会影响较大，公开审查有利于体现司法公正的；其他需要进行公开审查的情形。

① 《金牛区关于逮捕诉讼化试点工作的情况反映》，https：//www. libaiwu. com/25513. htm.

② 《以公开促公正——罗湖区人民检察院勇当审查逮捕诉讼化先行军》，来源于深圳市罗湖区人民检察院微信公众号。

与其他文件不同的是，该办法还规定了不适用的情形：属于刑事诉讼法第 79 条第 2 款规定的应当逮捕情形的；案件事实证据存在疑问的；不满 18 周岁的未成年人犯罪的；涉及国家秘密、商业秘密和个人隐私的；公开审查可能影响案件侦查的；其他不适宜公开审查的情形。

刑事诉讼法及司法解释对于批准逮捕的审查具体表现为三个方面：第一，事实条件；第二，刑罚条件；第三，社会危险性。而有些试点法院还会针对侦查活动的违法性进行审查，显然是将对侦查活动的监督不当地放置在审查逮捕程序中，混淆了程序性审查事项与实体性审查事项。甚至有些学者还会提出在审查逮捕阶段排除非法证据，莫说非法证据，基于证据在侦查阶段不予公开的原则，辩方单就正常的证据都无法查看，而目前检察院也没有向辩方开示证据清单，在这一现状下，对于将这两个方面纳入审查范围，不过是“摆花架子”罢了。

（三）审查过程流于形式，耗时过长

由于试点案件大部分都是轻微刑事案件，案件争议不大，动用成本这么高的司法资源进行审查实属“杀鸡焉用牛刀”，而对于那些重大复杂、罪与非罪争议较大的案件，目前无一例试点。在有律师参与的审查案件中，律师提出的意见不具有针对性，也无法形成真正的对抗格局。因此，这样的审查过程也不是真正的诉讼过程，也只能称之为“诉讼化”。

在试点中，有试点检察院亲自撰文提出，公开审查的过程还不是最耗时的，真正耗时的过程在于提解犯罪嫌疑人。据悉，提解到检察院办案区的流程是：“在事前准备好外提报告等手续的情况下，8：30 开始提解，11：00 出所，13：20 开始收押，14：30 手续办完，当天审查程序耗时不到 1 小时，提解环节花费 5 小时。”① 即使是采用视频庭审的方式，提解至少也需半个小时至 1 个小时，如此改革，既占用检察官的时间，又不能起到实质性的作用，不免有鸡肋之感。

三、对我国审查逮捕诉讼化司法实践的建议

（一）明确逮捕诉讼化的受案标准

审查范围要解决的问题是，有些案件需要使用诉讼化方式进行审查，有些案件使用书面审的方式也可以，归根到底，是解决分流的问题，换言之，是解决公正与效率的问题。

目前，试点适用的范围基本上是轻微刑事案件，事实上应该反过来，复杂、重大、有争议的案件才应是诉讼化审查的重点。比如一些单位犯罪中的员工，受整个案件人数众多、数额特别巨大的影响，使得员工在被羁押后遭受牵连，在公安机关关闭沟通交流通道时，辩护人只能寻求与检察院的沟通，而如果像以往一样只进行书面审理，是难以令人信服的。因为普通员工在被逮捕后，根本不能理解自己的行为为何构成犯罪。

因此，逮捕诉讼化无论是从定性上，还是刑罚上，都应以重案、大案、有争议为受案

---

① 《广州市越秀区人民检察院工作报告——2018 年 2 月 8 日在广州市越秀区第十六届人民代表大会第五次会议上》，载广州市越秀区人民检察院官方网站，http：//www. yxjcy. com. cn/peygjw/jwgk/ShowArticle. asp？ArticleID＝1094.

标准。

（二）以社会危险性为证据审查重点

过去的审查是构罪即捕，对社会危险性的关注甚少。虽然后来细化了不少关于社会危险性的证据标准，但是检察官关注的重点还是在事实定性以及刑罚条件上，而未真正去论证社会危险性。逮捕诉讼化要转变的正是这样一种司法观念，而以社会危险性为审查重点背后的理念是：构罪不一定捕，但是不构罪的一定不捕。许多犯罪嫌疑人只是对于罪与非罪的界限比较模糊，在向其释明法律规定后，还是愿意接受刑罚的。但是，对于要被长时间羁押后才被审判却是难以接受的，有些犯罪嫌疑人甚至不理解为什么自己已经愿意认罪了，还要被逮捕，为什么不能先取保候审。无奈的是，囿于我国司法机关对于社会危险性的把握，始终持一种保守的态度，批捕率居高不下。若能通过诉讼化方式侧重社会危险性的审查，在诉讼化过程中，侦辩双方都能论证和重新认识社会危险性，于法治的进步也是一种进益。

（三）开放和保障律师沟通交流的渠道

审查逮捕的过程说到底是侦查阶段的一部分，侦查活动基于保密性，所以相对封闭。但是，刑事诉讼法既然要保障犯罪嫌疑人的权利，那么公开案件进程是无可厚非的，实践中却被公安机关认为是有碍侦查的行为，因此对辩护人三缄其口。而到了呈捕时，检察院更不会主动通知辩护人，使得犯罪嫌疑人在此阶段行使辩护权十分被动。在实施逮捕诉讼化后，诉讼化过程应当是公开、透明的，检察院应当主动通知辩护人，并规定犯罪嫌疑人、辩护人有申请适用诉讼化程序进行审查逮捕的权利，这样才能使这一程序起到保障犯罪嫌疑人行使诉讼权利的作用。

结　语

不论如何，审查逮捕原本作为一种司法行为，在我国的司法现状中无法孕育出应然的审查状态，但能进行诉讼化审查逮捕亦是实然角度的一种胜利。作者盼望在司法环境成熟的那一天，我们也能亲眼见证审查逮捕完全转变为司法审查，真正做到现代法治国家的应有之义。

监察体制改革背景下职务犯罪案件“捕诉合一”的检察实践与省思

周凯东*

一、“捕诉职能整合”为职务犯罪检察“捕诉合一”奠定的制度基础

2014年以来，吉林检察机关在不断完善内设机构“大部制”、主任检察官办案责任制、办案质量终身负责制等配套制度的基础上，结合本地犯罪治理态势、检察队伍情况、具体案件类型等，就内设机构“大部制”改革后捕诉权能衔接及运行情况，开始全面探索以检察官办案组为基本办案单位，依法规范履行侦查监督和公诉职能的“捕诉职能整合”机制。三级检察机关侦查监督部门与审查起诉部门全部整合成为刑事检察部。在全面试行“捕诉职能整合”机制的过程中，针对不同性质的案件探索发展出“捕诉密契”、“捕诉分离”、“捕诉交叉”三种子模式，呈现了既依法审慎又灵活多变的吉林改革特色。

（一）吉林检察“捕诉职能整合”以内设机构“大部制”为组织依托

基于优化诉讼资源、适应社会发展需要的考量，本轮司法体制改革，吉林省检察机关以探索内设机构“大部制”改革为依托，打破各项权能之间分立的藩篱，以解决机构行政化、碎片化等问题，突破原有的以诉讼阶段和诉讼职能为基础的内部机构设置，强化检察官在案件处理中的核心地位。就批捕、公诉两项检察权能而言，将原来的侦查监督部门和公诉部门合并，成立刑事检察部，将原来部门的人员、权能等进行集中和优化。“捕诉职能整合”打破原有对于捕诉分设的权力制衡理念，重新构建案件质量、诉讼效率、人权保障“三位一体”的评价体系。因此，检察机关内设机构“大部制”改革为“捕诉职能整合”的探索与改革提供了前提和基础。

（二）吉林检察“捕诉职能整合”以检察官“员额制”和“责任制”为内在驱动

“员额制”和“责任制”作为中央司法改革的重要内容之一，是提升检察官队伍整体业务能力、提升办案质量的“牛鼻子”。在“员额制”改革下，检察官的员额按照一定比例确定，经过严格的分配程序使检察队伍的核心力量向办案一线倾斜，凸显检察工作对检察官成熟司法能力的客观要求。

---

* 作者简介：周凯东，吉林省人民检察院主任检察官。

检察官“责任制”遵循“谁办案谁负责、谁决定谁负责”的原则，客观上使得检察官具有提升案件质量、防范冤假错案、避免自己被追责的内在需求。由于侦查活动往往直接预设了后来审判程序中的证据调查，侦查中所犯的错误不可弥补，侦查错误则又是冤假错案产生的最大肇因。“捕诉职能整合”强化了检察机关对侦查活动的介入、引导，意即批捕时依法严守逮捕标准，捕后坚持互动的、承继的引导侦查，审查起诉时以终身追责的“责任制”确保公平公正。

（三）吉林检察“捕诉职能整合”具有多元、全面的特点

吉林检察的“捕诉职能整合”机制不刻意区分案件类型，对多样本的刑事案件进行全面探索。既不会受案件类型的限制，也能够适应我国现在通行的分案机制，为全面推广、复制创造了最大可能。刑事案件形态各异，犯罪主体各不相同，刑事诉讼在某种程度上呈现出诉讼程序的多元化。“捕诉职能整合”亦应符合刑事诉讼程序的多元化发展规律。吉林省检察机关在“捕诉职能整合”过程中开展“捕诉密契”、“捕诉分离”、“捕诉交叉”三种子模式的探索。从现有实证调研来看，这三种模式在保障办案质量、强化人权保障、提高诉讼效率等方面各有侧重，体现了多元化工作机制下检察机关维护公平公正的客观要求。例如，对于嫌疑人认罪、争议不大、社会危害性较小的轻微刑事案件就可以采取“捕诉密契”的办案模式，由同一检察官批捕、起诉；而对于重大、疑难、复杂的案件，因为影响大、办理过程中需要更加注意案件办理的质量、程序、嫌疑人权利保障等，则可以采取“捕诉分离”或者“捕诉交叉”的模式，在一个业务部或一个办案组内交叉办理。基层检察院可结合自身案件办理和人员配备情况，进行工作模式选择，最大限度地提升诉讼效率、优化资源配置。

吉林检察的实践证明，“捕诉职能整合”以司法公正和司法效率为立足点，全面拓展了捕诉职能，有精细完善的捕诉力量配置，有趋向一致、科学合理的目标管理，有贯穿始终的监督制约机制。既实现惩治犯罪，又有效保障人权，既强调了侦诉协作，又体现了分工制约，既能保证个案质量，又能保证诉讼监督。与此同时，“捕诉职能整合”为2018年深化监察体制改革以及检察机关职务犯罪案件“捕诉合一”奠定了坚实的制度基础和检力储备。

二、监察体制改革过程中职务犯罪检察“捕诉合一”的全面展开

国家监察体制改革之前，出于对职务犯罪侦查的内部监督需要，职务犯罪案件的批准逮捕“上提一级”，由上一级人民检察院行使，客观上不具备“捕诉合一”的条件。监察体制改革全面推开后，吉林检察承接数年来“捕诉职能整合”的制度探索，在职务犯罪检察环节全面遂行“捕诉合一”。

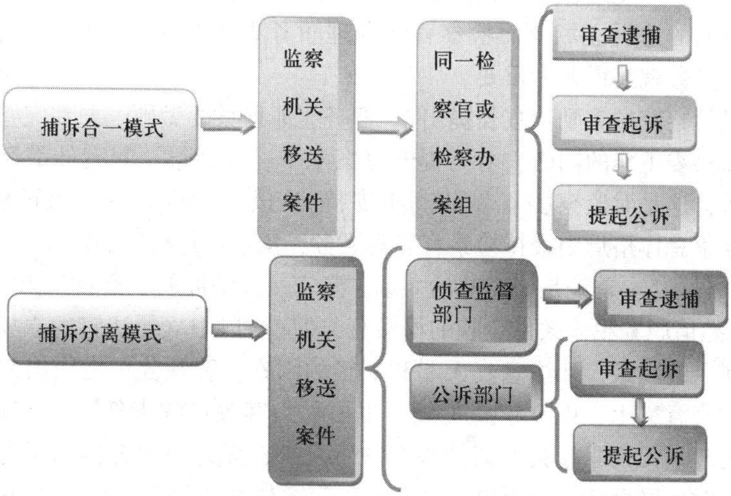

（一）完善制度配套设计，以“捕诉合一”确保监检之间互相配合、互相制约

国家监察体制改革给“捕诉合一”带来了新挑战和新契机。监察体制改革全面推开后，吉林省检察机关高度重视职务犯罪检察工作，迅速贯彻高检院“讲政治、顾大局、谋发展、重自强”的检察工作方针，坚持“一类事项原则上由一个部门统筹，一件事件原则上由一个部门负责”，成立了全省一体化的职务犯罪检察部，专门负责职务犯罪案件的审查逮捕、审查起诉和诉讼监督。在全省三级院 437 名职务犯罪检察干警中，身处办案一线的均为“捕诉职能整合”模式下培养的具备成熟司法能力和丰富捕诉经验的检察官。

吉林省人民检察院与吉林省监察委共同制定了《吉林省检察机关与监察机关办理职务犯罪案件工作流程规定（试行）》以及《吉林省人民检察院职务犯罪检察部关于适用〈吉林省检察机关与监察机关办理职务犯罪案件工作流程规定（试行）〉的指导意见》。明确提出“人民检察院依据刑事诉讼法对职务犯罪案件的犯罪嫌疑人采取强制措施。强制措施审查和审查起诉由同一人民检察院办理，强制措施审查是审查起诉的前置性程序。为保证案件审查质量和办案效果，一般应由同一办案人或办案组负责”。该意见于 2018 年 3 月 28 日实施，是全国检察机关“捕诉合一”办理职务犯罪案件的第一份规范性文件。

按照监察法第 45 条、第 47 条以及以上相关规定，吉林省监察机关对被调查人采取留置措施的，应当在留置期限届满十日前移送人民检察院；检察官在十日内进行强制措施审查，对有证据证明被调查人具有犯罪事实需要逮捕的，由人民检察院依法决定逮捕；对于不需要羁押的，及时变更为取保候审、监视居住等其他强制措施。据此，“捕诉合一”通畅了检察机关与监察机关的衔接，从而为确保案件质量、巩固反腐败成果打下了制度基础。

（二）做硬职务犯罪检察，以“捕诉合一”秉持检察官客观公正义务，体现法律监督

何谓检察官客观义务？“检察官客观义务是指检察官不仅应当履行追究犯罪的控诉职能，而且应当超越这一职能，代表国家维护法律的尊严与公正，成为国家法律的护卫者。”①

① 陈光中：《关于检察官客观义务的几点看法》，载《检察日报》2009 年 5 月 15 日第 3 版。

在监察体制改革全面深化过程中，监察机关站在反腐败斗争的第一线，其承载的历史使命必然决定了其鲜明的追诉立场。而检察官在办理职务犯罪案件这一特殊刑事犯罪过程中，恪守检察官客观义务就显得尤为重要。

吉林省人民检察院杨克勤检察长提出："职务犯罪检察要做硬。要在完善制度、提升素能、全力配合监察委工作的同时，着力提升办案水平，做到每一起案件都经得起历史的检验，从长远来看，这是对监察委工作的真正支持。"以"捕诉合一"做硬职务犯罪检察，意即在反腐败斗争总体格局中秉持检察官客观义务，依法履行检察职能。

如何理解"做硬"？首先是坚定政治立场，坚守法律信仰的"硬朗"和"硬气"。通过"捕诉合一"而熟谙职务犯罪案件全貌的检察官，"应当以中立司法官的立场，既注意犯罪嫌疑人有罪和罪重的因素，又注意其无罪和罪轻的因素，客观公正地作出判断并决定案件如何处理，在这个意义上，中立审查责任，也可称为客观过滤责任"。[①] 在遇到重大事实、重要证据的认定时，无论职务犯罪案件多么敏感复杂，无论遇到怎样的压力和干扰，也要坚守客观立场，对人民负责，对历史负责，将每起案件办成铁案。而"捕诉合一"使得检察官岗位相对固定，与监察机关的审查调查室、案件审理室等办案部门通过长期办案密切合作，彼此了解工作风格，更有利于坚持互相配合、互相制约的工作原则。

其次，这种"硬"是区分对象和情势的"张弛有度"和"绵里藏针"。案件进入审判阶段，"捕诉合一"的检察官应基于客观义务，承担定罪救济责任和诉讼关照义务以及程序维护使命，依法开展诉讼监督。在履行监督职责时，应努力遵循最高人民检察院张军检察长指出的："要做被监督机关的诤友、益友而不是损友"；"建立与职务犯罪审判部门之间协调、积极的工作关系，依法有效履行法定职责，实现双赢、多赢和共赢。"

（三）宽严相济，一以贯之，以"捕诉合一"贯穿检察环节，打造不同的办案模式

各级监察机关成立以来，根据不同情况，检察机关办理职务犯罪案件呈现出多种模式。一是针对敏感、复杂的重大职务犯罪案件，监察委通常会商请检察机关提前介入，了解案件，听取检察机关意见；二是针对罪名较为单一、事实相对简单的案件，按照普通程序移送检察机关审查起诉；三是针对被调查人认罪认罚的案件，检察机关与监察机关紧密衔接，按照认罪认罚从宽的相应程序向人民法院提出从宽处罚的量刑建议。

审查逮捕的期限相对较短，强调及时性和羁押必要性；审查起诉期限相对较长，体现为证据精细化审查和法律适用。这种办案节奏被"捕诉合一"的检察官称为"先短跑、后长跑"，初期需要一个适应过程。而经过"捕诉职能整合"锤炼的检察官已经完全适应了这种办案节奏，能够从容不迫地在法定期限内审查职务犯罪案件，依法提起公诉。值得一提的是，在认罪认罚模式下，"捕诉合一"更能够使检察官密切洞悉嫌疑人的思想动态，如嫌疑人认罪认罚，即按照刑事诉讼法和相关工作规定，向审判机关提出从宽处罚的量刑建议，提高司法效率，并做到从宽有据、罚当其罪。

"监察权和检察权分立是设置多元监督主体和多元监督机制的具体表现，是加强权力制约的必然选择。只有各居其位、各司其职，才能实现检察与监察职能的良好衔接。"[②] 实践

① 龙宗智：《刑事诉讼中检察官客观义务的内容及展开》，载《人民检察》2016年第12期。
② 杨克勤：《检察调研参考》，2018年第5期。

证明，职务犯罪检察部门从提前介入到决定逮捕，从退回补充调查到提出公诉，从敦促犯罪嫌疑人具结悔过到提出从宽处罚建议，“捕诉合一”这一职务犯罪检察的“纵贯线”是发挥检察职权，办理职务犯罪案件的“唯一选项”。

2018 年 3 月至 6 月，吉林检察机关依法对接监察机关，以“捕诉合一”模式办理职务犯罪案件 158 件 191 人。对已被调查机关留置的犯罪嫌疑人依法进行羁押必要性审查，对已被留置的受贿共犯周某娟采取了取保候审强制措施。对王某诚等 3 起厅局级领导干部职务犯罪案件依法提起公诉。可以说，“捕诉合一”是查办职务犯罪案件的大势所趋，是监察机关、检察机关工作衔接的刚性需要，是吉林检察改革的“水到渠成”。

三、新时代检察工作“捕诉合一”的若干思考与前瞻

（一）坚持“捕诉合一”，因其是检察机关专业化、职业化建设的必由之路

习近平总书记提出：“完善司法制度，深化司法体制改革，要遵循司法活动的客观规律。”司法行为必须专业化。“我们说人才要‘专’，那是专业分工需要，只有专业化才能提高办案能力水平。说‘通’，那是因为办案理念、办案的基本法理、政治和社会效果都是共通的”。

何谓专业？专业检察素养是检察官在专业领域的长期办案实践和理论认知上积累而成的。以专业法律知识、办案专业能力、专业作风、专业精神为支撑，以专业办案规程与专业思维相表里。在新时代检察工作中，检察专业素养不能单纯以诉讼阶段来简单相隔，而应以能够提供高质量“法治产品”的复合能力为衡量尺度。以职务犯罪检察为例，对现有的检察职权根据监察体制改革需要而拆分开来，再由特定的机构和人员“捕诉合一”专门行使，意即落实习近平总书记“注重培养专业能力、专业精神”要求，实现检察工作的精细化、专业化。职权划分是为了更好地履行整体检察职能，是根据新时代社会发展需要和检察发展规律而进行的统一配置，因此职务犯罪检察在捕诉职能方面有分、有合、有增、有减。“从哲学角度看，在高级阶段重复低级阶段的某些特征，使得发展仿佛又回到了原点，实际上这是螺旋式上升发展的常见形式。捕诉合一将与强化司法办案责任制等改革形成新型的互动关系，以检察官的专业水准确保刑事司法公正”。①

（二）去魅化“捕诉合一”，寄望于与法律共同体坦诚交流，取得体认，达成共识

改革是检察工作的灵魂。中国特色社会主义检察制度的一个根本性特征，就是能够根植于现实，与时代同步。由司法机关在中国法治实践中主导创新的“刑事和解”如是，“认罪认罚从宽”亦如是。这些制度创新被刑事诉讼法吸纳的一个重要经验，就是司法实务界的积极探索得到了法律职业共同体的整体论证和广泛认同。

自 2015 年起，吉林检察机关主办和协办了“吉林检察改革论坛”、“司法改革语境下刑事诉讼热点问题研究会”等理论研讨活动，邀请宪法学界、刑事诉讼法学界、法理学界多位资深学者赴吉林实证调研“捕诉合一”。众多学者由此开始认知、接受“捕诉合一”，部

---

① 尹吉、王梦瑶：《捕诉合一：符合司法实践需求的时代选择》，载《检察日报》2018 年 6 月 27 日。

分刑事诉讼法学青年学者相继发表学术观点予以支持肯定。吉林省人民检察院与中国政法大学刑事司法研究院、吉林大学法学院、华东政法大学等院校组成了联合课题组，对“捕诉合一”的检察原生状态展开实证研究并公开发布课题成果。以法学院院长、博士生导师等重量级学者领衔调研的课题报告客观展示了“捕诉合一”的显著优势和办案成效，提出了改进“捕诉合一”的恳切建议。

“法律的生命在于经验，而不在于逻辑”。监察体制改革的全面深化和检察机关侦查部门的整体转隶使得职务犯罪检察“捕诉合一”成为一种实然，亦是应然。推及未成年人检察的“捕、诉、监、防”一体，“捕诉合一”这一“世易时移”的检察机制已在实践中不断走向成熟。即便如此，理论界对待“捕诉合一”仍有不同程度的误读，在语义学角度有各种歧义和分支理解。有的观点甚至异化了“捕诉合一”，将之视为“以捕代诉”或“捕从属于诉”。因此，一个切实可行的方案是去魅化“捕诉合一”，使公众“围观”当前检察实务样本。

正值全国检察机关即将开展内设机构改革，各地检察机关均开始“捕诉合一”试点尝试之际，可着力拓宽相应渠道，搭建各种平台，与学术界、律师界以及新媒体等密集联络，坦诚交流，共享经验，以期达成共识。

（三）前瞻“捕诉合一”，在法治反腐新征程上应有远景作为

刑事诉讼法再修改后，检察环节的认罪认罚从宽正式纳入法治轨道。从目前的修改草案看，涉及被调查人在移送检察机关时具结悔过，检察机关确认后提出量刑建议，审判机关依法采纳量刑建议等完整的制度设计。为体现该制度的设计初衷，更好地实现程序正义与实体正义，这一连续的、承继的检察职能亦应当由一人或一个办案组行使，以“捕诉合一”体现司法“良治”。

我国监察体制改革举世独有，充分体现了“四个自信”，实现了一系列重大理论创新和实践创新，是对当今时代权力制约形式新的探索。从历史规律看，“不受制约的权力一定会腐败”。习近平总书记告诫我们，要“确保党和人民赋予的权力不被滥用，惩恶扬善的利剑永不蒙尘”。从发展的眼光看，对监察机关的调查活动应当丰富其外部监督的方式。监察法中明确了调查活动中的非法证据排除规则，陈光中教授等学者亦提出了应当由检察机关对调查机关的刑讯逼供、非法拘禁等违法犯罪行为予以外部监督，保障被调查人合法权利的立法建言。因此，“捕诉合一”这一检察权的“纵贯线”则更是一种长远制度设计的自洽，可期待为监督制约调查活动，提升人权司法保障的检察利器。

张军检察长指出：“实践之树常青，离开实践的理论永远是灰色的。讨论、研究捕诉合一还是捕诉分开，不能仅仅从理论层面论证，而是要立足实际、立足办案来思考。”

“明者因时而变，知者随事而制”。我国检察机关“捕诉合一”的实践探索是中国特色社会主义新时代对检察权运行机制进行的应然调整，是有效实现新时代司法改革目标的“优先方案”，是被完全证成的时代命题。“捕诉合一”在监察体制改革与司法改革过程中将不断完善推进，从而提供更优质的“法治产品”和“检察产品”。

以社会危险性为核心的逮捕条件重构

——基于经验事实的理论反思

杨　依*

一、缘起：我国逮捕条件之探索进路

在我国现有的法律体系下，逮捕既是一种刑事强制措施，亦是一种人权司法保障制度。作为审前羁押“门槛”的逮捕条件理应体现权力节制的原则，发挥“少捕、慎捕”的程序性抑制作用。自1980年新中国第一部刑事诉讼法实施以来，合理设定逮捕条件，提升人权司法保障水平一直是刑事诉讼法完善的重点内容。然而从近几年的实践成效来看，全国检察机关总批捕率仍然高达80%左右，① 与国际刑事司法准则中“以羁押为例外”的国际标准还存在较大差距。逮捕率高、羁押期限长等量化特征折射出我国当前逮捕条件在抑制逮捕适用、减少审前羁押方面的不足。探究当下逮捕条件的问题，还需回顾我国逮捕条件立法的变迁过程。通过对1979年、1996年以及2012年刑事诉讼法逮捕条件的梳理可以发现，我国逮捕条件立法探索曾围绕着两条进路展开。

（一）严格逮捕证据标准以期抑制逮捕的适用

1979年我国颁布了新中国成立后的第一部刑事诉讼法，其中就规定了逮捕的法定条件：“对主要犯罪事实已经查清，可能判处徒刑以上刑罚的人犯，采取取保候审、监视居住等方法，尚不足以防止发生社会危险性，而有逮捕必要的，应即依法逮捕。”1979年刑事诉讼法制定于“文化大革命”之后，是对“十年浩劫”中乱捕乱押、冤假错案以及公民的人身权益得不到有效法律保护等经验教训的总结，希望通过严格限定逮捕条件来达到控制逮捕适用保障公民权利的目标。② 然而，对于“主要犯罪事实已经查清”这一较高的证据标准，

* 作者简介：杨依，北京大学法学院，博士后研究人员。

① 2016年11月5日，最高人民检察院检察长曹建明在第十二届全国人大常委会第二十四次会议上所做的《最高人民检察院关于加强侦查监督维护司法公正情况的报告》中指出，2013年1月至2016年9月以来全国检察机关共批准逮捕各类刑事犯罪嫌疑人3248058人，不批准逮捕819098人。由此可知批准逮捕人数约占总移送审查批捕人数（4067156人）的80%左右。

② 原全国人大常委会法工委主任顾昂然在1985年5月第一期立法干部培训班上表示，实践中长期存在以捕代侦、以拘代侦的问题，不是把犯罪事实基本查清了再捕，而是捕了再查，刑事诉讼法将逮捕条件设置为“主要犯罪事实已经查清”有助于防止以捕代侦。参见顾昂然：《立法札记——关于我国部分法律制定情况的介绍（1982-2004）》，法律出版社2004年版，第452-453页。

侦查办案人员往往难以在侦查初期有限的办案时间内达到。为了争取更多的办案时间以达到逮捕的证据标准，公安机关出现了将收容审查这一行政强制措施滥用于刑事司法领域，扩大收容对象，延长收容时间，利用行政手段辅助证据收集的现象。实践中对于何谓“主要犯罪事实”也存在把握不一的情况。个别案件中只要办案机关认为确有逮捕的必要也会在证据欠缺的情况下要求检察机关批捕，架空逮捕条件的控制。① 可见，“主要犯罪事实已经查清”的证据标准非但没有顺利实现大幅度降低逮捕适用的目标，反而在一定程度上异化出了“法外羁押”的后果。

为了解决逮捕证据标准过高的问题，1996 年刑事诉讼法将 1979 年刑事诉讼法中“主要犯罪事实已经查清”的证据标准降低为“有证据证明有犯罪事实”。与“主要犯罪事实已经查清”相比，“有证据证明有犯罪事实”不要求事实与证据基本上全部查清，而是只要求已经有证据查证属实即可。已查证属实的犯罪事实也可以是多个犯罪行为中的一个。逮捕的证据标准在法律形式层面与公诉和审判的证明标准拉开了距离，体现了对侦查阶段的认识规律的尊重与回归。然而在实践操作中，由于国家错案追究和绩效考核的双重影响，“错捕”、“错不捕”以及“办案质量有欠缺”均属于逮捕质量问题，是衡量检察办案人员工作质量的关键因素。因此，为了避免捕后嫌疑人、被告人被撤销起诉或者宣判无罪的情况，检察机关在审查批捕时往往严格把关，人为提高证据标准。实体性的定罪活动提到了侦查阶段，犯罪嫌疑人一旦被逮捕，就极有可能被公诉，甚至获得有罪的判决，形成了“逮捕中心主义”的乱象，偏离了其程序性保障措施的实质。

（二）细化逮捕必要性的内容明确操作范围

2012 年以前，由于逮捕的必要性要件过于模糊而不易把握，客观上造成了办案人员片面强调证据和刑罚要件，而极少考虑甚至根本不考虑逮捕必要性。只要有证据证明嫌疑人、被告人具有重大的犯罪嫌疑，且证据已有查证属实的即可以将其逮捕。② 为了解决上述问题，2012 年刑事诉讼法细化了社会危险性事项，形成了“一般性条件”、“径行逮捕”和“取保候审、监视居住转逮捕”的逮捕条件体系。然而从实践效果来看，逮捕必要性要件在抑制逮捕适用上所发挥的作用仍然有限。以我国经济较为发达、法治建设水平较高的浙江省为例，2015 年浙江省全省检察系统共受理移送审查批捕 76196 人，批准逮捕 62225 人，批捕率约为 82%；因无社会危险性从而不予批准逮捕的仅为 7354 人，约占 9%。2016 年浙江省检察系统继续落实严把批捕关，审查逮捕率有所下降，约为 78%，同时无社会危害性而不予逮捕的比例也略有提高，约占 12%。③ 上述数据表明，在所有移送审查逮捕的刑事被追诉人中，仅有大约 10%的嫌疑人、被告人会因为无逮捕必要而不予批捕。社会危险性并未因其操作性提升而发挥大幅度降低批捕率的作用。

---

① 参见汪建成：《附条件逮捕改革述评》，载《烟台大学学报》（哲学社会科学版）2009 年第 4 期。

② 参见刘计划：《刑事冤错案件的程序法分析——以聂树斌案为例》，载《比较法研究》2017 年第 3 期。

③ 相关数据参见《浙江省人民检察院 2015 年工作报告》，http：//www. zjjcy. gov. cn/art/2016/2/5/art_ 23_ 19724. html；《浙江省人民检察院 2016 年工作报告》，http：//www. zjjcy. gov. cn/art/2017/1/24/art_ 23_ 34529. html，最后访问日期：2018 年 1 月 27 日。需要说明的是，此处以浙江省检察系统的数据为样本，主要是考虑到其工作报告中包含了全省检察系统共受理移送审查批捕的总人数，便于估算该省的批捕率和社会危险性适用率。而笔者在查阅其他省、市、自治区相关工作报告时发现少有提及此项。

在实践中，审查批捕重证据条件、轻必要性条件的局面仍然没有从根本上得以转变。公安机关在提请批准逮捕的时候，还是主要移送犯罪证据相关的材料，对于社会危险性大多只会笼统地表述“具有社会危险性”或是“具有逮捕必要”。[①] 尤其是在“可能”、“企图”以及“现实危险”等程度的把握上，由于缺乏进一步的证明材料，社会危险性审查容易带有强烈的个人主观色彩，缺乏稳定性。不仅如此，一些“法外因素”还经常成为判定社会危险性的审查标准。例如，犯罪嫌疑人属于“外来人员”这一因素经常成为直接认定其具有“社会危险性”的重要因素。“在同等条件下，‘外来人员’普遍比‘本地人’具有更大的批捕可能”。[②] 另外，被害人是否会“上访”以及被追诉人是否接受“认罪认罚”也经常被作为衡量嫌疑人社会危险性的标准。

通过梳理逮捕条件的改革历程可以看出，无论是1979年刑事诉讼法严格设定逮捕的证据标准，还是1996年刑事诉讼法修改后逮捕证据标准在实践运用中的“隐性维持”，抑或是2012年刑事诉讼法细化逮捕必要性的操作，都没有从根本上实现大幅度降低逮捕适用的预期目标。于是有学者提出：“我国逮捕证据条件模糊不确定且条件过高，使得刑事拘留很难与逮捕衔接，反过来又促使刑事拘留期限越来越长，超期羁押现象越来越严重。”[③] 然而也有相反的观点认为：“现行逮捕证明标准偏低是导致实践中羁押率居高不下、超期羁押屡禁不止的一个重要因素。”[④] 为何我国逮捕条件未能有效控制批捕数量、降低审前羁押率？我国逮捕条件究竟是偏高还是偏低？厘清这些问题，需要在比较法的视域下重返逮捕条件设置的内在逻辑关系。

二、重返内在逻辑：逮捕条件设置之比较法考察

为避免审前羁押沦为刑事追诉活动的附庸，域外国家在审前羁押的条件设置上集中展现对阻碍诉讼顺利进行的程序性危险之预防。嫌疑人、被告人具有“重大犯罪嫌疑”并不构成必然采取羁押的理由。需要说明的是，域外国家的逮捕主要是强制到案措施，不能直接引起较长时间的羁押，其逮捕的条件仅作为强制到案的理由。而在我国逮捕包含着羁押的法律效果，因此本文的域外考察主要将我国的逮捕条件与域外国家的审前羁押条件进行比较，以期展现我国逮捕条件设置中的功能性逻辑缺失。

（一）相对弱化的逮捕证据要件

具备一定的犯罪嫌疑是审前羁押适用的重要前提。倘若根本没有证据证明嫌疑人存在犯罪事实，就不能将其纳入刑事诉讼，更不能对其施以羁押。但相较于我国审查逮捕长期“重证据要件，轻必要性要件”的做法，域外国家则相对弱化了犯罪嫌疑在羁押必要性审查环节中的比重。一方面，犯罪证据要素仅是众多审前羁押事由之一，而非主要审查对象；另一方面，即便法律明确设定了审前羁押的犯罪嫌疑要求，其证据标准也明显低于公诉和

---

① 樊崇义等：《河北检察机关新刑事诉讼法实施调研报告》，载《国家检察官学院学报》2014年第3期。

② 参见杨秀莉、关振海：《逮捕条件中社会危险性评估模式之构建》，载《中国刑事法杂志》2014年第1期。

③ 孙洪波、富强：《论刑事强制措施的完善与人权保障》，载陈卫东主编：《羁押制度与人权保障》，中国检察出版社2005年版，第314页。

④ 闵春雷、刘铭：《羁押的理性控制——羁押实质性条件之完善》，载《吉林大学社会科学学报》2005年第5期。

审判的标准。英美法系国家的保释听证审查需要综合多重因素，包括所指控罪行的性质、不利于被告人的证据权重、被告人的历史品格和社会生活工作状况等。被告人能否保证其按期出庭以及是否会对社会公众造成其他威胁通常是保释听证审查的重点。① 只有在一小部分法定不予保释的案件中，如暴力犯罪、恐怖犯罪、毒品犯罪、性犯罪等，法官才会因涉嫌犯罪的特定性质要求具有“客观证据”和“相当理由”用以证明嫌疑人有可能会逃避、阻碍诉讼或者给他人、社会带来新危害的可能性。大陆法系国家的审前羁押法定条件中通常包含了明确的犯罪嫌疑证据要求，但其证据标准低于公诉、审判的证明标准。例如，日本审前羁押的理由之一就是“有相当的理由足以怀疑犯罪”。“所谓‘罪疑’要件（证据要件），就是有‘相当的理由怀疑’，这种怀疑不需要达到认定有罪所必要的‘确信’程度，只要是基于普通人的判断，可以肯定被疑事实存在即可”。② 德国的羁押适用虽明确要求具有“急迫的犯罪嫌疑”，但德国所有羁押命令中有超过80%是因有逃亡之虞而作出，并且德国刑事诉讼法明确要求，“不得仅因被告涉案之轻重程度及可能被处刑度之高低而径为判断有无逃亡之嫌疑”。③

值得关注的是，曾有不少学者将美国逮捕的“合理性根据”（probable cause）直接视为审前羁押的犯罪证据要件，并提出我国逮捕的证明标准也应当参照美国的“合理性根据”标准。笔者认为此种类必须商榷。美国逮捕的“合理性根据”实为强制到案措施的合法性标准，而非审前羁押的法定条件。虽然在奉行“逮捕前置主义”的国家，合法有效的逮捕是施以审前羁押的前提，但强制到案和候审羁押的审查重点各不相同。强制到案可以偏重于对涉嫌犯罪可能性的考量，而审前羁押则体现了对程序性风险的预防。鉴于我国审查逮捕实际上是羁押必要性审查，因此不应将美国强制到案合法性的标准——“合理性根据”直接作为我国候审羁押的犯罪证据条件参照。

（二）规定较高的逮捕刑罚要件

域外国家普遍设置了较高的审前羁押刑罚标准。法国于2000年6月15日第2000-516号法律第57条将“先行羁押”的刑罚条件由原来的“1年或1年以上”改为“受查人当处重罪之刑罚或者受查人当处3年或3年以上监禁刑之轻罪刑罚”。④ 意大利于2013年8月9日第94号法律也对刑事诉讼法典第280条进行了修改，将预防性羁押措施的刑罚标准从4年以上有期徒刑修改为“依法应当判处5年以上有期徒刑的既遂或者未遂犯罪”。⑤ 美国并未明确划定适用审前羁押的某一具体刑罚标准，而是在个别法定不得保释的情况中将“法定最高刑为死刑或终身监禁的犯罪”和“依法可处10年以上有期徒刑的毒品犯罪”并且

① 例如，《美国法典》第3142条第5款规定：“司法官在认定没有什么条件能够合理保证被告人按照要求出庭以及任何其他人和社会的安全时，应当命令在审判前将他羁押。”该条第6款要求，司法官员在作出上述认定时必须有“清楚而又令人信服的证据”。http：//codes. findlaw. com/us/title - 18 - crimes - and - criminal - procedure/18 - usc - sect - 3142. html，最后访问日期：2018年1月27日。

② ［日］田口守一：《刑事诉讼法》，刘迪等译，法律出版社2000年版，第47页。

③ 参见［德］克劳思·罗克信：《刑事诉讼法》，吴丽琪译，法律出版社2003年版，第282-283页。

④ 参见孙谦、卞建林、陈卫东主编：《世界各国刑事诉讼法·欧洲卷（上）》，中国检察出版社2016年版，第593页。

⑤ 参见孙谦、卞建林、陈卫东主编：《世界各国刑事诉讼法·欧洲卷（下）》，中国检察出版社2016年版，第1670页。

“保释期间又再犯”列为不得保释的刑罚要求。[①] 与域外国家相比，我国刑事诉讼法将“可能被判处有期徒刑以上的刑罚”作为逮捕的适用范围。而刑法分则中绝大多数罪名法定刑都在有期徒刑以上。这种过于宽泛的逮捕刑罚标准根本无法将不同恶性程度以及不同社会危险性的嫌疑人区别对待，也在一定程度上造成逮捕刑罚要件在实践中失去了审查的意义，也令侦查机关在移送审查逮捕程序中经常忽略逮捕刑罚要件从而不予证明。

（三）聚焦逮捕必要性要件

将我国逮捕必要性的法定判断标准与美国[②]、英国[③]、德国[④]、法国[⑤]、意大利[⑥]、日本[⑦]进行比较（见表1）可以发现，我国刑事诉讼法所列举的逮捕必要性情况种类较多且存在适用范围过宽和主观性色彩偏重的倾向。域外国家大多在涉嫌犯罪的性质与行为手段等方面限缩了预防性羁押的适用范围。德国曾一度将“持续性的危险”视为羁押的一般性理由，但此种理由因违反羁押的本质目的而被废除。1964年德国刑事诉讼法修改时明确规定，只有在特定的“性犯罪”或者“有谋杀嫌疑”时才可将继续危险性作为审前羁押的考虑因素，并且德国联邦宪法法院进一步对此解释，“只有在严格限制的例外情形下，才许可因此类再犯之虞而成立羁押理由”。[⑧] 相比之下，我国2012年刑事诉讼法没有对“可能实施新的犯罪”的具体范围和“有危害国家安全、公共安全或者社会秩序的现实危险”的严重程度进一步限定，可能会导致社会危险性适用面过宽。并且“其他可能实施新犯罪的情形”这一兜底条款还是无法就“新犯罪”是故意还是过失，以及新犯罪行为性质的社会危险性加以区别。

2012年刑事诉讼法将“可能判处十年有期徒刑以上刑罚”、“曾经故意犯罪”以及“身份不明”视为推定具有社会危险性的情形可“径行逮捕”。德国也曾经有重罪的特别羁押规定：嫌疑人涉嫌犯有谋杀罪、杀人罪、残害人群罪、爆炸罪或者暴力组织罪等重大犯罪嫌疑时，无须考虑其他要件而予以径行羁押；但随后德国宪法法院（BVerfGE 19，324

---

① *See* U. S. Code Unannotated Title 18. Crimes and Criminal Procedure § 3142. Release or detention of a defendant pending trial, http://codes.findlaw.com/us/title-18-crimes-and-criminal-procedure/18-usc-sect-3142.html，最后访问日期：2019年1月27日。

② 参见［美］约书亚·德雷斯勒等：《美国刑事诉讼法精解》，魏晓娜译，北京大学出版社2008年版，第102-105页。

③ 参见孙谦、卞建林、陈卫东主编：《世界各国刑事诉讼法·欧洲卷（下）》，中国检察出版社2016年版，第1770、1772、1777-1778页。

④ 参见孙谦、卞建林、陈卫东主编：《世界各国刑事诉讼法·欧洲卷（中）》，中国检察出版社2016年版，第274-275页。

⑤ 参见孙谦、卞建林、陈卫东主编：《世界各国刑事诉讼法·欧洲卷（中）》，中国检察出版社2016年版，第593页。

⑥ 参见孙谦、卞建林、陈卫东主编：《世界各国刑事诉讼法·欧洲卷（下）》，中国检察出版社2016年版，第1670-1672页。

⑦ 参见孙谦、卞建林、陈卫东主编：《世界各国刑事诉讼法·亚洲卷》，中国检察出版社2016年版，第325、327页。

⑧ 1935年，德国纳粹时期的刑事诉讼法曾经将“持续的危险性”以及“对公众造成的不安”作为一项重要的羁押理由。依此则当衡量犯罪行为之轻重及此行为所造成之不安已达到无可容忍被告再继续享有自由时，羁押之理由即告成立。1945年后此羁押理由被废除，继续的危险性不再被视为羁押理由。参见［德］克劳思·罗克信：《刑事诉讼法》，吴丽琪译，法律出版社2003年版，第283页。

［350］）对此进行解释：上述重大犯罪有急迫嫌疑时，只有当有逃亡或使侦查工作难以进行之危险时，才能被视为具备了羁押的理由。① 也就是说，重罪羁押通常会在涉嫌罪名上加以限定或者附加其他条件，而不是像我国这样不区分犯罪性质以及个案情况而直接将一定刑期以上的案件划归推定具有逮捕（羁押）必要的情况，从而免予审查。

表 1　主要国家（地区）对逮捕（羁押）社会危险性条件规定的项目

中国	美国	英国	德国	法国	意大利	日本
可能实施新的犯罪			√（可能再次实施暴力犯罪或其他重罪）	√	√使用武器实施新的暴力或者相同罪名	√
有危害国家安全、公共安全或者社会秩序的现实危险	√（涉嫌的是重罪）			√重罪		
可能毁灭、伪造证据，干扰证人作证或者串供	√	√	√	√	√	√
可能对被害人、举报人、控告人实施打击报复				√		√
企图自杀		为其自身安全或自身利益		保护被指控人		
可能逃跑	√	√	√	√	√（涉嫌的犯罪可能判处 2 年有期徒刑以上刑罚）	√
重罪 10 年以上		故意杀人罪、叛国罪、强奸罪	杀人、谋杀、爆炸等具有逃跑可能			

① 参见［德］克劳思·罗克信：《刑事诉讼法》，吴丽琪译，法律出版社 2003 年版，第 284 页。

续表

中国	美国	英国	德国	法国	意大利	日本
再犯	曾实施暴力犯罪、判处10年以上有期徒刑的毒品犯罪，最高刑期为死刑、无期徒刑，保释期内再犯	保释期内再犯		√		曾经判处死刑、无期徒刑或者10年以上有期徒刑或者惯犯3年以上
身份不明						被告人没有固定住所

三、重构主次关系：程序性危险之预防

通过比较法考察可知，逮捕条件的立法设置与实践运用都应当紧扣对程序性危险的预防，体现对刑事诉讼法秩序的维护。因此，我国逮捕的二要件之间并非简单、无序的罗列关系，而应当从实现逮捕的程序性保障功能出发，生成以社会危险性审查为核心，以证据要件和刑罚要件审查为重要前提的内在逻辑思路。过去刑事诉讼法对逮捕条件的修改都偏重于单个要件的完善而缺乏对逮捕三要件关系的统筹思考，导致逮捕条件适用长期失衡具有了犯罪评价的表象。司法实践中长期存在的“构罪即捕”、“以捕代侦”、“以捕促和”甚至“以捕维稳”都是由于逮捕条件机能弱化而引发的逮捕功能偏离。未来逮捕条件之改革唯有重构三要件之间的主次关系，才能实现对逮捕程序性保障本质的回归，令逮捕的条件切实发挥控制审前羁押，保障公民权利的中坚作用。

（一）厘清“社会危害性”与“社会危险性”之差异

逮捕在本质上是保障诉讼顺利进行之程序性措施，也即通过审前羁押的适用从而实现对特定程序性危险的预防。通常情况下，刑事被追诉人在判决宣告前主要存在两类危险：一是妨碍刑事诉讼程序顺利进行，如嫌疑人是否会按时到庭，以及嫌疑人被释放后是否会出现妨碍证据发现或干扰作证等不当行为；二是将嫌疑人、被告人释放后，对他人和社会造成新的危害。逮捕的程序性保障属性要求逮捕的适用只能服务于程序性的目的，而不能沦为打击犯罪的有效手段。因此，嫌疑人是否具有程序性危险才是审前羁押考察的主要因素，并非具有重大的犯罪嫌疑就可直接适用逮捕。但在过去的司法实践中，审查逮捕长期存在用“社会危害性”推定甚至取代“社会危险性”的做法。“社会危害性”与“社会危险性”在价值功能上的混淆是造成“构罪即捕”的重要因素。“社会危害性”是犯罪行为对刑法所保护的社会关系之破坏而引发的一种可罚性，其可以从罪责的成立推导而出。但逮捕的“社会危险性”主要描述的是妨碍诉讼顺利进行的程序性危险，是对威胁刑事诉讼秩序行为的程序法规制。因此，“社会危险性”应独立于“社会危害性”判断。厘清“社

会危险性”与“社会危害性”之差异，使逮捕回归对于程序性危险的预防，是重构我国逮捕条件的逻辑起点。

（二）逮捕必要性要件是规制程序性危险之关键

过去我国刑事诉讼立法对逮捕条件的改革思路主要集中在单个要件的修改与完善，而缺乏对逮捕三要件之间主次关系的审慎思考和系统把握。逮捕必要性要件长期在实践中从属于证据和刑罚要件没有得到足够的重视。实践表明，仅仅改变逮捕证据要件或者细化逮捕必要性要件都无法从根本上实现大幅度降低逮捕适用的目的。逮捕的程序性保障措施本质也决定了审查逮捕的重点应当回归于对程序性危险之预防。如果我国的逮捕条件改革不能重构三要件之间的主次关系，赋予逮捕必要性要件以独立的地位与价值，那么逮捕必要性要件也无法在抑制逮捕适用中发挥主力作用。

在社会危险性判断上，不同案件因涉嫌犯罪的性质、手段以及嫌疑人社会人格等方面的差异而各有不同。根据 2017 年 3 月美国司法部所公布的联邦地区法院 2013 年 10 月 1 日至 2014 年 9 月 30 日被指控最严重罪名的被告人审前被释放数统计情况[①]（见表 2），涉嫌“财产犯罪”以及“扰乱公共秩序犯罪”的被告人审前阶段被释放的比例可分别高达 71%和 52%。尤其是财产类犯罪的被告人，其人身危险性相对较小，缴纳相应的保释金即可实现对程序性危险的预防。而在“暴力犯罪”、“毒品犯罪”、“非法使用武器犯罪”以及“非法移民犯罪”中，被告人逃跑、毁灭证据或是继续实施犯罪的可能性更大，故而涉嫌这些犯罪的被告人审前阶段被释放比例通常不超过 50%。当前我国刑事诉讼立法采用了明确列举的方式规范逮捕必要性审查。然而，不论立法表述抑或是实践操作基本无法根据不同类型犯罪程序性危险大小来决定是否应当逮捕羁押，都没有凸显出社会危险性适用“因人而异”、“因案而异”的特征。未来社会危险性的细化还需针对不同类型的犯罪制定专门的规定和指导，对于严重犯罪（如危害国家安全以及严重影响社会大众安全感的“两抢一盗”、电信诈骗、毒品犯罪等）和较轻犯罪（如轻伤害犯罪、交通肇事等过失犯罪、破坏社会主义市场经济秩序罪等）应适用不同的社会危险性审查标准。

表 2　2013-2014 年美国联邦地区法院处理案件审前被释放被告人数量统计

被指控的最严重罪名	总被告人数	各阶段被释放被告人	
		释放人数	释放比例
所有罪名	92852	26270	28.3%
暴力	3118	782	25.1%
财产	12134	8664	71.4%
其中：诈骗	10027	7123	71.0%
其他	2107	1541	73.1%
毒品	24090	7568	31.4%

① See Federal Justice Statistics, 2014 Statistical Tables, https://www.bjs.gov/content/pub/pdf/fjs14st.pdf，最后访问日期：2018 年 1 月 27 日。

续表

被指控的最严重罪名	总被告人数	各阶段被释放被告人	
		释放人数	释放比例
其中：贩运	18141	5479	30.2%
其他	5949	2089	35.1%
扰乱公共秩序	7459	3879	52.0%
其中：监管性质	1187	792	66.7%
其他	6272	3087	49.2%
武器	6367	1419	22.3%
非法移民	39214	3765	9.6%

（三）逮捕的刑罚要件应适当提高

逮捕的刑罚条件通常是比例原则最直观的展现，是否应当采用逮捕措施以及审前羁押期限的长短都应当与涉嫌犯罪的性质以及可能判处的刑罚幅度相适应。自 1979 年刑事诉讼法颁行以来，逮捕刑罚要件一直维持着“可能判处有期徒刑以上刑罚”的标准。这一标准将所有可能判处有期徒刑以上刑罚的犯罪嫌疑人、被告人都涵盖在潜在的批捕对象之中。根据 2015 年全国法院审理刑事案件被告人判决生效的情况统计（见表 3），2015 年全国法院生效判决人数为 1232695 人，其中判处 3 年以下有期徒刑（实刑）的共有 467993 人，约占总人数的 38%；最终被判处有期徒刑以下刑罚的 575318 人（宣告无罪、免予刑事处罚、拘役、缓刑管制以及单处罚金的），约占总人数的 47%。也就是说，有 47%的被告人在审前阶段属于“可能被判处有期徒刑以上刑罚”而实际最终被判处有期徒刑以下刑罚。这一部分刑事被告人本不该受到审前羁押，但我国现有的逮捕刑罚要件根本无法将这 47%的刑事被告人剥离出逮捕的适用范围。

早在 2006 年就曾有学者建议将逮捕的刑罚条件改为“可能判处 3 年以上有期徒刑”,①希望通过提高逮捕的最低刑罚适用标准来控制审前羁押率。从法院的生效判决来看，2015 年全国法院被判处 3 年以下有期徒刑的被告人共有 1043311 人，约占所有生效判决人数的 85%。实际上，被判处 3 年以下有期徒刑的刑事被告人的犯罪情节较轻，逃避诉讼、妨碍干扰案件调查的可能性较小，采用其他非羁押替代性措施足以防止社会危险性的发生。倘若我国逮捕刑罚条件提高到“可能判处 3 年以上有期徒刑”，的确有望大幅度削减逮捕的适用率。

---

① 陈光中主编：《中华人民共和国刑事诉讼法再修改专家建议稿与论证》，中国法制出版社 2006 年版，第 378 页。

表 3　2015 年全国法院审理刑事案件被告人判决生效情况统计表

生效判决人数（1232695）								
宣告无罪	免予刑事处罚	给予刑事处罚人数（1213636）						
		5 年以上至死刑	3 年以上不满 5 年	3 年以下有期徒刑	拘役	有期徒刑、拘役缓刑	管制	单处附加刑
1039	18020	115464	73920	467993	157915	363517	11768	23059

（四）逮捕的证据要件并非抑制羁押之重点

如前所述，审查逮捕环节过分强调证据和刑罚要件的审查，不仅容易在实践中引发“捕前羁押”，还会为逮捕附加“犯罪评价”功能，打乱刑事诉讼活动的逻辑递进关系。尤其是在当前“捕诉合一”的办案模式下，检察办案人员可能受到公诉观念和立场的影响，在审查逮捕时人为提高逮捕的证据要件证明标准，以防止捕后不诉情况的发生。并且，当前一些试点地区也把逮捕标准提升所导致的审前羁押率下降视为“捕诉合一”更有利于人权保障的体现。实际上，审查逮捕职能的正确有效发挥不仅要求严格把握逮捕标准，防止审前羁押滥用，还包括准确适用逮捕措施，对于依法应当逮捕的坚决批捕，从而保障刑事诉讼活动的顺利进行。将公诉的证据要求适用于审查逮捕不仅违背了“有证据证明”的法定标准，漏捕了本应逮捕的被嫌疑人，还可能稀释审查逮捕职能的独立性，令审查逮捕异化为审查起诉的“预审”。因此，审查逮捕唯有以社会危险性为核心，才有可能扭转“构罪即捕”的思维定式，使得审查逮捕回归于程序性保障事项的审查，不再具有“定罪”的表征。

第三部分

监察制度与刑事诉讼制度的衔接问题研究

监察改革对审判中心改革的影响及其协调

——以监察法与刑事诉讼法衔接为切入点

陈邦达*

一、问题的提出

为整合反腐资源力量，建立集中统一、权威高效的反腐主体，第十三届全国人大于2018年3月11日通过《宪法修正案》，并于3月20日通过监察法，在总结前期监察试点改革的基础上，通过修宪、立法为国家监察体制改革奠定法律基础。监察委员会由同级人大选举产生，形成“一府两院一委”的新格局。因此，监察法的全面实施将对我国司法体制产生重大影响。如何对待监察改革所触及的司法体制问题尤其重要。例如，有人认为监察体制改革与其他司法改革并行不悖。立法前期，中央纪委监察部网站发表评论指出，监察委员会行使的调查权不同于刑事侦查权，监察委员会调查职务违法和职务犯罪适用监察法，案件移送检察机关后适用刑事诉讼法。① 还有人认为“国家监察委员会改革措施的出台直接将检察系统的司法改革熔断了，且间接导致其他司法改革措施必须暂时休眠或重新调试”。②可见，理顺监察体制改革与审判中心改革的关系对推进监察体制改革具有重要的理论先导意义。本文认为，监察体制改革与审判中心改革的内在逻辑并不矛盾，在贯彻监察法过程中，仍应遵循审判中心改革的基本规律，实现二者并驾齐驱。今后修改刑事诉讼法更应当处理好监察程序与刑事诉讼程序的衔接，这是深化改革必然涉及的理论问题。

二、监察体制改革对司法权力配置格局的影响

监察体制改革会造成国家司法权力配置格局的重新调整，打破原来的平衡，对既有的侦查体系带来影响。监察委员会以位高权重的政治和法律地位主导监察程序并与刑事诉讼程序衔接，将可能对“以审判为中心”的刑事诉讼制度改革带来一定的影响，这些影响需要协调两场改革的关系，以并行不悖地实现改革目标。

监察委员会具有位高权重、一体两面、全面监督等特征，当由其展开调查的反腐败案件进入移送检察机关审查起诉的阶段，将类似于公检法三机关在刑事诉讼中的关系，形成

---

* 作者简介：陈邦达，华东政法大学法律学院副教授，硕士生导师，法学博士。

① 《使党的主张成为国家意志》，载《中国纪检监察报》2017年7月17日。

② 新浪微博，http：//weibo.com/1061161104/EnkVZqGiN？type=comment，最后访问时间：2018年7月30日。

“调查—起诉—审判”分段式的办案流程，而实际上监察委员会在这一过程中承担着职务犯罪的调查取证职能。在案件移送检察院审查起诉之后，位高权重的监察委员会是否在刑事诉讼阶段切实遵守审判中心改革对证据标准，非法证据排除规则，证人、鉴定人、调查人员出庭作证等制度要求；一体两面的监察内部分工是否能区分违法违纪、违法犯罪在证据收集程序方面的不同要求；全面监督的监察权能会不会造成其他机关受到威慑而成为橡皮图章?[①] 这三点都需要协调监察、检察与审判三个环节的衔接，发挥审判程序对审前程序形成的倒逼作用，仅仅靠监察委员会内部的监督恐怕难以奏效，今后是否有必要将检察机关人民监督员制度引入监察体制改革，这方面仍需通过实践检验。对此，笔者通过对我国侦查中心主义的成因进行参照，以为监察体制改革提供前车之鉴，防止新的“侦查（调查）中心”形成。

从规范权力运作的角度看，推进监察体制改革必须坚持贯彻“分工负责、配合制约”原则，其理由主要在于：第一，分工负责、配合制约原则是我国宪法确立的规范国家司法机关关系的基本原则，是对新中国成立以来刑事司法经验教训的总结，是实现分权制衡，规范权力运作的重要保障。我国宪法第 140 条之所以把“分工负责、互相配合、互相制约”的原则确立为人民法院、人民检察院、公安机关办理刑事案件的指导原则，是因为这项原则是对新中国成立以来刑事司法实践正反两方面经验教训的总结，尤其是对“文化大革命”期间法治虚无主义的反思。“分工负责”体现了司法机关地位的独立性和权力的有限性、互补性和不可替代性,[②] 并通过配合、制约达到权力的有效运行。第二，分工负责、配合制约原则也是我国刑事诉讼的一项基本原则，是确保程序正当的底限，由这一原则派生出许多刑事诉讼制度。这一原则是权衡打击犯罪、保障人权的双重价值取向的顶层设计，凝聚着实现实体正义和程序正义的核心理念，能够最大限度地规范刑事司法行为。所以，刑事诉讼活动要遵循这些核心价值理念，就必须贯彻分工负责、配合制约的原则。第三，监察委员会贯彻分工负责、配合制约的原则能够确保反腐败案件的查办经得起历史的考验，严格遵循诉讼规律和证据规则依法办案，防止冤假错案的发生。关于这一点，中央深化国家监察体制改革的试点工作领导小组组长王岐山同志在这方面已有论述，其要点认为“监察委员会履行监督、调查、处置职责，与执法、司法机关有机衔接、相互制衡，实现依规治党和依法治国有机统一”，须“强化对监察委员会自身的监督制约”，应“把握好动态平衡，防止过犹不及”。[③] 王岐山同志的上述讲话表明，监察体制改革应当防止集权模式造成的过犹不及，实现动态平衡也就是强调权力运作之间形成掣制。当前反腐败行动在发现实体正义和程序正义两大价值取向方面更侧重于发现实体正义。新监察制度的设置不仅要做到监察权来自人民，更应当做到人民对监察权力的监督，避免出现监察权自身缺乏监督的局面。办理职务违法和职务犯罪案件，一些诸如办案手段缺乏程序正当性、没有贯彻非法证据排除规则、案件事实认定出现偏差、办案措施不当给公民的人身和财产造成侵害，正如有学者分析指出的，一旦出现这些失误，就容易损害监察委员会的形象，甚至损害党的形象。[④]

---

① 参见张建伟：《监察至上还是三察鼎立——新监察权在国家权力体系中的配置分析》，载《中国政法大学学报》2018 年第 2 期。

② 参见韩大元、于文豪：《法院、检察院和公安机关的宪法关系》，载《法学研究》2011 年第 3 期。

③ 《王岐山在北京山西浙江调研国家监察体制改革试点工作》，载《浙江日报》2016 年 11 月 26 日。

④ 参见张建伟：《法律正当程序视野下的新监察制度》，载《环球法律评论》2017 年第 2 期。

所以，贯彻“分工负责、配合制约”原则也是从程序上保证监察委员会在办案过程中实现权力制衡，防止冤假错案的发生。

从遵循诉讼规律的应然角度分析，三机关之间的职能关系“不应当是平行的，而应当是起伏的——侦查实施者对检察监督者呈伏势。而检察相对于决定起诉命运的审判者呈伏势”。[①] 但在我国长期的刑事诉讼中，三机关互相配合、互相制约形成一种侦查制约起诉、起诉制约审判的单向制约。这种现象造成庭审流于形式，侦查案卷笔录对审判结果具有某种决定力，[②] 存在酿成冤假错案的风险。正在推进的“以审判为中心”诉讼制度变革旨在改造侦查中心主义的弊端，发挥审判倒逼侦查取证程序完善的功能。我国长期以来形成“侦查中心主义”的成因可谓根深蒂固，其中有一重要因素便是公安机关在诉讼中的权力过大。尽管在刑事诉讼中，公安机关只负责侦查，对案件的实体裁判没有最终的决定权，但由于公安机关处理着大量与百姓生活息息相关的行政事务，因此它在政治法律生活中的地位居高。过去在很多地方，公安局局长兼任政法委书记或兼任党委常委，公安机关在政治上的高位无形之中也造成它在刑事诉讼中处于强势的地位。有学者归纳出“侦查中心主义”的基本特征包括：侦查机关对犯罪嫌疑人的未决羁押、侦查机关对涉案财物的强制性处分、作为法院裁判根据的案卷笔录。[③] 笔者赞同这一观点，并认为目前应当积极稳妥地处理监察体制改革与审判中心改革的关系，避免监察调查职务犯罪案件出现新的“侦查（调查）中心”倾向。以往实践中公检法三机关之间的制约整体上是一种单向式、正向式的制约，呈现为前一道诉讼程序制约后一道诉讼程序，即侦查制约起诉、起诉制约审判，而不是起诉制约侦查、审判制约起诉。[④] 监察委员会的政治法律地位高于公安机关，甚至高于同级的检法两家，能否自觉接受检法的制约值得期待。

三、监督范围全覆盖对依法独立行使审判权的影响

根据监察法规定的监察范围，监察委员会对所有行使公权力的公职人员依法实施监察，其监督范围可谓“全面覆盖”。按照《联合国反腐败公约》的规定，公职人员的范围涵盖了“立法、行政、行政管理或者司法职务的任何人员”，因此早些年已有学者认为我国应当取消国家工作人员的概念，而代之以“国家公职人员”。[⑤] 从监察法对监察对象范围的表述看，将履行公职的人员进行了广义上的解释，即除了国家机关工作人员之外，还包括公办的教育、科研、文化、医疗卫生、体育等单位中从事管理的人员，基层群众性自治组织中从事管理的人员，其他依法履行公职的人员。当监察委员会对法官进行监督时，是否造成正在审理案件的法官头悬“达摩克利斯之剑”，成为影响其依法裁判的外界因素。我国台湾地区也存在“监察院”弹劾法官的做法，对此法律界人士主张为了实现审判独立，对法官

---

① 参见龙宗智：《评“检警一体化”兼论我国的检警关系》，载《法学研究》2000年第2期。

② 参见左卫民：《中国刑事诉讼运行机制实证研究（二）——以审前程序为重心》，法律出版社2009年版，第191-195页。

③ 参见陈瑞华：《论侦查中心主义》，载《政法论坛》2017年第2期。

④ 参见左卫民：《健全分工负责、互相配合、互相制约原则的思考》，载《法制与社会发展》2016年第2期。

⑤ 参见管建强：《〈联合国反腐败公约〉与我国国内法的腐败犯罪主体》，载《法学》2006年第1期。

不宜采取这一做法。[1] 今后，监察委员会是否可以对正在审理案件的法官采取监察措施？有必要全面分析监察委员会对法官的监督是否构成对法院依法独立行使审判权的干涉。对问题应当辩证地看待。如果监察委员会能够坚持“对人监督”的原则，如对于法官存在贪赃枉法的行为，监察委员会在接到此类举报线索之后展开监察，这种做法无可厚非。只要法官身正不怕影子斜，根本无须对监察委员会的调查感到畏惧。但如果监察委员会对法官的监督超越了“对人监督”的合理限度，则容易造成对法官依法行使职权的法外干预，甚至危及宪法赋予法院依法独立行使审判权的地位。如果当法官在审理监察委员会查办的案件过程中，监察委员会又对审理案件的法官展开调查，将会对法官正在审理的案件造成干预，则存在干涉法院独立行使审判权之嫌。

因此，今后立法应当进一步明确监察委员会对法官的监督范围，确立监察委员会对法官采取“对人监督”而非“职权监督”的原则。所谓“对人监督”，是指监察委员会对法官的监督只能限于法官涉嫌构成职务犯罪行为的情形，而对于法官在行使审判职权的过程中是否违反法定程序，在案件事实认定和法律适用过程中是否存在差错，只要这些违法、错误的行为没有达到刑法有关职务犯罪的构成要件，就不应当纳入监察委员会监督的范围。作出这样限定的理由主要在于：其一，一旦监察委员会对法官的监督越权，将容易造成法院依法独立行使审判权受到干涉，因此从保障审判权独立行使的宪法性旨意出发，必须严格限制监察委员会对法官的监督范围。我国宪法规定，人民法院依照法律规定独立行使审判权，不受行政机关、社会团体和个人的干涉。对案件事实的认定和法律适用问题本身均属于司法活动的内容，必须赋予法官必要的自由裁量权，因此这部分行为不应当纳入监察委员会的监督范围。其二，对于法官在审判活动中存在违反法定程序的行为，在事实认定和法律适用方面存在错误的情形，通过检察机关诉讼监督即可，无须叠床架屋。目前，检察机关对法院的监督方式主要包括提起抗诉、发放纠正违法通知书等方式。其中，抗诉包括二审抗诉、审判监督程序的抗诉。二审抗诉的法理基础在于检察机关享有的诉权，而对于审判监督程序的抗诉，如果仅仅理解为诉权，则过于牵强，因为从法理上分析，当判决已经生效时，对同一案件的起诉权已经“耗尽”，抗诉已缺乏法理资源。[2] 所以，对生效判决抗诉的理论支撑应当理解为检察机关行使法律监督权的职责，正因如此，这种抗诉一经提出，法院就必须启动审判监督程序。在监察体制改革之后，宪法赋予检察机关的法律监督权依旧岿然不动，足以对审判程序依法监督。

当然，监察委员会对司法人员的监督是“对人监督”，而非“职权监督”，虽然这在学理上是能够分清的事实，但在实践中也许难以区分对人还是对事，尤其是在法官职业保障体制不健全、司法生态不理想的情境下，[3] 容易造成监察委员会对法官正在审理的案件带来法外干预。因此，从保障审判权依法独立行使的角度观之，今后监察委员会对法官进行监察时，应立足于对法官是否构成职务犯罪行为的调查，而淡化对其审判职能，尤其是禁止对审判过程的监督。

---

① 参见范光群：《监察院弹劾最高法院五法官平议》，载《万国法律》1985 年第 10 期；另参见《对原告轻率讥讽岛内一法官被送“监察院”弹劾》，http：//www. donews. com/dzh/201209/1558137. html，访问时间：2018 年 9 月 15 日。

② 参见龙宗智：《相对合理主义视角下的检察机关审判监督问题》，载《四川大学学报》（哲学社会科学版）2004 年第 2 期。

③ 参见顾培东：《当代中国司法生态及其改善》，载《法学研究》2016 年第 2 期。

四、监察体制改革对两法衔接的影响

“以审判为中心”的诉讼制度改革要求审判程序成为诉讼全程的重心。我国目前刑事诉讼采取分段的模式，即侦查、审查起诉和审判各守一段、各司其职，使司法权力保持动态平衡。尽管在制定监察法前夕，有学者呼吁将监察程序纳入刑事诉讼法进行规制，① 但这一观点并没有被立法所采纳。从宪法、监察法和《刑事诉讼法修正案（草案）》的文本分析，官方的态度表明，监察机关不属于刑事诉讼法规定的侦查主体。尤其值得一提的是，宪法第127条和监察法第4条均规定“监察机关办理职务违法和职务犯罪案件，应当与审判机关、检察机关、执法部门互相配合，互相制约”，可见立法已明确监察机关与司法机关的关系，确立这项原则意义重大，必须通过合理设计监察法与刑事诉讼法的制度衔接，使这项原则得以切实遵守。目前监察法规定的办案程序简单，探索具体制度的完善必是今后立法完善的方向，对监察权形成外部约束，使监察权与检察权、审判权形成分工负责、配合制约的关系。在推进监察体制改革的过程中，应当慎重处理以下问题：

（一）加强对监察机关将案件移送司法程序的内外部监督

监察委员会行使的调查权具有高度的自主性、封闭性，目前监察法并未规定检察机关对监察调查的指挥权或监督权，被转隶了职务犯罪侦查权以后，检察机关更难对监察机关形成一种刚性制约。所以，一方面要通过上级监察机关对下级监察机关在立案、调查、取证、移送、处置等环节的监督，尤其是将案件移送司法程序环节的监督，防止监察机关对职务犯罪案件降格处理，架空司法程序。另一方面要发挥检察机关的职能监督，检察机关认为符合移送条件的，可以建议监察机关移送司法程序，监察机关需对检察机关的建议予以明确答复。② 此外，还可以通过建立人民监督员制度加强社会监督。③

（二）加强退回补充调查的执行力度

在过去侦查中心之下，公安机关对检察院审查起诉阶段退回补充侦查的案件，常将案卷原封不动地退回。④ 监察委员会移送检察院审查起诉之后，一旦检察院认为存在调查取证违法、未达到证明标准、发现证据存在其他瑕疵，退回补充核实，监察机关是否也可能存在消极懈怠的问题，对此必须未雨绸缪。例如，可与刑事诉讼法补充侦查制度衔接，规定检察机关将补充调查的通知由上级检察院移送同级监察机关，从而启动上级监察机关对下级监察机

---

① 持该观点的文章主要包括：陈光中：《关于我国监察体制改革的几点看法》，载《环球法律评论》2017年第2期；熊秋红：《监察体制改革中职务犯罪侦查权比较研究》，载《环球法律评论》2017年第2期；张建伟：《法律正当程序视野下的新监察制度》，载《环球法律评论》2017年第2期。

② 参见叶青：《监察机关调查犯罪程序流转问题研究》，载《华东政法大学学报》2018年第3期。

③ 笔者认为，在监察体制改革中引入人民监督员制度，使之与监察体制改革相适应。理由主要如下：首先，引入人民监督员制度是体现我们党密切联系群众的工作作风、促进民主监督的重要途径；其次，我国人民监督员制度是经过实践检验的、体现合理性和科学性的制度创新，有力回应了“谁来监督监督者”的质问；最后，人民监督员制度对提升司法民主，提高司法公信力，促进司法公正具有重要的实践意义。

④ 参见左卫民：《健全分工负责、互相配合、互相制约原则的思考》，载《法制与社会发展》2016年第2期。

关补充调查执行情况的监督。同时，检察机关的补充侦查权是公诉权所派生的应有权力，① 也是满足审判中心证据标准的必然要求，因此在必要的时候，检察机关可以自行补充侦查。

（三）实现证人、鉴定人和调查人员出庭

实现上述人员出庭作证尤其重要，是庭审质证发现案卷笔录存在瑕疵之程序保障，也是实现庭审实质化从而推动审判中心改革之关键举措。以往在实践中，由于证人出庭可能改变证言内容，办案机关往往对证人出庭不起劲。② 而对于法庭通知证人、鉴定人和侦查人员出庭的，公安机关配合积极性低。监察委员会位高权重，并有调查、鉴定等权限，③ 今后监察机关调查案件能否做到服从法庭的出庭传唤，必须通过程序的完善，使与审判中心改革相适应的证据制度得到落实。例如，在《刑事诉讼法修正案》中明确监察人员接到法庭通知后有出庭的义务，并明确不出庭的后果。

（四）加强对留置措施审批的内外部监督

监察法赋予监察委员会采取"留置"的权力，从留置的基本含义分析，它特指人身停留于某处、人身自由受到一定限制之意思。比如，德国法中的"鉴定留置"制度是一个源于该国刑事诉讼中将被告送入医院的程序性制度，其法律依据是德国刑事诉讼法的规定。④ 监察程序主要存在的问题有：一是监察法对留置的定性不是强制性措施，而是调查权限。如果定性为强制措施是为了保障诉讼的顺利进行，而调查权限则是为了限制人身自由进行取证，所以必须细化留置的适用程序，以符合比例原则。二是随着案件移送至检察阶段，留置将与刑事强制措施发生更替，所以须通过完善程序衔接，明确更替的时间节点、羁押场所变更，并保证自检察机关对被告人采取强制措施之日起，其辩护权得以介入。

（五）明确留置替代"双规"、"两指"

用留置措施替代存有合宪性争议的"双规"、"两指"是国家治理体系和治理能力现代化的进步。在部分试点地区存在"双规"、"两指"与"留置"并存共用的现象。"双规"与"留置"在实施主体、依据、期限等方面存在不同，但"双规"是否被"留置"取而代之尚无定论。"双规"的直接依据是1994年实施的《中国共产党纪律检查机关案件检查工作条例》，基本上没有明确固定期限的调查手段。而参照监察法规定，留置的期限应当为三个月，并且可以延长一次。因此，在监察机关调查过程中，应当依法决定是否采取留置手段，在条件成熟时，立法应当进一步明确留置替代双规的适用。⑤

---

① 参见陈卫东：《职务犯罪监察调查程序若干问题研究》，载《政治与法律》2018年第1期。

② 参见龙宗智：《监察与司法协调衔接的法规范分析》，载《政治与法律》2018年第1期。

③ 根据2005年全国人大常委会《关于司法鉴定管理问题的决定》的规定，人民法院和司法行政部门不得设立鉴定机构，侦查机关根据侦查工作的需要设立鉴定机构。目前，公安机关、检察机关仍然保留着内设鉴定机构，这些鉴定机构隶属于各自的侦查机关。此次监察体制改革只是将检察院反贪渎职、预防职务犯罪部门转隶至监察委员会，但并没有将检察院内设鉴定机构也一并转隶，今后监察委员会是否会内设一套司法鉴定机构以满足办案的需要，仍有待立法进一步明确。

④ 德国刑事诉讼法第81条有关"鉴定留置制度"的规定，可参见林钰雄：《论鉴定留置制度》，载《月旦法学杂志》2004年第10期。

⑤ 中国共产党的十九大报告明确提出："制定国家监察法，依法赋予监察委员会职责权限和调查手段，用留置取代'两规'措施。"这也明确了以"留置"取代"双规"的改革方向。

论监察委员会职务犯罪管辖权之根本遵循

——全面描述刑事诉讼管辖原则及其理论基础

桂梦美*

引　言

2018年3月20日第十三届全国人民代表大会第一次会议通过的监察法规定，监察委员会是行使国家监察职能的专责机关，依法对所有行使公权力的公职人员进行监察，其中对涉嫌贪污贿赂、滥用职权、玩忽职守、权力寻租、利益输送、徇私舞弊以及浪费国家资财等职务犯罪负责调查。根据监察法有关规定，我们认为，监察委员会职务犯罪管辖，是指监察委员会对监察对象职务犯罪进行调查处置的权限和分工。监察委员会会同纪律检查委员会合署办公，在党的集中统一领导下，按照管辖职责开展监督调查处置，按照干部管理权限和属地管辖相结合的原则，实行分级分工负责。《国家监察委员会管辖规定（试行）》明确指出，监察委员会有权对88个具体的职务犯罪行使管辖权，对于公职人员既涉嫌严重职务犯罪，又涉嫌其他违法犯罪的案件，由监察委员会与人民检察院、公安部门等机关协商解决管辖问题，一般应当由监察委员会为主调查，其他机关予以配合。几个同级监察机关都有管辖权的案件由最初受理的监察机关管辖。必要时，可以由主要犯罪地的监察机关管辖。同级监察机关之间对案件管辖有争议的，应当报请上一级监察委员会解决。具有下列情形之一的，监察委员会可以在职责范围内并案调查：一是一人犯数罪的；二是共同犯罪的；三是共同犯罪的公职人员还实施其他犯罪的；四是多人实施的犯罪存在关联，并案处理有利于查明事实的。

由此可以得出，作为新生的职务犯罪管辖制度，其管辖分工和协调等内容与刑事诉讼管辖制度具有天然的联系，这种联系为法法有机贯通与衔接提供了根本遵循。实现反腐败压倒性胜利，彰显打击职务犯罪的程序公正，监察委员会职务犯罪管辖权应有的根本遵循，即刑事诉讼管辖原则及其理论基础。对于刑事诉讼管辖制度的法律规定，大多是关于审判管辖的规定，主要原因在于现代刑事诉讼是以审判中心主义为基本理念。考虑到刑事诉讼管辖的分配性与程序性价值，全面描述刑事诉讼管辖原则与其理论基础，对于理解运用监察委员会职务犯罪管辖权具有重要的理论和现实意义。

---

* 作者简介：桂梦美，法学博士，西北政法大学公安学院讲师。

一、刑事诉讼管辖原则

管辖实质上属于程序问题，描述管辖制度应当更多关注程序原则和诉权保障以及其内在规律。管辖原则是刑事诉讼管辖制度设计与运行样态的集中体现，具有规制刑事诉讼管辖具体制度与规则的立法准则的功能，是管辖立法时“思考和行动的原点、参照系”。管辖制度的基本原则承载着管辖制度的基本价值理念并拥有统辖整个管辖制度的属性，对构建明确、合理、有序的管辖制度具有指导意义，并可以作为最后的适用规范即在管辖规则不清晰时据此作出合乎管辖制度内在价值的解释。

（一）法定法官与管辖法定

法定法官，又称为自然法官，即法律规定的法官，法定的法官依法享有审判权，并根据事先法律规定的范围来确定管辖法院。法定法官原则强调不得事后无根据地选择法官来行使审判管辖权，特别是当事人，更不能在没有法律规定的标准下任意决定承办法官。规定法定法官原则，其意愿在于使得国家立法权对司法权的授予和限制，防止当事人合法权利遭到侵犯。刑事诉讼管辖制度的该原则体现了法治理念并实现立法对司法的制约，保障当事人基本程序性权利与防止行政干预司法，特别是在阻止指定管辖随意性等方面起到对应的正向作用。法定法官与管辖法定的主要内容包括：一是法律必须预先规定法院的设置，这是法定法官与管辖法定的基本要求。二是法律还应当预先规定法院的管辖案件范围、标准、规则等，禁止事发后临时组建管辖法院。三是有管辖权的法院应当服从法律并公正裁决。任何法官要有不偏不倚的意识和信念。四是所有法官都必须遵守法定法官和法定管辖原则。五是按照法定法官的要求，禁止随便移送案件或任意指定管辖。

（二）诉讼经济

诉讼经济，是指在诉讼过程中投入一定量的或者以最小的成本投入来获得最大的诉讼效益。也就是说，为了达到某个诉讼目的，必须选择诉讼成本最小的方法和手段。“人类任何活动无不是受经济性原则支配，意图以最小的支出获得最大效果并达到资源的最优配置。”刑事诉讼制度生成管辖的目的并非只有惩罚犯罪和保障基本人权，其程序运行中还应当遵循诉讼经济原则。波斯纳曾经说过，正义的第二种含义就是经济效益。[①] 由此观之，随着犯罪数据的剧烈上涨，以最小的诉讼成本投入来实现最大化的诉讼效益，亦是刑事诉讼程序应当追求的价值。在我国刑事诉讼中，诉讼经济原则是指行使管辖权的有关司法机关以及其他诉讼主体，尽量以最少的人财物与时间等成本投入刑事诉讼，以实现司法公正为其基本价值追求。其实，便利原则可以被视为经济原则的内在要求，只是诉讼经济的内涵更加丰富。设计管辖制度需要把便利原则和经济原则进行合理化权衡，防止因诉讼经济而导致便利性不足，也不能因为便利性而造成诉讼资源的浪费。作为具有开启“诉讼门”功能的管辖制度，无疑应当体现诉讼经济原则。刑事诉讼经济原则是刑事诉讼管辖制度设计与运行时应当遵循的原则，便利、及时与合理配置资源等也是刑事诉讼管辖制度程序正义

① Richard A. Posner，the Economics of Justice，Little Brown Publishing Co. ，1972. P. 1.

的根本要求。

（三）管辖便利

管辖便利原则可以说是与西方国家的“接近正义运动”密切关联，即以意大利法学家卡佩莱蒂为代表提出各国政府有义务保护当事人方便地、有效地接近正义运动。基于公正与效率价值，法律制度作为一种“福利”就应当为全体人员所享用和接近，这种享用和接近必须是便利的。特别是效率属性中的便利化，蕴含管辖的顶层设计必须要体现诉讼便利的理念。美国有学者主张的“回应型法”，其实质就是司法便利化并且蕴含的都是对实质正义和诉讼效率的价值诉求。在现代社会司法为民运动中，域外国家和地区法规定了便利原则。黄东熊教授指出：“审判权之分配，乃考虑案件之性质、轻重、简难，审判之方便，被告之方便，及法院之事务负担量等因素而定之。”我国民事诉讼法和行政诉讼法中亦都明确体现了“为民、便民、利民”之理念下的便利原则的基本要求。在刑事诉讼中，确定管辖制度不仅要便利公检法三机关办案需要，而且要让当事人及其他诉讼参与人能更加方便、有效地参与到案件处理过程中。犯罪地管辖原则，主要是意识到三个方便：一是便于公安司法机关调查、收集与审核证据；二是便于当事人或其他诉讼参与人参加诉讼活动，如方便证人出庭作证；三是便于对当地民众进行法制教育，实现惩罚犯罪和预防犯罪相统一。另外，关于解决刑事诉讼职能管辖冲突的办法，应当在该便利原则指导下使管辖权的行使更为方便，而不是增加障碍，使得程序变的烦琐。解决职能管辖冲突的，旨在改变公检法以及其他刑事犯罪侦查（调查）机关在受理案件过程中争夺管辖权或者互相推诿案件的现状，合理利用司法资源，提高司法效率，维护司法公正。因此，在寻求解决刑事诉讼职能管辖冲突的办法时就要充分考虑公检法等办案机关各自的性质及各机关的工作负担。刑事诉讼法中关于级别管辖、地区管辖等制度规定也是为了有关司法机关和当事人个人便于依法行使诉讼权利，便于当事人接近司法正义。

（四）原则性与灵活性相结合

任何法律制度的实施都存在原则性与灵活性的统一，这是具体问题具体分析的必然要求。原则是指人们观察和处理问题时必须遵循的准绳，灵活是指善于随机应变而不拘泥。原则性是基础和依据，灵活性也是为原则性服务的。马克思哲学原理反映了原则性与灵活性的统一，毛泽东也曾说原则性与灵活性的统一是马克思列宁主义的基本原则。在法律方面，毛泽东在我国1954年宪法草案说明过程中就强调1954年宪法的优点之一在于正确恰当地结合了原则性与灵活性。所以，坚持原则性与灵活性相统一是坚持唯物辩证法关于事务共性与个性相统一的原理和党的实事求是思想路线在实际工作中的具体体现。法律制度产物之一即原则性与灵活性，在于管辖制度规范化是原则性。这种原则性是理性的、不可更改的，即坚持以法律规范为中心，而灵活性是感性的、随机应变的并需要坚持以人为本和以内心实际需求为中心。案件往往错综复杂，在审理过程中又会遇到许多难以预料的情况，因此管辖分工既要明确具体又要保持一定的灵活性，允许在某些特殊情况下可以进行必要的调整。例如，在确定以属地管辖为主的同时又规定了必要时还可以由被告人居住地管辖；在审判阶段，遇到某些特殊情况时，还可以移送管辖或由上级法院指定管辖。总体考虑是既要使每个案件都有人管，又要保证能管得好并取得良好的诉讼效益，使管辖制度的原则性与灵活性有机结合起来。

二、刑事诉讼管辖理论基础

理论是实践的先导，是制度的灵魂。只有在先进的、正确的理论指导下，才能真正构建具有中国特色的、与我国刑事司法制度相匹配的刑事案件管辖制度。我们认为，刑事诉讼阶段性理论和程序正义理论是刑事诉讼管辖制度最主要的理论基础。

（一）诉讼阶段理论

刑事诉讼阶段是一个较早出现的刑事诉讼理论范畴。早在20世纪之初，我国学者就将其与刑事诉讼法律关系、刑事诉讼行为等范畴共同作为刑事诉讼法学理论加以研究。“刑事诉讼阶段就是基于刑事诉讼的过程中，把与之相关的所有行为按先后顺序连接起来，然后进行独立的单元划分。”对刑事诉讼阶段进行区分的标准有“参与诉讼行为的主体类型、主体进行诉讼行为的措施、主体间诉讼的法律关系的属性、特定诉讼活动的阶段性任务，同时还有用来显示某一诉讼环节已经终止的诉讼文书”。诉讼阶段被视为诉讼程序的存在形态是刑事诉讼构造模式的一种表现形式，如大陆法系国家职权主义的诉讼构造中确立了审前程序、审判程序和救济程序等相互独立的诉讼阶段。诉讼阶段与诉讼职能紧密关联，如世界各国或地区将刑事诉讼划分为侦查、审查起诉与审判等单元就是建立在不同诉讼职能区分的理论基础之上。当然，诉讼阶段理论还反映了诉讼价值，因为科学地划分诉讼阶段能保障诉讼目的的实现，同时刑事诉讼价值的选择也影响刑事诉讼阶段的设计和划分。

审判中心论和诉讼阶段论的统一性。审判中心论的核心是只有审判阶段才是真正的诉讼形态，因为只有在审判阶段才能实现刑事诉讼的最终目的，而侦查、起诉等环节被当作审判程序的准备阶段。但是，近年来作为以审判主义为中心的典型代表是英美法系国家，刑事诉讼中尤其是审前阶段的阶段划分迹象越来越明显了。诉讼阶段论本身是按照认识规律特性来进行的程序设计，立案、侦查、起诉、审判、执行等环节虽然系属不同的阶段，却均已成为诉讼中不可或缺的单元。诉讼阶段理论则是将侦查、起诉和审判作为核心阶段，并认为它们对于刑事诉讼管辖制度功能的实现，没有诉讼地位不同之分，都具有相同作用。所以，现代刑事诉讼中的审判中心论与诉讼阶段论并不是对立的而是侧重点有所不同，无论是哪种诉讼模式其刑事诉讼一般都有侦查、审查起诉、审判等阶段。审判中心论的主旨是司法最终解决，诉讼阶段论强调的则是诉讼职能的细化和审前阶段的必要性而不是否认审判阶段在整个过程中的作用和地位。

（二）程序正义理论

任何制度都会把其理论基础作为自己生存的基因，管辖作为刑事诉讼的一项程序性制度也不例外。管辖制度的理论基础之程序正义，对犯罪嫌疑人、被告人而言最核心的元素即程序正义的参与性元素。最早提出程序正义精神的国家是英国，而在美国该概念等同于“正当程序”（Due process）而得到逻辑性的展开。相对于实体正义而言，程序正义要求刑事程序规范本身或者在诉讼过程中所追求与实现的价值具有优秀品质，尤其是程序的参与性便是管辖最核心的理论基础。

管辖制度其实就是一项程序问题，管辖的正当性亦即程序的正当性。程序主要是指“事情进展的先后，或者根据时间或工作紧要程度进行的工作步骤的安排”。研究发现，有关权利与义务要素的分配程序问题一般包括群体决策中的程序问题，即在法律领域表现为立法程序和决定对个人赋予利益或施加负担时的程序正义问题等两方面。① 至于程序法，“是指它是一种法律形式，通过这种形式可以让法律能够真正发挥其权利作用，具有程序动态的效果，与授予或规定实体法律存在一定的差别；这种动态效果主要是借助于法院的诉讼程序而展开；是机器而非产品”。② 美国学者富勒（Lon L. Fuller）重点研究了司法审判程序，他的观点是：“审判与其他程序原理的主要区别是，对于被审判的人因为涉及其利益，需要其对审判结果的制作进行积极的影响而提出辩护或证据，实质是为了获得公平的裁判而有效参与整个审判程序中，这样才能够保证审判品质不会遭到破坏。”也就是说，那些利益可能受到裁判结果直接影响的人能够直接参与裁判并施加自己的积极影响，便是一个根本的基础，即程序正当性。美国的杰克逊大法官说：“程序主要是自由内在本质的一种合理与公正的体现，倘若条件允许，正当程序的暴力实体法和非正当程序的温和实体法让当事人来选择，我充分坚信很多当事人会选择前者。”

刑事诉讼管辖属于纯粹的程序正义。纯粹的程序正义中并不包含实体公正与否，只是存在公正程序的标准。管辖制度的构建理应关切程序本身的正义“品质”，故管辖权的分配标准如果不够明确，实现纯粹程序正义的因素就无法具备，结果就会出现诸如争抢和推诿管辖的行为。程序正义构成元素包括参与性、中立性、对等性、合理性、及时性和终结性六个方面。针对管辖问题产生争议，特别是在指定管辖程序中，因为涉及被告人的公正审判权转移，所以作为程序问题的管辖制度必须以程序正义的构成元素为基础。参与性，作为程序正义的基本元素，亦即“出席法庭审判机会”（having ones day in court；haring a hearing；being heard，etc）的原则，其核心理念是那些与判决的结果存在利害关系的一方，必须有机会充分地、实质性地参与全过程，进而影响裁判结果。

管辖权是一种利益，管辖权异议需要利益冲突各方积极参与来解决争议。程序参与性指所有与案件裁判结果有利害关系的任何一方都应当参加到诉讼中来并对刑事裁判产生影响。在诉讼主体理论中，当事人作为诉讼主体而不是客体，对诉讼的程序进行了积极的参与。可见，程序参与在形式上要求所有与案件裁判结果有利害关系的人都应当参加到诉讼程序中来，目的在于对案件处理结果最终形成影响。参与的条件是先有权知情，知情指应当知悉的情况，如管辖变更的理由以及自己对这种变更有提出异议的诉讼权利等。作为程序正义核心理论，参与既是一种行为权利，又是一种程序活动。程序的参与性是诉讼民主的体现，更是程序正义的核心元素。管辖制度本身的理论基础在于涉及程序性权利的一种参与性，尤其是违背管辖规定时，犯罪嫌疑人、被告人有权积极主动地参与到管辖争议裁判过程中，并影响管辖分配结果的形成。

---

① Michael D. Bayles，Procedural Justice. Boston：Kluwer Academic Publishers 1990，at 2.

② Klaus R. Scherer，Justice：Interdisciplinary Perspective，Cambridge Univ. Press，1992，P .123.

三、如何参与：管辖权异议受理机关和提出方式

任何刑事诉讼法典在设计应然管辖规范时，均以对应原则和有关理论基础为其精神支柱。而实然的管辖运行样态常常使得犯罪嫌疑人、被告人等当事人被迫提起管辖异议，追求程序正义和参与管辖利益的分配。管辖权异议已成为刑事诉讼管辖制度中最大的问题。针对当事人提起管辖权异议，在不同的国家有不同的法律规定来确定受理机关。经过比较研究，大体有五种做法：一是由检察机关、法院受理。如美国，被告人提出管辖权异议，可以直接向法院申请，也可直接向检察院申请。二是由正在审理的法院受理。这种情况在我国台湾地区、法国等地区或国家比较常见，法典中都作出了详细的规定。如法国，关于管辖权异议申请，向正在审理的法院提出的，或者法院依职权主动对管辖权进行审查时，认为本院对该案无管辖权的，管辖法院应当作出无管辖权的裁决。向正在审理的法院提出的做法，其他国家如俄罗斯也有类似规定。三是向有管辖权的法院提出。如我国澳门地区法律规定，对管辖权有异议的，有权直接向有管辖权的法院提出由该具有管辖权的法院解决争议并予以受理。四是向上级法院提出。如日本，如果当事人认为管辖权存在问题，那么由上级法院受理当事人的申请。在德国，是由共同的上级法院受理当事人的申请，并对管辖权异议进行裁决。五是向最高法院提出。如意大利、日本等国刑事诉讼法都明确规定了对管辖存有异议，申请人可以直接向其最高法院提出。关于域外法律对管辖权异议提出的方式有两种规定：一是书面形式，即要求对管辖权有异议的当事人必须以书面形式向有权审查机关提出。如法国法律规定，向预审法官提出管辖权异议请求的当事人，需要使用书面形式并且应当附加提出异议的理由。日本法律规定管辖权异议的提出必须通过记载理由的请求书。我国台湾地区要求申请指定管辖者应当以书面形式并说明申请理由。二是口头形式，即提出管辖权异议可以用口头语言表达方式提出，不需要用书面形式提出。如我国香港地区在其刑事诉讼程序法中规定被告人对法院的管辖权可以用口头方式提出异议，对无管辖权的答辩也能通过口头方式进行。当然，域外法律关于管辖权异议的提出方式，大部分国家法律都没有明确规定。

关于管辖权异议受理机关的构想，我国可以参照域外法律有益而合理的规定，结合职能管辖异议和审判管辖异议两种类型，受理机关应当有两种情形：一是关于职能管辖异议的审查，应当由公安机关和人民检察院的同级法院进行审查。涉及与法院自诉案件相关联的职能管辖异议，由该法院的上一级法院受理和裁决。原因在于：(1) 侦查机关上下级之间存在领导与被领导的关系，这种系统内的领导关系，其自身不可能客观公正地解决管辖权异议。(2) 同级法院的受理，具有司法审查之功能，也是诉讼规律本体要求。二是关于审判管辖权异议的审查，应当由上一级法院进行审查。参照德国等国家法律规定，由上一级法院对正在审理的且存在管辖权异议的法院进行审查。这种方式也是借鉴了我国民事诉讼法和行政诉讼法相关规定与实践中出现的问题而产生，即民事、行政管辖权异议受案法院自行裁定大多是不利于被告人的结果。在理论上，由受案法院自己来裁判管辖权异议，即自己审理自己的案件确实令被告人难以获得公正对待。所以，对于审判管辖权异议，由其上一级法院受理审查最为妥当。关于管辖权异议的提出方式，我们认为，应当根据具体情况来确定。也就是说，管辖权异议的提出方式可以是书面的，也可以口头方式。倘若用

口头方式提出，则要求受理机关记录在卷。这种管辖权异议的灵活提出方式对于解决管辖权异议具有迅速性和便利性。

结　语

管辖最大公约数是公平正义，程序正当乃是实现公平正义的看得见的方式与载体。对我国刑事诉讼管辖原则与其理论基础进行研究，是法治生态文明的基本内涵。作为诉讼入口，管辖制度本质上是一种案件分配制度，它要求的是案发前对每个具体案件确定拥有审判管辖权的法院。旨趣是防止党派或政府干预法院的案件分配权，进而干涉法院的具体审判程序或者裁判结果。拉德布鲁赫认为，“假如党派或政府对案件的管辖有影响力，那么就有可能对法官的裁判进行突袭式干涉”。联合国《关于司法机关独立的基本原则》中提出司法机关对司法性质的全部问题独有管辖权，其他任何政党或政府不可侵犯司法机关之管辖权，即党性不得关心司法独立性。事实上，管辖权问题也是一个政治结构问题，是国家治理体系结构中权力的分配和分工问题。在一元化的政治格局中，政治权力与司法权的关系有时候比较微妙。孟德斯鸠曾说一个人同时行使司法权和行政权时，那么该人（法官）就是压迫者。在实践中，指定管辖背后的语义常常暗示着司法性与政治性的缠绵。当然，立法顶层设计正在进行时，如何进一步修订或构建刑事诉讼管辖制度是一个令人期盼的话题。作为根本遵循，刑事诉讼管辖原则与理论基础必将引领监察委员会职务犯罪管辖的时代性要求和完善。

刑事诉讼视域下的国家监察机关：定位、性质及其权力配置

洪　浩*

一、国家监察委员会的法律定位

国家监察体制改革的涉及面较为广泛，关切到国家的基本权力配置，影响国家的长治久安。应该说，修正后的宪法和监察法的出台明确了国家监察委员会的法律地位，规定了监察委员会在刑事诉讼中与法院、检察院、公安机关的关系，彰显了我国现行监察制度的主要特点。

（一）国家监察委员会的宪法地位

为了保障国家监察制度改革的顺利进行，同时因应我国依法治国的基本要求，2018 年 3 月，第十三届全国人民代表大会先后表决通过了修正后的宪法和监察法。此次宪法修正共修改了 21 条，其中 11 条同设立监察委员会有关。值得注意的是，宪法关于国家监察机关的设立与“一府两院”不同。一方面，宪法规定“国务院、人民法院、人民检察院的组织由法律规定”，而“监察委员会的组织和职权由法律规定”。另一方面，“一府两院”的职权在宪法中均有规定，而现行宪法并没有规定监察委员会的相应职权。同时，当下在全国范围内虽然建立了国家监察委员会的组织体系，但目前尚没有颁布监察委员会组织法。加之现行刑事诉讼法也没有及时修订，未能确立对监察委员会办理的职务犯罪案件的审查机制和衔接程序。这就为监察机构的法律定位和职能配置留下了诸多想象的空间。

首先，关于监察机关的宪法地位和性质尚存在较大争议。其中，认为我国监察机关是政治机关的观点一度较有代表性。新华社在其播发的《国家监察体制改革试点工作综述》一文中指出：监察委既不是行政机关，也不是司法机关，而是政治机关。① 但是，若将监察机关定位为国家政治机关，那么则意味着监察对象涉嫌的是政治犯罪。而“政治犯不引渡”是各国公认的一项国际法原则。倘若如此定位监察机关，则可能给我国反腐败斗争和国际追逃追赃等工作带来困难，同时也可能背离了监察机关设立的制度初衷。故而，宪法没有采用此种定性，而是将各级监察委员会抽象地定义为“国家的监察机关”。应该说，目前监察机关不归入任何一类，进行了权力类型化安排，机构独立、职权独立，以避免不当解读。

---

* 作者简介：洪浩，法学博士，武汉大学诉讼制度与司法改革研究中心主任，教授，博士生导师。

① 参见《监察委是政治机关，不是行政机关司法机关》，http://e.chengdu.cn/html/2017-11/06/content_609905.htm，访问日期：2018 年 3 月 23 日。

其次，关于国家监察委员会宪法地位的认知。宪法明确规定，国家监察委员会由全国人民代表大会选举产生，并对其负责。即表明人民政府、国家监察委员会、法院、检察院等均属于全国人民代表大会领导下的二级权力形式。虽然在宪法中“监察委员会”一节设置在“人民法院和人民检察院”之前，但我们不能得出国家监察委员会的地位高于“两院”的必然结论。当然，以权力运行的角度来看，监察委员会改革旨在建立权力集中统一、高效权威的监察体系，监察委员会的监督对象是所有使用公权力的公职人员。为了保证监察机关能够实现监督的职能，监察机关的地位貌似应高于其他权力机关才能保证监督的有效性。但若其权力过于庞大，且不受制约，则可能产生权力的专横。例如，如果国家监察委员会的地位高于司法机关，司法权对其制约就会减弱。那么，司法机关对监察机关之职务行为合法性的裁判就可能出现偏差，难以保证司法的公正性。同时，还可能导致监察对象的人权和诉讼权利处于危险之中，也不利于司法机关独立、公正地处理案件。可以说，从现行宪法的规定看，全国人民代表大会领导下的二级权力形式之间是平等的且分离的。因为只有权力分置才能形成二级权力之间相互制衡的格局，才能保证权力之间的规范行使。当下，由于监察委员会组织法之阙如，监察委员会的性质、地位及其职权架构尚未尘埃落定，在理解上难免存在争议。笔者认为，关于监察机关的宪法性质和地位可做这样的解读：即监察机关行使的职权是国家监察权，是人大及其常委会之下二级权力的分配形式。监察委员会独立于“一府两院”，其宪法地位与“一府两院”平等。监察委员会的职权应由宪法予以明确，由监察委员会组织法具体规定，以避免“国家监察权”内涵、外延的不统一可能妨碍反腐败的制度实现。

（二）刑事诉讼中监察机关与公安机关、检察院、法院的关系

宪法第 127 条第 2 款规定：“监察机关办理职务违法和职务犯罪案件，应当与审判机关、检察机关、执法部门互相配合，互相制约。”不难看出，该条款中的“执法部门”即人民政府组织机构中的执法机关，包括公安机关、市场监管机关、税务机关等。同时，该条款还明确了监察委员会与法院、检察院、执法部门的工作关系为“互相配合、互相制约”。应该说，在“互相配合、互相制约”的语境中，“办理职务违法案件”时主要指监察机关与政府执法部门之间的配合、制约；而“办理职务犯罪案件”时主要指监察机关与公安机关、检察机关、法院之间的配合和制约。在刑事诉讼中，监察机关与公安机关、检察机关、法院之间的配合和制约主要体现在办理刑事案件时的职能关系上。

申言之，互相配合是为了理顺监察机关与其他机关之间的关系，以打击违法犯罪，保证办案之效率；互相制约则表明监察机关在办案时同样需要监督和制约，以实现办案之公正。在刑事诉讼程序中，互相配合主要是指侦查（调查）机关与公诉机关之间的相互配合。因为侦查（调查）行为与审查起诉之间具有同质性，使侦查（调查）机关与公诉机关具有共同打击犯罪的主观责任和内在动力。同样的，监察机关在办理职务违法、职务犯罪案件时也离不开公安机关的配合与协助。

相互制约则主要表现为检察机关、审判机关对监察机关办理的职务犯罪案件的审查和审判。现行刑事诉讼法对公安机关、检察机关、审判机关三者之间的互相制约关系有明确的规定，以保障刑事诉讼的顺利进行。对于监察机关与检法之间的互相制约，则主要体现在职务犯罪案件的办理中。依照刑事诉讼的进程，在刑事诉讼法调整范围内通过审查起诉、

司法审判等方式予以落实。

（三）我国现行监察制度的主要特点

毋庸置疑，反腐败是我国现行监察制度改革和形成的直接动因。在监察法颁布之前，我国长期以来较为依赖运动式的反腐，这种反腐能够有多长的生命力，能否抑制或者根治我国的腐败问题，或者为什么要推行这种运动式的反腐形式?① 其主要原因在于其时我国的反腐机制。之前，我国反腐机制主要包括行政监察（纪律检查）和检察监督两大类职务违法犯罪的治理机制等。但是，纪检监察机关执纪、执法程序不畅且合法性不足，检察监督有效性欠佳。我国两大反腐治理机制在实践中的运行不流畅、效果欠佳，不能有效满足社会对惩治职务违法犯罪治理的需求。正是在这样的时代背景下，国家监察体制改革应运而生。国家监察体制改革走了一条不同以往的道路，改革的涉及面较广，表现出其鲜明的特点。

1. 位阶高、职权强、监察面广

2018 年修正的宪法将监察机关从“政府”的概念之下独立出来，同“一府两院”并列，位阶高。国家监察委员会改变了全国人大领导之下的“一府两院”的二级权力构造，成为新的国家机构。

与之前的行政监察不同，国家监察体制整合了各类反腐败资源，职权强。监察委员会整合了政府行政监察机关、预防腐败机构和检察机关的职务犯罪预防、侦查部门等。国家监察机关配置相应的履职措施，并同纪委合署办公，集中统一了反腐资源，使得原来分散行使的反腐措施拧成一股力量。国家监察机关集中行使反腐的职权，实现监察对象全覆盖，以促进贪腐问题的综合治理。可以说，在议行合一的国家体制下，合署办公是我国反腐工作的宝贵制度经验②。但是，以往的纪委与行政监察合署办公，两者的级别、规格不匹配。在国家监察体制改革后，两者的级别相当，在职能上各有侧重，能够取长补短，提高反腐效能。③

监察法监察面广。我国监察对象包括五类：一是按照或参照公务员法管理的公职人员；二是依法被授权或受托管理公共事务组织中的工作人员；三是国有企业管理人员；四是公办等事业单位中的管理人员；五是基层群众性自治组织中从事集体事务管理的人员。国家监察委员会作为一个反腐败的超级机构，从制度上解决了过去反腐败机制中监察范围较窄的问题。国家监察机关利用其强大的职权以推进腐败问题的综合治理，全面监察行使公权力的公职人员，做到不疏不漏。国家监察委员会集中行使反腐职权和措施，既表现出对腐败违法犯罪打击力度的加强，又表现出监察范围的扩大，从而实现对行使公权力的工作人员的全覆盖监察。

2. 与刑事诉讼保持较强的互动性、发展性

监察体制改革一直保持着与刑事诉讼密切的互动关系。首先，检察机关具有预防、侦

---

① 参见《纪委人员：要告别运动式反腐和权力式反腐》，http://www.chinanews.com/fz/2014/10-22/6705259.shtml，访问日期：2018 年 3 月 23 日。

② 参见徐理响：《现代国家治理中的合署办公体制探析——以纪检监察合署办公为例》，载《求是》2015 年第 8 期。

③ 参见马怀德：《再论国家监察立法的主要问题》，载《行政法学研究》2018 年第 1 期。

查职能的人员整体转隶至监察委员会，改变了自1979年以来所确立的我国刑事案件职能管辖制度，使职务犯罪侦查制度出现了全面的调整。其次，监察体制（试点）改革过程中暂停了刑事诉讼法相关条款的规定，监察机关基本不受刑事诉讼法的约束。为了规范监察权力的运行，随着修正后的宪法、监察法的颁布，立法机关原则上均将监察机关的职权纳入刑事诉讼法调整范畴。相关法律明确，监察机关办理职务违法和职务犯罪案件，应当与审判机关、检察机关、执法部门互相配合，互相制约。最后，监察机关还与法院、检察院、公安机关等刑事诉讼专门机关保持着密切的互动关系。监察机关大量借鉴了刑事诉讼的侦查措施，在使用调查措施时进行着诉讼化改造和完善，注重与其他刑事诉讼专门机关的协调与配合。不难看出，监察体制改革促进了我国刑事诉讼制度改革和发展；同时，国家监察机关在推进体制改革时，也受到我国现代刑事诉讼制度科学化、规范化的影响。

二、国家监察委员会职权的性质

明确国家监察权的性质有利于监察制度的建设。一方面，科学界定国家监察权的性质及其内涵能够避免国家二级权力职能的交叉，合理配置监察权力，以保证国家机构之间各司其职、分工负责，共同推进国家治理。另一方面，厘清国家监察权的性质即认清了国家监察委员会的本质，从而有利于建构合理的国家监察体制。综观监察制度改革试点中的监察职权样态，其与监察法的规定有异，应有利于我们解析监察委员会职权的应然属性。

（一）监察制度改革试点中监察职权的实然样态

全国人大常委会通过的《关于在北京市、山西省、浙江省开展国家监督体制改革试点工作的决定》（以下简称《试点决定》）出台后，北京、浙江、山西三地的监察制度改革试点近一年。从试点中监察委员会的职权配置、职权运行来看，监察职权表现为一种混合权力属性。

1. 行政权属性

行政权是一种依照法律、法规对公共事务进行行政管理活动的权力形式。行政权是国家政权和社会治理权的主要内容，其以管理为核心内容，具有主动性、单方性、强制性等特点，其本质是一种管理权。而司法权是一种依法居中裁决纠纷的权力，具有被动性、居中性等特点，其本质是一种判断权。[①] 依照《试点决定》的规定，北京、浙江、山西等三地监察机关具有监督、调查、处置三大职权。监督权是其职权行使的目标或任务，主要依靠调查权来实现；处置权是依据调查的结果而提出处分的权力，是实现监督目的的手段。不难看出，调查权是监察委员会在反腐斗争中的主要职能，而调查权的本质就是一种行政权。从试点地区监察权的运行方式也可以看出，调查权的行使是单方的、主动进行的，其履职措施也具有明显强制性的特点。所以，试点中监察委员会职权表现出行政权的属性。

同时，试点地区将政府行政监察机关、预防腐败部门和检察机关职务犯罪预防和侦查部门整合，而这些机构和部门所行使的职权本质上也是一种行政权。首先，监察委员会改革建立在行政监察体制之上，主要是以行政监察的权力为中心，行政监察权本质即行政权。

① 参见孙笑侠：《司法权的本质是判断权》，载《法学》1998年第8期。

其次，国家预防腐败局本身也是政府的组成部门。最后，检察机关的职务犯罪预防和侦查部门行使的职务犯罪侦查权具有主动性、单方性、强制性等特点，是典型的行政权。从职权的继受性来看，监察职权的本质属性亦是行政权。

2. 司法权色彩

国家监察权不仅表现出行政权的属性，同时还带有司法权的色彩。从中央纪委监察部的工作程序可以看出，纪检监察机关有权立案、调查和移送审理，监察机关有权复查、复审、复核，这表明纪检监察机关在处理案件过程中享有一定程度上的裁判权，有权对相关执纪、执法行为进行评价、定性并作出处置。这一权力色彩在《试点决定》所规定的处置权中较为明显。《试点决定》规定，监察委员会在调查案件情况后可以对职务违法和职务犯罪行为进行处置，该种处置权即是对违法犯罪行为的一种判断和确认，具有司法裁判的含义，表现出司法权的属性。同时，《试点决定》还规定了其特有的留置措施。从纪检监察机关的办案情况看，留置措施的期限相对较长，是一种严厉的、限制人身自由的约束性措施。很显然，决定是否适用留置措施也是对行为人相关行为的一种法律判断或确认。最为关键的是，在留置阶段，无论是调查权、处置权还是留置措施等不受刑事诉讼法的约束，表现出终局性、裁判性的色彩。

（二）监察职权的应然属性

修正后的宪法和监察法公布后，国家监察委员会行使的权力到底是何种性质的权力？是行政权还是司法权，亦或者其他权力形式？试点地区监察权所表现出的行政权兼司法权的混合权力属性是否适应我国的国情？这些问题关涉到国家监察机构的权力配置及其机构的构建，亦关系到刑事诉讼法如何修改以进行有效衔接。因而，结合国家监察体制改革的背景，明确国家监察委员会的根本职责，从理论上厘清国家监察职权的应然属性很有必要。

1. 监察委员会的根本职责即为反腐

腐败问题一直是国家发展和治理中的重要问题。改革开放以来，随着我国经济的发展和社会转型，腐败问题也日益凸显。根据中央纪委监察部网站公布的数据显示，2013 年至 2017 年，全国纪检监察机关共立案 166.8 万件，给予党纪政纪处分 169 万人。2016 年处分省部级干部 76 人，厅局级干部 2700 余人；2017 年处分省部级及以上干部 58 人，厅局级干部 3300 余人。2013 年至 2017 年五年间，全国纪检监察机关每年的立案、结案、给予党纪政纪处分数量均呈快速增长趋势。① 近年来，腐败所涉及的范围越来越广，渗透到政治、经济、文化等各个行业，从一般的经济部门扩展至党政机关、行政执法机关、司法机关等重要部门，甚至中央一级党和国家机关。国家监察委员会正是基于制度反腐的需要应运而生，这也表明了反腐是国家监察机关的主要目标。国家监察体制的改革正是围绕着如何能够适应时代背景，更为合法有效地治理贪腐问题而展开，从而形成“不能腐”的制度机制和治理体系。王岐山同志在试点工作调研时也明确表明：“监察委员会实质上是反腐败机构，是

① 2013 年至 2016 年 9 月数据来源于新华网：《始终保持反腐败高压态势　2013 年至 2016 年 9 月全国党政纪处分 101 万人》，http：//www.xinhuanet.com/legal/2016-10/20/c_ 1119758888.htm，访问日期：2018 年 3 月 23 日；2016 年数据来源于中国纪检监察报：《中央纪委通报 2016 年全国纪检监察机关纪律审查情况》，http：//csr.mos.gov.cn/content/2017-01/05/content_ 43988.htm，访问日期：2018 年 3 月 23 日；2017 年数据来源于中央纪委监察部网站：《中央纪委通报 2017 年全国纪检监察机关纪律审查情况》，访问日期：2018 年 3 月 23 日。

监督执法机关。”①

全国纪检监察机关纪律审查情况

时间	立案	结案	处分
2013 年	17.2 万件	17.3 万件	18.2 万人
2014 年	22.6 万件	21.8 万件	23.3 万人
2015 年	33 万件	31.7 万件	33.6 万人
2016 年	41.3 万件		41.5 万人
2017 年	52.7 万件		52.7 万人

资料来源：中央纪委监察部网站

2. 监察委员会的职权定位应是一般监督权

一般监督权是社会主义国家治理的基本权能，通常表现为“议行合一”政权结构中的二级权力形式。最先提出一般监督权思想和进行法律制度安排的是社会主义国家苏联。苏联建立之初，《俄罗斯社会主义联邦苏维埃共和国宪法》明确规定，设立国家监察人民委员部，其主要负责监督各级政权机关及其公职人员。不仅拥有行政监察权还具有追诉公职人员犯罪的权力，拥有广泛的监督权。其中，就包括一般监督权。随后，国家监察人民委员部被改为工农检查人民委员部，继续行使原来国家监察人民委员部的职能。1936 年《苏维埃社会主义共和国联盟宪法》颁行后，设立了苏联工农检察院以取代工农检查人民委员部。同年，苏联工农检察院又被改组为国家监察部。② 虽然国家监察机关与检察机关几经改组，但一般监督权均是法律监督权中的核心内容。

受苏联法律制度的影响，我国土地革命时期的政权中就设立了工农检察部，这是我国监察（检察）机关的雏形，拥有一般监督权。新中国成立后，我国的第一部宪法——“五四宪法”明确了检察机关的一般监督权，即“对于国务院所属各部门、地方各级国家机关、国家机关工作人员和公民是否遵守法律，行使检察权”。但是，1982 年宪法取消了检察机关的该项权力。2018 年修正后的宪法和监察法的颁布，为一般监督权制度的重构提供了条件。在反腐败目标的导向下，监察法第 1 条规定：“为了深化国家监察体制改革，加强对所有行使公权力的公职人员的监督，实现国家监察全面覆盖，深入开展反腐败工作，推进国家治理体系和治理能力现代化，根据宪法，制定本法。”开宗明义地指出了监察机关的任务即为通过监察监督的全覆盖以实现反腐败。国家监察体制改革的目标是要实现对公权力运行的监督，将所有行使公权力的公职人员纳入监督范围中来，实现监督的全覆盖。不难看出，国家监察机关在职能上与早期检察机关的一般监督职权范围相类似；在组织架构上，监察机关也与检察机关保持一致，机关内部上下一体，在整体上独立于其他行政、司法等机关。同时，我国监察机关在职权上也继承了检察机关的职务犯罪侦查权。笔者以为，这都表明现行国家监察机关与新中国成立初期的检察机关相类似，其所行使的职权应该就是

① 《王岐山：监察委员会实质上是反腐败机构》，http://www.caixin.com/2016-11-25/101019324.html，访问日期：2018 年 3 月 23 日。

② 参见丁中柱：《列宁、斯大林时期苏联的国家监察制度》，载《法学杂志》1983 年第 3 期。

一般监督权。不同的是，当下的一般监督权并没有新中国成立初期检察机关那么广泛的一般监督权。国家监察委员会所行使的一般监督权范围相对较窄、任务更明晰：以公职人员为对象、以贪腐问题的治理为重心。应该说，这更符合现代国家治理方式的转变和权力相互制衡的制度要求。

3. 监察权的应然属性是行政权

监察机关监督职能和反腐任务的实现依赖于调查权和处置权的运行，而调查权和处置权的内容和运行方式具有典型的行政权样态。

调查权的属性是监察职权本质属性的集中反映。监察法第3条规定："各级监察委员会是行使国家监察职能的专责机关，依照本法对所有行使公权力的公职人员（以下简称公职人员）进行监察，调查职务违法和职务犯罪，开展廉政建设和反腐败工作，维护宪法和法律的尊严。"不难看出，调查职务违法和职务犯罪是监察职权的核心内容，而调查权是典型的行政权。首先，调查权即是对职务违法、犯罪进行调查。监察法明确规定了监察机关办理案件中的非法证据排除、不得刑讯逼供、知情权等条款以防止调查权的扩张。这些规定与刑事诉讼法中的制约公安机关侦查权的内容相同，亦表明调查权与公安机关侦查权具有同质性，即行政权属性。监察法还规定，职务犯罪中的调查权应当纳入刑事诉讼法调整范畴。职务犯罪的调查应受公诉审查的制约，检察机关具有退回补充调查权。这些均表明调查权是行政权，且服从于司法审查权。其次，从监察机关的组织架构来看，监察机关是整体独立于人民政府、人民检察院、人民法院（以下简称"两院"）等权力形式，其内部表现为上级领导下级的组织体系，契合行政权运行中上命下从、高效一致的组织要求。再次，修正后的宪法规定监察机关与"两院"的关系是"互相配合、互相制约"，类似于公安机关与"两院"关系的法律描述。这也印证了在法律定位上监察机关与公安机关具有同质性。最后，调查权不具有超然中立的立场，其立场性极强——代表国家和党组织追究职务的违法犯罪。并且，调查权的启动还具有主动性和单方性，是典型的行政权表现。

处置权也是监察职能的核心内容，其包含四种形式：政务处分，问责领导人员，将调查结果移送审查、起诉，提出监察建议等。其中，政务处分和问责领导人员属于行政或党纪处分；将调查结果移送审查、起诉并不具有终局性、裁判性，需要检察机关、法院对调查结论进行法律评价；提出监察建议也属于轻微的行政处分。不难看出，处置权的具体形式也具有行政权性质。

申言之，相对于域外相关制度，如以新加坡、我国香港和澳门地区的反腐败制度观之，反腐败机构均表现出行政权的本质。我国反腐败制度亦不例外，监察机关的核心职权即为调查权，其本质属性是行政权。

三、国家监察委员会调查权的诉讼化配置

作为国家监察委员会的核心权力，调查权是国家监察制度有效实施的基础。应该说，调查权的设立是我国反腐败制度化、法律化的关键举措。但是，其行政权本质决定了监察权在我国二级权力体系中若过于庞大，可能不利于权力之间的平衡、制约。因为调查权的恣意或不当运行也可能不利于监察制度改革的顺利进行，甚至成为法治国家建设的隐忧。如何规范调查权的运行？国家权力的科学分工和均衡配置是制度前提，权力制约和权利救

济是制度保障，调查权的制度设计亦不例外。在总结监察制度（试点）改革成果的基础上，我国建立了现代意义上的国家监察制度。该制度借鉴了域外反腐败的制度文明，总结了我国国家治理的历史经验和教训。毋庸置疑，我国修正后的宪法、监察法是国家监察制度建设的直接成果和法律形式。其中，从刑事诉讼的角度考量监察权的科学配置是其制度亮点。现行监察制度确立了监察委员会与检察院、法院之间的互相配合、互相制约的工作关系，明确了国家监察机关在办理职务违法犯罪案件时与刑事诉讼制度的衔接方式，规范了调查权的行使条件和范围，使我国反腐败工作进一步法律化、制度化。

（一）调查权运行的诉讼机制

相对于监察制度改革的试点方案，现行国家监察制度建立了独立的国家监察机构体系，明确了其职权（调查权）内涵，规范了监察权的运行范围和方式等。这些改革举措符合法治国家建设的方向，彰显了我国法律文明。其中，突出亮点表现在：其一，确立调查权等相关制度，以取代“双规”措施。[①] 其二，建立了调查权运行的诉讼机制，将其运行的程序纳入刑事诉讼法的调整范畴之中，以刑事诉讼法规范监察机关调查权的行使。其三，理顺了办理职务违法、职务犯罪案件的范围、条件和程序。

依照监察法的规定，监察机关调查权包括职务违法和职务犯罪两个方面的调查权。相对于检察机关的职务犯罪侦查权，监察机关调查权的范围更宽。类似于现行公安机关集行政执法权与刑事侦查权于一身的样态。同时，监察法明确规定了监察机关行使调查权的诉讼程序，建立了调查权运行的诉讼机制。具体包括：第一，建立了调查主体的回避制度。包括自行回避和依申请回避，但未明确指令回避和回避程序。第二，规定了调查措施适用的法定程序。未经法定批准和法定程序不得启动调查措施。第三，确立了调查行为的合法性原则。规定调查必须依法进行，否则其结论不得作为案件处置的依据。强调调查取证中不得刑讯逼供，重要取证工作的全程录音录像制度，明确了非法证据排除规则的适用。第四，明确了调查案件的证明标准。办理职务犯罪案件的证据要求、标准应当与刑事诉讼法的规定一致。第五，明确了亲属与公众知情权，立案后向家属和公众通知或公布，采取留置措施后应当通知被留置人员所在单位和家属。第六，明确调查权受公诉审查的制约，检察机关可以要求监察机关退回补充调查或自行调查，检察机关有权决定不起诉等。

在组织结构上监察机关类似于检察机关，其只对同级人大及其常委会和其上级负责，在整体上保持独立。在人事组织上也采取类似法官、检察官遴选（惩戒）委员会的做法，“国家实行监察官制度，依法确定监察官的等级设置、任免、考评和晋升等制度”。这一结构形式有利于监察职权的上命下达，调查行为的准确及时。

在职权结构上监察机关类似于公安机关，都是集行政执法权与犯罪调查权于一身，权力较为庞大。不同的是，监察法尚没有对监察机关两种性质的职权进行区分。

（二）调查措施的程序规制

监察法列明了检察机关在办理案件时可以采用谈话、讯问、询问、查询、冻结、调取、

---

① “双规措施”是指国家监察制度建立以前，我国纪检监察机关办理违纪违法案件时的一种措施。它要求被立案违纪违法人员在规定的时间到规定的地点接受谈话和询问。

查封、扣押、搜查、勘验检查、鉴定、留置、技术调查 13 种调查措施。从种类上看，除了刑事拘留、逮捕等五种刑事强制措施外，调查措施几乎囊括了刑事诉讼法规定的所有强制性措施和侦查方法。

在调查措施方面，监察法的突出亮点是确立了留置措施，明确了包括留置措施的适用条件、留置的特定场所、留置措施的决定程序、留置的期限、留置的法律后果（刑期折抵）等。留置是保障调查权运行的强制性措施，是“双规”、“双指”法律化的成果。如何评价留置的法律效果？目前理论界尚有争议。浙江省监察机关的实践表明：浙江省办案时“平均留置的时间是 42.5 天，比改革之前，纪委双规和检察机关侦查阶段平均用时缩短了 61.4%。”[①] 笔者以为，留置就相当于刑事拘留和逮捕。在现行规定中，留置不受检察机关强制措施审查的制约。这可能不利于检察机关展开对调查证据的及时审查，也不利于职务犯罪案件中非法证据排除规则的有效实施。为保证证据的合法性和保障人权，应当构建“留置审查”机制，使留置措施置于检察机关的审查之下，以保证留置措施的规范行使。关于留置的场所问题，从试点的情况来看，各地做法不一：北京、江西直接将办案场所设置为留置场所，浙江则将看守所设置为留置场所。笔者以为，办案场所设为留置场所有利于保证办案不受非法干预，将看守所作为留置场所则有利于同刑事诉讼法的衔接。为了保证被调查人的会见权、辩护权等权利，将看守所作为留置场所的做法应当更为可取。

与试点方案基本一致，监察法确立了调查权运行中可以采用技术调查。技术调查被纳入监察机关的职权范围内，表明监察机关的调查权与检察机关的侦查权相类似。对刑事诉讼法中是否应当规定技术侦查措施，我国理论界曾经有较大争议。因为曾经有“党内不准搞技术侦查”的指示[②]。但是，考虑到贪腐犯罪无现场、取证难，且容易串供、毁证、反侦查，侦查的难度较大；同时，实践中使用技术侦查手段对案件侦破帮助较大。因此，刑事诉讼法（第 148 条）规定了重大贪腐犯罪案件可以适用技术侦查。[③] 笔者认为，“党内不准搞技术侦查”应该是指对于党内的一般违法违纪案件不能适用技术侦查。但是，依法对于严重贪腐案件适用技术侦查是符合反腐败的法治国家建设精神的。在职务犯罪侦查权转隶国家监察委员会后，国家监察委员会在调查重大贪腐犯罪时面临着同样的实践困境。因此，监察法关于技术调查的规定是具有必要性的。同样的，按照制约原则，技术调查的执行应当交由公安机关或国家安全机关负责。至于依靠技术调查所取得证据的判断和适用，监察法未予规定，可在日后修订刑事诉讼法时予以明确。

（三）调查权的制度优化

相对于《试点决定》，监察法有了很大的进步。但以刑事诉讼为视角，在监察机关的调查权配置方面还存在一些问题，具有进一步优化的空间。

（1）立案监督制度缺位。现行调查制度在一定程度上割裂了调查权与公诉权之间的关系，可能不利于职务犯罪案件的办理。从现代刑事诉讼构造来看，侦（调）控分离、相互

① 《代表谈留置措施：24 小时监控夜里 11 点前结束谈话》，http://news.163.com/18/0315/02/DCTIAAOP000187VI.html，访问日期：2018 年 3 月 23 日。

② 龚培华：《职务犯罪技术侦查的困境与对策》，载《法学》2014 年第 9 期。

③ 参见黄太云：《刑事诉讼法修改释义》，载《人民检察》2012 年第 8 期。

制约是刑事审前程序的制度基础。调查是为控诉服务的，共同实现追诉犯罪的任务。公诉权存在的根本目的之一就是制约侦（调）查权，防止侦（调）查权的滥用。

（2）退回补充调查权的规定不周延。监察法规定，检察机关在审查职务犯罪案件时，可以退回补充调查。但是，对于监察机关在退回补充调查后不移送、不通知检察机关的情况如何处理，没有给出解决方案。同时，对补充调查完毕后再行移送人民检察院的案件，人民检察院是否重新计算审查起诉期限也没有相应的规定。

（3）自行补充侦查权的规定不严谨。监察法第 47 条第 3 款规定，检察机关在必要时可以“自行补充侦查”。此处没有沿用“调查”这一概念，在职务犯罪案件办理的同一程序中“调查”与“侦查”两种职权并存，容易造成理解上的混乱。同时，由于监察法未能界定检察机关“自行补充侦查”行为的性质，在检察机关职务犯罪侦查部门整体转隶后，检察机关尚没有相应的职能部门以应对“自行补充侦查”的问题。监察法对检察机关“自行补充侦查”行为亦没有给出明确的期限。在司法实践中，由于检察机关职务犯罪案件补充侦查主体的缺位或不明确，检察机关可能无法履行自行补充侦查职能。从而可能影响案件的公正、及时处理。

监察证据在刑事诉讼中使用问题研究

韩　旭*

一、问题的提出

在当前有关国家监察法与刑事诉讼法衔接协调的讨论中，学界在关注监察调查权法治化、规范化行使等问题的同时，都不可避免或多或少地论及作为监察委员会调查成果的监察证据与刑事司法证据的衔接问题。这不仅在于证据乃诉讼的基石以及证据裁判原则的普遍确立，更在于为了构建集中统一、权威高效的监察体制之需要，监察委员会在性质上既非行政机关，亦非司法机关，而是“行使国家监察职能的专责机关”，监察委员会对职务违法犯罪所行使的调查权也非侦查权，从而规避了刑事诉讼法律规范的适用。《国家监察法（草案）二审稿》（以下简称《监察法草案》）第45条第1款第4项规定：“对被调查人涉嫌职务犯罪，监察机关经调查认为犯罪事实清楚，证据确实、充分的，制作起诉意见书，连同案卷材料、证据一并移送人民检察院，依法提起公诉。人民检察院依法对被调查人采取强制措施。”由于监察调查完毕后要将“案卷材料、证据一并移送”检察院，监察机关移送的材料、证据司法机关该如何对待和使用便成为一个不容回避的现实问题。“实行检察机关职务犯罪侦查权移转和机构人员转隶后，监察机关已替代检察机关成为职务犯罪的实际侦查机关，因此必须在法律上解决监察调查收集证据在刑事诉讼中的使用问题。”① 对此，《监察法草案》第33条规定：“监察机关依照本法规定收集的物证、书证、证人证言、被调查人供述和辩解、视听资料、电子数据等证据材料，在刑事诉讼中可以作为证据使用。监察机关在收集、固定、审查、运用证据时，应当与刑事审判关于证据的要求和标准相一致。以非法方法收集的证据应当依法予以排除，不得作为案件处置的依据。”上述规定系监察与司法关于证据衔接问题的集中体现，从表面上看，监察证据在刑事诉讼中的使用问题似乎已得到解决。但仔细分析，相关规定要么欠缺合理性，要么与刑事诉讼法规范之间缺乏协调性，导致《监察法草案》通过后实际操作上的困难。因此，上述规定并不能完全解决监察证据进入诉讼后的证据审查和证据使用问题，仍有探讨的必要。首先，《监察法草案》允许“证人证言、被调查人供述”等言词证据在刑事诉讼中作为证据使用，该规定与刑事诉讼法有关行政执法证据的司法使用规定并不一致，其合理性应予检视。其次，“以非法方法收集的证据应当依法予以排除，不得作为案件处置的依据”解决的是监察调查程序中的非

---

* 韩旭，法学博士，四川大学法学院教授，四川省司法制度改革研究基地主任。

① 参见卞建林：《监察机关办案程序初探》，载《法律科学》2017年第6期。

法证据排除问题，而未明确在进入诉讼后能否适用非法证据排除规则予以排除。根据字面解释，这里的“案件处置”显然是监察委“监督、调查、处置”三大职责中的“处置”，而不包括检察院、法院对案件的处置。那么，检察院、法院对监察委调查收集的证据材料能否适用非法证据排除，规则以及如何适用该规则，仍有待探讨。最后，即便承认监察调查证据在进入诉讼后检察院、法院有权对其合法性进行审查和调查，并在确认或者不能排除非法取证可能时予以排除，那么就目前的体制和制度设计而言，仍存在较大的局限性，难保取得实效。在当前开展庭审实质化改革并由此推动以审判为中心刑事诉讼制度建立的背景下，职务犯罪案件中监察委调查收集的证据能否接受有效的司法审查可以说是检验改革成效的“试金石”。

二、监察机关调查收集的证据材料在刑事诉讼中“可以作为证据使用”问题

在监察体制改革之前，惯常的做法是纪委在“双规”调查后将涉嫌职务犯罪的案件移送检察院立案侦查，物证、书证等实物证据移送后直接适用于侦查阶段，作为诉讼证据使用；而对于询问笔录、证人证言等言词证据则需由检察院重新收集，并制作笔录，转化为合法的证据材料。2012 年刑事诉讼法再修改对行政机关在执法办案过程中收集的证据材料在刑事司法中的使用大体遵循了上述做法。刑事诉讼法第 52 条第 2 款规定：“行政机关在行政执法和查办案件过程中收集的物证、书证、视听资料、电子数据等证据材料，在刑事诉讼中可以作为证据使用。”根据立法部门权威人士的解释：行政执法证据在刑事诉讼中可以直接作为证据使用的仅限于物证、书证、视听资料、电子数据等实物证据，而不包括证人证言、被害人陈述等言词证据。[①] 盖因该类言词证据的取得遵循的是行政执法程序规范而非刑事诉讼规范，程序规范性不足，且通常以书面传闻的笔录形式为载体，缺乏“真实性的情况保障”。

《监察法草案》一改过往纪委办案的做法和刑事诉讼法关于证据移送、使用的规定，要求监察机关收集的物证、书证、证人证言、被调查人供述和辩解、视听资料、电子数据等所有证据材料，在刑事诉讼中均可以作为证据使用。笔者认为，这种不区分实物证据与言词证据在诉讼中一律“可以作为证据使用”的规定虽然避免了“证据转化”所带来的重复劳动，提高了办案效率，但在制度合理性方面不无疑问。理由有三：一是虽然成立了专门的监察委员会，但与改革之前作为政府组成部门的监察机关的工作体制一样，仍是采取与同级纪委“合署办公”的工作方式，即所谓的“两块牌子、一套人马”，且各级监察委员会主任都是由同级纪委书记担任，纪委领导、主导办案的特征仍较明显。在工作体制、基本工作方式未发生根本性变化的情况下，仅仅因为检察机关职务犯罪侦查职能和人员的转隶而改变之前纪委调查证据移送和证据使用的做法，其正当性不足。二是监察机关虽然在性质上不是行政机关，但其监察调查程序与行政执法程序一样，均不受刑事诉讼法有关专门性调查（侦查）程序的规制。既然行政机关在行政执法和办案过程中收集的证据材料在与刑事司法衔接时采取“区别对待”的处理方式，那么对于监察机关调查收集的证据材料亦应采取与行政执法相同的操作方式。三是言词证据具有不同于实物证据的特点，稳定性

---

① 参见郎胜：《〈中华人民共和国刑事诉讼法〉修改与适用》，新华出版社 2012 年版，第 119 页。

较差，容易受到取证主体、取证方式甚至取证环境的影响。近年来冤假错案发生的教训表明，虚假陈述往往伴随着侵犯公民基本权利的非法取证行为发生，这也是为什么我国立法和司法机关将言词证据尤其是口供作为非法证据排除重点的原因所在。与言词证据不同，实物证据不因取证主体的不同而影响其真实性和证明力，稳定性较强，可靠性比较容易得到保障。此外，物证、书证等实物证据在收集上具有“不可重复性”的特点。对于物证、书证、视听资料、电子数据等实物证据，如果要求侦查机关重新收集，会在很大程度上增加侦查机关的负担，而且很多实物证据实际上也无法“重新”收集。如果这些证据材料不能在刑事诉讼中作为证据使用，司法机关查明案件事实就会存在严重困难，对于打击犯罪、保障人权都是不利的。① 如果允许监察调查中被调查人供述、证人证言等言词证据直接作为诉讼证据使用，赋予其证据资格，那么司法机关可能放松甚至放弃对该类证据内容真实性和取证合法性的审查职能。实践中某些司法人员可能会对“作为证据使用”存在认识和理解上的偏差，将其等同于“定案根据”。事实上，“可以作为证据使用”是指这些证据具有进入刑事诉讼的资格，不需要再次履行取证手续。② 并不意味着检察院可以作为作出程序性决定和法院定案的根据，即不能直接将其用于批捕、起诉和定罪量刑的实质性证据，仅仅意味着在进入刑事诉讼后不再需要进行证据“转化”，但仍存在一个能否作为“定案根据”的司法审查问题。“就监察机关移送的实物类证据而言，直接用作刑事诉讼证据使用具有一定的合理性。然而，对于包括被调查人供述和辩解在内的言词类证据而言，在律师和司法机关无法介入监察程序的情况下，其内容的真实性和收集程序的合法性难免遭受质疑。”③ 为此，建议立法过程中对《监察法草案》第 33 条作出修改，将在刑事诉讼中可以作为证据使用的证据种类限于物证、书证、视听资料、电子数据等实物证据，而对证人证言、被调查人供述等言词证据排除在可以使用的“诉讼证据”之外，从而使之与刑事诉讼法第 52 条第 2 款的规定保持一致。为了与监察法相协调，在未来修改刑事诉讼法时，建议对第 52 条第 2 款进行修改完善，在取证主体上增加“监察机关”这一新的办案主体。为防止言词证据直接使用可能带来的风险，在实务操作上，可在检察院受理案件后采取对被调查人、证人复核的方式进行证据转化。需要注意的是，虽然监察调查的证人证言、被调查人供述在诉讼中不能直接作为诉讼证据使用，但当与诉讼中证人证言、犯罪嫌疑人供述内容不一致时，可以作为弹劾证据使用。

三、监察机关调查的证据材料进入诉讼程序后非法证据排除规则适用问题

（一）监察调查的证据材料进入诉讼程序后能否适用非法证据排除规则

如前所述，《监察法草案》虽然确立了非法证据排除规则，但仅适用于监察调查程序，且排除的后果仅是“不得作为案件处置的依据”。而对经调查涉嫌职务犯罪的案件在移送检察院之后的诉讼程序中是否可以适用非法证据排除规则，未置可否。从监察体制改革精神

① 参见郎胜：《中华人民共和国刑事诉讼法释义（最新修正版）》，法律出版社 2012 年版，第 111 页。
② 参见郎胜：《中华人民共和国刑事诉讼法释义（最新修正版）》，法律出版社 2012 年版，第 111 页。
③ 陈卫东：《职务犯罪监察调查程序若干问题研究》，载《政治与法律》2018 年第 1 期。

和草案设计看，虽然监察调查程序不适用刑事诉讼法规定，但是一旦检察院受理监察机关移送过来的案件后，即可适用刑事诉讼法之规定。问题在于，相对于刑事诉讼法第 54 条非法证据排除规则规定的证据种类，《监察法草案》第 33 条虽然也有“供述和辩解”这一术语，但人证主体在这里被置换为“被调查人”。而“犯罪嫌疑人”则是刑事诉讼法中的特有称谓，系指那些自刑事立案后至提起公诉前处于侦查、审查起诉阶段的被追诉人。由于刑事诉讼法第 54 条并没有出现“被调查人”这一术语，以及监察机关在权力架构中的强势地位，这极有可能为司法人员规避非法证据排除规则的适用提供借口。对于之前纪委在对被调查人“双规”期间调查的证据材料，“法庭审判中有时会发生纪委调查取证合法性的争议，辩护方要求依据刑事诉讼法确立的非法证据排除规定，排除取证合法性有疑问的证据，往往造成审判方的困难”。[①] 而在多数情况下，法院通常会以刑事诉讼法没有明确规定或者不属于“排非”的证据范围为由拒绝启动证据合法性的调查程序，“薄熙来案”一审庭审中关于“排非”申请的处理就是一个典型的例证。鉴于此，该问题有进一步明确的必要。笔者认为，监察机关调查的证据材料进入司法程序后仍应适用非法证据排除规则接受审查。其理由除了案件移送检察院审查起诉后适用包括非法证据排除规则在内的刑事诉讼法规定外，还有以下制度上和法理上的依据：

一是调查与侦查的同质性。伴随着检察机关职务犯罪侦查职能和人员的转隶，之前检察机关对职务犯罪的侦查权也随之更名为监察机关的“调查权”，这与监察机关作为非司法机关的定位相适应。除留置作为剥夺公民人身自由的调查措施，相当于刑事诉讼法中的拘留、逮捕外，其他各项调查措施的内容和实施方式与刑事诉讼法对侦查措施的规定并无实质区别，实际上基本采用了刑事诉讼法的相关概念，参照了刑事诉讼法规定的内容。监察机关对涉嫌职务犯罪的调查完全具备侦查的特征，实质上就是侦查，被调查人也相当于过去侦查阶段的犯罪嫌疑人。

二是外部监督的有效性。虽然《监察法草案》规定：“严禁以威胁、引诱、欺骗及其他非法方式收集证据，严禁侮辱、打骂、虐待、体罚或者变相体罚被调查人。”并对违反禁令的人员“依法给予处理”，意在规范监察调查行为，保障取证的合法性。但是，这种宣示性的规定加上“内部消化”式的处理，果真能够发挥遏制非法取证的效用吗？已有的经验教训告诉我们，“同体监督”往往因目标的一致性和利益的关联性而导致监督失灵。解决之道在于采取“釜底抽薪”的方法，通过非法证据排除规则的适用，从根本上否定非法取证的成果。

三是保障职务犯罪案件办理质量的需要。《监察法草案》规定非法证据不得作为案件处置的依据，其中“处置”事项之一为“对被调查人涉嫌职务犯罪，监察机关经调查认为犯罪事实清楚，证据确实、充分的，制作起诉意见书，连同案卷材料、证据一并移送人民检察院，依法提起公诉”。据此，一旦监察调查的证据材料被认定为非法证据，不得作为移送起诉的根据，也就是说起诉意见书不得将非法证据作为证据使用。从不同程序设置的逻辑关系看，移送起诉是面向起诉，服务于起诉，而起诉则是面向审判，服务于审判。由此决定了后一环节对前一环节具有审查把关、监督制约的功能。这在《监察法草案》第 47 条中得到体现，该规定也强调了检察院的“审查”功能，那么如何将审查落到实处，最重要的

① 张建伟：《法律正当程序视野下的新监察制度》，载《环球法律评论》2017 年第 2 期。

就是司法机关能够对监察证据的合法性进行审查，并依法排除非法证据，以此保障职务犯罪案件起诉和审判的质量。对于监察机关应当排除而没有排除的非法证据，如果不允许在后续的诉讼活动中由司法机关予以排除，那么等于取消了检察院的法律监督职能和法院的审判职能。

四是符合中纪委权威部门对《监察法草案》相关规定的解读精神。该草案规定："监察机关在收集、固定、审查、运用证据时，应当与刑事审判关于证据的要求和标准相一致。"关于"与刑事审判关于证据的要求和标准相一致"，中纪委研究室表示：监察机关应依照法定程序，参照刑事诉讼法对证据形式要件和实质要件的要求，全面、客观地收集证据。监察委员会要主动对接以审判为中心的司法体制改革方向，按照《关于办理刑事案件严格排除非法证据若干问题的规定》要求，以更高的标准、更严的要求，进一步规范监察人员调查职务犯罪的取证行为，对以非法方法收集的证据应当予以排除，确保调查所取得的证据符合刑事诉讼标准。① 需要关注的是，"答疑"明确指出"按照《关于办理刑事案件严格排除非法证据若干问题的规定》要求"，规范职务犯罪取证行为。

（二）对监察调查取得的证据材料实施非法证据排除面临的问题

即便在诉讼程序中可以对监察调查取得的证据材料进行非法证据排除，但囿于《监察法草案》中制度设计的局限性以及监察制度与刑事诉讼制度衔接不畅，在操作层面仍存在以下问题：

一是司法机关进行证据合法性审查的手段不足。在案件移送检察院审查起诉后，如果犯罪嫌疑人及其辩护人提出非法证据排除申请，那么就目前《监察法草案》的制度设计而言，司法机关显然难以实施有效的合法性审查。首先，该草案规定"调查人员进行讯问以及搜查、查封、扣押等重要取证工作，应当对全过程进行录音录像，留存备查"。要求全程录音录像固然有助于保障取证质量，但"留存备查"意味着录音录像资料无须"随案移送"，不仅辩护律师无法查阅，而且司法办案人员未必能够顺利调取。由此带来的问题是辩护方提供非法取证的线索或者材料更加困难，促使法院启动证据合法性调查程序也会异常艰难。其次，在证据合法性的法庭调查程序中，作为调查主体的监察人员能否像当前侦查人员一样出庭就取证合法性问题"说明情况"并接受控辩双方的发问，仍是一个未知数。最后，"两院三部"《关于推进以审判为中心刑事诉讼制度改革的意见》、《关于办理刑事案件严格排除非法证据若干问题的规定》确立的重大案件侦查终结前讯问合法性核查制度、看守所提讯登记制度、收押体检制度、驻看守所值班律师法律帮助制度等对于在看守所留置的被调查人是否适用②，目前尚不明确。如果不能适用，将直接影响证据合法性审查的效果。

二是重复性供述的排除问题。2017 年 6 月发布的《关于办理刑事案件严格排除非法证据若干问题的规定》的一大亮点是初步确立了重复性供述排除规则。在监察机关调查职务

① 参见中央纪委监察部网站，http：//www. ccdi. gov. cn/hdjl/hfxd/201801/t20180124_ 162437. html，2018 年 1 月 24 日发布。

② 据了解，在当前监察机关办理职务犯罪案件试点中，被调查人的留置地点主要有两种情况，一种是在纪委的"双规"点，另一种是在看守所。

犯罪案件过程中，如果监察人员对被调查人采用打骂、虐待、体罚或者变相体罚等刑讯逼供手段进行讯问，那么该如何适用排除规则。是仅排除某次刑讯逼供的口供还是一并排除此后与该口供相同的重复性供述？这涉及监察调查讯问取得的供述是否适用重复性供述排除规则问题。笔者认为，由于讯问通常是在留置状态下取得，留置措施的高度封闭性和较长时间性决定了违法讯问、侵犯人权行为发生的风险更高，一旦发生，既难以发现，也难以纠正。为落实中纪委提出的“按照《关于办理刑事案件严格排除非法证据若干问题的规定》要求，以更高的标准、更严的要求，进一步规范监察人员调查职务犯罪的取证行为”，对刑讯逼供取得的被调查人供述应当适用重复性陈述排除规则，如此方能体现“更高的标准、更严的要求”。此外，该规则的适用应当注意与被调查人及其近亲属的申诉救济权结合起来。《监察法草案》第 60 条赋予被调查人及其近亲属有权对监察人员侵害被调查人合法权益的行为提出申诉，并要求受理申诉的监察机关及时处理，情况属实的予以纠正。问题是如何处理？怎样纠正？此处均语焉不详。

三是监察机关在调查期间排除的证据材料随案移送问题。既然《监察法草案》规定了非法证据排除规则，那么对于“不得作为案件处置依据”的非法证据，在案件移送检察院审查起诉时应否一并随案移送，也是一个需要研究的问题。关于“随案移送”的规定，最早出现在最高人民检察院的司法解释当中，《人民检察院刑事诉讼规则（试行）》第 71 条第 2 款规定：“办案人员在审查逮捕、审查起诉中经调查核实依法排除非法证据的，应当在调查报告中予以说明。被排除的非法证据应当随案移送。”2017 年 6 月发布的《关于办理刑事案件严格排除非法证据若干问题的规定》沿袭了上述规则的规定。[①] 作为一种“制度特例”，笔者不赞成“随案移送”的做法。首先，它不符合非法证据排除的宗旨。所谓“排除”非法证据，不仅是排除作为“材料说”的证据载体，更是排除证据材料所包含的案件信息，从而防止司法人员“心证”受到“污染”。非法证据排除规则的意蕴，不但不是为了使事实裁判者“全面了解案情”，反而是为了限制其“全面了解案情”，尤其是那些因合法性问题而被排除的具有较强证明力的证据材料。“随案移送”之下，非法证据排除规则的实施必将大异其趣。其次，不符合以审判为中心刑事诉讼制度改革的精神。以审判为中心刑事诉讼制度改革的基本精神是切断侦审之间的联系，防止“带病”证据进入审判，通过“裁判结论形成于法庭”的庭审实质化改革，阻止案卷材料对法官的不当影响，避免形成不利于被告人的预断和偏见。对于“随案移送”的“带病”证据材料，虽然禁止公诉人在法庭上宣读、质证，但因其作为案卷材料的一部分而被法官提前阅卷所知悉。于是，名义上被排除的证据材料，实际上仍可以通过“随案移送”而“暗度陈仓”，悄悄对司法人员施加影响。这显然不符合以审判为中心诉讼制度改革的精神。[②]

---

① 《关于办理刑事案件严格排除非法证据若干问题的规定》第 17 条第 3 款规定：“人民检察院对审查认定的非法证据，应当予以排除，不得作为批准或者决定逮捕、提起公诉的根据。被排除的非法证据应当随案移送，并写明为依法排除的非法证据。”

② 参见韩旭：《非法证据排除新规：进步、局限及其适用问题》，载《江苏行政学院学报》2018 年第 1 期。

监察调查程序与审查起诉程序的衔接问题

黄丽都　梁玉霞*

2017年，第十二届全国人民代表大会常务委员会通过了《关于在全国各地推开国家监察体制改革试点工作的决定》，在全国设立省、市、县三级监察委员会，赋予监察委员会调查职务违法犯罪行为的权限手段，并且暂时调整或者暂时停止适用与监察体制改革相冲突的其他法律规定。2018年3月，第十三届全国人民代表大会第一次会议通过《中华人民共和国宪法修正案》和监察法，正式确立了监察委员会为行使国家监察职能的专责机关，对所有行使公权力的公职人员进行监察。以上政策和法律对于国家机关权力的重新配置，意味着检察机关原有的直接侦查职务犯罪职能已转移到监察机关，但仍具有对职务犯罪案件的审查起诉权、公诉权等权力。要协调监察机关和检察机关在职务犯罪中的分工与配合，核心问题在于监察机关调查程序和审查起诉程序的衔接。目前，监察法对此仅作出了宏观的框架性规定，学术界对两程序流转过程中的强制措施、补充调查与补充侦查、证据移送与证据效力衔接的细节问题尚存较大的分歧。本文通过对上述争议问题进行分析研究，试图提出些许能够促进监察调查程序和审查起诉程序更好地完成对接的构想。

一、监察调查程序向审查起诉程序的流转

国家监察体制改革以后，监察委员会与纪律检查委员会合署办公，监察范围覆盖所有党内外履行公职的人员，有权监督违纪行为，调查职务违法、职务犯罪行为，以及作出相应的处置。可见，我国为了更高效地进行反腐败工作，有意构建国家监察制度，把过去纪律检查委员会的党员违纪调查权、行政监察机关的行政监察权、检察机关对职务犯罪案件的侦查权整合成为新的国家权力——监察权，由监察委员会统一行使。根据监察法的规定，监察权应分为监督权、调查权、处置权三种子权力，其中调查权最能够体现监察权的复合属性。监察委员会经过初步核实，认为监察对象涉嫌职务违法犯罪就会立案并且开始调查程序。有学者认为，对于监察机关的调查程序应采取二分法，分为针对违反党纪和行政法规的一般调查和针对职务犯罪的特殊调查（相当于原来的职务犯罪的刑事侦查）①。笔者认为该观点有一定的道理。实际上，调查权是一个具有复合属性的权力，监察机关有权在调查阶段对违纪、职务违法、职务犯罪这三类行为进行调查，而监察调查权作为公权力的一

---

* 作者简介：黄丽都，暨南大学2017级刑法学硕士研究生；梁玉霞，暨南大学法学院教授，硕士生导师。

① 陈光中：《监察体制改革需启动系统修法工程》，载财新网，http://china.caixin.com/2017-01-17/101044638.html，上传时间：2017年1月17日，访问时间：2018年7月30日。

部分，监察机关在行使调查权时应遵循比例原则，因此在调查程序内区分一般调查和特殊调查从而采取相应强度的调查措施符合宪法尊重和保障人权的要求。监察机关在初步核实阶段所获得的线索和证据有限，很可能无法准确地判断监察对象行为的性质，因而在调查过程中监察机关可以根据最新查明的案情来进行一般调查和特殊调查的转换。最终依据监督、调查结果，案件会有两种流向，一是监察机关对违纪、职务违法人员作出党纪、政务处分的决定；二是将涉嫌职务犯罪的案件移送到人民检察院，进入审查起诉程序。

虽然监察法已经明确规定了职务犯罪案件能从监察调查程序直接转接到审查起诉程序，但是对于职务犯罪案件何时进入刑事诉讼程序仍然未能得到确切的答案，学界仍存有争议。笔者认为，应当从国家进行监察体制改革的目的来考虑这个问题。我国通过对反腐败调查资源重新分配，使得国家反腐效能得以提高①。党中央纪律检查委员会官方刊文指出，"监察委员会是由国家权力机关设立的监督机关，与公安、检察机关等执法和司法机关性质完全不同。监察机关调查职务违法和职务犯罪适用国家监察法，案件移送检察机关后适用刑事诉讼法"。②。2018年公布的《刑事诉讼法修改草案》把"侦查"的定义由原来的"专门调查工作"修改为"收集证据、查明案情的工作"，意图在于将监察制度的"调查"区别于刑事制度的"侦查"。如上文所述，新设的监察机关已突破过去传统的监察和刑事诉讼理论，以全新的形式来集中行使调查权力，国家有意排除刑事诉讼法对监察机关调查活动的约束，今后其所有监察工作专门由监察法予以规范。由此可见，监察机关办理职务犯罪案件不受刑事诉讼法调整，即尚未进入刑事诉讼程序。根据刑事诉讼法第110条规定，刑事立案应为开启刑事诉讼程序的标志。在实践操作中，监察机关把职务犯罪案件移送审查起诉以后，检察机关案件管理部门经过审查案件材料认为具备受理条件的，应及时进行登记。基于现实情况，宜将检察机关登记立案并决定是否采取强制措施认定为职务犯罪案件正式进入司法程序，才不至于与上述国家改革文件及法律修改草案相冲突。

二、监察调查程序与审查起诉程序衔接存在的主要问题

（一）强制措施的衔接

为贯彻全面推进依法治国的决定，将反腐工作纳入法治道路之上，立法机关赋予了监察机关采取12种调查措施的职权，其中的留置措施取代了过往纪检"双规"的调查手段。目前，我国监察体制改革尚在探索阶段，监察强制措施的有关规定还不太完善，尤其是在职务犯罪案件被移送审查起诉后，留置与检察机关的强制性措施如何衔接在法律上还是一个空白地带，当中不少问题亟须指出并进行探讨。

第一，强制措施种类无法匹配。留置是监察机关唯一能够依法限制监察对象人身自由的强制性措施，监察机关认为案情存在特定情形的，有权将被调查人留置在特定的场所。监察法规定监察机关采取留置措施只需由监察机关领导人员集体研究决定，或者设区的市

---

① 徐汉明、张乐：《监察委员会职务犯罪调查与刑事诉讼衔接之探讨——兼论法律监督权的性质》，载《法学杂志》2018年第6期。

② 参见《使党的主张成为国家意志》，载《中国纪检监察报》2017年7月17日第1版。

以下的报上一级监察机关批准。可见，留置措施与逮捕措施都能导致羁押的后果，但是监察机关基于自身独特的属性，其适用强制措施无须经过检察机关或者审判机关的批准，有可能出现滥用留置措施的现象。如果监察机关根据办案需要对被调查人采取留置措施，但是进入到审查起诉阶段，检察机关通过审查后认定案件社会危害性不大或者存在特殊情形进而对犯罪嫌疑人的强制措施变更为取保候审或者监视居住，这种由强变弱的强制措施转化结果难以令公众接受。既然案件的性质从监察立案时就没有变化过，为何监察机关一开始就采取剥夺人身自由的留置措施？正因为监察强制措施单一，缺乏强度较轻的替代措施，同时监察机关能够在机关内部自行决定是否采取留置措施，才导致留置权难以受外部制约，留置措施适用常态化，进而被调查人的人权容易受到侵犯。

第二，强制措施转换程序不明晰。职务犯罪案件在监察程序能适用留置措施，进入司法程序后可以适用刑事强制措施，在这方面法律规定已作出明确的区分。然而在案件移送审查起诉的实际操作中，强制措施的转换是由留置直接转化到刑事强制措施一步完成，抑或是分两个步骤——先解除留置后适用刑事强制措施，仍然存在疑问。犯罪嫌疑人被采取留置措施的案件被移送进入审查起诉程序以后，倘若检察机关基于案情将对犯罪嫌疑人采取逮捕措施，鉴于审批程序需要一定时间，在有关部门批准之前仍然对犯罪嫌疑人继续保持留置措施明显不当，但检察机关对犯罪嫌疑人的人身自由如何处置亦无法从法律中获得明确的答案。

另外，检察机关认为职务犯罪案件仍需补充核实证据而退回补充调查时，案件已经进入了刑事诉讼程序，此时若退回到监察机关调查，应当继续适用刑事强制措施还是改为适用留置措施？法律规定留置期限不得超过 3 个月，在特殊情况下可以延长一次，延长时间不得超过 3 个月。如果在补充调查时，监察机关对被调查人重新适用留置措施，则又会滋生其他的问题，如留置羁押的时间须重新起算抑或是与未移送审查起诉之前的留置时间共同计算等。以上提及的都是需要对法律进行进一步完善的问题。

（二）补充调查的衔接

监察体制改革之前，检察院把职务犯罪侦查权和公诉权分配给不同部门行使，不过检察院内部行政化、层级化组织结构使得这种横向的内部分工仅仅是相对的，还是难以避免职务犯罪中检察院同体监督的困境①。改革以后将职务犯罪案件的侦查权整合到监察机关的调查权，从此检察机关就专注于公诉职能。然而监察法却保留了检察机关的补充侦查权，规定检察机关在审查起诉时“认为需要补充核实的，应当退回监察机关补充调查，必要时可以自行补充侦查”。该法律条款参照刑事诉讼法第 171 条检察机关对公安侦查案件补充侦查的规定有相似之处却没有后者详尽，其中有一定的问题值得关注。

其一，退回补充调查和补充侦查的关系。对于公诉机关退回补充调查和自行补充侦查的适用是否有先后顺序之分，学界尚存争议。有学者主张公诉机关的审查起诉工作应当最终满足于“事实清楚，证据确定充分”的要求，至于选择“退回补充调查”和“自行补充

① 谢登科：《论国家监察体制改革下的侦诉关系》，载《学习与探索》2018 年第 1 期。

侦查”没有特定要求①。也有观点认为，“退回补充调查”与“自行补充侦查”有先后顺序②。依笔者之见，既然法律明确了检察机关在“必要时”才可自行补充侦查，这说明当有需要补充核实证据时，“退回补充调查”是原则，在满足特定条件下检察机关“自行补充侦查”为例外。原因有二，一是移送审查起诉的证据是监察机关在调查阶段收集的，故而监察机关相对于检察机关较为熟悉案情，由监察机关继续补充调查有利于省去重复的工作，减少资源的投入。二是检察机关在招录检察官时只重视理论素养而忽视侦查能力，导致检察人员侦查水平普遍不高，加之检察机关的职务犯罪侦查权被削减后，侦查人员的调任与侦查业务的严重萎缩使得其缺乏足够能力来开展侦查工作。

其二，补充调查的审批程序。在职务犯罪案件当中检察机关与监察机关共同担负着控诉职能，而由于调查程序和审查起诉程序前后衔接，审查起诉权对调查权应形成一定的制约。因此，补充调查程序是在监察机关调查不充分的情况下，检察机关基于提起公诉的条件要求监察机关继续补充调查。遗憾的是，监察法和刑事诉讼法均对退回补充调查的审批程序未作详细规定，最高人民检察院和地方人民检察院通过制定内部文件来细化执行工作，这样的做法既不能统一全国标准，又可能会违背法理。以《国家监察委员会与最高人民检察院办理职务犯罪案件工作衔接办法》为例，该办法第37条规定：“被指定的人民检察院经审查，拟退回补充调查的，应当报最高人民检察院批准。最高人民检察院在作出决定前，应当与国家监察委员会沟通协商，具体由最高人民检察院公诉部门和国家监察委员会案件审理室进行对接”，这明显损害了检察机关作出退回补充调查决定的独立性，监察机关的不当干预容易导致公诉机关的监督失灵。

（三）证据移送和效力的衔接

侦查机关、检察机关是司法机关，其依法收集的证据具有刑事诉讼证据能力自不待言。而对于行政机关收集的证据，刑事诉讼法第52条规定，物证、书证、视听资料、电子数据等实物证据材料，在刑事诉讼中可以作为证据使用。至于如今的监察机关，其既不属于行政机关亦不是司法机关，为了实现监察调查证据转化成为刑事证据，监察法第33条第1款明确赋予监察机关依法收集的所有证据材料（包括言词证据）在刑事诉讼上的证据能力。有学者认为言词证据的直接采用不仅有利于提高司法效率，对于案件的及时有效处理也具有极其深远的意义③。笔者认为，监察法的规定固然能够克服重复取证的缺陷，但是言词证据的稳定性不如实物证据，它的直接采用是需要一定的程序保障的，就现存的立法状况来说，仍具有较大的局限性。

首先，监察机关办案程序一般是先初步核实、后立案、再调查④，在初步核实阶段监察机关有权根据掌握的相关线索对人员进行谈话或者要求说明情况，在调查阶段其可以对涉嫌职务违法的被调查人要求就涉嫌违法行为作出陈述，对涉嫌贪污贿赂、失职渎职等职务犯罪的被调查人进行讯问。在承认监察机关收集的言词证据能够在刑事诉讼中直接使用以

① 陈卫东：《职务犯罪监察调查程序若干问题研究》，载《政治与法律》2018年第1期。

② 钟晋：《“移送审查、提起公诉”若干程序问题探析》，载《中国纪检监察报》2018年5月16日第8版。

③ 游紫薇：《〈监察法〉与〈刑事诉讼法〉衔接的若干问题研究》，载《兰州教育学院学报》2018年第7期。

④ 刘为波：《〈关于办理职务犯罪案件认定自首、立功等量刑情节若干问题的意见〉的理解与适用》，载《人民司法》2009年第9期。

后，紧接而来的问题是如何界定移送证据的范围。上文提到，监察机关可以在调查过程中先对被调查人采取一般调查要求其作出陈述，在发现其涉嫌职务犯罪后再转换成特殊调查对其进行讯问，所以有必要进一步明确移送审查起诉的言词证据是在何时以何种措施收集。

其次，职务犯罪行为的隐秘性决定了办案机关对口供具有高度依赖性，不排除监察机关会以采取留置措施相威胁或者以解除留置措施进行引诱[①]，而且监察调查程序非司法程序，法律也没有赋予被调查人在此阶段委托律师的权利，被调查人在留置期间的人权难以获得保障，有可能会被非法讯问导致所得供述不真实。目前立法机关仅在监察法中规定“以非法方法收集的证据应当依法予以排除，不得作为案件处置的依据”，可以说该条款的适用主体是指向监察机关的。至于职务犯罪案件由监察程序承接到审查起诉程序以后，公诉机关是否能够运用非法证据排除规则来审查移送的证据材料，刑事诉讼法对此暂无相关条文。

三、完善监察调查程序与审查起诉程序的衔接措施

（一）健全强制措施的衔接机制

1. 形成层次化的强制措施体系。为了保证调查工作的顺利进行，监察机关可以对涉嫌职务犯罪的被调查人依法采取留置措施。然而，即使是监察机关，其采取强制措施时也必须满足适当性、必要性、均衡性的原则，在能够适用较轻强度的强制措施完成调查任务时，就没有必要采取最严重的限制人身自由的留置。因此，只有增加能替代留置的监察强制措施，形成具有梯度的层次化强制措施体系，才能真正地与刑事诉讼的强制措施对接。其一，监察机关立案后研究确定调查方案时应当查明案件是否存在特殊情况，如被调查人患有严重疾病、生活不能自理，怀孕或者正在哺乳自己的婴儿，系生活不能自理的人的唯一扶养人等，此时考虑到保障被调查人的基本权利，可以采取保释或者监视居住的强制措施。其二，监察法没有对监察机关的调查程序作出时限的规定，只将留置时间限制在6个月之内，当被调查人的留置期限届满之际监察机关仍未对案件事实调查清楚，应当把留置措施变更为其他非羁押的强制措施后继续调查，而不是把证据不足的案件移送审查起诉。这样做能够避免因调查证据不充分而导致公诉机关退回补充调查。

2. 明确强制措施转换程序。职务犯罪案件从监察调查程序进入到审查起诉程序，首先要解决的问题是强制措施的无缝衔接。鉴于检察机关审批强制措施需要一定时间，为填补该时间空白，可行的措施有二：一是在职务犯罪案件进入监察案件审理部门以后，允许检察机关提前介入了解案情，对刑事诉讼阶段是否采取强制措施和采取何种强制措施作出预判，监察机关把案件正式移送到检察机关审查起诉之前应提前通知检察机关，检察机关接到通知应及时办理强制措施的审批手续，以便在到案时即能对犯罪嫌疑人采取相应的强制措施，届时留置措施自动失效。二是刑事诉讼法提到的“对于监察机关采取留置措施的案件，人民检察院应当对犯罪嫌疑人先行拘留，留置措施自动解除。人民检察院应当在拘留

---

① 韩旭：《监察委员会调查收集的证据材料在刑事诉讼中使用问题》，载《湖南科技大学学报》（社会科学版）2018年第2期。

后的十日以内作出是否逮捕、取保候审或者监视居住的决定”。

至于在退回补充调查和重新移送审查起诉的情况下，无须对案件的犯罪嫌疑人反复地进行强制措施变更手续，因为案件已经进入了司法程序，对于犯罪嫌疑人是否实行羁押仍然由检察机关决定，受到刑事诉讼法的规范与约束①。况且，无论实行的是留置措施还是逮捕措施，结果均为羁押犯罪嫌疑人，并能够折抵相应的刑期，在本质上二者没有任何差别，因此在补充调查程序当中将留置和逮捕相互转换没有意义，有浪费国家资源之嫌。

（二）细化补充调查程序的规定

1. 制定“退回补充调查”和“自行补充侦查”的适用条件。监察法对职务犯罪案件的补充调查和补充侦查作出了较为宏观的规定，致使办案机关在实施该程序时难免会无从下手，因此最高人民检察院可以出台相关的司法解释来制定办案细则，从而指导下级机关的执行工作。如前文所述，应当明确“退回补充调查”和“自行补充侦查”的适用条件。检察机关经审查认为案件需要补充核实的，第一选择应是退回补充调查。但是，当出现诸如监察机关非法取证、调查能力不足或其他不适宜监察机关补充调查的情况，检察机关应决定自行补充侦查。

2. 完善退回补充调查的审批流程。客观地说，监察体制改革将调查权与公诉权分离，有效地缓解了过去在职务犯罪中人民检察院既当运动员又当裁判员的困境，使职务犯罪调查工作处在公诉机关的监督之下。但不可否认，检察机关的补充侦查权也因此而受到了削减。改革以前，检察机关在刑事诉讼中拥有三类补充侦查权：审查批捕中的补充侦查、审查起诉中的补充侦查和庭审阶段的补充侦查。随着检察机关自侦权的转隶，监察机关有权自己决定采取留置措施而不会再提起逮捕的申请，因此检察机关已不再行使此类补充侦查权②。因此，检察机关应独立而有效地行使审查起诉阶段的补充调查权，在案件犯罪事实不清、证据不足时依法作出补充调查的决定。而在这个过程中，监察机关不应干涉检察机关的讨论、审批流程，否则会弱化检察机关的法律监督职能，不利于对监察调查权的制约。

（三）完善证据移送和司法审查制度

1. 完善证据移送的规定。监察法第 33 条第 1 款规定了监察机关依法收集的证据材料在刑事诉讼中具有可采性，所以根据体系解释第 2 款的条文规定“收集、固定、审查、运用证据时，应当与刑事审判关于证据的要求和标准相一致”应是指调查收集职务犯罪案件的证据标准。一方面，监察机关在认定行为涉嫌职务违法抑或是职务犯罪时可能会有偏差，在办案过程当中完全有可能出现调查中途才发现涉嫌职务犯罪的情况。若法律规定职务犯罪调查程序开启以后收集的证据才有证据能力，估计能移送审查起诉的证据不多。另一方面，职务犯罪案件的办理可分为多个环节，在每个环节收集证据都遵循刑事审判关于证据的要求和标准既不合理，也超出了监察机关的能力范围。因此，宜采取折中的办法，笔者建议监察法应该明确规定只有正式立案以后采取调查措施采集的证据才能移送审查起诉程

---

① 游紫薇：《〈监察法〉与〈刑事诉讼法〉衔接的若干问题研究》，载《兰州教育学院学报》2018 年第 7 期。

② 郭夏菁：《论国家监察体制改革下的职务犯罪侦查监督》，载《南海法学》2017 年第 3 期。

序，以促进监察委员会对职务犯罪调查的规范性、严肃性与高效性相统一[①]。

2. 建立监察证据司法审查制度。监察调查活动的高度封闭性向来被学界所诟病，尽管监察法规定在进行调查工作时收集、固定、审查、运用证据时应当与刑事审判关于证据的要求和标准相一致，但是实践当中监察机关能否依照法律程序来取证仍然存疑。法律肯定了监察程序收集的证据具有刑事诉讼证据资格，并不意味着案件移送审查起诉以后公诉机关不经查证就直接使用该证据。为了保证证据的合法性，检察机关应建立监察证据司法审查制度，在审查过程当中发现证据可能存在问题的，可以要求监察机关移送当时取证的录音录像以便查证核实。至于言词证据，若检察机关怀疑其真实性，还可以对犯罪嫌疑人再次进行核实的工作。在立法上，刑事诉讼法应修改相应的条文规定，对监察机关采取的证据也同样适用非法证据排除规则，这样才能真正赋予检察机关在审查起诉时排除不合法证据的权力。

① 陈光中、邵俊：《我国监察体制改革若干问题思考》，载《中国法学》2017 年第 4 期。

系统改革思维下的“法法衔接”

贾志强*

此次监察体制改革内容特色鲜明，体现制度自信；具有问题意识，现实意义重大。监察机关内部实现“纪法贯通”，外部实现“法法衔接”，是整个监察法律制度运行目前面临的两大课题。监察法与刑事诉讼法良好衔接，是职务犯罪案件经得起历史和人民检验的重要前提；“法法衔接”的推进，同时能够有效带动“纪法贯通”的实现。运用系统思维，兼顾监察体制改革和以审判为中心的诉讼制度改革是顺利实现“法法衔接”的关键。监察机关在办理职务犯罪案件时，首先要严格遵守监察法相关规定，同时也应适时参照刑事诉讼法及相关司法解释的内容，合理吸纳既有刑事诉讼的理念、规律和规则，尽量避免完全“另起炉灶”，降低制度构建成本，从而有效提高监察机关治理贪腐的效能。

一、“全面融合”引出“法法衔接”新课题

第十三届全国人民代表大会第一次会议先后通过了《宪法修正案》和监察法，这标志着我国国家监察体制改革在法律规范层面的初步完成，新的国家监察法律制度自此正式确立，是我国反腐败工作法治化的重要里程碑。此次国家监察体制改革，由党中央顶层设计，通过修宪和立法予以固定，是一次事关全局的重大政治体制改革，是强化党和国家自我监督的重大决策部署；此次改革是一种体制机制创新、组织结构创新、制度规则创新，其根本目的在于加强党对反腐败工作的统一领导，推进国家治理体系和治理能力现代化。监察法是反腐败国家立法，该法的制定实现了我国立法与改革的有机衔接，构建起了集中统一、权威高效的国家监察体系，为我国新形势下反腐败斗争提供了坚实的法治保障。

此次监察体制改革的特点可概括为“全面融合”，具体表现在以下四个方面：其一，党的纪律检查和国家监察两大监督体制的融合。依托纪检，拓展监察，从而促进全面深化改革、全面依法治国和全面从严治党的有机统一，推动中国特色社会主义监督制度优势转化为治理效能。其二，机构、人员的融合。检察机关原预防、侦查职务犯罪部门与政府原行政监察、预防腐败部门整合成立监察委员会，检察机关转隶人员与原纪检干部交叉组合。其三，权力职责的融合。各级监察委员会同党的纪律检查机关合署办公，同时履行纪检、监察两项职能；检察机关原职务犯罪侦查权划归监察委员会，作为其调查职能之一。其四，法律法规的融合。从体例结构、概念使用、内容规定、语言特点等多方面来看，监察法适度整合了行政监察法、刑事诉讼法及《中国共产党纪律检查机关监督执纪工作规则（试

---

* 作者简介：贾志强，吉林大学法学院助理研究员，法学博士。

行）》等法律法规的相关内容。

这种“全面融合”的改革方案具有问题意识，着力解决了过去行政监察范围过窄、纪法衔接不畅、反腐力量分散、调查（审查）手段单一等沉疴宿疾。然而，“全面融合”同时也直接产生了“法法衔接”这一新课题，且目前主要是监察法与刑事诉讼法的衔接问题。此次改革，职务犯罪调查被融合到监察权责之中，仅受监察法的直接规制，这使得原来由刑事诉讼法统一规制的侦查、起诉、审判三阶段衔接机制已不再适用，因而需要创设新机制，即产生了“法法衔接”问题。《中国共产党第十九届中央纪律检查委员会第二次全体会议公报》中明确提出：“探索形成高效顺畅的监察工作运行机制，实现执纪审查与依法调查有效统一，加强监察机关与审判机关、检察机关、执法部门的工作衔接，把制度优势转化为治理效能。”可见，党已经深刻认识到“纪法贯通”和“法法衔接”的重要性。对于职务犯罪的治理而言，“纪法贯通”和“法法衔接”辩证统一，监察法是一个支点，通过监察法和刑事诉讼法的良好衔接，能够带动相关党纪条例和监察法的有效贯通。

二、推进“法法衔接”的两个基本理念

反腐败，永远在路上。监察法的出台只是我们运用法治思维和法治方式开展反腐败工作向前迈出的一步，到底是否真正运用了法治思维和法治方式，以及运用效果如何，关键看实践，重点在落实。只有深刻领会立法意图，严格实行法律规定，我们办理的每一起职务犯罪案件才能经受起历史和人民的检验，国家监察的制度优势才能有效转化为治理效能。站在监察机关的角度来看，运用系统思维，从纵向和横向两个不同维度，推进“法法衔接”应树立以下两个基本理念：

（一）纵向维度：“法法衔接”意识应贯穿整个职务犯罪办案流程

我们应当以整体性、动态性的思维看待职务犯罪案件中的“法法衔接”，对于监察环节而言，“法法衔接”不是一个“点”，而是一条“链”。易言之，在办理职务犯罪案件时，“法法衔接”并不单纯是移送检察机关审查起诉的那一刻，前期扎实的初步核实、调查取证等一系列工作是重要基础。“法法衔接”以监察环节的“纪法贯通”为前提，这也反过来要求从案件办理初始阶段，承办部门就应适当地“往后看”，有一定的“法法衔接”意识。具体而言，“法法衔接”不单单是案件审理部门的任务，更不是与其他部门无关。诚然，案件审理部门负责案件审核，把握着案件的“出口”，与检察机关进行对接。但案件承办部门从一开始就应严格遵照监察法及相关法规办案，把问题解决在前面，避免贻误办案时机，确保案件质效，为顺利实现“法法衔接”打好基础。

（二）横向维度：兼顾监察体制改革和以审判为中心的诉讼制度改革

“法法衔接”问题同时涉及监察制度和刑事诉讼制度。尽管监察机关的职务犯罪调查仅适用监察法，但后续必然要经受以刑事诉讼法为准据的检察机关和审判机关的检验。党的十八届四中全会通过的中共中央《关于全面推进依法治国若干重大问题的决定》中明确提出了“推进以审判为中心的诉讼制度改革”。习近平总书记在十九大报告中指出要“深化国家监察体制改革”，同时也强调了“深化司法体制改革”，“全面落实司法责任制，努力

让人民群众在每一个司法案件中感受到公平正义”。监察法与刑事诉讼法的衔接点也恰恰是上述两项改革的交叉点。习总书记反复强调，在全面深化改革过程中要善于运用系统思维，“必须更加注重改革的系统性、整体性、协同性，统筹推进重点领域和关键环节改革”。监察体制改革和以审判为中心的诉讼制度改革均为党的重大决策，需统筹推进，相互兼顾。具体而言，尽管职务犯罪“侦查”变为“调查”，作为政治机关的监察委员会不受刑事诉讼法规制，但是职务犯罪案件终究要进入到刑事诉讼的“轨道”，刑事诉讼中的相关标准类似于一根“指挥棒”，必然会对监察机关办案产生一定的制约作用。另外，无论是“调查”还是“侦查”，刑事诉讼法规则背后所蕴含的一些客观规律是共通的。“法法衔接”不只是相关办案程序、工作机制的衔接，更是一些基本理念的衔接。这就要求监察机关在办理职务犯罪案件时，首先要严格遵守监察法的相关规定，同时也应适时参照刑事诉讼法及相关司法解释。监察法对此已有体现，其第33条第2款规定：“监察机关在收集、固定、审查、运用证据时，应当与刑事审判关于证据的要求和标准相一致。”

三、“法法衔接”需解决的三个重点问题

“法法衔接”是一个系统工程，涉及诸多方面的问题，其中有三个具体问题值得重点关注。

（一）留置措施与审查逮捕的衔接问题

此次监察体制改革用“留置”取代了“双规”，具有进步意义。但我们也将面临监察环节的留置与检察环节的逮捕这两种羁押措施的衔接问题。[①] 首先，监察委员会应严格把握留置措施的适用条件，这是衔接逮捕的前提。根据监察法第22条规定，留置的适用应同时符合四个要件：第一，对象要件。留置属于调查措施，适用对象为“被调查人”及相关涉案人员（第22条第2款）。该对象要件其实也包含着时间要素，即只有经过监察立案程序，进入到调查阶段，才涉及留置的适用。第二，涉案要件。即被调查人“涉嫌贪污贿赂、失职渎职等严重职务违法或者职务犯罪”。值得强调的是，我们应当正确理解“严重”一词的修饰对象。换一种更为清晰的表达方式就是，“涉嫌……等职务犯罪或者严重职务违法”，而不是“严重职务违法或者严重职务犯罪”，否则该条内容在法理上讲不通。在“违法性”上，“违法”和“犯罪”不在一个层级，两者有质的差异。如果留置措施可以适用于“严重职务违法”，却不能适用于“一般职务犯罪”，这是不符合逻辑的。因而在涉案要件中，“严重”只能理解为“职务违法”的限定词。第三，证据要件。即“监察机关已经掌握其部分违法犯罪事实及证据，仍有重要问题需要进一步调查”。第四，必要性要件。必要时，留置才可适用。具备第22条第1款规定的四种法定情形之一，即满足必要性要件。上述四个要件需同时满足，缺一不可。其次，健全商情检察机关提前介入审查机制，这是衔接逮捕的关键。逮捕的适用从原有的侦查阶段后移到审查起诉阶段，这使得检察机关原先依托于侦查阶段的审查逮捕行为失去了程序空间，原有的审查期限也“无处安放”。在刑事诉讼

① 需要说明的是，此处仅针对监察机关将案件移送审查起诉的情况。采取留置措施的案件经调查后有可能并不构成职务犯罪，因而不会进入到刑事诉讼程序中。

法作出适当修改前，只能暂时依靠监察机关和检察机关工作机制的协调配合实现留置与逮捕的衔接。对因涉嫌职务犯罪而采取留置措施的案件，监察机关在进入案件审理阶段后，可根据具体办案期限情况，书面商情检察机关派员提前介入，审查是否需要逮捕或采取其他强制措施。此次修正刑事诉讼法提出了新的解决方案，即检察机关无须提前介入，而应在监察机关移送案件后对犯罪嫌疑人先行拘留，在一定期限内审查决定是否逮捕。“提前介入模式”和“先行拘留模式”，孰优孰劣，需进一步考察研究。最后，留置场所的设置也至关重要。监察法第22条第3款对此只作了原则性规定：“留置场所的设置、管理和监督依照国家有关规定执行。”笔者认为，留置、逮捕的羁押场所应尽量一致。尽管该设想的实现需克服较多困难，但这对于减少换押成本和风险，统一保障被调查人、犯罪嫌疑人的相关权利等具有积极意义。

（二）调查取证的程序要求问题

证据是案件的核心，调查取证是关键环节。监察机关调查取得的证据，不仅要经得起公诉机关和审判机关的审查，更要经得起历史和人民的检验。监察法第18条、第33条、第40条等条款对监察机关收集、调取证据作了原则性规定。具体调查取证措施的程序性规定则集中在第20条至第28条、第41条等条款。其一，应明确何为“证据”，这是前提性问题。《〈中华人民共和国监察法〉释义》（以下简称《释义》）中对“证据”的理解是：“监察法中的‘证据’，是指以法律规定形式表现出来的，能够证明监察机关所调查事项的真实情况的一切事实。”[①] 经历了几十年的实践探索，我国形成了愈加科学合理的证据观，“事实说”已被“材料说”替代。证据不等于事实，证据是指用于证明案件事实的材料。从“证据”变为最后的“定案根据”，要经过法院的审查判断。《释义》中的证据概念值得商榷。其二，调查取证时应有更高的法律意识和程序意识。监察法第33条第1款肯定了监察机关调查取得证据的诉讼证据资格，即可以在刑事诉讼中直接使用，而无须转化，但这也同时意味着监察机关的调查取证行为要直接面对检察机关和审判机关的审查。关联性、客观性、合法性是证据三要素，其中的“合法性”主要针对的就是调查取证程序。我们有些同志对合法性问题有所忽视，认为检察机关、审判机关指出的取证程序问题是“吹毛求疵”、“与现实不符”等。信任不能替代法定程序，司法证明是一个“回溯性”的事实发现过程，在事实认定者的眼中，取证程序的合法性会影响到对证据客观性、关联性的判断。其三，调查取证时应适时参照刑事诉讼法及相关司法解释的有关规定。监察法第33条第2款即蕴含着这种要求。实事求是地讲，监察法对调查取证程序的某些规定略显笼统，况且监察法相关条款的内容实际上参考了刑事诉讼法的部分规定（相关例证可参见图1和图2），刑事诉讼法、最高人民法院《关于适用〈中华人民共和国刑事诉讼法〉的解释》、《关于办理刑事案件严格排除非法证据若干问题的规定》等法律规范中较为成熟的相关内容可作为补充和参照，规则背后的原理和理念更是值得借鉴。

---

① 中共中央纪律检查委员会、中华人民共和国国家监察委员会法规室编：《〈中华人民共和国监察法〉释义》，中国方正出版社2018年版，第123页。

监察法	刑事诉讼法
·第 24 条第 1 款：监察机关可以对涉嫌职务犯罪的被调查人以及可能隐藏被调查人或者犯罪证据的人的身体、物品、住处和其他有关地方进行搜查。在搜查时，应当出示搜查证，并有被搜查人或者其家属等见证人在场	·第 134 条：为了收集犯罪证据、查获犯罪人，侦查人员可以对犯罪嫌疑人以及可能隐藏罪犯或者犯罪证据的人的身体、物品、住处和其他有关的地方进行搜查。 ·第 136 条第 1 款：进行搜查，必须向被搜查人出示搜查证。 ·第 137 条第 1 款：在搜查的时候，应当有被搜查人或者他的家属，邻居或者其他见证人在场

图 1　关于“搜查”规定的对比图

监察法	刑事诉讼法
·第 26 条：监察机关在调查过程中，可以直接或者指派、聘请具有专门知识、资格的人员在调查人员主持下进行勘验检查。勘验检查情况应当制作笔录，由参加勘验检查的人员和见证人签名或者盖章	·第 126 条：侦查人员对于与犯罪有关的场所、物品、人身、尸体应当进行勘验或者检查。在必要的时候，可以指派或者聘请具有专门知识的人，在侦查人员的主持下进行勘验、检查。 ·第 131 条：勘验、检查的情况应当写成笔录，由参加勘验、检查的人和见证人签名或者盖章

图 2　关于“勘验、检查”规定的对比图

（三）退回补充调查问题

监察法第 47 条第 3 款规定了监察案件的退回补充调查制度：“人民检察院经审查，认为需要补充核实的，应当退回监察机关补充调查，必要时可以自行补充侦查。对于补充调查的案件，应当在一个月内补充调查完毕。补充调查以二次为限。”尽管从京晋浙三地试点数据来看，退回补充调查的情况极少发生，但考虑到试点地区的“霍桑效应”，未来各地的实际情况可能有所变化。因此，我们还是应当对退回补充调查问题给予重视。着重强调两个问题：第一，检察机关适用“退回补充调查”和“自行补充侦查”的先后顺序。根据监察法第 47 条第 3 款的措辞，检察机关一般应当先退回监察机关补充调查；检察机关认为必要时，才自行补充侦查。检察机关的补充侦查权是公诉权派生出来的应有权力，与监察机关的职务犯罪调查权并不冲突。第二，退回补充调查可能带来的羁押措施转换衔接问题。监察法并未对该问题进行规定。如果检察机关在审查起诉阶段决定逮捕了犯罪嫌疑人，当退回补充调查时，由于逮捕的法定条件高于留置条件，满足逮捕条件自然也就符合了留置条件，且监察调查阶段已不存在“逮捕”这项强制措施，故监察机关应当重新采取留置措施，进而就会涉及留置的重新审批、羁押场所转换等一系列的衔接问题。尽管现在监察机关和检察机关通过内部沟通协调或会签相关文件的方式确立了一些成型的做法，但是否合理合法，能否上升为全国统一的法律规范，都需进一步研究解决。

监察证据与刑事证据的转化

——以监察法第 33 条第 1 款为中心

兰跃军*

监察证据与刑事证据的转化既是监察程序与刑事诉讼程序协调衔接的重要环节，也是监察权与检察权、审判权配合制约的重要载体，还是构建以审判为中心的刑事诉讼新格局的重要内容。2012 年刑事诉讼法第 52 条第 2 款规定了行政执法证据与刑事证据的转化制度，适用于原来的行政监察机关，但不适用于监察机关，因为监察机关是实现党和国家自我监督的政治机关，不是行政机关、司法机关。[①] 监察法第 33 条第 1 款重新确立了监察证据与刑事证据的转化制度，并且要求监察证据与刑事审判关于证据的要求和标准保持一致。但是，监察证据的概念和种类、监察证据与刑事证据转化的范围和条件等，监察法都没有明确，理论界和实务界存在不同观点，笔者略陈管见。

一、监察证据的概念和种类

各国（地区）学者对证据概念有不同的解释，形成了不同的学说。我国学者的观点主要包括原因说、方法说、结果说、反映说、统一说、信息说、事实说、根据说、材料说九种。[②] 我国刑事诉讼法关于证据的概念"移植，或者干脆说就是照搬了原苏联的刑事诉讼理论"。1979 年刑事诉讼法第 31 条移植苏联的做法，规定"证明案件真实情况的一切事实，都是证据"。这是我国法律首次给"证据"下定义，它提出了"不属实者非证据"和"证据就是事实"的"事实说"观点。有学者认为："在当时的社会历史条件下，对证据概念作出那种界定和解释是完全可以理解的。从某种意义上讲，那也是一种历史的必然。"[③] 1996 年刑事诉讼法保留了这一概念。但是，学者们对该概念进行过深入反思，普遍认为它主要存在两大缺陷：一是关于"真实"二字的称谓，证据材料进入诉讼，有真有假，把证据笼统地定位为"真实"，与客观情况不符。二是把证据说成是"一切事实"，已落后于时代的发展，随着科学技术水平的提高，尤其是电子数据证据的出现，各类信息资料在诉讼中的运用，大家一致主张把"一切事实"修订为可以包含各种信息资料的"材料"。[④] 为此，2012 年刑事诉讼法第 48 条第 1 款将证据概念修改为"可以用于证明案件事实的材料，

---

* 作者简介：兰跃军，上海大学法学院教授。

① 参见中共中央纪律检查委员会、中华人民共和国国家监察委员会法规室编：《〈中华人民共和国监察法〉释义》，中国方正出版社 2018 年版，第 62 页。

② 参见宋英辉主编：《刑事诉讼法学研究述评（1978~2008）》，北京师范大学出版社 2009 年版，第 530-533 页。

③ 何家弘：《让证据走下人造的神坛——试析证据概念的误区》，载《法学研究》1999 年第 5 期。

④ 参见樊崇义：《我国刑事证据制度的新发展》，载《法学》2011 年第 7 期。

都是证据"。这样，我国刑事证据概念也从"事实说"走向了"材料说"。

我国法律目前只有刑事诉讼法第 48 条第 1 款给证据下了定义。一般认为，刑事诉讼法规定的证据概念不仅适用于刑事诉讼，而且适用于民事诉讼、行政诉讼和仲裁等。监察法第 33 条第 1 款规定了监察证据与刑事证据的转化，第 2 款还规定："监察机关在收集、固定、审查、运用证据时，应当与刑事审判关于证据的要求和标准相一致。"这两款规定要求监察证据与刑事证据的概念保持同一，种类基本对应。但是，中央纪律检查委员会和国家监察委员会法规室仍然用"事实说"给监察证据下定义，认为它"是指以法律规定形式表现出来的，能够证明监察机关所调查事项的真实情况的一切事实"。① 笔者认为，该定义已经不合时宜，与监察法本身规定的电子数据证据、技术调查措施等现代科技手段不符，容易误导监察调查实务，应当修改，从"事实说"走向"材料说"，从而与刑事诉讼法第 48 条第 1 款保持一致，即监察法中的"证据"，是指以法律规定形式表现出来的，可以用于证明监察机关所调查事实的材料。

主流观点认为，证据具有客观性（或真实性）、关联性和合法性三个基本属性，其中，合法性包括证据必须具有法定的种类或形式。我国三大诉讼法主要是根据取证行为来确定证据名称的，刑事诉讼法第 48 条第 2 款将证据分为八类，即：（1）物证；（2）书证；（3）证人证言；（4）被害人陈述；（5）犯罪嫌疑人、被告人供述和辩解；（6）鉴定意见；（7）勘验、检查、辨认、侦查实验等笔录；（8）视听资料、电子数据。民事诉讼法第 63 条和行政诉讼法第 33 条也将证据分为八类，虽然它们与刑事诉讼法第 48 条第 2 款的排列顺序不完全一样，但名称基本一致。监察法第 33 条第 1 款明确列举的证据材料包括物证、书证、证人证言、被调查人供述和辩解、视听资料、电子数据等，这里的"等"包括哪些证据种类，立法没有明确，理论界和实务界有各种理解。笔者认为，可以从监察法第 20 条至第 30 条规定的 12 种调查措施中得到合理解释，主要包括四种情形：第一，监察法第 20 条分两款，分别规定了监察机关要求涉嫌职务违法的被调查人陈述和讯问涉嫌贪污贿赂、失职渎职等职务犯罪的被调查人两种调查措施，应当分别形成被调查人陈述、被调查人供述和辩解两种不同的证据。② 第二，监察法第 26 条规定了监察调查过程中的勘验检查措施，勘验检查对象是与职务违法犯罪行为有关的场所、物品、人身等，具体措施包括：现场勘验，物品、书证检验，人身检查等，③ 由此形成勘验、检查笔录，应当包括勘验笔录和检查笔录两种不同的笔录证据。此外，在监察调查实务中常运用辨认措施，包括对人的辨认、对照片的辨认、对现场的辨认和对物的辨认等，需要制作辨认笔录，但是监察法没有明确。根据权力法定和程序法定原则，监察机关在调查过程中不能继续运用该措施，也禁止使用辨认笔录作为证据。第三，监察法第 27 条规定了监察调查过程中的鉴定措施，由此形成鉴定意见。第四，监察实务中有的职务违法案件存在受害人，少数职务犯罪案件还存在被害人，监察法第 21 条规定，监察机关在调查过程中可以询问证人等人员，这里的"等人员"应当包括职务犯罪的被害人和职务违法的受害人，因此监察证据还应当包括被害人、受害人陈述这

---

① 中共中央纪律检查委员会、中华人民共和国国家监察委员会法规室编：《〈中华人民共和国监察法〉释义》，中国方正出版社 2018 年版，第 123 页。

② 其中，被调查人供述和辩解又包括被调查人供述和被调查人辩解两种不同证据。

③ 参见中共中央纪律检查委员会、中华人民共和国国家监察委员会法规室编：《〈中华人民共和国监察法〉释义》，中国方正出版社 2018 年版，第 148 页。

一类证据，也包括两种不同的证据。

为此，笔者认为，监察法中的监察证据也应当包括八类，共十二种，即：（1）物证；（2）书证；（3）证人证言；（4）被害人、受害人陈述；（5）被调查人陈述、供述和辩解；（6）鉴定意见；（7）勘验、检查笔录；（8）视听资料、电子数据，与刑事诉讼法第48条第2款规定的证据种类基本对应，只是笔录证据限于两种。中央纪律检查委员会和国家监察委员会法规室将监察证据种类界定为物证、书证、证人证言、被调查人供述和辩解、鉴定意见、勘验检查笔录、视听资料、电子数据七类，共八种，[①] 遗漏了受害人陈述、被害人陈述和被调查人陈述三种证据材料，笔者认为，这是不全面的，有待进一步明确并补充完善，从而正确引导监察调查实务中证据的收集、固定、审查与运用。

二、监察证据与刑事证据转化的范围

与刑事诉讼法第52条第2款一样，监察法第33条第1款采取列举和概括相结合的方法，将可转化为刑事证据的监察证据的范围界定为“物证、书证、证人证言、被调查人供述和辩解、视听资料、电子数据等证据材料”，列举的证据除了物证、书证、视听资料、电子数据四种实物证据外，还包括证人证言、被调查人供述和辩解两种言词证据。这里的“等证据材料”如何理解，学者们有不同看法。陈光中先生在谈到监察证据移送问题时，肯定实物证据可以直接移送，但对于言词证据，他认为由于监察委员会同时承担执纪调查和犯罪调查，移送的言词证据范围以涉嫌犯罪、正式立案调查（一般是采取留置措施）为界限，采取讯问（被调查人）、询问（证人）等调查措施所取得的言词证据才可予以移送使用。[②] 笔者赞同该观点。但是，有学者持不同看法，认为监察机关在整个调查过程中收集的所有证据，包括言词证据和实物证据，都可以转化为刑事证据，没有必要再区分一般调查中收集的证据和职务犯罪调查中收集的证据。[③] 笔者不敢苟同。根据宪法第127条第2款和监察法第3条、第11条第3项规定，监察调查的对象包括职务违法和职务犯罪，如果调查结果仅仅涉嫌职务违法，由监察机关自行处置，不存在案件或证据移送问题。只有涉嫌职务犯罪的案件，才需要移送检察机关依法审查、提起公诉，涉及证据移送或转化问题。因此，证据移送或转化需要区分涉嫌职务违法和涉嫌职务犯罪的证据材料。可转化为刑事证据的监察证据只能是监察机关依法收集的涉嫌职务犯罪的证据材料，不包括那些仅仅涉嫌职务违法的证据。在上述八类十二种监察证据中，受害人陈述和被调查人陈述两种证据材料不存在与刑事证据的转化问题。这是其一。

其二，纪委与监察委合署办公，并不是合并，纪委仍然存在，并且是党内监督的专责机关，负责“纪律审查”；监察委是行使国家监察职能的专责机关，负责“监察调查”，二者通常同时进行，但是存在区别。被调查人涉嫌职务违法和职务犯罪的案件只能依据监察法规定，以监察委的名义进行调查和处置，所收集的证据材料属于监察证据。而对于党员

① 参见中共中央纪律检查委员会、中华人民共和国国家监察委员会法规室编：《〈中华人民共和国监察法〉释义》，中国方正出版社2018年版，第123页。

② 参见陈光中、邵俊：《我国监察体制改革若干问题思考》，载《中国法学》2017年第4期。

③ 参见纵博：《监察体制改革中的证据制度问题探讨》，载《法学》2018年第2期。

和党组织涉嫌违反党的纪律的行为，只能依据党章和其他党内法规，以纪委的名义进行调查、审查和处分，所收集的证据材料属于纪检证据，它自然也不存在与刑事证据的转化问题。因此，所谓“纪检监察证据”这个名称极不规范，笔者建议学界不要继续使用。

其三，根据证据载体表现形式的不同，证据可分为言词证据和实物证据。物证、书证、视听资料、电子数据属于实物证据，它们是伴随着案件事实的发生而形成的一种实物载体，所记录的是案件事实的某一环节或者片段，具有不可再生性。这决定了实物证据的客观性、稳定性强，不易受到人的主观因素的影响而出现虚假或失真，也不会因收集主体或收集程序的原因而发生实质变化。因此，实物证据的直接转化或移送，理论界和实务界没有异议。监察证据中除了以上四种实物证据以外的其他八种证据，都属于言词证据，它们是随着刑事诉讼程序的启动，通过向办案人员口头表达其记忆事实或判断意见而形成的证据，[①] 虽然生动、形象、具体，具有可重复收集性，但客观性、稳定性差，极易受人的主观意识、思想感情和客观环境等影响而出现失真，也会因收集主体或收集程序的不同而发生变化。因此，对于言词证据的转化，学界有不同观点。自 2012 年刑事诉讼法增设第 52 条第 2 款以来，学界围绕行政执法证据与刑事证据转化的范围就存在争议，有关司法解释和公安部规章规定也不一致。[②] 立法部门权威解释认为，该款规定的可转化的证据范围仅限于物证、书证、视听资料、电子数据等实物证据，不包括证人证言、被害人陈述等言词证据。[③] 最高人民法院《关于适用〈中华人民共和国刑事诉讼法〉的解释》的起草者也认为，该款中的“等证据材料”不能包括证人证言，被害人陈述，犯罪嫌疑人、被告人供述和辩解等言词证据。因为言词证据具有较强的主观性，容易发生变化，且行政机关收集言词证据的程序明显不如公安司法机关严格，如果允许行政机关收集的言词证据在刑事诉讼中使用，难以保障案件得到公正处理，也不利于维护当事人权利。至于是否可以包括鉴定意见、勘验、检查、辨认、搜查等笔录，认识不完全一致。[④]

鉴于职务犯罪案件的特殊性和监察机关的政治属性，言词证据尤其是证人证言、被调查人供述和辩解是绝大部分职务犯罪案件的主要证据，乃至关键证据。纪委与监察委合署办公，代表党和国家行使监督权和监察权，履行纪检、监察两项职能。他们始终将纪律挺在前面，坚持纪严于法，监察法规定的监察程序比行政执法程序都要严格，它等同于甚至严于刑事诉讼程序，而且监察调查人员绝大部分由原检察机关职务犯罪侦查人员转隶而来，法律素质比较高，办案程序也比较规范。因此，笔者认为，监察法第 33 条第 1 款将证人证言、被调查人供述和辩解两种言词证据明确规定为可转化的证据，赋予它们在刑事诉讼中的证据效力，不需要重新取证，这有利于减少工作环节，提高反腐败工作效率，是合理的、可行的。至于它们能否作为定案的根据，还得经法定程序查证属实。同理，该款中的“等证据材料”应当包括被害人陈述、鉴定意见和勘验、检查笔录四种证据，它们只要符合法定要求，也可以转化为刑事证据。因为“在证据法上，被害人提供陈述和证人作证并没有

---

① 参见陈瑞华：《刑事证据法学》，北京大学出版社 2012 年版，第 93-95 页。

② 参见《公安机关办理刑事案件程序规定》第 60 条、《人民检察院刑事诉讼规则（试行）》第 64 条和《关于适用〈中华人民共和国刑事诉讼法〉的解释》第 65 条第 1 款。

③ 参见郎胜：《〈中华人民共和国刑事诉讼法〉修改与适用》，新华出版社 2012 年版，第 119 页。

④ 参见胡云腾等：《〈关于适用中华人民共和国刑事诉讼法的解释〉理解与适用》，载《刑事审判参考》，法律出版社 2013 年版，第 98 页。

实质性的区别，两种证据在形成机理上是相似的，并适用同样的证据规则”。[①] 况且，被害人陈述作为证据材料在职务犯罪案件中并不多见。被害人作为刑事诉讼当事人，具有参与刑事诉讼和协助刑事司法的强烈愿望，其陈述的真实性和可靠性可以在刑事诉讼中通过多种途径予以核实。将被害人陈述纳入可转化的证据范围，还可以避免重复取证给被害人造成“二次被害”。而鉴定意见和勘验、检查笔录是监察机关在调查过程中指派、聘请有专门知识的人提供的书面的“专家证言”。这些专家的资质都要经过严格审查，这种书面的“专家证言”相对于言词陈述而言，客观性、稳定性较强，一般不会因指派、聘请的机关不同而发生变化。另外，这些书面的“专家证言”进入刑事诉讼程序后，还可以通过补充鉴定或重新鉴定予以核实，赋予其刑事证据资格，有利于更好地落实“法法衔接”的要求，避免重复鉴定或勘验、检查，提高诉讼效率。

三、监察证据与刑事证据转化的条件

监察法第 33 条第 1 款规定，监察机关依法收集的证据材料在刑事诉讼中可以作为证据使用。这里“可以作为证据使用”，是指这些证据材料具有进入刑事诉讼的资格，具有刑事证据能力，不需要刑事侦查机关再次履行取证手续。但是，这些证据能否作为定案的根据，还需要根据刑事诉讼法的有关规定进行审查判断。如果经审查属于应当排除的或者不真实的，就不能作为定案的根据。[②] 因此，监察证据与刑事证据的转化还必须具备一定的条件，这些条件既是监察机关案件审理部门审核证据材料批准移送起诉的基准，也是检察机关审查接收转化证据的依据。至于这种条件，监察法第 33 条第 1 款没有明确，第 2 款要求监察机关收集、固定、审查、运用证据，必须与刑事审判关于证据的要求和标准相一致。笔者认为，这应当包括符合刑事证据的资格条件，但需要区分不同的证据种类，分别确定。

（一）物证、书证、视听资料和电子数据的转化

实物证据发挥证明作用的前提是保持真实性和同一性（或原始性），它要求监察机关移送给检察机关的物证、书证、视听资料和电子数据都必须保持在犯罪现场发现时的原始状态。这要求建立一条完整、封闭、连续的有关实物证据收集、运输、保管、鉴定等各个环节的证据保管链。监察调查人员自收集证据之时起至将证据移送给检察机关时止，对于证据保管的每一个环节都必须确定专人负责，并且在每次交接证据时都进行详细记录，对交接的人员、时间、证据的基本形态等予以记载，以实现证据保管链的无缝对接。[③] 监察法第 25 条第 2 款体现了这方面要求。检察机关接收监察机关移送的实物证据时，应当对证据保管链条的完整性进行审查，对于证据保管链出现断裂，或者证据在保管期间没有保持实质上的原始状态，并且监察机关不能补正或者作出合理解释的，应当拒绝接收，或者依法予以排除。

---

① 陈瑞华：《刑事证据法学》，北京大学出版社 2012 年版，第 120 页。

② 参见中共中央纪律检查委员会、中华人民共和国国家监察委员会法规室编：《〈中华人民共和国监察法〉释义》，中国方正出版社 2018 年版，第 168 页。

③ 关于证据保管链，参见陈永生：《证据保管链制度研究》，载《法学研究》2014 年第 5 期。

（二）鉴定意见和勘验、检查笔录的转化

鉴定意见和勘验、检查笔录作为三种书面的“专家证言”，其重要特征在于专业性，他们是鉴定人或被指派、聘请参与勘验、检查的人员就案件中的专门性问题作出的结论，协助监察机关查明案件事实。这不仅要求鉴定人或被指派、聘请参与勘验、检查的人员必须具有相关专门知识，且与案件无利害关系，始终保持客观公正，而且要求他们必须按照法定的程序和科学的方法进行鉴定或勘验、检查。因此，鉴定意见和勘验、检查笔录证据转化的条件除了法定的形式要件，如鉴定意见必须有鉴定人签名、鉴定单位盖章，勘验、检查笔录必须有参加勘验、检查的人员和见证人签名或者盖章等，鉴定人或被指派、聘请参与勘验、检查的人员还必须具有相应的资质或专门知识，鉴定、勘验、检查的程序和方法必须经得起庭审质证的检验等。

（三）证人证言和被害人陈述的转化

证人证言和被害人陈述都是通过询问措施获得的言词证据，其形成都要经历感知、记忆和表达三个不可分割的过程，只是证人通过五官感知，而被害人是“身临其境”感知。证人和被害人作为言词证据陈述人，应当受不被强迫自证其罪原则保障，在作证陈述过程中享有精神自由，他们只能就自己亲身感知的案件事实进行陈述。因此，证人证言和被害人陈述转化的条件具有真实性和可靠性。检察机关接收时，不仅要注意审查证人和被害人作证的资格和作证的内容，更要注意审查他们作证陈述的程序保障，避免受到强迫或被欺骗等。监察法第 40 条第 2 款规定了监察调查取证的禁止性规范，严禁以威胁、引诱、欺骗及其他非法方式收集证据。第 33 条第 3 款规定了非法证据排除作为违法取证的程序性制裁，凡是以非法方法收集的证据都应当依法予以排除，不得作为案件处置（包括移送检察机关）的依据。这些都适用于询问证人和被害人。

（四）被调查人供述和辩解的转化

监察机关对职务犯罪进行调查，虽然不同于刑事侦查，但是具有刑事侦查的法律效果。[①] 被调查人作为被追诉的对象，与犯罪嫌疑人、被告人一样受无罪推定原则保护，在法院依法判决有罪以前在法律上处于无罪地位，享有不受强迫自证其罪的权利。因此，被调查人供述和辩解作为监察证据材料转化为犯罪嫌疑人供述和辩解的条件是具有真实性和任意性（或自愿性）的。监察法规定，严禁以威胁、引诱、欺骗及其他非法方式收集证据，严禁侮辱、打骂、虐待、体罚或者变相体罚被调查人（第 40 条第 2 款），以保障被调查人供述和辩解的精神自由。以非法方法收集的证据应当依法予以排除，不得作为案件处置的依据（第 33 条第 3 款）。但是，监察调查的对象是行使公权力的公职人员，调查的内容是职务违法和职务犯罪。在案件调查过程中，调查人员既要严格依法收集证据，也要用党章党规党纪、理想信仰宗旨做被调查人的思想政治工作，靠组织的关怀感化被调查人，让他

---

① 参见朱福惠：《论检察机关对监察机关职务犯罪调查的制约》，载《法学评论》2018 年第 3 期。

们真心认错悔过，深挖思想根源，而不仅仅是收集证据，查明犯罪事实。① 根据监察法规定，监察调查过程中不允许律师或司法机关介入，这使得被调查人供述和辩解的真实性和任意性更难判断，要求检察机关接收时注意审查，及时依法讯问犯罪嫌疑人予以核实。一旦发现存在非法取证嫌疑的，应当启动非法证据排除程序进行调查处理。

① 参见中共中央纪律检查委员会、中华人民共和国国家监察委员会法规室编：《〈中华人民共和国监察法〉释义》，中国方正出版社 2018 年版，第 63-64 页。

职务犯罪牵连案件主管问题研究

——以监察法第34条第2款为视角

李　蓉　白元贵*

职务犯罪牵连案件的管辖需要科学合理的划定，这样才既符合职务犯罪案件的调查规律，又顺应我国目前的反腐形势。但2012年修改刑事诉讼法时并没有明确规定牵连案件的管辖原则，因而只能根据职能管辖的规定，对职务犯罪牵连案件进行分案管辖。虽然紧随其后的司法解释确立了“主罪机关管辖原则”，但是由于在很多案件中难以区分主次罪而导致受案艰难、调查拖延。刑事诉讼法与司法解释没能为办案部门提供明确的指导，为避免争执，很多办案部门在实际办案过程中采取了变通的做法，如在立案前相关机关协商，以确定某个机关并案管辖职务犯罪牵连案件。这些做法要么缺乏法律依据，无法通过合法性标准的检验；要么缺乏保障机制，不能有效发挥作用。2018年通过的监察法第34条第2款对职务犯罪牵连案件的管辖作出规定，确立了“并案为主、分案为辅”的管辖模式，然而在此种模式之下仍存在很多细节性问题亟待解决。本文在对职务犯罪牵连案件进行类型化分析的基础上，结合刑事诉讼法及监察法的相关规定，提出完善职务犯罪牵连案件管辖的建议。

一、职务犯罪牵连案件的类型

关于职务犯罪牵连案件，根据最高人民法院、最高人民检察院、公安部、国家安全部、司法部、全国人大常委会法制工作委员会2012年12月26日颁布的《关于实施刑事诉讼法若干问题的规定》（以下简称《六部委规定》）的规定，[①] 本文认为是指职务犯罪被调查人（嫌疑人）一人犯数罪、与他人共同犯一罪或者与他人共同犯数罪以及该被调查人与他人实施的犯罪具有关联性，几个办案机关都有管辖权的案件。职务犯罪牵连案件的类型具体包括：渎职犯罪的“原案”、职务犯罪中的互涉案、职务犯罪的“后案”。

（一）渎职犯罪的“原案”

所谓渎职犯罪的“原案”，也叫渎职犯罪的前提案件、基础案件，是指国家机关工作人

---

* 作者简介：李蓉，湘潭大学法学院教授；白元贵，湘潭大学法学院硕士研究生。

① 参见《六部委规定》关于牵连管辖所作的具体规定，即具有下列情形之一的，人民法院、人民检察院、公安机关可以在其职责范围内并案处理：(1) 一人犯数罪的；(2) 共同犯罪的；(3) 共同犯罪的犯罪嫌疑人、被告人还实施其他犯罪的；(4) 多个犯罪嫌疑人、被告人实施的犯罪存在关联，并案处理有利于查明案件事实的。

员渎职犯罪引发的案件或者是已经发生了而国家机关工作人员不依法处理的犯罪案件。[①] 换言之，只有查清渎职犯罪的“原案”，对渎职犯罪“本案”的认定才不会存在障碍。刑法分则第九章规定了37个渎职罪，其中大部分渎职犯罪的认定需要借助“原案”的认定。例如，刑法第402条规定了徇私舞弊不移交刑事案件罪，本罪的行为是拒不移交刑事案件。如果不移交的案件不是刑事案件，则根本不构成本罪。因此，“原案”成立与否直接关乎徇私舞弊不移交刑事案件罪本罪的成立。此类案件还有刑法分则第406条规定的国家机关工作人员签订、履行合同失职被骗罪，第400条第1款规定的私放在押人员罪，第401条第2款规定的失职致使在押人员脱逃罪，第411条规定的放纵走私罪，第414条规定的放纵制售伪劣商品犯罪行为罪以及第417条规定的帮助犯罪分子逃避处罚罪等罪名中。

（二）职务犯罪的“互涉案”

所谓“互涉案”，是指同一行为人实施了涉及两个以上办案机关管辖的犯罪行为或者某一机关办理的同一案件涉及应由其他机关管辖的案件。具体而言，前者是指同一行为人犯数罪的情形。比如，国家机关工作人员既犯有刑法分则第八章与第九章规定的贪污贿赂罪、渎职罪，又犯有分则其他章节规定的普通犯罪。后者是指监察机关或者公安机关在办理属于本机关管辖的案件时，发现该案还涉及其他机关管辖的案件。典型的例子如监察机关在办理受贿案件时，还发现本案的被调查人充当某黑社会性质组织的“保护伞”，亦即本案还涉及刑法分则第294条规定的组织、领导、参加黑社会性质组织罪。再如，海关缉私部门在办理走私案件时，发现了走私案件的犯罪嫌疑人为了疏通关系向某国家机关工作人员行贿的事实。这种情形就是我们通常所说的“窝案”、“串案”。

（三）职务犯罪的“后案”

所谓职务犯罪的“后案”，是指为逃避职务犯罪的司法追究，为职务犯罪嫌疑人提供帮助并构成刑事犯罪的特定案件。[②] 换言之，这类案件是在职务犯罪发生之后，“本案”的被调查人或者其他行为人实施的妨碍调查活动的犯罪行为。典型的情形如职务犯罪的被调查人犯有受贿罪，其他行为人为其掩饰、隐瞒受贿的犯罪所得的来源和性质。职务犯罪的后案除了存在于刑法第191条规定的洗钱罪，第162条之一规定的隐匿、故意销毁会计凭证、会计账簿、财务会计报告罪之中，更多的会发生在刑法分则第六章第二节规定的妨害司法罪中。比如，刑法第305条规定的伪证罪，[③] 第306条规定的辩护人、诉讼代理人毁灭证据、伪造证据、妨害作证罪，第307条规定的妨害作证罪与帮助毁灭、伪造证据罪，第310条规定的窝藏、包庇罪以及第312条规定的掩饰、隐瞒犯罪所得、犯罪所得收益罪等犯罪情形中。

---

① 李忠诚：《论渎职犯罪牵连的原案管辖》，载《人民检察》2009年第11期。

② 向择选：《职务犯罪关联案件侦查管辖的完善》，载《河南社会科学》2011年第4期。

③ 刑法第305条规定，在刑事诉讼中，证人、鉴定人、记录人、翻译人对与案件有重要关系的情节，故意作虚假证明、鉴定、记录、翻译，意图陷害他人或者隐匿罪证的，处3年以下有期徒刑或者拘役；情节严重的，处3年以上7年以下有期徒刑。或许有人会说职务犯罪的调查程序并不属于刑事诉讼程序，但是笔者认为，监察调查与刑事侦查具有措施的强制性、调查目的的一致性，具有类似侦查的属性，因而在调查程序中作伪证的行为也成立伪证罪。

二、职务犯罪牵连案件管辖现状

（一）2012 年刑事诉讼法修改后职务犯罪牵连案件管辖的立法及司法现状

2012 年刑事诉讼法并没有对职务犯罪牵连案件作明文规定，在司法实践中，办案部门对于职务犯罪牵连案件的处理一般依据的是《六部委规定》关于牵连案件管辖的规定，即“主罪管辖机关管辖”原则。① 该原则实际上是确立了对职务犯罪牵连案件“相对分案”的处理模式。相对分案模式在一定意义上消除了“绝对分案”模式所产生的弊端：在绝对分案模式之下，各办案机关只能办理属于本机关管辖的案件，而对在办案过程中发现的本案之外的牵连案件则只能止步，将案件移送有管辖权的机关办理。这样可能带来一系列严重的后果，如办理渎职犯罪的机关在调查本罪的过程中，发现渎职犯罪的“原案”尚未查清，渎职犯罪的本案就只能“搁置”，而侦查（调查）案件讲究时效性，拖延意味着很多证据会随着时间的流逝而消失。而且，由于办理职务犯罪的机关与办理渎职犯罪“原案”的公安机关并无隶属关系，办理原案的机关并没有及时结案的动力，这就增加了诉讼拖延的风险。除此之外，即便渎职犯罪的“原案”可以及时办结，办理渎职犯罪本案的机关在办理渎职案件时仍需要重新调查核实证据，从而造成司法资源的浪费。更重要的是，绝对分案模式不利于保障犯罪嫌疑人权益，如在办理职务犯罪的“互涉案”时，不同的办案机关都可以对犯罪嫌疑人适用强制措施，进而导致审前羁押期限过长。

而六部委所确立的“主罪管辖机关管辖”原则，实质是相对分案管辖，旨在强调不同办案机关之间相互配合、相互协调，这在某种程度上解决了诉讼拖延问题，提高了办案效率，也有利于更好地打击职务犯罪。但是，这种相对分案模式也存在缺陷。首先，职务犯罪牵连案件错综复杂，案情扑朔迷离，没有深入调查很难判断主罪与次罪。比如，海关缉私部门在办理走私犯罪的过程中发现行为人有行贿行为，而行为人所触犯的走私犯罪刑罚的最高刑期为 10 年以上有期徒刑或者无期徒刑，其所触犯的行贿罪最高刑也是 10 年以上有期徒刑或者无期徒刑，那么此时走私犯罪是主罪还是行贿罪是主罪？其次，随着案件调查的深入，主次罪完全可能出现转换。此时会出现尴尬的局面，原来主导案件调查的机关成了次罪侦查（或调查）机关，原来调查案件的辅助机关成了主罪调查机关。而刑事诉讼法中亦无管辖恒定原则，原受案机关不能因为事实上的管辖行为而产生管辖权。在这种情况下，根据法律的规定，原受案机关应当将案件移送主罪机关。将已接手并付出诸多心血的案件移送给其他机关，原主导机关的办案人员可能会产生抵触情绪，并消极或拒绝配合，进而影响办案效率和效果。最后，对于那些关联程度紧密的牵连案件，过于强调主罪与次罪分案侦查，会使得侦查机关无法通过合并管辖提高侦查的效率，降低了犯罪的惩处力度。②

由于刑事诉讼法回避了牵连案件的管辖问题，《六部委规定》所确立的“主罪管辖机

---

① 《六部委规定》第 1 条后半段规定，如果涉嫌主罪属于公安机关管辖，由公安机关为主侦查，人民检察院予以配合；如果涉嫌主罪属于人民检察院管辖，由人民检察院为主侦查，公安机关予以配合。

② 张曙、阿儒汗：《职务犯罪案件与牵连案件的侦查管辖研究》，载《中国刑事法杂志》2012 年第 9 期。

关管辖”原则也不能为实践提供有效的指导，迫使办案机关在处理职务犯罪牵连案件的管辖时采取了更为务实的方式，如通过协商决定由哪个机关管辖。[①] 笔者曾和某地检察院的同志交流，他们说在办理职务犯罪案件的过程中遇到嫌疑人同时涉嫌公安机关管辖的非法持有枪支案、诈骗案等，一般都由本机关并案管辖。这样的处理方式避免了重复取证，有效地节约了司法资源。但是，这种并案管辖模式面临着“合法性”诘难。在刑事诉讼法并未明文规定，司法解释也没有明确允许的情况下，办案机关在调查职务犯罪牵连案件时所获取的证据难以通过“取证主体合法”这一标准的检验。职务犯罪牵连案件被告人的辩护人完全可以证据的合法性为由攻击控方取证主体的合法性，并申请排除控方收集的相关证据。而法官一旦采取了辩护人的辩护意见，排除了这些证据，则检察机关前期对职务犯罪牵连案件的调查取证工作将前功尽弃。

在实践中，除了通过协商的方式让某一机关并案管辖牵连案件外，还会通过专案组、联席会议的形式来处理不同办案机关对牵连案件的查办。专案组一般是由检察机关反贪反渎部门与公安机关刑事侦查部门的人员组成，专案专办，案件终结后，该专案组便自行解散。专案组这种模式机动性很强，能够调动各方资源，及时侦破案件。但是这种模式缺乏稳定的机制维系，而且在当前的办案考评机制之下，联合侦破案件的功劳一般归属于主办案方，辅助办案方在办案时往往积极性不高，这些因素会直接影响办案的效果。[②] 联席会议与专案组这种模式略有不同，但都强调不同办案部门间的相互合作。在这种模式下，对于职务犯罪牵连案件，公安机关和检察机关对案件的证据收集、强制措施的适用等问题经常举行会议，共同磋商。达成一致意见以后，展开具体行动。这种办案模式在一定意义上有利于及时迅速地侦破案件，但是这种模式的缺陷和专案组模式是相同的，即缺乏制度保障。此种临时性的办案机制实际上强调的是公安机关和检察院的自愿配合，依靠的是办案人员个人的积极主动性，难以产生实质性的约束力。[③] 总之，尽管《六部委规定》确立了“主罪管辖机关管辖”的相对分案管辖模式，这种模式也符合刑事诉讼法第7条所确立的“分工负责，互相配合，互相制约”原则，但是相对分案模式并不符合司法实务的需求。在实践中，办案机关要么对此规定作出变通，即在立案前就协商牵连案件由一个机关办理；要么通过专案组、联席会议等松散的模式办理职务犯罪的牵连案件。前一种模式于法无据，在审判阶段可能面临指控失败的风险；后一种办案模式缺乏具体制度保障，协作办案依靠各机关自愿配合，难以实现高效打击犯罪的目标。

（二）监察法中有关职务犯罪牵连案件管辖的规定

2018年3月通过的监察法第34条第2款对职务犯罪牵连案件的管辖进行了规定，“被调查人既涉嫌严重职务违法或者职务犯罪，又涉嫌其他违法犯罪的，一般应当由监察机关为主调查”事实上是确立了对职务犯罪牵连案件“并案管辖，监察优先”的原则。对该条进行文意解释，“一般”与“应当”这两个词以平白直叙的方式强调，在通常情况下，职务犯罪案件及其牵连案件应由监察机关并案管辖，只在特殊或例外情况下，职务犯罪案件

---

① 陈卫东：《刑事诉讼法实施问题调研报告》，中国方正出版社2001年版，第61页。

② 向泽选：《职务犯罪关联案件侦查管辖的完善》，载《河南社会科学》2011年第4期。

③ 杨雄：《职务犯罪牵连案件侦查管辖制度之改革》，载《新疆社会科学》2015年第5期。

及其牵连案件不宜由监察机关并案管辖的，才由其他机关管辖。该款后半部分规定："其他机关予以协助"，以"协助"替代"配合"，实则强调了监察机关的主导地位。相较于2012年的《六机关规定》第1条的规定，对于牵连案件，该条确立的是"主罪机关为主，次罪机关配合"的原则。该规定由于未对主罪与次罪的界限作出进一步的规定，造成事实上的适法不能，即无法或很难根据现行立法确定牵连案件的管辖，只能通过协商解决。

显然，监察法并未继续沿用《六机关规定》关于牵连案件管辖的原则，而是确立了新的原则——"监察为主"。这是基于全面、集中打击腐败违法犯罪的需要，这一制度安排更有利于分清责任，防止互相推诿，延误侦查（调查）。然而，有些职务犯罪牵连案件并不适合由监察机关并案管辖，如伪证类案件，由于这些案件行为人的行为与办案机关存在利益冲突，办案机关本来就有报复的冲动，如果将这类牵连案件交由监察机关并案管辖，难以做到公正处理。因此，如何科学地理解该原则，并科学地落实和实现监察法第34条的立法目的，是进一步丰满监察制度的重要举措。

三、监察法视野下职务犯罪牵连案件管辖制度的完善

如前所述，职务犯罪案件与其牵连案件有时很难区分何者是主罪，何者是次罪。而当分不清主罪与次罪的时候，很容易使两个办案机关因办案的主导权陷入僵持状态。既然如此，对于大部分职务犯罪的牵连案件，交由监察机关或者检察机关并案管辖也是一种妥适的选择。监察机关或者检察机关通过并案管辖职务犯罪案件及其牵连案件，可以及时、高效地收集固定证据，完善证据链条，同时也可以节约司法资源，提高诉讼效率。更重要的是，并案管辖在一定程度上更有利于保障犯罪嫌疑人（被调查人）的合法权益。对牵连案件分案管辖，不同的办案机关都可以独立地适用强制措施（或类似于强制措施的措施），这样对其人身拘束时间较长。合并管辖之后，只由监察机关或者检察机关一个机关适用类似措施，大大缩短了被调查人人身受拘束的时间。当然，在监察机关调查案件或者检察机关侦查案件的过程中不能为了打击犯罪而牺牲公正，毕竟公正始终是法治的底色。换言之，为公平起见，有的牵连案件不适宜由监察机关或者检察机关并案管辖，此时就要交由有管辖权的其他机关管辖。职务犯罪案件的某些后案如伪证案、妨害作证案等案件，由于行为人的行为与监察机关或者检察机关的调查（侦查）取证行为直接对立，为了避免监察机关打击报复，对这类案件宜交由本机关之外的机关办理。另外，对那些牵连性较低的案件，也不宜并案管辖，否则就会背离刑事诉讼法所确立的"分工负责"原则。

（一）并案管辖的范围

1. 监察机关并案管辖的范围

尽管笔者主张对于职务犯罪案件及其牵连案件一般由监察机关并案管辖，但是并案管辖也不能与刑事诉讼法所确立的职能管辖规则相违背。为了防止监察机关对牵连并案管辖的范围过分扩张，并案管辖的案件范围应限于以下几类：

一是渎职犯罪中的"原案"。如前所述，渎职犯罪中的"原案"是渎职犯罪"本案"的基础案件，往往只有查清"原案"成立，渎职犯罪本案的调查工作才能展开。比如监察机关要对某被调查人是否犯有刑法第414条规定的放纵制售伪劣商品犯罪行为罪展开调查，

就先要查清是否存在制售伪劣商品的犯罪行为。如果将“原案”交由公安机关侦查，渎职犯罪的“本案”（放纵制售伪劣商品犯罪行为案）则只能等公安机关侦查完毕之后才能展开调查，这就可能给被调查人留出了毁灭证据或实施其他逃避调查的时间，导致后续的调查工作难以展开，被调查人也可能因此而逃避法律的制裁。所以，这类案件应由监察机关并案管辖，既有利于及时收集固定证据，也能更好地实现打击犯罪的目标。

二是部分职务犯罪案件的“后案”。职务犯罪的“后案（罪）”多是行为人为了帮助被调查人逃避法律制裁而实施的犯罪行为，因此“后案”与职务犯罪“本案”在证明上具有密切的关系。若办案机关能获得“后案”的犯罪证据，则“本案”的调查工作将顺利进行。反之，调查职务犯罪“本案”所获取的证据也是侦破“后案”的关键。例如，刑法第191条规定的洗钱罪，第162条之一规定的隐匿、故意销毁会计凭证、会计账簿、财务会计报告罪，第310条规定的窝藏、包庇罪以及第312条规定的掩饰、隐瞒犯罪所得、犯罪所得收益罪等几种犯罪属于典型的“后案（罪）”，这些案件交由监察机关并案管辖，这样在调查的过程中监察机关就可以综合分析“本案”与“后案”的犯罪证据，从而可以整体布局，不断地调整调查谋略。这样既可以防止因调查职务犯罪“本案”而打草惊蛇让“后案”的行为人有机可乘，避免因分案管辖导致的重复取证问题，也可以提高调查效率，符合诉讼经济的原则。

三是“互涉案”。职务犯罪案件不同于普通刑事案件：就其犯罪主体而言，职务犯罪的行为人拥有较高的社会地位、复杂的社会关系网，其文化程度高，了解法律知识，反调查能力强，可能对调查工作带来极大的阻碍；就职务犯罪行为特征而言，职务犯罪的犯罪行为隐蔽，手段多样，持续的时间长，跨度大；从职务犯罪调查实践看，该罪实物证据少，与普通的刑事案件不同，公安机关管辖的刑事案件可以对犯罪现场进行勘验，对物品进行检查，可以提取指纹、足迹进行鉴定，还可以调取案件现场的视频监控。而职务犯罪案件中的证据多为犯罪嫌疑人的供述，一旦被调查人拒绝供述，讯问工作以及调查工作就会陷入僵局，这就要求办案人员从外围入手。比如，办案机关在办理职务犯罪案件时发现被调查人经常聚众赌博，如果将赌博犯罪案件与职务犯罪案件合并管辖，办案人员可以赌博罪为切入点，通过收集被调查人每次赌博的金额、赌博的次数，进而推算出被调查人赌博的金额是否超出其合法收入。办案人员可以利用这些证据旁敲侧击，让被调查人主动供述自己的犯罪事实。2012年刑事诉讼法第54条创设了非法证据排除规则，2018年制定的监察法第33条第3款也规定了非法证据排除规则，这就要求监察机关在办案的过程中依法取证。而这种由监察机关并案管辖“互涉案”的模式，有利于帮助办案人员摒弃过去的调查理念，淘汰疲劳审讯、突审等不合法的调查方式，树立“由证到供”的调查理念。

2. 检察机关并案管辖的范围

检察机关并案管辖的案件主要是职务犯罪的“互涉案”。根据监察法第11条及其释义，调查是监察委员会的三项职责之一。对公职人员涉嫌贪污贿赂、滥用职权、玩忽职守、权力寻租、利益输送、徇私舞弊以及浪费国家资财等职务违法和职务犯罪行为展开调查，是监察委员会开展廉政建设和反腐败工作的基本方法。[①] 而原属于检察机关管辖的非法拘禁、

① 中共中央纪律检查委员会、中华人民共和国国家监察委员会法规室编：《〈中华人民共和国监察法〉释义》，中国方正出版社2018年版，第91页。

刑讯逼供、非法搜查等侵犯公民权利、损害司法公正的犯罪案件，宪法和监察法均未规定将其纳入监察委员会管辖领域，由此可推知仍由检察机关管辖。检察机关在办理这几类案件的过程中，发现嫌疑人还涉嫌由公安机关管辖的其他案件，这时宜由检察机关并案管辖。如检察机关在办理非法拘禁、非法搜查案的过程中，发现本案犯罪嫌疑人是利用职权报复自己的竞争对手，在询问被害人的过程中了解到嫌疑人与被害人都涉嫌开设赌场，此时并案侦查就是合适的选择。又如，检察机关在办理民事枉法裁判案的过程中，发现本案犯罪嫌疑人还涉嫌非法吸收公众存款，嫌疑人利用其审判职权打压被害人，此时也应由检察机关并案管辖。强调检察机关并案管辖职务犯罪牵连案件，一来符合监察法所确立的对职务犯罪牵连案件“并案管辖”原则，避免同样是职务犯罪的牵连案件，却适用不同管辖模式的“两张皮”的状况，保证法秩序的统一。二来也有利于办案机关及时高效地打击犯罪，确保司法的风清气正以及充分保护人民群众的合法利益。

（二）分案管辖的情形

在办理职务犯罪案件的过程中，尽管调查（侦查）效率是我们追求的目标，但是公正更应是办案的底线，两者不可偏废。如前所述，对于职务犯罪牵连案件中部分“后案”，为公平公正起见，不宜由监察机关或者检察机关并案管辖，如伪证案，妨害作证案，窝藏、包庇案以及辩护人、诉讼代理人毁灭证据、伪造证据、妨害作证罪等类型案件，这些案件的行为人实施的犯罪行为在一定意义上是给监察机关的调查工作或者检察机关的侦查工作制造了障碍，阻挠了调查（侦查）工作的进行。如果将这类案件交由监察机关或者检察机关并案管辖，难以避免监察机关或者检察机关的报复性追诉。对此，可行的路径是借鉴刑事诉讼法第 42 条的规定，[①] 将该类案件交由其他机关管辖。具体而言，对于该类牵连案件交由公安机关办理，这样也符合刑事诉讼法关于职能管辖的立法精神。除了上述案件之外，笔者认为对于那些牵连程度比较低的互涉案宜交由其他机关分案管辖。如监察机关在调查某国家机关工作人员的受贿事实时，发现他曾经还犯有故意杀人罪，而且被害人既不是受贿案件的证人，也不是受贿罪的共犯，此时宜将故意杀人案移交公安机关办理。这是出于专业性的考虑，毕竟公安机关的刑事侦查部门办理过大量的刑事案件，积累了丰富的办案经验，拥有专业的技术设备，在提取固定证据方面有明显的优势，这些都是监察机关所不具有的。因此该类牵连案件由公安机关管辖是合适的。与此相同，检察机关在办理职务犯罪案件的过程中，对于那些牵连程度较低的牵连案件，也应交由其他机关管辖。这既是对其他机关专业性的尊重，也是对刑事诉讼法第 7 条“分工负责”原则的坚守。

（三）职务犯罪牵连案件管辖之程序问题

1. 审批程序

对于决定并案调查的牵连案件，为避免过于随意，需要经过严格的审批程序。具体而

① 刑事诉讼法第 42 条第 1 款规定，辩护人或者其他任何人，不得帮助犯罪嫌疑人、被告人隐匿、毁灭、伪造证据或者串供，不得威胁、引诱证人作伪证以及进行其他干扰司法机关诉讼活动的行为。违反前款规定的，应当依法追究法律责任，辩护人涉嫌犯罪的，应当由办理辩护人所承办案件的侦查机关以外的侦查机关办理。辩护人是律师的，应当及时通知其所在的律师事务所或者所属的律师协会。

言，先由承办部门制作《并案调查报告》，具体内容包括被调查人及其他涉案人员的基本情况、已核实的案件情况、并案调查的必要性与可行性、后续调查计划等内容。《并案调查报告》先交由监察机关主要负责人审核，若其不同意并案调查，则应将牵连案件移送有关机关继续侦查。若本级监察机关主要负责人同意并案调查，则需要将审批意见与《并案调查报告》提交上一级监察机关主要负责人审批。上一级监察机关主要负责人不同意并案调查的，则只能分案管辖；上一级监察机关主要负责人同意并案调查的，则下一级监察机关可以并案管辖牵连案件。对于本级监察机关主要负责人以及上一级监察机关主要负责人的决定，办案部门不能提出异议，只能依据决定开展下一步调查工作。至于检察机关决定并案管辖的案件，先由承办部门制作《并案侦查报告》，具体内容包括犯罪嫌疑人及其他涉案人员的基本情况、已核实的案件情况、并案侦查的必要性与可行性、后续侦查计划等内容。《并案侦查报告》先交由检察机关主要负责人审核，若其不同意并案侦查，则应将牵连案件移送有关机关继续侦查；若本级检察机关主要负责人同意并案侦查，则需要将审批意见与《并案侦查报告》提交省一级人民检察院审批。省一级检察机关不同意并案侦查的，则只能分案管辖；上一级监察机关主要负责人同意并案侦查的，则检察机关可以并案管辖牵连案件。检察机关决定并案管辖的案件之所以报省一级人民检察院决定，是严格执行现行刑事诉讼法第 18 条第 1 款后半段规定的体现①，也是践行程序法定原则的体现。

2. 管辖异议

监察机关或者检察机关决定并案管辖牵连案件后，要及时向其他有管辖权的机关发出协调通知。如果其他机关不同意并案管辖的决定，可以向作出最终决定的机关提出异议及理由，如分案管辖的必要性、两类案件之间牵连程度较低或者并案调查可能影响公正等。另外，并案管辖的决定也要及时告知牵连案件的当事人。正所谓“无救济则无权利”，并案管辖职务犯罪牵连案件很可能影响当事人的合法权益，上级决定机关不能独断专行，而应充分考虑当事人的意见。对于其他机关及牵连案件的当事人提出的异议，决定机关应及时回应，并且要及时将最终决定及理由告知提出异议的机关及牵连案件的当事人。若并案管辖异议成立，牵连案件交由提出异议机关管辖；若并案管辖异议不成立，提出异议机关应及时将牵连案件的材料移送决定并案管辖的机关。对于上级决定机关作出的异议决定，提出异议的机关及牵连案件的当事人不能再提出异议，否则会造成调查过程的拖延，不利于提高调查效率。

3. 并案调查（侦查）后留置措施与刑事强制措施的适用

监察机关在并案调查的过程中，为了查清案件事实，可能对职务犯罪被调查人适用监察法第 22 条规定的留置措施。如果牵连案件的行为人与职务犯罪被调查人构成共同犯罪，对他们适用留置措施不会存在任何法理障碍。但是，对于渎职犯罪的“原案”、部分职务犯罪的“后案”以及与职务犯罪被调查人不构成共犯的“互涉案”的行为人适用留置措施，并无明确的法律依据。基于“法无授权即禁止”原则，如果这几类牵连案件的行为人在调查过程中符合了刑事强制措施的适用条件，则可以适用刑事强制措施。监察机关认为需要适用刑事强制措施的，可将其决定交由公安机关执行，这也是监察法第 34 条第 2 款后半部

① 刑事诉讼法第 18 条后半段，对于国家机关工作人员利用职权实施的其他重大的犯罪案件，需要由人民检察院直接受理的时候，经省级以上人民检察院决定，可以由人民检察院立案侦查。

分“其他机关予以协助”的应有之意。至于检察机关决定并案管辖的案件，如果在侦查过程中需要适用刑事强制措施，直接依据刑事诉讼法的有关规定处理，不会存在任何障碍。

4. 并案管辖与律师帮助

监察法规定的诸如查封、扣押、冻结、搜查、留置等调查措施与侦查措施非常类似，这些措施都会影响被调查人的合法权益。为保障被调查人及其他行为人的合法权益，笔者认为在并案调查程序中应确立律师帮助制度。我国宪法第 130 条规定了被告人享有辩护权，2012 年刑事诉讼法将辩护的范围扩展至侦查阶段，2015 年两高三部委颁布了《关于开展法律援助值班律师工作的意见》，2017 年最高人民法院、司法部颁布了《关于开展刑事案件律师辩护全覆盖试点工作的办法》，这些规范的出台切实有效地推动了我国人权保障事业的发展。在这样的背景下，确立律师帮助制度既符合我国人权保障的需要，也顺应了我国法治建设的潮流。而且，大部分职务犯罪案件的牵连案件原本应该由不同的机关分案管辖，那样行为人就可以依据刑事诉讼法第 33 条、第 36 条的规定在侦查阶段获得律师帮助。若在并案调查程序中不赋予他们获得律师帮助权，则明显侵犯了他们的合法权益。诚如有学者所言，监察体制改革作为一项重大的政治改革，应当妥善处理权力与权利的关系，不能“只转权力、不转权利”，顾此失彼。① 因此，在并案调查程序中确立律师帮助制度是一种恰当的制度选择。当然，因调查与侦查并不完全一样，所以被调查人及牵连案件的行为人获得律师帮助的时间和方式应区别于刑事诉讼法的规定。就被调查人在并案调查程序中获得律师帮助的时间，笔者赞同王旭教授的观点，即在对被调查人采取强制措施之后（如被留置），则应该允许被调查人有权获得法律帮助。② 之所以将获得律师帮助的时间限定在采取留置措施之后，是考虑到监察机关初期的调查可能只是对违法犯罪线索的核实，没有必要在这个阶段赋予被调查人获得律师帮助的权利。此外，还需明确被调查人在并案调查程序中获得律师帮助的方式。一般而言，被调查人获得律师帮助的方式不外乎两种：被调查人聘请律师为自己提供法律帮助与监察机关指派律师为被调查人提供法律帮助。然而，制度建设也必须结合实际情况，目前我国的反腐败斗争形势依然严峻复杂，在这样的背景下，可以采取既确保反腐败斗争的效果又兼顾被调查人获得法律帮助权的方法。③ 笔者认为，目前获得律师帮助的方式可以借鉴律师值班制度，即在监察机关设立值班律师为被调查人提供法律问题解答，代理申诉控告等法律帮助。至于被调查人通过聘请律师获得法律帮助的方式，等将来时机成熟时再作规定。对于检察机关并案管辖的案件，在律师介入、帮助问题上，直接适用刑事诉讼法第一编第四章有关辩护与代理的规定，不会存在法律与法理的障碍，此处不再赘言。

5. 并案管辖案件结案后的处理

并案管辖的案件在结案后会出现三种情形：一是职务犯罪案件与牵连案件全部查清，符合移送审查起诉的条件而移送审查起诉；二是职务犯罪案件在查清后认为被调查人没有犯罪行为而做撤案处理或者政务处分的，此时牵连案件需移送有管辖权的机关继续侦查；三是牵连案件查清后认为无犯罪行为而撤销案件，职务犯罪案件需移送审查起诉。从防止

① 熊秋红：《监察体制改革中职务犯罪侦查权比较研究》，载《环球法律评论》2017 年第 5 期。

② 王旭：《国家监察机构设置的宪法学思考》，载《中国政法大学学报》2017 年第 5 期。

③ 陈卫东：《职务犯罪监察调查程序若干问题研究》，载《政治与法律》2018 年第 1 期。

权力滥用的角度来说，笔者认为，对于撤销案件的情形，也应遵循前述的报批程序。具体言之，承办人员应制作《结案报告》，先提交本级办案机关主要负责人审批，若其不同意撤销案件，则承办部门只能继续调查；若其同意撤销案件，则需将《结案报告》及本级办案机关主要负责人的审批意见提交上级办案机关主要负责人审批。上级办案机关主要负责人同意撤销案件的，本级办案机关承办部门可做撤案处理；不同意撤销案件的，本级机关承办部门应继续调查。

结 语

职务犯罪牵连案件的管辖划定是否合理，对于我国的反腐败事业意义重大。本文通过考察分析职务犯罪牵连案件管辖的立法现状与实践中的做法，认为“主要犯罪主要管辖”的模式不符合办案实践，对这种办案模式应该加以改革。对于职务犯罪牵连案件的管辖，应确立并完善“以并案为主、分案为辅”的管辖模式，这样既符合职务犯罪案件的办案规律，也顺应了国家目前的反腐败潮流。

非法审判前供述排除的监诉衔接[*]

陆而启[**]

笔者曾经套用德国的非法证据排除规则的取得禁止和使用禁止两种形态来描述我国2012年修正的刑事诉讼法的有关规定,① 这虽然比较大胆，但是也可能反映了其中的一些规律。刑事诉讼法第50条是关于依法收集证据和全面收集证据的规定，提出“严禁刑讯逼供和以威胁、引诱、欺骗以及其他非法方法收集证据，不得强迫任何人证实自己有罪”的要求，另外刑事诉讼法第54条是关于非法证据排除范围和办案机关排除非法证据义务的规定。这两条分别规定了可能有内在联系而又并不可能完全等值的非法取证行为和非法证据，我们从中可以发现其隐含却又显然的一个结论：非法取证行为收集的并不都是非法证据。正是参照这种证据取得禁止和证据使用禁止分立的立法格局，监察法第40条就有关监察机关调查取证的工作要求规定了“严禁以威胁、引诱、欺骗及其他非法方式收集证据，严禁侮辱、打骂、虐待、体罚或者变相体罚被调查人和涉案人员”。监察法第33条第3款明确规定：“以非法方法收集的证据应当依法予以排除，不得作为案件处置的依据。”当然，非法证据排除的相关规定在新生的监察法中必然较经年努力而架构起来的刑事诉讼法律法规司法解释之类的更为简略粗疏，监察法虽然是独立的基本法规范，而其中的相关规定的漏洞填补必然可以参照刑事诉讼法规范来进行。又因为对职务犯罪的监察调查活动本质上就是侦查活动，而监察机关经调查认为犯罪事实清楚，证据确实、充分的，在调查终结后只能移送人民检察院依法审查、提起公诉，基于这种监检衔接，职务犯罪的诉讼程序就此开启，依据刑事诉讼法的规范来审查此前的监察调查活动势在必行。

一、引言：失之东隅、收之桑榆

监察调查程序排除律师（或者其他辩护人）参与的“失之东隅”，却因为监察机关依法收集的物证、书证、证人证言、被调查人供述和辩解、视听资料、电子数据等证据材料，在刑事诉讼中可以作为证据使用（监察法第33条第1款），也因此有可能在后续程序中触发非法证据排除而“收之桑榆”，避免了以前的纪委收集的言词证据经过检察机关转化使得意图排除非法证据在纪委和检察院两家之间犹如拳打棉花，使不上力。

根据监察法第33条第3款规定：“以非法方法收集的证据应当依法予以排除，不得作

---

* 基金项目：国家社会科学基金一般项目“意见裁判主义研究”（项目批准号：18BFX086）。

** 作者简介：陆而启，厦门大学法学院副教授。

① 陆而启：《非法证据排除规则个案解释的逻辑倒错》，载《东北亚法研究》2015年第2期。

为案件处置的依据。”这延续了我国非法证据排除规则的三阶段设置，类比于侦查阶段的非法证据排除规则，监察委以非法方法收集的证据不能作为“案件处置”的依据。进一步从程序衔接的角度而言，此后的审查起诉和审判阶段也不能以之作为提起公诉与定罪判刑的依据。这相应地赋予了律师按照刑事诉讼法的标准来审查监察委取得的证据是否属于非法证据，并据此申请非法证据排除，从而倒逼监察机关依法规范运行。

二、口供取得禁止：严于律己与宽以待人

如果说监察调查的程序公正并不以通过控辩式规范结构为一途，那么我们必须通过其他手段来实现公正程序结构的功能。鉴于监察调查阶段十分重要，如果不赋予被追诉人真正的对抗者地位，而仅仅强调其不得强迫自我归罪原则，也还是可以阻止监察调查机关在错误的路上渐行渐远，当然这也体现了对被调查人个人自主意志的尊重，而且不被强迫自证其罪原则也不反对被调查人在不被强制的情形下与监察机关的配合，甚至配合也从另一个侧面反映了被调查人的自主性。

瑞士学者萨默斯介绍了19世纪欧洲刑事诉讼侦查环节强调保障被告人陈述自愿性的历史背景和制度机理。他认为，19世纪欧洲刑事诉讼的一个重要组成部分是对侦查中的被追诉人进行讯问。讯问一般也是由预审法官（有时是由检察官）进行的。该程序很少允许被告人获得律师的帮助。通过其他手段来实现控辩式的功能，此时在欧洲的一些司法区被追诉人配合和参与的“自愿性”本质的重要性得到强调，这在很大程度上以告知“他的陈述很可能在审判的时候用作对他不利的证据”这一事实的方式来保障被告人陈述的自愿性，这也被认为体现了19世纪发展起来的尊重个人的观念以及强调被告人“自由意志”。然而，萨默斯指出，强调被告人自愿作出归罪的陈述较少出于对被告人自主性保护的考虑，而更多的是为了确保“缺乏控辩式规制结构”的侦查讯问是“公正的”，由此来减少被告人指责侦查机关有偏颇的机会。[①]“有时，强调保障被告人陈述的自愿性被放到了19世纪发展起来的对被告人作为个人予以尊重的背景下来看待；不过，将其作为对侦查阶段明显存在的结构性缺陷的预防性手段来理解更为恰当。”[②] 此后，欧洲人权法院接受19世纪所认为的刑事诉讼由侦查阶段和法庭审判阶段二分阶段的观念，但侦查阶段所需要的一类规制没有受到足够关注。也正如19世纪立法机构与法院担心损及侦查的有效性而不愿意强化被告人在侦查阶段的参与权一样，欧洲人权法院仍然不愿意在此阶段赋予被告人重大权利，或者不反对在侦查程序中进行质证。替代方法是：强调将不强迫自我归罪作为捍卫被告人重大权利的手段。[③] 我国的监察调查讯问程序当然不是控辩式的，并且被调查人还有如实供述涉嫌犯罪的义务。监察法第20条第2款规定：“对涉嫌贪污贿赂、失职渎职等职务犯罪的被调查人，监察机关可以进行讯问，要求其如实供述涉嫌犯罪的情况。”这其中蕴含着一定的自我控诉的危险，但是监察机关也强调了被调查人主动配合的可能。

一方面是严于律己。监察法第40条第2款规定：“严禁以威胁、引诱、欺骗及其他非

---

① ［瑞士］萨拉·J. 萨默斯：《公正审判》，朱奎彬、谢进杰译，中国政法大学出版社2012年版，第107页。

② ［瑞士］萨拉·J. 萨默斯：《公正审判》，朱奎彬、谢进杰译，中国政法大学出版社2012年版，第105页。

③ ［瑞士］萨拉·J. 萨默斯：《公正审判》，朱奎彬、谢进杰译，中国政法大学出版社2012年版，第164页。

法方式收集证据，严禁侮辱、打骂、虐待、体罚或者变相体罚被调查人和涉案人员。”这又回到了刑事诉讼法之中有关不被强迫自证其罪与如实供述之间有无冲突的母题。欧洲人权法院认为，不强迫自我归罪的权利要求“控方证明其案件时不得以违背被告人意志的取证方法所强行获得的证据为依据”。不自我归罪主要关注点在于“尊重被告人保持沉默的意志”。国家承担证明被告人有罪的责任，而不能通过让被告人屈从来达到此目的。监察法第40条第2款明确列举了一些“非法方式”，并且以“严禁侮辱、打骂、虐待、体罚或者变相体罚被调查人和涉案人员”取代了刑事诉讼法第50条所明确规定的“严禁刑讯逼供”，这除了在手段上提出了对“刑讯逼供”的理解之外，在对象上也扩展到对涉案人员的保护。监察法第41条还规定了8种调查措施的规范运行以及笔录、报告等书面材料形成和全过程进行录音录像留存备查。此外，监察法第44条第2款还规定：“监察机关应当保障被留置人员的饮食、休息和安全，提供医疗服务。讯问被留置人员应当合理安排讯问时间和时长，讯问笔录由被讯问人阅看后签名。”

另一方面是宽以待人。主要是鼓励被调查人犯罪后改过自新、将功折罪（政策攻心）以及鼓励职务违法犯罪的涉案人员（分化瓦解）将功折罪，赋予了其可能经过双重审批程序（集体把关：领导人员集体研究；上级把关：上一级监察机关批准）并在移送人民检察院时获得提出从宽处罚建议的机会。监察法第31条规定了监察机关对涉嫌职务犯罪的被调查人提出从宽处罚建议的情形。监察法第32条规定了监察机关对职务违法犯罪的涉案人员提出从宽处罚建议的情形。这两条意图寻求被调查人或者职务违法犯罪的涉案人员（常常是共同参与或者对向的知情人）积极配合监察机关的调查工作，为监察机关顺利查清案件提供有利条件，从而节省人力物力，提高反腐败工作的效率。

不能否认的是，我国的监察调查活动在很大程度上还是依赖被调查人的供述来推进，从而带有一定的自我追诉的意味，与建立在沉默权基础上的不利推断还是不可同日而语。从证据法的角度来看，欧洲人权法院在约翰·默里案（John Murray v United Kingdom）中认为，“在缔约国法院利用被告人的沉默进行不利推断之前需要进行特别警告”，它同时又认为：“显然，该权利不能也不应当阻止将嫌疑人的沉默，在明显需要其予以说明的情形下，用以评判控方举证的可信度（persuasiveness）。”① 欧洲人权法院的判例法的证据表明，在侦查阶段不能给予被告过高的保护水平，否则会削弱侦查的能力。在一系列涉及英国工商部与起诉人员联合进行调查的案件中，欧洲人权法院认为，他们的功能“本质上具有侦查的性质”，向陈述的那样“他们不是在形式与实质上的法庭上作裁判”；“让这种准备性的调查活动受到第6条第1款保护的要求，在实务中，将会不适当地损害对复杂经济与商业活动中的公共利益的有效规制”。② 欧洲人权法院在侦查利益和被追求权利保障之间平衡态度的取向或许与我国监察调查活动中更注重保障监察调查的有效进行有相似之处。

---

① *John Murray v United Kingdom* judgment of 8 February 1996 Reports 1996-I, 30 (1996) 22 EHRR 29, para 47. 转引自［瑞士］萨拉·J. 萨默斯：《公正审判》，朱奎彬、谢进杰译，中国政法大学出版社2012年版，第202-203页。

② 相关案例参见［瑞士］萨拉·J. 萨默斯：《公正审判》，朱奎彬、谢进杰译，中国政法大学出版社2012年版，第203页。

三、口供使用禁止：在自愿真实与合法有效的标准之间

这里所谓的口供，主要是指审判前供述，在具象上即为审判前讯问笔录。从我们历次出台的有关非法证据排除的相关规定来看，审判前讯问笔录证据的排除问题占据了“非法证据规则”的很大比重，非法证据排除规则被赋予了通过倒逼的方式来遏制警察不法的理论目标，然而这种“马后炮”的措施即使在美、英、德、法等法治国家也同样只是一个可以空谈的理想。“裁判的错误往往发源于警察局”，[①] 案件的错误更是会随着程序进展的累积而导致积重难返，其中所谓的侦讯工作成果——“审判前讯问笔录”对这种错误的传递和放大难辞其咎。

当监察委调查完毕，将案件移送审查起诉后，犯罪嫌疑人可以委托律师进行辩护。此时，辩护人应当如何展开辩护？有律师结合多年的经验认为，职务犯罪案件的主要问题存在于证据之中，职务犯罪案件最有效的辩护方法是对证据进行精细审查，推动非法证据排除。案件移送审查起诉后，律师要第一时间会见。要及时阅卷，做好阅卷笔录，掌握讯问笔录与会见询问了解的情况之间的差异，了解其他证据获取的情况，进一步寻找违法取证的线索。

根据监察法第 41 条第 2 款所规定的调查人员进行讯问以及搜查、查封、扣押等重要取证工作同步录音录像“留存备查”制度，律师有可能申请调取查看这些同步录音录像，从中寻找证明非法取证的线索或者证据。当然，如果公诉机关不能提供同步录音录像，律师也可以从犯罪嫌疑人、被告人的供述与辩解以及案卷中寻找非法取证的相关线索，以此申请启动非法证据排除程序，并同时申请调查人员出庭说明情况。依据最高人民法院《关于全面推进以审判为中心的刑事诉讼制度改革的实施意见》（法发〔2017〕5 号）第 24 条第 2 款，对于法律规定应当对讯问过程录音录像的案件，公诉人没有提供讯问录音录像，或者讯问录音录像存在选择性录制、剪接、删改等情形，现有证据不能排除以非法方法收集证据情形的，对有关供述应当予以排除。也就是说，在法庭上公诉人不能提供讯问同步录音录像以证明取证的合法性，律师可以要求法庭对被告人的供述直接予以排除。

关于对审判前供述合法性要求侦查人员出庭作证，其中侦查人员的地位和作证方式在法律法规之中不断变化。

2010 年“两高三部”颁布的《关于办理刑事案件排除非法证据若干问题的规定》第 7 条曾一步到位地规定“提请法庭通知讯问人员出庭作证”，虽然只是“公诉人应当向法庭提供讯问笔录、原始的讯问过程录音录像或者其他证据，提请法庭通知讯问时其他在场人员或者其他证人出庭作证，仍不能排除刑讯逼供嫌疑”的后续手段，“经依法通知，讯问人员或者其他人员应当出庭作证”。“控辩双方可以就被告人审判前供述取得的合法性问题进行质证、辩论。”但是，这种方式还是可能被传闻（公诉人提交加盖公章的并经有关讯问人员签名或者盖章的说明材料）所取代，大体上有一种顺序可以概括为：书证（讯问笔录，

---

① ［法］弗洛里奥：《错案》，赵淑美、张洪竹译，法律出版社 2013 年版，第 62 页。

讯问录音录像或者其他证据[1]）→人证（其他在场人员或者其他证人）→人证（讯问人员或者其他人员）→质证辩论→传闻：说明材料。

2012 年刑事诉讼法第 57 条规定了人民检察院可以提请人民法院通知有关侦查人员或者其他人员出庭说明情况，还是作为“现有证据材料不能证明证据收集的合法性”的后续手段，但是这里未明确侦查人员的证人身份，因而无强制出庭，无质证发问，无伪证责任，虽然可能打消出庭顾虑，但不适用证人惩戒措施。但是，最高人民法院《关于适用〈中华人民共和国刑事诉讼法〉的解释》第 101 条还是承认了经有关侦查人员签名并加盖公章的说明材料可以作为证据，但是不能单独作为证明取证过程合法的根据。

2017 年 2 月，最高人民法院公布的《关于全面推进以审判为中心的刑事诉讼制度改革的实施意见》第 25 条重申刑事诉讼法的规定：“现有证据材料不能证明证据收集合法性的，法院可以通知有关侦查人员出庭说明情况”，进一步限定“不得以侦查人员签名并加盖公章的说明材料替代侦查人员出庭”。同时，首次明确了侦查人员不出庭可能导致证据被排除的后果。“经法院通知，侦查人员不出庭说明情况，不能排除以非法方法收集证据情形的，对有关证据应当予以排除。”如果监察委办案人员不愿出庭说明情况，律师可依据该意见第 25 条第 2 款的规定，要求法庭对有关证据予以排除。

2017 年 6 月 27 日“两高三部”联合发布的《关于办理刑事案件严格排除非法证据若干问题的规定》第 27 条赋予了被告人及其辩护人申请人民法院通知侦查人员或者其他人员出庭，这当然还是以“人民法院认为现有证据材料不能证明证据收集的合法性，确有必要通知上述人员出庭作证或者说明情况”为前提，第 31 条规定了公诉人可以“不择手段”[2]地对证据收集的合法性加以证明，不再呈现特定的先后顺序，其中包括“提请法庭通知侦查人员或者其他人员出庭说明情况”，该条首次明确了“侦查人员或者其他人员出庭，应当向法庭说明证据收集过程，并就相关情况接受发问”，还重申了“公诉人、被告人及其辩护人可以对证据收集的合法性进行质证、辩论”。

总体而言，在没有确立沉默权制度的情形下，我国有关口供的非法证据排除规则主要聚焦于两个方面，一方面是犯罪嫌疑人、被告人审判前供述的自愿性；另一方面是监察调查人员、侦查人员等取证行为的合法性。然而，由于调查、侦查人员和被调查、追诉者两方的短兵相接，缺少第三方对证据进行保全的措施，在取证环节双方很容易产生摩擦，而又因为缺乏见证人在后续的非法证据排除环节出现证明难题在所难免，又由于自白自愿性

---

① 笔者将“讯问笔录、原始的讯问过程录音录像或者其他证据”以书证来概括，主要是因为讯问笔录本身处于受质疑的地位，它主要不是作为被告人供述以其内容来证明被告人涉嫌的犯罪事实，而是要围绕讯问笔录的形成过程、笔录记载的话语特征、取证人员和场景、载体形式等证明取证过程的合法性。

② 2018 年 7 月 3 日最高人民检察院印发的《人民检察院公诉人出庭举证质证工作指引》第 50 条规定，辩护方质疑被告人庭前供述系非法取得的，公诉人可以综合采取以下方式证明取证的合法性：（1）宣读被告人在审查（决定）逮捕、审查起诉阶段的讯问笔录，证实其未曾供述过在侦查阶段受到刑讯逼供，或者证实其在侦查机关更换侦查人员且再次讯问时告知诉讼权利和认罪的法律后果后仍自愿供述，或者证实其在检察人员讯问并告知诉讼权利和认罪的法律后果后仍自愿供述；（2）出示被告人的羁押记录，证实其接受讯问的时间、地点、次数等符合法律规定；（3）出示被告人出入看守所的健康检查记录、医院病历，证实其体表和健康情况；（4）出示看守管教人员的谈话记录；（5）出示与被告人同监舍人员的证言材料；（6）当庭播放或者庭外核实讯问被告人的录音、录像；（7）宣读重大案件侦查终结前讯问合法性核查笔录，当庭播放或者庭外核实对讯问合法性进行核查时的录音、录像；（8）申请侦查人员出庭说明办案情况。公诉人当庭不能证明证据收集的合法性，需要调查核实的，可以建议法庭休庭或者延期审理。

的心理因素必然要通过一种外在的程序形式来保障，所以自白任意性问题与侦查人员取证合法性是一体两面的，而判断自白是否自愿的主观意志问题必然会转化为一种对侦查人员是否遵循外在的程序形式问题的判断。

四、结语：没有真凶和亡者的未解难题

当然，在我国的司法实践中，合法性的问题最终常常被转化为一个真实性的问题。笔者认为，如果刑事诉讼真地奉真实性为圭臬，就可以在一定程度上避免目前为人所知的那一类“真凶归案”、“亡者归来”的冤错案件，因为冤案的证据真实性方面的错误比程序合法性的错误更为明显，但是这一度要依赖于执法者的良知。当然，反腐败案件拿下口供至关重要，然而反腐败案件如果没有所谓的真凶、亡者等实锤来敲打办案者的良知，冤错案件就极难发现。另外，在监察法第 31 条、第 32 条确立鼓励立功、揭发和提供线索而建议从宽处罚的有如“污点证人制度”情形下，涉案证人证言、被害人陈述是否系违法收集很难证明，同时通过违法搜查、扣押获得的物证、书证也很容易通过“补正或者作出合理解释”来“治愈”瑕疵，正是这些证据与被告人审判前供述相互印证往往最终决定了被告人的命运，从而造成铁案难翻的境地。

监、检、警管辖问题略论

刘　铭*

一、问题的提出

从2016年年底全国人大常委会授权北京市、山西省、浙江省开展国家监察体制改革开始，刑事诉讼法的职能管辖就启动了新一轮重要调整。监察法的颁布实施确定了监察机关的管辖范围（第15条）和管辖的基本原则（第16条、第17条）；同时又规定了出现交叉管辖时以监察机关为主的基本原则（第34条第2款），即“被调查人既涉嫌严重职务违法或者职务犯罪，又涉嫌其他违法犯罪的，一般应当由监察机关为主调查，其他机关予以协助”。由于监察体制刚刚创立，很多制度内容尚待在实施过程中不断完善、细化，特别是与刑事诉讼法的管辖范围如何分配，二者管辖制度如何衔接等是亟待解决的问题。

从现有的法律规范来看，存在的问题至少包括：第一，监察法的管辖范围涉及第15条规定的所有监察对象的职务违法犯罪行为，而目前从转隶后的办理案件情况来看，监察机关办理的刑事案件主要是原检察机关立案侦查的案件范围，但是对公安机关立案侦查的监察对象的违法犯罪问题尚待明确；第二，涉及刑事诉讼法第三次修订草案中对人民检察院管辖范围的调整，特别是其中“人民检察院对诉讼活动实行法律监督中发现司法工作人员利用职权实施的非法拘禁、刑讯逼供、非法搜查等侵犯公民权利、损害司法公正的犯罪，可以由人民检察院立案侦查”的规定，如何理解“司法工作人员”可否扩张解释，如何理解“可以”，优先顺序和最终决定权如何；第三，以往在检察机关和公安机关管辖的案件有交叉时，一般遵循的是以主罪、主犯为主确定管辖的主从配合关系的原则，而监察法的规定是以监察为主是否合适，是否需要调整和进一步明确、细化，需要进一步探讨。

其中，第一个问题涉及职能管辖的进一步厘清，第二个问题涉及管辖竞合及其处理，第三个问题涉及管辖交叉及其处理。这三个问题一直以来在公检法等刑事诉讼中的国家专门机关的管辖范围中存在着一定的争议，特别是公安机关和检察机关两机关间的刑事案件管辖范围从历史上看即处于不断调整的过程中，而监察法出台后又融入了新的管辖分割因素，使管辖问题呈现出更为复杂的问题。本文尝试在梳理我国刑事诉讼中职能管辖变迁发展变化的基础上分析讨论以上这些问题，特别是监察机关出现后对原有的刑事诉讼管辖产生的影响以及未来的调整建议。

---

* 作者简介：刘铭，中国刑事警察学院法律部副教授。

二、职能管辖发展变化简述

职能管辖，也称立案管辖或部门管辖，是刑事诉讼中各国家专门机关受理案件范围的权限划分。从总体上看，监、检、警三机关管辖的以上问题实际上是职能管辖内含的基本问题在监察机关出现后的集中反映。从职能管辖发展变化来说，在构成以往职能管辖基本格局的公检法三机关之间，法院的管辖范围比较稳定，① 而存在较大变迁并一直处在变化之中的是公安机关和检察机关管辖范围的划分，监察机关成立以后又涉及监察机关管辖的违法犯罪案件与公安机关、检察机关刑事案件管辖的衔接问题。

最初对检察机关和公安机关管辖刑事案件进行明确划分的时间点是 1956 年。当年，最高人民检察院第二厅（侦查厅）与公安部、最高人民法院、司法部等单位的有关主管部门提出的《关于公安机关、人民法院、人民检察院受理刑事案件的临时办法（初稿）》（以下简称《临时办法》）对公安机关、人民检察院、人民法院分别管辖的案件以及公安机关、人民检察院共同管辖的案件进行了区分。② 在此以前，可以追溯到中华苏维埃共和国时期，检察机关和公安机关的刑事案件管辖权的划分都是不清晰的。在苏维埃共和国时期，工农检察机关“收到群众对苏维埃机关、国家经济机关及其工作人员的控告书后，有权进行调查”，军事检察机关“对军事犯”和“军队中及与军事有关系的一切犯法案件”进行立案侦查；而作为公安机关前身的政治保卫局对反革命案件进行立案侦查，③ 在该时期无论从数量上还是从重视程度上看当然后者是主要的。在抗日战争和解放战争时期，由于革命形势的需要，在多数抗日根据地和解放区都是“公安机关代行检察职权”，不仅一切刑事案件的侦查由公安机关行使，而且逮捕、公诉等职权也暂由公安机关代行。④ 1949 年颁布的《中央人民政府最高人民检察署试行组织条例》中规定，检察机关“对刑事案件实行侦查，提起公诉”，但在尚未设立检察署的地区，可委托公安机关执行检察权，即在一定程度上沿袭了抗日根据地和解放区的做法。1954 年发布的人民检察院组织法第 10 条中规定，“人民检察院发现并且确认有犯罪事实的时候，应当提起刑事案件，依照法律规定的程序进行侦查或者交给公安机关进行侦查”，即在此时公安机关和检察机关的案件管辖依旧是相互竞合且没有明确划分的。1956 年的《临时办法》尽管只是粗略地划分了各机关的管辖范围，但是对检察机关的管辖范围有了相对明确的确定，即“职务犯罪案件、经济犯罪案件和侵犯人权犯罪案件”，由此三机关的核心管辖范围分割基本完成。

1956 年之后，对检察机关是否要自行侦查，即是否要独立管辖刑事案件有过争议。

---

① 主要是告诉才处理以及不需要侦查的性质比较轻微的刑事案件。对于法院管辖的案件，1979 年刑事诉讼法规定为“告诉才处理和其他不需要进行侦查的轻微的刑事案件”（第 13 条第 1 款）；1996 年修订的刑事诉讼法规定为“自诉案件”（第 18 条第 3 款），包括原来的“告诉才处理案件”、经进一步明确的轻微刑事案件（被害人有证据证明的轻微刑事案件）和为保障被害人权利、防止追诉权懈怠新增加的“公诉转自诉案件”（被害人有证据证明对被告人侵犯自己人身、财产权利的行为应当依法追究刑事责任，而公安机关或者人民检察院不予追究被告人刑事责任的案件）（第 170 条）。

② 参见孙谦主编：《人民检察制度的历史变迁》，中国检察出版社 2014 年版，第 333-337 页。

③ 参见林贻影：《中国检察制度发展、变迁及挑战——以检察权为视角》，中国检察出版社 2012 年版，第 41、43 页。

④ 参见孙谦主编：《人民检察制度的历史变迁》，中国检察出版社 2014 年版，第 139、145 页。

1979 年制定的刑事诉讼法延续了 1956 年《临时办法》的检察院主要管辖范围，只是对侵犯人权犯罪的案件进行了更适宜公检机关职能性质的区分，如将《临时办法》中列为检察机关管辖的“过失致人死亡案件”、“故意或过失重伤他人身体的案件”转为公安机关管辖，将检察机关管辖的“侵犯人权”犯罪类案件更改为“侵犯公民民主权利”案件。特别是 1979 年年底最高人民检察院、最高人民法院、公安部联合发布的《关于执行刑事诉讼法规定的案件管辖范围的通知》因与刑法的同步列出了管辖的具体罪名，因而相较于《临时办法》在管辖分割上更为明晰。

1979 年之后，初步明确的公检法之间的管辖权划分不断引起司法实务部门及学者的热议，对刑事案件管辖权也展开了以案件类型乃至具体罪名案件为基础的细致研讨。① 尽管各执一词、意见纷呈，1996 年刑事诉讼法修订对职权管辖分配的选择，依旧是继续限缩检察机关的刑事案件管辖权，将经济犯罪案件管辖移交公安机关，并将检察机关的管辖权限于与职务职权有关的犯罪，即“贪污贿赂犯罪”、“国家机关工作人员的渎职犯罪”、“国家机关工作人员利用职权实施的非法拘禁、刑讯逼供、报复陷害、非法搜查的侵犯公民人身权利的犯罪以及侵犯公民民主权利的犯罪”、“国家工作人员利用职权实施的其他重大犯罪案件需要由人民检察院直接受理的犯罪”。为与刑法及其司法解释确定的罪名相协调，1998 年 5 月最高人民检察院通过《关于人民检察院直接受理立案侦查案件范围的规定》将人民检察院管辖的范围除机动管辖权之外确定为涉及 61 个刑法条款 53 种案件。2012 年刑事诉讼法第二次修订对职能管辖的划分并没有进行调整，各机关只是依照刑法修止增删罪名的情况在各自的规范性文件之中微调了管辖案件的具体范围。

如前文所述，2016 年启动的监察体制改革试点及监察法的颁布实施使刑事诉讼中的职能管辖发生了较大变化，新成立的监察机关接替了检察机关的职务犯罪管辖且形成独立的调查权，游离于刑事诉讼管辖和侦查之外。检察机关在新的依法治国语境下寻找法律监督的新切入点，除了刑事诉讼之外的向公益诉讼、行政执法、立法领域延伸之外，“以宪法‘依法治国’、‘尊重和保障人权’的精神为依归，努力成为宪法、法律的守护者，公民基本权利的守护者”，② 而刑事诉讼法 2018 年修订草案中对检察机关保留的管辖权规定可视为未来的法律监督实现途径的新探索的一部分。

综上所述，我国刑事诉讼中职能管辖的划分是以检察机关管辖范围的发展变化为争议重心的，检察机关管辖范围的不断调整变化也是刑事诉讼职能管辖演变的主要内容。概而观之，公检法三机关的管辖范围于 1956 年开始逐渐明确，并经检察机关管辖权的逐步限缩于职务犯罪管辖而在 1996 年基本定型，2016 年监察体制改革试点为职能管辖带来了新的调整。新的改革带来了职权管辖的范围分割以及范围既定后如何处理管辖竞合、管辖交叉的新问题，秉持我国一贯的重视职务犯罪管辖分割的态度，以管辖机关性质职责特点为基础划分基础管辖权，在既定基础管辖权分割基础上综合刑事诉讼目的、结合实践灵活处理管辖冲突应视为我国管辖问题解决的基本经验。

---

① 参见刘根菊：《对刑事立案管辖两个问题的探讨》，载《政法论坛》1989 年第 6 期。

② 魏晓娜：《依法治国语境下检察机关的性质与职权》，载《中国法学》2018 年第 1 期。

三、职能管辖竞合分析

职能管辖竞合是指各机关间受理案件范围的相互覆盖。我国刑事诉讼职能管辖采取的是依各机关职责性质和办案条件等将管辖权进行分配，基本不设置共享管辖权，① 只是基于变通原则为检察机关等设置了较小范围的竞合管辖。目前，主要在监察机关、检察机关和公安机关存在三类管辖竞合，亟待明确竞合管辖的优先原则等事项。

（一）检察机关与公安机关之间的管辖竞合

现行刑事诉讼法中检察机关与公安机关之间的管辖竞合指的是第 18 条第 2 款后段“对于国家机关工作人员利用职权实施的其他重大的犯罪案件，需要由人民检察院直接受理的时候，经省级以上人民检察院决定，可以由人民检察院立案侦查”的规定，即本来此类案件应属公安机关管辖，但法律赋予了检察机关机动管辖权，可以在必要的时候管辖该类案件。监察法实施后，因为公职人员利用职权实施的犯罪案件已转由监察机关调查，此条款为保持基本涵摄内容不变，将修改为“对于公安机关管辖的国家机关工作人员利用职权实施的重大犯罪案件，需要由人民检察院直接受理的时候，经省级以上人民检察院决定，可以由人民检察院立案侦查”。这样规定，一方面与修订之前相衔接；另一方面避开了对监察机关管辖的案件的竞合。在此存在的争议问题是，检察机关与公安机关的管辖竞合范围能否扩大，甚至在公安机关管辖所有刑事案件中共享管辖权。

赞同扩大检察机关机动管辖权的研究者，其背后的理论基础主要是借鉴大陆法系国家的做法。大陆法系主要国家实行检警一体制，法定的侦查权由检察机关享有，警察机关是检察机关的辅助机关，检察机关对警察机关具有侦查指挥权，因而检察机关和警察机关刑事案件的管辖范围基本是竞合的。也有研究者认为，检察机关机动管辖权的扩大有利于检察监督权的行使，特别是在检察机关对公安机关立案监督乏力的情况下，应扩大机动管辖的范围，保障被害人权益。还有研究者认为，因为法定条件设定中的“重大犯罪案件”没有具体说明等诸多因素导致实践中这类机动管辖的运用极少，效果不明显，甚至可有可无，建议扩大适用案件具体类型，如公安机关拒不立案、检察机关与公安机关管辖不明的案件等。②

笔者认为，依旧保持现有的检察机关机动管辖权的范围较好。公检法三机关“分工负责，互相配合，互相制约”原则作为中国司法经验和特色予以保留，决定了我国检警关系不会像大陆法系国家那样实行侦查权一体的调整，管辖范围自然也不能完全重合。维持现有的机动管辖范围，一方面突出了对于国家工作人员利用职务的违法犯罪行为的综合监控和打击，体现了检察机关作为法律监督机关重点监督国家工作人员职务行为合法性的特点；另一方面适合检察人员的专业素养特点，即并非以侦查为主而是以法律判断为主。此外，从法律监督的角度讲，以立案监督薄弱为由建议扩大机动管辖权并不适宜，立案监督、侦

---

① 自诉案件第二类，即被害人有证据证明的轻微刑事案件，公安机关和人民法院之间存在共享管辖权，但是相对来说范围较小，而且不属于本文分析的监、检、警的管辖分工问题，在此不做讨论。

② 参见洪世平、李益明：《刑事诉讼职能管辖冲突解决机制构想》，载《法治论丛》2008 年第 5 期。

查监督的加强应从探索检察监督权运行机制和保障机制入手，而非以扩大管辖权解决。侦查权和监督权是不同性质、行使方式手段不同的权力，通过扩大侦查管辖权来加强监督的建议，加重了检察机关业务范围和履职负担，反而不利于实现检察监督的加强和整合。

（二）检察机关与监察机关的管辖竞合

从现有的修改建议来看，检察机关和监察机关的可能竞合点是“诉讼中司法工作人员利用职权实施的非法拘禁、刑讯逼供、非法搜查等侵犯公民权利、损害司法公正的犯罪”。但是，监察机关作为反腐利器，其管辖的职务犯罪集中于贪污、贿赂、渎职等犯罪，而对于侵犯公民权利和司法公正双重犯罪客体且规定于侵犯公民人身权利、民主权利罪一章中的刑讯逼供等犯罪并没有明确管辖，目前也未见相关违法犯罪监察工作开展。从未来监察管辖范围扩张的建言分析，依旧是以反腐为核心倡导“全民廉洁”，建议将监察对象扩大到私营经济领域的腐败行为，如职务侵占、挪用单位资金等，① 并不涉及刑讯逼供等罪名。而对于检察机关来说，作为法律监督机关一直以来主要是通过诉讼或在诉讼中实施最有力的监督行为，同时为了更好地实现公诉职能，刑讯逼供等诉讼过程中附生的犯罪当然由检察机关立案侦查更为合适，也更为便利。

其中的疑问是“可以由人民检察院立案侦查”的规定如何理解，因为在管辖条款处的法律表述，其他管辖划分用的是“由……”立案侦查或受理，而机动管辖权用语为“可以”，所以此处的“可以”是否也是机动管辖之意颇值得玩味，而且若在此行使机动管辖权的话，决定权在哪个机关、管辖权机动移转的条件为何、如何启动衔接程序等都有待未来明确设定。首先，笔者认为应明确将此类犯罪管辖权置于检察机关；退而求其次，若属管辖权竞合则对于机动管辖的主动权笔者建议，鉴于检察机关的法律监督机关的性质和职责以及在诉讼监督方面的优势，应由检察机关决定是否管辖，管辖权转移的条件和转接程序应比公检之间的简省。

此外，其中的“诉讼中司法工作人员”如何界定，笔者赞同陈光中教授增加“监察人员”的建议，以使该管辖范围更为明确。即使法律不明确列出“监察人员”也可以考虑依法解释的方法，对“司法工作人员”进行扩张解释而将“监察人员”涵摄其中。因为尽管监察体制的设置将监察行为划出刑事诉讼之外构成独立的调查权和调查行为，然而监察机关进行刑事案件的办理活动，对于需要追究刑事责任的还要转交检察机关审查起诉，其证据标准也要求“与刑事审判关于证据的要求和标准相一致”，无论是出于诉讼衔接的考虑、防止自侦自办的弊端，还是基于要求标准的一致性，都应将“监察人员”的刑讯逼供等犯罪行为交由检察机关管辖。

（三）公安机关与监察机关的管辖竞合

监察机关的监察范围力图“加强对所有行使权力的公职人员的监督，实现国家监察全覆盖”，“监察对象范围的规定涵盖了我国行使公权力的公职人员各种类型”，“在法律层面上实现了监督全覆盖、监察无死角”。② 因前文所述监察机关重在反腐以及检察机关的转隶，

---

① 姚文胜：《国家监察体制改革有关问题的思考》，载《环球法律评论》2017 年第 2 期。

② 黄韶鹏：《监察全覆盖是怎样体现的——六大类人员全部纳入监察对象》，载《中国纪检监察》2018 年第 6 期。

使原来由检察机关负责侦查的案件类型（如公职人员的贪污贿赂犯罪、国家机关工作人员的渎职犯罪）当然地归属监察机关管辖，目前的监察活动也集中于这个领域，但是监察法第15条规定的六类人员中“国有企业管理人员”、“公办的教育、科研、文化、医疗卫生、体育等单位中从事管理的人员”等实施的原属于公安机关管辖的渎职类犯罪（如签订、履行合同失职被骗罪，国有公司、企业、事业单位人员失职罪等）的管辖归属则是模糊的。监察机关监察范围对公职人员的“全覆盖”和对贪腐、渎职行为的一体打击，以及公安机关管辖的该类犯罪相对来说数量较少，因而适宜将此类犯罪并入监察机关管辖范围，并作出明确规定。若如此，此部分公安机关与监察机关管辖不涉及竞合，而是涉及在立法中对管辖权明确分割并在司法中及时移交的问题。

四、职能管辖交叉分析

职能管辖的交叉，是指一人犯数罪或数人共同犯罪而其中不同的犯罪或不同的人因身份不同分别归属于不同机关管辖的情况。对于职能管辖交叉如何处理的问题，在公检法三机关的实践工作中经常被提及，监察机关建立后不仅转承了以往检察机关遭遇的管辖交叉问题，同时监察法对管辖交叉时监察优先的规定，打破了以往以主罪、主犯为主的管辖处理原则，进而引发争议。多数研究者认为，“监察优先”的规定欠妥，因为它不仅与长期的管辖实践和相关规范相冲突，还会因违背一般管辖规律造成实践中的困难。[①] 而检察实务人员则更倾向于确立与以往主从分配原则不同的管辖原则，如渎职罪原案管辖权，[②] “优先侦查原则为主，次类罪随主类罪原则为辅”。[③]

笔者认为，原有的以主罪、主犯为主的管辖原则在实践中确实暴露出一些问题，如主从罪和主从犯在案件办理之初难以确定，不利于关联犯罪的处理，较易引发互相推诿或争抢案件的情况等，而监察法规定“监察优先”、“监察为主”为以往管辖原则的反思与重新确定带来了契机。但是，单一的“监察优先”、“监察为主”如前述龙宗智教授所言存在弊端，因而应该分类细化的优先权，细致区分可优先的案件类别，保证关联犯罪和诉讼效率；考虑多个管辖原则并用，吸收主罪、主犯为主管辖原则的固有优势；设立交叉管辖中的机动管辖权适用条件等。其次，可以考虑设立管辖协商、管辖异议制度，为管辖权仍有争议的情况提供第三方裁决机制。

---

① 龙宗智：《监察与司法协调衔接的法规范分析》，载《政治与法律》2018年第1期。

② 岳文华等：《渎职罪原案立案管辖研究》，载《人民检察》2001年第1期。

③ 郝双梅：《对我国刑事诉讼立案管辖相关问题的几点质疑》，载《天津市政法管理干部学院学报》2009年第4期。

监察委员会职务犯罪调查与刑事诉讼衔接之探讨*

——兼论法律监督权的性质

张　乐**

国家监察体制改革是习近平新时代中国特色社会主义思想的最新理论成果，是深化政治体制改革、坚持和发展中国特色社会主义政治制度的重大创新实践。国家监察权如何与国家行政权、审判权、检察权相洽衔接并构成科学完备的国家权力体系，尤其是职务犯罪调查权的行使程序、运行规则、约束规范等如何实现与刑事诉讼相衔接，这成为广受理论界和实务界关注的焦点问题之一。加强对这一问题的研究，使统一集中高效的反腐败法律制度与刑事法律制度互相照应，职务犯罪调查程序与刑事诉讼的司法审查、审判程序有序衔接成为当务之急。当前学界相关探讨主要聚焦于国家监察权的属性问题，留置措施与刑事诉讼的关系问题，监察委员会职务犯罪调查机构与检察机关、审判机关的协调配合与监督制约问题，监察委员会职务犯罪调查权与公民权利保障及救济等方面。这些问题所关涉的内容是构建监察委员会职务犯罪调查活动与刑事诉讼衔接机制的基本问题，是保障监察委员会职务犯罪调查权法治化运行的重要内容，也是推进中国特色反腐败体系和反腐败能力现代化的必要前提。笔者试从上述问题入手，为监察法治建设提供些许有益见解。

一、国家监察权的复合性属性

国家监察体制改革对人民政府的行政监察权、预防腐败局的腐败预防权及人民检察院的职务犯罪查处与预防权这几种不同形态及属性的权力束重合或者融合在一起产生并区别于原形态属性的新权力形态——国家监察权，而非简单地将不同权力的属性合并为一个整体权力，[①] 并在此基础上对既往权力属性进行改造、扬弃和克服进而“涅槃”，形成了国家监察权作为新型复合性国家权力的本质属性。作为蜕变后的复合性权力，国家监察权本质上相对于改革之前的行政监察权发生了变化，但其通过改革所获得的权力内容的包容性、多样化特征依旧客观存在。其权力内容包括执纪调查、执法调查以及涉嫌职务犯罪调查，并通过监察法设定不同的调查方式及调查程序，由类型化的党内法律规范、政务法律法规规范和涉嫌职务犯罪提请检察机关、审判机关适用刑事法律规范予以评价，产生不同的法

---

* 本文为徐汉明教授主持的中国法学会研究阐释中共十八届六中全会精神重点专项课题“国家监察立法研究”［CLS（2016）ZDZX11］阶段性成果。

** 作者简介：张乐，中南财经政法大学法学博士。

① 参见孙育玮：《当代中国法哲学的哲理探索》，黑龙江大学 2004 年博士学位论文。

律后果。其中，通过党内制度规范实现党纪处理和通过政务法律法令政令实现政务处理不具有代表国家发动刑事追诉的“基因”，不存在需引入司法审查或与刑事诉讼相衔接之问题；而监察委员会对涉嫌职务犯罪的被调查人决定采用留置、讯问、技术调查等特别措施，其主旨目的是将涉嫌腐败犯罪的被调查人提请检察机关提起公诉，在检察机关依法审查、补充侦查的基础上认为犯罪事实清楚、证据确实充分，符合法定起诉条件的，由检察机关依法提起公诉、提出量刑建议并出庭支持公诉，由审判机关依法给予刑事制裁；对于法院认定事实或适用法律错误、量刑畸轻畸重、符合法定抗诉条件的，由检察机关依法提出抗诉，使职务犯罪被告人受到法律公平公正的裁判。这种适用留置措施进行职务犯罪特别调查的活动，具有行使国家刑事追诉权的性质及功能；监察委员会提请检察机关审查起诉、提出公诉，由审判机关适用刑事法律规范处以刑罚的提请起诉权，则具有国家追诉发动之“基因”，因而成为检察机关、审判机关对留置措施适用的条件、程序、延长留置期限必要性的司法审查，以及其后移送审查起诉、提起公诉、决定不起诉、依法审判等刑事诉讼程序衔接之源起。

二、留置措施与刑事诉讼的关系

在线性诉讼结构中，公安机关、检察机关与审判机关分别行使侦查权、起诉权和审判权，这三个阶段之间具有条件性的承继关系，前一阶段为后一环节的启动奠定基础，后一阶段是前一阶段的审查与检验。监察法赋予了监察委员会对涉嫌职务犯罪案件调查的职权职责。依据监察法第 22 条之规定，监察委员会已经掌握被调查人涉嫌贪污贿赂、失职渎职等严重职务违法或者职务犯罪事实及证据，仍有重要问题需要进一步调查的有权对被调查对象采取留置这一限制人身自由的特别措施，在调查终结后经审查决定是否移送检察机关提起公诉。这意味着监察委员会对涉嫌职务犯罪案件立案后，适用对人身自由等权利具有限制性的留置这一特别措施，使职务犯罪调查活动与刑事诉讼程序之间产生了有序链接与无缝对接，给适用留置措施与刑事诉讼程序之衔接的规范化、程序化及法律化提出了必然性要求。

（一）职务犯罪调查之留置措施的适用：刑事诉讼衔接之发端

依照调查对象的不同对监察委员会的调查可划分为对违反党纪行为的调查权、对违反法律法规法令政令行为的调查权、对涉嫌腐败犯罪的调查亦称特别调查。其中，执纪调查和违法调查由于无须提请司法审查和由刑事法律给予评价，当不具有启动国家追诉与刑事诉讼相衔接的性质；而职务犯罪特别调查可以适用限制人身自由或隐私的讯问、留置、技术调查等措施，其目的在于提请检察机关审查起诉对这类犯罪达成刑事追究。从该意义上来说，在职务犯罪调查活动中，监察委员会立案后对调查对象是否适用限制人身自由的留置措施或者讯问、技术调查的措施以获取职务犯罪证据，使得留置措施被注入了启动刑事诉讼的“基因”。因此，在职务犯罪调查活动中对被调查对象是否适用留置等人身强制措施是区别违反党纪的追溯权与违反法律法规法令政令的追究权，以对触犯刑事法律规范的职务犯罪行为行使特别调查权而发动国家追诉的原则界限。这意味着监察委员会从对涉嫌职务犯罪对象进行特别调查时适用留置、讯问、技术调查措施之日起，其履行了“发动国家追诉”的职责。正如监察法明确规定“涉嫌犯罪移送司法机关后，被依法判处管制、拘役和有期徒刑的，留置一日折抵管制二日，折抵拘役、有期徒刑一日”①，这是与我国刑事法律规定②的衔接和相洽，是监察委员会职务犯罪调查机构启动国家追诉的标志，应当通过监察法与刑事诉讼法的衔接实现刑事诉讼与这种实质意义上的国家追诉之发动程序的相洽与衔接，从而实现职务犯罪调查权的程序规范。

（二）建立严密规范的职务犯罪实质化审查运行机制

建立健全监察机关与检察机关、审判机关互相配合、互相制约的机制，释放统一集中权威高效的反腐败体制的制度优势效应，当务之急是依据监察法与刑事诉讼法的规定，建立职务犯罪与刑事诉讼程序相衔接的机制，其切入点在于建立严密规范的职务犯罪调查实质化审查运行机制。如何建立严密规范的司法审查运行机制，笔者认为可从如下几方面着手：

1. 树立司法审查实质化的理念。这一理念的树立应当扭转检察机关在法律监督过程中长期存在的“重打击犯罪轻人权保障”、“重实体轻程序”、“重配合轻制约”的传统思维定势，准确有效地执行法律，实现构建统一、集中、高效、权威的反腐败法治体系之价值目标。

2. 明确司法审查实质化的重点。司法审查实质化的重点和难点在于加强对监察机关涉嫌职务犯罪调查活动的规范审查，这包括：（1）对监察对象涉嫌职务犯罪需要追究刑事责任的进行立案调查是否符合监察法程序；（2）其调查收集证据的程序是否合法，对于非法、暴力、胁迫取证的情形如何逐一排除；（3）其适用讯问、留置、搜查、技术调查等特别调查是否符合监察法规定的必要条件和必经程序，有无违法调查的情形；（4）对被调查人采取限制人身自由的留置措施、特殊情况下延长留置期限是否符合审批程序，有无延长留置的必要性，是否应当依法及时解除留置措施；（5）提请公安机关协助留置措施执行是否符合法定条件和审批程序，留置的场所有无安全隐患，对留置期间发生逃跑、行凶、自杀等情形审查履行调查职责的人员是否有失职渎职行为，对承担留置调查的人员是否应当建议实时更换，对因逃跑、行凶、自杀等造成重大突发事件的社会问题，是否派员及时参与处置或建议调查机构依法妥善处置；（6）对被调查人采取留置措施后是否及时通知其家属或近亲属，有碍调查的情形而未通知家属或近亲属的条件是否消失并建议调查机构予以通知；（7）被留置人在留置期间的饮食、休息、安全、医疗等保障措施是否落实；（8）对违法所得财物的没收、追缴、责令退回程序是否符合法定条件和程序；（9）对涉嫌职务犯罪调查中的涉案财物的移送是否齐全进行审查；（10）检察机关经审查认为需要补充核实的退查案件是否及时补充调查；（11）调查人员是否依照法定情形进行回避；（12）监察法第60条规定的申诉权利是否得到保障；（13）对实施报复陷害或捏造事实、诬告陷害的人员是否依法给予处理；（14）对涉嫌职务犯罪的被调查人采用刑讯逼供、暴力取证、徇私枉法或者造成其行凶、自杀、逃跑重大恶性事件等行为负有领导责任和直接责任的人员是否依法处理或者建议监察机关依法处理。

---

① 引自监察法（2018年3月第十三届全国人大第一次会议表决通过）第44条第3款。

② 参见刑法第41条、第44条、第47条。

3. 设立司法审查的职能机构。当构建专门的司法审查职能机构，并以此为契机推动检察机关内设机构的优化改革，为组建新的办案组织，实行新的办案模式、运行机制奠定基础。在人民检察院设立“职务犯罪检察部”负责对监察委员会调查案件进行立案审查，①专门与监察委员会进行办案衔接，完善监察委员会职务犯罪调查与刑事诉讼的程序衔接机制。

4. 构建以专业化为特征的司法审查办案组织体系。(1) 构建以专业化为特征的司法审查办案组织体系，以规范化为特征的司法审查程序体系，以分工明确内部协作配合与外部分工制约的监督体系，推进司法审查职能的实质化，② 建立符合法律监督权运行规律的现代司法审查组织体系、司法审查职权清单体系、司法审查规范体系、司法审查保障体系以及司法审查绩效考核评价体系。(2) 鉴于监察机关对涉嫌职务犯罪调查与检察机关对职务犯罪案件司法审查程序转换的特点，一方面需构建两者相互衔接的运行机制；另一方面在检察机关内部需探索“捕诉合一”的检察运行模式。(3) 注重大数据、云计算、人工智能、监察与司法“信息资源池”应用于司法审查，搭建司法审查平台，创新司法审查工具，形成检察机关与行政执法、监察委员会、审判“互联互通”、“共建共享”的现代司法审查新格局，加快推进司法审查体系和司法审查能力现代化。

5. 建立司法审查责任制。一方面，应建立以检察官职业能力等级为核心、以司法责任制为保障、以奖惩绩效考评为支撑的司法审查运行机制，加快建立司法审查的职业化、专门化、规范化队伍，增强司法审查的公正公信，使法律监督的定位实质化、程序化、标准化和精准化。另一方面，通过对上级检察院领导下级检察院，检察长领导检察院工作，检委会对重大事项、重大案件进行决策，检察官委员会对法律监督事务提供咨询决策意见等制度优势、成功经验进行创新性挖掘，发展完善以检察官办案责任制为核心的检察办案组织体系与运行模式，以加强对检察官行使重大检察权的规制，防止检察权滥用。

三、监察委员会职务犯罪调查机构与检察机关、审判机关职能的衔接

职务犯罪调查与刑事诉讼法相衔接的重要内容之一是监察委员会职务犯罪调查机构与检察机关、审判机关职能的衔接。其衔接的复杂性是监察委员会职务犯罪调查机构行使调查权履行监督职责与检察机关履行法律监督职能如何界分以及在职务犯罪案件处理上如何衔接的问题，③ 其履职活动与审判机关的司法活动之间的关系问题，等等。

（一）监察委员会的“监督”职责与检察机关的“法律监督”职责

1. 监察委员会的“监督”与检察机关的“法律监督”同为国家监督制度的重要组成部分。中国特色社会主义检察制度作为近现代我国司法制度创建的“舶来品”，其创建、发展及完善经历了不同历史阶段的本土化再造过程。④ 检察机关通过行使国家安全与制度安全检

---

① 敬大力：《北京设立职务犯罪检察部与监察委衔接进行立案审查》，载《检察日报》2017 年 1 月 17 日第 2 版。

② 敬大力：《适应改革形势对检察职能重新定位》，载《法制日报》2018 年 3 月 16 日第 5 版。

③ 参见郭华：《监察委员会与司法机关的衔接协调机制探索——兼论刑事诉讼法的修改》，载《贵州民族大学学报》2017 年第 2 期。

④ 关于这一问题作者曾撰文《检察机关法律监督属性的再诠释》对此进行了具体探讨。

察权、刑事审查批捕起诉权、刑事诉讼活动监督权、职务犯罪审查权、民事行政检察权、宪法法律统一实施活动检察权等，使得检察机关作为国家安全、政权安全、制度安全的“捍卫者”，惩治犯罪与保障人权统一、程序正义与实体公正协调的“守护者”，刑事诉讼活动的“管理者”，职务犯罪调查的“引导制约者”，社会公共利益的“代表者”，法律统一正确实施的“护法者”角色将进一步得到彰显。从检察机关与监察委员会的关系视角讨论，监察委员会的“监督”与检察机关的“法律监督”的性质地位、主体、客体、方式、价值功能、法律依据和法律后果既具有明显的差异性，又具有鲜明的互补性，两者因其相对独立性而不可替代。

（1）性质地位不同。国家监察委员会被定位为行使国家监察职能的政治机关，其对行使公权力的公职人员进行监察全覆盖的客体是公职人员履职行为的公正性、廉洁性、忠诚性，以维护宪法和法律的尊严和权威。而作为法律监督机关的人民检察院，惩治一切叛国分裂国家等危害国家安全的犯罪分子和其他分子，维护国家统一和安全，维护人民民主专政的制度，维护社会主义法制，保护国有经济、集体经济、非公有制经济的合法权益，保护国家、集体、公民、法人和其他组织所有的合法财产，保护公民的人身权利、民主权利和其他权利，保障社会主义现代化建设顺利进行，从而维护宪法、法律、法令、政令的统一正确实施。两者从履行反腐败专门职能与法律监督专门职能方面共同构成国家治理体系和治理能力现代化的有机组成部分。

（2）监督范围不同。监察委员会对行使国家公权力的公职人员遵守道德规范的情况，依法履职、秉公用权、廉洁从政等遵守法律法规法令政令规范的情况以及是否具有涉嫌贪污贿赂、滥用职权、玩忽职守、权力寻租、利益输送、徇私舞弊以及浪费国家资财等职务犯罪行为进行监督。其监督对象相较于全体社会成员具有专门性、特定性。而检察机关作为国家的法律监督机关，代表国家对法律的实施和遵守进行监督。其实施法律监督的对象覆盖国家机关及其工作人员、社会组织、全体社会成员，其法律监督范围具有广泛性。

（3）监督方式不同。基于监督范围的广泛性，监察委员会履行监督职责的方式亦呈现出多元化之特征。相较于监察委员会监督方式的多样化特征，检察机关法律监督方式的程序性特点更为明显。一方面，检察机关的监督方式必须依法定程序行使；另一方面，检察机关的权力行使不仅具有程序意义，而且具有一定的评价性、引导性、制约性、裁断性和强制性等特点。检察机关对涉嫌职务犯罪特别调查活动是通过司法审查这一特定办案活动进行的；而对公安机关（国家安全机关）的立案和侦查活动，审判机关的审判活动，监管改造机关的刑罚执行活动、监管改造活动等是否合法实施法律监督亦是通过办案程序进行的。

（4）监督价值功能不同。监察委员会依法履行监督职责，其最为主要的价值功能在于高效反腐，建设清明政治，为中国特色社会主义国家的建设和发展创造良好环境。检察机关作为法律监督机关，其法律监督职能往往通过检察权的行使而得以实现，具有维护社会利益、保护公共利益，发挥国家“护法机关”，维护公正、定分止争之价值。[①] 此外，检察机关对监察委员会提请起诉的案件依法审查作出起诉、补充侦查、不起诉、退查等决定，充分体现刑事起诉中互相配合、互相制约的原则，有利于全面正确实施刑事诉讼法与监察

---

① 参见吴建雄：《检察权的司法价值及其完善》，载《中国刑事法杂志》2011 年第 10 期。

法，实现惩治犯罪与保障人权、程序公正与实体正义的统筹兼顾。

(5) 监督法律依据的不同。监察委员会履行监督职责遵循严格性原则，其依据不仅包括宪法和监察法，而且包括党章党规党纪规范、政务法律法规法令政令规范。这表明监察委员会对其监督对象可以高于普通公民的义务要求。检察机关的法律监督是对监督对象行为的合法性进行监督，并不干预其行为合理性、合规性，因而其适用的依据主要是宪法、立法法、人民检察院组织法、刑法、刑事诉讼法、行政诉讼法、民事诉讼法、检察官法等法律规范。

(6) 法律后果不同。监察委员会对于违反党纪规范的被调查人给予党的纪律处分直至开除党籍；对违反政务法律法规法令规范的被调查人给予政务处分直至开除公职；对涉嫌职务犯罪的被调查人员依据刑事实体法和刑事诉讼法，由检察机关依法审查起诉、提起公诉，审判机关依法审判、依律裁判。检察机关在实施法律监督过程中对涉嫌犯罪的监督事项通过审查起诉、提起公诉、支持公诉、提出抗诉、启动再审交由审判机关依法进行裁判，或者依法作出不起诉决定，或者退回补充侦查等，确保宪法法律的统一正确实施；通过提出检察纠正意见等令状方式对违反法律的行为予以纠正。

2. 监察委员会职务犯罪调查活动与检察机关刑事诉讼中审查起诉、提起公诉、支持诉讼职能密切相关。这表现在：

(1) 检察机关依法对监察委员会移送的职务犯罪的案件进行审查，决定是否提起公诉。检察机关对监察委员会移送起诉的职务犯罪案件进行依法审查：一方面是检察机关作为“法律监督机关”的职责所在，是确保其审查实质化、实现对监察委员会的职务犯罪调查权的制约，与对法院审判活动是否合法实施监督，避免“公诉形式主义”。另一方面是推行“以审判为中心”的庭审中心主义改革的客观要求，有利于避免职务犯罪案件形成类似于侦查中心主义的“调查中心主义”。

(2) 监察机关与检察机关之间呈现相互制约关系。宪法、监察法明确规定检察机关和监察机关“相互配合、相互制约”，其中“相互制约”的关系具体表现在：一方面，检察机关对监察委员会的职务犯罪调查活动实施制约。这主要包括：检察机关发现监察委员会涉嫌职务犯罪案件的调查活动中具有其他违法情形的，有权提出检察建议督促其纠正，涉嫌犯罪的检察机关可依法自行立案侦查。检察机关对监察机关移送的涉嫌职务犯罪的案件进行犯罪事实与证据的实质审查，并依据不同情形分别提起公诉、退回补充调查、决定不起诉、建议撤销案件等。另一方面，监察机关对人民检察院的制约。监察委员会有权对检察院公职人员依法履职、秉公用权、廉洁从政从业以及道德操守情况进行监督检查，并对涉嫌贪污贿赂、滥用职权、玩忽职守、权力寻租、利益输送、徇私舞弊以及浪费国家资财等职务违法和职务犯罪进行调查；人民检察院经审查对监察委员会移送涉嫌职务犯罪案件作出不起诉决定时，监察委员会享有申请复议权，亦为其对检察机关的制约方式之一。

（二）职务犯罪调查机构履职活动与审判机关的司法活动

监察委员会通过制度改革创设而来，成为与行政机关、审判机关、检察机关地位相平行的国家机关。监察委员会在监督审判机关立案、审判活动的同时也要接受审判机关对其的制约和审查。职务犯罪调查机构作为监察委员会的内设机构，在职务犯罪特别调查活动中同样需接受审判机关的制约，并在必要时对审判机关的审判活动予以配合。

“未经人民法院依法判决，对任何人不得确认有罪”是国家法治化建设的应有之义。职务犯罪调查机构的活动同样须贯彻未经法院审判不得确定被调查对象有罪这一原则。在职务犯罪特别调查活动中，监察官既要调查被调查人有罪或无罪、罪重或罪轻的事实与证据材料，还要准确收集涉案人悔过、投案、自首、检举揭发、重大立功等涉嫌违法犯罪的情节及证据，移送检察机关审查、提起公诉和审判机关的公正裁判，实现惩罚职务犯罪的根本目的。同时，应当明确“非法证据排除”规则对监察官在履行职务犯罪调查职责过程中以特殊监察措施获取证据行为的约束。“程序正义”原则亦适用于监察委员会职务犯罪调查阶段，应当以刑事诉讼“非法证据排除规则”来约束监察委员会职务犯罪调查活动中特殊监察措施的适用，“严禁以威胁、引诱、欺骗及其他非法方式收集证据，严禁侮辱、打骂、虐待、体罚或者变相体罚被调查人和涉案人员”①。对开庭审理的案件，犯罪嫌疑人或者被告人提出反腐败特别调查阶段刑讯逼供、非法拘禁致其身体遭受重大损伤或者强迫其自证其罪的调查人员应履行出庭作证的义务。一方面，作为特别调查主体的监察官应当在有必要时于法庭上陈述案件办理过程以及证据的收集方式，在接受检察机关的提请诉讼审查监督后，接受审判机关的二次监督。另一方面，监察官应当在法庭需要相关鉴定人辅助时，协助审判机关通知鉴定人出庭作出鉴定意见；在需要案件证人证言时，协助审判机关通知相关证人出庭陈述。同时，监察委员会应当协助审判机关保障证人、鉴定人及其亲属的安全，对其联系方式和单位、家庭住址予以保密。

四、监察委员会职务犯罪调查权与公民权利保障及救济

监察体制改革作为国家重大政治改革，是对国家权力尤其是反腐败职权的调整与重新配置，必然给公民权利带来较大影响。这种影响体现在监察委员会职务犯罪调查活动中，主要表现为被调查人是否具有原刑事诉讼法赋予其在检察机关反贪反渎案件侦查活动中所享有的聘请律师，委托近亲属代为陈诉、申辩的权利，以及其正当权利遭受侵害时依法获得的救济性权利。

（一）赋予适用留置等措施的被调查人提供律师、近亲属及其委托代理人帮助的权利

如前文所述，自监察委员会在涉嫌职务犯罪案件调查活动中适用留置措施之日起，对涉嫌职务犯罪的公职人员事实上履行了其作为国家机关类似于公安机关、国家安全机关触发刑事诉讼程序的职责，接受监察委员会职务犯罪留置调查的被调查人具有类似于公安机关侦查阶段的犯罪嫌疑人法律地位和权利。监察委员会调查涉嫌职务犯罪的案件，其依据首先是监察法而不是直接援引刑事诉讼法。但是，监察委员会对涉嫌职务犯罪的调查对象进行“留置”与公安机关（国家安全机关）对刑事犯罪嫌疑人进行逮捕均以限制被调查人的人身自由为前提，当将“国家尊重和保障人权”的宪法原则植入监察法，对留置、讯问、技术调查这一带有特殊属性监察措施的程序进行缜密设计、规范行使；赋予延长留置调查期限的被调查人提供律师、近亲属及其委托代理人帮助的权利，增强社会对涉嫌职务犯罪特别调查措施的认同性。在一般违纪调查、一般违法调查和涉嫌职务犯罪决定立案适用留

① 引自监察法（2018年3月第十三届全国人大第一次会议表决通过）第40条第2款。

置、讯问、技术调查措施的前三个阶段可考虑不设置律师介入的程序，当考虑到涉嫌职务犯罪调查程序与刑事诉讼程序的有序衔接与相洽，在启动对涉嫌职务犯罪的被调查人立案留置调查这一阶段可考虑增设对于举报、控告调查人员违法乱纪、刑讯逼供或导致被调查人员肢体残疾或者死亡事件的，可赋予检察机关对控告、举报开展调查提出纠正意见权力的程序，涉嫌犯罪的检察机关可以依法进行立案侦查。

（二）将反腐败特别调查受到刑事追诉的冤错案件纳入国家赔偿制度，明确赔偿主体赔偿责任

国家监察程序法律体系应当明确职务犯罪调查程序启动后赋予被调查对象相关的申诉、陈述、委托直系亲属或者律师适时适度代为申诉、陈述等权利，诬告错告处理、被处分人申诉、复核、复议等救济制度，以及与此相匹配的国家监察赔偿制度，将经职务犯罪特别调查受到刑事追诉的冤错案件纳入国家赔偿制度，明确赔偿主体和赔偿责任。监察委员会行使调查职权时对被调查人的合法权益造成损害的，监察委员会应为赔偿义务机关承担赔偿责任；监察委员会对被调查人采取留置特别措施后依法决定撤销案件、作出不起诉决定或者经法院判决宣告无罪的，作出留置决定的机关应为赔偿义务机关承担赔偿责任；再审改判无罪的，作出原生效判决的人民法院应为赔偿义务机关；二审改判无罪，以及二审发回重审后裁定无罪的，作出一审有罪判决的人民法院应为赔偿义务机关。

监察委与检察机关衔接制度研究

谢小剑*

监察体制改革是我国当前最重要的政治体制改革之一。改革后，监察机关获得了查办职务犯罪的权力，创设了不同于刑事诉讼法的职务犯罪监察调查程序，且监察调查不适用刑事诉讼法规定的侦查程序。根据监察法的规定，在移送审查起诉之后开始适用刑事诉讼法，从而形成了“调查+刑事审查起诉”的模式。该模式与传统不同，不再是行政纪律调查程序与刑事立案后司法程序的衔接，而是赋予监察调查证据的法律效力，监察调查与刑事审查起诉程序直接衔接，由于刑事诉讼法和监察法在强制措施、证据制度、实施程序上都有很大的不同，造成“法法衔接”需要解决的诸多问题。

一、监察调查与刑事诉讼法程序的衔接

（一）监察机关移送审查起诉的案件，检察院不需要立案

该问题尚有争议。笔者认为，不需要设置立案程序。1. 刑事诉讼法规定，立案是展开侦查的前置程序，要避免在没有根据的情况下启动刑事侦查程序，侵犯犯罪嫌疑人权利，同时对启动侦查的案件进行后续程序控制，其隐含着对侦查予以控制的功能。然而，监察案件在移送审查起诉之时已经完成犯罪调查和证据收集工作，没有必要走立案程序。2. 一旦要求立案，既要判断是否有案件发生，又要判断是否满足逮捕起诉条件，在程序上铺床叠被。3. 监察委员会的职责包括调查之后移送检察院审查起诉，该文义上并无判断是否符合立案条件的含义，而且依据刑事诉讼法，审查起诉并不是建立在立案的基础上。4. 在调查替代刑事侦查之后，监察立案可以替代刑事立案。问题在于，监察调查并无专门的刑事立案程序，采取职务违法犯罪立案一元化模式。但是，监察调查也有一些调查措施专门针对刑事案件，如讯问、搜查、技术调查，可以认为一旦采取该类措施，则已经进入职务犯罪调查程序。

（二）审查起诉阶段辩护权的保障

由于监察委调查期间不允许律师介入，而一旦进入审查起诉阶段，犯罪嫌疑人依据刑事诉讼法有请辩护人的权利，检察院应当在三日内告知犯罪嫌疑人有聘请辩护人的权利。事实上，基于职务犯罪主体的经济能力和法律意识。此时，家属多半已经委托好律师，律

---

* 作者简介：谢小剑，江西财经大学法学院教授，博士研究生导师。

师等待会见多时，必然极早申请会见、阅卷，应当充分保障律师会见的权利。同时，从审查起诉之日起，律师有权阅卷，检察院需要保障其阅卷权。

此外，强制措施的衔接还存在更为复杂的情形，一些案件被调查人既有职务犯罪又有普通犯罪，涉及不同部门主管，可能出现监察委主办，公安机关协办的现象，此时在监察办案“过程中”就出现了程序衔接的问题。监察机关在监察办案期间，可由公安机关继续采取逮捕措施，满足办案需要。但是，应当保障律师的会见权。实践中可能会出现，监察机关以该案处于监察调查之中而限制律师会见，包括对于公安机关辅助查办的罪名也限制律师会见。笔者认为，不能以此为由限制律师辩护，因为辩护权是犯罪嫌疑人的基本权利，而且监察法仅授权限制监察机关查办案件的会见，不能将之延伸到公安机关查办的案件。

（三）退回补充调查的程序问题

监察法第 47 条第 3 款规定，对监察机关移送的案件，人民检察院经审查，认为需要补充核实的，应当退回监察机关补充调查，必要时可以自行补充侦查。显然，以退回补充调查为常态，自行补充侦查为例外。事实上，检察院也不具备补充调查的条件，即使是公安机关移送过来的案件，自行侦查的情况都极其少见。在中纪委、国家监察委编写的监察法释义中，要求优先采取退回补充调查的方式，在特殊情况下才自行补充侦查。其给出的理由是，监察委办的案件特殊，“政治性强、比较敏感”。该范围过窄，有学者主张，“建议将检察机关补充侦查范围限定在监察机关对退回补充调查提出异议，监察机关退而不调，监察机关先前调查活动存在违法取证情况，以及只需对个别证据进行调取的情况”①。此外，检察院对于一些证据的核实，以及实施亲历性审查，如证人的证言是否可靠，犯罪地点是否准确等，不属于补充侦查。

最大的难题在于，退回调查之后，是属于监察调查阶段，还是审查起诉阶段。从监察法法条表述来看，其采取“退回补充调查”的词语，显然将之作为监察调查来处理。虽然有观点认为，补充调查权来源于公诉权，不再属于调查阶段②，笔者也赞同该观点，但从现行法律规范分析的角度来看，退回补充调查属于监察调查阶段。笔者认为，可以从退回后程序的处理判断其所属阶段，从而可以参照刑事诉讼法中的有关条文判断该问题。《公安机关办理刑事案件程序规定》第 271 条规定了退回公安机关补充侦查的案件，公安机关有很大的程序处理权，甚至“发现原认定的犯罪事实有重大变化，不应当追究刑事责任的，应当重新提出处理意见，并将处理结果通知退查的人民检察院”，显然其不再受制于检察机关的审查起诉。可见，对于退回补充侦查的案件，显然作为侦查阶段处理，需要办理换押手续，案件处理权归公安机关，其有权作出不再移送审查起诉处理的决定。从此可以推知，退回补充调查仍然属于调查阶段。

如果属于监察调查阶段，则其适用监察法，是否转为留置、是否允许律师介入都是问题。笔者认为，应当允许律师介入辩护。其一，从理论上分析，该案已经移送给检察院审查起诉，律师在该期间已经会见、阅卷。退回补充调查时即使限制会见也不能避免串供行为，没有必要担心串供的问题。其二，由于主要证据已经收集，且犯罪嫌疑人委托的律师

---

① 叶青：《监察机关调查犯罪程序的流转与衔接》，载《华东政法大学学报》2018 年第 3 期。

② 陈卫东：《职务犯罪监察调查程序若干问题研究》，载《政治与法律》2018 年第 1 期。

已经介入，此时限制律师介入意义已经不大。其三，由于监察立案并不区分是否属于刑事案件，之前可以认为并未明确该案是否属于刑事案件，从而不允许律师介入。移送起诉后，已经明确该案件的刑事属性，再限制律师介入没有正当性。因此，退回补充调查的案件，应当保障律师的辩护权。

（四）检察院审查起诉的内容

监察法规定，监察调查的案件移送检察院依法审查、提起公诉，一改草案“移送起诉”的表述，增加“审查”两字，从而肯定了检察院审查起诉的职能。刑事诉讼法第168条规定，人民检察院审查起诉案件的时候，必须查明：犯罪事实、情节是否清楚，证据是否确实、充分，犯罪性质和罪名的认定是否正确；有无遗漏罪行和其他应当追究刑事责任的人；是否属于不应追究刑事责任的；有无附带民事诉讼；侦查活动是否合法。

检察院对监察委移送审查起诉的案件，其审查的内容也可以借鉴上述规定。监察法第47条仅将其局限于实体审查，仅能作出是否起诉的决定，其限制了审查起诉的范围。因而对于侦查活动是否合法，是否有漏罪、漏追诉的人，可否处理，存有疑问，漏罪、漏追诉的人显然属于立案监督的内容，侦查活动是否合法属于侦查监督的内容。监察调查活动合法与否直接关系到证据的应用，检察院审查起诉时需要对有关活动进行审查，对证据是否可采、事实能否认定作出判断，否则不能满足审判的需求。但是，监察法并没有明确检察院对监察机关的调查监督，其将监察调查区别于刑事侦查，显然排除适用监督与被监督的关系，而仅是“相互制约”的关系，因此作为诉讼监督的纠正违法通知书以及检察建议都不适宜用于监察程序，检察院不能向其发出纠正违法通知书或者检察建议，也不宜要求监察机关启动对某人、某事实的调查。同时，对于监察调查过程，检察院也不能展开同步的监督，包括对辩方权利的救济。

检察机关需要发挥对监察调查的制约功能，制约的主要方式之一就是审查监察认定的证据、事实是否正确，甚至作出不起诉决定，包括法定不起诉、酌定不起诉、存疑不起诉决定三种。然而，中纪委的释义中没有规定可以作出存疑不起诉的决定①，似乎对其有所保留。笔者认为，检察院有权做存疑不起诉决定。其一，对于监察调查的案件，检察院提起公诉的证明标准并没有降低，仍然是以事实清楚、证据确实充分作为起诉的证明标准。如果达不到该标准，自然不能提起公诉，唯一的选择也只能是存疑不起诉。其二，对于移送审查起诉的案件，检察院有权否定监察机关对事实的认定，减少事实和改变事实认定，都是检察院的权力，这包括存疑不起诉的权力。其三，监察法已经明确按照审判的标准运用证据，这就包括证据不足做存疑不起诉，以实现以审判为中心的诉讼制度改革，实现对调查的制约。其四，移送起诉后，根据刑事诉讼法，检察院审查起诉后的处理包括存疑不起诉的权力。监察案件也不例外。此外，检察院虽然有酌定不起诉的权力，然而在监察机关拥有形态转换，执纪在前的执法思路下，对监察机关移送审查起诉的案件酌定不起诉的可能性相对较小。

---

① 中共中央纪律检查委员会、中华人民共和国国家监察委员会法规室编：《〈中华人民共和国监察法〉释义》，中国方正出版社2018年版，第215页。

二、刑事诉讼强制措施与监察调查措施的衔接

（一）留置措施如何与逮捕衔接

一旦移送审查起诉，监察法不再适用，监察机关无权继续限制其人身自由，据此留置应当在移送审查起诉时解除。除非检察机关能立即采取强制措施，否则极有可能导致犯罪嫌疑人脱逃，诉讼无法顺利进行。然而，刑事强制措施有一个审批过程，逮捕必须审查，否则无法判断是否符合逮捕条件，这必须造成衔接上的时间空当。因此，有学者提出，赋予留置移送审查起诉后，具有延续效力，应当延续到刑事强制措施作出时①。如此法理上存在较大障碍，特别是检察机关作出逮捕决定较长时，更不合理。2018 年刑事诉讼法修正草案采取了相对延续效力理论，“对于监察机关采取留置措施的案件，人民检察院应当对犯罪嫌疑人先行拘留，留置措施自动解除”。可见，其通过先行拘留缩短监察机关控制的时间，不用延续到作出逮捕决定之时，但移送审查起诉与先行拘留之间总存在一定的时间空当，其合理性仍存疑问。更大的问题是，其错误地以为先行拘留不需要证据和理由。拘留也是剥夺嫌疑人人身自由的强制措施，必须具有合理的根据，域外采取类似于拘留的无证逮捕与逮捕的证明标准实质上相同，我国刑事诉讼法将拘留的对象限定为现行犯和重大嫌疑分子，该立法已经蕴含了具有相当的证据，实践中刑事拘留把握的证据标准同样非常高。因此，我们不能推定监察委移送审查起诉的案件一定符合拘留条件。当然，也不能直接将犯罪嫌疑人取保或者释放，监视居住也不合适，刑事诉讼法在强制措施上并不具有合理的手段。在试点过程中，一些地方采取检察机关提前介入的方式，由检察机关先阅卷判断是否符合逮捕条件，从而在移送审查起诉之后可以立即采取逮捕措施，有效解决了衔接不畅的问题。笔者更赞同该种处理方法。

（二）被调查对象的移交、换押

对于移送审查起诉的案件，被调查人身份转为犯罪嫌疑人，之前被羁押在留置场所，移送审查起诉之后，是否必须将犯罪嫌疑人移交给检察机关是个问题。监察法草案曾经要求移送审查起诉时移交犯罪嫌疑人，但最终通过的监察法删除了该规定，第 45 条明确规定，移送审查起诉时应当将案卷材料、证据一起移送检察机关，并没有要求移送被调查人。

笔者认为，监察机关必须将被调查人移送检察机关控制，当然前提是检察机关作出拘留逮捕决定。监察法对留置场所和刑事诉讼法对羁押场所的要求并不一样，前者只要求“特定场所”，而后者必须是看守所，两地适用不同的看管方式。因此，如果留置在双规场所必须立即送看守所羁押，如果是在看守所特定区域留置，也应当立即转移至非监察案件看守区域。

其理由主要是：其一，由于移送审查起诉之后，不再适用监察法，显然无权将其羁押在留置场所。其二，只有被调查人脱离原控制机关，才能保障被调查人敢于、有渠道提出对原办案机关的申诉，启动后续的制约机制。因为换押还意味着被调查人转移至另一个机

---

① 叶青：《监察机关调查犯罪程序的流转与衔接》，载《华东政法大学学报》2018 年第 3 期。

关的控制之下，前一办案机关不得再随意接触被调查人。其三，只有移送犯罪嫌疑人并换押才能满足对监察机关制约的需要。监察法第 4 条规定，监察机关办理职务违法和职务犯罪案件，应当与审判机关、检察机关、执法部门互相配合，互相制约。其明确了检察机关对监察办案的制约功能。移送、换押使得检察机关得以对前一办案程序的制约落到实处。其四，羁押部门需要解决执行中的特定问题或者转达被调查人诉求时，也应当以换押确定的部门为对象。换押有利于羁押执行部门和决定部门沟通，解决执行中的问题。其五，在我国之前的刑事诉讼中，进入新的诉讼阶段，就应当办理换押手续，这已经成为办案机关之间相互制约的重要经验，应当加以借鉴。

在审查起诉期间可能退回补充调查，如前所述，补充调查虽然属于监察调查办案期间，但该期间又要转回留置，可能导致程序过于复杂，徒增许多办案成本，也不利于犯罪嫌疑人人权的保障。因此，笔者主张退回补充调查时，不需要改变措施，继续采取逮捕措施。当然，监察机关也不能借用刑事诉讼措施，以移送审查起诉退补不变更强制措施的方式，借用逮捕等强制措施，缓解办案成本、办案风险。

（三）其他监察措施的衔接

对于采取限制出境措施的案件，进入审查起诉之后，并无直接对应的刑事强制措施，刑事诉讼法规定的强制手段中，可以达到限制犯罪嫌疑人出境效果的，包括拘留逮捕将犯罪嫌疑人关押在看守所；监视居住将犯罪嫌疑人限制在居所；取保候审将犯罪嫌疑人的活动范围限制在所在的市县内。从对接的角度来看，取保候审既能产生限制出境的效果，又不会导致限制力度过大，应为优先之选。

同时，监察通缉以符合留置条件为前提，而刑事通缉以符合逮捕条件为前提，基于两者的适用条件大不相同，监察通缉并不能直接转化为刑事通缉。同时，监察调查过程中的查封、扣押可以延续至刑事起诉程序中，并不需要重新作出决定。

三、监察收集证据在刑事诉讼中的使用

（一）移送的证据范围

根据监察法第 33 条的规定，监察调查收集的所有证据包括物证、书证、证人证言、被调查人供述和辩解、视听资料、电子数据等证据材料，在刑事诉讼中都可以作为证据使用。因而，监察调查移送审查起诉的案件，应当移送所有的案卷材料和证据，包括言词证据。

值得注意的是，有一些问题需要特别明确。其一，监察法第 41 条 2 款规定监察委员会重要取证工作的全程录音录像“留存备查”，不移送到检察机关审查起诉部门。其改变了之前检察机关自侦案件需要移送到审查起诉部门的规定。其对审查起诉部门全面审查案件造成一定的障碍。

其二，如果是通过违法行为收集的证据，如谈话、询问收集的证据是否移送。笔者认为，凡是和案件定罪量刑有关的证据都应当移送，包括在明确属于刑事案件之前，作为违法行为调查收集的证据。

其三，非法证据也要移送检察机关。根据 2017 年发布并施行的《关于办理刑事案件严

格排除非法证据若干问题的规定》第 17 条第 3 款规定，被排除的非法证据应当随案移送，并写明为依法排除的非法证据。笔者认为，可以借鉴该规定，监察机关排除的非法证据随案移送，但应当注明为非法证据。

（二）证据合法性的判断标准

移送审查起诉的证据材料必须符合证据资格的要求才具有证据能力。根据我国现行制度，该证据材料必须具有合法性。然而，合法性判断是依据监察法，还是刑事诉讼法，是一个问题。其一，我国监察法已经明确监察调查不适用刑事诉讼法，并设计了监察调查的独特程序，包括不让律师介入、采取留置调查措施，如果只按照刑事诉讼法来判断合法性，显然不符合监察法的改革要求。其二，刑事诉讼法要求的合法性并没有明确的标准，其主要依据取证行为时的法律要求，即监察法的规定。

（三）非法证据排除的适用

从监察法来看，其一方面规定了证据取得禁止，监察法第 40 条第 2 款规定，不得采取特定非法手段取证，严禁以威胁、引诱、欺骗及其他非法方式收集证据，严禁侮辱、打骂、虐待、体罚或者变相体罚被调查人和涉案人员。另一方面规定了证据使用禁止，监察法第 33 条第 3 款规定："以非法方法收集的证据应当依法予以排除，不得作为案件处置的依据。"从该表述来看，所有通过非法方法收集的证据都要排除，包括列举的引诱和欺骗，根据严格的规范解释，监察机关显然应当遵循该解释内容，不得将通过引诱、欺骗获取的口供作为案件处置的依据。

同时，如果监察机关没有依法排除非法证据，在审查起诉、审判期间依据刑事诉讼法启动了非法证据排除规则，则存在一个重大问题。监察法规定的非法证据排除标准要严格于刑事诉讼法，刑事诉讼法并不排除所有的非法证据，仅排除采取"使犯罪嫌疑人、被告人遭受难以忍受的痛苦而违背意愿作出的供述"，引诱和欺骗并不会导致"遭受难以忍受的痛苦"，因而不能适用刑事诉讼法第 54 条规定的非法证据排除规则。但是，能否适用监察法将其排除？这和前面证据资格判断标准的问题有点类似。笔者认为答案是肯定的，其一，如果允许该类证据作为诉讼中的证据，实际上是纵容违反监察法的行为，这不利于监察法的贯彻实施。其二，监察法的标准更为严格，更有助于保障被追诉人权利，因为从保障被追诉人权利的角度，也应当按照监察法的标准排除。所以，其可使用监察法规定的非法证据排除规则排除该类证据。

此外，还有一些监察法没有列举，没有侵犯被调查人人权，只是违反调查程序的行为，如讯问犯罪嫌疑人、询问证人没有让其签名捺手印，应该提供翻译的却没有提供翻译，询问证人没有单独进行，辨认时让辨认人提前见到辨认对象等，刑事诉讼法都可以作为证据排除的情形，尽管监察法缺乏类似的规定。笔者认为，一旦进入刑事诉讼法，该类行为也应当引起办案机关的高度关注，将其作为违法取证而不具有证据资格。其一，刑事诉讼法并未规定该类取证行为的主体和阶段，只是规定通过该类取证行为获得的证据不能作为定案的根据。比如，最高人民法院《关于适用〈中华人民共和国刑事诉讼法〉的解释》第 76 条规定，证人证言具有下列情形之一的，不得作为定案的根据："询问证人没有个别进行的；书面证言没有经证人核对确认的；询问聋、哑人，应当提供通晓聋、哑手势的人员而未提供的；询问不通晓当地通用语言、文字的证人，应当提供翻译人员而未提供的。”因而也可以将监察调查行为纳入其中。其二，这些证据规则都和事实的真相密切相关。刑事诉讼还有大量类似的违反取证程序的证据排除规则，都是保障事实真相的预防性证据排除规则①，都可以作为监察证据“不得作为定案根据的证据”的标准。其三，监察法第33条第2款规定，监察机关在收集、固定、审查、运用证据时，应当与刑事审判关于证据的要求和标准相一致。适用刑事诉讼法的预防性排除规则有助于实现该规定的实质含义。监察法立法采取宜粗不宜细的立法理念，具体条文难于全面涵盖所有的非法取证行为，该规定要求监察取证、运用证据按照审判的标准，而上述规则都是最高人民法院司法解释明确的审判运用证据的标准，自然应当加以适用。其四，《国家监察委员会移送最高人民检察院职务犯罪案件证据收集审查基本要求与案件材料移送清单》也采取笔者主张的观点。当然，如果刑事诉讼法允许补正或者作出合理解释的，应当允许补充、作出合理解释。

（四）监察案件的证明标准

监察法规定，移送审查起诉的证明标准是事实清楚、证据确实充分，该标准和刑事起诉、入罪的表述几乎一致。然而，该标准的实践把握标准可能出现人为差异，如监察机关的认定与法院的认定就可以出现分歧。此时，该如何处理。监察法第33条规定，监察取证运用证据按照审判的标准，因此应当确认刑事审判证明标准的优势地位，明确审判标准的中心地位。这样才能充分发挥当前正在进行的以审判为中心的诉讼制度改革的优势，发挥审判对职务犯罪监察调查的制约功能，倒逼监察调查的规范，避免出现冤假错案。

---

① 吴宏耀：《非法证据排除的规则与实效——兼论我国非法证据排除规则的完善进路》，载《现代法学》2014年第4期。

关于监察留置的思考

杨文革*

国家监察法的颁布标志着我国反腐败力度的巨大提升。该法所创设的留置措施不仅赋予监察机关重拳治贪的强大利器，也标志着我党长期使用的“双轨”措施的法治化。然而，自监察法颁布至今，一直对留置存在诸种质疑。本文就此略陈管见，就教于学界同仁。

一、留置使羁押源头呈现更加多元化的趋势

我国宪法第 37 条规定：“中华人民共和国公民的人身自由不受侵犯。任何公民，非经人民检察院批准或者决定或者人民法院决定，并由公安机关执行，不受逮捕。禁止非法拘禁和以其他方法非法剥夺或者限制公民的人身自由……”但是，由于宪法没有同时交代清楚唯有逮捕才能羁押，这就导致不时有新制定或修改的下位法规定了某些同样可以羁押或者变相羁押的措施，使我国的羁押体系趋于复杂化。

（一）拘留逐步从不具有羁押效力演化为具有羁押效力

20 世纪 50 年代，我国制定了《逮捕拘留条例》。该条例第 4 条规定：“逮捕人犯的时候，必须持有人民法院、人民检察院或者公安机关的逮捕证，并且向被逮捕人宣布。逮捕后，除有碍侦查或者无法通知的情形外，逮捕机关应当把逮捕的原因和羁押的处所告知被逮捕人的家属。”这说明我国在当时即已确定逮捕的结果就是羁押。

但是，与逮捕并列规定的拘留是不是也可羁押？通观该条例，没有找到对被拘留的人犯也可以羁押的规定。但司法实务部门却有不同理解。1962 年 10 月 23 日，在云南省高级人民法院请示最高人民法院的报告中体现了司法实务部门在此问题上的疑惑。

在《云南省高级人民法院关于拘留和羁押问题的请示报告》中，云南省高级人民法院认为，“公安机关对人犯所采取的先行拘留的紧急措施，就是一种临时羁押的措施”。并就拘留与羁押的关系作出了自己的理解：“拘留与羁押在字义上讲有些不同。但在实际上并没有原则的区别，两者都是属于在逮捕判刑之前，为了防止人犯继续犯罪或逃避侦查、审判，对其依法剥夺行动自由的临时措施。”

最高人民法院于 1963 年 2 月 25 日作出的《关于拘留和羁押问题的批复》中否定了云南省高级人民法院关于拘留属于羁押的观点，指出：“拘留和羁押是有区别的。拘留是在未批准逮捕以前，在法定的条件下，对需要进行侦查的人犯采取的一种紧急措施，而且只有

---

* 作者简介：杨文革，南开大学法学院教授。

公安机关才能行使拘留。羁押则是在人民法院决定逮捕或者人民检察院批准逮捕，并且实施逮捕以后，把人犯羁押起来；执行逮捕的机关，即人民法院、人民检察院和公安机关，都可以在逮捕人犯后实施羁押。”

这说明依据最高人民法院20世纪60年代的观点，拘留不属于羁押。

1979年2月23日，我国对《逮捕拘留条例》进行修订。修订后的条例关于拘留与羁押的关系基本上与20世纪50年代的《逮捕拘留条例》一致，没有突破。但是，同年颁布的我国第一部刑事诉讼法却赋予拘留以羁押效力。该法第43条第2款规定：“拘留后，除有碍侦查或者无法通知的情形以外，应当把拘留的原因和羁押的处所，在二十四小时以内，通知被拘留人的家属或者他的所在单位。”1996年修订的刑事诉讼法第64条重申了这一规定。2012年再次修订的刑事诉讼法更进一步规定：“拘留后，应当立即将被拘留人送看守所羁押……”

可见，经过从最初的《逮捕拘留条例》到修订后的刑事诉讼法，拘留在我国逐步获得了与逮捕同样的羁押效力，成为羁押的合法源头。

（二）指定居所监视居住事实上等同于羁押

我国1979年颁布的第一部刑事诉讼法将监视居住的人犯约束于“指定的区域”。学界一般认为监视居住与取保候审一样，对人犯的人身自由仅仅是某种程度的限制，而非剥夺，以与逮捕和拘留有所区别。1996年修订的刑事诉讼法将监视居住的范围修改为嫌疑人的“住处”，并规定在“无固定住处”的例外情况下，可以在“指定的居所”执行监视。

2012年修订的刑事诉讼法打破了“住处”与“指定居所”的原则与例外关系，规定对于涉嫌危害国家安全犯罪、恐怖活动犯罪、特别重大贿赂犯罪，在住处执行可能有碍侦查的，经上级批准，也可以在“指定的居所执行”。虽然立法尽力对指定居所监视居住与羁押进行性质切割，规定“不得在羁押场所、专门的办案场所执行”，但由于“指定的居所”语焉不详，难掩其羁押色彩，以致事实上指定居所监视居住变质为不叫羁押的“羁押”措施，“指定的居所”也变质为第二羁押场所。当下不少学者认为监察留置是从“双规”、“双指”演化而来，其实指定居所监视居住也是监察留置的渊源之一。

（三）留置实质上就是羁押

在我国的法律体系中，除监察法外，另有两部法律也规定了留置：一是《民法通则》第89条第4项规定，按照合同约定一方占有对方的财产，对方不按照合同给付应付款项超过约定期限的，占有人有权留置该财产。二是我国人民警察法第9条规定，人民警察对有违法犯罪嫌疑的人员，在符合特定条件的情况下，可以将其带至公安机关，继续盘问，并对被盘问人进行留置。

对比来看，监察法中的留置与人民警察法中的留置比较接近，其设立的灵感很可能来源于人民警察法。揆诸本意，人民警察法中的留置并没有羁押人身自由的意涵。但转用到监察法后，留置毫无疑义地具有了羁押的实质含义。因为：其一，监察留置时间长达6个月之久，与刑事诉讼法规定的逮捕后的侦查羁押期间相比，几乎不分轩轾。其二，从监察法和刑事诉讼法的有关规定看，应当留置的被调查人和应当逮捕的犯罪嫌疑人如果在逃，都可以采取通缉措施，予以追捕归案。其三，监察留置与羁押都可以折抵刑期，且折抵幅度完全一样。其四，从监察留置的地点看，一些省区也是将留置的被调查人关押于看守所。其五，从监察留置的后果看，留置与羁押并无二致。因此，虽然监察法在名称上回避使用羁押一词，却并不回避其实质上与羁押的一致性。

总之，留置的出现使我国的羁押源头呈现更加多元化趋势，因此有必要对羁押的本质进行深入研究。正如有学者所说，“新的国家监察制度的创立，为吾人重新审视羁押权归属的基本原理提供了一个契机”。①

二、留置综合了多种刑事强制措施的性质和功能

在我国的刑事强制措施体系中，从拘传到取保候审、监视居住，再到拘留、逮捕，其强制效力呈现由弱到强的梯度特征。但是，监察法所规定的对人身自由的强制措施唯有留置一种，这就决定了留置必然兼具刑事诉讼法中多种强制措施性质和功能的特点。把握监察留置的性质和功能，需要从监察留置与相关刑事强制措施的异同来认识。

（一）与盘问留置的异同

设计监察留置的灵感极有可能来源于人民警察法中的盘问留置。二者设立的初衷与功能最为接近。根据我国人民警察法和监察法的相关规定，公安机关和监察机关对于自己管辖范围内的涉嫌违法和犯罪人员都有初步的调查问话权。人民警察法称为“盘问”，监察法称为“谈话”、“讯问”。

在初步问话调查的基础上，如果具备特殊情况，无论人民警察还是监察机关，都可以将调查对象予以留置，以便进一步问话调查。这是盘问留置与监察留置的相同点。

二者的不同点是由于各自所涉案件的复杂性与严重性相差较大，因此盘问留置的时间大大少于监察留置的时间。前者的留置时间不得超过 24 小时，至多可延长至 48 小时。而后者的留置时间不得超过 3 个月，最长可再延 3 个月。

（二）与拘传的异同

在刑事诉讼法所规定的五种强制措施中，其他四种均立足于限制或剥夺嫌疑人和被告人的人身自由，保证刑事诉讼活动的顺利进行。唯有拘传立足于讯问，而非对嫌疑人人身自由的限制或剥夺。可以说，拘传与盘问留置和监察留置的初衷和功能比较接近。这是拘传与监察留置的第一个相同点。

第二个相同点，鉴于拘传和监察留置的目的都是讯问，为了防止疲劳战、车轮战等非法取证行为的发生，刑事诉讼法和监察法都规定了相应措施，保障被留置人员和嫌疑人的饮食、休息和安全等。

拘传与监察留置的不同点是拘传对嫌疑人的滞留时间很短，最长不超过 24 小时，且不得以连续传唤、拘传的形式变相拘禁犯罪嫌疑人。而监察留置滞留被调查人的时间很长，可达 6 个月之久。这意味着监察留置实质上等同于羁押，而拘传则没有羁押的属性。

---

① 张建伟：《监察至上还是三察鼎立——新监察权在国家权力体系中的配置分析》，载《中国政法大学学报》2018 年第 1 期。

（三）与指定居所监视居住的异同

监察留置与指定居所监视居住最大的相同点是二者均具羁押之实而无羁押之名。具体表现有四方面：一是二者的执行时间都可达 6 个月。二是二者的执行场所都因立法的语焉不详而变相成为羁押场所。指定居所监视居住的场所是“指定的居所”，虽说法律另有要求“不得在羁押场所、专门的办案场所执行”，但是实践中何为“指定的居所”却不甚清楚，导致指定居所监视居住在实践中演变为事实上的羁押。监察留置的场所是“特定的场所”，但何为“特定的场所”也是不甚清楚。虽说该条同时规定，“留置场所的设置、管理和监督依照国家有关规定执行”，但由于国家有关规定尚未出台，实践中有些地方要么将被调查人关押在看守所，要么关押在原“双规”场所，实质上默认了监察留置等同于羁押的现实。三是二者采取措施后的通知家属或所在单位的程序和要求与逮捕和拘留后的要求基本一致。四是都可以折抵刑期。只不过折抵刑期的幅度不太一致。监察法默认了监察留置与逮捕羁押的实质一致性，规定了二者相同的折抵刑期幅度。而指定居所监视居住因为顾忌到监视居住与羁押的差别，仅仅规定了相差一半的折抵幅度。

二者的不同主要是立法基本默认了监察留置实质上等同于羁押的现实，关于留置的相关规定也拷贝了刑事诉讼法对于羁押的诸多规定，只是为了保持与刑事诉讼法“划清界限”才回避直接使用“羁押”一词。而对于指定居所监视居住演化为羁押或半羁押的现实，仅仅持“睁一只眼闭一只眼”的态度。

（四）与刑事拘留的异同

监察留置与刑事拘留的相同之处：一是二者都具有突然性和高效性的特点。在采取过程中往往以迅雷不及掩耳之势实施，一般不会失手。二是二者都具有保全证据的功能。二者的实施对象中都有企图自杀、逃跑或者在逃，以及有毁灭、伪造证据或者串供可能的情形。三是二者的后果都是关押，甚至关押场所都是看守所。四是通知家属或所在单位的要求基本一致。五是折抵刑期完全一样。

二者的不同之处：一是期限不同。刑事拘留毕竟是一项临时性措施，尽管一延再延，目前最长期限也只有 37 日，检察院的拘留期限最长则只有 17 日。而监察留置因为兼有逮捕的功能，最长可达 6 个月。二是审批程序不同。监察留置因为实质上等同于调查阶段的逮捕，因此其审批与人民检察院决定逮捕的程序较为接近，而比拘留更为慎重。

（五）与逮捕的异同

综合来看，在刑事诉讼法所规定的所有强制措施中，唯逮捕与监察留置最为相似。

第一，二者的条件相近：（1）都要求具备一定的证据要件。逮捕要求“有证据证明有犯罪事实”；留置要求“已经掌握其部分违法犯罪事实及证据”。（2）都要达到一定的严重程度。逮捕嫌疑人要求“可能判处徒刑以上刑罚”；留置被调查人要求属于“严重职务违法或者职务犯罪”。（3）都是在具备相似情形下采取的措施。

第二，二者的审批程序类似，都有要求集体或上级决定的规定。监察机关采取留置措施由“监察机关领导人员集体研究决定”。设区的市级以下监察机关采取留置措施，应当报“上一级监察机关批准”。人民检察院审查批准逮捕犯罪嫌疑人由检察长决定。重大案件应当提交检察委员会讨论决定。省级以下（不含省级）人民检察院直接受理立案侦查的案件，需要逮捕犯罪嫌疑人的，应当报请上一级人民检察院审查决定。

第三，二者关押调查对象的情况基本相同。逮捕是将嫌疑人羁押在看守所，在侦查阶段对嫌疑人的羁押时间可长达 7 个月。留置是将被调查人滞留在特定场所，时间可长达 6 个月。

第四，对被调查人家属或所在单位的通知基本一致，都要求在采取措施后的 24 小时以内通知其所在单位或家属。

第五，二者对刑期的折抵及幅度完全一致，都是 1 日折抵管制 2 日，折抵拘役、有期徒刑 1 日。

留置与逮捕的不同点是：其一，二者的目的不同。十九大报告指出："制定国家监察法，依法赋予监察委员会职责权限和调查手段，用留置取代'两规'措施。"监察法也明确规定，留置以进一步调查询问被调查人为目的，所以留置也可以被看作一项调查措施。[①]而逮捕期间虽然也会对嫌疑人进行讯问，但其主要目的是防止嫌疑人逃避追诉。

其二，逮捕只适用于涉嫌犯罪的嫌疑人或被告人，因此具有司法性。而留置除了适用于涉嫌犯罪者，还适用于涉嫌违法者，因此具有类似于司法性和行政性的双重属性。[②]

其三，逮捕的程序较之留置更为完善。留置虽然在审批程序上与逮捕一样，也比较审慎，但在逮捕过程中，检察院要听取双方的意见，听取律师的意见，讯问嫌疑人，询问证人。实施逮捕后还要对逮捕的合法性进行审查。留置则没有这样的要求。

其四，辩护律师可以参与并影响逮捕程序，却无权介入留置程序。

综上所述，留置是一项综合了多项刑事强制措施的超级调查措施和人身强制措施，是国家赋予监察机关威力无比的"尚方宝剑"和得心应手的"如意金箍棒"。

三、留置是反腐特别法赋予的特别措施

留置的设立及其对我国羁押体系的冲击反映了我国当前反腐败立法上官学之间的龃龉，以及反腐败斗争中政治正确性与法理正当性之间的失调。

（一）留置在官学两界态度对立

在 2017 年 10 月 26 日的新闻发布会上，中纪委副书记肖培指出："国家监察委员会不是司法机关，它的职责是监督、调查、处置，反腐败所涉及的重大职务犯罪也不同于一般的刑事犯罪，国家监察法因此就不能等同于刑事诉讼法，调查也就不能等同于侦查，不能将一般的对刑事犯罪的侦查等同于对腐败、贪污贿赂这种违法犯罪的调查。"这代表了官方对于监察法立法宗旨的立场。

这种将监察法与刑事诉讼法干净切割的立法宗旨，以及在这种立法宗旨指导下留置措

---

① 卞建林教授认为，"留置是监察调查中限制人身自由的调查措施。"参见卞建林：《监察机关办案程序初探》，载《法律科学》2017 年第 6 期。叶青教授也认为，"留置是改革文件所明确的一种调查手段，而非程序性保障措施……"参见叶青：《监察机关调查犯罪程序的流转与衔接》，载《华东政法大学学报》2018 年第 3 期。

② 汪海燕教授指出，"如果在违法违纪案件中使用了留置措施，此时其具有行政属性；如果是查处职务犯罪案件，则留置具有刑事属性。"参见汪海燕：《监察制度与〈刑事诉讼法〉的衔接》，载《政法论坛》2017 年第 6 期。

施的设置，引起了学界的担忧和质疑。张建伟教授指出：“‘双规’这种完全剥夺人身自由的强制手段，与宪法允诺的保障人身自由权存在矛盾。”① 因此，“无论监察机关使用何种名称，与‘逮捕’有相同本质之羁押措施，均应受宪法规定之程序限制，由人民检察院审查批准、决定或者人民法院决定。”② 监察法颁布后，陈瑞华教授对留置程序的简略表示担忧，他指出：“作为事实上的刑事侦查手段，留置比刑事诉讼法所确立的同类强制措施在程序上要简易得多。”③ 汪海燕教授则主张，“从正当性和历史承继的角度，较之法院，更适合由检察院对刑事留置的适用进行外部审查。”④

（二）留置是腐败态势催生的结果

纪委和行政监察在我国几十年的反腐败斗争中取得了一些成绩，但不可否认，腐败势头依然存在。早在 2012 年 11 月 17 日习近平同志在十八届中共中央政治局第一次集体学习时的讲话《紧紧围绕坚持和发展中国特色社会主义学习宣传贯彻党的十八大精神》中就明确指出：“大量事实告诉我们，腐败问题愈演愈烈，最终必然会亡党亡国！我们要警惕啊！近年来我们党内发生的严重违纪违法案件，性质非常恶劣，政治影响极坏，令人触目惊心。”监察法的制定及留置措施的设立正是因应现实需要的不得已之举。目前我国的腐败犯罪呈现以下特点：

第一，犯罪形势极其严峻。从腐败犯罪的犯罪主体看，“大老虎”甚至中央层级的“特大老虎”，如周永康、薄熙来、令计划、郭伯雄、徐才厚等，并不少见。从腐败犯罪的涉及面看，遍及全国。塌方式腐败、窝案层出不穷。

第二，腐败官员极其猖獗。许多地方政治生态正不压邪，腐败官员能量足，对抗调查手段猖獗。广东省委第九巡视组组长王晓超讲述自己在潮州开展巡视时的经历说：“有‘黑社会’威胁我们，说钱搞不定有女人，女人搞不定用刀。”湖北省委第九巡视组副组长程忠伟说，自己曾受到威胁短信：“我准备到武汉来找你，我知道你家的门牌号。”在武汉某区巡视时，一位村干部曾放风要花 100 万买他一条腿。湖北省委第四巡视组曾被人拦住拍照并出言威胁，被不明身份车辆跟踪。

第三，危害后果极其严重。涉案金额动辄上亿元。山西吕梁市委书记张中生贪腐金额 10 亿余元。天津市公安局长武长顺涉案金额达 5 个多亿。20 世纪 90 年代中期以来，外逃党政干部，公安、司法干部和国家事业单位、国有企业高层管理人员，以及驻外中资机构外逃、失踪人员数目高达 16000 至 18000 人，携带款项达 8000 亿元人民币。⑤ 严重损害了国家形象和党的威信。

（三）留置是一项特别措施

为提高与犯罪作斗争的效率，针对特别犯罪制定特别法律是世界许多国家的经验。当

---

① 张建伟：《法律正当程序视野下的新监察制度》，载《环球法律评论》2017 年第 2 期。

② 张建伟：《监察至上还是三察鼎立——新监察权在国家权力体系中的配置分析》，载《中国政法大学学报》2018 年第 1 期。

③ 陈瑞华：《论监察委员会的调查权》，载《中国人民大学学报》2018 年第 4 期。

④ 汪海燕：《监察制度与〈刑事诉讼法〉的衔接》，载《政法论坛》2017 年第 6 期。

⑤ http：//news. sohu. com/20110615/n310194800. shtml，2018 年 9 月 18 日访问。

今世界面临恐怖主义威胁，一些深受其害的国家制定反恐特别法律，采取反恐特别措施。

就我国而言，虽然也受恐怖主义、分裂主义等特殊犯罪的威胁，但相比之下，对我国政权稳定和社会安定构成真正威胁的首推贪腐犯罪。在我国几千年的历史进程中，治国就是治吏。吏治清明，国家就长治久安；吏治腐败，国家就走向覆灭。新中国成立之初，腐败犯罪曾一度十分猖獗，毛泽东主席适时发起“三反”、“五反”运动，遏制了腐败势头。改革开放以后，随着国家经济建设的深入，腐败犯罪更是愈演愈烈，已经严重威胁到党的威信和政权生存。

腐败犯罪还具有不同于普通犯罪的无被害人、无证人、无现场、无物证等特点，决定了腐败案件主要靠口供来突破和认定案件事实，留置正是取得口供的利器。陈卫东教授指出：“监察案件中由于无被害人、无犯罪现场、无目击证人、无成形的物证及书证，而且被调查人是国家工作人员，一般均受过高等教育，人脉关系比较广，反侦查能力比较强，所以案件难以侦破。这就造成实践中的案件多以口供为中心突破，监察人员顺藤摸瓜，从而侦破案件。这样一来，口供就成为了监察案件中最重要的证据。”① 龙宗智教授也指出：“将留置措施作为调查职务犯罪的专门措施，有利于加强‘初核’，注意客观证据，保证办案质量。对职务违法的嫌疑人即实施留置，即降低留置门槛，其积极意义在于更容易突破案件，获得口供。”② 腐败犯罪是一类危害极大、运用常规手段很难对付的犯罪类型，必须以非常手段来应对。正如有学者所说：“对腐败问题的治理，不能简单套用刑事诉讼的思维模式。”“要确立‘特别程序’法治反腐新理念。”③ 可以说，监察法就是反腐特别法，留置就是反腐特别措施。因此，留置措施有其现实合理性和政治正确性。

留置措施的设置及其在学界引起的争论反映了法理合理性和现实合理性之间、程序正当性和政治正确性之间的失调与冲突。如何在二者之间保持适当平衡，是摆在广大理论工作者面前的重大课题。当下，研究监察法和留置措施可以从四个层次进行：皮、肉、骨、髓。所谓“皮”，就是就监察法研究监察法；所谓“肉”，就是从监察法与刑事诉讼法关系的角度研究监察法；所谓“骨”，就是从宪法的角度研究监察法；所谓“髓”，就是从政治学、政党学、党法关系的高度研究监察法，理顺法治的基本规律和中国特色的政党政治制度之间的关系。目前学界对于前三个层次的研究都涌现了丰硕成果，唯独第四个层次的研究非常缺乏，需要加强。

---

① 参见陈卫东教授于2018年5月26日在东南大学法学院做的题为“国家监察法与刑事诉讼法的关系”的讲座。

② 龙宗智：《监察与司法协调衔接的法规范分析》，载《政治与法律》2018年第1期。

③ 吴建雄：《培植国家监察体制改革新理念》，载《中南大学学报》2017年第4期。

留置措施与刑事强制措施的衔接问题研究

原美林　席丽花*

2018年3月，第十三届全国人大会议表决通过宪法修正案和监察法。监察法的出台不仅从制度层面明确了监察委员会的地位，更是我国反腐法制化的重要体现。对于职务犯罪的调查结果，监察法规定了其移送审查起诉的权力。因此，国家科学完备的权力体系运行以及刑事司法活动的有效开展离不开监察法与刑事诉讼法的配合，对于职务犯罪活动的有效打击也离不开留置措施与刑事强制措施的有效衔接。监察法出台后，“留置措施”被广泛地使用，而留置一词也被赋予了新的含义。留置措施的实施基于何种权力，其本身属于何种性质成为了学界颇为关注的问题。因此，本文试图对留置措施进行考察，在明确其概念的基础上对留置措施的性质进行界定。同时，对其与刑事强制措施如何有效衔接以共同为我国司法运行服务作出努力。

一、留置措施的含义及性质解读

（一）留置措施的含义

法理学家考夫曼说：“概念的使用前提必须基于定义的明确，对其主张的提出也应基于其真实性。①”因此，对于我国监察法留置措施相关的问题的研究，必须对留置的概念进行明确。

我国监察法规定，对于涉嫌严重职务违法或职务犯罪的人员，在掌握部分事实及证据并仍有重要问题需要进一步调查，并有涉及案情重大、复杂的，可能逃跑、自杀的，可能串供或者伪造、隐匿、毁灭证据等情形的，监察机关依法审批之后，可以对其采取留置措施②。由以上规定可以明确，在监察法规定的留置措施中，留置措施的主体限于监察机关，而留置措施的适用人员不再局限于国家工作人员，对于不具有特殊身份但涉嫌职务犯罪的人员同样可以适用留置措施。在适用条件上，留置对象也要满足双重条件。

（二）留置措施的性质

对于留置措施的性质，目前学界普遍观点认为留置措施兼具行政性与强制性③。

---

* 作者简介：原美林，山西大学法学院副教授；席丽花，山西大学刑事诉讼法专业研究生。

① ［德］考夫曼：《法律哲学》，刘幸义等译，法律出版社2004年版。

② 监察法第22条规定。

③ 卞建林：《监察机关办案程序初探》，载《法律科学》2017年第6期。

留置措施的行政性表现在：首先，实施留置措施的目的是维护公职人员职务的廉洁性，保证监察委员会监督、调查以及处置职能的实现，其属于执行国家法律的行政性活动。其次，从留置措施适用的对象来看，法律规定对严重的职务违法人员也可以适用留置措施。而且留置措施的前身来源于“两规”与“两指”，因此其行政性不言而喻①。

留置措施的强制性表现在：第一，根据试点的经验留置场所为公安机关的看守所以及纪委原先实施“两规”的场所。而对此监察法出台时也间接地承认了这些地点的合法性。留置场所的地点与实施强制措施的地点具有一致性。第二，留置措施与属于强制措施的拘留和逮捕一样，具有折抵刑期的效果②。第三，留置措施的实施条件与我国刑事强制措施的实施条件具有部分一致性。第四，留置措施实施后的有关程序与拘留、逮捕等强制措施一致，在一般情况下都需要在24小时内通知被调查人的家属。由此可以看出，有关留置措施的相关规定与强制措施一致。

根据以上分析可以表明，在我国若对留置措施的性质仅以简单的行政性与司法性进行区分的话，难以有明确的结论。不可否认，监察权本身即为区别于司法权以及行政权之外的权力。在此基础上，三权分立的理论显然不能成为留置措施性质界定的前提。通过以上分析表明，留置措施是一种兼具行政性与强制性的监察措施。

二、留置措施与刑事强制措施的对比

留置措施的性质与刑事强制措施并不完全一致，若对留置措施完全与刑事强制措施进行同样规范显然不妥。在职务犯罪方面，留置措施与刑事强制措施有共同目的，两者之间存在衔接的必要性。而留置措施与刑事强制措施的有效衔接应在明确两种措施的区别上进行。

（一）留置措施与我国刑事强制措施的对比

1. 刑事强制措施及适用条件

刑事强制措施是国家赋予公检法机关对犯罪嫌疑人、被告人采取在一定期限内限制其人身自由以保证诉讼活动顺利进行的强制性方式③。我国刑事强制措施根据人身强制程度的不同分为拘传、取保候审、监视居住、拘留和逮捕五种。而相对于留置措施最长可达6个月的人身自由的限制，其与逮捕、监视居住以及取保候审更具对比的必要性。

逮捕是指公检法等司法机关对犯罪嫌疑人实施的一种长期羁押人身自由的措施。根据法律的规定，逮捕措施的适用需要同时具备三个条件，即有证据证明有犯罪事实，可能判处徒刑以上的刑罚，同时确实具有逮捕的必要性。而满足逮捕必要性需要有刑事诉讼法第79条规定的情形。

取保候审是指公检法等司法机关对未被逮捕或逮捕后需要变更强制措施的犯罪嫌疑人、

① 徐汉明、张乐：《监察委员会职务犯罪调查与刑事诉讼衔接之探讨——兼论法律监督权的性质》，载《法学杂志》2018年第6期。

② 谭世贵：《监察体制改革中的留置措施：由来、性质及完善》，载《甘肃社会科学》2018年第2期。

③ 陈光中：《刑事诉讼法学》，中国政法大学出版社1996年版。

被告人责令其交纳保证金或提供保证人的一种强制性低于逮捕的强制措施。

监视居住则是公检法等司法机关对符合逮捕条件但同时满足刑事诉讼法第 72 条规定情形的犯罪嫌疑人、被告人采取的一种强制措施。

通过对以上三种强制措施的分析，如果犯罪嫌疑人的羁押必要性没有达到必须采取逮捕的程度时，则可以采取限制人身自由程度相对较轻的取保候审或监视居住强制措施。

2. 逮捕与留置的比较

刑事强制措施与留置措施同为我国犯罪侦查活动服务，因此在进入刑事诉讼阶段时，不同性质的两种措施必然有需要衔接的地方。有学者表明，监察法调查措施的内容和实施方式与刑事诉讼法对侦查措施的规定并无实质区别。从监察法的规定来看，监察措施实际上基本采用了刑事诉讼法的相关概念，参照了刑事诉讼法规定的内容①。而就其中的留置措施的规定，监察法基本沿用了逮捕强制措施的有关规定。通过上文的分析也可以明确，留置措施具有和逮捕措施相似的强制性。但留置措施毕竟是不同于逮捕措施的一种适用于监察法的强制性措施。

相对于我国刑事诉讼法中的逮捕措施以及监察法中的留置措施，留置措施与刑事逮捕这一强制措施具有如下相同之处：首先，在适用情形上，留置措施与逮捕措施存在重合。其中“可能毁灭、伪造证据，干扰证人作证或者串供的，以及企图逃跑或者自杀的”既是逮捕措施的适用条件，也是留置措施的适用条件。其次，在适用对象上，两者也存在重合。留置措施的适用对象并不仅限于国家工作人员，对于涉嫌职务犯罪但不具有以上身份的人员，留置措施和刑事强制措施都可以适用。最后，在适用时间上两者也存在重合。根据我国现有法律的规定，监察机关有权对被调查人员实施最长可达 6 个月的留置措施，而在留置措施期限完结之后，监察机关将案件移送检察机关，此时检察机关可以实施刑事逮捕措施，而留置措施由于不是刑事强制措施，因此先前的留置措施并不影响其后实施逮捕措施。如果留置措施和逮捕措施相继进行的话，那就意味着犯罪嫌疑人可能处于最长达 11 个月的被限制人身自由的状态。如在此情形中不对留置措施与逮捕措施的衔接进行规范的话，那么我国监察法的实施与刑事诉讼法的实施都无法达到保障人权的目的。

三、留置措施与刑事强制措施衔接存在的问题

有关的学者肯定了留置措施与逮捕措施的相似之处，留置措施和逮捕措施因为是不同性质的措施②。当两者共同为刑事职务犯罪服务时，就必然存在如何衔接的问题。根据我国监察体制改革的实践以及监察法的有关规定。目前，留置措施与刑事强制措施的衔接主要表现出了以下问题：

（一）留置措施适用对象广泛导致其与逮捕措施衔接存在困难

监察法规定，留置措施适用的对象为涉嫌严重职务违法或者职务犯罪的人，并且需满足重大、复杂，或可能逃跑、自杀，或可能有妨碍证据或妨碍调查行为的情形。在法律的

---

① 龙宗智：《监察与司法协调衔接的法规范分析》，载《政治与法律》2018 年第 1 期。

② 左为民、安琪：《监察委员会调查权：性质、行使与规制的审思》，载《武汉大学学报》2018 年第 1 期。

规定中，涉嫌职务违法的人员也具有适用留置措施的可能性。但是，逮捕措施的适用对象却仅限于犯罪嫌疑人。职务违法人员适用留置措施使得其与逮捕措施的衔接存在困难。其主要表现为：

第一，根据上文的对比，留置措施在实质上具有和逮捕措施等同的效果。因此，留置措施的对象与适用条件应当和逮捕措施保持一致，以维护我国法制的统一性。同时，对于留置的时间，我国监察法也规定了其与逮捕措施一样具有相同的折抵刑期的效果。如果将留置措施的适用对象扩大到涉嫌职务违法的人员，则监察法的规定与逮捕措施不一样，其衔接也就存在一定的问题。同时，留置措施的严厉性也决定了其不宜适用于行政违法的调查与制裁。

第二，根据我国刑事诉讼法的规定，“通缉”属于带有刑事强制性的一种措施，通缉措施的采取应当以刑事立案为前提。监察法中规定了应当被留置人员在逃时可以适用通缉。若留置措施的适用对象扩大到涉嫌职务违法的人，无疑模糊了我国行政违法与刑事犯罪的界限，也难以将留置措施与刑事逮捕措施进行合理的衔接。

（二）留置决定程序的特殊性造成其与刑事强制措施衔接的困难

留置措施的决定以及实施的程序虽然从表面上看属于国家监察制度的内部问题。但是，留置措施的决定由谁作出以及如何作出涉及其与刑事强制措施的制度逻辑协调问题，而且也会对监察机关如何变更这一强制措施产生影响。

监察法明确了我国监察机关采取留置措施自主决定、自主实施的权力。这和我国刑事强制措施的决定与执行机关相互分离具有本质的区别。留置措施由作为调查机关的监察机关直接作出并实施不仅本身存在问题，而且其对刑事强制措施也提出了挑战。在监察机关将职务犯罪的案件调查终结移送检察机关起诉之后，根据我国监察法第 47 条的规定，对监察机关移送的案件，人民检察院依照刑事诉讼法对被调查人采取强制措施。而此时检察机关对于被留置人员如需采取逮捕措施时，就需要自行作出逮捕决定。无论是留置措施由调查机关决定，还是逮捕决定由检察机关自行作出，都是违背我国宪法原则的。这样的程序设计都背离了我国长时间羁押措施应当接受独立、中立、权威的外部审查的要求。这样的程序设计无疑不利于对我国人权的保障。

（三）监察机关移送起诉之后留置措施与逮捕措施的具体衔接问题

根据监察法第 47 条的规定，对监察机关移送的案件，人民检察院依照刑事诉讼法对被调查人采取强制措施。而我国的试点经验则表明，监察机关决定留置的案件，在移送起诉之后，检察机关自行审查被调查人员的羁押必要性并决定是否实施逮捕措施。由此产生了以下问题：

第一，对犯罪嫌疑人已经采取了具有羁押性质的留置措施，检察机关是自行审查羁押必要性并决定实施逮捕措施，还是直接决定实施逮捕措施。检察机关是宪法赋予的审查逮捕权的机关，对于普通的刑事案件，检察机关无疑行使的是审查批准逮捕的权力。但是，根据我国监察法的法律条文，却无法得出检察机关对于移送起诉的人员究竟应当行使何种权力。

第二，司法实践中留置措施与刑事强制措施自行衔接导致了转换措施无法明确的问题。

我国刑事诉讼法规定，对于证据不足的案件，检察机关有权将案件退回侦查机关补充侦查。具体到职务犯罪案件中，检察机关仍然有权将监察机关移送的证据不足案件退回监察机关进行补充调查。若在案件初次移送时，检察机关已经将留置措施变更为刑事强制措施，如果检察机关将案件退回监察机关补充调查时，刑事强制措施是否需要再转化为留置措施。

第三，被调人员在留置期间满足逮捕条件时，留置措施与逮捕措施如何衔接。即在我国目前的司法实践中，留置措施与逮捕措施在适用情形、适用对象以及适用时间上都存在重合。在职务犯罪案件尚未进入司法程序之前，留置措施与逮捕措施应当如何衔接也是理论界与实务界都应当注重的问题。根据我国司法实践，监察机关对于采取留置措施后认为案件事实已经调查清楚并构成犯罪时，可以移送检察机关进行审查起诉。案件移送检察机关审查起诉后，如果检察机关决定起诉，案件进入刑事诉讼程序后不属于刑事强制措施的留置措施自然解除，而检察机关决定适用刑事强制措施。但是，如果案件并未进入刑事诉讼程序，而犯罪嫌疑人满足逮捕的条件时，留置措施是否要转化为逮捕措施。目前我国有关法律对于此问题并没有明确。

四、留置措施与刑事强制措施衔接问题的完善

留置措施是监察机关对于职务犯罪案件调查的有力措施，监察机关调查职务犯罪案件最根本的目的是为刑事司法服务，因此对于以上问题，留置措施与刑事强制措施的有效衔接应从以下方面进行完善。

（一）明确留置措施的适用对象

有效解决留置措施与刑事强制措施的问题，首先要解决的问题就是明确留置措施的适用对象。留置措施与刑事强制措施的有效衔接关键就是将留置措施的适用对象明确为职务犯罪人员。

其理由为：第一，将留置措施的适用对象仅限于职务犯罪的人员并不违反监察法的规定。对于职务违法人员适用留置措施，我国监察法规定其应当满足两个条件，即违法程度达到严重并且满足案情重大等条件性要求。而根据我国刑法的规定，职务违法达到严重并且具有这些情形时，其已经达到了职务犯罪的程度，因此对于将留置措施的适用对象限定于职务犯罪人员并不违反监察法的规定。

第二，将留置措施的适用对象限定于职务犯罪人员符合我国刑事诉讼法的精神，便于留置措施与刑事强制措施的衔接。将留置措施的适用对象限定于职务犯罪嫌疑人时，此时监察机关行使调查权实质上具有了职务犯罪侦查的意义。在这种情况下监察机关采取通缉等具有刑事强制意义的措施也有了法理的基础。同时也明确区分了行政违法与刑事犯罪的界限，维护了我国对于职务不法行为打击的有序性，为留置措施与刑事强制措施的有序衔接厘清了基础。

（二）科学设计留置措施的决定程序

“法律不是被嘲讽的对象①。”留置措施的决定与执行集中于一个主体固然有我国法律规定的现实这一原因，然而这并不意味着留置措施的决定程序已经完善。程序公正的价值已经成为了我国诉讼法普遍的价值，尤其是在涉及公民权利的方面。留置措施由办案机关自行决定，虽然可以在一定程度上提高监察机关调查案件的效率，但是缺乏监督的程序容易滋生侵犯人权、伪造证据、腐败等一系列问题。而监察法出台的背景就是“法治反腐”。因此，在监察机关有效打击腐败问题的同时对于其制度的设计应当更加科学。

将留置措施的决定权赋予检察机关。我国监察机关虽然具有不同于政府以及检察机关的性质，但监察机关在进行职务犯罪调查活动的时候，其活动性质与公安机关对于非职务犯罪的侦查活动具有一定的相似性。因此，对于留置措施的完善可以借鉴我国逮捕措施的相关规定，将留置措施的执行主体与决定主体进行分离。

（三）明确留置措施与刑事强制措施衔接的细节问题

第一，明确监察机关对于被留置人员移送起诉后，检察机关应当进行羁押必要性审查。法律应当明确，在监察机关将案件移送检察机关起诉之后，检察机关应当对监察机关的留置必要性进行审查。首先，检察机关在此时行使羁押必要性审查与我国宪法对检察机关职权的内容具有一致性。其次，这样的程序设计为其他强制措施的行使留出了空间，即检察机关审查后，对于不具备羁押必要性的犯罪嫌疑人，可以采取如取保候审、监视居住等强制性较弱的措施。最后，这样的程序设计有助于保障犯罪嫌疑人的人权，符合我国刑事诉讼法的目的。保障人权在我国刑事诉讼法中具有和惩罚犯罪同等的地位，而且随着法治文明的进步，对于犯罪的追究只能在保障人权的前提下进行，因此这一设计也符合我国的法律精神。

第二，明确犯罪嫌疑人被采取刑事强制措施后即使案件退回调查也无须变更强制措施。留置措施与逮捕措施一样具有一定时间内剥夺犯罪嫌疑人人身自由的性质。犯罪嫌疑人在留置期间不能聘请辩护人为自己辩护。虽然实际上留置措施的高度隔离效果使得犯罪嫌疑人较之被逮捕的情况更为窘迫，但是理论上逮捕措施较之留置措施的强制性更强，因而留置措施与逮捕措施具有递进的关系。犯罪嫌疑人被采取逮捕措施后，一般不适宜再将其退回留置场所实施留置措施。对于退回补充调查的案件，检察机关可以维持逮捕的决定，同时监察机关参考刑事诉讼法有关公安机关补充侦查的规定，监察机关对于案件的补充调查期间须到看守所会见以及采取调查措施。

第三，对于未进入司法程序的职务犯罪案件，检察机关应当拥有批准逮捕的权力。监察法的出台使得检察机关对于职务犯罪案件的侦查监督职权消失，因此此时更需要强调检察机关对于职务犯罪案件的批准逮捕权，以弥补对于监察机关自身权力行使的监督缺失的问题。对这一权力的设计，可以参考公安机关提请逮捕的有关法律规定，即监察机关在调查职务犯罪案件的过程中，对于采取留置的被调查人员需要实施逮捕的，应当向检察机关提交逮捕申请书，并将案卷以及相关的证据材料一同移送至检察机关，检察机关对相关的

① 张明楷：《刑法格言的展开》，北京大学出版社 2013 年版。

证据材料进行审查后，根据不同的情况作出不同的处理。

第四，明确职务犯罪案件进入司法程序后留置措施应当如何和不同的刑事强制措施进行衔接。由于留置措施具有特殊的性质，因此检察机关在案件进入司法程序后无法根据刑事诉讼法以及相关的司法解释直接办理留置的换押手续。检察机关只有在根据刑事诉讼法的有关规定将其转化为强制措施以后，才能促使刑事诉讼程序顺利进行。对于留置措施究竟应当与何种刑事强制措施衔接，应当根据不同的案件情况进行分析。

第一种为一般职务犯罪案件，对于此种简单的职务犯罪案件，被告人在适用刑罚时可能被判处缓刑。此类被告人的社会危险性较小，因此，其一般不具有逮捕的必要性。因此这类案件进入司法程序后，留置措施可以与取保候审、监视居住等强制措施进行衔接。第二种职务犯罪案件为重大、复杂的职务犯罪案件。这类案件的犯罪嫌疑人社会危害性较大，犯罪嫌疑人或被告人一般满足刑事逮捕的要求，因此对于这类案件，监察机关在将案件移送检察机关审查起诉后，检察机关应将留置措施与逮捕措施进行衔接。而逮捕措施涉及对人身自由的强制，与留置措施属于监察权的性质不同，逮捕措施是我国宪法明确规定的侦查权。因此，对于逮捕措施的适用，必须遵守我国的宪法以及刑事诉讼法的规定。因此，在职务犯罪案件进入审查起诉阶段留置措施需要与逮捕措施衔接时，其衔接要符合宪法的规定，也要符合刑事诉讼法的规定。其具体做法可以参考公安机关对于重大复杂案件的处理措施。

结语

监察机关是我国反腐败的专责机关，这一职能使得国家对于监察机关寄予了厚望。监察机关承担调查我国腐败犯罪的重任，而其调查的结果最终需要刑事诉讼程序的进行方能实现。因此，监察活动必然需要和刑事诉讼程序进行有效的衔接才能实现我国监察体制改革的目标。留置措施虽然不属于刑事强制措施，但其设计仍然不能违背我国的法律精神。留置措施与刑事强制措施进行有效的衔接是实现我国打击腐败问题最有力的举措。

政务处分还是刑事追诉：职务犯罪案件如何被处理

——监察机关移送案件情况引发的思考

詹建红　崔　玮*

国家监察体制改革后，职务犯罪案件办理模式从传统的“侦查—公诉—审理”模式转变成“调查—起诉—审理”模式。① 监察机关成为职务犯罪案件办理流程的“上游”主体，掌控着职务犯罪案件进入司法程序的“流量阀门”。但是，由于目前监察机关不受刑事程序法的约束，监察权力运行呈较强的封闭性和神秘性，存在监察机关操控职务犯罪案件移送数量的可能，从而架空司法权和侵害司法的公正性。令人遗憾的是，目前学界未对该问题给予足够的重视和关注。为规范国家监察权力的行使，保障刑事司法权之于职务犯罪案件领域的有序运行，亟待对改革后的职务犯罪案件流转情况进行实证分析，并以此为契机进一步深化国家监察体制改革。

一、监察机关移送职务犯罪案件情况的初步考察：基于法院收案的角度

由于无法获得各级监察机关移送职务犯罪案件的直接数据，本文对于职务犯罪案件移送情况的实证研究采取间接方式，即以法院接收职务犯罪案件数量为参考指标，推测监察机关移送职务犯罪案件的动态变化。在我国监察体制改革的实际推进过程中，监察机关移送的职务犯罪案件在检察机关的审查起诉环节，被退回补充调查的案件极为少见，基本呈检察机关“照单全收”的样态。② 同时，法院对于检察机关移送起诉的案件多予以受理。③ 基于此，可以得出一个初步结论：法院受理的职务犯罪案件数量与监察机关移送审查起诉的职务犯罪案件数量保持高度的相关性和一致性。本文正是在此前提下，考察法院受理职务犯罪案件的情况，并以之作为反映监察机关移送职务犯罪案件情况的关联数据。

---

* 作者简介：詹建红，中国海洋大学法学院教授，博士生导师；崔玮，郑州轻工业学院讲师，中国海洋大学法学院博士研究生。

① 参见李奋飞：《“调查—公诉”模式研究》，载《法学杂志》2018 年第 6 期。

② 支持笔者这一观点有以下佐证。一是 2017 年 1-8 月，北京、浙江、山西三省（市）检察机关共受理监察机关移送案件 219 件，其中仅有 2 件退回补充调查；二是 2018 年 3 月，浙江省监察委员会主任刘建超介绍，“浙江目前没有出现这样（退回补充调查）的情况，因为我们在调查取证过程中，应该说证据非常确凿”。参见《国家监察体制改革试点取得实效——国家监察体制改革试点工作综述》，载《人民日报》2017 年 11 月 6 日第 6 版；谭畅、郑可书：《“我无权单独对一个案子拍板”——专访浙江省监察委员会主任刘建超》，载《南方周末》2018 年 3 月 15 日第 5 版。

③ 我国法院对公诉案件的庭前审查的处理方式中“应当退回检察院”的情形不太常见，仅包括案件属于告诉才处理的；不属于本院管辖或者被告人不在案的；准许撤诉后没有新的事实、证据重新起诉的；符合刑事诉讼法第 15 条第 2 项至第 6 项规定情形的。这些情形在监察机关办理的职务犯罪案件中并不常见。

（一）持续减少的职务犯罪案件数量：以浙江省为例

笔者统计分析了2013年以来浙江省、江苏省、广东省法院的刑事一审职务犯罪案件受理情况（见表1）。[①]

表1 浙江、江苏、广东三省刑事一审职务犯罪案件收案情况（单位：件）

地区	2013年	2014年	2015年	2016年	2017年
浙江省			1032	820	407
江苏省			1417	1263	1326
广东省	1654	2012	2281	1752	2246

从表1可以看出，2015至2017年浙江省全省法院受理刑事一审职务犯罪案件数量呈逐年下滑趋势，且降幅逐年增大，整体呈“\\”变化。而同时期江苏省和广东省全省法院受理刑事一审职务犯罪案件数量变化与浙江省出现显著差异，表现为：一是2015至2017年江苏省全省法院受理刑事一审职务犯罪案件数量变化趋势较为平缓，且2016年案件数量下降后，随后的2017年案件数量开始反弹，具体呈“V”变化。二是2013至2017年广东省全省法院受理刑事一审职务犯罪案件数量变化整体趋势呈“/V”，2013至2015年受理案件数量逐年上升，2016年受理案件数大幅度下降，2017年受理案件数迅速恢复至2015年水平。[②] 概括而言，三地法院受理一审职务犯罪案件数量在2015至2016年均出现不同程度的降幅，但在2016至2017年，江苏、广东两地的一审职务犯罪案件数量回升，而浙江省则进一步下降，且降幅加剧（见图1）。

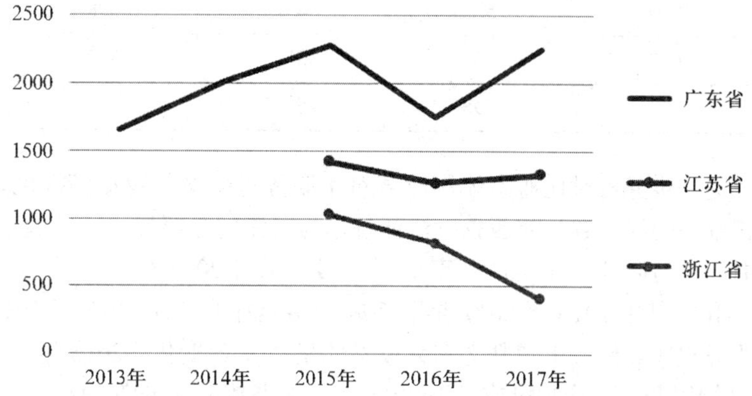

图1 浙江、江苏、广东三省一审职务犯罪案件收案数量趋势图

① 数据分别来源于浙江法院网，http：//www.zjsfgkw.cn/；江苏法院网，http：//www.jsfy.gov.cn/index.html；广东法院网，http：//www.gdcourts.gov.cn/web/home，访问时间：2018年8月22日。

② 其中，2017年广东省全省法院受理刑事一审职务犯罪案件数量是基于概率计算得出。具体方法是根据2013-2017年广东省高级人民法院工作报告，计算出2017年广东全省审结一审职务犯罪案件数为2244件、总审结率为99.89%，进而得出2017年广东全省法院受理一审职务犯罪案件数为2246件。

至此，可以发现一个令人心生疑窦的问题，为何唯独浙江省 2017 年法院受理一审职务犯罪数量不增反降，而降幅又如此之大呢？浙江、江苏、广东三地都属于东部经济发达省份，也是贪污贿赂、渎职等职务犯罪高发区域，其职务犯罪的发生概率和变化趋势应具有相似性。但究竟是什么因素导致浙江省出现不同于其他两省的个体性变化？此时，如果直接将致变因素归结于浙江省 2016 年年底开始监察体制试点改革，似乎还有一些操之过急，需要考证监察体制改革其他试点地区的情况。

（二）进一步的印证：以北京、山西、浙江为例

为了进一步研究监察体制改革对于职务犯罪案件移送数量的影响，笔者将监察体制改革的北京、山西、浙江三个试点省（市）作为考察对象，以通过中国裁判文书网数据库收集的这三个试点省（市）职务犯罪案件一审裁判文书作为样本，对三地的职务犯罪案件一审审结情况进行分析，并以之作为反映职务犯罪移送情况的参考数据。

笔者根据中国裁判文书网统计分析了 2013 至 2017 年北京、山西、浙江、河北、陕西、江苏六省（市）职务犯罪案件一审裁判文书，从中得出六地职务犯罪案件的年度一审审结数量（见表 2）。①

表 2　北京等六地刑事一审职务犯罪案件裁判文书数量一览表（单位：件）

地区	2013 年	2014 年	2015 年	2016 年	2017 年
北京	44	134	112	17	
河北	356	765	697	614	629
山西	55	422	615	494	186
陕西	260	532	458	398	524
浙江	648	757	551	410	180
江苏	262	798	586	517	502

同时，为了进一步分析对比监察体制改革对于职务犯罪案件审结情况的影响，也选取了与改革试点相毗邻的河北省、陕西省、江苏省作为对比的参照样本。从表 2 中可以发现，北京、山西、浙江三地职务犯罪案件一审裁判文书数量自 2015 至 2017 年呈下降趋势，整体呈“\ \”变化，其中 2016 至 2017 年下降幅度明显加剧。而 2015 至 2017 年河北、陕西、江苏三地职务犯罪案件一审裁判文书数量整体呈“V”变化，2016 年裁判文书数量探底后，2017 年开始回升，且均超过或接近 2016 年的文书数量（见图 2）。

① 数据来源于中国裁判文书网，http：//wenshu. court. gov. cn/index，其中，2017 年北京市一审职务犯罪裁判文书数量为 0。访问时间：2018 年 8 月 24 日。

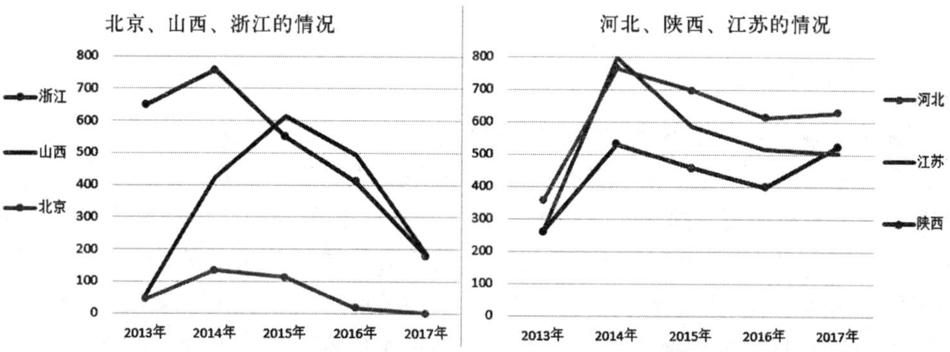

图 2　北京等六地刑事一审职务犯罪案件裁判文书数量变化趋势图

行文至此，实证分析的结果已基本可以证实笔者的假设命题：监察体制改革后，试点地区监察机关移送司法机关的职务犯罪案件数量锐减，监察机关的建立及监察权的行使与移送司法机关的职务犯罪案件数量呈负相关的关系。那么进一步的追问是，为何强化打击腐败的监察体制改革反而阻碍了司法机关依据刑事法律惩治职务犯罪的可能性？这一问题的产生原因是什么？

二、原因探析：基于监察机关的性质及权力运行方式的反思

（一）表层解析

对于北京、山西、浙江三省（市）法院受理职务犯罪一审案件数量下降的态势，不排除存在以下几点表层性原因：一是试点地区的监察体制改革对国家公职人员形成了巨大的威慑力，有效减少了潜在职务犯罪主体实施犯罪的行为，降低了职务犯罪案件的发案率。二是试点地区职务犯罪案件进入案发低谷期，导致监察机关办理的案件多为一般违法案件，构成职务犯罪的案件不多，所以监察机关移送职务犯罪案件数量也相应减少。三是试点地区监察机关在办案过程中的某些做法构成了对职务犯罪案件的实质性分流，使得移送司法机关的案件数量大幅度减少。

诚然，以上三个方面的因素都可以导致职务犯罪案件移送数量下降。但经过进一步分析发现，前两个因素并不成立。首先，改革试点地区监察机关 2017 年查处的职务犯罪行为多发生在改革开始前，监察机关的威慑力未能溯及以往的职务犯罪行为的发生。其次，根据实证犯罪学的“犯罪饱和理论”，一定时期内犯罪的数量与环境的比例是整体不变的，犯罪的周期性变化主要受社会环境影响。① 监察体制改革前职务犯罪产生的社会环境，在同一区域内具有高度相似性，职务犯罪的产生和发展趋势也应大体一致，与试点地区相近省份的一审职务犯罪法院收案数量和审结数量却基本保持平稳即是佐证。

至此，监察机关在办案过程中对职务犯罪案件进行了分流，致使职务犯罪案件移送数

① “犯罪饱和理论”代表人物恩里克·菲利认为犯罪产生的原因在于人类学因素（生理及心理因素）、自然因素和社会因素的相互作用和结合。其中社会因素是影响犯罪周期性变化的主要原因。参见［意］恩里克·菲利：《实证派犯罪学》，郭建安译，中国人民公安大学出版社 2004 年版，第 151-159、170 页。

量锐减成为“唯一嫌疑”。那么，导致监察机关如此作为的诱因又何在？

（二）深层探究

1. 经济利益驱动：涉案财物的移送抉择和“收支两条线”制度

经济利益驱动的核心主要指职务犯罪案件中涉案财物的移送问题。依据监察法和《中国共产党纪律检查机关监督执纪工作规则（试行）》的相关规定，监察机关对于涉案财物的处理分为以下两种：属于涉嫌犯罪所得的，应随案移送司法机关依法处理；属于违纪、违法所得的，由监察机关依法收缴，上缴国库。[①] 但考虑到司法实践中涉案财物随案移送的乱象，[②] 可以保守地认为监察机关对于故意不移送涉案财物的做法并非“天然绝缘”，对于监察机关违法不移送涉案财物的合理怀疑同样存在。另外，监察机关的经费来源也是经济驱动方面的共因之一。对于上缴国库的违纪、违法所得的涉案财物，我国纪检监察机关早在20世纪末就开始实行“收支两条线”制度。[③] 根据“收支两条线”的规定以及财政经费的拨付实践，上缴国库的财物数额越多，财政分拨的经费也会相应增加。所以，为了获得更多的经费支持，监察机关可能会将涉嫌职务犯罪案件按照违纪、违法案件处理而不向司法机关移送案件。

2. 责任模糊的诱因：办案责任体系的不健全

目前，监察官办案责任体系严重不健全，直接影响监察官在调查并查明职务犯罪案件的过程中是否具有足够的积极性和责任心。表现在：一是监察机关办案主体不明确。在实践中，监察机关实行集体负责制，案件的承办主体是监察机关内设的科室，监察官并非案件的承办责任人，办案的责任和压力不能直接传导为监察官办案的责任和动力。[④] 二是监察官的职责和权力未明确。监察官作为监察机关的基本构成单元，对监察官明确的权力赋予和职责划定是确保监察权有效运行的关键，但是目前关于监察官的具体职责和权力范围的规定付之阙如。三是监察机关内部的追责机制不明确。监察法对于监察官责任追究同样采取了概括式立法，但对于办案责任如何认定、如何追究并未涉及，无法保障对监察官进行公平合理的责任追究。总之，监察机关办案责任体系的不完善未能给检察官办案提供足够的授权空间和压力传导，存在监察官办案消极怠工、效率低下的现实可能。

3. 权力运行方式的局限：监察机关内部行政化的权力运行

监察机关的权力内部运行展现出较强的行政化色彩，行政式的集体会议发挥了重要作用。以山西省监察委为例，在职务犯罪案件的办理流程中，监察机关内部权力运行的行政式集体会议决策发挥了极为重要的作用。一是执纪监督室内部研判会议拟定处置意见。二是省纪委监察机关执纪监督专题会议决定处置意见。三是省纪委监察机关执纪审查专题会确定调查方案。执纪审查（调查）室对涉嫌违纪违法犯罪进行调查并形成调查报告，调查

---

① 参见监察法第46条、《中国共产党纪律检查机关监督执纪工作规则（试行）》第43条。

② 办案机关囿于部门利益不愿或不及时移送涉案款项和贵重财物，以查扣的赃款赃物来弥补经费缺口。参见葛琳：《刑事涉案财物管理制度改革》，载《国家检察官学院学报》2016年第6期。

③ 参见中共中央纪委、监察部于1998年8月25日印发的《关于纪检监察机关加强对没收追缴违纪违法款物管理的通知》。

④ 笔者对从检察院转隶过来的监察官进行过访谈，受访者均表示相对于在检察院时的任务压力，监察机关的整体工作节奏要慢一些，监察官的工作压力要小很多、轻松很多。

报告提交至省纪委监察机关执纪审查专题会讨论决定。四是案件审理协调会议讨论案件管理室与执纪审查（调查）室处置意见不一致的案件。五是省纪委监察机关会议审议审理报告和审核报告。执纪审查室调查终结后将调查结果、案卷和证据材料移交案件审理室；案件审理室审理后出具审理报告和审核报告，其中审理报告针对被审查（调查）人涉嫌违纪违法事实提出党纪政务处分意见，审核报告针对被审查（调查）人涉嫌职务犯罪提出罪与非罪、此罪与彼罪以及是否移送审查起诉的处理意见①（见图 3）。这些会议对于案件的办理进展是必不可少的，会议的否定性决议都会成为案件移送检察机关审查起诉的“阻却事由”，对职务犯罪案件起到“层层过滤”的作用。

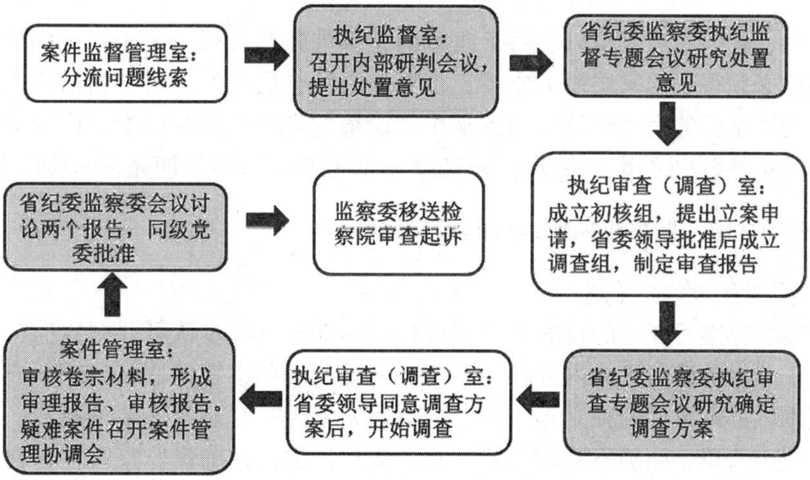

图 3　山西省监察委查办案件流程示意图

4. 机构属性的掣肘：监察机关较强的政治属性

经过改革，监察机关整合了行政监察、职务犯罪侦查以及预防腐败等方面的职能，并与党的纪律检查委员会合署办公。职能的“多合一”与机构的“二合一”使得监察机关“所进行的监督、调查和处置等职权具有了同步性和同质性”，针对职务犯罪的调查也“同时具有了党纪调查、政纪调查和刑事调查的性质”。② 不同性质的权力对于监察机关的影响力是有大小差异的，党纪调查、政纪调查赋予了监察机关浓郁的政治属性。在实践中，监察机关也展现出较强的政治性，具体体现在以下方面：

首先，监察机关的具体工作接受同级党委的审核批准。同样以山西省为例，在案件（问题线索）办理流转过程中立案、指定调查方案、确定案件办理结果重要环节，监察委需要将办理意见报省委批准。其次，监察机关与纪委在实践中高度融合。一是从监察委主任及副主任任职情况来看，国家和省一级监察委主任及副主任均由同级纪委主任及副主任担任，各级监察机关的机构设置也基本与之前纪委的内设机构大同小异。二是实践中纪委的工作要求同样适用于各级监察机关，实践“四种形态”也成为监察机关实际工作中的“重要遵循”，即让“红红脸、出出汗”成为常态；党纪轻处分、组织调整成为违纪处理的大

① 参见霍思伊：《监察体制改革：三试点省市全方位推进》，载《中国新闻周刊》2018 年第 9 期。
② 陈瑞华：《论检察委员会的调查权》，载《中国政法大学学报》2018 年第 4 期。

多数；党纪重处分、重大职务调整的成为少数；严重违纪涉嫌违法立案审查的成为极少数。① “四种形态”既是完善并加强对党员干部监督的方法论，以尽快遏制职务犯罪案件的高发态势，也是追求党员干部监督处分措施由轻到重呈“倒金字塔”分布的理想状态，冀望通过全面规范的监督执纪避免党员干部成为严重违纪违法立案审查的对象。但是，在这种“方法”和“目标”极易混淆不清的状态下，监察机关难以抗拒对于目的达成的“诱惑”，在办案过程中有意控制职务犯罪案件移送数量。

三、未来的进路：由点及面、由里到外的完善措施

笔者认为，任何一项改革以及对于改革的完善措施都必须植根于中国的特定语境，成功的改革举措必须得到国家层面的支持，也要获得社会层面的认可。当前阶段对于监察机关移送职务犯罪案件的完善建议也应遵从中国语境的现状，在被接受允许的空间内提出近期能够获得支持的解决之道，并以之为基础塑造监察体制改革远期完善的可行之路。

（一）近期之道：监察权内部运行的机制完善

1. 建立监察官办案责任制

建立监察官办案责任制的目的是在监察机关内部通过逐步认可并树立监察官办案的主体地位，进一步规范监察机关内部权力运行。一是明确监察官的职权范围，充分赋予监察官在职权范围内办理案件的独立自主权。应对监察官进行合理且必要的授权，科学制定各级监察官的权力清单，明确不同职级监察官的职权范围，并确保监察官在各自职权范围内独立自主地行使职权。由于监察机关较强的一体化特征，可以将立案、采取留置措施等重大事项的决定权交由高级监察官负责行使，以实现监察官自主办案和监察机关领导约束监督检察官办案的有机融合。在监察官办案责任制实施初期，也可以设置必要的过渡时期，过渡期内若干重大事项的决策仍由监察机关集体会议决定。二是明确监察官的责任承担，实现权责的统一。在赋予监察官权力的同时尊重权力运行规律和理性，构建完善合理的监察官问责体系，具体包括监察案件错案认定和追责启动机制、办案责任的合理划分、具体责任承担及豁免、惩戒措施体系及适用机制等方面，确保必要的责任压力可以提高监察官的办案责任心和办案能力，督促其合法使用监察权力。同时，追责压力的大小也应控制在适度范围内，避免给监察官办案产生不合理的压力负担。

2. 违纪违法案件和职务犯罪案件的分流机制

在监察机关内部建立违法违纪案件和职务犯罪案件的分流机制，将二者纳入不同的审查（调查）程序，并配之必要的辅助性措施。具体来讲，首先，在问题线索的数理分析阶段实现违纪违法案件和职务犯罪案件的分流，具体的分流标准应适当降低，只要涉嫌构成职务犯罪的案件信息都应纳入职务犯罪办理程序。当然这种分流并非绝对不变，如果随着审查（调查）的深入，发现案件应归入另一办案程序的，可以进行转换，但应履行严格的审批程序，以防肆意转换程序。其次，涉嫌职务犯罪案件的调查程序应严格参照刑事侦查程序，对于证据的收集、案件事实的证明标准等要主动向刑事程序法的要求“看齐”，以便

① 参见《中国共产党纪律检查机关监督执纪工作规则（试行）》第4条。

于移送司法机关时的“无缝对接”。最后，成立职务犯罪调查组织，专职负责职务犯罪的调查。从可行性考虑，目前可以考虑在案件审查（调查）室组建若干职务犯罪案件调查组，专门负责职务犯罪案件的调查。待时机成熟时，将案件审查（调查）机构分为违纪违法审查机构和刑事调查机构，违纪违法审查机构行使党纪政纪审查权，刑事调查机构行使刑事调查权。①

（二）远期之途：监察权外部制约的规范与强化

1. 规范党委（纪委）对于监察机关的影响

首先，必须认清和承认的是党委（纪委）对于监察机关的影响将长期存在是必须面对的现实和未来的趋势，监察机关在党建方面要接受党委的领导，在案件办理方面也需要党组织的支持和监督，不能绝然脱离党组织的影响。其次，党委（纪委）对于监察机关办理案件的影响应偏重于监督性影响，而非干预性影响。党委（纪委）监督监察机关办理案件可以概括为“终端把控、逆向审批、正向监督”。“终端把控”是指党委（纪委）对于监察机关案件办理结果进行审核，形成终结性结果把控，以统一监察机关查办案件的适用标准和结案结论。在更长的未来时期，党委（纪委）的审核应演进成为类似法院系统的审理委员会，只针对高职级党员干部的涉嫌职务犯罪案件和具有重大影响的、社会广泛关注的案件进行审核，普通级别的公职人员案件和一般案件可由监察机关全权处理。“逆向审批”是指党委（纪委）对于监察机关办理案件的程序倒流及中止情况进行审批，审核案件撤销立案、不移送审查起诉、违法违纪案件和涉嫌职务犯罪案件的相互转换等特殊情况，保证监察机关案件办理的公正性和合法性。“正向监督”是党委（纪委）对于正常的案件办理流转过程进行间接监督，主要方式是接受被审查（调查）人及其近亲属控告申诉、社会举报等。

2. 允许司法机关主动介入监察程序

司法机关介入监察程序实施的监督并不是对监察机关进行监督，也不涉及偏重于政治性的党纪政务处分案件，监督对象仅限于涉嫌职务犯罪的案件和具体负责办理的监察官。这样司法机关监督制约就分为对“事”的监督和对“人”的监督两类。对“事”的监督是针对监察案件的具体办理情况，检察机关和法院可以对涉嫌职务犯罪的监察案件办理情况进行程序性监督和程序性制裁，具体包括检察机关的立案监督、调查监督、审查起诉监督和法院的非法证据排除等。对“人”的监督是针对监察官办理案件过程中的行为，主要指检察机关对于监察官在调查案件时存在对被调查人实行刑讯逼供或者使用暴力逼取证人证言，违法处置被查封、扣押、冻结的款物等渎职行为进行调查核实。涉嫌构成刑事犯罪的，检察机关应予以立案侦查。在措施实行初期采取间接柔性方式，检察机关发现案件办理有违反法律规定或监察官涉嫌渎职，认为应调查核实的，由检察长批准，委托监察机关进行调查；监察机关及时将调查结果反馈至检察机关；必要时，检察机关可以与监察机关共同调查。随着改进措施的深入进行，应逐渐扩大司法机关介入监察程序的权限，实现司法机关可以独立自主地决定介入监察程序。

---

① 陈瑞华：《论检察委员会的调查权》，载《中国政法大学学报》2018 年第 4 期。

结　语

国家监察体制改革是国家权力的重新配置，由此所创制的监察权已经打破之前均衡的国家权力配置格局，引起国家各项权力之间新一轮的协调。改革之后国家权力配置的均衡局面绝非短时间内所能形成，必将经历激烈的权力博弈，发展的过程注定是反复和曲折的螺旋式发展。基于此，笔者认为法学界对监察体制改革的研究不能回避上述事实，在当前中国语境下谋求改进完善取得立竿见影的效果显得过于理想主义。为此，应该完善监察权行使的制约机制，采取“由点及面、由里到外”的思路，即以监察权力运行的细小方面为视角，以监察机关内部机制改革为牵引，推广至监察权力运行的内在规范和外界制约研究。因此，本文选择以监察机关移送职务犯罪案件情况为研究对象，进而对监察权力运行现状进行了分析探讨，并按照近期和远期的步骤，提出建立监察官办案责任制、违纪违法案件与职务犯罪案件的分流机制、规范党委（纪委）对于监察机关的影响和司法机关主动介入监察程序等方面的改进措施，以求能在中国语境允许的空间内为监察权力的规范行使提供有益的见解。

监察证据诉讼化运用问题探析

张月满*

监察法于2018年3月20日由第十三届全国人民代表大会第一次会议通过，并于公布之日起施行。根据监察法的规定，监察机关行使监督、调查职权，依法对涉嫌贪污贿赂、失职渎职等严重职务违法或者职务犯罪进行取证。所谓监察证据，就是监察机关通过调查取得的有关证据材料，包括违纪、违法及职务犯罪证据。能够进入诉讼轨道成为追诉犯罪证据可能性的监察证据，只能是有关职务犯罪的证据材料。由此，本文所言“监察证据”，也即监察证据中的职务犯罪证据。监察法集实体与程序于一体，加强了国家对职务犯罪的查处力度。但同时也应看到，监察法的颁布改变了以往对职务犯罪查处的程序及方式，对职务犯罪证据的运用提出了新要求。不仅牵涉到理念的转变，更需强调依法科学运用证据，真正发挥证据对职务犯罪案件事实的证明作用，并适应“以审判为中心”的司法改革的趋势，完善相应的配套机制，使职务犯罪的惩戒取得良好的法律效果及社会效果。

一、监察证据诉讼化运用的新变化

证据的收集是证据运用的基础环节。随着监察法的颁布实施，职务犯罪证据的收集依调查程序进行，形成其独特的取证程序，带来了监察证据诉讼化运用的新变化。就职务犯罪而言，从监察法规定的调查措施看，其与刑事侦查具有同质性。“监委会调查权的属性有三：一是监督属性；二是行政属性；三是司法属性……三者缺一不可，相互联系，相互补充，构成监察衔接机制的本质属性。调查权的司法属性决定了在法律上监委会对职务犯罪的调查本质上等同于刑事诉讼中的侦查。”① “虽然两法在范围、内容上均有不同之处，但两法都是国家基本法，法律位阶相同。调查同时也承担了职务犯罪案件的侦查功能，我们必须认识到这种调查的功能就是侦查的功能，手段、强度一模一样。侦查具有专属性、强制性、独立性、公开性四个特点，这四个特点同样也是调查所具备的。”② 由此带来调查取得证据与侦查取得证据的同质性。表现在以下方面：

首先，从证据种类形式上看，监察法第33条有关证据种类的表述与刑事诉讼法第48

---

* 作者简介：张月满，山东政法学院法学教授。

① 樊崇义：《全面建构刑诉法与监察法的衔接机制》，http://www.360doc.com/content/18/0515/22/10099999_754257372，shtm. 访问日期：2018年7月6日。

② 陈卫东教授：《国家监察法与刑事诉讼法的关系》，http://www.360doc.com/content/18/0603/09/27225667_759257906，shtml. 访问日期：2018年7月6日。

条有关证据种类的表述基本一致，只是进入诉讼程序后，被调查人自然成为犯罪嫌疑人、被告人。由此，被调查人供述与辩解自然成为犯罪嫌疑人、被告人供述与辩解。

其次，从收集证据的主体看，监察人员与侦查人员皆为法定的证据收集者。

再次，从证据收集的程序上看，虽然分别依照调查程序和侦查程序进行，鉴于监察调查与刑事侦查的同质性，二者在取证程序上除个别细节规定不一外基本一致。

最后，从体制上看，监察与诉讼虽然是相对独立的办案程序，但就证据材料而言，监察法第33条第1款的规定已将它们有机衔接起来，使监察程序中收集的证据在刑事诉讼中可以直接使用，无须在取证环节进行转化。当然，监察法的规定用词是“可以”，应只是认可了监察证据在刑事诉讼中的证据材料地位，并非其定案证据地位。

监察法规定的调查措施与刑事诉讼中的侦查措施具有同质性，避免了不能及时有效收集职务犯罪证据的弊端。但是，也应清醒地认识到调查程序取证存在以下风险：其一，调查取证过程没有律师参与，有导致证据能力较弱的风险；其二，相对于刑事侦查程序而言，调查程序证据收集没有期间限定，有导致不及时取证，从而影响到证据真实性的风险；其三，当通过监察调查程序收集的证据合法性有疑问时，要求取证主体出庭说明情况缺乏法律依据，会导致质证权落空的风险；其四，调查措施的采用均由监察机关自我决定，缺乏外部主体的监督制约，带来证据收集过程不规范的风险。由此更需加强证据运用环节中的审查判断环节。

二、监察证据诉讼化运用的关键环节

无论运用证据的主体如何，但凡运用证据，“都必须依照证据理论的一些基本规定，需要符合证据的‘三性’，遵守证据运用的程序性规定，并对证据能力和证明力进行一定的审查判断”。① 监察证据依监察调查程序收集而来，其合法性具有一定的风险。进入诉讼程序后的运用首先就应做好证据的审查判断工作。

（一）证据能力方面

证据能力，又称“证据的适格性”、“证据资格”，是某一材料能够用于严格证明的能力或者资格，亦即能够被允许作为证据加以调查并得以采纳。② “证据能力乃自由心证的‘前提’；若无证据能力之证据，法官根本不得采为裁判基础，遑论评价其证据价值。”③ 对证据的审查判断首先应解决证据能力问题。就职务犯罪证据而言，由于言词证据的作用更明显，因此对言词证据的证据能力的审查判断更为重要。从我国证据理论看，证据属性中的合法性对证据能力的判断起关键作用。证据能力的审查判断首先就是发现非法证据并予以排除。“无证据能力的证据与非法证据之间意义等同，只是称谓不同，大陆法系一般用无证据能力，而英美法系一般用非法证据。”④ 值得注意的是，判断职务犯罪证据合法性的标准是监察法及刑事诉讼法。结合法律的规定及职务犯罪证据的特点，对职务犯罪证据能力

---

① 王一俊主编：《检察机关证据运用研究》，法律出版社2016年版，第6页。

② 陈光中主编：《证据法学》（修订版），法律出版社2013年版，第146页。

③ 林钰雄：《刑事诉讼法》（上册），中国人民大学出版社2005年版，第354页。

④ 李勇：《刑事证据审查三步法则》，法律出版社2017年版，第36页。

的审查判断应着重从以下方面入手：

首先，审查判断证据的来源。应主要从以下两个环节予以关注：一是收集证据的主体是否合法。根据监察法规定，监察证据收集的主体为监察机关，具体实施者是监察机关中代表监察委员会行使监察权，享有调查权的监察人员。如果收集证据的主体不合法，其取得的证据就不应纳入后续的诉讼轨道。二是收集证据的过程是否严格按监察法所规定的程序进行。监察法对于证据调查程序有明确规定，如果监察人员在查处职务犯罪过程中，对被调查人采取调查措施时，没有严格按监察法规定的程序进行，则直接污染了收集证据的过程，导致所收集的证据失去证据能力。

其次，审查判断证据的结果状态。任何证据都需要有一定的载体来承载，通过调查程序取得的有关职务犯罪证据当然也不例外。例如，被调查人供述和辩解、证人证言、物证、书证等，其笔录是否准确，时间、地点等要素是否全面；卷宗里的物证、书证的要素是否齐全等。有否定答案的，则影响到证据的证据能力，对其运用需十分慎重。

最后，从法庭调查方式的维度把关。依照诉讼规律，任何证据材料需经法庭的质证，方能作为定案的依据。这也是我国刑事领域"以审判为中心"司法改革的内在要求。职务犯罪证据大多表现为言词证据，对其庭上质证显得尤为重要。例如，司法中存在的影响证据能力的"情况说明"问题。如果其结果状态不符合要求，没有公章或没有调查人员个人的签名，证据调查人员又不出庭作证，那么所谓的"情况说明"就应视为不具备证据的证据能力，从而不应作为定案的依据。

（二）证明力方面

按照程序审查优先原则，对证据证明力的审查判断在证据能力的审查后进行。证明力，是指证据对于案件事实有无证明作用及证明作用如何，① 是证据对案件事实的价值、作用、效力，等等。② 证据能力作为定案证据的资格问题，属于程序问题、法律问题，是运用证据必须首先审查的。相对于证据能力而言，证据的证明力属于证据的实体问题、价值问题。证据具有合法性，被确定具有证据能力之后，才为证明力的审查奠定必要的基础。正如我国台湾地区法学家陈朴生所言："证据之证明力，虽许法院自由判断，但无证据能力，未经合法调查，愿与事理有违，或与认定事实不符之证据，仍不得作为判断犯罪事实之依据。"③ 就实质而言，证据的证明力包含真实性及相关性，由此，对其审查判断需覆盖两个因素。就职务犯罪证据而言，证明力的审查判断主要从以下方面进行：

首先，真实性方面。任何证据都附着于一定的物质载体之上，证据的真实性的审查首先就要有可信的物质载体，如指纹的附着物、录音的承载体等，都必须是真实的、可信的。另外，证据信息的内容必须是真实可靠的。由此，证据真实性的审查包含载体与内容两方面。从证据运用角度看，证据之间的相互印证是检验证据真实性的有效手段。有效运用案内其他证据，做好横向比对和印证，以证据验证证据，证据之间没有矛盾，或有矛盾能得到合理的排除，彼此之间达到相互印证的效果，即可检验出证据的真实可靠性。当然，要

---

① 李勇：《刑事证据审查三步法则》，法律出版社 2017 年版，第 147 页。

② 陈卫东：《反思与重构：刑事证据的中国问题研究》，中国人民大学出版社 2015 年版，第 236 页。

③ 陈朴生：《刑事证据法》，三民书局 1979 年版，第 11 页。

排除表面上的相互印证，这需要运用认识论的原理，善于透过现象看本质。鉴于职务犯罪大多表现为言词证据，由此对证据内容真实可靠性的审查判断应特别注意同种证据之间的纵向印证和比对。如犯罪嫌疑人对同一案件事实可能存在数次的供述与辩解，需要审查其数次的供述与辩解所能证明的案件事实是否一致，如果不一致原因又如何等，都需要审查清楚。一项证据材料只有其物质载体及证据内容皆具有真实可信性，方可认为该证据具有真实性。另外，从司法实践看，职务犯罪证据真实性的审查判断常出现的疑难问题：一是仅有同案被告人之间的相互印证能否认定证据的真实性？对此，理论上一般有肯定说、否定说及折中说三种观点。笔者赞同折中说，即在无法取得其他证据时，共犯之间无串供可能，口供获取合法的，可以作为独立证据或补强证据。理由有二：其一，符合我国司法实践。“实践中实际上是将同案犯罪嫌疑人（被告人）作为证人证言来使用的，并且在分案起诉时，起诉书列举证据时也应该将另案处理的同案犯的供述列举为证人证言。”① 其二，最高人民法院认可同案犯的证人地位。② 二是对于反复的言词证据如何认定其真实性？反复的言词证据在职务犯罪实践中是常见的现象，表现为犯罪嫌疑人、被告人或证人，针对同一案件事实的不同陈述中，后面的供述或证言全部或部分地推翻前面的供述或证言。那么到底如何认定这类证据的真实性呢？笔者的观点是：加强审查判断，“查证属实者认，查不属实者否”，而不应以陈述的时间先后为考查的标准。理由是言词证据内容反复的原因是复杂的。后面的陈述出现反复，有的是狡辩，也有的确实是对前面虚假陈述的纠正。判断的方法离不开证据之间的比对印证。这里尤其应注意运用与被审查证据不同种类、不同来源的证据来印证。而且为保障审查的确定性，至少应有两个以上与被审查证据来源不同的证据与被审查证据能达到相互印证，方可考虑其真实性。无论是不同种类证据之间的横向印证还是相同种类证据之间的纵向印证，哪次陈述能达到相互印证的效果，哪次陈述的真实性就可得到确认，而不论其陈述的先后次序。

其次，相关性方面。证据的相关性，又称证据的关联性，“简单说来，证据关联性就是指证据与案件事实之间的联系”。③ 对证据相关性的审查判断应在准确把握实体法相关规定以确定相关性指向目标（案件事实）的基础上审查证据内容的信息量。在真实可靠性确定的前提下，作为职务犯罪证据主要表现形式的言词证据，其信息量一般而言比较丰富，证据内容信息越是丰富，其关联性一般就越强。之后，再审查认定其能证明的案件事实是主要事实还是次要事实，能证明案件主要事实的证据，其相关性当然高于仅能证明案件次要事实的证据。“证据的关联性是证据与案件事实之间存在的一种不以人的意志为转移的客观联系，证据与案件事实关联性的紧密程度决定着证据应然性证明作用的大小，从证明角度考虑，法官对证据证明力的认知也在很大程度上取决于对证据关联性存在的判断。”④ 值得注意的是，如前所言，证据的证据能力属于法律问题，而证据的证明力属于证据的实体问

① 李勇：《刑事证据审查三步法则》，法律出版社 2017 年版，第 283 页。

② 2008 年 12 月 8 日的《全国部分法院审理毒品犯罪案件工作座谈会纪要》规定：“有些毒品犯罪案件，往往由于毒品、毒资等证据已不存在，或者被告人翻供，导致审查证据和认定事实困难。在处理这类案件时……只有当被告人的口供与同案其他被告人供述吻合，并且完全排除诱供、逼供、串供等情形，被告人的口供与同案被告人的供述才可以作为定案的证据。”

③ 陈卫东：《反思与重构：刑事证据的中国问题研究》，中国人民大学出版社 2015 年版，第 241 页。

④ 陈卫东：《反思与重构：刑事证据的中国问题研究》，中国人民大学出版社 2015 年版，第 241 页。

题、价值问题，对其审查判断侧重于实质价值判断。这当然离不开用证主体的自由心证，主观认定性因素明显。而这种主观认定或言自由心证必须是在具备良好的法律职业道德及职业理念前提下，受法律逻辑及经验法则的约束。严格依照法律原则，遵循法定取证、用证程序及其规范；遵守法律逻辑基本原理；尊重基本的社会经验和常识。如果一项证据违背了逻辑基本原理抑或是不符合基本的社会经验或社会常识，则其证明力就应予以否定。

三、监察证据诉讼化运用机制的完善

监察证据诉讼化运用机制是系统工程，无论用证环节抑或是用证程序，彼此之间具有内在的联系，互为支撑。监察证据调查取证程序需与诉讼程序有机衔接。虽然可以通过加强审查判断减少甚至避免监察证据取证程序带来的风险，但加强机制完善也是必要之举。

（一）监察法方面

其一，增加程序法治及证据裁判原则。“程序法治是指通过建构和完善程序法律制度来实现国家法治目标的模式。”① 程序法治的核心为程序正义，以人们看得见的方式实现公正，“让人民群众在每一个司法案件中感受到公平正义”。随着诉讼文明的发展，体现程序正义的原则或制度在我国得到了前所未有的强调和落实。另外，证据裁判原则强调诉讼中的事实应依据证据认定。该原则对于诉讼中的人权保障有重要作用。监察法规定，监察机关在收集、固定、审查、运用证据时，应当与刑事审判关于证据的要求和标准相一致。这对监察委的调查工作提出了很高的要求。从监察证据的收集环节就应强调先进的法律原则与理念，以保障监察证据的证据能力，取得诉讼化运用的应有效果。这也是以法治思维和法治方式惩治腐败的基本要求。程序法治原则及证据裁判原则理应在监察调查程序中得到体现和遵守。

其二，建立科学的监察证据调查监督机制。“权力就其本质而言是邪恶的，不论其行使者是谁。”② 监察法也有相应规定。③ 从总体上看，监察机关及其监察人员的工作监督机制是系统的④，但相对于侦查程序而言，缺乏有效的专业程序监督，尤其是在适用留置措施这种限制人身自由的调查措施。由此可以确立司法审查制度，对某项调查措施的适用与否由人民法院予以司法审查来确定。一方面，保障调查措施的正当性，保障证据能力，把守程序正义；另一方面，也是对“监察机关与审判机关、检察机关、执法部门互相配合、互相制约”规定的具体落实。

其三，完善具体的调查程序。监察法对证据调查的程序作出了具体的规定，但仍有欠明确之嫌。如留置措施中，被留置人员的羁押场所没有明确；对邮件的扣押、询问证人、勘验检查等调查行为的程序等均没有明确；对于鉴定意见没有明确是否要告知被调查人；等等。具体调查程序的不明确会增加监察证据合法性风险，为后续的诉讼化运用带来成本

---

① 卞建林：《监察机关办案程序初探》，载《法律科学》2017 年第 6 期。

② ［英］阿克顿：《自由与权利》，侯健、范亚峰译，商务印书馆 2001 年版，第 342 页。

③ 监察法第 6 条规定，国家监察工作坚持深化改革、健全法治，有效制约和监督权力。

④ 根据监察法的规定，监察机关及其监察人员的工作监督机制包括：自觉接受党的领导和监督；依法接受人大监督；与审判机关、检察机关、执法部门互相配合、互相制约的规定也体现了司法机关对监察机关的监督；另外，监察机关依法接受民主监督、社会监督、舆论监督并强化自我监督。

及效率的浪费，亟须进一步加以明确。

（二）刑事诉讼法方面

其一，完善法条衔接。监察法第33条第1款的规定是监察证据诉讼化运用的法律依据。而根据该法第3条的规定，监察委员会是行使国家监察职能的专责机关，其性质并非行政机关，由此会脱离刑事诉讼法第52条第2款之规定，①应将“行政机关”改为“监察机关”。另外，该条文中只提及物证、书证、视听资料、电子数据等实物证据，应结合监察法第33条的规定作出补充，将相应的言词证据也纳入法条之中。由此，刑事诉讼法第52条第2款可修改为：“监察机关在执法办案中收集的证据可以在刑事诉讼中使用。”这里的证据既包括实物证据也包括言词证据，不必具体列出证据种类名称，以免产生歧义；同时在解决取证主体性质的同时也解决了证据合法性内容中的取证主体问题，使监察机关中的监察人员成为诉讼程序中当然的合法取证主体。并与监察法第33条相呼应，为监察证据的诉讼化运用奠定法律基础。

其二，增加规定监察证据诉讼化运用的衔接程序。按监察法第45条第1款第4项之规定②提起公诉，预示着监察证据诉讼化运用的开始，由监察调查程序收集证据环节进入诉讼程序运用证据环节，与由侦查程序收集证据的运用有差异，需要针对职务犯罪取证程序的特别性，从程序角度予以完善。可增设如下具体程序：（1）告知程序，以保障被追诉者的知悉权；（2）证据开示程序，以保障被追诉者得到充分有效的辩护，防止在法庭上控方利用监察证据进行“证据突袭”；（3）辩护方对调查取证提出异议的程序；（4）调查听证程序；（5）监察人员出庭作证程序；等等。

其三，进一步明确非法证据排除规则的相关内容。根据监察法第33条第3款规定③，当监察证据进入诉讼轨道后，是否适用非法证据排除规则不甚明确。虽然从理论上看，监察调查与刑事侦查具有同质性，且刑事诉讼法第54条也确立了非法证据排除规则，监察证据诉讼化运用似乎也自然应适用该规则。但仍有疑问：一是刑事诉讼法第54条规定的证据排除种类并不能涵盖监察法相应规定的“以非法方法收集的证据”，不仅种类上不包括视听资料、电子数据，而“犯罪嫌疑人、被告人供述”与“被调查人供述与辩解”也不宜等同认知。二是根据监察法第41条的规定，调查人员进行讯问以及搜查、查封、扣押等重要取证工作，应当对全过程进行录音录像，留存备查。这项规定显然有利于保障取证过程的合法性，但进入诉讼后，一旦证据有非法嫌疑，司法机关是否有权调取调查取证时的录音录像资料，而监察机关又是否有义务提交相应的录音录像资料等，皆不明确。三是监察人员是否应该出庭作证也是非法证据排除程序中的重要制度。所以，在监察证据诉讼化适用中，非法证据排除规则的诸多问题仍需进一步明确：明确对监察证据排除的证据种类，明确司法机关对监察调查取证录音录像的调取权，明确监察人员的出庭作证义务等，以有利于非法证据排除规则在监察证据诉讼化运用过程中发挥其应有的作用。

---

① 即“行政机关在行政执法和查办案件过程中收集的物证、书证、视听资料、电子数据等证据材料，在刑事诉讼中可以作为证据使用”。

② 即“对涉嫌职务犯罪的，监察机关经调查认为犯罪事实清楚，证据确实、充分的，制作起诉意见书，连同案卷材料、证据一并移送人民检察院依法审查、提起公诉”。

③ 即“以非法方法收集的证据应当依法予以排除，不得作为案件处置的依据”。

监察法视域下的留置措施基本问题初探

曾粤兴　倪传洲*

监察法用留置取代“两规”、“两指”措施，规定了留置的条件和对象、审批和决定程序、留置时间和折抵刑期等内容，使得留置措施耳目一新。那么，作为新生的事物——留置措施，其历史渊源和权力属性以及与之前的“两规”、“两指”、刑事强制措施中的逮捕有什么区别和优劣，如何衔接和适用等内容让专家学者思考不断，笔者借此机会，首先对留置措施进行了大体上的梳理，进而提出了留置措施的理论和司法局限性，最后针对上述问题提出了自己的解决方案，但挂一漏万，讨论得仍不够充分，权当抛砖引玉。

一、留置的创制来源与权力属性

留置不是凭空而生，而是具有一定的脉络可寻，作为监察委员会一项具有划时代意义的措施，明确其权力创制来源及内外涵确有必要。

（一）留置的创制来源：“两规”措施的进化

从中国共产党成立至新中国成立前，党内纪检监察工作刚刚起步，执行纪律和执行法律、执行命令糅合在一起，没有系统的规范体系，方式方法比较简单粗糙。新中国成立后，百废待兴，党的纪检监察工作也更加契合社会发展的需要，慢慢走向正轨，各项纪检监察工作稳步推进。例如，1950 年中央政治局批准了《中共中央纪律检查委员会工作细则》，共十条，对中纪委的职能、机构设置、工作原则和方式等作了规范性的规定，已初具规模。但随着“文化大革命”的发生，一切又恢复到混沌状态，党的纪律监察也不例外。“文化大革命”结束后，党的纪检监察工作也恢复到正常状态，先后还出台了一系列规范性文件和法律法规。总之，经过 40 年的发展，党的纪检监察工作从无到有、从弱到强、从僵化刻板到灵活变通，与时俱进，开拓了新的天地。

国务院于 1990 年 12 月 9 日颁布的《行政监察条例》中明确规定了“两规”措施，指监察机关在案件调查中有权“责令有关人员在规定的时间、地点就监察事项涉及的问题作出解释和说明”。1993 年中纪委和监察部合署办公，“两规”的使用范围有了一定程度的扩大，但一直沿用至 2018 年国家监察法的出台。从“两规”到留置措施是历史选择的结果，也是法治和社会发展的必然产物。留置虽然脱胎于“两规”，但又完全独立于“两规”，在

* 作者简介：曾粤兴，法学博士，北京理工大学法学院教授，博士生导师；倪传洲，昆明理工大学 2016 级博士研究生。

形式、内容、程序、地位、具体措施上均与以前的“两规”有着显著区别，它被赋予了宪法地位，而不是简单的替代。它承载着化解“两规”法治困境的政治使命，承继着“两规”的功能内涵和成功经验，实质意义上，留置是因应化解“两规”法治困境的必要手段，承载着推进实现反腐法治化的历史重任。①

（二）留置的权力属性

众所周知，新通过的监察法与以往党的纪律监察法律法规具有传承历时性，二者在很多方面均是一脉相承的，如监察对象、调查方法、惩罚措施等均相同。同时，监察法以国家法律的方式对留置予以规定，可见其合法性、法律地位与以前已经不可同日而语。监察委员会的调查权不仅具备一般的行政调查性质，还包括刑事侦查性质，这就赋予了协助调查的留置措施同样具有这两种属性。留置措施一方面除了具有调查职务犯罪案件所采用的强制措施性质以外，还兼具监察委员会的调查手段性质，同时它既不是刑事司法措施，也不是行政处罚措施，那种认为留置仅是调查手段而非强制措施或仅是强制措施而非调查手段的单一片面观点均是欠妥的。它已经超越了以前的“两规”、“两指”的立法、执法地位，也有别于刑事强制措施中的拘留和逮捕等，其明显具有行政强制性和刑事司法性，留置已经蕴含了新时期新时代新思维下的新的权力措施，行使的是新时代的反腐执纪新使命，它完全具有独立的法律地位，笔者认为它的权力属性就是留置本身，即第三种独立的权力属性，而不依附于任何一种权力措施，这是新时代赋予它的新使命。

二、留置措施与刑事强制措施的异同

有的学者认为，我国的“留置”一词源于日本“留置场”的称谓，同“拘置所”一样，其执行的都是逮捕后的羁押措施，因而“留置”、“拘置”并非“逮捕”以外的其他措施。② 但监察法所规定的“留置”已经赋予其新的内涵和外延。故而，留置有别于以前的“留置”一词，也有别于“两规”、“两指”，也不同于刑事强制措施。笔者认为有必要探讨留置与刑事强制措施的异同，以便更好地理解和适用留置，为监察法的实施提供更多理论和现实指导。

（一）相同点

留置措施与刑事诉讼法中的拘传、拘留、逮捕等措施类似，属于羁押强制措施，其主要功能是为了调查或侦查工作的顺利开展，其目的是便于惩罚犯罪。③ 二者在内容上极为相似，各项措施的适用条件部分相同；留置的地点与刑事强制措施的地点目前主要在公安机关看守所；从羁押的期限看，留置与逮捕的羁押期限也较为相似或接近，均为 3 个月；留置折抵刑期的天数与拘留、逮捕相同，留置 1 日折抵管制 2 日，折抵拘役、有期徒刑 1 日；

① 参见胡大伟：《国家监察体制改革中留置措施的演化逻辑与法治塑造》，载《重庆社会科学》2017 年第 12 期。

② 张建伟：《法律正当程序视野下的新监察制度》，载《环球法律评论》2017 年第 2 期。

③ 参见张翔、赖伟能：《基本权利作为国家权力配置的消极规范——以监察制度改革试点中的留置措施为例》，载《法律科学》2017 年第 6 期。

留置后通知单位和家属的时间与拘留、逮捕相同。

（二）不同点

除了上述相同点外，留置与刑事强制措施具有以下不同点：一是性质不完全相同。根据上文对留置的权力属性分析，留置除了行政性质外，还具有较强的司法性，笔者认为其应属独立的第三种权力属性。当然，这只是根据现行法律的规定而得出的认识，从应然角度讲，留置与刑事强制措施极为相似，监察过程中的刑事调查应纳入刑事诉讼法的调整范围，换言之，应该作为强制措施加以规范。而刑事强制措施属于刑事司法活动，是为侦查犯罪行为而采取限制犯罪嫌疑人的一种羁押措施，不具有行政性。二是法律来源不同。刑事强制措施规定在我国刑事诉讼法、刑法等部门法之中，留置规定在监察法中。三是行使权力的主体和适用对象均不同，行使留置的主体是国家监察委员会，适用对象主要为涉嫌职务犯罪人员，留置是行使监察权的一项措施。而行使刑事强制措施的权力主体是国家司法机关，适用对象为除职务犯罪以外的人员。四是在权利救济上不同。根据监察法的规定，在留置期间，律师无权进行会见。而刑事诉讼法规定，犯罪嫌疑人自第一次被公安机关讯问后，除危害国家安全犯罪、恐怖组织犯罪等需要向办案机关申请会见外，律师均可会见，不受任何限制。

三、留置的局限性

作为初创的留置措施，在理论和司法实务上仍不免有其局限性。

（一）理论局限性

国家权力与个人自由二者辩证统一、相辅相成，但归根结底还是国家权力不得不当限制个人自由。“监察体制改革的正当性很大程度上要取决于留置的合法性和正当性。”[①] 但从试点到草案的提出，再到监察法的出台，虽然已在实践层面上运转，但留置在理论上仍存在一定的局限性，有待厘清。

一是留置的性质仍不明确。监察法规定了监察委有 3 项职权、12 项措施。笔者虽然认为属于第三种权力，但不同的学者看法仍不一致，有待于立法机关予以明确。二是留置的适用条件宽泛且仍不周延。根据监察法第 22 条的规定，留置的适用对象除了职务犯罪以外，还包括严重职务违法，甚至违规人员，这样打击面过大，且法条规定的词语模糊，容易造成“误伤”，也削弱了职务犯罪的“精准打击”。三是留置的期限过长。根据监察法第 43 条的规定，监察委采取留置的时间规定为 3 个月，最长为 6 个月，并且是没有律师介入的情况下进行调查，恐有违国际人权公约和我国宪法的规定，其合法性值得商榷。四是留置的审批程序部分失当。监察法规定交给上一级监察委，这一规定虽然能起到上级监督的作用，而不受当地党委政府和本地监察委的控制，但仍然属于内部监督，而不是外部监督，有失偏颇。五是对留置的救济不力，外部监督与制约缺失。监察法规定，监察机关发现采取留置不当的，应当及时解除。一旦监察机关不能及时发现，在没有律师的帮助下，被调

① 陈越峰：《监察措施的合法性研究》，载《环球法律评论》2017 年第 2 期。

查者的自救权利又该如何实现？六是被调查人无权委托律师进行辩护。监察法明确规定，在留置期间无权聘请律师，作为限制人身自由的一项强制措施，外部监督无法介入，内部监督又脆弱无力，连律师都无法提供法律服务，被调查者的正当权利是否能够得到有效保障，值得怀疑。

（二）实践局限性

留置措施在实践中具有如下局限性：

一是留置措施仍无法摆脱变相“两规”的风险，缺乏有效监督，其实际权力超越了司法权，极有可能不利于司法法治化和文明化的进步。二是在缺乏全面有效监督的情形下，难以排除冤假错案及刑讯逼供的可能。虽然有内部监督机制，但是缺乏外部有效监督，留置期间对职务犯罪进行调查所取得的证据的真实性、合法性难以确保，从而可能出现冤假错案。三是存在选择性司法的风险。留置对象范围过广，而监察机关人力物力有限，难以做到完全覆盖，极有可能出现人情案、关系案、金钱案，也可能存在将违法尺度办成犯罪标准，将犯罪标准降低到违法、违纪标准的随意波动式执法，获利的或许是有权有势的人，受损的是无权无势的普通公务人员或老百姓，久而久之，伤害了公务人员的法感情，侵害了法治的机体。

四、法律规制之路径

任何一项制度或权力的诞生都应该有与之相匹配的原则、规则和关系予以规制，否则再好的法律也会成为恶法，再好的权力也会变成滥权。

（一）遵循原则

根据上文分析以及宪法和法律的精神，并结合我国处罚犯罪、保障人权的客观实际，笔者认为监察委在行使留置权时应极力恪守以下几项基本原则，必要时应将该原则纳入监察法中，以便办案人员更好地遵照。

1. 遵循正当程序原则。监察委的调查活动类似于“侦查”，其留置措施更是限制人身自由的强制措施，在留置期间，监察委应始终坚持和贯穿正当程序原则，没有程序优先做保障，就难以保证实体的公正。这一原则既符合《联合国反腐败公约》的精神和规定，也符合我国宪法的精神和规定。

2. 遵守人权保障原则。我国宪法第 33 条明确规定“国家尊重和保障人权”，作为国家监察机关，监察委带头遵守和履行保障人权是其应尽之责。留置是限制人身自由的强制性措施，对公民的基本权利可能会造成较大的影响，因而必须将其纳入法治的轨道，做好与刑事诉讼制度的衔接工作，形成严密的监察规范体系，从实体与程序两方面保障被监察对象的合法权益。

3. 遵循权力制约原则。俗话说：“有权必有责，用权受监督。”作为一种新型的国家权力机关，监察委使我国的国家机关形成了新的结构，学界对监察委的权力制约问题争议较大。实际上，不管是监察委，还是留置措施都存在内部监督不够，外部监督不畅的问题，如果不能形成很好的内外双向监督以及第三方监督的话，很容易形成新的“灯下黑”现象。

4. 遵守比例原则。留置措施的使用应该根据案情、被调查者人身危险性以及追诉目的决定是否采取，而不能动辄将人留置或者直接选择性执法，不管是否涉嫌职务犯罪，直接采取有罪推定，而没有考虑法律的规定、法益的权衡。

5. 坚持留置措施的谦抑性原则。此原则在刑事法中亦多有阐述，其机理不再赘述。在留置的适用中贯彻此原则实有必要。留置的谦抑性，也称留置的最后性原则，即意味着在职务犯罪调查过程中是否要采取留置时，要对初步查出的证据采用最高原则的审查标准，要在达到刑事立案证据标准的情况下才可能发动留置，否则尽量不用。留置用之得当，效果较好，用之不当，则损害人权及法治。

（二）处理好几种关系

1. 处理好监察措施内部界限问题。根据监察法规定，监察法有三大职能、十二项具体措施。其调查权、处置权、留置权等权力在国家监察法中并没有泾渭分明，而规范这些权力的运行和界限是监察法的重要内容和要求，如果在监察法中不能正确予以区分，势必影响国家法治权威，有滥用国家权力之嫌。“在监察体制重构中，反腐资源力量的整合只是第一步，接下来要研究如何更好地实现反腐力量的充分磨合，尤为重要的是要协调好监察体系内部反腐力量的关系。”① 只有协调统一，不偏不废，才能做到反腐与人权保障相得益彰。

2. 处理好留置与以逮捕为主的刑事强制措施的外部界限问题。监察委职务犯罪调查活动不可避免涉及外部衔接问题，这主要是留置和以逮捕为主的刑事强制措施之间的程序衔接设计。② 主要涉及三个问题，第一，在监察委调查期间，对被调查者采取留置措施属于司法前程序，该监察程序实施期间不涉及任何刑事强制措施且不受法律监督机关、司法审判机关影响。人民检察院、人民法院均无权决定（批准）留置。第二，反推之，案件一旦进入司法程序，亦属于独立的司法程序，也就意味着不涉及任何监察措施且不受监察机关影响。第三，留置措施与刑事强制措施的衔接转换节点问题。根据正在征求意见的《刑事诉讼法（修正草案）》第 12 条第 2 款的规定：“对于监察机关采取留置措施的案件，人民检察院应当对犯罪嫌疑人先行拘留，留置措施自动解除。人民检察院应当在拘留后的十日以内作出是否逮捕、取保候审或者监视居住的决定。在特殊情况下，决定的时间可以延长一日至四日。”该节点应为人民检察院采取拘留之日，即完成案件的移交。但仍不免产生疑惑的是该处“拘留”是何种性质，其拘留权的授权主体、行使主体如何界定。而且，监察机关“调查”结束后移送监察机关审查起诉的案件，不排除可能不起诉的情形，再予拘留不利于犯罪嫌疑人的权利保障。

3. 留置与逮捕措施的具体衔接问题。根据监察法第 47 条规定：“对监察机关移送的案件，人民检察院依照《中华人民共和国刑事诉讼法》对被调查人采取强制措施。”一旦移送，一切处断权力均归司法机关，而不再归监察委。但根据上述规定，仍有两个问题需要解决。第一，对已经采取留置措施的被调查者，是直接采取强制措施，还是需要审查的问题。根据正在征求意见的《刑事诉讼法（修正草案）》第 12 条第 2 款的规定应理解为实质审查，笔者认为这一做法符合法治理念，也有利于外部监督和人权保障。第二，补充侦查

---

① 刘振洋：《论国家监察体制重构的基本问题与具体路径》，载《法学》2017 年第 5 期。
② 秦前红：《监察委员会留置措施研究》，载《苏州大学学报》2017 年第 4 期。

时的程序倒流问题。根据正在征求意见的《刑事诉讼法（修正草案）》第12条第1款的规定："人民检察院对于监察机关移送起诉的案件，依照本法和监察法的有关规定进行审查。人民检察院经审查，认为需要补充核实的，应当退回监察机关补充调查，必要时可以自行补充侦查。" 对于退回补充调查或自行补充侦查时，应当适用何种强制措施以及羁押场所是否需要调换的问题，上述规定仍语焉不详。笔者认为，鉴于程序不可倒流，也为了避免诉累，退回补充调查或自行补充侦查的案件，应当维持原强制措施决定，参照刑事诉讼法关于补充侦查的相关规定予以执行即可。

（三）留置程序的重构

作为替代"两规"、"两指"的一种新生措施，留置必须在上述原则下运行，方能揭开反腐与人权保障的新篇章。同时，笔者以为，留置措施的法治塑造还应重点解决以下几个方面问题：

1. 严格留置适用对象和条件。监察法第22条规定了采用留置的四种情形，不区分职务违法和犯罪，这就极容易造成职务犯罪与职务违法的界限混淆，扩大了强制措施的适用对象，很有可能造成对未达到刑事追诉的被调查者予以采取强制措施，这明显违反了比例原则。[①] 而且如果将留置这一剥夺人身自由的强制措施适用于职务违法的嫌疑人，则不仅失之过重，而且使违法者的人身自由受到不应有的侵害，明显有违人权保障的要求。因此，应该严格区分职务违法和犯罪的界限，并注重谦抑原则，对监察法进行限缩解释，直接取消对严重职务违法的嫌疑人适用留置。

2. 严格把控留置期限。监察法第43条第2款规定，留置时间不得超过3个月。在特殊情况下，可以延长1次，延长时间不得超过3个月。留置期限设置太短不能有效惩治腐败、打击职务犯罪，但期限过长，又恐侵犯人权。据笔者观察，为了使国家监察法和刑事诉讼法有机衔接，兼顾依法惩腐和保障人权，可以吸收借鉴"两规"、"两指"的成熟经验将留置的期限规定为一般不应超过3个月，极特殊情况下，可以申请延长3个月，并且延长的审批权亦为上一级司法机关，并且允许被调查者及相关人员参与听证等程序设置，唯此，才能较好地控制留置期限。

3. 有条件地引导律师介入。虽然监察法与刑事诉讼法属于完全不同的两部法律，但在惩罚犯罪、保障人权方面都受到宪法的限制和鼓励，监察法规定的留置与刑事诉讼法规定的刑事强制措施均是限制和剥夺被调查者和犯罪嫌疑人自由的措施，其本质特性和内容均为相似和相同。"依法治国建设的核心价值在于权力制约和人权保障。"[②] 刑事诉讼法中规定，涉嫌危害国家安全和恐怖主义的犯罪嫌疑人均有权委托律师，何况普通的职务犯罪人员，其社会危害性明显减弱。正如著名刑事诉讼法专家陈光中所言，"律师介入总体而言'利大于弊'，可以保障被调查人的人权，防止调查过程中出现事实认定偏差乃至错误"。[③] 允许律师介入，一方面可以监督监察委在办案过程中的法律适用和程序规范；另一方面还能加强监察委和群众之间的联系，为全面构建监察委的外部监督体系作出贡献。

---

① 参见谭世贵：《监察体制改革中的留置措施：由来、性质及完善》，载《甘肃社会科学》2018年第2期。

② 胡大伟：《依法反腐与依规治党之良性互动探论》，载《广州大学学报》（社会科学版）2016年第10期。

③ http：//www.sohu.com/a/166180038_ 671477，访问时间：2018年9月8日。

4. 制定严密的留置规则体系。在采取留置时，应当履行严格的审批程序，全程录音录像，防止权力滥用。监察委的调查权类似于司法机关的侦查权，对于监察委的调查活动是否合法要及时进行监督，对于不法行为要及时予以纠正，对于出现的问题要及时总结经验，形成合法合规的规则体系，以便日后予以适用。可以参照刑事诉讼强制措施，制定具体程序，在留置审批、备案、期限、被留置人合法权益保障等方面作出详细规定，充分保障被留置人的申辩权和知情权等。

5. 畅通留置的救济措施。有权利就有救济，这已成为亘古不变的真理。留置作为一种限制人身自由的措施，当然也有出错的时候，那么其救济途径如何？又有哪些具体救济？第一，实体错误，如何处置？目前意见不一，有的认为按照国家赔偿予以救济，有的认为可以按照民事赔偿予以救济，有的认为可以按照行政诉讼予以赔偿。[①] 笔者认为，除了向监察机关提起行政复议之外，应当赋予当事人以提起诉讼作为最后一道防线。第二，程序错误，如何处置？笔者认为应该比照刑事诉讼法的规定，追究相关责任人的行政、刑事违法犯罪责任，并且宣告因程序违法，证据不予采信。第三，涉及被调查者的行政职务以及党内职务等职级恢复、财产归还和国家赔偿的问题，如何处置？笔者认为在确认被调查者不构成职务犯罪或者违法时，可同时由党委组织部门到被调查者单位进行宣布无违法违纪行为，并予以公示，对其留置期间的相关权利和工资予以恢复。

---

① 参见秦前红：《监察委员会留置措施研究》，载《苏州大学学报》2017 年第 4 期。

第四部分

刑事诉讼再修改问题研究

刑事诉讼法再修改：解读与反思*

卞建林　谢　澍**

全国人民代表大会常务委员会《关于修改〈中华人民共和国刑事诉讼法〉的决定》（以下简称《修正案》）已由第十三届全国人民代表大会常务委员会第六次会议于2018年10月26日通过，这标志着我国刑事诉讼法的第三次修改业已完成。按照过往经验，在法律作出重大修改后，通常需要10年甚至更长的时间方能将纸面上的法落实为实践中的法。在此期间，需要不断借助司法解释完善相关制度，并通过司法活动持续加深对于法律的理解。因此，1979年刑事诉讼法立法、1996年刑事诉讼法修改、2012年刑事诉讼法修改之间分别间隔17年和16年，这也是较为合理的期间。但当前我们处于改革的全新时期，2012年刑事诉讼法修改后，改革措施不断推陈出新，以至于自上而下的焦点不仅仅是刑事诉讼法的贯彻实施，更要推进和落实刑事司法改革举措。尤其是党的十八大以来，以习近平同志为核心的党中央在深化国家监察体制改革、反腐败追逃追赃、深化司法体制改革等方面作出了一系列重大决策部署，取得了重大成果。然而，其中部分改革内容超出了刑事诉讼法原本的规定，加之宪法修正案、监察法、刑法修正案、律师法、公证法、人民陪审员法等法律对部分制度业已明确或作出修改，为保障宪法、法律的权威以及改革的有序进行，刑事诉讼法再修改自然应当被提上日程。

审议通过后的《修正案》共有26条，主要体现从三大方面所作出的调整和跟进：一是为保障国家监察体制改革的顺利进行，需要完善监察与刑事诉讼的衔接机制；二是为加强境外追逃工作力度和手段，需要建立刑事缺席审判制度；三是总结认罪认罚从宽制度、速裁程序试点工作经验，需要将可复制、可推广的行之有效的做法上升为法律规范，在全国范围内实行。① 此外还涉及与其他相关法律的衔接问题，吸收了部分改革成果。总体而言，此次刑事诉讼法再修改虽然幅度不大，但颇为及时，其中不乏亮点，但囿于修法模式等因素所限，也存在一定的缺憾。

---

* 基金项目：国家“2011计划”司法文明协同创新中心研究成果，国家社科基金重大项目“十八届四中全会以来我国刑事诉讼制度重大改革实施效果的实证研究”（17ZDA126）成果。

** 作者简介：卞建林，法学博士，中国政法大学诉讼法学研究院院长，教授，博士生导师，中国刑事诉讼法学研究会会长；谢澍，中国政法大学刑事司法学院博士研究生。

① 关于《中华人民共和国刑事诉讼法（修正草案）》的说明。

一、刑事诉讼法再修改的要点解读

（一）监察法与刑事诉讼法的衔接

全国人大常委会于2016年12月、2017年11月先后作出在北京市、山西省、浙江省以及全国各地开展国家监察体制改革试点工作的决定，暂时调整或者暂时停止适用刑事诉讼法关于检察机关对直接受理的案件进行侦查的有关规定。2018年3月，第十三届全国人大第一次会议审议通过了宪法修正案和监察法。自此，国家监察体制改革得到了宪法、法律层面的肯认，而检察机关职务犯罪侦查权也正式完全转隶。其中需要明确的是，国家监察调查的对象包括职务违法和职务犯罪，因此不能把监察调查完全等同于刑事侦查；同时，由于如搜查、扣押、查封、冻结、留置、技术侦查等调查措施所具有的强制性质，可能对公民个人合法权益造成很大的限制或者侵害，也不能因为称其为调查便掩盖其侦查的实质。尤其是针对职务犯罪进行的监察调查，其性质相当于对普通犯罪进行的刑事侦查。可以说是名为调查，实为侦查；或者说，以调查之名，行侦查之实。对于调查终结认为犯罪事实清楚，证据确实充分的，应当移送检察机关审查起诉，并开始适用刑事诉讼法的规定。可见，国家监察法与刑事诉讼法、国家监察机关与刑事诉讼专门机关、国家监察调查程序与刑事诉讼程序均有着密切联系。① 因而需要刑事诉讼法及时按照宪法精神作出修改，并与监察法有效衔接。

《修正案》中共有7条涉及监察法与刑事诉讼法的衔接问题。其中第2条明确了检察机关侦查权与监察机关调查权的衔接，职务犯罪侦查权完全转隶，所有行使公权力的公职人员的职务犯罪调查权归于监察委员会，但同时保留了检察机关部分侦查权，包括“在对诉讼活动实行法律监督中发现的司法工作人员利用职权实施的非法拘禁、刑讯逼供、非法搜查等侵犯公民权利、损害司法公正的犯罪”的自行侦查权以及“对于公安机关管辖的国家机关工作人员利用职权实施的重大犯罪案件”的机动侦查权。《修正案》第12条赋予了检察机关对于监察机关移送起诉的案件退回补充调查和自行补充侦查的权力，并明确了留置措施与刑事强制措施的衔接机制，即“人民检察院对于监察机关移送起诉的案件，依照本法和监察法的有关规定进行审查。人民检察院经审查，认为需要补充核实的，应当退回监察机关补充调查，必要时可以自行补充侦查。对于监察机关移送起诉的已采取留置措施的案件，人民检察院应当对犯罪嫌疑人先行拘留，留置措施自动解除。人民检察院应当在拘留后的十日以内作出是否逮捕、取保候审或者监视居住的决定。在特殊情况下，决定的时间可以延长一日至四日。人民检察院决定采取强制措施的期间不计入审查起诉期限。”此外，《修正案》中关于侦查期间辩护律师会见、指定居所监视居住、采取技术侦查措施之规定中有关贪污贿赂犯罪的内容以及“侦查”定义的修改亦与监察法之衔接相关。

（二）建构刑事缺席审判制度

党的十八大以来，制度反腐效果显著，正如习近平总书记指出：“坚持反腐败无禁区、

① 卞建林：《监察机关办案程序初探》，载《法律科学》2017年第6期。

全覆盖、零容忍，坚定不移‘打虎’‘拍蝇’‘猎狐’，不敢腐的目标初步实现，不能腐的笼子越扎越牢，不想腐的堤坝正在构筑，反腐败斗争压倒性态势已经形成并巩固发展。”① 但同时“夺取反腐败斗争压倒性胜利”仍是新时代的重要目标。2016 年 7 月，全国人大常委会法制工作委员会提出了关于建立刑事缺席审判制度的研究报告，中央纪委建议在配合国家监察体制改革修改刑事诉讼法时，对刑事缺席审判制度作出规定。此后，全国人大常委会法制工作委员会刑法室召开专家座谈会研究刑事诉讼法修改问题时也就此广泛征求意见。2017 年，中国刑事诉讼法学研究会更是将“刑事缺席审判制度”作为年会的主议题之一，展开了深入而热烈的研讨，借此为立法进行理论准备。

《修正案》第 25 条，拟在刑事诉讼法第五编增加一章，作为第三章，即“缺席审判程序”，包括第 291 条至第 297 条共 7 个全新条文。其中，刑事缺席审判制度的基本适用范围限定于“对于贪污贿赂犯罪案件，以及需要及时进行审判，经最高人民检察院核准的严重危害国家安全犯罪、恐怖活动犯罪案件，犯罪嫌疑人、被告人在境外，监察机关、公安机关移送起诉，人民检察院认为犯罪事实已经查清，证据确实、充分，依法应当追究刑事责任的”，此外“因被告人患有严重疾病无法出庭，中止审理超过六个月，被告人仍无法出庭，被告人及其法定代理人、近亲属申请或者同意恢复审理的”、“被告人死亡的，人民法院应当裁定终止审理，但有证据证明被告人无罪”以及“人民法院按照审判监督程序重新审判的案件，被告人死亡的”也可以缺席审判。同时，《修正案》一方面规定了犯罪嫌疑人、被告人潜逃境外的缺席审判的具体程序，包括管辖、送达、判决、涉案财产处理、交付执行刑罚等；另一方面，充分保障被告人的诉讼权利，对委托辩护和提供法律援助作出规定，并赋予被告人近亲属上诉权以及罪犯异议权。考虑到 2012 年刑事诉讼法修改时只是新增了“犯罪嫌疑人、被告人逃匿、死亡案件违法所得的没收程序”，尚未确立真正意义上的刑事缺席审判制度。因而此次刑事诉讼法再修改初步建构起中国特色的刑事缺席审判制度，作为一大亮点，必将引起理论界与实务界的广泛关注和深入研讨。

（三）完善认罪认罚从宽制度和增加速裁程序

完善“认罪认罚从宽制度”既是十八届四中全会《关于全面推进依法治国若干重大问题的决定》（以下简称《决定》）中的明确要求，也是当前司法机关针对刑事案件进行程序分流、合理分配司法资源的必要措施。② 自 2014 年以来，全国人大常委会先后授权在 18 个省市进行了为期 2 年的刑事速裁程序试点和认罪认罚从宽制度试点，取得良好成效。因而，为了将可复制、可推广的试点工作经验上升为法律规范，完善刑事案件认罪认罚从宽制度和增加速裁程序即成为刑事诉讼法再修改的重点之一。

《修正案》中有关认罪认罚从宽制度与刑事速裁程序的共有 13 条，达到《修正案》内容的半数。可见，对于认罪认罚从宽制度和刑事速裁程序试点经验的总结和提炼是本次刑事诉讼法再修改的重要内容，具体包括：其一，明确刑事案件认罪认罚可以依法从宽处理

① 习近平：《决胜全面建成小康社会夺取新时代中国特色社会主义伟大胜利——在中国共产党第十九次全国代表大会上的报告》，载《党的十九大报告辅导读本》，人民出版社 2017 年版，第 1-69 页。

② 卞建林、谢澍：《职权主义诉讼模式中的认罪认罚从宽——以中德刑事司法理论与实践为线索》，载《比较法研究》2018 年第 3 期。

的原则，即“犯罪嫌疑人、被告人自愿如实供述自己的罪行，对指控的犯罪事实没有异议，愿意接受处罚的，可以依法从宽处理”。其二，完善刑事案件认罪认罚从宽的程序规定。包括侦查机关告知诉讼权利和将认罪情况记录在案，人民检察院在审查起诉阶段就案件处理听取意见，犯罪嫌疑人签署认罪认罚具结书，人民检察院提出量刑建议和人民法院如何采纳量刑建议，人民法院审查认罪认罚自愿性和具结书真实性合法性等。其三，增加速裁程序。适用于基层人民法院管辖的可能判处3年有期徒刑以下刑罚、被告人认罪认罚，民事赔偿问题已经解决的案件。其四，加强对当事人的权利保障。对诉讼权利告知，建立值班律师制度，明确将认罪认罚作为采取强制措施时判断社会危险性的考虑因素等作出规定。[①]总体而言，《修正案》吸收了此前《关于在部分地区开展刑事案件认罪认罚从宽制度试点工作的办法》的主要内容，其中已对认罪认罚从宽制度的案件适用范围、基本原则、法律援助、强制措施以及侦查程序、审查起诉程序、审判程序中的实施方式和具体问题加以规范，形成制度雏形并在试点中证明行之有效，[②] 此次刑事诉讼法再修改对此也基本予以认可。

二、刑事诉讼法再修改的缺憾检讨

（一）未能充分体现“以审判为中心”之改革成果

2012年修改后的刑事诉讼法在贯彻实施过程中逐步呈现出一系列问题，甚至部分架空原有的程序设计。对此，在总结司法实践经验的基础上，十八届四中全会《决定》提出“推进以审判为中心的诉讼制度改革”，以此为方向指引中国刑事诉讼制度的新一轮变革。[③]为了落实改革，中央深改组及有关部门先后审议通过、出台了多项文件。其中部分规定较之现行刑事诉讼法已有显著进步，并且在实践中已经得到广泛认可。其中包括2016年6月27日经中央深改组第二十五次会议审议通过，7月20日“两高三部”联合颁布的《关于推进以审判为中心的刑事诉讼制度改革的意见》；最高人民法院2017年2月17日颁布的《关于全面推进以审判为中心的刑事诉讼制度改革的实施意见》；2017年4月18日经中央深改组第三十四次会议审议通过，2017年6月20日“两高三部”联合颁布的《关于办理刑事案件严格排除非法证据若干问题的规定》；最高人民法院2017年11月27日颁布的《关于印发〈人民法院办理刑事案件庭前会议规程（试行）〉〈人民法院办理刑事案件排除非法证据规程（试行）〉〈人民法院办理刑事案件第一审普通程序法庭调查规程（试行）〉的通知》，等等。

遗憾的是，此次《修正案》并未充分吸收“以审判为中心”的改革成果。尽管“以审判为中心的诉讼制度改革”与“完善认罪认罚从宽制度”作为刑事司法改革中最引人瞩目的两项改革举措，被称为刑事诉讼改革的基本方向。但二者间却是有主次之分的，即“以

---

① 关于《中华人民共和国刑事诉讼法（修正草案）》的说明。

② 周强：《最高人民法院、最高人民检察院关于在部分地区开展刑事案件认罪认罚从宽制度试点工作情况的中期报告——2017年12月23日在第十二届全国人民代表大会常务委员会第三十一次会议上》。

③ 卞建林、谢澍：《“以审判为中心”视野下的诉讼关系》，载《国家检察官学院学报》2016年第1期。

审判为中心”是改革主线，“认罪认罚从宽”是“以审判为中心”的配套举措。申言之，以审判为中心的诉讼制度必然要求落实庭审实质化，而实质化的庭审需要投入更多的司法资源，在现有司法资源不变的前提下，需要通过认罪认罚从宽制度对刑事案件进行繁简分流，节约司法资源。[①] 然而，此次《修正案》将完善认罪认罚从宽制度作为重点，却未能涉及“以审判为中心”的改革成果，未免有“喧宾夺主”之嫌。实际上，此前呼吁刑事诉讼法再修改的学者们也普遍将以审判为中心的诉讼制度改革视为修法之动因和修法之要点。例如，有学者认为，从确保依法独立行使审判权、检察权，到完善分工负责、互相配合、互相制约原则，再到庭审实质化与完善证人、鉴定人出庭作证制度等，均是此次刑事诉讼法修改需要涉及的内容。[②] 当然，也有论者指出，为了真正建构起审判机关在诉讼结构中的中心位置，刑事诉讼法需要进行一系列的改革与调整。[③] 或许正是考虑到“以审判为中心”所涉及的内容与条文范围较大，在此次规模并不大的刑事诉讼法再修改过程中，未能就此作出充分和有效的回应。

（二）未能吸收“严格排除非法证据”之最新规定

2010 年颁布的《关于办理死刑案件审查判断证据若干问题的规定》与《关于办理刑事案件排除非法证据若干问题的规定》吸纳了一系列现代证据法原则，并将原有规则细化，初步形成我国刑事证据规则体系，其中尤其强调证据能力，对取证合法性的证明责任和证明标准加以明确。其中大部分成果被 2012 年修正的刑事诉讼法所接受，正式上升为法律规定。然而，自修正后的刑事诉讼法实施以来，非法证据排除规则的实践效果并不乐观，不仅对规定本身存在理论争议，实务中真正有效适用的案件也颇为有限。

2017 年 4 月 18 日，中央全面深化改革领导小组第三十四次会议审议通过了《关于办理刑事案件严格排除非法证据若干问题的规定》，会议指出：“严格排除非法证据，事关依法惩罚犯罪、保障人权。要加强对刑讯逼供和非法取证的源头预防，明确公安机关、检察机关、人民法院在各自诉讼阶段对非法证据的审查方式和排除职责，从侦查、审查逮捕和审查起诉、辩护、审判等各个环节明确排除非法证据的标准和程序，有效防范冤假错案产生。”[④] 这一规定的颁布对我国非法证据排除规则实施中的现实问题作出了有针对性的正面回应，多处规定“严格”力度较大，包括进一步界定了非法言词证据的范围，明确了重复自白应当如何排除，强调了非法证据排除的及时性和侦查监督的同步性，重视对过程证据的收集和运用，发挥庭前会议中证据收集合法性审查的作用，等等。相较于以往，制定这一规定的范围更广，凡是有利于严格排除非法证据的规定均可能囊括在内，而不受原有刑事诉讼法及“两个证据规定”中的非法证据排除规则束缚。相关规定一旦有效付诸实践，将可能改变非法证据排除规则“有名无实”的现状，是超越原有非法证据排除规则的一次

---

① 卞建林、谢澍：《认罪认罚从宽与台湾地区刑事协商之比较研究》，载《法学杂志》2018 年第 5 期。

② 陈光中：《修正案方式：〈刑事诉讼法〉新修改的现实途径》，载《中国司法》2016 年第 1 期。

③ 左卫民：《背景与方略：中国〈刑事诉讼法〉第三次修改前瞻——基于全面推进依法治国战略的思考》，载《现代法学》2015 年第 4 期。

④ 佚名：《拓展改革督察工作广度深度提高发现问题解决问题实效》，载《人民日报》2017 年 4 月 19 日。

“全面升级”。[①] 此后最高人民法院还专门将《人民法院办理刑事案件排除非法证据规程（试行）》作为“三项规程”之一，对其进行程序细化，并在全国范围内试行。但此次《修正案》并未涉及非法证据排除的相关条文，这也意味着在未来一段时间内仍是“规定”严格于“法律”。“规定”之严格程度是否会因此在运行过程中受到限缩，非法证据排除规则的实践效果是否依然不容乐观，均存在疑问。

（三）部分条文有待进一步斟酌

第一，关于《修正案》第2条“将第十八条改为第十九条，第二款修改为：‘人民检察院在对诉讼活动实行法律监督中发现的司法工作人员利用职权实施的非法拘禁、刑讯逼供、非法搜查等侵犯公民权利、损害司法公正的犯罪，可以由人民检察院立案侦查。对于公安机关管辖的国家机关工作人员利用职权实施的重大犯罪案件，需要由人民检察院直接受理的时候，经省级以上人民检察院决定，可以由人民检察院立案侦查。’”建议将“司法工作人员”改为“司法、监察工作人员”。因为各级监察工作人员在履行职责过程中也可能利用职权实施非法拘禁、刑讯逼供、非法搜查等侵犯公民权利、损害司法公正的犯罪。人民检察院的法律监督地位由宪法所确认，倘若仅对司法工作人员的上述行为进行法律监督，则可能造成监察工作人员无人监督或自我监督的局面，不利于维护国家法制的统一和法律的正确实施。

第二，关于《修正案》第8条“将第一百零六条改为第一百零八条，第一项修改为：（一）‘侦查’是指公安机关、人民检察院对于刑事案件，依照法律进行的收集证据、查明案情的工作和有关的强制性措施。”此处关于侦查的定义可以删除。因为本条中其他款项均与诉讼参与人相关，却专门规定侦查之定义略显突兀，且此条定义并不准确和严谨，仅局限于“强制性侦查”，而在侦查之定义中并没有考虑到“任意性侦查”。在刑事诉讼法中仅对侦查的定义进行规定，与以审判为中心的诉讼制度改革之方向并不相符，在域外立法例中专门对侦查的定义进行规定的也颇为少见。

第三，关于《修正案》第12条“增加一条，作为第一百七十条：‘人民检察院对于监察机关移送起诉的案件，依照本法和监察法的有关规定进行审查。人民检察院经审查，认为需要补充核实的，应当退回监察机关补充调查，必要时可以自行补充侦查。对于监察机关移送起诉的已采取留置措施的案件，人民检察院应当对犯罪嫌疑人先行拘留，留置措施自动解除。人民检察院应当在拘留后的十日以内作出是否逮捕、取保候审或者监视居住的决定。在特殊情况下，决定的时间可以延长一日至四日。人民检察院决定采取强制措施的期间不计入审查起诉期限。’”此条赋予检察机关对于监察机关移送起诉的案件退回补充调查和自行补充侦查的权力，但未明确补充调查的次数、期限及相应的程序后果，并且在补充调查期间对犯罪嫌疑人究竟沿用检察机关作出的强制措施还是恢复留置存在疑问。实际上，近期制定的《国家监察委员会与最高人民检察院办理职务犯罪案件工作衔接办法》对于上述问题已有规定，如其中第38条规定的“补充调查期间，犯罪嫌疑人沿用人民检察院作出的强制措施”，第39条规定的“调查部门应当在一个月内补充调查完毕并形成补充调

① 卞建林、谢澍：《我国非法证据排除规则的重大发展——以〈严格排除非法证据规定〉之颁布为视角》，载《浙江工商大学学报》2017年第5期。

查报告……补充调查以二次为限”，并且对于补充调查或自行补充侦查后检察机关应当作出不起诉决定的情形进行了具体规定。但此类内部工作办法的效力毕竟难以与法律企及，既然国家监察委员会已经与最高人民检察院就上述问题达成共识，就应在此次刑事诉讼法修改中加以体现。

第四，关于《修正案》第 18 条“第二编第三章增加一条，作为第一百八十二条：‘犯罪嫌疑人自愿如实供述涉嫌犯罪的事实，有重大立功或者案件涉及国家重大利益的，经最高人民检察院核准，公安机关可以撤销案件，人民检察院可以作出不起诉决定，也可以对涉嫌数罪中的一项或者多项不起诉。根据前款规定不起诉或者撤销案件的，人民检察院、公安机关应当及时对查封、扣押、冻结的财物及其孳息作出处理。’”此条规定“公安机关可以撤销案件”在立法逻辑上存在问题，因为本条中“人民检察院”是主体，应该将“公安机关可以撤销案件”修改为“也可以退回公安机关撤销案件”。

三、“修正案模式”的理论反思

1996 年、2012 年两次刑事诉讼法修改分别由第八届全国人民代表大会第四次会议和第十一届全国人民代表大会第五次会议通过。而 2018 年 3 月召开的第十三届全国人民代表大会第一次会议任务较多、较重，先后审议通过了宪法修正案和监察法，是故刑事诉讼法修改并未排上日程。但正因为需要符合宪法精神，且与监察法有效衔接，此次刑事诉讼法修改刻不容缓，因而选择由全国人民代表大会常务委员会进行修改，即采用“修正案模式”。此前有学者在研讨刑事诉讼法再修改问题时，即呼吁可以借鉴刑法的成功经验，采用“修正案模式”，其理由在于刑事诉讼法于 2012 年刚刚进行了较大修改，近期再通过全国人大进行较大幅度修改显然不太现实。然而，当“修正案模式”真正运用至刑事诉讼法修改时，也凸显出一系列问题，值得深入反思。

其一，“修正案模式”决定了本次刑事诉讼法再修改的局限性。立法法第 7 条规定：“全国人民代表大会和全国人民代表大会常务委员会行使国家立法权。全国人民代表大会制定和修改刑事、民事、国家机构的和其他的基本法律。全国人民代表大会常务委员会制定和修改除应当由全国人民代表大会制定的法律以外的其他法律；在全国人民代表大会闭会期间，对全国人民代表大会制定的法律进行部分补充和修改，但是不得同该法律的基本原则相抵触。”因此，“修正案模式”本身即是“小修小补”，不能进行“伤筋动骨”的大修，更不能与现有基本原则相抵触。有观点即提出，《修正案》第 1 条在总则部分增加认罪认罚从宽作为基本原则并不合理，因为基本原则不宜以修正案的方式增加，且认罪认罚从宽也不是刑事诉讼的基本原理和规律。同时，未能体现“以审判为中心”之改革成果，作为此次刑事诉讼法再修改的缺憾之一，在很大程度上也是囿于“修正案模式”所限。毕竟“以审判为中心”牵一发而动全身，从侦查到审查起诉再到审判，涉及刑事诉讼的方方面面，影响公检法三机关的职权配置与运行，需要进行体系性的修改，而非“修正案模式”之小修小补即能满足需求。

其二，程序法与实体法的本质区别决定了“修正案模式”并不适合刑事诉讼法。自 1999 年改采“修正案模式”以来，全国人大常委会先后通过了 10 个刑法修正案，主要属于对刑法的个别修改与局部完善，其内容包括分则个别罪名的增设、构成要件的改变与法定刑的调整，此外也涉及总则刑罚结构、刑罚制度的优化与完善。[①] 可以说，“修正案模式”已经成为刑法修改的基本模式，一方面，最大限度地解决了社会发展与刑法稳定之间的矛盾；另一方面，维护了刑法典的权威性、统一性和连续性。但与刑法相比，刑事诉讼法作为国家基本法的“测震仪”，关乎人权保障、程序正义、权力制约和权利救济等基本要义，[②] 其法律本身具有体系性，并非个别修改与局部完善即能满足现实需求。质言之，无论是人权保障、程序正义、权力制约抑或是权利救济，均需要从原则到规则的全面提升，而不仅仅是增加或删减某一具体条文。在此次刑事诉讼法再修改过程中，也曾试图借鉴“刑法修正案”的模式，在总条文数量不变的前提下，于某条文后增加“之一”、“之二”。但考虑到认罪认罚从宽、速裁程序以及刑事缺席审判等均是此前刑事诉讼法中未有规定的制度，只能新设条文，因此总条文数量不变的做法并不可取。这也进一步体现出刑事诉讼法修改对体系性的要求更高，并非类似于刑法个别罪名修改那般灵活。有学者对于此次增设刑事缺席审判制度之立法技术作出检讨，认为：一是在篇章结构上，将三种缺席审判程序作为一项整体制度规定并列为特别程序仍需斟酌；二是在法条关系上，新增之缺席审判制度与现行法规定之独立没收程序存在着一定的竞合关系。[③] 这即是刑事诉讼法增设制度与刑法增设罪名所存在的区别，前者需要进行全盘的体系性思考，在篇章结构上和法条关系上仔细斟酌，进而形成内在融贯性；但后者更多是出于刑法干预的必要性考量，增设或删减条文，并不会直接影响法律本身的体系性。因而，“修正案模式”更适合实体法修改，对于程序法而言，其灵活、高效的特点反而可能成为破坏法律体系性抑或是导致修法不完整性的根本缘由。

正因为此次采用“修正案模式”之效果并不如预期，为了保障尊重和保障人权之精神的有效兑现，未来刑事诉讼法修改是否仍然继续坚持“修正案模式”，有待进一步商榷。我们建议，刑事诉讼法作为国家的基本法律之一，未来原则上仍应由全国人民代表大会审议通过，特别是增加基本原则、新设诉讼制度等，不宜以修正案的方式予以变更。这样，一方面可以保证法律的体系性和修法的有效性；另一方面将关于人权保障、程序正义、权力制约和权利救济等基本要义的法律交由更具权威的最高国家权力机关而非其常设机关进行决策。

---

① 梁根林：《刑法修正：维度、策略、评价与反思》，载《法学研究》2017 年第 1 期。

② 卞建林、谢澍：《“以审判为中心”：域外经验与本土建构》，载《思想战线》2016 年第 4 期。

③ 万毅：《刑事缺席审判制度立法技术三题——以〈中华人民共和国刑事诉讼法（修正草案）〉为中心》，载《中国刑事法杂志》2018 年第 3 期。

刑事缺席审判制度的必要性和正当性辨析

顾永忠　张子君*

随着我国刑事诉讼法的第三次修改，刑事缺席审判制度在立法上得以确认。刑事缺席审判制度在我国立法上从无到有，其实质是对刑事缺席审判制度的必要性和正当性的认识发生了变化。但时至今日，理论界对刑事缺席审判制度的必要性和正当性的认识看似已达成"共识"，实则还存在分歧甚至偏差，不无商榷之处。本文就此展开探讨、辨析。

一、《联合国反腐败公约》与刑事缺席审判制度

传统上我国理论界和实务界对于刑事缺席审判制度一直持消极甚至否定态度。主要是在改革开放前，社会流动性小，对人员流动的控制很严。刑事诉讼中羁押率很高，犯罪嫌疑人、被告人很难逃避，以致刑事缺席审判制度并无现实必要性。《联合国反腐败公约》（以下简称《公约》）制定、通过及中国签署、批准《公约》之后，刑事缺席审判制度受到广泛关注并展开热烈讨论，在2006年前后形成一个高潮。有人认为，《公约》在腐败犯罪资产追回机制中对缔约国提出了此项要求。中国作为《公约》的缔约国，在加强惩治腐败犯罪，开展国际合作中应当建立刑事缺席审判制度。例如，有的学者提出："我国要落实《联合国反腐败公约》，追究外逃贪官的刑事责任和追回其卷走的巨额资产，应该借鉴此项制度，构建针对外逃贪官的刑事缺席审判制度。"①

那么，《公约》关于建立刑事缺席审判制度的规定或要求体现在哪里？有学者解读为："《公约》在对财产的追缴和返还问题上并没有对建立刑事缺席审判制度的正当性等问题作出直接的法律规定，而是通过对资产没收和资产返还的规定来暗示其在反腐败领域中的认同。""为最大限度地追回腐败犯罪所得，《公约》第54、55、56条对没收事宜的国际合作和特别合作都作了具体的规定。在此基础上第57条第3款第1、2项都正式提出：'被请求缔约国'应当在依照本公约第55条实行没收后，基于请求缔约国的生效判决，将没收的财产返还请求缔约国，被请求缔约国也可以放弃对生效判决的要求。显然，这里的'生效判决'在性质上并无固定或是特别的要求，即既可以认为是民事判决，也可以认为是刑事判决。事实上，在犯罪嫌疑人携款外逃、失踪或者缺席的情况下，除非采取缺席审判制度，否则何谈生效判决。所以，笔者认为，《公约》对刑事缺席审判制度是通过默认的方式持一

---

* 作者简介：顾永忠：中国政法大学诉讼法学研究院教授；张子君：中国政法大学2016级诉讼法专业博士研究生。

① 刘根菊、李秀娟：《刑事缺席审判制度之考察——以我国签署〈联合国反腐败公约〉为背景》，载《山东警察学院学报》2005年第6期。

种支持的态度。在国际国内打击腐败犯罪的需求持续居高不下的情况下，在我国即将对刑事诉讼法进行再修改之际，我们有必要考虑并吸收《公约》中这一最新法律成果。”① 这种观点迄今仍被认同，“在腐败分子缺席的情况下，无法缺席审判，也就难以提供符合条件的生效判决。在这种情况下，我国司法机关要追回腐败资产就会困难重重。鉴此，为积极履行《公约》规定的义务，推动国内立法与《公约》有关要求相衔接，在我国确立腐败犯罪缺席审判制度就实属必要”。②

但是，从一开始就有人对此提出不同意见，认为从《公约》第 57 条的“生效判决”推导出应当建立刑事缺席审判制度的逻辑是不能成立的，指出：“‘生效判决’在罪犯死亡、潜逃或者缺席无法起诉情况下，并非是返还没收财产的必要条件”，“《公约》并未主张建立刑事缺席审判制度。笔者认为，首先，建立刑事缺席审判制度由于涉及到人权保障问题，难以得到其他缔约国的认同。”③ 也有学者另辟蹊径，认为“《公约》中‘生效判决’相对应于我国法院所作的法律文书，应作广义理解，即不仅仅包括‘判决’，而且还应当包括‘裁定’……在我国诉讼中，无论是‘判决’还是‘裁定’，都是由司法机关（法院）而不是行政机关作出的，它具有法律意义上的终局性。就此意义而言，我国法院作出的‘裁定’也应当属于《公约》规定的‘生效判决’。因此，只要我国法院通过法定程序制作出终局性的法律文书，无论这个程序是审判程序，还是其他程序，都符合公约的精神。这也意味着我们在缺席审判之外，还有其他合理选择的可能性。”④

也有学者在上述两种观点之间做了一些调和，“根据《公约》的上述要求，在追回外逃赃款的同时不仅需要民事诉讼中的缺席审判，在特定案件中也要考虑刑事缺席审判……虽然《公约》还规定了被请求缔约国也可以放弃对生效判决的要求，但是如果被请求国坚持要求必须得到请求国法院作出的生效判决，才予以合作，那么请求国如不能满足这一要求。将非常被动而难以追回相关财产”。因而主张“在特定案件中也要考虑刑事缺席审判”，并且强调“考虑到并非只有用刑事缺席审判才能追回外逃资产，而且刑事缺席审判严重关涉被告人的人权，刑事缺席审判应当只作为例外，应严格限制适用范围和明确具体的程序”。⑤

综上可得出初步结论：《公约》并没有明示、直接地规定或要求缔约国普遍建立刑事缺席审判制度。那么，《公约》对于刑事缺席审判制度到底是什么态度？综观《公约》全文，大致可窥其端倪。

其一，《公约》在“序言”部分明确指出“本公约缔约国……承认在刑事诉讼程序和判决财产权的民事或者行政诉讼程序中遵守正当法律程序的基本原则”。这一表述实际上是从原则上表明了对包括刑事缺席审判制度在内的有关诉讼程序问题的基本态度，即应当在“遵守正当法律程序的基本原则”下考量、处理有关问题。而在国际刑事司法准则确立的正当法律程序中，刑事缺席审判制度并不是应有之义的必然选择。理论上一般认为，只有在

① 夏锦文、邱飞：《论我国刑事缺席审判制度的构建——以〈联合国反腐败公约〉资产追回机制为切入点》，载《南京师范大学报》（社会科学版）2006 年第 6 期。

② 彭新林：《腐败犯罪缺席审判制度之构建》，载《法学》2016 年第 12 期。

③ 王学成、张健：《我国跨国追缴职务犯罪所得相关制度研究》，载《当代法学》2007 年第 3 期。

④ 张小玲：《问题与误读：刑事缺席审判制度质疑》，载《政法论坛》2006 年第 3 期。

⑤ 陈光中、胡铭：《联合国反腐败公约与刑事诉讼法再修改》，载《政法论坛》2006 年第 1 期。

例外的情况下才可以存在。①

其二,《公约》第30条专门就《公约》所涉及犯罪的“起诉、审判和制裁”作了系统规定,其中第4款规定:“就根据本条约确立的犯罪而言,各缔约国均应当根据本国法律并在适当尊重被告人权利的情况下采取适当措施,力求确保就判决前或者上诉期间释放的裁决所规定的条件已经考虑到确保被告人在其后的刑事诉讼中出庭的需要。”此处“确保被告人在其后的刑事诉讼中出庭的需要”实际上也从一个方面表达了对刑事缺席审判的态度。

其三,为了防止腐败犯罪嫌疑人利用不同国家法律制度的不同逃避法律追究,《公约》第44条全面系统具体地规定了各缔约国之间引渡腐败犯罪人员的有关事项,条文之下竟有18款之多,这在《公约》全部71个条文中并不多见。《公约》对以“人”为对象的“引渡”问题如此重视,却没有规定以“人”为对象的缺席审判制度,实际上也从一个侧面反映了对刑事缺席审判的态度。

其四,《公约》不仅对于打击腐败犯罪国际合作机制中针对“人”的合作作出了“引渡”、“被判刑人的移管”等有关规定,而且还针对“物”的合作专门就“资产的追回”作了全面规定,其中也涉及刑事缺席审判问题。第54条是专门针对“通过没收事宜的国际合作追回资产的机制”的规定,其中第1款第3项要求“各缔约国均应当根据其本国法律……考虑采取必要的措施,以便在因为犯罪人死亡、潜逃或者缺席而无法对其起诉的情形或者其他有关情形下,能够不经过刑事定罪而没收这类财产”。这里所讲的“犯罪人死亡、潜逃或者缺席而无法对其起诉的情形”实际上指的就是不能缺席审判的情形。因为如果对腐败犯罪人员能缺席审判,甚至像有的人理解的缺席审判是《公约》对缔约国提出的一项义务或普遍要求,那么就不会存在《公约》所讲的“因为犯罪人死亡、潜逃或者缺席而无法对其起诉的情形”,《公约》也没有必要规定在此情形下各缔约国均应当根据其本国法律,考虑采取必要的措施,以便……“能够不经过刑事定罪而没收这类财产。”这一规定表明《公约》是认同各缔约国“因为犯罪人死亡、潜逃或者缺席而无法对其起诉的情形”的,并不主张或要求在此情形下应当或可以进行缺席审判,而是要求。即便如此,各缔约国应当“考虑采取必要的措施”,“能够不经过刑事定罪而没收这类财产”。

其五,有必要强调指出,笔者以上所述只是为了澄清《公约》对刑事缺席审判的立场和态度,同时也表明笔者并不认同那种认为《公约》对各缔约国提出了建立刑事缺席审判制度的普遍要求,甚至把我国建立刑事缺席审判制度看作履行《公约》义务的说法。但是,笔者并不反对我国立法机关根据我国的法治原则和实际情况,结合国际社会在正当法律程序上达成的基本共识,并参考各国刑事缺席审判制度,在我国建立刑事缺席审判制度。

二、《公民权利和政治权利国际公约》与刑事缺席审判制度

《公民权利和政治权利国际公约》(以下简称《两权公约》)是联合国三大人权公约之一,其中相当一部分内容涉及刑事诉讼制度,自然与刑事缺席审判制度也有关系。因此,人们在分析论证刑事缺席审判制度的正当性时往往会联系《两权公约》展开论述。此外,

① 《公民权利和政治权利国际公约》第14条等有关规定一般被认为是正当法律程序的集中体现,其中非常强调及时并公正审判是被追诉人的基本诉讼权利,并不提倡缺席审判。

我国虽然尚未正式批准《两权公约》，但早在20年前就签署了《两权公约》，20年来在刑事诉讼法的修改以及刑事司法改革中，不少方面也是以《两权公约》的内容为参照依据的。因此，把刑事缺席审判制度放在《两权公约》的背景下进行考察，对于我们正确认识刑事缺席审判制度的正当性实有必要。

一般认为《两权公约》第14条是关于公正审判权的规定，其中第3款为“在判定对他提出的任何刑事指控时，人人完全平等地有资格享受以下的最低限度的保证……”之后从七个方面提出了具体要求，其中若干项充分体现了刑事审判中确保被告人出庭的原则精神，具体是：

其一，“（丁）出席受审并亲自替自己辩护或经由他自己所选择的法律援助进行辩护……”该项要求明白无误地强调“出席受审”，其意涵就是要保证被告人出庭受审，而不能在被告人没有出席庭审的情况下对其进行审判。之所以如此主要是为了确保被告人“亲自替自己辩护或经由他自己所选择的法律援助进行辩护”。也许有人会认为“亲自替自己辩护”并不是唯一的选择，还可以“经由他自己所选择的法律援助进行辩护”，在此情形下，被告人不出庭也可以。孤立地看这种解释似乎能够成立。但是，《两权公约》对公正审判的要求不只表现在（丁）项的一个方面，还表现在其他诸多方面，它们与“出庭受审”的要求是相辅相成的。

其二，“（戊）讯问或业已讯问对他不利的证人，并使对他有利的证人在与对他不利的证人相同的条件下出庭和受讯问。”该项要求在理论上解读为“质证权”或“对质权”，是指被告人出庭受审时有权向证人发问。试想如果被告人不出庭，何以行使质证权？

其三，“（巳）如他不懂或不会说法庭上所用的语言，能免费获得译员的帮助。”显然该项要求是以确保被告人出庭受审时能够有效行使辩护权为前提和目的的，如果被告人不出庭自然不需要“译员的帮助”。而如果被告人出庭时“不懂或不会说法庭上所用的语言”，就无法有效行使辩护权。为此，就必须保证他能“免费获得译员的帮助”。

其四，“（庚）不被强迫作不利于他自己的证言或者强迫承认犯罪”。该项要求实际上也包含了确保被告人出庭并有效行使辩护权的含义。因为被告人不出庭是不可能“强迫作不利于他自己的证言或者强迫承认犯罪”的。被告人是庭审活动的中心人物，作为被指控实施犯罪并要求对其追究刑事责任的人，更需要保证他在庭审中的地位和诉讼权利，其中包括“不被强迫作不利于他自己的证言或者强迫承认犯罪”的权利。

以上只是《两权公约》第14条关于公正审判规定的部分内容，集中体现了确保被告人出庭并有效行使辩护权的精神，进而也表明了其对缺席审判的基本态度，体现了《联合国反腐败公约》序言中强调的“正当法律程序”的精神。也正因为如此，才会发生该公约第54条所指的“因为犯罪人死亡、潜逃或者缺席而无法对其起诉的情形”。

尽管如此，我们并不能得出《两权公约》无条件地反对或禁止刑事缺席审判的结论。应该说它把获得公正审判确定为被追诉人的一项基本权利，并为此提出了一系列“人人完全平等地有资格享受以下的最低限度的保证”，包括出席法庭有效行使辩护权的诸项具体要求时，实际上也暗含着在一定条件下允许对被告人缺席审判的意味。从事实上看，世界上很多国家，包括在联合国主导了《两权公约》制定、通过的西方法治发达国家在其本国刑事诉讼法律上，一方面都非常重视并确保被告人获得公正审判的权利，包括出席法庭并有效行使辩护的权利；另一方面也在一定条件下允许对被告人缺席审判的存在。但两者的地位、关系非常明确，被告人出席审判是原则，缺席审判只是例外。

我国理论界在讨论是否应当建立缺席审判制度时都普遍注意到《两权公约》以及国际刑事司法准则对缺席审判的态度或与缺席审判的关系。其中有两个问题值得关注和研究：一个是被告人出席法庭的性质是什么；另一个是缺席审判对被告人意味着什么。对于第一个问题即被告人出席法庭的性质是什么，几乎所有人都认为这是《两权公约》要求各缔约国赋予并保障的被告人的一项诉讼权利。既然是“权利”，那么被告人是可以自愿放弃的。因此认为在确保被告人自愿放弃的情况下，是可以对被告人进行缺席审判的。不仅如此，还有人认为，在被告人自愿放弃出庭权的情况下，“此时，缺席审判尊重被告人不参加庭审的主观意愿，体现了对其诉讼主体地位的尊重”。① 笔者认为，《两权公约》赋予并保障被告人的出庭权无疑是正确的。但被告人出庭不仅是诉讼权利也是诉讼义务。在任何法治国家，任何公民都有在法定程序下接受审判的义务。正因为如此，各国刑事诉讼法都规定了各种强制措施，其中一个重要意图就是确保诉讼活动能够顺利进行，包括被告人能出庭受审。也正因为被告人出庭受审首先是一项诉讼义务，而出庭受审有可能给被告人带来不利的法律后果，为了保障审判是公正的，法律上同时又确认被告人出庭受审也是一项诉讼权利，不仅要确保他出庭，而且赋予他充分的辩护权利，以对抗指控，进行有效辩护。因此，对被告人出席法庭的性质应该从两个方面理解：首先是诉讼义务，其次才是诉讼权利。作为诉讼权利，被告人当然可以放弃，但作为诉讼义务，被告人则是不可以放弃的。因此，不能简单地认为被告人有权放弃出庭权而不承担出庭义务，进而被告人一旦自愿放弃出庭权，就可以对他进行缺席审判，并且认为缺席审判是对被告人的“尊重”。事实上，正因为被告人出席法庭首先是诉讼义务，其次才是诉讼权利。所以，在各国刑事诉讼法律制度上强调并确保被告人出庭受审是原则，不出庭受审、缺席审判是例外。

至于第二个问题即缺席审判对被告人意味着什么，上述内容实际上已经作出了回答。总体上讲，缺席审判是在被告人不参加审判的情形下发生的，在程序上对被告人是不利的，使他不能亲自为自己辩护。对于被控轻罪，本人认罪而申请或同意缺席审判的被告人来说，不利影响并不大；但对于被控重罪，本人不认罪却扰乱法庭秩序或者逃避审判的被告人来讲，不仅会产生不利影响而且影响巨大，经缺席审判而被定罪的概率就会大大增加。此外，对于这部分被告人而言，缺席审判本身就是对他们扰乱法庭，逃避审判的惩罚。

基于对以上两个问题的论述，我们应当对缺席审判与被告人的关系及对被告人的影响有一个理性、客观、全面、深刻的认识，切记不要简单片面地认识并解读缺席审判。

三、对两种应当建立缺席审判制度具体观点的分析、回应

在讨论我国应当建立刑事缺席审判制度时，还有两种具体的观点被解读为理论依据，但在笔者看来，这两种观点都有应予商榷之处。

其一，民事诉讼、行政诉讼有缺席审判，刑事诉讼是否也应当建立缺席审判？

一些学者认为我国民事诉讼、行政诉讼都有缺席审判制度，唯独刑事诉讼还没有。为

① 参见谢小剑：《刑事缺席审判：价值平衡中的制度构建》，载《中国刑事法杂志》2007年第1期。

了使我国三大诉讼法保持一致，有必要建立刑事缺席审判制度。① 不可否认，抽象地讲民事诉讼、行政诉讼和刑事诉讼在立法原则和精神上有一些共性，但具体来看，三大诉讼的个性、差异要大于共性。特别是刑事诉讼与民事诉讼、行政诉讼之间有很大差别，甚至有本质的差别。刑事诉讼有非常重要、凸显刑事诉讼本质特征的审前程序，包括侦查、审查起诉程序，还有在诉讼过程以及诉讼结果上限制、剥夺当事人人身权利、财产权利的强制措施和刑罚后果。在证据制度上包括举证责任，证明标准也有重大差别。因此，不能简单地认为民事诉讼、行政诉讼有的，刑事诉讼也应当有，以保持一致。

具体到缺席审判制度，民事诉讼、行政诉讼确实都有，并且都是以被告经合法传唤，无正当理由拒不到庭作为缺席审判的条件的。在民事诉讼、行政诉讼中，是否参加诉讼包括参加法庭审理，是当事人的诉讼权利，完全可以自由处分。被告人无正当理由拒不到庭，法院对案件缺席审判，是对无故缺席被告人的一种惩罚，由此产生的法律后果由被告人承担。此外，民事诉讼、行政诉讼无论被告出席法庭与否，审判的结果涉及的主要是财产性、名誉性的利益以及对行政行为合法性的判定，即便发生错判其后果也可以挽回。而刑事诉讼完全不同，被告人参加诉讼，出庭接受审判并不完全是他的诉讼权利而首先是诉讼义务。因此，对于被告人出庭是有强制性的，审前羁押制度的目的之一就是确保并强制被告人出庭接受审判。此外，刑事审判的结果涉及对被告人人身权利、财产权利的生杀予夺，一旦错判，结果不可挽回。因此，要通过强制和保障被告人出庭受审，一方面保障他的辩护权，防止错判；另一方面一旦判决确定，确保判决能够获得执行，特别是罪犯能够受到法律的制裁。

可见，在缺席审判制度上不能简单类比，甲和乙有缺席审判制度，丙也应该有，这个逻辑不能成立。刑事诉讼是否应该建立缺席审判制度，应该放在刑事诉讼制度本身的原理、机制和目的下考量，而不应受民事诉讼、行政诉讼缺席审判的影响。

其二，其他国家是否具有针对贪腐案件的缺席审判制度？

有学者认为“腐败犯罪缺席审判制度是域外国家、地区刑事审判制度的重要组成部分”，“对于构建我国腐败犯罪缺席审判制度颇具助益”。② 这一观点在理论界有一定的代表性。

在近几年理论界讨论、研究刑事缺席审判制度过程中，不少学者认真研究和梳理了其他国家的刑事缺席审判制度。③ 应该说这些研究对于我们了解其他国家的刑事缺席审判制度，构建我国刑事缺席审判制度是有意义的。但是，通过这些研究成果，我们没有看到哪个国家专门针对腐败犯罪建立过刑事缺席审判制度。不仅如此，在各国已有的缺席审判制度中，尚没有看到从具体罪名或类罪名上确定缺席审判案件范围的情形，而是主要适用于轻罪案件。当然不能排除在这些案件中存在腐败犯罪案件，但毕竟不是专门针对腐败犯罪的案件而建立缺席审判制度的。这一点值得我们关注和研究，它涉及建立缺席审判制度的

① 参见邓思清：《刑事缺席审判制度研究》，载《法学研究》2007年第3期；刘根菊、李秀娟：《刑事缺席审判制度之考察——以我国签署〈联合国反腐败公约〉为背景》，载《山东警察学院学报》2005年第6期。

② 彭新林：《腐败犯罪缺席审判制度之构建》，载《法学》2016年第12期。

③ 参见邓思清：《刑事缺席审判制度研究》，载《法学研究》2007年第3期；彭新林：《腐败犯罪缺席审判制度之构建》，载《法学》2016年第12期；夏锦文、邱飞：《论我国刑事缺席审判制度的构建——以〈联合国反腐败公约〉资产追回机制为切入点》，载《南京师大学报》（社会科学版）2006年第6期。

诉讼原理和价值取向。

质言之，各国刑事缺席审判制度，无论是主要适用于轻罪案件，还是个别适用于重罪案件，尚没有专门以腐败犯罪为对象的缺席审判制度。

四、结语

以上所述从多方面否定了在我国几乎已形成“共识”的建立刑事缺席审判制度的必要性和正当性基础，是否表明笔者反对或不赞成我国建立刑事缺席审判制度？对此，笔者有必要公开表明态度：在严格控制和确有必要的范围内，我国可以建立刑事缺席审判制度，但并不是建立在以上所述必要性和正当性的基础之上。我国究竟应当建立怎样的刑事缺席审判制度，不仅需要从我国的实际出发，对刑事缺席审判制度的必要性和正当性深入分析论证，对各国缺席审判制度的立法和司法实践进行考察，还需要从国际刑事司法准则和国际司法合作机制的角度对刑事缺席审判制度的利弊得失进行充分权衡，最终作出慎重的抉择。

关于2018版《刑事诉讼法（修正草案）》若干问题的思考

叶　青　程　衍*

一、刑诉法修改之社会背景

2018年4月25日《刑事诉讼法（修正草案）》（以下简称《修正草案》）被提交全国人大常委会审议，距前次修法仅不到6年时间。相比较之下，首部刑事诉讼法于1979年出台至今，共经历两次修订——1996年和2012年，两次修订分别间隔17年和16年。本次修订之"迅速"源于司法改革的迫切需求。

首先，党的十八届三中、四中全会提出了深化改革和全面依法治国的要求。随后相关司法改革应运而生，其中多项与刑事诉讼制度相关。① "以审判为中心"的诉讼制度改革对于发现案件真实、防范冤错案件有着积极意义。其以实现庭审实质化为主要目标，具体改革内容涵盖庭前会议的功能发挥、有效辩护的实现以及证人出庭率的提升等方面。② 但是改革至今，上述内容并未真正落实，需要相关法律制度的进一步完善。

其次，近年来刑事案件数量呈逐年上升态势，实践中司法机关案多人少的困境愈发突出。但是在案件性质方面，刑事犯罪朝着轻缓化的趋势发展，很多地区量刑在3年以下有期徒刑的案件占总案件量的近80%。③ 因此，推动案件繁简分流、实现诉讼资源的优化配置是解决问题的关键。刑事速裁程序和认罪认罚从宽制度改革在试点阶段获得成功，有效缓解了诉讼资源紧张之困境。但目前其推行主要依靠相关部门文件，如能够在法律层面予以确认将有利于制度的进一步发展。

最后，积极回应国家治理现代化进程中的腐败泛滥问题，探索建立高效的腐败治理体制与机制，是世界腐败治理现代化的重要标志之一。以有效惩治贪腐为动因，以消除"同体监督"之弊端为路径，监察体制改革被快速推进。④ 监察法的出台标志着相关改革内容尘埃落定，而其中多处条文与刑事诉讼法相抵触。做好刑事诉讼程序与监察程序的衔接，将是进一步改革之重点。⑤

---

* 作者简介：叶青，华东政法大学诉讼法研究中心教授；程衍，华东政法大学师资博士后。

① 参见陈光中、唐彬彬：《深化司法改革与刑事诉讼法修改的若干重点问题探讨》，载《比较法研究》2016年第6期。

② 参见叶青：《以审判为中心的诉讼制度改革之若干思考》，载《法学》2015年第7期。

③ 参见魏晓娜：《完善认罪认罚从宽制度：中国语境下的关键词展开》，载《法学研究》2016年第4期。

④ 参见秦前红：《监察体制改革的逻辑与方法》，载《环球法律评论》2017年第2期。

⑤ 参见叶青：《监察机关调查犯罪程序的流转与衔接》，载《华东政法大学学报》2018年第3期。

上述改革内容需要刑事诉讼法予以回应——完善、确认和衔接，法律修改势在必行。

二、刑事诉讼法修改之特点

1996 年、2012 年修法具有全面性的特点，基本覆盖了刑事诉讼法各章。相比较之下，本次修法是部分性的，主要应对司法改革。《修正草案》共涉及 34 项条款的变动，其中有 23 项是新增条款，11 项是在原法基础上进行修改。涵盖内容主要包括三个方面：刑事速裁程序、认罪认罚从宽改革的确认（涉及条款增加或修改 17 项）；缺席审判程序的建立（7 项）；监察体制改革的应对与衔接（7 项）。① 本次修法涉及面窄、内容相对集中，是一次部分性修法。

就时局而言，本次修法主要是为应对司法改革的迫切需要，可以说是一次具有“针对性”的修法。针对内容主要包括：首先，监察体制改革。从相关文件出台到机构的转隶合并，再到宪法的修改，仅用时一年零四个月。改革者的魄力使得刑事诉讼法的修改迫在眉睫。其次，速裁程序、认罪认罚从宽制度。在刑事诉讼程序的繁简分流方面，我国与德、法、美等法制发达国家仍有一定差距。速裁程序与认罪认罚从宽制度改革在试点阶段效果良好，将其在法律层面予以确认有助于实现我国诉讼程序的多元化、层级式发展，实现诉讼资源的更优化配置。最后，缺席审判程序。刑事缺席审判制度主要以有诉必审理论、起诉法定主义、效率侧重理论、尊重被告人自主选择是否出庭的人权保障理论等作为其存在的基础。② 在实践层面，其对于腐败治理有效性有着极大的推动作用。

三、刑事诉讼法修改之理念

党的十八届三中全会提出，要推进国家治理体系和治理能力现代化。习近平总书记在十九大报告中再一次强调了上述内容。本次刑事诉讼法修改则充分体现了这一改革理念。

刑事速裁程序和认罪认罚从宽制度是本次刑事诉讼法修改的最主要内容之一。其凭借轻缓化的刑罚，吸引犯罪嫌疑人、被告人认罪，并以简化的诉讼程序处理案件。一方面使案件事实的发现更加经济高效，有利于诉讼资源的优化配置。另一方面促成犯罪嫌疑人、被告人悔罪并积极赔偿被害人，有助于被损害社会关系之修复。妥善而高效地解决社会矛盾，应是社会治理能力现代化之重要标志。本次修法对于速裁程序和认罪认罚从宽制度的确认则充分贯彻了这一改革理念。

贪污腐败是公权力的异化，蚕食着民众对执政者的信心。监察体制改革整合了国家监督权的分散配置，变同体监督为异体监察。③ 能够更加有效地查处贪腐，并对公职人员形成威慑，是国家腐败治理体系、治理能力现代化的重要体现。本次刑事诉讼法修改与监察体制改革形成衔接，并创设贪污贿赂案件的缺席审判制度，对国家腐败治理能力和治理体系的现代化发展起到了极大推动作用。

---

① 另有 3 项条款分别涉及辩护人资质，死缓的执行，罚金的强制执行。

② 参见樊崇义：《腐败犯罪缺席审判程序的立法考察》，载《人民法制》2018 年第 4 期。

③ 参见秦前红：《监察体制改革的逻辑与方法》，载《环球法律评论》2017 年第 2 期。

四、刑事诉讼法修改之不足与完善

（一）对“审判中心主义”制度改革回应不足

以审判为中心的诉讼制度改革是针对我国“以侦查为中心”的司法现状而提出的重要命题。其以庭审实质化为本质内容，要求案件事实的发现在法庭，且以直接言词的方式实现。但是就实践情况而言，改革进展并不尽如人意。相关指标，如证人出庭率、律师辩护率都没有明显的改观。[①] 如此便需要刑诉法的进一步完善。

第一，充实和完善庭前会议制度。庭前会议具有明确争点，确保庭审集中持续完成的价值，是实现庭审实质化所不可或缺之内容。然而，刑事诉讼法就相关制度的规定仅有一条，且内容过于原则、可操作性不强。导致了庭前会议实践功能的“缺省”与“溢出”。[②] 具体修改内容可参见《人民法院办理刑事案件庭前会议规程（试行）》，对庭前会议之功能、运行规则以及后续程序衔接等问题进行了明确规定。

第二，完善证人出庭制度。提升证人出庭率是落实庭审实质化的关键内容，否则法庭审判始终无法改变案卷审查的本质。虽然 2012 年刑事诉讼法修改在多个方面完善了证人出庭制度，但证人出庭率仍未有实质性提升。其中主要原因之一即是法庭自由裁量权之滥用。依据刑事诉讼法第 187 条规定，法庭可以必要性为由拒绝控辩双方对证人出庭的申请。而实践中由于侦查案卷的影响以及诉讼效率的考量，法庭拒绝证人出庭申请的情况频繁发生。[③] 如此，被告人对质权难以实现，庭审也就丧失了以直接言词方式发现真实的功能。进而侦查案卷主宰审判，庭审实质化难以实现。本次修法，第 187 条应当修改为：“公诉人、当事人或者辩护人、诉讼代理人对证人证言有异议，且该证人证言对案件定罪量刑有重大影响，证人应当出庭作证。”删除法庭必要性审查的相关内容。

第三，完善法律援助制度，保障辩护权。庭审实质化的前提是控辩双方平等对抗。但是由于专业知识的限制，被追诉人很难有效地参与其中，因此律师辩护权的实现就显得格外重要。但是在司法实践中，律师辩护率仅为不到 30%。[④] 提高律师辩护率是实现庭审实质化的前提，更是人权保障的必然要求。我国法律援助制度限制了辩护率的提升，主要体现在法定法律援助范围过窄。2017 年 10 月，最高人民法院、司法部联合出台了《关于开展刑事案件律师辩护全覆盖试点工作的办法》（以下简称《辩护全覆盖办法》），在试点地区实现了法律援助的全覆盖。本次修法应当对相关司法改革予以回应。具体说来，应扩大法定法律援助范围，由被告人可能判处无期徒刑、死刑的案件扩大为可能判处 5 年以上有期徒

① 参见叶青：《构建刑事诉讼证人、鉴定人出庭作证保障机制的思考》，载《中国司法鉴定》2015 年第 2 期；顾永忠、杨剑炜：《我国刑事法律援助的实施现状与对策建议——基于 2013 年〈刑事诉讼法〉施行以来的考察与思考》，载《法学杂志》2015 年第 4 期。

② 参见魏晓娜：《庭前会议制度功能之“缺省”与“溢出”——以审判为中心的考察》，载《苏州大学学报》（哲学社会科学版）2016 年第 1 期。

③ 参见龙宗智：《庭审实质化的路径与方法》，载《法学研究》2015 年第 5 期。

④ 参见刘方权：《中国需要什么样的刑事法律援助制度》，载《福建师范大学学报》（哲学社会科学版）2014 年第 1 期。

刑的案件。除此之外，值班律师制度具有即时、高效的特点，能够在一定程度上缓解法律援助资源不足的实践困境。依据《辩护全覆盖办法》，适用简易程序、速裁程序审理的案件，均由值班律师提供援助。但是，依照相关规定值班律师仅在审前阶段提供辩护，并不进入审判程序。① 如此规定违背了“以审判为中心”的诉讼理念，也损害了被告人的辩护权。本次修法应当增加关于值班律师出庭辩护的规定，进一步完善法律援助制度。

（二）对监察权配合有余而制约不足

监察体制改革建立了“集中统一，高效权威”的国家监察制度，在国家政治权力体系中构建了第四种权力——监察权。② 监察权包括：监督、调查和处置三项权能，而调查权的行使与刑事诉讼程序密切相关。其中职务犯罪调查无论是在内容、性质还是权力行使目的方面都与刑事侦查有着本质上的同一性。③ 刑事诉讼法作为程序法，首要价值在于以诉讼程序约束权力，保障人权。本次刑事诉讼法修改以应对监察体制改革为主要内容，应重点体现对监察权的程序性规制。但是反观《修正草案》，与监察体制改革之衔接更多体现在“让权”方面：删除由监察委行使的职权、调查的罪名，让权于监察法。甚至将侦查的概念予以修改，去掉了原有的调查内容。但是综观修改条文，对监察权的规范和制约却少有体现。

改革者以监察权的政治属性为由，否定了刑事诉讼法在监察调查阶段的适用。因此，刑事诉讼法的规范和制约功能仅能在后续衔接的审查起诉和审判阶段发挥，具体表现为对于证据和取证行为的审查。但监察法是规范监察权运行的唯一程序性规则，因此后续刑事诉讼程序仅能依照监察法对调查行为及相关证据进行审查。这也就造成了一套程序两套规则的局面：同样的刑事诉讼程序，却因为不同的侦查、调查主体而适用不同的法律。有违诉讼规律。除此之外，监察法在监察权运行程序方面缺乏详细指引，其中第五章“监察程序”仅包含条文 15 项。详细规则的缺失导致检察院、法院在后续诉讼阶段中难以就调查程序之合法性作出恰当的处理。例如，刑事诉讼法第 116 条第 2 款规定，送交看守所羁押后，讯问犯罪嫌疑人应当在看守所内进行。因为实践证明，在看守所内讯问能够更好地保障合法性。但是监察法并没有相关规定。那么对被调查人采取留置措施后，在留置场所外获取之讯问笔录能否作为证据使用，是否需要补正。再如，刑事诉讼法规定询问证人要分别进行，而监察法同样没有明确规定。详细规则的缺失导致了监察程序与诉讼程序间的衔接障碍，也使得对监察权缺少了应有的制约。

本次刑事诉讼法修改应当体现对于监察权之规制。具体应当增加条文，明确规定检察院、法院对于监察机关移送之案件，应当依照刑事诉讼法审查和判断证据。将调查程序纳入刑事诉讼法规制范围。况且监察法第 33 条第 2 款已明确规定：“监察机关在收集、固定、审查、运用证据时，应当与刑事审判关于证据的要求和标准相一致。”只是该规定相对笼统，何为刑事审判证据要求并不明确。因此，需要刑事诉讼法的进一步确认和细化。除此

① 参见《刑事诉讼法（修正草案）》（征求意见稿）；《关于开展法律援助值班律师工作的意见》。

② 参见陈光中、邵俊：《我国监察体制改革若干问题思考》，载《中国法学》2017 年第 4 期。

③ 参见陈光中：《关于我国监察体制改革的几点看法》，载《环球法律评论》2017 年第 2 期；汪海燕：《监察制度与〈刑事诉讼法〉的衔接》，载《政法论坛》2017 年第 6 期。

之外，应当增加条款：监察人员利用职权实施的非法拘禁、刑讯逼供等犯罪，可以由检察机关立案侦查。同时规定监察人员就证据收集合法性出庭说明情况的义务。

（三）对现代科技进步回应不足

现代科技进步和人工智能时代的到来，为司法事业的发展提供了重大机遇和广阔前景。在当前的互联网时代，“互联网+”深刻地改变着人类社会发展的方方面面。全国四级法院和检察院都在积极实施科技强院、智慧法院、智慧检察院建设。积极研发智能化办案辅助系统，对传统的纯人工的面对面的办案模式产生了极大的影响。例如，上海大力推动刑事案件智能辅助办案系统“206 工程”，庭审语音转换技术、互联网传输远程开庭技术、远程证人作证技术、证人作证隐蔽技术等，都使庭审突破了传统模式，迎来了科技智能辅助庭审的新机遇。一方面，改变了传统纸质的举证质证模式，有效地促进了证人出庭，大大地提高了审判效率；另一方面，现代科技对刑事辩护活动也带来了深远的影响。①

刑事诉讼法应当紧随科技之进步，不断完善相关内容。例如，证人出庭率过低一直是困扰司法实践的一大难题，而证人出庭不便或成本过高是主要原因之一。互联网远程视频作证的方式在多年前即已试行，而现在技术更加完善。本次刑事诉讼法修改，可增加远程视频的作证方式，促进证人出庭率的提升。相信随着科技的不断进步，会有更多的先进技术被引入到刑事诉讼法中来，充实和完善刑事诉讼制度。

① 参见叶青：《现代科技对刑事辩护的影响及对策》，载《上海法制报》2018 年 4 月 25 日。

我国刑事缺席审判制度若干问题研究

王敏远*

刑事缺席审判制度是对特殊刑事案件中未出席法庭审判的刑事被告人所设置的为解决其刑事责任问题的特殊审判程序。从某种意义上可以说，《刑事诉讼法修正案（草案）》（以下简称《草案》）所规定的这项制度，于我国刑事司法制度而言，基本属于“无中生有”的全新的制度。2012 年修改后的刑事诉讼法第五编规定的违法所得财产的没收程序虽然也是针对特殊案件中被告人缺席的一种审判制度，但其所要解决的是违法所得财产的没收问题，而非直接解决被告人的刑事责任问题；而我国刑事诉讼中已有的针对因死亡而缺席审判的被告人刑事责任的程序，如第 15 条第 5 项规定的（审判阶段）犯罪嫌疑人、被告人死亡的案件，应终止审理或宣告无罪，以及刑事诉讼法所规定的审判监督程序等，其中也包含了被告人如因生效裁判确有错误而可以通过再审予以平冤，但对这些特殊案件的缺席审判却并无具体的特别程序规定。因此，《草案》所规定的缺席审判可以说是一项全新的制度。鉴于以往的刑事诉讼理论和实践均对刑事缺席审判制度缺乏必要的认识和探讨，因此我们对其中的相关问题展开研究，以期有助于我国刑事缺席审判制度构建的品质的提升。

刑事缺席审判制度不仅是我国的一项全新的制度，而且还是一项因被告人缺席而导致有“天然缺陷”的制度。为此，我们需要系统探讨如何弥补、减少其所固有的“缺陷”所产生的问题；深入分析问题的性质，并探索予以妥善应对的方法，以防止新增设该项制度的初衷走偏，避免制度设计留有隐患，实践效果走样。

关于刑事缺席审判问题的探讨，我们在此将从三个方面展开：一是界定《草案》新设的刑事缺席审判制度的主要内容，以明确这项制度究竟“是什么”的问题；二是说明增设这项制度的基本动因，以认识“为什么”增设这项制度的问题；三是对新增设的这项制度进行学理分析，以解决其所面临的相关问题。

一、界定刑事缺席审判的主要内容

界定刑事缺席审判的主要内容，旨在解决该项制度是什么的问题，这是我们探讨刑事缺席审判制度的其他相关问题的前提。关于这个问题，我们的分析将以《草案》的相关规定为基础，主要从三个方面展开说明，即刑事缺席审判的含义、刑事缺席审判的类型和刑事缺席审判的特点。

---

* 作者简介：王敏远，浙江大学光华法学院教授。

（一）刑事缺席审判的含义

明确刑事缺席审判的含义，旨在通过梳理刑事缺席审判的内涵以确定其宗旨。概括而言，刑事缺席审判是指在特定的刑事案件中对不在场的刑事被告人所进行的特殊审判，以解决其刑事责任问题。关于其含义，有三个方面的内容需要进一步叙述，即特定的刑事案件、被告人审判时不在场、适用特殊程序进行审判。

首先，所谓特定的刑事案件，是指法律所规定的可以适用缺席审判的特殊刑事案件。笔者认为，之所以应对可以适用缺席审判程序的刑事案件的范围作专门规定，旨在强调刑事缺席审判程序的特定性，以避免扩大适用于其他类型的刑事案件。因此，也可以将此确定为刑事缺席审判的法定原则，即除法律所规定的特殊案件之外，其他刑事案件均不得适用缺席审判。

其次，被告人审判时不在场，是指对特定的刑事案件中的刑事被告人，因法定事由而未到庭参加法庭审判的情形。对此加以说明旨在区别被告人因违反法庭秩序而被暂时带离法庭的情况。显然，这只是在法庭审判的某个阶段被告人不在场，并不属于其在整个庭审过程中都不在场的缺席审判。

最后，所谓适用特殊程序进行审判，是指对被告人缺席的刑事案件应采用不同于普通程序进行审判。这里所说的特殊程序不仅是指法庭审理过程中应当采用的特殊程序，而且包括开庭审理之前所适用的特殊程序，如开庭前应当对被告人采取发传票等措施，只有在这之后仍不到案才能对该缺席的被告人进行缺席审判；并规定这类案件应由犯罪地或被告人居住地的中级人民法院审理。程序的特殊甚至延续到缺席审判之后，即为其设置专门的“重新审理”的程序。例如，在缺席审判过程中“潜逃”的被告人到案或裁判生效后该被告人到案但对缺席审判提出异议的，为此需要重新审理。[①] 由此可见，缺席审判所采用的特殊程序涉及的范围很广，刑事缺席审判制度因此是一整套的程序规定，而并不仅限于法庭审理过程中某些特殊的程序规范。

（二）刑事缺席审判的类型

梳理刑事缺席审判的类型，是为便于区分不同案件类型的刑事缺席审判，并据此确定相应的程序。根据《草案》的规定，刑事诉讼主要有三种类型的缺席审判，即：贪贿等案件中刑事被追诉之人潜逃境外，经送达传票和起诉书副本，其未按要求归案的，或者被告人虽已死亡但有证据证明其无罪的，以及因被告人患严重疾病以至于无法出庭中止审理（超过六个月），其本人及其法定代理人申请或者同意在被告人缺席的情况下继续审理的。当然，根据划分的不同标准，对刑事缺席审判还可以做另一种分类。例如，根据是否旨在追究缺席审判的被告人的刑事责任的差异，可以将《草案》规定的缺席审判分为两类，其中，对潜逃贪官等的缺席审判属于典型的旨在追究其刑事责任的缺席审判；因被告人患严重疾病而对其进行的缺席审判，应该属于旨在追究其刑事责任的类型。对被告人死亡但有

---

① 《草案》如此规定，根据的是国际惯例，我国2000年制定的引渡法的规定与此相同。该法第8条第8项规定，请求国根据缺席判决提出引渡请求的，应当拒绝引渡。但请求国承诺在引渡后对被请求引渡人给予在其出庭的情况下进行重新审判机会的除外。当然，我国与其他国家签订的双边引渡条约大都有此规定。

证据证明其无罪的，法院经缺席审判予以确认的，则是旨在为冤屈的被告人平冤昭雪。

需要说明的是，被告人虽已死亡但有证据证明其无罪而需要缺席审判的案件，包括两种情况。一种是《草案》新增的刑事诉讼法第297条第1款的情形，即在普通刑事案件的审理过程中被告人死亡，但有证据证明被告人无罪的，法院经缺席审理确认无罪；另一种则是该条第2款所规定的，法院按照审判监督程序重新审判的案件，被告人死亡的，法院可以缺席审理，依法作出判决。对于第二种情形，《草案》虽然没有明确规定也是适用于被告人无罪的情形，但根据现行刑事诉讼法第15条的规定，可以确定其含义。该条第5项规定，被告人死亡的，法院应当裁定终止审理。以此类推，对被告人死亡的案件，若旨在追究其刑事责任，则根本就不能提起审判监督程序。因此，对已经死亡的被告人进行再审只能是为其平冤昭雪。这正是实践中被告人死亡的刑事再审，只能看到冤案平反（如呼格吉勒图案、聂树斌案）这样的案例的原因。

对这三种不同类型的缺席审判，因为其所面临的问题存在差异，因此需要规定适用不同的程序。而且，即使是同一类型的缺席审判，还可以做进一步的区分。例如，由于患严重疾病以至于无法出庭的原因而中止审理，超过六个月被告人仍无法出庭的，《草案》规定，被告人及其法定代理人申请或者同意继续审理的，法院可以缺席审理，依法作出判决。显然，这样的程序设置与对外逃贪官的缺席审判并不相同，不能混淆。

明确刑事缺席审判的含义可以使我们将缺席审判区别于适用普通程序的审判，而认识刑事缺席审判的三种不同案件类型，可以使我们认识到虽然都是刑事缺席审判，但是不同类型的刑事缺席审判各有其特定的功能和特殊的需要以及应适用不同的程序。当然，基于《草案》对刑事缺席审判的规定主要集中于一种类型，即集中于潜逃贪官的缺席审判，① 因此我们在此的研究对这种类型的缺席审判关注更多。

（三）刑事缺席审判的特点

刑事缺席审判的特点，就是刑事缺席审判相对于其他审判程序所显示的特质。根据参照系的不同，我们可以从不同方面分析其不同的特点。在此，我们选择的参照系有三个：刑事普通程序的审判、民事缺席审判以及其他有关国家的刑事缺席审判，据此我们可以梳理《草案》所规定的刑事缺席审判的相关特点。

第一，相对于普通刑事审判程序，缺席审判的最基本特点是被告人未出席法庭审判。普通刑事审判程序即"在席审判"（亦可称为"对席审判"），这是最普遍的审判方式。审判时原被告均应到场，自古就是审判的前提和基础。这就是古人所说的："两造具备，师听五辞。"而在现代刑事诉讼中，尤以被告人应当到场为要。审判时被告人到场的意义，在现代刑事诉讼中包含两个方面。从审判者的角度而言，审判时被告人到场是被告人应当履行的义务，为此，如果其逃避审判，就需要强制其出庭受审；而从被告人的角度来说，根据联合国人权公约的规定，被告人出席法庭审判，是其基本权利，② 因此不能剥夺。刑事诉讼中的被告人的诉讼权利、诉讼行为已成为现代刑事诉讼进程的重要内容，审判的进程也需

① 《草案》关于缺席审判所增加的刑事诉讼法条文共有7条，其中有5条是关于外逃贪官的缺席审判的规定。

② 《公民权利和政治权利国际公约》第14条所规定的主要是关于刑事被告人的权利，其第3款（丁）规定：（被告人有权）出席受审并亲自替自己辩护或经由他自己所选择的法律援助进行辩护……

要以其诉讼权利的行使（包括积极参与法庭调查、法庭辩论等）为依据。这两个方面的特点表明，审判时被告人到场，不论是作为义务还是作为权利都十分重要，而其缺席则意味着将使审判面临严重的缺陷。由此可见，相对于“在席审判”，被告人缺席这个特点决定了缺席审判是天然有缺陷的审判制度。

明确认识到这个特点，我们就应当在制度设置及其运行中想方设法加以弥补，以减少因其缺陷所带来的对公正审判所造成的损害。例如，《草案》第 25 条关于刑事诉讼法第 293 条关于缺席审判的被告人应有辩护律师的规定，应适用于所有类型的刑事缺席审判，就是弥补该制度的天然缺陷所不可或缺的。

第二，相对于民事缺席审判，刑事缺席审判的特点较多。例如，在刑事诉讼中，公诉案件并不存在控方“缺席”而作出缺席审判的制度设置；而民事诉讼中的缺席审判，虽然主要是针对被告缺席的情况，但是，也可以包括原告缺席的情况。[①] 又如，为解决私权纠纷的民事诉讼，审判时被告人不到庭，关涉的主要是权利放弃，因此，相对于刑事缺席审判仅限于极少数特定的案件，民事诉讼中的缺席审判涉及范围广泛，只有极少数必须强制其出庭的案件中的被告，[②] 才规定（依据民事诉讼法第 109 条）经两次传票传唤，无正当理由拒不到庭的，可以拘传。而在刑事诉讼中，被告人均应到庭，为此可以采取强制措施迫使其到庭接受审判。最重要的是，民事诉讼旨在解决民事纠纷，由民事审判的功能所决定的当事人缺席而放弃诉讼权利对司法公正的影响与刑事诉讼截然不同。在刑事审判中，被告人出庭接受审判既是一种义务，也是一项基本权利，而对其缺席审判，使审判中的控辩关系失衡加剧，极易导致审判的不公正。与民事缺席审判相比较的这个特点表明，刑事诉讼中的缺席审判，不论是制度设置还是实践运行，均应更加慎重。

第三，就旨在追究被告人的刑事责任的缺席审判来说，相对于其他国家，《草案》规定的刑事缺席审判制度的特点很是显眼。主要体现在两个方面：一个是其所针对的犯罪案件的差异。《草案》规定的对潜逃贪官的刑事缺席审判所针对的主要是重罪。显然，如果只是轻罪，潜逃境外且需要动用缺席审判程序予以追究的概率应会比较小。而其他保留刑事缺席审判的国家，其主要适用于轻罪，[③] 与我国反差明显。相对于其他国家的刑事缺席审判，《草案》规定的刑事缺席审判的另一个特点是，除非因患有重病而不能出席法庭审判，旨在

---

① 当然，民事诉讼中的原告缺席与被告缺席对审判的影响并不相同，不仅缺席判决作出的条件不同，而且条件不满足时作出的判决种类也不相同。这种不同是基于对双方当事人利益的一种衡平和保护。参见屈万举、索站超：《缺席审判制度的比较分析》，载《天津法学》2015 年第 3 期。

② 最高人民法院于 1992 年颁布的《关于适用〈中华人民共和国民事诉讼法〉若干问题的意见》第 112 条规定，民事诉讼法第 100 条规定的必须到庭的被告，是指负有赡养、抚育、扶养义务和不到庭就无法查清案情的被告。

③ 例如，德国刑事诉讼法第 232 条（缺席审理）规定，对被告人缺席审理的，以预期仅单处或者并处 180 日以下的日额罚金、保留处刑的警告、禁驾、收缴、没收、销毁或者废弃为限。在此程序中不允许判处更高的刑罚或者科处矫正及保安处分。又如，日本刑事诉讼法原则上禁止缺席审判（第 286 条），只有在特定情况下，如果法院认为被告人的到场对保护其权利无关紧要时，可以许可被告人在公审期日不到场（第 285 条第 1 款）。再如，法国刑事诉讼法第 410-1 条规定，如果被告人不出庭，且其当处的刑罚为 2 年或 2 年以上监禁刑的，法庭得命令案件另期审理；芬兰刑事诉讼法第 13 条规定，除非被告人到庭亲自参加主庭审程序，被告人不得被判处监禁刑……仅允许对轻罪进行缺席审判的还有奥地利（刑事诉讼法第 427 条）等国家。也有的国家则完全禁止缺席审判，如乌克兰刑事诉讼法第 280 条第 2 款规定，如果被告人逃避审判或者患病而导致不能进行法庭审理的，法庭应当中止对其的审理直至其被缉获或者病愈；又如，阿根廷刑事诉讼法第 367 条规定，被告人逃逸的，法院应当命令延期审判。

追究被告人刑事责任的缺席审判，无须被告人同意。① 从这两个特点可以看出，我国正在建构的旨在追究被告人刑事责任的缺席审判制度，其严厉性比较突出。因此，在该项制度中对权利保护的重视也需要格外重视，否则因权利保障不力而导致的对国际认可度的不利影响，将使增设缺席审判而加强“追逃”的立法宗旨难以实现。

明确刑事缺席审判的含义，梳理刑事缺席审判的类型，认识刑事缺席审判的特点，有助于我们全面深刻地把握我国刑事缺席审判的内涵、外延及其本质特征，为后文的论述奠定基础。

二、增设刑事缺席审判的主要动因

立法动因，就是创立法律的动机、宗旨。《草案》增设刑事缺席审判是一项影响重大的改革，必有其特定的动因。认识这项改革的动因是理解和分析这项制度的重要基础。全国人大常委会法制工作委员会沈春耀主任在第十三届人大常委会第二次会议上对《草案》所作的说明，关于增设刑事缺席审判制度的缘由，主要针对的是追逃贪官的缺席审判，即增设缺席审判基于高度重视反腐败和国际追逃追赃的需要。对这个立法动因究竟应如何认识，需要分析；并且针对不同类型的刑事缺席审判，制度设计的动因并不相同。因此，我们需要针对不同类型的刑事缺席审判制度，对建构动因做进一步的具体分析。

就确有证据证明无罪，因而需要对已经死亡的被告人进行缺席审判而言，不论是裁判已经生效之后的冤案平反，还是已被起诉但审判尚未终结的声名昭雪，其基本动因都是基于被告人的权利保护。在错误追究（已经提起公诉）之后，如果有证据证明被告人无罪，那么被告人健在，当然应通过审判宣告其无罪；而被告人死亡的，也应还其清白。而发现对被告人定罪的生效裁判确有错误之后，符合审判监督程序提起的条件，即使被告人已经死亡，当然也应通过缺席审判予以平反。认识到这个动因，对于我们分析这类缺席审判的相关程序的设置来说具有基础性的意义。对此，后文还将进一步论述。

被告因患有严重疾病而不能出席庭审的缺席审判，其立法应基于两个方面的考量，一是被告人权利保护的需要；二是基于审判效率的需要。然而，从立法的角度考察，权利保护的需要应更具有基础性的意义。因此，只有在被告人及其法定代理人申请或者同意继续审理的前提下才能对此类案件进行缺席审判。

对于外逃贪官的缺席审判，则是为了有效地惩罚犯罪，使其不能因逃至境外而逃脱刑事追究。但这个立法动因应仅限于追究外逃贪官的刑事责任，而非追赃。这主要是因为2012 年修改后的刑事诉讼法已经设立了非法所得的没收程序，可以满足对外逃贪官案件的

① 《美国联邦刑事诉讼规则》第 43 条（b）关于被告人无须到庭的情况所作的规定：可被判处罚金或 1 年以下监禁或二者并处的犯罪，经被告人书面同意法庭允许在被告人缺席的情况下，进行传讯、答辩、审理与科刑。当然，也有国家规定的缺席审判无须被告人的同意，如意大利刑事诉讼法（第 488 条的规定）。

追赃需要，无须再设置新的缺席审判制度。①

当然，对于外逃贪官的缺席审判制度的实际效果也应予以进一步分析。一方面，经缺席审判而作出的有罪判决在追逃方面的作用有限，在我国与其他国家签订的引渡条约中，对缺席审判大都持疑虑态度，② 原因就在于此。因此，其实际效果很可疑。另一方面，更重要的是，通过“国际通缉令”将外逃贪官缉捕归案的效果十分显著，③ 而其程序显然比通过缺席审判而追逃更便捷。最重要的是，在我国与多数国家尚未建立引渡条约的背景下，存在与其他国家的法律条文、政治标准等矛盾的情况下，通过国际刑警组织发出的红色通缉令及其提供的协助可以简化抓捕程序，切实提高追逃和反腐的成效。因此，我们不应对缺席审判制度在追逃方面可能达到的效果持过高的期待，而应持谨慎的态度。

三、相关问题之学理分析

关于刑事缺席审判制度，由于我国尚无相应实践，所以对此的研究目前只能是基于对学术原理的分析。通过这种分析，使我国刑事缺席审判制度的建构能够得到学理方面的支撑，促进制度建构质量的提高，并对实践运行产生积极意义。我们将从以下两个方面对《草案》规定的刑事缺席审判制度进行分析，一是应当严格限制旨在追究潜逃的被告人刑事责任的缺席审判；二是进一步完善为平冤昭雪而设置的缺席审判。

（一）严格限制对潜逃的被告人适用缺席审判

之所以强调应当严格限制对潜逃的被告人适用缺席审判，主要基于两个原因：其一，如前所述，旨在追究刑事责任的缺席审判是有天然缺陷的审判制度，被告人在对席审判中的权利，因缺席而缺失且难以完全弥补，这对公正审判将造成现实的威胁。因此，若非迫不得已，不应适用。其二，缺席审判在实践中易于演变为对刑事诉讼的基本原理、基本原则、基本制度形成冲击甚至损害，因此应当严格限制适用。

当然，重要的不仅是确立严格适用此类缺席审判的基本理念，而且应当对如何严格适用做进一步的分析。笔者认为，既需要在立法上严格限制适用缺席审判的案件范围，也需要在实践中严格控制缺席审判的适用。所谓在实践中严格控制适用缺席审判，比较易于理解。即，一方面，严格按照法定的条件适用缺席审判，绝不搞扩大适用或者违反程序限制

---

① 2012年刑事诉讼法第五编增设的“犯罪嫌疑人、被告人逃匿、死亡案件违法所得的没收程序”正是为了适用于包括因贪官外逃而需要追赃在内的相关特殊的没收非法所得财产的情况。参见郎胜主编：《中华人民共和国刑事诉讼法修改与适用》，新华出版社2012年版，第485页；另参见张军、江必新主编：《新刑事诉讼法及司法解释适用解答》，人民法院出版社2013年版，第438页。2017年1月开始实施的最高人民法院、最高人民检察院《关于适用犯罪嫌疑人、被告人逃匿、死亡案件违法所得没收程序若干问题的规定》（第23条）明确规定，违法所得或者其他涉案财产在境外，受理没收违法所得申请案件的人民法院经审理裁定没收的，应当制作没收令以及协助执行没收令的请求函，层报最高人民法院后，由最高人民法院依照刑事司法协助条约、多边公约，或者按照对等互惠原则，向违法所得或者其他涉案财产所在地国（区）的主管机关请求协助执行。

② 例如，《中华人民共和国和西班牙王国引渡条约》（2005年）第3条关于应当拒绝引渡的理由作了这样的规定：有下列情形之一的，应当拒绝引渡：……（7）请求方根据缺席判决提出引渡请求，并且没有保证在引渡后重新进行审理。

③ 据2018年4月22日“中国新闻网”报道，中国公布“红色通缉令”名单满三年，潜逃在外的百名嫌犯有52人归案。随着中国追逃追赃“成绩单”不断刷新，腐败分子携款外逃事件的发生率呈断崖式下降。

条件的适用；另一方面，则应只是在迫不得已的情况下才考虑通过缺席审判来解决特定案件中被告人潜逃的问题。应当看到刑事缺席审判并非是治理“外逃贪官”一用就灵的良方，因此如果采用“国际通缉令”的方式就能解决的，就不应采用缺席审判的方式。同时，应当确定如果只是为了跨境追赃，也完全可以通过刑事诉讼法已经规定的违法所得财产的没收程序解决，没有必要采用缺席审判的方式。

我们在此需要重点讨论的是从立法上如何严格限制适用缺席审判的案件范围。为此，需要对《草案》第25条关于刑事诉讼法第291条规定的案件范围以及其他相关条文的规定从立法上做进一步的限制。

首先，第291条的规定中不应再以“等犯罪案件”的方式允许在适用这类缺席审判时扩大适用范围。[①] 笔者认为，基于加强反腐的立法动因而设置这类缺席审判，只能严格适用于贪污贿赂案件，而不应扩大适用于其他刑事案件。另外，《草案》（二读稿）关于缺席审判的适用增加了“严重的危害国家安全犯罪、恐怖活动犯罪案件”，但对这两种案件适用缺席审判时规定了严格的程序限制，即经过最高人民检察院的核准。

其次，对可以适用缺席审判的逃出境外的犯罪嫌疑人、被告人，其含义也应做严格限制，即虽然其潜逃境外，但应明确知晓其潜逃何处。这里所说的潜逃不应包括其潜逃后“失踪”的情况。由于失踪包含两种含义，不知所踪以及不知死活，而不管是其中的哪种情况，都意味着被告人可能已经死亡，根据现行刑事诉讼法第15条的规定，被告人死亡的将不能再追究其刑事责任。因此，潜逃的贪官若是失踪，就不可适用缺席审判制度。如果涉及其违法所得财产的没收问题，可以通过“违法所得财产的没收”这一特别程序解决。

（二）进一步完善为平冤昭雪而设置的缺席审判

如果说旨在追究被告人刑事责任的缺席审判“天然”存在缺陷的话，那么旨在为死亡且有冤屈的被告人平冤昭雪的缺席审判“天然”具有积极意义，这样的被告人未能出现在审判法庭的缺憾，因为这种缺席审判旨在平冤昭雪的目的而被弥补。显然，能够告慰已经死亡但有冤屈的被告人的，唯有通过缺席审判还其清白。因此，对《草案》规定的这类案件的缺席审判的价值应予以充分肯定，并需要研究如何进一步完善，以使其积极意义得到更加有效的发挥。

笔者认为，应当对适用这类缺席审判的条件予以修改完善。《草案》第25条关于刑事诉讼法第297条的规定，对遭受错误追究（被错误起诉）或者被误判有罪（被错误认定有罪）之后，适用缺席审判予以平反的条件并不相同。前者仅限于“确有证据证明无罪”，而后者则是根据审判监督程序，即生效裁判确有错误。这种根据诉讼的不同阶段而对旨在平冤昭雪的缺席审判的条件所做的区别，对于充分发挥缺席审判在平冤昭雪方面的积极意义将产生消极影响。

对已经死亡的被告人，发现生效裁判对其错误定罪，这些年来通过启动审判监督程序予以平冤昭雪的，并不仅限于确有证据证明其无罪的情况。除了“真凶再现”（如呼格吉

---

① 《草案》（一读稿）中规定：“对于贪污贿赂等犯罪案件，犯罪嫌疑人、被告人潜逃境外，监察机关移送起诉，人民检察院认为犯罪事实已经查清，证据确实、充分的”，法院可以对其缺席审判。其中的“等”字为缺席审判的适用范围失控留下了隐患。好在二读稿中删掉了“等犯罪案件”，而代之以明确的案件范围限制。

勒图案）这样的无罪证据确实，因而通过缺席审判的再审予以平冤昭雪的，对其他一些案件，如定罪证据存在严重问题且存在“疑似真凶”的聂树斌案等也予以平冤昭雪。确实，纠正冤错案件并不应仅仅以“有证据证明无罪”为前提，而应当以定罪的生效裁判确有错误为条件。显然，“有证据证明无罪”只是定罪的生效裁判确有错误的一种情况，而非全部情况。就此而言，《草案》的规定并无问题。然而，对法院正在审理的案件，如果公诉方的指控存在严重的质量问题，诸如案件事实不清，证据的不确实、不充分等严重问题，法院经过审理，原本应根据疑罪从无的法律规定（刑事诉讼法第195条第3项）宣告被告人无罪，却因审理过程中被告人死亡因而终止审理，使其不能得到无罪判决，而只能在“有证据证明被告人无罪”的情况下才能经缺席审理确认无罪。这样的规定明显使这类旨在平冤昭雪的缺席审判条件限制过于严苛。笔者认为，应当对此类案件适用的条件作出修改，应修改为：对正在审理过程中被告人死亡而刑事指控确有错误，人民法院经缺席审判确认应当宣告无罪的，应当依法作出判决。

当然，需要研究的还有其他一些问题，限于篇幅，难以在此论述。例如，对由于患严重疾病以至于无法出庭而中止审理（超过6个月被告人仍无法出庭的，被告人及其法定代理人申请或者同意继续审理）的案件所进行的缺席审判，如果认定有罪，法院可以对被告人作出判决所能适用的刑罚，应在刑种和刑期等方面作出相应的限制。可以肯定的是，这类缺席审判绝不应允许判处无期徒刑、死刑之类的刑罚，而其所能判处的刑罚究竟应如何具体限制是个复杂的问题，难以在此展开论述。

新时代刑事申诉检察工作研究及改革设想

陈　涛　卢一凡　张黎明*

日本法学教授小岛武司曾说：国家要授予公民真真切切的实体权利，就必须在救济程序上做足十二分研究。① 刑诉法第243条规定检察机关享有对法院生效裁判的抗诉权，受抗诉的法院必须重新审理。尽管该程序在一定程度上给申诉人提供了救济机会，但刑诉法相关司法解释有关刑事申诉程序的规定少且笼统，相对于国家赔偿工作机制而言缺乏有针对性的制度设计，导致许多合理申诉不能进入再审程序，因而冤假错案不能得到及时纠正。正如陈永生教授所言："可以说所有的冤案受害人都向司法机关请求平反，但没有一起案件是由受理机关根据申诉人的请求而主动救济的。"②

因此，在谈及我国刑事申诉程序改革时，就应当将其纳入诉讼化轨道，让申请抗诉成为我国审判监督程序的组成部分。申诉是发起再审的前提条件，它在审判监督制度中的地位与日俱增。刑事申诉程序改革是一场诉讼程序创新，最根本的是要修订立法，同时与其他相关配套制度一起，共同发挥解决社会矛盾的作用。尽管刑事申诉程序改革后在一定程度上损害和限制了检察机关工作的灵活性和自由裁量权，但比起权力滥用，笔者认为这种牺牲是必要的。③

一、确立"一事不再理"原则

刑事申诉程序改革应当将"一事不再理"（又叫"禁止双重危险"）设立为基本的诉讼原则。在我国相当长的时期里，旧有的刑事申诉程序带来的负面效应与司法实践当中的"不枉不纵"的落后司法理念不无关系。④ 这种泛化了的"实事求是"思想单纯强调实体结果公正，掩盖了国家追诉权的恣意行使，致使惩罚犯罪与保障人权之间出现了严重失衡。按照"有错必改"的原则，体现在立法层面上，司法机关在发现已生效裁判"确有错误"时，无论何时何地、对被告人是否有利，为了追求实体真实都必须发起抗诉。程序存在缺陷，反过来对实体正义产生负面影响；从人权保障角度看，司法机关在追求实体正义的同

* 作者简介：陈涛，陕西省人民检察院控申处处长；卢一凡，陕西省人民检察院控申处检察官助理；张黎明，西北政法大学2014级法律硕士。

① ［日］小岛武司著：《诉讼制度改革的法理与实证》，陈刚、郭美松等译，法律出版社2001年版，第59页。

② 叶竹生：《冤案难昭雪的制度性障碍》，载《南风窗》2013年第488期。

③ 王利民：《司法改革研究》，法律出版社2001年版，第485页。

④ 李静：《刑事再审程序中重复追诉问题研究》，中国政法大学2009年硕士学位论文。

时，鲜有顾及被告人权利。被判刑人可能因同一犯罪行为被司法机关“没完没了”地追诉。[①] 因此，要实现打击犯罪与保护人权之间的价值平衡，就应当顺应国际大趋势，引入“一事不再理”。

二、规范申诉主体行使申诉权的顺序

申诉权具有诉权的特征，首先应由当事人和法定代理人行使。倘若他们对已生效裁判结果无异议，则法律推定他们自动放弃了诉权，其近亲属无权代为申诉。

法律对申诉主体的权利行使顺序无任何限制，以致在实务中造成诸多不便。因此，笔者建议立法上可以借鉴国外立法经验，以立法的形式确定申诉主体行使申诉权的顺序，赋予当事人拥有排他性的申诉权，具体如下图所示：

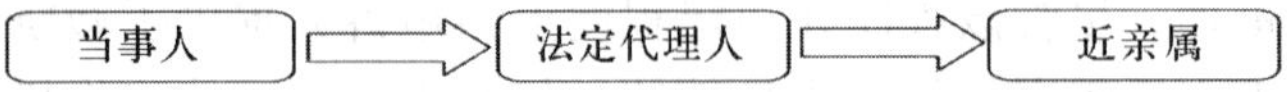

申诉主体行使申诉权的顺序

同一案件在检察系统被查出多次申诉的，当事人本人是第一顺位权利人，受理机关首先以当事人的申诉作为受理的依据；其次根据与案件关系的密切程度：法定代理人作为第二顺位权利人，在第一顺位权利人去世或无申诉条件而无法申诉时，检察院才可以受理第二顺位权利人的申诉；如果前两者都去世或无申诉条件的，其近亲属作为第三顺位权利人才有申诉权。此时又可能会出现新的问题，即当事人的近亲属有多人，分别提出申诉请求时，检察机关该受理哪一位近亲属的申诉?[②] 笔者认为，此时应当由检察院根据当事人亲疏关系的远近程度来指定，首先是与当事人共同生活的家属，如当事人的配偶、父母、子女；其次是同胞兄弟姐妹等。该规定有效地避免了其他近亲属违背当事人的意愿，同时可以减少就同一案件重复申诉的行为。

三、申诉理由、时效及次数再设计

刑诉法规定的申诉理由太过模糊，可操作性差。但《人民检察院复查刑事申诉案件规定》（以下简称《复查规定》）第 47 条列举的检察院必须抗诉的 10 种情形对申诉理由规定得非常具体、明确。笔者建议可以将其上升到法律的高度，同时按照对被告人是否有利的申诉，将申诉理由、时效及次数作出不同规定，详见下文具体阐述。

（一）申诉理由再设计

笔者根据各国再审申诉理由的法律规定，并结合我国司法现状，设计如下申诉理由：

检察院对申诉人的抗诉请求应有一个前置程序，审查申诉理由与法定事由是否相符。对不符合的，应当裁定驳回以体现生效裁判的安定性。申诉理由作为检察机关受案的必备

---

① 姚剑波：《终局性规则下的利益平衡——关于刑事诉讼一事不再理原则的比较研究》，载《比较法研究》2000 年第 4 期。

② 周洪波、周清水：《我国刑事申诉制度的反思与完善》，载《法学杂志》2009 年第 5 期。

缘由，立法上应作出明文规定，且要具体、明确。笔者将申诉事由划分为事实真相和证据、引用法律条款和诉讼程序四个方面。首先，在认定原案事实真相和证据方面，如原裁判认定的事实与真相有较大出入，采信的证据是伪造的；发现新的证据推翻原案认定事实的；非法证据未经排除等。其次，在法律适用方面，主要包括因引用的法条错误导致定罪量刑错误的；量刑畸轻畸重。再次，在诉讼程序方面，如违反有关规定应当回避的没有回避、人民陪审员参与审理人数过多、剥夺或限制当事人行使辩护权等。有学者提出，单纯的以程序严重违法为由申请再审，而不涉及实体问题，再审作出与原审同样的裁判似乎没有实际意义。① 陈光中教授对此予以驳斥："因程序违法而启动的再审，看似无实际意义。实则宣扬了程序价值。"② 最后，司法工作人员的渎职行为，如收受当事人财物有徇私舞弊或枉法裁判行为等，对案件公正处理有重大影响的。

（二）附条件限制申诉时效及次数

笔者建议以再审申诉是否有利于被判刑人为标准，设置申诉时效。从保护被害人权益、追究犯罪的角度看，一方面有利于督促被害人及时行使权利，便于检察机关提早办案，防止案件久拖不决。另一方面有利于及时复查取证。在证据灭失后再进行复查，会浪费大量司法资源，最终劳而无获。从被告人人权保障角度看，有利于检察机关集中精力处理当前确有错误的案件及时救济无辜。在申诉时效的具体构造上，笔者认为，对不利于被判刑人的申诉时效，可以参考刑诉法中有关追诉时效的规定，并将其高度上升到法律层面。即对于可能判处 10 年有期徒刑以下的案件设立 2 年申诉时效；对 10 年以上的可以适当延长，同时允许申诉时效中止、中断等特殊情形。如果被害人一方在规定的时效内没有行使申诉权，则视为权利人已经放弃了救济权。

四、刑事申诉管辖再设计

在刑事申诉案件的管辖设计上，笔者提出三点提议：首先对法检分工不明的问题，可以设立共享信息网络平台，实现信息之间的交换；法检两机关合理分工，利用大数据技术建立申诉案件信息网络平台。为了避免同一案件被交叉受理和重复受理引发的浪费司法资源。检察院、法院可以利用信息平台及时掌握申诉案件受理情况，加强沟通，防止当事人多头申诉。案件当事人及其近亲属在向检察机关递交申诉材料时，检察机关接待窗口的工作人员一定要关注案件是否经过法院的复查。只有在法院复查被驳回申诉或维持原判决裁定的，检察机关才可以在法院已经复查并作出决定的基础上再次进行受理、复查。这样申诉人就多获得了一次救济机会，在司法机关之间的监督工作机制中又设立了一道保护当事人合法权益的法律监督屏障。③

---

① 陈德锋：《论不利于被告人的再审程序提起之合理规制》，华东政法大学 2006 年硕士学位论文。

② 陈光中：《刑事再审与人权保障》，北京大学出版社 2005 年版，第 194 页。

③ 张珂：《论刑事再审程序》，华东政法大学 2015 年硕士学位论文。

五、复查程序透明化

笔者建议对《复查规定》进行完善，建立以“最大限度保护刑事申诉权”为原则的受理和立案复查程序,[①] 对重大、疑难、复杂的案件采用召开听证会的方式。同时提高法律文书的规范性，增强说理性内容，严格落实“两见面”制度，从而提高《复查规定》的可操作性。让刑事申诉复查程序更加体现维护公平正义和全面保护当事人合法权益的执法理念，为刑事申诉程序提供更有效的救济途径。[②]

（一）拓宽审查方式

检察院申诉部门的检务人员在审查刑事申诉案件时不能简单地做书面审。更要加强和申诉人的沟通与交流，落实“两见面”制度，让申诉人把心里的不快和怨气发泄出来，让他们感受到检察院是人民倾诉心声的乐园，体现了检察机关“为民”的执法观。[③]

（二）规范法律文书，增强说理性

法律文书要规范需在三个方面予以完善。首先，在答复阶段，检察机关在公开答复前要对法律文书认真编写，不允许出现内容和文字错误，以体现检察机关法律文书的严肃性。对于申诉人提出的生效裁判存有瑕疵，但对判决、裁定无实质性影响的，在申诉处理决定书中予以说明。其次，增强法律文书的说理性。实践中申诉人的申诉请求不予支持的处理决定占到了全部刑事申诉案件的95%以上。[④] 为使申诉人不因申请被驳回而重复申诉，检察干警要对法律文书做好释法说理和一对一答复工作。对申诉人可能有的反应要做足准备，以使申诉人满意而归。最后，落实监督机制，特别是检察机关内部监督机制，控申部门负责人和分管副检察长要发挥监督作用。

（三）引入听证，公开审查

普遍采用听证方式势必会耗费大量司法资源。因此，听证程序不可能适用于一切申诉案件，主要针对疑难复杂和社会影响重大的案件。因此，对于案情简单且检察院已经作出处理决定的刑事申诉案件，检察院可以直接驳回。

上文论述的检察听证机制存在的问题，可从以下几个方面进行完善[⑤]：首先，拓宽适用范围，将不服法院判决的刑事申诉案件纳入检察机关听证程序中。其次，强化评议意见的效力。有些地方检察院举办听证比例偏低，且普遍流于形式，忽视评议结果的执行[⑥]。公开

---

① 蒋宇：《刑事申诉制度的反思与重构》，西南政法大学2011年硕士学位论文。

② 张少丽：《我国刑事申诉制度研究》，西南政法大学2007年硕士学位论文。

③ 曹红日：《刑事申诉论》，吉林大学2010年硕士学位论文。

④ 陈燕：《刑事诉讼法修改背景下检察机关刑事申诉制度完善》，西南财经大学2013年硕士学位论文。

⑤ 峒君：《提高检察听证的路径研究》，载《民主与法制》2011年第11期。

⑥ 《人民检察院刑事申诉案件公开审查程序规定》第23条规定：“复查案件承办人应当根据已经查明的案件事实和证据，结合听证评议意见，依法提出对案件的处理意见。经部门集体讨论，负责人审核后，报分管检察长决定。案件的处理意见与听证评议意见不一致时，应当提交检察委员会讨论。”

听证形成的评议意见应受到举办单位的尊重，当最终评议结果与检方意见有出入时，可以“上提一级”处理。[①] 最后，遵循权利义务对等原则，经过听证复查后形成的处理意见是对案件的实体处分，具有最终的法律效力。申诉人不服要求再次审查的，检方应不予受理。对缠访闹访、造成恶劣社会影响的公民，由相关部门依法查处并公开报道以示惩戒。

六、适度降低抗诉程序启动标准

刑诉法和最高检《人民检察院刑事诉讼规则（试行）》（以下简称《规则》）中抗诉启动的标准过高，[②] 且未区分是否有利于被判决人，这严重限制了当事人再审申诉权的实现。《规则》规定启动抗诉的标准：（法院）在裁判活动中要求“确有错误”。有学者提出，提起有利于被判决人的抗诉标准要达到“确有错误”的程度，如湖北的佘祥林案，[③] 被害人仍存活于世间这种被发现的新证据堪称“铁证”，能够100%证实佘祥林无罪。又如聂树斌案，因另一案件遭到逮捕的王书金供认他才是聂案的真凶，间接证明了聂树斌是被冤枉的。[④] 虽然达不到100%的程度，但也有高度的盖然性证明了聂树斌不是凶手。这是一种较高的证明标准，但绝大多数案件的新证据无法达到如此高的证明程度，因此多数无辜者难以平反。[⑤] 另有学者反驳，“如果将抗诉标准定的太低，务必使有罪之人逃脱刑事责任”。[⑥] 笔者认为，现行法对认定“确有错误”的轻重程度带有很大的“弹性”。这种“弹性空间”就导致申诉人会以“法无明文规定”或以“理解偏差”为由反复申诉。

德国法学界普遍认可的观点是，申请人提出新证据对有益于被告人的再审不需要达到排除合理怀疑的高度。只要能够对原判决的正确性产生疑问，就有必要启动再审。笔者以为，“两害相权取其轻”，让无辜者含冤在狱、难以获得司法救济的危害更大。应摒弃“宁可错捕千人，不可使一人漏网”的错误理念。因此，总而言之，现阶段我国认定错判的证明标准太高，应当适度降低。即我国检察机关启动抗诉的证明标准应当低于认定错判的证明标准。如果审判没有开始，审判结果已经确定，检察机关的抗诉即成为一场人为的“走过场”。检察机关启动抗诉程序应保持审判结局的“神秘性”。对此，笔者非常欣赏赵秉志教授的主张：“对有利于被告一方的抗诉启动要求可以适度降低，只要申诉人能够对原裁判

---

① 王志超：《论我国检察机关的公开审查程序》，山东大学2011年硕士学位论文。

② 刑诉法第253条规定，当事人及其法定代理人、近亲属的申诉符合下列情形之一的，人民法院应当重新审判：（1）有新的证据证明原判决、裁定认定的事实确有错误，可能影响定罪量刑的；（2）据以定罪量刑的证据不确实、不充分、依法应当予以排除，或者证明案件事实的主要证据之间存在矛盾的；（3）原判决、裁定适用法律确有错误的；（4）违反法律规定的诉讼程序，可能影响公正审判的；（5）审判人员在审理该案件的时候，有贪污受贿，徇私舞弊，枉法裁判行为的。《规则》第584条规定，人民检察院认为同级人民法院第一审判决、裁定有下列情形之一的，应当提出抗诉：（1）认定事实不清、证据不足的；（2）有确实、充分证据证明有罪而判无罪，或者无罪判有罪的；（3）重罪轻判，轻罪重判，适用刑罚明显不当的；（4）认定罪名不正确，一罪判数罪、数罪判一罪，影响量刑或者造成严重社会影响的；（5）免除刑事处罚或者适用缓刑、禁止令、限制减刑错误的；（6）人民法院在审理过程中严重违反法律规定的诉讼程序的。

③ 沈德咏：《我们应当如何防范冤假错案》，载《人民法院报》2013年5月6日。

④ 郝瑞夫：《论刑事证明新标准：排除合理怀疑》，西南财经大学2013年硕士学位论文。

⑤ 何家弘：《短缺证据与模糊事实——证据学精要》，法律出版社2012年版，第429页。

⑥ 王志辉：《冤错案件的量化模式探析》，载《长春工业大学学报》（社会科学版）2005年第4期。

据以认定的证据链提出合理怀疑，打破证据链条结论的唯一性即可”。[①] 换言之，申诉人在申请抗诉时不需要证明被判刑人无罪或他人系“真凶”，只要能提出“合理怀疑”证明原案有误即可。如浙江张氏叔侄案，[②] 庭审时辩护律师多次提到 DNA 的鉴定结论足以证明了有第三人作案的可能，检察院所列证据无法形成完整的证据链。但二审终审法院采取“疑罪从轻”，最终“罪减一等”，最终酿成错案。适当降低抗诉的启动标准，能让更多的申诉案件进入到抗诉程序中，冤错案件被纠正的可能性会大大增加。

七、确立再审检察建议的法律地位

首先，当务之急是明确立法，这是从根本上解决再审检察建议的适用问题。[③] 再审检察建议是法定的监督法院已生效裁判的手段，但不能取代抗诉监督的核心地位，可以作为位阶低于抗诉的监督手段。当再审检察建议不被法院接受而检方的意见是应当启动再审时，检察院就应当发起抗诉程序。其次，提升程序效力，增强内容的合理性。科学的程序能有效地保障监督效果，因再审检察建议需要在内容上对生效刑事裁判的错误增强针对性，且说理性强，才可能被法院接受。再次，对检察建议要实施严格的审批制度，杜绝滥发。申诉部门集体讨论决定认为原案“确有错误”建议发出检察建议的，应当获得分管检察长批准后发出。最后，规范法律文书的制发流程，由检察机关内部综合办公室统一对再审检察建议的文书名称、结构、内容等情况负责审核。[④]

八、完善相关配套制度

为了能更好地解决“申诉难”，还需要从外部完善相关配套制度。笔者建议从落实首办责任制、确立被害人检察救助制度等方面予以完善。

（一）贯穿“纠错”功能，落实首办责任制

司法界提出的“不冤枉一个好人，也不放过一个坏人”的司法目标是不现实的，只能存在于理想状态。社会频频出现的权力案、金钱案、关系案等反映司法腐败和司法不公等问题的情况愈演愈烈，令检察机关的公信力下降。为了保证检察机关申诉部门工作人员履行职责，防止冤错案件中的当事人及其家属申诉受到“二次伤害”，[⑤] 当务之急是要求检察机关严格落实“首办责任制”。2015 年最高检出台了《关于完善人民检察院司法责任制的若干意见》，但该规定在责任追究指向上不够明确。对于申诉检察工作，应根据权利义务相统一原则，真正落实“谁复查，谁负责到底”的原则，力争将申诉问题在首办环节解决。同时对承办复查申诉案件的检察干警落实错案责任终身制，包括退休、离职或调离原岗位，

---

① 赵秉志：《冤错案件救济机制的完善——当代中国冤错案件防治机制研讨之四》，载《法制日报》2013 年 7 月 31 日。

② 何家弘：《错案为何能复制》，载《人民法院报》2013 年 4 月 26 日。

③ 龚佳河：《法律监督的基本原理研究论纲》，载《中南大学学报》（社会科学版）2010 年第 1 期。

④ 程小鹿：《检察机关刑事再审检察建议的适用》，载《人民检察》2009 年第 21 期。

⑤ 王晨光：《法律运行中不确定与错案追究制的误区》，载《法学》1997 年第 3 期。

都不能逃避错案责任。只有从制度层面锁定责任人，增强办案部门负责人的责任心，让复查案件的承办人不敢顾及熟人关系、不敢徇私枉法，申诉案件出现错误的概率才会降到最低。[①] 首办责任制不仅调动了检察干警的积极性，在一定程度上也避免了越级上访和重复上访。

（二）确立被害人检察救助制度

2009 年，最高检、最高法等机关联合发布了《关于开展刑事被害人救助工作的若干意见》（以下简称《救助意见》）。该制度的法理学基础是政府保护说，即政府有保护公民安全的义务。当公民受到犯罪侵害，其自身甚至近亲属的生存权都受到了严重威胁，且被害人无法从被告人处获得有效赔偿的，政府就有给公民提供帮助的义务。

但目前检察机关适用该制度还很不成熟，存在一些问题，检察机关要统筹规划，从整体出发：第一，创制刑事被害人救助法。设立统一的救助程序，让救助程序更加公正透明。提升被害人在诉讼程序中的主体地位，实现救助的公平公正。第二，设立专门的救助机构，这是在刑事追诉空间外专门为被害人开辟的特别保护“空间”，符合条件的被害人及其家属都将获得检察救助，避免“多头救助”情况的发生。有利于克服检察机关救助的功利主义倾向，救助工作的开展不能以息诉息访作为前提条件。具体而言，可以由地方政法委牵头，公检法三机关联合财政、民政部门共同组建救助中心。第三，拓宽救助方式，满足被害人的实际需求。民事赔偿应重点围绕被害人诉求展开，救助是政府对被告人附带民事赔偿起“替补”作用。当被告人无力履行赔偿义务时，检察机关可以以此为契机了解被害人的真实诉求，畅通与被害人的沟通渠道，代表国家“补位”。[②] 一方面要加大附带民事赔偿的执行力度，发挥附带民事诉讼功能；另一方面，在被告人履行不能时，适用检察救助。补偿不限于金钱，还可以用其他方式，如对心灵遭受重创的被害人，给予心理疏导和人文关怀，切实满足被害人的救助需求。[③] 有利于被害人一方对检察机关的认同，更能减少反复申诉和上访。

---

① 熊秋红：《司法公正与法官责任追究》，载方略知识管理系统，https：//www. baidu. com/baidu. php，访问时间：2017 年 7 月 24 日。

② 宋英辉：《特困刑事被害人救助实证研究》，载《现代法学》2011 年第 5 期。

③ 李洪江：《关于被害人救助制度的若干思考》，载《法制资讯》2008 年第 9 期。

律师在认罪认罚从宽制度中的定位及其完善

——以试点城市Z省H市为例的实证分析

胡　铭[*]

认罪认罚从宽制度作为我国当前司法改革和刑事诉讼立法中的一个重点问题而备受关注。通过认罪认罚从宽提高诉讼效率是该项改革的重要目的，但如果将提高诉讼效率作为改革的主要目的可能是一种误区，[①]"在未来的制度构建中，那种推行书面审理方式、降低证明标准和确立一审终审制的建议不仅是不可行的，而且是一种危险的制度选择"。[②]保障程序正义的底线，防止认罪认罚从宽成为正义向效率低头的一种趋向，需要我们认真考虑制度的合理设计，尤其是应重点思考律师的有效辩护以保障认罪认罚案件中犯罪嫌疑人、被告人的权益。

一、律师在认罪认罚从宽制度中定位的二元分立

从2016年到2018年，我国尝试在制度上建立认罪认罚从宽的新体系，而律师在该制度设计中被赋予了重要角色。从规范层面来看，新设立的值班律师制度与传统的辩护律师制度形成了二元分立的新模式。

首先，设立了值班律师制度，以此完善我国的刑事法律援助体系。我国刑事法律援助的范围近年来在逐步扩大，特别是在2012年修订刑事诉讼法时扩展了指定辩护的范围，但总体来看刑事辩护率还比较低。通说认为，长期以来，我国刑事诉讼活动中律师辩护率只有30%左右。[③] 2015年，中办、国办印发《关于完善法律援助制度的意见》，首次明确提出"建立法律援助值班律师制度，法律援助机构在法院、看守所派驻法律援助值班律师"。认罪认罚从宽制度的试点与值班律师制度恰好契合，因此很自然地深度融合在一起。2016年《关于授权在部分地区开展刑事案件认罪认罚从宽制度试点工作的决定》将值班律师制度作为重要的制度性创新，明确规定："为确保犯罪嫌疑人、刑事被告人在获得及时、充分、有效法律帮助的前提下自愿认罪认罚，防止无辜者受到错误追究，法律援助机构在人民法院、看守所派驻法律援助值班律师，为没有委托辩护人的犯罪嫌疑人、刑事被告人提供法律咨

---

* 作者简介：胡铭，浙江大学法学院教授。

① 参见左卫民：《认罪认罚何以从宽：误区与正解——反思效率优先的改革主张》，载《法学研究》2018年第3期。

② 陈瑞华：《认罪认罚从宽制度的若干争议问题》，载《中国法学》2017年第1期。

③ 参见顾永忠：《律师辩护全覆盖试点：具有历史意义的创新之举》，载《人民司法》2017年第11期。

询、程序选择、申请变更强制措施等法律帮助。”2018 年《刑事诉讼法（修正草案）》一审稿第 4 条进一步确认了认罪认罚案件中的值班律师制度，并扩展为“在人民法院、人民检察院、看守所派驻值班律师”。

其次，值班律师权利的模糊性与见证人地位的确立。2018 年《刑事诉讼法（修正草案）》第 14 条中规定：“人民检察院依照前款规定听取值班律师意见的，应当提前为值班律师了解案件有关情况提供必要的便利。”这种“必要的便利”究竟包括哪些，是否包括阅卷权、调查取证权等权利，尚不明确。法律对于权利规定的模糊性导致了值班律师很难开展实质性的辩护，这便使得见证犯罪嫌疑人、被告人认罪认罚反而成了其主要职能。《刑事诉讼法（修正草案）》二审稿对值班律师职责进行了调整，将提供“辩护”修改为提供“法律帮助”并删去“代表申诉、控告”的内容，同时在相关条文中对人民检察院审查起诉案件听取值班律师意见、犯罪嫌疑人签署认罪认罚具结书时值班律师在场作出规定。这一修改显然是将值班律师在认罪认罚案件中的职责降格了，并且在规范层面确立了值班律师的见证人地位。

最后，推行认罪认罚案件中律师全覆盖，形成律师辩护和律师法律帮助的二元分立模式。备受关注的刑事辩护律师全覆盖首先是在认罪认罚从宽试点中提出的。2016 年，试点城市 Z 省 H 市 F 区出台了《关于开展刑事案件认罪认罚从宽制度试点工作的若干规定（试行）》，首次提出全覆盖的法律帮助：“对没有辩护人且认罪认罚的犯罪嫌疑人、被告人必须提供法律帮助律师，并明确帮助律师有关经费补助标准和工作内容等。”[①] 这种全覆盖的法律帮助对我国原有的法律援助体系是一个很大的挑战，因为原来的委托辩护和法律援助加起来只有 30%左右的辩护率，剩下 70%的空白急需填补，在此背景下，值班律师被赋予了这一重任。2017 年 7 月，Z 省 H 市出台的《关于在认罪认罚从宽制度试点中加强法律援助工作的意见》明确了这一点：“认罪认罚案件法律援助方式包括指派律师提供辩护和提供法律帮助，对于犯罪嫌疑人、被告人不提出法律援助申请的，一律由值班律师提供法律咨询等法律帮助。”这与 2017 年 10 月最高人民法院、司法部联合出台的《关于开展刑事案件律师辩护全覆盖试点工作的办法》的精神是相一致的。这便使得值班律师成为法律援助的主体力量（要负担大约 70%的刑事案件），使得认罪认罚案件中形成值班律师的法律帮助与辩护律师的刑事辩护的二元分立模式。

此外，从规范层面来看，律师并不承担控辩协商的职能。对于控辩协商问题，在开展刑事速裁程序试点的过程中出现过“量刑协商”、“认罪协商”等提法，但从认罪认罚从宽制度的立法和其他规范性文件来看，并未对此作出明确规定，采用了回避该问题的做法。通说认为，中国的认罪认罚从宽制度显然不同于美国的辩诉交易和德国的协商程序，[②] 而且从法条和地方试点文件来看，没有规定控辩协商的程序，也没有为控辩协商作出实体层面的规定，这就意味着并不适用控辩协商。[③]

---

① 参见余建华：《H 市 F 区认罪认罚从宽试点见成效》，载《人民法院报》2017 年 5 月 8 日第 4 版。
② 参见陈卫东：《认罪认罚从宽制度研究》，载《中国法学》2016 年第 2 期。
③ 参见沈吟：《越早认罪，依法从宽幅度越大》，载《浙江日报》2017 年 8 月 16 日第 8 版。

二、律师在认罪认罚从宽制度中的定位之实证分析

（一）样本和方法

本研究以Z省H市为例展开实证分析。H市是认罪认罚从宽制度试点的18个城市之一，又是中国法治发展过程中的先发地区，在认罪认罚从宽制度试点城市中具有典型性和示范效应。本研究中采用随机抽样的问卷调查方法，对H市的执业律师进行调查，辅之以个别访谈、小型座谈会和个案分析的方法。在律师中，共随机发放问卷400份，回收有效问卷374份，参与调查的律师的基本信息详见表1。同时，以H市的检察官作为对照样本，同样发放问卷400份，回收有效问卷375份。

表1 参与调查的律师的基本信息

律师的基本信息		频率	百分比
性别	男	239	63.9%
	女	135	36.1%
年龄	50后（1950至1959年出生）	5	1.5%
	60后（1960至1969年出生）	26	7.6%
	70后（1970至1979年出生）	58	17.0%
	80后（1980至1989年出生）	162	47.5%
	90后（1990至1999年出生）	90	26.4%
学历	研究生及以上	120	32.3%
	本科	247	66.4%
	专科	5	1.3%
本科是否法学专业	法学专业	302	80.7%
	非法学专业	72	19.3%
政治面貌	中共党员	201	53.7%
	非中共党员	173	46.3%
是否专职刑辩律师	是	212	56.7%
	否	162	43.3%

（二）辩护律师和值班律师在实践中的分野

辩护律师和值班律师从本质上来看都属于法律援助律师，只是参与的阶段、程度等有所差别。从H市的试点来看，认罪认罚案件中的法律援助律师的身份被显著地区分为辩护律师和值班律师，后者又被称为法律帮助律师。当问及是否办理过认罪认罚案件，如果办理过认罪认罚案件，是以哪种律师身份参与的（多选）？374份有效问卷中办理过认罪认罚

案件的律师为 170 人，占比 45.5%；而在办理过认罪认罚案件的律师中，有 17.6%（51 人次）的律师表示是值班律师，20.8%（60 人次）的表示是指派的辩护律师，而有 53.6%（155 人次）的表示是被告人委托的律师。这说明曾参与认罪认罚案件法律援助的律师所占比例本身不高，其中的值班律师更是占少数，而律师一般的刑辩业务中涉及认罪认罚的并不少，多数的律师并未涉及认罪认罚案件法律援助工作。

一般认为，相对于值班律师，辩护律师对犯罪嫌疑人、被告人而言可以发挥更大的作用。问卷调查显示，在认罪认罚案件中，作为法律援助者的辩护律师应当发挥怎样的作用，检察官和律师的认识有显著差异。有 339 位律师认为“应全面、充分代理被告人的利益”，而形成鲜明对比，不少检察官认为“只需提供有效的法律咨询”（136 人），甚至认为“只需做认罪认罚从宽过程的见证人”（153 人）。详见图 1。可以看出，检察官对律师在认罪认罚案件中的深度介入是有排斥心理的。

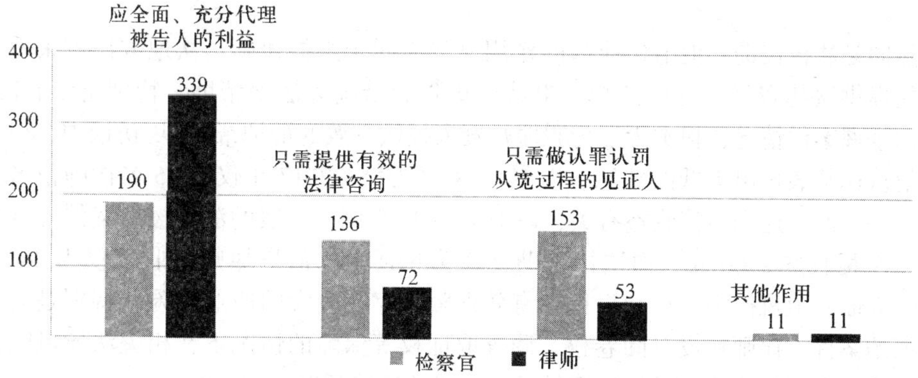

图 1　辩护律师在认罪认罚案件中“应该”发挥的作用

（三）值班律师在认罪认罚案件中的作用

值班律师在认罪认罚案件中究竟发挥了怎样的作用？对此，检察官的认知能够作为一种佐证。当问及如果您办的案件中有值班律师的参与，您认为值班律师起了什么作用（多选）？统计结果详见图 2。有 277 人次选择了见证具结书的签署，占五个选项（多选）的 53.0%；188 人次选了给被告人提供法律咨询，占 35.9%；而对认罪协商的认同感很低，仅有 7.5%（39 人次）选了代理被告人进行协商。也就是说，过半数检察官将值班律师等同于见证人。调查显示，在试点中，值班律师的作用十分有限，未能实现认罪认罚案件中律师的有效参与。曾参与值班律师工作的律师甚至认为，自己只是对犯罪嫌疑人、被告人认罪认罚起了背书的作用，只是公安司法机关节省司法资源的手段。

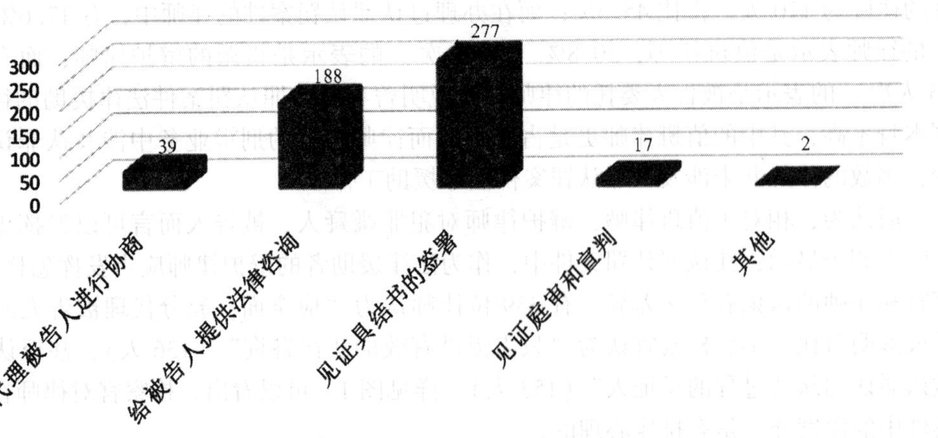

图 2　值班律师在认罪认罚案件中的作用

虽然同是法律援助，但值班律师的作用显然不同于辩护律师。从地方试点来看，值班律师仅能提供法律咨询、程序选择、申请变更强制措施等法律帮助，特别是没有阅卷权，无法全面掌握案件情况，根本无法为犯罪嫌疑人提供有效的辩护帮助。① 访谈中，律师们对于担任值班律师表现出极低的意愿。以 H 市 X 区为例，2017 年仅有 35 名律师报名担任值班律师。一方面，这和经济收益有关，以 H 市 X 区为例，一般的法律援助案件（即作为辩护律师）全程收费 2900 元，而法律帮助（作为见证人的值班律师）收费仅为 260 至 300 元。另一方面，值班律师的权利未得到有效保障，存在较大的职业风险。特别是对于一年以上刑期的案件，律师在没有阅卷权、调查取证权等保障的情况下，相关法律风险很难克服，不少律师也因此明确表示拒绝提供见证人式的法律帮助。

值班律师作用的局限性限制了其对认罪认罚从宽制度作用的认知，从对律师问卷的数据统计来看，也印证了此看法。统计分析中将律师数据中"是否当过值班律师"与"认为认罪认罚从宽制度的实施对于提高司法效率的可能性"两个变量进行相关性分析，结果如表 2 所示。

表 2　相关性分析一

		您在司法机关做过值班律师吗	根据您的诉讼经验，认罪认罚从宽制度的实施对于提高司法效率的可能性有多大
您在司法机关做过值班律师吗	Pearson Correlation	1	.085
	Sig. （2-tailed）		.100
	N	374	374
根据您的诉讼经验，认罪认罚从宽制度的实施对于提高司法效率的可能性有多大	Pearson Correlation	.085	1
	Sig. （2-tailed）	.100	
	N	374	374

① 参见叶青：《认罪认罚从宽制度的若干程序展开》，载《法治研究》2018 年第 1 期。

如上 SPSS 相关性统计结果显示，显著性水平（Sig.）P 值 = 0.100 大于 0.05，说明二者之间不存在相关性，即是否担任过值班律师对认为认罪认罚从宽制度提高司法效率的认知没有作用。而对比“是否办理过认罪认罚从宽的案件”与“认罪认罚从宽制度的实施对于提高司法效率的作用”两变量的相关性分析，显著性水平（Sig.）P 值 = 0.004 小于 0.05，说明二者之间存在相关性，即是否办理过认罪认罚从宽的案件对认为认罪认罚从宽制度提高司法效率的认知有显著性作用。相关性统计结果如表 3 所示。

表 3　相关性分析二

		到目前为止，您办理过认罪认罚从宽的案件吗	根据您的诉讼经验，认罪认罚从宽制度的实施对于提高司法效率的可能性有多大
到目前为止，您办理过认罪认罚从宽的案件吗	Pearson Correlation	1	.150**
	Sig.（2-tailed）		.004
	N	374	374
根据您的诉讼经验，认罪认罚从宽制度的实施对于提高司法效率的可能性有多大	Pearson Correlation	.150**	1
	Sig.（2-tailed）	.004	
	N	374	374

**. Correlation is significant at the 0.01 level（2-tailed）.

（四）所谓“控辩协商”中的律师定位

如前文所述，我国在立法和地方试点文件层面并未确立控辩协商的制度，但在认罪认罚从宽的地方试点过程中，所谓的“控辩协商”以各种形式存在，[①] 尤其是在速裁程序中被适用并发挥了积极的作用。对于这种协商的存在，律师表现出的是积极认可的态度，与检察官的态度有所差异。对于认罪认罚案件中，在一定程度上存在控辩协商，检察官和律师都是认可的，但检察官更多的是从刑事政策角度希望律师能够动员犯罪嫌疑人、被告人认罪认罚，也就是说希望律师帮助做犯罪嫌疑人、被告人的思想工作，而律师则是站在维护犯罪嫌疑人、被告人的权益的角度希望代表当事人和检察官来协商。如表 4 所示，对于协商的范围、参与的人员等，律师持开放态度，甚至有 46.3%的律师认为罪名可以协商，54%的律师认为罪数可以协商，对此多数检察官显然是否定的。有近半数的律师认为被害人可以参加协商的过程，多数检察官对此也持否定态度。对于法官是否能够参与协商，律师和检察官的态度倒是比较接近，都不排斥法官的参与，这其中可能是因为法官享有最终定罪量刑的权力，法官的参与有助于提高协商达成的概率。

① 参见胡铭：《认罪协商程序：模式、问题与底线》，载《法学》2017 年第 1 期。

表4 律师和检察官对于协商的认识

	罪名不可以协商	罪数不可以协商	法官不能参与协商	被害人不能参与协商
律师	201 人/53.7%	172 人/46.0%	105 人/28.1%	197 人/52.7%
检察官	337 人/89.9%	340 人/90.7%	104 人/27.7%	317 人/84.5%

关于量刑可以协商，律师和检察官有一定的共识。但检察官普遍认为这种协商的空间非常有限。因为法、检内部有统一的量刑标准，而且认罪认罚案件的证明标准没有降低。在H市的试点中，将量刑的从宽幅度及其依据以表格化的形式固定下来，通过随案移送的认罪认罚承诺书、认罪认罚表现评定表等表格，起到将认罪认罚案件中“从宽”的幅度标准化的作用，同时向犯罪嫌疑人、被告人明示：越早认罪，量刑优惠越大。量刑从宽的幅度存在着“321”的说法，即公安阶段认罪认罚减30%，检察院阶段减20%，法院阶段减10%。有了这样的计算公式，就使得所谓的量刑协商的空间非常有限了。律师对于控辩协商普遍表示担忧，既然罪名、罪数不能协商，只能对量刑进行协商，而且量刑也已经以既定的规则所框定，这便显然最大限度地压缩了协商的空间。在访谈中，虽然也有律师举例称在某些案件的司法实践中还是有协商的余地，如经济犯罪、腐败犯罪的金额认定，但这并不被立法和规则层面所认可，仅仅是一种私下的妥协。多数检察官对于控辩协商则是持否定态度，认为包括认罪认罚案件在内的刑事案件的定罪量刑主要体现国家意志，犯罪嫌疑人、被告人只需承认犯罪事实，由检察官根据案件事实依法提出量刑建议即可，并不需要律师参与协商。

三、如何充分发挥律师在认罪认罚案件中的关键性作用

（一）应然定位

完善相关制度，首先应该合理定位律师在认罪认罚案件中的地位。从应然层面来看，律师的作用在于平衡认罪认罚案件中控辩力量、保障被追诉人自白的自愿性和明智性。有罪供述使得被告人的权利保障面临风险，刑事诉讼上的无罪推定原则、反对强迫自证其罪原则、自白任意性原则、严格证明原则、实体真实原则等都可能在一定程度上被减损。为了防止检察官滥用权力及无辜的被告人违心认罪，许多国家和地区都规定了认罪协商案件的强制辩护制度，以便保障律师的有效辩护。

如在美国辩诉交易中，与检控方直接进行对话、协商的只能是被指控方的辩护律师，如果被告人在没有辩护律师的情况下进行有罪答辩，法院应当审查案件，确保证据可采且能够证明犯罪要件事实。① 在德国，学者通过实证研究发现：“协商进一步拉开了有辩护律师和没有律师的被告人，富有、教育程度高因此‘议价能力强’的被告人和贫穷、教育程

① See Argersinger v. Hamlin, 407 U. S. 25, 25-40 (1972). 相关讨论参见胡铭、宋善铭：《认罪认罚从宽中的律师有效辩护》，载《江苏行政学院学报》2018年第1期。

度低的被告人之间的差距，破坏了平等。”① 在我国台湾地区，“刑事诉讼法”第455条规定了对协商案件的法律援助，即“协商之案件，被告表示所愿受科之刑逾有期徒刑六月，且未受缓刑宣告，其未选任辩护人者，法院应指定公设辩护人或律师为辩护人，协助进行协商”，其立法理由称：“为使被告能有足够之能力或立于较平等之地位与检察官进行协商，实有加强被告辩护依赖权之必要。”②

我国的认罪认罚从宽制度不同于美国的辩诉交易和德国的协商程序，“我国的控辩协商根植于我国的协商文化，源于合作型刑事诉讼模式，但具体的操作方式却是借鉴了美国的辩诉交易制度”。③ 域外基于保障被追诉人自白任意性的控辩协商，其前提是律师在案件中的辩护律师地位和提供有效辩护的作用，这是值得我们借鉴的。

（二）制度完善

扩大认罪认罚案件中指定辩护的范围。应以立法的形式确认，在认罪认罚案件中，犯罪嫌疑人、被告人认罚的刑期超过一年，且没有委托辩护人的，应指定法律援助律师作为辩护人。但被追诉人明确表示在没有辩护人的情况下仍然愿意认罪认罚的，不受此限。此项例外可以在一定程度上消解公安司法机关对认罪认罚案件中律师参与的担忧和排斥。

法律援助律师应当提供有效辩护。“获得律师帮助并不就等于获得了律师应当给予的辩护，获得律师给予的辩护并不就等于得到了律师富有意义的有效辩护。”④ 在某些案件中，脱离当事人控制的辩护人不惜牺牲委托人的利益来炒作案件，以提高自己的知名度；甚至为营造更有利于己的执业环境，不愿与控方对抗，沦为第二公诉人，背离了维护委托人利益的基本立场。⑤ 以有效辩护原则为指导，建立一套旨在规范律师在认罪认罚案件中的辩护质量的控制体系，是我国未来认罪认罚案件法律援助的发展方向。

值班律师法律帮助的实质化。在认罪认罚案件中，犯罪嫌疑人、被告人认罚的刑期在一年以下，犯罪嫌疑人、被告人没有委托辩护人，法律援助机构没有指派律师为其提供辩护的，应由值班律师为犯罪嫌疑人、被告人提供法律帮助。这种法律帮助不应当蜕变为律师见证，律师在其中的身份定位更不应当是见证人，而应是享有辩护权的法律帮助人。这种法律帮助应当是实质性的，这便要求值班律师的权利应当得到充分的保障，包括阅卷权、会见权和调查取证权等关键性的权利。这里并不是说值班律师都要进行阅卷、调查取证等，而是说应当赋予值班律师上述权利，在值班律师想要进行阅卷、调查取证时，应当是没有法律障碍的。

实现律师辩护和法律帮助的有效衔接与融合。犯罪嫌疑人、被告人认罚的刑期无论是一年以上还是一年以下，在看守所值班的值班律师往往是被追诉人最容易接触到的律师，应当告知被羁押的被追诉人，其有权与值班律师会见并咨询相关法律问题。值班律师将来

---

① Fischer, StraFo 2009, 177, 182f, 185. Stratenwerth, Günter, Überlegungen zur Ungleichheit der Beteiligten im Absprache-Verfahren, GA 2013, 111, 113f.

② 我国台湾地区2004年4月7日增订“刑事诉讼法”第445条之5第1项的立法说明。

③ 朱孝清：《认罪认罚从宽制度的几个问题》，载《法治研究》2016年第5期。

④ See Alan N. Young, Adversarial Justice and the Charter of Rights: Stunting the Growth of the Living Tree, 39 Crim. L. Q. 362, 365 (1997).

⑤ 参见秦宗文：《认罪认罚从宽制度实施疑难问题研究》，载《中国刑事法杂志》2017年第3期。

可能成为被追诉人委托的律师，也可以优先成为指定的法律援助律师。对于已接受了值班律师的法律帮助，即使是认罚的刑期是一年以下，犯罪嫌疑人、被告人提出需要法律援助律师的，可以为其指定辩护律师提供法律援助。认罪认罚从宽协商过程应以被追诉人委托的辩护律师为主，不得以已经有值班律师为由拒绝委托律师的参与。

认罪认罚从宽制度不应当排斥控辩协商，而应当在立法上确认协商的合法性。认罪认罚从宽作为一种协商性司法，[①] 蕴含协商和契约的精神，难以回避控辩协商的过程，通过协商程序可以助力于犯罪人的复归、被害人的补偿、社会关系的修复、社会的和谐等。但需要审慎地面对认罪协商程序，从技术层面最大限度地防止其被滥用，避免认罪认罚案件中的以钱买刑、司法腐败。构建协商的正当程序，不能忽略法庭审理的作用，庭审仍然是需要的，不应当流于形式，应以被告人认罪认罚的自愿性和明智性作为审查对象。而且这一过程应有辩护律师的参与，否则庭审很可能变成法官、检察官轮流审讯被告人的纠问式活动，而无法保持最基本的程序正当性。

① 参见魏晓娜：《背叛程序正义——协商性刑事司法研究》，法律出版社 2014 年版，第 5-6 页。

陪审制改革中的几个问题

刘计划*

2004年8月28日，第十届全国人大常委会第十一次会议通过了《关于完善人民陪审员制度的决定》（以下简称《决定》）。这是我国制定的首部陪审制专门法律，但其仅有20个条文，内容简略，程序可操作性不强，且在陪审的适用范围等方面存在误区。《决定》实施10多年的实践表明，陪审制仍需要改革与完善。为贯彻落实党的十八届三中、四中全会关于人民陪审员制度改革部署，2015年4月14日，最高人民法院与司法部联合印发《人民陪审员制度改革试点方案》，5月20日，又联合印发了《人民陪审员制度改革试点工作实施办法》。2018年4月27日，经过3年的试点，第十三届全国人大常委会第二次会议通过了人民陪审员法。从《决定》到人民陪审员法，陪审制始终处于改革之中。后者作为陪审制改革的最新成果，依然存在值得进一步研究之处，笔者认为，有几个基本问题有必要继续进行讨论。

一、关于陪审的适用范围

《决定》关于陪审适用范围的规定较为原则，实践中出现扩大化、偏离化。以刑事诉讼为例，① 根据《决定》第2条规定，有两类刑事案件适用陪审，一是“社会影响较大”的案件；二是被告人申请由人民陪审员参加合议庭审判的案件。就第一类案件而言，“社会影响较大”在适用时出现偏差。2008年全国人大内务司法委员会的调研报告称，一些地方反映“社会影响较大”这一标准不好把握，多数基层法院有人民陪审员陪审的案件实际上是社会影响不大的案件。调研报告认为这与《决定》的要求相去甚远。② 究其原因，一是法院片面追求陪审率，随意扩大适用范围，一则缓解案件增多带来的审判压力，二则显示其适用陪审的积极性与成效。③ 二是规定存在缺陷。因为“社会影响较大”表述原则、模糊，

---

* 作者简介：刘计划，中国人民大学法学院教授，博士生导师。

① 在现代，陪审主要适用于刑事案件的审判，因此本文的分析侧重于从刑事诉讼的角度展开。

② 参见施英：《〈关于完善人民陪审员制度的决定〉实施良好》，载《人民法院报》2008年12月2日第5版。

③ 与中级法院相比，基层法院对适用陪审表现出异乎寻常的热衷。如2009年湖南省长沙市天心区人民法院人民陪审员共参审案件1526件，为普通程序案件的98.58%，比例之高令人咂舌，参见《天心区人民法院2009年度人民陪审员工作总结表彰大会举行》，http：//txqfy. chinacourt. org/article/detail/2010/02/id/607246. shtml，2018年3月16日访问。再如北京市丰台区人民法院2010年全年人民陪审员共出庭10138人次，参与审理案件5069件，参审率达90.3%，参见《2010年北京丰台法院人民陪审员参与陪审突破万次》，http：//ftqfy. chinacourt. org/public/detail. php？id=3656，2018年3月16日访问。这体现了地方法院重陪审案件数量而不问陪审质量这一片面理解陪审制度作用的倾向。

没有明确的衡量标准，难以发挥规范功能。[①] 三是法院有意规避真正属于“社会影响较大”的案件。由于法院可以依职权决定哪些案件适用陪审，“社会影响较大”极易被法院任意解释，最终导致适用陪审失之随意。事实上，真正“社会影响较大”的案件恰恰未能适用陪审。[②] 对这类案件，法院可能担心人民陪审员理性不足易受情绪影响而使庭审及结果失控，甚或因案情重大复杂而担心陪审员难以胜任，总之对于“社会影响较大”的案件会存有顾虑而规避适用陪审。这反映出普遍存在的对人民陪审员不信任心理。在法院对“社会影响较大”的案件不适用陪审的情况下，陪审制不可避免地失去了发挥功能的可能。因此，必须改变法院自由决定是否适用陪审的局面。就适用陪审的第二类案件而言，《决定》赋予被告人申请陪审的权利，在我国法律中置入了尊重被告人重大程序选择权的法治元素。此项规定借鉴了现代国家立法例，如美国联邦宪法修正案第6条即规定，在一切刑事诉讼中，被告有权由犯罪行为发生地的州和地区的公正陪审团予以迅速和公开的审判。将获得陪审规定为被告人的诉讼权利，是我国实施程序法治的重要成果。不过，该规定实施效果并不理想。

长期以来有一种声音，即批评人民陪审员在庭审过程中一言不发，“陪”而不审，且多归因于人民陪审员政治、文化与业务素质不高、责任心不强。这一指责有失公允。[③] 之所以出现这种现象，一项根本原因是，几乎所有适用陪审的案件因犯罪事实清楚、证据确实充分且被告人认罪而缺乏争议。这类案件，陪审员并没有非问不可的问题，亦难以发表不同的评议意见，因此并无实行陪审的必要性。然而，一些基层法院陷入了注重陪审案件“数量”、“陪审率”的误区，认为适用陪审的案件越多、陪审率越高，陪审制发挥的作用就越大。其实片面强调适用陪审的案件数量与比例恰恰减弱、冲淡了陪审制的功能。[④] 对于陪审的适用范围，应重“质”而非“量”，这应作为规定陪审适用范围的基本原则，尤其现代陪审是一项昂贵的、略显奢侈的制度。[⑤]

值得注意的是，人民陪审员法第15条规定，人民法院审判第一审刑事、民事、行政案件，有下列情形之一的，由人民陪审员和法官组成合议庭进行：（一）涉及群体利益、公共利益的；（二）人民群众广泛关注或者其他社会影响较大的；（三）案情复杂或者有其他情

---

① 最高人民法院《关于人民陪审员参加审判活动若干问题的规定》第1条将“社会影响较大”细化为以下四种情形：涉及群体利益的；涉及公共利益的；人民群众广泛关注的；其他社会影响较大的。但上述这些情形很难说提供了可评价的标准。

② 近年来发生的社会关注度高、社会影响大的刑事案件，鲜见有适用陪审者。

③ 其实，陪审员在法庭上是否发问只是一个表象，与是否发挥实质作用并无直接联系。在实行陪审团审判的国家，陪审员只能“听审”，而无须发问，没有人对陪审团的作用表示怀疑，关键是陪审团真正行使案件事实判断权即定罪权。同样，在我国，评价陪审员是否发挥作用，应当关注陪审员是否真正享有平等的评议机会与表决权。

④ 与我国一些基层法院一年适用陪审的刑事案件动辄上千件相比，日本适用“裁判员”审理的案件则要少得多。从2009年5月开始实施裁判员法到11月半年的时间里，其全国裁判员审判的案件诉讼终局的被告人仅有82名（其中抢劫致伤案件25名，杀人案件20多名）。参见日本大使馆二等书记官、最高法院派遣法官三重野真人在中国人民大学法学院于2010年9月19日举办的“中日司法改革研讨会”上所作的题为“日本裁判员制度及其实施”的报告。

⑤ 参见［英］麦高伟、杰弗里·威尔逊主编：《英国刑事司法程序》，姚永吉等译，法律出版社2002年版，第349页。然而这一结论似乎并不适于中国：一方面，在中国实行陪审的成本并不高，一名陪审员获得的补助可能每天仅有几十元，尤其是在为了缓解案件增多带来巨大审判压力的法院，那些退了休的或者没有固定工作的、近乎专职的人民陪审员已然成为法院的廉价劳动力；另一方面，这些陪审员又不得不接受所谓“法庭的摆设”的指责。参见李郁：《解决司法不公陪审员作用有多大》，载《法制日报》2005年8月17日第5版。

形，需要由人民陪审员参加审判的。人民法院审判前款规定的案件，法律规定由法官独任审理或者由法官组成合议庭审理的，从其规定。令人遗憾的是，该条关于陪审适用范围的规定仍然失之笼统，仍存在一方面陪审被滥用，另一方面应当适用陪审而不适用陪审的可能性。试点情况已经证明了这一点。据了解，这次试点期间，人民陪审员共参审刑事案件30659件，民事案件178749件，行政案件11846件，竟然占一审普通程序案件的77.4%。[①]这么高比例的适用率是否真的有必要，无疑值得思考。

为了调动人民陪审员的积极性，实现陪审制的功能，必须科学设定适用陪审的案件范围。在实行陪审制的现代国家，多将其适用范围限定为重罪案件。如在日本，根据2004年《关于裁判员参加刑事审判的法律》的规定，"裁判员"参加合议庭审理的案件仅限于重大案件，包括两类：一类是法定刑为死刑或无期徒刑的案件；另一类是故意犯罪引起被害人死亡的案件。据估计，适合裁判员审理的案件每年仅有3000件左右。[②] 在法国，只有重罪案件，即可能判处10年以上有期徒刑或者无期徒刑的刑事案件才适用参审。在俄罗斯，原则上，陪审制只适用于可能判处10年以上监禁或者死刑的案件（《俄罗斯联邦刑事诉讼法典》第30条、第31条）。结合国际经验与本国国情，我国适用陪审的刑事案件应限定为有重大争议的案件与量刑极重的案件，如可规定被告人不认罪且申请适用陪审的案件与被告人可能被判处10年以上有期徒刑、无期徒刑、死刑的案件适用陪审。这种权利式陪审与法定式陪审相结合的方式，能够防止法院任意扩大陪审的适用范围。这两类案件的定罪量刑问题可争议性强，更需民众智慧的发挥及民意的表达；庭审更具中心化、实质化与对抗性，人民陪审员在认定事实与适用法律时更具有发挥作用的空间，其作用也更易于显现；更能发挥陪审员制衡法官的作用，更有利于体现司法民主及提高司法的公信力。

二、关于人民陪审员的产生与抽选方式

（一）关于人民陪审员的产生

《决定》关于人民陪审员任命与免职程序的规定存在误区，以为陪审员行使审判权就必须经过人大任命，导致陪审员官员化，有违陪审员的社会性。人民法院组织法第37条第1款规定："有选举权和被选举权的年满二十三岁的公民，可以被选举为人民陪审员，但是被剥夺过政治权利的人除外。"《决定》废除了该法规定的人民陪审员选举制，其第8条规定，"符合担任人民陪审员条件的公民，可以由其所在单位或者户籍所在地的基层组织向基层人民法院推荐，或者本人提出申请，由基层人民法院会同同级人民政府司法行政机关进行审查，并由基层人民法院院长提出人民陪审员人选，提请同级人民代表大会常务委员会任命。"《决定》确立的"推荐（申请）—审查—提名—任命"程序，参照法官任命模式，扭曲了陪审制本质。这种由法院主导确定陪审员的做法，导致陪审员遴选渠道和遴选程序难以体现民主性，削弱了陪审制的民主代表性，加剧了陪审员对于法院的依附性，必将伤害

① 参见最高人民法院《关于人民陪审员制度改革试点情况的报告——2018年4月25日在第十三届全国人民代表大会常务委员会第二次会议上》。

② 参见樊崇义：《日韩司法制度改革概述》，载《中国司法》2008年第6期。

陪审制的独立功能。

值得一提的是，《决定（草案）》规定的是“提请同级人民代表大会常务委员会确定”，而《决定》将“确定”改成了“任命”，与人民陪审员的社会性不符。实践中许多地方举行了人民陪审员聘任仪式，颁发聘书。这种公开聘任可能滋生腐败或者给人民陪审员带来人身安全问题。① 实行陪审制的目的主要在于促进司法民主，让民众的参与抑制司法专横；发展法律，让民众的自然理性平衡法官僵化的职业思维。人民陪审员并非给法院提供咨询，亦非与法院求同而来，更多的是监督与制约。因此，人民陪审员应具有独立性，岂能由法院来遴选和管理？在英美等国，陪审员随机从有资格的公民中抽选，当事人有挑选权及申请无因回避权。而且对于事实的认定，法官无法控制陪审员来服从其意志。

人民陪审员法对人民陪审员的产生方式进行了改革，其第 9 条规定，司法行政机关会同基层人民法院、公安机关，从辖区内的常住居民名单中随机抽选拟任命人民陪审员数 5 倍以上的人员作为人民陪审员候选人，对人民陪审员候选人进行资格审查，征求候选人意见。该条规定的程序基本上是可行的，具有进步意义，不过有两点值得商榷。其一，“会同基层人民法院”的规定是不必要的，应排除法院的参与；其二，“5 倍”的数量要求仍然过低，不知是如何测算出来的。第 10 条规定：“司法行政机关会同基层人民法院，从通过资格审查的人民陪审员候选人名单中随机抽选确定人民陪审员人选，由基层人民法院院长提请同级人民代表大会常务委员会任命。”该条相对于《决定》第 8 条的规定是一大进步，不过亦有两点值得商榷。其一，“会同基层人民法院”的规定不利于实现人民陪审员的独立性，应予删除；其二，“由基层人民法院院长提请同级人民代表大会常务委员会任命”的程序应予删除，对于人民陪审员不宜适用任命程序，而由司法行政机关制作候选人民陪审员名册即可。第 12 条规定，人民陪审员经人民代表大会常务委员会任命后，应当公开进行就职宣誓。宣誓仪式由基层人民法院会同司法行政机关组织。笔者认为，基于人民陪审员的社会属性，上述公开宣誓的程序规定也是不必要的。至于第 11 条规定即“因审判活动需要，可以通过个人申请和所在单位、户籍所在地或者经常居住地的基层群众性自治组织、人民团体推荐的方式产生人民陪审员候选人，经司法行政机关会同基层人民法院、公安机关进行资格审查，确定人民陪审员人选，由基层人民法院院长提请同级人民代表大会常务委员会任命。依照前款规定产生的人民陪审员，不得超过人民陪审员名额数的五分之一”，则完全没有必要，应予删除。

《决定》还规定了人民陪审员的免职程序。其第 17 条规定，遇有特定情形，由基层人民法院院长提请同级人民代表大会常务委员会免除其人民陪审员职务。人民陪审员法第 27 条也规定，人民陪审员有四种情形之一，经所在基层人民法院会同司法行政机关查证属实的，由院长提请同级人民代表大会常务委员会免除其人民陪审员职务；有特定行为的，在辖区范围内通过公开通报等措施进行惩戒。上述规定不宜适用于人民陪审员。陪审是每一个适格公民的权利和义务，“人民陪审员”不是固定的职务，而应是因个案而随机参与陪审，庭审结束即告解除。人民陪审员的身份不宜固定化，亦不应适用免职程序。事实上，

---

① 在裁判员的人身安全保障措施方面，日本《关于裁判员参加刑事审判的法律》设置了泄露裁判员姓名罪、威胁裁判员罪等犯罪。在我国，人民陪审员的安全保障也是一个重要的问题，公开人民陪审员的名单也可能带来人民陪审员的安全问题。

对于具有法定情形的人民陪审员只需在候选人名单中删除即可，至于“公开通报”更是荒唐不经。

（二）关于人民陪审员的抽选方式

“优秀的法律应当为主要法官配置一些随机而不是选举产生的陪审官，因为，在这种情况下，根据感情作出判断的无知，较之根据见解作出判断的学识要更可靠一些。”① 因此，现代国家采取抽签或者其他方法从陪审员名册中随机抽选参与陪审者，目的是避免指定。在我国，曾经存在一些法院出于方便安排陪审工作等考虑，将陪审工作固定交给一部分积极性高的陪审员，导致这些陪审员变相成为“陪审专业户”。《决定》第14条采取了随机抽取确定的方式，然而，由于人民陪审员过少，可抽选范围小，导致人民陪审员抽选的随机性失去意义。毫无疑问，随机抽取的前提是人民陪审员数量大，而实际的情况是，即使全部名额均配齐，全国每个基层法院也只有不足100名陪审员。而这些陪审员又被划归到刑事审判庭、民事审判庭与行政审判庭，分到每个审判庭的陪审员数量更少，更为固定化。无疑，所谓的随机抽选会演变成变相的指定、轮流安排。实践中，人民陪审员长期固定在同一审判业务庭或合议庭的现象具有一定的普遍性。

人民陪审员法再次确定了“随机抽取”的方式，其第19条规定，基层人民法院审判案件需要由人民陪审员参加合议庭审判的，应当在人民陪审员名单中随机抽取确定。中级人民法院、高级人民法院审判案件需要由人民陪审员参加合议庭审判的，在其辖区内的基层人民法院的人民陪审员名单中随机抽取确定。然而，是否能够真正实现“随机抽选”人民陪审员，依然取决于人民陪审员名单中的数量是否充足。对此，人民陪审员法第8条规定，人民陪审员的名额，由基层人民法院根据审判案件的需要，提请同级人民代表大会常务委员会确定。人民陪审员的名额数不低于本院法官数的3倍。上述陪审员名额由各基层法院提请同级人大常委会确定的规定保留了《决定》第7条的内容，显得过于随意与混乱，实践证明是不可行的，而新增规定“人民陪审员的名额数不低于本院法官数的3倍”则显属过低，看不出测算依据及其科学性，莫非是按照每位人民陪审员需要审理案件数量是法官审理案件数量的1/3来设定的？事实上，员额制改革后，法官数量减少了近一半，全国仅有12万名员额制法官，每个基层法院平均不足40名，如此，每个基层法院管辖区内的人民陪审员人选不过120名，能否满足陪审的实际需要？会不会导致人民陪审员的编外法官化再现？无疑，陪审员名额数应该按照需要陪审案件的数量及每位人民陪审员每年陪审案件数量的上限来确定。人民陪审员法第24条规定，人民法院应当结合本辖区实际情况，合理确定每名人民陪审员年度参加审判案件的数量上限，并向社会公告。这一规定更为模糊，易产生混乱，事实上，这需要人民陪审员法作出明确规定。例如，《俄罗斯联邦刑事诉讼法典》第326条第3款规定，同一人在1年之内最多只能有1次作为陪审员出席审判庭。《法国刑事诉讼法典》第258-1条规定，5年内担任过陪审员的公民可要求职责豁免。为此，建议人民陪审员法限定人民陪审员被抽选参与陪审的案件数量，如每人每年陪审的案件不得超过1件，或者最多不能超过3件。如此，就应当测算一下每年有多少案件需要适用陪审，据此测定需要人民陪审员的数量。无疑，扩大人民陪审员的数量是落实“随机抽选”

① ［意］贝卡里亚：《论犯罪与刑罚》，黄风译，中国大百科全书出版社1993年版，第20页。

的前提。为此，建议将每个基层法院的人民陪审员设定为500至1000人。而且为了避免指定，应设专门机构如人民陪审员选任办公室为法院提供候选人民陪审员，并制定挑选正式人民陪审员的程序。为了保障当事人双方尤其是被告人选择人民陪审员的权利，应当通知多于实际需要员额的候选人民陪审员到庭进行“庭选”。

三、关于合议庭中人民陪审员的人数与比例

《决定》关于合议庭中人民陪审员比例的规定存在误区，似乎合议庭中哪怕只有一名陪审员，陪审制的功能就得以发挥，导致陪审员被边缘化，失去陪审的意义。根据《决定》第3条规定，人民陪审员和法官组成合议庭审判案件时，合议庭中人民陪审员所占人数比例应当不少于1/3。该条关于“不少于1/3”的比例规定并无实际意义。因为根据刑事诉讼法第178条第1款的规定，基层人民法院、中级人民法院审判第一审案件的合议庭组成人员为3人,① 显然，如果合议庭中有人民陪审员，则至少有1人，即不可能低于1/3。

合议庭中陪审员的人数和比例是一个至关重要的问题，关系到审判组织的科学性。我国实行参审制，陪审员与法官组成合议庭，共同负责认定事实与适用法律。可以说，合议庭中陪审员的人数及其比例决定了陪审员的地位以及所能发挥的作用。一方面，陪审员为法律的“外行”，必须有足够数量的陪审员共同参审，才能克服偏见形成正确的判决。合议庭中陪审员太少甚至仅有1名，就难以体现民众代表性，难以起到凝聚民意的作用，极易沦为司法民主的“点缀”。另一方面，如果合议庭中陪审员的人数太少，则难以形成对法官的有效制衡。陪审员和法官之间不仅存在合作关系，亦存在监督制约关系，所以陪审员与法官之间存在某种紧张关系，法官对陪审员可能存在一定的排斥性。虽然陪审员与法官职责相同，但陪审员在各方面天然地处于弱势，极易被法官控制，致使陪审流于形式。不难想象，如果合议庭中仅有1名陪审员，那他就无法摆脱成为“摆设”而被边缘化的危险。此外，陪审员人数多也有利于陪审法庭避免腐败。总之，陪审员与法官的比例是一个重大的问题。如果陪审员在合议庭中人数少、比例低，就易成为“摆设”。

实行陪审制的国家在这方面的经验值得借鉴。在实行陪审团制的国家，由12名陪审员组成的陪审团负责认定案件事实，拥有认定与否定控罪的权力。在这种制度中，陪审员的独立作用无人怀疑。而在实行参审制的国家，赋予陪审员与法官同等权责，为了保证陪审员发挥作用，合议庭中陪审员人数一般多于职业法官。如在法国，重罪案件一审陪审法庭由1名主审法官、2名陪审法官和6名陪审员组成，陪审员与法官的比例为2∶1。在日本，对于被告人不认罪的案件，合议庭由3名法官和6名裁判员组成（认罪案件则由1名法官和4名裁判员组成），裁判员与法官的比例亦为2∶1。显而易见，是法官人数的2倍且多达6名的陪审员（裁判员）参与案件的审理与裁判，其独立作用谁又能否认呢？无疑，3名法官想置6名陪审员（裁判员）于“摆设”地位亦非易事。而在韩国，对于可能判处被告人死刑、无期徒刑的案件，由9名陪审员参审；其他案件由7名陪审员参审；被告人或辩护人承认公诉事实主要内容的案件可由5名陪审员参审。毫无疑问，这些国家的立法者深深

① 虽然刑事诉讼法第178条第2款规定高级人民法院、最高人民法院审判第一审案件的合议庭为3人至7人组成，但是，实践中高级人民法院及最高人民法院审判几乎不再审理第一审案件。

懂得心理学和决策学的规律就是要通过这种技术化的处理方式来实现合议庭实质化及陪审员富有意义的参与，真正发挥陪审员的作用。

根据人民陪审员法第 14 条的规定，有两种陪审合议庭组成模式：一是 3 人合议庭；二是法官 3 人与人民陪审员 4 人组成 7 人合议庭。笔者认为，在刑事诉讼中，这两种陪审合议庭组成模式仍有待改进。为了避免陪审流于形式，让陪审员能够真正发挥作用，应当大幅增加合议庭中人民陪审员的人数，并不低于法官人数的 2 倍。考虑到案件性质、决策质量、成本及效率等因素，基于优化陪审合议庭的目的，建议在上文建议被告人不认罪且申请适用陪审的案件与被告人可能被判处 10 年以上有期徒刑、无期徒刑、死刑的案件才适用陪审的基础上规定两种陪审合议庭组成模式为：被告人不认罪的案件，由 3 名法官和 6 名陪审员组成合议庭；被告人认罪的案件，由 1 名法官和 4 名陪审员组成合议庭。陪审合议庭的表决规则也应调整，即将简单多数修改为 2/3 以上多数通过才能作出不利于被告人的判决。

论认罪认罚从宽的量刑规范

刘仁琦*

一、问题的提出

2018年《刑事诉讼法（修订草案二次审议稿）》（以下简称《修订草案》）对认罪认罚从宽制度作了明确规定。对于认罪认罚的量刑，《修订草案》规定，对于认罪认罚案件，人民法院依法作出判决时，一般应当采纳人民检察院指控的罪名和量刑建议，但被告人不构成犯罪或者不应当追究刑事责任的、被告人违背意愿认罪认罚的、被告人否认指控的犯罪事实的、起诉指控的罪名与审理认定的罪名不一致的、其他可能影响公正审判的情形除外，同时规定，“人民法院经审理认为量刑建议明显不当，或者被告人、辩护人对量刑建议提出异议的，人民检察院可以调整量刑建议。人民检察院不调整量刑建议或者调整量刑建议后被告人、辩护人仍有异议的，人民法院应当依法作出判决”。实际上，从2014年十八届四中全会通过《关于全面推进依法治国若干重大问题的决定》明确提出“完善刑事诉讼中认罪认罚从宽制度”的改革任务以来，经由《关于授权最高人民法院、最高人民检察院在部分地区开展刑事案件认罪认罚从宽制度试点工作的决定》、《关于在部分地区开展刑事案件认罪认罚从宽制度试点工作的办法》（以下简称《试点办法》）的规定以及司法实践积累的经验，认罪认罚从宽制度愈加完善，但更多的探讨都集中在认罪认罚的自愿性、法律援助有效性等层面，理论界与实务界对认罪认罚从宽制度中的量刑规范问题却鲜有提及，“量刑从宽带来的效果仍是有限”①，但“认罚”更体现为犯罪嫌疑人、被告人对追诉机关出具刑罚“量”的认同。

我国从21世纪初开始在部分地区探索量刑活动规范化的实现路径。随着2010年《人民法院量刑指导意见（试行）》和“两高三部”《关于规范量刑程序若干问题的意见（试行）》两个规范性文件的发布，我国的量刑规范化改革从试点摸索阶段正式进入全面试行阶段。时至今日，量刑规范化改革的成果已经成为司法实践中规范人民法院量刑活动的重要标尺。然而，在认罪认罚从宽制度改革的背景之下，量刑规范化改革所形成的既有成果并未被认罪认罚从宽制度合理吸收以规范认罪认罚案件中的刑罚裁量问题。根据笔者在西安地区的调研，认罪认罚从宽制度与量刑规范化之间的关系仍然制约着制度效果。《量刑指

---

* 作者简介：刘仁琦，西北政法大学副教授。

① 赵恒：《论量刑从宽——围绕认罪认罚从宽制度的分析》，载《中国刑事法杂志》2018年第4期。

导意见》[①] 仅明确了23种常见犯罪的定罪量刑标准和刑罚裁量幅度，因此对于缺乏相应量刑细则标准的罪名是否能够适用以及如何适用该制度为被追诉人定罪量刑就不甚明确。再如，《试点办法》中对于认罪认罚与自首、坦白等量刑情节的界定不够清晰，且并未量化对被追诉人从宽处遇的基准和幅度，法官、检察官对具体行为的刑罚裁量显得左右为难。认罪认罚从宽制度具有程序法和实体法的双重属性，[②] 应当采取刑事实体法和刑事程序法的双重视角；[③] 认罪认罚从宽制度改革和量刑规范化改革虽是不同时期、不同背景下的两项独立的制度改革，但在笔者看来，二者在诸多方面存有共同之处，尤其是在被告人的刑罚裁量方面。因此，在认罪认罚从宽制度改革的推进过程中，应当厘清二者之间的关系，合理吸收借鉴，将量刑规范化改革与认罪认罚从宽制度改革进行结合。

二、量刑规范：认罪认罚从宽的制度障碍

（一）检察机关的量刑“失范”

量刑建议制度作为规范法官在量刑活动中自由裁量权的一项程序性措施，已经随着量刑规范化改革的推进被确立在我国的司法解释之中，成为我国量刑程序的重要组成部分。根据《人民检察院刑事诉讼规则（试行）》的规定，人民检察院对提起公诉的案件，可以向人民法院提出量刑建议；可以制作量刑建议书，与起诉书一并移送人民法院；公诉人应当在发表公诉意见时提出量刑建议。量刑建议制度的确立，为被告人、辩护人合理行使辩护权提供了一定的便利，同时也为人民法院的刑罚裁量活动提供了一定的参考。就权力的性质和效力而言，由量刑建议制度赋予检察机关行使的量刑建议权具有两方面的特征，首先，相较于公诉权而言，具有“求刑建议”属性的量刑建议与具有“定罪申请”性质的起诉书明显不同，量刑建议权仅具有“求刑权”的属性，是检察机关公诉权的必要延伸。[④] 其次，与审判权相比，量刑建议权与法院的量刑裁决权明显不同，其仅仅是一种请求法院对被告人判处一定刑罚的请求，为法院的量刑活动提供依据和参考，并不具有当然的约束力。

根据《试点办法》第1条的规定，对刑事案件适用认罪认罚从宽制度的重要前提之一，就是犯罪嫌疑人、被告人同意量刑建议，并签署具结书。申言之，犯罪嫌疑人、被告人除了自愿如实供述自己的犯罪行为，对指控事实没有异议之外，还必须同意检察机关提出的量刑建议并签署具结书，才有可能使检察机关和人民法院适用认罪认罚从宽制度办理和审理其所涉及的案件而获得从宽处罚。同时，根据《试点办法》第20条的规定，除5种例外情形外，人民法院在对认罪认罚案件作出判决时，一般应当采纳人民检察院的罪名和量刑

---

① 最高人民法院于2017年3月9日发布《关于常见犯罪的量刑指导意见》对2014年开始实施的《关于常见犯罪的量刑指导意见》予以修改、完善，并于2017年5月1日开始施行《关于常见犯罪的量刑指导意见（二）（试行）》，将适用的15个罪名扩展为23个。因此，如无特殊说明，本文中的《量刑指导意见》系对该两部规范性文件的合并简称。

② 陈卫东：《认罪认罚从宽制度研究》，载《中国法学》2016年第2期。

③ 熊秋红：《认罪认罚从宽的理论审视与制度完善》，载《法学》2016年第10期。

④ 参见陈瑞华：《量刑程序中的理论问题》，北京大学出版社2011年版，第162-167页。

建议。那么，在认罪认罚案件中，检察机关在符合认罪认罚条件的前提下，根据已经掌握的证据和信息，就被告人的量刑种类和从宽幅度提出的意见和主张，在审判阶段，被告人及其辩护人没有提出异议，并经法院认定没有例外情况存在之后，就应然被法院采纳，上升为法院的刑罚裁判，尤其是在检察机关根据案件具体情况，提出确定刑期的量刑建议的情况下。

检察机关的量刑建议从法院量刑的参考一跃成为判决书中对被告人判处的刑罚，这种“跳跃”的背后所隐含的不仅有量刑建议权的性质和效力的转变，还可能衍生出检察官自由裁量权滥用的危险。在认罪认罚案件中，检察机关量刑建议权由求刑权的性质向制刑权的属性悄然转变，使得公诉裁量的范围从案件的起诉裁量扩大到对被追诉人适用刑罚的裁量。而在被告人从宽处遇的统一标准尚未明确，以及《量刑指导意见》尚未实现罪名全覆盖的前提下，检察机关建议的刑罚种类、量刑基准、从宽处遇的幅度也就没有了合法的依据。因此，在从宽的依据和限度均不甚明确的前提下，检察机关提出的量刑建议的效力不仅未被合理限制，反而有可能被法院直接采纳，成为判决书中的一部分。而这种未被合理限制的自由裁量权的扩张也极易在实践中出现被滥用的风险。

（二）量刑建议与法官裁判的冲突

自量刑规范化改革在我国全面推行以来，法官在量刑活动中的自由裁量权得到了一定的限制和规范。从程序方面来看，相对独立的量刑程序得到初步建立，使得在刑事案件审判中，定罪活动和量刑活动之间得到适度区分，量刑建议制度得以确立，被告人及辩护人的量刑辩护权也受到了应有的保障。这些程序上的变化使得我国刑事诉讼中定罪与量刑一体化模式得以转变，法官在刑罚裁量过程中能够充分听取控辩双方的量刑建议和意见，了解更多的量刑信息，并在此基础上作出适当的刑罚裁决。从实体层面而言，《量刑指导意见》规定了量刑的指导原则，明确了法定量刑情节和酌定量刑情节的适用规则和调节比例，为法官正确适用刑罚对被告人准确判处刑罚提供了方法上的指引。量刑规范化改革虽然也存在一定的不足，但其在司法实践中的成效显而易见，法官在量刑活动中的自由裁量权受到了程序和实体两个方面的规范，量刑不公、量刑失衡的实践难题也在一定程度上得以缓解。

而认罪认罚从宽制度的试点方案除了对于认罪认罚案件应当坚持罪责刑相适应原则的方向性规定之外，并未对量刑基准的选择、从宽处遇幅度的确定等问题予以规范。因此，在认罪认罚案件的审理过程中，检察机关量刑建议是否适当的判定、刑罚种类的选择、量刑起点和从宽幅度的确定以及最终刑罚的判处都理所应当地成为法官的自由裁量对象。

认罪认罚从宽制度改革与量刑规范化改革似乎是在背道而驰，量刑规范化改革在合理规范法官自由裁量权、保障量刑公正和量刑均衡等方面所形成的既有成果和改革成效，在认罪认罚从宽制度中都没有得到合理体现。那么，若不将合理限制、规范法官自由裁量权的制度设计纳入认罪认罚从宽制度的框架体系之中，量刑不公、量刑失衡等世界性司法难题也将会再次在我国司法实践中呈现。

（三）被追诉人“自愿性、知情权”难以保障

在刑事案件的审判中，人民法院在对控辩双方提交的证据进行审查，听取两造的控诉

和辩护意见，对案件事实进行综合判断的基础上，除了要就被告人是否有罪进行认定之外，对于确信有罪的被告人，还要综合考量被告人刑事责任的大小、犯罪行为的社会危害性等情节，对被告人判处适当的刑罚。可以说定罪是量刑的前提和依据，而量刑活动的结果直接关系到被告人的人身自由、政治权利、财产占有甚至是生命的存续。因此，法院的量刑是否公正、适当，直接影响到被告人实体权利的实现。

量刑的公正与适当必然离不开明确的量刑规则以及法官自由裁量权的规范行使。明确的量刑规则能够为法官的量刑活动提供参考和依据，规范法官的自由裁量权，以保障被告人获得与其罪行相适应的刑罚，同时也为被告人及其辩护人、公诉人乃至社会公民评价判断量刑的公正性和适当性提供了重要的标尺。因此，在认罪认罚从宽制度的现有规范中，对被告人从宽处遇的量刑规则的不明确乃至缺位的状态下，法官在量刑活动中的自由裁量权若不能得到合理的规制，那么被告人人身自由、政治权利及财产权利等实体权利的保障问题也就无从谈起。

根据《修订草案》，人民法院经审理认为检察机关的量刑建议明显不当，可以建议检察机关调整量刑建议；检察机关不同意调整的，人民法院应当依法作出判决。但在具体的量刑基准和幅度都尚未明确规定的情况下，法院审查判定检察机关量刑建议是否适当，以及在检察机关不同意调整量刑建议的前提下作出的判决，是否能够有合理明确的依据呢？若在没有明确的依据能够证明检察机关的量刑建议不适当的前提下，仅凭借法官对案件证据和事实综合判断基础上的自由裁量，就推翻控辩双方均已认同的量刑建议，这是否是对被告人实体权利的保障不利甚至侵犯呢？尤其是在推翻检察机关较轻的量刑建议，对被告人适用较重刑罚的情况下。因此，在笔者看来，在认罪认罚案件中，赋予人民法院对量刑建议的审查权并无不当，但这种审查权的行使也应当有合理明确的量刑规则作为依据，才能切实为被告人的实体权利提供保障。

从另一个方面来看，被追诉人能够自愿选择认罪认罚，必然是在基于自身利益考量的基础之上，对认罪认罚后可能判处的刑罚与不认罪认罚后可能判处的刑罚进行比较、权衡之后作出的选择，而这种对预期刑罚的判断和衡量同样要“以事实为根据，以法律为准绳”。无论是否有律师为其提供帮助，被告人对于预期刑罚的判断，除了要考量其所实施的犯罪行为以及造成的后果之外，也离不开法律对其行为的评价以及明确的量刑规则的指引。因此，在量刑规则不明确的前提下，被追诉人也就无法准确判断其可能被判处的刑罚，无法判断检察机关的量刑建议以及人民法院的判决是否公正，并达到与其罪行相适应的程度，更无法判断其人身自由、政治权利和财产权利等实体权利是否得到了应有的保障。

三、认罪认罚从宽量刑规范的实现路径

（一）明确“实体从宽”的幅度

从刑法的规定来看，从宽处罚具体包括三种情形，即刑法第 62 条规定的从轻处罚、第

63 条规定的减轻处罚以及未予以概括性规定而散布于一些条文之中的免除处罚。① 而这三种从宽处罚的具体情形也均为《试点办法》所认可，成为对被追诉人在实体上从宽处罚的主要形式。将以上三种刑法中明确规定的具体情形纳入认罪认罚从宽制度的刑罚体系之中，对于在刑事实体法层面明确“从宽”的含义，增强该制度在司法实践中的可操作性具有重要意义；但对于在认罪认罚案件中规范检察官、法官的自由裁量权，实现量刑公正，保障被追诉人实体权利而言，似乎还略显单薄。《量刑指导意见》对多种犯罪的量刑起点，从重、从宽的幅度进行了明确和限制，为法官的刑罚裁量活动提供了更为具体的指引。例如，在我国刑法关于自首的规定中明确了对于自首的犯罪分子可以从轻或者减轻处罚，但对于在个案的量刑中从轻、减轻多少却并没有予以具体规定，而在《量刑指导意见》中对于自首情节的裁量予以了量化，法官综合考量案件情况后，可以在基准刑的基础上减少 40%以下，并且对于犯罪较轻的可以减少基准刑的 40%以上或者免除处罚。这种给予被告人量刑折扣的量化和具体不仅增强了法律条文在司法实践中的可操作性，还是对法官自由裁量权的一种规范，有利于对被告人实体权利的保障。因此，在认罪认罚从宽的制度框架中还应当对三种从宽情形的具体适用条件、刑罚裁量的起点、从宽处遇的幅度和底线等问题进行详细规定。

（二）明确法定从宽量刑情节的关系

从文本中来看，《修订草案》在实体层面的可操作性不足的表现之一便是没有明确界定“认罪认罚”与坦白、自首等刑法中规定的从宽量刑情节间的关系。法官在对被告人进行刑罚裁量的过程中，不仅要对犯罪的性质、情节和社会危害性等进行正确的评价，还要对不同刑罚的适用条件、各种量刑情节的适用原则有准确的理解。其中对于量刑情节的理解、认定和适用则是关系到对被告人在法定刑基础上予以从重或者从宽处罚，在具体案件的量刑中体现罪责刑相适应的关键因素。而对从宽量刑情节的正确适用，也为法官在刑罚裁量过程中给予被告人一定的折扣和优惠提供了合法的依据。为了体现罪责刑相适应的原则，避免重罪轻罚、轻罪重罚等量刑不公现象的出现，对于量刑情节也应当禁止重复评价。

根据《修订草案》的规定，犯罪嫌疑人、被告人自愿如实供述自己的罪行，对指控的犯罪事实没有异议，同意量刑建议，签署具结书的，可以依法从宽处罚。该条的规定不仅可以看作在规范层面上对“认罪认罚”含义的一种解读和回应，同时也可以视为认罪认罚案件中给予犯罪嫌疑人、被告人从宽处遇的前提条件的明确和具体。对于符合上述条件的犯罪嫌疑人、被告人即可适用认罪认罚从宽制度，在对案件适用简易程序或速裁程序的同时，也可在实体上给予其一定的量刑优惠，在法定刑的基础上对其进行从宽处罚。因此，在认罪认罚案件中，“认罪认罚”便是对被告人从宽处罚的必要前提和依据。

而当进一步对我国刑法体系中的从宽量刑情节予以考察后，我们可以发现，在我国刑法中，以犯罪嫌疑人、被告人自愿认罪为成立条件之一的从宽量刑情节至少存在两个，即刑法第 67 条第 1 款规定的自首情节和该条第 3 款规定的坦白情节。二者间的区别主要在于对犯罪嫌疑人、被告人到案方式的区分，即对犯罪嫌疑人、被告人的到案方式是否属于自

---

① 如刑法第 24 条第 2 款的规定“对于中止犯，没有造成损害的，应当免除处罚；造成损害的，应当减轻处罚”；再如，刑法第 351 条第 3 款的规定“非法种植罂粟或者其他毒品原植物，在收获前自动铲除的，可以免除处罚”；等等。

动投案的认定。因此，当抛开对犯罪嫌疑人、被告人投案方式的评价之后，我们可以发现，只要其在到案后能够自愿如实供述自己的犯罪行为和犯罪事实，就基本能够符合自首或者坦白的成立要件，并可以获得量刑上的从宽处罚。在犯罪嫌疑人、被告人自愿如实供述自己罪行的情形下，自首或坦白作为法定的从宽量刑情节也就自然成为对被告人实体从宽处罚的法定依据和权利来源。本文认为，实体法上，“认罪认罚”是对犯罪嫌疑人、被告人从宽处罚的一个情节，[①] 认罪认罚从宽应与自首、坦白具有一致性，即在自首、坦白已经从宽量刑的前提下，不可因认罪、认罚重复从宽。

① 参见王敏远：《认罪认罚从宽制度疑难问题研究》，载《中国法学》2017 年第 1 期。

形式审查、实质审查抑或是积极推动？*

——探讨认罪认罚从宽制度中法官的角色

马明亮**

一、我国认罪认罚从宽制度中的法官角色：规则视角

我国认罪认罚从宽制度中的法官角色到底为何？我们以最近的刑事诉讼法修改意见，以及现有的规则为分析蓝本，具体包括：（1）2014 年 8 月 22 日公布并实施的《关于在部分地区开展刑事案件速裁程序试点工作的办法》（法〔2014〕220 号）（以下简称《速裁办法》）。（2）2016 年 11 月印发的《关于在部分地区开展刑事案件认罪认罚从宽制度试点工作的办法》（法〔2016〕386 号）（以下简称《认罪认罚办法》）。需要说明两个办法的关系。《认罪认罚办法》第 27 条明确规定，原刑事案件速裁程序试点相关规定可以参照执行，本办法另有规定的除外。因此，《认罪认罚办法》在指导原则与规则方面涵盖了刑事速裁程序。同时，速裁程序的一些细节规定，《认罪认罚办法》并没有全部吸收，而是有所保留。（3）地方司法机关有关速裁程序的实施细则、操作规程，如《大连市刑事案件认罪认罚从宽制度试点工作实施办法》等。

经过分析，法官在认罪认罚从宽制度中的角色分为两方面。

（一）实质审查角色

秉承追求实质真实的价值取向，法官对被告人的自愿性，认罪认罚具结书内容的真实性、合法性等内容都采取实质审查，并享有否决权。至少在文本上没有采纳形式审查。

1. 自愿性的审查。

《认罪认罚办法》第 15 条规定，人民法院审理认罪认罚案件，应当告知被告人享有的诉讼权利和认罪认罚可能导致的法律后果，审查认罪认罚的自愿性和认罪认罚具结书内容的真实性、合法性。

2. 被告人否认指控的犯罪事实的。

《认罪认罚办法》第 19 条规定，人民法院适用速裁程序或者简易程序审查的认罪认罚案件，有下列情形之一的，应当转为普通程序审理：（1）被告人违背意愿认罪认罚的；（2）被告人否认指控的犯罪事实的……

---

* 国家社会科学基金一般项目：认罪认罚从宽制度中的协议破裂与程序反转研究（项目号：18BFX074）。

** 作者简介：马明亮，中国人民公安大学法学院教授，博士生导师。

3. 人民检察院的量刑建议明显不当，或者被告人、辩护人对量刑建议提出异议的。

《认罪认罚办法》第 21 条规定，人民法院经审理认为，人民检察院的量刑建议明显不当，或者被告人、辩护人对量刑建议提出异议的，人民法院可以对建议人民检察院调整量刑建议，人民检察院不同意调整量刑建议或者调整量刑建议后被告人、辩护人仍有异议的，人民法院应当依法作出判决。

有些地方性规则则进一步细化、强化了法官的严格审查。比如，《广州市越秀区刑事案件认罪认罚从宽制度操作规程（试行）》第 37 条规定，区法院原则上采纳指控的罪名和量刑建议，但以下情形除外：（1）具有本规程第 10 条规定的情形之一的；（2）量刑建议畸轻畸重，与犯罪性质、情节不符的……

4. 对认罪认罚案件的范围审查。

可以解释为不适用速裁程序审理的其他各种情形。《认罪认罚办法》第 2 条、第 17 条都作了明确规定，主要分为如下几类：

（1）案件类型不符合要求（如被告人是盲、聋、哑人的；案件疑难、复杂，或者有重大社会影响的）；

（2）主体不适格（被告人是盲、聋、哑人的）；

（3）掩盖的事实真相（如犯罪嫌疑人、被告人行为不构成犯罪的）；

（4）有特殊约定而没有完成的（被告人与被害人或者其代理人没有就附带民事赔偿等事项达成调解或者和解协议的）；

（5）特殊案件中存在异议的（共计两类：未成年犯罪嫌疑人、被告人的法定代理人、辩护人对未成年人认罪认罚有异议的；共同犯罪案件中部分被告人对指控事实、罪名、量刑建议有异议的）。①

（二）认罪协商的准介入角色

审判阶段发现认罪认罚的，则可以启动认罪认罚程序。根据《认罪认罚办法》规定，被追诉人认罪认罚的时间发生于审判之前的侦查阶段与审查起诉阶段。而有的地方性规则允许被告人在审判阶段认罪认罚。比如，杭州市富阳区《关于办理认罪认罚从宽案件工作实施细则》第 38 条规定，被告人在侦查和审查起诉阶段不认罪认罚，但在人民法院向其送达起诉书副本时认罪认罚的，人民法院适用简易程序审理，并将认罪认罚情况及适用的程序告知人民检察院。人民法院在对该被告人依法作出判决时，按照本实施细则相关从宽处理的规定执行。

当然，该规定比较模糊。从契约角度讲，这不是完整意义的认罪认罚，无非是法院从轻处罚的依据而已。

有的地方规则比较清晰地解决了庭审中认罪认罚的制度设计。比如，山东省《关于在济南、青岛地区开展刑事案件认罪认罚从宽制度试点工作的实施细则》第 16 条规定，侦查、审查起诉阶段案件没有适用认罪认罚从宽制度，但被告人在第一次开庭审理前表示自

---

① 《速裁办法》第 2 条还规定有两种情形：一是犯罪嫌疑人、被告人违反取保候审、监视居住规定，严重影响刑事诉讼活动正常进行的；二是犯罪嫌疑人、被告人具有累犯、教唆未成年人犯罪等法定从重情节的。这是没有吸收到《认罪认罚办法》的，从立法本意看，《认罪认罚办法》扩大了适用范围。

愿认罪认罚，人民法院经审查认为符合认罪认罚从宽制度适用条件的，应当征求人民检察院的意见。人民检察院同意适用认罪认罚从宽制度、被告人同意人民检察院量刑建议并签署具结书的，人民法院可以按照认罪认罚案件办理。

有的要求更加明确，法院必须通知辩护人提供法律帮助。比如，沈阳市中级人民法院、沈阳市人民检察院《关于开展刑事案件认罪认罚从宽制度试点工作的指导意见》第9条规定，犯罪嫌疑人在侦查阶段、审查起诉阶段没有认罪认罚，在审判阶段表示认罪认罚的，人民法院应当通知被告人的辩护人（无辩护人的通知法律援助律师、值班律师）为被告人提供法律帮助。同时告知人民检察院被告人认罪认罚情况，通知人民检察院派员主持被告人签署具结书。人民检察院接到人民法院通知后，按照人民法院通知的时间、地点派员主持被告人签署具结书。

二、法官角色反思：不当定位、审查悖论与正当性不足

通过解读规则，我们发现如下问题：

（一）法官对控辩双方协议的内容尤其是对自愿性问题都采用实质审查，与契约的信赖利益发生冲突

在美国的判例中，为了鼓励被告人进入辩诉协商，非常重视其中的信赖利益（expectation interests），尽力维护有罪答辩协议的稳定性。[①] 但通过观察现有的规则，法官更侧重实质真实，对契约的信赖利益重视不足。

（二）法院审理程序的设计又导致实质审查流于形式

为了效率，避免司法资源浪费，可以不进行法庭调查、法庭辩论，难以深入审查。《认罪认罚办法》第16条规定，对于基层人民法院管辖的可能判处3年有期徒刑以下刑罚的案件，事实清楚、证据充分，当事人对适用法律没有争议，被告人认罪认罚并同意适用速裁程序的，可以适用速裁程序，由审判员独任审判，送达期限不受刑事诉讼法规定的限制，不进行法庭调查、法庭辩论，当庭宣判，但在判决宣告前应当听取被告人的最后陈述。

（三）法官通过实质审查，推翻了控辩协议的，从正当程序的视角来看应当程序转化，但规则中却允许法官直接裁判

法官直接认定认罪协议无效的，应当转为普通程序审理。但是，法官认为检察官的量刑建议不当，或者直接更改，或者建议检察官修正，然后直接裁决，程序不再转化。这是不利于保护被追诉人的合法权益的。因为法官的这种修正属于变更了量刑内容，属于合同主要内容的变更，应当赋予被追诉人撤回认罪具结书的权利，并转化为普通程序。

---

① Peter Westen & David Westin, *A Constitution Law of Remedies for Broken Plea Bargains*, 66 Cal. L. Rev. 471, 512 (1978).

三、域外参照：法官的审查模式与介入协商的方式

诉讼模式不同，认罪协商程序中的法官角色，检察官与法官的职责分工不同。在当事人主义诉讼模式之下，如美国，一旦被告人认罪，检察官全权负责，法官一般不愿意介入协商程序。但是，法官享有独立的事后审查权，不仅查明被追诉人认罪的自愿性与明知性，也对事实基础享有审查权。最终，法官可以不接受控辩双方的答辩协议。以至于发现有问题的，还可以驳回检察官的控诉。在大陆法系职权主义诉讼模式之下，沿用法官事后“审查模式或审核模式”。法官对量刑建议仍然有独立的审查权力。

（一）当事人主义诉讼模式：法官相对消极地介入

我们以美国为范例分析，先分析《美国联邦刑事诉讼规则和证据规则》视野中的法官。

美国的辩诉交易制度有许多程序性的保障措施来保证认罪的明知与自愿。从《美国联邦刑事诉讼规则和证据规则》来看，法庭应积极地予以保障。我们以该规则为范本予以分析：

1. 进入庭前的有罪答辩与否的程序，如果被告人选择有罪答辩或不愿辩护也不承认有罪的答辩，法官的首要任务是确保被告人的明知与自愿性。

首先，法院通过履行详细的告知义务来保障被告人的明知性。根据《美国联邦刑事诉讼规则和证据规则》第 11 条（c）对被告人的忠告，在接受有罪答辩或不愿辩护也不承认有罪的答辩前，法庭必须在公开法庭与被告人亲自对话，告知被告人并确定被告人理解下列事项：（1）答辩所针对的指控的性质……①

其次，法官通过公开地、亲自地、详细地询问被告人来确保被告人答辩的自愿性。根据《美国联邦刑事诉讼规则和证据规则》第 11 条（d）保证答辩自愿。法庭在接受有罪答辩、不愿辩护也不承认有罪的答辩前，首先要在公开法庭亲自询问被告人，确认答辩是自愿的，不是强迫、威胁的结果，也不是脱离答辩协议中许诺的结果，否则不能接受被告人答辩。法庭还应询问被告人，愿意作有罪答辩或者不愿辩护也不承认有罪的答辩是否出于检察官与被告人或被告人律师之间事先讨论的结果。

2. 为了保障法官的中立性，在控辩双方关于罪刑的讨论过程中明确要求法官不能参与其中。根据《美国联邦刑事诉讼规则和证据规则》第 11 条（e）答辩协议程序的规定，法庭不应参加任何这样的讨论。

3. 法官并不是消极地审查，而是享有对认罪答辩协议的否决权。首先，严格的审查方式，法庭应要求在公开法庭宣布答辩协议并记录在案。根据《美国联邦刑事诉讼规则和证据规则》第 11 条（e）答辩协议程序（2）通知答辩协议中。如果双方当事人已达成答辩协议，法庭应要求在公开法庭宣布该答辩协议并记录在案；或者如果有充足理由，在提供答辩时可不公开进行。其次，法庭独立的审查权，不受答辩协议约束。如果拒绝答辩协议，应向被告人提供机会以撤回答辩。② 最后，为确保答辩的准确性，法庭负有对案件事实基础

---

① 参见《美国联邦刑事诉讼规则和证据规则》第 11 条（c）答辩协议程序（3）、（4）的规定。

② 参见《美国联邦刑事诉讼规则和证据规则》第 11 条（e）答辩协议程序（4）的规定。

的实质查明义务。《美国联邦刑事诉讼规则和证据规则》第11条（f）明确规定，为确定答辩的准确性，虽然接受有罪答辩，法庭不能未做调查查明答辩存在事实基础便单纯依据答辩作出判决。

4. 法庭的整个调查过程需要完整的“诉讼记录”予以载明。《美国联邦刑事诉讼规则和证据规则》第11条（g）规定，被告人作出答辩的程序应当逐字记录。如果做有罪答辩或不愿辩护也不承认有罪的答辩，记录应当不加限制地包括法庭对被告人的忠告，对答辩（包括答辩协议）是否出自自愿的调查和对答辩准确性的调查。

5. 司法实践中的复杂性。法国学者让·普拉德尔（Jean Pradel）曾于1998年撰文对此提出批评。在实务中法官往往保持消极的姿态，仅进行表面监督。这一做法固然可以保障高效解决案件、防止程序反复所带来的资源浪费，但极易产生检察官空洞允诺欺骗被告人或者恫吓、胁迫被告人承认莫须有指控的情况。①

法官在答辩谈判中积极参与的程度在各辖区差别很大。许多州禁止法官积极地介入答辩谈判。原因不仅在于维护司法中立的形象。法官若没有保持超然而介入有罪答辩的过程，控辩双方的权利均势就会失衡。如果案件诉至法庭，失败的答辩谈判的第一手具体资料可能会破坏担任事实认定者的法官的公正，这存在争议。一些专家却支持法官的介入。这些评论家认为允许法官公开地参与会更诚实和使被告人对结果更确定。如果司法不介入，被告人可能知道他们会获得刑罚，但他们不确信这是多严重的刑罚。司法介入会提供给被告人一些作出更知情的放弃审判权利选择所需要的信息资料，也就是说，如果确实要科处刑罚，法官最好明示。从实践来看，一些管辖区同意法官积极地参与谈判。例如，伊利诺伊不允许法官提起答辩谈判，但在被告方要求召开答辩谈判会议之后法官可以参加答论。北卡罗来纳也允许法官参加答辩谈判。②

（二）职权主义诉讼模式：法官相对积极的介入，实质审查与否决权

大陆法系国家在引入辩诉交易制度时十分重视加强法官在程序审查上的权力。因此，普遍适用的是实质审查与否决权。

1. 法官围绕“案件事实”进行实质审查，并有权否决协议。比如，《意大利刑事诉讼法典》保留了法官对案件事实的发现义务。其第444条第2款规定，法官有义务对事实的司法定性以及对当事人各自阐述的犯罪情节的比较与适用进行核实。在此基础上进一步强化法官在辩诉交易中的权力。1990年，意大利宪法法院宣布刑事诉讼法典中关于“禁止法官对量刑建议的依据进行评估”的条款违宪③。

当然，为了确保程序经济原则，意大利立法者增加了两个附加条款（刑事诉讼法典第445条第1、2款）：一是法官的判决不能改变关于司法费用、附加刑和保安处分的有罪判决，没收财产的除外。二是法官的判决具有终局性，不得进行上诉。但检察官在量刑适用

---

① 施鹏鹏：《法律改革，走向新的程序平衡?》，中国政法大学出版社2013年版，第162页。

② ［美］爱伦·豪切斯泰勒·斯黛丽、南希·弗兰克：《美国刑事法院诉讼程序》，陈卫东、徐美君译，中国人民大学出版社2002年版，第386-387页。

③ 意大利宪法法院1990年7月2日第313号判决。转引自施鹏鹏：《法律改革，走向新的程序平衡?》，中国政法大学出版社2013年版，第162页。

申请书上与被告人意见不一而提起上诉的情况除外。[①]

再如，根据《法国刑事诉讼法典》，核准法官必须核实案件事实的真实性及其司法定性，并根据犯罪情节以及犯罪行为实施者的品格进行量刑合理性考虑，最终方可作出核准裁定。如果核准法官基于案件事实的本质、利害关系人的人格、被害人的处境或者社会利益等要素的考量，认为应当进行普通的轻罪庭审，则可拒绝检察官的量刑建议。同样，如果被害人的声明使核准法官对实施犯罪的条件或犯罪行为实施者的品格产生新的看法，则核准法官也可以此为由拒绝检察官的量刑建议。[②]

2. 一些国家赋予法官介入协商的权力。比如德国，认罪协商程序允许法官在审判前介入到协商过程中来，与检察官、辩护律师一起协商案件的处理以及最后可判处的刑罚，在此过程中，检察官相对处于影响偏低的地位，法官在此方面有广泛的裁量权以作出量刑决定，对量刑的影响要大于检察官的角色，这种量刑减损不超过可期待审判量刑“1/3”的规定，是在禁止控辩双方协议放弃上诉权的基础上达成的，这区别于美国辩诉交易可允许辩方放弃上诉权获得从宽优惠的做法。[③]

四、对《刑事诉讼法（修正草案）》的相关建议

（一）2018 年《刑事诉讼法（修正草案）征求意见稿》的相关内容[④]

1. 明确了法院的审查职责与内容：认罪认罚的自愿性、内容的真实性与合法性（参见新第 190 条第 2 款）；案件的适用范围（新第 223 条）。

2. 明确了法官审查之后的处理结果：（1）否决人民检察院指控的罪名和量刑建议。法院发现被告人不构成犯罪或者不应当追究刑事责任的；被告人违背意愿认罪认罚的；被告人否认指控的犯罪事实的；起诉指控的罪名与审理认定的罪名不一致的；量刑建议明显不当的；等等（新第 201 条）。（2）程序转化：按照公诉案件普通程序重新审判。人民法院在审理过程中发现有被告人违背意愿认罪认罚、被告人否认指控的犯罪事实或者其他不宜适用速裁程序审理的情形的，应当按照本章第一节的规定重新审理（新第 226 条）。

3. 明确了速裁程序的审理程序，“不进行法庭调查、法庭辩论，但在判决宣告前应当听取被告人的最后陈述意见”（新第 224 条）。

（二）完善意见

完善意见分为三方面：一是区分法官的形式审查与实质审查，明确赋予被告人正当反悔权。控辩双方达成的协议类似于合同，为了维护契约的稳定性与信赖利益，法官应当做形式审查：法官不能随意更改控辩协议内容，否则控辩双方不敢轻易协商，或者会提前寻求法官的确认支持，进而影响基本的诉讼结构。因此建议自愿性与明知性作为契约成立的

① 转引自施鹏鹏：《法律改革，走向新的程序平衡？》，中国政法大学出版社 2013 年版，第 162 页。

② 施鹏鹏：《法律改革，走向新的程序平衡？》，中国政法大学出版社 2013 年版，第 162 页。

③ Jenia I. Turner. Plea Bargaining and Disclosure in Germany and the United States: Comparative Lessons [J]. William & Mary Law Review, 2016 (57): 1572 - 1575.

④ 2018 年 8 月的修正意见二稿在法官角色方面没有改动。因此，本文以一稿为讨论范本。

重要要素，必须严格审查。如果发现有威胁、引诱、欺骗等情形的，视为不自愿、不明知。应当赋予被告人正当的反悔权，撤回具结书，按照普通程序重新审理。

对案件事实方面做形式审查，这是对控辩协议稳定性与契约信赖利益的尊重。因此，被告人否认指控的犯罪事实属于主要事实的，才可以引起程序转化，不得“凡否认即重审”，否则浪费司法资源。

具体修改意见如下：新第 224 条关于适用速裁程序审理案件的程序中，将意见稿中的“适用速裁程序审理案件……不进行法庭调查、法庭辩论……”修改为“法庭调查必须严格审查自愿性，发现有威胁、引诱、欺骗等情形的，视为不自愿、不明知。转为普通程序审理。可以不进行法庭辩论”。

二是调整量刑建议、量刑异议必须有正当事由，否则法院不予采纳。在量刑问题上，控辩双方有异议，或者量刑畸轻，明显超出立法规定的，法官可以进行实质审查。但需要注意的是，人民检察院调整量刑建议，被告方事后的量刑异议在本质上是一种违约，必须有正当事由，如情势变更或者强迫、威胁之下的产物，否则不予支持。

具体修改意见如下：将新第 201 第 2 款规定的“在审判过程中，人民检察院可以调整量刑建议。人民法院经审理认为量刑建议明显不当或者被告人、辩护人对量刑建议提出异议的，应当依法作出判决”修改为“在审判过程中，人民检察院有正当事由的情况下，可以调整量刑建议。人民法院经审理认为量刑建议明显不当或者被告人、辩护人对量刑建议提出合理异议的，应当依法作出判决”。

三是增加审判阶段认罪认罚的处理程序，明确法官的准介入角色。审判权的中立性要求法官不得积极推动认罪认罚程序，如果确有在庭审中认罪认罚的，法院需要中止诉讼，通知检察官，由检察官与被告人协商解决。如何在庭审中由一般案件转化为认罪认罚案件，这次修正稿没有涉及。应当增补如下：将第 190 条增加一款作为第 3 款：“侦查、审查起诉阶段案件没有适用认罪认罚从宽制度，但被告人在第一次开庭审理前表示自愿认罪认罚，人民法院经审查认为符合认罪认罚从宽制度适用条件的，应当征求人民检察院的意见。人民检察院同意适用认罪认罚从宽制度、被告人同意人民检察院量刑建议并签署具结书的，人民法院可以按照认罪认罚案件办理。”

论我国认罪认罚中的程序从宽
——兼评《刑事诉讼法修正案意见稿草案》第7条

孙　记*

一、问题的提出

近年来，因为一系列错案被揭开，暴露出我国刑事司法明显存在着一定的问题，较为直接的质疑之一便是庭审走过场，改变这种情况便是反其道而行之，强调庭审的实质化，最终促使十八届四中全会提出“推进以审判为中心的诉讼制度改革”，同时提出“完善刑事诉讼中认罪认罚从宽制度”。也正是伴随着“以审判为中心诉讼制度改革”的推进，为了有效分配司法资源，节约司法开支，提高司法效率，高层适时地先后推出速裁程序和认罪认罚从宽制度改革的试点工作。就认罪认罚从宽制度吸收的因素来看，2016年1月，中央政法委召开的中央政法工作会议提出，要在借鉴“辩诉交易等制度合理元素的基础上”进行试点，将“我国宽严相济的刑事政策制度化”，同时实现“对刑事诉讼程序的创新”。[①]值此第三次刑事诉讼法修改即将完成之际，伴随着认罪认罚从宽制度在刑事诉讼法中的引入，对支撑认罪认罚从宽制度的本土性因素予以分析，厘清其与辩诉交易的关系是有必要的。因为我国的认罪认罚从宽制度试点也好，刑事诉讼法中引入认罪认罚从宽制度也罢，都不可能事无巨细，立法宜粗不宜细的惯性在此次刑事诉讼法修改中无疑会一如既往。这样，在我国重实体轻程序影响仍然根深蒂固的情况下，在我国比较法学研究范式仍然占主导地位的前提下，再加上对美国等辩诉交易做法予以合理借鉴已成为顶层和学界共识的前提下，极有可能忽视程序本该发挥的对认罪认罚的促进作用，忽视程序上的从宽的功效而单方面强调实体上的从轻，结果有可能使认罪认罚从宽制度的关键——供述自愿——异化为无可挑剔的强制，使改革的整体规划陷于困境。这便需要在深入分析程序从宽尤其是审查批捕环节从宽必要性的前提下，审视刑事诉讼法第三次修改修正案草案第7条具有的缺陷，使本次刑事诉讼法关于认罪认罚从宽制度的规定更为合理，最终使我国的刑事诉讼法切实得到发展完善。

---

* 作者简介：孙记，黑龙江大学法学院教授。

① 胡铭：《审判中心与刑事诉讼》，中国法制出版社2017年版，第173-174页。

二、我国认罪认罚从宽制度建构中的本土基因

我国认罪认罚从宽制度改革方案的提出，虽然要借鉴美国等国家辩诉交易的合理成分，追求刑事案件处理的“繁简分流”，对于被追诉人认罪认罚的案件可以在程序适用上从简从快，追求诉讼效率，但也不是对美国等国家辩诉交易制度的简单照搬，而是以我国长期以来刑事政策中的宽严相济刑事政策为依托，并且认罪的程序保障也有着多年的探索。长期以来，我国的刑事政策在司法实践中发挥着重要的作用。从既往的“严打”到近年来的宽严相济的刑事政策的推行，都是特定时期的刑事政策。应该说，尽管“严打”是对当时社会治安严峻形势的一种应对，有其政治上的正当性，也有效果上的成效性，但是从法治的内在要求来看，是一种反法治的做法，背离了法治要求，与法律至上、善法至上、约束权力、保障权利、以人为本等要求格格不入，因而对我国法治发展的促进作用不大。后来，我国的刑事政策一直强调“坦白从宽、抗拒从严”，这和犯罪后人的悔罪程度紧密相关，对于追求刑罚的特殊预防是有正面作用的。虽然前述理想很丰满，但是现实很骨感，实践中常常发生“坦白从宽、牢底坐穿；抗拒从严，回家过年”的怪象，这表明有时坦白并未从宽，究其原因在于我国刑事诉讼中打击犯罪在操作中处于优先考虑的地位，整个社会对秩序稳定的渴望远胜于对权利保障的支持，再加上刑事诉讼中专门机关执法时自身的法律意识不强，诚信伦理的要求闻所未闻，司法公信力高低与否不受重视，或者因受契合计划时代的权力本位影响，人们对包括追诉权和裁判权在内的国家公权力的权威性深信不疑的情况下，即便被追诉人认罪，但是不予从宽的负面影响也未引起重视，对公权力对被追诉人认罪认罚后从宽问题上的背信弃义听之任之。后来，我国的刑事政策日益强调宽严相济，“自 2004 年以后，尤其是自 2006 年以来，宽严相济政策的表述在政法部门文件，中央领导讲话以至中共中央文件中频繁出现”。此后的官方规范性文件中出现宽严相济政策，“频次逐年递增以至于成为一种常态”，2010 年，最高法颁发了《关于贯彻宽严相济刑事政策的若干意见》，最高检颁发了《在检察工作中贯彻宽严相济刑事政策的若干意见》，这两项有关宽严相济政策的专题与系统性司法解释的颁布“标志着新时代背景下宽严相济政策的思想内容与全面贯彻的里程碑。”2016 年，全国人大常委会作出《关于授权最高人民法院、最高人民检察院在部分地区开展刑事案件认罪认罚从宽制度试点工作的决定》，这一文件也“明确将宽严相济刑事政策作为其立法过程的一项重要依据”。[①] 很明显，宽严相济刑事政策强调实体惩罚要做到该宽则宽、当严则严、宽严相济、不应有偏颇。以之为依托的认罪认罚从宽制度具有实体之维的现实基础，与美国等的辩诉交易制度对效率的单方面追求有实质区别，美国“辩诉交易实践的核心是被告同意放弃庭审权利换取一定的量刑或指控减让”，[②] 程序中的认罪便可直接获得实体上的从宽与从轻，并不牵涉从实体本身看对从“宽”的该与不该。

① 张小虎：《宽严相济刑事政策的基本思想与制度建构》，北京大学出版社 2018 年版，第 29-30 页。

② ［美］卢拉、［英］玛丽安主编：《跨国视角下的检察官》，杨先德译，法律出版社 2016 年版，第 308 页。

与此同时，我国的刑事诉讼也始终没有忽视对效率的追求，从2003年起被告人认罪程序简易审、普通程序简易审等司法解释均对认罪案件实施较普通程序相对简化的审理，旨在提高诉讼效率，节省审判资源，对1996年刑事诉讼法确立的简易程序方面的局限具有一定的补充作用。2012年刑事诉讼法修改的重要内容之一便是调整简易程序，扩大适用范围，强调被追诉人认罪（对指控的犯罪事实没有异议）作为基层法院适用简易程序的必备条件之一，强化检察机关派员出庭支持公诉以优化诉讼结构等。这表明我国对犯罪嫌疑人、被告人认罪后通过简易程序审理以提高诉讼效率的探索已经持续了一定时期，但学术界调研结果显示，我国2012年调整后的简易程序运行并不理想，被追诉人认罪并且事实清楚、证据充分，本该适用简易程序的案件却按照普通程序进行审理。尽管如此，我国刑事诉讼立法与实践对效率的追求即便不能全面性地总结经验，但仍可以归纳问题，吸取教训，完善制度设计，并与宽严相济的实践经验一并整合，最终使认罪认罚从宽制度的运作既有辩诉交易提高诉讼效率之功效，又能避免域外辩诉交易运行中的弊端。因此，立法过程中的适度创新便成为必要，这又以对我国当下司法运行环境的审视为前提。

三、我国认罪认罚从宽制度运行环境优劣追问

任何设计良好的制度都要在特定的时空中运行，其是否取得预期实效既取决于立法的完善，也取决于司法人员适法中的恪尽职守，更取决于法律运行环境的优劣。认罪认罚从宽制度在试点中固然取得一系列成效，但并不意味着刑事诉讼法修改后认罪认罚从宽制度全面运行时依旧一帆风顺。因为在试点中，试点单位会全力以赴地予以推行，一旦到全国范围内全面推行，公安司法机关便有可能基于现实考虑而做功利取舍，最为保险的做法是取旧而舍新，对认罪认罚的被追诉人不予适用相应的有利程序并且惩罚时不予从宽，而是适用普通程序坐收“认罪认罚”之利，省却办案的快节奏，避免额外文书制作等的新负荷，此情此景绝非笔者的杞人忧天。

长期以来，我国刑事诉讼程序运行中办案机关追求的是实体公正而非程序正当，重视对犯罪的打击而轻视追诉人的权利保护。极端的刑讯逼供、严重的违法取证行为乃至后续程序的走过场，曾经受到学术界的猛烈批判，也逐渐为实务界所排斥，实乃可喜可贺。尽管这是我国刑事司法的重大进步，也是我国长期以来在非法证据规则立法推进后取得的显著功效，但是这绝不意味着办案人员诉讼观念发生了转变，程序正义理念已然内化于心，只能归结于办案人员对错案发生的顾虑和严重违法要遭致惩罚的畏惧。因此，虽然赤裸裸的刑讯逼供等不再发生或很少发生，但在刑事司法运行过程中，办案人员对被追诉人的权利还有意无意地忽视，违法取证还或多或少地存在着，最常见的是该告知的事项对被追诉人等不予告知，或者本该告知清晰的马马虎虎走过场，该释明的不予释明，或者在释明过程中浅尝辄止，不是通过行使职权行为达到让被追诉人等明白自己在司法运行中能享有什么权利，而是为了防止因不通知而出现信访，乃至因问题严重而承担责任，常态下所做的也就是因告知而会理直气壮地撇清责任。究其原因，因为实体上的惩罚是办案人所追求的，这也是社会所关注的，至于程序的公正与否体验最深的仅仅是被追诉人等涉案人员，社会大众并不会有所感受，也不会给予太多的关注，最为关键的原因恐怕在于对案外人的利益没有影响。追根溯源，这恐怕与中国人的耻感文化有关，耻感文化下的中国人不是发自内

心地思考自己应该做什么，怎么做才是最佳的，怎么做才是对的，不实施什么行为是错的，并且后果会很严重，什么是不应该做的，至少是不能轻易去做的，而是不由自主地考虑自己的行为及其后果别人会怎么看，认识自己的人会怎么看，不熟悉的人又会怎么看，对自己的影响是好是坏，影响有多大。在刑事诉讼中，受耻感文化所规训，具体的办案人员则会考虑自己办案时同事怎么看，所在单位的直接领导怎么看，领导的领导怎么看，所在单位的最高领导怎么看，以此类推，公检法系统中的领导在面对具体案件时一般关注的主要不是该案本身的公正，而是在意社会怎么看，直属领导怎么看，办案效果如何才能对自己的职业前途最有利，最终实现自身在职场中的利益最大化。也就是说，耻感文化作用于办案者身上，其行为表征必然是重实体、轻程序，重结果、轻过程。由办案者个人所思所想、所作所为汇聚成司法观念、司法实践必然是忽视程序、轻视过程，必然是轻视诉讼中的权利保障、程序公正、疑罪从无等。这便造就了我国刑事诉讼的传统、现实的刑事诉讼文化，尤其是作为诉讼文化中大传统的侦查文化、起诉文化、审判文化并不能与程序正义、无罪推定、证据裁判等内在要求相契合，因而程序失灵、程序空转便会在法律规定不完善、司法考评机制不合理、司法投入不充足等情况下频频发生。

在这种情况下，宽严相济重视的是实体本身的区分，简易程序存在问题的破解也是注重诉讼效率，如果说刑事诉讼价值有实体公正、程序公正、诉讼效率三个维度，则确保程序公正这个维度在多数情况下便无从体现，如果说美国的辩诉交易是因为程序公正得到充分彰显，控辩双方因为陪审团审判而对诉讼结果充满不确定性，更多时候便会在公众选举的检察官、在为案件而奔忙的辩护律师间出现协商，通过降低指控或者从轻量刑以换取被追诉人的认罪，使双方在一定程度上实现共赢，这里的辩诉交易尽管存在着诸多诟病，但是并不能因此否定隐藏于其背后的程序公正、权利保障、无罪推定等理念及其对应原则、制度存在本身。恰恰因我国认罪认罚制度现实基因中缺失程序公正这一维度，反观我国此次刑事诉讼法修改并未出现从刑事诉讼全流程贯彻程序正义的努力，既没有沉默权的明确引入，也没有因值班律师的出现而伴随着更大范围指定辩护的无缝对接，也没有在委托辩护机制上的紧密衔接，更没有强制措施适用上向权利保障的明显靠拢。在这种情况下，我们并不能简单地认为认罪认罚从宽制度与辩诉交易对效率的追求不尽一致，以我国制度基因为由而认为我国能够避免辩诉交易的弊端而吸收其合理部分最终能够达到最佳效果，进而使认罪认罚从宽的实践扭曲为仅仅是对效率的单向追求，或者因缺乏程序保障而滑向对被追诉人认罪的强迫，最终使既往因侦查中一步错、步步错的悲剧在新的制度下以“新瓶装旧酒”的方式而重演。为此，要想使认罪认罚从宽制度真正能够在我国的刑事司法中落地生根，除了要提升侦查文化、起诉文化、审判文化①整体水平外，更有必要到认罪认罚从宽制度自身的运行机理中适度寻求破解之道，甚至通过制度设计的完善反过来影响办案人员观念的转变，进而更好地推动刑事诉讼文化的转型。

四、认罪认罚从宽制度法典化要强化程序从宽

基于我国刑事程序中程序正义体现不充分，没有程序正义观照下的控辩协商机理，若

① 侦查人员、检察人员、审判人员能够按照程序正义、无罪推定的内在要求所思所想、所作所为是其中的关键。

想使认罪认罚从宽制度运行良好，便需要在认罪认罚从宽制度的制度设计乃至具体运行中，将程序上对被追诉人的从宽置于优先的地位。对认罪认罚从宽制度的研究，学术界对确保“认罪认罚自愿性”乃认罪认罚从宽制度实施的关键基本上已经达成阶段性共识。对这一问题的制度保障尽管可以从辩护权的完善、异议程序、重审事由等方面展开充分的探讨，但是对于程序上的从宽关注得不够，顾永忠教授曾指出：“在传统理论上，认罪认罚从宽制度属于刑事实体法的范畴，但当下所讲的认罪认罚从宽制度实际上已经突破实体法范围进入到程序法领域了。将认罪认罚从宽制度引入程序法领域，其意义在于：一是从程序上确保犯罪嫌疑人、被告人的认罪认罚是自愿的；二是对于犯罪嫌疑人、被告人认罪认罚后的从宽，不仅应当体现在实体法上使其得到从宽处罚，而且还应当体现在程序法上使其获得从宽处理，譬如不予逮捕、撤销案件、不起诉以及适用简易程序等方面。”① 笔者完全赞同这一洞见，但认为还需要做进一步的明确是对被追诉人适用逮捕条件上的从严，标准上的从高，对被追诉人予以宽容而减少逮捕措施的适用。

在学术界对认罪认罚自愿性进行一系列探讨并且取得一定共识的基础上，笔者认为，一旦被追诉人在侦查阶段认罪认罚，尽管不能在此阶段进行实体上的从宽处理，特别是不能撤销案件，但是在程序上必须做到从宽，因为实体上的从宽或者实体上是否从宽，在侦查阶段并不是由侦查机关乃至对侦查机关进行监督的检察机关完全能够决定的。如果说，既往有“坦白从宽”、“刑事和解”、“简易程序”等对实体从宽做法的存在，则认罪认罚从宽制度作为一种新制度或者新机制最为突出的一点便是在侦查阶段对追诉人程序从宽。在此阶段，如果犯罪嫌疑人能够“自愿”认罪认罚，便应该在程序上明确区分出认罪认罚案件与非认罪认罚案件，前类案件应以不适用逮捕措施为原则，以不适用强制措施为常态，如果认为犯罪嫌疑人所犯罪行严重，可以按照比例原则适用取保候审或监视居住。理由在于，既然犯罪嫌疑人在辩护权、侦查机关的权利告知下，一旦选择认罪认罚，便意味着其人身危险性降低，而且一旦犯罪嫌疑人自愿认罪认罚便意味着其悔罪的出现，社会危险性也相应地减小，如果不将其与不认罪认罚的行为人在适用强制措施上区分，进行一视同仁的羁押，便有可能导致后续程序中的照常起诉乃至照常判决。这就使本该因为犯罪情节较轻、有真诚悔罪表现、积极降低犯罪危害程度的人，不能因检察机关行使自由裁量权而作出不起诉的决定，也会因检察官的起诉而使法院照常判决，这样会因为侦查的羁押而绑架后续的程序处理，最后使本该实体的从宽也因为羁押需要折抵刑期的问题而在定罪量刑上予以“正常化”的迁就，最终使侦查阶段虽然认罪认罚却因为处于既往的办案惯性羁押而使实体从宽化为乌有。这已为既往的错案发生逻辑所证明，相对于促成错案的暴力与不文明执法，犯罪嫌疑人在侦查阶段自愿认罪认罚一旦被羁押，便会促使后续的起诉和审判正常化。反之，也恰恰因为不羁押作为原则的存在，使侦查机关在考虑不羁押的同时，一并考虑认罪认罚从宽的可能，使侦查机关过去将打击放在第一位、将实体置于优先考虑，转变为将域外的权利保释做法带入到侦查程序中来，使被追诉人的程序权利得到尽可能的保障，使刑事诉讼的基本人权保障尽可能地落到实处。这最终促使刑事诉讼出现新局面，一旦羁押不是常态，必然使侦查中心主义之羁押中心主义得到消解，再加上因辩护权、权利告知等的充分，使供述自愿性获得保障，使口供中心主义的固有传统不攻自破，因为口供

① 顾永忠等：《刑事诉讼程序分流的国际趋势与中国实践》，方志出版社 2018 年版，第 345 页。

取得源于自愿，必将使侦查案卷笔录中心主义的既往做法消解于无形之中，最终使侦查中心主义得以克服，使认罪认罚制度不仅在资源优化配置中促进“以审判为中心诉讼制度改革”的顺利实现，同时还会因程序从宽适用于逮捕而导致整个侦查机制发生转变，使侦查中心主义得以消解，进而有助于非认罪认罚案件庭审实质化的实现，繁案精审。这表明认罪认罚程序从宽在逮捕程序中贯彻会产生一举多得之功效，因而在认罪认罚从宽制度引入刑事诉讼法的过程中，必须要按照诉讼规律贯彻程序从宽原则特别是将逮捕审查中的从宽作为一项原则。

反观我国刑事诉讼法第三次修改的修正案草案第7条规定：“将第七十九条改为第八十一条，增加一款，作为第二款：‘批准或者决定逮捕，应当将犯罪嫌疑人、被告人涉嫌犯罪的性质、情节，认罪认罚情况，对所居住社区的影响等情况，作为是否可能发生社会危险性的考虑因素。对于不致发生社会危险性的犯罪嫌疑人、被告人，可以取保候审或者监视居住’”。这明显带有逮捕优先考虑的倾向，除非认罪认罚足以使犯罪嫌疑人、被告人不具有社会危险性，才可以取保候审或者监视居住。这有可能导致即便被追诉人自愿地认罪认罚，仍有可能被适用逮捕，并且直至审判时仍旧被羁押，如果羁押期间不能折抵刑期，却要因认罪认罚而予以从宽，使需要判处的刑期远远低于羁押折抵的刑期，会使适用简易程序（不排除速裁程序）的一审刑事审判面临着困境：如果从宽量刑造成羁押期限超过量刑刑期，说明之前的羁押不当，甚至需要逮捕机关予以赔偿，在我国现有的司法机制上出现侦审矛盾、诉审矛盾，这是审案的法官不会轻易做的；如果不予以量刑上的从宽，难免给被追诉人一种上当受骗的感觉，被告人对判决的不接受便意味着对认罪认罚结果有异议，并可能伴随着后续的上诉、申诉无止无休，也可因对量刑不公而在案外针对办案人员展开上访、信访，这也是裁判案件的法官不想见到的结果，而且一旦被告人对认罪认罚未予从宽存在异议，便意味着普通程序的衔接，审判人员既往的办案投入便变得没有价值，本案的认罪认罚从宽对效率追求成为奢谈。虽然个案案情千差万别，具有不可复制性，但是自愿认罪认罚而不予从宽的异议程序、宣泄途径却具有普遍性，物以类聚、聚少成多最终可能使认罪认罚从宽制度立法的整体努力化为泡影。

为此，笔者建议，我国刑事诉讼法修正案的这一规定应该调整，将被追诉人认罪认罚的作为适用取保候审的一个理由，为了防止被追诉人因认罪认罚后不被羁押而妨碍诉讼等，可以对适用取保候审行为进行必要的限制，即“犯罪嫌疑人、被告人认罪认罚，犯罪情节较轻的”。对于这一规定，在刑事诉讼法修改生效后可在进行调研后于司法解释中进行规定。这会使认罪认罚从宽在程序上的第一个关键环节——审查逮捕阶段得到侦查机关、检察机关的认真对待。这也会因审查批捕阶段的从宽而在后续的程序环节顺次从宽，检察机关可以在审查起诉阶段根据犯罪事实与证据而作出不起诉决定，也可以使法院在审判阶段作出从宽处罚的判决。

此处仅仅针对犯罪嫌疑人自愿认罪认罚案件中审查逮捕的程序从宽进行了分析，此类案件处理中的程序从宽还包括审查起诉阶段的程序从宽，也就是有别于既有刑事诉讼法规定的不起诉，对“犯罪嫌疑人自愿认罪认罚，并且犯罪情节较轻的案件”，检察机关可以作出不起诉的决定，一旦作出不起诉，便意味着该犯罪嫌疑人的犯罪案件被进行了非罪化的处理，与刑法所追求的非刑化处理遥相呼应，就现实来看，此处的程序从宽与审查逮捕阶段的程序从宽是相辅相成的，审查逮捕阶段的程序从宽是审查起诉阶段程序从宽的前提，审查起诉阶段的程序从宽是审查逮捕阶段程序从宽的结果。

也正是因为前述两种程序从宽的存在，再加上案多人少压力的存在，便会使办案者在对犯罪嫌疑人的讯问、追诉行为中更为审慎，会认真对待程序从宽问题，减少了侦查讯问乃至后续程序中的强制，进而使被追诉人的供述自愿性获得保障，一个个案一个个案地累加，最终会在一定程度上营造出有利于被追诉人供述自愿的司法场域，进而更好地为认罪认罚从宽制度的实现提供保障，使制度运行处于一种良性循环之中。

论认罪认罚从宽与酌定不起诉的扩大适用

——以《刑事诉讼法（修正草案）》第 17 条为切入点

宋志军*

2018 年《刑事诉讼法（修正案）》明确规定了认罪认罚从宽制度，并将不起诉作为从宽的方式之一，为认罪认罚从宽酌定不起诉的扩大适用提供了法律依据。尤其是第 182 条规定了犯罪嫌疑人自愿如实供述涉嫌犯罪的事实，有重大立功或者案件涉及国家重大利益的，经最高人民检察院核准，人民检察院可以作出不起诉决定，也可以对涉数罪中的一项或者多项不起诉。但是，由于在观念上对于酌定不起诉的条件和适用范围理解仍然过于保守，导致实践操作中酌定不起诉的适用仍然亦步亦趋。在认罪认罚从宽制度背景下，持续低迷的酌定不起诉适用率反映了制度效力发挥的阙如，自然应该进行反思。① 从理论上廓清认罪认罚从宽与酌定不起诉的关系，将认罪认罚从宽制度与酌定不起诉适用相融合，对于进一步完善酌定不起诉制度具有重要的意义。

一、通过认罪认罚从宽适度扩大酌定不起诉的适用范围

认罪认罚从宽可以作为酌定不起诉的适用条件之一，认罪认罚从宽与酌定不起诉制度相互衔接、相互融合、互为补充。在认罪认罚从宽制度试点工作之前，酌定不起诉制度的不足之处早已被学术界所广泛讨论，如酌定不起诉的适用范围过于狭窄、与法院定罪权的矛盾、适用率低等诸多问题在认罪认罚从宽制度试点之前一直很难得到真正的解决。我国刑事诉讼法规定的“酌定不起诉”的严苛限制导致审查起诉阶段的分流功能极弱。应当扩大解释“犯罪情节轻微”的内涵，使之不必拘束于刑法规定的“不需要判处刑罚或者免除刑罚”的情形，同时，将公共利益与政策因素的考量引入“酌定不起诉”，实质性地扩大检察官不起诉的裁量权。② 此问题讨论的焦点是认罪认罚从宽在审查起诉环节的限度，在什么范围内的可以酌定不起诉。刑事诉讼法第 173 条第 2 款规定的“对于犯罪情节轻微，依照刑法规定不需要判处刑罚或者免除刑罚的，人民检察院可以作出不起诉决定。”由于刑事诉讼法学界对“犯罪情节轻微”和“依照刑法规定不需要判处刑罚”、“或者免除刑罚”之间的关系存在较大争议，司法实践中通常将酌定不起诉限定在了“依照刑法规定不需要判处刑罚或者免除刑罚”，大大限缩了酌定不起诉的适用范围。根据该规定，酌定不起诉的适

---

* 作者简介：宋志军，西北政法大学教授，博士，刑事法学院副院长。

① 郭烁：《酌定不起诉制度的再考查》，载《中国法学》2018 年第 3 期。

② 向燕：《我国认罪认罚从宽制度的两难困境及其破解》，载《法制与社会发展》2018 年第 4 期。

用必须同时具备两个条件：一是犯罪情节轻微；二是依照刑法规定不需要判处刑罚或者免除刑罚。由此，虽然情节轻微，但不具备法定的不需要判处刑罚或者免除刑罚的条件，或者符合依照刑法规定不需要判处刑罚或者免除刑罚的，但犯罪情节不轻微的案件，都不能适用酌定不起诉。这就限制了酌定不起诉的适用。① 最高人民法院、最高人民检察院、公安部、国家安全部、司法部《关于在部分地区开展刑事案件认罪认罚从宽制度试点工作的办法》（以下简称《试点办法》）第 13 条和 2018 年《刑事诉讼法（修正案）》虽然将不起诉和部分起诉作为认罪认罚从宽的处理方式，尤其是关于“也可以对涉嫌数罪中的一项或者多项不起诉”的规定，为审查起诉阶段认罪协商降格起诉或选择部分罪名起诉的适用提供了依据。但是由于增加了“有重大立功或案件涉及国家重大利益的，经最高人民检察院批准”的条件限制，无论从实体上还是从程序上都大幅度限制了不起诉的适用。

我国现有的酌定不起诉的适用条件将检察机关的不起诉裁量权限定在狭窄的范围之内，这直接影响了检察机关在职权行使中主观能动性的发挥。在实践中，由于对犯罪情节是否轻微缺乏明确具体的判断标准，且不起诉案件在案件质量评查中属于“重点监督案件”，承办人受案后压力很大，多不愿意做不起诉处理。笔者认为，《试点办法》第 13 条授权检察机关对于数罪中的一项或多项提起公诉，这就是从另一个层面允许检察机关“降格起诉”，对于数罪中的一项或多项做不起诉处理。从这个意义上讲，《试点办法》扩大了刑事诉讼法关于酌定不起诉的适用范围。

有人主张适当扩大检察机关的起诉裁量权，扩大不起诉的适用范围。刑事诉讼法规定的相对不起诉，限定条件比较严格，已经不适应司法实践中分流案件的需要。有必要将“犯罪情节较轻，真诚悔罪，并支付被害人赔偿，依法可能判处一年有期徒刑以下刑罚的案件”均纳入相对不起诉的范围。② 笔者认为，对于那些认罪认罚的犯罪嫌疑人，既然依照《试点办法》的规定可以对其作出从宽处罚，其本身只要是符合刑事诉讼法中关于可以酌定不起诉成立条件的，即犯罪情节轻微，危害不大，没有必要处以刑罚或者免除刑罚的就应当作出酌定不起诉的决定，同时对于认罪认罚的犯罪嫌疑人，刑法没有具体规定是否需要判处刑罚或者免除刑罚的相关罪名的，作出酌定不起诉的决定。此种情形下，酌定不起诉作为从宽中的选择之一，需要结合具体案件情节来综合裁量。

2007 年最高人民检察院发布的《人民检察院办理不起诉案件质量标准（试行）》规定了可依法决定不起诉的情形，可以作为对根据刑法规定不需要判处刑罚的具体情形进行的解释。这些情形有助于我们考虑在认罪认罚从宽适用中适度放宽酌定不起诉的适用范围。有学者认为，下列两种类型的案件，综合案件情况，没有起诉价值或者没有起诉必要的可以不起诉：（1）涉嫌犯罪的情节较情，可能判处缓刑、管制或者独立适用附加刑的；（2）所犯罪行可能判处 3 年以下有期徒刑、拘役，但犯罪后悔过，主动赔偿被害人或者积极采取补救措施，被害人谅解的。③ 这样不但可以扩大酌定不起诉的适用范围，而且体现了酌定不起诉适用案件的层次性，更有利于检察机关根据不同情形行使酌定不起诉裁量权。笔者认为，对于酌定不起诉的现有范围，我们可以作较宽的解释，即无论何种罪名，只要

① 宋英辉：《我国酌定不起诉的立法完善》，载《河南社会科学》2010 年第 1 期。

② 张相军、顾永忠、陈瑞华：《检察环节认罪认罚从宽制度的适用与程序完善》，载《人民检察》2016 年第 9 期。

③ 宋英辉：《我国酌定不起诉的立法完善》，载《河南社会科学》2010 年第 1 期。

在认罪认罚从宽适用范围内、属于“犯罪情节轻微”的就可以适用酌定不起诉。如对可能判处3年以下有期徒刑、拘役、缓刑、管制或者独立适用附加刑的犯罪嫌疑人在综合全案犯罪情节和认罪悔罪的基础上，可以因当事人达成和解协议、犯罪嫌疑人真诚认罪悔罪而作出酌定不起诉的决定。另外，可以将刑法第37条作为可以适用酌定不起诉的独立依据。有学者认为，刑法第37条关于非刑罚性处置措施的规定可以作为独立的适用酌定不起诉的免刑事由，而且可以用于解决罚与不罚的程序启动问题。这一观点得到了司法实践的支持。例如，2011年最高人民法院、最高人民检察院《关于办理诈骗刑事案件具体应用法律若干问题的解释》第3条规定，行为人认罪、悔罪的，可以根据刑法第37条的规定不起诉或者免予刑事处罚。这一司法解释显然是将该条文当作独立的酌定免刑事由。因此，按照刑事诉讼法规定酌定不起诉的条件，刑法第37条可以独立适用作为酌定不起诉裁量权的依据。[①]司法实践对于刑法第37条作为未成年人犯罪案件酌定不起诉进行了探索。例如，最高人民检察院2017年发布的《未成年人刑事检察工作指引》第176条规定，对于未成年人轻伤害、初次犯罪、过失犯罪、犯罪未遂以及被诱骗或者被教唆实施犯罪等，情节轻微，确有悔罪表现，当事人双方自愿就民事赔偿达成协议并切实履行，或者经被害人同意并提供有效担保，符合刑法第37条规定的，人民检察院可以依照刑事诉讼法第173条第2款的规定作出不起诉决定，并根据案件的不同情况，予以训诫或者责令具结悔过、赔礼道歉、赔偿损失，或者由主管部门予以行政处罚。

刑事和解中的认罪悔罪因素与认罪认罚具有同质性，可以将刑事和解整合为认罪认罚从宽适用酌定不起诉的情形。根据《试点办法》的精神，认罪认罚从宽制度与刑事和解存在重合，甚至可以说刑事和解在一定程度上被认罪认罚从宽所吸收。虽然设置这两项制度价值取向不同、两者的评价标准不同、被追诉人的相关权利义务也存在差异，但是就认罪认罚从宽酌定不起诉而言，刑事和解中的认罪悔罪行为可以与认罪认罚一起整合为不需要判处刑罚的一种情形。司法实践对于刑事和解与附条件不起诉相结合也做了有益探索。例如，最高人民检察院《未成年人刑事检察工作指引》第183条规定，人民检察院可以将附条件不起诉制度与当事人和解制度相结合，通过促使未成年犯罪嫌疑人认真悔罪、赔礼道歉或者赔偿损失等方式，化解矛盾纠纷，修复受损的社会关系，达到对被害人精神抚慰、物质补偿的同时，加速未成年犯罪嫌疑人回归社会的进程。

二、将附条件不起诉扩展至认罪认罚的成年人犯罪案件

有学者认为，“认罚”不仅包括刑事处罚，而且还包括行政处罚等其他性质的处罚。由于认罪认罚从宽的结果可能导致刑事诉讼程序的终止，此时对当事人的不法行为施加刑事处罚已无可能，为全面追究其法律责任，应当有其他性质的处罚措施予以衔接。[②]笔者赞同这种观点，同时认为这是建立认罪认罚从宽暂缓起诉制度中附加条件的理论依据。刑事诉讼法学界对于建立暂缓起诉的研究始于20世纪80年代，2012年修订之刑事诉讼法规定了未成年人犯罪案件适用附条件不起诉（在理论上亦可称为暂缓起诉）。暂缓起诉在起诉和不

① 郭烁：《酌定不起诉制度的再考查》，载《中国法学》2018年第3期。

② 魏晓娜：《完善认罪认罚从宽制度：中国语境下的关键词展开》，载《法学研究》2016年第4期。

起诉之间设置了一个缓冲地带，对不起诉的适用附加了考察期限和考察条件，既体现了检察机关对于具体案件处理的慎重性，又可促使刑事追诉更加符合刑事诉讼的目的，引入该制度可以有效弥补我国现行起诉制度的结构性缺陷。① 域外的相关经验可以供我们参考。根据英国 2003 年刑事司法法的规定，如果行为人是成年人、在正式的讯问中承认了罪行、存在充分的起诉证据，而且行为人理解警告的法律后果，那么检察官可以通过签署“警告”终止诉讼。行为人接受并履行了所附条件的，检察官将不再起诉。如果行为人拒绝了所附条件，或者表示接受所附条件但事后未能遵守所附条件的，检察官可以重新起诉。② 英国 2013 年犯罪与法院法进一步建立了暂缓起诉协议制度。暂缓起诉协议制度是一项公诉机关与涉嫌实施诈骗、贿赂或其他经济犯罪活动的组织机构之间达成的协议。根据该协议，作为犯罪嫌疑人的组织机构在自我报告和认罪的基础上，通过同意遵守一系列条件，换取公诉机关的暂缓起诉决定。③

就我国当前的认罪认罚从宽而言，借鉴未成年人附条件不起诉制度的成功经验，探索建立具有一定程度控辩协商的酌定不起诉协议规则。第一，适用对象。建议从未成年人扩展到可能判处 3 年有期徒刑以下刑罚、认罪悔罪的成年人犯罪案件。第二，所附条件。所附条件应尽量合情合理，对于教育矫治犯罪和预防再犯具有针对性，且便于监督和执行。例如，具有社会关系修复功能的条件、接受特定的教育矫治措施的条件。第三，监督考察的机构。对被附条件不起诉的犯罪嫌疑人的监督考察，既具有执行属性又具有监督属性，应交给司法行政机关主导的社会服务或者社区矫正机构负责。④ 考察期限届满，负有监督考察职责的机构向检察机关提交考察报告，由检察机关根据被考察人的表现进行评估，符合不起诉条件的则作出酌定不起诉决定。

在审查起诉阶段，检察机关认为犯罪嫌疑人所涉罪名符合认罪认罚从宽的范围，经过与辩护律师沟通，并经由辩护律师与犯罪嫌疑人会见，将检察机关提出的酌定不起诉协议告知犯罪嫌疑人，特别是协议中所附的正式作出酌定不起诉之前犯罪嫌疑人应当履行的义务条款的内涵及不履行协议或再犯的法律后果。在认罪认罚从宽制度中，为了确保程序公正，维护犯罪嫌疑人的诉讼权利，公诉机关有告知犯罪嫌疑人接受认罪认罚后所面临的法律后果的义务，让犯罪嫌疑人、被告人真正自愿地认罪认罚。可以明确规定，被酌定不起诉人没有正当理由或者拒不履行指定的法律义务，检察机关可以根据情节的严重与否来决定是否撤销酌定不起诉，然后向人民法院重新提起公诉，或者强制被酌定不起诉人履行相关义务。另外，可以规定被酌定不起诉人在规定期限内重新犯罪的，原作出酌定不起诉的检察机关应当撤销酌定不起诉决定，将撤销酌定不起诉决定的犯罪行为与新的犯罪行为一并向人民法院提起公诉，并应当从重处罚。

---

① 赵靖：《日本不起诉制度对完善我国不起诉制度的启示》，载《西南大学学报》（社会科学版）2011 年第 5 期。

② 甄贞：《英国附条件警告制度及其借鉴意义》，载《法学家》2011 年第 4 期。

③ 裴炜：《英国认罪协商制度及对我国的启示》，载《比较法研究》2017 年第 6 期。

④ 魏晓娜：《完善认罪认罚从宽制度：中国语境下的关键词展开》，载《法学研究》2016 年第 4 期。

三、探索认罪认罚从宽控辩协商不起诉模式

酌定不起诉的适用与被不起诉人和被害人的切身利益直接相关，因此被不起诉人和被害人的主体地位应得到尊重，尤其是充分重视被害人的知情权和程序参与权。通过认罪认罚协商酌定不起诉的探索，保障犯罪嫌疑人积极而充分地参与，拥有对酌定不起诉的协商权和选择权，以充分体现其诉讼主体地位。通过探索认罪认罚从宽酌定不起诉公开听取意见会议制度，确立在认罪认罚商谈过程中征求被害人及其法定代理人的意见的方式和程序，提升被害人在认罪认罚酌定不起诉中的参与度。

相对不起诉的适用充分体现了人民检察院的起诉裁量权，存在一定的控辩协商空间。有学者认为，检察机关与犯罪嫌疑人的空间虽然有限，但也并不意味着只能限于量刑建议，体现检察机关起诉裁量权的不起诉便可以成为协商中非常重要的一环。适当扩大不起诉的范围，不仅是对庭审实质化的有力保障，也是体现宽严相济刑事政策的要求，特别是相对不起诉和附条件不起诉。[①] 笔者认为，因为人民检察院对已经构成犯罪的嫌疑人，从其实施犯罪行为的手段、对象、危害后果、动机、目的等方面进行衡量，在认罪认罚从宽制度中再重点考察其认罪悔罪态度，这便出现了控辩协商进行酌定不起诉的空间。因此，可以将控辩合意制度适当地引入到酌定不起诉程序之中。

英国认罪协商制度运行中的指控协商模式可以供我们参考。在指控协商模式中，被指控人通过认罪，换取检察机关的降格指控。早在1985年犯罪起诉法就授权检察官增加、减少或变更指控，甚至可以终结程序。通过将非轻微犯罪的起诉启动权由警察转移给皇家检控署，2003年刑事司法法进一步扩大了检察官的裁量空间。司法实践也对此表示认可，如在1993年的格拉夫顿案中，上诉法院明确表示检察官有权自由决定撤销或削减指控，该决定无须征得法官的同意。这种自由裁量的空间构成了检察官与被指控人协商的“资本”。《皇家检察官规则》就要求检察官在指控时不仅要考虑案情本身，还应当对案件由刑事法院审理时可能造成的诉讼延迟以及由此对被害人或证人产生的影响加以考量。[②]

相较于刑事诉讼法中对酌定不起诉条件的严格限定，认罪认罚从宽制度则对检察机关的起诉裁量权适用的范围和条件有更多的空间。在审查起诉阶段，检察机关可以与犯罪嫌疑人进行协商，承办案件的检察官在明确犯罪嫌疑人自愿认罪、同意检察机关的量刑建议和选择的适用程序后，由犯罪嫌疑人确认并在认罪认罚具结书上签字。在诉讼契约理论的指引下，进一步提升被不起诉人的程序主体地位和案件处理的参与权，建立酌定不起诉程序中的控辩合意制度。即公诉机关在拟作出包含有“犯罪行为”认定的酌定不起诉时，应当不待申请而事先告知不被起诉的犯罪嫌疑人，听取犯罪嫌疑人及其委托律师的意见，若犯罪嫌疑人接受酌定不起诉，则控辩双方达成合意，公诉机关则作出酌定不起诉的决定，并经被不起诉人及其委托律师签字确认后发生法律效力。经合意而作出的酌定不起诉决定生效后，除非被不起诉人在一定的期限内发现新证据足以推翻犯罪事实，其不得向公诉机关提出不服酌定不起诉的申诉；就检察机关而言，除非在一定的期限内发现有新的证据足

---

① 胡铭：《认罪协商程序：模式、问题与底线》，载《法学》2017年第1期。
② 裴炜：《英国认罪协商制度及对我国的启示》，载《比较法研究》2017年第6期。

以表明犯罪行为并非轻微，而是应当依法提起公诉的，也不得将酌定不起诉决定予以变更或撤销。① 这样对于犯罪嫌疑人既达到了教育、惩治和预防犯罪的目的，同时又可以将宝贵的司法资源转移到其他的疑难、复杂、新型案件中，而不是浪费在完全可以作出酌定不起诉的案件起诉、审理中来，另外也会大大提高司法机关的办案效率，切实缓解“案多人少”的突出问题，将司法效果与社会效果实现统一。

四、提升被害人在认罪认罚酌定不起诉中的参与程度

在扩大酌定不起诉适用范围的前提下，应赋予被害人知情权与一定的程序参与权。通过让被害人参与不起诉意见听取会或者以书面形式释法说理，让其了解检察机关对犯罪嫌疑人做酌定不起诉的理由和法律依据，争取被害人的同意。被害人反对酌定不起诉的最主要原因就是检察机关的决定程序不透明，他们担心检察机关暗箱操作，放纵罪犯。如果让被害人参与到酌定不起诉的程序中，使其既了解检察官裁量的依据，同时又有机会得到犯罪嫌疑人的赔礼道歉或者获得一定的赔偿，对于保护被害人的参与权、知情权具有重要的意义。在实践中，由于检察机关在作出酌定不起诉时往往不征求被害人的意见，而只是简单地将不起诉决定予以告知，这就使得被害人有时难以接受不起诉决定。因此，为了使酌定不起诉决定能够得到被害人的接受，检察机关应当适度地让被害人参与到酌定不起诉的决定过程中，加强酌定不起诉的释法说理工作。最高人民检察院印发的《人民检察院办理不起诉案件公开审查规则（试行）》已经明确规定了检察机关办理不起诉案件应当听取犯罪嫌疑人及被害人的意见，明确要求人民检察院对不起诉案件应当听取侦查机关或部门，犯罪嫌疑人及其法定代理人、辩护人，被害人及其法定代理人、诉讼代理人的意见。听取意见可以分别进行，也可以同时进行。域外认罪协商实践中也普遍重视被害人的参与。例如，在英国的认罪协商程序中，被害人期望参与刑事诉讼的诉求非常强烈，以至于皇家检控署制定的《接受认罪答辩规则》要求公诉方在达成认罪协议之前必须征询被害人及其家属的意见。与此同时，该规则的具体表述也体现出公诉方的纠结情绪，即在声明听取被害方意见的重要性的同时，仍然强调这些意见仅是检方衡量公共利益时的参考因素，最终的决定仍然由检察官自己作出。②

酌定不起诉中最为关键的事项是如何平衡认罪协商后的诉讼程序简化和实体上从宽与被害人诉求之间的关系。刑事诉讼法第 173 条从原则上规定了这项制度在运行过程中需要保障被害人的合法权益。《试点办法》第 7 条将保障被害人的权利细化为两个方面：其一是在适用认罪认罚从宽制度过程中应当听取被害人及其代理人的意见；其二是应当将和解或赔偿情况、被害人谅解情况作为量刑的重要参考因素。后者主要是从双方当事人的和解角度出发，在功能上与公诉案件和解及自诉案件和解具有趋同性。由于公诉案件的刑事和解范围所限，符合认罪认罚从宽条件且具有和解、赔偿、谅解情节的部分案件可能并不属于公诉案件和解的范围。刑事诉讼法第 170 条所规定的“听取被害人及其诉讼代理人的意见”的具体程序既未明确，也未规定其法律效力，尤其是对于未听取被害人及其法定代理人意

---

① 郭天武：《相对不起诉制度若干问题探析》，载《政法论坛》2008 年第 5 期。

② 裴炜：《英国认罪协商制度及对我国的启示》，载《比较法研究》2017 年第 6 期。

见的法律后果付诸阙如。如果被害人一方对认罪认罚从宽适用酌定不起诉持反对意见，现有规定没有明确规定司法机关应当如何处理。

笔者认为，可以通过认罪认罚从宽酌定不起诉公开听取意见会议的形式，规定征求被害人及其法定代理人的意见的方式和程序，提升被害人在认罪认罚酌定不起诉中的参与程度。具体可参照《检察机关执法工作基本规范（2013 年版）》所规定的不起诉公开听证程序，建立“酌定不起诉意见听取会”，充分听取侦查机关、犯罪嫌疑人及其辩护人、被害人及其法定代理人的意见。

刑事诉讼法再修改与律师有效辩护问题研究

汪少鹏*

2018 年 4 月，全国人大公布了《刑事诉讼法（修正草案）》（以下简称《修正草案》），修改内容主要集中在三个方面：一是完善监察与刑事诉讼的衔接机制；二是为加强境外追逃工作力度和手段，建立刑事缺席审判制度；三是完善刑事案件认罪认罚从宽制度、增加速裁程序。以上三个方面的修改均涉及律师有效辩护问题。

有效辩护是指“律师接受委托或指定担任辩护人后，忠实于委托人的合法权益，尽职尽责地行使各项诉讼权利，及时精准地提出各种有利于委托人的辩护意见，与有权作出裁决结论的专门机关进行了富有意义的协商、抗辩、说服等活动”。[①] 从“被告人有权获得辩护”，到“被告人有权获得律师帮助”，再到“被告人有权获得律师的有效帮助”，代表了刑事辩护发展的三个重要阶段。[②] 笔者拟就《修正草案》修改的内容，集中律师辩护权的问题逐一作出论述。

一、监察委调查程序中的律师辩护权问题

2016 年 12 月 25 日，全国人大常委会作出《关于在北京市、山西省、浙江省开展国家监察体制改革试点工作的决定》，我国监察体制改革正式拉开了序幕。2018 年 3 月 20 日，第十三届全国人民代表大会第一次会议通过了监察法，全国各地检察机关“两反”部门纷纷转隶与纪委监察合并，组建了国家监察委员会。至此，我国的监察体制改革顺利完成，但依然存在一些需要探讨与完善的问题。

（一）监察委调查程序缺少律师介入的规定

监察法一共 69 个条文，但没有规定辩护与代理。而《修正草案》第 8 条又将“侦查”的定义做了修改，明确规定“侦查”是指“公安机关、人民检察院等机关对于刑事案件、依照法律进行的收集证据、查明案情的工作和有关的强制措施”。将监察机关的调查程序排

---

* 作者简介：汪少鹏，湖北省法学会律师法研究会会长，湖北省律师协会刑事法律专业委员会主任，湖北立丰律师事务所主任。

① 陈瑞华：《有效辩护问题的再思考》，载《当代法学》2017 年第 6 期。

② 陈瑞华：《刑事辩护的理念》，北京大学出版社 2016 年版，第 101 页。

除在刑事诉讼的程序之外，不适用刑事诉讼法第 33 条[①]关于侦查阶段聘请辩护律师的规定。换言之，被调查人及其近亲属在被监察机关留置期间，不能聘请辩护律师为被调查人提供辩护和代理控告、申诉，被调查人亦不能与律师会见、通信。

（二）律师介入监察委调查程序具有合理性

目前，几乎所有国家（地区）的宪法和刑事诉讼法均把嫌疑人和被告人获得辩护的权利视为其最基本的诉讼权利。[②] 笔者认为，监察法与刑事诉讼法两部法律均剥夺了被调查人在调查程序的律师辩护权，这似有不妥。在监察机关的调查程序中，律师辩护权至关重要，应比照现行刑事诉讼法，加入辩护与代理的相关规定。理由如下：

一是律师介入调查程序是人权保障与程序正义的具体体现。

我国自 1979 年刑事诉讼法颁布以来，分别于 1996 年、2012 年进行了两次大修，每一次大修，被追诉人的律师辩护权都有更进一步的保障。例如，1996 年刑事诉讼法明确了犯罪嫌疑人在被侦查机关第一次讯问后或者采取强制措施之日起，可以聘请律师为其提供法律咨询、代理申诉、控告，并且可以与之会见；2012 年刑事诉讼法明确了侦查阶段辩护律师的地位，也废除了会见时派员在场的规定，同时强调除了危害国家安全犯罪、恐怖活动犯罪、特别重大贿赂以外的犯罪案件，在侦查期间辩护律师会见在押的犯罪嫌疑人不受限制。

此次《修正草案》同监察法一同取消了留置期间的律师介入的规定，被调查人的合法权益如何保障呢？有学者认为从人权保障的内在要求出发，允许被调查人在被留置后聘请律师，确保其具备必要的防御能力，也是实现被调查人辩护权的应有之义。[③] 还有学者认为，立法修订多次在辩护权上的努力，也正是践行了刑事诉讼法惩罚犯罪与保障人权理念与法治文明理念。人权保障作为评价一切公权力的重要尺度，实际上就是要为公权力设定界限，成为制约权力的重要手段。[④] 惩罚犯罪与保障人权两者是相辅相成的，没有任何一方比另一方具有绝对的优势，无论是片面强调哪一方，都会造成对另一方的极大破坏。[⑤]

笔者赞同以上观点，并认为律师介入监察机关调查程序，为留置期间的被调查人提供辩护，不仅保障了被调查人的人权，还能充分地说明监察机关在留置期间取证程序上的合法性以及证据的说服力，毕竟监察机关在被调查人可以聘请律师对抗的情况下，如仍然能获取有罪证据，并且经受住了辩护人的质疑，那么案件最后不论是在实体上还是程序上都经得住时间的检验。另外，国家安全犯罪、恐怖活动犯罪与贪污贿赂犯罪相比，犯罪性质与社会危害性更加严重，但这两个罪名依据现行刑事诉讼法的规定，都能在侦查阶段聘请律师，贪污贿赂犯罪为何在辩护权方面要更加苛刻呢？因此，贪污贿赂犯罪被调查人在留置期间应当有权要求律师介入。

---

① 刑事诉讼法第 33 条规定："犯罪嫌疑人自被侦查机关第一次讯问或者采取强制措施之日起，有权委托辩护人；在侦查期间，只能委托律师作为辩护人。被告人有权随时委托辩护人。侦查机关在第一次讯问犯罪嫌疑人或者对犯罪嫌疑人采取强制措施的时候，应当告知犯罪嫌疑人有权委托辩护人……"

② 陈瑞华：《刑事审判原理论》，北京大学出版社 2003 年版，第 231 页。

③ 陈光中、邵俊：《我国监察体制改革若干问题思考》，载《中国法学》2017 年第 4 期。

④ 韩大元：《完善人权司法保障制度》，载《法商研究》2014 年第 3 期。

⑤ 孙洪坤：《论刑事诉讼理念的现代化》，载《安徽大学学报》（哲学社会科学版）2007 年第 3 期。

二是刑事诉讼法与监察法在调查、侦查程序、取证措施及移送程序方面基本重合。

在调查、侦查程序、取证措施方面，我国现行刑事诉讼法规定侦查期间可以采取的措施有询问、讯问、查询、冻结、查封、扣押、搜查、勘验检查、鉴定等。监察法对上述措施予以全部吸收。现行刑事诉讼法规定侦查机关可以采取上述措施，旨在保全犯罪的证据。监察法实质上也是基于相同目的。

在移送程序方面，监察法第 45 条第 4 项规定："对涉嫌职务犯罪的，监察机关经调查认为犯罪事实清楚，证据确实、充分的，制作起诉意见书，连同案卷材料、证据一并移送人民检察院依法审查、提起公诉。"现行刑事诉讼法第 162 条规定："公安机关侦查终结的案件，应当做到犯罪事实清楚，证据确实、充分，并且写出起诉意见书，连同案卷材料、证据一并移送同级人民检察院审查决定；同时将案件移送情况告知犯罪嫌疑人及其辩护律师。"对比得出，两法除了移送主体及移送对象有差别，其他规定基本相同。可见，监察调查程序与侦查程序基本重合。那么，调查程序本质上仍属于侦查活动，程序目的也相同，为何要将其隔绝在现行刑事诉讼法关于律师辩护的规定之外？

三是留置期限较拘留、逮捕期限长，违法取证可能性增加。

监察法第 43 条第 2 款规定："留置时间不得超过三个月。在特殊情况下，可以延长一次，延长时间不得超过三个月……"换言之，留置措施在一般情况下，期限可以长达 6 个月，远远长于现行刑事诉讼法中拘留 7 天、逮捕 2 个月的期限。被调查人在 6 个月无律师、无家属的隔绝环境中，长期处于孤立无援的境地，身体与心理更容易崩溃，面对监察人员强势的讯问，被调查人作出有罪供述一方面可能会缺少自愿性，另一方面有可能是违法取证的结果，且被调查人无法证明。从这一意义上来说，给予被调查人律师辩护权，可以减少违法取证的发生。

给予被调查人律师辩护权，是为了提高刑事诉讼水平而采取的必要、适当的措施，如果在法律上以及事实上犯罪嫌疑人处于无权利的状态的话，就会增大毫无事实根据地把犯罪嫌疑人作为真正犯罪人对待的危险；就会出现不问是否存在事实根据，是否为真正的犯罪人，不当侵害人权的危险。① 笔者建议，监察法或刑事诉讼法应加以规定："监察委员会第一次讯问或者采取刑事留置措施之日起，被调查人有权委托律师作为辩护人。"

二、刑事缺席审判制度的律师辩护权问题

刑事缺席审判制度是我国一项全新的制度，确立刑事缺席审判制度不仅有助于补强违法所得没收程序，也能使我国与《联合国反腐败公约》的规定相融合与衔接。② 在《修正草案》中，刑事缺席审判制度具体有四类情形，包括贪污贿赂犯罪被告人潜逃境外的案件、被告人患有严重疾病且无法出庭的案件、被告人死亡且有证据证明无罪的案件，以及人民法院按照审判监督程序重新审判且被告人死亡的案件，鉴于贪污贿赂犯罪缺席审判的特殊性，本部分仅对贪污贿赂犯罪缺席审判的律师辩护权问题进行具体讨论。

---

① ［日］松尾浩也：《日本刑事诉讼法》，丁相顺译，中国人民大学出版社 2005 年版，第 126 页。

② 陈光中、肖沛权：《刑事诉讼法修正草案：完善刑事诉讼制度的新成就和新期待》，载《中国刑事法杂志》2008 年第 3 期。

（一）刑事缺席审判制度的法律援助必不可少

《修正草案》第24条规定：“……人民法院缺席审判案件，被告人有权委托辩护人，被告人的近亲属可以代为委托辩护人。被告人及其近亲属没有委托辩护人的，人民法院应当通知法律援助机构指派律师为其提供辩护……”其中，“是否应为被追逃追赃的嫌犯提供法律援助”成为法律界的一个热议话题。有人认为此类被追诉人不宜为其提供法律援助。例如，人大法工委有委员认为，“追逃追赃的刑事犯罪嫌疑人和一般的缺席审判对象相比有特殊性，比如潜逃境外的人不是没有能力，而是拒不回来”，《法律援助条例》明确规定法律援助是为了保障经济困难的公民获得必要的法律服务，“涉及追逃追赃的刑事犯罪嫌疑人，他不出席审判不是因为没钱、没有能力，而是为了逃避管辖”，为社会公平起见，他们“无论如何不是法律援助的对象”。[①]

笔者认为上述观点不妥。理由如下：

一是刑事诉讼控辩审三方制衡的格局不可变动。如果刑事缺席审判阶段既无被告人，也无辩护人，法庭上只有控审双方，审判长在这样的法庭上只听控方“一家之言”，不以“控辩平等”、“控辩对抗”为基础，如何能实现“兼听则明”？如何能证明法庭审理的公平公正？

二是刑事缺席审判具有错判风险，必须提供救济。相对于普通刑事审判程序，缺席审判的最基本特点是被告人未出席法庭审判，是一项有“天然缺陷”的制度，应当在制度设置及其运行中加以弥补，以减少因其缺陷而带来的对公正审判所造成的损害。[②] 因而，在被告人委托辩护人缺位的情况下，提供法律援助，被告人的举证、质证、辩论、最后陈述权都由辩护人代理行使，这是防范并控制缺席审判程序的错判风险的一种有效方式。

三是必须坚持惩罚腐败犯罪与保障人权相平衡原则。不满足“经济困难”并不是提供法律援助的禁止性条件，相反，保障人权应在法律援助思虑范围之内。更为重要的是，追逃追赃的基础在于获得被告人所在国对缺席判决的承认，按照较高标准保障被告人辩护权，是保障获得这种承认的前提，否则难以获得外国之承认。[③]

（二）刑事缺席审判的法律援助制度还有待完善

2018年8月，第十三届全国人大常委会第五次会议公布了《刑事诉讼法（修正草案）（二次审议稿）》（以下简称《二次审议稿》）。所幸的是，《二次审议稿》维持了《修正草案》刑事缺席审判制度关于法律援助的规定。但仔细深究之，笔者认为，《二次审议稿》关于刑事缺席审判制度法律援助的规定依然存在问题。

依据该规定，“人民法院应当通知法律援助机构指派律师为其提供辩护”，此处特别注意通知主体是“人民法院”，这与现行刑事诉讼法其他类型的法律援助规定有所不同。例如，现行刑事诉讼法第34条第2、3款规定：“犯罪嫌疑人、被告人是盲、聋、哑人，或者

① 朱宁宁：《常委委员分组审议刑诉法修正草案时建议通盘研究刑事缺席审判制度》，载《法制日报》2018年4月28日。

② 王敏远：《刑事缺席审判制度探讨》，载《法学杂志》2018年第8期。

③ 陈卫东：《论中国特色刑事审判制度》，载《中国刑事法杂志》2018年第3期。

是尚未完全丧失辨认或者控制自己行为能力的精神病人，没有委托辩护人的，人民法院、人民检察院和公安机关应当通知法律援助机构指派律师为其提供辩护。犯罪嫌疑人、被告人可能被判处无期徒刑、死刑，没有委托辩护人的，人民法院、人民检察院和公安机关应当通知法律援助机构指派律师为其提供辩护。"第 267 条规定："未成年犯罪嫌疑人、被告人没有委托辩护人的，人民法院、人民检察院、公安机关应当通知法律援助机构指派律师为其提供辩护。"此处三类法律援助，特别注意通知主体是"人民法院、人民检察院和公安机关"。由此可见，我国对盲、聋、哑人，可能被判处无期徒刑、死刑以及未成年的被告人提供的法律援助均提前至了侦查阶段，而刑事缺席审判案件的法律援助仅仅局限在审判阶段，排除了检察机关与公安机关（监察机关）提供法律援助的义务。

笔者认为该项规定不妥，其原因在于：

一是同样是法律援助，为何区别对待？法律援助是一项制度，应平等地适用于符合条件的被追诉人，不能因为法律援助的对象不同，就对被追诉人区别对待，否则这是一项不公平也不平等的规定，立法机关也不应随意更改法律援助一贯的提供机制。

二是只允许律师在审判阶段介入，难以保证辩护的有效性。审判阶段在所有程序中靠后，法律援助律师在此阶段接受指派，时间十分紧迫。一方面，假如案件需要向有关单位或者知情人调查取证，往往因时间问题无奈放弃，不能取得对被告人有利的证据。另一方面，辩护律师在此阶段才阅卷，很难细致入微，辩护的有效性大打折扣。

三是检察机关作为控方，难以全心提供罪轻的证据。不能否认检察机关会同时提供证明被告人罪轻的证据。但我们不能要求检察机关既控诉某人，同时又为他辩护，因为这种辩护证据的提供与否没有受到来自矛盾另一方的有力制约。① 只有将辩护律师介入诉讼的时间提前，给予充裕的时间做准备，才能充分行使辩护权。

因此，要及时、有效地维护被告人的合法权益，就需要将律师介入诉讼的时间提前，应当将提供法律援助的主体增加为"人民法院、人民检察院和公安机关（监察机关）"。

三、认罪认罚从宽制度的律师辩护权问题

自 2016 年中央有关部门推行认罪认罚从宽制度试点以来，全国各地公检法机关均不断地加大了认罪认罚案件的覆盖面。据有关资料与信息数据显示，认罪认罚案件自 2016 年试点以来，案件量高速攀升，在 2017 年达到 35000 余件，2018 年已达到 29000 余件，2018 年还在持续攀升之中，如图 1 所示。此外，据笔者了解，武汉地区某检察院认罪认罚案件的覆盖率已达到全部案件的 80%。认罪认罚案件推广如此迅速，取得如此良好的效果，是否就可以高枕无忧？笔者不以为然。

① 刘瑞平：《律师介入刑事诉讼的时间》，载《徐州师范学院学报》（哲学社会科学版）1995 年第 2 期。

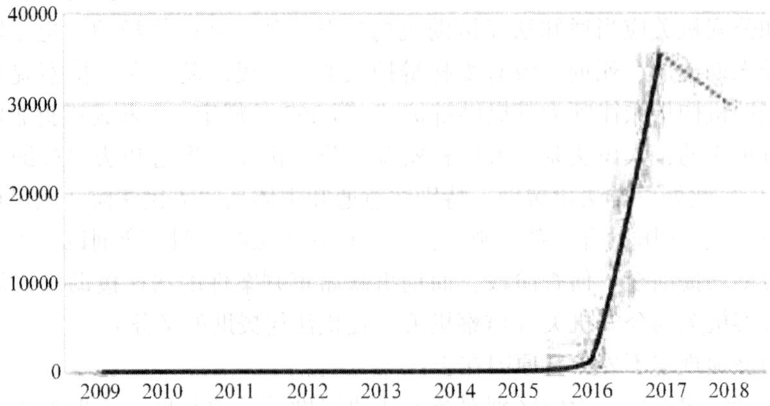

图1　认罪认罚案件近年来走势图

(一) 认罪认罚案件背后存在牺牲被追诉人权利的现象

认罪认罚案件的广泛适用使得刑事案件分流为两大类型，即认罪认罚案件与不认罪认罚案件，案件出现了繁简分流的趋向。这一趋向的出现无疑在一定程度上缓解了司法机关案多人少的矛盾，让简单的案件更加简化，让复杂的案件得以集中力量进行实质化庭审，推进了全面实质化庭审的到来。同时，认罪认罚案件的广泛适用也迎来了对抗性司法与合作性司法并存的二元格局，辩护协商权得到提高。

然而，一方面，认罪认罚案件在审前就已确定了简易速裁程序，审理难度降低，大大加快了司法进程。经笔者统计，认罪认罚案件有超过80%的是在30天内审结，超过97%的在一审就已案结事了（见图2、图3）。

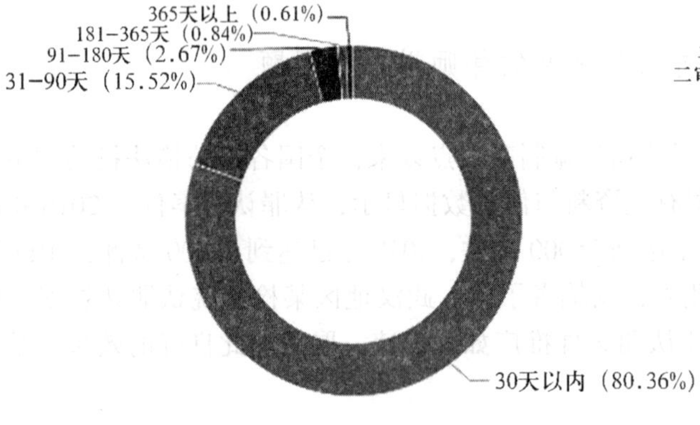

图2

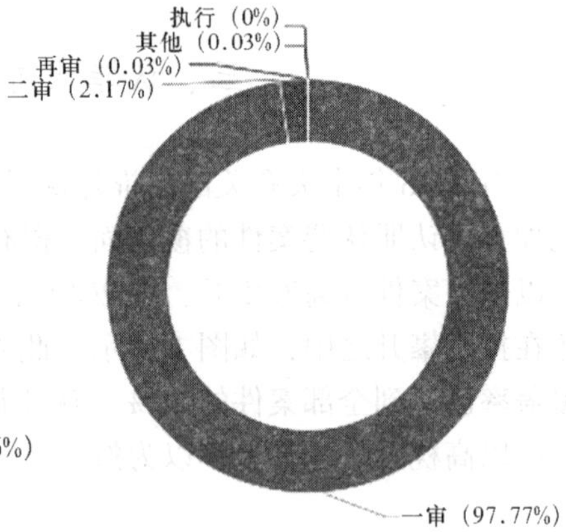

图3

另一方面，认罪认罚一般适用速裁程序审理，速裁程序在一定程度上节约了司法资源，却是以被追诉人放弃法庭调查与法庭辩论为条件的。《修正草案》第21条规定：“基层人民法院管辖的可能判处三年有期徒刑以下刑罚的案件，案件事实清楚，证据确实、充分，被告人认罪认罚并同意适用速裁程序的，可以适用速裁程序，由审判员一人独任审判。”“适用速裁程序的案件……不进行法庭调查、法庭辩论，但在判决宣告前应当听取被告人最后的陈述意见。”《修正草案》第4条虽然规定了值班律师制度，但在实践中，值班律师并没有阅卷权、调查取证权、量刑协商权、出庭辩护权等权利，或根本就无法行使上述权利，这表明值班律师并不具有辩护人地位，并不能实际行使辩护人权利。因而，值班律师并不能为被追诉人提供实质性的帮助。

（二）认罪认罚案件亟须指定辩护人代为保障权利

被追诉人权利被缩减实质上是制度使然，无法回避，那么能否在制度上再为他们提供一种保障。笔者认为，可以明确规定在值班律师中指定辩护人，以充分保障被追诉人的权利。具体原因分析如下：

一是只有明确规定值班律师担任辩护人，才能充分保障辩护权。能否有效行使律师辩护权是能否在认罪认罚案件中有效辩护的重要一环，明确规定在值班律师中指定辩护人的制度，给予指定辩护人充足的会见、阅卷、调查权，指定辩护人才能通过律师单独会见，了解被追诉人对案件的真实想法；通过律师阅卷，才能了解案件事实，了解被追诉人是否真的构成犯罪，罪名是否适当，判断检察机关量刑建议是否妥当，才能实现真正意义上的有效辩护。尽管认罪认罚从宽制度建立在控辩双方合作的基础上，但“合作”不是“配合”，律师只有依据会见情况、案卷证据情况，才能有充足的底气与检察机关进行事实与法律的讨论，而不至于陷入走形式、走过场的误区。

二是检察机关对指定辩护人充分的意见难以忽视。指定辩护人与值班律师相比，由于具有辩护权，了解案件事实与证据情况，指定辩护人在认罪认罚制度中更具有主动性。指定辩护人所起的不仅是值班律师在认罪认罚案件中见证被追诉人是否自愿签署具结书的作用，更是辩护的作用。一方面，指定辩护人可以对被追诉人犯罪行为轻重、量刑幅度、程序选择进行法律问答，为其提供实质性的法律建议；另一方面，指定辩护人可以主动与检察机关就被追诉人是否构罪，证据是否充分，是否具有自首、从犯、谅解等情节，以及量刑方面提出具体的建议，有理有据。检察机关听取指定辩护人的意见，并予以尊重，认可的可以采纳，不认可的应当说明理由。指定辩护人认真通过实质的辩护权办理案件，检察机关听取指定辩护人的意见，认罪认罚的有效辩护才能真正发挥实质性的作用。

三是指定辩护人出庭辩论权有利于法庭审理。值班律师没有出庭辩论权，而指定辩护人应当有出庭辩论的权利。指定辩护人应贯穿于审查起诉与审判两个阶段，而不仅仅是审查起诉一个阶段。有人认为，既然被告人在审查起诉阶段签署了认罪认罚具结书，那么该具结书的效力持续到审判阶段，法官一般直接依据具结书作出判决，律师出庭作用不大。笔者认为，这样的思路是不妥当的。理由有三：一是指定辩护人出庭有助于法官对具结书的效力进行审查，有助于法官判断被告人签署具结书的自愿性。二是如若被告人在审查起诉阶段有未完尽的量刑从轻情节，如对被害人进行赔偿、被害人谅解、退赃等，可由指定辩护人帮助被告人继续完成，最后在法庭上提出。三是针对被告人推翻认罪认罚具结书的情形。指定辩护人应帮助法庭调查事情原委，在维护被告人合法权益的情况下，配合法庭转为普通程序或简易程序，继续为被告人辩护，切实维护其权利。

明确规定在值班律师中指定辩护人全面行使诉讼权利，能够为被追诉人提供有效的辩护，而不局限于值班律师的法律咨询等法律帮助行为。并且，通过在认罪认罚案件中新设指定辩护人，刑事辩护全覆盖的实现有望更近一步。

结　语

《修正草案》对监察与刑事诉讼的衔接机制的构建，刑事缺席审判制度体系的创立，认罪认罚与速裁程序的确认，均是在充分理论研究、社会发展过程中现实问题发掘的基础上形成的，这对现实问题的解决以及刑事诉讼制度的完善具有重要意义。然而，“刑事诉讼文明、法治进化史就是辩护权的发展史”。法治的发展离不开律师，尤其是辩护律师的携手共行，本文就上述修改内容的律师辩护权进行了着重研究，期望我国的法律发展日臻完善、健康运行。

认罪认罚自愿性保障机制研究

王迎龙*

随着社会经济的飞速发展及社会成员之间经济活动的日益增强，社会矛盾纷争呈现出加剧的态势，刑事案件的数量逐年递增。这一现实情况对有限的司法资源提出了巨大的挑战，在保证公平公开公正的同时，有效地节约司法资源，提高司法效率成为我们亟待解决的问题。针对以上目的，刑事诉讼改革必须不断推进完善，刻不容缓。

在当前司法体制改革的新浪潮中，认罪认罚从宽制度是针对现实问题提出的重要改革举措，是全面推进依法治国的重要内容之一，是全面推进以审判为中心的刑事诉讼制度改革的应有之义。目前，认罪认罚从宽试点工作已开展一年有余，相关配套规定仍在逐步完善建设之中，把握认罪认罚制度中的难点和关键问题——自愿性保障机制，对于该制度的有效适用具有至关重要的意义。

一、认罪认罚从宽制度中的自愿性

（一）自愿性的界定

1. 自愿性的基本内涵

自愿通常是指“基于自己意愿而没有受他人强迫的行为”。① “在没有任何利益的许诺或者惩罚的威胁，或者任何期望的情况下，自由地作出的供述”② 则是《布莱克法律词典》的权威定义。可见，自愿性的基本内涵在于无任何强迫的自由供述。在现实中，由于刑事侦查讯问中可以对被追诉人采用强制性措施，很难期望在没有任何强制的情况下，被追诉人作出完全自由自愿的供述。司法机关期望以“从宽”的条件换取犯罪嫌疑人的“认罪认罚”其本身就有违“自愿性”的含义，具有一定的强迫性。因此，在我国语境下重新把握“自愿性”的含义就显得十分重要。结合最高人民法院、最高人民检察院、公安部、国家安全部、司法部《关于在部分地区开展刑事案件认罪认罚从宽制度试点工作的办法》（以下简称《试点办法》）的规定，自愿性包含以下两方面：一是被追诉人对自己的供述具有一定的支配程度，并且这种自由意志没有受到公权力的明显不当侵害。由于被追诉人与司法机关的地位严重不对等，所有的认罪认罚都伴随着“不自愿”的因素，所以自愿供述应当

---

* 作者简介：王迎龙，北京工商大学法学院副教授。

① 闫召华、李艳飞：《认罪认罚自愿性研究》，载《河南财经政法大学学报》2018 年第 2 期。

② Black’s Law Dictionary, Ninth Edition, Thomson Reuters, 2009, p. 339.

重点评价司法机关合法的轻微强迫行为的边界。二是被追诉人的知情权得到充分保障，表现为在专门机关充分告知认罪认罚的性质、理由、结果利弊后，被追诉人根据该情况作出的自愿选择。

2. 自愿性构成要素

自愿性由明知（认识）要素与意志要素两方面共同构成，是二者的结合统一体，缺一不可。处理好认识要素与意志要素的内容关系是辨明认罪认罚自愿性的前提，有益于把握认罪自愿性、认罚自愿性与真实性之间的关系。通常自愿性的构成要素总是与审查模式息息相关，又与“明知性”审查、“事实基础”审查相结合。

明知（认识）要素是指自愿性必须以明知为前提，被追诉人只有明确认识到犯罪行为的性质后才能作出符合自己意志的表示（选择认罪认罚从宽）。可见，明知性是自愿性的基础与前提条件。根据《试点办法》的相关规定，[①] 虽然法律对保障被追诉人的知情权有所规定，但该规定流于形式并不详细，缺乏具体的操作规范和程序设置。法条在此处的“了解”仅达到概括性认识标准，而不是确定性认识标准。对于刑事案件的被追诉人而言，其最关心的问题有但不限于指控性质、法律后果、诉讼权利。指控犯罪的理由及程序选择的利弊得失也是其应当知晓的重要内容。倘若被追诉人仅对案件具有概括性认知的水平，对程序背后的潜在利益并不知晓，其很难选择有利的程序使自己的权益最大化。

意志构成要素。被追诉人作出的认罪认罚必须出于本人意志考虑。《试点办法》中规定了不适用认罪认罚从宽制度的案件范围，如未成年人和尚未完全丧失辨认能力或者控制自己行为能力的精神病人就主要出于该因素考量，即这类人缺乏意志自由，即使作出认罪认罚的表示也无法保证自愿性。

3. 自愿性与真实性的关系

认罪认罚自愿性以真实性为基石，换言之真实性是认罪认罚自愿性的前提，自愿性在真实性的保障下得以延续发展。真实性的缺位往往会导致虚假的、非本人意志的认罪认罚。在自愿的情况下认罪认罚得以保证绝大部分案件认罪认罚的真实性，但并不能完全排除非真实性的存在，如辩诉交易中的有罪答辩。《试点办法》中要求办理认罪认罚案件，以事实为根据，以法律为准绳，确保无罪的人不受刑事追究，有罪的人受到公正惩罚，确保司法公正。以德国为例，在“事实基础”审查模式的背景下，即使被告人自愿放弃程序权利，法官依然对查明事实真相负有义务，其所作出的判决也必须建立在实质真实的基础上。由此可见德国的法律并不允许法官仅依据被告人的供述作出判决，被追诉人的供述仍然受到真实性的制约，自愿性必须建立在真实性的基础之上。

（二）认罪自愿性

理论界和实务界通常将认罪自愿性与认罚自愿性混淆在一起，[②] 这不利于加强对二者的认识，适度区分认罪、认罚自愿性能够明辨适用阶段、证明标准等诸多方面的不同。[③]

---

① 《试点办法》第5条规定，办理认罪认罚案件，应当保障犯罪嫌疑人、被告人获得有效法律帮助，确保其了解认罪认罚的性质和法律后果，自愿认罪认罚。

② 孔冠颖：《认罪认罚自愿性判断标准及其保障》，载《国家检察官学院学报》2017年第1期。

③ 郭雁：《认罪认罚自愿性研究》，载《江西警察学院学报》2017年第5期。

《试点办法》第1条中规定犯罪嫌疑人、被告人自愿如实供述自己的罪行，对指控的犯罪事实没有异议，同意量刑建议，签署具结书的，可以依法从宽处理。其前半句是认罪自愿性的法律依据。想要更加完整地把握认罪自愿性必须从“三个阶段”、“两个层次”加以研究。

“三个阶段”即为刑事侦查阶段、审查起诉阶段、审判阶段。被追诉人在刑事侦查阶段、审查起诉阶段自愿认罪属于刑事诉讼法中规定的法定证据形式之一，即“犯罪嫌疑人供述”。在此阶段，由于犯罪嫌疑人受到刑讯逼供的可能性极高，对认罪自愿性的审查必须满足两个法治原则：供述为犯罪嫌疑人自由自愿作出；并且排除一切非法手段获取的证据。在审判阶段中，被告人自愿认罪的不能免除法官对于基础事实的审查。法官应当着重审查供述是否以自由、理性判断为基础，是否符合事实，确保被告人作出的有罪答辩排除一切非法获取的因素。

“两个层次”包括供述自愿性层次及供述态度层次。《试点办法》中规定，犯罪嫌疑人、被告人应当自愿如实供述自己的罪行。这就意味着被追诉人必须供述有关犯罪事实和细节。在我国语境下，认罪认罚自愿性的判定往往与刑讯逼供及其他非法方式相联系，但供述自愿性的审查模式不能等同于认罪认罚自愿性的审查，更不能转化为对刑讯逼供等非法方式获取证据的审查。这是因为认罪自愿性与供述自愿性是包含关系，前者包含后者与被追诉人对指控事实无异议这一条件。另外，非法证据排除规则并非以保障供述自愿性为出发点，而是侧重于防范冤假错案的发生。借鉴美国对自愿供述的审查标准，我们可以发现，因为“米兰达规则”的确立致使供述自愿性审查模式发生了重大改变，“在讯问被追诉人前告知其规范化诉讼权利”的规定体现出对被追诉人权利的重视，实质上也将被追诉人的自愿供述转化成为对“米兰达规则”的自愿放弃。①

（三）认罚自愿性

所谓认罚，是指被追诉人接受司法机关提出的处罚方案。② 外在形式表现为“同意量刑建议，签署具结书”，这意味着被追诉人对于检察机关和法院提出的量刑建议无异议。认罪自愿性不仅涉及违法事实判断也涉及法律规定判断。就认罪自愿性与认罚自愿性的关系来看，前者是后者的基础，后者是前者的延续。但是认罪自愿性是无协商条件的，完全认同的，而认罚自愿性则具有合意性，更能体现出双方的博弈较量。无自由则无协商，无协商更无自愿。被追诉人在法定的量刑范围内和司法机关进行协商，量刑建议体现出双方的共同意志，这有助于保障认罚自愿性。如果被追诉人没有协商的权利，则司法机关提出的任何量刑建议都必须无条件接受，显然违反自愿性的相关要求。

二、认罪认罚从宽制度中自愿性的现实阻碍

（一）自愿性与有罪供述的天然矛盾

目前的司法实践中依然存在“口供为王”的观念，被追诉人作出的有罪供述不仅是刑

---

① 王景龙：《中国语境下的自白任意性规则》，载《法律科学》2016年第1期。

② 魏晓娜：《完善认罪认罚从宽制度：中国语境下的关键词展开》，载《法学研究》2016年第4期。

事诉讼法规定的法定证据形式之一，而且也为后续的侦查行为提供了方向与线索。尤其是在新中国成立初期并不具备“天眼监控系统”等预防犯罪的高科技手段，追查犯罪线索多依靠威胁、强迫方式，案件的侦破多依赖于此。被追诉人与公权力机关地位不平等、信息不对称导致审讯带有天然的强迫性，若保障认罪认罚自愿性就意味着很难获得有罪供述，后续侦破工作很难开展，被破坏的社会秩序难以恢复；若一味追求有罪供述而放任对自愿性的保护，忽视被追诉人的合法权利则有违刑事诉讼法的价值取向。

自愿性与有罪供述的矛盾在制度领域表现为诉讼结构的不平衡、向控诉方倾斜，这又与超职权主义因素密切相关。我国尚未规定被追诉人享有沉默权制度，刑事诉讼法第118条中规定“犯罪嫌疑人对侦查人员的提问，应当如实回答”。从立法精神来看“应当”一词并未体现出被追诉人享有不得强迫自证其罪原则，反而必须配合讯问，如实供述自己的罪行。“如实”意味着被追诉人不享有是否认罪的自由，这是对认罪认罚自愿性的天然侵害。要打破司法机关对有罪供述的强烈追求就必须对侦查行为加以更严格的约束，破除侦查人员对讯问的绝对主导权，有如适度限缩对讯问时机、进程的自由支配权力①；将适用全程录音录像规定覆盖所有案件；进一步完善非法证据排除规则等。

（二）自愿性审查模式主观化

从《试点办法》第8条、第10条、第15条与监察法第31条的规定看，被追诉人可以在任何刑事诉讼阶段选择认罪认罚，包括刑事侦查阶段、审查起诉阶段、审判阶段。各阶段确认主体与确认标准不尽相同，总的来讲呈现出主体确认效力、审查标准逐步递增的状态。被追诉人在侦查阶段选择认罪认罚，侦查机关进行的只是初步的审查确认，而审判阶段认罪认罚，审判机关进行的是正式的、终局性的审查。以审判阶段审查模式为例，尚未形成统一标准，实践中依然采用被追诉人主观审查模式，法官对审查结果往往具有自由裁量权。自愿性审查模式主观化没有形成对完善取证程序及非法证据排除的倒逼机制，衍生出更多的非自愿供述及冤假错案。非自愿供述除非达到明显不合理程度，否则法官不会轻易排除。为自愿性审查确立统一标准，综合评判认罪认罚是否符合自愿性、真实性和明智性，适度限定自由裁量权，让审理者真正做到有法可依、有法必依，这不仅是保障被追诉人权利的必然要求，也是不同地区裁判结果一致性的基础条件。

（三）认罪认罚人的法律认知问题

有学者认为，“认罪认罚”必须建立在犯罪嫌疑人、被告人“自愿”、“理性”基础之上。② 根据《试点办法》的规定，犯罪嫌疑人、被告人不仅应“如实供述、对指控犯罪事实无异议”，还应当“同意量刑建议”。其中涵盖两个层次：第一，对指控的犯罪事实没有异议。在违法性层面上，被指控的犯罪嫌疑人、被告人仅依靠一般生活经验和常识即可作出判断。第二，同意量刑建议，签署具结书。本质上是对犯罪事实的法律评价，涉及实体法与程序法中的若干规定，作出这样的选择需要具备专业的法律知识与素养。③ 结合案件事

① 董坤：《侦查讯问录音录像制度的功能定位及发展路径》，载《法学研究》2015年第6期。

② 熊秋红：《认罪认罚从宽的理论审视与制度完善》，载《法学》2016年第10期。

③ 林钰雄：《刑事法的理论与实践》，中国人民大学出版社2008年版，第143页。

实与控诉机关掌握的现有证据，综合分析“认罚”是否更为有利。显然这一行为超出了普通人的认知水平范围，难以保障其自愿性与理性。

法律上的“理性”是基于理性人的假设，被追诉人选择不同的诉讼程序是为了获得最优的实体利益。假设被追诉人并未实施指控的犯罪行为，但是理性人会综合分析控方掌握的事实和证据，选择认罪认罚的程序能获得更为优惠的处罚结果。在实际的案件中，犯罪嫌疑人、被告人没有权利知悉司法具体工作情况，更没有阅卷权，导致其无法综观全局作出理性选择。即便被追诉人作出“自愿”选择，也缺乏明知性构成要素，实质上是“非自愿”。

三、认罪认罚从宽制度中自愿性的保障机制

保障认罪认罚自愿性的根本举措在于刑事诉讼基本理念的转变，我国作为超职权主义国家，对公权力行使的管控往往收效甚微，公安司法机关侦查行为的正当性、合理性值得商榷。这一切都源于以惩罚犯罪、维护社会安定秩序为首要标准的刑事诉讼理念。现代法治国家将保障人权的价值置于首位，我国在刑事诉讼中努力实现二者的结合。维护与保障人权，这不仅是出于遵守宪法的相关规定，也是彰显我国推动司法改革、承担国际责任的决心。

（一）落实被追诉人的知情权

所谓知情权，即是指被追诉人有权知悉其在刑事诉讼中的地位，享有的诉讼权利及获得相关信息。信息上的不对称致使被追诉人难以作出正确判断，缺少了知情权必然影响自愿性的成立。控辩平等原则的内涵要求被追诉人对信息也能合法占有，司法机关的告知义务与知情权相对应存在，司法机关妥善履行告知义务是保障知情权的基础，同时知悉权也是实现对权力机关的控权价值的途径之一。正如学者威尔弗莱德·勃特克所言：“公正的诉讼程序为被告提供及时的、可理解的、与其权利有关的特殊信息。它们能使被告预先知道其供述或其他任何可能的行为引起的所有诉讼上的后果，并在其满意的情况下使它们平衡。”根据《试点办法》相关规定，被追诉人选择认罪认罚的，司法机关“应当告知犯罪嫌疑人的诉讼权利和认罪认罚可能导致的法律后果”，但是该规定缺乏具体操作程式，仅从抽象性、概括性角度进行制定，实质上反映出的则是欠缺对知情权的保护。笔者认为应当从以下方面加以完善：（1）告知犯罪嫌疑人、被告人享有的诉讼权利和认罪认罚后放弃的诉讼权利（实体权利与程序权利）；（2）告知被追诉人被指控的具体罪名、刑期、证据、性质；（3）检察机关的量刑建议，与被追诉人协商；（4）从轻、减轻或者免除等从宽处罚的建议；（5）适用的诉讼程序。最后，被追诉人选择认罪认罚的，应当签署具结书。假若司法机关未完全履行以上程序，应当认定侵犯了知情权，推定认罪认罚非自愿。

被追诉人的反馈机制也是自愿性保障机制的重要内容之一，《试点办法》中缺乏对相关内容的规定，知悉权的保障是认罪认罚人与司法机关共同努力的结果，只有在权利人不断主张、义务人切实履行的情况下才能实现权利保障。司法机关的告知义务应当包括但不限于法律疑难规定的解释义务，法条的设置严密谨慎，我们没有理由期望被追诉人能完全理解相关内容，因此缺乏权利人的反馈机制不利于知情权的落实。

（二）保障被追诉人获得律师帮助权

在名义上，被追诉人作出是否认罪享有绝对权利，但事实结果却往往是在没有辩护人的情况下自己根本不享有任何保护。[①] 被追诉的法律地位衍生出一系列后果，被追诉人永远不能与强大的公权力进行有效抗衡，其诉讼利益常常被侵害。公检法三机关虽然具备保障犯罪嫌疑人、被告人权利的职责，但其并不具备权利保障的冲动。此时允许辩护律师介入到追诉程序中，充分维护被追诉人获得律师帮助权就具有独特的价值意义。一方面，律师的介入、帮助能够有效地缓解犯罪嫌疑人的紧张、焦虑、无助情绪，增强其信心，减少非自愿认罪认罚的可能性。另一方面，律师具备专业的法律知识及诉讼经验。较之于公权力机关，律师能更好地获得被追诉人的信任，弥补被追诉人的专业劣势，提供有力的协助，更好地使得被告人在综观全局信息、考虑相关证据、结合自身利益的基础上作出明知、明智、自由、理性的选择。

《试点办法》第5条规定了被追诉人享有获得法律帮助的权利。值班律师制度的设立就是以此为起始。但是我国将值班律师定义为法律帮助者，缺少辩护人的身份导致值班律师不能参与阅卷和调查取证，欠缺对案件事实的了解，很难结合被告人实际情况提供帮助。为了改善目前的局面，笔者认为应当从以下四个方面着手推进自愿性保障建设：首先，明确值班律师身份定位。扩大值班律师咨询内容的范围，与辩护律师形成良好有序的衔接，真正发挥律师帮助的作用，避免制度设计流于形式。其次，扩大法律援助的范围与强制辩护的适用范围。具体来讲，法律援助应当吸纳所有的认罪认罚从宽案件，被追诉人没有辩护律师的，一律实行强制辩护。再次，建立一整套值班律师考核制度，完善律师奖励与惩戒机制，让帮助者负责，让受助者进行打分反馈以形成值班律师自我完善的倒逼机制。最后，关键环节必须有律师参与。关键环节是指对诉讼进程发展具有重大意义的节点，诸如签署具结书、侦查讯问阶段、审查起诉阶段、审判阶段都应有律师在场提供帮助，否则难以确保自愿性。

最新公布的《刑事诉讼法（修正草案）》对相关问题进行了规定，[②] 在被追诉人签订具结书时，辩护人在场成为强制性规定，无疑对于犯罪嫌疑人、被告人获得有效帮助迈出巨大一步。

（三）赋予被追诉人撤回权

撤回权（后悔权）是指被追诉人享有自由撤回认罪认罚协议书的权利。有的学者认为，被追诉人的撤回权应当是不附任何条件的，甚至不用提供撤回理由。显然，这种论断仍有商榷的余地。犯罪嫌疑人、被告人应当谨慎理性地考量选择不同诉讼程序所带来的实体利益，倘若不附任何理由即可撤回之前的选择，有损法律权威的庄严性与严肃性。再者，具

① ［美］乔治·费希尔：《辩诉交易的胜利——美国辩诉交易史》，郭志媛译，中国政法大学出版社2012年版，“序言”第6页。

② 《刑事诉讼法（修正草案）》第15条规定，犯罪嫌疑人自愿认罪，同意量刑建议和程序适用的，应当在辩护人在场的情况下签署认罪认罚具结书。

结书的撤回意味着先前机关的工作归于无效，有悖于节约司法资源、提高效率的内在价值①。为避免权利被滥用，应当在适用条件上加以严格约束，更好地保障认罪认罚自愿性。笔者认为应将撤回权分为两大类，其一为广义上的撤回权。在被追诉人签署具结书之前，其享有自由选择是否适用认罪认罚从宽制度的权利。从逻辑上推论，被追诉人不签署具结书（明示方式）或不进行量刑建议协商（默示方式）均是行使后悔权的表现形式。此时，被追诉人无须提供任何理由。其二为狭义上的撤回权。在被追诉人签署具结书之后、法庭审查认罪认罚协议书之前，有正当理由，经过人民法院审查同意的，能够撤回具结书。在撤回时效上进行限缩，被追诉人必须在法庭审查前行使撤回权，超过该时限的行为不产生撤回的法律效力；在撤回理由上进行约束，具结书的签署标志着犯罪嫌疑人、被告人程序自由选择权的终结，除非违背自由自愿原则，具结书不能被视为无效；在审查主体上进行限制，由人民法院作为唯一有权审查认罪认罚协议书的主体。法院经过审查，认为确有理由的，应当同意撤回；否则，应当驳回请求。以上规定看似是对认罪认罚人自愿性的约束，实为自愿性的保障。约束只是外在手段，保障才是内涵实质。撤回权制度的设立正是在法律规定的最大限度内给予被追诉人自愿保障。

（四）建立程序回转机制

认罪认罚从宽制度离不开程序回转机制。在实践中，认罪认罚从宽案件的处理往往由公检法三家密切协作，公安机关对一批案件集中移送；检察院进行集中起诉；法院形成相对稳定的合议庭进行集中审理，力求做到无缝衔接，快速处理。在简化的处理程序中，难免对权利保障有所纰漏。认罪认罚案件适用一审终审制的原则也可能导致被告人自愿性保障的缺失。

基于被追诉人享有撤回权（后悔权），其在任何阶段行使撤回权，则案件应当转为普通程序进行审理，也不再享有从宽的量刑优待。并且司法机关不能根据撤回权的行使认定被追诉人主观并未悔过，在后续诉讼程序中加重处罚。

建立在后悔权基础上的程序回转也带来了一系列问题，被追诉人撤回具结书后即不再享有“从宽”的优待，但问题是先前已经给予的优待如何撤回？被告人已经享受程序利益，如由无人辩护到免费值班律师援助，由严重的强制措施变更为宽缓的强制措施，等等。被追诉人利用先认罪认罚后恶意反悔的程序设置如何受到惩戒？这些问题仍有待我们进一步研究探讨。

（五）落实全面证据开示制度

全面证据开示制度是保证认罪认罚自愿性的关键基础。前文我们论述过，自愿性以明知性要素为构成条件，证据开示制度直接有利于明知性要素的知悉。被追诉者想要理性、自愿地认罪认罚就必须充分了解检方掌握的证据，包括有罪证据、无罪证据；直接证据、间接证据等。在此基础上与检方展开量刑建议的协商，最终达成双方合意。如果被告人对证据情况一无所知，无法作出认罪认罚的决定，控方只得依赖于合法抑或是非法的审讯手

① 郭明文：《论美国有罪答辩的撤回理由及对我国的启示》，载《华南理工大学学报》（社会科学版）2010 年第 4 期。

段，无数的冤假错案以此为肇端。

证据开示的范围应当做到全面，即对所有的证据均进行开示。信息对等是双方协商的前提。① 证据开示制度旨在营造对等的信息交流、互通平台，使双方的协商结果建立在所有证据开示的基础上，减少“诈欺”、“刑讯”的成分。在节约司法资源、提高诉讼效率的同时，被告人的知情权也得到良好的保障，认罪认罚自愿性大大提升。

但是，证据开示的时间应受到相应约束，即在被追诉人与检方就量刑建议协商时进行开示。如果在侦查阶段行进证据开示，可能导致被追诉人之间串供，伙同他人毁灭证据，对后续侦查行为产生不利影响；如果在签署具结书时开示证据，则会导致知情权的缺失，双方无法进行处罚协商，不能保障自愿性的实现。因此，允许值班律师或者辩护人在签署具结书之前查阅、复制相关证据材料并与被追诉人进行交流援助就显得十分重要。

① 左卫民等：《简易刑事程序研究》，法律出版社 2005 年版，第 292 页。

认罪认罚案件律师实质性参与之困境与出路

魏　虹　许　野*

我国的认罪认罚从宽制度是在借鉴英美法系国家辩诉交易制度以及大陆法系国家庭前认罪程序的基础上，结合我国司法现状发展出来的具有中国特色的一项司法制度。其基本价值和功用在于简化诉讼程序，为简易程序和速裁程序的适用提供正当化机制和动力保障。[①] 但试点工作实践表明，认罪认罚从宽制度忽视了程序的重要价值，对效率的过分追求削弱了对被追诉人诉讼权利的保障，不仅在适用速裁程序或简易程序审理的认罪认罚案件中，庭审程序的高度简化使得案件审理过程严重形式化；而且程序的简化也严重压缩了被追诉人行使量刑辩护权的空间。笔者认为，诉讼程序的简化不应当忽视对被追诉人权利的保障，虽然被追诉人自愿认罪认罚，通过牺牲部分程序性权利，以换取从宽处理的优惠结果，但并不意味着被追诉人应享有的辩护权利就要受损。辩护制度是刑事诉讼的灵魂，是衡量一个国家法治水平高低的重要指标。[②] 认罪认罚从宽制度是否能够逐步推进和不断完善，其中一个重要因素就取决于被追诉人的辩护权能否受到重视并得到切实保障。因此，在认罪认罚从宽制度运行的框架下，应当发挥律师参与的实质作用来加强对被追诉人权利的保障，使被追诉人获得与控诉方平等协商与对抗的机会，从而弥补制度运行过程中的价值缺失。

一、律师实质性参与是认罪认罚从宽案件之正当性基础

在英美法系国家，辩护律师的参与是辩诉交易进行的前提，法官在审查控辩双方的协定时，首先要审查辩护律师是否参与，是否起到了对被追诉人实质帮助的作用。美国辩诉交易制度的实施经验表明，辩护律师的全程参与和及时指导，是被告人获得有效辩护的基本保障。[③] 同样，在大陆法系国家的认罪答辩程序中，律师的参与也是不可或缺的。[④] 因此，在认罪认罚从宽的制度背景下，为防范冤案、保障被告人的合法权益、推动认罪协商及后续程序的顺利进行以实现司法公正与效率的共赢，辩护律师的作用不容小觑。[⑤] 可以

---

* 作者简介：魏虹，西北政法大学教授；许野，西北政法大学硕士研究生。

① 魏晓娜：《完善认罪认罚从宽制度：中国语境下的关键词展开》，载《法学研究》2016 年第 4 期。

② 祁建建：《“认罪认罚从宽制度中的律师”研讨会综述》，载《中国司法》2016 年第 7 期。

③ 陈瑞华：《认罪认罚从宽制度的若干争议问题》，载《中国法学》2017 年第 1 期。

④ 赵恒：《认罪认罚从宽制度适用与律师辩护制度发展——以刑事速裁程序为例的思考》，载《云南社会科学》2016 年第 6 期。

⑤ 左卫民、吕国凡：《完善被告人认罪认罚从宽处理制度的若干思考》，载《民主与法治》2015 年第 4 期。

说，通过律师参与来保障被追诉人的辩护权，不仅是衡量认罪认罚从宽制度正当性的基础，也是该制度能够长久运行的重要保障。因此，律师实质性参与认罪认罚从宽制度，对于保障被追诉人的诉讼权利至关重要。

（一）律师参与能够保障被追诉人认罪认罚的真实性和自愿性，监督程序合法进行

认罪认罚从宽制度是以被追诉人认罪认罚的真实性和自愿性为前提的，如果被追诉人的认罪认罚不真实或者非自愿，不仅会直接影响其自身权益的保护，也会造成刑事司法公正的严重损害。而律师的有效参与则是被追诉人认罪认罚的真实性、自愿性的基本保障。值班律师存在的价值不是劝说更多的被追诉人选择认罪认罚，而是让更多认罪认罚的案件受到真实性和自愿性的检验。① 可以想象，如果没有律师有效的参与和帮助，侦查机关就可能使用各种手段迫使犯罪嫌疑人作出不真实、非自愿的供述，从而实现其“破案”的目的。侦查人员甚至不需要采用刑讯逼供这样极端的方法，就能做到迫使其作出虚假供述。这种情况，即便是法治发达国家也难以避免。②

认罪认罚从宽制度虽鼓励和支持被追诉人自愿认罪，却不是一味地盲目要求其认罪，当被追诉人选择认罪时，必须保证其确实是实施了犯罪行为的人，而且其有罪供述必须基于自愿，而不受任何形式的强迫。自愿性不仅是认罪认罚的必要前提，也是真实性的重要保障。只有被追诉人自愿认罪认罚，程序的简化才具有正当性的基础，处罚结果的从宽才能获得实质性的公正。而且，只有律师尽早介入案件，尤其是在第一次讯问和量刑这样对被追诉人实体利益有重大影响的诉讼阶段，值班律师更应当积极发挥在场监督之程序功能。③

（二）律师参与可以促进控辩双方量刑协商的平等性和有效性

美国辩诉交易最明显的特征就是允许追诉机关与被追诉人就罪名与罪数进行交易协商，被追诉人通过向追诉机关作出有罪答辩从而获取追诉机关较轻的指控罪名或者较少的罪名数量，这种协商性司法模式极大地提高了诉讼效率。与美国不同的是，我国在职权主义诉讼模式下，确立的是国家追诉原则，即使允许控辩双方协商，也不允许双方就罪名本身和罪名数量进行协商，而只能就量刑问题进行协商。④ 即追诉机关可以通过给予被追诉人一定幅度的量刑减让，以换取被追诉人作出有罪的供述，并且双方充分协商，达成一致的量刑建议。检察机关通过协商提出的量刑建议对法院的最终判决具有一定的约束力。一般情况下，量刑建议也往往预示着法院最终的判决结果，其对于被追诉人来说意义重大。

在控辩协商过程中，需要保持最基本的平等性，这就要求控辩双方必须有大致均衡的信息来源、相同水平的法律认知以及相互尊重对方选择的可能性。⑤ 控辩双方充分的信息共享和平等的双向互动是良好协商建立的基础，但由于被追诉人所获取的案件信息极为有限，难以全面把握追诉机关掌握的证据，更难以对法律的适用问题形成一个全面的认识。追诉

---

① 姚莉：《认罪认罚程序中值班律师的角色与功能》，载《法商研究》2017 年第 6 期。
② 参见王敏远：《认罪认罚从宽制度疑难问题研究》，载《中国法学》2017 年第 1 期。
③ 姚莉：《认罪认罚程序中值班律师的角色与功能》，载《法商研究》2017 年第 6 期。
④ 陈瑞华：《认罪认罚从宽制度的若干争议问题》，载《中国法学》2017 年第 1 期。
⑤ 陈瑞华：《认罪认罚从宽制度的若干争议问题》，载《中国法学》2017 年第 1 期。

机关也可能基于惩罚犯罪的目的，对某些有利于被追诉人的证据材料进行有意或无意的隐匿、毁损等。因此，这给被追诉人行使辩护权造成了不便，也对其参与量刑协商带来了极大的障碍。律师参与量刑协商，不仅可以获得被追诉人所不享有的案件信息，还能使被追诉人对案件证据、法律适用等有一个更为全面、系统的了解，为控辩双方的平等协商创造条件，也可以弥补因信息不对称导致协商的盲目性和被动性等问题。同时，律师介入后凭借专业技能，可以较为合理地预测被追诉人可能判处的刑期，认真审核指控罪名的准确性，严格把控量刑建议的适当性，不仅可以为控辩双方公平的协商创造条件，而且可以极大地提高被追诉人的法律认知和协商能力，使之更加理性地判断检察机关的量刑建议是否得当，促进协商程序的顺利进行，确保量刑建议获得被追诉人的认可。另外，律师参与协商还可以提出自己的量刑意见，促使检察机关提出合理的、有益于被追诉人的量刑建议，同时还能够监督量刑协商程序的正当化，减少控方对被追诉人进行威胁、引诱和迫使他们接受量刑方案情况的发生，实现私权利对公权力的制约。因此，律师的有效参与能够切实保障控辩双方平等、良性地进行协商，以促使检察机关作出的量刑建议合理、有效。

（三）律师参与可以使被追诉人获得实体与程序的双重帮助

犯罪嫌疑人、被告人认罪认罚后，依照法律规定，可以对其从宽处罚。而从宽处罚包含实体从宽和程序从宽两部分内容。实体从宽既包括在依法定罪量刑的标准下从轻、减轻处罚或者免予追究刑事责任，也包括适用缓刑、假释等；而程序从宽则主要体现在采取较轻的强制措施方面，如对被追诉人不予逮捕羁押而采用取保候审等非羁押性强制措施，还包括通过简化诉讼程序减轻被追诉人的诉累等。因此，律师参与认罪认罚案件，有着对被追诉人的权益保障的实体和程序双重作用。

首先，律师在实体从宽层面发挥着重要的作用。根据“两高三部”《关于在部分地区开展刑事案件认罪认罚从宽制度试点工作的办法》（以下简称《试点办法》）的规定，在侦查阶段，律师可以通过协助犯罪嫌疑人如实供述涉及重大国家利益或可能构成重大立功的犯罪事实，促使侦查机关撤销案件。在审查起诉阶段，人民检察院应当听取律师的意见。因此，律师需要全面审查案件基本事实，寻找犯罪嫌疑人具有的从宽处罚情节，提出对犯罪嫌疑人从轻或减轻处理的量刑意见，对检察机关的量刑建议产生积极影响，促使检察机关作出处罚较轻的量刑建议。在审判阶段，律师也应当积极审查检察机关的量刑建议，并向法庭发表从轻或减轻处罚的量刑意见，以期对法院的最终量刑结果产生影响。

其次，律师在程序从宽层面也发挥着重要的作用。程序从宽主要包括审判程序的从简和强制措施的变更。在认罪认罚案件中，根据被追诉人可能判处的刑期，可以适用三种诉讼程序，即速裁程序、简易程序和普通程序，并且赋予了被追诉人的程序选择权。律师参与认罪认罚程序，可以向被追诉人解释不同程序之间的异同以及选择不同程序的后果，使其增强对各种程序的了解，并协助其进行程序选择。同时，即使在速裁程序或者简易程序的适用中，被追诉人也享有程序转化的权利，律师在综合考虑案件事实的情况下，可以向被追诉人分析利弊，提供是否转化的建议。另外，律师参与认罪认罚从宽案件，对于已被羁押的被追诉人，律师应当及时进行社会调查，结合被追诉人的认罪态度，论述其犯罪情节较轻、主观恶性较小、不具有再犯罪的可能性和社会危害性，并通过及时提供保证人或者缴纳保证金等方式，向办案机关申请对已经被羁押的人员变更为取保候审或者监视居住等较轻的强制措施。同样，对于未被羁押的被追诉人，律师也可以提出不予逮捕的意见。

二、认罪认罚从宽案件中律师实质性参与的困境与障碍

尽管《试点办法》规定了值班律师的法律职能和相关权利，然而在试点过程中，被追诉人所应享有的有效法律帮助存在被虚化的风险，值班律师并未发挥出实质性作用，难以提供真实有效的法律帮助，直接影响着被追诉人辩护权的实现。试点工作实践表明，认罪认罚从宽制度忽视了程序的重要价值，对效率的过分追求削弱了对被追诉人诉讼权利的保障。目前律师要想实质性参与认罪认罚案件，其困境与障碍主要有以下几方面：

（一）值班律师辩护人身份缺位，诉讼权利受限

《试点办法》第5条规定，对于自愿认罪认罚的被追诉人，如果没有辩护人，办案机关应当通知值班律师提供法律帮助。可见值班律师并没有被视为辩护人，而仅是为被追诉人提供法律咨询等有限法律帮助的人。正是由于值班律师辩护人身份的缺失，使其在诉讼过程中权利行使时处处受限，难以在履职过程中为被追诉人提供有效的法律帮助。主要表现在：

第一，值班律师不享有阅卷权，案件信息获取不足。由于值班律师不具有辩护人的身份，因而没有阅卷权。在试点过程中，公诉机关和审判机关都不允许值班律师查阅案卷，主要是担心值班律师在掌握案件信息后会妨碍认罪认罚程序的顺利进行。因此，导致值班律师无法核实案卷中的证据材料，其对案件事实的了解只能来自起诉意见书、起诉书或者量刑建议书，而不能通过阅卷来整体把握案件事实和相关证据。加之控诉机关的职能重在追诉犯罪，在法律文书中也往往只列举能证明被追诉人有罪或罪重的证据，而对于能够证明其无罪或罪轻的证据则常不附于案卷之中。这样值班律师就很难掌握追诉机关指控的事实和理由以及所依据的证据，不能对案件进行整体把控，导致其对案件的认识缺乏整体性和针对性，从而直接影响其提出合理或理性建议，更无法实现为被追诉人提供切实有效的法律帮助。

第二，值班律师无法参与庭审过程，法律帮助途径单一。《试点办法》对值班律师为被追诉人提供法律帮助的职责定位主要集中在庭前，并未赋予其参加庭审的权利。在试点实践中，也不存在值班律师参与法庭审判的现象，因此值班律师当庭辩护的权利被排除在职权范围之外。虽然最高人民法院和司法部最新联合出台的《关于开展刑事案件律师辩护全覆盖试点工作的办法》中规定，没有委托辩护人的被告人可在审判阶段免费获得法律援助律师的帮助，但是对于认罪认罚从宽案件中适用速裁程序和简易程序审理的案件，该办法仍然规定当被告人没有辩护人时，人民法院应当通知值班律师为其提供法律帮助。这也就意味着，在认罪认罚从宽案件中，提供法律帮助职能的仍然是值班律师，其仍然无法参与到庭审程序中；同时，值班律师所进行的活动只是法律帮助而不是辩护。

笔者认为，虽然认罪认罚从宽案件绝大多数都是轻罪案件，被追诉人一般也都主动承认犯罪事实，愿意接受法律惩罚，但这并不意味着认罪认罚从宽的案件不需要律师参与庭审。相反，认罪认罚从宽案件中更需要律师参与庭审。这是因为在认罪认罚从宽案件中，被追诉人希望通过放弃程序保护的权利而追求更大幅度的从宽处罚，而伴随着法庭调查和法庭辩论环节的省略，也往往使追诉机关的违法行为难以被发现。因此，在这种情况下就

更需要律师参与到庭审中，以维护被追诉人的诉讼权利。律师参与庭审程序，一方面，可以保证被追诉人获得辩护权的完整性，为被追诉人提供完整而有效的法律帮助；另一方面，可以就犯罪事实提出新的从轻处罚证据，在原量刑建议的基础上继续发挥量刑辩护。即使被告人当庭反悔认罪认罚，辩护律师也可以在庭上继续发挥不得加重处罚的辩护意见，防止法院因被追诉人反悔而作出不利的处罚结果。

（二）值班律师缺乏有效监管，法律帮助质量不佳

为保证被追诉人认罪认罚的自愿性和真实性，防止受到追诉机关的不当侵害，《试点办法》规定了犯罪嫌疑人在签署具结书的时候，应当有辩护人或者值班律师在场。同时规定了法院在审理过程中，应当着重审查被告人所签署具结书内容的真实性、合法性。因此，认罪认罚具结书作为最能直观反映被追诉人自愿认罪的载体，是认罪认罚案件适用的形式要件，这也决定了签署具结书时值班律师在场的重要性。

笔者通过对某一试点基层法院和检察院的调研发现，检察院和法院一般也会依法要求值班律师到场，其目的是要求值班律师为犯罪嫌疑人、被告人提供形式上的法律帮助，却并不希望真正发挥实质的帮助作用。在特殊情况下，为了提高审查效率，检察机关会让同一个值班律师在场见证多名犯罪嫌疑人同时签署多份具结书。由于值班律师并未阅卷，对案情不太了解，又不享有辩护人的身份，因此并不能对检察机关的指控进行有效的监督和制约。法院适用速裁程序审理的认罪认罚案件，审理期限只有十天，其中包括立案、送达、审判、当庭宣判等工作。法院为了节省时间，有时是自己联系某一固定的值班律师，而值班律师将空白的会见笔录交给法院，法院在向被告人送达起诉书副本的时候，在值班律师并不在场的情况下要求被告人签署值班律师会见笔录，然后再由值班律师补充签字。这种做法与其说值班律师是追诉机关的监督者，不如说值班律师是认罪认罚从宽程序的“见证人”和追诉机关的“辅助人”。

同样的现象也存在于法律援助机构的工作之中。为了节约成本和提高效率，法律援助机构派驻值班律师时并未严格遵守轮番派驻的要求，常常在法院或者看守所派驻某一固定值班律师，不仅值班律师的数量较少，值班律师的质量也难以保证。而且，法律援助机构在派驻过程中一般不会着重审查值班律师的资质和能力，派驻的值班律师大多年轻、缺乏办案经验，有些律师只是抱着完成援助任务的心态匆匆会见、草草了事，并不会倾注过多的时间和精力到案件本身当中，造成了值班律师帮助作用参差不齐的现象。某些值班律师责任心不强，仅和被追诉人进行初步沟通后便告知其应当选择认罪认罚，这种过分追求案件数量，而不重视实质效果的法律帮助，不仅没有发挥法律帮助的应有作用，反而导致值班律师成了检察机关和审判机关的附庸者，丧失了独立的诉讼地位，成为司法机关加快程序进行的帮助者和推动者。

三、认罪认罚从宽案件律师实质性参与之路径

通过对试点工作的总结，不难发现，在认罪认罚案件中参与最广泛的还是值班律师。笔者认为，在此背景下，要实现律师实质性参与认罪认罚从宽程序的首要任务是完善现有的值班律师制度。具体路径是：

(一) 明确赋予值班律师辩护人身份并扩大参与诉讼的权利

尽管目前主流观点认为，认罪认罚从宽制度中的值班律师并非辩护律师，而是法律帮助者。但也有学者认为，值班律师是法律援助制度的组成部分，值班律师是特殊的辩护律师。[①] 笔者认为，完善值班律师制度建设的首要任务是赋予值班律师辩护人的身份。因为要严格规范刑事诉讼中的职能部门，以防止其采用违法的方法迫使被刑事追诉之人认罪认罚，尤其是避免出现以不真实的认罪所导致的非自愿的认罚；更应当为被刑事追诉之人提供强有力的刑事辩护，以保障其合法权益得到有效保障。[②] 从本质上来说，值班律师作为法律援助机构指派的律师，本身应当属于特殊形式的法律援助律师，既然作为法律援助律师，当然应当享有完整意义上的辩护权。而对于值班律师来讲，拥有辩护人的诉讼身份，更多地意味着一种获得了行使相关辩护权利的资格。

首先，明确值班律师辩护人的身份是值班律师行使阅卷权等权利的正当性基础。不管是任何层面的法律帮助，其有效性都必须以律师全面了解案情为前提，而阅卷是辩护律师全面了解案情的最主要方式之一。在试点过程中，虽然适用认罪认罚的案件主要是轻微刑事案件，但是难免会遇到部分案件事实存有争议的情况。因此，值班律师只有享有阅卷等权利，才能进一步加深对案件事实的了解和对证据的整体把握，恰当分析被追诉人罪与非罪，权衡认罪、认罚的必要性和可行性，保证提供法律意见的合理性。同时，值班律师在充分阅卷的基础上，当发现案卷中遗漏了被追诉人无罪或者罪轻的证据材料时，可以向检察院申请调查取证，补充证据，从而帮助被追诉人与检察机关进行协商时享有更好的谈判筹码，获取更低的量刑。当然，值班律师通过阅卷也能全面掌握侦查活动的整个过程，从而起到监督认罪、认罚自愿性的作用。虽然值班律师制度的价值取向更偏重效率而非质量，但值班律师只有享有同辩护律师相同的权利，才能更好地保障被追诉人认罪认罚。

其次，明确值班律师辩护人的身份是值班律师参与法庭审判程序的必要前提。2017年10月，随着刑事案件审判阶段律师辩护全覆盖试点工作的进行，在一般刑事案件中，如果被告人没有委托辩护人，法院应当通知法律援助律师为其提供辩护。法律援助律师作为辩护律师，不仅享有参与庭审的权利，而且发挥的也是辩护的作用。但在认罪认罚案件中，值班律师仅能提供形式上的法律帮助，而不能有效行使律师辩护的职能，更不能参与法庭的审理。这明显对于选择认罪认罚的被告人不公平，也会挫伤他们自愿认罪认罚的积极性。在认罪认罚案件中，值班律师的工作内容不应只局限于庭外法律咨询，还应为被告人提供最直接、最有效的法庭辩护。在法庭审理中，值班律师应作为被告人的辩护人出庭辩护，协助被告人作出自愿、明智的选择，并对案件是否适用速裁程序和简易程序的条件发表辩护意见。[③] 值班律师参与庭审可以发挥的辩护功能有：一是在整个诉讼程序中向被追诉人提供法律帮助，保持法律帮助的完整性和连续性；二是在庭审过

---

① 顾永忠、李逍遥：《论我国值班律师的应然定位》，载《湖南科技大学学报》（社会科学版）2017年第4期。

② 王敏远：《认罪认罚从宽制度疑难问题研究》，载《中国法学》2017年第1期。

③ 陈瑞华：《“认罪认罚从宽”改革的理论反思——基于刑事速裁程序运行经验的考察》，载《当代法学》2016年第4期。

程中，被告人及其值班律师也可能会就案件事实补充新的从轻量刑证据，或者当被告人否定控辩双方事先达成的量刑协议时，值班律师继续在庭上发表量刑辩护，争取有利于被告人的裁判结果；三是对于某些被告人当庭反悔，值班律师及时进行诉讼程序转化，实现程序性救济，切实维护其诉讼权利。[①] 同时，根据《试点办法》的规定，庭审过程中值班律师不再单独就检察机关的量刑建议进行辩论，转而协助法官根据规定具体将“从宽”落实到位。因此，在适用认罪认罚从宽制度的案件中，只有值班律师在整个程序中都实质性参与，才会使得被追诉人的诉讼权利不落空，任何一个环节的缺失都会导致被追诉人无法获得真正的公平公正。

（二）完善值班律师制度及监管考评机制以提高法律帮助的质量和实效

基于值班律师在认罪认罚案件中，在被追诉人没有委托律师或法律援助律师辩护时，发挥一种临时性补救的作用，且在试点实践过程中，值班律师参与率最高但法律帮助效果却最差等原因，笔者认为，要使值班律师的作用得以切实保障，应当建立值班律师监管考评机制，使值班律师法律帮助功能收到良好的效果。

首先，建立值班律师库，提高准入门槛。充足的律师人力资源，优良的辩护服务，是贯彻值班律师制度的基础。由于各地法律援助中心专职律师数量较少，无法为数量庞大的认罪认罚案件提供充足的律师资源，因此可以广泛吸纳社会律师，设立值班律师库，负责值班律师的日常管理以及开展培训工作。在组建值班律师库的时候，法律援助机构还应严格审查值班律师的准入条件，综合考量政治素质、职业道德水准、执业年限、业务能力以及是否受到过行业纪律处分或行政处罚等情况，提高值班律师的业务素质，确保提供法律帮助的质量。

其次，健全配套机制，完善工作模式。虽然《试点办法》规定，在审查起诉阶段，检察机关应当通知值班律师为被追诉人提供法律帮助。但令人遗憾的是，《试点办法》却仅规定法律援助机构要在法院、看守所设立法律援助工作站，派驻值班律师。作为认罪认罚从宽案件的关键阶段，量刑协商、签署具结书或者程序选择均发生在审查起诉阶段，在审查起诉环节，由于检察机关并无派驻律师，在很大程度上制约了取保候审案件中认罪认罚从宽制度的适用。加之多部门之间协调难免会导致不畅，这也给检察机关及时指派值班律师带来了很大的不便。因此，法律援助机构可以考虑在检察院也设立法律援助工作站点，派驻值班律师。另外，当前值班律师的工作模式主要有固定坐班和轮流值班的模式，一方面，由于值班律师办案补助较低，固定坐班难以实现；另一方面，轮流值班也容易导致工作衔接不好，影响工作质量。因此，可以考虑充分利用电子科技手段，值班律师可通过远程视频技术会见被追诉人，从而摆脱时间和空间方面的限制，节约成本，提高便利性，实现信息化办案。

最后，制定法律援助质量标准，完善质量评价体系。值班律师尽职履行法定职责，是确保被追诉人获得有效帮助的关键，法律援助机构应当加强对值班律师参与程序的培训，明确工作流程和应尽的主要职责，并对值班律师帮助被追诉人的质量进行评价和考核，完善对值班律师的监督管理和违纪惩戒等机制，防止值班律师“走过场”。法律援助机构还应

---

① 闵春雷：《认罪认罚案件的有效辩护》，载《当代法学》2017 年第 4 期。

当与公安机关、检察院、法院建立联席会议制度，通过组成评估小组对值班律师援助工作的合法性、合理性以及有效性进行评估。同时建立法律帮助工作的信息反馈机制，加强对被追诉人的回访工作，向其征询有关援助的情况，以及满意程度等，并针对反馈的问题及时做好整改工作。

论认罪认罚从宽制度的二审程序

卫跃宁　刘　鎏*

2014年中共十八届四中全会通过的《关于全面推进依法治国若干重大问题的决定》提出“完善刑事诉讼中认罪认罚从宽制度”。依照党中央的重要战略部署，2016年召开的第十二届全国人民代表大会常务委员会第二十二次会议通过了《关于授权最高人民法院、最高人民检察院在部分地区开展刑事案件认罪认罚从宽制度试点工作的决定》，正式授权北京、天津等18个城市开展认罪认罚从宽制度试点工作。为了进一步贯彻认罪认罚从宽制度，“两高三部”颁布了《关于在部分地区开展刑事案件认罪认罚从宽制度试点工作的办法》，对有关认罪认罚从宽制度进行了较为详细的规定，至此认罪认罚从宽制度试点工作全面展开。

然而，我国学者对认罪认罚从宽制度的研究多注重于一审程序，对于二审程序制度设置的理论研究和实践研究相对较少。事实上，认罪认罚从宽制度的二审程序有利于保障该制度实现程序公正和实体公正，是程序正当性的体现。因此，应当立足于认罪认罚从宽制度的二审程序，围绕着认罪认罚从宽制度的二审程序进行研究，厘清二审程序在司法实践中存在的问题，并提出可行性的完善建议，以期推动认罪认罚从宽制度的进步和发展。

一、认罪认罚从宽制度二审程序存在的问题

设置认罪认罚从宽制度的二审程序有利于实现司法公正与诉讼效率的协调统一，但事实上认罪认罚从宽制度的二审程序在司法实践中也呈现出一些问题亟待解决。例如，被告人滥用诉权，使用技术性上诉；人民检察院行使技术性抗诉，加重被告人的心理负担；认罪认罚自愿性保障不足，致使一审认罪认罚二审反悔等。这一系列现象都揭示了认罪认罚从宽制度的程序设置不完善、制度设计不成熟。

（一）被告人滥用诉权，使用技术性上诉

设置认罪认罚从宽制度的二审程序，其目的之一在于保障被告人上诉权，确保认罪认罚从宽制度能够拥有充分的救济和弥补渠道，从而在公正的基础上追求效率的价值。但是，在实践中，认罪认罚从宽制度出现了滥用诉权，使用技术性上诉，规避惩罚，拖延诉讼周期的现象。

---

* 作者简介：卫跃宁，中国政法大学刑事司法学院教授，博士生导师；刘鎏，中国政法大学刑事司法学院2017级博士。

依据刑事诉讼法第 253 条规定，剩余刑期为 3 个月以下的有期徒刑罪犯，应当由看守所执行。再加上上诉不加刑原则是刑事诉讼法的一项基本原则，即当被告人提出上诉，二审人民法院不能对被告人加重刑罚，因此由于上诉不加刑原则，被告人上诉不会受到刑罚加重的威胁。综上，在认罪认罚从宽案件中，尤其是适用刑事速裁程序的认罪认罚从宽案件，被告人为了逃避监狱执行、避免劳动改造，会试图利用刑事诉讼法第 253 条的规定和上诉不加刑原则，使用技术性上诉拖延诉讼周期，致使刑期变为 3 个月以下，进而达到留在看守所执行的目的。

根据广东省海珠区人民法院对本辖区刑事速裁程序的认罪认罚从宽案件的统计数据，截止于 2016 年 6 月，广东省海珠区的上诉率为 2%，且目的均为利用技术性上诉拖延诉讼周期，将剩余刑期控制在 3 个月以下，达到留所执行的条件；根据对全国 14 个省及福建省两市的适用刑事速裁程序的认罪认罚从宽案件的试点工作统计，截至 2016 年 6 月，有 38.05%的被告人上诉是为了将刑期控制在 3 个月以下，其目的也是利用技术性上诉规避劳动改造，拖延诉讼周期。[①] 这种技术性上诉无疑违背认罪认罚从宽制度的设置宗旨，即促进司法公正与诉讼效率的协调统一。技术性上诉不仅加大了诉讼成本、浪费了司法资源，严重损害了诉讼效率。并且利用技术性上诉，规避劳动改造并不利于对被告人进行劳动教育，以便被告人改过自新，因此应当严厉打击利用技术性上诉留所执行的滥用诉权方式。

（二）人民检察院提起技术性抗诉和二审人民法院发回重审

正如上述分析，技术性上诉造成了司法资源的浪费，违背了认罪认罚从宽制度追求司法公正和诉讼效率协调统一的设置宗旨，为了杜绝这种上诉权滥用的技术性手段，有学者提出在司法实践中利用人民检察院技术性抗诉和二审人民法院发回重审的方式，破除上诉不加刑原则带来的负担与限制，以期达到震慑被告人的作用。[②]

1. 人民检察院使用技术性抗诉，以期对抗技术性上诉

实际上，为了破除上诉不加刑原则带来的限制，司法实践中更多采取的是人民检察院抗诉的方式解决这一问题。其法条依据为刑事诉讼法第 217 条和最高人民检察院《人民检察院刑事诉讼规则（试行）》第 584 条的规定。[③] 依据规定，当认为本级人民法院的第一审判决、裁判有错误时，同级人民检察院可以向上一级的人民法院提出抗诉。而且当认为同级人民法院的第一审判决和裁定，重罪轻判、轻罪重判，适用刑罚明显不当的时候，人民检察院应当提出抗诉。由于认罪认罚从宽制度中可以对量刑方面进行协商，形成量刑协商的意见，被告人可以依据量刑协商的意见换取量刑方面的优惠，这一方式可能致使量刑与被告人的人身危险性不符，出现量刑不当、重罪轻判的现象。而在二审程序中，由于上诉不加刑原则，限制了通过二审程序对被告人量刑进行修改的路径。此时人民检察院行使技术性抗诉，在一定程度上确实突破了上诉不加刑原则带来的负担，避免出现因认罪认罚

---

① 方俊民、胡妃华：《从宽从简：刑事速裁程序实行一审终审制可行性分析——以认罪认罚从宽制度的二维属性为视角》，《国家法官学院科研部会议论文集》，第 854 页。

② 颜世征、张楚昊：《认罪认罚案件被告人上诉应对机制》，载《人民检察》2017 年第 15 期。

③ 刑事诉讼法第 217 条规定，地方各级人民检察院认为本级人民法院第一审的判决、裁定确有错误的时候，应当向上一级人民法院提出抗诉。《人民检察院刑事诉讼规则（试行）》第 584 条规定，人民检察院认为同级人民法院第一审判决、裁定有下列情形之一的，应当提出抗诉……（3）重罪轻判，轻罪重判，适用刑罚明显不当的。

从宽制度造成量刑畸轻的局面。

但是，这种技术性抗诉手段并没有从根源上解决认罪认罚从宽制度中滥用诉权，利用技术性上诉的问题。技术性抗诉并非仅是解决技术性上诉问题的唯一方式。并且如前所述，认罪认罚从宽制度的宗旨是追求司法公正和诉讼效率的协调统一，诉讼效率也是认罪认罚从宽制度追求的一大价值。而当被告人一上诉，人民检察院马上进行抗诉，然后投入人力物力等司法资源，也无疑造成了司法资源的浪费和诉讼效率的损害。

除此之外，当被告人并不是想通过技术性上诉达到留所执行或者减轻刑罚的目的时，而是因为律师辩护不到位、对案件相关内容不知悉等因素，造成其认罪认罚违反了自愿性，甚至可能出现本来无罪之人被迫认罪认罚的情况。在这种背景下，一旦被告人提出上诉，人民检察院则以量刑不当为由提起抗诉，由于人民检察院抗诉并不受上诉不加刑原则的限制，因此人民检察院抗诉不免会对被告人产生一定的心理负担。再加上控辩双方力量悬殊，在强大的公权力面前，被告人始终处于一种弱势地位，其权利具有受到损害的可能性。因此，在目前认罪认罚从宽制度并不成熟的背景下，单凭人民检察院使用技术性抗诉解决被告人技术性上诉问题，不仅解决方式单一，也存在着损害被告人权利的潜在可能。

2. 二审人民法院发回重审，以期对抗技术性上诉

除了利用技术性抗诉解决技术性上诉问题外，部分学者提出利用二审人民法院发回重审的方式解决。[①] 其法条依据为刑事诉讼法第 225 条和第 228 条的规定，根据第 225 条规定原判决事实不清或者证据不足的，可以在查清事实后改判；也可以裁定撤销原判，发回原审人民法院重新审判。[②] 而第 228 条规定发回重审的案件应当依据一审程序审理，因此发回重审的案件不受上诉不加刑原则的限制。有学者认为，认罪认罚从宽制度中对次要事实和情节证据并不要达到“事实清楚，证据确实充分”且证据规则可以从简，因此可能出现案件事实不清、证据不足的情况，所以可以二审人民法院发回重审。[③] 但是这种观点明显违背了我国认罪认罚从宽制度的设置宗旨，即站在司法公正的基础上追求诉讼效率，达到司法公正与诉讼效率的协调统一。认罪认罚从宽制度的证据证明标准应当为“事实清楚，证据确实充分”，并且该证据证明标准不应当降低。虽然在认罪认罚从宽制度中证明程序可以从简，但是无论是在案件审理阶段还是在认罪认罚协商阶段，都应当站在“事实清楚，证据确实充分”的证明标准上。否则，一旦突破这一证据证明标准，极有可能造成无罪之人认罪认罚的局面。因此，利用二审中人民法院发回重审的理论依据，从根本上忽视了认罪认罚从宽制度的证据证明标准不能降低这一关键问题，所以不应当给予肯定和认同。

（三）认罪认罚的自愿性保障不足，容易造成一审认罪认罚二审反悔的局面

在认罪认罚从宽制度的推进过程中，认罪认罚从宽制度的自愿性成为学术界和实务界

---

① 颜世征、张楚昊在《认罪认罚案件被告人上诉应对机制》一文中认为可以人民法院发回重审的方式解决技术性上诉问题。

② 刑事诉讼法第 225 条规定，第二审人民法院对不服第一审判决的上诉、抗诉案件，经过审理后，应当按照下列情形分别处理……（3）原判决事实不清楚或者证据不足的，可以在查清事实后改判；也可以裁定撤销原判，发回原审人民法院重新审判。第 228 条规定，原审人民法院对于发回重新审判的案件，应当另行组成合议庭，依照第一审程序进行审判。

③ 颜世征、张楚昊：《认罪认罚案件被告人上诉应对机制》，载《人民检察》2017 年第 15 期。

最为关注的核心问题。认罪认罚从宽制度对于被告人而言，意味着一旦被告人认罪认罚就丧失了获得无罪判决的可能，而且这一认罪认罚的态度势必会给被告人带来有关人身自由或者财产权利的限制及减损。[①] 所以，认罪认罚从宽制度的自愿性问题关系着被告人的切身利益。

但是目前我国律师辩护制度落实不到位，并且我国缺乏强制辩护制度。依据刑事诉讼法第 34 条规定，犯罪嫌疑人和被告人为盲、聋、哑人，尚未完全丧失辨认或者控制自己能力的精神病人，可能被判处无期徒刑、死刑，法律律援助机构应当指派律师为其提供辩护。[②] 虽然该条确定了强制法律援助制度，但是将满足该制度条件的犯罪嫌疑人和被告人的范围进行了限定。因此，在认罪认罚从宽制度中并没有强制律师辩护制度，当然，立法中设置了值班律师制度，以期改善我国律师辩护制度的现状，但是并不能从根本上解决我国律师辩护制度落实不到位这一问题。

在此背景下，加之控辩双方力量不均衡，控诉方的权力远远强大于辩护人，在强大的公权力面前，被告人的自愿性面临着一定程度的威胁和挑战。而这也容易导致被告人在一审期间违心认罪认罚，或者一审人民法院对被告人认罪认罚的自愿性不能有效判断，最终造成被告人在一审程序中认罪认罚，在二审程序中不认罪认罚的反悔局面产生。

二、完善认罪认罚从宽制度的二审程序，推动制度的进步和发展

综上所述，当前认罪认罚从宽制度在制度设置和司法实践中出现了一些问题亟待解决，具体完善方式如下：

（一）防止滥用诉权，加强认罪认罚从宽案件的上诉审查

正如上述分析，为了留所执行的技术性上诉存在浪费司法资源、延缓诉讼周期、拖延诉讼效率的不利后果。而人民检察院的技术性抗诉和二审人民法院发回重审虽然突破了上诉不加刑原则带来的限制，但是也存在拖延诉讼效率、加重被告人心理负担的不利因素，且二审人民法院发回重审的方式从根本上否定了认罪认罚从宽制度的证据证明标准，即“事实清楚，证据确实充分”，因而应当对二审人民法院发回重审的方式不予肯定。综上，无论是人民检察院的技术性抗诉还是二审人民法院发回重审，都不是解决技术性上诉的最佳方式。最佳方式应当为在被告人提出上诉之时便对被告人的上诉权进行适当限制。但是应该注意，被告人的上诉除了留所执行或者减轻刑罚的技术性上诉之外，还存在其他诸多原因，如发现新的证据，对量刑有异议等，因此面对不同上诉理由应当区别对待，不能以一刀切的形式全部予以否定。

综上，为了防止上诉权滥用，二审人民法院可以在开庭之前设置专门的审查程序，对

---

① 孔冠颖：《认罪认罚自愿性判断标准及其保障》，载《国家检察官学院学报》2017 年第 1 期。

② 刑事诉讼法第 34 条规定，犯罪嫌疑人、被告人因经济困难或者其他原因没有委托辩护人的，本人及其近亲属可以向法律援助机构提出申请。对符合法律援助条件的，法律援助机构应当指派律师为其提供辩护。犯罪嫌疑人、被告人是盲、聋、哑人，或者是尚未完全丧失辨认或者控制自己行为能力的精神病人，没有委托辩护人的，人民法院、人民检察院和公安机关应当通知法律援助机构指派律师为其提供辩护。犯罪嫌疑人、被告人可能被判处无期徒刑、死刑，没有委托辩护人的，人民法院、人民检察院和公安机关应当通知法律援助机构指派律师为其提供辩护。

认罪认罚从宽案件进行审查，并且具体情况具体对待。对以留所执行和减轻刑罚为目的的技术性上诉应当不予支持，对有新证据证明的上诉案件或者因司法机关采取威胁、引诱等不当措施致使被告人违心认罪认罚案件，或者量刑远远超过量刑协商幅度等案件应当允许被告人上诉。在启动二审程序之前，加强审查，做好认罪认罚从宽案件的分类和处理，对被告人的上诉权适当限制。

但是考虑到我国目前的实际情况，多数法院承办案件数量大，而法官人数本身又亟待补充，完全由法官对认罪认罚从宽制度的上诉案件进行审查，无疑会加重法官的工作负担。为了缓解法官的工作压力，又能及时解决审查问题，现阶段由法官助理主持上诉案件的审查工作是比较合适的。但是，对于上诉不予支持的认罪认罚从宽案件应当及时向主审法官汇报，由法官审批，以避免出现应当上诉却被限制的局面。这种做法一方面不会很明显地增加法院的负担；另一方面，更重要的是确保案件分类，避免技术性上诉造成拖延诉讼效率、浪费司法资源。

（二）设置认罪认罚的特殊二审程序，缩短诉讼周期避免拖延诉讼

留所执行的技术性上诉就是利用二审程序拖延诉讼周期，将刑期控制在 3 个月以下，以达到在看守所执行的目的。因此，现阶段的另一种完善方式，即可以考虑在认罪认罚从宽制度中设置特殊的二审程序，缩短认罪认罚从宽制度的诉讼周期，打消被告人利用上诉拖延诉讼周期的投机行为。[①] 当然，除了打击投机行为外，特殊二审程序的设置可以促进认罪认罚从宽制度在一审程序和二审程序之间的延伸和完美衔接，也可以达到节约司法资源的目的。

但是，启动认罪认罚从宽制度二审程序的理由具有多样性，二审程序应当根据具体情况区别对待，如对有新的证据证明案件事实；违反被告人自愿性等涉及案件事实和认罪认罚自愿性的案件，应当按照普通二审程序进行审理，不能缩短诉讼周期，以避免因二审周期缩短，对查明案件事实过于仓促，造成错误判断的情况。如果上诉案件不涉及案件事实问题，仅涉及对量刑有异议或对法律适用有异议等情况时，应当采用认罪认罚从宽制度的特殊二审程序进行审理，对审理期限进行缩短，简化部分审理程序，避免出现诉讼周期拖延的情况。

对于认罪认罚从宽案件的二审阶段是否使用书面审理的方式，学术界对此也进行了讨论，有学者指出可以使用书面审理的方式，减轻法院的审理压力和负担，加速案件审理周期。[②] 但是，认罪认罚从宽制度核心之一为确保被告人认罪认罚的自愿性，如若二审程序不开庭，仅以书面审理的方式进行，将不利于在二审过程中对认罪认罚从宽案件的自愿性进行审查。因此，认罪认罚从宽制度的二审程序应当开庭审理，一方面可以确保在庭审中听取被告人的意见，整理案件焦点，查明案件事实；另一方面也可以对被告人认罪认罚的自愿性提供监督和保障渠道，以避免出现被迫认罪认罚的情况。

（三）对认罪认罚自愿性加强程序性保障，确保被告人非违心认罪认罚

认罪认罚从宽制度在设置和构建过程中，无论是一审程序还是二审程序，保障被告人

---

① 颜世征、张楚昊：《认罪认罚案件被告人上诉应对机制》，载《人民检察》2017 年第 15 期。

② 颜世征、张楚昊：《认罪认罚案件被告人上诉应对机制》，载《人民检察》2017 年第 15 期。

认罪认罚的自愿性始终是该制度的核心。

但是在实践中，由于认罪认罚从宽制度还处于初级阶段，自愿性保障制度并不成熟，极其容易出现一审认罪认罚，二审不认罪认罚的反悔局面，等等。因此，应当在程序设置方面加强对认罪认罚自愿性的保障。首先，为了完善认罪认罚的自愿性，应当保障被告人享有知悉权。① 只有确保被告人在认罪认罚的过程中全面了解与自身切身利益有关的案件信息和其他相关信息，掌握自己被指控罪名的性质和认罪认罚应当承担的后果，才能理性处理自己对认罪认罚的选择权。因此，控诉方应当承担告知的职责，保障被告人的知悉权，可以在立法中明确控诉方制作认罪认罚告知书，告知被告人享有的基本权利，如被告人享有选择认罪认罚从宽制度的自由；被告人可以享有律师帮助的权利等。告知书还应当明确被告人被指控的罪名和相关法律依据，除此以外，告知书应当写明认罪认罚后被告人应当承担的法律后果，即实体后果和程序后果。被告人应当仔细阅读告知书，对于不识字的被告人，控诉方应当宣读告知书内容，并作出详细解释，以便被告人获悉案件的相关内容，了解自己享有的权利，从而保障被告人能够理性选择是否认罪认罚，最后被告人应当在告知书上签字，表明态度。

除了保障被告人的知悉权外，最为重要的是赋予被告人享有律师帮助的权利。认罪认罚从宽制度意味着被告人权利的相对减损和实体上对获得无罪判决的放弃，从而换取量刑上的从宽优惠。但是在诉讼过程中，被告人相对于控诉方始终处于弱势地位，信息的掌握相对匮乏，并且部分被告人欠缺相关法律知识，不能完全理解认罪认罚所带来的后果。然而，全面掌握资讯是理智选择是否认罪认罚的前提条件，因此落实律师辩护制度是保证被告人自愿性的重要方式之一。首先，律师可以通过阅卷和调查证据全面了解案件信息，律师具备专业的法律素养，能为被告人提供较好的法律咨询和法律帮助。其次，在律师参与过程中，倘若发现控方证据瑕疵，则可以转为无罪辩护，从而更好地保障被告人的权利。② 最后，律师在场可以确保为被告人提供更好的法律帮助，避免被告人因威胁、引诱或者资讯掌握不全造成的被迫认罪认罚或者错误认罪认罚的局面。因此，为了完善被告人的律师帮助制度，应当要求在羁押讯问犯罪嫌疑人时律师应当在场。另外，可以设置律师强制辩护制度，推动律师辩护全覆盖。

结 语

认罪认罚从宽制度改革对我国刑事诉讼制度有着不可估量的影响，③ 完善认罪认罚从宽制度的二审程序无疑将推动我国认罪认罚从宽制度的进步与发展，因此我们应当统筹兼顾、在追求认罪认罚从宽制度改革带来的各种利益时，也应对那些亟待解决的问题予以反思和探讨，从而真正实现司法公正与诉讼效率的协调统一。

---

① 孔冠颖：《认罪认罚自愿性判断标准及其保障》，载《国家检察官学院学报》2017 年第 1 期。

② 孔冠颖：《认罪认罚自愿性判断标准及其保障》，载《国家检察官学院学报》2017 年第 1 期。

③ 陈卫东：《认罪认罚从宽制度研究》，载《国家检察官学院学报》2017 年第 1 期。

认罪认罚从宽制度的程序属性分析*

——基于法律文本的解读

徐 阳**

一、认罪认罚从宽制度的嵌入性及程序结构

如果对认罪认罚从宽制度进行简单化的“望文生义”式解读，这一制度似乎侧重于实体意义上宽缓化刑事政策的推进，但是对“两高三部”颁布的《关于在部分地区开展刑事案件认罪认罚从宽制度试点工作的办法》（以下简称《试点办法》）文本内容进行考察便会发现，这一理解并不准确。《试点办法》仅在第 4 条、第 9 条、第 13 条和第 22 条 4 个条款规定了与实体“从宽”处理相关的内容。《试点办法》第 4 条是原则性条款，规定了认罪认罚从宽案件中应贯彻宽严相济刑事政策和罪责刑相适应原则。这个条文不具有规范性。《试点办法》第 22 条是对已有的刑法中实体从宽规范的重申。《试点办法》第 9 条和第 13 条是两个出罪条款——分别规定了认罪撤案和认罪不起诉。这是《试点办法》中仅有的增设实体从宽规范的条款。《刑事诉讼法修正案草案》第 17 条将认罪撤案和认罪不起诉结合在同一条文中加以规定，成为刑事诉讼法中突破性的超越实体法的出罪条款。

可见，立法者推进制度试点的意图可能迂回于制度称谓背后，对这一制度的性质有必要进行深入的解读。我国学者对认罪认罚从宽制度的性质已进行了较充分的探讨。有学者认为认罪认罚从宽制度与刑法中的相关制度具有不可分性，是宽严相济刑事政策的具体形式。① 有学者认为，认罪认罚从宽适用于任何性质的案件、任何类型的程序，认罪认罚从宽制度有实体与程序的双重属性。② 有学者主张，认罪认罚从宽制度为简易程序和速裁程序适用提供了正当化机制和动力机制，这一制度服务于纾解案件压力的目标。③ 有学者主张，应当对效率优先的改革主张进行反思，“认罪认罚制度本质上应当遵循‘权利化’的改革逻辑”，“应将着力点置于构建和完善与被追诉人认罪认罚相对应的体现差异化的实体法从宽处罚规范以及程序机制”。④

尽管学者们的观点有些许分歧，但形成的基本共识是《试点办法》以程序法治为导向，

---

* 本文受到教育部人文社会科学研究青年基金项目（13YJC820087）、辽宁省特聘教授课题项目资助。

** 作者简介：徐阳，辽宁大学法学院副院长，教授，博士生导师。

① 熊秋红：《认罪认罚从宽的理论审视与制度完善》，载《法学》2016 年第 10 期。

② 陈卫东：《认罪认罚从宽制度研究》，载《法学研究》2016 年第 3 期。

③ 魏晓娜：《完善认罪认罚从宽制度：中国语境下的关键词展开》，载《法学研究》2016 年第 6 期。

④ 左卫民：《认罪认罚何以从宽：误区与正解》，载《法学研究》2017 年第 3 期。

旨在通过程序技术推进宽严相济刑事政策。尽管在从宽的实体规则上未有太大突破，但第十八届中央全面深化改革领导小组第二十六次会议审议通过的《关于认罪认罚从宽制度改革试点方案》（以下简称《试点方案》）将“认罪认罚”作为嵌入因素与既有程序整合，有重要的程序建构意义，主要体现在如下方面：第一，将“认罪认罚”设定为简易化程序条件之一，以此作为繁简分流标准，案件处理程序与普通程序相区别。第二，在诉讼全流程推进以“认罪认罚从宽”为主线的合意模式，认罪认罚案件和非认罪认罚案件呈现出程序和实体处理上的差异性。第三，将“认罪认罚”作为实体裁量的权重因素，在“认罪认罚”与“从宽”之间建立制度性关联。《修正案草案》对认罪认罚制度的吸纳正是按着“分散嵌入”的模式来设计的，并在“基本原则”一章中增加认罪认罚原则，作为分散在各诉讼程序中的相关条款的统领。

我国刑事诉讼中的简易程序有特定的适用范围和特定的程序规范，《试点办法》中没有对认罪认罚从宽的案件范围进行限定，《修正案草案》延续了这一思路。以此可以认为无论是重罪还是轻罪，甚至死刑案件中，“认罪认罚”都可能得到从宽处理。《试点办法》中有特别规定的，认罪认罚案件处理适用相关特别规定，同时刑事诉讼法律规范均适用于认罪认罚案件的诉讼程序。这样，认罪认罚案件处理中势必形成两种不同的程序：一种是认罪认罚从宽的简易化程序；另一种是认罪认罚从宽的普通程序。

（一）认罪认罚从宽对简易化程序的嵌入

认罪认罚从宽案件适用的速裁程序是刑事诉讼法既有的简易程序之外的更为简化的程序。认罪认罚从宽制度正式运行后，我国刑事诉讼中的简易化程序将呈现出二元格局。从范围上看，适用速裁程序的认罪认罚案件为可能判处3年以下有期徒刑的案件，并且不受案件类型限制，这一范围涵盖了从2014年至2016年进行的速裁程序试点中案件适用的范围，并且在此基础上进行了扩展。对认罪不认罚——即“承认自己所犯罪行，对指控的犯罪事实没有异议”的被告人，不能径行适用普通程序，可以适用简易程序。对可能判处3年以上有期徒刑、在基层人民法院审理的认罪认罚案件，也可以适用简易程序审理。

认罪认罚从宽制度与简易化程序衔接将起到为刑事诉讼提速的作用。这是立法者推进这一制度的应有之义，是探讨认罪认罚从宽制度性质时应该尊重的“客观事实”。最高人民法院院长周强在第十二届全国人大常委会第二十二次会议上对认罪认罚从宽制度试点所做的说明中明确指出：“按照《试点方案》规定的认罪认罚从宽制度，依法适用速裁、简易程序并从轻处罚，这将有利于更加及时、有效地惩罚犯罪，维护社会稳定”，“当前，严重危害社会治安犯罪案件呈下降趋势，但轻微刑事案件的数量仍在高位徘徊，司法机关案多人少矛盾突出。《试点方案》与《关于推进以审判为中心的刑事诉讼制度改革的意见》在内容和制度上配套衔接，实现认罪认罚案件快速办理，是合理配置司法资源的有效方法和必然要求，有利于在确保司法公正的基础上进一步提高司法效率。”① 构建认罪认罚从宽制度的直接现实动因是提高诉讼效率，为诉讼提速。当然，这一制度的溢出功能不仅于此。这一制度的良性运行将为被追诉人不得强迫自证其罪权的实现创造可行的司法环境，对提升刑事司法领域的人权保障水平将产生深远影响。

① http：//www.npc.gov.cn/npc/xinwen/2016-10/12/content_ 1998977.htm，2017年8月14日访问。

（二）认罪认罚从宽程序对普通程序的嵌入

认罪认罚从宽制度对刑事诉讼既有普通程序的嵌入体现在如下几方面：

第一，我国刑事诉讼法中的简易程序、速裁程序仅限于对审判程序的简化，对于被追诉人认罪认罚适用简易化程序的案件，其审前程序仍然要依据刑事诉讼法规定的普通程序进行操作。

第二，被追诉人“认罪认罚”是适用简易化程序的必要但非充分条件，我国速裁程序适用中特别尊重被追诉人的程序选择权，如果被追诉人不同意适用速裁程序或简易程序，就要依照普通程序来审理。

第三，只要实体法规范中没有限制认罪认罚从宽的规定，对于超出简易程序适用范围的那一部分认罪认罚案件就要依据普通程序来进行诉讼。我国简易程序的适用有案件范围的限制——即个罪预期刑罚有期徒刑 15 年以下，如同刑法中的坦白、自首等情节可能出现在任何案件中，认罪认罚的情况同样可能出现在中级人民法院管辖的无期徒刑以上的重罪案件中。这一部分案件诉讼程序的法律性质就是不同于简易程序的普通程序。

第四，被告人认罪认罚也可能发生在审判过程中，即按照普通程序审理案件，认罪认罚从宽的机遇也应当向被告人开放。根据最高人民法院《关于常见犯罪的量刑指导意见》（以下简称《量刑指导意见》）规定，对于当庭认罪的，根据犯罪的性质、罪行的轻重、认罪程度以及悔罪表现，可以减少基准刑以下的 10%。所以，在提起公诉之后认罪认罚，或当庭认罪认罚，仍是受到鼓励的。由于审前控辩双方没有达成定罪量刑的一致意见，因此不能适用速裁程序甚至简易程序。

第五，认罪认罚从宽制度与刑事和解制度并行增大了适用普通程序的可能性。根据《试点办法》的规定，认罪认罚程序不仅是控审辩三方的诉讼活动，被害人也是参与者，这无疑增加了程序的复杂性。《试点办法》第 7 条规定：“办理认罪认罚案件，应当听取被害人及其代理人意见，并将犯罪嫌疑人、被告人是否与被害人达成和解协议或者赔偿被害人损失，取得被害人谅解，作为量刑的重要考虑因素。”《试点办法》中的这一条文将认罪认罚从宽程序与刑事和解程序联系在一起，即只要有被害人的案件，和解、赔偿因素与认罪认罚应同时作为量刑重要情节考虑，认罪认罚从宽程序与刑事和解程序并行，这样多方沟通博弈势必要消耗更多的诉讼成本，形成多方一致的意见难度会更大。这其中有一个问题在《试点办法》中未明确规定，就是审前犯罪嫌疑人认罪认罚的具体内容是否向被害人公开。如果将检察机关的具体量刑建议向被害人公开，就会出现将量刑建议与达成谅解挂钩的情形，增加了三方博弈的复杂性；如果不向被害人公开，这可能是有些被害人最关心的信息，又可能实际影响谅解的达成。为促成和解，审判程序中和解的机遇也向当事人开放。根据《试点办法》第 17 条规定，被告人与被害人或者代理人没有就附带民事赔偿等事项达成调解或者和解协议的，不适用速裁程序审理。《修正案草案》中吸纳了上述规定。在上述情形中，简化程序、降低司法成本都不是程序运行的首要目标，为实现对被追诉人宽缓化处理创造条件才是基本目标。当以宽缓化刑事政策推行为出发点来定位程序功能时，简易化审理也就成为程序运行的附加值。

（三）程序性嵌入的诉讼成本分析

审理认罪认罚案件适用简易程序之所以仍能够保证审理质量，其审判技术上的依据是控辩双方对案件的定罪与刑罚适用均能达成一致，不需要对这样的案件配置过多的审判资源。对案件繁简分流最实质性的条件是形成合意，即控辩之间——包括检察机关、被害人和被追诉人之间能否就案件处理达成一致。但是“形成合意”却并非不需要成本就可自然形成，并且在不同的案件中，诉讼程序的哪个阶段、哪个环节能够形成合意具有一定的不确定性。如果仅立足于审判，在合意已成的前提下简化审判环节或改变审判方式当然能够节约司法成本。在已达成合意的情况下，被告人也同意适用速裁程序，法院是否有权决定采用普通程序审理？这一问题的实质在于，法院的诉讼指挥权和被告人的程序选择权哪一个更具优先性。《试点办法》第 17 条和《修正案草案》第 21 条之中均规定了“其他不宜适用速裁程序审理”的弹性条款，这意味着法院出于特殊因素考量，可以采用普通程序审理符合速裁程序适用条件的案件。

如果从诉讼全流程看，达成合意特别是达成检察机关、被害人和被追诉人多方的合意，恐怕还要额外付出“促成”的工作成本和时间成本。在 2014 年印发的最高人民法院、最高人民检察院、公安部、司法部《关于在部分地区开展刑事案件速裁程序试点工作的办法》中，审前程序中除了要求检察机关在 8 个工作日内提起公诉和起诉书简化之外，没有任何程序环节的简化。对时间成本的压缩也很难真正起到节约成本的作用，恐怕只能将无法在 8 日内达成合意的案件排除在速裁程序之外。合意形成与控制诉讼成本存在一定矛盾，并非同向因素。刑事诉讼中的“合意”有相当一部分并非自然形成，而是程序促成的结果。控辩双方从意见分歧到一致，需要沟通商谈的过程，如果案件中有被害人一方，多方沟通则需要更多的成本。被称为“辩诉交易第一案”的牡丹江铁路法院审理的故意伤害案在“促成”合意方面非常典型。① 尽管庭审只用十几分钟就告结束，但在侦查和审查起诉中被追诉人一直不认罪，在审查起诉期限届满之前，控辩双方才达成合意。此案节约了审判的诉讼成本，但审前诉讼成本未见节省。此案的辩诉交易是处理这一类难办案件——被追诉人不认罪、控诉证据不足案件的一种手段，以从轻处理换取被告人认罪、完成追诉，而节约诉讼成本的目标只在很有限的程度上得以实现。与美国被追诉人认罪案件不需要召集陪审团进而节约的诉讼成本相比，对我国被追诉人认罪所能节约的成本似乎不能有太高的预期。

然而，诉讼成本不仅仅局限于庭审消耗的时间成本。至少还应考虑以下几个方面：一是节约了审判中案件论证成本。检察官不需要做庭审调查和辩论准备，不需要出示证据；法官不需要做庭审准备，不需要在判决书中就事实和适用法律进行详尽论证。二是节约了办案流程中所消耗的诉讼成本。被追诉人不认罪的案件公检法机关在处理时都非常谨慎，不论案件走向如何，都要依据内部工作流程进行审查，这会延长案件处理的时间。三是被追诉人认罪实际上能够减轻侦查人员的取证负担，减少取证的工作量，检察人员和审判人员的证明负担也会相应减轻。例如，在公共场合进行扒窃的案件，有监控录像佐证，如果犯罪嫌疑人认罪，则案件可以迅速推进，但如果犯罪嫌疑人不认罪，则必须组织被害人、嫌疑人亲属辨认，采取对嫌疑人住所搜查等措施。综上，认罪认罚案件相对于不认罪认罚

---

① 张景义等：《聚焦国内“辩诉交易”第一案》，https://www.chinacourt.org/article/detail/2002/08/id/9780.shtml。

案件并不必然节约诉讼成本。在某一案件犯罪嫌疑人认罪认罚后可能节约的成本中，应扣除促成形成多方合意所消耗的成本，才是其实际节约的诉讼成本。虽然不能排除个别认罪认罚案件较一般案件可能消耗更多的成本，但是总体上认罪认罚从宽制度能够在案件繁简分流基础上简化程序，实现诉讼成本的合理配置。

二、认罪认罚从宽制度的合意性及程序合意机制

认罪认罚从宽制度嵌入刑事诉讼程序之后，程序合意便贯穿于刑事诉讼始终，刑事诉讼中呈现出认罪认罚与非认罪认罚两种差异性诉讼机制。非认罪认罚案件的诉讼过程体现出对抗、司法最终裁决等程序特征，而认罪认罚案件的诉讼过程则体现出各方诉讼主体的合作、协商，形成与对抗性不同的合意性程序属性。程序合意机制的功能是在诉讼过程中形成各方诉讼主体都能接受的案件处理方案，使程序能够定分止争即时终结。程序合意机制融贯于实质合理性和形式合理性之间，其价值根基在于交涉合理性。程序合意机制为诉讼主体提供了充分理性交涉的制度空间，将对诉讼参与人主体地位的尊重呈现于主体间性结构之中。诉讼主体之间就案件争议问题进行有效的沟通和商谈，最终消除分歧、达成共识是程序的理想目标。在程序交涉中，事实和法律都不仅仅是认识的客体，在事实与规则之间反复权衡，寻找各方利益的结合点，才是程序理性的归宿。

刑事诉讼中的交涉空间受到法律的严格规制，与民事诉讼中宽松的交涉范围形成强烈反差。其原因主要如下：其一，在实体方面，“从宽”的条件、范围、幅度应与刑罚总体配置相均衡，符合罪责刑相适应原则。其二，交涉空间打破了程序的封闭性，在案件处理中容纳实质合理性因素的同时须承受程序开放带来的风险。相对于复杂的社会生活，法律是一种简化机制，因而具有形式合理性。程序相对于实体法是“形式的形式”，程序营造出与社会相隔离的空间，屏蔽各种干扰，使形式合理性的实现更具确定性。与形式合理性取向不同，程序交涉空间蕴含着法律的公共政策目标与诉讼参与人个体意愿融合的可能性，同时也意味着法律的简化机制在一定程度上被还原，形式合理性向实质合理性妥协。程序开放的风险在于：程序要加工更多的复杂因素，屏蔽干扰能力下降，诉讼主体滥用诉讼机遇，增加了案件结果的不确定性，可能造成对诉讼资源的浪费。在刑事领域上述风险显然不能简单理解为仅会造成私人利益的减损，这些风险叠加在个案中可能影响公共政策目标的实现，并侵蚀司法公正性。因此，必须有相应的程序规则化解程序开放的风险，对诉讼主体滥用诉讼机遇作出积极的因应性制度防范。

2012 年之前我国刑事诉讼制度中并不存在程序合意机制。2012 年刑事诉讼法将刑事和解作为特别程序加以规定。刑事和解是被害人与被追诉人之间的程序合意。作为国家追诉机关与被追诉人之间的程序合意机制，美国的辩诉交易有着最长时间的司法实践。认罪认罚从宽制度和辩诉交易之间的关系是认识该制度性质的一个基本问题。不少人认为认罪认罚从宽制度是辩诉交易的中国制度化。对这个问题简单化地得出是或否的结论似乎都有失偏颇。如前所述，认罪认罚从宽制度以多元化的程序实现认罪认罚从宽的政策目标。这其中的确将诉讼“合意”贯穿于程序的始终，然而在《试点办法》和《修正案草案》的文本中合意却又“隐而不彰”，“合意”仅仅是隐含于文本之后的“推定”状态，更遑论对“交易”的正面肯认。这的确耐人寻味。在那些已经将辩诉交易制度化的国家都有一个普遍规

律：所谓辩诉交易不是纯粹制度构建推行的产物，而更接近于对已有普遍诉讼实践的制度认可。辩诉交易可以在诉讼活动中“自然”产生，其根本原因在于，控辩双方虽然立场对立，但在诉讼中又可以找到利益的结合点。只要法律中有对被追诉人从宽的空间，控辩双方有功利目标、足够的理性能力，相互妥协后就可能形成共赢的非零和博弈结果。美国最高法院于1970年认可辩诉交易合法性之前已经有相当广泛、相当长时间的辩诉交易实践。[①] 德国学者在1982年就已经将协商程序评价为一种讳莫如深的实践——“几乎每个人都知道它，几乎每个人都实践它，只是没有人谈论它”。[②] 在中国的司法实践中，对共同犯罪、贿赂犯罪等案件进行刑事追诉时辩诉交易也一直有迹可循。辩诉交易犹如双刃剑，其适用效果有两面性。19世纪美国的辩诉交易曾经扮演过非常不光彩的角色，实践中腐败事件层出、政治势力介入等情况严重侵蚀了司法纯洁性。[③] 至今检察官在交易中滥用自由裁量权过度起诉仍然是困扰美国司法领域的问题。正因如此，英国对辩诉交易一直非常谨慎，甚至持否定态度，对以司法为中心的认罪模式更为积极。[④] 法国和德国虽然受到美国辩诉交易的影响，但刑事诉讼中协商过程均在法院的主持参与下进行，与美国的辩诉交易形成了较大差别。此外，上述诸国辩诉交易形成的共同背景是，被追诉人在刑事诉讼中享有沉默权，为消除沉默权对追诉形成的现实障碍，控方有着比较强烈的与辩方进行交易的动机。综上，辩诉交易非但不是制度构建促生的结果，恰恰是制度规训控制的对象。通过制度要抑制的正是过度化的交易——即控辩双方滥用交易的利己行为，进而为控辩双方形成合意构造正当性基础。

在我国刑事诉讼中，强制性讯问是合法侦查手段，犯罪嫌疑人有如实供述的义务，相应的控诉方交易动机在一定程度上较弱。依据国外辩诉交易制度化经验，交易行为在制度化条件下受到抑制而不是鼓励。在制度规制之下，所谓辩诉交易徒有其名，不过是体现为控辩双方合意的认罪机制。在这个意义上，我国认罪认罚从宽制度确实与辩诉交易“貌离而神合”。《试点办法》和《修正案草案》中并没有将辩诉交易显性化。《试点办法》第8条规定，在侦查过程中犯罪嫌疑人自愿认罪的，应记录在案并附卷。《试点办法》第10条规定，在审查起诉过程中，犯罪嫌疑人自愿认罪，同意量刑建议和程序适用的，应当在辩护人或者值班律师在场的情况下签署具结书。《修正案草案》中将上述两个条文完全吸纳。可见，制度层面呈现出的是认罪形式的合意，并不鼓励所谓“交易”，甚至协商行为。实践中很多被追诉人是主动认罪认罚的，没有控辩双方的商谈和交易。通过控辩双方的商谈形成合意破解某些难办案件的证据困境，在实践中也确实存在。辩诉交易只能作为侦查机关和检察机关的办案策略，适时运用，不是一种制度安排。显而易见，依据上述两个条文，在审前阶段应对犯罪嫌疑人认罪认罚情况如实记录。但从形式上看具结书只是一般诉讼文书，体现出犯罪嫌疑人认罪认罚的意愿，并非体现控辩双方合意的协议。可见，控辩双方在定罪和量刑上的合意是推定的，并没有明示的法定形式。不论是否存在交易和商谈，这

---

① 美国辩诉交易发生在19世纪60年代美国内战之后，20世纪前半期开始占主导地位，20世纪中期后走向成熟。参见［美］艾伦·豪切斯泰勒·斯黛丽、南西·弗兰克：《美国刑事法院诉讼程序》，陈卫东、徐美君译，中国人民大学出版社2002年版，第411、431页。

② ［德］约阿希姆·赫尔曼：《德国刑事诉讼程序中的协商》，王世洲译，载《环球法律评论》2001年第6期。

③ 张智辉主编：《辩诉交易制度比较研究》，中国方正出版社2009年版，第40页。

④ 郑曦：《英国被告人认罪制度研究》，载《比较法研究》2016年第4期。

种程序合意要经过严格的审查，才能转化为法院判决的内容。辩诉交易并不是认罪认罚从宽制度的核心要素。或者说，立法者不倡导交易行为，虽然认罪认罚从宽制度致力于达成程序中的“合意”，但同时又通过一定法律规则力求消除辩诉交易的不确定性，使合意机制受到理性控制、法律规制。形成审慎的、可控的合意才是认罪认罚从宽制度的目标。实现这一目标一方面有赖于对合意形成进行有效的程序控制，合理配置交涉权和审查权；另一方面，确立“认罪”、“认罚”与“从宽”之间均衡协调的实体规则，形塑类型化的合意模式对消除滥用权力的风险同样至关重要。以政策引导、制度形塑替代利益驱使下的自然博弈是认罪认罚从宽制度中合意机制的基本属性。

监察委员会调查职务犯罪的程序构造研究

周长军*

一、问题的引出

监察委员会的设立是我国事关全局的重大政治改革。根据全国人民代表大会常务委员会《关于在北京市、山西省、浙江省开展国家监察体制改革试点工作的决定》（以下简称《决定》），党的纪律检查委员会、监察委员会合署办公，并将检察机关的职务犯罪调查权转隶给监察委员会行使；2018 年 3 月通过的监察法对监察范围、监察职责、监察权限、监察程序等进行了明确的规定。伴随着这些法律文件的发布以及国家监察体制改革的全面推开，学界对于监察委员会的性质、职责、权力、留置措施的规制、律师的介入、与其他国家机关之间的关系、监察证据在刑事诉讼中的使用以及相应的宪法法律修改等问题进行了热烈讨论，取得了不少研究成果。不过，学界对于如何建构监察委员会调查职务犯罪程序方面的研究存在不足，以致影响了理论研究对于改革实践的引领性和指导性。

程序构造与程序价值追求密切相联，在某种程度上决定了程序生态，制约着程序制度的运行状况和效果。监察委员会调查职务犯罪的程序构造对于监察权力的行使、职务犯罪的控制和被调查人合法权益的保障具有重要的“框架性”制约意义。本文拟就此展开研究，以期有助于监察制度的长远发展。

二、监察委员会调查职务犯罪程序的试点模式及其评析

（一）“线性结构”：监察委员会调查职务犯罪程序的试点模式

监察委员会对职务犯罪调查的程序构造具有鲜明的行政化和封闭化色彩。从北京市、山西省、浙江省监察体制改革的试点情况看，监察委员会对职务犯罪调查的程序构造是典型的“线性结构”模式。在这种程序构造中，只存在监察机关与被调查人之间进行的调查与反调查、追究与反追究关系，缺乏“第三方”的介入和制衡。立案撤案的决定、调查权力的行使以及调查措施的采取，主要委诸于监察机关的自行把握和自我约束，合法与否、妥当与否都是监察机关自我判断的事情，被调查人、利害关系人不服，只能向监察机关申诉；律师和检法机关都不能介入，人大的监督是事后的、一般意义上的监督，而不是个案

---

* 作者简介：周长军，山东大学法学院党委书记、教授，博士生导师。

化的程序性监督。由此，被调查人的权利保障状况主要取决于监察机关及其工作人员的职业道德、法律素养和内控机制。

监察委员会调查职务犯罪程序的试点模式得到了监察法的确认。在监察委员会移送检察机关起诉前的犯罪调查阶段，监察法没有规定被调查人的律师帮助权，也没有确立检法机关介入的制度。检法机关不能对监察委员会采取强制措施和技术调查措施的行为进行司法审查和控制，也无法为合法权益受到侵犯或者对监察机关的处理决定不服的被调查人、利害关系人及时提供救济。监察法第 49 条、第 60 条明确规定，监察对象及其近亲属不服监察机关的处理决定或者认为监察机关及其工作人员的行为侵害了自己的合法权益时，只能向该监察机关申诉或者向上一级监察机关申请复核/查。

（二）监察委员会调查职务犯罪程序的“线性结构”模式之风险

从理论上讲，职务犯罪调查程序采行“线性结构”模式不仅有利于监察权力的顺畅行使和调查措施的灵活运用，而且能营造出一种“高压”氛围，对被调查人形成强大的心理威慑，有助于监察机关瓦解其意志，突破其心理防线，进而获取其认罪口供。此外，还有利于监察机关控制调查信息的对外释放，防止同案犯串供、毁证、打击证人或者逃跑。这些无疑都有助于提升调查效率，彰显监察机关打击腐败犯罪的力度和效度，提升民众对法律实施和政治清明的信心。

不过，从过去近三十年来检察机关对职务犯罪侦查的实践看，采行“线性结构”模式建构监察委员会调查职务犯罪的程序存在一些不容回避的风险。

第一，容易出现“监察调查中心主义”的诉讼格局，冲击以审判为中心的诉讼制度改革。中共中央《关于全面推进依法治国若干重大问题的决定》要求推进以审判为中心的诉讼制度改革。2016 年 10 月，“两高三部”为此联合发布了《关于推进以审判为中心的刑事诉讼制度改革的意见》。据此，不仅侦查和审查起诉活动要按照裁判的标准和要求运行，确保侦查、审查起诉的案件事实和证据经得起法律的检验，而且应当密切侦诉关系，打破公检法各管一段的“流水作业”模式，加强检察机关对侦查活动的监督和指导，同时警察应当配合检察机关的起诉指控活动，出庭证明侦查取证行为的合法性，确保庭审实质化。

当职务犯罪侦查权“转隶”到监察机关以后，“线性结构”的监察委员会调查程序排斥检察机关的介入，职务犯罪案件的办理程序可能会重新回归“流水作业”模式，出现“监察调查中心主义”的格局。突出体现在：由于监察委员会的监察“全覆盖”，有权对检法人员的办案行为进行监察，并启动违纪、违法或者职务犯罪调查，因而对于监察机关移送起诉的职务犯罪案件，检察机关即便认为存在证据不足、事实不清等问题，也可能提起公诉，将难题推给法院，法院面临同样的压力，可能也很难进行实质化的庭审和依法作出独立判决。

第二，监察机关与被调查人的权利配置严重失衡，被调查人的合法权益存在被侵犯之虞。首先，从监察机关一方看，地位优越，比较强势，权力因缺乏有效的制约可能出现滥用。(1) 监察委与纪委合署办公，“一套人马，两块牌子”，纪委书记兼任监察委主任，既有权进行党纪调查，又有权进行职务违法调查和职务犯罪调查，党权、行政权与司法权合一。在调查过程中不仅不受检法机关的制约，而且有权查处检法人员的违纪、违法或者职务犯罪行为。(2) 在过去党纪调查、职务违法调查与职务犯罪侦查的权力分别由纪检监察机关、检察机关行使时，尚且存在以较为宽松的纪检监察调查程序/手段规避严格的侦查程序/手段适用的问题，当纪委、监察委员会统一行使这三种权力后，采取此类做法将更为容易且更具隐蔽性，因为无论是被调查人还是外界都不易区分和判断何时进入“职务犯罪调查”阶段。(3) 根据《决定》和监察法，监察委员会有权采取留置、技术调查等 14 项调查措施，而且使用条件宽松，审批程序简单，不足以防范和避免滥用的问题。以最为严厉的留置措施来说，不仅违反比例原则，既适用于职务犯罪调查，也适用于严重职务违法的调查，而且只是采取“上提一级”的审批方式，制约机制较弱。(4) 检察机关对于监察机关移送起诉但证据不足、事实不清的案件，可能会退回监察机关补充调查或者自行进行侦查，但因时过境迁等原因，有时难以补充收集到必要的证据。在此情况下，由于监察机关比较强势，不同意撤案或者不起诉，可能导致案件长期悬置而得不到终结，当然也可能出现检察机关草率提起公诉的结果，这些都会损害被调查人的合法权益。另外，从被调查人一方看，独自面对监察机关的强势追诉和调查，没有律师提供法律帮助，也找不到一个可以反映诉求、寻找救济的中立“第三方”，自我保护的能力和条件较弱。还是以留置措施的适用为例，监察法第 43 条规定：“……留置时间不得超过三个月。在特殊情况下，可以延长一次，延长时间不得超过三个月……”第 44 条规定：“对被调查人采取留置措施后，应当在二十四小时以内，通知被留置人员所在单位和家属，但有可能毁灭、伪造证据，干扰证人作证或者串供等有碍调查情形的除外……”但由于条件规定的模糊性，加之受监察机关办案需求和约束条件的影响，实践中容易出现留置时间延长的常态化和留置后不及时通知的常态化，从而损害被调查人的人身自由权，侵犯被留置人家属或单位的知情权。

需要指出的是，监察法规定的留置对象不限于“行使公权力的公职人员”，而是扩展到“涉嫌行贿犯罪或者共同职务犯罪的涉案人员”，加之犯罪事实的查明是由果及因的回溯过程，在此过程中，不排除有监察人员出于主观上的认识不能或者故意违背职业道德，将无辜之人认定为行贿人或者涉嫌共同职务犯罪，在此意义上可以说每一个公民都有可能会遭遇监察留置的适用风险。

第三，“线性结构”的调查职务犯罪程序在冤错案件防范方面存在短板。由于职务犯罪调查程序中缺乏检法机关的介入和制约，证据取得的真实性、合法性便完全取决于监察机关及其工作人员的法律素养、法治意识和自律程度。不过，监察机关及其工作人员在法律知识的掌握上不可能没有纰漏，在法治意识的养成方面不可能做得完全到位，在自律控制方面也难免会有一时的松懈，所以也就无法保证其调查取证活动和移送起诉的结论不会出现问题。如前所述，监察委员会不仅具有明显优越于被调查人的实力，而且在将案件移送检察机关审查起诉后的整个诉讼过程中，依托其“全覆盖”的监察权力，比检法机关更为强势。面对监察机关移送的证据或事实方面存在问题的案件，尽管绝大多数检法机关会坚守法治原则和法律底线，勇于纠错或者宣布被调查人无罪，但也不排除有些检法机关在压力之下不能发挥实质性的审核和把关作用，降低起诉和裁判标准，从而出现冤错案件。

第四，存在不当进行选择性执法的风险。根据监察法的规定，监察委员会的监察对象范围广泛，覆盖六大类依法履行公职的人员（第 15 条），监察内容全面涵括违纪、职务违法和职务犯罪，监察留置的对象更是扩展到“涉嫌行贿犯罪或者共同职务犯罪的涉案人员”，办案负荷之重可想而知，但现实中监察委员会的办案人数是有限的，可能难以承受如此之重的办案任务，在其有权自主作出立案或撤案决定的背景下，必然会进行选择性办案。从人类刑事法制发展的历史来看，选择性执法可以说是古今中外刑事法律实践中的普遍现象，只是现代法治原则要求选择性执法应当符合法律的规定和合理性原则，确保平等追诉和平等保护。但在我国目前法治不成熟的环境中，“线性结构”的职务犯罪调查程序构造无疑给人情案、关系案、金钱案的出现提供了可乘之机，从而可能出现执法办案的宽严失度。在缺乏有效制约的情况下，监察机关可能会倾向于选择那些好办、易办或者想办的职务犯罪案件，而放弃或者减轻追诉那些难办或者不想办的职务犯罪案件。

当然，客观而言，在监察体制改革推行初期，监察机关对权力的使用和对监察措施的采取会比较克制，因而上述风险多数并未显现出来，或者说尽管有些已经显现，但并不明显。不过，时间一长，由于社会各界对监察机关办案活动的关注越来越少，监察机关的内部自律也会开始松懈，上述风险可能会不同程度地出现。

三、“三角结构”：监察委员会调查职务犯罪程序的理性建构

监察委员会调查职务犯罪程序的“线性结构”模式存在的风险不可轻视，必须通过程序改造加以防范。吸取我国过去对犯罪侦查程序建设的经验和教训，参考《联合国反腐败公约》和其他法治国家的相关规定，笔者主张将“三角结构”确立为我国监察委员会调查职务犯罪程序的目标模式。

所谓“三角结构”的调查程序模式，是指在监察机关与被调查人的“对垒”程序中，引入一个客观、中立的“第三方”，制衡监察机关权力的行使，保障被调查人的合法权利。“三角结构”的调查程序在一定程度上复制了审判结构的模式，在对抗性的双方之外设置一个中立的“裁判者”角色，这也是现代侦查程序建构的基本模式。我国近 30 年来刑事侦查程序的建设也一直在向“三角结构”模式努力，突出表现在：检察机关对公安侦查活动的监督不断加强，对公安机关提请批捕的审查控制越来越严；检察机关对自侦案件的办理活动也在不断强化人民监督员的监督；等等。

职务犯罪查处的职能从检察机关“转隶”到监察机关以后，职务犯罪查处活动的称谓发生了变化，由原来的“侦查”改为《决定》和监察法中的“调查”，而且根据官方的说法，监察机关调查职务违法和职务犯罪适用国家监察法，案件移送检察机关后才适用刑事诉讼法。不过，无论是否将监察委员会对职务犯罪的调查程序称为刑事诉讼程序，也无论如何界定监察委员会调查权的性质，有一点毋庸置疑：监察委员会调查职务犯罪活动的本质未变，与过去检察机关侦查职务犯罪的本质并无二致①，即发现和查处职务犯罪、收集犯罪证据、控制犯罪嫌疑人，为提起公诉做准备。因此，其程序构造应当按照职务犯罪查处规律和正当程序原则进行设计，在强化监察系统内控措施的同时，建构来自其他权力的制约机制，确立“三方组合”的程序构造，以合理平衡监察机关与被调查人之间的地位和实力格局，确保案件事实的准确发现和被调查人的合法权益。

---

① 陈光中先生认为，监察委员会“针对职务犯罪的特殊调查，相当于原来的职务犯罪的刑事侦查”。参见陈光中：《关于我国监察体制改革的几点看法》，载《环球法律评论》2017 年第 1 期。

当然，由于我国目前的宪政体制和法治环境不同于西方国家，目前在监察委员会调查职务犯罪的程序中引入法院的司法审查机制，时机并未成熟。相比较之下，由作为法律监督机关的检察机关发挥司法审查功能，更具现实合理性，不仅贯彻了权力制约原理，而且有利于检察机关提前介入监察委员会的职务犯罪调查活动并进行指导和监督，为监察机关收集、固定和保全证据等活动提供意见，更好地服务于庭审指控工作。

具体而言，检察机关在监察委员会调查职务犯罪的程序中应当主要发挥以下功能：

其一，对监察委员会使用的强制措施和技术调查措施予以司法审查和控制。监察委员会的调查权是整个国家监察体制改革中最拉锯，也是社会聚焦度最高的问题之一。[①] 究其原因，可能主要是由于监察委员会的监察对象如此之广、调查权力如此之大以及调查措施的使用如此灵活。在全面推进依法治国的背景下，检察机关应当着重从以下方面加强对职务犯罪调查措施的审查和控制：一是确立留置措施的检察审批制度。留置期限长达 3 至 6 个月，依据正当程序原则和比例原则，应当实行监察机关申请、检察机关审批制度，不能由监察机关自己决定、自己执行，而且检察机关批准后还应定期进行羁押必要性审查，在发现没有继续留置必要时，应当通知监察机关变更调查措施或者释放被留置人员；检察机关还应当对留置场所的监管活动进行监督。二是对于监听、搜查、扣押等其他对被调查人的基本权利造成重大干预的强制性措施和技术调查措施也应逐步实行检察审批制度，尽快实现决定权与执行权分离制度，监察委员会使用此类措施必须事先取得检察机关的批准。

其二，对监察委员会的职务犯罪调查活动是否合法进行监督。通过监督，发现和纠正监察机关调查活动中的违法行为。对于情节较轻的，可以口头方式向监察人员或者监察机关负责人提出纠正意见；对于情节较重的，应当向监察机关发出纠正违法通知书。

其三，对监察委员会的职务犯罪立案和撤案活动进行监督。一方面，当检察机关发现监察机关可能存在应当进行刑事立案调查而不进行刑事立案调查情形时，应当要求监察机关书面说明不立案的理由；经检察机关审查，认为监察机关不立案理由不能成立的，应当通知监察机关立案。另一方面，对于监察机关立案后又随意撤案的，检察机关应当发出纠正违法通知书予以纠正。此外，为保证检察机关对监察机关立案和撤案监督的权威性，应当保留检察机关的机动侦查权，即对于监察机关管辖的重大职务犯罪案件，检察机关通知监察机关立案，监察机关不予立案的，或者立案以后又随意撤案的，经省级以上检察机关决定，检察机关可以直接立案侦查。

其四，对被调查人、利害关系人等相关人员的合法权益予以保障。在职务犯罪调查过程中，监察机关及其工作人员可能会侵犯被调查人、利害关系人的合法权益，被调查人、利害关系人等相关人员对此向监察机关申诉或控告，但对处理结果不服，或者监察机关未及时作出答复的，应赋予其向办理案件的监察机关的同级检察机关提出申诉的权利。检察机关应及时受理，并在认为监察机关对控告、申诉的处理不正确时，通知监察机关纠正。

其五，对监察人员的职务犯罪行为进行侦查。监察人员在查处违纪违法或者职务犯罪过程中，可能会实施贪污受贿、滥用职权等犯罪。依据权力制约原理，监察人员涉嫌触犯的职务犯罪不应由监察机关自行调查和追诉，而应赋予检察机关侦查权。这不仅可以解决"谁来监督监督者"的问题，也强化了检察机关对监察机关调查活动的监督实效，消解可能

① 参见秦前红：《监察体制改革的逻辑与方法》，载《环球法律评论》2017 年第 2 期。

出现的“监察调查中心主义”问题，确保腐败犯罪追诉的高效化和法治化。

四、配套措施：构建独立的职务犯罪立案程序

将检察机关监督引入监察委员会调查职务犯罪的程序构造，前提应当是存在一个明晰的独立的职务犯罪调查程序，否则可能造成检察监督的不当泛化。

但从实践与监察法的规定看，这一前提目前是不具备的。从各地实践看，监察委员会与纪律检查机关合署办公，根据“监督、审查、案管、审理”相对分离的思路，共同设立执纪监督、执纪审查、案件监督管理和案件审理等部门，其中的执纪审查部门统一行使党纪调查、职务违法调查与职务犯罪调查权力，并没有专门负责职务犯罪调查的内设机构。

立案程序也呈混沌状态。2017 年通过的《中国共产党纪律检查机关监督执纪工作规则（试行）》第 25 条规定，经过初步核实，对存在严重违纪需要追究党纪责任的，应当立案审查。监察法第 39 条则规定：“经过初步核实，对监察对象涉嫌职务违法犯罪，需要追究法律责任的，监察机关应当按照规定的权限和程序办理立案手续。”据此，党纪立案与监察立案（同时指向职务违法和职务犯罪），尤其是职务违法立案与职务犯罪立案具有鲜明的“混合性”，在规范层面缺乏独立的职务犯罪立案和调查程序。

由此，便会产生一系列问题：被调查人是否涉嫌职务犯罪无从确定，监察机关不能采取留置、监听等限制、剥夺被调查人基本权利的强制性措施和技术调查措施，检察机关对监察机关调查职务犯罪活动的介入和监督也缺乏正当性基础。

解决这些问题，为检察机关监督监察委员会的调查活动提供空间和可能，就应当对党纪立案、职务违法立案和职务犯罪立案进行分离，构建独立的职务犯罪立案程序。

一是完善纪委监察委的内设机构，增设专司职务犯罪调查的部门，使其从负责一般违纪违法调查的执纪审查部门中独立出来，形成党纪调查、职务违法调查、职务犯罪调查并行的衔接紧密的内设机构格局。

二是实行“进阶式”立案程序设计，构建独立的职务犯罪立案程序。纪委、监察委的执纪审查部门初步核实所受理的腐败问题线索后，对于存在严重违纪需要追究党纪责任的党员先进行党纪立案。然后，在进一步调查的基础上，对于涉嫌违法犯罪，需要追究法律责任的，则区分情节轻重和社会危害程度分别提出职务违法立案和职务犯罪立案的意见，交由不同的内设机构立案和调查：认为涉嫌职务违法的，由执纪审查部门进行职务违法立案并继续调查；认为涉嫌职务犯罪的，移交增设的专司职务犯罪调查的部门进行刑事立案和调查，外界由此能够知悉案件进展情况，被调查人也可以采取相应措施保护自己的合法权益，检察机关亦可介入和监督监察委员会的调查活动。

当然，如果在进行党纪立案时就有证据证明被调查人涉嫌职务犯罪，依法需要追究刑事责任，则可在党纪立案的同时由专司职务犯罪调查的部门直接进行刑事立案和调查。

此外，如果腐败问题线索指向的被调查人不是党员，则可在初步核实的基础上对于涉嫌违法犯罪需要追究法律责任的，分别由相应的内设机构进行职务违法立案或者职务犯罪立案，且允许检察机关监督职务犯罪的立案和调查活动。

由此一来，纪委在党纪立案后的调查活动中不能借用监察委员会的名义采取留置、技

术侦查等措施；监察委员会在对职务违法的调查活动中也不能采取只针对职务犯罪的扣押、技术侦查等措施；监察委员会在对职务犯罪的调查活动中可以使用留置、技术侦查等对被调查人基本权利造成重大干预的措施，但应当赋予检察机关审批的权力。总之，在纪委、监察委“合署办公”的背景下，应当通过制度完善和程序建设，避免内设机构的完全叠合和权力行使的混同，确保被调查人合法权益的实现。

刑事诉讼法再修改背景下律师有效辩护策略探讨

——以《刑事诉讼法（修正草案）》为展开

徐宗新　陈沛文*

2018年5月9日，中国人大网公布了《刑事诉讼法（修正草案）》（一审稿）（以下简称一审稿），经过对于一审稿的初次审议，并结合全国人大法工委调研过程中征求的各方面意见，2018年8月27日，《刑事诉讼法（修正草案）》（二审稿）（以下简称二审稿）提请全国人大常委会二次审议。这次刑事诉讼法的修改顺应了十八大以来司法改革的现实需要，也体现了国家监察体制改革与刑事诉讼法相衔接的匹配诉求。① 从一审稿和二审稿的内容来看，本次修改主要涉及了三大问题，即监察制度与刑事诉讼制度的衔接机制的问题、刑事缺席审判制度的构建问题以及认罪认罚从宽制度和速裁程序的立法问题。② 而这些新的程序性问题将会是未来律师辩护中普遍遇到的新问题，律师如果想要在众多新的程序与机制中实现有效辩护的诉求，就必须结合刑事诉讼法的再修改情况，深入地研究分析与之相对应的辩护策略，这样才能够为律师刑辩业务的长足发展提供助力。只有律师通过对自己辩护策略的研究与优化，才能真正地体现律师在新形势、新背景下刑事诉讼活动中自己独有的法律价值。

一、刑事诉讼法与监察法衔接背景下的律师辩护策略分析

（一）刑事诉讼法与监察法的衔接问题

1. 检察机关的侦查权与监察机关的调查权的衔接

现行刑事诉讼法第18条第2款规定，检察院有权立案侦查的案件包括贪污、贿赂、渎职案件，以及国家机关工作人员利用职权实施的非法拘禁、刑讯逼供等的侵犯人身权利、民主权利的案件。此外，国家机关工作人员利用职权实施的其他重大的犯罪案件，经省级以上检察院决定，也可以由检察院立案侦查。而结合监察法第11条的规定也可以明确，原属人民检察院的对于职务犯罪的侦查权现今已经转隶至监察机关，而侦查措施也已转为调查措施。

为使刑事诉讼法与监察法有效地衔接，二审稿对检察院侦查案件范围作了适当调整，

---

* 作者简介：徐宗新，浙江靖霖律师事务所主任；陈沛文，浙江靖霖律师事务所律师。

① 陈光中、曾新华：《中国刑事诉讼法立法四十年》，载《法学》2018年第7期。

② 杨宇冠、郑英龙：《〈刑事诉讼法〉修改问题研究——以〈监察法〉的衔接为视角》，载《湖湘论坛》2018年5期。

其第 2 条规定："将第十八条改为第十九条，第二款修改为：'人民检察院在对诉讼活动实行法律监督中发现的司法工作人员利用职权实施的非法拘禁、刑讯逼供、非法搜查等侵犯公民权利、损害司法公正的犯罪，可以由人民检察院立案侦查。对于公安机关管辖的国家机关工作人员利用职权实施的其他重大的犯罪案件，需要由人民检察院直接受理的时候，经省级以上人民检察院决定，可以由人民检察院立案侦查。'"这厘清了监察司法机关立案管辖的权责界限，解决了两法的冲突，确保职务犯罪调查工作在法治框架内开展，保证社会主义法制的统一性和权威性。① 而现有修正案确定的制度还有一些未明确的地方。例如，以上的"司法工作人员"是否包括监察人员？监察人员在调查过程中利用职权侵犯被调查人的人权，是否可以由检察院立案侦查，修正案并未明确规定。②

2. 留置措施与刑事强制措施之间的衔接机制

现行刑事诉讼法规定，在侦查期间，人民检察院可采取的刑事强制措施有五种。但根据监察法规定，在调查期间，监察机关限制人身自由的措施只有留置。而二审稿第 12 条对于两种强制措施进行了衔接，即监察机关移送审查起诉的已采取留置措施的案件，检察院应当对犯罪嫌疑人先行拘留，留置措施自动解除。人民检察院应当在拘留后的 10 日以内作出是否逮捕、取保候审或者监视居住的决定。在特殊情况下，决定的时间可以延长 1 日至 4 日。

此番规定的亮点在于：其一，留置措施终结后，采取强制措施前，予以先行拘留，给予一个缓冲带以便审查，且严格限制审查期限，保障诉讼活动的有序和犯罪嫌疑人的人权；其二，以移送审查起诉为界，监察法的适用终止，保障检察院独立行使强制措施决定权。

（二）监察体制改革后律师参与职务犯罪辩护策略分析

虽然在监察体制改革后，刑事诉讼法也将作出修改，为实现两法之间的有效衔接作出相应的努力，但在司法实务中，对于监察法与刑事诉讼法的具体衔接的操作还亟待进一步的实践与探索。特别是在监察法尚未明确规定在调查阶段律师是否拥有介入权的情况下，刑事诉讼法又将监察委的调查程序与刑事诉讼的侦查程序做了区隔，但同时并未对于这一阶段的律师参与权限进行明确的规定，在这种背景下，律师应当如何参与监察委查办的职务犯罪案件成为律师界亟待解决的问题。想要解决这一问题，依赖于律师通过优化自己的辩护策略，在两法衔接关键节点与空白地带寻找迂回辩护的空间，才能够实现新时期职务犯罪有限辩护的实际诉求。③

1. 调查阶段迂回介入

在职务犯罪的调查阶段，监察法并未直接规定律师可以介入，因此在规定空白的情况下，监察委员会通常会秉持着"法无授权不可为"原则，拒绝辩护律师介入调查过程；然而，从人权保护的角度看，根据"法无禁止即自由"的原则，监察委也不能限制律师为调

---

① 任华哲、刘洋：《中国刑事诉讼制度的现代化》，载《武汉大学学报》（哲学社会科学版）2010 年第 7 期。

② 郭华：《监察委员会与司法机关衔接协调机制探索——兼论刑事诉讼法的修改》，载《贵州民族大学学报》（哲学社会科学版）2017 年第 2 期。

③ 高振华、章百益：《监察体制改革中辩护权问题刍议》，载《公安学刊》（《浙江警察学院院报》）2017 年第 5 期。

查阶段的当事人提供法律服务。[①] 因此，律师可以“曲线救国”的方式迂回介入其中。律师在调查阶段虽然很难会见到被调查人，但是律师已然可以接受被调查人亲友的委托，提供法律咨询服务，通过被调查人亲友初步了解相关案情。在了解相关案情的基础上，律师依旧可以与监察委进行沟通，进一步了解涉嫌的罪名情况。然后，律师可以结合了解到的罪名与通过被调查人亲友了解的案件情况，有针对性地收集被调查人罪轻与无罪的证据或证据线索，提交给监察机关，并就相关罪名的法律适用向监察机关提出法律意见，帮助监察机关查清案情，维护被调查人的正当权利。同时，在必要的情况下，律师也可以向监察机关申请解除留置措施，提示留置期限，避免存在不当羁押（如未在专门场所进行留置）或超期羁押的情况。在监察机关办案过程中存在违反规定，涉嫌违法犯罪的情况下，律师可以到监察委内设的监督室等部门申诉、控告，也可以申请检察机关进行监督。虽然刑事诉讼法并未明确规定监察人员是否属于司法人员，但监察人员的调查行为是否存在违法违规的情况，也会影响到调查阶段形成的证据效力问题，律师在此时提前向检察机关提出，即便不能够通过检察机关追究监察人员的违法违规行为，也可以为未来在刑事诉讼程序中提出非法证据排除等法律意见埋下伏笔。

2. 公诉阶段借力打力

过去的职务犯罪是归检察机关管辖，检察机关既是侦查机关，又是起诉机关，在这种情况下检察机关往往对于内部自侦案件的审查起诉相对宽松，但是自从职务犯罪案件归属监察机关管辖后，检察院、监察委员会和犯罪嫌疑人与辩护律师实际上变成了三方相互制约的法律关系，检察机关将会更愿意以“中立裁判者”的角度来进行案件的审查，这时审查的尺度往往会比以往严格许多[②]。律师此时开展职务犯罪的辩护工作，检察机关会十分支持和配合，检察机关也希望通过律师的参与来避免自己审查案件时可能存在的过失因素。因此，律师在公诉阶段一定要明确，此时需要对抗的是监察委员会而非检察院。律师应当充分利用先行拘留期间集中会见嫌疑人，通过有效的法律辅导指导嫌疑人自行辩护。同时，律师也应当在这一阶段集中阅卷，尽早提交书面的辩护意见，并且充分地利用申请检察机关调取证据的权利，集中弥补调查阶段律师工作的空缺，为嫌疑人争取不予批捕的处置措施。通过律师在先行拘留期间的集中工作，也能够引导检察机关更加审慎地审查案件，避免检察官受到监察机关调查结论先入为主的影响。

二、关于刑事缺席审判制度律师辩护策略分析

（一）刑事缺席审判制度的价值与程序特征分析

1. 构建刑事缺席审判制度的意义

刑事缺席审判制度即在被告人或犯罪嫌疑人本人不到案的情况下，司法机关也可以对其依法起诉、审判，并根据经法庭确认的证据认定事实依法作出判决。《刑事诉讼法（修正

① 马怀德：《再论国家监察立法的主要问题》，载《行政法学研究》2018 年第 1 期。

② 单民、董坤：《职务犯罪侦查中辩护律师权利保障》，载《人民监察》2013 年第 12 期。

草案）》构建缺席审判制度，对打击重大犯罪与追回外逃赃款都具有重要的现实意义。[①]

第一，确立刑事缺席审判制度有助于补强违法所得没收程序。2012 年刑事诉讼法增设犯罪嫌疑人、被告人逃匿、死亡案件违法所得的没收程序。这项程序在一定程度上弥补了我国对于腐败犯罪追诉程序滞后的缺陷。然而，该程序只针对违法所得等财产，却无法对被追诉人的人身科处刑罚，且裁定在被追诉人归案后有可能被推翻。因此，确立刑事缺席审判制度有现实必要性。

第二，确立刑事缺席审判制度能促进我国与《联合国反腐败公约》相衔接。结合《联合国反腐败公约》第 57 条第 3 款第 2 项规定，对于外逃资产的追回，要求有对犯罪人定罪的生效裁判。而在实践中，有不少国家以缺少"已生效裁判"为由拒绝我国追回外逃资产的请求。因此，确立刑事审判制度赋予了我国追回外逃资产的重要依据，这无疑有利于我国更有力地打击腐败犯罪，确保外逃资产能得以顺利追回。

2. 关于刑事缺席审判中的权利保障问题

缺席审判必然涉及被告人庭审权的剥夺问题。一旦缺席审判，被告人将无法充分行使诉讼权利，未免有失公正。因此，必须合理平衡惩罚腐败犯罪与保障人权的关系[②]。

二审稿对被追诉人的权利作了相当的保障规定。第一，明确限定启动程序。贪污、贿赂犯罪以外的危害国家安全、恐怖犯罪案件，只有经最高人民检察院核准的，检察院才能在被追诉人不到案的情况下提起公诉。第二，规定严格的庭前送达程序。人民法院应当根据国际条约或者外交途径提出的司法协助方式，或受送达人所在地法律允许的其他方式，将传票和起诉书副本送达被追诉人。第三，充分保障辩护权。对刑事缺席审判的案件，没有委托辩护人的，应当提供法律援助。第四，赋予被告人异议权。罪犯在判决、裁定发生法律效力后归案的，交付执行前，应告知其有对判决、裁定的异议权，被追诉人提出异议的，人民法院应当重新审理。[③] 其五，保障被追诉人的上诉权，赋予近亲属独立上诉权。人民法院应当依法将判决书送达被追诉人。被告人或者其近亲属不服判决的，也有权独立向上一级人民法院上诉。

（二）刑事缺席审判中律师辩护的不同路径

缺席审判制度属于此次《刑事诉讼法（修正案草案）》确立的新型刑事诉讼制度，这种审判制度与以往的对席审判有着很大的不同，因此律师辩护策略的选择与辩护诉求的实现路径也大不相同。刑辩律师在缺席审判制度中，除了要发挥证据辩护、法律辩护、情节辩护等传统辩护策略的效用外，更要利用缺席审判制度独有的程序性特质，即辩护律师应当重视缺席审判制度中的送达程序之辩。《刑事诉讼法（修正草案）》规定："被告人收到传票和起诉书副本后未按要求归案的，人民法院应当开庭审理"，这一规定要求被告人对于其犯罪行为被追诉的事实具备实际知晓的要件。但由于该条规定过于笼统，并未明确界定在何种情形下可以认定或推定被告人已经收到了传票和起诉书副本，再加之促成逃匿境外的犯罪嫌疑人、被告人对相关诉讼情况的实际知晓是一件非常困难的工作，因此在实践中

---

① 孟建柱：《完善司法管理体制和司法权力运行机制》，载《人民日报》2014 年 11 月 7 日。

② 陈光中、唐彬彬：《深化司法改革与刑事诉讼法修改的若干重点问题探讨》，载《比较法研究》2016 年第 6 期。

③ 沈思：《国家监察体制改革中法治保障初步思考》，载《国家行政学院学报》2016 年第 6 期。

法院很难在有限的时间内完成送达程序并满足“收到”条件，这将会使得缺席审判存在重大的程序瑕疵。因此，对于送达程序的辩护，也将成为律师参与缺席审判制度辩护的一大核心辩点。二审稿规定的送达方式包括通过刑事司法借助送达、通过外交或领事机构送达以及受送达人所在地的法律允许的方式送达。对于刑事司法借助送达，辩护人需要注意此种送达与引渡制度之间的界限，刑事司法协助中的文书送达通常是以证人、鉴定人为对象，尤其是在送达出庭通知问题上，往往将被追诉人排除在司法协助范围之外。我国与多数国家缔结的刑事司法协助条约也会规定，对于要求被追诉人出庭的法律文书，被请求方不负有送达义务，因此辩护人需要切实审查在案刑事司法协助送达证明是否与两国间的刑事司法协助条约存在违背的情况，进而提出送达程序违法之辩。对于通过外交或领事机构送达，实际上属于一种“消极”的司法协助，即采用默许和不干预的态度认可派遣国领事官员在接受国境内行使一定的司法管辖权，但这种送达仅针对派遣国的国民，因此辩护人需要着重审查被告人是否已经取得外国国籍，如取得外国国籍则该种送达无效。同时，对于领事送达过程中，不得强制受送达人接受法律文书，领事官员不能强行进入被告人处所，更不能通过留置文书的方式进行送达。对于受送达人所在地的法律允许的方式送达，这种情况辩护人首先要确认在案证据是否能够确认具体受送达人的所在地，其次要研究受送达人所在地关于刑事送达程序的相关规定，进而判断案件中的送达方式是否契合所在地法律规定。对于被追诉人逃匿境外的，若穷尽《刑事诉讼法（修正草案）》规定的送达方式仍不能送达的，辩护律师应当申请法庭中止缺席审判程序。

三、认罪认罚从宽制度律师辩护策略分析

（一）认罪认罚从宽制度试点成果的法典转化

二审稿创新性地将认罪认罚从宽制度作为基本原则写入法典，使该项制度成为贯穿刑事诉讼全过程的指导性准则，这是我国刑事诉讼制度进一步高效化、现代化的重要标志。

1. 认罪认罚从宽制度的适用范围

在适用案件的范围上，二审稿与《关于在部分地区开展刑事案件认罪认罚从宽制度试点工作的办法》规定一致，即“犯罪嫌疑人、被告人自愿如实供述自己的罪行，对指控的犯罪事实没有异议，愿意接受处罚的，可以依法从宽处理”，而并未限制适用范围，因此轻罪、重罪案件乃至可能判处死刑的案件都可适用于该制度。

如此规定有利于减少被追诉人与公权力机关的矛盾，进而促进案件能够得到及时、缓和的处理，也有利于“严格控制与慎用死刑”政策的贯彻和进一步落实。[①] 在辩护过程中，认罪认罚也有利于律师与司法机关沟通的顺利进行，从而更容易获得撤案、酌定不起诉或者缓刑的处理结果。

2. 认罪认罚从宽制度的证明标准

认罪认罚从宽制度的证明标准即在被追诉人认罪认罚的案件中，法院依据在案证据认定被告人构成犯罪所应达到的程度。二审稿并没有涉及证明标准的规定；在法院采纳检察

---

① 史立梅：《美国有罪答辩的事实基础制度对我国的启示》，载《国家检察官学院学报》2017 年第 1 期。

院量刑建议的规定中也未明确规定证明标准。

《刑事诉讼法（修正草案）》回避了证明标准这一问题，客观上降低了证明标准，虽然在一定程度上能够提高诉讼效率，然而办理认罪认罚案件必须以确保公正为前提，而不能一味地强调效率。但是从另一层面看，在认罪认罚从宽制度下，证明标准的模糊反而给予辩护律师更大辩护的空间。[①] 在认罪认罚前提下，实际上有在案证据存在缺失的，律师可以与检察院充分沟通的，追求酌定不起诉乃至存疑不起诉的处理结果。

（二）律师办理认罪认罚从宽程序案件的经验总结

在认罪认罚案件中，由于被追诉人对自己罪责刑的承认，案件的对抗性受到一定程度的削减。由于这种轻对抗的状态，律师反而可以更好地运用自己独立的辩护权，将辩护工作延展到庭审之外。考虑到检察机关在认罪认罚从宽程序中的关键地位，以及制度内涵的诉辩协商的需求，辩护律师应该重视在审查起诉阶段与检察机关的认罪协商。

1. 认罪认罚从宽中的疑罪协商

对于部分认罪认罚的案件，律师通过查阅案卷以及与被追诉人核实证据后，认为案件证据存在缺失或者指控罪名的构成符合性尚有疑问的，辩护人应当对适用认罪认罚程序提出异议，同时向检察机关提出对于犯罪事实存疑或罪名构成存疑的辩护意见。此时，有两种选择，一是检察机关本身也认同案件存疑，则律师可以与检察机关协商作出存疑不起诉；二是检察机关认为虽然在案证据有瑕疵，但不影响整体事实认定的，可以就瑕疵的部分，与检察机关进行协商，以被追诉人认罪为基础，并且以积极退赔为前提，与检察机关协商，作出酌定不起诉或者提出缓刑建议[②]。律师在沟通时，应当重点向检察人员强调此类案件在审判程序中的不确定性，存在可能被宣告无罪的可能；此外，律师也要强调若被追诉人进行无罪辩解对检察机关查明案情所带来的程序上的烦琐性。通过多次口头或书面的沟通，以互利共赢的价值取向为基础，促使检察机关接受辩护律师的协商意见。

2. 认罪认罚从宽中的轻罪协商

对于部分认罪认罚案件，对于被追诉人的犯罪行为存在相对充足的证据，但是对于犯罪的定性存在多种可能的，辩护律师应当选择与检察机关进行轻罪协商。这种情况多发于一些犯罪构成要件相似的犯罪、新类型犯罪或帮助犯正犯化的犯罪，如集资诈骗罪之于非法吸收公众存款罪，组织卖淫罪之于协助组织卖淫罪等。此时，律师应当积极与检察机关协商，以被追诉人承认自己构成较轻的罪名为条件，与检察人员达成关于轻罪的具结书，以求得到宽缓处理。对于此类型案件，辩护律师在与检察官沟通时，应当着重强调由于犯罪行为定性的争议，也可能存在证据不足或者行为模棱两可的境地，相关的争议如果进入庭审，也会在处理程序上变得极为烦琐，检察官指控不免存在困难。在多次当面或书面沟通的情况下，以便宜起诉和节约司法资源为基础，促使检察机关接受律师的协商意见。

3. 认罪认罚从宽中的罪轻协商

还有一部分案件，事实清楚，证据充足，所指控的罪名也未有争议。辩护律师应当积

---

① 王瑞剑：《认罪认罚从宽制度的律师介入——一种基于内在价值与运行样态的分析》，载《北京政法职业学院学报》2017 年第 1 期。

② 孔冠颖：《认罪认罚自愿性判断标准及其保障》，载《国家检察官学院学报》2017 年第 1 期。

极与被追诉人沟通，告知其仍拒不认罪可能存在的风险。此外，向其分析若认罪认罚可能得到的轻缓化处理。同时，辩护律师应当在与被追诉人沟通的过程中，尽可能地收集从宽情节与线索，以此为基础向检察人员有针对性地提出量刑意见。① 在与检察人员沟通的过程中，律师应当着重论证被追诉人的行为，社会危害性较低，且具有认罪认罚或者退赃、赔偿被害人的情节，并向检察机关申请，并促成被追诉人与被害人之间的刑事和解。这将促使检察机关提出更利于被追诉人的量刑建议。如此，律师的有效辩护也会得以进一步的深化。

① 赵恒：《认罪认罚从宽制度适用与律师辩护制度发展——以刑事速裁程序为例的思考》，载《云南社会科学》2016 年第 6 期。

论量刑建议的法定性和全面性*

张国轩**

一、量刑建议的法定性

长期以来，在我国的相关法典中，“量刑建议”一词并没有被直接确认，而其只是在系列司法解释和规范性文件中被规定。例如，2010年2月23日最高人民检察院公诉厅发布的《人民检察院开展量刑建议工作的指导意见（试行）》第1条规定：“量刑建议是指人民检察院对提起公诉的被告人，依法就其适用的刑罚种类、幅度及执行方式等向人民法院提出的建议。量刑建议是检察机关公诉权的一项重要内容。”2010年9月13日最高人民法院、最高人民检察院、公安部、国家安全部、司法部印发的《关于规范量刑程序若干问题的意见（试行）》第3条第1款规定：“对于公诉案件，人民检察院可以提出量刑建议。量刑建议一般应当具有一定的幅度。”2010年10月12日最高人民检察院印发的《关于积极推进量刑规范化改革全面开展量刑建议工作的通知》指出：“全面开展量刑建议是检察机关的一项新的工作，在增加检察机关工作量的同时，也对公诉工作提出了新的更高的要求。”

2012年修改的刑事诉讼法第193条第1款规定：“法庭审理过程中，对与定罪、量刑有关的事实、证据都应当进行调查、辩论。”本款内容与修改前相比发生了较大的变化，“本款规定的意图是要表达，在法庭审理中，不仅要对与定罪相关的事实、证据进行调查、辩论，对与量刑有关的事实、证据也要调查、辩论，从而为量刑规范化提供了法律依据。”①但是，在修改的刑事诉讼法中也没有明确规定“量刑建议”一词，2014年6月27日全国人民代表大会常务委员会通过的《关于授权最高人民法院、最高人民检察院在部分地区开展刑事案件速裁程序试点工作的决定》中仍然没有规定“量刑建议”一词。

2016年9月3日全国人民代表大会常务委员会通过的《关于授权最高人民法院、最高人民检察院在部分地区开展刑事案件认罪认罚从宽制度试点工作的决定》中规定：“对犯罪嫌疑人、刑事被告人自愿如实供述自己的罪行，对指控的犯罪事实没有异议，同意人民检察院量刑建议并签署具结书的案件，可以依法从宽处理。”其中的“量刑建议”一词系我国第一次在法律中被明确规定。

---

* 本文系作者主持的2017年最高人民检察院理论研究重点课题《我国认罪认罚从宽制度研究》（编号G2017B18）的系列成果之一。

** 作者简介：张国轩，江西省人民检察院副检察长。

① 参见郎胜主编：《中华人民共和国刑事诉讼法释义》（最新修正版），法律出版社2012年版，第421页。

2018年5月中国人大网公布的《刑事诉讼法修正草案（征求意见稿）》（以下简称《刑诉法修正草案一审稿》）第15条、第16条、第20条、第21条有8处规定了“量刑建议”一词。2018年9月公布的《刑事诉讼法（修正草案）》（二次审议稿）（以下简称《刑诉法修正草案二审稿》）继续在第15条、第16条、第21条、第22条中有8处对“量刑建议”一词予以确认。同时，全国人民代表大会宪法和法律委员会《关于〈中华人民共和国刑事诉讼法（修正草案）〉修改情况的汇报》指出：“草案第十六条对人民检察院提出量刑建议作了规定，第二十条对人民法院采纳量刑建议作了规定。有的常委委员、地方和社会公众提出，为鼓励犯罪嫌疑人认罪认罚，落实宽严相济刑事政策，对认罪认罚的案件，人民检察院应当依法提出量刑建议，并适当限制人民检察院调整量刑建议和人民法院不采纳量刑建议的权力。对于其他案件，人民检察院可根据具体情况决定是否需要提出量刑建议。宪法和法律委员会经研究，建议对相关条文作出以下修改：一是明确犯罪嫌疑人认罪认罚的，人民检察院应当提出量刑建议。二是明确人民法院经审理认为量刑建议明显不当，或者被告人、辩护人对量刑建议提出异议的，人民检察院可以调整量刑建议。人民检察院不调整量刑建议或者调整量刑建议后被告人、辩护人仍有异议的，人民法院应当依法作出判决（《刑诉法修正草案二审稿》第16条、第21条）。”①

因此，“量刑建议”一词成为名正言顺的法定术语实属来之不易，因为它经历了从理论到实践、从模糊到明确、从司法解释到立法确认、从特别法到基本法的较长过程。当然，立法上还应当进一步对量刑建议的内涵和外延予以界定。

二、量刑建议的全面性

（一）量刑建议是认罪认罚从宽的重要条件

认罪认罚从宽制度带动了量刑建议制度的入法。认罪认罚从宽不仅在法典中是被广泛使用的法律术语，而且作为刑事诉讼法的基本原则直接被确认到法典中，从试点的特别法进入刑事诉讼基本法，从刑事诉讼的程序制度上升为刑事诉讼的一般原则。

2017年12月23日在第十二届全国人民代表大会常务委员会第三十一次会议上，周强在《关于在部分地区开展刑事案件认罪认罚从宽制度试点工作情况的中期报告》（以下简称《试点中期报告》）中指出，截至2017年11月底，试点检察机关对认罪认罚案件依法提出从宽量刑建议，其中建议量刑幅度的占70.6%，建议确定刑期的占29.4%，法院对量刑建议的采纳率为92.1%。免予刑事处罚的占0.3%，判处三年有期徒刑以下刑罚的占96.2%，其中判处有期徒刑缓刑、拘役缓刑的占33.6%，判处管制、单处附加刑的占2.7%，非监禁刑适用比例进一步提高。②

从刑事速裁程序和认罪认罚从宽制度的试点看，检察机关提出量刑建议是开展速裁程序和认罪认罚从宽的重要条件和必经环节，也是量刑规范化的特殊形式，也就是说，没有

① 2018年8月27日下午，第十三届全国人大常委会第五次会议举行第一次全体会议，全国人大宪法和法律委员会副主任委员沈春耀作了关于《刑事诉讼法（修正草案）》修改情况的汇报。

② 《试点中期报告》全文参见《人民法院报》2017年12月24日第1版、第2版。

检察机关提出量刑建议，就不可能有速裁程序和认罪认罚从宽，量刑规范化也就无从谈起。例如，2016年11月16日最高人民法院、最高人民检察院、公安部、国家安全部、司法部印发的《关于在部分地区开展刑事案件认罪认罚从宽制度试点工作的办法》（以下简称《认罪认罚从宽试点办法》）第1条规定："犯罪嫌疑人、被告人自愿如实供述自己的罪行，对指控的犯罪事实没有异议，同意量刑建议，签署具结书的，可以依法从宽处理。"第11条规定："人民检察院向人民法院提起公诉的，应当在起诉书中写明被告人认罪认罚情况，提出量刑建议，并同时移送被告人的认罪认罚具结书等材料。量刑建议一般应当包括主刑、附加刑，并明确刑罚执行方式。可以提出相对明确的量刑幅度，也可以根据案件具体情况，提出确定刑期的量刑建议。建议判处财产刑的，一般应当提出确定的数额。"①

从认罪认罚从宽和量刑建议入法的规定看，认罪认罚从宽与量刑建议的关系被立法确认，认罪认罚从宽与量刑建议仍然密不可分。《刑诉法修正草案一审稿》第15条中建议规定："犯罪嫌疑人自愿认罪，同意量刑建议和程序适用的，应当在辩护人在场的情况下签署认罪认罚具结书。"《刑诉法修正草案二审稿》第15条中建议规定："犯罪嫌疑人自愿认罪，同意量刑建议和程序适用的，应当在辩护人或者值班律师在场的情况下签署认罪认罚具结书。"除了在签署认罪认罚具结书时增加"值班律师"在场的情形规定外，其他未做修改。《刑诉法修正草案一审稿》第16条建议规定："人民检察院可以在起诉书中就主刑、附加刑、刑罚执行方式等提出量刑建议。犯罪嫌疑人认罪认罚的，应当在起诉书中写明，并随案移送认罪认罚具结书等材料。"《刑诉法修正草案二审稿》第16条建议规定："犯罪嫌疑人认罪认罚的，人民检察院应当在起诉书中就主刑、附加刑、刑罚执行方式等提出量刑建议，并随案移送认罪认罚具结书等材料。"将一审稿中的"可以"提出量刑建议修改为"应当"提出量刑建议。特别注意二审稿这两个条文中均使用了"应当"一词：同意量刑建议，"应当"签署具结书；"应当"在起诉书中提出量刑建议。这就充分表明了量刑建议在认罪认罚从宽中的重要性。

（二）量刑建议具有动态性，检察机关可以主动及时予以调整和修正

当量刑建议在庭审中存在问题时，检察机关可以主动对其予以调整，人民法院也可以要求检察机关调整量刑建议。

注意目前关于量刑建议调整的前提条件、主动性和被动性、法院直接判决的情形等方面存在不同的认识和规定。例如，《认罪认罚从宽试点办法》第21条规定："人民法院经审理认为，人民检察院的量刑建议明显不当，或者被告人、辩护人对量刑建议提出异议的，人民法院可以建议人民检察院调整量刑建议，人民检察院不同意调整量刑建议或者调整量刑建议后被告人、辩护人仍有异议的，人民法院应当依法作出判决。"注意量刑建议明显不当或者辩方对量刑建议提出异议时，法院可以建议检察院调整量刑建议。调整量刑建议的前提条件是"量刑建议明显不当"或者"辩方对量刑建议提出异议"；检察院对量刑建议的调整具有被动性，因为"法院可以建议检察院调整量刑建议"。《刑诉法修正草案一审稿》第19条建议规定："在审判过程中，人民检察院可以调整量刑建议。人民法院经审理

① 注意其中的"一般应当"的表述极不规范，在立法上只有"可以"和"应当"的区别，没有"应当"和"一般应当"的界限。

认为量刑建议明显不当或者被告人、辩护人对量刑建议提出异议的，应当依法作出判决。”注意修改为检察院可以调整量刑建议，对于检察机关来讲，量刑建议的调整具有主动性；将量刑建议明显不当或者辩方对量刑建议提出异议，从作为检察院调整量刑建议的前提条件修改为法院直接依法判决的情形。《刑诉法修正草案二审稿》第 21 条建议规定：“人民法院经审理认为量刑建议明显不当，或者被告人、辩护人对量刑建议提出异议的，人民检察院可以调整量刑建议。人民检察院不调整量刑建议或者调整量刑建议后被告人、辩护人仍有异议的，人民法院应当依法作出判决。”注意修改为又调整量刑建议的前提条件是“量刑建议明显不当”或者“辩方对量刑建议提出异议”；检察机关对量刑建议的调整具有主动性：“人民检察院可以调整量刑建议”；将法院直接依法判决的情形修改为“检察院不调整量刑建议”或者“调整量刑建议后辩方仍有异议”。

可见，上述三条规定是存在一定差异的，但总的趋势是，在庭审过程中，检察院可以动态调整量刑建议，调整量刑建议的原因可以是量刑建议明显不当，辩方对量刑建议提出异议，法院建议检察院调整等。当然，笔者认为，将辩方对量刑建议的异议也同时作为检察机关调整量刑建议的法定事由，明显不妥，因为在审查起诉阶段，被告人是同意量刑建议，并且签署了认罪认罚具结书的。

（三）量刑建议的效力被充分认可，也被立法直接确认

在认罪认罚从宽制度试点中，法院在判决时对检察机关所提出的量刑建议原则上是予以认可的。《认罪认罚从宽试点办法》第 20 条规定：“对于认罪认罚案件，人民法院依法作出判决时，一般应当采纳人民检察院指控的罪名和量刑建议，但具有下列情形的除外：（一）被告人不构成犯罪或者不应当追究刑事责任的；（二）被告人违背意愿认罪认罚的；（三）被告人否认指控的犯罪事实的；（四）起诉指控的罪名与审理认定的罪名不一致的；（五）其他可能影响公正审判的情形。”同时，《试点中期报告》也指出，法院对认罪认罚从宽试点案件的量刑建议采纳率为 92.1%。

《刑诉法修正草案一审稿》第 19 条建议规定：“对于认罪认罚案件，人民法院依法作出判决时，一般应当采纳人民检察院指控的罪名和量刑建议，但有下列情形的除外：（一）被告人不构成犯罪或者不应当追究刑事责任的；（二）被告人违背意愿认罪认罚的；（三）被告人否认指控的犯罪事实的；（四）起诉指控的罪名与审理认定的罪名不一致的；（五）量刑建议明显不当的；（六）其他可能影响公正审判的情形……”与《认罪认罚从宽试点办法》第 20 条规定相比，只是在法院不予采纳的情形中增加了“量刑建议明显不当”。《刑诉法修正草案二审稿》第 21 条建议规定：“对于认罪认罚案件，人民法院依法作出判决时，一般应当①采纳人民检察院指控的罪名和量刑建议，但有下列情形的除外：（一）被告人不构成犯罪或者不应当追究刑事责任的；②（二）被告人违背意愿认罪认罚的；（三）被告人否认指控的犯罪事实的；（四）起诉指控的罪名与审理认定的罪名不一致的；（五）其他可能影响公正审判的情形……”与一审稿相比，二审稿在法院不采纳检察院提出的量刑建议

① “一般应当”的表述不准确、不规范。

② “被告人不构成犯罪或者不应当追究刑事责任的”的表述不妥，不存在被告人是否构成犯罪的问题，应当是被告人的行为是否构成犯罪，所以正确的表述是“被告人的行为不构成犯罪或者不应当追究刑事责任的”。

特殊情形中删除了“量刑建议明显不当的”，其内容基本上与《认罪认罚从宽试点办法》第20条的规定保持一致。可见，量刑建议在试点中的效力被法典所确认。

（四）诉权具有整体性、全面性，量刑建议是诉权不可或缺的有机组成部分

在诉讼法理论上，起诉应当是诉罪与求刑的完整统一，诉罪是请求对被告人定罪，求刑即量刑建议是请求对被告人判处刑罚，诉罪是求刑的前提，求刑是诉罪的后果，两者密不可分。所以《人民检察院开展量刑建议工作的指导意见（试行）》第1条规定，量刑建议是检察机关公诉权的一项重要内容。量刑建议是源于公诉权的一种司法请求权，量刑建议与定罪申请一起，应当成为公诉权的有机组成部分。①

2012年修改后的刑事诉讼法规定了在庭审中开展量刑规范化，在后续试点开展的刑事速裁程序和认罪认罚从宽中，检察机关本该理所当然地开展量刑建议工作、推动量刑规范化。但是，修改后的刑事诉讼法自2013年实施以来，只诉罪不求刑或者重诉罪轻求刑的现状没有得到根本性改变。从案件质量上说，检察机关对大部分案件的起诉和办理仅仅属于只诉罪没求刑或者重诉罪轻求刑的诉讼“半成品”，并非是诉罪和求刑完整结合的诉讼“成品”。

因此，量刑建议一词正式进入法律特别是正式写入刑事诉讼法典以后，不仅使其成为名正言顺的法定术语和诉讼“成品”的重要标志，更使其成为检察机关义不容辞的法定职责和不可推卸的使命担当。由于量刑建议不仅是诉权的重要组成部分，而且是认罪认罚从宽原则不可或缺的重要内容，所以在认罪认罚从宽和量刑建议写入刑事诉讼法后，检察机关不积极履行量刑建议职责或者选择性提出量刑建议的现状必须得到根本改变。

三、全面开展量刑建议的立法建议

综上，笔者认为，由于刑事速裁程序和认罪认罚从宽制度的成功试点为量刑建议的全面开展提供了丰富的实践基础，所以量刑建议不仅应当法定化，更应当全面化。认罪认罚从宽中量刑建议的法定性和重要性不言而喻，特别量刑建议是开展认罪认罚从宽的重要条件。但是，由于起诉是诉罪和求刑的完整统一，只诉罪没求刑的起诉是不完整、不充分的履职行为。所以，在修改刑事诉讼法时，对所有公诉的刑事案件，包括认罪认罚从宽案件在内，在立法上都应当明确规定检察机关提出量刑建议和开展量刑规范化。只有这样，公诉权才算充分、完整，检察机关也才能积极履行法定职责，才能不选择性地提出量刑建议。当然，在提出量刑建议和开展量刑规范化时，认罪认罚从宽案件与普通案件可以区别对待，分别设定不同的程序。

同时，为了加强检察机关的量刑建议工作和保证立法表述的准确性，还应当对二审稿的相关条文进行修改：

《刑诉法修正草案二审稿》第16条建议规定：“犯罪嫌疑人认罪认罚的，人民检察院应当在起诉书中就主刑、附加刑、刑罚执行方式等提出量刑建议，并随案移送认罪认罚具结书等材料。”其中的“提出量刑建议”建议修改为“提出相对明确、具体的量刑建议”。

---

① 参见孙谦：《全面依法治国背景下的刑事公诉》，载《法学研究》2017年第3期。

《刑诉法修正草案二审稿》第21条建议规定："人民法院经审理认为量刑建议明显不当，或者被告人、辩护人对量刑建议提出异议的，人民检察院可以调整量刑建议。人民检察院不调整量刑建议或者调整量刑建议后被告人、辩护人仍有异议的，人民法院应当依法作出判决。"可以将"调整量刑建议后被告人、辩护人仍有异议的"的表述修改为"调整量刑建议后人民法院认为仍然明显不当的。"

我国刑事缺席审判程序被告人权利问题研究

张婕妤*

刑事缺席审判作为新的刑事法律程序，有助于国家刑罚权的实现，惩罚犯罪也是保护无罪者的需要。通过合理的程序而产生有效的判决使刑事追诉产生结果，更体现了司法的终局性。选择从微观层面使刑事诉讼程序更偏重于效率价值，通过效率体现公正。刑事缺席审判程序除了更偏重于效率价值，对被害一方的公平也更加关注。通常对某一程序或者制度正当性的证明一般可以从两个方面进行论证。一方面是通过对该程序或制度设置的目的进行考量，通过对社会的主观评价以及该制度目的的实现路径的论证，达到对其合目的性的证明，以论证其存在的正当性。另一方面是通过对程序或者制度体系本身进行合理性的分析，通过社会的客观需求对制度设立的影响和要求的论证，继而对该制度的手段的道德性予以证明，以达到对其正当性的证明。缺席审判的目的正当性不言自明，而手段的正当性就要通过保障被追诉者的合理程度来证明和实现。公平和效率都是刑事诉讼所追求的，不同类型的程序设置对两者侧重不同，以实现打击犯罪和保障人权之间的目的平衡。

刑事缺席审判是相对于对席审判而言的，是指在审判之日，被告人本人未到庭，在符合法律规定的情形下，对被告人所涉的犯罪由法院进行审理。正是因为被告人不能到场参加法庭审理，被告人的权利保障相对于普通程序应特别重视。缺席审判的程序设置涉及对多项刑事诉讼基本原则的调整，主要有程序参与原则、有效辩护原则、诉讼及时原则、救济原则等，刑事缺席审判程序的实施必然会对被告人的正常诉讼权利有所减损，因而对被告人的权利保护应当愈加重视。

一、刑事缺席审判程序被告人权利保障的基本问题

2018年10月26日通过的修正后的《中华人民共和国刑事诉讼法》（以下简称2018年刑诉法）将缺席审判程序设定在“特别程序”一章之中，体现了其本身适用范围的有限性、合理性和特殊性，符合特别程序的要求。其中，规定了四类适用刑事缺席审判的情形，包括“对于贪污贿赂犯罪案件，以及需要及时进行审判，经最高人民检察院核准的严重危害国家安全犯罪、恐怖活动犯罪案件，犯罪嫌疑人、被告人在境外，监察机关移送起诉，人民检察院认为犯罪事实已经查清，证据确实、充分，依法应当追究刑事责任的，可以向人民法院提起公诉。人民法院进行审查后，对于起诉书中有明确的指控犯罪事实的”；“被告人患有严重疾病无法出庭，中止审理超过六个月，被告人仍无法出庭，被告人及其法定

---

* 作者简介：张婕妤，中国人民公安大学法学院博士研究生。

代理人申请或者同意恢复审理的”；“被告人死亡的，人民法院应当裁定终止审理；但有证据证明被告人无罪的”以及“人民法院按照审判监督程序重新审判的案件，被告人死亡的”。“立法之所以就这四种情形设立专门的缺席审判程序，实质上是出于不同原因与目的，而其所涉及的价值判断、利益权衡亦不相同”。[①]

（一）刑事缺席审判的适用对象

目前2018年刑诉法中可适用缺席审判的被告人有两类：一是主观上缺席审判的外逃类被告人，如第291条规定的贪污贿赂犯罪案件以及有条件的危害国家安全犯罪和恐怖活动犯罪案件的被告人，该类型的被告人是可以参加庭审而不参加的。二是客观上缺席审判的被告人，无论其是否为自伤、自残等导致自己无法出庭的，其客观上已经达不到出席法庭、参加庭审的条件，如第296、297条规定的案件因故中止审理，被告人等同意恢复审理或被告人死亡但有可能判处无罪的情况。

我国目前的缺席审判程序还没有被告人因违反法庭秩序被逐出法庭或者无正当理由拒不出庭的案件，这与英国、美国、法国、德国等国家的缺席审判不同，有效地控制了刑事缺席审判案件的适用范围，也符合初创程序，留有一定空间的立法理念。至于因患有严重疾病，无法出席法庭审理超过六个月的情况应严格予以控制，如果涉及的罪行较重，被告人对指控事实又有异议的，应谨慎适用。若被告人不是为了逃避审判而自伤自残，被告人的身体可以恢复到具备参加诉讼的条件，并是可期待的，就不宜对其进行缺席审判。通过对适用对象的限制而严格控制缺席审判的案件范围也是对被告人权利的保障。

（二）刑事缺席审判的证明标准

关于适用刑事缺席审判的证明标准问题，有学者指出缺席审判的定性是其证明标准不同于一般刑事案件的根本原因，并参照违法所得没收程序对物的诉讼而降低证明标准，介于刑事审判程序与民事诉讼证明标准之间。[②] 但将此次修订的缺席审判程序与违法所得没收程序对比而言并不是特别恰当。违法所得没收程序是一种对物之诉，该没收不能等同于刑罚中的没收。[③] 刑事缺席审判程序是通过特别的方式实现国家的刑罚权，主要目的是将特殊犯罪中潜逃境外的犯罪嫌疑人和被告人引渡回国对其宣告刑罚并执行或者执行其转移到境外的财产，而且该程序设置的是有条件的再审，宣告刑罚是对被告人名誉上的否定，判处刑罚之后其财产可能被没收，还是应该采用“排除合理怀疑”的证明标准。也有学者指出，目前我国普通程序的证明标准偏高，在实践中被降格适用，导致出现留有余地的判决的情况，被论述为制度角色与制度能力之间的错位，而不是司法技术的缺失，更不是法官的技术问题。[④] 因此，除了被告人死亡的情形，纠正冤错案件并不以“有证据证明无罪”为前提，而应当以定罪的生效裁判确有错误为条件。第297条规定的“有证据证明被告人无罪的案件可以缺席审理”，而不是“无法证明其有罪，不能排除合理怀疑的，可以宣告其无

---

① 陈卫东：《论中国特色刑事缺席审判制度》，载《中国刑事法杂志》2018年第3期。

② 参见胡志凤：《刑事缺席审判中的证明标准》，载《国家检察官学院学报》2018年第3期。

③ 参见谢丽珍：《违法所得没收特别程序研究》，法律出版社2016年版，第65-71页。

④ 陈虎：《制度角色与制度能力：论刑事证明标准的降格适用》，载《中国法学》2018年第4期。

罪”。这其实没有将刑事诉讼法第200条第3款的证据不足的无罪纳入到刑诉法第297条无罪的缺席审判适用范围，变相地减轻了公诉方也应收集被告人无罪证据材料的证明责任，提高了证据不足的无罪的被告人被缺席审判并宣告无罪的适用门槛。这其实不利于保护已死亡被告人的名誉权，其家属还要承担相应的道义责任和财产责任。

（三）严格区分适用缺席审判程序与违法所得没收程序

违法所得没收程序虽然属于广义上的刑事缺席审判程序，但2018年刑诉法中的缺席审判程序并不能等同。“违法所得没收程序更侧重于对违法所得财产的处置，也是对涉案财产权属确认的过程，不涉及刑事责任，没收的违法所得也不属于刑罚。”① 而缺席审判程序是要对被告人进行定罪量刑，以实现国家的刑罚权。从法律规定及司法解释上看，违法所得没收程序中的“逃匿”应解释为潜逃与隐匿，以及“在通缉一年后不能到案”，这两种情况并没有明确的地址可送达其本人，有可能是下落不明或无法送达开庭通知的，也可能是潜逃在境内或境外，被追诉者下落不明，语义有些模糊。外逃类被告人的缺席审判，被告人应被送达，说明其下落是明确的。因此，下落不明的被追诉者就不可能作为缺席审判的被告人，也不应适用缺席审判程序。反之下落明确的外逃类被追诉者，应优先适用缺席审判程序，保证其相应的程序和实体权利包括财产权，而不能先适用未定罪的没收违法所得的特别程序。

二、刑事缺席审判中的程序参与权

“程序参与原则作为贯穿刑事诉讼始终的基本性原则，在诉讼中发挥着重要作用”②。《公民权利和政治权利国际公约》亦规定，在审判过程中，被告人有权亲自到场接受审判……这一权利为被告人充分行使辩护权，有效参与法院裁判结论的形成过程提供了一个最基本的保障。③ 而缺席审判程序缺少的就是被追诉者的亲身参与，法律规定的被告人的近亲属、辩护人的参与也只能是一种替代性的参与。

犯罪嫌疑人、被告人潜逃境外缺席审判的具体程序：一是明确由犯罪地或者被告人居住地的中级人民法院组成合议庭进行审理（必要时仍可以依照刑诉法的规定指定管辖）。二是规定人民法院通过司法协助方式或者受送达人所在地法律允许的其他方式，将传票和起诉书副本送达被告人。这也就是与欧美主要国家的刑事诉讼缺席审判程序相类似，在充分送达的情况下，被告人不归案参加诉讼的，才会对其采用缺席的方式进行审判。这也符合国际上的通行做法，将出席庭审作为一种权利，权利的所有者可以放弃权利。三是规定被告人未按要求归案的，人民法院应当开庭审理，依法对其作出定罪量刑判决。④

（一）将出席审判视为被告人的权利

参与原则是正当程序的第一要素，又被称为“获得法庭审判机会”的原则（having

---

① 谢丽珍：《违法所得没收特别程序研究》，法律出版社2016年版，第35页。

② 宋英辉等：《刑事诉讼原理（第三版）》，北京大学出版社2014年版，第64页。

③ 岳礼玲、陈瑞华：《刑事程序公正的国际标准与修正后的刑事诉讼法（上）》，载《政法论坛》1997年第3期。

④ 《缺席审判制度及速裁程序等拟入法》，http：//www.npc.gov.cn/npc/cwhhy/13jcwh/2018－04/26/content_2053683.htm。最后访问日期：2018年9月16日。

ones day in court; having a hearing; being heard, etc.)[①]。美国法学家贝勒斯认为，当事人应富有影响地参与法院解决争执的活动，这一原则有助于当事人更容易接受判决，尽管有可能不赞成，但他们更有可能服从判决。此原则的根据是参与价值，即参与作出影响自己生活的判决，让法院听取其意见，拥有发言权。[②] 正当程序并非司法改革唯一的价值追求，对打击犯罪功能的重视同样是刑事程序的内在价值需求。这种正当程序和惩罚犯罪的价值需求可能是在个案中平衡、在整个司法体系中抑或是在刑事案件司法审判中平衡。

从条文来看，刑诉法第 291 条规定的犯罪嫌疑人、被告人是潜逃境外，而且第 292 条规定“要通过司法协助或其他方式将传票和人民检察院的起诉书副本送达后，被告人未按照要求到案的，人民法院应当开庭审理，依法作出判决，并对其违法所得及其他涉案财物作出处理。”这样的规定最大限度地保障了被告人的程序参与权利，至少给予被告人提供了是否参加该刑事诉讼庭审的空间。可以说在被告人外逃缺席审判的情况下，真正地将开庭通知送达被告人的程序是复杂而艰巨的，也是必要的，只有被告人对程序知情，才有是否参与的选择权，进而通过其放弃参与庭审的权利，刑事缺席审判程序因而更具有正当性。

为了保障其庭审参与权的实现，如在庭审前对被告人采取监视居住或者取保候审的强制措施，在收到通知开庭之后外逃的，本身意味着其放弃了出席庭审的权利，对符合缺席审判条件的案件进行缺席审判，并没有剥夺其出庭的权利。这也符合国际人权事务委员会的观点，只能在已经给了被追诉者一切必要的通知，包括开庭审理的时间、地点并且要求他出席，在这种情况下却不出席法庭审判，才能进行缺席审理。

（二）被告人近亲属的诉讼地位

杰里·马修（Jerry L. Mashaw）将参与原则视为“尊严价值”的重要内容，在他看来，当事人通过参与程序获得对法律结论制作控制的机会，此种控制程度越高，当事人从法律程序中感受到的受尊重程度越强烈。一旦失去这种控制，当事人的自尊便会受到损害。尤其是那些权利的具体内容较为模糊、裁决制作很大程度上决定于对争议事实和规范进行贯通解释的场合中，对程序失去控制力的当事人的尊严受到的损害更大。[③] 如果被追诉者放弃了出庭的权利，程序参与的权利也可由其他人替代实现，如由近亲属来实现，近亲属可能是相对于被追诉者来说比较了解案情的人，但并不是要替代被告人被审判的地位。允许与案件有直接利害关系的主体直接或间接地参与到刑事裁决的制作过程中，更有利于确保判决结果的可接受性。诉讼各方通过提出证据，阐明自己的主张，正所谓兼听则明，最终形成正确的裁决。当被告人外逃时，近亲属是否可以作为当事人参加庭审，2018 年刑诉法从表面上是否定的。但在之后又赋予了近亲属的上诉权，有相互矛盾之嫌。同时，让被裁判者有效地参与到刑事裁决的制作过程中，发挥主观能动性，该裁决结果才能真正令人信服。若已经赋予了近亲属上诉权，而近亲属无法成为当事人或者类似于当事人参加法庭审理，就没有对法律结论的制作有控制的机会，那么上诉权也就成为空中楼阁，可能导致近亲属

---

① 陈瑞华：《刑事审判原理》，北京大学出版社 2003 年版，第 54 页。

② ［美］M. D. 贝勒斯：《法律的原则：一个规范的分析》，张文显等译，中国大百科全书出版社 1996 年版，第 35 页。

③ Jerry L. Mashaw. Administrative Due Process: The Quest for a Dignity Theory, in Boston University Law Reviews, Vol. 61. 1981, pp. 885-931.

的上诉率增加。因此，应赋予近亲属或者法定代理人参加缺席庭审，而非享有被告人的地位，替代被告人行使庭审参与权，缺席审判程序也会更加流畅而富有效率。

三、刑事缺席审判中被告人的辩护权

被告人有权获得辩护是宪法第130条规定的公民的基本权利，也是国际公约规定的基本人权。刑事被告人在审判制度赋予其辩护权，可以实施主体行为的情况下成为刑事审判的主体要素，辩护人成为辅助被告人刑事辩护权的诉讼主体。[①] 近亲属替代被告人参与程序以及被告人获得法律援助都是被告人缺席时辩护权的实现方式之一。保障被告人的辩护权，相应的缺席判决也更容易被外逃被告人所在国认可，后续的刑罚执行、遣返、引渡程序也会更加顺畅。

（一）刑事缺席审判中辩护的重要性

适用缺席审判程序审理的案件若被告人被认定为有罪，那么相应的判决结果，特别是限制人身自由的刑罚不能立即付诸执行，但是只要判决生效，财产刑就发生了效力，有罪的决定也是对被告人名誉的否定。被告人虽然缺席，却能够通过辩护人和近亲属的帮助，在庭审中相对有效地行使辩护权，弥补了其因缺席而权利保障不足的缺失。案件认定的事实也会更经得起考验，被告人的基本人权才能得到保障。

（二）刑事缺席审判程序中的法律援助

2018年刑诉法第293规定："人民法院缺席审判案件，被告人有权委托辩护人，被告人的近亲属可以代为委托辩护人。被告人及其近亲属没有委托辩护人的，人民法院应当通知法律援助机构指派律师为其提供辩护。"对于在向被告人本人送达法律文书后其未按要求到庭参加诉讼，被告人又没有委托辩护人的，也应通知法律援助机构为其指派律师。由此，也从法律上增加了无须审查经济状况的法律援助的适用范围。法律援助在人权司法保障中发挥重要作用，这种类型的法律援助属于法律利益的特别需要，也就是人权保障的需要，因此不应因为外逃类被告人可能具有一定的经济能力，而不为其进行指定辩护。鉴于我国现有的法律援助补贴状况，很难为律师与被告人提供面对面会见的机会，会见不能实现，而辩护的效果也会有所减损。不过，如今视频语音通话等技术非常便利，缺席被告人又多处于非羁押状态，也可以达到与会见相当的效果，但要保证辩护人与被告人交流时不得采取监听等技术侦查手段。

但对于2018年刑诉法第296条和第297条规定的被告人无法出庭的情形，是否应通知法律援助机构为其指派律师呢？在这两种情况中，无论是被告人患有严重疾病或是被告人死亡的，若其没有辩护人，法院也应为其通知指派律师。法律援助虽是为了保障经济困难的公民获得必要的法律服务，缺席审判中的被告人也并非经济困难，但是法律援助也有其特殊的职能，就是特殊情况下对被告人辩护权的保障，如可能判处无期徒刑以上刑罚、未成年人犯罪等情形。缺席审判中的被告人本就无法亲自行使辩护权，为了保障其诉讼利益

---

① 参见龙宗智：《刑事庭审制度研究》，中国政法大学出版社2001年版，第3页。

和人权，也应将此情形纳入无须进行经济审查的法定法律援助范围。特别是患有严重疾病的被告人，前期可能参与了侦查和审查起诉程序，如果缺席审判可能判处其有罪又没有辩护人为其辩护，就会严重影响其诉讼权利，出于对正当程序与程序参与的补充，应无条件地为这两种情况下的被告人提供法律援助。

四、刑事缺席审判中被告人获得程序救济权

没有救济就没有权利，救济权是诉权的要义，也是上诉权的核心内容，救济手段的完善是程序正义原则对诉讼参与人人权保障的重要要求之一。但救济也应有一定的限制，不能无休无止。缺席审判程序是在被追究者缺席庭审的情况下定罪并量刑。由于被告人的缺席，判决难免会有所疏漏，各项诉讼权利也无法实现，所以立法者特别为缺席审判程序设计了更为宽松的上诉条件以及一定条件下的程序回转。

（一）缺席审判中的二审

1. 上诉权主体

2018年刑诉法第294条规定："人民法院应当将判决书送达被告人及其近亲属、辩护人。被告人或者其近亲属不服判决的，有权向上一级人民法院上诉。辩护人经被告人或者其近亲属同意，可以提出上诉。"该规定与普通的一审程序不同，实际上赋予了被告人近亲属的上诉权，属于扩大了上诉权的主体范围。

赋予了近亲属的独立上诉权，这是因缺席被告人的救济权利可能无法及时亲自行使，而授予近亲属，尽可能有效地抑制国家公权力对诉讼参与人未来的人身自由和合法财产的肆意剥夺。但可能会出现一审判决下达后，被告人的近亲属选择上诉；而判决送达被告人的时间会很漫长，若上诉期满，被告人选择不上诉意味着认可一审判决，而近亲属上诉却启动了二审程序，这种情况下又该如何协调，二者上诉权的效力是否独立？根据对原文的文意理解，二者的上诉权应是独立的，因为对比后一种辩护人上诉要经过被告人的同意，而近亲属的上诉权和被告人是并列的，二者上诉权的相互独立实际上更有利于保障被告人的救济权。如果在都提出上诉的情况下，上诉的内容不同，即使刑事案件普通程序采用全面审查的方式，也要确定审理范围和重点，是审理被告人的上诉请求还是合并审理二者的请求，是有待解决的问题。

外逃类以外类型的缺席审判也有上诉主体的问题，如中止审理超过六个月的情形，被告人或法定代表人申请或同意恢复审理的情形下，被告人一旦有无法表达或者意识不清的情况，法定代理人是否可以上诉，这在刑诉法中没有规定。在这种情况下，法定代理人既然可以申请或同意恢复审理，那么也应赋予其上诉权。

2. 上诉的方式

2018年刑诉法中并没有明确上诉的方式，特别是针对缺席被告人的上诉方式，也就是口头还是书面、是向原审法院提出还是向上级法院提出都没有明确规定。暂时看来，除可参照普通程序的规定外，还应增加符合特别程序的相应规定。例如，是否可向我国驻被告人所在国大使馆提交上诉状等。

3. 二审的审理方式

有关二审审理方式该如何进行，2018 年刑诉法中并未规定。是否应当开庭审理，开庭审理的条件与普通程序的二审是否一致？因程序中被告人的缺席，从保障程序和实体正义的角度看，更宜采用开庭审理的方式进行，程序设计也更应与普通二审保持一致。

（二）缺席审判中的重新审理

1. 未生效判决的重新审理

2018 年刑诉法第 295 条第 1 款规定："在审理过程中，被告人自动投案或者被抓获的，人民法院应当重新审理。"重新审理时应按照普通程序审理，还是应将案件退回公安机关补充侦查后重新提起公诉，还是应就现有的证据进行审理呢？为了确保案件的质量，至少应从被告人外逃时所处的程序开始继续进行。

2. 生效判决的重新审理

虽然缺席审判程序不像违法所得没收程序那样仅对财产进行审查，缺席审判相当于宣告意义上对被追诉人处以刑罚，是对被告人人格上的否定。第 295 条第 2 款规定罪犯在判决裁定生效后到案的，对其判决裁定提出异议的，人民法院应当重新审理。该规定从文意上可理解为，只要被缺席审判的罪犯提出异议的，就必须启动审判监督程序，可能会导致被缺席审判的罪犯滥用异议权，但增加了其外逃所在国对缺席判决的可接受性，也更容易引渡。这无疑也从法律上增加了启动审判监督程序的法定情形。虽然可能导致生效判决的不稳定，却有益于实现国家刑罚权以及保护被缺席审判罪犯的诉讼权利和实体公正。

2018 年刑诉法第 297 第 2 款规定的按照审判监督程序审判的案件，被告人死亡的，可以缺席审理。这条规定其实是对近年来如聂树斌案，呼格吉勒图案等案件程序司法实践的总结。再审开庭时，出庭人员的身份确定问题可参照 2012 年《关于适用〈中华人民共和国刑事诉讼法〉的解释》第 384 条第 3 款特别规定进行。是否开庭审理应在缺席审判程序中给出更加明确的规定，如案件重大复杂，不涉及隐私的应该开庭审理，对参加庭审的当事人身份予以确定。

五、结语

综上，关于刑事诉讼缺席审判程序，我国没有相应的司法实践，仅能通过学科原理进行分析，我国 2012 年刑诉法第 2 条增加的"尊重和保护人权"是刑事诉讼所追求的目标，2018 年刑诉法也规定了保护被告人权利的内容，但实际操作起来过于抽象，会给以后解释和适用带来较大的空间，可能会违背立法的初衷。对公民基本权利的保障既可以衡量法律程序的善恶优劣，也可以作为诉讼程序是否完善的评判标准。法律的权威性决定了规则，而其道德性则减少制定和适用过程中的恣意，从而更加正当合理。程序正当不仅要求程序能够对诉讼公正起到应有的促进作用，更要求程序的架构安排符合解决社会纠纷的要求。因此，刑事缺席审判程序对因贪污贿赂等犯罪外逃的人员起到震慑作用，也实现了国家刑罚权，让他们从心里觉得即使外逃也不可能永远逍遥法外，但同时也更应赋予缺席被告人更多合理的诉讼权利。

刑事全覆盖下的律师辩护权探讨

左德起*

引　言

我国正在部分地区开展刑事案件律师辩护全覆盖的试点工作，取得了在刑事诉讼审判阶段律师辩护全覆盖的卓越成效，刑事被追诉人的权利得到一定程度的保障。但是在试点工作中也反映出律师辩护质量参差不齐、辩护权的实现存在差异的问题，以及不同地区不同看守所条件不一导致的律师会见难问题。本文在肯定刑事案件律师辩护全覆盖试点工作的法治意义的同时，也建议关注和解决这一试点工作中凸显的前述问题。在律师辩护权实现方面，有必要完善配套的法律援助制度，提高法律援助律师的责任心，建立法律援助律师工作评价及惩戒机制，避免指定辩护下的律师辩护权流于形式、浪费司法资源。一直较为突出的律师会见难问题，在刑事辩护全覆盖后更为严峻，建议在全国范围内推行律师会见电子预约制度，推进看守所律师会见服务建设，在会见难问题比较突出的看守所试行双休日律师会见制度。

一、刑事案件律师辩护全覆盖的实施现状

2017 年 10 月 11 日，最高人民法院、司法部发布《关于开展刑事案件律师辩护全覆盖试点工作的办法》（以下简称《办法》），《办法》规定试点期限为 1 年，在北京、上海、浙江、安徽、河南、广东、四川、陕西开展刑事案件律师辩护全覆盖试点工作。开展刑事案件律师辩护全覆盖试点工作是推进“以审判为中心的刑事诉讼制度改革”的一个重大举措，是对“健全当事人、辩护人和其他诉讼参与人的权利保障制度”的贯彻落实，也是我国在人权保障方面的司法进步。充分发挥律师在刑事案件中的辩护职能，有利于维护司法公正，实现“努力让人民群众在每一个司法案件中感受到公平正义”。

---

* 作者简介：左德起，深圳大学法学院教授。

（一）扩大了法律援助范围，在程序和实体上都给予了刑事被追诉人应有的人权保障

根据《中华人民共和国刑事诉讼法》（以下简称刑诉法）第 34 条[①]和第 267 条[②]的规定，刑事诉讼中法律援助对象包括以下五类：（1）经济困难或者其他原因没有委托辩护人的被追诉人；（2）被追诉人是盲、聋、哑人；（3）被追诉人是尚未完全丧失辨认或者控制自己行为能力的精神病人；（4）被追诉人可能被判处无期徒刑、死刑；（5）被追诉人是未成年人。

随着刑事案件律师辩护全覆盖的推进，在审判阶段（包括适用普通程序审理的一审案件、二审案件，按照审判监督程序审理的案件）没有委托辩护人的刑事被追诉人，法院应当通知法律援助机构指派律师为其提供辩护。适用简易程序、速裁程序审理的案件，刑事被追诉人没有辩护人的，法院应当通知法律援助机构派驻的值班律师为其提供法律帮助。在试点推进过程中，侦查、审查起诉阶段，刑事被追诉人没有委托律师的，也可以自行向所在看守所提出申请，由看守所通知法律援助机构指派律师为其提供法律帮助或者由看守所的值班律师为其提供法律帮助。

律师辩护的全覆盖使得没有经济条件聘请律师为其辩护的刑事被追诉人获得律师辩护的权利，其人权在程序上和实体上都得到了应有的保障。

（二）“审判阶段全覆盖”，用有限的司法资源尽最大努力保障刑事被追诉人的人权

“刑事案件律师辩护全覆盖”，从字面含义理解，大多数人会理解为是在刑事案件的整个流程中进行律师辩护全覆盖，即在刑事诉讼中的侦查、审查起诉和审判阶段进行全覆盖。但实际上，《办法》规定的“刑事案件律师辩护全覆盖”仅适用于刑事案件的审判阶段，且保障刑事案件律师辩护全覆盖的义务主体仅限于人民法院。

刑事案件律师辩护覆盖于审判阶段，体现了“以审判为中心”的理念，是我国刑事诉讼从“侦查中心主义”向“以审判为中心”转变的一大举措，实际上也是我国有限司法资源的合理运用，符合我国目前的实际国情。刑诉法第 12 条规定了“法院定罪原则”，即未经人民法院依法判决，对任何人都不得确定有罪。刑事诉讼的审判阶段对于刑事被追诉人而言是最重要的阶段，将确定刑事被追诉人是否有罪，首先选择在审判阶段试点律师辩护全覆盖，能够最大限度地维护刑事被追诉人的合法权益，保障刑事被追诉人辩护权的充分行使，有利于司法公正。

（三）部分地区推行法援律师会见优先、阅卷电子化，为有效实现辩护权提供了保障

《办法》第 13 条对人民法院保障刑事辩护律师的知情权、申请权、申诉权，以及会见、

---

① 刑诉法第 34 条规定，犯罪嫌疑人、被告人因经济困难或者其他原因没有委托辩护人的，本人及其近亲属可以向法律援助机构提出申请。对符合法律援助条件的，法律援助机构应当指派律师为其提供辩护。犯罪嫌疑人、被告人是盲、聋、哑人，或者是尚未完全丧失辨认或者控制自己行为能力的精神病人，没有委托辩护人的，人民法院、人民检察院和公安机关应当通知法律援助机构指派律师为其提供辩护。犯罪嫌疑人、被告人可能被判处无期徒刑、死刑，没有委托辩护人的，人民法院、人民检察院和公安机关应当通知法律援助机构指派律师为其提供辩护。

② 刑诉法第 267 条规定，未成年犯罪嫌疑人、被告人没有委托辩护人的，人民法院、人民检察院、公安机关应当通知法律援助机构指派律师为其提供辩护。

阅卷、收集证据和发问、质证、辩论等方面的执业权利进行了明确规定。第15条规定了在有条件的地方设立阅卷预约平台，推行电子化阅卷，允许刻录、下载材料，等等。

据笔者了解，目前在全国大部分地区都实施了法律援助律师优先会见制度。即使在一些地方没有明确的制度，但是已经基本形成司法惯例。这对于促进律师为刑事被追诉人提供法律援助是极大的促进。如果没有法律援助律师优先会见制度，在“会见难”问题一直无法得到有效解决的情况下，要花费巨大的时间成本在会见上，在所得法律援助费用补助极小的情况下，必然限制律师参与法律援助公益事业的决心和信心。

阅卷电子化是全国刑事领域改革的趋势之一。在深圳市，检察系统为律师提供电子阅卷已经成为常态，但是法院系统尚未向律师开放电子阅卷，目前正在建设中。刑事案件的律师辩护主要是覆盖于审判阶段，法院尽快建设电子阅卷系统对律师开放，是刑事案件律师辩护全覆盖试点工作中应当重点推进的内容之一。

二、刑事案件律师辩护全覆盖试点存在的问题

《办法》规定，试点省（直辖市）可以在全省（直辖市）或者选择部分地区开展试点工作，笔者以所在的深圳市为例对刑事案件律师辩护全覆盖试点工作中存在的问题进行分析。

深圳市作为《办法》规定的试点地区之一，深圳市福田区人民法院、深圳市福田区司法局、深圳市律师协会、深圳市法律援助处早在2016年10月便率先探索全覆盖、多层次法律援助体系。《办法》发布后，深圳市罗湖区人民法院、深圳市南山区人民法院、深圳市宝安区人民法院也逐步开展和推进了刑事案件律师辩护全覆盖工作，深圳市南山区人民法院更是首创刑事疑难案件指定辩护新机制。

结合深圳市部分地区开展刑事案件律师辩护全覆盖工作现状，笔者认为，试点工作主要反映出以下三大问题，一是法律援助机构指派的律师（以下简称“法援律师”）的辩护质量参差不齐；二是部分法援律师违规私自接受委托；三是被告人或其家属委托的辩护律师（以下简称“委托律师”）会见难问题凸显。

（一）法援律师辩护质量参差不齐

本文所称“法援律师”，是指人民法院通知法律援助机构指派的、在刑事诉讼审判阶段为被告人辩护的律师。法援律师在审判阶段为被告人辩护时，存在部分法援律师辩护质量不高的问题。律师辩护质量参差不齐，是律师行业长期以来存在的问题。刑事案件律师辩护全覆盖试点工作的开展，为法援律师创造了前所未有的辩护条件，会见权、阅卷权及庭审中的相关辩护权利在实务中得到切实保障，如法援律师在看守所优先于委托律师进行会见。

刑事案件律师辩护全覆盖试点工作对切实保障法援律师辩护权、提高刑事案件辩护率具有重要意义，但是法援律师的有效辩护问题同时值得我们深思。所谓有效辩护，是指律师为刑事被追诉人进行刑事辩护应当具有实质意义，而不仅仅流于形式。在试点工作中，存在部分法援律师仅在形式上辩护的情况，无法为刑事被追诉人提供实质意义上的辩护，不仅表现在不认真阅卷、分析案情，不设计具体明确的辩护方案方面，还表现在与刑事被

追诉人会见过程中敷衍了事，不就个案不同进行针对性提问，而只是根据法律援助中心提供的模板化的会见提纲草草问话了事，等等。该部分法援律师更多是为了领取办案补助费用，甚至将办理法律援助案件作为盈利手段，将法律援助案件作为主要案源，将办案补助费用作为主要收入来源，有悖于加强人权司法保障的核心思想。实现刑事案件律师辩护全覆盖，既要解决律师辩护的“数量”问题，也要解决律师辩护的“质量”问题，既要“保量”更要“保质”，否则就是对司法资源的极大浪费。

（二）部分法援律师违规私自接受委托

刑事案件律师辩护全覆盖试点工作的推广使得律师获得了更多的案源机会。原来深圳市承担法援律师工作的律师必须执业三年以上，但是随着试点工作的开展、法律援助案件的增量巨大，在深圳市南山区已经将法援律师的入门资格取消，只要是执业律师，无论执业年限长短都可以成为法援律师。

部分法援律师违规私自接受委托的情况主要发生在一些刚刚执业的律师或者刚刚独立接案的律师身上，经济状况尚不稳定，急需案源和收入。这类律师的做法不仅违背了法律援助制度的公益性质，而且容易助长律师为了能达到私自接受委托、获得更大经济利益的目的而夸大办案效果的风气，影响律师辩护权的真正实现，反而损害了刑事被追诉人的利益，应当及时予以遏制。

（三）委托律师会见难问题

《办法》第13条规定，人民法院应当依法保障辩护律师的知情权、申请权、申诉权，以及会见、阅卷、收集证据和发问、质证、辩论等方面的执业权利，为辩护律师履行职责，包括查阅、摘抄、复制案卷材料等提供便利。在刑事案件律师辩护全覆盖的试点中，法援律师的上述权利切实得到了保障，在司法实务中基本得到贯彻落实。

但是，随着刑事案件律师辩护全覆盖试点工作的推广，无论是委托律师，还是法援律师，都要去看守所会见刑事被追诉人，而看守所的律师会见室数量十分有限，会见时间也只能限定在正常工作时间内，在法援律师会见优先的情况下，委托律师往往需要花费更多的时间在等待会见中，大大增加了委托律师的时间成本，反而产生了委托律师辩护权无法得到良好实现的问题。

就深圳市而言，刑事案件的数量和办案压力是相对比较大的。为了有效解决律师会见难的问题，先是推行了“深圳监管APP预约”会见，但是因为APP系统不稳定，效果并不好。后来推行通过“深圳监管”微信公众号预约功能，通过每天限制一定的预约人数、预约时间设置为30分钟和60分钟两种，律师可以通过微信公众号提前查看预约会见情况，从而使得律师会见难的问题得到了一定的缓解，也大受律师好评。但是刑事案件律师辩护全覆盖后，委托律师会见难问题再次凸显出来。特别是在刑事被追诉人家属委托辩护律师后，往往要求委托律师尽快前往看守所会见，甚至上午完成委托事宜下午便要求律师立即前往看守所会见，律师在未预约的情况下只能前往看守所取号排队，往往等待了一个上午或一个下午最终无功而返。部分看守所律师会见室设置较少，基于看守所的硬件设施现状，甚至存在律师需要在早上六七点、中午一点钟就要前往看守所排队的极端情况。

三、落实律师辩护权保障的建议

最高人民法院、司法部提出的刑事案件律师辩护全覆盖试点工作已开展近1年，最明显的效果是刑事案件在审判阶段的辩护率大幅提升，甚至达到100%。但是上述刑事全覆盖下的律师辩护权问题亟待解决，笔者基于司法实务现状提出如下建议：

（一）明确法援律师制作工作底稿的义务

工作底稿是指律师提供法律服务过程中形成、收集、制作的能够反映律师工作内容和服务方式的相关材料。工作底稿能够反映律师是否勤勉尽责，无论是法援律师还是委托律师，在进行辩护工作时制作工作底稿，有利于实现有效辩护，切实保障刑事被追诉人的合法权益，对于解决目前辩护质量参差不齐的问题具有重要作用。

《办法》第20条明确规定，在审判阶段，法援律师应当会见被告人并制作会见笔录，应当阅卷并复制主要的案卷材料；明确要求律师向法院提交书面辩护意见。根据《律师办理刑事案件规范》规定，律师在会见前应当事先准备会见提纲，根据案情需要制作阅卷笔录或案卷摘要，开庭前拟定辩护方案，准备发问提纲、质证提纲、举证提纲、辩护提纲等，庭后提交书面辩护意见。

上述文件材料就委托律师而言，因为是基于当事人或其家属的委托提供法律专业服务，为了显示自身的专业，往往会根据案件情况以及自身执业能力的不同形成工作底稿。但是就法援律师来说，因为法律援助经费有限，支付给法援律师的费用很低，有些责任心不强的法援律师可能不会像对待当事人或家属委托那样认真对待法援案件，所以为了防止法律援助和刑事辩护流于形式，十分有必要针对刑事案件的法律援助律师提出制作工作底稿的要求。

（二）建立法援律师工作评价及惩戒机制

笔者建议由法律援助机构对法律援助律师定期进行考核、评价，基于刑事案件律师辩护全覆盖试点工作的现状，参与审判阶段辩护工作的法援律师人数较多，每期考核、评价可采取抽查的方式，主要对法援律师的工作底稿进行考核、评价，对于不合格的律师可视具体情况采取少分配法律援助案件、限期禁止代理法律援助案件等惩罚措施，对于考核、评价优秀的律师，可给予优先分配法律援助案件等奖励。同时，法律援助机构对接受法律援助服务的刑事被追诉人进行回访，可由看守所配合开展回访工作，监督是否存在法援律师私自接案的问题。

建立法援律师工作评价及奖惩机制，不仅有利于提高法援律师的辩护质量，也能够加强对法援律师的工作监督，解决法援律师在提供法律援助服务过程中私自接受委托的问题。

（三）落实委托律师会见权的保障

据深圳市律师协会公布的数据，自2018年1月1日至8月20日，深圳市各看守所为律师提供会见服务共计62987人次，日均提供律师会见服务386人次。这只是顺利会见的律师人数，还有许多律师无法及时会见，只能择日会见，律师“会见难”问题虽有很大改善，但仍有继续改善的空间。看守所现有的硬件配置大多不足以满足律师及时会见的需求，主要体现于会见室数量不足的问题。现阶段在资源有限的情况下，通过牺牲委托律师的部分权益（主要表现于委托律师会见前漫长等待的时间成本），满足法援律师的法律援助工作只是权宜之计，是“治标不治本”的。在保障了法援律师会见权的同时，也应落实委托律师会见权的保障。为实现律师会见权的有效保障，笔者建议从以下三个方面加以落实：

首先是可以借鉴深圳的经验，在全国范围内推广律师会见电子预约制度。通过电子预约会见的方式，将大大节省律师的时间成本，也能改善看守所的会见环境，对于辩护权的实现具有良好的保证作用。当然在推广律师会见电子预约制度的同时，也要进行合理设置和确保具体的实施，如合理设置会见的时间，在实施过程中考虑由下一位预约律师提前到律师会见室门口等候，等等。

其次是提高看守所律师会见服务的水平。在有些看守所，效率低下是相对比较突出的问题，特别体现在“提人速度”上，即将刑事被追诉人从监仓带至律师会见室的速度，有些看守所甚至需要花费 20 分钟，这大大降低了会见效率，增加了律师的时间成本，也是“会见难”的成因之一。因此，看守所在自身资源有限的情况下，为了保障律师辩护权的实现，应当改善律师会见环节存在的问题，提高自身管理水平。

最后是在会见难问题比较突出的看守所试行双休日律师会见制度。近期，关于确立双休日律师会见制度的讨论如火如荼，也得到了许多律师的支持。广州市已于 2017 年 8 月开展看守所周末、节假日会见的试点，并于 2018 年 2 月实现 365 天全年提供律师会见服务。笔者认为，在资源有限、硬件设施难以改善的情况下，增加可会见的时间是可行的做法。但是笔者认为，双休日律师会见制度的推行应当以“单个看守所”为评估对象，从看守所律师会见室的设置、律师会见难的程度以及经济成本等多个层面考量。也即双休日律师会见制度应当在律师会见难问题比较突出的看守所推行，对于律师会见压力不大的看守所也予以推行将导致人力资本的极大浪费。

结　语

刑事案件律师辩护全覆盖将极大地促进我国刑事辩护的发展，是我国人权保障原则的又一重要体现。律师辩护权的保障仍然具有改善的空间，笔者坚信，通过“先部分试点再全面推行”的方式，能够逐步完善律师的辩护权，推动法律职业共同体的有效构建。

论认罪认罚从宽制度的完善

——以大数据、人工智能等信息技术的发展为视角

邹禹同*

2014年10月，十八届四中全会通过的中共中央《关于全面推进依法治国若干重大问题的决定》中提出要“完善刑事诉讼中认罪认罚从宽制度”[①]，标志着认罪认罚从宽概念首次正式进入官方话语体系。[②] 2016年9月，全国人大常委会通过了《关于授权最高人民法院、最高人民检察院在部分地区开展刑事案件认罪认罚从宽制度试点工作的决定》，该决定授权“两高”在北京、上海、天津等18个城市开展刑事案件认罪认罚从宽制度试点工作。[③] 自此，认罪认罚从宽制度初步实现了从理论概念到司法实务的嬗变。

作为一项新生的制度，认罪认罚从宽制度在从理论到实践过程中不可避免地会存在各类问题与争议，对此也引发了理论界和实务界的深入探讨并提出了涵盖价值判断、主体关系分析、流程制度设计等多方面的完善措施。同时，近年来以人工智能、大数据为代表的新一代信息技术发展迅速，随着“智慧法院”[④] 概念的提出，司法实务与信息技术联系得到更进一步的加深。鉴于此，本文希望在分析当前认罪认罚制度实践中存在的各类问题的基础上，结合新一代信息技术在法律运用领域已取得的相应成果，尝试提出在运用司法科技技术方面针对该制度的一些改善举措。

一、当前认罪认罚从宽制度在实践中存在的主要问题

认罪认罚从宽制度脱胎于一方面犯罪性质轻量化、数量巨增化，另一方面员额制改革又导致短时间内案多人少矛盾加剧的时代背景[⑤]，因而该制度在价值取向上就不可避免地陷入在追求司法诉讼效率的同时又不能忽略司法公正的矛盾中，更何况该制度又是运用于处罚最重，对司法公正要求最高的刑事司法领域。在此矛盾之下，认罪认罚从宽制度试点实

---

* 作者简介：邹禹同，浙江大学光华法学院2018级诉讼法学博士研究生。

① 参见《关于全面推进依法治国若干重大问题的决定》，载新华社，http：//news. cnwest. com/content/2014-10/28/content_ 11767768_ 4. htm。

② 闵丰锦：《认罪认罚从宽制度的实践逻辑——基于259个试点案件的分析》，载《甘肃政法学院学报》2018年第2期。

③ 参见全国人大网，http：//www. npc. gov. cn/npc/xinwen/2016-09/03/content_ 1996742. htm。

④ 王晓燕：《着力实现智慧法院“三全三化”目标 努力推进智慧法院建设取得新突破》，载《人民法院报》2017年5月25日第1版。

⑤ 陈卫东：《认罪认罚从宽制度研究》，载《中国法学》2016年第2期。

践两年来暴露出了诸多问题，通过梳理各类文献、报道，笔者发现这两类问题较为突出。

（一）当前认罪认罚从宽制度缺乏律师的有效参与

认罪认罚从宽制度从逻辑上划分为承认犯罪事实和协商同意量刑意见两个阶段，无论是实体还是程序意义上，这两个阶段都离不开律师即辩护人方的参与。在认罪阶段，如果没有辩护方力量的引入平衡，犯罪嫌疑人、被告人在面对处于绝对优势地位并且又有充分引诱认罪动机的司法机关时极有可能作出不实的认罪供述。而在认罪协商量刑过程中，认罪情节的认定和从宽处罚的幅度都需要辩护方的努力争取。[①] 在此过程中，处于弱势的犯罪嫌疑人、被告人离不开具有专业法律知识的律师的帮助。同时律师参与认罪认罚程序也是保障犯罪嫌疑人、被告人程序正义的必备手段。

鉴于此，认罪认罚从宽制度在我国试点初期就充分考虑了犯罪嫌疑人、被告人的法律帮助问题。最高法、最高检会同公安部、国安部和司法部在 2016 年 11 月出台了《关于在部分地区开展刑事案件认罪认罚从宽制度试点工作的办法》，其中第 5 条指出，办理认罪认罚案件，应当保障犯罪嫌疑人、被告人获得有效法律帮助，确保其了解认罪认罚的性质和法律后果，自愿认罪认罚。法律援助机构可以根据人民法院、看守所实际工作需要，通过设立法律援助工作站派驻值班律师、及时安排值班律师等形式提供法律帮助。同时在此基础上，“适用认罪认罚从宽制度，犯罪嫌疑人、被告人应当书面签署本《认罪认罚从宽制度告知书》及《认罪认罚具结书》。该认罪认罚具结书应经辩护人或值班律师签字确认，方为有效”[②]。由此可知该告知书已在技术层面上实现了只要犯罪嫌疑人、被告人签署了具结书适用了认罪认罚从宽程序，则其一定有辩护律师或者值班律师的介入参与。

然而，以上看似完善的制度设计，却因为其中的部分漏洞在认罪认罚从宽制度的试点过程中造成了种种问题。首先，我国当前的刑事案件辩护率就处于较低的状态，一般认为辩护率在 30%左右[③]，在这 30%的辩护率中还包括应当指定辩护的即可能判处死刑的案件。当前实际情况中适用认罪认罚从宽制度的案件中辩护率只会更低，因而该制度中律师的介入要求绝大部分只得由值班律师承担。值班律师和辩护律师之间存在着角色差异问题，值班律师并不拥有辩护律师的代理地位，与之相关是二者背后的法律帮助与委托辩护之间的差异。与角色定位、权利义务分配相对清晰的辩护律师制度不同，当前的值班律师制度定位仍处于模糊地带，在制度层面其不享有辩护律师的相关权利，如阅卷权、调查取证权。更为重要的是，值班律师并不像一般的辩护律师那样从犯罪嫌疑人或被告人处领取报酬并对其负责，同时即使在法律援助层面值班律师的办案补贴费用也远低于指定辩护，据相关学者统计值班律师每天的补贴仅为一二百元。[④] 在此情景之下很难想象值班律师能有意愿发挥辩护律师的作用，更遑论能作出有效辩护。因而在实践中，值班律师受办案经费、轮班制的办案时间局限等限制，多数只能提供简单的法律解释，回答一些法律条文的咨询，极

---

① 胡铭、宋善铭：《试论认罪认罚从宽制度中的律师有效参与》，载《江苏行政学院学报》2018 年第 1 期。

② 闵丰锦：《认罪认罚从宽制度的实践逻辑——基于 259 个试点案件的分析》，载《甘肃政法学院学报》2018 年第 2 期。

③ 王迎龙：《论刑事法律援助的中国模式——刑事辩护“全覆盖”之实现径路》，载《中国刑事法杂志》2018 年第 2 期。

④ 闵春雷：《认罪认罚案件中的有效辩护》，载《当代法学》2017 年第 4 期。

少参与量刑协商程序仅在犯罪嫌疑人签署具结书时“被要求”在场见证并签字，未能发挥实际作用。同时又因为看守所基于管理的便利，多将值班律师工作站派驻于看守所所在的监区外，进一步造成值班律师与犯罪嫌疑人、被告人之间的交流存在一定障碍。在会见当事人时，看守人员往往在场，使得值班律师的会见权和秘密交流权都难以得到充分保障。①

（二）当前认罪认罚的从宽幅度设置缺乏合理性依据

认罪认罚从宽制度在制度设计之时就将犯罪嫌疑人、被告人这类被追诉者的配合即所谓认罪作为启动制度的先决条件之一。于被追诉者而言，能促使其配合参与认罪认罚从宽制度的措施，只能是让其能够得到实质利益供给的从宽处罚。从宽的幅度越大，被追诉人认罪认罚的概率越大，但同时过宽的幅度又对实体法上罪刑相适应的基本原则提出挑战，对刑事处罚的严肃性、威慑力都会产生影响。反之如果从宽处罚的幅度偏小，被追诉人甚至没有了认罪认罚的意愿，则认罪认罚从宽制度就成了字面上的法律。因此，从宽幅度无疑是认罪认罚从宽制度的一个核心问题。为保证认罪认罚从宽制度的良好实施，我们需要一个既能够使得被追诉者有意愿认罪，又能够符合罪刑相适应，有利于社会治安稳定和罪犯改造的从宽幅度。

尽管“坦白从宽”一直是我国的刑事政策之一，并且在《刑法修正案（八）》中也得到了实质性确立，可在实践中被追诉人在认罪认罚后却未得到充分、有效的从宽处理。② 更重要的是，关于认罪认罚之后从宽处罚的幅度仍未有具体而细致的法律规定。在可查的相关法律文件中仅有《关于常见犯罪的量刑指导意见》，该意见中规定“如实供述自己罪行的，可以减少基准刑的20%以下”。抛开指导意见这类规范的位阶和效力不谈，单就条文来说就存在着“20%”这一数据的合法合理性依据来源，“以下”缺少具体的范围规定等问题。某些学者也意识到了该项问题，然而提出的解决办法则只是为其做了简单分层：被追诉人如果同时选择适用简易程序，可以考虑在此基础上再减少基准刑的10%；如果符合协商程序的适用条件并选择适用协商程序，可以考虑减少基准刑的1/3；如果符合速裁程序的适用条件并选择适用速裁程序，原则上不判处有期徒刑实刑，且判处的刑罚不得超出当处刑罚的2/3。③ 该项解决措施虽然较以往有了更为具体的操作办法，然而却陷入了从宽幅度难以有合理性说明支持的困境。例如，既然如果符合协商程序的适用条件并选择适用协商程序，可以考虑减少基准刑的1/3。那如果将考虑减少的额度改为1/4，两者又会有什么区别呢？难道1/3 比1/4 更加符合实际？或许是因为我国刑法大部分规定的基准刑以3 年为分界线，选择1/3 比1/4 相对好计算？无论如何，这些凭空提出的从宽幅度的背后都难以有足够的合理性证明。

笔者在此还需指出，在从宽幅度问题产生困境之时，采取借鉴美国辩诉交易制度来构建认罪协商制度将从宽幅度问题彻底交由协商解决，确实不失为一条解决思路。然而姑且不谈美国辩诉交易制度本身已暴露出的问题，仅就之前的叙述分析，便已知我国当前在认

---

① 韩旭：《认罪认罚从宽制度中的值班律师——现状考察、制度局限以及法律帮助全覆盖》，载《政法学刊》2018年第2期。

② 左卫民：《认罪认罚何以从宽：误区与正解——反思效率优先的改革主张》，载《法学研究》2017年第3期。

③ 魏晓娜：《完善认罪认罚从宽制度：中国语境下的关键词展开》，载《中国检察官》2016年第23期。

罪认罚从宽制度中，律师参与极为有限并且我国的刑事案件辩护率本身就常年偏低。在此情况下，如果将从宽幅度都交于协商程序，处于弱势而又缺乏法律知识的被追诉人面对强势地位的公权机关，几无可能产生公正而合理的从宽处罚。因而对于从宽幅度，这一实体权利的供给仍应采取法律规范的机制，在此基础上再考虑司法机关的自主裁量权。

二、尝试运用互联网平台模式促进律师有效参与

对于之前提及的认罪认罚从宽制度中的律师参与问题的解决措施，当前实务中一般都将其与以往的法律援助问题的解决措施相关联，即为提高补贴经费，明确辩护人职责，加强律师队伍建设，等等。① 然而这类措施却很难真正起到有效作用，以补贴经费为例，各省市的财政收入千差万别。江苏省 2017 年一般公共预算收入达到 8171.53 亿元，而人口数量相近的河南省的预算收入则为 3397 亿元。② 如此悬殊的对比，很难想象河南省财政能拿出与江苏省财政一样的经费补贴。另外在大环境上，我国当前受贸易战影响，经济增量处于下行状态，很难有足够的财政预算来大幅增加针对值班律师的经费补贴。律师队伍也面临同样情况，我国律师数量常年总体面临不足，区域之间的法律服务资源又相差甚巨。以浙江省为例，全省律师人数在 2 万人左右，其中仅杭州一城就占去了近 7000 人。③ 这些问题都是由我国国情所决定的，很难在短时间内改变，同样在此基础上提出的对应措施很难发挥预期效果。

当前互联网产业在大数据的驱动下发展迅速，以淘宝、京东以及各类直播平台为代表的，可容纳上千万甚至上亿用户同时在线交流的网络平台在技术上早已成熟。④ 这些网络平台凭借着互联网信息传输的瞬时性再加之大数据信息处理技术，使得在全国层面实现线上的信息资源调配成为可能。基于此，笔者建议可尝试建立整合全国、全省或者至少一个区域范围，如所谓的“环杭州湾城市群”⑤ 的值班律师资源的法律帮助平台。在这样的平台中，某市区空闲的值班律师可在线匹配给另一市区亟待法律帮助但是当地法律服务资源缺乏的犯罪嫌疑人、被告人。让法律服务资源充分的地区与欠缺的地区通过类似的线上互配方式进行资源中和，并将匹配的被追诉人情况、律师介入时间、事后案件发展都计入在该值班律师在该平台上注册的实名账号中。对此还可探索建立一定程度上的奖惩机制，明确值班律师责任，提升其为犯罪嫌疑人、被告人提供法律帮助、作出有效辩护的积极性。

---

① 陈凯等：《完善认罪认罚案件法律援助制度的研究——基于杭州市的实证分析》，载《杭州学刊》2018 年第 2 期。

② 参见《2017 年全国各省财政收入排行榜单及数据分析》，载每日财经网，http：//www. mrcjcn. com/n/273277. html。

③ 参见《浙江律师人数突破 2 万》，载浙江省律协，http://www.zjbar.com/info/45e44c50b2bf4435aea73d50d90279f4。《杭州万人拥有律师量超全国平均水平 350%》，载《青年时报》（杭州），http://news.163.com/16/1230/01/C9GF1TI800014Q4P.html。

④ 2015 年淘宝双十一单日活跃用户便已过亿。参见《移动数据报告显示：双十一淘宝日活跃用户过亿》，载新浪科技，http：//tech. sina. com. cn/i/2015-11-14/doc-ifxksqiv8360616. shtml。

⑤ 环杭州湾城市群包括杭州、宁波、绍兴、嘉兴、湖州、舟山六市，陆域面积近 4. 54 万平方千米，占全省面积的 44%. 百度百科，https：//baike. baidu. com/item/%E7%8E%AF%E6%9D%AD%E5%B7%9E%E6%B9%BE%E5%9F%8E%E5%B8%82%E7%BE%A4/2934264？fr=aladdin。

同时，可在此平台基础上研发针对被追诉者、辩护人、公诉方三方联接的视频实时交流系统，进一步降低三方会面交流成本，再配合线上灵活的时间安排。一是可使得辩护人通勤、时间花费都大幅降低，原有的法律帮助补贴实现足够覆盖；二是通过线上交流方式将三方平等置于统一平台中，有利于更好地发挥出辩护人帮助被追诉者对抗公诉方的本职功能，使得三方认罪协商制度真正走向实质化。三是还可运用在看守所建设保密的远程视频室配以使用保密视频传输算法①等措施，保障值班律师对于犯罪嫌疑人、被告人的会见权和秘密交流权。

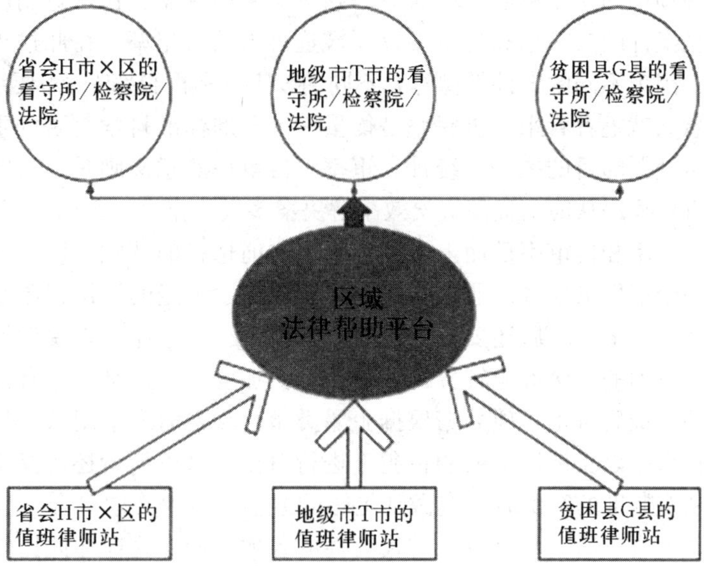

三、尝试运用大数据统计、智能量刑算法解决从宽幅度的合理性问题

如前分析，就我国当前的国情而言，认罪认罚从宽制度中的从宽幅度应采取法律规范的机制，在此基础上再考虑司法机关的自主裁量范围。而就从宽幅度的法律规范而言，被追诉者在认罪并选择认罪认罚程序之后从宽幅度到底应该是选择不少于原判决的 1/3 或者是以 1/3 为上限抑或是以 1/3 为基准在一定范围内上下波动，或者干脆选择定为 1/4 的从宽范围呢？对此争论，其实在法学理论层面论述很难找到足够的说理论证方式，解决方法唯有采取实证研究。寄希望于通过对于实证案例量化的数理统计，找到从宽幅度的临界点既能足够吸引被追诉人选择认罪认罚从宽制度，又能符合罪刑相适应原则，更有利于被追诉人进一步的劳动改造回归社会的从宽幅度。

---

① 视频保密传输技术早已成熟最早可参见程万里：《视频加密算法研究与工程实现》，南京理工大学 2005 年硕士学位论文。当前主流技术为混沌保密算法。

认罪认罚从宽制度试点两年多来已经积累了大批现实案例：在中国裁判文书网的数据库中，以“认罪认罚具结书”为关键词查找，可查及的案例总数已多达 8902 个[①]。海量认罪认罚从宽制度的试点案例为我们进行实证研究提供了丰富的素材。同时，当前大数据统计技术的发展，spss、stata 等统计软件的普及又为我们进一步研究这些案例带来了新的工具。因此，笔者主张可将现有已判决的认罪认罚从宽案例进行深度量化研究。首先，可以先统计出当前已判决的各类案件中认罪认罚的从宽幅度作为基准参考数据。然后再对此类案件的被追诉人进行调查回访，先询问各类型犯罪中被追诉人对于促使自己决定使用认罪认罚从宽制度心理预期的从宽幅度。然后对已判决的采用认罪认罚从宽制度的案件进行标记，统计各种类型案件的二审率和再审率以及被追诉人的再犯率，在此过程中要注意分案件类型分类统计，因为不同的案件类型有着不同的二审率和再犯率[②]。需要统计再犯率和二审率、再审率的意义就笔者看来，再犯率是衡量一个量刑标准科学与否的重要指标，毕竟控制犯罪也是刑事处罚的目的之一。统计二审率、再审率的意义则是，认罪认罚从宽制度在设计伊始就将诉讼程序从简，提高诉讼效率解决案多人少作为初衷[③]。如果在采取认罪认罚从宽制度之后二审率和再审率反而上升则意味着之前选择的从宽幅度存在着一定的问题需要修正，毕竟一个案件虽通过认罪认罚从宽程序减少了一定的诉讼程序并节约了相对的诉讼资源，但是如果该案件之后还要经历二审或者再审，从总体上来说诉讼程序其实是变得更为复杂漫长，占据的诉讼资源较普通一审而言更加庞大，这是完全有悖于认罪认罚从宽制度设计初衷的。最后再将各项数据根据犯罪类型，与之前未采用认罪认罚从宽制度的案件的二审率、再审率以及被追诉人的再犯率进行对比。这里笔者还应指出，在选择统计未采用认罪认罚从宽制度的案例时，应做到足够的数量，至少必须符合“大数定律”的基本条件，数量来源上也应囊括所有有区域代表性的各地省份，这样在此比较基础上再决定认罪认罚从宽制度中从宽幅度的调整。当然以上的内容只是基于笔者个人的简陋构思，随着大数据技术和各类相关性分析软件[④]的更新换代，相信更准确更科学的方法一定会层出不穷。但是，基于通过大量已决案件的实证研究分析，更科学、更精确地论理改进认罪认罚从宽制度中的从宽幅度的法定规范这种方法论应得到坚持。

在确定了从宽幅度的法律规范之后，还可引入人工智能驱动的量刑算法来改善自主裁量范围问题。针对从宽幅度的自主裁量，智能量刑算法其实可以分为未决时的量刑辅助预测和已决后的案件偏离预警[⑤]。量刑辅助预测，顾名思义即是通过智能算法来对从宽幅度进行预测辅助，当然这并不是指人工智能悖于法律论理直接作出裁判。使用该系统可类比为导航软件标示出方向、路程和时间，然后司法人员开车前往。量刑预测是当前司法大数据

① 参见中国裁判文书网，http：//wenshu. court. gov. cn，最后访问日期：2018 年 9 月 10 日。

② 历史性犯罪的再犯率就与暴力犯罪的再犯率有着显著区别具体可参见文姬：《再犯危险性评估方法及检验》，载《刑事法评论》2009 年第 2 期。

③ 樊崇义：《认罪认罚从宽协商程序的独立地位与保障机制》，载《国家检察官学院学报》2018 年第 1 期。

④ 相关分析是研究两个或两个以上处于同等地位的随机变量间的相关关系的统计分析方法。现有的 spss 等统计软件都可计算相关性关系。

⑤ 参见王禄生：《司法大数据与人工智能开发的技术障碍》，载《中国法律评论》2018 年第 2 期。

与人工智能开发的重要着力点之一。上海“206 工程”、北京的“睿法官”系统①都开发了各自基于知识图谱、深度学习等人工智能技术的量刑预测软件，当前技术上已经相对成熟，同样的技术也完全可以用于从宽幅度的裁量，在司法的源头上保证从宽幅度的合法性、合理性。与未决前的量刑辅助不同，偏离预警则是强调对于已决案件的事后追查、质量控制。该系统是指将通过人工智能算法计算的量刑区间与法官裁判的量刑幅度进行横向比较，计算二者的偏离程度，针对偏离程度的高低，视偏离程度给予不同的预警。偏离特别高的话，则意味着已决的结果可能存在合法性、合理性问题。该系统可类比为导航系统中的速度检测，根据车速超过限速的不同范围给予不同级别的警告。当前偏离预警的技术也已较为成熟，前文提及的上海、北京各地开发的智能司法系统也都包括了偏离预警的功能。该技术也完全运用于认罪认罚案件中从宽幅度裁决后的质量控制②，为保证从宽幅度的准确性再增加一道屏障。

通过大数据统计来确定认罪认罚从宽幅度的法律规范范围，在自主裁量部分再引入量刑预测与案件偏离预警分别做到未决前和已决后的双重把关。两种机制互相搭配，相信一定可以在一定程度上解决现有的认罪认罚从宽幅度问题。

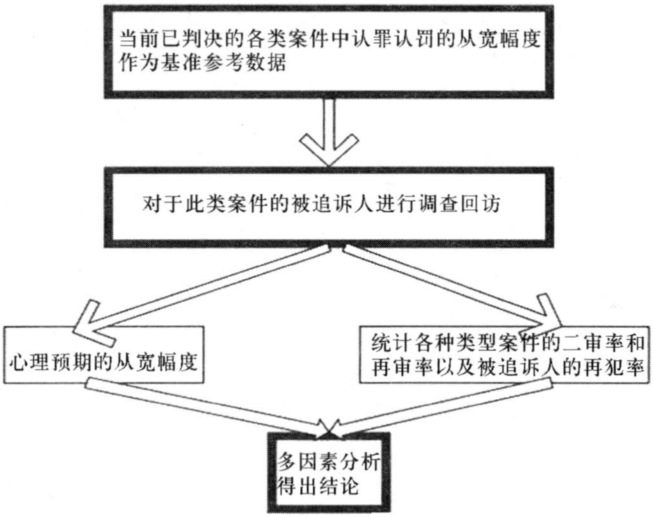

四、总结与展望

科学技术是第一生产力，而生产力又将改变生产关系并直接影响包含法律制度在内的社会上层建筑。认罪认罚从宽制度试点实践以来集中反映出的律师参与问题与从宽幅度问

① 可参见《代号“206”上海刑事案件智能辅助办案系统正式解密》，http://news.163.com/17/0710/15/CP0BD36G000187VG.html。《北京法院探索建设“智慧法院”“睿法官”系统正式上线》，http://www.bj148.org/zzgjj/zzdt/201612/t20161214_1277407.html。

② 参见《整合资源 优化流程 补强能力 重塑机制北京二中院加强智慧法院建设服务综合配套改革调查》，载《人民法院报》，http://www.court.gov.cn/fabu-xiangqing-116701.html。

题，归纳原因有当前学界讨论众多的制度设计时的定位、目的问题，更有我国本身因为既往的生产力不高导致法律服务资源与立法资源等不足带来的问题，如缺乏律师参与便可视为法律援助力量匮乏、不均在认罪认罚从宽制度中的表现。

近年来以大数据、人工智能为代表的新一代信息技术蓬勃发展，又一次科技革命呼之欲出。新的科技极大地提升了生产力，也为我们解决现实问题提供了全新的手段，正如摄像头和天网系统的普及极大地增强了部分地区的破案率①，我们也有充分的理由相信，在不远的将来新一代信息技术也将为我们完善认罪认罚从宽制度乃至改进整个刑事诉讼制度发挥重要作用。

① 参见《泉州城安系统建设第六年“智慧天网”助破案率攀新高》，载泉州网，http：//www. mnw. cn/quanzhou/news/1847077. html。

律师视角下的值班律师制度

张云环　侯凤梅*

一、值班律师制度立法过程

2012年，在刑事诉讼法第二次修改之时，就有许多专家学者和司法实务界的人士提出要将值班律师制度写入刑事诉讼法当中，其目的：一是可以为犯罪嫌疑人、被告人提供及时、有效、全面的法律服务；二是可以对侦查机关的讯问行为起到监督的作用，以有效防止刑讯逼供等违法行为的发生，实现惩罚犯罪和保障人权的统一。那时对值班律师制度的考虑还不够成熟，上次刑事诉讼法修改并未将其写入到修法的内容中。

2006年，我国首家法律援助值班律师中心试点在河南修武县启动，之后逐步扩展试点，近年来这项制度正在全国范围内推广。2014年8月22日，最高人民法院、最高人民检察院、公安部、司法部发布《关于在部分地区开展刑事案件速裁程序试点工作的办法》（以下简称《速裁程序试点办法》），该办法规定"建立法律援助值班律师制度，法律援助机构在人民法院、看守所派驻法律援助值班律师。犯罪嫌疑人、被告人申请法律帮助的，应当为其指派法律援助值班律师"，这是我国建立值班律师制度的首次规定。

2015年6月，中共中央办公厅、国务院办公厅印发的《关于完善法律援助制度的意见》对建立法律援助值班律师制度提出了明确的要求。同时，"两院三部"联合制定的以审判为中心的刑事诉讼改革、严格排除非法证据等多个规范性文件对法律援助值班律师工作作出了的规定。

2016年11月，最高人民法院、最高人民检察院、公安部、国家安全部、司法部发布《关于在部分地区开展刑事案件认罪认罚从宽制度试点工作的办法》（以下简称《认罪认罚试点办法》），对值班律师制度作出了进一步规定："法律援助机构可以根据人民法院、看守所实际工作需要，通过设立法律援助工作站派驻值班律师、及时安排值班律师等形式提供法律援助。犯罪嫌疑人、被告人自愿认罪认罚，没有辩护人的，人民法院、人民检察院、公安机关应当通知值班律师为其提供法律咨询、程序选择、申请变更强制措施等法律帮助。"

最高人民检察院副检察长陈国庆从我国现行法律规定的角度出发，通过与域外法律规定比较，认为值班律师制度是法律援助制度下的子制度，在我国制度框架下可以理解为法律援助制度的一种。最高人民法院戴长林庭长认为，值班律师不同于一般意义上的律师和

* 作者简介：张云环，河北侯凤梅律师事务所专职律师；侯凤梅，河北侯凤梅律师事务所首席合伙人，一级律师。

指定的法律援助律师，从字面含义上看，“值班”顾名思义是律师以固定时间和地点的方式接待被追诉人的咨询，而不是追踪、参与案件的整个诉讼流程。

2018年10月26日，第十三届全国人民代表大会常务委员会第六次会议通过了《关于修改〈中华人民共和国刑事诉讼法〉的决定》，值班律师制度被写入新刑事诉讼法，至此律师值班制度正式设立。

二、值班律师制度的立法目的

值班律师提供法律帮助的前提是犯罪嫌疑人、被告人没有委托辩护人，法律援助机构没有指派律师为其提供辩护。立法设立律师值班制度就是为了充分保障犯罪嫌疑人、被告人辩护权等诉讼权利的充分行使，有利于落实刑事辩护全覆盖，促进以审判为中心的司法改革的进程。

辩护律师广义上包括当事人委托的辩护律师，法律援助机构指定的辩护律师，还包括在办案机构派驻的值班律师。部分犯罪情节较轻的犯罪嫌疑人、被告人既不符合法律援助的条件，也因为法律专业知识的缺乏和家庭经济条件等方面的原因，不能委托律师为其提供专业的法律服务，导致其对实体权利和法律程序不了解，从而不能充分行使法律赋予被追诉者的权利。这对于犯罪嫌疑人、被告人来讲，不利于其辩护权利的行使；对国家来讲，不利于司法改革进程的发展。值班律师制度的确立就是为了解决司法实践中的这一问题，切实实现惩罚犯罪和保障人权的刑法目的。

三、现有值班律师制度的内容

（一）速裁程序、认罪认罚试点办法对值班律师制度的规定

各速裁程序试点法院纷纷建立起法律援助值班律师制度，在法院、看守所派驻值班律师，为犯罪嫌疑人、被告人提供法律帮助。刑事案件速裁程序是刑事诉讼的“快车道”。适用速裁程序可以实现案件繁简分流，提高简单认罪案件的办案效率，有利于合理配置司法资源。各试点法院在简化诉讼程序的同时，纷纷建立起法律援助值班律师制度，在法院、看守所派驻值班律师，为犯罪嫌疑人、被告人提供法律帮助，充分保障当事人的诉讼权利，确保司法公正。刑事速裁程序强调被告人与被害人的有效参与，通过调解和解、量刑协商、法庭教育，敦促被告人退赃退赔、赔礼道歉，有效保护被害人权益，及时化解社会矛盾。

值班律师制度一方面可以有效防止侦查阶段刑讯逼供情况的发生，以维护被追诉人合法权益不被侵害；另一方面也是对办案机关侦查讯问行为合法性的见证。在速裁程序试点工作开展初期，就有许多法律界的专家学者和律师积极呼吁能否把“值班律师制度”或者“讯问时在场制度”写进刑事诉讼法中，以实现对侦查机关的办案行为进行有效的监督。

认罪认罚从宽制度通过设立法律援助工作站派驻值班律师，及时安排值班律师等形式提供法律帮助。《认罪认罚试点办法》第5条规定，办理认罪认罚案件，应当保障犯罪嫌疑人、被告人获得有效法律帮助，确保其了解认罪认罚的性质和法律后果，自愿认罪认罚。人民法院、看守所应当为值班律师提供工作场所和必要的办公设施等便利，简化会见程序，

保障值班律师依法履行职责。

（二）各试点地区制定配套实施细则细化值班律师制度规定

各试点地区认真落实中央决策部署，按照《认罪认罚试点办法》要求，及时制定实施细则，细化操作规程，强化配套保障措施，为开展试点工作打下了良好基础。

北京市高级人民法院、北京市人民检察院、北京市公安局、北京市国家安全局、北京市司法局五部门《关于开展刑事案件认罪认罚从宽制度试点工作实施细则》（试行）第11条规定，法律援助机构应当在人民法院、看守所、公安机关执法办案管理中心设立法律援助工作站，并根据实际工作需要安排值班律师，为犯罪嫌疑人、被告人提供法律帮助。人民法院、看守所、公安机关执法办案管理中心应当为法律援助工作站及值班律师提供便利工作场所和必要办公设施，简化会见程序，保障值班律师依法履行职责。值班律师可以参照刑事诉讼法的规定，查阅、摘抄、复制本案的卷宗材料，办案部门应予配合并免收费用。第12条规定，犯罪嫌疑人、被告人自愿认罪认罚，没有辩护人的，人民法院、人民检察院、公安机关应当通知法律援助工作站，安排值班律师为其提供法律咨询、程序选择、申请变更强制措施等法律帮助。第13条规定，人民法院、人民检察院、公安机关应当告知犯罪嫌疑人、被告人有申请法律援助的权利。符合应当通知辩护条件的，依法通知法律援助机构指派律师为其提供辩护。

其他各试点地区也都结合本地区实际情况，制定了实施细则，配合认罪认罚从宽制度的施行，对值班律师工作制度均作出了相应的细化规定。

（三）刑事诉讼法和律师法对辩护律师职责的相关规定

律师参与刑事诉讼应当坚持维护当事人的合法权益，维护法律的正确实施，维护社会公平和正义原则，忠于职守，认真负责。刑事诉讼法第37条规定，辩护人的责任是根据事实和法律，提出犯罪嫌疑人、被告人无罪、罪轻或者减轻、免除其刑事责任的材料和意见，维护犯罪嫌疑人、被告人的诉讼权利和其他合法权益。最大限度地维护被追诉人的合法权益是律师的天职，也是律师存在的价值。值班律师也不例外，也应当依法履行律师职责，通过法律规定的有效途径最大限度地维护犯罪嫌疑人、被告人的合法权益。

（四）新刑诉法框架下值班律师制度的主要内容

经过两年的速裁程序和认罪认罚从宽制度的试点工作，值班律师制度日渐成熟，新修订的刑诉法正式设立了值班律师制度，从多方面规定了值班律师享有的权利和主要义务。

1. 值班律师的来源、身份及职责

新刑诉法第36条规定："法律援助机构可以在人民法院、看守所等场所派驻值班律师。犯罪嫌疑人、被告人没有委托辩护人，法律援助机构没有指派律师为其提供辩护的，由值班律师为犯罪嫌疑人、被告人提供法律咨询、程序选择建议、申请变更强制措施、对案件处理提出意见等法律帮助。人民法院、人民检察院、看守所应当告知犯罪嫌疑人、被告人有权约见值班律师，并为犯罪嫌疑人、被告人约见值班律师提供便利。"

根据该条的规定，值班律师是由法律援助机构派驻的，值班律师工作的启动以犯罪嫌疑人约见为起点，从参与诉讼的方式上看明显区别于委托的辩护律师和指定的辩护律师。在新刑诉法的框架下，参与刑事诉讼的律师呈现了委托律师、法援律师和值班律师三分天下的局面。① 值班律师的职责是为犯罪嫌疑人、被告人提供法律咨询、程序选择建议、申请变更强制措施、对案件处理提出意见等法律帮助，提供法律帮助的职责定位决定了值班律师的身份不是辩护人，这明显区别于委托律师和法援律师，其权限和职责是有限的。

2. 值班律师履行职责的内容和方式

根据新刑诉法第 173 条的规定，人民检察院审查案件，应当听取值班律师的意见，并记录在案，值班律师提出书面意见的，应当附卷。该条是对新刑诉法第 36 条值班律师通过“对案件处理提出意见”提供法律帮助的进一步规定，听取值班律师意见系人民检察院审查案件时的强制性规定，同时法律也为值班律师设定了应当提出处理意见的义务。值班律师提出书面意见并附卷的规定有效地保障了犯罪嫌疑人辩护权这一重大权利的有效实现，体现了人权保障的应有之义。

根据新刑诉法第 173 条的规定，值班律师向办案机关提出的处理意见包含以下几项：（1）涉嫌的犯罪事实、罪名及适用的法律规定；（2）从轻、减轻或者免除处罚等从宽处罚的建议；（3）认罪认罚后案件审理适用的程序；（4）其他需要听取意见的事项。为保障值班律师能够有效提出意见，该条规定“人民检察院依照前两款规定听取值班律师意见的，应当提前为值班律师了解案件有关情况提供必要的便利。”

3. 值班律师为认罪认罚的犯罪嫌疑人提供程序选择建议

新刑诉法第 174 条规定：“犯罪嫌疑人自愿认罪，同意量刑建议和程序适用的，应当在辩护人或者值班律师在场的情况下签署认罪认罚具结书。”该条是新刑诉法第 36 条关于值班律师为犯罪嫌疑人提供程序选择建议的进一步规定，值班律师应当就犯罪嫌疑人、被告人是否认罪认罚，是否同意量刑建议及适用何种程序（简易程序或速裁程序、普通程序）提出建议，提供法律帮助。

综上，值班律师制度设立的目的是在适用速裁程序和落实认罪认罚从宽制度提高司法效率的同时，更有效地充分保障犯罪嫌疑人、被告人的辩护权，实现提高司法效率和实现司法公正两者之间的统一。

四、值班律师制度实施的现状

（一）对推进司法改革的积极作用

1. 有利于保障犯罪嫌疑人的诉讼权利，实现司法公正

党的十九大报告指出，努力让人民群众在每一个司法案件中感受到公平正义。在刑事案件中，虽然法律援助律师、委托辩护律师介入的比例有了较快的提高，但是辩护律师整体参与度不高的问题依然非常突出。在侦查、审查起诉阶段引入法律援助值班律师制度，将使得前期的法律帮助与后期的法律援助辩护之间形成无缝衔接的法律援助体系，这将有效提高批准逮捕和审查起诉阶段的律师辩护率。

① 吴小军：《我国值班律师制度的功能及其展开》，载《法律适用》2017 年第 6 期。

对于犯罪嫌疑人权利保障较为紧迫的环节需要值班律师及时介入，如讯问环节、送交看守所前的24小时。此外羁押必要性审查、羁押期限延长的审批、重新计算羁押时限的环节都有听取值班律师意见的必要。[①] 从尊重和保障人权的角度来看，值班律师及时有效的介入，为有效减少冤假错案的发生，严格执法，公正司法，加强保障犯罪嫌疑人、被告人的人权，促进司法公正具有重要意义。此外，值班律师制度有利于通过“控辩平衡”来实现保障人权，更好地满足人民群众对法律服务和司法公平正义的需求。[②] 值班律师制度是中国势在必行的一项重要的司法改革，这项制度的实施是速裁程序和认罪认罚从宽制度改革中的重要一环，是不可或缺的重要组成部分。

2. 有利于促进我国法律援助制度的进一步完善和发展

目前我国的法律援助制度确定的接受法律援助的范围比较狭窄，不能满足人民群众对法律服务的需求。在刑事诉讼案件中，落实刑事辩护全覆盖必然需要相关制度的支撑，才能使其真正落实到位。值班律师制度是对现有法律援助制度的有效补充，能够及时解决被追诉者对法律服务的需求，提高司法效率，促进司法公正，真正实现效率与公正的统一。

3. 有利于推进程序法治的发展

我国刑事诉讼的基本理念是惩罚犯罪与保障人权。惩罚犯罪要通过刑事诉讼程序，在准确及时查明案件事实的基础上，对构成犯罪的被告人公正适用刑法，以打击犯罪，是对国家刑罚权的赋予。保障人权，则是在刑事诉讼过程中，保障参与人特别是犯罪嫌疑人、被告人的权利免受非法侵害，是对国家刑罚权的规制。

要实现惩罚犯罪与保障人权并重的刑事司法理念，就需要在实现实体公正的基础上实现程序公正。程序是实体的保障，只有实现程序参与、程序遵守、程序救济、程序公开、程序中立、程序安定、程序平等和程序保障，才能真正实现实体公正。例如，实体公正要求的事实要清楚、证据要充分、定罪要准确、量刑要适当、法律要正确等，这都需要犯罪嫌疑人、被告人充分有效地参与程序才能够获得，辩护律师和值班律师的介入能够有效地帮助其有效参与程序，实现程序公正。

（二）值班律师制度存在的问题

1. 没有明确值班律师的身份定位

我国新刑诉法将值班律师的身份定位表述为“为犯罪嫌疑人、被告人提供法律帮助”。这种表述对值班律师的身份定位是不清晰的。北京交通大学郭烁副教授认为，赋予何种角色关键是看他对于被追诉人的功能，值班律师就是辩护人的一种，没有必要围绕法律帮助、法律援助等进行文字考究。“法律帮助”的提法已经在2012年刑事诉讼法修改后终结了历史使命，现在再次在值班律师制度的语境下提出、强调，可能会造成认识上的混乱。[③]

2. 没有赋予值班律师开展工作相应的必要权利

新刑诉法虽然对值班律师提供法律帮助的范围作出了规定：为犯罪嫌疑人、被告人提供法律咨询、程序选择建议、申请变更强制措施、对案件处理提出意见等，但是并没有为

① 摘自中国社会科学院大学法学院教授孙远在值班律师制度专题研讨会上的发言。

② 吴小军：《我国值班律师制度的功能及其展开》，载《法律适用》2017年第6期。

③ 参见北京航空航天大学法学院副教授初殿清在值班律师制度专题研讨会上的发言。

其赋予开展工作的相应权利，如值班律师没有辩护律师的会见权、阅卷权、调查取证权、参加法庭调查和法庭辩论权。

如果值班律师不阅卷，就不了解具体案情，办案机关要听取值班律师的意见，值班律师并没有发表意见的基础。法律规定的犯罪嫌疑人、被告人有权约见值班律师，但是这种“反约见”同辩护律师的会见权绝对是两个不同的概念。这样犯罪嫌疑人、被告人也就不能够从值班律师那里得到有效的法律帮助，值班律师只能为其提供一些类似法律咨询的简单法律服务，这样值班律师的工作模式就是一种被动的介入，无法起到委托律师和指定律师的作用。

3. 值班律师制度无法真正得到有效落实

新刑诉法规定的值班律师“辩护内涵”的改变将有可能出现值班律师为办案机关“站台”的怪相，而不能真正体现律师法和刑事诉讼法明确规定的辩护律师的“三维护职责”。值班律师无法发挥其在刑事诉讼程序中应有的作用，实质上成为了办案机关提讯时有无不合法情形的见证者。设立值班律师制度，就要对制度落实的保障进行充分的调查、论证和研究，否则值班律师制度就会流于形式，不能真正实现立法目的。

4. 值班律师面临更多不能把控的执业风险

在司法实践中，到办案机关值班的律师大多是年轻律师。他们虽然有较高的工作积极性和时间的保障，但是缺少办案的实践经验。年轻的值班律师因为办案能力和经验不足，所以会对犯罪嫌疑人认罪认罚是否是其真实自愿的意思表示缺乏判断力，对犯罪嫌疑人交代的案情经过是否存在隐情不能作出准确的判断。值班律师在相关的法律文书上签字，如果事后发现是冤假错案，就会给值班律师带来较大的执业风险。

综上，值班律师应当是属于委托律师和法律援助律师之外的第三种辩护人的身份。在刑事司法实践中，值班律师为犯罪嫌疑人、被告人提供的法律帮助具有提供法律服务、监督办案机关执法、衔接辩护律师过渡的功能。

五、对律师值班制度的几点建议

1. 在立法中应当进一步明确值班律师的身份

值班律师不同于委托律师和指派律师。后两者是主动参与程序，而值班律师则是等待被追诉者约见而被动参与程序。不论是主动参与还是被动介入诉讼程序，都应当确定其辩护人的身份，以保障辩护权的充分行使，切实为犯罪嫌疑人、被告人提供有效的法律服务。

明确值班律师是以辩护律师的身份介入诉讼程序，充分保障其辩护权行使基础，权利与义务相统一，同时也可以作出一些限制性的规定：值班律师在提供法律帮助的过程中认为确实有会见、阅卷必要的，可以向办案机关提出申请，办案机关应当为其提供便利。

2. 值班律师制度落实需要多个部门通力协作

法律援助机构应当和公检法等有关部门之间协作配合，搭建起日常工作的衔接机制，使公检法办案人员与值班律师之间建立起良好的沟通与协作关系，从而建立起良好的互动机制。[①] 应当明确犯罪嫌疑人、被告人需要法律援助值班律师提供服务时，侦查人员、检察官和法官负有告知义务，以便于法律援助机构提前将值班时间告知律师，使得值班律师可

---

① 苏明龙：《关于开展法律援助值班律师工作的意见》，载法制网，发布时间：2017 年 9 月 1 日。

以有效、合理地安排时间，以提高值班律师的工作效率。

3. 建立值班律师与辩护律师的衔接或转换机制

值班律师会见被追诉人后，经过为其提供必要的法律咨询，如果被追诉人提出请求由该值班律师担任其辩护人的，可以通过法律援助机构办理相关的手续，值班律师的身份由此转换为辩护律师。办案机关和法律援助机构应当建立起畅通的工作机制，为值班律师身份的转换提供便利。

4. 程序性的规定应当配套跟进，提供制度保障

刑事诉讼法对辩护律师介入诉讼程序已有明确的规定，但是规定过于原则，缺乏可操作性。针对值班律师这一特殊的辩护人身份，对值班律师介入诉讼程序应当及时制定实施方案，提供制度保障，使值班律师制度更具有可操作性，使律师参与更加及时、方便、便捷。例如，一般辩护律师会见需要“三证”，而作为值班律师会见时，能否规定仅凭律师证和办案机关的通知文书就可以直接会见，而不需要律师事务所或者法律援助机构再出具手续，在这些方面仍然需要完善相关程序和制度上的规定。

5. 司法行政机关和各地律师协会要加强对值班律师的培训

参与法律援助的值班律师大多为年轻的律师，因为执业年限短，执业经验尚缺乏，所以各地司法行政机关和律师协会应当立足本地区的实际情况，加强对值班律师的业务培训，不断提高其专业法律素养，以提高法律服务质量，从而真正落实刑事辩护全覆盖。

6. 法律援助机构要不断健全完善法律援助制度

法律援助机构应当与时俱进，不断健全完善法律援助的工作制度，做好日常档案数据的统计管理工作，及时总结值班律师制度的工作经验和教训，为健全完善法律援助制度提供更多的理论基础和实践依据。①

7. 法律援助资金要及时到位，为落实值班律师制度提供物质上的保障

为值班律师提供值班服务的各项成本开支以及补贴属于法律援助办案补贴的一部分，应从各级财政拨付的法律援助办案补贴款中列支，以保障值班律师制度的正常运行。有关部门应保证值班律师的补助金额及时到位。对值班律师给予适当的补助，可以提高值班律师的工作积极性。在缴纳个税时，对于值班律师获得的这部分补贴收入，要同律师其他的收入加以区分，这样才能鼓励更多的律师参与到法律援助工作中来。②

综上，值班律师制度应当从立法保障、制度保障、物质保障、程序保障、培训保障等方面加以完善，这样才能真正使值班律师制度落实到位，切实起到保护人权、促进司法公正的作用。

---

① 苏明龙：《关于开展法律援助值班律师工作的意见》，载法制网，发布时间：2017年9月1日。

② 苏明龙：《关于开展法律援助值班律师工作的意见》，载法制网，发布时间：2017年9月1日。

第五部分

刑事诉讼制度新发展的其他问题

新时代背景下检察机关职权调整的实践面向

步洋洋*

日本学者平野龙一教授曾这样描述："按刑事诉讼全过程，检察官在侦查中有'司法警察官'职能，起诉决定裁量时有'审判官'之职能，莅庭实施公诉时有'公益辩护人'之职能，刑罚执行时有'罪犯矫正师'之职能"①，形象地概括出检察机关职权的多样性。长久以来，在我国刑事诉讼的进程中，检察机关全程参与，发挥着不可替代的作用。检察机关不仅通过审查起诉活动对侦查的质量进行审查把关，实现审前程序的分流作用，同时积极履行其公诉职能和法律监督职能，确保司法公正，保障司法公信力。然而，随着国家监察体制的改革，检察机关原有的职务犯罪侦查权转移至重新组建的监察委员会，由此带来检察机关内设职能机构及工作重心的调整和转变。党的十八届四中全会通过的《关于全面推进依法治国若干重大问题的决定》（以下简称《决定》）提出的"严格司法……推进以审判为中心的诉讼制度改革，确保侦查、审查起诉的案件事实证据经得起法律的检验……完善刑事诉讼中认罪认罚从宽制度……加强人权司法保障……"亦对检察机关的职权运行提出了新的标准及时代要求。面对以审判为中心的诉讼制度改革与国家监察体制改革的新形势，最高人民检察院也开始重新定位检察机关，曹建明检察长在第十四次全国检察长会议上的讲话已将"法律监督"置换为"检察监督"，反映出检察权重新配置和调整的微言大义。立足于当前监察体制改革，以审判为中心的诉讼制度改革，认罪认罚从宽制度之确立，以及推进案件繁简分流的时代背景，检察机关的职权配置及工作重心应当沿着进一步规范公诉权，落实检察机关的客观公正义务；逐步扩大检察机关的裁量权范围，实现审前程序的分流作用；加强检察机关对于侦查活动的制约和监督，严控侦查质量关；重新认知审判监督，复归刑事审判监督权的公诉权本质的四条基本进路展开。

一、进一步规范公诉权，落实检察机关的客观公正义务

从历史范畴进行考察，公诉权实乃检察机关产生的渊源与发展的价值动因，检察机关应国家公诉之需要产生、发展起来，旨在通过控审分离，实现既追诉犯罪又防止法官擅断的双重目的。② 从现代各国司法制度的设计来看，检察机关基本上都是作为国家公诉机关而

---

* 作者简介：步洋洋，法学博士，西北政法大学刑事法学院讲师。

① ［日］平野龙一：《刑事诉讼法概说》，有斐阁1968年版，第30页。转引自董坤：《检察环节刑事错案的成因及防治对策》，载《中国法学》2014年第6期。

② 胡勇：《监察体制改革背景下检察机关的再定位与职能调整》，载《法治研究》2017年第3期。

存在，莫不以代表国家对犯罪提起公诉为首要任务。① 然而，在我国当下的刑事司法实践中，作为检察权的重要组成部分或曰主体性权能，公诉权非但不应得到强化，反而应当进一步加以规范，这不仅是公权之谦抑性在刑事诉讼中的应然体现，更是落实检察机关之客观公正义务，实现控辩平等对抗的题中应有之义。

法学先贤萨维尼将检察官视为“法律的守护人”，他认为，检察官在刑事诉讼中的地位与民事诉讼中的一方当事人有所不同，检察官不应全然站在被追人的对立面，而是应当超越当事人的诉讼角色，在整个刑事诉讼中坚持客观公正之立场，全面收集对于被追诉人有利和不利的各类证据，努力发现并尊重案件的全部事实真相，理论上将其称为“检察官的客观公正义务”。1877 年《德国刑事诉讼法典》规定：“检察院不仅要侦查证明有罪的，而且还要侦查证明无罪的情况，并且负责提取有丧失之虞的证据”；“检察院可以为了被指控人的利益而提起法律救济诉讼活动”。② 在实行当事人主义诉讼模式的英美法系国家，虽然检察官被认为是两造中的一方当事人，但也同样负有客观公正义务。如在美国，在 1935 年伯格诉合众国一案中，大法官萨瑟兰就明确指出：“美国检察官代表的不是普通的一方当事人，而是国家政权，他应当公平地行使自己的职权；检察官在刑事诉讼中不能仅仅以追求胜诉作为自己的目标，而是应当确保实现公正，也就是说，检察官是法律的仆人，具有双重目标，既要惩罚犯罪，又要确保无辜之人不被错误定罪……”③ 不仅如此，检察官客观公正义务的规定亦在联合国的相关国际文件中得到确认，成为一项普遍认可的国际准则。例如，《关于检察官作用的基本准则》第 13 条明确规定，检察官在履行其职责时应不偏不倚地履行职能，并避免任何政治、社会、宗教、种族、文化、性别或任何其他形式的歧视；保证公共利益，按照客观标准行事，适当考虑到嫌疑犯和受害者的立场，并注意到一切有关的情况，无论是否对嫌疑犯有利或不利。④

尽管受各国的制度传统、法制理念、法律文化以及检察官地位、性质、职能等影响，各国在检察官客观公正义务的内容建构上有所区别⑤，却普遍要求检察官履行客观取证义务、中立审查责任、公正裁判追求、定罪救济责任、诉讼关照义务与程序维护使命，以在坚持客观立场、忠于事实真相的基础上，最大限度地实现司法公正。客观来讲，检察机关的客观公正义务在我国有着良好的制度基础和社会基础，并已取得初步成效。然而，诚如部分学者所言，“赋予检察官客观公正义务，从心理学的角度来讲，实与其控诉职能是冲突的”。⑥ 受一系列主客观因素，特别是刑事诉讼之结构塑造与检察官角色塑造的影响，在我国当下的刑事司法实践中，一些检察官在思想层面上还存在着内省性不足的认识偏差，存在着一定程度上的重打击、轻保障，重实体、轻程序，重配合、轻制约的惯常做法，片面地将刑事指控当作自己的全部职能和任务，有意无意地淡忘了维护被追诉人合法权益、树

① 陈卫东：《我国检察权的反思与重构——以公诉权为核心的分析》，载《法学研究》2002 年第 2 期。

② 《德国刑事诉讼法典》，李昌柯译，中国政法大学出版社 1995 年版，第 78、116、117 页。

③ ［美］艾伦·豪切斯泰勒·斯黛丽、南希·弗兰克：《美国刑事法院诉讼程序》，陈卫东、徐美君译，中国人民大学出版社 2002 年版，第 230 页。

④ 杨宇冠、杨晓春编：《联合国刑事司法准则》，中国人民公安大学出版社 2003 年版，第 371-372 页。

⑤ 关于客观公正义务在两大法系国家刑事立法及司法层面上的差异，可参见朱孝清：《检察官客观公正义务及其在中国的发展完善》，载《中国法学》2009 年第 2 期；龙宗智：《中国法语境中的检察官客观义务》，载《法学研究》2009 年第 4 期。

⑥ 陈卫东、刘计划、程雷：《德国刑事司法制度的现在与未来》，载《人民检察》2004 年第 11 期。

立司法权威的使命与职责。

为防止客观公正义务的“标签化”和“空洞化”，检察机关一方面应当通过培训或专门辅导教育的多重方式弱化其角色定位可能带来的观念偏差，避免检察机关异化为“热情的诉讼斗士”；另一方面则应当为此义务的践行创建必要的条件与配套制度，特别是改变当下司法实践中各种以数、率为基准的考评标准，在避免“数目字崇拜”的同时，弱化检察官的追诉倾向与胜诉欲望，消解检察官客观公正义务与“当事人”责任的内在心理冲突。笔者并不否认当下对于检察机关的办案质量进行考核的必要性，而是认为此种考核必须以科学为前提，不应也不能削减检察官本该具有的独立性、中立性和客观性，进而影响司法公正和司法权威。为此，笔者主张从两个方面就公诉权规范考量下的考评标准作出调整：一是均衡检察业务考评指标体系中的否定性指标与肯定性指标、主观评价因子与客观评价因子的比例，将检察官客观义务的履行情况作为考核的主要内容；二是合理设定工作效能的指标体系，以检察官履职情况为考评着手的对象设置具体指标，避免以后一诉讼环节的结果作为验证前一诉讼环节工作质量好坏的依据，以在符合诉讼认识论的基本原理的同时，走出“批捕绑架起诉，起诉绑架判决”，“逮捕是定罪裁判的预演，羁押是刑罚量刑的预支”的司法怪象。①

二、逐步扩大检察机关的裁量权范围，实现审前程序的分流作用

以审判为中心的诉讼制度改革，强调将审判阶段和法庭审理作为解决被追诉人刑事责任的中心场域。然而，正如日本学者田口守一所说：“对应多种多样的刑事案件特点，必须建立多样化的刑事司法体系。”② 并非所有的刑事案件都需要进入审判阶段，对于那些事实清楚，控辩双方没有争议的案件或轻微的刑事案件，完全可以简化的方式加以解决，如在满足特定的条件下作出不起诉的决定或进行刑事和解，进而在保证诉讼公正的前提之下兼顾诉讼的效率。鉴于我国犯罪圈不断扩大，犯罪结构发生重大变化的司法现实③，为解决刑事案件总量居高不下和司法资源有限的突出矛盾，切实发挥检察机关裁量权的调控性功能，刑事立法理应在现有法律的规范框架之内扩大检察机关的裁量权范围，依靠审前程序消化处理案件，实现审前程序于“入罪出刑”层面的分流作用。

就概念而言，检察官的自由裁量权，是指检察官以法律的规则、原则或刑事政策为依据，就是否实施以及如何实施刑事追诉进行斟酌决定的权力，表现为程序裁量权、证据裁量权等多个方面。④ 尽管检察官自由裁量权的表现形式在不同的国家和地区存在着或多或少的差异，但逐步扩大检察官的自由裁量权却已然成为一种世界趋势。在域外的国家之中，以美国检察官的自由裁量权最为全面，特别是其有权与被追诉方进行辩诉交易的权力，已

---

① 董坤：《检察环节刑事错案的成因及防治对策》，载《中国法学》2014 年第 6 期。

② ［日］田口守一：《刑事诉讼法》，刘迪等译，法律出版社 2000 年版，第 1 页。

③ 据统计，重刑率（被判处 5 年以上有期徒刑、无期徒刑或死刑）由 1995 年的 45%下降至 2002 年的 22%，到 2015 年仅为 9.37%，而轻微犯罪大幅上升，如 2014 年以来仅醉驾就占全部刑事案件的 10%。参见卢建平、王晓雪：《以审判为中心视角下检察权的定位与运行》，载《浙江大学学报》（人文社会科学版）2017 年第 3 期。

④ 刘晓东：《我国检察机关自由裁量权的扩大与完善——以 2012 年刑事诉讼法为视角》，载《新刑事诉讼法的理解与实施》，中国人民公安大学出版社 2013 年版，第 497 页。

经成为美国处理刑事案件的最主要方式。据统计，在美国联邦和州的司法系统中，90%的刑事案件是通过辩诉交易来完成的。[①]在以发现真实为其法制传统的德国，几乎50%的刑事案件是由公诉人以裁量的形势作出决定而撤销案件的。各国通过扩大检察机关的起诉裁量权，大大降低了法院受理案件的数量，为法院集中精力办理重大、疑难、复杂案件提供了空间。正如部分德国学者指出的那样："与仍然统治着德国刑事司法体系的传统的法定起诉原则不同的是，今天的检察机构似乎更是一个'不起诉'机构而非一个起诉机构。"[②] 我国2012年刑事诉讼法修改时，在一定程度上扩大了检察官的自由裁量权，如在未成年人特别程序中增设了附条件不起诉制度等。然而，在报应主义刑罚观念的影响下，以有罪必罚、有罪必诉为特征的起诉法定主义依然根深蒂固，相较于域外法治国家和地区检察机关所享有的自由裁量权，我国检察机关的裁量权限还很有限，实践中不起诉裁量权的运用尚不充分，不起诉率基本徘徊在2%至5%，远低于世界水平，刑事裁量权的配置在公检法三机关中呈现出两头大、中间小的外观格局。[③]

立足于认罪认罚从宽制度所包含的程序从宽的基本意涵[④]，从推进案件繁简分流，优化司法资源配置的现实语境出发，笔者认为我国当下检察职权的调整与重新配置理应加强实践面向，从如下几个方面扩大检察机关的裁量权：其一，扩大酌定不起诉的案件范围，打破原有的"犯罪情节轻微，不需要判处刑罚或免除刑罚"的条件桎梏，将出于国家、政治利益考虑的酌定不起诉纳入其中，并逐步将其扩展至部分重罪，同时对酌定不起诉复杂的内部审批程序进行简化，以保证其落到实处。同时，适当简化酌定不起诉的决定程序，改变现有的多级审批，最终由检察委员会讨论并呈报上级检察院的决定程序，将决定权赋予检察官，检察长仅做形式上的审查即可。其二，扩大附条件不起诉的适用对象，在未成年人案件适用的实践经验基础上，可借鉴德国的暂缓起诉或日本的起诉犹豫制度，将老年人以及轻伤害案件中的被告人纳入附条件不起诉的案件范围之中。其三，以认罪认罚从宽为制度契机，切实落实"坦白从宽"之规定。"坦白从宽"作为一项刑事政策，在我国的刑事司法实践中并不具有法律的强制效力，为对犯罪嫌疑人的认罪行为予以肯定，笔者主张将坦白作为一项法定的量刑情节，法院在量刑时应当加以考量。

三、加强检察机关对于侦查活动的制约和监督，严控侦查质量关

在司法实践中，侦查程序作为整个刑事诉讼活动的起点，决定了以后的诉讼程序是否启动以及结果如何。只有经过侦查程序认为犯罪嫌疑人的行为构成犯罪的，才会有以后的审查起诉和审判程序。而审查起诉阶段作为连接侦查和审判程序的纽带，一方面对侦查工作成果进行质量检验和把关；另一方面则实现了审前程序的分流，在保障公民合法权益的

---

① The United States Department justice, Office of Justice Programs, Bureau of Justice Statistics, February, 1992.

② 陈光中、汉斯·约格阿尔布莱希特：《中德不起诉制度比较研究》，中国检察出版社2002年版，第33页。

③ 周长军：《刑事裁量权论——在划一性与个别化之间》，中国人民公安大学出版社2006年版，第434页。

④ 被追诉人在侦查阶段的"程序从宽"主要体现为侦查机关变更、解除强制措施；起诉阶段的"程序从宽"则主要表现为检察机关可以适用不起诉，或者向法院提出认罪认罚从宽的量刑建议；而在审判阶段，相较于遵循较为严格的原则、规则和制度规范，具有程序完整和相对复杂特点的普通程序，当前的简易程序、速裁程序等程序内容本身即属于程序"从宽"。

同时节约了诉讼资源。侦查和审查起诉作为审前程序，实乃审判程序的必要准备，其质量直接影响到审判的进程。倘若侦查、审查起诉程序的工作有疏漏或偏差，就会给审判工作带来困难，甚至造成冤假错案的严重后果。从某种意义上说，在整个刑事诉讼的过程中，侦查阶段的批准逮捕是初始检验，审查起诉是中间检验，而审判则是最终检验，这个过程体现出“终端控制”和“反向控制”的思想，如有任何一个环节经不起最终检验，即为不合格。① 据此，《决定》提出，“侦查、审查起诉的案件事实证据应当经得起法律的检验”，这就要求我们在新形势下采取切实有效的措施来保证侦查和审查起诉阶段的质量，从而为以审判为中心诉讼制度改革的推进奠定坚实的事实证据之前提和基础。

我国宪法和刑事诉讼法明确规定公检法三机关的关系为“分工负责、互相配合、互相制约”，其中分工负责是前提，互相配合、互相制约要并重。然而长期以来，在我国现行诉讼体制和实践中，三机关异化为只讲配合，不讲制约。由于权力的同源性与追诉倾向上的一致性，侦查活动以及由此形成的笔录、卷宗在刑事诉讼中实质上处于中心的地位，侦查机关收集的证据材料及认定有罪的案件对起诉、审判具有举足轻重的影响。起诉和审判仅仅是对侦查结果的确认，侦查程序成为刑事诉讼程序的中心环节，这个刑事诉讼异化为“流水作业”式的工序操作。这种现象被通俗地表达为“公安机关是做饭的，检察机关是端饭的，审判机关是吃饭的”。这不仅导致侦查质量不高、检察监督力度不足，难以形成有效追诉犯罪之合力，更忽视了刑事诉讼中对于人权之保障，直接影响到刑事诉讼中审前程序价值目的的实现，以致刑讯逼供，甚至酿成冤假错案。很显然，这是违背现代刑事法治原则，是与以审判为中心背道而驰的。

审视两大法系国家的检警关系现状，大陆法系国家因受“职权主义”思想的影响，多采用检警一体化模式，强调检察机关在刑事侦查中的主导地位，将刑事警察定位为检察机关的辅助机关，在检察机关领导和指挥下实施侦查行为；英美法系国家受普通法系的法治传统和分权理念的影响，多采用检警分立的模式，强调检察官和警察各负其责，互不从属，二者各自按其职权进行诉讼活动。为革除“分工负责、互相配合、互相制约”的线性流水作业关系所带来的诸多弊端，理论界和实务界在考察国外检警关系模式的基础之上，对我国的检警关系提出了不同的构建路径和构建模式。② 笔者在此无意对上述构建路径及构建模式进行利弊分析，在笔者看来，虽然我国现行检警关系带来了一系列问题和弊端，但其亦存在一定的合理成分。立足于当下司法改革的背景，笔者更倾向于在现有的检警关系的框架内进行部分调整，特别是建立检察引导侦查制度，让检察机关通过参与公安机关重大案件取证、讨论、勘验等侦查活动，从公诉的证据标准出发为侦查提供建议③，在强化检察机关于审前程序的优势地位的同时，提高侦查取证的科学化和合法化水平，推动侦查工作实现由“抓人破案”向“证据定案转变”，发挥出检察机关对侦查方向及时纠偏，对错误侦查及时刹车的正向功能。同时，应当强化检察机关对于侦查活动的监督制约机制，完善对于强制措施，尤其是拘留、逮捕和指定居所监视居住等涉及人身自由的强制措施的审查批

① 卢建平、王晓雪：《以审判为中心视角下检察权的定位与运行》，载《浙江大学学报》（人文社会科学版）2017年第3期。

② 关于检警关系不同的构建路径和模式，可参见宋英辉：《刑事程序中的检警关系完善构想》，载《人民检察》2006年第11期；盛美军：《检警关系现状与改革发展》，载《人民检察》2010年第7期。

③ 盛美军：《检警关系现状与改革发展》，载《人民检察》2010年第7期。

准机制，在审前程序中营造出一种类三角形结构，将对涉案财物的查封、扣押和冻结纳入到审查范围之中，进而从引导和监督两个维度提高侦查质量，保证侦查法治化，防止侦查程序蜕变为行政性的“治罪程序”。不仅如此，笔者认为，对于刑事诉讼法再修改时可能保留的检察机关对于司法工作人员利用职权实施的部分犯罪的侦查权之监督亦应落到实处。可以考虑的一个选项是，于检察机关内部设立独立的预审部门，参照公安机关预审的相关程序，对于此类案件的侦查结果在移送审查起诉之前进行第一道工序之审查；同时，应当深化人民监督员制度的改革，从人民监督员的选任、监督的具体程序和实效性等方面入手，保证内部监督的透明化、公开化。

四、重新认知审判监督，复归刑事审判监督权的公诉权本质

检察机关既承担追诉犯罪的诉讼职能，又行使对刑事诉讼的监督职能，即具有公诉与监督的二元职能，这是我国刑事诉讼理论关于检察机关职能的基本判断，也是基于宪法规范的文义解读。① 作为法定的法律监督机关，人民检察院所具有的法律监督职权具有全方位性，不仅包括侦查监督，还包括刑事审判监督。从诉讼流程的角度来看，检察机关的侦查监督是对前监督或曰反向监督，符合监督的一般规律，而检察机关的审判监督则是对后监督或曰正向监督，属于我国特有的监督形式。② 作为宪法赋予人民检察院的一项职权，也是具有中国特色的一项权力，“对刑事诉讼实行法律监督”实乃我国刑事诉讼法特有的立法条款，综观现代各国刑事诉讼立法以及联合国刑事司法准则，始终未见关于检察机关行使审判监督职能的规定，检察机关享有审判监督权亦因此成为一个中国式的理论命题，由此给检察机关带来了理论与实践的双重困境，将检察机关置于“既做运动员，又做裁判员”的角色悖论与理论质疑中。

其实，作为刑事审判监督的两种形式，提出纠正意见与抗诉在本质上均系诉权范畴，属于公诉权的延伸和应有之义，绝非监督职能。检察机关在刑事审判程序中履行的均为诉讼职能，在诉讼职能之外并不存在独立的审判监督职能，将检察机关在刑事审判程序中的职能区分为诉讼职能和监督职能实乃我国刑事诉讼理论研究的误区。③ 一方面，检察机关向法院提出的“纠正意见”，其实质不过是公诉方向法院提出的异议，与人民检察院组织法第16条关于“人民法院认为有违法情况时，可以通知检察院予以纠正”的本质无异。作为刑事法庭审理之中的诉讼两造，检察机关与被告人及其辩护人均有权向法庭提出异议，此项权利源于检察机关与被告人作为诉讼两造的主体地位项下的诉讼权能，并须由法院对此种异议加以认定和裁判。假使将检察机关提出的“异议”定性为“监督”，无疑会加剧控辩双方的不平等性，消解审判中心所要求的“司法之上”、“审判权威”，背离了法律监督所具有的单向性特征。另一方面，现行刑事诉讼法下的二审抗诉和再审抗诉并不具有否定法院裁判的效力，二审与再审中的抗诉在法律性质上分别对应上诉和申请再审。检察机关认

① 樊崇义：《法律监督职能哲理论纲》，载《人民检察》2010 年第 1 期。

② 卢建平、王晓雪：《以审判为中心视角下检察权的定位与运行》，载《浙江大学学报》（人文社会科学版）2017 年第 3 期。

③ 刘计划：《检察机关刑事审判监督职能解构》，载《中国法学》2012 年第 5 期。

为法院的裁判“确有错误”，仅是检察官在公诉主张没有获得法院确认的情况下表明的“不接受”法院裁判的意愿或态度。抗诉与上诉、申请再审一样，都只是程序启动的条件之一，并不具有直接改变法院裁判之效力，裁判的孰对孰错，尚需由二审法院或再审法院通过重新审理作出裁断。[①] 不仅如此，从司法实践的现实来看，检察机关的抗诉具有明显的选择性和倾向性，多在法院否定其全部或部分指控主张的情形下发生，因而在本质上属于追诉职能项下由控诉立场所决定的“诉讼异议”。

立足于我国现行刑事立法的基本框架，为理顺诉审关系，回应二审及再审程序中检察机关的“身份争论”，使检察机关从“审判监督”的重负中解脱出来，笔者主张将“提出纠正意见”改称为“提出异议”，将“二审抗诉”改称为“上诉”，将再审程序中的“抗诉”和“申诉”统一改称为“申请再审”，同时修改现行刑事立法关于公诉方不能当庭提出异议，只能在庭审之后提出的规范内容及制度安排设计，走出长期以来对于审判监督权的认知误区，实现刑事审判监督权本应具有的公诉本质之复归。

① 刘计划：《检察机关刑事审判监督职能解构》，载《中国法学》2012 年第 5 期。

日本和我国被害人保护制度之评述

——兼论我国被害人保护制度之建言

陈建军*

一、前言

刑事案件被害人保护问题主要涉及两个方面：一是被害人参加诉讼。被害人为什么要参加诉讼，是因为：（1）保障被害人诉讼权利的需要。20世纪80年代，被害人运动（Victim Movement）以烈火燎原之势在世界各国"蔓延"，其间，英国、德国、美国等国家相继以立法的形式对被害人的基本权益予以规定。1985年，联合国《为罪行和滥用权力行为受害者取得公理的基本原则宣言》就被害人参加诉讼作出规定："让受害者在涉及其利益的适当诉讼阶段出庭申诉其观点和关切事项以供考虑，而不损及被告并符合有关国家刑事司法制度。"许多国家的刑事司法改革政策由被告人为中心，转化为强调被害人与被告人权利的平衡，并开始强调被害人利益与国家利益的平衡①。（2）被害人复仇权利的实现。关于国家刑罚权的起源，存在着社会契约说、定分止争说、维护社会秩序说、复仇说等各种学说，目前来说，最具合理性的是复仇说，刑罚的本质即是惩罚，无论是通过私人复仇，还是通过国家复仇，皆是通过复仇的方式对犯罪人进行惩罚。根据刑罚折中理论的报应与预防相统一的刑罚理性，立法上刑之分配注重威慑，审判中刑之裁量注重报应，执行刑罚则注重矫正，奉行所谓"刑罚一体化"②，理论上强大的国家机器代替个人行使刑罚权，理应更易达到复仇目的，使个人心满意足，但实践中，由于"立案难、破案率低、怠于行使公诉权、定罪难、量刑畸轻"③、被害人知情权保障不足、被害人救济性权利缺失等现实原因，多数被害者对于审判结果及审判过程人言啧啧。被害人参加诉讼可以弥补国家刑罚权的不足，维护自身的诉讼权利，信赖司法裁判的公正性；二是被害人的损害赔偿和补偿。被害人的损害赔偿是基于修复性司法的理念，加害人与被害人达成和解协议，在其承认罪行并负责的基础上，给予被害人损害赔偿。被害人的补偿是指国家或非盈利性组织补偿被害者身体、物质、精神损害的损失，使其走出困境。该制度的理论依据主要有三个：（1）社会保险说。国家对被害人的补偿是一种附加的社会保险，建立各种社会保险的目的

---

* 作者简介：陈建军，法学博士，西北政法大学刑事法学院讲师。

① 张泽涛：《过犹未及：保护被害人诉讼权利之反思》，载《法律科学》（《西北政法大学学报》）2010年第1期。

② ［日］大塚仁：《刑法总论（二）》，有斐阁1982年版，第14页。

③ 李奋飞：《刑事被害人的权利保护———以复仇愿望的实现为中心》，载《政法论坛》2013年第5期。

都是使人们能够应付威胁其生活稳定和安全的意外事故。(2) 国家责任说。从刑罚权行使的角度出发，以社会契约论为基础，认为对犯罪被害人进行补偿是国家的一种责任。(3) 社会福利说。认为国家出于人道主义责任帮助被害人，就像帮助其他需要帮助和处于不利社会地位者一样[①]。

1996年刑事诉讼法将刑事公诉案件的被害人作为诉讼当事人予以规定，此举在当时被认为顺应了国际上强化被害人保护的潮流，加强了被害人的诉讼地位，有利于诉讼价值的平衡，然而直至今日，被害人依然无法有效参与诉讼，反而当事人的身份，使其处于尴尬的窘境。另外，虽然近年来我国关于被害人救助的试点“遍地开花”[②]，却收效甚微，不尽如人意。在新时代司法改革的浪潮下，作为刑事诉讼主体的被害人的权利保护的需求日益迫切。鉴于以上初衷，笔者希冀通过日本与我国被害人保护制度的比较研究，对我国被害人保护制度的完善有所建言。

二、日本被害人保护制度的实施状况

(一) 被害人参加制度

日本的被害人参加制度仅指审判阶段的被害人参加。2010年，在针对国民的问卷调查中，知道这项制度的国民占70.5%[③]。2013年，被害人申请参加审判的有1307人，被许可的有1298人，委托律师的有873人（其中，委托法律援助律师的有410人），关于被害人参加该制度的感想，认为很好的占67.6%，还行的占20.6%；关于该制度具体权利的利用率，在庭权占92.3%，陈述意见权占64.7%，质问证人权占20.6%，最终陈述意见权占64.6%，使用视频传输和遮蔽掩体的占14.9%[④]（见图1）；关于被害人参加该制度后对法官的感想，认为很好的占37.1%，还行的占15.7%；关于被害人参加该制度后对检察官的感想，认为很好的占71.8%，还行的占12.7%；关于被害人参加该制度后对法律援助律师的感想，认为很好的占7.6%，还行的占20.6%，不好的占71.8%[⑤]（见图2）。

① 周欣、袁荣林：《美国刑事被害人补偿制度概览》，载《中国司法》2005年第2期。

② 截至2012年，共计20个省、直辖市、自治区以及130余地出台了关于被害人救助的具体文件，其中无锡市、宁夏回族自治区、包头市先后出台了地方性法规。《中国法律年鉴（2005—2012年）》，中国法律年鉴社。

③ 参见东京都报道发表资料：《对犯罪被害人等支援的认识度分析》，2010年6月。

④ 参见日本最高裁判所：《被害人参加第一审刑事案件的终局人员统计报告》，2012年12月。

⑤ 参见日本法务省：《刑事犯罪被害人问卷调查报告（2010-2011）》，2012年2月。

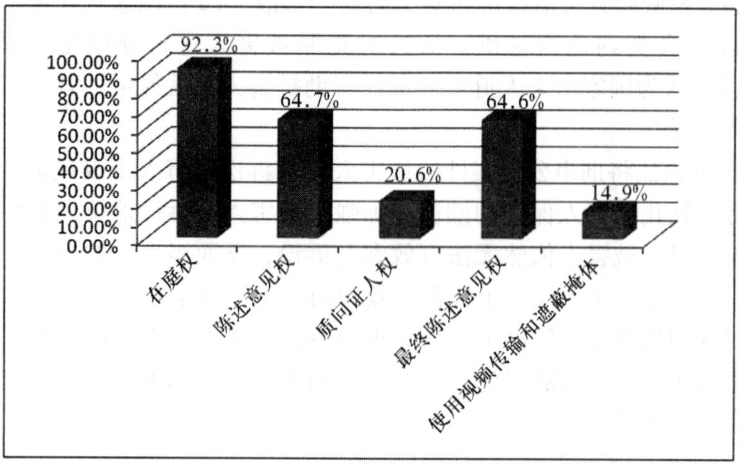

图 1

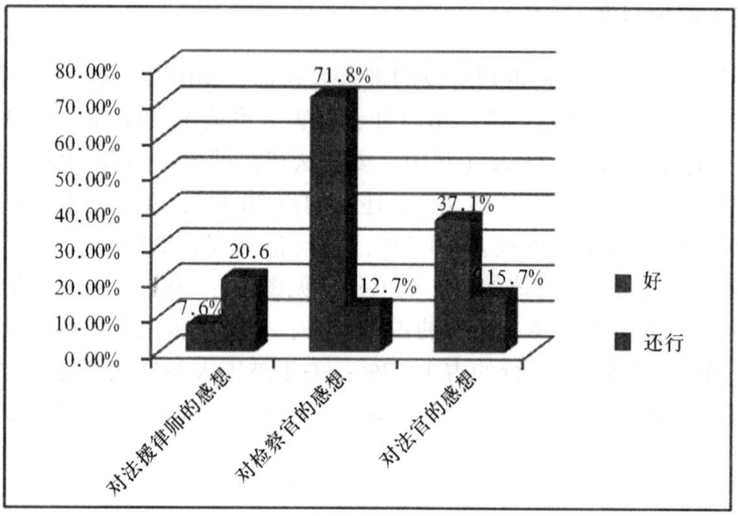

图 2

（二）被害人损害赔偿命令制度

损害赔偿命令制度，是指被害人基于刑事审判的成果，在一审辩论终结后提出申请，要求被告人予以赔偿的制度，因为法官需在四个回合内审理结束，因此具有简易、迅速的特征。2010 年，在针对国民的问卷调查中，知道这项制度的国民占 37.1%。截至 2012 年 12 月末，提出赔偿请求 954 件，已经解决 884 件，其中认可 456 件，占 51.6%，和解 157 件，占 17.8%，移送民事程序 111 件，占 12.6%①（见图 3）。关于请求损害赔偿金额的请

① 日本内阁府：《犯罪被害人的具体实施对策》，http://www8.cao.go.jp/hanzai/whitepaper/w-2013/html/zenbun/part2/s2_1_1.html，访问日期：2018 年 7 月 20 日。

求，100万日元（5万人民币左右）以上的占37%，300万日元以上的占27%（15万人民币左右）；关于损害赔偿的罪名分布，性犯罪占50%，致人死亡类犯罪占27%，其他犯罪占23%（见图4）。

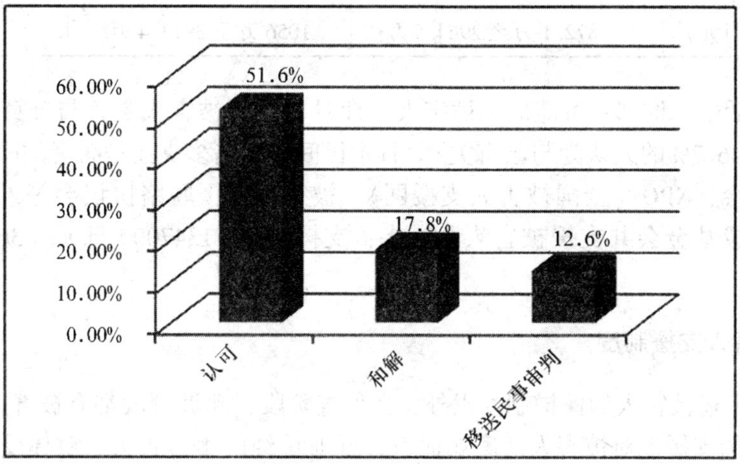

图3

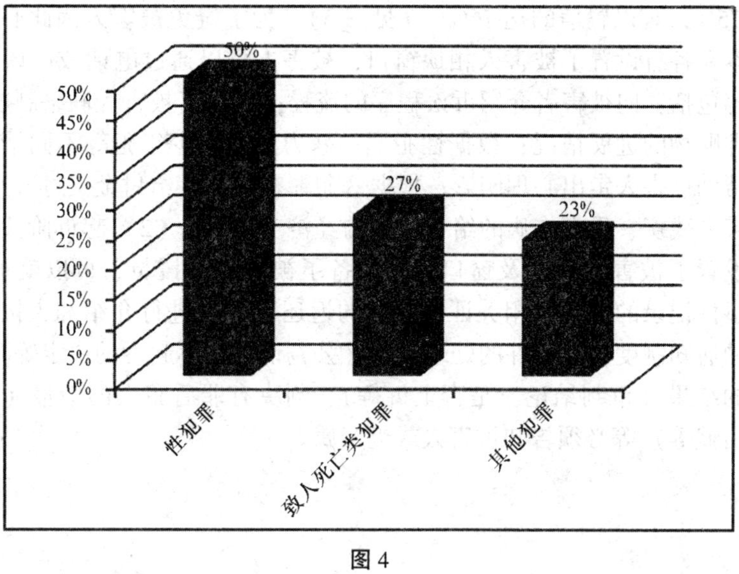

图4

（三）被害人补偿制度

被害人补偿制度指的是针对被害人死亡的亲属，被害人残疾、重大伤病的，给予一定的国家补偿，2010年，在针对国民的问卷调查中，知道这项制度的国民占54.1%。截至2012年，提出国家补偿请求的有9414人，被许可的有8967人。被害人死亡的亲属的补偿金额是872.1万日元（43万人民币左右）至2964.5万日元（150万人民币左右）；被害人残疾（1级残疾至3级残疾）的补偿金额是1056万日元（53万人民币左右）至3974.4万日元（200 万人民币左右）；被害人重大伤病的赔偿金额上限是 120 万日元（6 万人民币左右）（见下表）。

	被害人死亡	被害人残疾	被害人重大伤病
补偿金额（日元）	872.1 万至 2964.5 万	1056 万至 3974.4 万	120 万以下

在日常生活中，谁都有可能成为被害人，针对“支援被害人是否与自身相关”的调查问卷，其中有 46.7%的人认为与己有关[①]。日本民间存在诸多支援被害者的团体，如犯罪被害人救援基金会、NPO（全国被害人支援网）、被害人支援联络协议会等，其中 2014 年，犯罪被害人救援基金会共支援被害人 266 人，支援金额 71347000 日元（360 万人民币左右）[②]。

（四）被害人支援制度

日本除了上述被害人的保护制度以外，在侦查阶段、起诉阶段都有被害人的支援制度。（1）侦查阶段的支援。对被害人及家属而言，并非单纯的生命丧失、身体受伤、财产受损等的直接伤害，被害后还会产生心理伤害，被害人死亡的，其家属感到惶惶不安的达 91%、难以置信的达 96%；性犯罪被害人，感到惶惶不安的达 95%，难以置信的达 78%；身体受伤害的被害者，感到惶惶不安的达 81%，难以置信的达 82%；财产受损失的被害者，感到惶惶不安的达 75%，难以置信的达 76%[③]（见图 5）。为了避免被害人因此心理阴影而引发诸多问题，日本在各省设置了被害人相谈窗口，被害人可以通过电话或面谈的方式进行相谈。相谈的内容包括：向被害者介绍诉讼程序的流程；根据“被害人联络制度”，提供被害人被搜查、扣押财物的进展情况；根据性犯罪、暴力犯罪、少年犯等不同情况，采取不同的心理支援，帮助被害人走出心理阴影；根据《犯罪被害人等给付金支付法》，对被害人死亡的亲属和被害人残疾、重大伤病的给予一定的经济支援等。（2）起诉阶段的支援。日本在各省监察厅设置了被害人热线及窗口，并配备了被害人支援员，可以就被害人的申报、审判的流程、事件记录的查看、相关证据物品的返还等情况进行介绍和支援。另外，还确立了被害人等的通知制度，就案件的处理情况（公判请求、不起诉的决定等）、审判的日期和场所、审判的结果（审判结论、是否上诉等）、判决有罪后犯人的情报（关押在哪个监狱、什么时候出狱等）等必须告知被害人或近亲属。

① 参见日本内阁府：《支援犯罪被害人是与己相关的问题》，载《共生社会意识调查报告》，2012 年。

② 犯罪被害人救援基金会：《2013 年度事业计划书》，http://kyuenkikin.or.jp/page1.html?eid=00004，访问日期：2018 年 7 月 20 日。

③ 警察厅被害人支援室：《被害人的实态》，http://www.npa.go.jp/higaisya/rikai/jittai/mondai.htm，访问日期：2018 年 7 月 20 日。

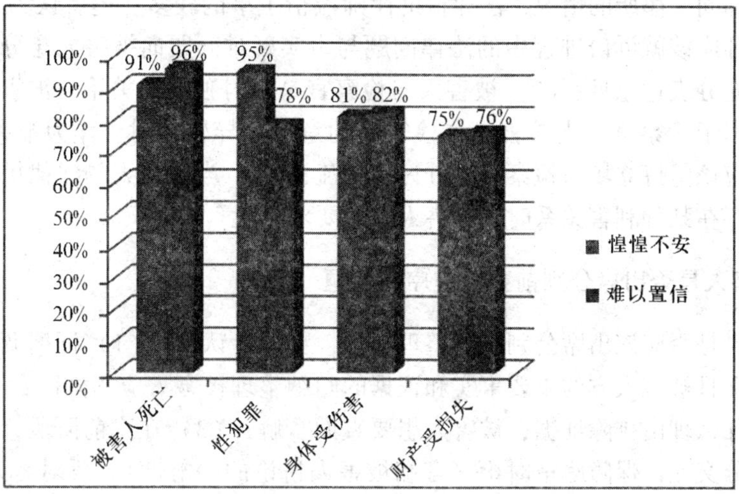

图5

三、日本被害人保护制度实施中所呈现出的问题及分析

（一）被害人的诉讼地位问题

被害人参加庭审的诉讼地位在日本也存在争议，有当事人说、检察官辅助人说、利害关系者说等，当事人说从“‘私人追诉主义’的理念出发，认为当事人广义上应该包括犯罪的直接受害者与因法律秩序被侵害而受到波及的间接受害者，检察官只不过是受害人的法定代理人①”；检察官辅助人说认为“被害人参加诉讼是为了补足检察官公诉权行使的纰漏，帮助检察官合理使用公诉权②”。利害关系者说认为“被害者是刑事案件的切身利害关系者，被害者参加诉讼是为了个人复仇权利的实现，也是刑事诉讼‘保护人权、发现真实、法的平和’的题中之义③”。笔者认同利害关系者说的观点，如果被害人以当事人身份出现，庭审期间被害人一直坐在检察官身边，当自己以证人身份作证时，证言的可信性就令人担忧；如果被害人以检察官辅助人的身份出现，无罪推定原则所要求的被告人防御权的最大限度保障就会受到冲击，不利于公平原则的实现。

（二）被害人与其法律援助律师的问题

如上所述，被害人参加庭审后对法律援助律师的感想，认为不好的达71.8%，多数的被害人认为，法律援助律师主导诉讼程序，被害人对审判进程不能很好把握；检察官的想法和被害人的想法差距较大时，法律援助律师屈服于检察官的较多；存在法律援助律师与

① ［日］鲶越溢弘：《刑事司法中被害人的地位——以修复性司法理念为前提的分析》，载《法政理论》第35卷第4号，2003年。

② ［日］诹方雅显：《刑事裁判中被害人参加制度的问题点——以实务中被害人能否得到救济为视角的分析》，载《信州大学法学论文集》，2010年。

③ ［日］田口守一：《刑事司法中犯罪被害人的新对策》，载《早稻田法学》第85卷第1号，2009年。

被告人辩护律师同一律所的情况，法律援助律师敷衍了事的较多。笔者认为：（1）被害人的法律援助律师应该就诉讼进程中的法律问题与事实疑难问题向被害人充分说明，使其及时了解情况，充分表达意见；（2）被害人与检察官是相对独立的关系，被害人的法律援助律师也不能依附于检察官，当被害人与检察官的意见差异较大时，作为被害人的代理人，法律援助律师应该坚持立场与检察官充分讨论交流；（3）当被害人的法律援助律师和被告人的辩护律师存在某种利害关系时，被害人有权要求更换。

（三）被害人是否出席公判前整理程序的问题

针对被害人是否应该出席公判前的整理程序，支持者认为：（1）证据调查原来也是在庭审中进行，况且被害人方的重要事实和证据的归纳整理被害人应当知晓；（2）法官怎么归纳争点，因什么理由排除证据，被害人想要直面了解；（3）在庭前阶段，被害人可以同检察官进行充分交流，保障庭审时检察官和被害人讨论的圆滑性①。反对者认为：（1）该程序终究是准备程序，以实现审判中心主义为目的，其内容也具有程序性、形式性的特点，被害人作为案件的利害关系人没有必要参加；（2）被害人存在着作为证人出庭作证的可能性，如果让其参加该程序，会影响其出庭证言的可信性；（3）该程序关于归纳争点和整理事实需要双方当事人面对面地交流讨论，被害人出席有可能造成“二次伤害”②。笔者赞同被害人不参加公判前整理程序的观点，作为准备程序，其内容归纳争点、整理证据、指定审判期日等都具有程序性、技术性的特征，被害人参加没有实质意义。

四、对我国被害人保护制度的建言

（一）被害人的诉讼地位

1996年刑事诉讼法虽然确定了被害人的当事人地位，但没有赋予被害人上诉权，2012年刑事诉讼法将量刑有关事实和证据的调查、辩论纳入法庭审理程序，但没有明确规定被害人的最后意见陈述权（包括量刑建议权），被害人作为当事人基本诉讼权利缺失。被害人的当事人地位还存在以下不可避免的弊端：（1）被害人和检察官共同组成追诉方，一方面有被害者优位的可能，为了维护被害人的利益而牺牲国家法意志③；另一方面有被害人独立性丧失的可能，成为检察官的附庸。（2）被害人和检察官共同组成追诉方，强大的追诉权可能使无罪推定原则所要求的被告人最大限度防御权形同虚设。（3）被害人既是当事人又是证人的双重身份，使其出庭证言的可信性难以令人信服。（4）被害人（尤其是性犯罪被害人，黑社会组织、恐怖活动犯罪被害人，未成年被害人）作为当事人出庭，容易遭受“二次伤害”。笔者认为我

---

① ［日］吉村真性：《裁判员制度的概略与问题点》，载《九州国际大学法学论文集》第15卷第3号，2009年。

② 法务省：《议事录》，http：//www.moj.go.jp/content/000124357.pdf#search=′%E8%AD%B0%E4%BA%8B+%E5%8A%A0%E8%97%A4%E5%88%91%E4%BA%8B%E6%B3%95%E5%88%B6%E7%AE%A1%E7%90%86%E5%AE%98%98′，访问日期：2018年7月20日。

③ 德国刑事诉讼法学者施密特说：检察官乃国家法意志的代表人，而非政府的传声筒，即为检察官所设立的目的。检察官是法律的守护人，除了诉追犯罪外，也同时保障人民权益，表现在检察官的义务上是对被告有利、不利之事证应一并注意，检察官可以为被告之利益或不利益进行上诉。

国被害人应该定位于利害关系者，相对于当事人，以既要实现其复仇的权利，又能够保障刑事诉讼保障人权和发现真实的目的为圭臬，对其诉讼权利进行必要限制。

（二）被害人参加庭审的权限

因为人民陪审员制度的存在、媒体的报道、民间的呼吁及法官个人不独立，容易形成严刑化倾向，损害被告人人权与司法权威，被害人作为利害关系人参加庭审的权限不宜过宽（量刑建议权、上诉权、参与执行权不应包含在范围内）。笔者认为被害人参加庭审期间拥有的权利具体有：(1) 在庭权。该权利是被害人作为利害关系人最基本的权利，被害人出庭时，坐在检察官旁出席庭审。(2) 被告人质问权。对被告人及辩护人提出的证据有质问的权利。(3) 阅览和誊写审判记录的权利。以被害人就遭受损害另行提起民事诉讼为理由，被害人或诉讼代理人提出阅览和誊写申请的，法官应该予以许可，但禁止用于损坏他人名誉、干扰他人生活、妨碍审判的正常进行等非法用途。(4) 释明权。就检察官的公诉请求及量刑意见，必要时，有权要求说明理由。(5) 获得法律援助的权利。被害人经济困难的（经济困难标准：城镇居民按户籍所在地或经常居住地（居住 1 年以上）县级人民政府规定的城市居民最低生活保障标准执行；农村居民按上一年度国家公布的农村低收入贫困线标准执行)，可以申请法律援助。(6) 知情权。没有参加庭审的被害人或择期宣判的案件，审判结果应该通知被害人。(7) 作证权。被害人决定以证人身份出席庭审的，法官应该禁止其以利害关系人的身份参加庭审。

（三）被害人与检察官的关系

按照我国现行法律规定，被害人是当事人中的原告，而检察官是代表国家意志进行公诉的原告，这样的规定是函矢相攻的。笔者认为在承认被害人利害关系人地位的前提下，两者之间的关系是检察官在尊重被害人的尊严及与其尊严相适应的诉讼权利基础上的相对独立的协力关系，具体来说：(1) 被害者向检察官提出参加庭审的申请，检察官提出审查意见后通知法院，法官在听取被告人或辩护人意见的基础上，综合考量犯罪的性质、与被告人的关系、是否是关键证人等因素，决定是否许可被害人参加；(2) 被害人就检察官的公诉请求及量刑意见有权要求说明理由；(3) 被害人对于审判结果不服，可以要求检察机关抗诉。

（四）避免被害人的“二次伤害”

笔者认为被害人的“二次伤害”具体包括：(1) 来自被告人的“二次伤害”。为了防止“特殊被害人”，如性犯罪被害人，黑社会组织、恐怖活动犯罪被害人，未成年被害人等作为利害关系人或证人出庭遭受“二次伤害”，应该采取不暴露身份信息，不暴露外貌、真实声音等特殊保护措施（例如，在被告人与被害人之间设置掩体，采用视频传输等)。(2) 来自侦查机关扣押、收缴财物的“二次伤害”。侦查机关扣押被害人的财物作为物证、书证的，应该定期通知进度，保障被害人知情权，收缴的属于被害人财物的应该立即返还。(3) 被害人未获赔偿或赔偿不充分、未获国家补偿或社会补偿，而在损害基础上遭受的“二次伤害”。(4) 被害人遭受损害后，未得到公检机关及社会的及时支援、治疗，使损害得以加深或报复他人及社会的“二次伤害”。

（五）被害人损害赔偿制度的完善

我国对于被害人的赔偿主要是通过刑事和解制度予以解决的，但实践效果不尽如人意，通过中国犯罪学研究会的实证调查分析发现，80%以上的刑事被害人无法从被告人那里得到经济补偿，导致出现刑事被害人“求偿不能、求助无门”的尴尬境地，同时损害了现代社会“公平正义”的法治理念和“惩恶扬善”的道德准则，也为社会带来了一定的不和谐因素①。刑事和解实践中“赔偿难”的主要原因有：（1）被害人及亲属的抵触。近年来刑事和解中“以钱买刑”现象及加害人履行义务的方式集中于单一的一次性经济赔偿，使被害人对加害人是否真诚悔罪存在顾虑，害怕遭受“二次伤害”。（2）强制和解的问题。实践中某些办案人员不顾被害人和加害人的意愿，强行让被害人和加害人进行和解，妥协达成和解协议后，加害人对赔偿推三阻四。（3）无法赔偿的现实问题。达成和解协议后，加害人却因为经济状况无法全额或一次赔偿，引发被害人不满。针对上述原因，笔者认为应该：（1）应该使被害人及亲属认识到刑事和解并非是使加害人非犯罪化，而是使其非刑罚化或刑罚轻缓化；（2）经济赔偿是主要方式，但并不是唯一方式，应该综合赔礼道歉、修复损伤等多种方式，使得被害人感受到和解的诚意；（3）因为经济状况确实无法赔偿的，应该通过国家补偿或社会支援对被害者予以补偿。

（六）被害人国家补偿制度的构建

国家权力来源于民众权利的自然让渡，权力是为保护和实现权利服务的。权利的公力救济，作为现代国家的一项权利和义务，体现了国家对实现公民权利的高度重视。犯罪人的犯罪行为侵害了刑法保护的利益，破坏了社会秩序，国家作为秩序的维护者必须责无旁贷地追诉犯罪。当被害人权益受到损害而无法获得弥补时，国家应当承担相应的补偿责任，保护公民的合法权益。因为国家作为垄断暴力镇压和惩罚犯罪武器的公共权力机构，也承担保护公民人身、财产安全和抚慰人民疾苦的神圣职责②。笔者认为我国建立国家补偿制度具体应包括：（1）国家补偿的原则。国家补偿应该坚持及时补偿原则、一次性补偿原则、比例原则与公平原则。及时补偿原则是指针对被害人受损害突发性和紧迫性的特点，国家补偿必须及时，避免损害扩大；一次性补偿原则是指单个刑事案件中被害人申请国家补偿以一次为限，比例原则是指国家补偿的金额应与被害人损害程度成正比；公平原则是指我国对于被害人的赔偿应该不偏不倚，禁止区别对待。（2）国家补偿的范围。国家补偿的范围不宜过宽，应该仅限于被害人死亡、残疾（1-3级）、身体重大伤病的人员。（3）国家补偿的金额。补偿金额要综合考虑被害人或其亲属受侵害的程度，加害人及其他赔偿义务人的赔偿情况，被害人的家庭经济情况，当地消费水平等因素。（4）国家补偿的执行机关。应设立专门机关负责对被害人补偿的决定和执行，这样可以保障补偿的及时性，也可以减轻司法机关的负担。

---

① 杨飞、吴美来：《我国刑事被害人补偿制度的审视与完善》，载《法律适用》2011年第8期。

② 孙谦：《检察：理念、制度与改革》，法律出版社2004年版，第85页。

死刑量刑程序的现状反思与模式重塑*

——基于实证的分析

陈　群**

引　言

我国是死刑适用大国，但历史与现实均告诉我们，中国现阶段尚无法从刑罚层面立即全面废除死刑。因此，限制死刑的适用已成为我国死刑政策的合理选择。

死刑案件与普通刑事案件相同，定罪和量刑是审判活动的两个核心；但死刑案件又与普通刑事案件不同，是否判处死刑的量刑往往比定罪还重要。因此，科学安排定罪与量刑的关系，使死刑量刑活动发挥实质性作用，与“严格控制死刑”政策的实现有着莫大的关联。但是，我国在死刑案件的处理中，一直未能与普通刑事案件有效切割，依然存在着“重定罪、轻量刑”的不良倾向，死刑量刑长期被“捆绑”于定罪之中而无法成为庭审的实质内容。

最高人民法院在2005年提出了构建“相对独立的量刑程序”，2009年又提出将“量刑纳入法庭审理程序”。2010年9月13日“两院三部”印发了《关于规范量刑程序若干问题的意见（试行）》（以下简称《意见》），规定对于被告人不认罪或者辩护人做无罪辩护的案件可以采取相对独立的量刑程序模式。这一规定具有一定的新颖性和创新性。但是《意见》并非针对死刑案件而设，导致司法实践中大部分法院并未在死刑案件中采用该量刑程序模式。笔者在对120名死刑案件审理法官的问卷中，当问及是否在死刑案件中适用相对独立的量刑程序模式时，有80.8%的人选择“未适用”，有5.8%的人选择“重大影响的案件适用”，有9.2%的人选择“有的适用，有的未适用”，只有4.2%的人选择“完全适用”。无论是法学界还是司法界，都对这种改革方案的适用问题提出了尖锐的质疑。① 也许正是因为问题较多，《意见》的主要内容并未能够在2012年全面修订刑事诉讼法时被充分吸收采纳，量刑程序改革似乎走了20世纪90年代进行的审判方式改革的老路，没有达到预期效果便“草草收场”。

笔者认为，尽管现行刑事诉讼法对量刑程序的规定继续“模糊”和语焉不详，但由于

* 本文系司法部国家法治与法学理论研究项目“庭审实质化视角下死刑量刑程序改革研究”（编号：16SFB5022）的前期成果。

** 作者简介：陈群，盐城师范学院法政学院副教授，法律系主任，法学博士。

① 陈瑞华：《量刑程序改革的模式选择》，载《法学研究》2010年第1期。

死刑案件不同于非死刑的普通刑事案件，是否判处死刑对当事人乃至社会大众意义重大，我们应该在对上述相对独立的量刑程序模式进行考察和反思的基础上，单就死刑案件的量刑程序模式进行专门研究，探索更加精细化、系统化，更加公正的死刑量刑程序。囿于篇幅所限以及一审程序的基础性地位，本文主要探讨死刑案件初审中的量刑程序模式问题。

一、我国死刑量刑程序的运作现状

只有以数量可观、质量可靠的调查和实证数据为基础进行深入细致的系统考察，才能全面揭示我国死刑案件量刑程序的现状。基于此，本文沿着两个思路展开实证分析，一是通过搜索全国所有高级法院网站及检索包括“北大法宝”在内的案例数据库，广泛收集具有典型性的司法案例共300余件，最终选取200例死刑案件作为研究样本；二是在全国部分高中级法院、省市级检察院及有关律师事务所发放“死刑案件审理法官问卷”、“死刑案件公诉检察官问卷”和“死刑案件辩护律师问卷”共500份，最终选取320份问卷作为有效研究样本。有关死刑案例及调查问卷简况见表1、表2。

表1 200份死刑案件裁判文书数据情况

项目＼类别		一审	二审	合计
案件数量（件）		120	80	200
涉嫌罪名	故意杀人	63	46	109
	抢劫	15	9	24
	故意伤害	11	5	16
	涉毒	31	20	51
量刑结果	死刑	71人	46人	117人
	死缓	57人	35人	92人
	无期徒刑等	35人	23人	58人

表2 500份死刑案件调查问卷基本情况

项目＼类别	法官问卷	检察官问卷	辩护律师问卷	合计（份）
发放问卷数量	200	150	150	500
回收问卷数量	153	123	119	395
无效卷	25	13	15	53
有效问卷数量	128	110	104	342
选取问卷数量	120	100	100	320

通过研究样本可以发现，我国死刑案件的审判无论是一审还是二审，遵循的均是传统的“附属量刑程序模式”，即不严格区分定罪活动和量刑活动，量刑与定罪合一，庭审并没

有独立的量刑阶段。

（一）量刑与定罪合一，干扰法官量刑心证

死刑案件与普通刑事案件一样，法庭审判活动并非以定罪和量刑这两个核心问题划分审判阶段，而是将审判划分为法庭调查和法庭辩论两个阶段。在法庭调查中，公诉人可以就与定罪和量刑有关的所有问题讯问被告人并进行举证。也就是说，被指控犯罪的有关定罪事实和量刑事实的调查是同时展开的，辩护方针对公诉方发表的辩护意见也包括了定罪和量刑问题。在法庭辩论中，我国刑事诉讼法继续强调控辩双方围绕案件定罪和量刑的事实证据问题展开抗辩，也未对定罪与量刑问题作出明确的区分要求。

虽然《人民检察院刑事诉讼规则（试行）》第435条第2款规定“定罪证据与量刑证据需要分开的，应当分别出示”，以及最高人民法院《关于适用〈中华人民共和国刑事诉讼法〉的解释》（以下简称《高法解释》）第231条第2款规定“对被告人不认罪或者辩护人作无罪辩护的案件……可以引导控辩双方先辩论定罪问题，后辩论量刑问题”，但这种在定罪问题尚未得到明确解决的情况下，试图在同一个审判程序中区分定罪调查和量刑调查以及定罪辩论和量刑辩论的所谓相对独立的做法无疑困难重重。因为定罪问题还未解决，根本无法进行有效的量刑调查与辩论。

在笔者的调查问卷中问及“依据审判经验，您认为在一个审理程序中同时听取定罪证据和量刑证据是否会给法官造成一定的思维干扰和预断？”参与调查的120名法官中有82人认为“是的，有时会”，有16人认为“是的，经常会”，而认为“绝对不会”的只有17人；而在问及“如果您在认定被告人有罪前就已知晓其犯罪前科、恶劣品行等量刑信息，那么这是否会使您对罪行认定产生一定的干扰和预断？”选择“是的，有时会”的占到了调查法官总数的43.3%，选择“是的，经常会”的占到了22.5%，而选择“绝对不会”的只有21.7%。

（二）合议庭量刑虚置，量刑缺乏实质化

从法理上看，合议庭审判应该是审判长主持，全体合议庭成员共同参与审理、评议、裁判的过程。但由于多种原因，合议庭普遍体现出案件承办人包办负责的特征，甚至产生合议庭成员均参加庭审，但并不实质性参加案件合议，案件审理主要由承办人决定，其他成员往往只需签字确认即可，造成合议庭“有形无实”、“形合实独”的现象。另外，基于避免死刑量刑引发负面社会影响的理由，很多法院在作出死刑裁判时往往慎之又慎，庭长、主管副院长、院长、审判委员会（以下简称“审委会”）都可能介入死刑案件的裁判过程，导致审判分离。

死刑案件合议庭虚置现象的另一个重要成因便是审委会对死刑量刑的包揽。2013年实施的《高法解释》第178条第2款明确规定：“拟判处死刑的案件……合议庭应当提请院长决定提交审判委员会讨论决定。”笔者对120名法官的问卷调查显示死刑案件审理法官普遍认为“最能影响死刑案件量刑的主体”是审委会，而56.7%和25%的法官认为死刑案件合议庭在量刑上“几乎不能”和“根本不能”做到独立裁判。有学者调查发现由于实行少数

服从多数的原则，在审委会讨论过程中，主张不杀的人常是少数派，审委会的讨论欠缺专业性。①

在审委会把握了死刑案件的生杀予夺之权力后，合议庭的开庭审理必然更多地被形式化操作，进而导致案件开庭审理次数及庭审时间均体现了高效率。在备受国人关注的身负6宗强奸杀人被判死刑的王书金案中，一审开庭仅仅进行了2个小时。而在美国，通常情况下，死刑案件开庭审理持续的时间往往超过1个月甚至更长。2015年1月5日，美国联邦法院对造成3人死亡，超过260人受伤的2013年4月15日的美国波士顿马拉松赛爆炸案被告人焦哈尔·萨纳耶夫进行首日开庭审判，美国媒体称，审判可能要持续3至5个月。② 直至2015年5月15日美国联邦法院才对焦哈尔·萨纳耶夫作出了死刑量刑裁判。而日本裁判员制度审判的第一案——“藤井杀人案”，判刑15年，审判历时整整4日。③

（三）人民陪审制度适用率低

根据我国目前的立法规定，死刑案件在初审中是否适用陪审制度完全由法院依据案件情况自由决定。而在司法实践中，死刑案件适用陪审员参审进行审判的比率偏低，在笔者收集的死刑一审案例中，适用人民陪审员陪审作出判决的案件占不到案件的20%。陪审员不仅参与的死刑案件数量较少，而且参与质量也普遍较低。这从笔者收回的法官问卷中可见一斑，120名法官中认为陪审员参与审判对量刑结论的形成“有一定意义”的占25.8%，“很有意义”的仅占10%，而认为“意义不大”的竟占51.7%。而在问及“增加人民陪审员人数并改进陪审效果，是否有利于公正量刑及量刑结论更好地被公众接受”时，各种观点平分秋色，认为“肯定有利”的占26.7%，认为“有利但变化不大”的占22.5%，认为“很难说”的占29.1%，而认为“不一定有利”的也占到了21.7%，表明法官对人民陪审员参与死刑案件审判的未来充满了担忧与期盼。

（四）控诉方量刑参与不充分

在附属量刑程序模式下，整个审判活动的重心是定罪而非量刑。因此，公诉人在庭审中关心的只是所指控的犯罪罪名是否成立，至于对被告人是否判处死刑则是法院的职责。虽然立法鼓励检察机关对提起公诉的案件向法院提出量刑建议，但采用的是“可以”的立法表述。这意味着在死刑案件审判中，公诉人享有是否提出量刑建议的自由裁量权。在笔者对100名参与过死刑案件起诉的检察官的问卷中，有63%的人表示“不会”提出是否适用死刑的量刑建议，20%的人则表示“几乎不会”，只有17%的人表示“经常会”。

我国刑事诉讼法赋予了被害人的当事人地位，被害人可以全面充分地参与到法庭审判中来。在死刑案件中，如果提起了附带民事诉讼，被害方一般都会出庭，因而他们比较能够直接、正式地在法庭辩论阶段以口头方式向法庭表达自己的量刑意见。但在未附带民事诉讼的死刑案件中，被害方较少出庭，却习惯通过非庭审途径间接参与。这在笔者的问卷

---

① 高维俭等：《中国死刑问题的社会学研究》，中国人民公安大学出版社2007年版。

② 《波士顿马拉松爆炸案开审，嫌犯或面临死刑判决》，http://world.huanqiu.com/hot/2015-01/5345790.html，2015-01-06。

③ 陈海平：《死刑案件审判程序研究》，西南政法大学2010年博士学位论文。

中也得到了印证，当问及死刑案件审理法官“被害方是否会通过各种渠道向您表达量刑意愿”时，有52.2%的法官选择了“是的，有时会”，有32.6%的法官选择了“是的，经常会”；但当问及“就您审理死刑案件的经历来看，被害方通过审判（量刑）程序对量刑的参与情况”时，只有10%的法官认为“参与很多”，有12.5%的法官认为“参与较多”，而认为“参与较少”和“基本没有参与”的却占到了77.5%，表明实践中死刑案件的被害方对包括量刑程序在内的庭审程序的参与较少。

（五）辩护方量刑辩护难实现

量刑辩护是辩护方辩护的核心内容之一，对于死刑案件而言，控辩双方在定罪问题上往往并无严重分歧，焦点则在于是否对被告人适用死刑的量刑问题上。辩护方虽然可以在法庭调查中提供包括量刑证据在内的所有有利于己的证据，但是，法律并未赋予辩护方与控诉方相当的证据调查权，导致其无法有效地提出实质性的量刑证据。这也必然影响到法庭辩论中辩护方参与死刑量刑的实际效果，被告人及其辩护人往往只能围绕控方提供的诸如是否自首、立功、初犯、认罪态度好等方面的情节进行千篇一律的辩护，很难再获得其他可以从轻、减轻的量刑证据。同时，由于对证据的调查和辩论不能准确区分是定罪证据还是量刑证据，而影响辩护方在法庭上对量刑证据进行进一步质证。在接受笔者问卷调查的100位办理过死刑案件的辩护律师中，有39%的人认为“没有”充分的机会在法庭庭审中专门就量刑发表意见，有46%的人认为“基本没有”。而在问及“就您参与辩护的死刑案件来看，量刑意见的被采纳率”时，共有46人认为“较低”，认为“一般”的有30人，认为“较高”和“很高”的仅有24人。

辩护律师在选择辩护策略时也常陷入两难境地。辩护律师会选择“自相矛盾”的辩护方法，一方面做无罪辩护；另一方面又提出即使构成犯罪也可以减轻量刑的意见。辩护人的这种既要做无罪辩护，又得做量刑辩护的尴尬境遇带来的量刑辩护的效果可想而知，必然难以令人满意。

二、我国死刑量刑程序的模式选择

“量刑的保障远不及审判的保障，许多诉讼权利和程序都不适用于量刑。”① 党的十八届四中全会提出的“以审判为中心”的诉讼制度改革的基本要求之一便是实现庭审的实质化。庭审实质化应包括定罪审理实质化和量刑审理实质化。② 2016年6月27日中央全面深化改革领导小组第二十五次会议审议通过的《关于推进以审判为中心的刑事诉讼制度改革的意见》第13条规定，法庭辩论应当围绕定罪、量刑分别进行，对被告人认罪的案件，主要围绕量刑进行，这进一步明确了量刑审理实质化在刑事庭审中的重要性，重申了《意见》中创立的相对独立的量刑程序模式。不过，笔者认为，相对独立的量刑程序模式只是从技术和形式角度认为受制于现行的审判制度及其运作现实（如将庭审简单地划分为法庭调查和法庭辩论）而采取的一种权宜之计，这是以牺牲改革的实际效果极易导致改革“徒有其

① ［美］约书亚·德雷斯勒：《美国刑事诉讼法精解》，吴宏耀译，北京大学出版社2009年版，第322页。

② 汪海燕：《论刑事庭审实质化》，载《中国社会科学》2015年第2期。

形并无其质”为代价的。换言之，我国的刑事审判制度一直存在诸如审而不判、控辩失衡、重定罪轻量刑等需要纠正的“老问题”，量刑程序模式的改革本来可以成为“刑事审判制度改革的突破口”，但假如一味地固守现有法律的规定，不在制度上作出任何实质性的改革突破，新的制度是难以发展起来的，就量刑程序改革而言，如果机械地从现行成文法中寻找所谓的“法律依据”，也是不切实际的。其实，量刑程序改革的本身就是创设法律制度的过程，在这一过程中必须敢于碰及和改造现有的审判制度，如果总是以“合法性”为借口，将改革扼杀在摇篮中，量刑程序改革的实际效果将大打折扣，更无法成为解决我国刑事审判制度中“老问题”的一把钥匙，正如有学者所言：“只有将定罪与量刑在程序上作出分离化的改造，刑事审判制度的改革才能真正突破‘瓶颈效应’，而进入‘柳暗花明又一村’的境界”①。

据此，从有利于我国刑事审判制度的未来深层改革考虑，笔者主张，我国死刑案件量刑程序的重塑应采纳完全独立的量刑程序模式，将定罪程序与量刑程序前后隔离、彻底分离。只有在不同的庭审阶段先后解决对被告人的定罪和量刑问题，被告人及其辩护人的无罪辩护权和量刑辩护权才能真正实现，定罪证据和量刑证据才能得到有效的区分，刑事被害人的实质性参与也才具有可能性，从而实现量刑的实质化乃至整个庭审的实质化。法官最终在量刑方面可以获得充分的量刑事实信息，进而确保死刑量刑的公开与公正，其实这也有助于法官在定罪时免受量刑事实的干扰，实现定罪公正，司法权威和司法公信力才会实现。

总之，完全独立的量刑程序模式所强调的量刑程序应当具有独立的地位，要求量刑活动必须在定罪活动完成后方可进行，强调控辩双方对量刑程序的有效参与，符合程序正义的基本要求，对于死刑案件而言，这一程序模式意义重大且具有可行性。

第一，死刑裁判的重点是量刑问题，只有定罪量刑程序彻底分离才能保证死刑量刑的适当与公正，也符合死刑量刑程序的国际发展趋势。“死刑裁判本质上是量刑问题。在死刑为非绝对确定刑的案件中，应否适用死刑是一种量刑考虑。”② 在我国，控辩双方在死刑案件的定罪上一般分歧不大，法院的定罪准确度很高，但定罪无误并不意味着量刑的公正与适当。对死刑而言，定罪准确肯定可以避免错杀，但量刑不适当则必然会导致扩大杀戮，这显然与我国的“严格控制死刑适用”的死刑政策相悖。从这个意义上分析，死刑案件的裁判重点在于量刑，而要确保量刑准确，寻求正义的量刑程序上的支撑才是“王道”。何为正义的量刑程序呢？国外的有益经验是构建“先定罪、后量刑”的完全独立的量刑程序模式。在美国，死刑制度历经变革，最终形成了陪审团定罪和陪审团量刑的两阶段式完全独立的量刑程序模式。该模式肇始于1957年加利福尼亚州的死刑审判程序两步式（定罪和量刑）改革，全面形成于20世纪70年代之后的各州死刑法修改。在定罪程序中，被告人一旦被陪审团裁定为死刑罪名成立，案件将进入独立的量刑程序阶段，该阶段的任务便是对被告人作出是否适用死刑、终身监禁还是不得假释的终身监禁的刑罚选择。在日本、我国台湾等奉行传统附属量刑程序模式的大陆法系国家和地区，近年来也在死刑案件的审理中尝试引进独立量刑程序模式的有关做法，尤其是借鉴美国的经验，倡导明确区分定罪和量

---

① 陈瑞华：《定罪与量刑的程序分离——中国刑事审判制度改革的另一种思路》，载《法学》2008年第6期。

② 陈卫东、张佳华：《量刑程序改革语境中的量刑证据初探》，载《证据科学》2009年第1期。

刑，先解决定罪问题，再解决量刑问题，出现了“两分论”现象。联合国也通过了若干关于死刑案件量刑公正的国际性条约，表明量刑程序的独立化设置已成为死刑案件审判程序的未来发展趋势。

第二，死刑案件量刑程序的独立设置是死刑辩护有效性的重要保证。在我国的死刑案件庭审中，辩护的重点在于量刑辩护。也就是说，控辩双方争议的焦点不在于是否构成犯罪，而在应否适用死刑的问题上。在笔者收集的死刑案例中，无论是一审还是二审案件，主张刑轻不适用死刑的辩护占了绝大部分（72.5%），而主张无罪或者对罪名有异议的辩护其实并不多。因此，死刑案件的审判程序不可以只重点关注案件的罪名认定，而忽视死刑量刑辩论，其实现行庭审最大的问题之一便是控辩双方无法对死刑量刑展开实质性的对抗，当然导致无法实现死刑案件的有效辩护。只有实现死刑案件量刑程序与定罪程序的独立设置，给控辩双方一个针对死刑量刑的专门程序，才能有效界定量刑证据和定罪证据及其提出阶段，才能实现辩护的有效性。笔者在对死刑案件辩护律师的问卷中，律师们对于死刑案件量刑程序独立设置也给予了绝对的认可，认为独立设置死刑量刑程序“有必要”的占比达到了88%。

第三，死刑案件完全独立量刑程序的诉讼成本并非昂贵得无法承受，对于死刑的裁判来说，公正比效率更重要。对于死刑案件的量刑，我们着重考虑的不是量刑的效率问题，而是死刑适用的公正问题，至于诉讼成本，在保证死刑公正适用的大前提下，便自然显得无关紧要了。其实，我国量刑程序的整体改革虽然带来审判程序司法资源耗费的增加，“然而公平、公正、公开的量刑程序将有助于降低上诉率，大大减少因为量刑不公而引发的上诉、抗诉与申诉，这种程序改革对整体诉讼资源的节约应当作为我们考察此项改革的成本时的考虑因素”。[①] 可见，在死刑案件中设置定罪与量刑完全分离的独立量刑程序模式并不存在诉讼成本无法接受的问题。

三、我国死刑量刑程序的具体构建

反思我国死刑案件量刑程序的现实，构建死刑完全独立量刑程序模式的具体制度，必须遵循正当、合理、可行，以及具有一定前瞻性的原则，并以实现死刑量刑实质化、控制死刑适用、保证死刑量刑公正，以及对我国刑事审判制度改造的引导力为出发点和归宿。

（一）量刑程序以“纯粹的量刑事实”查明为核心

量刑事实是量刑所依据的事实，即用来说明被告人是否应当判处刑罚及应当判处怎样的刑罚的事实，包括反映被告人行为社会危害性及人身危险性的从重、减轻及免除刑事处罚的事实。[②] 我们可以将量刑事实区分为“纯粹的量刑事实”和“兼有的量刑事实”。兼有的量刑事实是指与量刑有关的“罪中事实”，即犯罪行为事实中涉及的有关量刑事实，如犯罪动机、犯罪手段、犯罪直接后果等，为了保证犯罪事实调查的完整性、准确性和集中性，笔者主张对其应在定罪程序中加以调查和辩论，而在量刑阶段，这些出于定罪需要已被法

① 陈卫东：《论隔离式量刑程序改革——基于芜湖模式的分析》，载《法学家》2010年第2期。
② 闵春雷：《论量刑证明》，载《吉林大学学报》（社会科学版）2011年第1期。

庭确认的罪中事实构成了量刑的基础事实，其不必予以再次证明，只需由控辩双方提出即可。

在死刑案件的独立量刑程序阶段，只调查纯粹的关乎死刑适用的量刑事实，法庭调查和法庭辩论的构建均以该量刑事实的查明为中心而展开。“纯粹的量刑事实”包括“罪前事实”和“罪后事实”。“罪前事实”是指被告人一贯表现及前科记录等个人情况；“罪后事实”是指被告人归案情况，包括犯罪后的态度及其表现，譬如积极意义上的自首、立功、认罪、悔罪、道歉、退赃、赔偿、与被害人和解等，消极意义上的逃跑、毁灭证据、串供等。其中，“罪后事实”只关涉刑罚裁量，不影响罪之成立；“罪前事实”除前科记录对少数犯罪（如以犯罪次数作为定罪要件的犯罪）的成立构成必备要素外，也只对案件量刑有用而与定罪无关。因此，罪前及罪后事实作为“纯粹的量刑事实”完全可以从死刑案件的众多事实中剥离出来并置于独立的量刑程序中调查，而不允许在定罪阶段提出“纯粹的量刑事实”。

（二）遵循“先定罪、后量刑”的两阶段庭审模式

完全独立的量刑程序的设计必须将法庭审判程序严格区分为各自独立的“定罪”和“量刑”两个审理阶段，构建“先定罪、后量刑”的两阶段庭审结构。在该庭审结构中，首先开始的是死刑案件定罪审理阶段，法庭审理的核心和重点围绕被告人是否构成了被指控的犯罪罪名而展开，庭审将贯彻“无罪推定”原则，并适用严格的证明责任和证据规则，一般情况下禁止被告人前科、不良品格等证据的提出。在这一阶段，纯粹的量刑事实将不允许向法庭提出。该阶段庭审完结后，法庭必须就被告人的定罪问题作出明确的裁判，如果被告人被指控的罪名不成立，则整个庭审终结，如裁判结果认定被告人罪名成立，便开启死刑的量刑庭审阶段。在量刑庭审阶段，法庭将只围绕被告人的死刑量刑问题展开审理，此时“无罪推定”原则不再适用，证据规则也将大大放宽，品格证据、传闻证据、意见证据等均可不受限制地进入程序并为裁判者考虑，法庭在审查核实控辩双方提供的全部量刑证据并听取各自的量刑意见后，根据案件具体情况，在充分的量刑理由的支撑下，对被告人作出是否适用死刑以及其他具体刑罚的量刑裁决。

具体来看，我国的死刑案件在定罪程序完成后，第二阶段的量刑庭审程序可以进行如下具体设计：

1. 定罪后休庭。为了保证辩护方在被告人被定罪后有时间收集量刑证据以及社会调查员调查并制作详尽的社会调查报告，在定罪程序完成后，法庭应宣布休庭，使得定罪程序与量刑程序之间保持一定的间隔时间。

2. 量刑前证据开示。在量刑庭审开始前，控辩双方需要将己方所收集的证据向对方出示。需要开示的证据包括控辩双方收集的证据和社会调查报告。社会调查报告是指由专门机构对可能判处死刑的被告人的家庭情况、成长经历、教育状况、一贯表现、性格特点、道德品行等方面的信息进行专门的调查分析，并对其人身危险性进行系统的评估，供法院在考虑对被告人是否适用死刑时作为参考依据。

3. 量刑法庭调查。需要调查的只是与量刑紧密相关的“罪前事实”和“罪后事实”。首先由公诉人简单提出已为定罪阶段所确认的基本犯罪事实，接着由社会调查员宣读社会调查报告并接受控辩双方、被害方及合议庭的询问，然后由控方、被害方、被告方依次通

过出示各自收集的各类法定和酌定量刑情节的证据，提出有关量刑事实。

4. 量刑法庭辩论。首先，由公诉方提出量刑建议并说明量刑建议的理由及各项支持证据，被害方也可以提出量刑请求；其次，由辩护方提出自己的量刑意见；最后，控辩各方针对对方的量刑意见进行多轮答辩。答辩中，对各自所提出的从重、加重处罚情节和从轻、减轻或免除处罚情节的真实性互相举证并接受对方的质证。

5. 被害方影响陈述和被告人最后陈述。作为死刑案件的被害方（含幸存的被害人及已故被害人的家属）必然在身体和精神上都遭受了比普通刑事案件更为严重的创伤，法庭应当给予他们平复创伤、发表对被告人惩罚意见的机会。与之相对应，被告人就量刑享有最后陈述的机会。

6. 合议庭量刑评议及判决宣告。由合议庭针对量刑调查、量刑辩论的结果，综合考虑被害方影响陈述和被告人最后陈述，作出量刑判决，并对判决进行充分说理。

（三）强化陪审员参审，规范合议庭及审委会量刑

我国现有的人民陪审员制度即参审制度的有关规定相对完善，刑事诉讼法也通过立法将其作为一项审判制度予以确认，对于死刑案件而言，目前要做的是将该制度与合议庭制度及审委会制度按照完全独立的量刑程序模式的需要进行综合考量和调整。这种考量和调整包括以下几点：

1. 死刑案件一律实行人民陪审员参审制度。需要注意的是，2018 年 4 月 27 日通过的人民陪审员法第 16 条规定，可能判处死刑，社会影响重大的刑事案件，由人民陪审员和法官组成 7 人合议庭进行审理。

2. 扩大死刑案件合议庭的人数。死刑案件的初审法庭审理中可以实行 7 人制或 9 人制合议庭制度，其中 7 人制合议庭中人民陪审员人数可以设定为 4 人，9 人制合议庭中人民陪审员人数则可以考虑为 6 人。

3. 优化死刑案件合议庭表决机制。综观世界各国，对于重刑案件均采用“绝对多数”或“完全一致”的表决决定方式。我国在合议庭人数扩大到 7 人以上后，为了保证死刑适用的公正，有必要在死刑案件的合议中建立与一般刑事案件“简单多数”不同的规则。我国死刑案件的表决机制应适用“绝对多数”规则，尚不宜适用“完全一致”规则，7 人制合议庭中有 5 人达成一致意见或 9 人制合议庭中有 7 人达成一致意见即可判处死刑。

4. 规范审委会对死刑案件的参与方式。在死刑案件的审理中，原则上应将权力交还给合议庭，但考虑到存在审判委员会的现实，如果审委会需要对疑难重大复杂死刑案件的定罪与量刑进行把关，也必须遵循审判亲历性的诉讼原理，审委会成员要实际参与该死刑案件的审理，才可以对案件的定罪与量刑作出处理决定。

刍议刑事审判监督程序中的检察官

程相鹏*

在整个刑事审判监督程序中，因为再审，形成了再审诉讼法律关系，而这一法律关系中有三大诉讼主体，分别是人民法院或者说法官，检察机关或者检察官，当事人及其法定代理人、近亲属。关于人民法院或者说法官与当事人及其法定代理人、近亲属这两大诉讼主体，在刑事审判监督程序之中的法律地位、诉讼任务或者诉讼权利义务等，无论是法学理论界还是司法实务界基本争议不大。但是将检察机关或者检察官作为诉讼主体，在整个审判监督程序中的法律地位、诉讼职责、诉讼活动等问题，学界研究较少，也不够深入，实务界做法也有差别。笔者认为，当下有必要对检察官在刑事审判监督程序中有关问题进行全面深入的思考，以推进检察机关在纠正冤假错案中发挥更大作用。

一、法律地位

检察官在刑事审判监督程序中的法律地位，其实是指检察官在刑事审判监督程序中扮演什么角色，或者说角色定位在哪里，是国家公诉人，还是国家法律监督者，抑或是兼有两种身份。关于审判监督程序中检察官的法律地位如何，是一个在法学理论界和司法实务界认识不一、歧见纷呈的问题。当下，在学界和实务界主要有以下四种观点：第一种观点认为，在刑事审判监督程序中，检察人员是以国家法律监督机关代表的身份出席再审法庭，其任务或者说职责是履行法律监督职责，维护法律统一正确实施。① 第二种观点认为，不论是第一审刑事案件，还是第二审刑事案件，或者是再审案件，只要是检察人员出庭的公诉案件，检察官皆是以国家公诉人的身份出现。其职责或者说任务，既要支持公诉，也要依法进行法律监督。② 第三种观点认为，检察人员出席刑事再审法庭，应当因案而异，对于因为当事人申诉而由人民法院直接审理的再审案件，检察人员出席刑事再审法庭与出席刑事一审、二审法庭基本相同，既有继续支持公诉的任务职责，也有法律监督的职责，其法律地位仍然是国家公诉人和国家法律监督机关代表的双重身份；对于检察机关按照审判监督程序提出抗诉的再审案件，检察人员的任务只能是履行法律监督职责，其法律地位是法律监督机关的代表。③ 第四种观点认为，对检察人员出席刑事再审法庭的任务和法律地位问

---

* 作者简介：程相鹏，法律硕士，浙江省湖州市人民检察院一级检察官。

① 参见程相鹏：《检察人员出席刑事再审法庭若干问题探讨》，载《中国检察官》2015 年第 7 期。

② 转引自焦悦勤：《刑事审判监督程序研究》，法律出版社 2013 年版，第 227 页。

③ 参见范培根：《刑事再审程序之改进与完善》，中国政法大学 2003 年博士学位论文，第 73 页。

题，应该从刑事再审发动的角度进行分析。具体来说：第一，检察机关为加重被告人的刑罚而依照审判监督程序提出抗诉，从而引起人民法院再审的。在这种情况下，检察官出席再审法庭兼有双重身份，一是公诉人；二是法律监督机关代表。因为这时检察机关处于控方的地位，是以抗诉的形式表现出来的一审、二审程序中控诉职能的延续。另外，检察机关在抗诉的同时又构成对人民法院再审审判活动的监督，发挥法律监督职能。第二，检察机关为了被告人的利益而依照审判监督程序提起抗诉，从而引发人民法院再审的。此时，检察机关与被告人利益处于一致的地位，不再继续履行其控诉职能，但是检察机关不是辩护方，而是为了维护司法公正对人民法院的审判活动进行法律监督，要求人民法院对原审判决中被告人不利的错误进行纠正。第三，因被告人向人民法院申诉而引起人民法院再审活动的。此种情形下由于人民检察院没有抗诉，说明检察院认可了法院的原生效裁判，与申诉的被告人利益是冲突的，仍然是处于维护原判的控方地位，同时对人民法院的审判活动实行法律监督。第四，被害人向人民法院申诉，从而引发人民法院再审活动的。这种情况下人民检察院没有抗诉，不与被告人处于对抗的地位，而是站在被害人与被告人之间的中立地位，在再审法庭上履行法律监督职能。①

上述四种观点，笔者赞同第一种观点，当时只是认为检察官在出席刑事再审法庭时，身份是唯一的，是也只能是依法维护法律统一实施的法律监督者，或者说法律守护人，在法庭上应当是以检察员或者代理检察员称谓。而今，笔者认为在整个刑事审判监督程序中，无论是刑事再审案件的启动阶段，还是再审案件的审理阶段，检察官既不是国家公诉人，也不是兼有国家公诉人和法律监督者双重角色，检察官角色身份即法律地位是唯一的，只能是法律监督者，国家法律监督机关的代表，代表检察机关进而代表国家依法维护国家宪法法律的统一正确实施，实行法律监督。第二种至第四种观点，特别是第四种观点表面上似乎考虑得比较全面，既全面考虑了再审发起的不同情况，同时又顾及了检察机关的抗诉是否有利于原审被告人，而且还细化了原审被告人一方申诉与被害人一方申诉的具体情况，可谓面面俱到。但是检察官参与的审判监督程序，再审案件都是要按照审判监督程序重新审判的，只是由于法律没有规定独立的再审案件审理程序，因此要依附于原审案件的审理程序来决定再审案件的审理程序。即如果原来是第一审案件，审判监督程序依照第一审程序进行审判；如果原来是第二审案件，则审判监督程序依照第二审程序进行审判。可是，这些重新审判的案件，除人民法院自行决定再审和申诉人申诉再审外，都是检察机关按照审判监督程序提出抗诉的案件。在再审法庭上，无论是依照第一审程序还是依照第二审程序进行审判，出庭的检察官宣读的都是也只能是要求纠正错误的判决、裁定的抗诉书，而不是起诉书，不是仅仅控诉被告人犯罪，宣读抗诉书，却判断其是国家公诉人，这从逻辑上解释不通。另外，即使是人民法院自行决定再审和申诉人再审的案件也是按照审判监督程序重新审理的案件，无论是依照第一审程序还是依照第二审程序进行审判，出庭的检察官经过全面审查原判决裁定认定的事实、证据、适用法律，认为原判决裁定正确的，予以维护；认为原判决裁定错误的，支持纠正。其在再审法庭上宣读的既不是起诉书，也不是抗诉书，而是发表的出庭检察意见，履行的是法律监督职责。进一步讲，同样是出席再审法庭，出庭检察官角色身份却又因为原审案件审理程序的不同而不同，这也是从逻辑上说

① 参见虞政平主编：《再审程序》，法律出版社 2007 年版，第 343 页。

不通的。再者，从法理上讲，同一个法律原由，一般只能得出一个法律结论。所以，检察官在再审程序中绝不可能是国家公诉人身份，也不可能是国家公诉人和法律监督机关代表二者兼具的身份。至于因为审判监督程序发动一方的不同而角色身份不同，更是荒谬不堪，检察官在审判监督程序之中根本没有所谓的自身利益，不存在与被告人或者被害人利益相互冲突或者相互重合，检察官只有维护司法公正、法律统一正确实施的国家利益，检察官是国家利益和社会利益的代表。具体可从以下几个方面分析检察官在审判监督程序中的法律地位。

其一，从立法上分析，我国宪法明确规定人民检察院是国家的法律监督机关，维护宪法法律统一正确实施是检察机关法律监督本质属性的直接体现。根据宪法、2018 年刑事诉讼法第 8 条规定人民检察院依法对刑事诉讼实行法律监督，以维护刑事法律的统一正确实施，并且通过刑事诉讼法第三编第五章审判监督程序的规定将人民检察院监督人民法院的审判活动和判决裁定具体化。另外《人民检察院刑事诉讼规则（试行）》也相应地对此作出了细化规定。这些均规定了检察机关对人民法院的审判活动和刑事裁判拥有法律监督的权力，以及进行法律监督的范围和方式。当然，对于检察机关或者检察官在审判监督程序中的法律地位并没有作出具体化的规定，只是笼统地规定“派员出席法庭”。

其二，从审判程序看，这是刑事审判监督程序，一般认为，刑事审判监督程序是人民法院、人民检察院对于已经发生法律效力的判决或者裁定，发现在事实认定上或者法律适用上确有错误，依照职权提起并由人民法院依照职权进行重新审判的一种诉讼程序。其实是为救济生效裁判而设置的一种特殊救济程序。① 通过审判监督程序纠正错误的生效裁判，使无辜者免受追诉，有罪者受到应有的惩罚。在审判监督程序中，检察官在启动再审阶段，如果认为当事人再审申诉符合条件，或者自行发现再审案件确有错误，应当向人民法院提出再审抗诉，启动审判监督程序，行使的是法律监督职能。

其三，从出庭任务分析，检察官出席的是刑事审判监督程序的再审法庭，如果是检察机关提起再审抗诉启动审判监督程序的案件，其出庭任务应该是宣读抗诉书，支持抗诉，纠正原审判决、裁定错误，如果是原审被告人申请再审启动审判监督程序的案件，检察官出庭应当对该案发表检察意见，维护认为正确的原审裁决或者支持纠正认为错误的原审判决裁定，监督法庭审判活动是否合法，维护诉讼参与人合法权利，履行的均是法律监督职责。再审结果可能是对原审被告人加重刑罚也可能是减轻刑罚，还有可能是维持原审判决、裁定，甚至是无罪释放，检察官的诉讼任务或者说诉讼职责不再是指控被告人犯罪，而是关注原审判决、裁定是否正确，落脚点是为了维护司法公正，维护刑事实体法和程序法的统一正确实施。

二、参加再审诉讼活动原则

检察官作为国家法律监督机关的代表，也可以说是法律监督者，参加刑事再审诉讼活动，其诉讼任务或者诉讼职责就是追求司法公正，维护法律统一正确实施。在这一诉讼角色或者法律地位支配之下，检察官应当遵循以下几个原则，确保正确履职，不偏离方向。

---

① 卞建林、桂梦美：《启动刑事审判监督程序的困境与出路》，载《法学》2016 年第 4 期。

第一个原则就是检察官客观义务原则。一般认为，所谓检察官客观义务，就是检察官超越当事人立场客观公正履行职责的义务。[①] 也就是检察官为了发现真实情况，不应当站在当事人的立场上，而应站在客观的立场上进行活动。检察官在刑事诉讼中负有客观义务，这是理论界、司法界包括检察界已经形成的共识，也是现代法治国家各国检察官的共性所在。客观义务原则要求检察机关在履行追诉职能的同时，要注意尊重事实真相和维护法律尊严，而不应当像民事诉讼中的原告那样，为达到胜诉和击败被告人的目的而不择手段或者不惜一切代价。客观义务的归宿在于强调法律守护人的定位，从这个意义上讲，客观义务的本质就是要求检察官只对法律的公正负责。检察官参加刑事再审诉讼活动应当严格遵循客观义务原则，以维护法律统一正确实施为己任，尊重客观事实，出庭支持抗诉，纠正原审生效裁判错误，或者出庭维护认为正确的原审生效裁判或者出庭支持纠正认为错误的原审生效裁判，最终目的是守护法律公正。

第二个原则是不抗不主张原则。控审分离、不告不理是现代刑事诉讼的基本原理和原则，它不仅适用于一审、二审程序，也应当适用于刑事审判监督程序，它既是对审判人员的要求，也是对检察官的要求。刑事审判监督程序在检察机关依法提出抗诉或者人民法院依法自行决定或者当事人依法提出申诉的情形下才能启动，就是该诉讼原理和原则在审判监督程序中的贯彻和体现。例如，检察官对已经发生法律效力的刑事判决、裁定经过审查，认为需要提出抗诉的，报请检察长或者检察委员会讨论决定，按照审判监督程序向人民法院提出抗诉，即决定了审判监督程序的审判范围。因此，遵循不抗不主张原则要求，检察官出席根据检察机关抗诉引起的再审法庭，应当围绕抗诉书提出的抗诉理由和主张举证，建议人民法院予以改判。对于抗诉书没有提出的没有必要主张，也没有举证义务。

第三个原则是依法监督原则。2018 年刑事诉讼法第 209 条规定，人民检察院发现人民法院审理案件违反法律规定的诉讼程序，有权向人民法院提出纠正意见。《人民检察院刑事诉讼规则（试行）》第 580 条规定，出席法庭的检察人员发现法庭审判违反法律规定的诉讼程序，应当在休庭后及时向检察长报告；人民检察院对违反程序的庭审活动提出纠正意见，应当由人民检察院在庭审后提出。从上述法律与司法解释规定来看，对人民法院庭审活动是否违反法定程序进行监督的法律主体是人民检察院，不是出庭的检察人员。但是，出庭的检察人员负有对法庭审理案件有无违反法律规定的诉讼程序的情况制作笔录，以及对已经发生的违反法律规定的诉讼程序的情况在庭审之后及时向检察长报告的义务与职责。可以看到，检察机关对人民法院庭审违反法定程序情况的监督是通过出庭检察人员这个载体来达到目的的。所以，检察官参加再审诉讼活动应当遵循依法监督原则，切实履行法律及司法解释赋予的具体的法律监督职责。

三、参加再审诉讼活动

（一）启动审判监督程序

刑事审判监督程序可以划分为两个阶段：启动阶段和审理阶段。根据现行刑事诉讼法

---

① 龙宗智：《刑事诉讼中检察官客观义务的内容及展开》，载《人民检察》2016 年第 12、13 期。

规定，检察机关与人民法院是两大启动主体，当事人及其法定代理人、近亲属没有启动权利，只能向人民法院或者检察机关申诉。检察机关既可以在检察工作中自行发现冤错案件，依法启动审判监督程序，向人民法院提起再审抗诉；也应当接受当事人及其法定代理人、近亲属提起的申诉，依法审查，认为符合再审启动条件的，依法启动审判监督程序，提起再审抗诉。在此诉讼过程中，检察官应当秉持客观中立的立场，充分发挥检察机关的法律监督作用，尊重客观事实，对于自行发现的再审案件，可以依照职权调查作出提起再审抗诉的决定；对于当事人及其法定代理人、近亲属申诉的再审案件，只要申诉具备法定要件，检察机关就应该依法受理，立案审查，建议构建刑事再审公开审查工作机制，增强其公开透明度，保障程序公正。具体可以采取两种方式：一种是书面审查加调查询问；另一种是组织公开听证。第一种审查方式主要适用于一般、简单案件，检察官在书面审查申诉人提交申诉材料的基础上，针对审查过程中发现的问题或者说疑点进行调查，然后组织当事人及其法定代理人、近亲属、辩护律师举行公开审查会议，听取意见，从而避免单纯书面审查这一密室式的审查方式的弊端。第二种审查方式主要适用于重大、疑难、复杂案件，检察机关受理当事人及其法定代理人、近亲属申诉，可以组织公开听证，让当事人及其法定代理人、近亲属以及诉讼参与人直接参与到审查程序之中，听取他们的直接言词，并根据再审制度的救济性特征，贯彻“辩护人参加原则”①。至于如何组织公开听证以及公开审查听证制度的原则、特征、规则等内容，限于篇幅，本文不作具体论述。② 对于经过公开审查，检察机关认为当事人及其法定代理人、近亲属申诉的人民法院生效裁判确有错误的，应该坚持依法监督原则，依法向人民法院提起再审抗诉，启动审判监督程序。

（二）参加庭审程序设计

根据2018年刑事诉讼法第256条第2款规定，人民法院开庭审理的再审案件，同级人民检察院应当派员出席法庭。人民法院重新审理再审案件，无论是依照第一审程序审判，还是依照第二审程序审判，检察官出席再审法庭，理应遵照一定的程序，既要配合法官庭审审理，也要代表检察机关监督庭审程序依法进行。具体可以按照开庭前后阶段设计如下：

1. 庭前阶段

检察官应当在再审开庭审理之前做好以下准备工作：

第一，对原审判决、裁定认定的事实、证据、适用法律进行全面审查，重点审查有争议的案件事实、证据和法律适用问题。

第二，制作讯问原审被告人，询问被害人、证人、鉴定人、有专门知识的人、侦查人员的提纲和出示、宣读、播放证据计划，拟写答辩提纲，制作出庭意见。

第三，深入研究与本案有关的法律政策问题，充实审判中可能涉及的专业知识。

第四，对可能出现证据合法性争议的，拟定证明证据合法性的提纲并准备相关材料。

第五，涉及对出庭证人等的保护，需要向人民法院提出建议或者配合做好工作的，做好相关准备。

---

① 参见陈卫东：《刑事再审一审终审制之改造》，载《法学家》2000年第4期。

② 参见陈卫东、赵恒：《刑事申诉听证制度研究》，载《法学杂志》2016年第1期。

2. 庭审阶段

检察官出席再审法庭，在开庭审理时应当进行下列工作：

第一，检察机关提起再审抗诉的，检察官应当宣读抗诉书，支持抗诉，对原审人民法院作出的错误判决、裁定提出纠正意见，建议人民法院予以改判。

当事人及其法定代理人、近亲属向人民法院提出申诉，人民法院审查决定启动审判监督程序的，或者人民法院自行发现生效裁判确有错误，自行启动审判监督程序的，检察官应当围绕人民法院启动审判监督程序的事由涉及的事实证据与法律适用等进行客观公正的分析判断，认为属实的，支持纠正，建议人民法院予以改判；认为不属实的，建议人民法院维持原判。

第二，针对原审判决或者裁定认定事实或者适用法律、量刑等方面的问题，围绕抗诉理由主张，讯问原审被告人，询问原审被害人、证人、鉴定人、有专门知识的人、侦查人员，出示和宣读、播放证据。

第三，对证据采信、法律适用和案件情况发表意见，针对原审被告人、辩护人的辩护意见进行辩论，全面阐述出庭意见。

第四，针对证据合法性提出异议的，负责对证据收集的合法性进行证明。

第五，建议法庭对需要保护的出庭证人、鉴定人、被害人采取不暴露外貌、真实声音等保护措施，或者建议法庭根据 2018 年刑事诉讼法第 154 条之规定在法庭外对证据进行核实。

第六，服从法庭指挥，配合法庭审理正常进行。

第七，维护诉讼参与人合法权利。

第八，依法监督庭审，对法庭审理案件有无违反法律规定的诉讼程序的情况制作笔录。

第九，遵循客观义务、不抗不主张和依法监督三项原则。

第十，依法从事其他诉讼活动。

3. 庭后阶段

庭审结束之后，检察官还需要进行下列工作：

第一，对于人民法院或者审判人员审理案件违反法律规定的诉讼程序的情形制作笔录，在休庭后及时向本院检察长报告。经检察长或者检察委员会决定，以人民检察院的名义在庭审后对违反诉讼程序的庭审活动依法提出纠正意见。

第二，对于人民法院按照审判监督程序开庭审理之后作出的判决、裁定，依法审查，认为裁判仍然确有错误的，如果是按照第一审程序审判的，依法向上一级人民法院提出抗诉，如果是按照第二审程序审判的，依法按照审判监督程序提出抗诉；认为裁判正确的，维护裁判既判力和人民法院审判权威。对于申诉人不服的，耐心做好服判息诉工作。

中国海警局被授权行使海上刑事执法职权：依据、困扰与挑战

李佑标*

2018年6月22日，第十三届全国人大常委会第三次会议通过了《关于中国海警局行使海上维权执法职权的决定》（以下简称《决定》），《决定》第2条规定："中国海警局执行打击海上违法犯罪活动、维护海上治安和安全保卫等任务，行使法律规定的公安机关相应执法职权……"据此，我们可以推论，中国海警局执行打击海上犯罪活动任务时，行使公安机关相应的刑事执法职权。这一推论蕴含着非常丰富的信息，至少我们可以作出如下解读：第一，中国海警局具有刑事执法主体资格；第二，中国海警局管辖刑事案件范围为海上发生的犯罪行为；第三，中国海警局对于海上发生的犯罪行为依法行使公安机关的刑事执法职权。但是，中国海警局被授权行使海上刑事执法职权的依据是什么？存在着哪些困扰？面临着哪些挑战？均需要从刑事诉讼法学角度给予恰当的法理诠释。

一、中国海警局被授权行使海上刑事执法职权的依据

全国人大常委会授权中国海警局行使海上刑事执法职权是有政策、立法惯例和法律依据的。

首先，从政策角度来看，重大改革应当于法有据。2014年2月28日，习近平总书记在中央全面深化改革领导小组第二次会议上强调，凡属重大改革都要于法有据。在整个改革过程中，都要高度重视运用法治思维和法治方式，发挥法治的引领和推动作用，加强对相关立法工作的协调，确保在法治轨道上推进改革。同年10月23日，党的十八届四中全会通过的《关于全面推进依法治国若干重大问题的决定》提出："实现立法和改革决策相衔接，做到重大改革于法有据、立法主动适应改革和经济社会发展需要。实践证明行之有效的，要及时上升为法律。实践条件还不成熟、需要先行先试的，要按照法定程序作出授权。对不适应改革要求的法律法规，要及时修改和废止。"什么叫重大改革？"重大改革主要应当是全国性的涉及一些根本性的制度变革的事项"。① 什么叫于法有据？"主要是于法律有据"，"不是指行政法规、地方性法规和规章之类的，因为这些法都无权对重大改革的事项

---

* 作者简介：李佑标，中国人民警察大学教授。

① 周成奎、刘松山、周伟：《以良法促善治，以监督护权威——人民代表大会制度三人谈》，载《中国法律评论》2018年第1期。

作出规定”。[①] 要做到重大改革于法有据，办法只有两个：一是由立法机关作出授权的决定；二是由立法机关作出修改法律的决定。那么，中国海警局被授权行使海上刑事执法职权与重大改革有何关联呢？行文至此，就有必要对中国海警局的前世和今生作一叙述。

2013年3月，国家启动了“大部制”改革，根据第十二届全国人大第一次会议通过的《关于国务院机构改革和职能转变方案的决定》批准的《国务院机构改革和职能转变方案》，将原四支海上执法队伍——当时的国家海洋局及其中国海监、公安部边防海警、农业部中国渔政、海关总署海上缉私警察的队伍和职责整合，“重新组建国家海洋局，国家海洋局以中国海警局名义开展海上维权执法”。这是中国海警局首次作为国家行政机构出现在上述法律文件之中。2013年3月19日，国务院任命孟宏伟、刘赐贵为中国海警局局长和政委。[②]

2018年3月，国家启动了新一轮的党政军地机构改革。根据第十三届全国人大第一次会议通过的《关于国务院机构改革方案的决定》批准的《国务院机构改革方案》，不再保留国家海洋局，将其职责整合到新成立的自然资源部之中。但是，“自然资源部对外保留国家海洋局的牌子”。据此，我们可以推论，虽然国家海洋局的牌子仍然存在，然而国家海洋局已经不需要也不存在以中国海警局的名义开展“海上维权执法”了。因为国家海洋局作为原国土资源部管理的国家局——这一相对独立的实体机构已经不复存在，那么这也就意味着其在行政法上的独立行政主体地位已经彻底丧失，其法律人格已经被新成立的自然资源部所吸收。[③] 这一结论也可以从2018年3月13日国务委员王勇在第十三届全国人大第一次会议上所作的《关于国务院机构改革方案的说明》中关于自然资源部的主要职责中没有“海上维权执法”的字样得到印证。[④] 同时，我们还可以推论中国海警局没有被明文撤销或保留，这是因为根据2018年3月中共中央印发的《深化党和国家机构改革方案》，国家海洋局（中国海警局）管理的海警队伍[⑤]转隶武警部队是党中央作出的跨军地机构改革的决定，因而中国海警局的去留问题已经不是国务院根据自身职责权限所能决定的问题，故《国务院机构改革方案》对中国海警局的去向没有作出制度性安排。相反，《深化党和国家机构改革方案》对于中国海警局的去向却作出了如下制度性安排：“按照先移交、后整编的方式，将国家海洋局（中国海警局）领导管理的海警队伍及相关职能全部划归武警部队。”在这一段简短的文字中，国家海洋局后面用圆括号将中国海警局与国家海洋局相并列，从而进一步释明了国家海洋局与中国海警局二者之间在领导管理海警队伍职责上的“同一”

① 周成奎、刘松山、周伟：《以良法促善治，以监督护权威——人民代表大会制度三人谈》，载《中国法律评论》2018年第1期。

② 2015年2月，王宏接替刘锡贵被国务院任命为中国海警局政委。2017年12月8日，国务院免去孟宏伟的中国海警局局长职务。

③ 蓝辉：《“对外保留牌子”的行政法内涵》，https：//wemedia. ifeng. com/52967228/wemedia. shtm. 2018年8月27日访问。

④ 自然资源部的主要职责：对自然资源开发利用和保护进行监管，建立空间规划体系并监督实施，履行全民所有各类自然资源资产所有者职责，统一调查和确权登记，建立自然资源有偿使用制度，负责测绘和地质勘查行业管理等（参见王勇所作的《关于国务院机构改革方案的说明》）。

⑤ 2013年全国人大决定批准将原海上四支执法队伍及其职责整合组建中国海警局履行海上维权执法职责，由于原海上四支执法队伍的身份包括现役武警、人民警察、公务员、事业编和合同制人员，故用“海警队伍”称谓。经考证，该称谓在公开的规范性文件中可能始于2013年6月9日国务院办公厅《关于印发国家海洋局主要职责内设机构和人员编制规定的通知》（国办发〔2013〕52号）。

关系。

2018年7月1日，隶属于国家海洋局（中国海警局）的海警队伍转隶武警部队，组建中国人民武装警察部队海警总队，对外称中国海警局。因此，作为法律授权的组织——中国海警局仍然得以存续。那么，问题来了，中国海警局能否继续行使海上执法职权呢？对此，2018年6月19日武警部队司令员王宁在第十三届全国人大常委会第三次会议上所作的《对〈关于中国海警局履行海上维权执法职权的决定（草案）〉的说明》中给出了答案："按照《深化党和国家机构改革方案》和党中央、中央军委关于武警部队改革的决策部署，海警队伍转隶武警部队，调整组建中国人民武装警察部队海警总队，对外称中国海警局，统一履行海上维权执法职责。"①

其次，以"决定"的方式授权某一组织行使公安机关的刑事执法职权在全国人大常委会的立法史上已经形成立法惯例。1983年9月2日，第六届全国人大常委会第二次会议通过了《关于国家安全机关行使公安机关的侦查、拘留、预审和执行逮捕的职权的决定》；1993年12月29日，第八届全国人大常委会第五次会议通过了《关于中国人民解放军保卫部门对军队内部发生的刑事案件行使公安机关的侦查、拘留、预审和执行逮捕的职权的决定》。上述两个决定是在单行法律和刑事诉讼法没有对于国家安全机关的刑事执法职权作出规定的前提下通过决定方式进行的授权。1993年2月通过的国家安全法和2014年11月通过的反间谍法对于国家安全机关的刑事执法职权作出了专门规定。② 1996年3月修正的刑事诉讼法在"附则"中对军队保卫部门行使侦查权也作出了专门授权。③ 同时，上述两个决定与本次全国人大在常委会授权中国海警局《决定》中的行使刑事执法职权相比，其中一个最基本的区别就在于后者是高度概括授权，并没有明确中国海警局行使哪些具体的刑事执法职权。从学理角度来看，公安机关享有的刑事执法职权既包括刑事立案侦查权，也包括一定的刑事执行权。

最后，授权某一组织行使刑事执法职权应当遵循法律保留原则。立法法2015年修改时增加了第13条规定，即"全国人民代表大会及其常务委员会可以根据改革发展的需要，决定就行政管理等领域的特定事项授权在一定期限内在部分地方暂时调整或者暂时停止适用法律的部分规定"。这一条款可称之为"授权暂时调整适用法律"或者"授权暂时停止适用法律"，实质上是修改法律的一种特殊形式。④ 这里有一个问题需要讨论，那就是《决定》中既没有引用立法法第13条作为依据，也没有使用"暂时调整或者暂时停止"的字眼，因此，需要从法理上给予合理的诠释。全国人大常委会授权内容——"海上维权执法

① 王宁：《对〈关于中国海警局履行海上维权执法职权的决定（草案）〉的说明——2018年6月19日在第十三届全国人民代表大会常务委员会第三次会议上》，http：//www.dffyw.com/fazhixinwen/lifa/201806/44361.html。

② 1993年2月22日，第七届全国人大常委第三十次会议通过的国家安全法第6条规定："国家安全机关在国家安全工作中依法行使侦查、拘留、预审和执行逮捕以及法律规定的其他职权"。2014年11月1日第十二届全国人大常委会第十一次会议通过的反间谍法第8条规定："国家安全机关在反间谍工作中依法行使侦查、拘留、预审和执行逮捕以及法律规定的其他职权。"

③ 1996年3月修正的刑事诉讼法第225条规定："军队保卫部门对军队内部发生的刑事案件行使侦查权。对罪犯在监狱内犯罪的案件由监狱进行侦查。军队保卫部门、监狱办理刑事案件，适用本法的有关规定。"

④ 有论者认为，立法法第13条可概括为"授权法律实施制度"，并认为这是全国人大常委会在法律修改实践中发展出来的授权法律实施制度，也是我国立法活动的宪法实践。参见周成奎、刘松山、周伟：《以良法促善治，以监督护权威——人民代表大会制度三人谈》，载《中国法律评论》2018年第1期。

职权”，在学理上可称之为“概括授权”模式。它既涉及公安机关的执法职权，也涉及其他行政机关的执法职权；既涉及刑事执法职权，也涉及行政执法职权；既涉及刑事诉讼法，也涉及治安管理处罚法、渔业法、海关法、海域使用管理法、海洋环境保护法、海岛保护法、野生动物保护法等众多法律。因此，它不像授权国家安全机关和军队保卫部门行使刑事执法职权那样，仅仅涉及公安机关——刑事执法职权——刑事诉讼法，因而具有“单一性”或“专门性”。由此看来，在立法技术上因为“概括授权”而不宜沿用原有的明确的授权模式。在笔者看来，应当从实质指向的角度来分析。同时，对于全国人大及其常委会作出的《决定》其法律性质也应当作出合理的解释，由于其不具备作为法律位阶的“法律”的形式条件，往往需要作“扩张解释”，因而可能为学者所诟病。因为根据立法法第 8 条规定，对于诉讼制度事项只能制定法律。这里的“法律”应当在狭义上理解为法律位阶中的“法律”。同时，立法法第 25 条规定：“全国人民代表大会通过的法律由国家主席签署主席令予以公布。”第 44 条还规定：“常务委员会通过的法律由国家主席签署主席令予以公布。”而授权中国海警局行使海上维权执法职权的《决定》是以全国人大常委会的名义公布的，因而可以排除其作为法律位阶中的“法律”，这就有可能涉嫌在形式上违反法律保留原则。但是，我们还要进一步追问，授权中国海警局行使海上维权执法职权是依据什么作出的，如果我们将立法法第 13 条的规定解释为其立法依据，那么问题就会迎刃而解。在法理上，立法法第 13 条规定可视为法律的特别授权，因而实质上不存在违反法律保留原则问题。

二、中国海警局被授权行使海上刑事执法职权存在的困扰

从宏观角度来看，全国人大常委会授权中国海警局行使海上执法职权的决定为中国海警有效履行海上维权执法职责提供了法律保障，解决了海警队伍转隶武警部队这一“重大改革”后继续行使海上执法职权的“于法有据问题”。但是，从操作层次来看，还有很多实务问题有待进一步探讨。

首先，从执法依据角度来看，中国海警局行使海上刑事执法职权的依据范围有待厘定。《决定》在授权中国海警局行使包括海上刑事执法职权在内的海上维权执法职权时明确界定了其执法依据必须是“法律”。武警部队司令员王宁在第十三届全国人大常委会第三次会议上所作的《对〈关于中国海警局履行海上维权执法职权的决定（草案）〉的说明》中仅仅列举了刑事诉讼法。但是，从中国海警局海上刑事执法的实际来看，凡是海上发生的刑事案件涉及的刑事执法职权所依据的法律，都应当作为中国海警局行使海上刑事执法职权的依据范围。因此，除了刑事诉讼法以外，至少还应当包括海关法、反间谍法等。

其次，从执法主体名义来看，中国海警局行使海上刑事执法职权的法律名义有待厘清。《决定》的授权对象是中国海警局，这一点是毋庸置疑的。但是，通读《决定》及其有关资料，我们发现一个细节，那就是《对〈关于中国海警局履行海上维权执法职权的决定（草案）〉的说明》中有这样一段文字：“海警队伍转隶武警部队，调整组建中国人民武装警察部队海警总队，对外称中国海警局”。但是，在《决定》中的表述却是“海警队伍整体划归中国人民武装警察部队领导指挥，调整组建中国人民武装警察部队海警总队，称中国海警局”。上述文字前半部分表述有些许差异，但意思基本相同，问题的关键在于后半部

分的表述删去了“对外”二字。从字面意思来看，似乎没有什么差异。然而，仔细研读推敲，我们发现了一个重要区别，这就是《决定》没有对“海警总队”与“中国海警局”的内外称谓给予足够的区分，或者说对于“海警总队”与“中国海警局”的内外有别做了模糊化的处理。申言之，我们还从《决定》删去“对外”二字中发现了“海警总队”与“中国海警局”不同称谓的正当逻辑关系，这种正当逻辑关系就是“海警总队”与“中国海警局”之间的关系并不必然是内外称谓问题。作为不同的法律规范所调整的法律关系主体，“海警总队”与“中国海警局”都可以作为对外的称谓。换句话说，“海警总队”与“中国海警局”是“两块牌子”。“海警总队”与“中国海警局”只是行使不同法定职权的法律名义主体而已。但是，对于行使海上刑事执法职权来说，其法律名义主体只能是中国海警局，而不能以海警总队的名义对外，最起码在目前法律没有对海警总队作出授权的前提下，上述结论不会发生变化。这里还有一个问题需要讨论，那就是“海警总队”与“中国海警局”能否像党的中央军委和国家中央军委一样是“一套人马”。我们认为，履行海上维权执法职责不是海警总队职责的全部，根据人民武装警察法第 2 条规定，武警部队还担负着国家赋予的安全保卫任务以及防卫作战、抢险救灾、参加国家经济建设等任务。这里的安全保卫任务是“人民武装警察部队履行的维护国家安全和社会稳定，保障人民安居乐业职能的具体体现，主要包括执勤、处置突发事件、反恐怖以及国家赋予的其他安全保卫任务”。[①] 因此，以“中国海警局”的名义履行海上维权执法职责只是“海警总队”职责的一部分，行使海上维权执法职权的人员也只是“海警总队”全体成员的一部分。这就表明有必要为行使海上刑事执法职权的“中国海警局”人员设定执法资格门槛以及相应的外在辨识标志。从这个意义上来说，“中国海警局”与“海警总队”之间的关系不是等同关系，而应当是部分与整体的被包含与包含关系。

最后，从执法主体组织来看，中国海警局作为行使海上维权执法职权的执法机构有待厘革。海警队伍转隶武警部队后组建海警总队证明中国海警局的体制已经获得党中央和中央军委的批准，全国人大常委会在作出《决定》时只是针对中国海警局作出的授权。这一点与全国人大常委会授权军队保卫部门和国家安全机关行使执法职权是不一样的，后者是对军队保卫部门和国家安全机关的整体予以授权。但是，从刑事执法的层级来看，不可能实行一级刑事执法体制。因此，对于《决定》的中国海警局应当作为集合概念予以诠释。为了表述的方便，下文将中国海警局称之为中国海警机构。从武警部队的体制编制来看，海警总队之下可以设海警支队和海警大队。其中，根据履行海上维权执法职责的需要，沿海各省（直辖市）可以设海警支队，沿海省（直辖市）海警支队之下可以设若干海警大队。从与海警机构的上述体制编制相对应来看，中国海警局之下也可以设立沿海各省（直辖市）海警局，沿海省（直辖市）海警局之下可以设若干海警分局。

对于办理海上刑事案件而言，中国海警的三级机构均可以作为管辖主体，中国海警三级机构的上下级以及同级之间应当有恰当的内部级别管辖和职能管辖的分工，中国海警三级机构管辖的海上刑事案件侦查终结后，根据我国刑事诉讼法的有关规定，应当移送有管辖权的地方人民检察院审查起诉。

---

① 拓成祥、杜树云主编：《中华人民共和国人民武装警察法释义及适用指南》，中国法制出版社 2010 年版，第 7 页。

三、中国海警局被授权行使海上刑事执法职权面临的挑战

海警队伍转隶武警部队后，其领导指挥体制、运行机制、协作关系等发生了重大变化。其中一个重大变化就是不再列入国务院序列。面对这一身份定位，中国海警机构作为法律授权的组织如何行使海上刑事执法职权也面临着一系列重大挑战。

首先，中国海警机构办理海上刑事案件适用有关刑事司法解释问题。《决定》只是赋权中国海警机构具有海上刑事执法主体资格，可以适用全国人大及其常委会制定的能够运用到办理海上刑事案件的法律，那么有权主体作出的刑事司法解释能否适用呢？现在是不明确的。有消息称，中央军委政法委正在商最高人民法院、最高人民检察院、公安部等有关部门联合出台中国海警机构办理包括海上刑事案件在内的海上案件的有关解释。我们期待在上述解释中对于中国海警机构办理海上刑事案件适用有关刑事司法解释作出肯定性回答。

其次，中国海警机构办理海上刑事案件适用有关部门规章问题。既然中国海警机构办理海上发生的刑事案件可以行使公安机关的相应刑事执法职权，那么能否适用《公安机关办理刑事案件程序规定》呢？能否沿用《公安机关海上执法工作规定》呢？前者修改时，能否对中国海警机构办理海上刑事案件作出特别规定呢？后者需要修改时，谁有权予以修改呢？诸如此类问题，都是中国海警局转隶改革引发的后续配套制度的完善问题，亟须有权主体作出规定或者法律解释。

最后，中国海警机构办理海上刑事案件的检察监督问题。2018 年 3 月 20 日，第十三届全国人大第一次会议通过了监察法，成立了国家监察委员会和地方各级监察委员会，原由检察机关立案侦查的贪污贿赂案件转由国家监察机关办理。2018 年 4 月下旬，《刑事诉讼法（修正草案）征求意见稿》（以下简称《草案》）公布。其中，删去了人民检察院对贪污贿赂等案件行使侦查权的规定，但保留了人民检察院在诉讼活动法律监督中发现司法工作人员利用职权实施的非法拘禁、刑讯逼供、非法搜查等侵犯公民权利、损害司法公正的犯罪的侦查权（《草案》第 2 条）。据此，中国海警机构在办理海上案件时如果存在上述行为似乎也应当由有管辖权的地方人民检察院立案侦查。但是，由于中国海警机构办案人员的双重身份——既是海上刑事执法人员，也是武警海警警种部队人员，因而地方检察机关无管辖权。从现有体制来看，只能由武警军事检察院管辖，而武警军事检察院又无权对海上发生的刑事案件提起公诉，这样就有可能形成“两张皮”，容易导致对于海上执法人员的检察监督“不作为”或者“慢作为”问题。

关于犯罪嫌疑人迅速接受审判权的思考

李忠诚　李中平*

刑事诉讼以查明案件事实，正确适用法律，追究犯罪嫌疑人的刑事责任，确保无罪的人不被追究为己任。刑事诉讼是一个过程，刑事诉讼法从立案开始的侦查活动到审判终结都规定了必要的办案期限，目的在于敦促办案人员抓紧工作，不要拖拉，毕竟刑事诉讼是涉及犯罪嫌疑人的人身自由的强制过程，同时成为人们关注焦点的犯罪案件如何处理？能否及时处理？也会对社会产生重要的影响。因此，我们有必要对犯罪嫌疑人迅速接受审判问题进行探讨，从而认真思考犯罪嫌疑人迅速接受审判的权利问题，推动立法，促进司法，加快法治国家建设的步伐。

一、犯罪嫌疑人审判前的羁押状况分析

（一）从逮捕与起诉的比率来看审前羁押状态

通常刑事案件的犯罪嫌疑人是在羁押状态下接受审判的，尽管我国刑事诉讼中有非羁押状态下的直接起诉制度，但一般限于自诉案件和犯罪嫌疑人的犯罪行为相对较轻的案件，或者虽然犯罪嫌疑人的罪行较重，但不羁押不至于危害社会的案件。根据最高人民检察院2018年的工作报告，2013年至2017年，全国检察机关共批捕各类刑事犯罪嫌疑人453.1万人，起诉717.3万人，逮捕人数占起诉人数的63.2%（引自2018年最高人民检察院工作报告）。因为审前羁押还包括刑事拘留，尽管是过渡措施，通常逮捕前的刑事拘留较为常用。这些数据不一定反映出类似案件的精准全貌，但可以大致地看出审前的羁押状态。应当说审前的大多数案件是处于羁押状态，而且审前羁押的时间通常也很长，包括侦查和审查起诉。就侦查期限而言，除了基本的两个月期限外还有延长期限和重新计算期限的制度，审查起诉除了基本期限和延长期限制度外，还有退回补充侦查制度，各种有关羁押期限的制度叠加，犯罪嫌疑人只能苦苦等待早日看到人民法院审判庭上的代表国家和正义的国徽。

（二）清理超期羁押有成效，但难杜绝

犯罪嫌疑人在羁押状态下超过法定的办案期限，司法实践中称之为超期羁押。超期羁押是困扰司法机关和监督机关的一个老大难问题。虽然从2003年起检察机关就开展了清理

---

* 作者简介：李忠诚，最高人民检察院原反贪污贿赂总局二局副局长，法学博士；李中平，北京市丰台区人民检察院主任检察官。

和纠正超期羁押的专项行动，取得了较好的成效，甚至在一段时间提出了达到“清零”的程度，专项行动改成常态化的监督，但是超期羁押时有反弹，而且反弹的力度往往大于A股。

（三）取保候审是脱离羁押的措施而不是迅速接受审判的权利，甚至会拖延审判

在审前羁押成为常态的背景下，取保候审成为了犯罪嫌疑人的奢求，能否申请下来取保候审成为辩护律师有没有关系、有没有能耐、辩护有没有力度的标志，甚至成了收费的一个重要节点。尽管如此，我们认为不能把审前的取保候审作为犯罪嫌疑人迅速接受审判的权利来理解，只能是犯罪嫌疑人人身自由的保障措施。相反，犯罪嫌疑人在非羁押的状态下，取保候审的期限最长为12个月，那么审判可能会离犯罪嫌疑人更远一些，迅速接受审判可能因取保候审被阻却。

（四）刑期与羁押期限倒挂时犯罪嫌疑人的权利难以得到保护

由于犯罪嫌疑人迅速接受审判的权利没有在法律中明示出来，一些轻罪案件经不起羁押状态下的拖延提交审判，因为本来就是一个可能判处免予刑事处罚、管制、拘役、缓刑的案件，在羁押状态下拖的时间越长，法院在宣告刑罚的判决时会考虑已经羁押的期限，从而不得已而作出让司法机关体面的而让犯罪嫌疑人有口难言的刑期倒挂的判决，就是依法本应判三个月拘役，但是犯罪嫌疑人已经羁押一年了。法官只好判处有期徒刑一年。如某人酒后在超市购物与售货员发生争吵，售货员报警，警察到场后，该人对警察实施推扯行为，警察认定其妨害公务，立案侦查，刑拘报捕，然后移交检察院审查起诉，犯罪嫌疑人家属认为这个案件拖的时间太长，多次催办，效果不佳，后来提交法庭审判，法院受审判前的先行羁押期限限制，刑期很难降下来。从而可能导致羁押期限大于刑期的情况，造成羁押期限与刑期倒挂。这显然不利于保护犯罪嫌疑人的合法权利。

二、在我国迅速接受审判是不是犯罪嫌疑人的诉讼权利

有人认为，“关于迅速接受审判权，我国的宪法和法律没有这种表述。但是，我们不能肤浅地认为我国的立法与实践没有关于迅速接受审判权的规范和行动，事实上，我国的立法与实践中也形成了一套有关该理念的法律原则和制度。首先，我国宪法明确规定了公民人权受国家保障的重要条款：‘国家尊重和保障人权’（第33条第3款）。这种带有宣示性的宪法人权条款，显然为刑事诉讼中犯罪嫌疑人，被告人的权利保障提供了新的法律基础。其次，宪法明文规定‘中华人民共和国公民的人身自由不受侵犯’（第37条）。以上宪法性权利可以说是迅速接受审判权的母权利。我国刑事诉讼法作为宪法的下位法，根据宪法的精神，也设计了大量的关于羁押期间与审判期限的具体法律规范。可以说也是一个庞大的体系。但是，司法实践中存在大量侵犯犯罪嫌疑人、被告人权利的案例。刑事诉讼法关于羁押期限规范的不足，导致现实中存在大量的超期羁押问题。”[①] 犯罪嫌疑人迅速接受审判的权利应当理解为法律明文规定的显性权利，而不应当是需要根据相关制度或者规定推

① 参见柴静邦：《论人权保障中的迅速接受审判权》，载《辽宁行政学院学报》2010年第12期。

导出甚至猜测出的隐性权利。因为犯罪嫌疑人迅速接受审判的权利应当是一个实实在在的有明确的内容的权利，应当是镶嵌在法律规范中的条文而不应当是从众多规定或者条文中演绎出来的结论。国家尊重和保障人权，是宪法的一种宣示性规定，在具体执行中，往往需要有相关的法律规定的具体权利与之配套，从而成为主张权利、维护权利、定分止争的标准。从这种意义上说，我国现行法律中还没有规定犯罪嫌疑人有迅速接受审判的权利。那种把宪法精神、羁押期限的规定理解为犯罪嫌疑人的迅速接受审判权是不妥当的。因为这样会误导立法机关的立法工作，以为真的有迅速接受审判权，而认为这一立法没有推进的必要；司法实践中有些法律规定的权利，在实现的时候都面临理解有偏差、执行有障碍、效果不理想的问题，如超期羁押。何况是没有明确规定的推测性权利则更难有效地得以实现。另外，从国外立法例来看，犯罪嫌疑人迅速接受审判权都是有明确具体的规定的，从这种意义上说，作为成文法的我国，应当理解为我国法律还没有规定犯罪嫌疑人有迅速接受审判的权利。这是我们目前亟待解决的问题。

三、是否应当明确犯罪嫌疑人有迅速接受审判的权利

我们认为很有必要在刑事诉讼法中和监察法中规定犯罪嫌疑人有迅速接受审判的权利。

（一）要把观念上的人权保障转变为现实的法定权利

要使犯罪嫌疑人真正能够迅速接受审判，就必须在涉及犯罪嫌疑人的人身自由的侦查阶段、审查起诉阶段明确规定犯罪嫌疑人有迅速接受审判的权利。用法律的强制力来保证这一权利的实现。

（二）目的在于防止侦查权、检察权过于膨胀有意拖延诉讼而对犯罪嫌疑人的人权造成侵害

在法律上明确犯罪嫌疑人有迅速接受审判的权利，通过相关配套制度和程序的设计使观念上的迅速接受审判权成为法定权利，从而赋予了法律上的执行力，促使侦查人员和检察人员尊重和依法保护犯罪嫌疑人迅速接受审判的权利。

（三）现有法律关于羁押期限的规定难以保障犯罪嫌疑人迅速接受审判

因为超期羁押的顽症就是明证。特别是在没有犯罪嫌疑人有迅速接受审判权利的制约下的羁押期限设计往往不尽合理。必须根据犯罪嫌疑人有迅速接受审判权利的前提来设计相关的羁押期限，从而更好地保障犯罪嫌疑人的权利。

（四）国外立法例已经有先例

英国1215年的《大宪章》明确规定刑事被告人有接受快速审判不得拖延的权利。美国宪法第六修正案规定：“在所有的刑事诉讼中，被告人都享有迅速审判的权利。”日本宪法第37条规定：“在一切刑事案件中，被告人有公正地接受法院迅速而公开审判的权利。”日本刑事诉讼法第1条规定：“本法以在刑事案件上，于维护公共福利和保障个人基本人权的同时，明确案件的事实真相，正当而迅速地适用刑罚令为目的。”《日本刑事诉讼规则》第

1 条规定："本规则的解释和适用，应当谋求宪法要求的裁判的迅速和公正。"《欧洲人权公约》第 5 条第 3 款规定，依照本条第 1 款丙项规定而被逮捕或拘留的任何人，应立即送交法官或其他经法律授权行使司法权的官员，并应有权在合理的时间内受审或在审判前释放。《公民权利和政治权利国际公约》第 9 条第 3 款规定，任何因刑事指控被逮捕或拘禁的人，应被迅速带见审判官或其他经法律授权行使司法权的官员，并应有权在合理的时间内受审或在审判前释放。法律是社会关系的调解器，是管理国家和社会的重要手段，作为人类法治发展的先进成果，我们应当学习借鉴，为我所用。

四、如何设计和规定犯罪嫌疑人的迅速接受审判的权利

（一）以刑事诉讼法规定犯罪嫌疑人迅速接受审判为前提，以刑事诉讼法的修改为契机

在制度设计上，应当在刑事诉讼法的基本原则中增加一条规定，"犯罪嫌疑人、被告人有迅速接受审判的权利"。应当结合国家监察委员会的设立和刑事诉讼法的第三次修改明确这一规定，这是极好的历史机遇，我们必须抓住这个机遇，积极地鼓与呼将犯罪嫌疑人、被告人的迅速接受审判权纳入刑事诉讼法的规定之中。

（二）以刑事诉讼法的修改推动宪法的修改

我们要通过刑事诉讼法的修改明确犯罪嫌疑人有迅速接受审判的权利，通过司法实践中的贯彻落实，积累经验，形成共识，继而推动宪法的修改，使之上升为宪法规定，成为宪法权利。因为有关公民人身自由的权利宪法有明确规定，对限制甚至剥夺公民人身自由的拘留逮捕措施宪法都明确规定了批准或者决定的机关，同样作为拘留逮捕的后果的羁押期限长短，对公民的人身自由保护更为重要。只有力争缩短羁押期限才能更好地保护犯罪嫌疑人的合法权益。因此，犯罪嫌疑人的迅速接受审判权不仅应当成为刑事诉讼法的权利，而且应当成为宪法性权利。

（三）以刑事诉讼法基本原则中确立与具体期限规定相结合

犯罪嫌疑人迅速接受审判权在刑事诉讼法基本原则中规定的同时，必须在具体办案期限，特别是羁押期限的规定上有所体现、有所支持，使刑事诉讼法的基本原则规定与具体制度和程序规定相互协调、相互配合、相得益彰。

（四）对特殊情况作出明确规定

在刑事诉讼法中确立犯罪嫌疑人有迅速接受审判的权利，还要考虑刑事诉讼中的特殊情况的有效处理问题。一是案情简单，证据扎实，犯罪嫌疑人认罪，不需要过多重复取证的轻罪案件，如妨害公务案件、因醉驾而入罪的案件等，为体现犯罪嫌疑人有迅速接受审判的权利，应当将拘留、逮捕后的办案期限缩短，应当规定逮捕或者采取强制措施后的 15 日内侦查终结移送审查起诉，逮捕前的拘留时间不得超过 3 天，检察机关应当在 7 日内决定是否提出公诉，人民法院应当在 10 日内作出宣判。二是限制深挖余罪的做法，将这一措施由侦查阶段移至刑罚执行阶段。这样既可以加快办案速度，又不放过犯罪的蛛丝马迹，

还可以通过刑法关于漏罪的处理规定加以解决。三是明确违法办案期限的责任内容。对于违反有关犯罪嫌疑人有迅速接受审判权利的规定，超出特定犯罪速决程序规定的，应当给予必要的考核方面的处分和纪律方面的处分。

五、规定犯罪嫌疑人有迅速接受审判的权利的意义

（一）有利于遏制司法人员权力寻租问题

犯罪嫌疑人有迅速接受审判的权利，在一定意义上可以加快案件办理的速度，从而不给以案谋私的人留下利用掌控案件进程进行权力寻租的机会，不给中间人从中勾兑的机会，案件必须按照法定的时间走，可以起到制度反腐的作用。

（二）有利于在刑事诉讼法领域贯彻宪法关于国家尊重和保障人权的规定

宪法关于国家尊重和保障人权的宣示性规定，必须有相关法律规范在具体领域的权利设计、规定、执行中都有明确的规定，在刑事诉讼法中规定犯罪嫌疑人有迅速接受审判的权利，可以使宪法有关人权保障的规定在刑事诉讼领域得到贯彻落实。

（三）有利于提高诉讼效率

在刑事诉讼法中赋予犯罪嫌疑人有迅速接受审判的权利，同时在刑事诉讼具体制度和程序设计上与之呼应，作出简化程序的规定，可以提高刑事诉讼效率，缩短办案期限，客观上就是在保障犯罪嫌疑人的人权。

（四）有利于进一步增强人权保护意识

在刑事诉讼法和监察法中规定犯罪嫌疑人有迅速接受审判的权利，一方面，可以增强办案工作人员基于法律对犯罪嫌疑人有迅速接受审判的权利的规定而增强人权保护意识，加快办案进度，从而更好地保障人权；另一方面，犯罪嫌疑人及其近亲属或者辩护人可以该项法律规定为抓手，主张权利，对办案人员的拖延行为提出控告，从而维护权利。在司法实践中，增强人权保护意识的重要途径是对法定权利的维护与保障，通过维权可以使法定权利真正转化为实有权利，同时一个成功案例的辐射作用对增强人权保障意识胜过百次的说教。

（五）有利于参与国际人权斗争

从国外立法例来看，有关国际公约和有关国家的立法大都规定了犯罪嫌疑人有迅速接受审判的权利。我国已经签署了《公民权利和政治权利国际公约》，但是从立法例来看，对这样的规定应当通过国内立法加以确认。国内立法中规定，犯罪嫌疑人有迅速接受审判的权利，并在相关程序中有所体现，有利于我国对外开展国际人权斗争时更加主动。树立良好的国际形象。

论我国刑事侦查程序司法审查制度的构建

——从非法证据排除规则谈起

刘 卉*

一、问题的提出：确立侦查程序司法审查制度的必要性

司法审查是西方国家基于三权分立学说之上的一项重要法律制度，旨在通过司法程序对立法机关和行政机关是否违宪进行的一种审查，具体表现为司法机关对其他国家机关行使国家权力的活动进行审查并对违法行为予以纠正和补救，本质上是司法权对其他国家权力的制衡。我国实行人民代表大会制度这一根本政治制度，司法、行政机关由人大这一立法机关产生，对其负责，受其监督。因此，我国的司法审查范围是除立法机关以外的其他国家机关行使国家权力的活动，目前最主要是指人民法院对行政机关的行政行为通过行政诉讼的方式进行司法审查，但是，作为与公民基本权利密切相关的一项国家行政权力的行使，刑事诉讼中的侦查活动明确被行政诉讼法排除在司法审查的范围之外，同时刑事诉讼法中也欠缺对侦查程序进行有效的司法审查机制。

（一）程序法的宪政意义要求

关于宪政的实现路径，有学者提出“宪政程序化”的观点，认为宪政不仅仅是一种包括先进的宪政基本原理和基本观念的理想状态、完善的宪政法律规范的规范状态、前二者实现程度的现实状态等理论层次构成的实质内容，还强调宪政的关键问题应当在于程序问题，也就是说需要一个动态的转化过程来实现宪政的以上内容，并且要求这个过程必须是正当的，具有公开性、公众参与性以及技术上的可操作性。① 刑事诉讼法所调整的法律关系与宪法所调整的法律关系的主体具有一致性，刑事诉讼的重要功能之一就是通过程序独立价值的彰显来实现国家权力与公民权利之间的一种平衡，尤其是在这种权利（力）的对抗更为明显和直接的侦查阶段，第三方司法审查介入具有非常重要的正当程序价值，② 它存在的功能在于为权利提供一种最终的救济机制并为权力施加一种特殊的制约机制，体现了程序法宪政意义的基本要求。

---

* 作者简介：刘卉，铁道警察学院法学系教授，副主任。

① 吴德星：《论宪政的实质内容与形式意义》，载《天津社会科学》1997 年第 1 期。

② 许崇德、吴德星：《司法控制论纲——司法制度比较研究》，载宪法比较研究课题组编：《宪法比较研究文集》，南京大学出版社 1993 年版，第 129 页。

（二）深化司法体制改革，确立审判中心的诉讼地位

受特殊的司法体制和诉讼结构影响，在我国长期的司法实践中形成了以侦查为中心、以案卷卷宗审理为中心的诉讼模式，加之现行司法制度对公检法三机关利益共同体关系的过分强调，三机关的整体目标是一致的，都是为了准确发现案件真相、共同完成刑事诉讼法的任务，相互配合多于相互制约，使得在对待侦查程序违法问题上一直缺乏一种独立权威的司法审查力量。[①] 随着“推进以审判为中心的诉讼制度改革”目标的提出，党的十八届四中全会明确了审判的中心地位，旨在改善以往法院司法审查功能的虚化现象，提高审判活动的纠错功能，重新定位侦查的功能是为审判而服务，其决定仅具有程序推进的意义，同时进一步加强对侦查程序的司法审查以体现正当程序的价值。

（三）强化侦查的权力制约机制，促进侦查法治化、专业化发展

司法审查的核心理念就是如何限制其他国家权力的侵夺扩张，同时如何也让自己的权力保持在适当边界之内。[②] 刑事侦查的功能决定了侦查权通常表现为一种天然带有强制性和扩张性的国家权力，如果任其自治、封闭、游离在诉讼程序之外，那么侦查机关开展的自我授权、自行执行、不受司法审查机制控制的侦查活动就会变成一种仅带有技术手续性的操作程序，[③] 从而丧失诉讼程序本身的独立价值和法律意义，这与法治国家理念下侦查法治化、专业化的发展方向和要求极不相符。司法审查机制正是基于防止权力的滥用和扩张而设置，也是维系法治秩序的重要制度设计。

二、问题的展开：非法证据排除规则在侦查程序司法审查制度中的功能

作为一项在西方法治发达国家已渐趋成熟的证据规则，非法证据排除在抑制侦查机关违反法定程序收集证据、规范侦查行为、控制侦查权力滥用、保障正当程序以及实现司法公正等方面发挥着非常积极的作用。这些已被国际社会普遍认可的法律价值对于我国当前建设有中国特色社会主义法治而言更具有理论和实践意义，在经历了多年理论探讨和实践总结的基础之上，通过一系列法律规范的渐进式摸索，非法证据排除规则最终在 2012 年我国刑事诉讼法第二次修改时正式得到基本法上的确立，同时配套有各个职能机关相应的解释条款，共同组成了我国非法证据排除规则的法律体系。

（一）从形式上看，非法证据排除是对违法侦查行为的程序性制裁

在现代法治理念中，程序公正相较于实体公正而言对于司法公正的实现更具有重要的意义。刑事诉讼作为解决被追诉者刑事责任问题的一种法定程序，其价值在于平衡国家诉讼职权与公民诉讼权利之间的法律关系，用程序来约束国家权力的行使，防止权力滥用、保障人权。在强调程序的独立价值和程序正义的思维下，公检法如果违反了法律程序的要

---

① 陈瑞华：《刑事诉讼中的问题与主义》（第二版），中国人民大学出版社 2013 年版，第 27-28 页。

② ［美］西尔维亚·斯诺维斯：《司法审查与宪法》，谌洪果译，北京大学出版社 2005 年版，第 4 页。

③ 陈瑞华：《程序性制裁理论》（第二版），中国法制出版社 2010 年版，第 153 页。

求理应承当相应的法律责任，以此彰显程序独立价值、保障程序的公正。一般来讲，这种法律责任可以包括两种形式——程序性制裁和实体性制裁。

程序性制裁即针对违法程序所要承受的程序性法律后果，主要表现为宣告无效的方式，对事不对人；实体性制裁即针对违法程序所要承受的实体性法律后果，主要表现为追究办案主体的民事、行政抑或是刑事责任的方式，对人不对事。程序性制裁的基本原理是通过剥夺程序违法所得的不正当利益来促使其遵守法定程序，它比实体性制裁对于程序性违法问题更具有明显的预防功能和可预测性。非法证据排除的主导思想是将侦查机关违反法律规定进行侦查所获得的证据予以排除，不得作为定案的依据来使用。它是用一种行为结果上的无效状态来惩罚前面的违法行为，追究的是违法侦查行为在诉讼程序层面上的法律后果问题，因此，在形式上具备程序性制裁的特征。当然，因违反法定程序而导致的程序性制裁措施并非仅此一种，还有诸如针对公诉机关的终止诉讼以及针对审判机关的撤销原判等，它们对于程序正义的实现均具有重要意义。①

（二）从内容上看，非法证据排除是对侦查结果的追溯式司法审查

按照我国现行法律规定，非法证据排除程序可以分为审前阶段排除和审判阶段排除，这一点与很多国家的做法不太相同，如英国、美国、德国、日本等国规定只能由法官在审判阶段依照法定程序进行非法证据的审查判断。我国允许在审前阶段进行此项程序主要是基于我国直线型刑事诉讼构造下公检法诉讼职权配置的特殊性考虑，审判中心诉讼模式尚未完全形成，加之缺乏有效的刑事案件分流机制导致较大数量的案件都涌向审判阶段，为了体现程序正义的要求、最大限度地保护当事人的合法权益，立法上将这种程序性制裁扩大到整个诉讼阶段。②

尽管刑事诉讼法规定非法证据排除程序的启动可以在刑事诉讼的侦查、审查起诉和审判各阶段依职权进行，但除了由检察机关在逮捕这项强制措施的审查批准程序中可以对非法证据进行审查判断以外，侦查阶段的排除都是基于侦查机关发现或查明之上依法自动式的排除，也即是一种“自我否定”，从《公安机关办理刑事案件程序规定》关于该规则仅有的两条规定可以看出，侦查阶段的非法证据排除并不具有代表性，该排除程序在司法实践中多集中发生在审查起诉阶段和审判阶段。另外，除了依职权启动之外，法律规定在审判阶段还允许当事人及其辩护人、诉讼代理人依申请来启动排除非法证据。从以上分析可以看出，非法证据排除实质上是对侦查行为进行的一种结果上追溯式的司法审查行为（检察机关的准司法审查和审判机关的司法审查），经审查符合法律要求的证据予以采纳，反之则宣告无效。

三、问题的思考：非法证据排除规则在侦查程序司法审查功能发挥上的有限性分析

非法证据排除作为一种旨在进行程序性制裁的司法审查机制，对于防止违法侦查、避

---

① 陈瑞华：《程序性制裁理论》（第二版），中国法制出版社 2010 年版，第 108、19 页。

② 左宁：《中国刑事非法证据排除规则研究》，中国政法大学出版社 2013 年版，第 117-118 页。

免权力滥用来说非常必要，但仅凭这种结果式的事后司法审查难以发挥真正的控权作用。

（一）非法证据排除规则审查的范围较为单一，仅涉及侦查行为的合法性审查，无法开展必要性问题的审查

为了防止人权不被任意侵犯，法律必须对具有扩张性的侦查权力的行使进行正当程序上的限制。侦查行为不仅首先要符合法律上的要求，依照法律的授权有所为、有所不为，还要充分考虑到侦查行为尤其是强制性侦查行为的开展必须与犯罪行为的社会危害程度以及被追诉人妨碍诉讼进行的人身危险性之间成正比例关系，以达到把侦查行为所带来的不利影响减少到最低限度的目的，这也是法治精神之基本要义。非法证据排除规则的核心内容仅是对侦查行为是否合法的问题进行审查，而对于带有自由裁量性内容的行为必要性问题是不能通过这种制裁式的法律责任审查予以实现的。

（二）非法证据排除规则的审查效果有限，作为侦查结果的倒追式审查，难以实现对侦查权力动态过程上的有效控制

侦查程序本身是一种动态的办案过程，虽然非法证据排除能够从法律后果上对违法侦查行为进行一定程度的惩戒，用宣告无效的方式削弱非法取证的动力，但是对于程序的防范和控制还是应当通过程序自身的合理设计予以实现更为最佳选择。现代法治国家大多建立了以权力制约权力的配置模式，[①] 认为这种权力制衡方式更能制约权力滥用，在刑事诉讼中纷纷确立以法院为主体的侦查程序司法审查机制，司法权提前介入侦查程序，以此维持整个诉讼活动的三角平衡结构，有效地对侦查活动进行全过程的控制。单纯依靠非法证据排除这种侦查结果上的后置性审查难以达到控权的目的，增设前置性的侦查程序司法审查机制将会对侦查权力的行使形成动态的制约，从而体现程序公正的真正意义和价值所在。

四、问题的解决：多管齐下，形成与非法证据排除规则相衔接的侦查程序司法审查制度合力

从整体来看，侦查程序的司法审查功能仍处于弱化地位，也可以说，我国刑事诉讼法以及其他法律均没有确立真正意义上的侦查程序司法审查机制，对其进行加强和完善是我国当前刑事诉讼改革发展的重要内容之一。[②] 笔者认为，2012 年刑事诉讼法修改时正式确立了非法证据排除规则，既标志着刑事诉讼的主旨开始强化对侦查程序进行司法审查、加强对侦查权运行的限制，同时也引出了理论界和实务界对侦查程序司法审查机制完善的进一步思考，即以非法证据排除规则为切入点进行延展，构建良性有效的侦查程序司法审查制度。

（一）构建我国侦查程序司法审查制度的总体思路

1. 以建设中国特色社会主义法治体系为指导思想，立足于我国特定的法治语境进行司

① 徐阳：《权力规范与权力技术——刑事诉讼中国家权力配置问题研究》，法律出版社 2010 年版，第 96 页。

② 王敏远：《论我国刑事诉讼中的司法审查——以侦查中的强制性措施的司法审查为例的分析》，载《贵州民族大学学报》（哲社版）2015 年第 1 期。

法程序的改革

对侦查活动进行司法审查的机制源于西方国家的三权分立思想，西方法治国家在这一问题上比我国起步较早，也已经形成了一些比较先进和成熟的司法审查原理和机制。针对如何完善我国的侦查程序司法审查制度，笔者认为应当以党的十八届四中全会所提出的建设有中国特色社会主义法治体系为指导思想，在借鉴西方法治国家优秀经验和做法的基础之上，充分考虑到我国的现实需求，尤其要考虑到我国现有的检察机关法律监督制度这一特殊的、影响深远的权力制约机制与司法审查制度之间的契合，构建一套合法合理、行之有效的侦查程序司法审查制度。总的来说，我国侦查程序司法审查制度应当在坚持打击犯罪与人权保障并重的原则上，兼顾司法公正与诉讼效率的双重价值，既要根植于法治的基本原理和基本精神，又要立足在我国的特殊国情之上，按照循序渐进式的司法改革步伐，不建议无视自身现有条件照搬照抄他国做法。

2. 以权力分工负责理论为指导原则，强化侦查程序司法审查制度的分权制衡功能

虽然在刑事诉讼中出现的所有国家权力性质均具有“国家刑罚权”这一相同本质，但在现代刑事诉讼理念中，国家权力的配置应当遵循权力有限的非集权原则，对这些国家权力进行法律技术上的分解是符合正当程序和现代法治基本要求的。现行刑事诉讼法规定了“公检法三机关分工负责、相互制约、相互配合”的基本原则，“分工负责”是“相互制约、相互配合”的前提。制约和配合作为三机关关系的具体表现，根本原因在于三者之间有着宪法上所明确的不同分工，从而决定了三个专门机关在刑事诉讼中所承担的职责重心是有区别的，即分别为案件事实的查明和证据的收集、诉讼主张的提起和权力的监督、案件事实的审查判断和法律的具体适用。我国侦查程序司法审查制度的构建应当体现出这种宪政体制中的分权原理。①

（二）侦查程序司法审查制度的具体设计框架

1. 侦查程序司法审查的对象

前文已述，世界各国基本上只把强制性侦查作为司法审查的对象，由司法机关进行控制，而对损益不大或者当事人自愿配合的任意性侦查一般不介入司法审查。国内目前的理论研究在侦查程序司法审查的对象上较为统一，与国际通行做法一致，大都认为应主要针对那些损益性比较大的强制性侦查措施进行审查，并不将损益性较小的任意性侦查措施纳入进来，而是仍由侦查机关自行审查决定。我们在通说的基础之上，对于纳入审查范围的强制性侦查措施，还可以进一步细化。首先，对于涉及个人人身自由的强制措施，这类侦查对公民基本权利损益较大，一旦采用无法回转，出于对人权保障和降低侦查违法风险的考虑，应对逮捕、拘留、监视居住、取保候审、拘传等直接作用于人身的强制措施适用司法审查机制。其次，对于其他诸如勘验、检查、搜查、鉴定、技术侦查、通缉、扣押等涉及个人财产、行动通信自由、住宅隐私等权益的强制侦查行为，从法律基本原理和基本精神考虑，应当同样适用司法审查机制，但是考虑到我国现有的司法体制和实践特殊性，完全做到这一步不具备法制和社会基础，可以考虑再次划分：第一，对于搜查、秘密监听等高强度的强制侦查措施，本着人权保障的精神，应当纳入司法审查范围，紧急情况发生时

① 詹建红、张威：《我国侦查权的程序性控制》，载《法学研究》2015 年第 3 期。

例外，但必须事后经司法确认方为有效；第二，对于扣押、冻结、普通邮件检查、生物检材取样、秘密侦查等程度相对较轻的强制侦查措施，本着保障侦查效率和侦查保密的考虑，司法审查可以不在事前介入，而仍由侦查机关自行决定，但对违法的侦查行为仍可通过事后的司法救济予以纠正。

2. 侦查程序司法审查的方式

从审查的时间来看，司法审查制度可以划分为事前审查和事后审查两种方式，我国1979年颁布的刑事诉讼法开启了对刑事诉讼中侦查活动的司法审查，主要表现为人民检察院对逮捕措施的审查批准程序这一事前的准司法审查，这种司法审查影响十分有限，对搜查、扣押、勘验、检查、通缉等涉及个人财产、隐私的侦查行为和取保候审、监视居住、拘留等涉及公民人身自由的强制措施均无任何司法审查的体现，而是由侦查机关自行决定并实施；2012年第二次修改刑事诉讼法又确立了非法证据排除这一事后的司法审查，前文已述，其发挥作用的有限性也同样明显。现有这些单一狭窄的司法审查方式并不足以承担起控制侦查权运行的功能。

笔者认为，在审查的方式上，宜采用全面动态式审查，既包括事前预防性审查，也包括事后制裁性审查。借鉴西方法治国家的做法，侦查程序司法审查应当坚持事先审查为主，事后审查为辅的原则。其一，与侦查同步的事前司法审查，这种方式首先表现为侦查行为须由司法机关采用令状主义进行司法授权后才能实施，否则便不具备正当性要求；其次还可以表现为司法机关对较长时间的羁押性强制措施在实施进程中适用程序性听审，以决定能否继续实施该行为或者是否有必要继续实施该行为。① 对侦查的事前司法审查旨在强调对侦查机关采取的侦查措施进行合法性和必要性两方面问题的把关，是侦查程序司法审查机制最重要的一种形式。其二，侦查行为作出之后的事后司法审查，这种方式主要包括对违法侦查行为的司法救济以及程序性制裁。前者主要是指受违法侦查行为侵害的当事人以及其他诉讼参与人通过向司法机关申请或申诉，请求侦查机关停止违法侵害、对违法行为进行审查并予以司法补救的一种方式；后者主要是指完善以非法证据排除程序、国家赔偿程序为代表的侦查程序性制裁方式。刑事诉讼程序本身就具备对公民诉讼权利予以保障、对国家诉讼职权进行制约的正当程序价值之要求，因此通过刑事诉讼程序自身的优化和诉讼权力的合理配置实现对侦查活动的有效制约和规范属于法治应然之要义。对侦查程序进行全面动态式司法审查，多种审查方式形成制度合力，将会大大提高侦查程序司法审查功能的有效性。

3. 侦查程序司法审查的主体

侦查程序司法审查的主体是侦查程序司法审查机制中最为复杂的一个问题，理论界存在着较大争议，主要存在着三种流派：一是主张理想型、彻底式改革，借鉴西方各国的共识——只有法官才能享有司法审查权，取消目前我国人民检察院的逮捕批准权，将包括逮捕措施在内的所有强制性侦查措施统统交由人民法院进行司法审查，侦查机关有权向法院申请，经审查授权后方能执行，如果遇到紧急情况可以先采取一定的强制权，但事后须经法院审查予以确认方为合法有效。② 二是主张现实型、保留式改良，考虑到我国目前的具体

① 陈瑞华：《刑事诉讼中的问题与主义》(第二版)，中国人民大学出版社2013年版，第27-28页。

② 孙长永：《侦查程序与人权：比较法考察》，中国方正出版社2000年版，第168页。

国情和司法传统，沿用逮捕措施的立法例，建议仍由人民检察院这一宪法确定的司法机关行使对侦查程序的司法审查权，只需对现有的审查机制进行改良，扩大审查范围，完善审查机制，而不需要增加人民法院的司法审查权。① 三是主张循序渐进式改革，提出侦查程序司法审查制度不能以一概之，远景目标是条件成熟之时实现理想状态下人民法院一元审查模式，近景目标可以定位在人民检察院“准司法审查”与人民法院“司法审查”有机结合的二元审查模式，按照强制侦查的不同强度分别处理，审前偏重于检察院授权性审查，属于“事前控制”，审判时偏重于法院救济性审查，属于“事后控制”。②

笔者认为，侦查程序司法审查的主体问题牵涉到司法权力配置和司法体制改革等要素，具体可以考虑设置如下：第一，基于我国目前司法权力配置的现状和司法实践的现实需求，对侦查程序开展的司法审查宜采用人民检察院和人民法院双主体审查原则，分别授予两机关相应的司法审查权限；第二，对于侦查程序司法令状授权以及羁押措施程序性听审等事前司法审查由人民检察院组织进行；第三，对于违法侦查行为的申诉、控告等司法救济这种事后审查由人民检察院和人民法院共同行使；第四，对于违法侦查行为的宣告无效等程序性制裁这种事后审查由人民法院具体负责；第五，在两个司法机关内部设置专门、独立的司法审查机构来处理侦查程序的司法审查事务，人民检察院具体由其内部的监督部门承担该项职能，人民法院设立司法审查庭负责相关具体业务。专门司法审查机构与具体个案的承办机构业务相互隔离，以免在各自的审查内容上产生主观干扰。

结　语

在建设法治国家背景下，健全和完善有中国特色的侦查程序司法审查制度对当前司法体制改革和诉讼法治化建设有着积极的推动意义。非法证据排除规则在立法上得以正式确立，对我国的刑事程序司法审查机制的向前迈进无疑是一个巨大鼓舞，但真正完善并能够得以良好运行的侦查程序司法审查机制仍需要有一系列配套制度来加以保障。

① 谢佑平：《中国检察监督的政治性与司法性研究》，中国检察出版社 2010 年版，第 386 页。

② 龙宗智：《强制侦查司法审查制度的完善》，载《中国法学》2011 年第 6 期。

失范与矫正：检察机关对公安机关刑事立案的法律监督
——以公检关系为视角

刘少军　杨晓曼*

公安机关立案难一直是司法实践中群众反映比较强烈的受案立案工作中存在的突出问题。为此，公安部制定印发了《关于改革完善受案立案制度的意见》，其中对不依法受案立案、立案中的紧急突发情况、超时限立案、恶意报案等问题进行了较为全面的规定。解决公安机关立案难问题一方面要依靠公安机关的贯彻实施；另一方面要依赖强有力的外在监督。本文拟从公检关系的角度，对检察机关对公安机关刑事立案的法律监督进行探讨，以利于公安机关刑事立案权的有效运行。

一、失范：公安机关刑事立案权运行的现状与反思

（一）公安机关刑事立案权运行的现状

在司法实践中，公安机关在运用刑事立案权时，违背立案基本原则的情况时有发生，权力的行使不符合刑事诉讼法的规定。主要表现为应立而不立、不应立而立两种情形。首先是应立而不立。其是指公安机关违背刑事诉讼法的规定，对符合立案条件的案件不予立案，而通过行政处罚的形式代替刑事立案权对案件进行处理。中央电视台《今日说法》栏目于2016年3月26日播放了河南项城李桂英因其夫被嫌犯故意伤害致死而警方拒不立案，自己维权17年的真实案例。在媒体的曝光之下，项城警方仅用了27天就把所有嫌犯抓获归案。而在这之前的17年，项城警方一直拒不立案。这种情况的出现主要是因为公安机关有意违反法律的规定，基于缩减工作量乃至经济利益等原因使本应进入刑事诉讼程序的案件不能正常进入刑事诉讼程序导致轻纵犯罪的恶果，并对社会秩序造成了不良的影响。当然，应立而不立的现象的出现，也可能因公安机关的办案人员对立案条件的判断不够精准，以及对刑事诉讼法等法律规定的掌握不够扎实。①

其次是不应立而立。其是指公安机关在处理一般的未达到犯罪的案件时，不正当启动了刑事立案程序，对犯罪嫌疑人予以刑事追诉。这些案件本质上是不能进入刑事诉讼程序对犯罪嫌疑人予以刑事追诉的，但基于一些原因错误地将这些案件纳入刑事诉讼程序中。此种情况的出现主要有以下几种原因：一是公安机关工作人员基于私人泄愤故意违反刑事

---

* 作者简介：刘少军，安徽大学法学院教授；杨晓曼，安徽大学法学院2018级法律硕士。

① 徐猛：《论公安机关受案立案制度的改革》，载《中国人民公安大学学报》（社会科学版）2015年第3期。

诉讼法关于立案的法律规定而为之。二是公安机关为了实现社会治安的目的，通过刑事诉讼法所赋予的手段实现社会治安的目的，以有效防止行政诉讼的发生。因为依照行政诉讼法的规定，公安机关进行刑事诉讼的相关活动不属于行政诉讼的受案范围。这易于引发公安机关在处理一些受行政法以及相关法律调整的案件时利用刑事诉讼中的相关规定处理，以防止被提起行政诉讼的风险。三是公安机关办案人员故意违法插手经济、民事纠纷，利用刑事诉讼手段实现特定目的。四是公安机关工作人员因无法准确掌握法律规定的立案条件而将不应当刑事立案的案件错误地立案。

除了上述公安机关行使刑事立案权的两种失范表现外，公安机关在刑事立案时违背法定程序的事项也时有发生。具体表现为立案决定手续不完备，作出决定的时间超出法定时限等情况。此外，还存在比较常见的不破不立、久拖不决等情况。所谓不破不立，是指公安机关在作出立案决定前就开始采取刑事侦查措施，将侦查程序前置，案件能够侦破才立案，案件侦破不了就不立案。公安机关的此种做法尽管有出于破案方面的考虑，但明显侵犯了犯罪嫌疑人的程序性权利与相应的实体性权利。还有一种情况是久拖不决。久拖不决是公安机关在行使刑事立案权时效率低下。① 当一项符合立案条件的案件发生时，公安机关没有在法定的期限内作出立案的决定，而是过于拖延作出立案决定。这样的做法的危害不仅在有被害人的案件中对于被害人的合法权益构成了严重的侵犯，而且直接导致犯罪分子得不到法律严惩而逍遥法外的后果。

（二）对公安机关刑事立案权运行失范的反思

第一，刑事诉讼法关于刑事立案程序的规定不够完善。首先，刑事诉讼法第 110 条规定，人民法院、人民检察院或者公安机关立案的条件是“认为有犯罪事实需要追究刑事责任”，法律条文的表述看似清晰，但在司法实践中还是较难操控的。一是行为是否构成犯罪有时无法作出明确区分。例如，刑法和治安管理处罚法都对“引诱容留他人卖淫”作出了规定，且二者规定的行为内容基本相同，但在结果上前者要求判处刑罚，后者只有拘留或罚款规定。由于在立案之初很难快速对行为性质作出准确判断，导致在处理结果上差别较大。二是何种条件属于“需要追究刑事责任”的情形。“需要追究刑事责任”本身就是主观性较强的判断标准，在立案时证据尚不确实充分的情况下，对何种情形需要追究刑事责任不仅涉及对刑事实体法与程序法条文的理解，更涉及对现存证据的判断与把握，有时还涉及对办案经验的较高要求，较易出现对不应当立案的案件错误立案与应当立案的案件而不立案的情形。其次，刑事诉讼法等相关法律对立案审查期限的规定缺位。我国刑事诉讼法规定了法院的审理期限、侦查期限等时限，但却未规定立案审查期限。这便导致了刑事立案权在行使时出现了久拖不决等现象，影响当事人权利的实现。② 这种立案审查期限规定的缺位也在很大程度上为先破后立与不破不立等违法情形的出现提供了制度土壤。

第二，对公安机关刑事立案权的行使缺乏有效的监督机制。尽管刑事诉讼法规定了如控告人申请复议、公诉转自诉、公安机关内部监督监察、检察机关法律监督等措施，但事实上这些措施的实施效果令人担忧。在这些监督措施之中，检察机关的监督被认为是最有

---

① 万毅：《论侦查程序处分权与侦查监督体制转型》，载《法学》2008 年第 4 期。

② 孙琴、邓勇：《刑事立案监督的困境及破解路径》，载《中国刑事法杂志》2013 年第 5 期。

效的监督措施，但该制度未能发挥有效的监督作用，使刑事立案权的运行无法得到有效的规制。从一定程度上可以说，公安机关刑事立案权的行使受到的监督制约较少，立案环节的法治化程度并不高，这与以审判为中心的诉讼制度改革对于案件与证据的高要求是不相适应的。

第三，公安机关自身不合理的业务考核机制。我国公安司法机关内部均存在不同形式的业务考核机制，尽管这对于促进公安司法机关依法行使职权有积极作用，但如果考核标准和考核条件设置不科学、不合理，不仅不能起到应有的作用，反而会对各项司法职权的规范行使造成不利影响。对于公安机关而言，一个比较重要的考核标准即案件的侦破率，即侦破的案件数量与立案的数量之比。如果侦破量较高，则能够显示公安机关的侦破案件与维护社会治安的能力。反之，则说明公安机关侦破能力较弱。然而，实际上，刑事案件千差万别，证据情况尤其复杂，有些案件的侦破难度非常大，受制于各种主客观因素，并非所有的案件都能侦破。这就是司法规律本身。而将高破案率作为对公安机关及其工作人员的考核标准，不仅是不科学、不合理的，而且直接造成了公安机关在刑事立案方面的不规范行为。

二、审视：检察机关对公安机关刑事立案权的监督困境

（一）监督线索渠道不畅

在司法实践中，检察机关对公安机关立案权的监督主要有以下几种渠道：其一，群众举报。这主要是指了解具体案情的人向检察机关举报相关犯罪行为以及公安机关在刑事立案方面的违法行为。然而，受传统厌讼思想的影响，加之很多人并不了解可以向检察机关举报相关违法犯罪行为的规定，因此，对刑事立案权的监督不足、对控告人的保护不足等，使得公众举报的热情被消减。[①] 其二，检察机关在对案件进行批捕审查之时发现公安机关在行使刑事立案权时的失范行为，但此时案件往往已经处于批准逮捕或提起公诉的阶段，对立案的监督为时已晚。其三，检察机关在工作过程中自行发现公安机关的刑事立案失范行为并对其监督。但此种途径在司法实践中的应用效果并不是很好。因为主动监督意味着指出公安机关工作的错误，而公安机关易将检察机关的监督行为视为对自身工作的否定。更为关键的是，检察机关对公安机关刑事立案权的监督需要其充分知晓公安机关的相关案件信息，而这类信息掌握在公安机关手中，检察机关并不易得知。尽管在实践中也会出现公安机关与检察机关相互配合的情况，但其目的往往在于实施一些专项的行动，而不在于实现立案监督。这种信息通报机制并不是常态化的。因此，检察机关一般也不会主动对公安机关的刑事立案权的行使进行监督。

（二）立案监督措施刚性不足

我国刑事诉讼法规定，检察机关在行使立案监督权的过程中如果发现公安机关的侦查行为涉嫌违法的，可以追究相关工作人员的刑事责任。如果不构成刑事犯罪的，可以通过

---

① 季美君、单民：《论刑事立案监督的困境与出路》，载《中国检察官》2013年第11期。

以下方式处理：首先，检察机关可以向公安机关提出检察建议，要求对违法的工作人员予以党纪或政纪处分，但仅有建议效力。其次，检察机关可以向上级检察机关反应情况，由上级检察机关向其同级的公安机关提出检察建议以督促下级公安机关改正相关问题。最后，向公安机关发出《要求说明不立案理由通知书》、《立案通知书》等建议性的法律文书。而这些法律文书的生效需要公安机关的配合方可实现。由于检察机关对于公安机关的立案监督往往是通过“通知书”与“建议书”等方式实现的，这些监督措施缺乏强制性，效力层级过低，可操作性比较差。公安机关在接到相关法律文书之后只需要作出理由说明。如果理由不成立，检察机关也没有其他硬性的措施督促其履行相关职责，以至于有司法实务部门人员指出：“法律漏缺导致检察机关立案监督手段缺失，能有效应对的惩处措施寥寥无几。”①

检察机关的这几种监督措施具有明显的被动性、事后性，监督的作用无法得到有效的发挥。如果公安机关对检察机关的监督方式不予配合，监督的效果便无法得到有效的发挥，从而导致公安机关违法行使立案权的情况经常发生，程序正义无法得到有效的实现，进而严重损害当事人的权利并影响司法公正的实现。②

三、透析：检察机关对公安机关刑事立案权监督不力的成因

（一）公检之间不正常的诉讼关系

在刑事诉讼的法律关系上，公检关系、检法关系与公法关系是三组存在于国家司法机关之间的基本诉讼法律关系。其中，公检关系是影响检察机关对公安机关刑事立案监督的重要因素。在我国的司法体制之中，检察机关和公安机关是分立的。这与大多数的西方国家的警检一体化模式不同。检察机关与公安机关是各司其职、相互制约、相互平行的关系。公安机关主要负责刑事案件的侦查工作，检察机关主要负责案件的公诉工作。从诉讼程序的行进角度上来说，检察机关是处于侦查之后的起诉机关，应当对公安机关侦查过程中诉讼行为的合法性与诉讼结论的准确性进行检验与判断，具有较公安机关而言更高的诉讼地位，其对公安机关享有检验、更改等上位性权力。然后，在实践中，公安机关一方面行使刑事侦查职权；另一方面还兼具行政机关的本质属性，权力范围过大过宽，甚至在某种程度上超越了检察机关的公诉权与法律监督权，公检之间的关系不仅不能平衡，反而呈现出公强检弱的关系格局。如此情形下，检察机关对公安机关的监督难以有效实现。依照我国刑事诉讼法的规定，在一般的刑事案件之中，需要检察机关批准的程序比较少，只有在涉及逮捕等强制措施之时，公安机关才需要向检察机关提请批准。在案件侦办的其他过程中，公安机关的办案几乎处于封闭状态，检察机关往往无法直接参与。这便意味着在刑事侦查程序之中，检察机关对案件的情况无法知悉，其法律监督机关的职能无法有效实现。③另外，影响公检关系的还有两机关工作人员培养模式差异的因素。在我国，公安机关工作人

① 元明、李薇薇：《刑事立案监督实务问题调查分析》，载《人民检察》2014 年第 12 期。

② 曾询杰：《刑事立案功能的失调与治理》，载《人民检察》2013 年第 14 期。

③ 廖明：《侦查权的性质与配置研究述评》，载《山东警察学院学报》2011 年第 1 期。

员往往由专门的警官学院培养产生，而检察机关工作人员往往由高校法学院培养产生。尽管在学习体系、基本内容与思维模式上基本是相同的，但警官学院可能更加关注案件侦破方面的知识与技术传授，法学院可能更关注刑事诉讼中程序正义与法律思维的培养。这可能会导致两机关的工作人员在处理实际案件中思维方式与价值取向均有明显的差异。这也是影响刑事立案权法律监督的重要因素。

（二）检察机关具体监督职权的缺失

在司法实践中，公安机关对检察机关的立案监督往往不予配合，但同时面对公安机关对检察机关立案监督的懈怠，检察机关并没有相应的具体监督措施与职权。其主要表现在：一是检察机关监督方式的单一、片面，严重影响立案监督的有效实施和良性运行。检察机关在行使立案监督权之时，采用的是通过询问办案人员、查阅相关案件材料、要求有关机关说明情况等方式，核实案件途径十分有限，对违法线索的发现也缺乏有效的渠道。二是检察机关立案监督保障机制缺位。刑事诉讼法赋予了检察机关对公安机关刑事立案权予以监督的权力，但未赋予检察机关行使刑事立案权监督的有效手段。如果公安机关对检察机关的立案监督建议并不接受，检察机关并没有相应的处理方式与保障监督实现的有效措施。因此，检察机关的监督措施过于柔性，使得立案监督无法得以有效的实现，立案监督权往往被虚化。①

四、矫正：检察机关对公安机关刑事立案权监督的具体路径

（一）明确立案监督中的公检关系

前文提及，目前在司法实践中现存的公检关系是影响当前刑事立案监督权有效落实的主要因素之一。鉴于当前的检察机关与公安机关“相互制约”关系的异化，当务之急便是明确立案监督过程中的公检关系。

首先，在刑事立案监督过程中应当明确监督的单向性。在我国检警分离的体制下，绝大多数的刑事案件都由公安机关行使侦查权，而检察机关作为我国宪法规定的法律监督机关，有权力也有义务对公安机关在刑事诉讼程序之中的活动进行监督。此种安排符合我国宪法和刑事诉讼法关于“人民法院、人民检察院和公安机关办理刑事案件，应当分工负责，互相配合，互相制约，以保证准确有效地执行法律”的要求。此种制约是相互的，但监督却是单项的。明确在立案监督过程中检察机关对公安机关立案监督的单向性，实际上就是确立在审判前阶段检察机关对于公安机关在案件办理程序上的主导地位。具体而言，就是改变目前公强检弱的诉讼关系，赋予检察机关在对公安机关立案监督方面的权威话语权，明确规定对于检察机关的监督公安机关必须予以配合。通过这种监督关系的单向性，使得检警关系得以走向正轨，使得立案监督得以有效的实现。②

其次，明确公安机关对于检察机关立案监督不予配合的法律后果。为使检察机关立案

① 樊崇义：《法律监督与检察改革笔谈——简论法律监督与检察改革》，载《人民检察》2010年第2期。

② 江平：《政法委及公、检、法相互关系的改革》，载《环球法律评论》2013年第2期。

监督权能够顺利行使并得以有效实现，公安机关必须予以全力配合。在明确公安机关对于检察机关的监督需要予以配合的基本原则基础上，细化规定公安机关对于检察机关立案监督权的行使需要具体予以配合的方式。如对于检察机关监督措施相关公安机关工作人员不予配合的情况，检察机关可以向公安机关建议更换办案人员。实际上，2010 年“两高三部”已联合发布相关规定，明确检察机关可以采取建议更换办案人的监督措施，实现对司法工作人员渎职行为的法律监督。当然，还需要增加公安机关不予配合对于该机关及该机关主要负责人的处理措施，以此增强立案监督权行使的刚性。同时，也可以起到督促公安机关予以配合的效果。①

（二）畅通立案监督线索来源渠道

基于检警分立的体制，对于公安机关侦办的案件检察机关可能无法有效获知相关信息，故而导致检察机关监督权无法有效落实。基于此，可以通过以下方式丰富检察机关获取案件信息的途径。

首先，建立并落实案件信息通报的长效机制。所谓案件信息通报机制，是指公安机关将其所做的关于立案、不立案、撤销案件决定的相关情况向检察机关予以及时通报，以便检察机关快速发现公安机关在刑事立案权行使中的违法行为。尽管已有相关文件对案件信息通报作出相应的规定，一些地区也已有相应的实践经验。但案件信息通报机制仍在实践中无法有效落实。可以考虑以互联网信息技术为基础，建立公安机关与检察机关之间的案件信息通报系统。公安机关将刑事案件的立案决定、不予立案决定、撤销案件决定及与刑事案件类似的行政处罚决定的法律文书上传到系统之中，并同时上传相关案卷材料。这样，检察机关可以在第一时间获知与查看相关案件信息，便于其监督职权的落实。

其次，公民的举报也是检察机关重要的监督线索。通过法制宣传，使社会大众充分知悉检察机关的法定职权，以便在特定的情况下可以向检察机关检举或控告。由于当事人与公安机关的接触最为密切，作为公安机关立案权行使失范行为的最直接受害者，由其向检察机关举报效果最佳。通过群众的监督与举报，检察机关可以及时获知公安机关的失范行为，公民也可以通过举报实现对自身权益的维护。

最后，也需要从检察机关自身入手，提高检察机关发现线索的能力。当前司法实践中的表现是检察机关多在审查批捕的程序中发现公安机关立案权行使的失范问题。应当强化检察机关内部的侦查监督部门对公安机关刑事立案权的行使的监督职能。还要强化侦查监督部门与其他部门的信息共通与交流机制，进一步提升信息的获取能力。②

（三）完善刑事立案权监督措施

除了完善公检关系、丰富检察机关线索来源渠道外，还应从检察机关的监督措施入手，改善当前体制中不尽完善之处，使立案监督权的行使更加规范与有效。首先应进一步扩大检察机关立案监督的范围。我国在 1996 年修订刑事诉讼法时设置了检察机关监督公安机关立案权行使的内容，弥补了以前法律规定的不足。但刑事诉讼法所设定的检察机关对公安

---

① 余凌云：《听证理论的本土化实践》，载《清华法学》2010 年第 1 期。

② 参见杨立新：《刑事诉讼平衡论》，中国人民公安大学出版社 2006 年版，第 115-127 页。

机关刑事立案权的监督更多的体现在公安机关应当立案却没有立案的情况。然而，公安机关刑事立案权行使的失范现象不止于此。对于司法实践中频繁出现的“不破不立”以及“久拖不决”等问题的监督并未规定。应当在刑事诉讼法再修改草案中扩大检察机关的监督范围，使检察机关可以对公安机关刑事立案权的行使进行全面监督。

其次，完善检察机关行使刑事立案监督权的审查与核实程序。在司法实践中，检察机关获知公安机关刑事立案权行使失范的线索后并不一定启动立案监督程序。尤其是面临当事人的举报，检察机关需要对线索进行审查，此为正确行使立案监督权的必要前提。为此，对当前的审查程序也需要进行一定的完善。由于听证程序在司法实践以及行政程序中被广泛适用，检察机关在对线索进行核实之时也可以采用听证的方式，以弥补当前书面审查的不足。听证由检察机关工作人员主持，听取公安机关案件侦办人员的意见，权利可能受到侵害的当事人均需到场对情况作出说明。通过多方的交流，可以帮助检察机关更为精准地获知案件的真实情况，以便作出更为准确的立案监督决定，以实现有效的监督。此外，通过听证还可以使当事人充分感受到程序正义，增强其对司法的信任度。当然，也并非所有的案件都需要听证程序，可以赋予检察机关一定的自由裁量权，根据案件的复杂程度、社会影响等因素决定是否需要采取听证程序。同时，对于普遍采用的书面审查程序也要进行一定程度的完善。可以从严格限定书面审查期限入手。可以结合司法实践的现状和案件的具体情况，综合确定一个合理的期限。①

最后，需要赋予检察机关追责的权力，以保证立案监督权的落地。由于检察机关的立案监督权的行使往往得不到公安机关的回应，因此需要规定相应的制裁措施，使立案监督措施更具刚性。对于一些在接收到检察机关立案监督的法律文书之后置之不理，拒绝按照检察机关要求改正的，检察机关可以对相关的工作人员进行追责。此处的追责与现行检察建议的方式不同，其具有强制性。在一定的情况下，还可以对机关负责人进行追责，以此增强检察机关立案监督权的刚性，保证立案监督权的顺利行使。

① 陈瑞华：《刑事诉讼的前沿问题》，中国人民大学出版社2000年版，第203页。

关于刑事诉讼中电子数据应用的思考

栾少湖　徐红亮*

一、电子数据的种类和特征

电子数据，有人称之为电子证据，是指以电子技术为界质存储、固定或者显示并可以证明案件事实的材料。刑事诉讼法使用电子数据的概念，故本文统一使用电子数据这一概念，其含义与电子证据并无区别。

（一）电子数据的种类

电子数据种类多样，从不同的角度可以作出不同类别的划分。例如：根据电子数据存储的系统不同，可分为存储在计算机系统中的电子数据和存储在类似于计算机系统中的电子数据；根据电子数据运行系统环境的不同，可将电子数据分为封闭系统中的电子数据、开放系统中的电子数据与双系统中的电子数据，此处系统的封闭与否仅具有相对意义，不具有绝对意义，因为互联网世界不存在绝对的封闭。除此之外，从刑事诉讼的实践前沿来看，电子数据可以分为以下几种：

1. 存储类电子数据

所谓存储类电子数据，是指存储于计算机设备以及其他电子设备中用以证明案件事实的材料。这类证据静态或者动态地形成并存储于某些设备之中，在不丢失、毁损的情况下，随时可以用以证明案件事实。例如，股市及期货市场交易的数据、计算机中存储的财务表格、计算机中存储的职工名册、企业 OA 系统中的办公资料等。

2. 通讯类电子数据

通讯类电子数据，是指人与人之间通过电子传输媒界进行沟通、交流所形成的电子数据。这类证据的内容仍然是人与人之间沟通的内容，但因沟通的方式是借助于电子通讯工具实施，故形成一种新的证据形态，即电子数据。例如，QQ 聊天内容、微信聊天内容以及微信语音通话内容、支付宝系统中的聊天内容等。值得一提的是，随着即时通讯软件的普及和推广，几乎所有的刑事案件都会包含这一类电子数据，在自然人实施的普通刑事案件中也不例外。这类电子数据广泛存在，被司法实践大量应用。

3. 程序类电子数据

此处的程序类电子数据之“程序”并非法律意义上的诉讼程序，而是指使用计算机语

---

* 作者简介：栾少湖，北京德和衡律师事务所律师；徐红亮，北京德和衡律师事务所律师。

言编写的程序。当然，上述存储类电子数据和通讯类电子数据也都离不开程序的编写，但不同的是前两类数据可外化为能为普通人所感知的证据形式，而程序类电子数据则是这类能够感知证据背后的电子数据。这类电子数据，只有专业人士和设备才能够识别，而非专业人士（包括未受到过专业训练的公安人员、检察人员、审判人员以及律师）很难识别、读懂，甚至无从判断证据的基本证明事项。例如：在网络赌博案件中，为赌博而编写或者改造的程序；实施诈骗网站的链接中用以盗用账户信息的程序等。这类电子数据的专业性极强，证明力也很强。

除了上述分类之外，也有人把电子数据笼统地分为两类：一类是案件发生及案件形成过程中形成的电子数据。二是刑事诉讼活动中形成的电子数据。这种分类的依据是证据形成的时间及原因，不涉及电子数据的内容。

（二）电子数据的特征

1. 电子数据存在形式的特殊性

电子数据都是基于计算机应用和通信等电子化技术手段形成的用以表示文字、图形符号、数字、字母等信息的资料。电子数据实际上是一堆按编码规则处理成的数据电文，它的产生、存储和传递离不开计算机、存储、网络等技术的支持，必须依赖于特定的介质，有相应的播放、显示设备才能从存储状态到为人所感知，才能为法庭所认可和采信。这种存在形式与其他证据存在极大的区别。随着信息技术的发展和进步，电子数据的存储形式正在发生着变化，云储存、区块链技术的出现，使数据存储又发生了一些新情况，甚至不再依赖于某一台计算机设备。

2. 电子数据表现形式的多样性

电子数据经磁性载体反映到数据显示设备上表现的形式是多种多样的，不仅可体现为文本形式，还可以图形、动画、音频、图像、视频等多媒体形式出现，计算机运行的程序语句以及它们的复合形式，也可以输出到计算机外部设备上，几乎涵盖了所有传统证据类型，也极大改变了传统证据的运作方式，电子数据表现形式具有多样性。

3. 电子数据的易破坏性

计算机登记、处理、传输的资料信息均以电磁浓缩的形式储存，数据容易被人为改变，而且这种数据电文的修改简单、不易留下痕迹。这导致当有人利用非法手段侵入系统、盗用密码，进行违法活动时，很容易转移或毁灭证据。同时在网络环境下，数据的通信传输又为操纵计算机提供了更便利的机会，行为人可以通过远程控制别人的计算机，盗取资讯、变更软件资料而不留下痕迹。电子数据所具有的易破坏性既可能是主观的，也可能是无意的，甚至一些办案机关提取电子数据时或之后因操作不当而损毁电子数据。

二、刑事诉讼关于电子数据的立法

2012 年修订的刑事诉讼法第 48 条第 2 款第 8 项首次将电子数据纳入刑事诉讼的证据范畴，成为一种独立存在的证据形态得到认可。此后，2013 年 1 月 1 日实施的最高人民法院《关于适用〈中华人民共和国刑事诉讼法〉的解释》（法释〔2012〕21 号，以下简称《解释》）第 93 条、94 条分别规定了对电子数据的审查、判断方式，以及不能作为定案根据的情形。这样，基本上建立了刑事诉讼中电子数据的基本制度。然而，上述规定一方面过于原则、笼统；另一方面集中于刑事诉讼的审判程序中对电子数据的审查和判断。在司法实践中，遇到不少新的问题。

最高人民法院、最高人民检察院、公安部《关于办理网络犯罪案件适用刑事诉讼程序若干问题的意见》（公通字〔2014〕10 号）对电子数据取证人员资质与技术要求、电子数据取证原则、收集提取电子数据的笔录制作要求、电子数据的移送规则和电子数据的鉴定与检验等问题作了进一步明确。但是，关于电子数据的收集提取和审查判断，刑事诉讼法和相关司法解释、规范性文件所作的规定较为原则，系统性、可操作性不强。鉴于此，为进一步统一和细化电子数据证据规则，最高人民法院会同最高人民检察院、公安部于 2016 年 9 月发布《关于办理刑事案件收集提取和审查判断电子数据若干问题的规定》（以下简称《电子数据的规定》）。这一规定从一般规定、电子数据的收集与提取、电子数据的移送与展示、电子数据的审查与判断四个方面对电子数据的提取和审查判断进行了详细的规定，对现行司法实践具有重要的适用意义。

三、司法实践中存在的问题

（一）刑事诉讼对电子数据的重要性重视不够

电子数据是新型证据形式，与传统的书证、物证、犯罪嫌疑人供述、被害人陈述等证据之间存在明显的区别，特别是在证据的关联程度方面，可能没有犯罪嫌疑人供述、书证更为直观。一些公安机关、检察机关、人民法院以及辩护律师在传统思维模式下，过分依赖言词证据，而对电子数据不够重视。例如，在诈骗类案件中，仅考虑犯罪嫌疑人、被告人的供述，而不重视犯罪嫌疑人、被告人的微信、电子邮件联系内容。在这种情况下，电子数据作为证据的重要性没有得到有效的重视，特别是在一些经济欠发达的基层司法机关，更是对电子数据的认识无法与电子数据本身的重要性相匹配。

（二）侦查机关对电子数据的提取手段单一

侦查机关对电子数据的提取集中体现为保存、复制硬盘资料；从互联网终端提取邮件内容等，即对静态、客观存在的电子数据进行提取，而动态的、变化的电子数据提取方式有限。也就是说，当电子数据组成一定的结果或者结论时，容易被侦查机关注意，而没有形成一个固定数据的电子数据往往无法引起侦查机关的重视。除此之外，对电子数据提取的软件研发不够，即法律知识与计算机技术的融合在侦查机关中仍然处于初级阶段，在缺乏专业取证工具的情况下，导致侦查的电子数据提取手段单一。值得说明的是，囿于监察委员会在调查案件时并不适用刑事诉讼法，监察委员会在调查中是否存在类似问题需要另行调研、研究。

（三）法庭对电子数据的审查不够深入

虽然《解释》从证据形式、取证程序、内容真伪、关联性、取证范围五个方面对电子数据的审查进行了具体的规定，但是从本质上看这些规定系对证据审查角度的提示或者指导，没有相应的证据取舍的判断标准或者判断依据，更没有规定相应的法律后果。因此，在法庭审理过程中，无论是法庭的审查、公诉机关的举证，还是被告人以及辩护律师的质证，均难以达到理想的证据使用效果。此外，囿于电子数据的技术性较强，甚至一些法官、检察官和辩护律师对电子数据的内容没有能力提出有价值的意见。故法庭对电子数据审查不够深入的情况普遍存在。

（四）律师对电子数据的阅卷权得不到保障

近年来，人民法院和检察机关对辩护律师阅卷权的保障有明显的进步，在司法实践中已基本不存在此前“阅卷难”的问题。然而，在电子数据的阅卷方面呈现出新的问题。

第一，有些侦查机关移送证据时，未向检察机关、人民法院移送电子数据，致使辩护律师无法及时阅卷。

第二，有些侦查机关提取电子数据时使用特殊的侦查取证软件，辩护律师无法正常审阅证据内容（或者证据的全部内容）。

第三，检察机关或者人民法院向辩护律师提供的证据材料不包括电子数据。

上述三种情况，在司法实践中均不同程度地存在，使得辩护律师阅卷的权利无法得到全面保障，进而影响辩护权的充分行使。

（五）取证程序合法性未能得到充分重视

取证程序的合法性是所有证据均应当具备的基本要求，电子数据的提取虽然具有技术性，但是合法性是必须得到确认和保证的。在司法实践中，侦查机关提取电子数据存在多种多样的问题，如提取电子数据未附清单、见证人身份不合法、远程提取的注明情况不属实、电子数据的规格标注不清楚、文件格式转化缺乏监督等。尽管如此，检察机关在审查过程以及人民法院在审判过程中对程序性问题往往不够重视，认为只要内容真实便可以作为定案的根据，而程序问题不必吹毛求疵。所以说电子证据取证程序的合法性未能得到应有的重视。

四、刑事诉讼中电子数据应用的建议

（一）加大对电子数据重要性的培训普及

在侦查人员、检察人员、审判人员和律师的岗前培训和业务培训中，应当特别增加对互联网技术和法律关联内容的培训，以适应互联网发展对刑事诉讼的影响。其中，应当包括电子数据在刑事诉讼整个过程中的重要意义。在业务考核过程中，将电子数据运用、评判等相关的知识和技术纳入考核内容，全面加大对电子数据重要性的普及和重视。最终在刑事诉讼中形成对电子数据高度重视的司法习惯和观念。

（二）强化侦查机关对电子数据的取证能力

目前，侦查机关使用的取证工具（软件）大多来自境外研发机构，境内公安机关以及科研机构对电子数据提取方面的技术研究几乎是零。一些侦查机关对取证工具使用的技术欠缺，导致一部分能够证明案件事实的电子数据无法形成证据以证明案件事实。应当强化侦查机关对电子数据的取证能力，更多的占有、利用、提取电子数据的信息、资料，并在此基础上固定证据、分析证据，或者转化电子数据，进一步使电子数据能够简明、直观地反映案件的客观事实。

（三）充分保障辩护律师对电子数据的阅卷权利

获得辩护权是犯罪嫌疑人、被告人的一项重要权利，保护辩护权是保障犯罪嫌疑人、被告人合法权利的重要途径之一。如前所述，辩护律师在电子数据的阅卷方面存在诸多的问题和不足，直接影响到辩护权的正常行使。建议检察机关、人民法院能够提供有利的条件，供辩护律师查阅电子数据，特别是检察机关应当要求侦查机关移送全部的证据材料，不得以各种借口、理由不移交电子数据。只有保障辩护律师全面阅卷的权利，才能有效发挥电子数据在刑事诉讼中的重要作用。

（四）高度重视专家辅助人的作用

刑事诉讼法第 192 条第 2 款规定：“公诉人、当事人和辩护人、诉讼代理人可以申请法庭通知有专门知识的人出庭，就鉴定人作出的鉴定意见提出意见。”第 4 款规定：“第二款规定的有专门知识的人出庭，适用鉴定人的有关规定。”此处有专门知识的人即理论上所称的专家辅助人，立法规定将专家辅助人出庭限于针对鉴定意见显然过于狭隘。建议进一步拓宽专家辅助人出庭的范围，即不仅仅针对鉴定意见，在针对各类证据的举证、质证（包括辩方举证）中，均应当允许专家辅助人出庭对专业性问题进行说明或者解释。

（五）加强对电子数据取证合法性的审查

《电子数据的规定》对电子数据的提取已作出详细的规定，在这一问题上，操作性规范是全面的，但执行方面的落实远远不够。当然，在刑事诉讼中从根本上树立程序意识需要一个相当长的时间，但是电子数据取证程序是否合法直接影响到证据是否能够使用，且这种数据的特殊性对案件事实认定影响极大，故应当严格按照《电子数据的规定》审查电子数据的提取程序。此外，值得注意的是刑事诉讼法第 54 条规定的非法证据排除针对的证据种类限于犯罪嫌疑人、被告人供述，证人证言，被害人陈述，物证和书证，而不包括电子数据，这不得不说是立法缺陷。因为《解释》以及《电子数据的规定》规定了对电子数据审查的标准以及提取的程序，但对非法取得的电子数据的排除却没有任何规定，即无法排除，这种缺乏法律责任的规定难以在实践中落实。因此，建议在立法上明确非法取得的电子数据可以依法排除。

我国刑事立案程序完善之思考

罗海敏*

作为整个刑事诉讼程序的开端，我国的刑事立案程序承载着多项功能。但从实践情况来看，刑事立案程序很难有效实现立法对其预设的各项功能，尤其是防止侦查权随意启动的功能。在推行审判中心主义的诉讼制度改革以及转变人民法院受理案件立案方式等司法改革举措的背景下，探讨、思考我国刑事立案程序的改革完善有了新的依据和意义。

一、我国刑事立案程序的基本定位

与其他多数国家不存在独立的刑事立案程序不同的是，在我国立案被认为是刑事诉讼中一个独立、必经的诉讼阶段：任何一个刑事案件都必须从立案开始进入刑事诉讼程序；没有立案，便没有刑事诉讼的整个过程；就公诉案件而言，立案与否直接决定着刑事追诉活动是否继续进行。① 从我国 1979 年制定刑事诉讼法起，直至 2018 年新修改的刑事诉讼法，立案作为独立诉讼阶段这一基本定位一直得以保持。

对于我国刑事立案程序如此设置的原因，一般观点认为，这是我国移植苏俄模式的结果。在苏联以及现行的俄罗斯刑事诉讼法典中都单独设有“刑事案件的提起”编，就提起刑事案件的事由、根据以及提起刑事案件的程序作出专门的规定。根据苏联学者的论述，“苏维埃刑事诉讼机构总是把提起刑事诉讼作为它的开始阶段。在尚未按照适当的程序提起刑事诉讼以前，无论是调查，还是侦查都不得进行，当然也就更谈不上进行审判了。在刑事诉讼中，这是保障法制和增强对人身权利的保障的一个重要途径，这种认识是完全正确的”。② 从这一论述可以看出，苏俄模式将提起刑事诉讼视为一个独立的诉讼阶段，关注的是其在限制追诉权力、保障人权方面可能发挥的积极作用。

在我国，通说认为，有关立案程序的规定是我国总结长期司法实践经验的结果，具有以下几方面积极意义：第一，通过对立案条件的设置，使得不符合追诉条件的行为被排除在刑事诉讼程序之外，从而保障无罪的人不受刑事追究，保护公民的合法权益不受非法侵害。“立案是刑事诉讼的必经程序，公安司法机关只有在审查了有关材料，依法认定有犯罪事实发生并需追究刑事责任而作出立案决定后，其进行的侦查、提起公诉、审判等诉讼行

---

* 罗海敏，中国政法大学诉讼法学研究院副教授。

① 宋英辉主编：《刑事诉讼法》（第二版），清华大学出版社 2012 年版，第 189 页。

② ［苏］И·В·蒂里切夫等编著：《苏维埃刑事诉讼》，张仲麟等译，法律出版社 1984 年版，第 204 页。

为才具有合法依据，否则便是程序违法。”① 第二，及时立案有助于督促公安司法机关及时、准确地揭露、证实、打击犯罪。第三，客观立案有利于准确评价社会治安形势，为国家制定刑事法律与政策提供客观依据。

可见，在立案程序的定位方面，我国同样强调立案作为侦查启动关口的作用，试图通过对立案条件的设置，防止侦查权的随意启动，防止因刑事诉讼活动的扩张、滥用而危及公民的正常生活。在立案与侦查的关系上，“立案是侦查的开始，也是侦查的前提”②。这种强调“先立案后侦查”的理念事实上也决定了整个立案程序的制度设计。例如，正是因为要发挥立案程序限制侦查权随意启动的作用，所以必须在立案条件上设置高标准、严要求，这样才能使立案这道“门槛”具备足够的拦截和屏蔽功能。因此，我们在对立案程序的实际运行效果进行考察、探究时，这种“先立案后侦查”的理念在实践中是否行得通，是否能够真正实现限制侦查权随意启动的目的亦应成为关注的焦点。

二、我国刑事立案程序实践运作的困境

虽然立法预设了立案程序的种种功能价值，特别是对其在限制侦查权随意启动方面的功效寄予厚望，但实践情况并不乐观，立案程序的功能实现存在诸多困难与阻碍。概括而言，我国立案程序目前面临的实践困境主要表现在以下两方面：

一方面，立案条件过高，不利于对犯罪进行有效追究。我国刑事诉讼法第 112 条将立案的条件表述为“认为有犯罪事实需要追究刑事责任”。根据我国学界的通说，“有犯罪事实”是指有刑法规定的犯罪事实发生，并且该犯罪事实的发生有一定的证据证明；“需要追究刑事责任”是指依照实体法和程序法规定应当追究行为人的刑事责任。因此，在考虑是否立案时，不仅要对案件线索进行事实判断，还要在事实判断的基础上进行法律价值判断，而这些判断都要达到相应的客观性要求。但是，对于刚刚接触到案件线索的办案机关来说，这样苛刻的要求明显违背基本的认识规律，往往使得某些应当立案侦查的案件无法及时获得立案，甚至错失立案侦查的时机。例如，在面对人口失踪的报案信息时，办案机关仅仅根据所提供的材料确实很难判断是否具备立案条件。而等到其明确是否具备立案条件时，很可能已经贻误解救被害人、防止危害发生的最佳时机。与此同时，在执法过错责任追究、错案赔偿以及考核评比等因素的作用下，有些办案机关在立案时人为地将立案条件升格，提出“立得了，捕得下，诉得出，判得了”③ 等要求，使得办案人员在立案时就要考虑到案件的最后处理，立案条件甚至被上升为判决要求，大大削减了立案在案件输入方面的应有功能，由此也导致实践中出现“不破不立”、“破了才立”、“以罚代刑”等严重规避法律规定的现象。因此，从实际情况看，由于设置了严格的立案条件，虽然可以使不符合追诉条件的行为被排除在刑事诉讼程序之外，但通过立案程序以“督促公安司法机关及时、准确地揭露、证实、打击犯罪”的目的难以有效实现。

---

① 陈光中主编：《刑事诉讼法》（第五版），北京大学出版社、高等教育出版社 2013 年版，第 267 页。

② 胡康生、李福成主编：《中华人民共和国刑事诉讼法释义》，法律出版社 1996 年版，第 103 页。

③ 王德光、马明慧：《侦查启动原理分析——兼谈立案程序的取消》，载《中国人民公安大学学报》（社会科学版）2008 年第 6 期。

另一方面，也是更为重要的，通过立案程序防止侦查权随意启动的目的在实践中难以实现。从上述论述可知，对大量刑事案件来说，仅仅通过审查报案、控告、举报和自首等材料，往往难以准确判断事件性质及行为人是否需要追究刑事责任。在这种情况下，如果办案机关想要进一步明确是否具备立案条件，就需要采取审查材料以外的方法进行调查。但是，我国刑事诉讼法并未规定在立案审查阶段能够采取哪些手段，也未明确侦查阶段进行的专门调查工作和有关的强制性措施能否在该阶段适用。由于立法规定的欠缺，追诉犯罪的现实需要逐渐催生了在立案审查手段方面不尽统一的部门之规，立案审查手段和侦查手段之间的区别日渐模糊。

在职务犯罪案件侦查权转隶之前，检察机关逐步确立了立案之前的“初查”制度①，规定“在初查过程中，可以采取询问、查询、勘验、检查、鉴定、调取证据材料等不限制初查对象人身、财产权利的措施。不得对初查对象采取强制措施，不得查封、扣押、冻结初查对象的财产，不得采取技术侦查措施”。2012 年修订的《公安机关办理刑事案件程序规定》第 171 条第 2 款、第 3 款也增设了有关初查的规定：“对于在审查中发现案件事实或者线索不明的，必要时，经办案部门负责人批准，可以进行初查。初查过程中，公安机关可以依照法律和规定采取询问、查询、勘验、鉴定和调取证据材料等不限制调查对象人身、财产权利的措施。”从上述规定来看，其具体列举的初查手段事实上都属于侦查手段的范畴。而由于缺乏对“不限制初查对象人身、财产权利的措施”这一表述的明确界定，初查过程中究竟可以采取哪些手段仍然具有不确定性，带有强制性的询问、检查等手段能否适用仍未可知。而《公安机关办理刑事案件程序规定》的上述规定甚至未涉及初查过程中能否采取强制措施、能否采取技术侦查措施等内容。在实践中，由于缺乏适用程序、违法后果等明确规定，同时缺乏有效的监督机制，初查过程中经常出现关押被调查对象、扣押被调查对象财产，使用化妆调查、秘录等技术侦查手段，侵犯被调查对象隐私，造成被调查人员人身伤害、财产损失等情况。② 因此，从我国现实情况来看，在立案决定之前禁止适用侦查手段的立法预设事实上已被初查制度的广泛适用所打破。正如有学者所言：“侦查人员进行‘初查’时，不采用侦查手段是无法获取证据的。为了获取证据，侦查人员必须采用相应的侦查手段进行调查，这必然导致侦查手段的非法使用。也就是说，依法应在立案后实施的侦查权，在初查阶段就被使用了，出现侦查行为前置现象，使初查行为已变成事实上的侦查行为。”③

在初查制度以外，我国刑事诉讼法的若干规定事实上也包含了在立案前采取某些侦查手段的可能性。例如，刑事诉讼法第 110 条第 3 款规定：“公安机关、人民检察院或者人民法院……对于不属于自己管辖而又必须采取紧急措施的，应当先采取紧急措施，然后移送主管机关。”刑事诉讼法第 82 条规定：“公安机关对于现行犯或者重大嫌疑分子，如果有下列情形之一的，可以先行拘留：（一）正在预备犯罪、实施犯罪或者在犯罪后即时被发觉

① “初查”一词最早在 1985 年全国检察机关第二次信访工作会议上被提出，在 1993 年 11 月 4 日最高人民检察院发出的《关于进一步加强大案要案查处工作的通知》中正式被明确为全国各级检察机关查处职务犯罪大要案的一个重要程序。

② 卢乐云：《我国现行职务犯罪初查制度的缺陷及其完善》，载《中国刑事法杂志》2010 年第 3 期。

③ 王德光、马明慧：《侦查启动原理分析——兼谈立案程序的取消》，载《中国人民公安大学学报》（社会科学版）2008 年第 6 期。

的……”依据这些规定，在紧急情况下，办案机关有权在立案前采取拘留等明显带有侦查行为性质的手段。从实际情况来看，公安机关立案侦查的大量案件是派出所民警在“110”接处警过程中通过群众扭送、现场控制、追缉和卡口盘查等方式当场抓获的。[①] 如果一律要求先立案再采取相应措施，在实践中也是不可行的。

从上述分析不难看出，如果坚持设置立案程序以限制侦查权随意启动的立法初衷，在高标准的立案条件之下极易导致有案难立的不良局面，显然不利于及时、有效地追诉犯罪；同时，如果任由实质上具有侦查行为性质的初查手段在立案前随意适用，则明显有违“先立案后侦查”、以立案程序限制侦查权随意启动的立法初衷，也不利于实现人权保障的目的。因此，可以说我国目前的立案程序事实上处于对实现控制犯罪与保障人权的目的均显不利的尴尬境地。

三、对改革完善我国刑事立案程序的思考

事实上，早在我国1996年刑事诉讼法修改之前，立案与侦查之间的关系问题就已受到学界关注。有学者提出，不能将立案作为一个与侦查程序并列的独立程序，应将其作为侦查中的一个程序加以规定，而在法典条文结构上设计为“侦查篇”，第一章“立案”，第二章“侦查行为”的观点。[②] 在此之后，我国诉讼法学界一直存在批驳、质疑乃至建议取消立案程序的观点。例如，有学者提出，“在我国现行制度下，欲图通过立案程序控制侦查措施的扩张适用几乎不具有现实的可行性”，“现行立案制度除在人权保障方面具有较大的缺陷外，其应当具有的犯罪案件输入功能和分流功能也都比较差”。[③] 有学者认为，立案制度的存在非但没有众多论者所列举的积极意义，反而存在“立案之条件要求背离人的认识规律”、“与无罪推定原则精神相背离，有审前预断之嫌疑”、“侦查机关立案前行为法律性质不明”等不妥之处。[④]

与此同时，也有一些学者主张保留立案程序，认为其虽然还不甚完善，但对其积极意义，尤其是在限制侦查权方面的积极意义不能全盘否定。例如，有观点认为，“取消立案程序，侦查主体可随意打开‘侦查’这道闸门，势必使更多人被不经意地卷入到刑事诉讼中去”，“从我国侦查队伍状况来看，取消立案程序会导致侦查权的异化与滥用”。[⑤]

笔者认同不再将立案作为一个独立程序的观点，同时也认为目前正逢对现行立案程序进行全局性改造的良好契机。

一方面，以审判为中心的诉讼制度改革为包括立案程序在内的审前程序改革指明了方向。在深化司法改革的背景下，党的十八届四中全会报告明确提出要推进以审判为中心的诉讼制度改革。“推进以审判为中心的诉讼制度改革，其目的就是要切实发挥审判程序应有的终局裁断功能及其对审前程序的制约引导功能，纠正公检法三机关‘配合有余、制约不

---

① 殷小峰等：《规范警察立案前的侦查行为》，载《中国刑事警察》2005年第5期。

② 陈光中、严端主编：《刑事诉讼法修改建议稿与论证》，中国方正出版社1995年版，第29-39、239-240页。

③ 宋英辉、李忠诚主编：《刑事程序法功能研究》，中国人民公安大学出版社2004年版，第255页。

④ 刘瑞榕、刘方权：《刑事诉讼程序启动研究——对我国现行立案制度的质疑》，载《中国刑事法杂志》2002年第1期。

⑤ 刘志：《侦查程序启动方式暂时不宜变革》，载《检察日报》2006年6月19日。

足'之偏，纠正以侦查为中心的诉讼格局之偏……"① 审判中心主义的诉讼制度改革不仅涉及审判程序自身的改革，更多的则是理顺审前程序与审判程序之间的关系，运用审判权在整个诉讼过程中动态地制约侦查、起诉过程。实行审判中心主义，必然要求由法院来裁决以干预被适用对象基本权利为手段的强制侦查行为。世界多数国家的经验也说明，对强制侦查行为实行司法审查制度是防止侦查权滥用而侵犯公民基本权利的最有效措施之一。如果能够建立有效的强制侦查司法审查制度，再以立案"门槛"静态地、被动地限制侦查权启动和滥用显然没有必要。

另一方面，我国法院全面实行立案登记制度的改革举措对刑事立案程序完善具有借鉴意义。为了从制度机制上破解"立案难"的问题，保护群众的合法诉权，中央全面深化改革领导小组第十一次会议审议通过了《关于人民法院推行立案登记制改革的意见》。为了落实该意见，从2015年5月1日开始，人民法院对符合法律规定条件的民事起诉、行政起诉、刑事自诉、强制执行和国家赔偿申请，一律接收诉状，当场登记立案；当场不能判定的，应当在法律规定的期限内决定是否立案；在法律规定期限内无法判定的，先行立案。虽然这种立案制度改革主要着眼于民事、行政诉讼领域，但其对刑事立案程序仍有一定的借鉴作用：其一，人民法院受理案件从立案审查制到立案登记制的转变，体现了对程序启动关口案件输入功能的重视，也是对我们长期以来坚持的立案程序"门槛"作用的重新认识。② 可以说，刑事立案程序目前面临的案件输入难问题也需要同样的解题思路。其二，人民法院受理案件从立案审查制到立案登记制的转变，也包含对以往在诉讼开始阶段就对实体判决要件或事实要件进行判断，以致架空庭审程序这种做法的反思与纠正。在刑事公诉案件中，立案程序的高标准、严要求也同样产生了审判程序易受制于侦查机关判断结论的问题。因此，人民法院受理案件从立案审查制到立案登记制的转变，可以给刑事公诉案件立案程序的改革带来一定启发。事实上，某些刑事案件的立案程序已经开始借鉴这种立案登记制的做法。例如，在实践中，对于儿童或14岁以上、18岁以下少女失踪或走失的，公安部要求警方在第一时间以刑事案件立案调查；如果是18岁以上的成年女性，有被拐嫌疑的，警方也应当在第一时间以刑事案件立案调查。③

笔者认为，试图通过立案程序实现对侦查权启动的有效控制实际上是立法者一厢情愿的想法。从实践情况来看，立法程序根本无法肩负这样的重任。在审判中心主义诉讼制度改革的背景下，借鉴人民法院受理案件从立案审查制到立案登记制转变的基本思路，有必要取消现行立案程序的独立地位，取消以立案程序限制侦查权随意启动的立法预设，而是将立案作为启动侦查的一个步骤、一个环节予以设置，同时放宽侦查启动的条件④，这样才更符合有效追究犯罪的需要。与此同时，对侦查权进行必要限制的任务则应通过确立强制侦查的司法审查机制来实现，这比立案程序发挥"门槛"作用显然更为有效。

---

① 沈德咏：《论以审判为中心的诉讼制度改革》，载《中国法学》2015年第3期。

② 长期以来，我国的民事、行政诉讼程序也高度重视立案受理环节，强调立案环节的独立性和重要意义。

③ 《公安部打拐办明确儿童少女失踪第一时间立案》，载《京华时报》2014年10月11日。

④ 例如，可以将侦查启动的条件设置为"有犯罪嫌疑，且不存在法律规定的不需要追究刑事责任的情形"。参见宋英辉主编：《刑事诉讼法修改问题研究》，中国人民公安大学出版社2007年版，第283页。

刑事数字侦查的相关性评价困境探索

裴　炜*

网络信息革命在深刻转变社会生活的同时，也在对规范社会生活的规则体系产生深远影响。人类认知范式伴随信息革命的不断深入而进入新的演化阶段，以大数据为代表的新技术推动前瞻性、预防性、一般化的犯罪风险治理思路迎来新一轮的高涨。如果说风险社会等概念为这一思路转型提供了理论构想，那么大数据技术则为其提供了技术支持和实际践行的可能性。在此背景下，犯罪治理新旧模式之间的张力开始由个别条文扩张至整个体系，进而与传统刑事司法在基本原则层面形成直接对峙。

侦查活动作为刑事诉讼的起始阶段，首当其冲受到冲击。这种冲击不仅仅表现在技术规则层面，更表现在宏观刑事司法体系运行生态之下侦查活动的逻辑架构层面。在传统物理场域下用于规制侦查行为的制度规则面临适用困境，刑事侦查与一般社会治理手段之间的界限亦在不断模糊化。反观当前的学术研究，或者关注于域外个人信息保护规则的更新，或着眼于本国侦查活动具体技术性规则的改良，从宏观层面审视大数据影响犯罪侦查活动基本模式的研究相对稀缺，而这种稀缺不可避免地损及具体规则设计的实效以及其与刑事司法整体体系的兼容性。

本文以刑事侦查相关性评价作为切入点，从宏观和微观两个层面入手，试图探索网络信息革命对于刑事侦查基本模式的深远影响，进而为未来刑事侦查规则设计探索新模式下的一般思路。

一、宏观层面：由嫌疑向风险的转化

网络信息技术介入犯罪治理引发治理思路由特定嫌疑导向向概括性风险导向的转移。在将犯罪治理作为一个整体进行审视时，在传统刑事诉讼程序中作为侦查程序启动、进行、终结及评价基础的与犯罪事实之间基于具体可疑行为的相关性评价呈现出弱化的趋势，与之相对应的是警察机构所承担的一般性社会治理与犯罪侦查之间界限的模糊，以及由此形成的犯罪治理活动与犯罪风险之间的前瞻性的相关性评价的强化。

这一变化起源于对“嫌疑”本身的理解变化。关于何种具体情形构成刑事诉讼法所规定的“嫌疑”，本身存在不确定性。当前侦查活动赖以启动的嫌疑基础是建立在对可观察的客观行为的判断之上，但是这种判断受到侦查人员所掌握或储备的背景信息的影响。安德鲁·佛格森（Andrew G. Ferguson）和达米安·波纳契（Damien Bernache）的实证研究发

* 作者简介：裴炜，北京航空航天大学法学院副教授，硕士生导师，荷兰伊拉斯姆斯大学法学博士。

现，相同的特定行为如果发生在“犯罪高发地区”（high crime area），则更易被认定为可疑；[①] 与之相类似的，玛格丽特·雷蒙德（Margaret Raymond）的研究表明，在美国，同样是站在街角的行为，在路易斯安那州有可能被认定为可疑，但在宾夕法尼亚州则不会。[②]

侦查人员掌握的背景信息越多，客观的、直观的、现实的具体行为在其判断行为人是否可疑时的权重不可避免地会被稀释。[③] 这种背景信息不仅仅限于行为人所处的环境，还包括行为人本身。以美国 1996 年的奥尼拉斯诉合众国（Ornelas v. United States）案[④]为例。在该案中，警察注意到汽车旅馆前停着一辆 1981 年生产的双门奥兹莫比尔牌汽车，根据警察的经验，贩毒分子在交易中经常使用这款汽车。随后警察根据车牌追查到车主奥尼拉斯，并在联邦麻醉品和危险药品信息系统（Narcotics and Dangerous Drugs Information System，NADDIS）中找到了奥尼拉斯的名字和过往违法行为记录。基于以上信息，警察对奥尼拉斯进行了盘查。可以看到，在该案中警察并没有实际观察到任何具体的可疑行为，但是美国最高法院仍然认为，以上信息足以构成美国宪法第四修正案所规定的“合理嫌疑”。

这种嫌疑基础由行为向个人信息转化的趋势更加直观地体现在恐怖主义犯罪防治过程中。例如，在英国 2015 年的贝加勒（Beghal）案[⑤]中，上诉人贝加勒在机场被警方盘问和搜查，并非由于贝加勒本人实施了任何具体的可疑行为，而是因为警察在事前查明贝加勒的丈夫正在因实施恐怖主义犯罪而被羁押。我国 2016 年生效的反恐怖主义法同样强化了针对恐怖主义活动的安全防范和情报信息收集工作，公安机关基于恐怖活动嫌疑可以采取盘问、检查、传唤、提取生物样本、存留签名、询问、查封、扣押、冻结财产等一系列调查措施。结合本法上下文来看，这一“嫌疑”应当低于刑事立案之“嫌疑”。

当对行为人个人信息的事前知悉在侦查决定中的占比上升时，是否采取特定调查、侦查或强制措施的决定基础不可避免地由具体的可疑行为的现实观察转为基于前期数据收集、分析所形成的风险预判。这恰恰是大数据的核心要义：通过数据挖掘以发现范式，通过范式提纯以形成预判，运用预判以提前干预行为。[⑥] 如果说在过去，将犯罪作为风险进行治理更多地停留在理论层面，那么大数据的运用无疑为这种理论提供了实践基础。

风险导向的犯罪治理模式的最显著表现形式是预测警务的兴起。预测警务并不仅仅停留于预测，而是要求执法人员以数据分析结果为依据，将特定主体与犯罪行为进行预判性匹配，并基于该预判采取针对特定个人的犯罪控制措施。该做法自 1994 年在美国纽约市警察部门开展的 CompStat 犯罪控制项目起，[⑦] 逐渐在世界范围内被广泛应用。[⑧] 预测警务在我

---

① Andrew Guthrie Ferguson & Damien Bernache, “The ‘high crime area’ question”, 2008 *Am. U. L. Rev.*, 57: 1587, at 1609-1618.

② Margaret Raymond, “Down on the corner, out in the street”, 1999 *Ohio St. L. J.*, 60: 99, at 120-122.

③ Andrew Guthrie Ferguson, “Big data and predictive reasonable suspicion”, 2015 *Uni. Pen. L. Rev.*, 163: 327, at 341.

④ Ornelas v. United States, 517 U.S. 690 (1996).

⑤ Beghal v Director of Public Prosecutions [2015] UKSC 49.

⑥ 参见 Julie E. Cohen, “What privacy is for”, 2013 *Harv. L. Rev.*, 126: 1904, at 1920-1921.

⑦ 关于 CampStat 的起源及历史沿革，参见 David Weisburd *et al*, “Changing everything so that everything can remain the same: CompStat and American policing”, in David Weisburd and Anthony A. Braga (eds.), *Police Innovation: Contrasting Perspectives*, Cambridge University Press, 2006, at 284-301.

⑧ 例如，美国洛杉矶和英国肯特的“PredPol”系统、荷兰阿姆斯特丹的“Crime Anticipation”系统，瑞士和德国的“PRECOBS”系统等。参见 Rutger Rienks, *Predictive Policing: Taking a Chance for a Safer Future*, Korpsmedia: 2015, at 20-22.

国也有所应用，如北京市怀柔区的犯罪数据分析和趋势预测系统，江苏省苏州市的犯罪警情预测系统，四川省推动的“雪亮工程”公共安全视频监控建设联网应用，江西特殊人群大数据平台等。[①] 同时，预测警务在应用层面的扩展不仅体现在地域上，还体现在犯罪类型上，呈现出从恐怖主义犯罪等严重犯罪向一般犯罪扩张的趋势。

预测警务的扩张直接触发刑事侦查相关制度的联动，其中最主要的变动表现在以下两个方面：一是执法机关所承担的一般社会治理职能和犯罪侦查职能之间的界限进一步模糊化；二是对刑事司法系统以外的数据来源的依赖程度提升，进而可能引发执法权外溢。

就一般社会治理职能与犯罪侦查职能的界限模糊而言，最为典型的表现是刑事立案前后取证行为的连续和证据能力的认定。2012 年刑事诉讼法修订时，第 52 条第 2 款明确规定行政机关在行政执法过程中收集、提取的电子数据等证据在刑事诉讼过程中可以作为证据使用；2015 年反恐怖主义法第 72 条规定通过反恐怖主义国际合作取得的材料可以在行政处罚、刑事诉讼中作为证据使用；2016 年印发的“两高一部”《关于办理刑事案件收集提取和审查判断电子数据若干问题的规定》（下文简称《电子数据规定》）第 6 条明确初查阶段收集、提取的电子数据可以在刑事诉讼中作为证据使用。这些规定均为一般执法过程中获取的数据进入刑事诉讼程序打通了渠道，但是尚无明确不同程序间在取证规则、证据效力、合法性判断等方面应当如何衔接。

预测警务扩张引发的制度联动还表现在网络服务提供者等刑事司法系统外主体协助刑事执法义务的强化。正如丹尼尔·索洛夫（Daniel J. Solove）所言，“我们的社会已经变为记录的社会，但这些记录不在我们自己手中，而是在第三方那里”。这不仅意味着作为行为预测基础的数据散落于各种类型的网络服务提供者手中，还意味着这些数据可能转瞬即逝，此时以执法机关作为数据收集者不仅成本高而且效率低，执法大数据的运用不可避免地依赖于第三方主体常规化的配合和参与，尤其表现为对数据的存留、监控和报告义务的依赖。

从我国当前相关法律规定来看，网络服务提供者所承担的常规化数据存留义务涉及注册信息、服务信息、内容信息等，存留时间从 60 日到 6 个月不等；同时，网络服务提供者普遍承担针对“九不准”内容的信息审查监控和报告义务。[②] 这些义务区别于刑事诉讼法第 52 条规定的如实提供证据的义务，在于后者针对的是具体的个案中以嫌疑为基础的取证活动，而前者则是作为常规化风险防范手段。

二、微观层面：侦查相关性的令状控制失效

侦查行为与特定嫌疑之间关联的弱化也表现在具体的微观制度层面，尤其以侦查行为的入口控制失灵为典型。如塔尔·扎尔斯基（Tal Zarsky）所言，“无论是数据收集者还是数据对象在事前一般不会考虑甚至思考大数据的生成方法和应用范式”。具体到数字侦查领域，物理场域的入口控制能够直接制约证据材料收集行为，但在电子数据的收集过程中，侦查人员进入虚拟环境的入口大小与其可能收集到的信息量大小和信息内容并无必然联系；

① 相关报道参见《互联网技术带给中国社会治安全新可能性》，2016 年 10 月 13 日，引自 http://www.mps.gov.cn/n2255079/n5137689/n5512386/n5512398/c5520647/content.html。访问日期：2017 年 1 月 3 日。

② 参见裴炜：《网络服务提供者协助执法义务边界》，载 2017 年第一届“网络平台治理青年论坛”会议论文集。

一方面，单个存储介质中可以储存大量数据，更遑论存储于网盘或云端的数据，将搜查范围具体到某一存储介质并不必然能够限制其中可能收集到的数据；另一方面，私人数据可能集中存储于本地，也有可能分散存储于其他服务器、移动存储设备等之中，数据本身的公私属性与存储介质的公私属性之间并无必然联系。

有鉴于此，在评价侦查行为相关性时，"侦查场所"与存在于其中的证据材料之间的关联关系被切断，基于物理场域建立起来的以事前令状限定搜查活动范围的做法在虚拟环境中基本失灵。这主要表现在两个方面：一是搜查"场所"与期待获取的证据材料之间的相关性弱化；二是可能获取的证据材料与待证事实之间的相关性弱化。此时，刑事诉讼法第134条对搜查相关性的规定，第139条对查封、扣押相关性的规定，第143条对无关物品退还的规定，第115条赋予当事人的基于相关性的申诉控告权利难以应用到数字侦查过程中去。

这一特征可以通过对比刑事诉讼法与《电子数据规定》关于"扣押"的规定得到充分体现。刑事诉讼法第139条明确规定扣押财物、文件的条件是"可以用以证明犯罪嫌疑人有罪或无罪"，为避免该项侦查行为的不当扩张，立法者又在该条加入一个反面规定，即"与案件无关的财物、文件，不得查封、扣押"。在《电子数据规定》中，对于数据原始存储介质的扣押、封存变成原则性规定，其与案件事实的相关性依赖于其中存储的电子数据，侦查人员无须对存储介质本身与案件待证事实之间的相关性做单独评价。然而从之前的论述可以看出，介质中存储的电子数据难以在事前以较为直观的方式判断是否与待证事实之间有必然联系。在入口控制失灵的情况下，将存储介质的扣押相关性评价依附于电子数据的相关性评价，无疑在实质意义上消解了前者的相关性评价。

由此，我们可以看到法律层面的两种应对思路。第一种思路是将令状中的"场所"进一步具体化，如具体化到某个文件夹。这一思路的典型代表是美国关于计算机搜查的相关案例，一般认为计算机可以类比为美国宪法第四修正案项下的封闭空间，但是封闭空间具体是指硬盘分区，还是具体文件夹，目前尚未形成统一认知。[①] 事实上，这些判例规则的反复转变恰恰反映出将虚拟环境中的文件夹拟化为物理场域中的"场所"的困难：一方面，文件的归类并不必然遵循一定的索引规范，因此很难在数据搜查之前就明确可能包含有用证据材料的文件夹；另一方面，随着云计算的推广应用，本地信息存储会不断边缘化，使得令状在控制入口方面的功能进一步虚化。

第二种思路是对数字场域的令状适用做模糊化处理。以我国的搜查规则为例。一般认为，搜查是指"侦查人员对犯罪嫌疑人以及可能隐藏罪犯或者犯罪证据的人的身体、物品、住处和其他有关的地方进行搜索检查的一种侦查活动"。[②] 根据刑事诉讼法第136条及相关规范性法律文件的规定，除例外情形，侦查人员搜查时必须向被搜查人出示县级以上公安机关负责人批准签发的搜查证，否则将构成程序违法。

从刑事诉讼法第135条的规定来看，搜查行为不仅可以针对有形的物证和书证，还可以针对"视听资料等证据"。该条规定能否扩张解释至电子数据，即"视听资料等证据"

---

① 关于美国计算机搜查判例中对"封闭空间"的不同理解，参见裴炜：《比例原则视域下电子侦查取证程序性规则构建》，载《环球法律评论》2017年第1期。

② 陈光中主编：《刑事诉讼法》，北京大学出版社、高等教育出版社2016年版，第301页。

是等内等还是等外等，存在争议。如果比照刑事诉讼法第 48 条对于证据的列举和第 52 条对于行政执法证据的转化的相关规定，[①] 这里解读为等内等似乎更为合适；但是如果从电子数据与视听资料的剥离，以及相关规则的援用角度来看，则该规定更适合解读为等外等。并且如果观察域外法之相关规定和判例，一般而言原先作为物理语境下适用的"search"一词同样适用于虚拟场域，只是在具体规则上根据电子数据的特性做相应的修正。[②] 例如，在美国 2012 年的合众国诉琼斯（United States v. Jones）案[③]中，最高法院对于"搜查"一词以及美国宪法第四修正案的历史渊源和立法原意进行了追溯，进而得出"侵入宪法所保护的领域+以获取物品或信息为目的=宪法第四修正案项下的搜查"这一公式。然而同样针对这一争议，我国 2016 年的《电子数据规定》采取的态度是直接以"收集"的概念取代了"搜查"，不仅没有对该争议予以澄清，反而使得刑事诉讼法中有关搜查令状的规定在电子数据收集过程中难以适用。通过这样一种制度安排，令状在控制数字证据材料收集方面的角色定位即被隐去。

三、代结语：转型期的反思与探索

正如杰克·巴尔金（Jack Balkin）所言，当人们思考科技对于法律的影响时，关键不在于产生了新问题，而在于原先看起来微不足道或极端例外的情形变得严重化和普遍化。[④] 要从法律制度层面去应对这些问题，就需要首先分析哪些因素扮演了催化剂的作用，以及催化之后对原先规则产生的挑战。本文的目的在于完成前期分析部分，针对侦查相关性评价所面临的困境，要想在网络信息革命方兴未艾之时便立即提出规范层面的系统性建设意见仍然存在困难。但通过本文的分析，我们至少可以摸索出一些应对思路。

首先，网络信息技术的核心问题在于扩张了数据占有者与数据对象之间的信息不对称。[⑤] 在犯罪侦查领域，这种不对称不仅来自于大数据的技术黑箱，还来自于法律规范的层层限制，这些限制源于侦查秘密、商业秘密、合同自治、个人信息保护等一系列价值衡量。必须要看到，在技术和法律的共同作用下，大数据在使得社会变得更透明的同时，也在制造新的视线障碍。此时，如何能够有效保障侦查相对人的知情权，从而使其能够有效行使辩护权，或者对侵犯其合法权益的行为寻求有效救济，就变成大数据运用于犯罪侦查过程中必须解决的问题。

如果说在侦查过程中基于侦查秘密的考量不能将相关数据收集分析活动告知相对人，那么或许可以考虑在特定案件中，在满足一定条件的基础上，允许告知数据主体其服务数

---

① 刑事诉讼法第 48 条将"视听资料"和"电子数据"合并规定为第八种证据形式，第 52 条第 2 款规定"行政机关在行政执法和查办案件过程中收集的物证、书证、视听资料、电子数据等证据材料，在刑事诉讼中可以作为证据使用"。

② 参见 Orin S. Kerr, "Searches and seizures in a digital world", 2005 *Harvard Law Review*, 119: 531-585.

③ United States v. Jones, 565 U. S. 400 (2012).

④ Jack M. Balkin, "Digital speech and democratic culture: a theory of freedom of expression for the information society", 79 N. Y. U. L. Rev. 1, 2 (2004).

⑤ Antoinette Rouvroy, "'Of data and men': fundamental rights and freedoms in a world of big data", T-PD-BUR (2015) 09REV, issued on January 11, 2016, at 19, available at https://works.bepress.com/antoinette_rouvroy/64/. Accessed January 29, 2018.

据被调取的信息:① 一是当该数据作为证据或证据链条提交法庭审查时，侦查人员应当确保相对人对于存在该侦查行为、该侦查行为的性质和方式、大数据的运行过程和结果有明确的认知；二是当该数据未作为证据使用，或者在一段时间内未能形成有效的证据链条时，至少在刑事诉讼程序终结后，相对人有权知晓该数据侦查行为的存在，以及与自己相关的个人数据的存留、使用、处理情况；三是在以未来犯罪预防而非特定犯罪侦查为目的的数据集成过程中，应当确保数据相对人知晓该数据集成的事实和所涉数据类型，并以该相对人是否被最终定罪量刑区分数据处理方式。

其次，网络信息技术运用于犯罪治理依赖于不同来源的原始数据集成，意味着大量数据会从社会一般活动流向犯罪治理活动。刑事司法机关不仅仅是大数据的使用者，也是犯罪大数据原始数据的生成者。笔者认为此时由其生成的犯罪大数据原则上不应当再反向流向到社会一般活动过程中去。换言之，大数据原始数据集成应当根据领域不同而对流向予以区别，特别是当第三方主体以提供原始数据或大数据技术而介入犯罪治理过程时，尤其需要严格地控制犯罪大数据的外流。

再次，大数据的过程性特征需要与侦查活动的阶段性进行匹配。这主要涉及两个方面：一是针对数据本身和数据载体进行侦查规则上的区别对待；二是针对数据收集行为和数据后台分析行为进行规则上的区别对待。前者重点在于打破当前数据载体扣押对于数据本身相关性的依赖，建立起以财产权为基础的针对数据载体的侦查规则，特别是当针对数据的分析经过一定时间之后，应当确保数据载体的及时返还。后者则需要针对数据的物理搜查和虚拟分析在人员资格、程序衔接、行为规范、时效、证据规则等方面分别进行规则设计，如可以考虑在令状层面针对不同阶段的侦查活动出具不同类型的令状，以明确各自的侦查任务和范围。

最后，大数据技术与价值是否中立无法脱离其原始数据集成方式、算法模型和应用人员的主观认识而单独评价，因此在未来的针对数字侦查建构规则时，需要对大数据中可能蕴含的偏见保持警惕。特别是在考虑到大数据运用于犯罪治理领域会强化控辩之间的不平等这一情况，有必要在规则设计时对被指控一方予以必要的倾斜。例如，应当确立预测警务中相对人提出异议和获得救济的程序，特别是在以风险防范而非实害调查的情况下，需要保障相对人获得必要告知和技术、法律协助的权利。常见的可以证明犯罪嫌疑人、被告人无罪或罪轻的大数据证据应当被列入侦查人员取证清单中，以确保此类证据可以及时有效提取。在此特别需要强调的是，大数据分析所提供的相关性评价不能用于替代法律推理中的因果关系评价，两者必须进行明确界分，尤其是在涉及定罪量刑活动时，大数据的相关性评价本身应当可以作为合理怀疑的来源之一。

① Orin S. Kerr, “Digital evidence and the new criminal procedure”, 2005 *Columbia Law Review*, 105: 279, at 309.

我国出庭作证证人的特殊保护问题

——由泸州李波案引发的反思

彭海青*

一、问题的提出

作为刑事诉讼法定证据种类之一的证人证言往往能够直接证明案件的主要事实，甚至能够说明犯罪行为是否为犯罪嫌疑人、被告人所实施，所以受到诉讼各方的关注，试图通过威胁、侮辱、殴打、打击报复证人使其畏于作证、改变证言等报道向来未绝于耳，因而证人保护制度不可或缺。正如丹宁勋爵所言："没有一种法律制度有正当理由能强迫证人作证，而在发现证人作证受到侵害时又拒绝予以救济。采用一切可行的手段来保护证人是法庭的职责。否则，整个法律诉讼就会一钱不值……假如案件一结束，证人就要受到那些不喜欢他作证的人的报复，那么还能指望证人自由地和坦率地提供他们应当提供的证言吗？"①

为解决证人后顾之忧，提供安全上的保障，2012 年刑事诉讼法修改后增加了对证人的特殊保护规定，从而在我国确立了一般保护②和特殊保护③相结合的刑事证人保护模式。然而其缺陷从立法颁行之初至今一直被议论着，学者们认为我国证人保护制度主要存在以下缺陷：一是保护主体不明确。尽管法律规定人民法院、人民检察院和公安机关是保护证人的主体，但在三个机关都负有保护责任的情况下，可能会存在权责不明、相互推诿的情况。④ 二是证人保护的对象范围狭窄。新增的刑事诉讼法第 62 条则将证人保护的具体手段局限于危害国家安全犯罪、恐怖活动犯罪、黑社会性质的组织犯罪、毒品犯罪等案件。⑤ 三是刑事诉讼法第 62 条第 1 款第 1 项所规定的"不公开证人的真实姓名、住址和工作单位等个人信息"可能牺牲被告人的正当程序权利，不能以保护证人的名义剥夺被告人与关键的控方证人进行对质的权利。⑥ 2014 年党的十八届四中全会明确提出要推进以审判为中心的

---

* 作者简介：彭海青，北京理工大学法学院诉讼法学研究所所长，副教授。

① ［英］丹宁勋爵：《法律的正当程序》，李克强等译，法律出版社 1999 年版，第 25 页。

② 证人的一般保护是指刑事诉讼法第 61 条的规定。

③ 证人的特殊保护是指刑事诉讼法第 62 条的规定。

④ 参见陈光中主编：《〈中华人民共和国刑事诉讼法〉修改条文释义与点评》，人民法院出版社 2012 年版，第 88 页。

⑤ 杨雄：《证人出庭作证制度的立法发展与困境》，载《河南师范大学学报》2012 年第 5 期。

⑥ 史立梅：《我国刑事证人出庭作证制度的改革及其评价》，载《山东社会科学》2013 年第 4 期。

诉讼制度改革，落实证人出庭作证制度，推进一审庭审实质化则是这场改革的必由之路。[①]为贯彻落实党的十八届四中全会所作出的《关于全面推进依法治国若干重大问题的决定》的有关要求，推进以审判为中心的刑事诉讼制度改革，2016 年最高人民法院、最高人民检察院、公安部、国家安全部、司法部发布《关于推进以审判为中心的刑事诉讼制度改革的意见》，其中提出“落实证人、鉴定人、侦查人员出庭作证制度，提高出庭作证率。健全证人保护工作机制，对因作证面临人身安全等危险的人员依法采取保护措施。”

然而，泸州李波案中证人的遭遇则集中揭示出我国证人保护制度还存在未受到充分关注的新问题。李波系中共泸州市委统战部原副部长，正县级。2015 年 10 月 30 日，泸州市人民检察院依法对被告人李波涉嫌受贿罪一案向泸州市中级人民法院提起公诉，起诉书指控李波犯受贿罪。2016 年 7 月 31 日，该案一审庭审结束。在最后陈述中，李波仍坚称无罪，法院宣布择期宣判。2016 年 12 月 30 日，泸州市中级人民法院最终认定李波受贿罪成立，受贿金额为 2483 万，一审判处李波有期徒刑 15 年，罚金 200 万元。按照 2483 万元的金额认定，李波目前是国内受贿金额最高的县委书记。该案庭审时有 5 名证人出庭，均在庭前供述中承认曾向李波行贿或代为收受贿赂，但出庭作证时，又都推翻之前的笔录，称遭非法取证。这 5 名证人分别是：李波的妹妹李梅、特定关系人王芳（化名）、合江新牡丹房地产开发有限公司董事长周敏、建材商人宋琼芳、厦门恒万投资有限公司董事长赵家贵。泸州警方在通报中称，接群众举报，在合江县委原书记李波受贿案中，有人指使证人，行贿人作伪证，意图让李波逃避惩罚，要求查处。接报后，泸州市叙永县公安局依法开展相关工作，并于 2016 年 8 月 5 日和 8 月 8 日分别以涉嫌伪证罪和妨害作证罪对相关犯罪嫌疑人立案侦查，侦查工作正在进行中，对相关人员已采取强制措施。[②] 事实上，法庭上翻供的 5 名证人全部被抓捕，创下国内司法界一次性抓捕证人之最。[③] 11 月 28 日，一审第四次开庭，此前曾出庭作证的 5 名证人因为被警方抓捕后，大部分被取保候审和监视居住，没能再出庭，其中 4 人以书面形式再度翻供，承认上次出庭作证时说过李波是无辜的证言是不真实的。[④]

该案被报道后，其实体问题并未受到关注，其出庭作证证人的保护问题却引起了广泛的社会关注。本文围绕该案所暴露出的刑事诉讼中出庭作证的证人保护问题进行分析，期望为推进我国刑事证人保护制度的发展，改善刑事证人出庭作证的现状贡献绵薄之力。

二、出庭作证证人的特殊保护措施问题

我国刑事诉讼法第 60 条第 1 款规定：“凡是知道案件情况的人，都有作证的义务。”在

---

① 沈德咏：《以统一刑事司法标准为核心，加快推进以审判为中心的诉讼制度改革》，载《人民法院报》2015 年 6 月 12 日第 2 版。

② 参见《泸州警方：对“李波受贿案”涉嫌伪证等罪嫌疑人立案侦查》，http：//news.hexun.com/2016-08-14/185505283.html，最后访问时间：2018 年 7 月 6 日。

③ 《泸州五证人被抓案，李梅终获完全自由》，http：//www.sohu.com/a/126211727_570256，最后访问时间：2018 年 3 月 25 日。

④ 《合江原县委书记李波获刑 15 年证人曾集体翻供并被抓》，http：//www.cqcb.com/headline/2016-12-30/235809_pc.html，最后访问时间：2018 年 7 月 6 日。

立法者看来“‘作证的义务’是指证人应当亲自向司法机关作证。”[①] 在证人作证实践中最突出的问题是证人到法院出庭作证。早些年有些学者就揭示出我国证人作证的三大怪现状之一即是证人不出庭，书面证言在庭审中通行无忌。[②] 在2012年刑事诉讼法实施之前，刑事案件的证人出庭率不足1%，虽然2012年刑事诉讼法修改时对其大着笔墨，甚至设立了证人强制出庭制度，但实践中证人出庭情况却改观不大。根据由陈光中教授负责的“庭审实质化与证人出庭作证实证研究”项目所调研的数据，各个试点法院司法实践中证人实际出庭率非常低，一审法院有证人证言的案件中证人出庭率最高不超过2.3%，最低仅为0.33%；二审法院有证人证言案件中证人出庭率最高也仅有7.38%，最低仅有1.35%。[③]

关于证人不出庭作证的原因复杂，学界多有探讨，在此不一一赘述，其中证人保护问题是为大家所共同关注的原因之一，有学者甚至提出了“证人保护比补偿更重要”的观点。[④] 然而学界对证人保护的一般研究者多，分类研究者少，对出庭作证证人的特殊保护给予专门关注者更少。在笔者看来，证人出庭作证与在审判前作证的意义与影响均有本质的差别，应当给予特殊保护。首先是对案件事实认定的影响不同。刑事诉讼法第59条规定：“证人证言必须在法庭上经过公诉人、被害人和被告人、辩护人双方质证并且查实以后，才能作为定案的根据……”也就是说，证人在审判前向公安机关、人民检察院、律师等作证，由于其证言未经法庭质证，不具有影响定罪量刑的效力，仅仅是处于证据效力激发的准备阶段。而证人出庭作证时，证言经过法庭质证并经查实以后就产生了法律效力，从而成为定案的根据。其次是对控辩双方的影响不同。证人在审判前向控辩双方作证，仅仅是控辩双方各自所准备的控诉和辩护材料的重要组成部分，对控辩双方不会产生法律上的积极或者消极影响；而证人出庭作证时，证人证言经法庭质证并查实后，就成为影响人民检察院公诉成功与否、被告人是否会被认定为罪犯的关键证据之一。最后是对证人自身的影响不同。证人在审判前作证是通过公安机关、人民检察院、律师对其询问的方式提供证言，询问通常是不公开的，只有询问双方知晓作证这一事件以及证言的具体内容，因而证人基本不会因此而受到什么消极影响。而证人出庭作证，会将自己暴露在公开的法庭上，诉讼各方甚至社会公众都会了解到证人作证这一事件以及证言的具体内容，控方前期辛苦办案的工作成果可能因证言而化为乌有，被告人可能因此被定罪，法律可能不能将被告人绳之以法并使被害人获得赔偿，诸如此类，都可能使得证人遭到或明或暗的打击报复。

在社会影响颇大的泸州李波案中，不但有证人出庭作证，而且竟然有5名证人出庭作证，这种场面实属罕见。若能以此为契机，大力宣传立法对出庭作证行为的保护与鼓励，使其发挥辐射作用，从而提升证人出庭作证率，善莫大焉。然而，审视将“强化证人出庭作证”作为修改亮点之一的2012年刑事诉讼法，其有关证人一般保护的规定中没有专门针对出庭证人的，有关证人特殊保护的规定中只有一项是专门针对出庭作证的证人的，即刑事诉讼法第62条第1款第2项：“（对危害国家安全犯罪等）采取不暴露外貌、真实声音等出庭作证措施”。这样看来，2012年修改后的刑事诉讼法基本未给予出庭作证的证人与不

---

① 郎胜主编：《中华人民共和国刑事诉讼法释义》（最新修正版），法律出版社2012年版，第130页。

② 龙宗智：《中国作证之三大怪现状评析》，载《中国律师》2001年第1期。

③ 陈光中等：《完善证人出庭制度的若干问题探析——基于实证试点和调研的研究》，载《政法论坛》2017年第4期。

④ 毛立华：《证人作证：保护比补偿更重要》，载《中国刑事法杂志》2005年第1期。

出庭作证的证人差别性保护与鼓励待遇，这显然与出庭证人对案件事实认定的贡献，其自身所可能承受的压力、风险等不良后果失衡。立法的阙如难以展示证人出庭作证所受到的与其所做的贡献和所承担的风险相应的法律保护，更不用说优待了。

应当指出的是，我国有关证人保护的立法修改主要参照英美法系国家的立法例，上述刑事诉讼法第62条第1款第2项是借鉴美国保护出庭证人的基本做法之一。囿于语言的限制，我国对于大陆法系国家不论是立法、学术研究还是司法实践都力有不逮。然而，从清末以来我国通过日本向德国取法从而形成的大陆法系传统要求我们对大陆法系国家法律发展的关注不应懈怠。近年来，有些大陆法系法治发达国家建立并完善了协助与保护出庭作证证人的法律顾问制度，值得关注。比如在德国，“证人有权受到公平的待遇，并有权利要求受到法警之保护，以避免不合理之侵犯，而在讯问时，亦有权雇请一位辅佐人，不过对此尚有争议。但其无权利要求免费为其安排辅佐人；但法院早有一趋势，即依公平审判原则特别给证人诉讼费用补助，并依其意愿为其选任一律师。”① 该制度起初只适用于被害人作为证人时的讯问，后来扩展到其他证人。2015年修订后的《德国刑事诉讼法典》第68b条规定：“证人可得到法律顾问的帮助，证人的法律顾问可被允许出席对证人的询问。”② 而这一询问是审判法官对证人的询问。

在笔者看来，为促进证人出庭作证，建议以泸州李波案为契机，打破目前以犯罪类型为标准所形成的证人一般保护和特殊保护的证人保护模式，以证人是否出庭为标准设立审判前证人保护和出庭证人保护的证人保护模式，重构我国证人保护制度。这样，一方面真正实现了证人的分类保护；另一方面，有助于强化对出庭作证证人的特殊保护，直指证人出庭作证问题的症结。有关如何实现对出庭证人的特殊保护，根据泸州李波案所暴露出的新问题，可以尝试借鉴德国的做法，建立出庭证人律师帮助制度，加强对证人在法庭上作证时的保护。凡是出庭作证的证人均可获得由法院提供的律师的帮助，律师费用由法院承担（可设专项资金）。该律师的主要职责是帮助证人理解在法庭上作证的意义、责任、后果，以及指导证人接受质证等义务。出庭证人律师帮助制度的设立，能够有效弥补证人在法庭上孤立无援的困境，维护证人在法庭上作证时的权利，而且在审判后证人涉罪时，该律师由于了解在法庭上作证的具体情况，仍然可以继续为其提供法律帮助，保持法律帮助的连贯性，从而有助于全面实现对证人的保护。

三、公安司法机关对出庭作证证人保护与追诉角色冲突问题

2012年修改后的刑事诉讼法第61条第1款规定：“人民法院、人民检察院和公安机关应当保障证人及其近亲属的安全。”并且第62条规定对证人的特殊保护措施也是由人民法院、人民检察院和公安机关所采取。可见，在我国，公安司法机关是证人的法定保护机关。但毋庸讳言，在司法实践中，证人不出庭作证也有公安司法机关的原因。控方有时怕证人改变证言，使得案件的办理徒劳无功，不愿让证人出庭作证。比如李庄案，8名证人都未出庭作证，而他们当时均被羁押在看守所。法官有时怕证人出庭改变证言，影响案件进度，

① ［德］克劳思·罗科信：《刑事诉讼法》，吴丽琪译，法律出版社2003年版，第258页。

② 《德国刑事诉讼法典》，岳礼玲、林静译，中国检察出版社2016年版，第18页。

不愿让证人出庭作证，而且法官确实能够如愿。2012 年刑事诉讼法修改后，证人出庭作证的条件有三：一是公诉人、当事人或者辩护人、诉讼代理人对证人证言有异议；二是该证人证言对案件定罪量刑有重大影响；三是人民法院认为证人有必要出庭的。[①] 正如陈光中先生所指出的，“这实际上将证人是否应当出庭作证交由人民法院决定，使人民法院拥有很大的自由裁量权。”[②] 这使得修法的预期大打折扣，因而备受学界诟病。

泸州李波案中证人出庭作证后即遭公安机关、人民检察院逮捕，公安机关从证人的保护者摇身变为证人的追诉者，这种身兼两种对立角色的状态，本身就有违诉讼公正的基本要求。因此，在笔者看来，我国将人民法院、人民检察院、公安机关作为证人的保护机关的弊端远不止三者互相推诿所导致的对证人的消极保护，而是引发更严重的基于狭隘办案利益的非法追诉。

在国外，有关证人保护方面的类似问题非常罕见。这主要是因为虽然在国外证人作证是证人对国家的一项义务，但这一义务主要是对法官而言的，而非针对警察与检察官。比如在德国，“证人是在法官面前应陈述自己对案件事实之感受之人。”[③] 有些国家根本不允许警察、检察官强制传唤证人，如在法国，只有预审法官和审判法官有权传唤证人，采取强制措施，并且鉴于侦查程序为书面程序，所以预审法官随后归纳证人提供的证言，并口述给书记员，由书记员做成记录，因此预审法官收集的证人证言是其主要内容，而不是一字一句的全部照录，也不是现代科学技术提供可能的采用机械录制的材料。[④] 而在法庭上，依据直接言词原则，证人需出庭接受法官、检察官、被告人及其律师的交叉询问，程序严格。可见预审法官毕竟不是审判法官，其对证言的采集方式与准确度都不如审判法官。即使警察、检察官有机会询问证人，其与在法官面前作证的程序也有所差别，如两大法系法治发达国家均规定在警察面前作证不需要宣誓，但在法官面前作证一定要宣誓，否则证言不发生法律效力。这种基于宗教信仰的宣誓制度有助于防止证人作伪证，保证证言的真实性，其实也可以理解为是对证人的一种保护。因而在国外，严格而言，证人证言仅在审判法官面前存在。所以，即使有些国家的警察、检察官是证人保护主体，也不存在侵害证人合法权益的情形，而德高望重的法官因不受我国那样的案件考核制的约束，更不会侵害证人，法官更重视的是其荣耀的法官事业。

两大法系法治发达国家证人保护大都采用官方与民间相结合模式，其中官方通常是司法部（如美国）、警察机关（如德国）等。在英国，起初是警察机关负责证人保护，后来检察机关成立后，由两者合作承担证人的保护工作。其中民间组织则比较多样，民间机构通常是各种援助协会。比如 1974 年在美国最早建立法律执行援助协会，为证人提供保护与帮助，为其他国家所效仿。

在笔者看来，鉴于我国刑事证人出庭作证后可能受到公安司法机关追诉，我国最好不要借鉴那些将警察机关、检察机关作为证人保护主体的做法。由于法院的性质决定了其不具备保护证人的能力，因而不建议将其作为保护证人的主体。笔者建议在司法行政机关内

---

① 刑事诉讼法第 187 条第 1 款。

② 陈光中：《〈中华人民共和国刑事诉讼法〉修改条文释义与点评》，人民法院出版社 2012 年版，第 269 页。

③ ［德］克劳思·罗科信：《刑事诉讼法》，吴丽琪译，法律出版社 2003 年版，第 239 页。

④ ［法］贝尔纳·布洛克：《法国刑事诉讼法》，罗结珍译，中国政法大学出版社 2009 年版，第 370 页。

设置专门的证人保护机构，配备专门的人员，由国家统一拨款执行保护证人的职责。在司法行政机关内下设专门的证人保护机构，相对于公安司法机关下设证人保护机构而言比较中立，可以避免保护证人与追诉证人的角色冲突问题，从而有效维护证人出庭作证的合法权益。当然，在民间力量成熟后，鼓励设立民间证人保护组织，两者优势互补，实现刑事证人保护的国家资源与社会资源的整合，将更有利于达致刑事证人保护的目标。

四、证人因出庭作证涉罪的处理问题

证人因作证涉罪主要包括刑法第 307 条规定的妨害作证罪，第 308 条规定的打击报复证人罪以及第 310 条规定的窝藏、包庇罪等罪名。在泸州李波受贿案尚未定案之时，5 名证人因涉嫌伪证罪、妨害作证罪已被立案。对证人涉罪的处理，刑事诉讼法第 59 条中规定："法庭查明证人有意作伪证或者隐匿罪证的时候，应当依法处理。"但具体如何依法处理则未言明，有关法律解释也语焉不详。根据立法者的理解"'依法处理"是指除不采用该证人证言外，对证人的行为构成伪证罪、包庇罪等犯罪的，应当移送公安机关依法追究刑事责任。"① 根据这一理解，对于证人有意作伪证或者隐匿罪证的处理分为两步进行：一是法庭查明；二是移送公安机关处理。在笔者看来这样的理解有两处明显的疏漏：一是既然法庭已经查明了证人有意作伪证或者隐匿罪证，为何还需移送公安机关处理？二是具体移送哪个公安机关处理没有明确。这样粗疏的规定直接导致泸州李波案证人被泸州市叙永县公安局立案的结果。虽然在案件事实查清前，在法庭宣判前，证人伪证罪是否成立，尚难以评断，但程序不公却无须等到判决作出便已经可以感受到了，这也是此案引发众议的主要原因之一。在我国公安机关和人民检察院的组织体制方面，分别实行公安机关负责人和检察长责任制，由于我国公安机关与检察机关"重配合、轻制约"所导致的同一地方公检机关在刑事案件业务方面的亲缘性，本案的公诉机关是泸州市人民检察院，而证人伪证罪、妨害作证罪的立案侦查由与泸州市人民检察院平级的泸州市公安机关下辖的县级公安机关办理，显然难以避嫌。

这不免令笔者联想到律师伪证罪的追究问题。2012 年刑事诉讼法修改之前，律师屡屡因为被侦查机关采取强制措施而陷入辩护风险。2012 年刑事诉讼法修改时在第 42 条增加规定"辩护人涉嫌犯罪的，应当由办理辩护人所承办案件的侦查机关以外的侦查机关办理。辩护人是律师的，应当及时通知其所在的律师事务所或者所属的律师协会。"立法者期望能够"有利于防止侦查机关滥用辩护人伪证罪的规定，随意对辩护人立案侦查和采取强制措施，使辩护人能更加放心大胆地依法履行辩护职责，维护犯罪嫌疑人、被告人的合法权益。"②

在笔者看来，证人因作证涉罪和律师伪证罪的处理具有一定的相似之处，其程序完善可以之为参考。其一，关于证人涉罪处理的前提。明确证人涉罪处理的前提是"涉嫌犯罪"，而非"法庭查明证人有意作伪证或者隐匿罪证的时候"，这不但有助于纠正立法的语言逻辑错误，更重要的是不会给处理机关带来先入为主的消极影响，违背无罪推定原则的

---

① 郎胜：《中华人民共和国刑事诉讼法释义（最新修正版）》，法律出版社 2012 年版，第 129 页。

② 郎胜：《中华人民共和国刑事诉讼法释义（最新修正版）》，法律出版社 2012 年版，第 89 页。

基本要求，导致对证人涉罪处理的不公。其二，关于处理机关，上述有关律师伪证罪处理的刑事诉讼法第42条中的“由办理辩护人所承办案件的侦查机关以外的侦查机关办理”，根据立法者的解释，“是由异地的公安机关进行侦查，具体由哪一个侦查机关进行侦查，应当由上级侦查机关依照有关规定指定。”① 这样的解释给公安机关留下了太大的自由裁量空间，难以实现对证人涉罪案件的公正处理。笔者建议，将证人涉罪的处理机关明确规定为与证人出庭作证案件的审判机关所对应的平级的另一公安机关，如泸州李波案的审判机关为泸州市人民法院，那么该案证人涉罪的侦查机关应当是与泸州市公安局平级的另一公安机关，而非泸州市公安局下辖的下级公安机关。

此外，还应当明确的是，证人出庭作证与律师履行辩护职责存在一定的差异，因为证人出庭作证不会从中获利，完全是基于其对国家的责任感；而律师履行辩护职责则具有营利性，因此为鼓励证人出庭作证的积极性，尤其是在当前我国证人出庭作证局面不容乐观的情形下，对证人因出庭作证涉罪的处理应当更加谨慎。

五、结语

当前我国以审判为中心的刑事诉讼制度改革仍在持续推进中，庭审实质化的内涵也在被决策层进一步解读与实践。2017年7月最高人民法院印发《人民法院办理刑事案件庭前会议规程（试行）》、《人民法院办理刑事案件排除非法证据规程（试行）》和《人民法院办理刑事案件第一审普通程序法庭调查规程（试行）》“三项规程”，自2018年1月1日起在全国试行。其中《人民法院办理刑事案件第一审普通程序法庭调查规程（试行）》以“规范法庭调查程序、提高庭审质量和效率，确保诉讼证据出示在法庭，案件事实查明在法庭，诉辩意见发表在法庭，裁判结果形成在法庭。”为制定依据。司法实践中围绕“以审判为中心”与“庭审实质化”所进行的一系列改革为我国证人保护制度从一般性保护转向对出庭作证证人的重点保护提供了契机。这一转向将使得司法实践中出庭作证证人的保护问题迎刃而解，因而有望使得我国证人出庭作证问题得以真正缓解。本文以泸州李波案为由头的探讨浅尝辄止，期望学界同仁继续贡献智慧。

---

① 郎胜：《中华人民共和国刑事诉讼法释义（最新修正版）》，法律出版社2012年版，第89页。

刑罚执行刍议

——建立我国监狱老病残犯医疗经费保障机制探讨

魏 彤*

生命健康权是老病残犯最基本的权利之一。监狱法第54条明确规定："监狱应当设立医疗机构和生活、卫生设施，建立罪犯生活、卫生制度。罪犯的医疗保健列入监狱所在地区的卫生、防疫计划。"我国监狱始终坚持对老病残犯实行人道主义政策，在长期的工作实践中，从国家的基本国情出发，坚持以人为本、保障人权，运用有限的服刑人员医疗经费，保障了老病残犯的基本医疗卫生需求，有效维护了老病残犯身心健康的基本权利。然而，随着医疗费用的飞涨，受"看病难"、"看病贵"社会问题的影响，监狱作为刑罚执行机关，面临全额承担老病残犯医疗负担沉重，而国家医疗保障过低的窘境。在处理老病残犯看病问题时面临着经费短缺的困扰。同时，罪犯医疗卫生工作贯穿于老病残犯矫治的全过程，直接影响改造秩序和监狱的安全稳定，如何建立科学完善的老病残犯医疗经费保障制度，保障老病残犯的基本权利是必须面对和解决的问题。

一、建立健全老病残犯医疗经费保障机制的必要性

（一）是落实新时期"五大改造"理念和打造最安全监狱的需要

2018年全国监狱工作会议是在全面深化司法体制改革的重要时刻召开的一次重要会议，在会上首次提出了对罪犯"以政治改造为统领，统筹推进监管改造、教育改造、文化改造、劳动改造"的五大改造新格局以及提出打造世界最安全监狱的新目标。要求全国司法行政系统深刻理解"五大改造"新格局的深刻内涵和意义，始终坚持党对监狱工作的绝对领导，特别是要深刻理解政治改造的统领地位，在罪犯的管理、教育、劳动、奖惩等方方面面都要体现政治改造的统领地位，以更加强烈的责任感、使命感，切实把新时代监狱工作新理念、新要求、新部署落到实处。

会后各地监狱迅速掀起学习贯彻落实会议精神的新高潮。把学习宣传和贯彻落实全国监狱会议精神作为当前监狱工作的头等政治任务，落实好新一届司法部党委的新要求、新部署，积极探索践行"五大改造"新格局的思路、方法、手段和措施，推动监狱新发展，同时组织开展"五大改造"新格局的大学习、大讨论，以此来深化认识，凝聚共识，逐步探索落实"五大改造"新格局的各项具体措施。

---

* 作者简介：魏彤，司法部预防犯罪研究所研究员。

“五大改造”理念更深层次的一个重要内涵是坚持以人为本，对老病残犯体现“以人为本”，就要充分尊重老病残犯的人权，依法保障包括生命健康权在内的所有未被剥夺的合法权利。通过建立适应经济社会发展形势的老病残犯医疗经费保障机制，及时治疗生病的老病残犯，使其感受到党和政府的尊重、理解和关心，促进自我灵魂的重塑，真正懂得做人的尊严，这样才能体现对老病残犯权利最富有实质意义的保障，才能体现真正意义上的以人为本的“五大改造”。笔者通过调查与收集资料获悉，近年来由于监狱与外界的联系不断加强、在押犯构成更趋复杂等因素的影响，监管安全稳定越来越受到来自于老病残犯医疗卫生方面所产生突出问题的威胁。据调研统计，某省某监狱近三年新投犯中带病入监的比例高达36. 97%。再者，在押犯“80后”增多，他们学习时压力大，又缺乏体育锻炼，入监前大多生活方式不健康，生活无规律，身体素质明显虚弱。据统计，某省某监狱从2016年4月至2017年3月，服刑人员通过监狱长信箱要求治疗的信件占信件总量的17%，说明服刑人员维权意识明显提高。同时，老病残犯的情绪稳定问题日益突出，其因疾病引发的抗劳、不服管理、顶撞民警等违纪行为占有相当比重，甚至萌生了脱逃、自杀了结和行凶报复社会等思想，大幅度增加了干警执法和教育矫治的难度，严重影响了监狱正常管理秩序。

（二）是保障和改善民生，建设和谐社会的基本要求

根据构建社会主义和谐社会的总要求，党的十六届三中全会作出的《关于完善社会主义市场经济体制若干问题的决定》明确提出了加快建设与经济发展水平相适应的社会保障体系，要求继续完善城镇职工医疗保障制度，完善城镇居民最低生活保障制度，重视农村社会保障制度建设。党的十七大报告要求建立基本医疗卫生制度，提高全民健康水平，“努力使全体人民学有所教、劳有所得、病有所医、老有所养、住有所居，推动建设和谐社会。”党的十九大坚持在发展中“保障和改善民生”，重申“病有所医”。全民健康水平不断提高，是人民生活质量改善的重要标志，是中国特色社会主义现代化建设的重要目标。老病残犯作为监狱中的一类特殊群体，虽然其因为自身的犯罪行为，行动自由权被限制、政治权被剥夺等，但他们的公民权并没有被剥夺，其健康权保护水平也应适应社会生活发展的水平。监狱是刑罚执行机关，它的任务是惩罚和矫正罪犯，预防和减少犯罪。维护老病残犯的人权不能忽视所有社会成员的集体人权，老病残犯的医疗经费保障机制建设必须把握好一个度，抑制其不合理、不合法的需求，使之保持在一个合理的、社会普遍能够接受的水平上。老病残犯作为监狱中的一类特殊群体，其医疗经费保障机制也是社会保障制度建设的重要组成部分，也是减少监狱的不和谐因素，增加和谐因素，进而推进社会和谐的具体体现之一。

（三）是落实保护老病残犯人权的国际义务的具体体现

国家尊重和保障人权已经被正式写入了我国的根本大法——宪法。《世界人权宣言》也规定，人人享有人身安全、健康权利。“服刑人员无权利”的陈旧观念早已成为历史，给予并不断推进服刑人员医疗卫生保障，已经成为世界刑罚执行的共识。建立科学完善的老病残犯医疗经费保障机制，为老病残犯提供适宜的医疗保障就可以实现老病残犯的人身安全、健康权利。

二、健全老病残犯医疗经费保障机制的理论和实践

（一）健全老病残犯医疗经费保障机制的理论依据

1. 提高老病残犯医疗经费保障水平符合法律原则

为确保老病残犯医疗经费的规范使用，在预算硬约束的体制下，应当根据监狱法的有关规定，制定具体详尽的《老病残犯医疗经费保障办法》，明确老病残犯医疗经费的使用范围、使用程序及药品使用目录等，逐个确定老病残犯的医疗保障份额，改变目前大锅饭的状况，确保根据老病残犯的各自情况，享有合乎国情的医疗保障。《社区矫正实施办法》已有“社区矫正人员在就学、就业、享受社会保障等方面不受歧视”之规定，明确了罪犯在监外执行期间的参保缴费，并享受基本医疗保险的权利。笔者认为同样应为监狱罪犯建立基本医疗保险，或通过允许其对服刑前的医疗保险续保等方式解决医疗社会保险问题，这样做对监狱现实的老病残犯十分迫切，对彻底解决监狱老病残医疗问题更是治本之策。如果考虑到监狱的医疗条件和经费限制，我们可以设立针对罪犯的专项基金，并且可以和相关医院建立联系，将社会上的一些资源引进监狱，最大限度地保证这些罪犯的医疗需求。

2. 提高老病残犯医疗经费拨款水平是政府的义务

国家保障老病残犯医疗经费的意义在于普遍地保障老病残犯的基本健康和一般疾病治疗，应按照与社会人群年平均医疗费用大体一致的水平充分保障罪犯医疗经费，而不能留下缺口仅由监狱自筹解决。各地监狱也应根据当地的经济发展状况、居民生活和消费水平情况，按照适当比例确定老病残犯人均医药费拨款标准，减轻监狱经费的压力。

3. 老病残犯医疗经费保障渠道多元化是现实选择

据调查，老病残犯疾病大致有五大类，即罪犯自身原因引起的原发性疾病、打架斗殴和干警打骂体罚虐待造成的外伤性疾病、传染病、职业病、工伤，监狱可以根据其产生的不同原因，建立以国家拨款为基础，其他方式为补充的多元化老病残犯医疗经费保障体系。

（1）国家拨款保障老病残服刑人员基本医疗。建立老病残服刑人员个人医疗保障账户，将国家拨款的个人份额拨入其账户，用于监狱医院门诊医疗费中的不足部分，住院医疗费中属于医保范围内的门槛费、自付部分，以及危重病的抢救费用。

（2）由行为人过错赔偿受伤罪犯的医疗费和其他费用。由于监狱干警的过错行为对老病残犯造成身体伤害的，可由监狱先行支付有关费用，再向责任干警进行追偿。由于老病残犯自伤、自残、自杀或斗殴等违法甚至犯罪等行为引起的医疗费用，全部后果原则上应由老病残犯本人承担，医疗费用除国家承担其份额部分外，可以在其劳动报酬和会见款中扣除，家庭条件较好的，还可以动员其家庭自愿承担医疗费。

（3）争取国家传染病治疗政策。目前国家实行传染病免费治疗政策，应当由中央监狱管理部门统筹争取国家的政策扶持，将老病残犯传染病全部纳入免费治疗范围，减轻监狱经费负担。

（4）将老病残犯医疗经费保障纳入社会基本医疗保险体系。自推行全民公费医疗制度改革以来，绝大多数社会成员以自己的劳动所得支付全部或部分医疗费用已是现实趋势。守法公民如此，老病残犯也应如此。而且，服刑人员劳动报酬制已在全国监狱推行，服刑

人员通过劳动可以获得一定数额的货币报酬。因此，有一定劳动能力的老病残犯以自己的劳动所得支付部分医疗费用，是符合现实社会基本理念的。在实际操作中，监狱企业可在老病残犯补偿费中提取资金，为老病残犯缴纳基本医疗保险费中单位应缴纳的部分；老病残犯从自己的劳动报酬中支付参保个人应缴纳的部分，失去劳动能力的老病残服刑人员应由国家财政代缴。

（5）建立老病残犯工伤及其他意外伤害保险制度。在服刑人员服刑过程中，工伤及其他意外伤害事故屡有发生，为了更好地维护老病残犯的人身安全和身体健康，稳定老病残犯和家属的情绪，应当实行老病残犯工伤及意外伤害强制保险制度，当老病残犯发生工伤或其他意外伤害事故时，就能够从保险部门得到可靠的经济偿付，填补基本医疗保险的空白，还可以利用社会机构捐助的资金为老病残犯购买保险。

（二）健全老病残犯医疗经费保障机制的实践经验

根据吉林省政府网的消息，吉林省罪犯从2012年起开始纳入“新农合”，成为全国首个将罪犯全部纳入新型农村合作医疗保障范围的省份。具体做法是罪犯以代码形式进行参合数据录入，享有新农合制度的同等医疗保障待遇。按照新型农村合作医疗和筹资政策，2012年吉林省新农合筹资标准为人均290元。而河南省豫南监狱则是在全国监狱系统率先把全体在押罪犯就医纳入当地城镇居民医疗保险的监狱。具体做法是监狱与当地的市医保处签订协议，在一个参保年度，监狱为每名罪犯交纳医保金100元（含30元大额医疗保险）；罪犯保险金从监狱罪犯医疗经费中支出，其中20元由市医保管理部门打入个人账户。参保罪犯享受与当地参保居民同样的住院费待遇标准。一个自然年度，参保罪犯享受住院医疗费待遇最高支付限额为6万元，其中基本医疗保险2.4万元，大额医疗保险3.6万元。罪犯在一级、二级和三级定点医院住院，医保基金分别支付住院费用的70%、60%、50%。同时按照协议规定，罪犯刑满释放的当年仍可享受监狱为其办理的医保政策，很好地实现了罪犯回归社会后医疗保障的“无缝对接”。①

三、健全老病残犯医疗经费保障机制的思路

本着实现人人享有基本医疗卫生服务的目标，保障老病残犯与公民共同享有的权利。体现以人为本的人道主义精神、与经济发展相适应、基本医疗基金实行统筹和集体账户相结合、财政（监狱、罪犯）三方共同承担的原则，建立科学高效的老病残犯医疗经费保障机制。

（一）基本医疗基金来源和管理问题

建立老病残犯基本医疗保险统筹基金和集体账户。将老病残犯的基本医疗费用纳入当地财政预算。在省（自治区、市）级基本医疗保险经办机构设立统筹基金账户，在各监狱设立基本医疗保险基金集体账户。假定财政按老病残服刑人员人月均20元拨付到省级基本医疗保险经办机构账户，作为统筹基金。财政按人月均10元、监狱按人月均10元、老病

① 张和平：《监狱病犯问题的思考》，载《中国监狱学刊》2013年第1期。

残犯个人缴纳5元作为基本保险基金存入集体账户。做到专户管理，专款专用，不得挤占和挪用。

（二）基本医疗保险服务和费用支付问题

基本医疗保险实行定点医疗机构和定点药店管理。根据监狱的实际情况，各监狱除自身医院外，应指定1至2个定点协作医院（该医院必须是医保部门指定的医疗定点医院），老病残犯的门诊、检查、基本用药费用从监狱集体账户中列支；老病残犯住院治疗费用从省级医保机构统筹账户中列支。老病残犯的诊疗和用药应符合医保部门规定的诊疗项目和用药范围。老病残犯集体账户基金剩余接转下年使用，不足部分由其家属承担，有劳动能力的从生产经营中支付，列入生产经营成本；无劳动能力、家庭支付又有困难的（没有家属、失去联系的）则考虑申请政府经费保障。

（三）监狱医疗改革的组织领导和管理

监狱医疗改革是一项严肃的执法活动，调查所到的各地监狱都高度重视，统一思想，提高认识，财政、卫生、劳动保障、监狱管理部门要明确职责、权利和义务，要结合本地实际和市场经济发展状况，制定具体实施办法。由于监狱老病残犯入监、出监等工作任务重，各省（市、区）监狱管理部门应设立医保中心（有中心医院的省，医保中心设在中心医院），负责全省监狱服刑人员的基本医疗保险业务协调指导工作。各监狱设立相应的机构具体负责医保事宜。省级医保机构在监狱系统建立信息网络，费用列入财政预算。

（四）监狱管理局和监狱医保部门的职责

监狱医保部门具体负责新入监老病残犯参保审批表的填写、上报，刑满释放老病残犯的退保，医疗费用的初审、汇总、报销等有关手续的办理。监狱管理局医保中心负责对各监狱申报的老病残参保人员的审批、登记、费用汇总、报销等手续的办理；指导全省监狱的医保工作。

（五）建立老病残犯超限额医疗费用自行承担制度

把服刑人员医疗经费纳入财政预算，积极探讨建立服刑人员医疗保险制度，实行在押服刑人员医疗支出限额制度，建立服刑人员超限额医疗费用自行承担或由抚养、扶养、赡养义务人承担的制度。根据这一精神，一个参保年度内，老病残犯医疗总费用超过最高支付限额（当地职工年平均工资的4倍）的，其费用由老病残犯亲属承担。符合大额医疗费补充保险支付条件的可以从大额医疗保险基金中支付。为便于老病残犯的检查和治疗，监狱允许老病残犯亲属自愿为老病残犯提供相应的医药、医疗和检查诊断费用。超出最高限额而老病残犯亲属又无能力支付的，由老病残服刑人员原所在村委（社区）和乡镇（办事处）共同出具困难证明，经监狱管理局和省级医保部门批准后，从统筹基金中支付。老病残犯刑满释放，其参保合同自动解除，监狱即办理退保手续。

（六）建立老病残犯大额医疗费补充保险等制度

财政部门要建立健全老病残犯医疗基金预决算制度。监狱管理部门建立会计制度和内部审计制度。监狱医保部门的办公经费列入财政预算，不得从基金中提取。参照职工大额医疗费补充保险办法，建立服刑人员大额医疗费补充保险，假定财政按每人每年 120 元数额筹集，存入省级医保部门专项账户，用于支付超过基本医疗保险统筹基金最高支付限额以上的医疗费用，统一使用，集中划转。省级医保机构负责大额医疗费补充保险基金的管理和使用。省级基本医疗保险管理机构负责对基金使用情况进行监督。

（七）老病残犯就医管理

老病残犯的基本医疗一律由监狱统一管理，其门诊常见病在监狱医疗机构中就诊处置，这就要求监狱医疗机构严格按照基本医疗保险管理部门规定进行改造，并将监狱医疗机构作为一个社区医疗服务中心，享受有关政策与待遇，遵从其要求从医，定期接受社会医保部门、卫生行政部门的监督检查。对于需要外诊进一步检查和住院治疗的，由监狱干警押解到社会医疗保险指定医疗机构就诊。老病残犯在服刑期间医疗费有节余的，其医疗保险费逐年累积，待刑满释放后监狱在办理出监手续时一并将医疗保险相关手续转交给本人，他们再到生活居住地继续办理接续手续，这样就确保了他们医疗保障的连续性，为他们回归社会解决了后顾之忧。

我国基层法院刑事案件当庭宣判状况实证研究

夏　红　袁梅竹*

随着程序分流改革日益推进，简案快办、难案精办、宽严得当的理念日益深入人心。相应地，各基层法院报告的当庭宣判率喜人。但司法实践中在不同的地区都是如此吗？真的普遍摆脱了“定期宣判为常态而当庭宣判为例外”的状态了吗？适用速裁程序审理是否严格按照“一律当庭宣判”实施？仍未适用速裁程序审理的法院当庭宣判比率又有何差异？笔者带着前述问题开展了研究。

一、调查研究基本概况

（一）研究时间及样本说明

1. 调查时间

调查时间为2017年6月—2017年12月。

2. 样本选取

由于刑事案件速裁程序和认罪认罚从宽制度在部分地区试点，并考虑到受理案件数量、主审法官办案人数、地区综合发展等因素，同时考虑到样本之间的可比性及对比的科学性等问题，笔者选取了东北某县和华中某区法院、西南某区和西北某县非试点地区法院。为保证所考察样本更接近其实际庭审情况，笔者选取了在中国庭审公开网上直播的案件数量位居其所在省市前列的三个法院，其中华中某区法院的直播庭审总数截至2017年底位列全国法院第一①。为描述简洁，上述四个法院代称见表1：

表1　四个法院代称表示情况

	代称
华中某区法院（试点）	A法院
西南某区法院	B法院
东北某县法院（试点）	C法院
西北某县法院	D法院

---

* 作者简介：夏红，辽宁师范大学法学院教授，副院长；袁梅竹，辽宁师范大学2016级硕士研究生，北京市中盛律师事务所律师助理。

① 调查时间：2017年12月31日；调查网址：http：//tingshen. court. gov. cn/和 http：//mp. weixin. qq. com/s/wdm5lDlINNQdU28PaVCNBg。

在调查期间，除A法院于7月19日审理过一起自诉诈骗案件但庭审视频中断外，笔者的有效庭审样本均属于被调查法院对公诉案件的审理。另外，笔者调查统计样本中均为判决。

二、当庭宣判实况分析

（一）当庭宣判率统计分析

作为刑事案件认罪认罚从宽制度改革的试点法院，在调查期间，A法院公开庭审直播共计553次，其中13次为第二次开庭审理，除去19次视频中断、1次不公开审理未知最后宣判方式外，当庭宣判74次。而对非试点地区B法院同时间段庭审记录的整理，完整有效的庭审次数总计367次[①]，当庭宣判9次。C法院刑事庭审总计20次，其中有1次是第二次开庭，当庭宣判1次。而D法院在此时间段内公开庭审87次，当庭宣判0次。为更直观地显示四个法院的当庭宣判率，笔者对数据进行了整理，如图1所示：

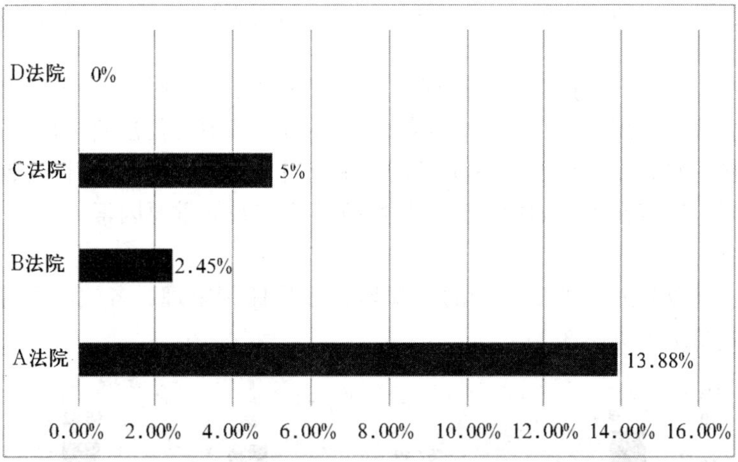

图1　各法院2017年6至12月刑事案件庭审当庭宣判率情况

从图1可以看出，首先，各法院的当庭宣判率并不高，较为突出的A法院也只达到13.88%，这意味着当庭宣判在实践中的适用并非常态。其次，C法院当庭宣判率高于B法院，在很大程度上得益于庭审次数基数较小，C法院当庭宣判的案件也只有1次。除A法院外，其余三个法院在刑事庭审中当庭宣判的少有，甚至存在如D法院没有当庭宣判的情形，不论案情繁简，无一例外地采用定期宣判方式。由此可知，所调查的试点地区法院当庭宣判率略高于非试点地区法院，但差距并不明显。司法机关提倡和推进当庭宣判所取得的效果也远非字面报道中那般喜人。

（二）庭审要素与当庭宣判的相关性分析

笔者假设当庭宣判与审判者、审判组织形式、审理案件类型、审判程序选择、庭审时

① 根据统计记录，在中国庭审公开网上该法院刑事案件相邻庭审显示的时间有一次间隔较大，即9月15日的庭审后是26日的庭审，原因不详，但总体不影响对该法院的数据分析。

间、辩护人参与、审判模式等因素相关。并对前述假设进行逐一验证分析。

1. 主审法官

笔者就 A 法院的 7 位法官①分析在适用速裁程序时当庭宣判的离散率，制作图 2。

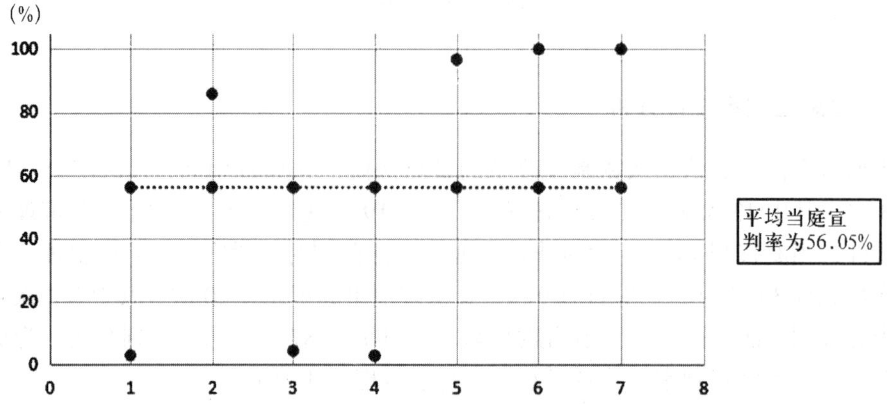

图 2　2017 年下半年 A 法院法官适用速裁程序当庭宣判的离散率分布情况

通过数据可以看出，A 法院有的法官在适用速裁程序审理时达到一律当庭宣判的要求，但也有不止一名法官适用速裁程序时仍定期宣判，而且其中三位法官当庭宣判的情形少有，当庭宣判率均在 10%以下。法官在落实规定要求上并不一致。同样，非试点地区 B 法院几次当庭宣判为同一法官作出。因此，法官是影响当庭宣判的重要因素。

2. 审判组织

A、B、C 三个法院所有当庭宣判的案件均采用独任制审理。各法院审理刑事案件采用的审判组织形式情况参见图 3。

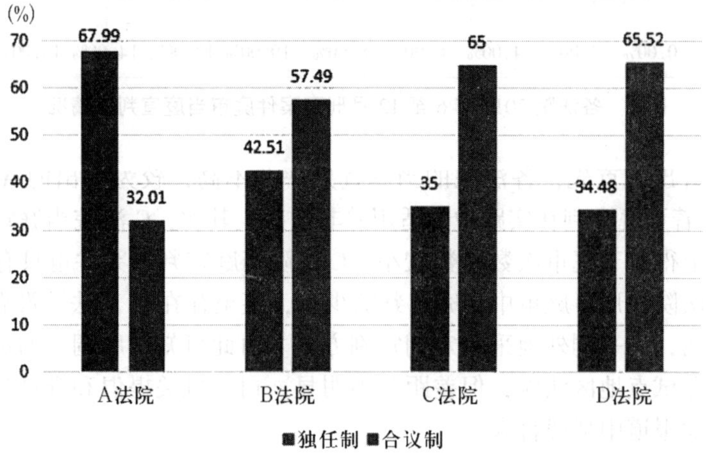

图 3　2017 年 6 至 12 月各法院庭审审判组织适用占比情况

① A 法院共有 8 位刑事法官，在笔者调查期间，其中 1 位法官共庭审 23 次，但均未适用速裁程序审理，因此不纳入分析范围。

在调查中，当庭宣判的案件无一例外均采用独任制。但采用独任审理不一定均当庭宣判。如D法院，独任审理的案件达1/3以上，但当庭宣判的案件为零。这也暗含着审判主体的职责分工、办案能力等与能否当庭宣判有很大关系。因此，可以认为当庭宣判与审判组织方式有关。

3. 案件类型

调查期间，四个法院当庭宣判的案件共计84件，案件类型分布情况见图4。

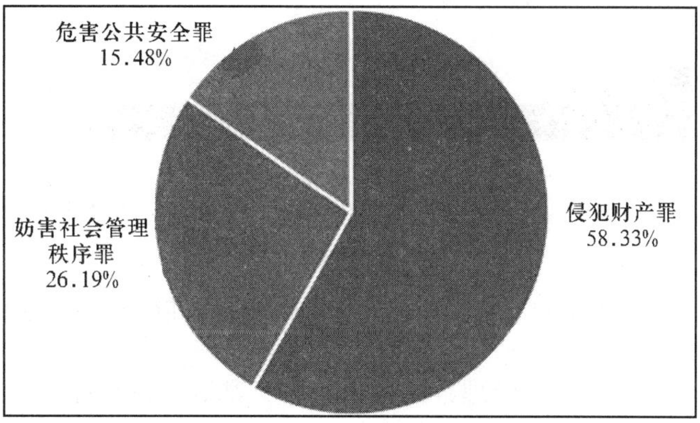

图4　当庭宣判案件类型分布情况

如图4所示，当庭宣判的案件类型比较集中，并以侵犯财产罪为主。当庭宣判的案件具体案由为：A法院盗窃37件，贩卖毒品11件，危险驾驶11件，非法捕捞水产品5件，非法持有毒品、容留他人吸毒5件，诈骗1件，抢夺2件，敲诈勒索1件，协助组织卖淫1件。B法院盗窃8件，危险驾驶1件。C法院危险驾驶1件。以上案件所具有的共同特点：案情简单、标的额较小，事实清楚、证据充分，在庭审时被告人对犯罪事实一般均供认不讳、认罪认罚，同意公诉机关的量刑建议。案情简单轻微，当庭宣判的难度不大。

4. 审判程序

在笔者调查期间，速裁程序和认罪认罚从宽程序在试点法院的适用极大地带动了当庭宣判率的提高。对试点地区法院A法院和C法院①的适用程序情况进行统计后，如图5所示。

① A法院和C法院在开庭审理时明确说明了适用何种程序，其他两个法院在庭审时有的未明确，据观察和理解，B法院除一名法官在审理时明确并询问被告人是否同意适用简易程序外，其他法官独任审理时未言明的默认为普通程序，可确定的适用简易程序的次数为30次，因此该法院基本适用普通程序；D法院一般也以普通程序为主。因此仅就A、C两法院进行对比。

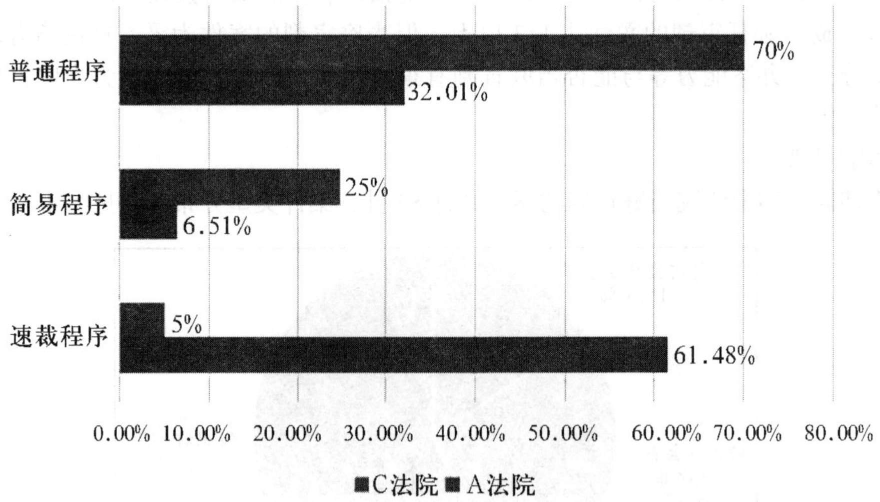

图 5　A 法院和 C 法院 2017 年 6 至 12 月刑事庭审适用的审判程序分布情况

同是试点地区法院，A 法院受理案件数量较多、基数大，案件繁简有别，普通程序适用占比近 1/3，速裁程序已成为主要的审判程序，所占比例达 61.8%，同属于简化审理程序的简易程序所占比例却最小，仅为速裁程序的 1/10 左右。速裁程序试点的开展减小了原本由简易程序审理的比例。而对于受理案件数量较少的 C 法院，普通程序仍占很大比例，简易程序、速裁程序占比依次递减，速裁程序适用最少。可知，速裁程序试点存在地区进展程度不一，在受理案件较多的地区法院试点效果明显。

试点地区法院 A 法院当庭宣判的案件除 3 个适用简易程序外其余均适用速裁程序审理，C 法院仅有的 1 次当庭宣判也是适用速裁程序审理，两个法院当庭宣判的案件均适用速裁程序审理。但是值得注意的是，A 法院适用速裁程序的比例与当庭宣判的比例存在较大差距，说明仍有相当部分的速裁案件并未当庭宣判。

5. 庭审时长

根据对庭审时长的记录，A 法院适用普通程序的庭审时间多数在半小时到一个小时之间，简易程序在 20 分钟左右，而速裁程序在 10 分钟以内，当庭宣判案件中最短的为 2 分 40 秒；B 法院因审判程序区分不明显，简易程序在 10 分钟左右，普通程序有长有短，但当庭宣判的时间均在 10 分钟之内；C 法院与 A 法院相差不大，但仅有的一次速裁因有辩护人参与且被告人最后陈述后休庭 10 分钟，整场庭审近半个小时；而 D 法院平均庭审时间较长，节奏较慢，普通程序多数在 1 个小时之上，最长的一次达 5 个小时以上，而简易程序一般在半个小时左右。

因此，当庭宣判的庭审时长较短。审理时间的长短除与案情复杂程度、受审人数、有无辩护人、适用何种程序有直接关系外，据笔者观察，受理案件较多的 A 法院和 B 法院法官语速较快，法官的语速与威严、情绪等对庭审节奏的快慢也有很强的影响。

6. 审理模式

受理案件较多的 A 法院和 B 法院对案由相同或案情简单的案件采用“多案并审”的集中审理方式。就 A 法院而言，调查期间集中审理 73 次、293 起案件，占有效庭审的

54.97%。集中审理简便快捷，大量节省了传唤、提押被告人，控方出庭公诉的时间。除此之外，还有驻所审判庭①方式，结合远程视频开庭审理，减轻了三方出庭的负担，节省了时间成本和人财物成本。法院旨在提高审判效率的庭审模式趋于多元化。因此，审理模式与当庭宣判之间存在关联。

7. 辩护率

各法院辩护人参与情况有所不同，将相关数据整理如下：

表 2　2017 年 6 至 12 月各法院刑事庭审辩护人参与情况

	有效庭审次数	辩护人参与次数	辩护率
A 法院	533	98	18.4%
B 法院	367	94	25.6%
C 法院	20	8	40%
D 法院	87	10	11.5%

表 3　2017 年 6 至 12 月各法院刑事当庭宣判案件辩护人参与情况

	当庭宣判次数	辩护人参与次数	辩护率
A 法院	74	1	1.35%
B 法院	9	0	0%
C 法院	1	1	100%
D 法院	0	0	0%

就各法院当庭宣判的案件而言，A 法院、C 法院辩护人参与的案件只有一件，其余庭审均无辩护人。就各法院总体辩护率与当庭宣判案件的辩护率而言，除 C 法院外，整体辩护率与当庭宣判案件的辩护并无直接关系。因此，可以认为辩护人是否参与不是当庭宣判的影响因素。因为案情简单、被告人自首或认罪认罚、在量刑情节上无争议等，是当庭宣判案件辩护率低的主要原因。

8. 审判结果

自认罪认罚从宽制度试点以来，被告人认罪认罚的案件法院一般会采纳所指控的罪名和量刑建议，在几个法院当庭宣判的案件中，适用速裁程序审理的均是如此。

综合以上分析，四个法院当庭宣判的案件在审判组织、庭审时长和审判结果方面基本一致，而主审法官、案件类型、审判程序、庭审模式为当庭宣判的主要相关因素。

（三）当庭宣判的影响因素检验分析

基于前述结论，以 4 个法院当庭宣判的 84 个案件为研究样本数据，通过 SPSS 统计分析软件，分析主审法官、案件类型、审判程序、庭审模式四个庭审要素对当庭宣判的影响

① A 法院受理案件数量较多，在当地看守所设置审判庭，审判设施齐备，被告人可以在看守所审判庭内接受远程庭审，免去了法警将被告人从看守所提押到法院的环节。

力大小，采用回归分析方法，建立回归模型如下所示：

$$Y=\alpha+\beta1X1+\beta2X2+\beta3X3+\beta4X4+\varepsilon$$

Y 表示当庭宣判，A 法院当庭宣判赋值为 1，B 法院赋值为 2，C 法院赋值为 3；X1 表示是否为同一法官，若是，值取 1，否则取 0；X2 表示案件类型是否为司法文件中规定的罪名，若是，值取 1，否则取 0；X3 表示是否适用速裁程序，若是，值取 1，否则取 0；X4 表示是否采用集中审理，若是，值取 1，否则取 0；α 为常数项，β1 到 β4 为各庭审要素对当庭宣判影响的估计系数，ε 为随机误差项。所得到的结果如下所示：

表 4　当庭宣判回归模型拟合优度检验

模型	R	R 方	调整 R 方	标准估计的误差
1	.705a	.497	.471	.271

a. 预测变量：(常量)、审理模式、审判程序、案件类型、法官

表 5　当庭宣判回归模型显著性检验（Anovab）

模型		平方和	df	均方	F	Sig.
1	回归	5.744	4	1.436	19.507	.000a
	残差	5.815	79	.074		
	总计	11.560	83			

a. 预测变量：(常量)、审理模式、审判程序、案件类型、法官

b. 因变量：当庭宣判情况

通过以上回归估计结果可以看出，模型拟合优度 R 方为 0.471，介于 0 与 1 之间，显著性检验 F 值为 19.507，相应的 Sig 值为 0，小于 0.05，说明模型整体估计是显著的。

表 6　影响当庭宣判因素的回归模型分析

模型		非标准化系数		标准系数	t	Sig.
		B	标准误差	试用版		
1	法官	-.121	.087	-.118	-1.387	.169
	案件类型	.068	.113	.050	.598	.552
	审判程序	-.761	.087	-.718	-8.724	.000
	审理模式	-.108	.084	-.114	-1.293	.200

从各变量的估计系数看，(1) 变量是否适用速裁程序的估计系数为-0.761，其系数的显著 Sig 值为 0.000，小于 0.05，该系数在 5%水平下显著，且系数为负数，说明速裁程序对当庭宣判具有显著影响，适用速裁程序当庭宣判的概率显著低于不当庭宣判的概率；(2) 变量是否为同一法官的估计系数为-0.121，其系数的显著 Sig 值为 0.169，大于 0.05，该系数在 5%水平下不显著，与变量速裁程序相比，速裁程序对当庭宣判的影响力大于法官所产生的影响；(3) 变量是否为规定的案件类型的估计系数为 0.068，其系数的显著 Sig 值为 0.552，大于 0.05，说明案件类型对当庭宣判没有显著影响；(4) 变量是否采用集中审理模式的估计系数为-0.108，其系数的显著 Sig 值为 0.200，大于 0.05，同理审理模式对当

庭宣判没有显著影响。

综上可得出，模型通过检验说明法官、案件类型、审判程序和审理模式能够影响当庭宣判，但其中速裁程序对当庭宣判影响显著，同时适用速裁程序但不当庭宣判也是现实存在的问题。

三、当庭宣判适用状况特征分析

（一）多采用集中审理

受审理模式的影响，当庭宣判案件呈现出“大杂居、小聚居”的特点。就A法院分析，一般会成批次出现当庭宣判，鲜有单独出现一次当庭宣判的情况，出现时是因审理法官的不同和一案一审。如A法院2017年11月庭审共计103次，当庭宣判25次，分别是11月1日由同一法官审理1起贩毒案件后集中审理5起盗窃案件；11月2日适用速裁程序继1起抢夺案件后集中审理4起盗窃案件；11月8日集中审理3起危险驾驶案件；11月9日由同一法官集中审理4起危险驾驶案件；11月21日因法官不同，一法官审理了1起盗窃案件，同类型案件而其他法官未当庭宣判；11月23日集中审理毒品犯罪和盗窃犯罪案件5起；11月27日一案一审危险驾驶案件。对于案情相差不多同样采用速裁程序集中审理的，同一法官在不同的时间宣判方式也有所不同，即某些法官并非均当庭宣判，定期宣判的频率大于当庭宣判。因此，实践中当庭宣判具有非常态化特点，仍以定期宣判为主①。

（二）集中于简易和速裁程序

对于受理案件较多的法院，速裁程序试点地区特定，试点地区法院当庭宣判案件一般采用速裁程序，这也是司法机关印发的意见、试点办法和地方有关部门制定的实施细则的要求使然；而非试点地区适用简易程序当庭宣判的可能性更大。轻刑快审程序的推进促进了当庭宣判的实现。4个法院当庭宣判的案件庭审时长均在10分钟之内，且72个采用速裁程序，8个采用简易程序，而对于B法院出现的4个适用普通程序当庭宣判的案件，需说明的是，几个案件均采用独任审理且庭审时长也在10分钟内，笔者通过庭审观察比较，与该院其他适用简易程序审理的案件在审判环节上并无明显区别，适用普通程序审理的实际亦可适用简易程序，同样具有简化快审的特点。4个法院当庭宣判的案件虽然审判程序不尽相同，但无一例外均采用独任制审理，这也说明与简化快审特点具有内在的关联。

（三）当庭宣判的时间分布随机

纵观A法院2017年6月至12月各个月份当庭宣判的案件，当庭宣判的高峰集中在11月和12月两个月份，分别为25次和15次；相比较而言，6月份和7月份比较少，分别为6次和1次。而B法院当庭宣判均出现在6月份，其中6月22日适用简易程序先后连续审理了5起盗窃案件，6月28日适用普通程序先后连续审理了3起盗窃案件和1起危险驾驶案件。C法院仅有的一次出现在11月份。由此可知，各法院当庭宣判的案件并不是有规律地

---

① 陈瑞华：《刑事诉讼的中国模式》，法律出版社2010年版，第152页。

分布于某个时间段，而且不同法院在同一时间段内当庭宣判的次数也有所不同。相同类似案件在不同时间由同一法官审理却适用不同的宣判方式，如A法院某法官在9月审理的案件中，9月29日适用速裁程序集中审理的3起案件均当庭宣判，而在9月5日适用速裁程序集中审理的5起案件和11日集中审理的4起案件均未当庭宣判；B法院某法官6月22日适用简易程序独任审理的5起盗窃案件均当庭宣判，而在6月20日适用同样的方式审理的4起危险驾驶案件未当庭宣判。在案情简单、庭审时长相差不多的情形下，这亦体现出实践中当庭宣判适用的不规范性和随意性。

（四）集中于轻微刑事案件

案情的复杂难易程度是案件繁简分流的重要依据，而可能判处的刑罚轻重同样也是区分案件类型的重要考量因素。在具体实践适用中，就B法院9次当庭宣判的案件而言，刑罚结果均为自由刑并处罚金，罚金一般在2000至4000元之间，而自由刑刑期基本在1年以下，但其中一起盗窃案件，由于被告人是累犯，盗窃数额相对较大，被判处6年零6个月有期徒刑，罚金1万元。C法院仅有的一次当庭宣判，裁判结果是判处被告人拘役3个月，罚金3000元。而当庭宣判次数较多的A法院，所判处的刑期也基本在1年以下，不到1/3的案件在1年以上3年以下。这与刑事案件速裁程序试点的开展工作有关。该特征符合审判规律。

四、实践中需反思的问题

（一）应当庭宣判而不当庭宣判

根据当庭宣判的文本规则，试点地区所制定的实施细则对于适用速裁程序应当庭宣判的立场基本一致。而位于第一批试点地区的A法院司法改革进展开展得较早，速裁程序的适用较为普遍。根据统计，在A法院适用速裁程序审理的340个案件中，除2次分别因被告人对所指控的犯罪事实和罪名有意见转为普通程序审理外，只有71次当庭宣判，数据结果与依规定的预期相差较大。在非试点地区，即使未开展速裁程序，但简案快审已是全国通行的理念，实际上在非试点地区适用简易程序审理的案件符合试点地区适用速裁程序审理的条件，形式上只是审判程序存在差异。同一法官在先前的庭审中当庭宣判而在后续类案审理中不当庭宣判，在本可以当庭宣判时却不当庭宣判，在应当庭宣判时而不当庭宣判，其中的缘由除与主审法官和客观因素有关外，也与文本规范的实施未完全到位有关，这是实践中应反思的问题之一。

（二）延期宣判无据可循

根据刑事诉讼法和司法解释的规定，法定的宣判方式只有当庭宣判和定期宣判两种。但在笔者对四个法院的庭审记录中，B法院和D法院不止一位法官在庭审结束时说“今天的庭审到此，本案延期宣判”。特别是B法院，除当庭宣判外“延期宣判”成为常态。可见，实践中存在将延期宣判与定期宣判等同的问题，但延期宣判不是与当庭宣判相对的概念，同时也与延期审理差异显著。一方面延期宣判于法无据；另一方面会使诉讼程序不规范，被告人对于专业的法言法语并不能完全注意和理解，但被告人的程序权利应予以保障。因此，需及时纠正不规范的宣判方式，确保庭审的每一细节于法有据。

（三）庭审流于形式

当庭宣判应兼顾公正与效率，同时也是庭审实质化的重要表征实践。实践中部分操作有偏离公正价值之嫌。较为突出的问题是适用速裁程序的庭审节奏过快。经笔者观察和测算，宣布开庭的时长一般为 4 分钟左右。而在当庭宣判的案件中，庭审时长最短仅为 2 分 40 秒，在不到 3 分钟的时间里完成诸多程序。庭审内容信息量大，且被告人大多数在机械性回答封闭式问题。在询问被告人是否认罪时，被告人回答“是”，但在最后陈述时又讲自己不构成犯罪，造成前后矛盾。虽提倡简案快审，但当庭宣判建立在案件事实清楚、证据确实充分、被告人对自己的受审过程明确理解的基础上。庭审必有的环节必须清楚明确，否则与庭审实质化的要求相违背，有损被告人的知情权和反应思考维护自己合法权益的程序权利①。

① 陈逸宁：《公正与效率视角下刑事程序分流机制的核心》，载《江西警察学院学报》2017 年第 2 期。

检察机关垄断出罪权的中国范式研究

杨　明　王　崇*

刑事法意义上的出罪，是指对已经符合刑法规定的犯罪构成要件的行为，不以犯罪论。由于刑法是规定犯罪与刑罚的唯一法律，所以什么行为构成犯罪，哪种犯罪适用什么刑罚，必须由刑法来规定。但是，已经构成犯罪的行为，不再定罪处刑，或者定罪处刑后不以犯罪论的情形，各国刑法也有一些特别的规定，如告诉才处理犯罪、时效制度、豁免制度、前科消灭制度等。我国刑法还规定了特殊的将功抵罪制度。刑法第449条规定："在战时，对被判处三年以下有期徒刑没有现实危险宣告缓刑的犯罪军人，允许其戴罪立功，确有立功表现时，可以撤销原判刑罚，不以犯罪论处。"犯罪的非犯罪化是一个十分重大的问题，一般需要刑法的明确规定。

我国刑法第3条规定："法律明文规定为犯罪行为的，依照法律定罪处刑；法律没有明文规定为犯罪行为的，不得定罪处刑。"有学者认为："罪刑法定不仅意味着法无明文规定不为罪，法无明文规定不处罚，同时还意味着禁止法外开恩或适用无法律规定的处罚方法。这是法治原则在刑法中的直接体现。"① 这样的规定和解读不仅强调罪刑法定原则的一般内容："法无明文规定不为罪，法无明文规定不处罚"，同时强调有罪必究，对于依照刑法规定构成犯罪的行为，不允许进行非犯罪化处理。对此有学者主张："罪刑法定主义的本质，并非仅仅根据形式的概念而被维持，而且应该根据限制国家的刑罚权、保障国民的人权的刑事人权思想来得到维持。在这个意义上，费尔巴哈的命题，应当解释为近代刑法的黎明期这一历史的背景下，刑事人权思想的表现形式之一。"② 所以，罪刑法定原则的本质是以排除"罪刑擅断"的方式追求民主、自由、人权的精神，是为了防止国家权力扩张导致侵犯公民个人权利的情况发生。绝大多数坚持罪刑法定原则国家的法律和判例都是只有"入罪"的限制，而没有"出罪"的约束。"大多数国家都规定了所谓消极的罪刑法定，只有我国规定了所谓积极的罪刑法定……我国关于罪刑法定的积极规定恰恰是对该原则的不准确理解。"③ 仅仅限制"入罪"的刑法会变得更加谦抑而充满人文关怀，出罪也不一定局限于刑法的规定。

---

* 作者简介：杨明，辽宁大学法学院教授，博士生导师；王崇，辽宁大学法学院博士研究生。

① 陈晓明：《施行宽严相济刑事政策之隐忧》，载《法学研究》2007年第5期。

② ［日］大野义真：《罪刑法定主义》，世界思想社1982年版，第13页。转引自李洁：《论罪刑法定的实现》，清华大学出版社2006年版，第22页。

③ 陈兴良：《面向二十一世纪的刑事司法理念》，载《当代法学》2005年第3期。

一、检察机关对出罪权的垄断

在我国，除了刑法的非犯罪化规定，刑事诉讼法也赋予了检察机关一定程度上的非犯罪化自由裁量权，主要是通过不起诉决定来实现。刑事诉讼法第173条第2款规定："对于犯罪情节轻微，依照刑法规定不需要判处刑罚或者免除刑罚的，人民检察院可以作出不起诉决定。"第271条第1款又规定了附条件不起诉：对于未成年人涉嫌刑法分则第四章、第五章、第六章规定的犯罪，可能判处1年有期徒刑以下刑罚，符合起诉条件，但有悔罪表现的，人民检察院可以作出附条件不起诉的决定。第273条第2款对附条件不起诉案件作出了后续规定：被附条件不起诉的未成年犯罪嫌疑人，在考验期内没有法定情形，考验期满的，人民检察院应当作出不起诉的决定。第279条规定了检察机关对和解案件的不起诉权：对于达成和解协议的案件，人民检察院可以向人民法院提出从宽处罚的建议；对于犯罪情节轻微，不需要判处刑罚的，可以作出不起诉的决定。这些不起诉案件，犯罪嫌疑人已经构成犯罪是前提条件，仅仅因为可能判处的刑罚比较轻缓或者可能免除刑罚而不被起诉。没有起诉当然也就没有审判与有罪判决，犯罪被非犯罪化处理显而易见。

对于上述几种不起诉案件，现行立法没有赋予负责侦查的公安机关终结诉讼的权力，最多只能建议检察机关宽缓处理。而且，这些可诉可不诉的案件，一旦检察机关提起公诉，法院从宽处罚的最远权力边界是免除刑罚，即定罪是必须的。比如，最高人民法院《关于适用〈中华人民共和国刑事诉讼法〉的解释》第505条第1款规定："对达成和解协议的案件，人民法院应当对被告人从轻处罚；符合非监禁刑适用条件的，应当适用非监禁刑；判处法定最低刑仍然过重的，可以减轻处罚；综合全案认为犯罪情节轻微不需要判处刑罚的，可以免除刑事处罚。"

2016年最高人民法院、最高人民检察院、公安部、国家安全部、司法部制定的《关于在部分地区开展刑事案件认罪认罚从宽制度试点工作的办法》（以下简称《认罪认罚从宽办法》）沿用了这种立法授权模式。《认罪认罚从宽办法》第9条规定："犯罪嫌疑人自愿如实供述涉嫌犯罪的事实，有重大立功或者案件涉及国家重大利益，需要撤销案件的，办理案件的公安机关应当层报公安部，由公安部提请最高人民检察院批准。"第13条又规定了检察机关对这类案件的权限：经最高人民检察院批准，人民检察院可以作出不起诉决定，也可以对涉嫌数罪中的一项或者多项提起公诉。第22条规定："对不具有法定减轻处罚情节的认罪认罚案件，应当在法定刑的限度以内从轻判处刑罚，犯罪情节轻微不需要判处刑罚的，可以依法免予刑事处罚，确实需要在法定刑以下判处刑罚的，应当层报最高人民法院核准。"

轻微犯罪、如实供述又有重大立功的案件、如实供述又涉及国家重大利益的案件，可以通过检察机关的不起诉实现犯罪的消灭。但是，将犯罪进行非犯罪化处理的权限为什么仅仅限于这几种？又为什么程序控制得如此严格？立法赋予检察机关不起诉决定权应当遵循的原则和规定，需要认真讨论。

二、检察机关出罪权的修正

轻微犯罪可以由代表国家的公诉机关决定不起诉，是当今世界绝大多数国家的立法选择。至于具备什么条件的轻微犯罪案件可以由检察官决定不起诉，各国的规定有所不同。但是，如果是比较严重的犯罪做不起诉处理，则需要特殊的事由并符合原则性要求。

（一）公益原则应当适用于所有案件

《认罪认罚从宽办法》将“案件涉及国家重大利益”作为不起诉的条件，是人民检察院起诉裁量权遵循公益原则的重要体现。“公共利益原则要求检察机关在是否追诉的问题上必须对冲突着的公共利益进行平衡，如果其他公共利益优于犯罪追诉的必要性，则应允许检察机关作出不起诉处理。这正是酌定不起诉制度的价值根基和理论原点。”① 检察机关的公诉裁量不仅关注犯罪行为，还要进行公共利益考量，对犯罪的追诉必须符合公共利益的需要，已经在许多国家达成共识。英国前总检察长肖克罗斯曾说过“有犯罪嫌疑就必须起诉，这从来就不是我们国家的方针，我希望今后也不是。在指导检察长工作的最初规则中就已规定，‘只有当罪行和犯罪时的情形具有这样一个特点——该案件的起诉符合公共利益，他才应该起诉’。公共利益仍然是我们应当考虑的首要问题。”②《德国刑事诉讼法典》第153条d规定：“（一）如果启动程序将给联邦德国造成严重的不利情况或者有重大公共利益与追诉相抵触时，联邦最高检察官对《法院组织法》第74条a第1款第1至6项、第120条第1款第2至7项所称各类犯罪行为不予追诉。（二）业已追诉时，在前款所述前提条件下联邦最高检察官可以在程序的任何阶段撤回起诉，停止程序。”③

“起诉便宜主义，或称为起诉便宜原则、起诉合理主义，是指检察官对于存在足够犯罪嫌疑并具备起诉条件的案件，可以斟酌决定是否起诉的原则。”④ 检察官行使自由裁量权，综合考量犯罪情节、行为人具体表现以及公共利益等因素，可以作出不起诉决定。起诉便宜主义打破构罪即诉的传统模式，有效地降低行为人的诉讼负担，克服了短期自由刑的弊端，降低了诉讼成本，提高了诉讼效率。

《认罪认罚从宽办法》限定公共利益原则的适用以犯罪嫌疑人认罪认罚为前提条件，使该原则发挥作用的范围过窄，不利于公共利益的维护。该原则应当适用于所有类型的犯罪案件。国家对犯罪行为的打击和制裁，旨在维护国家秩序的安定和恢复被破坏的社会关系。很多案例可以证明，刑事追诉与某些国家重大利益不是并行不悖的，两者会因个案的特殊性产生交集甚至发生价值冲突。“案件涉及国家重大利益”既包括继续追诉会引发国家利益受到损害之风险，也包括某种国家重大利益迫切需要被追诉人去维护等情况。裁量是选择的过程，根据价值权衡的原理，需要司法者在两者之间作出取舍，国家追诉犯罪的行为不能不计后果，因小失大。

---

① 万毅：《刑事不起诉制度改革若干问题研究》，载《政法论坛》2004年第6期。

② 徐静村：《刑事诉讼法学（上）》，法律出版社1999年版，第266页。

③ 《德国刑事诉讼法典》，李昌珂译，中国政法大学出版社1995年版，第75页。

④ 陈岚：《论检察官的自由裁量权——兼析起诉便宜原则的确立及其适用》，载《中国法学》2000年第1期。

（二）重大立功的不起诉不应当仅限于认罪认罚案件

我国刑法第68条规定：“犯罪分子有揭发他人犯罪行为，查证属实的，或者提供重要线索，从而得以侦破其他案件等立功表现的，可以从轻或者减轻处罚；有重大立功表现的，可以减轻或者免除处罚。”这一规定不要求嫌疑人认罪认罚，只要有重大立功表现，就可能免除刑罚。而一旦刑法规定可以免除刑罚的，检察机关即可能适用酌定不起诉终结诉讼。《认罪认罚从宽办法》第13条规定：“犯罪嫌疑人自愿如实供述涉嫌犯罪的事实，有重大立功或者案件涉及国家重大利益的，经最高人民检察院批准，人民检察院可以作出不起诉决定，也可以对涉嫌数罪中的一项或者多项提起公诉。具有法律规定不起诉情形的，依照法律规定办理。”刑事诉讼法第173条第2款规定的酌定不起诉适用的案件范围是犯罪情节轻微。显然，这类案件的不起诉不需要报送最高人民检察院批准，也不要求认罪认罚。如果不属于犯罪情节轻微的案件，犯罪嫌疑人有重大立功表现的，下级检察机关就没有决定权了，只能报请最高人民检察院核准。笔者认为，这种超越现行立法规定的酌定不起诉情形的案件，移送最高人民检察院核准是有必要的，这种程序控制能够有效防止不起诉的滥用。但是，将有重大立功情节的案件不起诉限制在认罪认罚案件中，却违背了立功制度的初衷。

几乎所有国家的刑法都有关于立功影响犯罪和刑罚的规定，其中并不排斥犯罪人为了获得更好的法律待遇而“积极表现”的情形，即不认罪、不认罚的被追诉者也可以立功，甚至可以有重大立功。法律对于立功的“奖励”极具功利主义色彩，也就是说，对立功的优厚法律回报，并不是缘于犯罪人人身危险性的减小而没有定罪处刑之必要，相反是为了换取更重要、更大的利益，放弃了某个犯罪的追诉或者对某个犯罪应当适用的刑罚。刑法规定的罪与刑，在一般情况下是应当加以遵守的，但是当个别和特殊案件中发生价值冲突时，罪刑法定就不应当是一成不变的了，否则就会出现因小失大、得不偿失的司法。

三、审判机关出罪权的正当性

如前所述，我国审判机关不享有出罪权，从宽处理的最大限度是免除刑罚。即便是可以在检察机关作出不起诉决定的案件，一旦进入审判程序，就不可能进行免罪处理。

不告不理原则是审判的一个重要原则，它强调审判权的消极性，即审判权的启动必须依据当事人的控告，“无控告即无法官”；裁判范围必须局限于起诉的范围，超出起诉范围的事实，不能由法官认定。在刑事诉讼中，审判权解决的问题只能是确定控诉的事实是否构成犯罪，一旦犯罪成立再决定是否适用刑罚和如何适用刑罚；如果犯罪不成立，应当宣告无罪。强调审判权的消极性，是为了防止法官权力的恣意扩张，如果对没有被控诉又不利于被告人的事实加以认定，法官就扮演了“第二公诉人”的角色，履行控诉与裁判的双重职能，将会产生妨害司法公正的风险。德国法学家拉德布鲁赫有句名言：“如果裁判者同时也是控告者，就必须由上帝担任辩护人。”①

然而，审判权的消极性是相对的，审判权还应该有积极性的一面。“在司法的依据上，不把法条或先例当然地作为唯一的规范依据，而是充分考量案件所关涉的多种价值、规则

---

① ［德］拉德布鲁赫：《法学导论》，米健、朱林译，中国大百科全书出版社1997年版，第121页。

及利益，在各种价值、规则及利益中寻求平衡和妥协。在司法的方式上，不是机械地拘泥于某些形式，而是灵便地适用各种方式和方法。在司法的姿态上，法官不是完全被动、消极地面对各项系争事务，而是从有效处理案件出发，自为地实施相关裁判行为。"① 审判权的能动性仍需要以法律规定为运行边界，自由裁量的同时，司法行为不能与立法授权和规则体系发生冲突。最高司法机关以司法解释的形式，将构成犯罪的行为出罪化，在我国已有先例。比如，最高人民法院、最高人民检察院《关于办理受贿刑事案件适用法律若干问题的意见》第9条规定，国家工作人员收受请托人财物后及时退还或者上交的，不是受贿。有学者将其解读为既遂后的出罪。② 犯罪既遂不仅仅是犯罪成立，往往还是犯罪人的目的已经实现，或者犯罪的危险性已经变成了现实性，犯罪行为对法益的损害已经产生。在这种情况下，又简单地规定不是犯罪是没有理论根据的。但是，这种规定表达了最高司法机关的纠结，即及时的"退还"或者"上交"属于悔罪和补救行为，可以修复被犯罪行为破坏了的社会关系，可以使被侵害的法益得到维护。依照传统的刑法学理论，犯罪一旦成立，所有的后续行为只能作为量刑情节，不具有否定犯罪的功能。该意见简单而武断的规定让理论界难以接受，只能作出矛盾的解读：既遂后的出罪。研究者唯恐这种模式被推而广之地适用，又特别强调不是所有的犯罪都可以在既遂后出罪，至于如何界定可以在既遂后出罪的犯罪类型和犯罪种类，就语焉不详了。再如，最高人民法院《关于常见犯罪的量刑指导意见（二）（试行）》第1条第1款第3项规定："对于醉酒驾驶机动车的被告人，应当综合考虑被告人的醉酒程度、机动车类型、车辆行驶道路、行车速度、是否造成实际损害以及认罪悔罪等情况，准确定罪量刑。对于情节显著轻微危害不大的，不予定罪处罚；犯罪情节轻微不需要判处刑罚的，可以免予刑事处罚。""认罪悔罪"态度好，又具备其他一些轻缓情节，就可以"不予定罪处罚"，是一个矛盾的结论：轻微犯罪如果认罪悔罪态度好就可能不定罪。这一规定颠覆了一直以来以血液酒精含量达到80毫克/100毫升为定罪标准的做法，使酒驾定罪的标准模糊起来。我们在观察这些法律现象和理论探讨时，不难体会其中的问题。既要坚持固有的犯罪构成理论和刑法规定，又要贯彻宽缓的刑事政策，进行大量的非犯罪化处理，由于缺乏的法官的免罪权，使得法律法规之间矛盾重重，理论解释也不能自圆其说。如果法官像检察官一样拥有对轻微犯罪或者特定情形的不追诉决定权，即免罪判决权，就不会出现值得同情的被告人被宣告有罪，而法官却要用"法律无情"来解释自己判决的情况；也不会出现规避案件事实判决安乐死案件被告人无罪的情况。

法律是人制定的，是人类谋求福祉的手段。我们不能作茧自缚，让法律捆住手脚。赋予司法者更大的自由裁量权有利于个案的公正裁判，因为"法有限而情无穷"。法定情形的有限性和社会现象的多样性需要司法裁量权的维度足够宽阔。此时，习惯了"将权力装进笼子里"的中国思维，最担心的是司法者的恣意。有学者在谈到法官的自由裁量权时曾言："为了防止和限制恣意，我国采取了比西方更严厉的措施。其动机或可以理解，但其效果却很糟糕。因为我国在缩减恣意的同时也压抑了选择，而选择恰恰是'法律'程序的价值所在。"③ 程序是控制恣意的有利工具。法官的免罪权如果一律通过报送最高法院核准的方式

① 顾培东：《能动司法若干问题研究》，载《中国法学》2010年第4期。

② 参见储槐植、闫雨：《"赎罪"——既遂后不出罪存在例外》，载《检察日报》2014年8月12日第3版。

③ 季卫东：《电脑量刑辩证观》，载《政法论坛》2007年第1期。

规制，可以收到防止滥用的效果。刑法第63条第2款规定：“犯罪分子虽然不具有本法规定的减轻处罚情节，但是根据案件的特殊情况，经最高人民法院核准，也可以在法定刑以下判处刑罚。”刑罚的适用可以突破刑法的下限，犯罪的认定也可以超越刑法的规定，只要有严格的程序控制，就能够保障司法的公正。刑法规定的犯罪和刑罚虽然具有权威性，但是，如果做有利于人权保障的轻缓化处理，即便是对犯罪进行非犯罪化处理，也是符合法治精神的，因为“法治的真谛是人权。”①

另外，按照现行规定，认罪认罚案件中“有重大立功”和“涉及国家重大利益”的情形如果发生或者被认定是在审判阶段，难道就将案件退回检察机关？还是只能损害被告人的权益和国家重大利益而作出有罪判决？不论哪种做法，都是对诉讼效率和实体公正的破坏，都违背了《认罪认罚从宽办法》的初衷。

四、赋予公安机关出罪权的必要性

在刑事和解制度立法确认阶段，学界就有强烈的呼声，禁止赋予公安机关独立的撤销案件的权力。“在侦查阶段达成刑事和解后由公安机关自行撤案，会使刑事和解失去监督，可能导致风险。由于刑事和解后加害人一般都能获得相对宽缓的处理，这就有可能使一些公安司法人员利用刑事和解来谋取私利，导致权力滥用和司法腐败。”② 尽管我国已经有公安机关以不立案或撤销案件的形式行使对刑事和解案件出罪权的司法尝试，很多地区也曾经以规范性文件方式赋予公安机关对和解案件的不立案、撤销案件权力，但是，2012年修改的刑事诉讼法对侦查机关的出罪权依然保持着十分谨慎的态度。

《认罪认罚从宽办法》规定公安机关撤销案件，需要提请最高人民检察院批准。这样的程序控制与大陆法系国家警检一体化有着相同的特点。“所谓‘检警一体’，是指为有利于检察官行使控诉职能，检察官有权指挥刑事警察进行对案件的侦查，警察机关在理论上只被看作是检察机关的辅助机关，无权对案件作出实体性处理。”③ 与之不同的是，我国检察机关对公安机关的侦查行为享有监督权而非指挥权。人民检察院对公安机关侦查的监督多是在审查批捕或者审查起诉环节进行，是事后监督，而不是在侦查过程中直接指挥具体的侦查行为。所以，公安机关的侦查活动具有相当的独立性。

另外，公安机关的侦查活动往往需要灵活处理犯罪问题。比如，对于走私、贩卖、运输、制造毒品和枪支弹药等犯罪，公安机关经常采取控制下交付的方式“放长线钓大鱼”，如果警方控制中的犯罪嫌疑人，因其他犯罪被采取强制措施、被定罪处刑，会造成线索链的中断，对重大案件的侦破产生不利影响。一旦发生此类情况，侦查人员需要在获得批准的情况下，使犯罪嫌疑人重新回到重大犯罪的参与中，以保证一网打尽。如果采取逐级上报至公安部，并提请最高人民检察院批准的方式，烦琐的程序不仅会延误侦查时间、错失破案良机，也存在泄露秘密的风险。可见，赋予公安机关撤销案件权力不仅是及时化解纠纷、节省司法资源、贯彻轻缓刑事政策的需要，也是侦查特殊性的需要。

---

① 徐显明：《法治的真谛是人权——一种人权史的解释》，载《学习与探索》2001年第4期。

② 宋英辉等：《公诉案件刑事和解实证研究》，载《法学研究》2009年第3期。

③ 刘计划：《检警一体化模式再解读》，载《法学研究》2013年第6期。

英国的警告制度是侦查机关行使出罪权的代表性制度，对我国极具借鉴意义。英国警察对几乎所有类型的刑事案件都享有自由裁量权，侦查终结的案件，警察可以选择移送起诉或是以警告的方式结案。警告主要适用于轻微的刑事案件，警察在综合考虑罪行严重程度、犯罪人先前品行、犯罪后表现、被害人要求等因素后，可以以警告的方式对案件作出终局性处理。警告不需要任何审查或批准程序，可以由警察直接作出。“警察作出的警告分为两类：正式警告和非正式警告。正式警告将作为一个犯罪记录保存下来，如果被告人再度犯罪而被起诉，法庭就会把该警告作为量刑的考虑因素之一。”①

如果赋予公安机关独立出罪权，应该加强监督和制约。可以通过撤销案件备案与异议申诉相结合的形式，规定公安机关撤销案件向同级人民检察院备案，被害人对撤销案件有异议的，有权向同级人民检察院申诉或控告，以保证公安机关撤销案件决定出现错误时能够获得及时的纠正。

---

① 马明亮：《协商性司法——一种新程序主义理念》，法律出版社 2007 年版，第 29 页。

未成年人刑事诉讼程序之合适成年人制度完善研究

赵永红　张青聚*

未成年人是社会的一个特殊群体，他们的人格和心智发育尚不健全，需要得到特殊保护。“合适成年人”参与未成年人刑事诉讼程序是国家刑事司法制度对未成年人的一种特殊保护，体现了国家监护的理念。合适成年人制度，又称合适成年人到场制度或合适成年人参与制度，是未成年犯罪嫌疑人、被告人在侦查讯问、审判等刑事诉讼活动中享有应当有合适的成年人到场参与的权利①，从而对未成年人实现特别保护的一项制度。2012年修订的刑事诉讼法第270条规定，未成年人接受刑事讯问和审判时，法定代理人不能到场或者法定代理人是共犯的，也可以通知未成年犯罪嫌疑人的其他成年亲属，所在学校、单位、居住地基层组织或者未成年人保护组织的代表到场，并将有关情况记录在案。该条正式将合适成年人制度全面推行到我国未成年人刑事诉讼程序。该制度实施五年来，在维护未成年人基本权利、改善办案人员讯问方式和保障诉讼顺利进行等方面发挥了较好的作用，但也存在着法律规定不明确、合适成年人地位与作用出现偏差及如何确保合适成年人在场起到实质作用等问题，需要在吸收实践经验的基础上进一步加以完善。

一、合适成年人到场制度运行的基本状况

（一）总体情况

为深入考察合适成年人制度的运行现状，客观评估实际效果，发现在贯彻实施过程中存在的问题和困境，从而对进一步完善该制度提出有针对性的合理化建议，我们对B市2013年以来实施的合适成年人制度情况进行专门调研。考虑到数据统计的有效性和调查研究的可行性，我们采用区域配额抽样与案件性质抽样相结合的研究方式，随机抽取B市1000起未成年人特别程序案件作为研究样本。在上述1000个样本中，未成年人接受公检法机关讯问及参加审判的次数为6328次（见表1），其中法定代理人到场4911次，占77.6%，合适成年人到场1417次，占22.4%。值得注意的是，在上述1417次合适成年人到场中，有537次系未成年人的其他成年亲属到场，占总次数的8.5%；司法机关通知其所在学校、单位、居住地基层组织或者未成年人保护组织的代表到场880次，占总次数的13.9%。统

* 作者简介：赵永红，北京市人民检察院第一分院未成年人案件检察部主任，三级高级检察官；张青聚，北京市人民检察院第一分院未成年人案件检察部检察官助理。

① 姚建龙：《论合适成年人在场权》，载《政治与法律》2010年第7期。

计还发现，除未成年人的其他成年亲属外，公安机关通知有关组织代表到场参与讯问的次数最多，共531次，占有关组织代表到场总次数的60.3%；检察机关通知有关组织代表294次，法院通知有关组织代表55次，分别占33.4%和6.3%（见图1）。

表1

	法定代理人	合适成年人	
		其他成年亲属	有关组织代表
次数	4911	537	880
占比	77.6%	8.5%	13.9%
合适成年人到场率		22.4%	

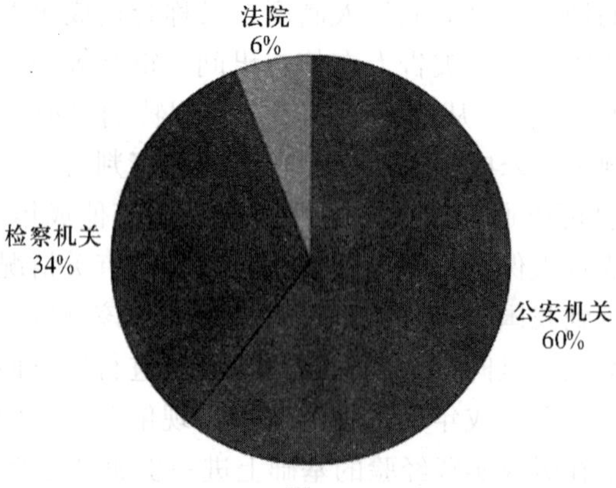

图1

（二）合适成年人的来源、教育背景和知识结构

合适成年人的选择一般围绕监督、沟通、抚慰、教育四大主要职能来进行，应当具备完全行为能力、较强的人际沟通能力、一定的社会阅历和较强的思想教育工作能力，对未成年人有爱心、对未成年人保护工作有热心。① 合适成年人来源包括但不限于共青团干部、司法社工、教师、居住地基层组织的代表、律师和其他热心于未成年人司法保护工作的人员，其中排在前三的是居住地基层组织的代表、司法社工和街道司法所干部，分别占42.7%、29%和11.9%（见表2）。在实践中，宜由司法行政机关或未成年人保护委员会、共青团组织等部门联合根据个人自愿报名和有关单位推荐来进行筛选、聘任并进行必要的培训和管理。根据调查发现，合适成年人的年龄结构偏轻，其中18至30岁的占54.2%，31至40岁的占36.8%，41岁以上的仅占9%。合适成年人均具有大专以上学历，其中大专学历为20.7%，本科学历为57.7%，研究生以上学历为21.6%。另根据一份针对合适成年人的调查问卷，81%的合适成年人掌握法律知识，52.7%的掌握心理学知识，28.5%的掌握教育学知识（见表3）。

① 刘立霞、郝小云：《论未成年人刑事案件中的合适成年人制度》，载《法学杂志》2011年第4期。

表 2

	村委会或居委会代表	工作单位代表	学校教师	街道司法所干部	共青团干部	律师	司法社工	其他
次数	376	29	6	105	72	34	255	3
占比	42.7%	3.3%	0.7%	11.9%	8.2%	3.9%	29%	0.3%
备注	其他为“公安机关聘请的保安人员”							

表 3

<table>
<tr><th></th><th>专科</th><th>本科</th><th>研究生</th><th>博士</th><th>掌握法律知识</th><th>掌握心理学知识</th><th>掌握教育学知识</th></tr>
<tr><td>18 至 30 岁</td><td>124</td><td>281</td><td>72</td><td>0</td><td rowspan="5">81%</td><td rowspan="5">52.7%</td><td rowspan="5">28.5%</td></tr>
<tr><td>31 至 40 岁</td><td>32</td><td>197</td><td>84</td><td>11</td></tr>
<tr><td>41 至 50 岁</td><td>26</td><td>28</td><td>17</td><td>6</td></tr>
<tr><td>50 岁以上</td><td>0</td><td>2</td><td>0</td><td>0</td></tr>
<tr><td>小计</td><td>182</td><td>508</td><td>173</td><td>17</td></tr>
</table>

(三)对合适成年人到场机制发挥功能的考察

合适成年人的到场改变了讯问程序的封闭性和未成年犯罪嫌疑人孤立无援的境地，对于维护未成年犯罪嫌疑人的身心健康、权利以及促进刑事诉讼的顺利进行均有着重要意义。具体来说，讯问未成年犯罪嫌疑人时合适成年人的到场参与至少可以发挥以下作用：监督、见证、沟通、抚慰和教育。① 随着人口流动的日益频繁，外来未成年人犯罪占有较高比例，上述嫌疑人的法定代理人多数无法到场旁听讯问，导致合适成年人制度的适用频率较高，司法机关开展工作就有赖于合适成年人的支持与配合。根据一份针对检察官的调查问卷，合适成年人的功能发挥情况如下（见图 2）：

1. 发挥监督见证职能，保障未成年人诉讼权益。合适成年人到场旁听讯问，讯问结束后将笔录交未成年犯罪嫌疑人及到场的合适成年人查阅，经核实无误后由未成年犯罪嫌疑人、合适成年人签字确认，可以保证讯问过程合法进行，监督办案人员是否存在指供、诱供等不正当手段获取口供的行为，确保讯问过程中口供的真实性与合法性，从程序上维护未成年人的权利。② 在实践中，合适成年人发挥监督职能的特征最为明显，98%的合适成年人到场都能发挥监督作用，仅有 2%的合适成年人到场监督作用不到位，这体现在侦查机关取得的相应笔录存在瑕疵或有指供、诱供嫌疑而未被检察机关或法院判决采用。此外，讯问中合适成年人可以通过运用法律知识向涉罪未成年人解释简易程序、自首立功等法律术

① 参见姚建龙：《权利的细微关怀：“合适成年人”参与未成年人刑事诉讼制度的移植与本土化》，北京大学出版社 2010 年版，第 41-44 页。

② 田宏杰、温长军：《超越与突破：未成年人刑事检察工作机制研究》，载《法学杂志》2012 年第 11 期。

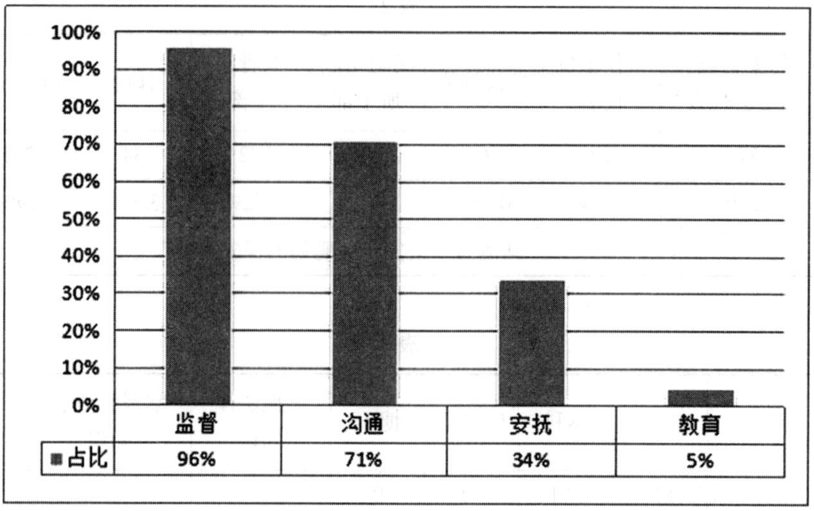

图 2

语的含义，积极维护他们的合法权益。

2. 发挥沟通抚慰职能，保证讯问顺利进行。根据调查问卷，相对于监督办案人员讯问合法的功能，实践中合适成年人到场发挥沟通功能和抚慰功能的比例相对较小，分别为 71%和 34%。有相当一部分的合适成年人到场后与涉罪未成年人沟通交流较少或基本没有沟通交流，有的甚至在讯问全过程中未发一言。涉罪未成年人被关押后会产生恐惧、懊悔、无助、绝望等多种心理，合适成年人在讯问前与涉罪未成年人进行充分交流和有效沟通，了解涉罪未成年人及案件的基本情况、健康状况、权益是否受到侵害、是否需要帮助等，可以消除其紧张心理，保障讯问顺利高效进行。同时，合适成年人在讯问过程中旁听整个讯问过程，对于发现未成年人存在的生理、心理问题进行抚慰、疏导，帮助其正视自身行为，配合诉讼，表达真实意愿。例如，检察机关在办理一起盗窃案件过程中，涉罪未成年人的母亲因病无法到场参与讯问，其得知该情况后思想波动较大，出现焦虑情绪。针对此情况，检察官及时安排熟悉青少年心理的合适成年人到场，在讯问过程中对涉罪未成年人进行心理疏导，消解其焦虑情绪，帮助其以良好的悔罪表现争取宽大处理，取得较好效果。

3. 发挥教育职能，开展“临时家长”式帮教挽救。合适成年人对涉罪未成年人进行教育，采取不同于案件承办人员的教育方式，以临时家长的身份，有针对性地进行疏导性谈话，给予关心和关注，配合司法人员的工作，以便改过自新、回归社会。例如，检察机关在办理一起故意伤害案时，涉罪未成年人因年幼时缺少关爱，性格叛逆，非常抵触办案人员的讯问，拒不回答有关问题，到场的合适成年人通过耐心地说理教育，使其从内心认识到自己的错误，配合办案人员完成讯问工作。

二、合适成年人参与机制有待解决的问题

（一）合适成年人到场制度适用不当的情况客观存在

法律关于合适成年人到场制度的适用条件和前提不够明确。刑事诉讼法第270条及相关司法解释、配套规定等均对法定代理人“无法到场”、“无法取得联系”的标准规定得比较模糊，即多长时间不能到场属于“无法到场”，采取何种方式联系未果算是“无法取得联系”都未做明确规定。在实践中，办案人员对上述两种情形多倾向于从宽把握，特别是办理异地籍未成年犯罪案件时，对该人法定代理人或其他亲属“无法到场”的标准从宽把握，由合适成年人“替代”的情况较普遍。① 有的案件中甚至存在越过未成年人的法定代理人直接安排合适成年人的情况，这直接违背了刑事诉讼法确立的“无法通知、不能到场或者法定代理人是共犯”的合适成年人适用条件。

（二）部分合适成年人在场形式化，缺乏实质意义

合适成年人在场制度的落实不仅需要法律明确规定，建立相关制度，而且要求合适成年人切实发挥作用，切实履行安抚、沟通和监督的职能，对未成年人权益维护起到实质性作用。而目前实践中的情况并非完全如此，有些合适成年人不了解自己所承担的职责，旁听讯问时始终保持沉默，全程与未成年人无任何语言交流，其到场的主要作用就是敷衍履行程序，阅读笔录并签字确认，基本上没有安抚未成年人，也很少与未成年人进行交流，合适成年人缺乏实质性参与。还有部分合适成年人还对未成年人说：“希望你好好说，坦白对你自己有好处。”这导致的一个后果就是，在涉罪未成年人眼里，合适成年人实质上成了办案机关的帮手，并没有以中立的身份参与到刑事诉讼过程中。这就会导致合适成年人在场形式化，缺乏实质意义。

（三）合适成年人到场制度的关键问题尚需要法律进一步明确

一是合适成年人缺席时的证据效力问题。法律未明确规定合适成年人到场与否对于证据效力的影响。在实践中，执法机关从严或从宽把握该证据标准差异较大，容易导致当事人对司法机关及执法公信力产生质疑。二是合适成年人在场是否需要未成年人的同意。未成年人是否有权拒绝某合适成年人，如果有权拒绝，是否还有权再选一名新的合适成年人，以上问题可以归结为“合适成年人在场是否需要未成年人的同意”。合适成年人在场权是未成年人的权利，但是实践中合适成年人到场很少征求未成年人的意见，办案人员往往将合适成年人到场视为对未成年人的一种特殊照顾，并没有从未成年人的角度出发考虑谁到场才合适的问题，未来要落实合适成年人到场需要征求未成年人意见这一要求，就需要法律明确规定，否则各地难以统一。

---

① 韩索华、于伟香：《合适成年人制度研究》，载《法学杂志》2013年第7期。

（四）一人能否同时担任同案几名犯罪嫌疑人的合适成年人值得商榷

在未成年人共同犯罪案件中，如果这些未成年人的法定代理人都无法到场，需要合适成年人到场时，一人能否同时担任这些涉罪未成年人的合适成年人？这个问题在实践中经常出现，各地做法也有所不同。有的地方明确规定两名以上的未成年人共同犯罪的，不得由同一名合适成年人参与刑事诉讼，以防止合适成年人帮助同案犯罪嫌疑人串供。但值得注意的是，合适成年人不得参与案件的实质内容，不得就案件情况引导、暗示或者以其他方式妨碍未成年人独立回答问题，这是对合适成年人的禁止性规定，一旦其违反这一规定，办案人员有权立即将其带离讯问场所，并停止其合适成年人资格。实际上，合适成年人与未成年人交流沟通时，办案人员也在场，因此合适成年人帮助串供的可能性极小，即使其帮助串供，也会被办案人员立即制止。所以，我们认为一人可以同时担任几名同案未成年犯罪嫌疑人的合适成年人。

（五）具体实施环节有待规范，考核评价机制有待完善

未成年人犯罪案件侦、捕、诉、判四个环节持续时间较长，一般情况下讯问不少于6次。在实践中，合适成年人很难实现全程参与，其与涉案未成年人事先沟通环节过分程式化，对未成年人及案情缺乏必要了解，双方难以建立信任关系，甚至可能引发涉案未成年人强烈的抗拒和抵触情绪。在实践中，财政对合适成年人的补助费为每人次50至100元，而合适成年人往往为此花费一天的时间和精力，许多合适成年人的积极性不高，办案人员往往要提前几天通知，甚至要通知五六个合适成年人才能选定，这在审查逮捕的案件中就显得尤为局促和紧张。另外，关于合适成年人履职工作的考核问题，实践中一般由预防青少年违法犯罪专项组办公室进行，但由于该主体并不实际参与诉讼过程，而参与其中的涉案未成年人、办案机关又不具备事后评价的主体资格，很难对合适成年人到场的工作效果作出实质性评价。

三、确立和完善合适成年人参与机制的建议

（一）建立合适成年人选拔、培训及考核机制

在司法实践中，合适成年人对参与刑事诉讼的权利义务知之甚少，避免在刑事诉讼中对未成年人刑讯逼供是其最大的作用，有时也成为唯一的作用，多数情况下，合适成年人仅被动地在笔录上签字，合适成年人在诉讼中成为摆设，该制度未充分发挥监督保护职能在很大程度上与合适成年人缺乏法律素养有关，因此需要加强对合适成年人的选拔、培训和考核或者建立专业的合适成年人队伍，建议以专业的社会工作者为主要的合适成年人，主要原因有以下两点：一是他们有比其他人更专业、更优秀的条件帮助未成年人；二是他们比父母、成年亲属等容易保持客观、中立的立场，更容易与涉案未成年人和办案机关沟通。[①] 从长远来看，如果政府相关配套条件成熟的话，可考虑建立一支能随叫随到，有固定

① 韩索华、于伟香：《合适成年人制度研究》，载《法学杂志》2013年第7期。

办公地点、固定人员、固定经费的专业合适成年人社会工作机构。为提高合适成年人的履职能力，合适成年人要接受初任培训、定期培训和专项培训，明确自身职责定位，熟悉相关权利义务，掌握刑事诉讼法律常识。形成以涉案未成年人、办案机关和合适成年人聘任单位为考核人的三位一体考核评价机制，共同参与对合适成年人到场工作的考核评价体系，通过考核监督其依法行使权利并履行相关义务。

（二）应明确合适成年人参与刑事诉讼的法律效力

我国刑事诉讼法规定应当排除的言词证据是以刑讯逼供等非法方法取得的供述，采用暴力、威胁等非法方法取得的被害人陈述、证人证言，应当予以排除，无合适成年人到场的未成年人供述、陈述、证言不在其中之列。未成年犯罪嫌疑人、被告人基于特殊的生理、心理特点，当其处于封闭压抑环境下接受讯问，必须要有法定代理人或合适成年人在场，才能确保供述的自愿性和真实性，这是立法的初衷。① 而在没有法定代理人或合适成年人在场情况下提取的有罪供述，是否作为非法证据予以排除不能一概而论，应当具体情形具体分析：第一，虽然讯问时不在场，但未成年犯罪嫌疑人、被告人始终认罪，供述稳定，亦未反映讯问时办案人员存在刑讯逼供、威胁、引诱等情形，这种情况下的讯问笔录属于违反法律规定的证据瑕疵，但由于并未违背其供述自愿性，不能作为非法证据予以排除。第二，在讯问时不在场的情形下作出了有罪供述，在之后的合法讯问中却不认罪，辩称由于办案人员打骂、吓唬、利诱才承认，除非办案人员提供连续的讯问录音录像证实讯问过程中有罪供述流畅、自然，系其真实意思的表达，否则，基于未成年人特殊的心理、生理特点，无法排除存在刑讯逼供、威胁、引诱、欺骗等非法取证的可能性，从而违背了供述自愿性，丧失了证据能力，依法不得作为定案的根据。

（三）应赋予未成年人选择合适成年人的权利

在司法实践中，合适成年人均由司法机关选择。在诉讼过程中，出现了涉案未成年人明确拒绝合适成年人参与其案件的情况。究其原因，或是某些未成年人无法接受并信任一个陌生人来了解自己所犯罪行及相关的个人信息，或是认为该合适成年人无法保障自己的合法权益，或是抵抗逆反心理较为严重。合适成年人参与诉讼的最主要目的是辅助未成年犯罪嫌疑人顺利度过刑事诉讼的各个阶段，并提供精神上的支持，因此要求合适成年人参与应当是涉罪未成年人的一项权利，所以我们建议应当赋予未成年人对合适成年人的选择权。② 当涉案未成年人拒绝司法机关为其聘请的合适成年人，办案人员应当首先向未成年人进行耐心的解释工作，使其真正明白合适成年人参与其所涉案件的目的与初衷，如果经解释仍然拒绝合适成年人参与的，可以为其更换另一名合适成年人；在更换后，如未成年人仍然坚持拒绝合适成年人参与的，应当准许，但仍然允许其提出需要合适成年人参与刑事诉讼程序的要求。

---

① 狄蕾、史华松：《未成年人刑事审判程序中的合适成年人参与制度研究——以“吴中经验”为样本》，载《唯实》2011年第2期。

② 卢琦：《中外少年司法制度研究》，中国检察出版社2008年版，第205-210页。

（四）建立合适成年人全程参与诉讼活动的保障机制，确保合适成年人充分履职

刑事诉讼分为侦查、审查起诉、审判三个阶段，历时几个月到一两年不等。在实践中，经常出现不同的办案阶段频繁更换合适成年人的现象。每更换一次合适成年人，都要对案情和涉罪未成年人重新熟悉了解，涉罪未成年人需重新适应，不利于持续地开展对涉罪未成年人的教育挽救，不利于司法机关掌握未成年人在刑事诉讼中的表现和变化。我们建议应由同一名合适成年人参与未成年人刑事诉讼的各个阶段，包括参与审前社会调查、讯问、审判、矫正等环节，不断完善事前沟通机制，持续引导未成年人认罪、悔罪，提高法律意识，接受教育矫治。只有合适成年人贯穿刑事诉讼的每个阶段，参与每一次讯问，才能最大限度地节约司法成本，最大限度地保护未成年人合法权益。

论刑事被遗忘权的边界*

——以性侵未成年人案件为例

郑　曦**

被遗忘权是指信息主体在其个人信息不再有被合法使用的正当理由时要求删除或停止使用该个人信息的权利。这一权利本就源于刑事司法领域中被称为“le droit à l’oubli”的允许被定罪罪犯在服刑改造期满后要求其被定罪和监禁相关事实不被公开的权利，因此在刑事司法领域内大有适用空间，[①] 从而产生刑事诉讼参与人或其他相关人员要求封存、删除或不再使用涉案信息的刑事被遗忘权。刑事被遗忘权的产生是社会发展的必然结果，随着科学的发展，互联网、大数据等新技术不断深刻影响人们的生活，既给人们带来了便利，也导致了巨大的信息失控风险，面对此种信息失控风险，人们不得已而变主动遗忘之本能为被动遗忘之权利义务关系，并将其延伸适用于刑事司法领域。[②] 确立刑事被遗忘权虽属必要，但是作为一项新兴权利，其权利边界尚未明晰，容易导致其在刑事司法体系中适用的无序和混乱，因此需要对其进行进一步的深入研究。

一、明确刑事被遗忘权边界的必要性

（一）刑事司法的多元价值竞争“本性”

刑事司法领域的多元价值竞争是刑事司法的“本性”。刑事司法制度自产生之初就存在多元价值，除了惩罚犯罪这一刑事司法的直接目的之外，人们很早就本能地追求司法公正之价值。例如，我国古代的“灋”字即为“刑也”，其中“从水”以示“平之如水”，“廌”加“去”是因“廌所以触不直者去之，从去”。[③] 可见即便在被神判制度主宰的发展初期，刑事司法已经开始追求“去不直”即惩罚犯罪和“平如水”即司法公正的不同价值了。在不同国家，随着社会的发展和需要，刑事司法领域不断被添加进新的价值，于是刑事司法价值越发多元，并形成了一定的地域化或国别化特征。而资产阶级革命及其指导思想在世界范围内的广泛传播深刻地改变了刑事司法制度，保护人权、程序公正等新价值逐

* 本文系作者主持的北京市社会科学基金项目“刑事司法领域被遗忘权研究”（编号：16FXC034）的阶段性成果。

** 作者简介：郑曦，北京外国语大学法学院副教授。

① 参见郑曦：《“被遗忘”的权利：刑事司法视野下被遗忘权的适用》，载《学习与探索》2016 年第 4 期。

② 参见郑曦：《大数据时代的刑事领域被遗忘权》，载《求是学刊》2017 年第 6 期。

③ 段玉裁：《说文解字注》，上海古籍出版社 1981 年版，第 470 页。

渐被吸收而成为主流刑事司法价值，各国刑事司法价值日渐趋同。

在当代法治国家，刑事司法所追求的价值极其多元，较为直接重要的就包括控制犯罪、保护人权、实现实体公正和程序正义、维持社会秩序、追求司法效率等，此外还有保障个人自由、维护家庭伦理等较为间接的价值。诸多价值在刑事司法领域内互相竞争，甚至互相冲突，如为实现程序正义有时需适当牺牲实体真实，为保护人权可能减损控制犯罪的力度。正因刑事司法领域多元价值竞争和冲突是常见现象，而向任何一种价值的任何一丝偏移都会对“如同桅杆顶尖，对船身最轻微的运动也会作出强烈的摆动”① 的刑事司法制度造成显著的影响，因此刑事司法必须平衡多种互相竞争甚至冲突的价值，而这种平衡又是一大难事，正如美国联邦最高法院前任首席大法官伦奎斯特所言：“在我们国家，贯穿政治理论长期历史和宪法发展历程的最难以裁决的案件是存在两种相互冲突的价值的案件，每一价值都应当得到应有的尊重，但它们却相遇在此消彼长的竞争当中。”②

（二）刑事被遗忘权所承载的特殊价值

相较于传统的刑事司法价值，刑事被遗忘权及其所承载的价值完全是新时代科技发展的产物。网络技术、大数据技术等各类科技的发展使得信息传播的速度、广度和深度都远超以往任何一个时代，在给人们带来便利的同时也带来了个人信息失控的风险，而为了对抗这种个人信息失控风险，人们才提出被遗忘权的概念。也就是说，被遗忘权是高科技时代信息传播方式变革的副产品，此种权利所承载的核心价值即为个人信息保护，即便其延伸至刑事司法领域之后也是如此。

刑事被遗忘权所承载的个人信息保护价值较之控制犯罪、保护人权、维护司法公正等传统刑事司法价值，至少有两方面的特殊性。一是该价值被确认时间短。相较于上述有着长则数千年、短则数百年历史的传统刑事司法价值，个人信息保护价值为人所认识不过数十年时间，这种认识基本上是伴随着计算机技术的产生而形成的，而其真正受到重视则是在 20 世纪末 21 世纪初互联网技术普及化之后，至于在刑事司法领域被人们所承认则更是近几年之事。二是该价值的重要性尚存争议。正因为该价值被确认时间短，尚未经过实践的充分检验，因此对其重要性有不同观点。

所承载的个人信息保护价值有两方面特殊性，使得刑事被遗忘权本身在刑事司法领域被承认颇为不易。事实上，刑事司法中本来已有被遗忘权的适用基础，如犯罪记录封存制度，已被定罪的罪犯、被害人、被认定无罪的被追诉人、证人等诉讼参与人亦均有主张被遗忘权的利益需求。③ 因此，刑事被遗忘权被纳入刑事司法领域确属必要，刑事司法领域也确有适用被遗忘权的空间。

（三）刑事被遗忘权对传统刑事价值的冲击及其风险

刑事被遗忘权这一新兴权利被纳入刑事司法领域，是新时代下个人信息失控风险在刑

---

① ［德］拉德布鲁赫：《法学导论》，米健、朱林译，中国大百科全书出版社 1997 年版，第 120 页。

② William H. Rehnquist, *Is an Expanded Right of Privacy Consistent with Fair and Effective Law Enforcement?*, 23 U. Kan. L. Rev. 1, 2 (1974).

③ 参见郑曦：《“被遗忘”的权利：刑事司法视野下被遗忘权的适用》，载《学习与探索》2016 年第 4 期。

事司法领域延伸的必然结果，但该权利的确立必然会对传统刑事价值造成冲击。例如，允许已被定罪的罪犯行使其被遗忘权而彻底删除其犯罪记录，万一其再次犯罪，则无法获知其前科而对其作出合理的量刑，可能对犯罪控制的刑事司法最基本价值造成影响；再如根据审判公开原则，刑事裁判文书应当公开，而允许刑事诉讼参与人行使被遗忘权则必然对这一原则造成限制，从而对程序正义的价值造成冲击。

由此可见，通过确立刑事被遗忘权的方式，在刑事司法这样一个原已基本完成多元价值动态平衡的领域中加入个人信息保护这一新价值，必然导致各种价值之间发生新一轮的竞争冲突，刑事被遗忘权也必然对原有的刑事司法体系提出新的挑战。鉴于此种情形，无论是过于强调或轻视个人信息保护价值，还是过度保护或忽略刑事被遗忘权，都可能导致刑事司法制度发生新的失衡风险；而由于刑事司法涉及公民生命、财产、自由等最核心的权益，任何一丝一毫的失衡都可能带来令人无法承受的严重后果。

面对刑事被遗忘权及其承载的个人信息保护价值对传统刑事价值的冲击以及导致刑事司法体制可能发生的失衡风险及其严重后果，必须对刑事被遗忘权进行认真的审视，尤其应当通过衡量个人信息保护价值与其他传统刑事价值的关系，审慎地确立刑事被遗忘权的边界，以确保其在此合理边界内行使，避免其被恣意滥用。唯有如此，刑事司法体制才可能在纳入被遗忘权之后获得新的平衡，刑事被遗忘权也才能在刑事司法领域立足。从这个意义上看，合理明确地界定刑事被遗忘权的边界，事关该权利本身的“生死”，也关系到刑事司法体制的良性发展，兹事体大，不可不慎。

二、摸索刑事被遗忘权的边界：以性侵未成年人案件为例

（一）为何以性侵未成年人案件为例

在各类刑事案件中，针对未成年人的犯罪总是最令人痛恨，其中对未成年人实施的性侵犯罪更是挑战人类的良心和底线。例如，2018 年 1 月前美国体操队队医拉里·纳萨尔因性侵被判处最高达 175 年的监禁，在其数十年的行医生涯中，他对百余名女性进行了性侵，其受害人主要是从事体操的业余或者专业选手，许多受害人都是未成年人，其中最小的年仅 6 岁。[①] 性侵未成年人的犯罪令人发指，几乎可以被视为人类所能作出的最恶之事，选择这类案件为例讨论刑事被遗忘权的边界限定问题，是试图将被遗忘权问题放在最极端、最激烈的价值冲突情况下进行检视，以期理解其与其他刑事价值和权利的关系，作出合理的制度建构。

选择性侵未成年人案件为例分析刑事被遗忘权的另一个原因在于此类案件中至少存在两种完全不同的甚至相互矛盾的被遗忘需求。一种是被定罪罪犯的被遗忘需求，出于有效改造和日后回归社会的目的，他们会产生被遗忘的需求，从而主张被遗忘权。另一种则是被害人的被遗忘需求，被害人已经因为被性侵而受到一次伤害，不应再受到二次伤害，正如纳萨尔案的法官阿奎利娜鼓励被害人时所言：“把你们的痛苦就留在这里，去外面追逐你

① 参见王集旻：《美国体操“神医”被判入狱最高达 175 年》，载《南宁日报》2018 年 1 月 26 日第 8 版。

们的辉煌”①，但是回归正常生活需要被害人与性侵案件的关系不再时常被人提起，因此被害人也可能主张其被遗忘权。这两种全然不同的被遗忘权是否都应当得到支持、在何种情况下应当支持、具体如何行使，值得深入探讨，因此本文选择性侵未成年人案件为例，也便于考虑不同诉讼参与人的刑事被遗忘权冲突下的边界确立。

（二）对此类案件被遗忘权边界的探索

1. 否定被定罪罪犯的被遗忘权

出于保护未成年人、震慑性侵未成年人犯罪的目的，许多国家和地区否认性侵未成年人罪犯的被遗忘权而公开其信息，具体而言包括主动公开和依申请公开两种方式。

主动公开性犯罪者尤其是性侵未成年人罪犯信息以美国和韩国为典型。自 1994 年新泽西州颁布“梅根法案”后，1996 年联邦“梅根法案”获批准，目前所有的州均有自己的“梅根法案”，强制性犯罪者向警方登记。联邦和各州公开性犯罪者尤其是性侵未成年罪犯信息的方式各不相同，但基本采取强制公开、主动公开的方式。例如，在华盛顿州警察会给性犯罪者所在社区居民挨家挨户打电话告知其信息，德克萨斯州要求其在自家庭院内和汽车保险杠上设置表明其性犯罪者身份的标识，俄勒冈州要求其在自家窗户上贴标语表明自己是性犯罪者，特拉华州在性犯罪者的驾驶证上进行专门标注，联邦则设立了“德鲁·索丁全国性犯罪者（信息）公共网”（www. nsopw. gov）公布性犯罪者信息供公众查询。2016 年美国总统奥巴马还签署了“国际梅根法案”，在性侵未成年人罪犯的护照上加盖特殊标识，并在其出国时将相关情况告知对方政府。韩国效法美国，设置了“性犯罪者公布栏”网站（www. sexoffender. go. kr），公布性犯罪者的照片、姓名、住址、案情等信息，供公众查询。

英国和我国香港地区则采取依申请公开性犯罪者尤其是性侵未成年人罪犯的信息。英国于 2008 年试行“儿童性侵罪犯信息公开计划”即著名的“萨拉法案（Sarah’s Law）”，并于 2011 年将其推广适用于全国（北爱尔兰地区除外）。根据该法案的规定，父母或其他监护人若欲了解某一与儿童有日常接触的特定之人是否有性侵儿童的犯罪记录，可以向警方提出查询申请；尽管申请后并不一定获得警方公开信息的批准，但此申请会引发警察对该特定之人有无性侵儿童嫌疑的调查。相较于美国，英国在公开性侵未成年人罪犯信息方面不但立法较晚，而且比较保守，仅依申请而向特定申请人公开相关信息，而非主动公开。我国香港地区也采取此种依申请公开的方式，且较之英国更为保守。香港 2011 年实施“性罪行定罪纪录查核机制”，根据规定机构或企业的雇主如需要聘用雇员从事与儿童或精神上无行为能力人士有经常接触的工作，可以要求该求职者进行查核，查核申请须由该求职者自愿向警务处性罪行定罪纪录查核办事处提出。②

无论是美国、韩国式的主动公开，还是英国、香港式的依申请公开，对于性侵未成年人罪犯被遗忘权的态度实际是一致的，即否定此种案件的罪犯有行使被遗忘权而封存或删

---

① Scott Cacciola, *Victims in Larry Nassar Abuse Case Find a Fierce Advocate: The Judge*, https: //www. nytimes. com/2018/01/23/sports/larry-nassar-rosemarie-aquilina-judge. html，最后访问日期：2018 年 1 月 31 日。

② 参见《性罪行定罪纪录查核——申请人须知》第 5 条，载香港警务处网站，https: //www. police. gov. hk/info/doc/scrc/Notes_ to_ Applicants_ Chi_ Jun%202017. pdf，最后访问日期：2018 年 1 月 31 日。

除犯罪记录的权利。

2. 承认被定罪罪犯的被遗忘权

尽管性侵未成年人犯罪令人愤恨，但仍有一些国家和地区在一定程度上承认已被定罪的性侵未成年人罪犯的被遗忘权。

2016 年 2 月，日本埼玉县地方法院在一起由一名已被定罪的儿童性犯罪者诉谷歌的案件中支持了原告的被遗忘权主张。① 该案原告曾于 3 年多以前因违反《禁止针对儿童的买春和色情法》而被判有罪，而在谷歌搜索引擎中输入他的姓名即可以查到关于他性侵未成年人犯罪的新闻报道，于是他向法院起诉谷歌要求删除相关链接。埼玉地方法院不但支持了原告的主张，而且承认了被遗忘权，认为即便是已定罪的罪犯，其隐私仍应被尊重，其有恢复平静生活的权利，因此可以要求删除相关的信息。这一判决一出立即引发巨大争议，尤其因该案原告系被定罪的儿童性犯罪者，许多人认为承认其被遗忘权将损害公众的知情权，更有人指责埼玉地方法院漠视未成年人权益。

值得注意的是，我国一些地方近年来出于保护未成年人免受性侵害的目的制定了关于公开性侵未成年人罪犯个人信息的规定。尽管这些规定以公开此类罪犯信息为主要内容，但仍有限地兼顾了其被遗忘权。例如，浙江慈溪 2016 年由公检法司等五部门联合制定的《性侵害未成年人犯罪人员信息公开实施办法（试行）》（慈检发〔2016〕47 号）（以下简称“慈溪 2016 年 47 号办法”）第 6 条规定：“性侵害未成年人犯罪人员信息公开期限一般为五年，犯罪人员在公开期限内，没有再次实施性侵害未成午人犯罪行为的，可以取消对其个人信息公开。”而慈溪 2017 年由九部门联合制定的《性侵害未成年人犯罪人员信息公开实施办法（试行）》（慈检发〔2017〕32 号）（以下简称“慈溪 2017 年 32 号办法”）第 6 条规定：“性侵害未成年人犯罪人员个人信息的登记期限一般为五年。犯罪人员在期限内没有再次实施性侵害未成年人的犯罪行为的，应当封存其个人信息。”相较于“慈溪 2016 年 47 号办法”的规定，这一规定改“取消信息公开”为“封存个人信息”，改“可以”为“应当”，权利保护力度更强。

3. 肯定被害人的被遗忘权

尽管对于性侵未成年人案件中被定罪罪犯的被遗忘权问题有不同的实践做法，但各个国家或地区基本都直接或间接地肯定此类案件中被害人的被遗忘权。

在美国，根据《美国法典》第 18 编第 3509 条（d）项的规定，必须严格保护未成年被害人的隐私，在法庭文件或其他公共文件中不应出现被害人的姓名或其他能够辨识被害人身份的信息，除非法律另有规定。② 另根据第 2252 条 A（e）项的规定，如果在涉及未成年人的色情案件的证据中出现了未成年被害人的姓名、社会保险号码等个人信息，检察官有权提出动议，除非对这些信息进行处理，否则证据不可采用。③ 我国也有类似的规定，如前文所述的“慈溪 2016 年 47 号办法”第 4 条规定：“信息公开时，不得公开案件中未成年被害人的身份信息以及可能推测出未成年被害人身份信息的相关内容，也不得公开案件中涉

---

① *Japan Recognises ´Right To Be Forgotten´ of Man Convicted of Child Sex Offences*, https：//www.theguardian.com/technology/2016/mar/01/japan-recognises-right-to-be-forgotten-of-man-convicted-of-child-sex-offences，（最后访问日期 2018 年 2 月 1 日）。

② 18 U.S.C. § 3509（d）.

③ 18 U.S.C. § 2252 A（e）.

及到的其他未成年人的身份信息。”“慈溪 2017 年 32 号办法”第 15 条也作了相同的规定。

这样的规定实际上是主动封存了性侵案件未成年被害人的个人信息。由此规定可以推知，若未成年被害人主张其被遗忘权，也应当能够得到法律的支持。肯定未成年被害人被遗忘权的原因是显而易见的，即在于保护未成年被害人的隐私，避免其因犯罪受到二次伤害，促使其尽快回归正常生活。

（三）确定刑事被遗忘权边界之困难

不同国家和地区面对性侵未成年人案件中的被遗忘权问题采取不同的做法，固然受到当地法律传统、犯罪率、民众观念等因素的影响，如美国较之日本对性侵未成年人罪犯被遗忘权持严厉的否定态度，其中一项可能的原因即在于美国性侵未成年人案件远较日本多发，以至于民众对此深恶痛绝。但除了上述因素之外，对此类案件被遗忘权的不同实践的另一原因则在于刑事被遗忘权的边界极难界定。

2016 年欧盟颁布《一般数据保护条例》①，其中第 17 条试图对被遗忘权的权利边界作出规定。该条第 1 款规定了权利主体可以主张其被遗忘权要求信息控制者删除其个人信息的几种情形，包括权利主体方面的原因，如其明确反对该信息的使用或撤回先前允许使用之同意，权利对象方面的原因即该信息的使用不合理，以及法律的强制性规定等。但第 3 款又规定基于保护言论自由和信息自由、履行法定义务、维护公共利益、保障研究和统计、支持个人合法诉求等原因，不适用第 1 款的规定，即权利主体的被遗忘权无法行使。尽管欧盟在确立被遗忘权的边界方面作出了尝试和努力，但仍是难以执行的，尤其是对于与被遗忘权发生竞争和冲突的价值和情形的含混描述，使得其划定的边界依然模糊。

对于民事体系内被遗忘权的边界确立尚且不易，则刑事司法中欲行此事则更为艰难。尤其是具体到性侵未成年人这类极端案件中，各种价值和权利激烈冲突，打击犯罪的需要和人权保障的利益既可能完全相悖也可能同路而行，加之此类案件涉及未成年人保护这一敏感问题，犯罪行径之恶劣极易令人激愤而丧失理性。因此，在此类案件中探讨被遗忘权的边界需要特别谨慎，否则一旦举措失当，不但可能侵害其他我们所珍视的重要权利和价值，更可能导致情感战胜理智而与该制度设置的初衷南辕北辙。

三、确立刑事被遗忘权边界的方法和标准

（一）利益权衡：价值位阶之确定

刑事司法的每一种价值背后都代表着一种或数种利益，因此刑事诉讼的价值竞争或冲突实质上就是利益竞争和冲突。既然如此，在发生价值竞争和冲突时，首先要做的就是权衡不同利益以衡量其重要性，从而确定不同价值的优先顺序，在“鱼与熊掌”之间有所侧重甚至作出选择。

---

① 即《关于保护自然人个人数据处理和关于此种数据自由运转以及撤销第 95/46/EC 号指令的第 2016/679 号条例》，英文版见 http：//eur-lex. europa. eu/legal-content/EN/TXT/PDF/？ uri = CELEX：32016R0679&from = EN，（最后访问日期 2018 年 2 月 1 日）。

刑事诉讼涉及生命、自由、健康、财产、尊严、隐私等诸多利益，这些利益有轻重之别，使得体现不同利益的刑事价值居于不同的位阶，但究竟何种价值居优、何种价值次之，仍然令人难以决断。王利明教授曾提出民事领域确立价值位阶的考虑因素，包括与基本法律价值相联系的有关个人的生命健康的联系程度、与人格尊严的联系程度、与社会全体成员的关系度、与经济秩序的关联度、法律是否明确列举等，[①] 可以为我们确立刑事司法领域的价值位阶提供参考。

在刑事司法领域，犯罪控制、司法公正等价值事关公民的生命、自由等核心利益，自然应当是第一层级的基础性价值；追求司法效率等价值相较于前者显然略逊一筹，应当属于第二层级的价值；个人信息保护价值虽然重要，但毕竟与人的生命健康关系较远、与人格尊严的联系程度不如刑罚、与社会全体成员的关系度也较弱，因此在刑事司法领域，其重要性不如第一层级的价值，应当被归入第二层级甚至低于第二层级的价值。

价值位阶确定之后，被遗忘权在刑事司法权利体系中的地位也就明确了。被遗忘权属于人格权益，[②] 人格权益虽优于财产性权益，但次于生命健康自由等权益，而在刑事案件中，生命健康自由等权益应当被首先考虑。尤其是在性侵未成年人案件中，犯罪侵害的是未成年人的性的自由权利和身体健康权利，甚至在许多案件中还侵害了未成年人的生命权，因此当这些重要权利与被遗忘权发生冲突时，为优先保护这些重要权利，被遗忘权应当作出让步。另外，如果已经对这些重要权利做了有效保护，仍然有被遗忘权的适用空间时，仍应考虑和肯认此项权利，保护相关人员的个人信息安全。

（二）确立刑事被遗忘权边界的具体标准

根据上文所述的利益权衡法确立被遗忘权及其承载价值在刑事司法领域中的位阶，可以提出确立刑事被遗忘权边界的两方面具体标准。

一方面，在刑事被遗忘权的外部关系方面，应当遵循两项标准：一是犯罪控制优先于刑事被遗忘权；二是司法公正优先于刑事被遗忘权。预防和打击犯罪是刑事司法最本源的目的，任何一个国家的刑事司法制度都是围绕着预防和打击犯罪的本源目的展开的。因而犯罪控制是刑事司法的基础性价值，倘若放弃此项价值，刑事司法本身即丧失了存在的必要性。由此可知，刑事被遗忘权及其承载的个人信息保护价值，原则上不得减损犯罪控制价值，否则即有本末倒置之嫌。除了犯罪控制之外，司法公正也是刑事司法的核心价值。刑事司法既要保障实体公正，追求事实认定和法律适用的准确，也要保障程序公正，包括司法独立、程序公开、诉讼权利保障、程序终局等，[③] 否则刑事司法必然失去其正当性和公信力，甚至沦为“恶”的制度。因此，刑事被遗忘权的行使不得以放弃对司法公正的追求为代价，一旦二者发生冲突，刑事被遗忘权应当向司法公正价值作出让步。在性侵未成年人案件中，严厉打击此种极其恶劣的犯罪是人们的普遍共识，而案件的处理中又要确保公正，也就是说唯有依法公正地严厉打击性侵未成年人犯罪，正义才能得到彰显。因此在此

① 参见王利明：《民法上的利益位阶及其考量》，载《法学家》2014 年第 1 期。

② 民法领域对于被遗忘权是否是一项独立的人格权尚有争议。参见北京市第一中级人民法院民事判决书（2015）一中民终字第 09558 号；杨立新、韩煦：《被遗忘权的中国本土化及法律适用》，载《法律适用》2015 年第 2 期。

③ 参见陈光中：《陈光中法学文选》（第一卷），中国政法大学出版社 2010 年版，第 363-369 页。

类案件中，同样适用这两项标准，即犯罪控制和司法公正价值优先于刑事被遗忘权。

另一方面，在刑事被遗忘权的内部关系方面，被害人的被遗忘权优先于其他诉讼参与人的被遗忘权，被追诉人的被遗忘权通常优先于除被害人之外的其他诉讼参与人的被遗忘权。被害人的权利在相当长的时间内在刑事司法体系中不被重视，但事实上作为受到刑事犯罪侵害的被害人，往往是整个刑事司法领域中最令人同情的当事人，只有其权利受到充分重视和保障，被犯罪所破坏的社会关系才能得到有效的修复。性侵未成年人案件中更是如此，如果未成年被害人的权利不能得到保护，甚至其因刑事程序受到二次伤害、永久伤害，则正义无从提起。因此，无论是性侵未成年人案件还是其他刑事案件，一旦不同权利主体的被遗忘权发生竞争和冲突时，原则上应优先支持和保护被害人的被遗忘权。但是，除了被害人之外，当与其他诉讼参与人的被遗忘权发生冲突时，通常而言应以被追诉人的被遗忘权优先。这是因为其与刑事案件的关系最为直接，受其影响大于其他诉讼参与人，为避免一次犯罪终身贴标、促使其改造和回归，而确立其被遗忘权的相对优先地位。但是被追诉人被遗忘权的相对优先地位也要受到限制，下文详述。

四、刑事被遗忘权边界的具体限定

（一）刑事被遗忘权的权利主体

刑事被遗忘权的权利主体即是根据涉案信息能够确定其身份的诉讼参与人，实际包括被追诉人（尤其是已定罪罪犯）、被害人、证人等其他诉讼参与人，不同主体应有不同限制。

1. 被追诉人

被追诉人在刑事诉讼的不同阶段有不同的身份：在案件最终裁判之前可能是犯罪嫌疑人或被告人，在案件最终裁判之后可能是已定罪罪犯或无辜者。其身份不同，对其被遗忘权的限制也不同。（1）犯罪嫌疑人或被告人一般不能主张被遗忘权。刑事诉讼尚未终结，倘若允许犯罪嫌疑人或被告人主张被遗忘权，则刑事诉讼程序可能无法继续进行，显然违背前文所述的司法公正优先于刑事被遗忘权的标准。（2）已定罪罪犯行使被遗忘权有时间、案件类型、个人情况等方面的限制。第一，已被生效裁判定罪的罪犯通常可以主张被遗忘权，但可以对罪犯主张被遗忘权设置时间条件，如以三年或五年为期，以考察其改造效果。第二，特殊案件已定罪罪犯不得主张被遗忘权，其中最典型的就是性侵未成年人案件的罪犯，因其罪行性质恶劣，且此种犯罪常与心理因素相关，允许其主张被遗忘权可能与犯罪控制这一刑事司法核心价值发生冲突，不符合前文所述的标准。此外，严重的贪腐案件、职务犯罪案件等亦可参照此标准否认已定罪罪犯的被遗忘权。第三，因某些罪犯的个人情况可以限制甚至拒绝其行使被遗忘权，如累犯、拒不悔罪的罪犯、有较高再犯风险的罪犯等。（3）无辜者主张被遗忘权原则上不受限制。一旦被生效裁判判定无罪，则无论何种案件的无辜被追诉人可以随时主张其被遗忘权，以尽快与此刑事案件脱钩，从而回归其平静正常的生活，尽量降低被错误卷入刑事诉讼造成的负面影响。

2. 被害人

如前文所述，在不与刑事司法核心价值发生冲突的前提下，被害人的被遗忘权具有优先性，因此对其限制较少。在一些特殊案件如性侵未成年人案件中，被害人在刑事诉讼过程中即可主张其被遗忘权，要求公安司法机关以不暴露其真实信息的方式制作诉讼文书，从而尽快实现对其的救济。

3. 证人及其他诉讼参与人

证人及其他诉讼参与人虽可能有主张被遗忘权的需求，但由于其与刑事案件并无直接利害关系，因此通常受刑事诉讼的影响较小。因此对其的被遗忘权，应当限制在相关信息之披露可能严重影响其生命、健康等权利的情形，如证人因作证可能受到生命安全的威胁等，以避免此项权利的无限扩张。

（二）刑事被遗忘权的行使程序

刑事被遗忘权的实现关乎国家机关、新闻媒体、特定公民履行封存或删除信息的积极义务和不使用信息的消极义务，涉及权利主体与义务主体的关系，因此必须经过特定的程序。一般而言，权利主体行使刑事被遗忘权需经过申请、法院审查和裁判、义务主体履行三个阶段。

权利主体申请主张其刑事被遗忘权，既可以向义务主体申请，义务主体拒绝其请求后再向法院申请，也可以直接向法院申请。申请阶段需注意前文所述的权利主体范围、时间要件、案件类型、个人情况等方面的限制，如性侵未成年人罪犯不得主张此种刑事被遗忘权。

法院审查和裁判虽非行使刑事被遗忘权的必经阶段，却是关键阶段。倘若义务主体主动履行相关义务，则自然没有必要经由此阶段实现刑事被遗忘权，但一旦发生争议，则此阶段具有决定性意义。法院审查权利主体的刑事被遗忘权主张，既可以选择使用已有的民事诉讼程序，也可以设置专门的审查程序，但无论使用何种程序，皆因需经法院审查裁判者多为双方争议较大而难以协商的案件，故而应当以开庭或听证方式兼听双方的意见和理由。在审查阶段，法院应按照确立刑事被遗忘权边界的两方面标准，权衡刑事被遗忘权是否妨害刑事司法犯罪控制和司法公正的价值，考虑不同主体刑事被遗忘权的先后顺序，从而作出最终裁判，或支持权利主体的刑事被遗忘权请求而判令义务主体履行义务，或驳回权利主体的请求。

在义务履行阶段，倘若义务主体系根据法院裁判履行义务，则严格遵守法院的裁判文书规定即可；但倘若系根据权利主体向其的申请直接履行义务而未经法院审查的，则义务主体应考虑前文所述的确立刑事被遗忘权边界的两方面标准，考虑刑事被遗忘权与犯罪控制和司法公正等外部价值及内部顺利安排等问题，以合理的方式履行相关义务，实现权利主体的刑事被遗忘权。例如，涉及性侵未成年人案件，因支持被害人和无辜者的被遗忘权主张，拒绝被定罪罪犯的被遗忘权主张。

（三）刑事被遗忘权的证明问题

如前文所述，刑事被遗忘权的行使可能需要经历法院审查和裁判这一关键阶段，在此阶段中即产生相关的证明问题，其中最为重要的是举证责任和证明标准问题。

举证责任解决的是在关于刑事被遗忘权的争议中谁承担向法院举证以证明自己主张的问题。由于此种争议乃是权利主体与义务主体的平等主体之间关于被遗忘权这一人格权益的纠纷，因此本质上属于民事纠纷，故而应当遵循民事诉讼谁主张谁举证的基本原理，由权利主体承担举证责任。权利主体承担的此种举证责任既包括行为责任即举证以推动诉讼进行的责任，也包括结果责任即证明不能时承担败诉风险的责任。一般而言，权利主体应对个人信息被公开的事实、损害事实及其因果关系等承担举证责任。例如，性侵未成年人案件中被害人欲主张其被遗忘权而要求某新闻网站删除相关报道中的个人信息时，在法院审查阶段需提供其个人信息被该网站公开以及因该网站公开其个人信息而遭受损失或损害的相关证据。

证明标准解决的是证明主体对待证事实证明所需达到的程序，具体到刑事被遗忘权纠纷的法院审查阶段，涉及承担举证责任的权利主体就其行使刑事被遗忘权主张提供证明所需达到的证明要求。根据证据法理论，证明层次由高到低共有绝对的确定、排除合理怀疑、清楚且有说服力的证明、优势证明、合理根据、有理由的相信、有合理的怀疑、怀疑、无线索九个层次，[①] 其中优势证明标准是指证明某一事实真实性的证据较之否定该事实真实性的证据更有说服力，这一标准适用于绝大多数民事案件的裁判。如前文所述，关于刑事被遗忘权的争议本质属于民事纠纷，因此适用这一标准是合理的。因此，在关于刑事被遗忘权纠纷的法院审查阶段，权利主体对于其主张提供的证据的说服力应当超过否定其权利主张的证据，方能获得法院的支持。

① 参见《美国联邦刑事诉讼规则和证据规则》，卞建林译，中国政法大学出版社 1996 年版，第 22 页。